加拿大华侨移民史
1858—2001

社科卷 上

黎全恩　丁果　贾葆蘅 ◎著

华夏出版社
HUAXIA PUBLISHING HOUSE

图书在版编目（CIP）数据

加拿大华侨移民史：1858—2001．社科卷．上／黎全恩，丁果，贾葆蘅著．－－北京：华夏出版社有限公司，2022.5
 ISBN 978-7-5222-0307-2

Ⅰ．①加⋯ Ⅱ．①黎⋯ ②丁⋯ ③贾⋯ Ⅲ．①华侨－移民－历史－加拿大－1858-2001 Ⅳ．① D634.371.1

中国版本图书馆 CIP 数据核字（2022）第 037514 号

加拿大华侨移民史：1858—2001．社科卷．

著　　者	黎全恩　丁　果　贾葆蘅
责任编辑	赵学静

出版发行	华夏出版社有限公司
经　　销	新华书店
印　　刷	三河市少明印务有限公司
装　　订	三河市少明印务有限公司
版　　次	2022 年 5 月北京第 1 版 2022 年 5 月北京第 1 次印刷
开　　本	720mm×1000mm　1/16
印　　张	54.75
字　　数	980 千字
定　　价	158.00 元（全二册）

华夏出版社有限公司　　地址：北京市东直门外香河园北里 4 号　邮编：100028
　　　　　　　　　　　网址：www.hxph.com.cn　　　电话：（010）64618981
若发现本版图书有印装质量问题，请与我社营销中心联系调换。

作者简介

黎全恩

(David Chuenyan Lai, 1937—2018)

黎全恩照片

1957年获奖学金，进入香港大学地理地质系就读。1960年获得第一级荣誉文学学士，在地理地质系任导师4年，并于1964年获得文学硕士学位。同年夏天，因成绩优异获英联邦奖学金，赴英国伦敦大学经济政治学院深造，1967年获哲学博士学位。同年返回香港大学，任地理地质系讲师，任教1年。1968年移民加拿大，在维多利亚大学地理系任教35年，其中1968年任讲师，1969年晋升为副教授（Assistant Professor），1973年晋升为教授（Associate Professor），1989年晋升为讲座教授（Professor）。2003年被维多利亚大学授予"荣休教授"（Professor Emeritus）荣衔。曾任维多利亚大学耆英中心加盟研究教授（Research Affiliate）及西门菲莎大学客座教授（Adjunct Professor）。

在过去的40年里，专门研究加拿大及美国的华埠发展，曾实地考察两国40多个华埠。此外，亦研究加拿大华侨社会及其历史，曾发表过300多篇文章、出版过10多本书籍。关于加拿大华埠及加侨历史的英文专著《加拿大华埠发展史》（Chinatowns: Towns within Cities in Canada）系华埠研究的权威著作，曾获卑斯省历史学会1988年书籍优良奖，1989年被全美国图书学会列入最有权威性的著作之一。另一部英文专著《维多利亚之紫禁城》（The Forbidden City within Victoria），是1991年最畅销图书之一。其他英文专著还有1982年出版的《卑诗省牌楼》（Arches in British Columbia）、1997年出版的《同济门兴建与重修》（Building and Rebuilding Harmony: the Gateway to Victoria's Chinatown）、1998年出版的《枫骨中华魂》（Canadian Steel, Chinese Grit）、2010年出版的《唐人街权力核心》（Chinese Community Leadership: Case Study of Victoria in Canada）。2011年以中、英、法三国语言出版《加拿大华裔历史纪要：从隔离至融合》年表（A Brief chronology of Chinese Canadian History）。2013年出版了《加拿大华侨移民史1858—1966》（History of Chinese Migration to Canada 1858—1966）（合著）等。

曾义务担任三级政府公职，如联邦政府历史遗址及纪念碑委员会委员、公民入籍宣誓官；卑诗省政府耆英咨询委员会委员、多元文化咨询委员会委员；维多利亚市传遗咨询委员会委员、姊妹城结交咨询委员会委员、华埠发展委员会主席，参与制定唐人街的美化与发展规划。还曾担任温哥华、多伦多、渥太华市政府和美国砵伦市政府唐人街牌楼建设义务顾问。在众多中西学者中，为目前唯一走遍全加拿大华埠、实地考察和拜会各华埠侨领的学者，故被誉为加拿大杰出的华人学者和唐人街问题专家，还被誉为"唐人街之父"。

1988年后，曾多次到中国讲学，被聘为华东师范大学顾问教授（2000—2004）、海南大学东南亚研究院顾问教授（2002—2005），并于1988—1990年担任广东华侨历史学会和广东华侨研究学会的顾问。

黎全恩热心侨社工作，历任维多利亚市中华会馆顾问、中华学校董事、华人耆英中心顾问、全加华人联合总会全加共同主席等职。

由于在学术研究与社会工作方面的杰出贡献，曾获30多项荣誉。1982年获美国地理学会"实用地理引证奖"（Applied Geography Citation Award），1983年获美国州及本地历史学会"功勋奖"（Award of Merit），1989年获卑诗省历史学会"功勋奖"（Certificate of Merit），1999年获华人职业（安省）教育基金会"特别15周年功勋奖"（The 1999 Special 15th Anniversary Award of Merit），维多利亚大学校友会2002年度"全大学最优良教学奖"（University of Victoria Alumni Award for Excellence in Teaching, 2002），2013年获人民出版社年度十佳学术著作奖和经典中国国际出版基金，2015年获"海外华文著述奖"学术类首奖等。

重要的非学术性荣誉名衔有：1983年被授予加国最高荣誉"加拿大员佐勋衔"（Member of Order of Canada），1998年获加拿大传遗基金会最高荣誉之李嘉奖（The Gabrielle Leger Award），1992年11月因多年的公共服务、专业成就和重大贡献获加拿大联邦成立125周年纪念奖章，2002年获伊丽莎白女王二世金禧纪念奖章，2012年获伊丽莎白女王二世钻禧纪念奖章。省市府方面的荣誉奖有：1982年获卑诗省和育空地区社会服务奖（B.C. and Yukon Regional Community Service Award），1998年获卑斯省传遗奖（1998 British Columbia Heritage Award），1980年获维多利亚市"荣誉市民"称号（Honorary Citizen of City of Victoria）。侨社方面，1982年获维多利亚华埠狮子会"显著服务奖"（Outstanding Service Award）和维多利亚中华会馆"功勋奖"等。2000年3月，为保护、恢复唐人街原貌和为维多利亚市做出的贡献，由广播电台CFAX 1070授予CFAX 1070社区勳功奖（该年的艺术领袖奖）。2000年3月，因对千禧年摄影展无私的奉献和卓越的贡献，由多伦多华人社区发展协会授予优胜奖。同年，维多利亚大学发展办公室创立黎全恩博士奖学金。

2004年获总督奖。2013年获维多利亚大学社区领袖奖。2014年被评为加拿大红枫传奇人物和十大华裔新闻人物。

丁果
(Ding Guo)

丁果照片

1982年毕业于上海师范大学历史系，留校担任教师，讲授世界史。1984年获得联合国提供的研究经费，应邀赴日本进行近现代史研究，担任国会图书馆所属东洋文库（日本亚洲研究最高学术机构）外国人高级研究员，在《东洋学报》《中国近代史研究》《中国研究季刊》等顶级学术杂志发表多篇学术论文。在日本几项重要奖学金的资助下，取得日本立教大学文学部硕士学位，并开始博士课程，研究国际关系、中日关系、东南亚移民史等课题，成为来自中国大陆的研究移民问题和亚洲问题的专家。

20世纪90年代移居加拿大，在卑诗大学维真学院进行西方文化、比较宗教哲学、现代化与伦理学等课题的进修研究，并担任加拿大文化更新研究中心高级研究员至今，专门研究中加关系。同时，在全球重要的新闻媒体担任高级编辑、社论主笔、制片人和主持人等。出版有关移民问题和新闻及文化评论集：《走上钓鱼台之路》《隔靴搔痒》《风云慧眼》《十年磨一剑》《切问与近思：当代公共知识人访谈录》《加拿大华侨移民史 1858—1966》(*History of Chinese Migration to Canada 1858—1966*)（合著）《加拿大的中国基因》（中、英文版，合著）《政见》，主编《危机》等。首次将华人历史、中医历史放在加拿大建国历史的大框架中进行论述，引发了重大反响，对近代加拿大史和华人移民史的定位具有重要意义。2017年率先提出要在卑诗省建立华人历史博物馆，获得省新民主党党领贺瑾的共鸣，后者在执政后履行竞选承诺，推动卑诗省华裔加拿大人博物馆的成立，创下北美地区的新纪录。

曾深入卑诗省北部、卡加利、蒙特利尔、多伦多华埠等实地调研考察。与黎全恩教授合作出版英文版加华史著作 *Great Fortune Dream-The Struggles and Triumphs of Chinese Settlers in Canada*。领衔与贾葆蕖合作论文《从江湖走向立法——中医药和针灸在加拿大的发展史简论》，2018年刊登在中国教育部区域和国别研究基地北京外国语大学加拿大研究中心组织编写的《2017 加拿大政策发展报告》中，被特别推荐。

近年来，担任上海师范大学等大专院校的客座教授、加拿大西三一大学客座讲师、加拿大皇家路大学学术顾问委员会成员，先后受邀在中国复旦大学、同济大学、上海师范大学、国际关系学院、中山大学、暨南大学等学府做关于中加关系发展、移民问题的相关报告，并在《新闻周刊》《南方人物周刊》《时代周报》等杂志撰写专栏以及担任特约撰稿人。目前还担任加拿大卑诗省中医针灸管理局董事、卑诗省华裔加拿大人博物馆创馆工作小组成员、首届卑诗省华裔加拿大人博物馆协会省协会董事。

2018年创建加拿大华裔百人会智库，与卑诗省政府合作推动加拿大司法教育，组织反歧视立法社区咨询，鼓励华裔参与加拿大各级政府的政策制定，开展与原住民社区的历史文化交流，产生广泛和积极的影响。

曾获加拿大杰克·韦伯斯特新闻奖、2013年英女王登基60周年勋章、2013年人民出版社年度十佳学术著作奖和经典中国国际出版基金、2015年"海外华文著述奖"学术类首奖、2021年和2022年获得卑诗多元文化主义与反种族主义奖（B.C. Multiculturalism and Anti-Racism Awards）之跨文化信赖奖（Intercultural Trust Awards）提名奖。

贾葆蘅

（Bobbie Jia）

1987年毕业于北京工商大学（原北京轻工学院），1999年移民加拿大。2005年在加拿大《环球华报》发表小说《人在温哥华》，2007年出版长篇历史小说《弘治皇帝》，2009年出版长篇历史小说《嘉靖王朝》，2011年出版长篇移民小说《移民梦》，2013年与黎全恩教授和丁果先生合作出版《加拿大华侨移民史1858—1966》（History of Chinese Migration to Canada 1858—1966）。小说《移民梦》出版后，被大温地区最权威的温哥华公共图书馆推荐为新移民生活必备书目，为唯一的小说类图书。《弘治皇帝》《嘉靖王朝》和《移民梦》均被中国现代文学馆馆藏。从2018年起，撰写年度加拿大移民政策论文，并刊登在年度《加拿大蓝皮书》中。

贾葆蘅照片

近十年来，在温哥华、维多利亚、蒙特利尔、多伦多、温尼伯、埃德蒙顿、渥太华、卡尔加里唐人街调研，参观采访当地侨社，取得不少第一手资料。还先后在中国加拿大研究会第 15 届年会暨国际学术研讨会、"华侨与中外关系史"国际学术研讨会暨 2015 年中国中外关系史学会年会、北京外国语大学、广东外语外贸大学、中国社会科学院、北京大学、南开大学、北京科技大学、埃德蒙顿市孔子学院、菲沙文化讲坛、卡尔加里市华人社区服务中心、加拿大华裔作家协会、大温地区素里市读书人沙龙、魁北克省满城华人服务中心、多伦多老人茶室等演讲,介绍加拿大华侨华人历史。曾被北京外国语大学加拿大研究中心聘请为客座研究员(2017—2020)。现任广东外语外贸大学加拿大研究中心兼职研究员、加拿大华侨文化保护和发展协会顾问。

曾获 2013 年人民出版社年度十佳学术著作奖和经典中国国际出版基金、2015 年"海外华文著述奖"学术类首奖、2016 年由新时代电视及城市电视主办的"加拿大邮务公司之新风采"之艺术风采大奖。

目 录

总　序　开拓华人移民当代史研究的意义 …………………………………… 1
序　一　为百年移民史留下见证 …………………………………………… 1
序　二　移民史与耕耘 ……………………………………………………… 1

序篇　华工出国的历史背景

第一编　自由出入时期（1858—1884 年）

第一章　两次移民的热潮 ……………………………………………… 13
　　第一节　淘金时期 …………………………………………………… 13
　　第二节　建筑太平洋铁路时期 ……………………………………… 25

第二章　唐人街的建立与华侨华人社会 ……………………………… 38
　　第一节　唐人街的分布 ……………………………………………… 38
　　第二节　人口分布、男女两性比例及籍贯 ………………………… 54
　　第三节　职业和政治经济地位 ……………………………………… 64
　　第四节　房口、善堂和洪门的形成 ………………………………… 76
　　第五节　宗亲侨团、邑县侨团和中华会馆的成立 ………………… 81

第三章　与白人和原住民的关系 ……………………………………… 87
　　第一节　与白人的关系 ……………………………………………… 87
　　第二节　与原住民的关系 …………………………………………… 100

第二编　管制入境时期（1885—1922年）

第四章　排华事件和华侨华人的抗争 ········· 111
　　第一节　人头税 ························· 111
　　第二节　白人排华法案和事件 ············· 124
　　第三节　华侨华人的抗争 ················· 141

第五章　与中国的关系 ··················· 151
　　第一节　清政府与华侨华人的关系 ········· 151
　　第二节　保皇会 ························· 162
　　第三节　辛亥革命与加拿大 ··············· 171
　　第四节　南京临时政府及北洋政府与华侨华人的关系 ··· 182
　　第五节　援助中国和家乡建设 ············· 186

第六章　人口及职业的变迁 ··············· 194
　　第一节　华侨华人人口 ··················· 194
　　第二节　职业和生存状况 ················· 205

第七章　唐人街的发展和华侨华人社团 ····· 217
　　第一节　唐人街的发展 ··················· 217
　　第二节　华侨华人社区中的种种弊端 ······· 243
　　第三节　华侨华人社团的发展与作用 ······· 255
　　第四节　华侨华人社团的内部冲突及其原因 · 275

第三编　禁止入境时期（1923—1946年）

第八章　政府对华侨的政策与华侨华人的抗争 ··· 285
　　第一节　1923年"排华法"的产生及其原因 ··· 285
　　第二节　华侨华人的抗争 ················· 291

第九章　唐人街的衰落与华侨社会的变更 ··· 298
　　第一节　华侨华人人口的变迁 ············· 298
　　第二节　职业和生活状况 ················· 305

第三节　唐人街的没落 ······ 310
　　第四节　侨社侨团的发展与作用 ······ 322
　　第五节　华侨华人社区中的弊端 ······ 334

第十章　对中国抗战和二战的贡献 ······ 344
　　第一节　支援中国的抗日战争 ······ 344
　　第二节　对二战的贡献 ······ 358
　　第三节　对中国和加拿大的贡献 ······ 375

第四编　选择入境时期（1947—1966年）

第十一章　第二次世界大战后加拿大政府的华侨政策 ······ 383
　　第一节　华裔退伍军人的抗争 ······ 383
　　第二节　《移民条例》的更改 ······ 386

第十二章　唐人街与华侨华人社会的发展 ······ 414
　　第一节　人口分布 ······ 414
　　第二节　华侨华人的职业 ······ 424
　　第三节　唐人街 ······ 430
　　第四节　社团的发展与多元化 ······ 438

附录 ······ 457

总序
开拓华人移民当代史研究的意义

2020—2021 年是一个注定要被历史记住的年份。从年初开始，新冠肺炎病毒全球肆虐。令人意想不到的是，疫情触发了战后罕见的排斥亚裔，尤其是华人的浪潮，让新一代华人感受到华人先辈在早年遭受歧视的阴影。而这种突发事件的出现，让我们正在进行的《加拿大华侨移民史 1967—2001》的写作具有了更加紧迫的现实意义。

我们在 2013 年年底出版了《加拿大华侨移民史 1958—1966》（人民出版社）之后，即刻投入了下册的资料收集、提纲准备等工作，其间也经历了合作者黎全恩教授去世的不幸。不过，对于完成此书的写作，我们不敢有一分的懈怠。其中华夏出版社赶在黎教授去世前及时准备好出版合同，由贾葆蘅带到维多利亚岛请黎教授过目签字。黎教授在去世前一晚致电给我，拜托我无论如何要完成此书。这些都成为重要的激励，让我们排除万难，完成此书的写作，不负出版社的信任和黎教授的遗愿。而华人社区在战后的努力奋斗以及对加拿大做出的巨大贡献，则是我们耗费 10 年时间完成此书的最主要动力。这本书是我们献给华人社区的历史见证。

在此必须指出的是，卑诗省省长贺瑾在 2017 年呼应我在《星岛日报》上提出的建议，上任后即刻开始了建设卑诗省华裔加拿大人博物馆的工作，2020 年，省府又拨款 1000 万加元推进此项工作的进展。由省务厅厅长周炯华牵头组成的建馆工作小组（我是成员之一），也顺利将接力棒交给博物馆协会首任理事会，我再度参与其中。这是北美地区第一个由政府推动建设的华人历史博物馆，可谓意义重大。经过 150 年的历史风云，华人作为加拿大人的历史定位以及对加国的贡献，终于获得了"历史博物馆"级别的认可，这对从历史根源上扫除歧视华人的种族主义偏见，将会起到决定性的作用。顺便一提的是，在 2020 年的省选中，贺瑾政府获得连任，且组成多数政府，而在他组阁邀请的 24 位内阁成员中有 4 位华人，创造了加拿大华人参政的历史新纪录。这充分表明，华人参政者已经告别了"政治花瓶"的时代，在参政议政的路上将会走得更远。这种政治形态的发展，也间接证明了我们在撰写这部分华人历史时所做的分析和展望。更令人惊喜的是，省府将在2022年农历春节后，宣布拨出数以千万加元的款项，为华人博物馆的实体建馆和后续营运，奠定扎实的基础。毫无疑问，这是卑诗省政府在华人社区投入的历史性拨款，其意义不仅是肯定华人150多年来的贡献，也是努力突破"殖民主义历史观"的长期负面影响，为整个卑诗省确立符合历史真实的全新集体记忆。一如贺瑾省长所定位的，卑诗省华人历史博物馆将是他和这届政府值得骄傲的政治遗产。

幸运的是，2020年和2021年，也是我们完成修订加华移民通史上卷、撰写加华移民通史下卷的年份。这不是历史的巧合，而是历史的必然。因为加拿大华人正在走出百年历史的悲情，走出被歧视、排挤的边缘，作为加拿大国家和省的建设者之一，回归到应有的历史定位。这套加拿大华侨通史，从历史发展的脉络和事实的演进上，充分证明了这一点。从这个意义上说，四卷本华人华侨通史的出版，也是我们献给卑诗省华人博物馆的最佳礼物。

作为在中国、日本接受过10多年史学训练，且在海外从事华人移民史研究和移民事务新闻报道30多年的近现代史研究者，我和我的合作者深知书写当代史的困难和风险。这不但因为1966年至2001年的历史离我们太近，许多人和事依然在发展变化的过程中，并没有达到"盖棺事乃了"（韩愈）的地步，同时也因为这一阶段的历史变化纷繁复杂，华人社区气象万千，要在有限的篇幅中，不偏不倚地勾画出加拿大华人当代史的概貌，殊不容易。不过，我们有黎全恩教授40年研究唐人街和华人社会的积累做扎实基础，有贾葆蘅女士丰富的信息搜寻技术以及锲而不舍的韧劲来钩沉历史资料，我对我们这个合作团队、对这套探索性的当代移民史充满信心。我不敢奢望这套历史著作被称为"博大精深""千古流传"，但作为全书的学术撰写者和定稿者，我坚信这套著作是华人海外移民史的一本"拓荒性"著作，填补了全球当代华人移民史研究的空白。虽然它有各种不足和缺陷，但却以开创的勇气和求真的研究，为后续此类当代史的研究，踏出了实验性的一步，或可称为抛砖引玉。

说其开创的勇气，那就是本书的论述，将史料和史论融为一体，将全景式的叙述和局部的细节交代有机穿插，将历史学、地理学、社会学、文学、心理学、哲学等文史理论浇筑到全球化的统一基座上，真实、动态地为加拿大华人移民群体生涯建立起一座丰碑，为历史留存照，为今天做见证，为未来立坐标。说其求真，那是本书的论证、论据大都建立在第一手史料的基础上，无论是政府的政策、社区的大事、社团的演进，都以当时的政府资料、新闻报道、当事人见证、社团史料为依据，经过符合历史发展逻辑的筛选与组合，做到人和事都有"当时的第一手出处"，而非道听途说、无证推理，可谓符合标准化的学术以及突出典型案例的要求。当然，由于本套书展现的这35年，是华人移民加拿大历史过程中最丰富的一段时间，移民潮可谓一波接着一波，亚洲、北美乃至全球的局势瞬息万变，我们在收集、筛选、综合、论证历史资料的时候，难免会出现挂一漏万的遗憾。

值得一提的是，我们依然秉持尊重历史、尊重生活的原则，绝不扬善隐恶，而是实事求是地展现华人社区在这个关键历史阶段的真实面貌，好就是好，差就是差。一如加拿大其他族裔，华人在对加国做出正面贡献的时候，也面临着挑战自己、改善自己的责任。换句话说，面对百年历史变局，读者通过阅读本书，可以清楚地看到加拿大华人社群在150年历史纵向坐标上的进步脚踪，以及加拿大华人社群在全球化以及全球移民潮横向坐标上存在的问题。

特别需要指出的是，因为时间跨度的限制，有些在2001年之前发生，却又延续到2001年之后的人和事，我们大都在注释中做了简单的说明。唯有关于"人头税"道歉以及中医立法两节，我们超出了本书规定的2001年的限制，以一个更为广阔的历史跨度，在文本中做了较为完整的叙述。这是因为这两件事情，贯穿在加拿大华人150年的历史过程之中，具有拨乱反正、承前启后的重要意义。

在本书即将出版之际，我要向已经故去的合作者黎全恩教授致敬，没有他精彩的学术研究做基础，没有他对加华历史研究至死方休的精神感召，我们恐怕要多走许多弯路。同样，我要感谢合作者贾葆蘅，作为一个史学后进，她不但用电脑、用实地走访的形式查寻、搜索及核实宝贵的资料，更难能可贵的是，她面对我苛刻的学术标准以及对史料筛选整合的挑剔要求，几乎做到了即时回馈、有求必应的程度，甚至有些搜寻和查证需要熬夜进行，十分枯燥与单调，贾葆蘅却甘之如饴。没有她的努力，此书的出版会遥遥无期。我之所以要在此做出说明，乃是希望读者和专家在阅读本书的时候，如果发现任何的错误和不成熟之处，由我负全部的责任；如果获得读者和专家的赞赏，那是整个团队精诚合作所致。

二

在我们第一次出版《加拿大华人华侨移民史》的时候，全球化仍然处于如火如荼的时代，全球治理也是大国处理多边关系的关键词。为此，我写下了"移民史需要全球视野"的序言。随着新冠疫情的大流行以及大国博弈的激烈化，全球化遭遇了全面的挑战，"关闭边境"成了防控疫情的重要手段，全球化遭遇严重挑战，出现了"弱全球化"的形势特征。

然而，我强烈认为，全球化虽然碰到了困难，但全球化的趋势不会由此逆转，这不但因为地球面临的环保议题、人口议题、经济议题等，都需要全球携手才能解决,更重要的是,全球移民的大趋势也不会停止。作为全球移民人口最大的华人华侨,也会继续在全球化的进程中,发挥其独特的影响力。因此,在总序的第二部分,我对原序言做了一些删改,保留主旨,为我们的通史,也为历史的发展,留下一个今天和未来的见证。

改革开放以后,中国走向世界。在这个过程中,移民问题再度受到关注,而移民史的研究也逐渐成为显学。中国在全球化时代的快速崛起,让世界惊艳,同时也出现了"中国威胁论"的杂音。因此,中国人走向世界的历史,就成为观察中国未来的一个坐标。目前,世界各地有6000万华人,他们当中的一部分就生活在加拿大。从这个意义上说,书写加拿大华人百年历史,不但具有史学意义,也具有当代学和未来学的意义。与以往的移民史截然不同,我们试图从全球化和中国崛起与世界接轨的崭新角度,全面叙述加拿大华人的百年历史。这就迫使我们不是用静态的视角,而是用动态的视角来书写这部百年移民史,与此相关联,在本书中,老华侨和新移民不再是割裂的,而是承上启下的;加拿大视野与中国视野不是对立的,而是相互交叉的,由此来如实反映中华文化与加国文化在华人移民群体生活中的冲突、理解、接纳、转化、融合,为全球化过程中的移民生态提供历史与现实的双重观照。

在本书的写作过程中,我们得到了加拿大政界、加拿大侨界、中国领事馆、华工和华商后代、华工和原住民同居者的后代、华裔军人、侨界领袖、华裔学者、华裔历史学家、华裔作家、华裔艺术家、著名先侨后裔、华人社团的大力支持。由此,这段历史超越了地域的局限、人群的局限、政治团体的局限,可以直接进入全球华人的阅读视野。加拿大华人移民在国家事务中扮演的角色,远远超过美国和西方国家的华人社群。仅华人议员在人口中的比例,就超过其他西方国家的华裔政客。1997年后,中国成为加拿大最大的移民来源国,几乎每年都有几万华人进入加拿大。据2006年加拿大统计局调查报告显示,加拿大华人为164万人,目前预估在未来的20年内将达到300万人,华人已经成为加拿大最大的少数民族。由此可见,研究加拿大华人移民史不但是一个学术课题,更具有重大而现实的战略意义。

由于本书采用包括史学、地理考证、人类学、统计学、国际关系学,以及全球化理论等多学科的交叉方法进行研究,从而使这本移民通史具有多面向、立体化的优势,既填补了以往移民史研究的一些空白,又纠正了以往移民史中以讹传讹的"常识性"错误。

在理论架构上,这本书改变了以往华人移民史的两个弊端,要么成为中国对外关系交流史的"边角",要么成为加拿大史当中的"配角",而是将华人移民史视为加拿大主流历史和中国对外交流史的一部分,这个定位,将使本书对加拿大社会重新省视其历史脉络，产生很大的影响力。也因为这个定位，本书运用的史料，打破了以往移民史只讲"华人见证"，只讲"华人苦难"，只讲"华人冤屈"的狭窄路径，而是在使用华人方面史料的同时，大胆使用过去存封在国会档案库，或者刻画在白人历史记忆中的史料，让真实的历史在两种对立的史料中回归它应有的位置。正因为这个定位，本书在信史的基础上，演绎了加拿大华人"从失根的兰花（或者漂浮的浮萍）转变为扎根的枫树"，从"落叶归根转变为落地生根"的历史过程，归纳出"加拿大华人是第三种文化（既不是全盘西化，又非死守中华传统）代表"的重要理论，为全球移民现象带来的全球化发展，树立一个活生生的典范，也为解决全球化发展过程中出现的文明冲突和文化冲突提供范例。本书的出版让我们再度体认到，海外华人是全球化建设最早的生力军，也是沟通东西方文化的和平使者，为此，我们愿意继续努力，为历史留下见证。

三

再度回到本书的出版。由于我们的这套通史有四卷本、百余万字，可说是一个出版的大工程。因此，华夏出版社陈振宇副社长对我们而言，可谓是加拿大华人移民史的知音。他以独特的眼光和出版家的气魄，在这个学术书并非是热门项目的大时代，拍板及时出版这套通史，可谓是功在华人移民史、功在150多年来衣衫褴褛奋斗不息的海外华人，值得我们敬礼鸣谢。

我们幸运的是，陈社长指定赵学静副编审作为本书的责任编辑。实话实说，赵学静是我20年来遇到的最佳编辑。她不但编辑功力深厚，而且文化和历史知识也相当齐备，逻辑思维堪称一流，更重要的是她谦虚、刻苦的人格特征，在整个编辑过程中，让我们学到很多东西。可以这样说，今天读者看到的这本通史，已经倾注了赵学静的很多心血，她非但找出了本书图表、注释中不少的不妥之处，更因着其严格的把关和叩问，使我们在出版前有了及时修订的机遇，从而使本书在学术质量和文本阅读的通畅上，都有了显著的提升，可谓功不可没。

此外，我们特别要指出的是，我们将注解的最后查找、更新时间一直延续到2021年8月。因为排版、印刷等过程的需要，无法再进一步更正网上资讯的变化。如果读者在阅读中对比资料出处时发现差异，亦请谅解。同时，因为百年来华人社区、社团变化频繁，我们在罗列相关表格时，力求各方面都有代表性，但难免有遗漏，也望谅解。

关于地名和人名部分，除了遵循基本学术规范的要求之外，也有例外。在上卷部分，有些加拿大地名是按照先侨和早期华文媒体的惯例来称呼，比如卑诗省首府维多利亚，在当时称为域多利。而在下卷部分，则完全按照现有的地名称呼。当然，因为历史的原因，一些先侨的名字，有的是姓氏在先，有的是名字在先，还望读者注意。

这里特别声明的是，书中有极少数几个章节的部分内容，已经在北外加拿大研究中心出版的刊物上刊登过，为此已经告知和感谢相关人士。

最后，感谢未来的读者，你们是此书的最后评审者，期待你们喜欢这本通史，并坦率指出我们的不足之处。

丁果
2021年12月

序一
为百年移民史留下见证

散居在中国以外的中华民族的子孙后代，现有许多名称：华侨、华人、华裔、华族、海外华人、海外同胞、外籍华人等。在加拿大，侨居的中国人称加籍华人、加侨、华裔加拿大人、华族加拿大人等。

以往凡是在海外有中华民族（或中国人）血统的居民，不论已入了当地国家的国籍与否，皆称为"华侨"。1950年代中叶，中国为了促进与华侨居住国的友好关系，采用单一国籍法。1980年9月10日颁布的《中华人民共和国国籍法》，不承认公民双重国籍。因此，"华侨"的定义就变得简单明了了，即指居住在国外的中国公民，仍保留中国国籍。而"华人"则是指居住在国外的中国公民，取得外国国籍后，即丧失中国国籍，但仍然保持中华民族特性，例如，在家庭生活中还用中国语言对话、阅读中文报纸及书籍、庆祝中国传统节日、收听听看中文广播电视等。但很多老华侨的子孙，不懂中国语言，没有中国文化的传统，生活习惯已是全部外国化，所以，他们便是"华裔"，指"含有中华民族血统的外国人"。

根据这些定义，"华人"及"华裔"即是"外籍华人"，所以我们入了加拿大籍的中国人，便不算是"华侨"。在中国国内，我们被称为加侨或加籍华人（Canadian Chinese），强调与中华民族的认同感。但在加拿大，我们自称华裔加拿大人（Chinese Canadian），强调与加拿大的认同感。

本书研究华族人居住在加拿大的历史，为简单起见，我们便用以往通用的"华侨"称呼，包括"华人"及"华裔"。根据加拿大卑诗省历史文献所存的真迹文献，英国船长（John Mears）于1788年和1789年，在香港和澳门聘请了120名华工，将他们带到加拿大西岸的温哥华岛奴加港（Nootka Sound）地区工作，以后再没有华人到加拿大的文献记录，直到1858年华人去往卑诗殖民地淘金，为华人移民加拿大之开始。

1858年至1966年百余年间，华人的遭遇发生了不少变化，比如在1875年，卑诗省政府开始剥夺华人投票权；1885年，联邦政府要求华人移民缴纳入境"人头税";1923年又施行排华法案,禁止华人移民入境。总体而言,华侨在加拿大一直被当地白人歧视和隔离,直至1967年,加拿大政府取消排华法案,并推行多元文化的政策,华人和其他有色人种移民才被接纳,并逐渐融入主流社会。因此,加拿大华侨移民史可分为两部分,上半部是《加拿大华侨移民史:歧视和隔离时期,1858—1966》,下半部是《加拿大华侨移民史:接纳和融合时期,1967—2001》。

黎全恩教授在出版社合同签名照片

最后特别要指出的是,这本书尽可能使用了在加拿大迄今为止可以找到的有关华人的原本中英文文献和可信资料,并采用口述历史的方式,实地采访了早期华人的后代,为这段风雨飘摇的百年移民史留下活的见证。本着严肃的学术钩沉,在以前有关加拿大华侨历史的各类中英文著作和论文中的不少错误和谬传乃至空白,也得到了纠正和补充。

将英文地名、姓名等翻译为中文,并没有规定方式,为最困难之处。本套书采用黄秀莲和沈文轩主编的《最新世界地图集》(中国地图出版社,1992年版)第70、71页所用的中文翻译。例如:"Victoria"翻译为"维多利亚",但本地老华侨翻译为"域多利"。地图集内的"Montreal"译为"蒙特利尔",但本地老华侨及中文报章多称为"满地可"。因此,本书首次所用的英文地名,其后面将有地图集和本地常用译名，例如：Victoria（维多利亚，本地称域多利）、Edmonton（埃德蒙顿，本地称爱民顿或点问顿）。本书不用"不列颠哥伦比亚省"（Province of British Columbia），而用当地华人简译的卑诗省（Province of BC）、用"缅省"而不用"马尼托巴省"来翻译Province of Manitoba。微小乡镇，地图集及本地华侨没有中文翻译的话，本书则只写其英文名称，不用中文翻译。本书的附录在英文名字后，抄下黄秀莲和沈文轩主编的《最新世界地图集》及本地华侨不同的翻译作为参考。

黎全恩

2012年12月

序二
移民史与耕耘

　　加拿大国土广袤无垠，是一个以移民为主的国家，在种族和文化等方面呈现多元化。作为加拿大的少数族裔之一，加拿大华侨的移民历史不太遥远，始于1858年的淘金潮。从淘金潮到今天，已经过去100多年了。在这百年沧桑岁月里，华侨、华人从饱受欺凌、衣衫褴褛奋力打拼，到反对种族歧视、努力争取族裔权益，走过了艰辛的历程。随着生存环境的改善，华侨、华人逐渐在商业、科技和文化，甚至于社会、政治等方面取得卓著成绩，日渐融入当地社会。

　　《加拿大华侨移民史1858—2001》一书就是从政治、经济、文化、教育、传媒等方面书写华侨华人的历史风貌。由于这是一项挖掘历史和推陈出新的工作，因此需要搜集分散在加拿大各地的珍贵史料，并对各种口述历史、文献等进行甄别、比较、筛选、分类、统计和研究，进而形成一个前后对应且完整的论证体系，过程可谓极其艰辛。

　　这套学术著作中多次引用《大汉公报》《醒华日报》《洪钟时报》《快报》《世界日报》《加京华报》《加华侨报》《华埠通讯》《明报》《时代周报》和 Chinatown News 等报刊资料，但是要翔实描述加拿大华侨华人在歧视时期移民原因的复杂性以及从1967年至2001年间加拿大华侨华人历史的全貌，并在此基础上进行分析和总结，还欠缺不少第一手权威资料。比如，报刊报道的某些事件必须在找到原始文献之后才能予以佐证。还有些事件，当事人已经离世，而相关人员由于不了解事件全部经过，无法提供完整的资料。针对这样的案例，我们从逻辑上对事件发展的走向加以分析，通过多渠道的联系查找，将散落在各地的信息汇总在一起加以交叉验证，最后得出合理的结论。

　　如同科技领域的研究，在移民史这个研究领域，同样没有捷径可走，需要长期的积累。在调研中寻找并联系上恰当的当事人、先侨后代以及亚洲原居地相关人士后，要取得他们的信任，只有历经一段良性的互动才能实现，而这只是获得准确翔实资料的开端。为了确认所述事件的真实度，既要联系其他熟悉这段历史的人员加以证实，还要根据自己准确掌握的真实历史信息加以判断。我们在建立一个可信的信息源网络方面投入了相当大的精力。幸运的是，信息化时代科技的发展大大提高了调研的效率。异地实时对话和电子邮件等快捷通信方式有助于迅速与当事人取得联系，并对其提供的档案文件、图片以及文字叙述进行筛选和确认。加拿大各级政府和学术机构现代化的数据组织和存储，加上灵活的搜索查询方式，使我们更容易从资料库深层结构中查到原始文献、政府的法律法规、移民部和国家统计部门的相关数据，以及华文教育、华文传媒、华文艺术、华人社团、华人参政等各类的文献和资料。

另一方面，得益于生活在加拿大，我们多次前往加拿大各埠主要华人历史遗址进行实地考察，与主要社团、侨界人士、先侨后代和参加过二战的华裔军人等探讨历史问题，采访搜集了一些鲜为人知的史料和口述材料，再加上黎教授赠予我的一些珍贵资料，一并纳入本套书中。这些成果既填补了以往移民史研究的一些史料空缺，也纠正了其中一些以讹传讹的错误。

在《加拿大华侨移民史 1858—2001》这套书中，展现了在国际社会倡导人类平等的大环境下，更多华侨华人增强了政治意识和族群表达意识。他们造福桑梓及加拿大，兴办各种公益事业的行动，在赢得了大多数人的尊重的同时也取得了一定的政治地位。然而，自新冠肺炎疫情暴发以来，加拿大温哥华、多伦多、卡尔加里等地多次发生的歧视华人事件，引起了很多华人的担忧，其根本原因值得深思。可以看到，虽然政府所倡导的人人平等的法案已执行了数十年，但对亚裔尤其是华裔的歧视依然存在于某些白人心里，只是碍于加拿大多元文化政策的执行和广泛的社会监督而没有彰显出来。由此提醒我们，华侨来到加拿大后，在辛勤建造新家园的同时，除了和其他少数族裔一道积极敦促政府制定宪法等以人人平等为宗旨的各项政策法规，更重要的是，在文化、社交等方面，必须取得各族裔发自内心的认同。历史是一面镜子，《加拿大华侨移民史1858—2001》既帮助大家了解华侨华人在加拿大饱受歧视及奋争的历史，了解他们在加拿大建国和建设的过程中所做的贡献，同时也指出华人的一些必须摒除的弊病。在当今全球一体化的大环境下，我们需要用更深刻、更广泛的视角来评价和总结华人社群的历史和今天，遵守加拿大法律法规，反对种族歧视，保持和其他族裔良好的互动，一起为加拿大的社会平等和经济发展、为中加长远的友好往来做出贡献。

贾葆蘅
2021年12月

序篇
华工出国的历史背景

华夏民族的形成，就是一部各部落、各民族迁徙融合的"移民史"，而中国人移居海外的历史，也可追溯到 2000 多年以前。如果说近代以前的所谓"移民"，仍然属于各地民族融合以及近代国家形成的自然过程，那么，近代以后的"移民"，就具备了当代移民所具有的全部意义。

不管移民的原因如何，移民的地位如何，移居地国家对待移民的政策、立场和态度如何，都要受到当今社会的基本价值标准评判。百年的移民史研究，也就超越了历史学象牙塔的狭小范围，成为影响当代历史发展的重要部分。令人关注的是，这种现象日趋重要，其原因就是全球化发展的潮流，其最大后果之一就是，移民成为国际社会发展的常态，也成为国家内部发展的常态。故此，对近代以后移民史的研究，自然成为现代国家发展战略的重要组成部分。

无论从移民的规模，还是从移民遭遇的经历来看，中国人在近代走向世界的历史，就是一部中国近代屈辱历史的缩影，也是一部中国人在海外衣衫褴褛、忍辱负重、和平重建最基本人类生存环境的奋斗史。

明末清初时期，华人走向海外是零散的、小规模的，尚没有形成今天所说的真正意义上的侨民群体。一直到鸦片战争之后，华人漂洋过海，才形成群体的规模。而在北美，即美国的旧金山（San Francisco，又称三藩市）之后，加拿大西部则成为华人华工来加拿大开拓的发源之地。

一、华工出国的国内原因

近代中国是一个灾难深重、落后于世界潮流的国家。

究其主因，与清朝的天朝心态和驼鸟立场不无关系，这种既自卑又自大的心态产生了闭关自守的对外政策。清政府拒绝任何的新生事物，也拒绝来自外部世界的改革潮流，固守重农抑商的传统政策。

其实早在明末清初，中国已经出现了资本主义萌芽，但其成长过程却异常艰辛和漫长，而愚昧无知的清廷非但没有与时俱进，与世界的进步接轨，让中国社会顺利转型，反而采取了严重影响社会发展的禁海政策，尽可能地阻断中外之间的民间往来，清廷认为，由此可以维护清朝八旗贵族的封建专制利益。中国这个在西方传教士马泰奥·里奇（即利玛窦，Matteo Ricci）笔下的"富有、强大"的文明古国，在闭关自守中逐渐落后，变成了一个缺乏竞争、一潭死水，甚至积弱积贫的国家。

追溯历史，清朝在其初期和中期，经济持续稳步增长，出现了康乾盛世。在康熙年间，清政府进行了赋税改革，采取了一系列有利于社会经济发展的政策，比如摊丁入亩、滋生人丁、永不加赋等。尤其是摊丁入亩，其主要内容是将丁银摊入田赋征收，废除了以前的"人头税"，这样一来，地少的农民减轻了一些负担，无地之人可以摆脱丁役负担，由此相对缓和了土地兼并。对土地兼并的抑制，使得大量自耕农生存下来；而丁徭的取消，又促进了人口的增长，再加上这一时期清朝除了边关征伐，内部相对和平，经济相对发达，导致了清朝中晚期的人口增加与膨胀。据估计，从1775年到1851年，中国的人口大幅增加，即从1775年的2.6亿增加到1851年的4.3亿。[1]

就在清朝经济出现繁荣局面的时候，从乾隆、嘉庆朝开始，既得利益者为了满足私欲，横征暴敛，加剧土地兼并，使得人均占地面积迅速减少，这时人口的大幅度增长已经成为阻碍社会经济发展的消极因素。[2]人口的激增，引起一系列连锁反应，可耕地严重不足，而且还被集中在清朝贵族和地方乡绅等少数人手中，这就产生了严重的社会问题。因为中国是农业大国，土地是人民生存的根本，没有土地就意味着失去生存之路。当清代封建经济日渐衰微，资本主义萌芽的成长受到遏制的时候，清政府还限制出海经商，这更加阻碍了中国，特别是珠江三角洲经济的发展，减少了农民在失去土地之后，依赖其他手段谋求生存的途径。

此外，到了清朝中晚期，自然灾害频繁发生，干旱水涝、饥荒缺粮，导致更多的人贫病交加，生活在最低生存线边缘。1841年，黄河在河南祥符县（今属开封）上汛三十一堡决口。[3]1898年以后，山东省几乎每年都发生黄河泛滥，造成千万人死亡。长江、汉水流域洪水频发和农业收益减少的记载也比比皆是。从1851

---

[1] 骆毅：《清朝人口数字的再估算》，《经济科学》1998年6期，第120—128页。
[2] 《清实录·乾隆朝实录》卷之三百六十八。
[3] 刘仰东，夏明方：《灾荒史话》，社会科学文献出版社，2011年，第3—6页。

年到 1908 年，广东省台山县遭受过 14 次大的洪水、7 次飓风、4 次地震、2 次干旱、4 次瘟疫和 5 次饥荒。[1]

祸不单行，与清廷的闭关自守相对照，近代欧洲则在文艺复兴后，资本主义大潮汹涌，成为新的世界经贸中心，并快步向殖民帝国迈进，中国成了他们眼中的目标。

随着资本主义的发展，荷兰、西班牙和英国作为海洋强国，先后对亚洲尤其是东南亚国家进行掠夺性贸易和殖民扩张，而对亚洲日落帝国之中国，则加强限制其海上商业活动，包括政府官方和私人商船的活动，对走私船只更是严加打击。西方工业革命之后，资本主义生产力大幅提升，欧洲市场产品过剩严重，导致英、法等国加速扩张对外贸易、拓展殖民地，为其工业产品寻找市场和销路；而在另一方面，这些西方强国又迫不及待地在亚洲和其他地方抢夺自然资源和廉价劳动力，以扩大再生产和牟取更多利润。

本来英国殖民主义者输华的商品主要是纺织品、金属制品和从印度运来的棉花等廉价产品，而英国及欧洲的新贵族则急需中国的茶叶、丝绸、瓷器等高价奢侈商品，中英之间的贸易极不平衡，中国方面一直保持着贸易顺差的地位。

在这种情况下，英国为了扭转它在对华贸易中的不利地位，一直寻找着机会。最终，鸦片这个开有美丽花朵的毒品给他们的贸易带来了转机，他们在 1773 年确立了向中国大量输入鸦片的政策，为了达到这一目的，他们不惜采取贿赂官吏甚至走私等卑劣手段。英国通过鸦片走私，在双边贸易上立刻变劣势为优势。从 19 世纪 30 年代起，在英国对华贸易总值中，鸦片占比很高[2]。鸦片贸易使得中国的白银外流日趋严重，中国内部经济状况日渐恶化，社会矛盾加剧，普通民众的生存空间日趋狭小，广东等沿海地区的情况尤为严重。

道光皇帝在严峻的形势下，任命林则徐为钦差大臣，并节制广东水师，驰赴广州查禁鸦片。1839 年 6 月 3 日至 25 日，林则徐主持在虎门海滩销毁收缴的鸦片，这就是近代史上著名的"虎门销烟"。[3]

林则徐的禁烟，显然直接打击了伦敦资本家的要害，在他们的强烈要求下，

---

[1] 福建南安县丰山族谱（抄本），转引自孙谦：《清代华侨与闽粤社会变迁》，厦门大学出版社，1999 年，第 25 页。
[2] 庄国土：《茶叶、白银和鸦片：1750—1840 年中西贸易结构》，《中国经济史研究》1995 年第 3 期，第 64—78 页。
[3] "镇口销化鸦片记"，《中国丛报》1839 年 6 月神治文报道；《鸦片战争档案史料》，中国第一历史档案馆编，天津古籍出版社，1992 年出版。

英国政府凭借着自己的船坚炮利，很快就向中国发动了鸦片战争。而此刻的清政府是吏治腐败、贪官横行，在需要能臣干将的时代，上台的却是一帮昏庸侏儒，所以清政府在英帝国主义近代海军的攻击下，迅速落败。

1840年，英国用大炮轰开了中国的国门，第一次鸦片战争爆发了，随之而来的是那个"万邦来朝"、繁荣富强的国家消失了，那个令人向往的泱泱大国迅速瓦解。而1858年到1860年之间的第二次鸦片战争，更使得中国一落千丈，处于挨打的地位，很快成了自卑自弃、落后分裂的国家。

两次鸦片战争之后，不但老牌的帝国主义，连俄罗斯、日本等后起的帝国主义国家都继而效之，通过枪炮打开闭关自守的中国大门。中国大部分港口城市都被迫对外开放通商，中国失去关税自主权，鸦片贸易合法化，中国赔款给英、法各800万两白银，[1]中国契约的工人被卖到海外做苦力，巨额的赔款负担转嫁到普通老百姓头上，税收猛涨，使本已陷入赤贫的广大农民更加苦不堪言。

伴随着清朝的衰败没落和中国沦为半殖民地，在中国社会与经济诸方面的困境下，百姓们为了生存和寻找活路，纷纷揭竿起义，短时间内，中国就爆发了太平军、捻军等上百次农民起义。在社会巨大变革之中，清政府一边镇压农民起义，并采取赶尽杀绝的残酷政策；一边不管百姓死活，变本加厉地横征暴敛，这就触发了民众外逃和人口外徙的局面。

二、华工出国的国外原因

华人出国谋生，除了国内环境的逼迫之外，国外诱因也是一个重要因素。昔日往东南亚，如新加坡、马来西亚等国家的华工，基本上都是苦力。他们是招募劳工的工头给了一笔钱后，如买"猪仔"一般被买去，随后被运往东南亚，再被卖给当地公司。他们不知道会在什么地方工作，也不知道工作时间及工作多久，完全失去人身自由，大部分都客死异国他乡。而前往加拿大的华工，情况不同，有些人是以"赊单"形式出国的，也就是说，他们的出国费用是欠账的，由在旧金山和香港的外国公司、中国商人及其亲戚代为垫付船费，华人到达目的地后，再通过劳动所得分批偿还。所以"赊单"华工尽管不属于"奴工"，但在还清债务前，也没有完全的自由。

19世纪的北美，仍然处于积极开发的时代，尤其是美国、墨西哥战争结束后，亚利桑那（Arizona）、加利福尼亚（California，简称加州）、内华达（Nevada）等

---

[1] 中法北京条约（1860.10.25）；中英北京条约（1860.10.24）。

全州归入美国，新区的开发轰轰烈烈地展开。美国人詹姆斯·马歇尔（James W.Marshall）率先在美国加利福尼亚河流中寻找到金砂的消息，[1]激发起美国的淘金潮，华人前往加州淘金，称当地为"金山"。其后，加拿大西部也发现了金砂，华人也加入了这第二个"金山"淘金潮之中。[2]

与加州等地区相比，加拿大处于北边，气候上不占优势。从欧洲来的移民，首先当然是选择独立后的美国，那是一片新的天地、新的体制，拥有新的机会。加拿大虽是英国殖民地，却是"逃离欧洲者"的次要选择。而同其他欧洲殖民者一样，以前英国殖民者在美洲殖民地的开发过程中，劳动力的来源主要是欧洲的契约奴以及来自非洲的黑奴，废除奴隶制和白人契约奴工之后，就断绝了来自非洲等地的劳动力供应。同样，在美国，廉价劳动力的来源也没有了，也需要更多的白人劳工投入建设，这使得白人往加拿大方向迁移的人数也十分有限，可是加拿大西部地区的开发，需要更多的劳动力，这样就出现了劳动力危机。为经济所迫，西方，尤其是加拿大英属殖民地统治者，开始把目光转向了中国。

第二次鸦片战争后，英法联军强迫清政府于1860年签订了《北京条约》，其中第五款规定："凡在华民，情甘出口，或在英国所属各处，或在外洋别地承工，俱准与英民立约为凭，无论单身或愿携带家属，一并赴通商各口，下英国船只，毫无禁阻。"[3]该条约表明，清政府已承认了列强在华招工的合法化。此后至1868年，清政府又先后被迫与英、法、西、美等国签订了《天津条约》[4]《招工章程条约》《中美天津条约续增条约》（Burlingame-Seward Treaty of 1868）[5]，确立了苦力贸易制度，这就为华工出国提供了有利条件。

中国劳工成为可以依赖的劳动力来源，是因为中国劳力众多、价格低廉且温顺听话，从不制造麻烦，这样任劳任怨的劳动力满足了贪婪殖民者的需求，也就为中国华工出国提供了客观条件。加拿大西部开发的模式，基本上是遵循美国西部开发的模式，先是淘金潮，后是修铁路，然后是开发农业、零售业等，而华工的参与模式，亦是大同小异。

随着西方国家强势的逼迫和诱惑，中国沿海地区的殖民地色彩日益加深。与此同时，西方工业革命后，汽船代替了木帆船。航运技术的更新，造成了华工出

---

[1] https://www.loc.gov/item/today-in-history/january-24/，检索时间：2021年8月29日。
[2] 1849年，华人前往美国加州淘金，称该地为"金山"。1858年在加拿大西部也发现金砂，昔日华侨也称为"金山"。
[3] 《筹办夷务始末》咸丰朝，卷六十七。
[4] 《咸丰条约》，卷四，第21—31页。英文本《海关中外条约》，卷一，第713—727页。
[5] 又称《蒲安臣条约》（Burlingame-Seward Treaty）。

国的便利，这也对中国人移民北美洲起了很大作用。

综上所述，中国华工出国的外部背景，是因为当时国外大量需求劳动力，而中国廉价劳动力意味着更便宜的劳动力商品，意味着节省金钱，在生产关系适应生产力发展的情况下，英国殖民者便把目光投向了中国。自从1840年鸦片战争结束后，英国在中国攫取了许多特权，他们逼着清政府签了许多不平等的条约，其中包括华工出国条约，从而使得苦力贸易合法化，这就为掠夺中国劳动力提供了机会。而随着中国海禁政策的被取缔和运输业的发展，中国华工可以畅通无阻来到海外，他们在海外即使很艰辛，毕竟还是找到了谋生之路，这也吸引着中国华工纷纷前往加拿大。

三、珠江三角洲成为华工前往北美洲的集散地

到了18、19世纪，中国开始出现成批移民迁往北美洲的现象，当时大批外移加拿大华人主要集中在"三邑"和"四邑"。例如，1884年到1885年间，约5000名域多利中华会馆的成员，64%来自珠江三角洲附近的"四邑"（台山、新会、开平、恩平），18%来自三邑"（南海、番禺、顺德）。[1]

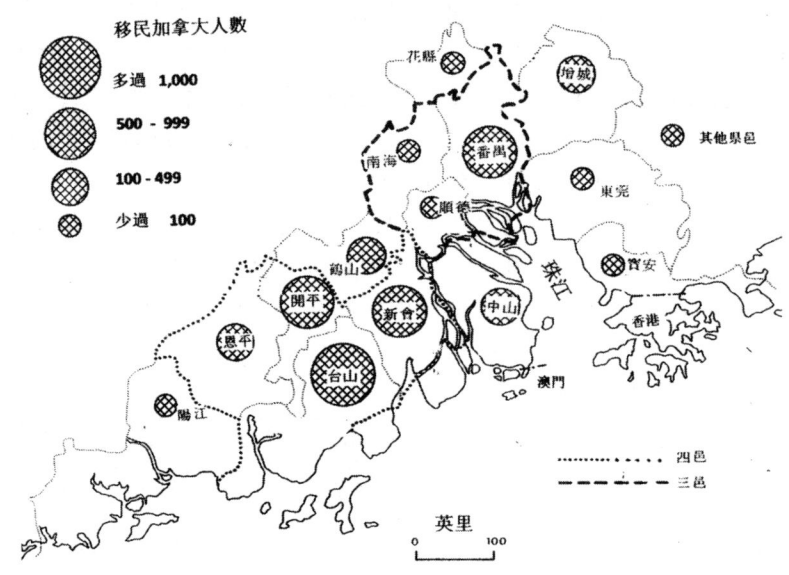

图0.1 加拿大华人移民的家乡，1884—1885
资料来源：黎全恩

---

[1] 见于1884、1885年域多利中华会馆的票根单据。资料来自域多利中华会馆。

为什么会这样呢？

第一，珠江三角洲人多地少情况严重，而且在赋差越来越繁杂的情况下，不少农户因"畏惧差徭，必藉绅衿出名，报垦承种，自居佃户"[1]，以致佃户越来越多。在广东省，1888年有70%的农民是佃户。[2] 顺治朝时，广东人均耕地有7亩多；嘉庆二十五年（1820年），人均耕地已不足2亩；至道光25年（1845年），仅为1.3亩。[3] 清朝前期，"三邑"和"四邑"市镇的经济都很繁荣，它们的冶铁、纺织、制糖、缫丝、外销瓷加工等饮誉中外，手工业也十分发达。但随着时间的推移，农村和城镇社会两极分化越来越严重，封建地主加剧对土地的兼并，资源都被少数人占领了。

第二，广东遭遇两次鸦片战争，承受了巨大的战败后果，以赔款而言，广东省要负担赔款的70%。[4] 昔日中国各地货币不同，通常农村使用铜币，城市及对外贸易使用银币，当时是用银币赔款，因此，银币价值日升，铜币日渐贬值，使得农村经济遭到极大的破坏。此外，英法联军在广州烧杀抢掠，搜刮民财，广州人民陷入了赤贫的深渊，珠江三角洲的经济与社会处于崩溃的边缘。而这一时期，大量鸦片流入珠江三角洲，造成白银外流，使得珠江三角洲银贵钱贱的现象相当严重，这不仅加速了手工业者和商人的破产，也使得百姓的生活日渐艰辛。另外一方面是五口通商后，贸易逐渐由广州转向了上海，再加上香港的竞争，广州在对外贸易中的作用越来越弱，很多人丧失了工作，产生了严重的社会危机。

第三，洋货倾销肆虐，挤垮了珠江三角洲的传统手工业。原本广东从事纺纱业人数众多，可是随着洋布的涌入，许多人破产失业。而珠江三角洲的冶铁业、制铁业、榨油业，也都受到西方商品倾销的冲击。这一切使得地少人稠的中国东南沿海，出现了更多为生存而挣扎的劳动大军，越发激化了社会矛盾。尽管当旧的经济结构瓦解时，开始有民族资本兴办的新企业出现，但是，由于这些企业不为腐朽的封建势力所容，而且倍受外国资本主义的压迫和排斥，因而极难获得发展。在这种情况下，"三邑"和"四邑"等县的人为了生存，只得远走他乡。

第四，清朝统治者变本加厉地横征暴敛。鸦片战争之后，清政府为了转嫁危机，对百姓是敲骨吸髓，频立苛捐杂税。日益严重的封建剥削，不仅严重摧残了农村的生产力，加速了农村的破产；而且，对珠江三角洲城镇经济的打击也是巨

---

[1]《清实录·乾隆朝实录》卷之一百七十五。
[2] Dwight H. Perkins, *Agricultural Development in China, 1368–1968*, Aldine Transaction, 2013, p.101.
[3] 孙谦：《清代华侨与闽粤社会变迁》，厦门大学出版社，1999年，第25页。
[4] 陆国俊：《美洲华侨史话》，商务印书馆，1997年，第19页。

大的，使得中国民族手工业和商业在资本主义经济侵略面前，更加丧失了抵御的能力。

西方的入侵和清政府的盘剥，使得珠江三角洲各种矛盾日益恶化。1854年，广东省出现了天地会起义，[1]但是在清政府和西方势力的内外勾结和强力镇压下失败了。随后，清政府加强了对起义者的清剿，广东、福建等省的农民大批逃往香港、澳门和南洋等地。出洋避祸，引发了华人出国的高潮。此外，客家人与本地人械斗达14年之久，[2]在这场土、客兄弟阋墙的械斗中，很多西方入侵者却坐收"渔人之利"，他们把土、客两边的俘虏当成"猪仔"运往南美洲，从中赚取大量金钱。

四、总结

在西方侵略者和中国封建统治者的利诱威逼之下，有些华工选择了自愿出国，有些是被骗出国的，有些是不得已出国的，有些是被绑架当作"猪仔"贩卖而去的，有些是以"赊单工"身份出去的。总之，基于民族、地缘、血缘关系相互牵引造成的移民现象发生在近代中国，是有着各种复杂的政治、经济、社会、历史等内部和外部原因的。

而在1848年之后，早期有极少数华人在美国和加拿大淘金发了财，当消息传到中国乡里，身处水深火热之中又想寻求活路的中国人，立刻充满了憧憬，他们认为这是一个摆脱贫困的绝好机会，于是他们把心中美好的希望寄托在这块生死未卜的"金山"土地上。为了实现"发财梦"，广东、福建两省很多青壮年男子背井离乡，远渡重洋来到加拿大寻找他们的淘金梦。

综上所述，伴随着华人的到来，加拿大开启了一个新的时代。可以说，华人的加拿大移民史，是加拿大历史最重要的组成部分之一。

---

[1] 咸丰年间的两次民间起义，广宁县人民政府，http://www.gdgn.gov.cn/zjgn/whcl/content/post_1422627.html#:~:text=%E6%89%80%E8%B0%93%E2%80%9C%E7%BA%A2%E5%B7%BE%E4%B9%8B%E4%B9%B1,%E6%B4%AA%E5%BE%B7%EF%BC%8C%E7%A7%B0%E2%80%9C%E5%B9%B3%E6%B5%94，检索时间：2021年8月29日。

[2] 郭嵩焘与晚清广东土客大械斗，湖南图书馆 http://hnjdrw1.txhn.net/wx/rwyj/yjwz/201611/t20161129_552300.htm，检索时间：2021年8月29日。

第一编

自由出入时期
（1858—1884年）

加拿大是一个非常年轻的国家,而在这块土地上生活的印第安人,则有千年的历史。印第安历史文化,对加拿大这个现代国家的形成,影响或许并不是很大,但它却在这片广袤土地的地理名称上,刻下了无法磨灭的印记。"加拿大"一词,源于印第安语,有"村落"的意思。在哥伦布发现新大陆之前,加拿大在欧洲人眼里,是人迹罕至、满目蛮荒之地,但在祖祖辈辈生活在这里的原住民眼里,这是他们捕鱼狩猎的美好家园。

　　北美疆土划分之后,加拿大整体的面积大约为998万平方公里,超过美国。[1]

　　从17世纪起,法国殖民者先踏足这块土地,近百年后,英国人打败法国殖民者,这里又变成大英帝国的殖民地。[2]

　　1849年,英国在加拿大西部建立温哥华岛殖民地(Colony of Vancouver Island)。[3] 1858年,建立不列颠哥伦比亚殖民地(Colony of British Columbia)。[4] 1866年,两个殖民地合并为一个联合不列颠哥伦比亚殖民地(United Colony of British Columbia),[5]以后简称卑诗殖民地,又称卑斯殖民地。美国独立战争之后,欧洲殖民势力式微,加拿大也走上独立建国之路。1867年7月1日,英国议会通过了《英属北美洲条约》(British North America Act of 1867),[6]正式承认加拿大自治权,最早是由东部的安大略省(Ontario)、魁北克省(Quebec)、新斯科舍省(Nova Scotia)、纽宾士域省(New Brunswick)四省组成加拿大联邦政府,这历史性的一天也被定为加拿大的国庆日。

---

[1] Geography,加拿大统计局官方网,https://www150.statcan.gc.ca/n1/pub/11-402-x/2011000/chap/geo/geo-eng.htm,检索时间:2021年8月29日。

[2] The Arrival of the Europeans: 17th Century Wars,加拿大联邦政府官方网,https://www.canada.ca/en/department-national-defence/services/military-history/history-heritage/popular-books/aboriginal-people-canadian-military/arrival-europeans-17th-century-wars.html,检索时间:2021年8月29日。

[3] 1849-Vancouver Island Becomes a Colony,卑诗省省议会官方网,https://www.leg.bc.ca/dyl/Pages/1849-Vancouver-Island-Becomes-a-Colony.aspx,检索时间:2021年8月29日。

[4] 1858-The Mainland of British Columbia Becomes a Crown Colony,卑诗省省议会官方网,https://www.leg.bc.ca/dyl/Pages/1858-Mainland-British-Columbia-Becomes-a-Crown-Colony.aspx,检索时间:2021年8月29日。

[5] 1866-The Island and Mainland Colonies are United,卑诗省省议会官方网,https://www.leg.bc.ca/dyl/Pages/1866-Island-and-Mainland-Colonies-United.aspx,检索时间:2021年8月29日。

[6] British North America Act, 1867 - Enactment No. 1,加拿大联邦政府官方网,https://www.justice.gc.ca/eng/rp-pr/csj-sjc/constitution/lawreg-loireg/p1t11.html,检索时间:2021年11月29日;1867-The Dominion of Canada is Created on Jul. 1,Legislative Assembly of British Columbia,https://www.leg.bc.ca/dyl/Pages/1867-Dominion-of-Canada-Created-July-1,检索时间:2021年8月29日。

1871年，联合卑诗殖民地正式加入加拿大联邦政府，成为卑诗省（British Columbia）。不可否认的是，与东部和大西洋省份比较，卑诗省遭遇了加拿大主流政治的忽视，被严重边缘化，但是，作为连接加拿大与亚太地区的门户，卑诗省成为华工、华人进入这个枫叶之国的桥头堡，百年沧桑，成为加拿大华人历史的主页。

现代国家意义上的加拿大，其形成经过从东到中再到西的历史过程。而对于加拿大西部来说，加入加拿大联邦经历了一个曲折的过程，如果没有华工参加太平洋铁路的建设，西部就有可能进入美利坚合众国的版图。

历史事实证明，华侨、华人在加拿大国家建设的早期就已经大规模参与，主要体现在西部地区的淘金潮和太平洋铁路的建设之中。华侨、华人的人口分布，也与此有关。淘金潮时期的华工，其实就是"苦力"的代名词。他们从美国和亚洲来到加拿大西部，其特点是贫穷、年轻，以男性为主。他们背着债务和亲人的期盼，漂洋过海，来到加拿大这块年轻的土地打拼。他们是当之无愧的新国家的建设者，却被置于社会的底层，备受压迫和欺凌；他们承担着最艰巨的工作，却拿着最低的报酬；他们衣衫褴褛，浴血奋斗，却遭到无端的歧视；他们贡献诸多，却被无情抛弃。他们的经历，是中国人在弱国时代走向海外的惨痛历史写照，却又是中国人在海外白手起家、开创新生活的发端。在加拿大西部发展壮大的过程中，华商起到了举足轻重的作用。他们是先行者，他们是搭桥人，他们是中间商，他们是管理层，他们是西方财阀的买办，却又是华人群体的领袖。他们独特的作用和贡献，是唐人街兴起、壮大的中流砥柱。

在早期华人社群的发展史上，中华会馆以及洪门扮演着重要角色。但必须承认的是，唐人街也出现了妓院、烟馆、赌场、堂斗等负面问题，以至于成为主流社会排华的"借口"。值得一提的是，早期华人与土著印第安人的关系，为加拿大提供了少数族裔互动的历史先例。

第一章
两次移民的热潮

早期华侨渡过太平洋移居加拿大，寻找"金山之梦"，同时，也让加拿大的早期建设，不可否认地刻上了华人贡献的烙印。对加拿大华侨、华人的历史，尤其是西部华人历史发展而言，最具里程碑意义的象征，当数至今还存在的华工淘金场和加拿大太平洋铁路的遗址。不过早期的华工虽然以淘金和修铁路为主，但也有其他行业的工人，包括给白人帮佣等。早期华工彼此依靠，忍辱负重地生活，通过吃苦耐劳和勤奋肯干，奠定了后来唐人街发展的基础。在早期唐人街发展的过程中，华商起到了关键的领导作用。

第一节　淘金时期

一、早期来菲沙河流域的华商和华工

18世纪末，有零星华人作为临时雇工，随西方殖民探险家来到温哥华岛。据约翰·米尔斯船长（Captain John Meares）1788年至1789年的航行回忆录（*Voyages Made in the years 1788 and 1789, From China to the North West Coast of America*）记载，[1] 他从中国澳门聘请了50名中国人，其中包括铁匠、木工手艺人和一些熟悉中国海的水手等，分别服务于约翰·米尔斯的两艘船，其中大部分华人被分配在约翰·米尔斯自己指挥的船上。两艘船于1788年1月22日从中国启航，分别

---

[1] Meares, J., Voyages Made in the years 1788 and 1789, From China to the North West Coast of America, Vols., Printed at the Legographic Press, London, in 1791, pp.2–3.,p.10.,p.104., p.220.; Meares, J., Voyages Made in the years 1788 and 1789, From China to the North West Coast of America, Vols., Printed at the Legographic Press, London, in 1791, Appendix, Table VIII:633; Meares, J., Voyages Made in the years 1788 and 1789, From China to the North West Coast of America, Vols., Printed at the Legographic Press, London, in 1791, Appendix, Table VII:619, 632; Meares, J., Voyages Made in the years 1788 and 1789, From China to the North West Coast of America, Vols., Printed at the Legographic Press, London, in 1791, Appendix：687,690,691.

在 5 月 13 日和 8 月 27 日抵达温哥华岛的奴加海峡（Nootka Sound）。他们中间的一部分人在奴加海峡建造加拿大西岸的第一艘 40 吨重的多桅纵帆船"西北美洲号"（North West America），该艘船于同年 9 月 20 日下水。

1789 年 4 月到 5 月间，又有大约 70 名中国人乘坐两艘船离开中国前往北美。这两艘船分别于当年 7 月 3 日和 7 月 13 日到达奴加海峡。[1]

值得关注的是，这些早期来加拿大的华人被雇佣的主要原因是工价低廉，因为人数太少且偶然性强，之后又有极少数人滞留北美或辗转去了南美，在华人移民史上并没有足够的统计意义，真正大规模来到加拿大西岸的华人劳工最终移民此地始于 1858 年。

1857 年，美国勘探者在加西菲沙河（Fraser River）流域寻找黄金，并发现金沙。[2] 这个消息一传开，点燃了无数人的"淘金梦"，四面八方的淘金者蜂拥而来，形成当时白人所称的"菲沙河淘金潮"。

在美国"金山"的商人，闻讯后立刻就派一名叫阿康（Ah Hong）的华人到菲沙河流域一探究竟。1858 年 5 月，阿康回到旧金山，向华商证实发现"金山"的消息。[3] 这一消息即刻在华人中引发轰动，由此正式开启华人从美国旧金山来到卑诗殖民地，也就是北美洲第二个"金山"的热潮。

在很短的时间里，一批批华工被运送到北部的"金山"，当然也有人徒步到达卑诗殖民地的采矿区。

1858 年 6 月 24 日，旧金山的合记公司（Hop Kee & Company）与刘雅伦（Allan Lowe & Company）船运代理公司，签了一份合同。前者同意支付后者 3500 美元，由后者承运 300 名中国人和 50 吨商品到域多利（Victoria），如果每增加一名乘客再交 20 美元。[4] 那一年整个夏天和秋天，都有华人陆续被运送到域多利，加入菲沙河一带的淘金队伍。

---

[1] Meares, J., Voyages Made in the years 1788 and 1789, *From China to the North West Coast of America*, Vols., Printed at the Legographic Press, London, in 1791, Appendix: 687, 690, 691.

[2] Douglas, Sir James, http://www.biographi.ca/en/bio/douglas_james_10E.html, 检索时间：2021 年 10 月 30 日；Sir James Douglas: History, Library and Archives Canada, https://www.bac-lac.gc.ca/eng/discover/immigration/history-ethnic-cultural/under-northern-star/Pages/douglas-history.aspx，检索时间：2021 年 8 月 29 日；1858-The Mainland of British Columbia Becomes a Crown Colony, 卑诗省省议会官方网，https://www.leg.bc.ca/dyl/Pages/1858-Mainland-British-Columbia-Becomes-a-Crown-Colony.aspx，检索时间：2021 年 8 月 29 日。

[3] "A Chinaman's Account of the Fraser River", *The Daily Globe*, San Francisco, May 16, 1858.

[4] An agreement signed between Hop Kee & Co. and Allan Lowe & Co., Jun. 24, 1858(Provincial Archives of British Columbia).

到底有多少华人（也包括少部分华商）来到加拿大，很难统计出详细数字。[1]当时关于华工来加拿大的传言有很多。有一个传言说，一个设在旧金山的华人公司于1859年春天，将2000名华人带到卑诗。另一个传言则说，位于旧金山的几家华人公司正计划带7000名华人到卑诗。[2]这些传言往往夸大了华人迁徙到卑诗的人数。这些华工乘船抵达域多利后，除了一小部分在城外经商或从事其他职业，大部分都前往霍普和耶鲁等菲沙河流域地区从事淘金工作。

加西的华工，有的来自美国，还有一些来自中国广东省珠江三角洲地区。前者因为路途近，到达的速度快；后者所需时间长，当然慢，而且风险大。

从1860年开始，不少华工从广东省经香港地区和澳门地区乘船来到菲沙河流域。因为广东临海，又最早开埠，比中国内地民众更快获得外部世界的信息。不仅如此，广东等沿海地区有着成熟的宗族制度，以地缘、血缘、亲缘、语缘为纽带形成宗亲网络，为中国东南沿海地区的百姓出国提供了有利条件。而有些先出国并挣了一些钱的人，也会在国内的乡亲面前勾勒一幅漂洋过海、闯荡发财的"美景"，[3]刺激贫穷的乡亲仿效，也远涉重洋，追求渺茫的"发财梦"。

显然，菲沙河流域是一个尚未被中国人熟知的地方，那个地方又发现了金矿，这样的消息，带有刺激性和神秘性，具有很大的诱惑力，吸引着更多的华人，毅然决然铤而走险，踏上漂洋过海的崎岖之途。

至于华侨、华人来北美的旅费，既有前面所说的有些商人先替华人"赊单"支付，也有早出国的华人汇钱给宗亲，帮助他们出洋越海。还有不少人抵押田产、店铺，或者向亲友举债来买船票，前往北美，形成了连锁效应。当然，除了未知的远征之险，还有由于清政府实行"闭关自守"政策，认为海外华人都是背弃祖庐之人，所以华人想要出国，必须躲避政府的视线。

出国华工虽然隐约知道大洋航行的路途艰难，但目睹了腐败无能、千疮百孔，又对国人横征暴敛的清政府，生活在绝望中的华人们决心一搏，把心中的希望寄托在从未到过的"金山"之中，他们就是带着这样的信念出走海外，成了淘金潮中的一支主力军。

1859年12月，一艘名叫"伊斯纳"（Esna）的双桅船从南中国海往域多利航行时，被海盗打劫，船上的人都被囚禁了。1860年4月，一艘挪威船经过62天的

---

[1] "A Pioneer Chinaman", Vitoria Gazette, Jun. 30, 1858.
[2] J. D. Pemberton, *Facts and Figures Relating to Vancouver Island and British Columbia*（London: Longman 1860）, p.170.; Victoria Gazette, Mar. 1, 1858.
[3] "Chinese Immigration", The Daily British Colonist, May 26,1865.

海上航行,第一次从香港地区载了中国商品和 265 名华人到达域多利埠,其中 1 名是女性。[1]可以这样说,当时经过太平洋前往加拿大的人,都经历了九死一生的艰辛。除了难以预测的大洋的风浪颠簸之外,还有海盗的袭击打劫、生死难卜的囚禁。加之饮水极少,缺乏蔬菜提供的维生素,又拥挤在肮脏不堪、密不透风的狭小船舱里,许多人还没有登上大洋彼岸的"梦中金山",就冤死在途中,被抛入浩瀚无边的太平洋里,喂了鱼虾。历史记载,1860 年,一艘从中国运送华工来加拿大的"劳森"(Lawson)号船,在 3 月 28 号离开香港时,清单上记载有 280 人,可实际在域多利埠附近亚斯奎毛(Esquimalt)登岸时,只剩下 68 人。[2]竟然有多达 200 人在航行途中"消失",可谓触目惊心。

幸存的华工到达目的地时,分别在域多利埠之亚斯奎毛海港和新西敏埠(New Westminster)登陆。

上岸后,一些被招来的"赊单"华工,会有相关公司帮他们从政府那里购买有效的"采矿许可证";由亲戚朋友联系过来的,亲戚朋友会协助他们购买"采矿许可证"。不同时期,价格不同。[3]

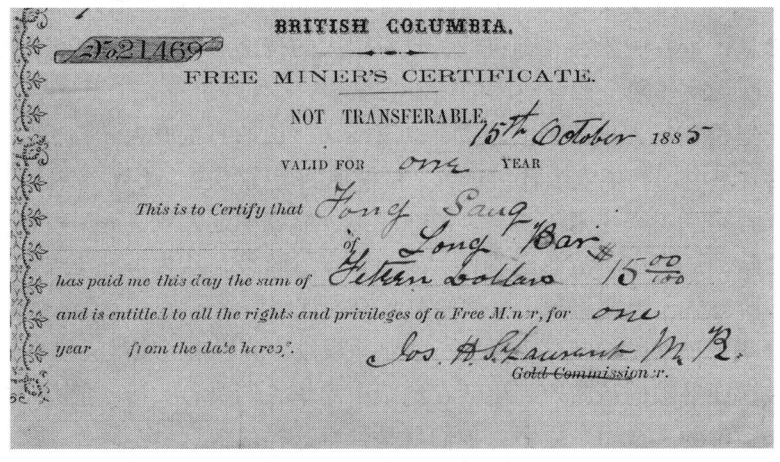

图 1.1　淘金证书,1885
资料来源:黎全恩收集资料复印件

---

〔1〕"Later from China", The British Colonist, Apr. 26, 1860;"The Ship Hebe", The British Colonist, Apr. 26, 1860.
〔2〕"Later from China", The British Colonist, Jun. 9, 1860.
〔3〕1885 年采矿许可证证件。

华工们到达域多利后，很多人暂住在华商卢卓凡、张祖等人建在盖莫伦（Cormorant）街的木屋里，[1] 他们准备好简陋的淘金工具以及食品、服装后，就把所有行李放在两个包袱里，用扁担挑着，乘船前往菲沙河口。当船靠岸时，华工们上岸并步行到达矿区。

当时华工是循着两个主要方向分流的，一个是沿着菲沙河流域的卡里布路（Cariboo Road）向上，并分散到北部边境地区；另一个是顺着吊理小径（Dewdney Trail），从霍普向东扩散到斯美加美河（the Similkameen River）、岩溪（Rock Creek）和国家边境的曲理河（Kootenay River）。淘金的进程并不慢，华工们开始是在霍普和耶鲁之间淘金，到了1860年，很多华工已越过利鲁厄特（Lillooet），又沿着汤普森河（Thompson River）而上，扩展到锦碌市（Kamloops），并向菲沙河上游发展。据说一个叫百加（Billy Barker）的人，于1862年8月21日，在卡里布挖出黄金，消息传出后，很多人蜂拥而来。这里很快就成了小市镇，依照百加的名字，将这里命名为百加委路（Barkerville），该镇华人曾达3000到5000人。[2] 还有其他淘金小镇，如韦尔斯（Wells）、茂士埠（Quesnelle Mouth）、福士埠（Quesnelle Forks）、利顿（Lytton）等。总之，凡发现金矿的地方，都有华人的足迹。

二、淘金及相关行业华工的艰辛

来加拿大淘金的华工，大多是身强力壮的单身汉，他们吃苦耐劳，每天长时间地工作，生活却简单到了极点。淘金的过程是，先把从山上或河边可能含金的泥石连沙带石挖出后运到一处，扔掉大石头，然后将一块块石头叠起来，好像建成了一条"长城"。一方面可以挡风，另一方面避免白人的心急错误，将石块搬来搬去，浪费时间。今天，当地人称之为"中国人城墙"（Chinese Wall），为华人淘金的遗址。河水没有大石块，华人耐心地在河边用水力冲去较轻的沙粒，留下较重的金砂。

---

[1] "Trades License Act, 1860", Colonist Victoria, May 8, 1861; The Victoria Gazette, Jun. 30, 1858; Commemorative Issue of Opening of the Yue Shan Society Building in Vancouver, Vancouver (1949, Chinese script), pp.2 – 3.; David Chuenyan Lai, *Chinatowns: Towns within Cities in Canada*, Vancouver: University of British Columbia, 1988, pp.187 – 189.

[2] W.E.-Willmott, "Approaches to the Study of the Chinese in British Columbia", *B.C. studies*, 4(1970), p.44.

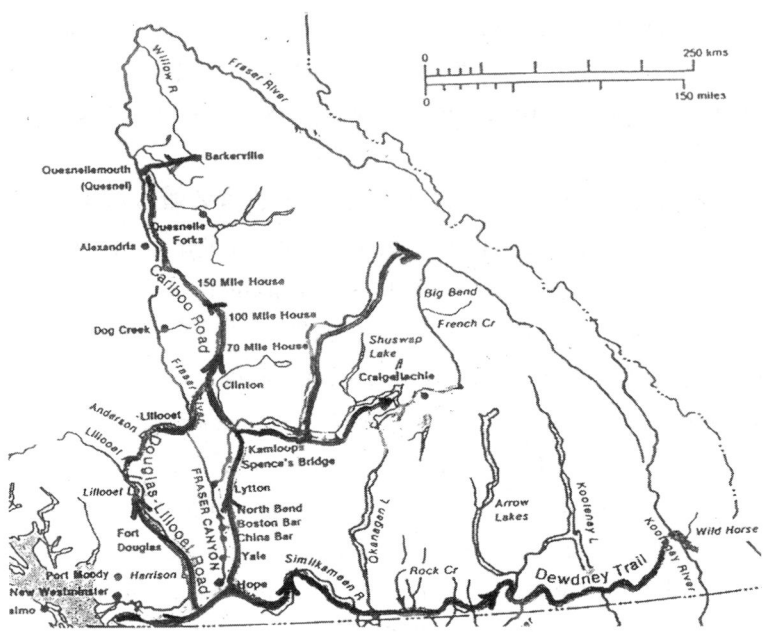

图 1.2 采金路线

资料来源：黎全恩

图 1.3 "中国人城墙"遗址

资料来源：黎全恩拍摄

同样是漂洋过海而来的淘金华工,身份却分为两种,一种是雇工,一种是自由工。淘金潮初期有些是雇佣工人,有些是在美国已取得自由身份的工人,他们自行结伴来采金。雇工工资每日大致是 1 至 2 加元。[1]

那些受雇于西方矿业公司或华人公司的华侨、华人,工资虽比白人低很多,但华人从不主动向老板争取平等的工资。华工淘得的金砂,全由雇主收去。偶有私藏金砂的,一经发现便遭毒打,甚至可能带来杀身之祸。当时加拿大西部社会秩序混乱,矿区的白人仗着自己的肤色,欺侮、殴打、劫掠、杀害华人的事屡有发生。[2] 总之,在华人淘金者中,大多数人含辛茹苦也仅能糊口。不少人因贫、病、工伤和事故而死亡,只能埋骨他乡。

自行采金者的状况稍好过受雇者,但也乏善可陈,很多时候要视开采地段而定。在富矿区,每人每日可以采到多一些的金砂;在贫矿区,一日所得仅够维持饮食。同样,富矿多被白人霸占,华人自行采金者只能在西人已放弃的地段或还没有被白人发现的新矿区"砂里淘金"。

由于在这种艰苦的淘金旷野,种族歧视照样存在,所以在一般情况下,华工都是跟在白人淘金者的后面,接过白人粗略采过的矿井,用铁锅和摇动槽这类简单的工具,在低洼地和河床里淘金。[3] 华工这样做,一是他们在人生地不熟的情况下,较少有白人那种冒险精神;二是他们不敢与白人矿工竞争。这种在西方人废弃了的老矿点重新采掘,称为"翻砂屎"。事实上,也只有极少部分华工,含辛茹苦,省吃俭用,用攒下的血汗钱购买金矿产权,运气好一点,才能发一点小财。

值得一提的是,淘金潮时代,华工也被雇来修建栈道和马车路,这是向内陆延伸的淘金之路。1858 年秋天,随着淘金人数的增加,淘金的规模也大幅度提升。本来淘金者在霍普和耶鲁之间的菲沙河谷里的浅滩或平坦的河床上,是能淘砂找到金子的,但一些开拓者发现,越往菲沙河上游走,找到的金粒越粗大,很多人

---

[1] F. W. Howay, *British Columbia from the earliest Times to the Present*(Vancouver:Douglas & 1914), II.72.;David Chuenyan Lai, *Chinatowns: Towns within Cities in Canada*, Vancouver:University of British Columbia,1988,p.21.

[2] Douglas, Sir James, http://www.biographi.ca/en/bio/douglas_james_10E.html,检索时间:2021 年 8 月 29 日;Gillian Marie, *Attitudes Toward Chinese Immigrants To British Columbia 1858-1885*, Vancouver, Simon Fraser University, 1976, p.18.; Edgar Wickberg et al., *From China to Canada*, Toronto, McClelland and Stewart Ltd., 1982, p.43.

[3] F. W. Howay, *British Columbia from the earliest Times to the Present*(Vancouver:Douglas & 1914), II.41.;David Chuenyan Lai, *Chinatowns: Towns within Cities in Canada*, Vancouver:University of British Columbia,1988,p.21.

就放弃了原来的开采地盘，直奔菲沙河上游而去。这就是向上沿着菲沙河流域，并分散到北部边境地区的那一支。

这时卑诗政府认识到，要快速开发菲沙河上游，必须要从茂密的森林中开辟出一条小径。但是，政府找不到足够的白人劳工来做这种苦力活，大部分白人只对寻找快速致富的金矿感兴趣。因此，卑诗政府不得不依靠华人劳工，来做那些如清理树丛、筑路和挖掘等非常辛苦的工作。1858年，政府雇用了很多华人修筑了一条从道格拉斯（Douglas）通往利鲁厄特的山路，这是一条在菲沙河谷中部从菲沙三角洲到利鲁厄特的重要路径。1860年，殖民地政府雇用了许多中国劳工和印第安人，加宽了从道格拉斯到利鲁厄特的小道，以便让运货马车通行。筑路期间，未确定过死亡劳工的具体数字，有相当一部分人是因水土不服或受伤感染而病死，也有被菲沙河峭壁上落下的石头砸死，或是失足跌下深坑而亡的。[1] 1862年3月21日，因为雪崩就活埋了4个华人和1个原住民淘金者。[2]

淘金时期另一支华人流动大军是沿着卑诗南部边境向东扩散。1860年，一些白人矿工发现在斯美加美河和岩溪里有黄金，于是殖民地政府立即雇用华人劳工打通了一条穿过霍普以东茂密山林的吊理小径，一直抵达斯美加美河。[3]

哥伦比亚河和曲理河的淘金热已使得许多华人进入了卑诗殖民地的东南部地区。比如，在1865年5月的早些时候，三艘从中国来的船带着1185名华人来到维多利亚。当月末，就有数百人已经在向曲理河地区进发的路途上了。[4]

---

[1] F. W. Howay, British Columbia from the earliest Times to the Present (Vancouver: Douglas & 1914), II.41.; David Chuenyan Lai, *Chinatowns: Towns within Cities in Canada*, Vancouver: University of British Columbia, 1988, p.21.

[2] LiLy Chow, *Sojourners in the North*, Prince George Caitlin Press Inc., 1996, p.19.

[3] J. C. Goodfellow, The story of Similkameen (N.P., N.D.), p.36.; David Chuenyan Lai, *Chinatowns: Towns within Cities in Canada*, Vancouver: University of British Columbia, 1988, p.24.

[4] R. E Wynne, "Reaction to the Chinese in the Pacific Northwest and British Columbia, 1850–1910" (unpublished PH. D. thesis, University of Washington 1964), p.140.

加拿大华裔叶肯（Ken Yip）的祖父就是在淘金时代来到卑诗殖民地的。叶肯在纸上写完他祖父和他父亲的英文名字后，说道："我没见过我的祖父，在我没出生时他已经去世了，我不知道他的中文名字怎么写。我是在查找资料的时候，了解到我祖父的生平的，当然我父亲也亲口讲过一些。我祖父大约在16岁时，即19世纪70年代从广东番禺来卑斯淘金，我从报纸上看到过介绍他的文章，说他在1880年和1881年，有两个地区的淘金证，他的淘金证现存在福特斯蒂尔（Fort Steele）博物馆里。19世纪70年代，很多白人都到福特斯蒂尔附近的野马溪淘金，当然也有很多华人随后跟来。淘金时一般都是白人冲在前面，

图1.4　口述者 Ken Yip
资料来源：贾葆蘅拍摄

华人跟在后面，因为白人不让华人在前面开采。但是白人比较粗心，铲起大块的沙石，只找较大的金粒，一旦没有发现大的金粒，就放弃了。华人则比较细心，捡起白人扔掉的沙石，再从中寻找金砂。当然他们也铲大块石头，然后仔细铲出下面的泥土，放在盘子里，用水不停地把泥土冲掉，从中小心地查找金砂，所以华工采过的矿区，总是能看见一堆堆石头或土堆垒起来。当时我的祖父是自行采金者，但他采金的地方，是卑诗省的边界，地方荒凉，气候寒冷，他就是在这样一个与世隔绝的地区辛苦地劳作着。经过几年艰辛的劳作后，他攒了一点钱。当时野马溪附近是铁路交会点，有一些华工在那里修建铁路，我祖父认为这是个机会，就和一个伙伴在野马溪买了一片农场，两人在农场种菜，把菜卖给华工们吃。后来，他又和伙伴到野马溪的唐人街开了一家商店，主要是卖中国货和干货，也代华工寄送信件。

三、在其他行业的华侨华人

华工主要是为淘金而来，但也不乏有人从事其他的职业。有些华人清理土地、种植菜园、出售蔬菜维生，重新做回农民。[1]当时，在卡里布金矿地区，因为交通困难，有些地方粮食供应不足，很多矿工要离开。1861年，在卡里布地区，一磅土豆要卖到50分钱（cents），而在菲沙河上游的干尼路，一磅土豆卖25分钱。在

---

[1] F. W. Lindsay, An early Chinese ganadian miner dressed up in his Sunday best: *Cariboo Yarns*, 1962, p.18.

中游的利鲁厄特市,一磅土豆只卖到 3 分钱。[1] 有些华人看到了商机,他们就在卡里布的基富理(Keithley)等镇种土豆,开始在卡里布地区从事农业方面的工作。

当开矿者不断向北方移动寻找黄金时,交通问题越来越显现出来,那里一切物品都需要人背马驮。由于淘金者日益增多,形成了流动的社区形态,各种服务性行业也应运而生。就传统而言,做饭、洗衣理应由女性来承担,但由于金矿区绝大多数为男性,漂洋过海来的华人女性寥若晨星,又无法雇到白人女性来服务华工,因此,华人男子就成了厨师、洗衣工。根据大部分淘金华工的生活需要,有人在一些小的矿区和工棚开设了临时商店,比如旅店、洗衣店、杂货店等,杂货店里供应的都是华工需要的中国食品、衣物和其他用品。

其他零星的工作,还有煤矿工、蔬菜种植者、杂工、小商贩、家佣等。

为了改善菲沙三角洲与卡里布山区的交通,1862 年 5 月,政府与怀特(G.B.Wright)签订条约,修建从利鲁厄特到亚历山大(Alexandria)的马车道,全程 393 公里。怀特开始打算用印第安人来修,但当时的一场流行天花夺去了近 2 万名印第安人的生命,占卑诗殖民地印第安人总数的 1/3。在得不到足够白人劳工和印第安人的情况下,怀特只好依靠 1500 名中国人来完成这项工作。[2]

1865 年,卑诗省政府雇了 500 名华工修建一条哥伦电话线(Collins Overland Telegraph Line),从域多利经过新西敏到加拿大的斯基纳(Skeena)地区,全长约 400 公里,经过群山和河流,此工程曾聘请了 100 名华工。然而,1866 年,一条海底电话线,横过太平洋,直至爱尔兰,因此哥伦电话线这个计划中途就停工了,但是这个计划却使华工开始踏足卑诗省北部地区。[3]

综上所述,无论是淘金,抑或发展其他的服务性行业,华工参与了加拿大西部开发的所有重要项目和工程,并付出了艰巨的劳动,乃至生命的代价。虽然他们只是廉价的劳工,但将他们视为加拿大西部地区开发建设的主力军,并不为过。

四、早期的华商

在淘金队伍中,并不是所有的华侨华人都是贫穷的,也有前来冒险的华裔商

---

[1] Mr. J. T. Scotts Second Letter to the editor of the British Columbia: British Columbia, Nov. 14, 1861; British Columbia an Inviting Field for the Agriculturalist: British Columbia, Dec.12, 1861.

[2] David Chuenyan Lai, *Chinatowns: Towns within Cities in Canada*, Vancouver: University of British Columbia, 1988, p.23.

[3] David Chuenyan Lai, "Chinese Communities", Chap.15, in Charles N. Forward, ed., British Columbia: Its Resources and People, Vol.22, *Western Geographical Series*, 1987, pp.335 – 357.

人。1858年7月12日，有7位旧金山的华商，在域多利市西南部的亚斯奎毛港上岸，很快就在该处投购了7块地（参见表1.1）。其后这些土地中的很多地段，被一名从旧金山来的华商Ah Sou收购。

表1.1 亚斯奎毛地段的投标者（1858年）

成功投标者7位华人	地段	成交标价（$加元）
Ah Gim	54	1450
Ah Sou	55	975
Ah Tun	52	775
Li Hing	53	675
Ah Tin	48	675
Ah Foo	49	650
Ah Pow	50	650

资料来源：The Victoria Gazette, Jul. 14, 1858.

淘金潮带来大量华工，由此发展了华人在加拿大的生意，他们既做生意，也经营劳工输入。在域多利市，较大的华人商行有广利行（Kwong Lee & Company）、泰巽行（Tai Soong & Company）及和生（Yang Wo Sang）等。[1] 广利行的店东是卢卓凡，经理是李祥。卢卓凡和他的兄弟卢超凡是1858年在域多利买下土地，然后成立广利公司的，地址是在盖莫伦街上。卢氏兄弟在这些土地上盖了很多木屋，租给贫穷的劳工居住。泰巽行的店东先后是董基和黄瑞朝。

19世纪70年代，卢氏兄弟通过购买土地成为域多利唐人街最大的土地拥有者。他们的广利公司也是当时华人公司中最大的一家公司，在耶鲁、利鲁厄特、百加委路都有分行。广利号又在金矿区注册的主要市镇开设分店。泰巽公司是中国香港的一家大公司，它在域多利设有分部，有很大的船只在香港、旧金山和域多利之间运行。和生则是旧金山的分公司。1861年5月8日的《殖民地日报》记载：自1861年1月1日起，在半年期应交税名单中，盖莫伦街上的广利公司，贸

---

[1] "Trades License Act, 1860", The British Colonist Victoria, May 8, 1861; The Victoria Gazette, Jun. 30, 1858; Commemorative Issue of Opening of the Yue Shan Society Building in Vancouver, Vancouver (1949, Chinese script), pp.2-3.; David Chuenyan Lai, *Chinatowns: Towns within Cities in Canada*, Vancouver: University of British Columbia, 1988, pp.187-189.

易收入额评估为3000英镑,应交税额为9英镑;约翰逊街(Johnson Street)上的泰巽公司,贸易收入额评估为2500英镑,应交税额为6英镑;盖莫伦街上的和生公司贸易收入额评估为2500英镑,应交税额为6英镑。[1] 总体说来,这几家公司职能是多样化的,他们既安排华工来到加拿大,还起过银行和翻译的作用,帮华工保存他们的血汗钱,并替他们把钱寄给中国家人。在早期,目不识丁的华工为了和中国的家人联系,常常是通过这些华人商店,请他们帮忙代写书信和传递邮件的。

除了这三家大公司,还有一些华人做些小生意,开个小杂货店,或进出口中国商品。这样的供求关系使得华商在异国他乡有了特殊的服务对象,这种稳定的消费市场,也使得华商可以独立发展。这些大小商行聚集的地方,慢慢地就形成了唐人街的雏形。唐人街的经济发展与华人企业和华商的努力紧密相连,是华商们开拓了唐人街,可以说,华商在赚取华人消费者利益的同时,也为提高华人的权益做出了一些贡献。当时唐人街上有一位叫李祥的华侨,他受过教育,会说一口流利的英文。作家沃尔特·巴特勒·奇德尔(Walter B.Cheadle)这样描述李祥:"是一位非常有礼貌和令人尊敬的绅士。在平时的交谈中,说着一口流利的英语。"[2] 李祥的妻子是第一位到达域多利的华人妇女。她是在1860年2月29日带着两个孩子来域多利的。[3] 1864年4月,当总督亚瑟·爱德华·肯尼迪(Arthur Edward Kennedy)来到域多利时,李祥和张祖等就约见了总督,表达了他们对平等对待在加华人和他们对政府打算修改自由条约的关心。[4]

总体说来,早期加拿大的大多数华商,都具有艰苦创业和吃苦耐劳的精神,他们做事谨小慎微、稳扎稳打而又精明聪慧,只要给他们一丝机会,他们就会付出万分的努力,将事业从无做到有,从小做到大。在淘金潮时期,有华人凭着低廉的成本,在异国他乡开拓发展,艰苦打拼;也有华人空手甚至负债来到加拿大打拼,历尽千辛万苦赚了一些钱后,就自己开商店、开公司。

由此可见,卑诗省的经济得以在短时间里迅速发展起来,从某种意义上说,华商也是开疆辟土的功勋。

---

[1] "Trades License Act, 1860", The British Colonist, May 8, 1861.
[2] Walter B. Cheable, *Cheadle's Journal of Trip Across Canada 1862–1863*, Montreal Ocean Steamship Co., 2010, p.252.
[3] "Arrival of Chinamen", The British Colonist, Mar. 1, 1860.
[4] "Chinese Address To The Governor", The British Colonist, Apr.5, 1864.

第二节　建筑太平洋铁路时期

加拿大著名的太平洋铁路，东起魁北克省的满地可（Montreal），西到太平洋东岸的温哥华（Vancouver）市，全长大约3800多公里，它的兴建对加拿大的国体稳固以及繁荣发展起到了十分重要的作用。这条最终建成于1887年、横贯加拿大东西的铁路曾被称为"加拿大的疯狂之梦"，可见在当时的条件下，修建的难度有多大。说句公道话，要是没有中国华工的吃苦耐劳和勤奋努力，乃至流血牺牲，这项浩大的工程，恐怕要延缓好几年，才能梦想成真。然而，在当初动工之前，围绕着是否要雇佣华工问题，加拿大联邦政府与卑诗省政府曾产生过巨大的意见分歧。要知晓其原因，首先就要对修建太平洋铁路的整个过程有所了解。

一、为什么要修太平洋铁路

如前所述，在1867年7月1日加拿大联邦政府成立之际，当时的卑诗英国殖民地并没有加入联邦政府。尽管自从1858年淘金热潮开始以后，这里的经济发展很快，但由于它和加拿大东部没有直接的交通工具，当中又横亘着险峻的洛基山脉以及广袤的中部平原，所以它与东部的联系还不如和美国加州的联系紧密。当时从加拿大东部到卑诗殖民地，都要先到美国的加州，再乘轮船北上。当时，也有人提议，顺应地理之便，卑诗殖民地可以加入美国，而当时美国也正在加速向西北部扩张，大有要兼并之势。

1871年，卑诗省加入联邦，成为加拿大的一个省份。[1] 渥太华联邦政府向卑诗省承诺，尽快修建一条由卑诗省横贯中部草原，直至加拿大东部的铁路，以加强加拿大东、西部之间的联系，尤其是商贸的联系，并以此可以向亚洲拓展商贸，同时可以阻止美国向北部扩张。

随后，加拿大联邦政府派出不少人力，并耗资不菲，对计划铺设铁路的沿线地区进行了勘探。当那些勘测铁路线的人来到西部时，见到的是被雪覆盖的崇山峻岭，在古木遮天蔽日的原始森林里，处处是充满荆棘的羊肠小道；深深的山涧激流飞溅，险象环生。这里是充满瘴气和野兽出没的地方，冬天则是暴风雪肆虐，经常处于零下几十摄氏度的酷冷严寒之中。勘测人员看后，觉得要在这样人烟稀

---

[1] 1871-B.C. Joins Confederation，https://www.leg.bc.ca/dyl/Pages/1871-BC-Joins-Confederation.aspx，检索时间：2021年8月29日。

少、野兽出没、生活环境恶劣的险山恶水中修筑铁路,实在是件极其不易的事情。

由于修建铁路的工程耗费巨大,牵扯事情太多,又加上加拿大不同政党之间的矛盾,所以协议签署几年,修建铁路的工程一直搁置着。直到1878年,约翰·麦克唐纳(John A.MacDonald,当地华人称为麦当奴)重任总理时,才开始决定招标承建铁路。到了1880年,联邦政府与由英、法、美三国的铁路财团组成的加拿大太平洋铁路公司(Canada Pacific Railway)签订了协议,总算拉开了修筑太平洋铁路的大幕。[1]

二、为什么要雇用华工

美国在开始修建太平洋铁路的时候,也没有大面积招募华工,一直到1865年,因美西劳工短缺,工程进展缓慢,才开始大规模招募华工,由"中央太平洋铁路公司"牵头,数以万计的华工投入铁路建设,并成为主力军,在美国太平洋中央铁路、太平洋西北铁路和太平洋南方铁路等工程建设中,立下丰功伟绩,并付出沉重代价,华工的死亡人数,占据因为疾病和工地施工意外死亡的工人总数的一成以上。尽管加拿大西部地区当局,都知道华工在美西地区的贡献,也知道华工是"价廉但效率高"的修路劳工,但卑诗省的政客们为了自身的政治前途,在白人劳工组织的游说下,拼命反对雇佣华工。"保护工人协会"(Workingmen Protection Association)主席诺厄·莎士比亚(Noah Shakespeare)在1879年再次发动会员向联邦政府请愿,他们的口号是:只用白人,勿用"蒙古劳工",以防他们在卑诗省坐享其成。[2] 他们反对华工的理由是,只有白人移民真正计划在卑诗省落地生根,使"房有人居,地有人耕,资源得到开发,旧企业得以改造,新企业不断涌出",而华人只是过客,不打算长居发展,难以做出同样贡献。在一次"保护工人协会"的会议上,莎士比亚甚至极端地说,他宁愿投票反对兴建横跨东西的铁路,也不愿雇用华工,他的话赢得了热烈的掌声。[3]

1879年12月,由颜摩里沙滩(Emory's bar)至锦碌市附近的沙王拿渡口(Savona's Ferry)的四段铁路工程招标后,最后由一位美国铁路建筑商安德鲁·安

---

[1] Dictionary of Canadian Biography, http://www.biographi.ca/en/bio/macdonald_john_alexander_12E.html, 检索时间:2021年8月10日。

[2] "The Chinese and the Railway", Daily British Colonist, Oct.12, 1879.

[3] "The Chinese and the Railway", Daily British Colonist, Oct.12, 1879; "Charges will be very Reasonable", Daily British Colonist, Oct.18, 1879.

达当（Andrew Onderdonk）拿到工程合同。[1]安达当曾在美国从事铁路工作十几年，他深知中国劳工不仅勤劳智慧，工作效率还高，即使给他们很低的工资，给他们非常危险繁重的苦活，他们也任劳任怨，从不制造麻烦；另一方面，截至1879年6月1日，卑诗省共有居民46000人，而到了1880年6月1日，卑诗省的居民有48000人，却需要10000名强壮的劳动力来建铁路，安达当只好到别处去寻找劳动力。[2]安达当是个商人，以赚钱为目的，而使用廉价能干的华工，是他赢利的保证，况且他只肯给工人每天1.5加元。[3]这在当时是较低的薪酬，所以安达当知道肯定不会有能干的白人铁路工人来到加西，他心中早就存有雇用华工的念头了。为了不引起白人的非议，安达当还是从旧金山雇了一些白人，可是这些白人根本不是干苦活的料。铁路工程师亨利·甘比（Henry Cambie）抱怨说，安达当从旧金山雇来的这些工人，大多数是颓废的酒保、赌徒或是失业的文员，他们毫无用铁锹和镐头的经验。[4]安达当也对他们的工作表现十分失望，最终不得不"勉强"去雇用华工。1880年5月，大约有50名华工和150名白人从美国来到耶鲁镇，承担修建铁路的工作。工程从两个沿着菲莎河的隧道开始，大约需要打三十多个隧道。许多人抱怨安达当给的工资太低。每天只有1.5加元，外加每周4加元的伙食费。有几个白人每天可以拿到1.75加元，而一群华人起先一个月的工资是24加元，但他们只工作了一天就罢工了。他们要求每个月工资是26加元。安达当同意了，但有个条件，不签子合同。[5]1881年3月，埃默里沙拿王（Emory-Savona）路段的铁路承包人，雇用了2000白人和3000华人劳工。[6]

　　随着工程的推进，安达当需要更多的工人，但因他出的工资低廉，不能吸引到足够的工人来应征，于是他去找旧金山商人李天沛（Piu Lee）等替他招募华工。李天沛就邀请他的三位台山同乡，包括旧金山广华源商人李天宽、域多利市广安隆的

---

[1] Andrew Onderdonk，http://www.biographi.ca/en/bio/onderdonk_andrew_13E.html，检索时间：2021年8月29日。

[2] British Columbia Population Estimates，卑诗省政府官方网:https://www2.gov.bc.ca/gov/content/data/statistics/people-population-community/population/population-estimates，检索时间：2021年8月10日；Pierre Berton，The Last Spike（Toronto：McClelland & Stewart 1971），p.206.

[3] Canada，*Royal Commission on Chinese Immigration：Report and Evidence*（Ottawa：Printed by Order of the Commission 1885），p.xvi.

[4] John Murray Gibbon，*Steel of Empire：The Romantic History of the Canadian Pacific，the Northwest Passage of Today*，McClelland & Stewart，Toronto，1935，p.241.

[5] "About Skagit"，Sacramento Daily Record Union，Jun. 12,1880.

[6] "Yale"，Daily British Colonist，Mar. 17,1881.

李佑芹及泰源的李奕德加入联昌公司。[1] 分公司设在域多利唐人街的加富民街（Government Street）上，从事进口茶叶、食糖、大米、鸦片等生意。[2] 虽然安达当本想请曾在美国修建加州南太平洋和俄勒冈州（Oregon）北太平洋铁路的有经验华工，但招不到那么多，所以李天沛等只有返港招募。李天沛为此还雇用叶生（Yip Sang，叶春田，后来成为温哥华的华裔领袖）为记账员、记时员，他还从中国找来了上千名华工。[3] 到了1881年9月，2400多名华工乘轮船分批抵达卑诗省（参见表1.2）。

表1.2 运达卑诗省的华人人数（1881年）

媒体报道日期	离岸港口	轮船	运载华人人数	到岸港口
5月1日	香港	亨利·巴克号（Henry Buck）	260	新西敏
5月5日	香港	亨利·巴克号（Henry Buck）	260	因为船上有一位二副感染，船一直停泊在海港外面
5月20日	香港	利富号（Nee Foo）	600（专为太平洋铁路）	域多利
6月5日	香港	壮号（Chong）	500	域多利
7月3日	香港	宽号（Quinta）	514（专为安达当太平洋铁路）	威廉斯（Williams）码头
9月8日	香港	齐妮娅号(Xenia)	350（专为太平洋铁路）	新西敏

资料来源："Marine", Victoria Daily Colonist May 1,1881; "In Quarantine", Daily British Colonist, May 5, 1881; "Chinese Steamship Coming", Daily British Colonist, May 20, 1881; "Marine", Daily British Colonist, Jun. 5,1881; "Five Hundred and Fourteen Arrive by the Quinta", Daily British Colonist, Jul. 3, 1881; "The Steamer Princess Louise", Daily British Colonist, Sep. 8, 1881.

---

[1] 从李天沛招聘华工赴美建筑中央太平洋铁路说起，http://wap.sciencenet.cn/blog-415-795137.html，检索时间：2021年8月16日。

[2] "Lun Chung &Co.", Daily British Colonist, Jun. 5,1881.

[3] 叶春田，生前曾担任诗丕亚铁路公司船票代理人，在修筑太平洋铁路时任职该公司；With the Compliments of Yip Sang Family, 1972, p.5., p.11.; Yip Sang business card: Chinese agent for the C.P.R. and the Canadian Pacific Steamship Line. 资料来自卑诗大学特别收藏品部。

从亚洲来修路的华工，重复了当年淘金者远涉重洋的艰辛，几乎九死一生。沿途由于活动受限制，又没有蔬菜和水果，经过很长时间的颠簸航行后，很多人得了维生素 C 缺乏病，甘比估计大约有 10% 的华人没能抵达卑诗省。[1]也就是说，许多人发财的憧憬，破碎在太平洋汹涌的波涛之中。幸存的华工好不容易到了域多利，上层船舱的少数白人先通过海关离开了，华人则要经过严格的隔离检疫。尽管每名华工已被白人医生检查过，可是他们还要在隔离所被关几天。在隔离所里，他们赤裸裸地和他们的全部家当一起，用硫黄熏蒸消毒。检疫以后，铁路承建商才一一把他们接收下来，用船分派到各铁路工地。1882 年，修建铁路的工人有 9000 名，其中 6500 名是华工，2500 名为白人。[2]

　　在修建过程中，安达当因为要支付大笔工资和其他费用，陷入经济困境。有些工人被解雇。1884 年 1 月，在 63 合同区，沙王拿以下 20 英里处，因为修路工作要结束，几千铁路华工失业。[3]

　　但当时的中国广东侨乡，很多人不了解加拿大的失业情况，认为在加拿大只要工作一个月，就能挣到二三十加元，[4]抵得上一个中国成年人一年的收入。再加上一些幸存的华侨，俗称"金山伯"们挣到钱后，汇了些钱回家，还有人回乡置业，比如买地、建房、娶亲，并帮助了一些亲属，这些"金山伯"们的风光，又吸引了不少人前来加、美。

　　1885 年皇家中国移民事务委员会报告说，在 1881 年 1 月至 1884 年 7 月期间，有 15701 名华人从中国、美国旧金山、皮吉特海湾（Puget Sound）进入域多利，大部分都是去修建铁路的。[5] 而为安达当工作的华商叶恩（又称查理，Charlie），承包了通过落基山脉的一段铁路，叶恩管辖着 5000 个来自中国的工人，他带领华工完成了所承包的路段。1904 年 11 月，他到渥太华觐见了总督。由于叶恩准备回

---

[1] John Murray Gibbon, *Steel of Empire: The Romantic History of the Canadian Pacific, the Northwest Passage of Today*, McClelland & Stewart, Toronto, 1935, p.241.

[2] Building the Railway, 卑诗省政府官方网, https://www2.gov.bc.ca/gov/content/governments/multiculturalism-anti-racism/chinese-legacy-bc/history/building-the-railway, 检索时间：2021 年 9 月 29 日。

[3] "The Unemployed Chinese", Daily British Colonist, Jan. 10, 1884.

[4] Building the Railway, 卑诗省省政府官方网, https://www2.gov.bc.ca/gov/content/governments/multiculturalism-anti-racism/chinese-legacy-bc/history/building-the-railway, 检索时间：2021 年 8 月 29 日。

[5] Canada, *Royal Commission on Chinese Immigration: Report and Evidence*（Ottawa: Printed by Order of the Commission 1885）, pp.363-365., p.398.

中国，总督给他写了一封引荐信，让他带给在香港的英国官员。[1]

如果说西部太平洋铁路是维持加拿大大一统的基础，那么，华人可以自豪地说，他们是修建这条铁路的主力军，也是加拿大国家建设的功臣，华工的历史自然就是加拿大主流历史的一部分，非但不应该被抹杀，更应该大加赞扬。

三、华工修路的血与泪

在太平洋铁路的修建过程中，华工不但受到白人工人的歧视，在生活待遇、路段分配上，也受到不公平的对待。

华工是分批来到营地的。在不同的时期，耶鲁、锦碌、沙王拿码头都有过这样的大营地。由于语言不通，华工与外界很少接触。而且因为人多拥挤，营地的生活环境和卫生环境自然就差。政府当局和经营者，只顾最大限度地剥削华工，不可能安排康乐设施，让华人工余参加一些文体娱乐活动，所以不少华工染上了喝酒及赌博的恶习。[2]

图 1.5　修铁路华工居住的营地
资料来源：温哥华市档案馆，编号：AM54-S4：Out p41

---

[1] "Petawawa for Yraining Camp", The Globe, Nov.11, 1904.
[2] "The Unemployed Chinese", The Daily British Colonist, Jan. 10,1884.

从地形、地势来看，横贯加拿大的铁路建设分为东、中、西三段，铁路东起满地可，延伸到大西洋岸边的港口城市哈利法克斯（Halifax，台山人称夏路弗）；西至温哥华市。从满地可到温尼伯（Winnipeg）的东段铁路，自然条件较好，地势平缓，很多白人都选择在那里修路。但在西部路段，尤其是穿越洛基山脉这一段，即穆迪港（Port Moody）至老鹰隘口之间，地势复杂艰险，在许多路段，工人们甚至找不到一块平地放置铁轨，白人工人当然不愿意在那里干活。为此，安达当大量起用华工。菲沙河与汤普森河之间是最为崎岖的地带，两岸悬崖矗立，山体全是坚硬的花岗岩，脚下是深不见底的河流，华工常常需要乘坐篮子下降到距峡谷底部河流有一定距离的高空作业。施工全靠人在悬崖峭壁上打炮眼放炮崩山，而后用锹镐修路，用双肩将铁轨扛到路基上铺好，再一锤锤地把道钉敲进轨枕中去。令人寒心的是，为了省钱，安达当用便宜但很不稳定的硝化甘油来进行爆破作业，其结果是很多华工死于爆破和隧道塌方事故，此外，因施工不慎坠入深壑等事故也常有发生。虽然官方没有统计过死亡人数，但英文报纸和回忆录却记载了一些血淋淋的死亡事件。例如，1880年8月，在耶鲁下游发生了一次严重的爆炸事故。《殖民地日报》这样报道："爆炸时，9名中国人被抛入空中。过了几天，虽经医生诊治，仍有一人死亡。"[1] 同月在耶鲁镇，一名华人被滚石砸死。[2] 还是在8月，在耶鲁镇的6号隧道，一名华工被石头击中而死，另一名华工死于滑坡。[3]

1882年9月，安达当派了125名华工爬上又滑又陡的菲沙河河谷两岸的山道，拉纤将一艘250吨的汽船"士古斯"号（Skuzzy）拖过地狱门（Hell's Gate）去波士顿沙洲（Boston Bar）。无人知道在拖船过程中有多少人受了伤，有多少人失手掉落激流中。即使这样，白人还抱怨华人工作效率低。[4]

除了死亡的威胁之外，艰苦的生活条件每天也在折磨着修路的华工。到加拿大短暂一游的国学大师梁启超，一眼就看到了华工的生活苦况。他在《新大陆游记》中指出："华人之在加拿大者，生计殊窘蹙，远不逮在美国。"[5] 更糟糕的是，

---

[1] "Nine Chinaman Blown Up", Daily British Colonist, Aug.15, 1880; "The Blown Up Near Yale", Daily British Colonist, Aug.19, 1880.

[2] "Yale", Daily British Colonist, Aug.22, 1880.

[3] "Yale and Emory", Daily British Colonist, Aug. 25, 1880

[4] British Columbia Directory 1882-1883, p.362; David McIlwraith（Editor）, Wanda Joy Hoe（Translator）, *The Diary of Dukesang Wong: A Voice from Gold Mountain*, Talonbooks, 2020, pp.59-65.; David Chuenyan Lai, *Canadian Steel, Chinese Grit, Vancouver* National Executive Council of the Canadian Steel, Chinese Grit Heritage Documentary, 1998, p.6., p.31.

[5] 梁启超：《新大陆游记》，中国湖南人民出版社，1981年，第228页。

从中国广东省招募来的几千名华工,他们原来大多习惯生活在温暖地区,对于卑诗省的严寒几乎不能忍受。当时广东华工脚上只穿着中国草鞋,为了御寒,他们就用装土豆的麻袋包脚,因为行走不便,使他们在工作时常常出事。在铁路建设工地上,由于缺衣少药,常有华工病死、冻死,乃至饿死。

不仅如此,华工的吃住状况也很差。在深山之中,温度常常是零下三四十摄氏度,华工只是住在简陋的帐篷里,没有太多的御寒措施,而吃的东西很简单。提供给华工的食品粗糙而且数量不足,很少有蔬菜。由于缺少蔬菜和水果而造成营养不良,许多人得了脚气病和维生素 C 缺乏病。[1]不少华工到耶鲁后的第一年就死了。[2]其实,真正的"罪魁"并非是天花,而是维生素 C 缺乏病。

图 1.6 口述者陈建中
资料来源:贾葆蘅拍摄

华工后代陈建中的外祖父简和先生,就是在修太平洋铁路时来到卑诗省的。提起家族的历史,陈建中说道:"当时我的外祖父是借钱乘船而来。在横渡太平洋时,船颠簸得很厉害,他不停地呕吐。等船好不容易上岸后,他和一些新来的华

---

[1] David McIlwraith (Editor), Wanda Joy Hoe (Translator), *The Diary of Dukesang Wong: A Voice from Gold Mountain*, Talonbooks, 2020, p.59.

[2] "Mortality Among the Chinaman", Daily British Colonist, Feb. 22, 1883; "Yale", Daily British Colonist, Mar. 8, 1883.

工马上被关在域多利的一间隔离所里。在隔离房子里，白人用硫黄熏他们，说是为了消毒，其实是怕华工身上带有传染病，几天后才把他们放出来。当时第一批来修铁路的华工，是通过中介公司来的，他们一来就有工作。可是后面再来的华工，就不那么幸运了，卑诗省的工作是有限的，有时为了抢饭碗，华工之间也吵架和斗殴。我的外祖父还算幸运，因为有他大哥的帮助，他很快就在铁路上找到了工作。当时他是修从穆迪港到霍普之间的铁路，挣的钱比白人少很多。可是就这么一点点钱，他也是能省就省。为了多存钱寄给中国的家人，他不肯花钱购买充足的食物，所以很多时候是忍饥挨饿上工的。他们吃饭时，是和洋人分开的，因为洋人不愿意和华工待在一起，洋人的食物也比他们的食物好多了。在修路时，艰难的路段都是华工来修，华工承担着最繁重的工作，死伤也很多。太平洋铁路竣工后，很多华工都失业了，我的外祖父比较幸运，在穆迪港的一家木板厂找到了工作，每天锯木板。当时他的工作是计件制，木板锯得越多，挣的钱就越多。为了生存和多挣些钱，每天他拼命地干活。有一次他太累了，一个疏忽，被锯掉了两个手指头。

因吃不上水果、蔬菜，很多华工发生了脚肿，然后蔓延到腿，最后全身浮肿。《域多利殖民地日报》于1883年3月8日报道说，既没医生为华工治疗，也没人对他们有兴趣，所有的疾病都因脚气病而引起。面对这种情况，帮助安达当雇佣华工的联昌公司，一直拒绝负担华工医疗和医药的责任，而担任总建商的安达当，从开始就没有准备这方面的预算，好像这件事情与其无关，是华工与联昌公司的纠纷。[1]

这些死去的华人，大多被碎布、旧衣服或旧席子裹起来，埋在荒野的森林里，用石头和一些土覆盖一下就行了。没有验尸官验尸，也没有人关注这种事情。在整个修路过程中，到底死了多少人，没有真实的记录，据说是华工的 1/10。很多人都说，太平洋铁路的每一根枕木下，都有一个中国劳工的亡魂。

四、华工的悲惨结局

1883年春天以后，铁路的建设高潮已经过去，太平洋铁路公司开始慢慢解雇工人。失业的华工有些返回了中国，有些去了温哥华，也有些去了中部草原省。不少当年从美国来的华工欲返回美国，却被摒之门外，因为美国国会已于1882年

---

[1] "Yale", Daily British Colonist, Mar. 8, 1883.

5月6日通过了一项排华法案：由1882年始，10年之内华人劳工不准进入境内。[1]如此一来，这群失业的华工只有两个选择：留居加拿大或返回中国。然而，出国九死一生，回国路途艰难，他们中的多数人都没能存足15到20元返回中国的船费。大量失业华工的出现，引起当地市民对治安恶化的大恐惧。许多华工饥寒交迫，有人就偷取食物活命。与此同时，当地很多白人居民都希望政府能过问此事，及早解决华工吃住问题，或者把他们送回中国。[2]

随着太平洋铁路即将完工，排华的呼声越来越高，麦当奴总理是位实用主义的政客，他和联邦政府一直把华人看成理想的廉价劳动力，从来没有把他们当成正规移民和公民看待，这时麦当奴总理"适时"改变了以前支持起用华工的做法，公开表示希望华工在修完铁路后，都能返回中国。1884年7月成立的皇家中国移民事务委员会，先后在旧金山、域多利、新西敏和耶鲁对加拿大西部华工情况进行了调查。委员会听取了51位证人的证言，其中包括两位中国人的证言，他们是来自中国驻旧金山总领事馆的官员。该委员会调查的问题包括华人生活状态、思想言行、人口多寡、两性比例、职业类别、工资收支、工作效率、社交活动以及华人之工商状况等。[3]雇佣华工修铁路获取利益的安达当的回答尚算公允，他给华工的评价是"勤劳、严肃、效率高和遵纪守法"，他肯定了华人的贡献，指出"没有中国劳工，这个国家的发展会停滞不前，许多工业就要被废弃"。[4]

有些白人证人赞同他的评价，但也有证人认为华工赌博、嫖妓和犯罪。当时工会和商会站在他们自己的立场和利益上，也都反对中国华工。

到1885年，排华更加剧烈。7月2日，加拿大国会通过了一个议案，向每位

---

[1] United States Senate, Reports of the Immigration Commission, Immigration Legislation, Document No. 758, Washington government printing office, 1911, p.132.; Navigating the Law: The Chinese Exclusion Act of 1882 and the Trials of a Journey Home, 美国国家档案馆官方网（the U.S. National Archives web site）, https://prologue.blogs.archives.gov/2020/09/10/navigating-the-law-the-chinese-exclusion-act-of-1882-and-the-trials-of-a-journey-home/, 检索时间：2021年10月12日；所有在美国的中国劳工，必须向政府登记。如果他们离开美国之后，又要回到美国，必须出示登记表格，以证明他们是美国居民。许多从美国来加的铁路华工，不知道美国1882年的新移民法。

[2] "The Unemployed Chinese", Daily British Colonist, Jan. 10, 1884; "Yale", Daily British Colonist, Mar. 8, 1883; David Chuenyan Lai, Canadian Steel, Chinese Grit, Vancouver National Executive Council of the Canadian Steel, Chinese Grit Heritage Documentary, 1998, p.9.

[3] Canada, Royal Commission on Chinese Immigration: Report and Evidence (Ottawa: Printed by Order of the Commission 1885).

[4] Canada, Royal Commission on Chinese Immigration: Report and Evidence (Ottawa: Printed by Order of the Commission 1885), p.11., pp.149–150.

准备进入加拿大的华人收取人头税 50 加元，并于 7 月 20 日经代表英国女王的总督同意而成为法律条款。[1] 自此以后，华人的处境更加艰难了。

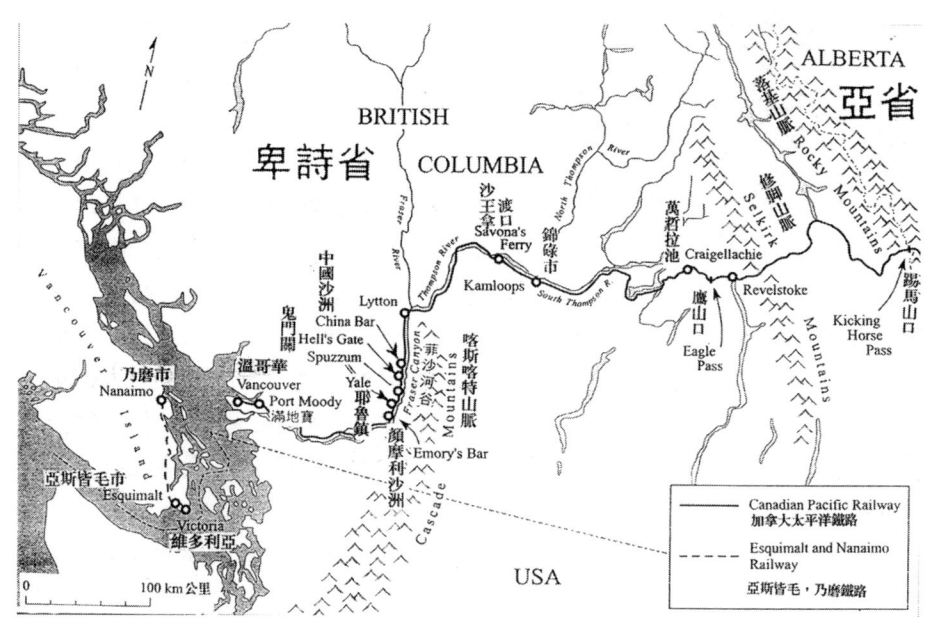

图 1.7　加拿大太平洋铁路在卑诗省路线
资料来源：黎全恩

1885 年 11 月 7 日，在加拿大西海岸的老鹰山口（Eagle Pass）附近的克莱拉奇（Craigellachie），一大群白人举行了庆祝仪式，其中一名头戴帽子的绅士，在众人的欢笑声中拿起铁锤，将最后一颗道钉敲进了轨枕。这条横跨加拿大东西的铁路终于修成。[2] 这条铁路的开通，大大缩短了从加拿大东部到西部的时间，最终将西部的卑诗省稳固地归入加拿大的版图，奠定了加拿大国家统一的基础，也给加拿大带来了繁荣和昌盛。尽管连加拿大总理都认为，如果没有华工的巨大努力，加拿大太平洋铁路就不能按计划完成，可是铁路竣工之日，就是华工被抛弃之时。

---

[1] Canada, *Statutes of Canada*, An Act to Restrict and Regulate Chinese Immigration into Canada, 1885, Ottawa, Chapter 71, pp.207–212.

[2] Craigellachie, 卑诗省政府官方网, https://apps.gov.bc.ca/pub/bcgnws/names/4772.html, 检索时间：2021 年 10 月 15 日；黄安年：《沉默的道钉——建设北美铁路的华工》，五洲传播出版社，2006 年，第 107 页。

图 1.8 口述者赵树舜
资料来源：贾葆蘅拍摄

华工的吃苦耐劳和勤奋肯干，在白人看来本来就是一种带有强烈竞争性的威胁，这时因筑路而开设的机器商店和锯木厂关闭了，许多为筑路而设的服务行业也停业了。随着更多华工失业及要找新的工作，华人和白人工人之间的矛盾越来越激烈。

在严峻的形势下，华人只有在竞争不激烈或白人不愿干的餐饮和洗衣业中寻找出路，有些人成了白人家里的厨师和用人，有些人当起了裁缝和鞋匠，也有些人转往温哥华岛做煤矿工和石矿工，或到三文鱼厂做鱼罐头。买不起船票回国的失业工人，和以前失业的华工一样，先后返回新西敏或域多利市，像无根之草一般流落在唐人街街头。为了活命，有些华工无可奈何走上前人之路，被迫去捕鱼、行乞，偷食物充饥，或偷东西变卖换钱。华工被逼到这样的困境，"以怨报德"的白人主流社会和政府当局难辞其咎。

对于大批失业华工流落街头，贫病交加，因修铁路赚了大钱的太平洋铁路公司和联昌公司，竟然互相推诿，不给予救济，也不设法将失业的华工送回中国。旧金山总领馆主事黄锡铨曾呼吁船运公司降价送中国华工回国，1886 年 1 月他还给中华会馆写信，请求中华会馆帮助这些流离失所的华工。[1]

提起华工在太平洋铁路完工后失去工作，以致流离失所的情况，太平洋铁路华工后代、1933 年出生、现今居住在卡尔加里市的赵树舜说道："我的曾祖父赵其乐和外祖父麦衍铨是中国台山人，大约于 1880 年左右来到澳门，然后从澳门乘船来到加拿大修太平洋铁路。他们之所以来加拿大修铁路，是因为家里非常穷。当时有公司发广告找年轻人修铁路，说是给安家费。因为有点安家费，我曾祖父和外祖父就应聘了。当年曾祖父 20 多岁，外祖父 16 岁。我曾祖父既修铁路，也做木工和爆炸工作。太平洋铁路完工后，他们找不到工作，我的曾祖父赵其乐大约在 1885 年返回了中国。我的外祖父麦衍铨去了沙省，他在萨斯卡通（沙士加寸，Saskatoon）从事餐饮业，后来自己开了个小餐馆。我的外祖父大约二十五六岁时返回中国结婚，在中国生下我母亲，后来他花了 500 加元购买'人头税'，帮我父亲申请来到了加拿大。"

---

[1] 黄锡铨于 1886 年 1 月 14 日写给域多利中华会馆的信，资料来自域多利中华会馆。

太平洋铁路完工后，加拿大政府逐渐关上了华人进入加拿大的大门，而对生活在加拿大的中国人则颁布了一系列有针对性的歧视性政策，其中最为恶名远播的就是逐年高涨的"人头税"。在修建太平洋铁路时，华工付出了巨大的牺牲，做出了巨大的贡献，但却被加拿大政府恶意地抛弃、无情地遗忘，并惨遭来自国家机器的制度性歧视。在那个对华人没有公义可言的时代，只留下铁路沿线的华工墓地，默默地做出无声的抗议，而一位无名诗人散落的诗句"为修路而死"，刻画出华人内心巨大的悲哀与无奈。

不过，当时的加拿大政府没有预料到，这种忘恩负义的过河拆桥，竟然成为这个国家年轻历史中无法抹去的"国家之耻"。

第二章
唐人街的建立与华侨华人社会

早期华侨华人来加拿大时，呈现的是大批华工同时涌入，而非人数逐渐增加的特征，"唐人街"的雏形也随之出现，并随着淘金和修铁路的热潮一路走向兴旺。以太平洋铁路的主干工程完工为分水岭，之前的唐人街流动性大，并随着淘金、修路的高潮而兴旺起来，随后衰竭下去。而之后的唐人街，则在域多利、温哥华、新西敏等低陆平原城市成熟起来。唐人街在团结华工力量、保护华工生活、援助华工权益上，贡献良多，但也因为妓院、烟馆、赌场的"三多"现象而遭人诟病。

唐人街的生意几乎涵盖了华侨华人生活的方方面面，而随着淘金潮和修铁路的结束，华人的职业也涵盖了加拿大西部生活的方方面面。不容置疑，华商在唐人街的发展中扮演着主要角色。与唐人街的发展轨迹相吻合，华侨华人的人口分布也是随着淘金潮和铁路的修筑路线展开的，但最后大部分都回归到主要城市的唐人街周围。随着来加华人原居地的扩大，华侨华人社团也逐渐从同乡宗亲组织，向大规模的社团整合过渡，中华会馆就是最早的一例。

从某种程度上说，加拿大华侨华人的早期移民史，也就是加拿大唐人街的发展史。

第一节 唐人街的分布

一、唐人街的起因

哥伦布发现新大陆之后，北美成了各地移民的集散地。欧洲移民当然是主力军，也是美国和加拿大建国的中坚力量。从移民情况来看，不少族裔经历过高潮之后，慢慢衰落，记录昔日辉煌的集中性建筑物也渐渐风化。唯有华人，记载这个社群历史的唐人街，历经风霜雨雪越来越壮大，成为北美历史的"活化石"。

我们仅以加拿大华裔和日裔来做比较。20世纪早期，温哥华的日本街也很兴旺，但到了太平洋战争时期，日裔加拿大人被关进卑诗省内陆或爱伯塔省（Alberta）的集中营，温哥华的日本街开始式微。到了今天，唐人街气派越来越大，但昔日的日本街早就繁华散尽，只剩下几间餐厅撑着往日的名牌。这种情况，在美国也可以看到。

那么，唐人街到底是怎样起来的？为何它能够展现百年风华，日趋壮大？

其实，回溯历史，唐人街的起因浸透着华工的悲惨与辛酸。

自从卑诗殖民地发现金矿的消息传出去后，先有很多华工从旧金山来到域多利，随后珠江三角洲的乡村青年，也从香港地区和澳门地区乘船前来。这些华工分散在卑诗殖民地的各个矿区和筑路工地，住在当时被称为"中国村""中国营"的简陋棚屋或帐篷里，而这就形成了一个流动性很强的生活社区。

当时大多数华工从事淘金业，也有一些华工被政府聘请修筑步行小道和马车路，还有几个商人开起了商店，建棚屋赚华工的钱。域多利的商号，如广利等就在矿区开设分店，这样就出现了以小商业、服务业为主的"唐人街"。

1875 年，光绪皇帝的外语老师、多次出国周游世界的张德彝在《欧美环游记》中称唐人街为"唐人城"。黎全恩教授在《加拿大华埠发展史》中这样论述："'唐人街'没有确切的定义，通常的理解就是中国以外任何城市的华人住所。在淘金时代，域多利和新西敏是华人进入卑诗殖民地和淘金地区的主要进口。华工到达这两埠后，往往定居于一两条街道上，华人称之为'唐人街'（中国街道），白人称之为'中国佬营地'（Chinamen's Quarter）'中国人社区'（Chinese Community），或'中国城'（Chinatown）。[1] 在开挖金矿的华人居住地，也被叫作'唐人街'。最后'唐人街'这个词语被广泛使用，成了标准用语。随着人口的增加和经济活动的多样化，港口城市里的中国城也在扩展，占据了好几个城区，俨然自成一城。这些海边大型中国城，其后华人把它称为'华埠'（华人商埠）。"

二、临时唐人街

由于历史上第一拨大规模来北美的华侨华人，大多是淘金的华工，因此，早期北美的雏形"唐人街"，基本上是为矿区华工服务的。华工们远渡重洋，到陌生的他乡讨生活，在生活形态上依然是"唐人的"。但早期淘金华工居住的地方，还不是后来真正意义上的"唐人街"，因为这些地方分布在较小的山区，是华工临时

---

[1] David Chuenyan Lai, *Chinatowns: Towns within Cities in Canada*, Vancouver: University of British Columbia, 1988, pp.3-4.

的居住地,流动性很强,被称为"临时唐人街"。

这些"临时唐人街"没有固定的建筑物作商店、住宅,只有一些简陋的棚屋供华侨工人居住,例如,福士埠唐人街。许多临时建筑在其主人离开或死后,大多就坍塌了。这些"临时唐人街"的影响可以在一些湖泊、溪流以及山谷的地名中找到踪迹。例如,至少有6条溪流叫作中国溪,它们是普林斯顿(Princeton)、利鲁厄特、罗布森(Robson)、奥索尤斯(Osooyos)、干尼路(Quesnel)和阿尔伯尼(Alberni),这些地方都曾经是华侨淘金工人的集中地。[1] 同样,大巴溪(Big Bar Creek)的北面有中国湖和中国峡谷。在飞马湖(The Horsefly Lake)的南岸,有中国圆木屋湖和中国圆木屋溪。在克内尔附近有一些如阿宝溪、阿宝湖、阿宝渡口等,是因一个名叫阿宝的华人名字而得名。阿宝是一名矿工,也做过矿场的看门人,在那里居住多年。

三、萌芽兴旺的唐人街

随着淘金潮一路向内地延伸,沿途出现了一些重要的城镇,由此,真正意义上的唐人街开始萌芽。那么,什么是真正意义上的唐人街呢?这样的"唐人街"应该经过萌芽、繁盛、衰落和复兴四个发展阶段,而且每个阶段都有它自身的特点。换句话说,在华工"中国营"出现的临时唐人街,大都随着淘金潮的移动而自生自灭,只有那些在大矿区的"临时唐人街",开始进行蜕变。

在加西地区,早期真正称得上"唐人街"的,都出现在较大的矿区,如耶鲁、百加委路,或者港口及煤矿城市,如域多利、乃磨、惠灵顿(Wellington)、南惠灵顿(South Wellington)等。这是"唐人街"形成的萌芽和繁盛前期阶段。

在萌芽阶段,唐人街只有为数不多的华侨华人居民,并且大多都是男性,因为当时华人有限的经济能力,阻碍了中国妇女出国。另外,广东女性,尤其是台山女性结婚后,要照顾一家老小,还要种地等,因此只有极少数的中国妇女能够抵达她们梦中的"金山"。因此,当时的华人社群长期被冠以"单身社群"的称号。

这些男性华人出洋谋生,人地生疏,又不懂英文,为了生存及增加安全感,就选择群聚同住,相互照顾,互助合作,而非像现在的移民社群,散居在各个社区。可以说,早期的"唐人街"就是整个"华人社区"的代名词,它是由少数经营进出口贸易的商人和开洗衣店、杂货店、餐馆的小业主及大多数劳工群体组成的。

---

[1] David Chuenyan Lai, Chinese Imprint in British Columbia, *B.C. studies*, No. 39, Autumn 1978, p.27.

形态上，萌芽阶段的唐人街，由线形的或者是交叉的街道形成，里面是一排排紧连着的木头棚屋和小木屋。在繁盛阶段，由于移民不断涌入，人口迅速增加，虽然已婚男女数目在逐渐增长，但居住人口主要还是未婚男性劳工。到了修建铁路的后期，华侨华人的就业开始多元化，不少华人家仆、花工和洗衣工等，随着雇主逐渐向外扩展。因此，城市的华人社区超出了"唐人街"的边界。"唐人街"的经济慢慢地多样化，并逐渐繁荣，开始出现小业主，也有赌场和满足"单身"需求的妓院。"唐人街"兴旺以后，宗祠、寺庙、私塾或华文学校也应运而生。由于大多数华人都是从"四邑"和"三邑"来的，亲情和乡情就成了相互联系的纽带，以地缘、血缘和业缘关系为纽带的华侨华人社团或会馆应运而生。

四、形成"唐人街"的要素

从今天的角度看，唐人街是加拿大建国历史的可贵见证，也是加拿大多元文化发展的生动体现，更是加拿大"无烟工业"，即旅游业的宝贵资源。但是，回溯唐人街建立的过程，可以看到加拿大历史的另外一面。

从当时社会的大环境来看，华侨华人除了群聚而居，几乎没有其他的选择，理由包含客观与主观两个方面。

客观上，欧裔白人看不起华侨华人，除了城市边缘的土地和一些远离白人居住区的土地，一般而言，他们不会租赁和出售土地给华侨华人，不会与华侨华人混合居住，因此，在域多利和温哥华等大城市，华侨华人只能把自己的生活区建立在城市边缘最便宜、最低洼潮湿的地方，土地的基本建设也不完善，生活条件十分恶劣。而且，这些区域低廉的租金，也吸引了下等的酒馆和妓院，导致华人生活区的周边，鱼龙混杂，治安不良，引发很多仇恨与暴力事件的发生。这种情况，一直遗留到今天，成为传统唐人街难以振兴发展的"瓶颈"。

而在乃磨和其他煤矿城镇，为了避免矛盾冲突，煤矿公司常常把华工安置在隔离区，与白人完全分开。说实话，在当时族裔仇恨充斥的大环境下，即使有条件，华侨华人也不敢单身居住在其他族裔居住的社区，而只有群居，才能抱团壮胆。由此可见，在种族歧视之下，华工没有自由选择居住地的权利，只能凭借着唐人街的建立，给自己遮风挡雨，以求生存。

唐人街的形成，经济因素仍然扮演关键的角色。对于华工来讲，他们无钱无势，来加拿大的目的就是实现"淘金"梦，而招募他们来加拿大的华商或者承包商，当然大都是"利"字当先，既不会考虑华工的生活条件，也不会考虑他们的健康状况，而是用最便宜的价钱，在城镇最便宜的地方，建造或者租用一些简陋的木板棚,让华工居住,并配套经营一些简单的商店和餐馆以满足劳工的需要,同时也是赚取劳工的钱财。就这样,群居的华工、各类贩卖亚洲食品的商店以及唐餐馆,是唐人街萌芽并兴旺的核心基础。

这就像滚雪球般,当中国各地的新移民和唐人街华人的亲戚们来投奔时,唐人街的规模越来越大,人口越来越密集,形成新的消费市场,让小店得以扩张,让新的杂货店、米店、餐馆,以及与生活有关的各种店铺相继开张,形成了"中国城"的规模。到了20世纪中期,华侨华人已经慢慢习惯社区的生活模式,各类剧院、学校、同乡会和宗亲会纷纷建立起来,唐人街迎来了兴旺期。

当然,从主观角度来说,华工面临的文化冲击和语言障碍,从另一个侧面也推动了唐人街的发展。大部分早期的华工,乃至以后的移民,教育程度不高,语言能力不强,无法说英语,因此很难与白人沟通,且不能通过这种沟通来了解西方的习俗。来自英语社区的种族歧视和仇恨暴力,让他们在主观认知和心理情绪上更加排斥接受西方文化。于是,当他们生活在一起的时候,就有释放感与安全感,因为语言相通、吃一样的东西,甚至可以敬拜自己共同的祖先,给自己熟悉的神烧香磕头,从而使唐人街变成了加拿大的"国中之国",他们从被迫与白人隔离,慢慢成为自己主动游离在所谓主流社会之外的少数族群。

唐人街是他们生活在白人领域的"避难所",也是他们心灵的堡垒。

五、几个主要的唐人街

1858年,卑诗殖民地掀起淘金潮之后,沿路兴起了不少城镇,早期的唐人街也随着华工的聚集而自然形成。淘金期间,因人口处于流动状态,以至每个城镇的规模并不大,大多只有一条主要街道,唐人街一般就坐落在这条主街道的尽头或小城的边缘,域多利、锦碌和耶鲁的唐人街就是如此。到了1885年加拿大太平洋铁路建成后,淘金潮式微,那些小镇的唐人街也跟着衰落,华人随着白人向中心城市移动。而在交通枢纽决定一切的时代,城市主要铁路火车站附近,就成了未来市政发展的中心地带,唐人街就坐落在市中心和火车站旁边。后来的温哥华唐人街,就是这种形态。

淘金时期,窄小的唐人街多达数十处。华侨华人大多居住在域多利及淘金市镇,如耶鲁、茂士埠、基富理。淘金潮于1870年衰落后,很多唐人街成为废墟。1881年,全加拿大华人共有4383名,其中99%居住在卑诗省。[1] 1884年后,卑

---

[1] Census of Canada, 1881.

诗省已有超过10000名华侨华人,他们主要分布在三大唐人街,即域多利、新西敏和乃磨三埠,也有少数华人分布在茂士埠和耶鲁等埠。[1]

1884年,温哥华岛上有四个唐人街,它们是域多利、乃磨、惠灵顿和南惠灵顿。域多利是海滨城市,另外三个是煤矿城镇。

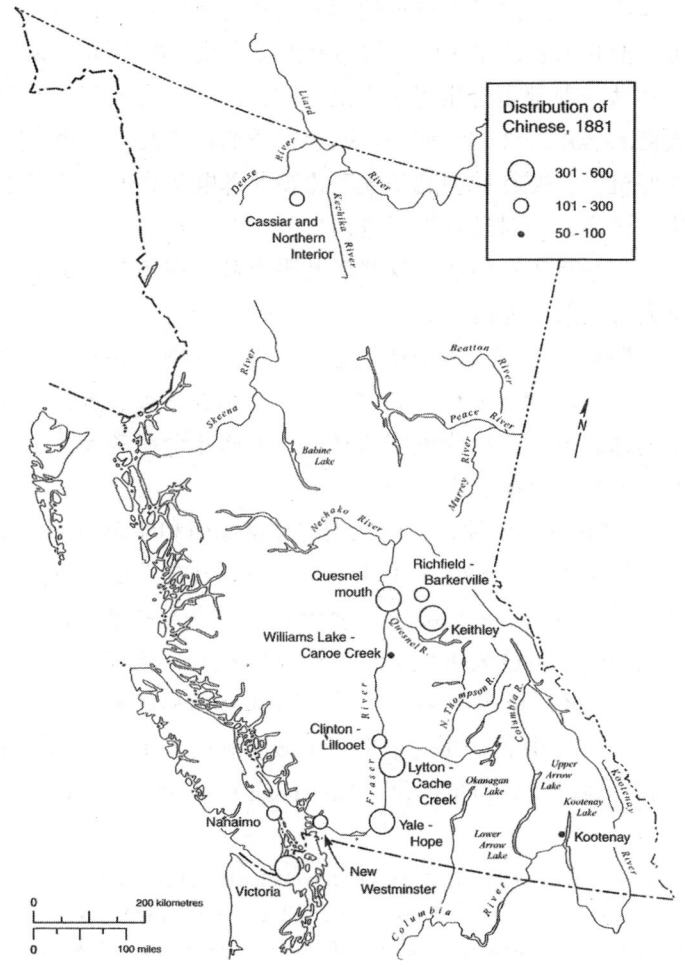

图 2.1　1881 年华人在卑诗省内分布
资料来源:黎全恩

---

[1] Canada, *Royal Commission on Chinese Immigration: Report and Evidence* (Ottawa: Printed by Order of the Commission 1885), pp.363–365.

1. 域多利唐人街

域多利唐人街是加拿大第一个唐人街，始建于1858年。它在19世纪70年代前属于萌芽时期，80年代后进入繁盛时期。

1858年，菲沙河下游发现金砂后，华侨华人最先到达的就是域多利。该市唐人街与市中心隔离，它通过三个狭窄的行人天桥与市中心的道格拉斯街道、加富民街相连。唐人街的木屋，建在位于约翰逊街深沟北岸的沼泽地带。[1]

华工为了省钱一般都是合租房子生活，吃住的开销由大家共同分担。由于人口增多，唐人街的居住条件非常拥挤。旧金山华商卢卓凡、张祖等觉得房屋出租无疑是赚钱的好机会，便在域多利的盖莫伦街北部购买物业，建造了一些简陋的棚屋，租给华工居住，同时还开设了进出口公司及杂货店。其他华人也相继开了洗衣店、小吃店、杂货店和肉店，这些店几乎也都开在盖莫伦街上，这使得盖莫伦街成为加拿大第一条唐人街。[2]

随着人口不断增多，唐人街的街貌也变得更为热闹，并开始向北扩展到菲斯格街（Fisgard Street）。除了常住人口之外，唐人街在冬天和春天期间，还成了许多矿工和华工的休息场所，因为铁路或马车道的修建会在冬天停工，而淘金也会在春末菲沙河水上涨时停摆。[3]

1875年，域多利侨界筹款，在唐人街的加富民街和菲斯格街的交界处租了一间木屋，供奉谭公神像。[4] 1874年3月18日，中国教会学校在唐人街建立。[5] 学校教育、宗教活动以及后来的宗亲会，使唐人街在华人中建立起文化和精神的威信，以及组织的纽带，也成为唐人街屹立不倒的最大凝聚力。

19世纪80年代初，位于士多街（Store St.）和道格拉斯街道之间的盖莫伦街已经成为唐人街的商业中心。在这里聚集了域多利唐人街一半的商业生意。1884年前后，域多利华埠已经有包括泰昌（Tai Chong）、广利（Kwong Lee）、安记（On

---

[1] Royal B.C. Museum, B.C. Archives, D-04747; David Chuenyan Lai, *Chinatowns:Towns within Cities in Canada*, Vancouver: University of British Columbia, 1988, p.184.

[2] David Chuenyan Lai, *The Forbidden City Within Victoria*, Victoria, B.C.: Orca Book Publishers, 1991, p.3.; https://web.uvic.ca/vv/student/chinatown/Why%20Chinatown/settlementcontweb.html, 检索时间：2021年9月1日。

[3] "Letter from Fort Hope", The Daily British Colonist, May 16, 1861.

[4] "Chinese Temple of Worship: Victoria", Daily British Colonist, Jan. 23, 1876; David Chuenyan Lai, Hakka's Patron Saint: Tam Kung and His Temple in Victoria, 谭公庙资料；吴紫云：《加国最古老之庙宇，维市谭公庙香会盛》，谭公庙资料。

[5] "The Chinese Mission School", Daily British Colonist, Mar. 20, 1874.

Kee）、宝源（Po Yuen）、泰巽（Tai Soong）等64间华人公司了。[1]

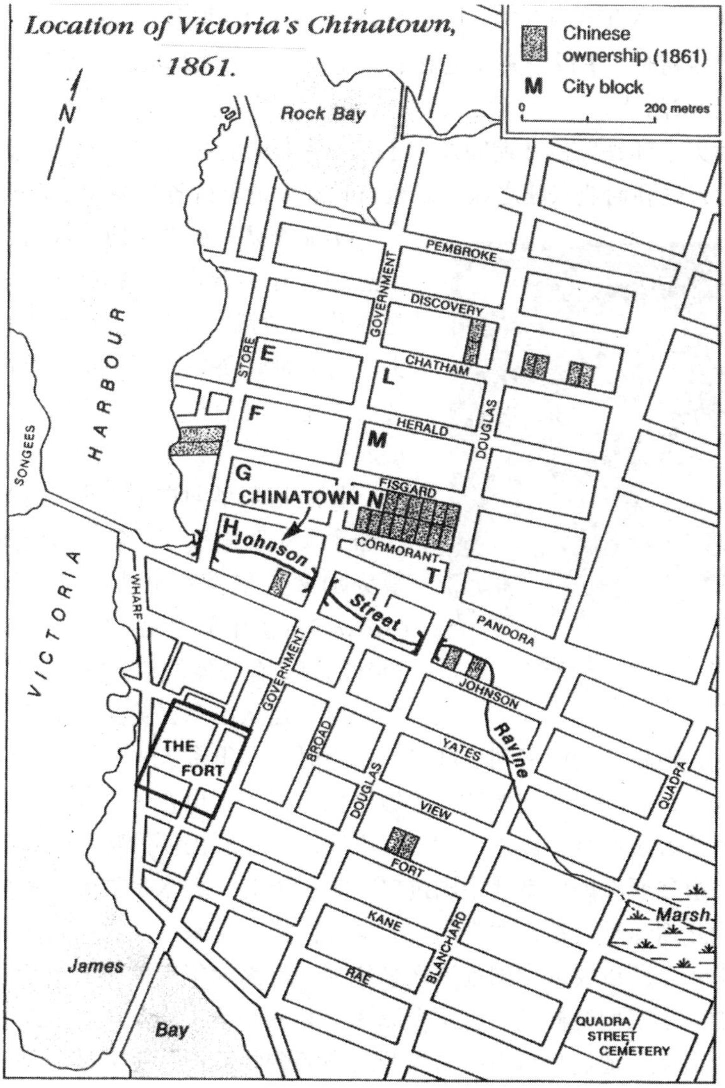

图2.2　域多利市唐人街，1861年
资料来源：黎全恩

---

[1] 1884年维多利亚的华人商铺名单。资料来自维多利亚大学图书馆。

在盖莫伦街商业铺面的背后有众多的木棚屋或出租屋,大多数华人居住在这里。为了显示华侨华人对加拿大的认同,唐人街的商人们参与了迎接加拿大总督到访的活动。1876年8月16日,加拿大第三任总督达厄尔·弗林(Earl Dufferin)伯爵到达域多利时,华侨华人在盖莫伦街建了三个中国牌楼,上面覆盖着常青藤,并用灯笼装点着。[1]

加拿大太平洋铁路修建期间及完工后,大批失业铁路华工进入卑诗省,域多利成了侨胞云聚和商业兴旺之地,以至当时有人把卑诗省称为"小广州"。

图2.3　口述者李悦后
资料来源:贾葆蘅拍摄

不能否认,在当时的唐人街,无论做小生意还是开小杂货店、食品店,华侨华人只是赚华人的钱,生意难以做到唐人街以外去。当大批华侨华人涌入唐人街时,唐人街便有了稳定的消费市场,华商也得以慢慢发展起来。

提起祖辈早期在唐人街经营商店的事,在加拿大军队服役30多年、官至陆军上校、曾为加拿大华裔军事博物馆馆长的李悦后(Howe Lee)生前曾说:"我并不直接了解我祖父的事,有关他的事,是我父亲告诉我的。我的祖父是从广东去美国淘金的,后来卑诗发现金矿后,他就从美国来到了域多利。当时是有很多人去了金矿,但我的祖父并没有去淘金,而是留在域多利,他做过伐木工作,也在一个开店的亲戚店里做过帮工。他帮着亲戚从中国进口大米、衣物及华工所需要的物品。由于加拿大不产大米,我祖父所在的店就从中国进口大米。当时,大米是被装在竹桶里随船运来的,因为路途遥远,运来的大米比较贵,同样,运来的衣物及其他一些物品售价也比较贵。之所以要从中国远道运来货物,是因为华工们一般都从中国人开的商店里购物。华工们这样做,有两个原因:其一是华工们英语不好,大多数没法和白人进行交流,他们只得去中国人开的商店购物。而华工大部分是广东人,他们爱吃大米,不爱吃白人做的面包,所以即使大米较贵,他们也不得不买。其二

---

[1] "The Governor General's reception", Daily British Colonist, Aug. 18, 1876; "The Governor-General at Yale", Daily British Colonist, Sep. 10, 1876; "The Governor-General at Yale", Mainland Guardian, Sep. 13, 1876.

是，华工们不相信白人，也怕受到白人的欺凌和歧视。华工不太认识当地货币，怕在白人商店购买物品，把钱交给白人时，白人少找钱。总之，当时我祖父是很辛苦、很勤奋地工作着，挣了些钱后，就自己开了个小餐馆。"

2. 乃磨唐人街

1860年，乃磨的唐人街开始萌芽。乃磨不是一个淘金城镇，而是一个煤矿城镇。因为缺乏劳动力，矿主邓斯米尔（Dunsmuir）借着淘金潮，开始大量雇佣廉价的华工。公司在域多利街建了工棚，招来的华工都集中住在工棚里，那条街就成了唐人街，这是乃磨的第一个唐人街。与其他城市的唐人街不同，这里的唐人街与乃磨市中心分开。

1874年，乃磨的人口增至1884人，唐人街也进入繁盛期。整个城市拥有200名华人，934名白人，750名原住民，华人约是白人人口的1/5，约占据整个城市人口的1/10。[1]在初期阶段，乃磨唐人街有两三家华侨商店，供应一群中国煤矿工人的日常所需。义记公司（Yee Kee）也许是当时最大的商店。[2] 1884年，乃磨唐人街遭遇灭顶之灾，因为所有的居民面临被驱逐。到了1885年，乃磨唐人街几乎所有的商店和居住者都要搬到荒凉之地，并要求与白人社区分开。

3. 惠灵顿和南惠灵顿唐人街

1870年，邓斯米尔在乃磨以北7公里开外还建立了惠灵顿煤矿村。邓斯米尔雇用了不少华侨华人劳工在其矿区工作，并在距离白人居住地较远的地方为华工建了一些窝棚。被招募的华工越来越多，他又建了更多的棚户区。因此，一个小型的唐人街出现在了惠灵顿。两年后，邓斯米尔买下南惠灵顿的煤矿，唐人街也在南惠灵顿发展起来。不过，南惠灵顿的华工并不都是煤矿工人，有一些是在铁路、木材行里打工。[3]

---

[1] *First Victoria Directory, fifth issue, and British Columbia Guide*（Victoria：E. Malladaine 1874），p.73.

[2] *Guide to the Province of British Columbia*（Victoria T. N. Hibbon 1877），p.345.

[3] David Chuenyan Lai, *Chinatowns:Towns within Cities in Canada*, Vancouver：University of British Columbia, 1988, p.39.；Lyune Bowen, Boss Whistle：The Coal Miners of Vancouver Island Remember（Lantzville：Oolichan Books 1982），p.49.

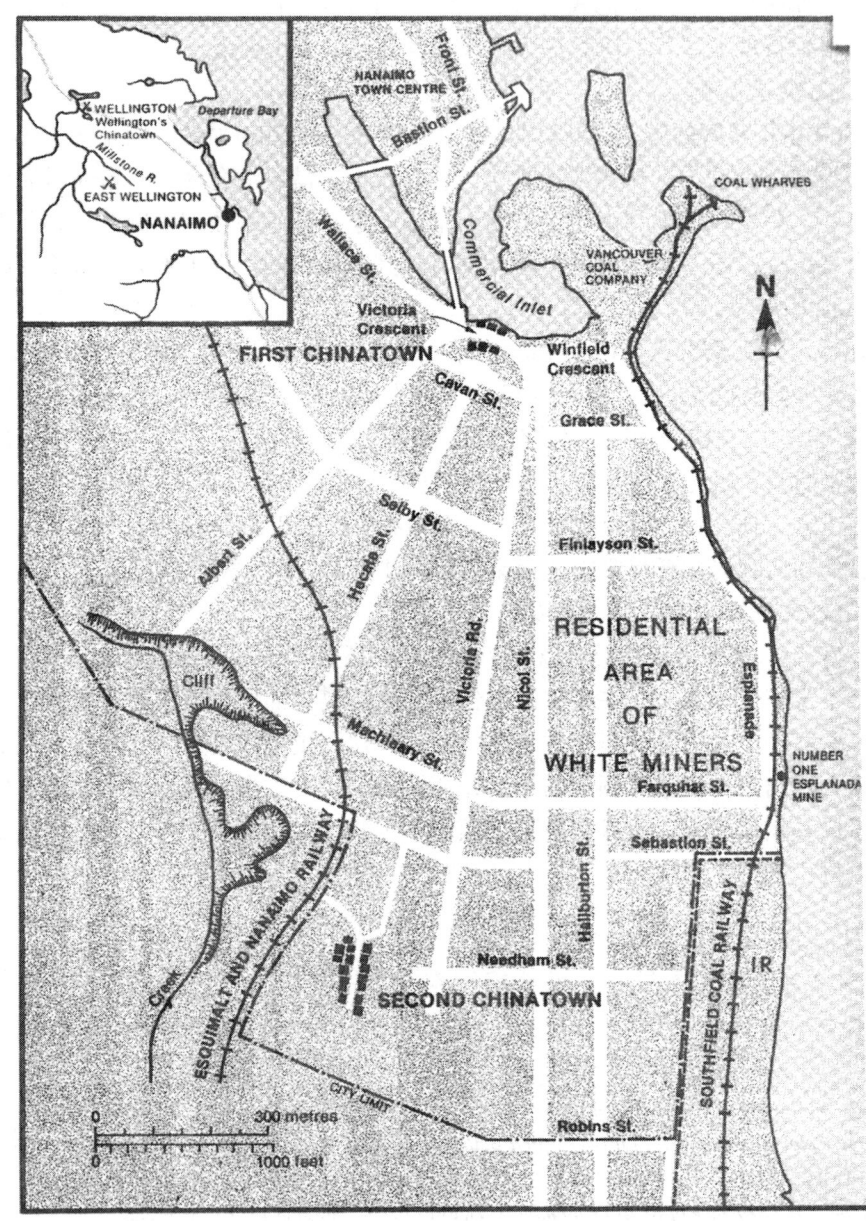

图 2.4　乃磨唐人街位置，1880 年代
资料来源：黎全恩

4. 新西敏唐人街

19世纪60年代，新西敏还只是菲沙河北岸一个欠发达的村镇，山坡上，在倒下的树木和发黑的树桩之间还盖有一些木屋。[1] 唐人街是在富伦街（Front Street）的西边发端的，这条街沿着菲沙河向东西方向延伸。与其他地方不同，这里集中居住着数十名华裔女性，其中不少是妓女。这里开有简陋的旅馆、赌馆、烟馆和妓院，当然也有小生意，以至于新西敏的唐人街成了华工的"休养胜地"，耶鲁、霍普以及其他金矿区的华工大多乘船来这里过冬。他们当中很多人放纵地在这里赌博、嫖妓、抽鸦片，以缓解孤独或打发无聊的时光。随着人口的增加，新西敏唐人街开始向上沿着麦肯尼斯（McInnes）街和麦柯尼利街（McNeely Street）一直延伸到哥伦比亚街，形成南至弗朗特街、北至哥伦比亚街、东至麦柯尼利街、西至麦肯尼斯街一片正方形区域，主要商业区仍集中在弗朗特街。[2] 1882年，这里的唐人街已有16个商铺，其中包括6个杂货店、6个手工洗衣店、1个餐馆、1个面包店和2个裁缝店。[3]

新西敏还被称为"二埠"。1859年，一位皇家工程师从英国抵达此地，建立了不列颠哥伦比亚新殖民地的第一个首都。[4] 1860年7月16日，新西敏市成立。[5] 1880年以后，新西敏唐人街开始兴旺起来，里面有农庄、木工厂和三文鱼罐头厂。

5. 百加委路唐人街

百加委路的唐人街则始于1862年，它经历了迅速崛起，也快速陨落的短暂过程。与其他早期的唐人街一样，它也是由一连串立在泥泞街道两旁且建在原木桩上的木结构棚屋构成，街道沿威廉（William）溪平行延伸。作为一个主要的集散中心，百加委路为卡里布地区其他矿区定居点提供物资。唐人街位于该镇的南端，经历了一个很短的发展阶段，而后几乎是一夜之间繁荣起来，拥有不列颠哥伦比亚最大的华人群体。19世纪60年代前期，这里有大约5000名华侨华人，还有洗

---

[1] A. Woodland, New Westminister: *The Early Years, 1858–1898*(New Westminister: Nunage Publishing 1973), p.14.

[2] David Chuenyan Lai, *Chinatowns: Towns within Cities in Canada*, Vancouver: University of British Columbia, 1988, p.40., p.49.

[3] *British Columbia Directory*, 1882–1883, pp.219–220.

[4] Welcome to the Royal city, 新西敏市政府官方网: The city of New Westminster B.C., https://www.newwestcity.ca/, 检索时间: 2021年9月1日。

[5] New Westminster, 卑诗省政府官方网, https://apps.gov.bc.ca/pub/bcgnws/names/14255.html, 检索时间: 2021年9月1日。

衣店和几个大的商店,最大的是广利公司。[1] 但它只繁荣了几年,1868 年一场大火烧毁了百加委路,唐人街也未能幸免。许多华人矿工离开了。尽管第二个唐人街很快重建,但因为百加委路繁荣不再,许多华人矿工就没有再回来。

6. 耶鲁唐人街

耶鲁位于进入内地金矿的入口处,它不仅是一个重要的金矿城镇,也是淘金客重要的物资供应基地。耶鲁唐人街位于弗朗特街的东端,非常热闹,为前往菲沙河上游的华工或回到新西敏、域多利的华人提供食宿。1861 年耶鲁唐人街有 100 名华人,1865 年有 500 名华人。[2]

19 世纪 80 年代,随着淘金潮的式微和铁路主要工程的完工,靠淘金和修路华工群居而形成的早期唐人街的发展走到了尽头,各地唐人街的发展出现了不同的走向,有的与新兴的大城市同步崛起,走向繁荣兴旺,更多的则步入衰退期,有的甚至逐步消亡。

根据 1884 年皇家中国移民事务委员会的报告,在卑诗省,超过 20 个城市、镇和村有华人社区。域多利的唐人街这时已成为当时最大的唐人街,进入了繁荣期,其次是新西敏、乃磨、茂士埠等。此外还有数量众多的小唐人街,人口从 20 人到 200 人不等,分布在几个内地金矿城镇,如狗溪及利顿等。[3] 在 19 世纪 80 年代之前,卑诗省之外的其他加拿大地区还没有唐人街出现。

7. 唐人街的特点

唐人街的形成和存在形态,既反映了 19 世纪中期以后大量华侨华人远渡重洋,寻求"金山之梦"的历史潮流,也反映了华侨华人到达北美之后,无法融入主流社会,甚至受到歧视、排斥乃至被隔离的悲惨状况。

早期的华工为了在这片新大陆生存和发展,没有选择地群居在城镇的边缘地区,既可以维持自己传统的生活方式,同时也依赖群体的力量,免受无所不在的白人的欺负,这样,唐人街形成了其最显著的特点:华侨华人在异国他乡躲避主流社群肆意凌辱的避风港。

---

[1] British Columbia, Minister of Mines, *Annual Reports*, 1893, p.211; *Cariboo Sentinel*, Sep. 22, 1869.

[2] Blue Books, Columbia, 1861, pp.148-149.; 1862, pp.226-227.; 1865, pp.66-67.; David Chuenyan Lai, *Chinatowns:Towns within Cities in Canada*, Vancouver: University of British Columbia, 1988, p.41.

[3] Canada, *Royal Commission on Chinese Immigration: Report and Evidence* (Ottawa: Printed by Order of the Commission 1885), pp.363–365.

面对举目无亲、语言风俗根本相异的环境挑战，以及淘金、修路的艰难营生，华工们在唐人街相聚而居，除同文同种之外，还是同乡同村，不但乡愁得以慰藉，孤独得以排遣，而且彼此可以相助，信息可以交流，这就形成了唐人街的第二个特点，那就是成为以乡情为基础的高凝聚力社区。

由于华工集中居住，给唐人街提供了稳定的消费市场，使得街上的中国餐馆、杂货店和零售商店兴旺起来。之后，华人家具店、药店、蔬菜水果店、烧烤店和米店等渐渐出现，带动了华侨经济的形成。在此基础上，北美华侨社会慢慢发展起来，这就给唐人街带来了第三个特点，即唐人街成了白人主流社会以外，最具自给自足能力的社区，集生产、生活和社交为一体。这样发展下去的结果，是唐人街进入了繁荣时期。繁荣时期的唐人街，华人在求得自身发展的同时，也建立了各种类型的华人社团、寺庙、教堂、学校和其他机构。唐人街开始有"小政府"了，"小政府"的华人领袖往往是从商界产生出来的，他们代表华人与主流社会打交道，充当调解大使时，也要求同宗同族成员对自己忠诚和服从，由此也扩展了他们自己的利益，而社区的权力也就集中在这些华商精英的手中了。

早期的唐人街，因为要抵御白人的暴力欺凌，乃至体制性的排斥，自然就具有很强的封闭性和排外性，是加拿大大社会中的独立小社会，这就是唐人街的第四个特点。这个特点导致了华人社会内部无视或者忽视外部大社会的法律秩序，也导致了外部社会对唐人街的歧视、疑虑乃至仇恨。

这里的华人除了行政和商业上的需要，很少同外界接触或联系，更少卷入当地的政治斗争。在排华时代，更被剥夺了参与政治的权利，成为"化外之民"，这反而给唐人街罩上了一层神秘的面纱。白人对唐人街的反应，由好奇、疑惑到带有成见，以至憎恨，他们认为唐人街就是贫民窟，是一个卖淫、吸毒、过分拥挤、有组织犯罪的地方。白人觉得唐人街所有居民都是赌博、抽大烟、卖淫的奴隶和牺牲品，唐人街是被上帝抛弃的、与白人社区隔离的地方。这种看法不时地在地方报纸上耸人听闻的报道中和警察乃至教会人士充满偏见的陈述中出现。

这里仅举一个较为典型的例子。一位牧师是这样描述 19 世纪早期中国移民的："中国移民是作为异类和陌生人来到的……他们来自苦力阶层，在他们自己的国家受鄙视、受压迫。这种思想、实践和习俗方面被随意凌辱的个性已经渗透到了其道德和精神中，以至于他们对待权利和义务没有任何道德标准……作为苦力和农奴，他是合格的。"这位牧师还这样描述唐人街："由中国木工建的小型唐人街，谈不上漂亮、规整、卫生及整洁。他们是一帮离群索居者，因为他们认识到，由于几乎不可能跨越的种族、肤色、语言和思想的鸿沟，他们不被白人所喜欢，他们被邻居分开……在唐人街阴暗的角落里，寄居着职业赌棍、抽鸦片者以及其他不洁者。唐人街对白人社会的害群之马有吸引力，白人社会希望从自己门口消除这些邪恶势力。"[1]

不能否认，早期唐人街带有中国清朝末期的社会风貌，主要体现在所谓的"三多"现象上，即赌场多、鸦片烟馆多、妓院多。如前所述，这与唐人街缺乏华裔女性以及华工们的生活及生存状态有关。

不过，外人或许不太清楚，值得一提的是唐人街还有第五个特点，那就是"一盘散沙"和"窝里斗"，它充分体现在唐人街一害，即"堂斗"上。早期华人鉴于人地两生，通过血缘、地缘等纽带建立了不少团体，可是，这些团体帮派林立，秘密会党也颇有势力，各派为了利益互相争斗，唐人街上"堂战"时有发生，宗亲会、同乡会之间的恩怨情仇，有的甚至延续至今。

总而言之，唐人街不是在周密的社区设计基础上有条不紊地发展起来的，在其兴起的过程中，更没有任何来自政府和其他社会组织的资源扶助和支撑。因此，在它萌芽发展的历史进程中，经历了孤独中的奋进，展现了苦难中的辉煌，它既成为华人在北美挣扎生存、图强发展的社区堡垒和心理长城，但也因其封闭性以及延续原居地的封建传统而无法摆脱藏污纳垢、一盘散沙的自身弱点。但唐人街毕竟是北美的社群，在加拿大的制度下生存，而非晚清的中国地盘，主流社会的种族歧视、社会舆论的抹黑，以及制度上的迫害，依然是唐人街长期不能吐故纳新、融入现代化社会的"罪魁祸首"，这也是为何百年之后，加拿大国会和加国总理会就排华的历史错误，向华人社群正式道歉的原因所在。

七、唐人街的文化

虽然大多数华侨华人生活艰辛，有侨居心理，但他们身上带有中华文化的因子，正是这个因子，使他们或多或少地把中国的风俗习惯带到了加拿大，并形成了自己独特的社区。从文化的角度看，华侨华人居住的唐人街有着与周围不同的文化氛围。华工们在这里说家乡话，看中文报刊，舞台上演出中国广东粤剧，庆祝中国传统节日，如春节、元宵节、清明节、端午节、中秋节等，这和加拿大大环境是截然不同的。

唐人街的文化分为几种，第一是语言文化。唐人街上华人所说的语言，是中国的一种方言，是"四邑"和"三邑"话。在唐人街上不会说这种方言，是很难

---

[1] George E. Hartwell, "Our work among the Japanese and Chinese in British Columbia", *Missionary bulletin*, 9（1913）, p.518., p.519.

生存的，更别提融入华侨社会了。这倒不是说唐人街上的人有多自私，因为语言是人际交流中一个很重要的媒介，往往讲同一种语言，交流起来比较方便，感情特别亲切，很自然地增加了人与人之间的感情。所以尽管唐人街使用的语言是中国几个地方的方言，但它也是文化的象征，也起着保持、弘扬中华文化，增强民族凝聚力的作用。

第二是节日文化。在早期的唐人街，大多数时候，华侨华人社会是很单调、孤独且无聊的，但也有些时候，有些老板间或从旧金山请来一些演员演戏，每到这时，会有很多华工去看。在加拿大，华侨华人社区中有组织的活动很少。一年中最重要的社会活动就是庆祝中国新年。到那个时候，所有的商店都将关门，打扫干净，并用桃花、水仙花和红纸花装饰一新，门口还要贴上用红纸写的对联，上面都是一些吉祥话。人们穿着自己最好的衣服，相互拜访。会用中国制造的白酒、坚果、糕点、水果等美味佳品招待客人。春节的喜庆一直持续到农历十五元宵节。在此期间，白人很少拜访华侨，但也有一些白人会受到邀请，去品尝中国白酒和食品。在唐人街也庆祝其他节日，如农历五月初五的端午节、八月十五日的中秋节、九月初九的重阳节。不过，这些节日在当地社会不被重视。

第四代华裔西恩·古恩（Sean Gunn）提起祖先早期来加一事时说道："我的曾祖父是19世纪70年代来到加拿大的。当时他在耶鲁开小杂货店，卖中国商品。因那里是淘金之地，有很多华人，所以我曾祖父的生意还算可以。我的曾祖父和很多华人一样，是单身一人来加的。有了一些钱后，他很想成家，可是当时在加拿大的华人妇女很少，他就从中国娶了一位太太，并将其带来，在加拿大举行了中国式的婚礼。他的婚礼比较隆重。每逢过中国节日时，我的曾祖父会和家人、朋友们一起吃顿饭，放放鞭炮，按中国风俗过节。"

图2.5　口述者西恩·古恩
资料来源：贾葆蘅拍摄

第三是宗教文化。中国各地都有很强烈的民间信仰，比如在中国流行较广的佛教、道教，而华侨们在海外谋生艰难，很希望得到神明保佑，加上大多数华人都深受中国宗教或类似宗教迷信的熏染，所以他们把中国的一些宗教和迷信带到了加拿大，本意是祈求平安、发财和消灾。谭公庙是一座加拿大华人庙宇。据传说，谭公是客家人，祖籍在中国广东省惠阳县，生前曾多次创奇迹，如治疗疑难杂症和平息海上风暴。他去世后，成为中国南方海员的守护神。但因为他去世时面如孩童，所以庙中的谭公神像，是孩童面孔。另一种传说称，谭公是客家村落的一位老人，忠实地追随着南宋最后一位皇帝。1279 年，他牺牲在南宋官兵和蒙古追兵的海战中。去世后，他被客家人看作南中国渔民和驳船夫的守护神。还有一种说法，谭公是宋朝末年 8 岁小皇帝赵昺的化名，赵昺死后，其随从既想祭拜，又怕被蒙古兵迫害，就以谭公之名拜祭，并把他的神像做成孩子的模样。

早期华人很重视风水，他们在购置房产时，会请人查看风水。家中厨房里、卧室里或家中显眼的地方，大多置上神龛或菩萨瓷像，以祈求各种各样的福祉和护佑。商人们开堂建业也会寻找佳日，并供上财神以保佑生意兴隆。有些手工业者还定期祭祀本手工艺的创始人。总之，中国民间的神权思想影响着华侨们，华侨们建神庙，搞多神崇拜，不仅拜关公，也拜财神，可以说宗教活动是唐人街文化生活的重要组成部分。

当然，由于加拿大是基督教国家，有不少华工来加后，就接受了福音的传播，成为基督徒家庭，从而使基督教也成为唐人街宗教文化的一部分。

加拿大华侨华人在异国他乡，为自己的生存努力拼搏，为多挣一块钱任劳任怨。除了华商和极少数粗通文墨的人，大部分华工乃大字不识的农民，但他们在异国他乡，在全然不同的西方社会环境中，反而产生出一种对中华传统文化强烈的思念和依赖，并将其视为在海外安身立命的精神基础。因此，华侨华人们不分富裕贫穷、不分等级阶层，在传统文化的建设上形成高度共识，并通过共同努力，在唐人街营造出了一种与家乡文化十分相仿、与传统血脉相连的唐人街文化，强化了新老华侨，乃至土生一代华人对中华文化的认同，铸造了海外华人是中华民族子孙的文化灵魂。唐人街文化由此成为全世界"文化中国"的最早萌芽。

第二节　人口分布、男女两性比例及籍贯

一、早期华侨华人的人口分布

华工是冲着淘金潮来到卑诗省的。由于淘金地点分散、纵深长，再加上当时没有进行人口普查，所以很多地方华侨华人的人口数目是估计的、不精确的。不仅如此，采矿地区的劳动人口流动性很大，哪里发现更大的金粒，哪里就引发淘金潮，因此淘金的营地经常更换。另外，还有一些华工受雇于修建山区小径、栈

道、马车道和渠道，随着工程的进展，华工要转移到不同的地方，且中途又有死亡，或者因病滞留在一些地方，甚至也有成批华工返回旧金山或者亚洲，造成华工的人口统计更趋困难，也更难精确，以及在短时间内有很大波动的情况。

自 1858 年淘金潮算起，华侨华人在加西的人数是估算的、不完全的。1860 年，加西两个殖民地有大约 4000 名华人。到了 1861 年，华人人口则大约是 2875 名。[1] 这是因为加西冬天太冷，很多华人选择离开的缘故。1869 年，联合卑诗殖民地有 25000 名白人和华人，有 35000 名印第安人。[2] 1860 年代末期，很多华工去了美国或返回了中国，余下的 2000 名华人中差不多有 86%居于内陆地区，大多数生活在卡里布和菲沙河下游从霍普至利顿的区域（参见表 2.1）。到了 1870 年代末期，只有 32%的华侨华人还留在内陆地区的各个城镇和有金砂的溪边，57%的华侨华人落户在域多利，11%的华侨华人居住在乃磨。[3] 由此可见，在淘金潮和修铁路时期，华侨华人大都居住在工地和沿途城镇，之后才慢慢向中心城市移动。

表 2.1 卑诗省华人分布情况（1867—1870 年）

地区	人口数量
温哥华岛（Vancouver Island）	
域多利市（Victoria City）	201
域多利地区（Victoria District）	23
亚斯奎毛	4
乃磨	27
内陆地区（Mainland）	
卡里布地区（Cariboo Region）	740
菲沙河地区（Lower Fraser Region–Hope to Lytton）	430
利鲁厄特	198
曲理河	173
奥索尤斯（Osoyoos）	57
新西敏	45
哥伦比亚河（Columbia River）	2
总计	1900

资料来源：United Kingdom, Blue Books of Statistics: Colony of British Columbia(London: Colonial Office 1867), p.140.;（1868）, p.142.;（1869）, p.150.;（1870）, pp.135–136.

[1] *Chinese Immigration*, Daily British Colonist, Mar. 28, 1861
[2] *Canada Year Book* 1869, p.159.
[3] Compiled from reports submitted to T.B. Humphries, Provincial Secretary of British Columbia, by various polling district officers, Oct., 1879-Feb., 1880.

加拿大 1871 年的全国人口统计，没有包括卑诗省。1881 年的人口普查，首次包括卑诗省，结果显示，全加拿大的华人共有 4383 人（参见表 2.2），其中有 4350 人居住在卑诗省，有 22 人居住在安大略省，有 7 人居住在魁北克省，有 4 人居住在缅省（马尼托巴省）。

表 2.2　加拿大的华人分布（1881 年）

地区	中文	人口数量
British Columbia	卑诗省	4350
City of Victoria	域多利市	592
Victoria District	域多利地区	73
Esquimalt & Metchosin	亚斯奎毛和麦祖先	25
N.& S.Saanich	南山汝市和北山汝市	3
New Westminster	新西敏	485
Keithley	基富理	
Quesnelle mouth	茂士埠	413
Yale & Hope	耶鲁和霍普	402
Lytton，Cache Creek，etc	利顿、卡什溪等	535
		495
Nanaimo	乃磨	287
Cassiar	卡西	284
Barkerville&Richfield	百加委路和里奇菲尔德	260
Clinton &Lillooet	克林顿和利鲁厄特	161
Mainland Coas	内陆海岸	101
		80
Williams Lake And Canoe Creek	威廉斯湖和卡什溪	70
Kootenai	库特奈	36
Osoyoos	奥索尤斯	28
Omineca	奥米纳卡	20
Nicola，Okanagan	妮可拉、奥哥那根	
Ontario	安大略省	22
Toronto	多伦多	10
Barrie	巴里	8
Hamilton	咸美顿	2
Pilkington	皮尔金顿	1
Renfrew	兰菲	1

续表

地区	中文	人口数量
Quebec	魁北克省	7
Montreal	满地可	7
Mantoba	缅省	4
Winnipeg	温尼伯	4
Canada	加拿大	4383

资料来源：Census of Canada，1880-1881，Vol.1，Ottawa，1882，pp.206-300.

从上表中可以看出，1881年卑诗省华侨华人人口占加拿大华人人口总数的99.2%。由此可见，西部是华侨华人到达加拿大的起点，之后才向中部和东部移动。其实这种情况不限于华人，印度、日本、韩国、越南、菲律宾等族裔，大都是循着这个方向移居加国的，因此，把卑诗省称为加拿大的"亚太门户"，是名实相符的。

在华工来加早期，大部分华侨华人都住在卑诗省，并集中在一些特定地区。在温哥华岛，华人主要集中在域多利、乃磨等地。在内陆地区，华人主要集中在三类地区，第一类是萨沃纳（Savona）码头、汤普森河、坎普卢斯和加拿大太平洋铁路沿线等地方，因为有上千华人被雇来修建铁路；第二类是含金的河谷和黄金矿业城镇，如耶鲁、茂士埠、福士埠和士丹利（Stanley），主要是矿工和雇农；第三类是在新西敏、穆迪港与格兰维尔（Granville）等地区，许多华人受雇于鱼罐头工厂、农场和锯木厂。[1]

19世纪50年代到80年代，政府人口统计数据呈现出三个特征：一是原住民和华人的人口统计数字波动较大，显示政府在收集统计数据时不够准确，其原因需另作研究。二是原住民在很长一段时间里，是卑诗省建省前后人口最多的族裔。三是除了东部和大西洋地区有比较多的非洲裔人口（主要是美国独立战争期间移居过来的），在加拿大西部地区，华人一直是第三大族裔社群（参见表2.3）。

---

[1] David Chuenyan Lai, Home County and Clan Origins of Overseas Chinese in Canada in the Early 1880s, B.C. Studies, No.27, Autumn 1975, p.9.

表2.3　全加华人、白人和印第安人人数一览表（1860—1880年）

时间	印第安人（Indian）	华人	白人
1863年	23220（加上易洛魁族人，Iroquois）		
1868年	25678（加上易洛魁族人）		
1871年	102358	1500（卑诗省）	3441714（加入联邦的五个省）
1881年	108547	4383	

资料来源：*Canada Year Book 1871*，p.15.；Aboriginal peoples，加拿大统计局官方网，https://www150.statcan.gc.ca/n1/en/pub/98-187-x/2000001/4198819-eng.pdf?st=wlQ-2Rne，检索时间：2021年9月2日；*Canada Year Book 1885*，p.69.；1872 - Indigenous and Chinese Peoples Excluded from the Vote，卑诗省省议会官方网：https://www.leg.bc.ca/dyl/Pages/1872-Indigenous-and-Chinese-Peoples-Excluded-from-the-Vote.aspx，检索时间：2021年9月2日；*Canada Year Book 1885*，pp.62-65.

如果从今天的角度回溯历史，在卑诗省建省前后的民主制度设计中，印第安人和华人基本上是被排除在外，被当成"异类"的，形成了"少数人"统治"多数人"的不平等局面。但是，作为主要人口的印第安人和华人，对这个地区的发展做出了重要贡献，他们之间也形成了"和谐相助"的族裔关系，成为加拿大西部多元族裔和平共存的一种范式。

1881年后，大批华工抵达卑诗省修建铁路。根据皇家调查报告，1884年卑诗省华人职业人口有10492人，差不多34%的华人沿着铁路线修建铁路，约有20%的华人在茂士埠、狗溪等淘金地区，17%的华人在域多利，16%的华人在新西敏，9%的华人在乃磨（参见表2.4）。

表2.4　卑诗省华人职业人口数目（1884年）

地点	人口	百分比
铁路地区（Railway Construction）	3510	33.5
域多利	1767	16.8
新西敏	1680	16.0
乃磨和惠灵顿	922	8.7
斯基纳（Skeena）	311	2.9
卡里布地区、狗溪、利鲁厄特等	2302	21.9
总计	10492	99.8

资料来源：Canada，*Royal Commission on Chinese Immigration: Report and Evidence*，1885，pp.363-365.

二、男女不平衡的华侨华人社会

如前所述,早期的华侨华人社会是以单身男性劳动力为主、缺少妇女的畸形扭曲社会。据不完全统计,1884 年,华人社会中超过 92 名男性才有 1 位女性。不仅如此,当时几乎所有已结婚的妇女和女孩都生活在域多利、新西敏和乃磨的中国城里。在茂士埠、福士埠、利鲁厄特、耶鲁、利顿和其他小矿区、小农场的华人社区里,除了极少数妓女,几乎没有其他女性。[1] 1885 年,卑诗省的华人妇女少于 160 名,却有 70 名是妓女。[2] 华人社会男女人口比例如此悬殊,主要有两个原因:第一,早期来加拿大的华人,有些是由旧金山和亚洲的外国公司、中国商人及其会馆代为垫付船费而来的"赊单工"。这些"赊单工"往往要以国内全部家产作担保,待到达目的地后要在定期内还清借款。当时大多数华人家里并不富有,一般只能让男性出国。第二,在淘金和修太平洋铁路时期,华工从事的都是卖苦力的职业,这种超负荷的工作也只有年轻的男子勉强应付,并且也只招年轻力壮的男性。这些青壮年男子出国后,生活环境恶劣,大多数人含辛茹苦仅能糊口,他们不可能把家眷接来。当然,也有一些商人带来了妻女家眷,但为数极少。另外,有些商人觉得把妓女送来加拿大,是相当有利可图的营生,所以就引进了不少妓女。客观上,华裔妓女也解决了一些年轻华工的生理需要。

三、华侨华人真实籍贯和其准确出处

19 世纪 80 年代初,从中国到加拿大的华侨华人,大多是来自同县、同乡、同姓家族或有相同血统的成员,可以说是同乡同宗的"链迁移"。早期加拿大华人的籍贯并没有严格的统计数字,很多都是推测的。域多利中华公馆成立时,要求加拿大华侨每人捐 2 元,捐款人的收据为他日回中国时的"回国证",没有这一收据,便不准上船。220 个收据存根的小册子上,记有来自卑诗省 30 个地方、5056 名华人捐款者的名字及籍贯。[3]

---

[1] Canada, *Royal Commission on Chinese Immigration:Report and Evidence*(Ottawa:Printed by Order of the Commission 1885), pp.363 – 366.

[2] Canada, *Royal Commission on Chinese Immigration:Report and Evidence*(Ottawa:Printed by Order of the Commission 1885), pp.363 – 365.

[3] David Chuenyan Lai, Home County and Clan Origins of Overseas Chinese in Canada in the Early 1880s, B.C. Studies, No.27, Autumn 1975, pp.4 – 5.;1880 年代域多利中华会馆的票根单据。

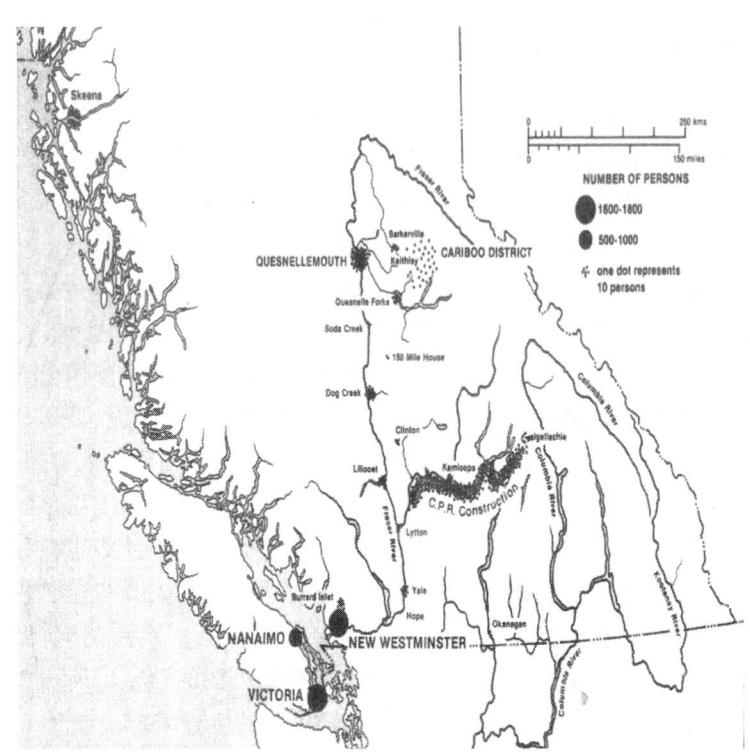

图 2.6 卑诗省华人人口分布，1884 年

资料来源：黎全恩

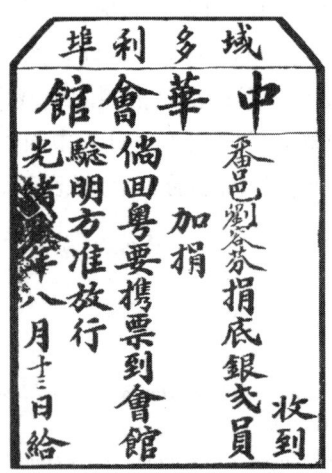

图 2.7 中华会馆会员收费存根

资料来源：维多利亚大学图书馆

不过这个数字大约只有当时华侨华人人口的一半，不是全部。之所以如此，有三种可能。其一，中华会馆搬迁时，丢失或丢弃了许多小册子存根。其二，住在非常孤立或偏远地区的一些华人矿工，可能不知道有这样一个会馆。其三，1880年至1885年间，数千名华工从中国来到加拿大，直接被送到太平洋铁路的某个地段，许多人和一些住得偏远的矿工，因为不知道中华会馆的存在，所以没有捐出钱来（参见表2.5）。

表2.5 卑诗省华人籍贯和姓氏（1884、1885年）

姓氏	台山	开平	新会	恩平	番禺	鹤山	增城	中山	其他县
周	0	408	38	0	55	0	0	0	33
李	219	24	123	22	39	48	0	13	35
黄	119	56	61	19	56	41	27	0	36
陈	64	0	33	39	34	12	14	0	54
林	122	0	40	0	13	45	0	0	15
梁	25	35	21	32	22	31	0	0	39
谢	0	82	0	18	66	0	0	0	27
马	163	0	0	0	0	0	0	0	8
其他	446	334	299	361	513	125	154	98	190
总计	1158	939	615	491	798	302	195	111	437

资料来源：1884、1885年域多利中华会馆的票根单据。

四、华侨华人籍贯的比例和居住习惯

从表2.4中可以看出，早期来到加拿大的华侨，大多数是从中国珠江三角洲而来，大约64%的人来自"四邑"，即台山、开平、新会、恩平四县，约18%来自番禺、顺德、南海三县，他们称为"三邑"，因为他们的方言是相似的。根据中华会馆捐款收据，捐款人共有129个姓氏，以周、李、黄为三大姓，约占1/3，其中95%为马姓、52%为林姓、42%的李姓宗亲来自台山，76%的周姓宗亲来自开平。分类显示，这些宗族都来自一个或两个县。超过2/3的谢姓源自开平、番禺两县。[1]

几乎所有姓谭的都是从开平县来的，那些从番禺县来的人大多姓徐。几乎所

---

[1] David Chuenyan Lai, *Chinatowns: Towns within Cities in Canada*, Vancouver: University of British Columbia, 1988, pp.17-19.；1880年代域多利中华会馆的票根单据。

有早期的中国移民都来自具有同样姓氏的村庄，或只有两个、三个姓氏的村庄。例如，番禺县的村民大多姓周，北村的大多姓徐或姓董，鸦湖的大多姓曹或姓沈，蚌埠的大多姓杨或姓苏。可以推断，许多早期在加拿大的中国移民反映出的是一个家族或宗亲链迁移的过程。

华侨移民抵加后，多数以同姓、同村和同县之一集居一埠。比如，在域多利埠，集居了98%姓马的和64%姓李的台山人宗亲，而88%姓谢的和82%姓徐的来自番禺（参见表2.6）。在乃磨埠，99%姓马的和85%姓黄的来自台山，姓冯和姓吴的全部来自恩平（参见表2.7）。这种现象简直就像是中国南方的生活在这里的延续，一群人从中国几个村庄迁移到卑诗省的几个城镇后，氏族关系依然保留着。

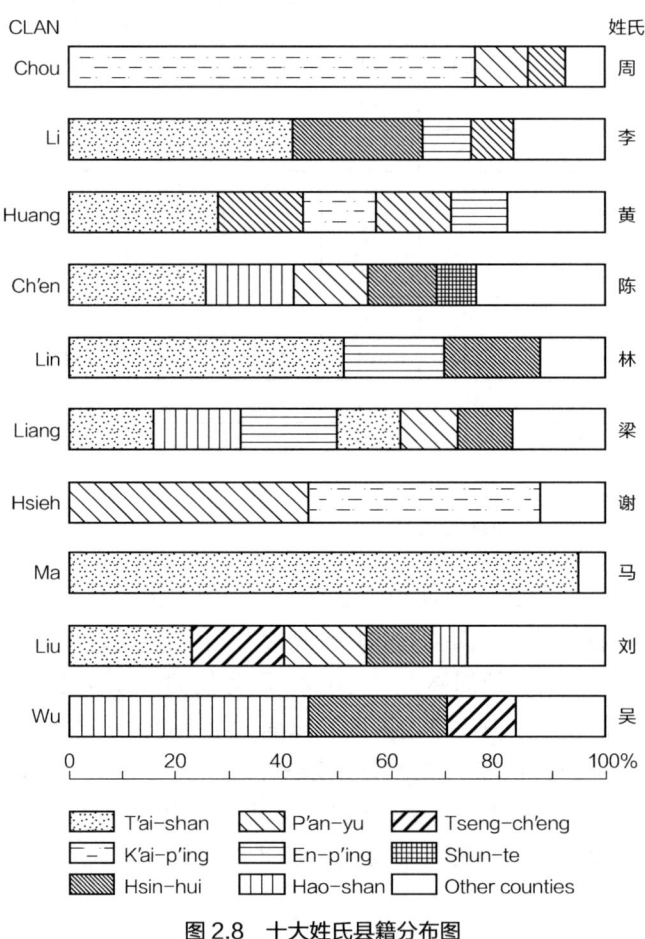

图2.8　十大姓氏县籍分布图

资料来源：黎全恩

表 2.6　域多利市华人籍贯和姓氏统计（1884、1885 年）

姓氏	台山	开平	新会	恩平	番禺	中山	其他县	总计
李	70	5	9	3	6	9	7	109
马	45	0	0	0	0	0	1	46
黄	13	0	3	3	15	2	7	43
陈	5	0	4	5	5	0	15	34
梁	4	1	2	8	6	0	6	27
谢	0	1	0	2	21	0	0	24
周	0	3	2	4	9	0	5	23
徐	0	0	0	2	17	0	1	20
其他	46	34	33	45	74	24	90	346
总计	183	44	53	72	153	35	132	672

资料来源：1884、1885 年域多利中华会馆的票根单据。

表 2.7　乃磨市华人籍贯和姓氏统计（1884、1885 年）

姓氏	台山	恩平	其他县	总计
马	109	0	1	110
黄	11	0	2	13
冯	0	12	0	12
吴	0	12	0	12
甄	9	0	0	9
郑	3	6	0	9
梁	0	4	5	9
岑	0	7	0	7
其他	17	16	31	64
总计	149	57	39	245

资料来源：1884、1885 年域多利中华会馆的票根单据。

加拿大华侨华人居住类型一般分有两种，即按同县和同姓氏来居住。由此可见，加拿大华人虽然远离中国，仍然保留了中国同姓宗族、血缘近亲、建"村"而居的传统。

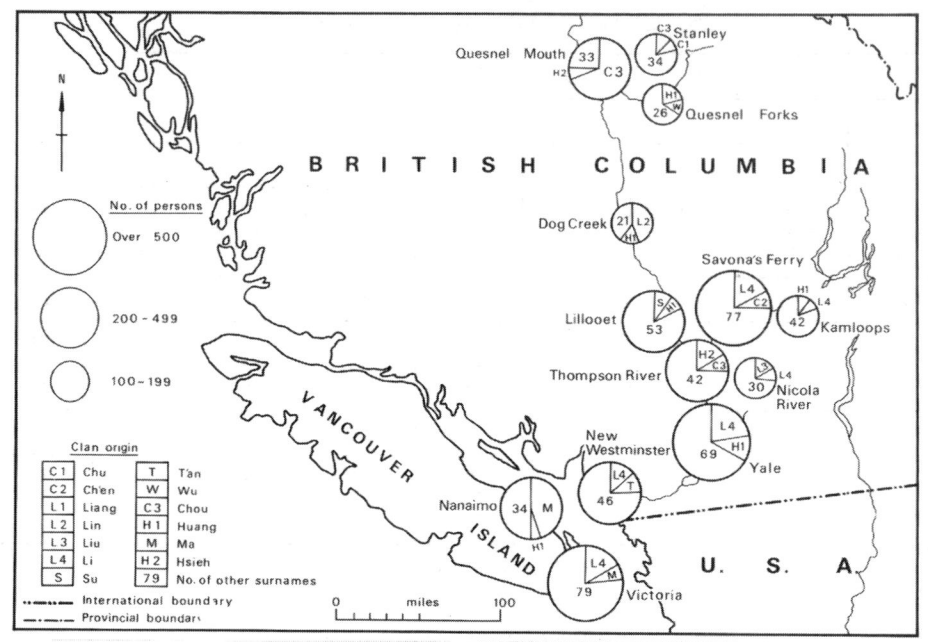

图 2.9　同姓居聚一个市镇
资料来源：黎全恩

他们坚定地相信，所有同姓的人有共同的祖先，有千丝万缕的亲戚关系，亲戚和亲密的朋友都住在同一地区，这也成为唐人街同乡会、宗亲会建立的发端。其优势是人际关系紧密，彼此守望相助，并让原居地成为著名的侨乡，但缺陷是封闭，鲜有多元开放的传统，不但无法与主流社会接轨，也不善用来自各地华人的整体力量。

第三节　职业和政治经济地位

一、华侨华人职业分布状况

淘金时代，中国本身积贫积弱，单纯的富商很少，而且富商也没有往外移民的风气，故在加华人只有极少数是富商，居多的是体力劳动者，且大多数都是以淘金为业。随着淘金区域的扩展和修路的展开，以及各地唐人街的兴起，有些华侨华人开始从事煤矿、修路、运输、商业、服务、小贩等行业（参见表 2.8）。

表2.8　华侨华人在卑诗省职业分布状况（1879年）

职业	人数	百分比（%）
淘金工人和渔夫	1100	26.5
淘金工人	874	21.0
厨师和用人	434	10.5
零售商、雇员	383	9.2
煤矿工人	347	8.4
园丁、农场劳动者	125	3.0
男洗衣工人	121	2.9
裁缝	61	1.5
理发师	29	0.7
屠夫	10	0.2
女性，各种职业	44	1.0
其他体力劳动者	286	6.9
不确定	340	8.2
总数	4154	100.0

资料来源：根据各省地区官员向卑诗省省务卿T.B.Humphries递交的关于1879年10月到1880年2月期间的调查报告加以整理。

修建太平洋铁路高潮期间，铁路华工的比例占据首位（参见表2.9）。根据1884年加拿大皇家调查报告书称，全卑诗省华人有10492人，85.3%是体力劳动者，铁路工人占第一位，淘金工人占第二位；1.7%是非体力劳动者，包括商人和医生等。[1]

表2.9　华侨华人在卑诗省职业分布状况（1884年）

职业	人数	百分比（%）
体力劳动者	9022	85.3
铁路工人	2900	27.6
淘金工人	1709	16.3

[1] Canada, *Royal Commission on Chinese Immigration: Report and Evidence* (Ottawa: Printed by Order of the Commission, 1885), pp.363–365.

续表

职业	人数	百分比（%）
煤矿工人	727	6.9
捕鱼人	700	6.7
农场工人	686	6.5
商店雇员	302	2.9
厨师和用人	279	2.7
锯木厂工人	267	2.5
伐木工人	230	2.2
男洗衣工人	156	1.5
挖沟工人	156	1.5
燃料切割工人	147	1.2
制鞋工人	130	1.1
蔬菜园丁	114	0.8
其他体力劳动者	519	4.9
非体力劳动者	181	1.7
商人	120	1.1
饭店管理人员	11	0.1
医生	42	0.4
教师	8	0.1
其他	1289	12.2
妓女	70	0.7
已婚妇女和女孩	88	0.8
17岁以下的男孩	529	5.0
新来者	602	5.7
总计	10492	99.2

资料来源：Canada, *Royal Commission on Chinese Immigration: Report and Evidence* (Ottawa: Printed by Order of the Commission, 1885), pp.363–365.

各地华人职业有不同之处，例如四个最大的唐人街，职业分布也不同。域多利市华人多是厨师、商店雇员、制鞋工人和园丁（参见表 2.10），而位于菲沙河下游土地肥沃的新西敏市，华侨华人多是农夫、渔夫和挖沟工人（参见表 2.11）。处于煤矿地区的乃磨和惠灵顿市，华工大部分是煤矿工人（参见表 2.12）。

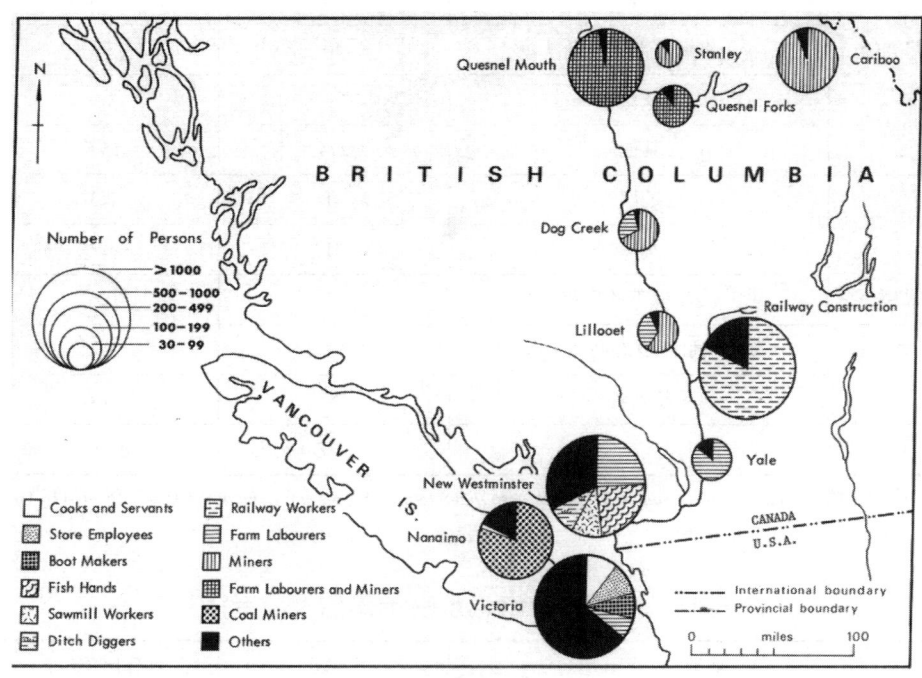

图 2.10　华人在各市镇职业的区别
资料来源：黎全恩

表 2.10　华侨华人在域多利职业分布状况（1884 年）

职业		人数	百分比（%）
归类的	厨师和用人	180	10.2
	商店雇员	179	10.1
	制鞋工人	130	7.4
	蔬菜园丁	114	6.5
	男洗衣工人	90	5.1
	燃料切割工人	65	3.7

续表

	职业	人数	百分比（%）
归类的	制砖工人	60	3.4
	商人	45	2.5
	农场体力劳动者	40	2.3
	妓女	34	1.9
	其他	274	15.5
非归类的	已婚妇女	41	2.3
	女孩	31	1.7
	12岁以下的男孩	10	0.6
	12岁到17岁之间的男孩	92	5.2
	新来者	382	21.6
总计		1767	100.0

资料来源：Canada, *Royal Commission on Chinese Immigration: Report and Evidence* (Ottawa: Printed by Order of the Commission, 1885), p.363.

表2.11 华侨华人在新西敏职业分布状况（1884年）

	职业	人数	百分比（%）
体力劳动者	农场体力劳动者	400	23.8
	捕鱼人	390	23.2
	锯木厂工人	190	11.3
	挖沟工人	156	9.3
	燃料切割工人	82	4.9
	厨师和用人	50	3.0
	男洗衣工人	20	1.2
	烧制木炭者	18	1.1
	商店雇员	18	1.1
	理发师	15	0.8

续表

	职业	人数	百分比（%）
体力劳动者	蔬菜销售商	9	0.5
	缝纫机工人	6	0.4
	木匠	3	0.2
非体力劳动者	商人	12	0.7
	医生	6	0.4
	教师	2	0.1
其他	妓女	7	0.4
	已婚妇女	4	0.2
	女孩	2	0.1
	17岁以下的男孩	90	5.3
	新来者	200	11.9
总计		1680	100.0

资料来源：Canada, *Royal Commission on Chinese Immigration: Report and Evidence*（Ottawa: Printed by Order of the Commission, 1885），p.363.

表2.12　1884年华侨华人在乃磨和惠灵顿职业分布状况

	职业	乃磨	惠灵顿
体力劳动者	矿工和厨师	64	727
	用人和厨师	18	21
	商店雇员	6	8
	农场体力劳动者	13	—
	男洗衣工人	8	4
	理发师	4	8
非体力劳动者	商人	6	12
	医生	3	5
	教师	1	1

续表

职业		乃磨	惠灵顿
其他	妓女	2	—
	已婚妇女	4	—
	男孩	15	15
	孩子	2	—
	新来者	22	—
总计		168	801

资料来源：Canada, *Royal Commission on Chinese Immigration: Report and Evidence*（Ottawa: Printed by Order of the Commission, 1885）, p.363.

二、华侨华人社区职业的特点

华侨华人社区有一个特点，就是某些行业被来自一定地区的人或者家族宗亲垄断，这种习惯也是从原居地延续而来的。比如，昔日卑诗省大多数华人厨师、洗衣工人和用人是台山人，而园丁和农场工人都是中山人。这种职业的单一性和美国很相似。比如在旧金山，大多数干货店都是中山人开的，洗衣店则是台山于家人开的，而水果和糖类等则由开平谢家垄断。[1]

造成这种现象的主要原因之一，就是方言。当时"四邑"的方言是北美华人社群的主要语言，不会说方言的华侨华人很难找到工作。同时那些讲"三邑"方言或中山话的人也愿意雇用与他们说同样方言的人。

任人唯亲也是导致家族职业单一性的原因之一。在中国，村民经常偏好直系后代而排斥别姓的邻居和外人。来到加拿大后，在职业和贸易上也保留这种传统。比如，19世纪80年代末，400多名从鹤山来的华侨华人居住在温尼伯市，大多数姓李。[2] 很多年来，他们在温尼伯的公路和铁路上建了瞭望台，目的就是为了阻止其他华人进市区来与他们的洗衣业竞争。这种行为一直延续到温哥华的李氏宗

---

[1] Mark Lai, former Director of Chinese Historical Society of America, San Francisco, Private interviews held in San Francisco, Apr.1984.

[2] Gustavo Da Rosa, *A Feasibility Study for the Development of Chinatown in Winnipeg*（Winnipeg: Winnipeg Chinese Development Corporation Ltd. 1974）. pp.62 – 64.

族说服他们改变这种态度才停止。[1]因此，来自哪个家族是决定华人求职和居住的重要因素。

这些都说明海外华人重人缘、地缘胜于钱缘。海外华人在感情上与同宗、同乡有着割不断的联系，这种情况除了与中国的传统有关之外，也与他们在加拿大饱受歧视，政治上被剥夺了选举权，经济上始终处于从属与次要地位，在社会上孤立无援有很大关系。当时的海外华人，除极为罕见的少数巨商大贾之外，大多数人资源和财力有限，要想在异国他乡生存发展，地缘关系就显得很重要。华侨华人很大程度上要依靠同宗同乡来获得必要的资源，资金的筹措很多来自同乡、同宗之间的借贷，商品的批发、流通、零售也多在华人之间进行。这种经济活动在一个圈子里自给自足，很多时候都是共存共荣的。这样，地缘的认同自然就被强化了。不仅如此，同一地域的成员有共同的文化、礼俗的认同，文化活动相对一致，从而较好地维持了群体内部的秩序。但其缺点是培养了同族同乡成员的依赖性，他们在心理上与外部世界隔绝，并且缺乏创新。更严重的是，因为这是一个复杂的封闭型小社会，当这个群体内部的人际关系发生问题，或者弱势者受到强势者无理的盘剥与欺压时，找不到外援和公平的仲裁，这也是为何加拿大的人权观念或者劳工权益诉求，在唐人街的宗亲团体或者同乡团体中难以萌芽发展，导致华人移民在这个方面与主流社会的接轨晚了很多年。

三、华商经营的生意的分类

如果说华工是唐人街兴起的基础，那么，华商就是唐人街发展的火车头。没有商人，华工就是一盘散沙，淘金潮一过、铁路一修完，华工很快会散掉。商人是唐人街的"自然领袖"，凝聚了华人的力量，提供了华人社区生存的商业环境，但同时，商人也从海外华人身上，赚取了自己的荣华富贵。在早期，生意的种类比较单调，规模也不是很大，涵盖了华人衣食住行的最简单方面。域多利就是个例子（参见表 2.13）。

早期，华侨华人来到加拿大，除了理发等自由职业者外，稍具一点规模的生意，大都是从美国旧金山或者亚洲延伸而来，而非从本地白手起家的，例如 1875 年，李天宝由美国来到域多利，开设泰源号。[2] 这个特点，维持了很长时间。

---

[1] Kwong, "Transformation of an Ethnic: Community", p.90.; David Chuenyan Lai, *Chinatowns: Towns within Cities in Canada*, Vancouver: University of British Columbia, 1988, pp.94-95.

[2] 维多利亚华人商铺名单，1884 年。来自维多利亚大学图书馆；李东海：《加拿大李氏先贤小传》，《全加李氏第三届恳亲大会纪念特刊》，1985 年，第 47、48 页。

表 2.13　域多利的华人生意（1885 年）

生意	数量
进口和出口	23
成衣业	11
杂货店	6
制鞋和修鞋业	1
洗衣店	9
理发店	5
就业代理和承包商	—
饭店	—
面包房	1
中药店	4
其他	2
总计	62

资料来源：据 1885 年域多利市的目录编制（compiled from *Victoria City Directory*）。

在淘金热时期，域多利有三家华人进出口公司：广利公司、泰巽公司和和生公司。这三家公司的总部是在美国旧金山或亚洲。因为在中国，奉行"普天之下，莫非王土"，因此，海外华人，尤其是有钱的商人，都对自己拥有土地情有独钟，他们最大的投资就是买地，而且也在利用土地赚钱。没有例外，广利、泰巽以及和生三家富商一来到域多利，就开始购买地产。其中尤以广利公司为最大，经营中加贸易及与船务、运轮相关的业务。在 1870 年代，卢氏兄弟是域多利唐人街最大的地主，他们的广利公司也是当时最大的华人公司。1885 年 7 月，张祖和卢卓凡两人在域多利买了 13 块地，每块地 100 加元。[1]

这些公司的业务是多样化的，但都围绕着华人业务赚钱。当时淘金华工流动性很大，经常没有固定住址，他们要想与中国家人联系，必须使用公司的地址寄信，因此他们很依赖这几家公司，可见，这些公司在华人中的信任度很高，这也是为何这些公司的华商容易成为社群领袖的原因之一。

---

[1] British Columbia, Land Registry office, Absolute Fees Book, Vol.2. Fol.619. No.2567 and No.14877.

19 世纪下半叶，鸦片在美、加华人社会很流行，有些华人公司干脆就做鸦片生意。这些鸦片产自印度，在亚洲加工生产，再由亚洲运到域多利等地，就连美国市场上的某些鸦片也是从加拿大流通过去的。在 19 世纪 70 年代，美国海关局有这样一个信息，这信息使人相信，大量的鸦片被有组织地从卑诗省运到美国俄勒冈州有好几年了。[1] 但是，自从 1880 年起，美国对鸦片制造业开始限禁，很多华商就转到加拿大经营此业。可以说自 1880 年起，域多利是北美鸦片烟业的汇聚地。由于获利丰厚，当时的加拿大政府就向每家工厂收取 500 加元的执照费。[2]

当然，很多华商被征收所得税。据 1884 年黄锡铨的报告，卑诗省华商营业总额达到 1320000 加元，其中对中、日、美贸易值为 500000 加元，对省内白种商人的交易值为 400000 加元。华商每年缴纳关税为 150000 加元或更多，香烟货物税为 2300 加元，运输费为 26000 加元，道路税为 13000 加元，部分职员的工资及家属的开销为 141000 加元。当时在域多利市的华人只有 1800 人左右，其中收入在所得税起征点以上的有 459 人，到 1884 年应缴纳所得税的华人增到 708 人。[3]

其实，除了缴纳个人所得税，一般华工也在日常生活中缴纳了各种税费。这里且举两个例子。

1874 年—1884 年间，由中国输入卑诗省的货物总价值为 1369888 加元，缴纳关税 411970 加元。当时输入的货物多数是华人需要的消费品，办理输入手续的绝大部分是华商，因此关税也绝大部分由华商缴纳。例如 1882 年—1883 年，自中国输入货物所缴纳的关税总额为 183172 加元。[4]

另外，根据 1884 年黄锡铨的报告，域多利华商统计，商业牌照税 7560 加元，房地产税 500 加元，所得税和市政税（包括业主和雇员所缴）1100 加元，房租 27000 加元，农业地租 6180 加元，水费 4440 加元，煤气费 1770 加元，房屋和商业保险 2560 加元，借款利息 8400 加元，邮政电报费 3000 加元。[5]

由此可见，从纳税的角度来看，华侨华人对加拿大早期发展的促进作用也是

---

[1] "Smuggle Opium Across the Border", *Daily British Colonist*, Jan.27, 1872.
[2] Canada, *Report of Losses Sustained by the Chinese Population of Vancouver, B.C. on the Occasion of the Riots in that City in September 1907*（Canada, Sessional Papers）, 1908, No.74f.
[3] Canada, *Royal Commission on Chinese Immigration: Report and Evidence*（Ottawa: Printed by Order of the Commission, 1885）, p.365.
[4] Canada, *Royal Commission on Chinese Immigration: Report and Evidence*（Ottawa: Printed by Order of the Commission, 1885）, p.398.
[5] Canada, *Royal Commission on Chinese Immigration: Report and Evidence*（Ottawa: Printed by Order of the Commission, 1885）, pp.365-366.

不可否认的,这也自然而然地驳斥了那些攻击华工对加拿大没有贡献的不实之词。

在这个时期,华商从事的生意包括两个大的方面:一是迎合加拿大主流社会发展的需要,从各地招来廉价的华人劳工;二是在华人人口增多的情况下,开发华人社区生活需要方面的市场。概括华人和华商的关系,就是华人因华商而来,华商因华人而富。

具体而言,华商的业务有这样几种。

第一,从事人力资源或劳务资源的出口。在加拿大西部殖民地大开发的过程中,无论是开矿淘金、修建铁路,还是筑路修桥、城市基建,华商因为大公司的需要,从中国的广东和香港,乃至美国旧金山招来大批华人廉价劳工。

华商在这个领域扮演的是买办的角色,与西人资本家联手来剥削华工,但对华商而言,在当时那个大时代,能够把众多在家乡走投无路的同乡带到国外寻找新的梦想,也是一种"功在家乡"的表现,在某种程度上算是一种"三赢",即西人公司和加拿大、华商阶层以及寻找到谋生出路的华工三方均有利。而当时社会常见的"阶级冲突"并没有在华商和华工之间发生,相反,华商与华工因为宗亲关系和互相依存的关系,呈现出凝聚团结的现象。

第二,从事华侨华人社区所需的各类进出口生意,兼具进口商、经销商的角色。1884年,由中国进口货物所交关税为111300.15加元,其中绝大部分是华人所交。[1] 在这个过程中,华商当然赚取商品流动过程中的差价,而且还因为垄断这些商品的进口和销售,从华工那里赚了不少利润。其实这种生意带来的正面意义也不容忽视。一方面,他们提供了华工在加拿大日常生活所需的商品,使他们得以在异国他乡坚苦的环境中坚持下来,也是让华侨华人社区壮大的重要原因之一。不仅如此,华商除了提供华人的日常所需,还承担了华工在淘金和修铁路过程中所需要的物资工具等的运输和销售。换句话说,华商是以满足华工的需要来赚取华工的钱,可谓"各取所需"。

不得不承认,如果没有华商以及他们在侨社的各个领域做的生意,比如开医院、建药铺,治病扶伤,办理侨汇,代人购买船票,代写和递送信件,那么,华工在海外的长期生活是无法想象的。从这个角度来看,华商和他们的生意,是侨社赖以生存的基础之一。

---

[1] Canada, *Royal Commission on Chinese Immigration: Report and Evidence* (Ottawa: Printed by Order of the Commission, 1885), p.398.

四、政治、经济地位

华侨华人在早期加拿大社会地位相当低,一些反华舆论认为这是华人咎由自取,这种说法,与历史事实不相吻合。

不可否认,在早期加拿大华人社会中存在着形形色色的问题,比如说,一些华工因孤独而好赌,华人在加犯法记录,亦以聚赌为开端。有些华工输得干干净净后,就铤而走险去偷盗,由此引发了一些社会问题。

除此之外就是嫖妓。华工们在闲暇时,为了发泄心中的苦闷,就去嫖妓,这使得贩卖妇女来加卖淫生意很兴旺。但与美国相比,当时加国社会较保守,华人妓院自然被视为有伤风化,引发了不少社会问题,遭到主流社会的反对。比如,1875 年 5 月,很多人就有关华人居民的事,给域多利市议会发出了一份请愿书,要求市议会抵制在唐人街的 9 个华人妓院。[1]

还有就是吸食鸦片。不少华工在过度劳累后,借吸鸦片来减轻疼痛或抒发苦闷心情。因为有利可图,唐人街上有好几家鸦片工厂,这是华人社会的污点,受到不少白人的非议。

然而,吸食鸦片、赌博和嫖妓等问题,也存在于白人社区中,所以,华人在政治地位上的低下,主要原因还是主流社会的偏见和制度性的歧视。

虽然在联合卑诗殖民地时期,有些政客利用华工来给自己投票,但从当时的记载来看,这种"被操作的投票"也只是昙花一现。[2] 卑诗省政府成立后,于 1872 年通过《选民资格和登记法》法案,取消华人选举权。[3] 这项法案于 1875 年 4 月 22 日获英女皇批准。[4] 按照该法令,不允许把华人和印第安人的名字放在任何选区的选民名单里,或有被选为立法成员的资格。在 1875 年 6 月 1 日之前,任何一个选举官员在任何一个选区或投票站,都该把全部已入籍的华人和印第安人的

---

[1] "Chinese Brothels", Daily British Colonist, May 1, 1875.

[2] 1865 年曾有华人参加投票。当时有政客为了能够得到更多选票,把一些华人送到投票站,华人在选举时口齿不清地说着想要投选政客名字。但是到了 1866 年,联合卑诗殖民地总督弗雷德里克·西摩(Frederick Seymour)给英国政府报告中指出,华人和原住民已经不准许参选;"The Last Act in the Great burlesque", Columbian, Nov. 11, 1865; Frederick Symour to the Right Hon. The Earl of Gornarvon, Apr. 30, 1866; 1967 Blue Book; "Clippings from the Blue Book, 1867", Colonist, Victoria, Jan. 25, 1868; 感谢陈忠平教授提供的资讯。

[3] Statutes of the Province of British Columbia, Victoria, 1872, pp.121–125.; Statutes of the Province of British Columbia, Victoria, 1876, p.3.

[4] Statutes of British Columbia, 1876, p.13.

名字从选民名单上抹去。1876 年，省政府通过《市政法》（An Act Respecting Municipalities），华人也不能在市长和市议员选举中投票。[1] 华人在政治、经济上都不能享有与白人一样平等的权利，时常受到白人的欺压，这一点华商与华工并无两致。因此，虽然华商和华工分属不同阶层，但在加拿大的政治地位却无不同，因此在反对种族歧视、反对不公平的待遇问题上，华商和华工立场是一致的。

华侨华人在加拿大的政治地位并无不同，但在华人社会内部地位则有明显的不同。他们利用协调主流社会和华人之间的关系，而占据经商赚钱的优势。华商们多少懂些英文，又有创业资本，他们在卑诗省合法从事进出口贸易、招工、地产和农业等，还经营着鸦片工厂，操纵着华人社会，可以说华人社会的权力都集中在华商手中。

除华商之外，也有少数幸运的华工，经过几年的努力，偿还了"赊单"债务后，有人就开些小生意，如小咖啡馆、洗衣房、杂货店、餐馆等，因为这些行业资金少，不太需要良好的英文，这些人通过克勤克俭，成了令人羡慕的"金山伯"。

相比之下，普通华工的地位是最低的，受的剥削也最深，很多华工经过几年努力才能还清债务，最后只得终身受雇。早期华人大多数都是文盲，不要说英文，不少人连汉字都不认识几个，只能从事体力劳动，甚至在非常艰苦的条件下从事超负荷的苦力工作，一生都与贫困为伍，他们在加拿大受到的是双重剥削、双重歧视。不少人直到第二、第三代才走出困境。

总而言之，早期华侨华人虽然在加拿大的国家建设上，做出过难以磨灭的历史贡献，尤其是西部太平洋铁路的建设，对加拿大联邦的形成，起到举足轻重的作用，但是，由于华人的定位只是劳工，同时在唐人街以外没有社会政治地位，并因为语言等各种主观因素以及制度歧视等客观的外在条件，华侨华人无法真正参与国家和地区的政治生活，故而在加拿大的政治、经济地位，可谓比原住民还卑微低下，与他们对这个年轻国家做出的贡献不相匹配，这是华侨华人的悲哀，也是加拿大历史的耻辱。

第四节 房口、善堂和洪门的形成

最早到卑诗省淘金和修太平洋铁路的华工，常常是同县、同乡、同村一大群人先后渡洋出国，自然抱团结帮，彼此依靠，互惠互助，这种连锁式移民链形成

---

[1] *The Consolidated Statutes of the Province of British Columbia*, 1877, p.567.

了同乡、同宗、同族居住在同一区域的现象，于是就出现了"房口"。后来，同一县份的房口逐步联合起来组成了"善堂"。另一方面，在中国晚清时期，早已存在着各种秘密组织，如天地会、小刀会等。他们原来的宗旨是反清复明，后来这些组织的一些成员来到了北美，就将这些秘密组织带到了侨居地，这种组织开始成立时是想彼此守望相助，以便在北美立足。

由于不同地域的华人生活方式和传统不一样，早期加拿大出现了两种性质不同的团体，一种是在华工中成立的秘密会社，比如洪门，另一种是善堂。这两种团体并非截然分隔，而是有着错综复杂的联系。

一、洪门

洪门之含义说法很多。一说是"洪门"，即"汉门"。"汉"字无"中土"便是洪。二是指太祖年号"洪武"，故洪门兄弟取"洪"为姓，是以四海九州尽姓"洪"，滴血盟心本姓洪。三说陈近南军师于雍正十二年，誓师起义。于结义之时，天浮红光，各人认为大吉，因"红"与"洪"谐声，取姓为"洪"。[1]洪门又称"天地会"，以洪为姓，指天地作父母，合异姓为一家，对内称"洪门"，对外称"天地会"。"天地会"又称"三合会"，"取天地人三合之义"。"天地会"又称"三点会"，取"洪"字偏旁三点为名，其三点革命论是"三点暗藏革命宗，入我洪门莫通风"。[2]

根据洪门元老曹建武之《致公堂复国运动史》记载，杨辅清与洪门兄弟于同治四年（1865年）赴美国，创立美洲的洪门团体，但当时未有固定场所。同治八、九年（1869和1870年），盟长梁罗、黄赞猷、陈才等在旧金山筹建堂所，定名为"致公总堂"，仿自忠义堂，取"大公无私"之意。亦有一说，"致公"取自"同宗致公"之意。另有一说为"致公"乃"致力为公"之意。[3]

旧金山之后，洪门也在加拿大崛起。至于洪门何时传入加拿大，目前尚无定论。因世事变迁，洪门在加拿大的历史档案保存得并不全。洪门内部文件《陈翼耀专员奉命调查全坎洪门事务报告书》第43页这样记载：百加委路埠洪门第三区致公分堂，公元1863年癸亥3月21日成立。为加属洪门首立之堂所。自行购置

---

[1] 黎全恩：《研究洪门文献之基本认识》，《温哥华民治党百年庆纪念特刊1888—1988》，1988年，第12页。

[2] 黎全恩：《研究洪门文献之基本认识》，《温哥华民治党百年庆纪念特刊1888—1988》，1988年，第13页。

[3] 曹建武：《致公堂复国运动史》，1930年；《洪门参加辛亥革命史实》，《大汉公报》1978年9月25日至12月18日。

楼业，价值 350 元。[1]

除了加拿大洪门文件以外，真正有实物文献记载的，是加拿大洪门致公堂的建立日期。1950 年，卑诗省一位园林管理员，在福士埠致公堂内发现了一块木板，上写有"致公堂议规"，其中的第 12 项说，"始于自由茂士埠，丙子年筹建，次由本埠于壬午年建业，倡举以来并无分支别堂，开斗之例，如有搅事生非，欲立新堂开斗者，本堂定必追究"。[2]

这说明致公堂于 1876 年开始在茂士埠倡建，于 1882 年于福士埠建业。[3] 1886 年，域多利致公堂在盖莫伦街 22 号兴建会所，并于当年 9 月 25 日开幕。[4]

洪门原来的宗旨是"反清复明"。到北美发展后，因为地理原因，其原来"反清"的宗旨淡化了，他们在海外面临的是如何团结和管理会员，以应付艰苦的移民环境。所以在海外，洪门的宗旨变成保护华工利益，维护内部团结，反对迫害欺压。比如会友吃官司，洪门出面交涉，以求保释；会友遭人欺凌，洪门为之雪恨；会友身故他乡，洪门负责运骸骨回国。以加拿大洪门致公堂为例，由于洪门解决不少侨胞在异国他乡遇到的具体困难，很多华侨愿意加入洪门，从而使这个组织得到迅速发展。

洪门致公堂首领称"龙头"。早期致公堂议规有：1. 有红白事，不得动支公费。2. 堂内人员有事串联外人，导致致公堂名字受损，有人投诉者，即拿回严惩不贷。3. 致公堂人员要交底银，如不交，遇事要补交 30 加元，堂内才会为之出头。4. 本堂人员，因无辜被诬或受到欺凌，致公堂会为之调停解决。5. 无论何坑何埠，必须公平交易。任何利用经营利便以欺压本国本乡者，经指证属实，带回本堂按堂规处罚。……在买卖矿坑或所谋之业时，必须遵照优先次序。任何不遵此例者，经指证属实，照章处罚。[5]

由上所见，洪门基本是华人社群的内部组织，与外部环境没有太多关系。洪门成了加拿大法外的"执法"机构，但执行的是"家法"，而非"国法"。

---

[1]《陈翼耀专员奉命调查全坎洪门事务报告书》，温哥华，驻云埠全加致公堂总干部、驻温哥华全坎洪门总干部印发，1945 年，第 43 页。

[2] 黎全恩：《百加委埠唐人街及洪门文献》，域多利《华埠通讯》，2009 年 8/9 月 99 期，第 27、28 页；福士埠致公堂内的一块木板，上写有"致公堂议规"。

[3]《揭开加利保致公堂之谜》，《大汉公报》1989 年 9 月 26 日；福士埠致公堂内的一块木板，上写有"致公堂议规"。

[4] "Chee Kung Tong", Daily British Colonist, Sep. 26, 1886.

[5] 致公堂实物文献，资料来自温哥华洪门民治党。

随着时间的推移，洪门的性质和作用也慢慢发生了一些变化，追逐经济利益成了目标之一。洪门原本就是帮会组织，在加拿大的会员三教九流俱有。当其势力强大起来后，再加上唐人街的繁荣和商业利益的扩大，洪门中有些人垄断某些职业，而这些职业或者营生并非受到加拿大法律的保护，比如妓院和烟馆。如前所述，不少单身男性华工为了摆脱苦闷，就赌博、吸毒、嫖娼。某些帮会成员自然就向这些利润丰厚的行业渗透，参与开设烟馆、赌馆和妓院，并控制这些行业，如征收保护费等。

总之，洪门组织带有中国民间宗教色彩，有自己的政府，并私下审判内部成员，致公堂堂规要求必须服从堂会大佬的命令。由于北美各派之间因利益关系矛盾重重，堂会冲突纠纷时有发生。但是洪门组织之所以能在加拿大有所发展，与华人在海外无权无势的环境下，需要保护有很大关系。当然一些矿区华工是不得不入会的，因为不是洪门成员，就会被孤立，加入洪门则会受到保护。可以说，早期致公堂是华侨社区的实际统治者，它控制了大多数华人的社会经济活动。

太平洋铁路通车后，致公堂组织又向东部发展。

二、房口

洪门在矿区建立组织时，在域多利先后有一些房口和善堂出现。所谓"房口"，是一种合作性质的寄宿舍。当时几乎所有早期的华工都来自同姓或只有一两个姓的村庄，他们说同样的语言，而且都是单身，就选择同租一间楼房或唐人街的小屋，吃睡在一起，共享每月或每年的费用。因为生活在一起，可以减少开支和互相帮助，这种合作的小屋被称为"房口"，也叫"和合房"或"同义房"。比如在域多利唐人街，当时有几个姓吴的生活在一起，被叫作"定安房"，另几个来自增城县的叫作"共益房"。这些房口会选一间商号代为接收信件。家乡来信，一般先写商号后写房口。邮局会将信件交给商号，华人会去商号查问房口信件，后来"房口"发展成为姓氏侨社。1885年前，域多利有五个较大的宗亲组织，它们是李雄洽等成立的李陇西堂（Lee Long Sai Tong）、黄江夏堂（Wong Kong Har Tong）、陈川颖堂（Chan Wing Chun Tong）、周爱莲公所（Chow Oylin Kung Shaw）、林河西堂（Lum Sai Ho Tong）。[1] 这些组织开始大都是临时的，是为了某个具体的活动或计划而暂

---

[1] 李东海：《加拿大华侨史》，加拿大自由出版社，1967年，第174页；1880年，李祜芹、李天沛、李奕德、李雄洽等成立了李陇西堂（Lee Long Sai Tong）。成立之初，借卟磨伦街泰源号为办公之所；《域多利李氏公所的沿革和概况》，《全加李氏第三届恳亲大会纪念特刊》，1985年，第45页。

时合作的，他们没有固定的堂址，没有举行定期会议，没有留下文字的记载，需要办理什么事时，就聚在某一堂友的店中商议。

1889 年，新宁余庆堂（Xinning Yee Hing Tong）在域多利筹建，开始只是一个初创善堂。到了 1893 年，李英三、林赞卿、李雄洽等和其他台山商人向华人劝捐，红毛属宁阳余庆堂便在域多利成立。1896 年建两层楼宇三间，两间出租，一间办公。主要工作是在全加各邑检运先友遗骨回国。[1] 该协会于 1904 年在卑诗省正式注册，名为宁阳余庆堂。[2] 而在这之前的 1897 年，温哥华宁阳余庆堂已经正式成立。[3]

三、善堂

善堂是一个地方性团体的组织，例如台山县的华侨合资成立一个善堂，大约每 7 年收集一次死去台山人的骸骨，运回台山县城，再由各乡村亲友来拿取，并带回家乡安葬，后来"善堂"发展为县邑侨社。在 1870 年代，域多利已经有开平广福堂、恩平同福堂、新会福庆堂、番禺昌后堂、顺德行安堂、南海富荫堂、香山福善堂、增城仁安堂及客家人和堂等。[4]

四、其他

广东客家人之所以组成"人和堂"，是因为当时客家人不多，客家语言和习惯与本土广府人不相通，另外也由于商行之间的合作常常保护大多数群体的利益，所以客家人想联合起来，共同对付这些群体。但在人和堂成立之后，一些"小姓"也联合起来，他们自称都是古老的神话皇帝或久远传奇祖先的后裔，因着这种血缘关系，团结起来组成团体，以增加其实力，如雷、方、邝等姓氏，联合组成溯源堂，来反对"大姓氏"人的压迫。

---

[1] 1931 年 7 月 28 日，加拿大域多利台山宁阳总会馆给东华医院颜成坤先生暨各董事信件文献；李东海：《宁阳会馆源流考》，《全加台山邑侨第二届恳亲大会特刊》，加拿大自由出版社，1975 年，第 131 页。

[2] 陈振沛：《台山总会馆百年纪念庆会演讲词》，《全加台山邑侨第五届恳亲大会暨邑侨来加 130 周年纪念双庆特刊》，1990 年，加拿大域多利台山会馆，第 90 页；Special Issue on the Second National Convention of Taishan people in Canada, Victoria, May, 1975, p.130.; Land Legislative Office, AFB Vol. 9 Fol.727# 7487 and AFB Vol.22.Fol.143#10459a and # 10640a.

[3] 温哥华台山会馆简介，资料来自温哥华台山会馆。

[4] 李东海：《加拿大华侨史》，加拿大自由出版社，1967 年，第 203 页。

第五节　宗亲侨团、邑县侨团和中华会馆的成立

一、宗亲侨团和地区侨团

加拿大宗亲组织与中国内地的宗亲组织相比，不太重视血缘关系，其主要原因是到加拿大的华侨华人毕竟有限，而且流动性较大，所以只要同姓或借用历史名人，使姓氏相同的人发生联系，就可以组织公所或堂会。这表明宗亲侨团的成立不完全是为寻根问祖，而在于借助姓氏组建团体，并且相互扶持，谋求合法权益，沟通族众感情。宗亲会首领一般选资深年高、有社会名望之人。

宗亲侨团在祭奠祖先时，多选择中国历史上著名的人物。比如黄姓祀黄香（黄文彊）、李姓祀老子（李耳）。宗族组织有一个很重要的责任，就是祖先崇拜。中国人认为祭拜祖先是孝的重要组成部分，通过祖先崇拜、哀悼祭奠祖先，可以缅怀先祖的功德，把孝顺、忠诚等精神发扬光大。通常情况下，宗族组织每年至少举行一次祭祖仪式，祭祀一般由宗亲首领和族中长辈主持，会摆上全猪、三牲、水果、鲜花等祭品，由最德高望重的人来恭读祭文，总之仪式是很隆重的。这些宗亲侨团成立后，其主要宗旨是联络感情，互相合作，保护同宗的利益，协调宗族成员的内部关系，仲裁和调解宗亲内部纠纷，奖励和资助宗亲子弟读书。当然，会员通过聚会，互相认识和联系，也有利于开展业务。早期宗亲侨团大都是由本姓富商大户组织支持的，富商们往往借此来提高自己的社会地位和影响力。

地区侨团则是由善堂发展而来的。当时，华工所处的外部环境充满歧视，这就加深了华工乡亲的凝聚力，而华商也就成了组织者和领袖，慢慢地，这些善堂就演变成了以血缘、地缘、业缘为纽带的大小不等的侨社侨团。

宗亲侨团和地方侨团主要是为富商提供领袖角色的平台，以谋取政商利益，同时也为华工谋些福利，因为华工是他们主要的生财来源。这些组织处理的事务很广，有慈善、救济、调解、教育、卫生、诉讼、宗教祭祀等。比如为同乡介绍工作、赈济家乡、节日庆典、开办学校和医院、筹建太平房、运回去世华工遗骨、欢迎温哥华岛的新任总督等。

二、中华会馆的成立

早期侨团大都是松散的乡亲联盟，有的还是因事临时组织，事完自然消亡。但随着外部环境，即加拿大排华浪潮的高涨，以及内部的原因，即华侨人数的增

加，加上华侨来源地的扩大以及生活范畴的复杂化，局限在同村同乡、各自为政的团体就显得力不从心，也不能满足各个阶层华人的实际需要。于是，唐人街的商人们开始寻求一种可以代表大部分华侨华人利益的组织，来维护华侨社会的生存和发展。

华侨华人社会之所以想成立一个新的组织，是有其原因的，首先是因为当时卑诗省及市又陆续出台了新的排华法案。

淘金高潮过后，经济下滑，失业率增加，白人劳工深感廉价华工的威胁，从而掀起反华浪潮。1873年5月16日《域多利殖民地日报》报道，反中国社团已通过决议，要求修改1860年中英（Sino British Treaty 1860）条约，即允许中国移民来到加拿大，但取消中国轮船补贴，法律禁止男性每天工作超过8小时。[1] 这些主要是针对华工的。在这些人的鼓动和其他经济、政治等多种因素的作用下，卑诗省通过了一些排华法案，其中包括剥夺华人和印第安人的选举权。在这种情况下，加拿大华侨华人都担心受到更大的歧视，或被从某些行业挤出去。随着时间的推移，排华活动越来越严重。因此，华侨华人在心理上和实际需要上，都支持一个具有与政府交涉、与歧视抗争、在关键时刻能够伸出援手的大团体的出现，成为华侨华人社会的靠山。

其次是华侨华人社会内部的变化。

在淘金和修路的高潮过后，许多华工穷困潦倒，流落在域多利街头，有的甚至病死街头，给域多利唐人街带来严重的社会问题。1884年1月，奥哥那根到耶鲁之间的地区下了10英寸厚的大雪，而铁路施工也要结束，许多工人失业。[2]

此外，华侨华人中有一些人和公司，常常为了赌场、鸦片、妓女经营的经济利益而发生激烈冲突，有时还有堂斗发生，恐吓和勒索弥漫着华人社区。19世纪80年代初期，有一组从旧金山来到域多利的洪门成员，成立了协胜堂（Hip Sing Tong），他们和致公堂在赌博和卖淫方面争生意，为此发生了争斗，后来协胜堂的三个头目被抓进了监狱。[3]

华侨华人社会知道堂斗对唐人街是有威胁的，他们不希望发生堂斗，希望看到一个超出宗亲同乡局限、具有调停和仲裁能力，并有实力对弱者援助的大团体出现，起到海外华人社会"父母官"的作用。

---

[1] "Anti Chinese", Daily British Colonist, May 16, 1873.
[2] "The Unemployed Chinese", Daily British Colonist, Jan. 10, 1884.
[3] "Abduction of Ah Sue", Daily British Colonist, Nov. 13, 1886.

于是，1884年3月，域多利的华商们上书中国驻旧金山总领事黄遵宪，请求他同意在加拿大建立一个有政府性质、有权力统领华人的——中华会馆（Chinese Consolidated Benevolent Association，CCBA），用以对付种族歧视和维护华人的共同利益。[1]

黄遵宪很快做出了反应，派遣总领馆主事黄锡铨和翻译戴永祥到域多利协助。黄锡铨来加之前，特地给域多利华人来函，指出筹设中华会馆的办法。[2] 黄锡铨在加拿大期间，收集了卑诗省每个华侨中心的情况，还负责起草了会馆章程。在会馆宣布成立之前，即在1884年4月，20多名中国商人在域多利成立临时董事会，并向卑诗省所有唐人街或华人定居地发出了一个筹款通知，要求全加拿大华侨每人捐助2加元，作为建会基金和反对种族歧视的活动经费。临时董事会同时声明，如果在1884年10月17日之前没有交2加元的华人，将不对其提供服务。如有人守财未能做出这方面的贡献，他在允许返回中国之前，要上缴10加元给协会。[3]

根据现存的域多利中华会馆的档案，有一个集有220个收据存根的小册子，共有5056名捐助者，这可能代表了华人在卑诗省的大多数。[4]

根据历史记载，中华会馆的正常收入有三种来源：一是会员的2加元会费；二是会馆地下单位出租的租金；三是投标做庙祝的投标费。此外，需要筹款时，皆赖华商捐助。[5]

1884年6月，域多利中华会馆正式成立。李祐芹、黄彦豪当选为正董事，李天沛、李亦德、卢卓凡、马心铭、徐全礼、冯锦淳为副董事，20位正值事。[6] 正值事中后来最出名的是乾泰公司的温金友（Won Alexander Cunyow，1861—1955），

---

[1] 光绪十年二月，域多利商人具禀驻美国大埠大清总领事黄遵宪请设领事馆及中华会馆原稿，资料来自维多利亚大学图书馆。
[2] 1884年，黄锡铨给域多利华人就筹办中华会馆来函；1884年（光绪十年六月十三日）域多利侨商在黄锡铨和戴永祥到域多利的监督下，签名赞同中华会馆组织章程，资料来自维多利亚大学图书馆。
[3] 域多利各埠众议驳除抽税苛例设立中华会馆劝捐公启，1884年4月9日，资料来自维多利亚大学图书馆。
[4] 资料来自域多利中华会馆。
[5] Archives of Chinese Consolidated Benevolent Association (Meeting minutes, Correspondences, notices etc.) stored in the Archival Library, University of Victoria, circular to Welcome Zhang Yinhuan Yinchai Dachen, 1886; David Chuenyan Lai, *Chinese Community Leadership*, Singapore World Scientific Publishing Co. Pte. Ltd., 2010, p.43.
[6] 见域多利中华会馆成立职员表。资料来自维多利亚大学图书馆。

他是第一个在加拿大出生的华人。他先是在中华会馆当英文书记,后又在温哥华法院任翻译,[1] 他在华人社区和白人社区之间充当桥梁,曾起着很重要的作用。

三、中华会馆的章程

域多利中华会馆在卑诗省正式注册时间是 1884 年 8 月 9 日。[2] 1884 年 8 月 18 日提交了《中华会馆的规则和细则》的英文副本,中文版本更详细、更清楚地概述了组织协会的权威和职能。该规则共有 37 条章程,分为 4 部分,内容包括会馆的宗旨、组织形式、作用等。

第一部分有 4 条,包括开馆原因:(一)会馆名为中华仁爱周济会馆。此后,埠中非奉官诣,不得另立会馆。(二)议定建筑会所,上层供奉关帝、天后、财神,中层为会馆,下层出租,另建太平房一所。(三)会馆应办之事:联络众情、施行善举、解息争讼、扶助贫病、禁除内患、抵御外侮。(四)分款详列会馆各章程于后。

第二部分为会馆用人章程。共有 7 条,关于如何选举委派职员及财务。

第三部分为会馆办事章程。详列会馆排解华人纠纷及协助解决华人被洋人欺负及其他福利之事。例如,年龄超过 60 岁无力工作并要回国的人,会馆将馈赠金钱,予以帮助。会馆还为贫病且无人留养者建了太平房,也为无亲无友死于贫困者支丧葬费。凡有拐贩幼女来埠者,有人报知,经众查出,公众勒令交出。由会馆出水脚送回香港东华医院,访交其亲属收领。如查无亲属,即由医院择良发配。

第四部分为会馆经费章程。例如华人新到本埠者,必须登岸后 5 日内到会馆报名,及交会馆 2 加元,否则,遇疾病或事故,会馆将不理会。[3]

1885 年 3 月,中华会馆花了 4500 加元,从托马斯·林赛(Thomas D.Lindsay)手中,购买了菲斯格街 554—560 号一块 60 × 120 英尺的土地,并花了 9475.66 加

---

[1] Fonds RBSC-ARC-1153-Won Alexander Cumyow fonds,https://rbscarchives.library.ubc.ca/index.php/won-alexander-cumyow-fonds;rad,检索时间:2021 年 9 月 15 日;*Henderson's BC Gaztteer and Directory 1904:British Columbia City Directories 1860-1955*,p.1023.;Twelfth edition,*Henderson's City of Victoria and Suburban Directory and a classified Business Directory for 1905-1906*,Henderson Publishing Company,1905,p.178.;例如,1904 年,由 Hodgson,Frederlck,Publisher 公司出版的 Chinese World(weekly)报纸,温金友是翻译。

[2] 1884 年 8 月 9 日,域多利中华会馆在卑诗省注册之章程英文原文。资料来自维多利亚大学图书馆。

[3] 域多利中华会馆章程,1884 年(光绪十年岁次甲申六月吉日)。资料来自维多利亚大学图书馆。

元兴建了一座三层砖结构的小楼。同年秋天,中华会馆楼宇建成。[1]它的顶层是庙宇,里面有精雕细刻的诸圣宫神位、供桌、屏风。[2] 第二层是会馆办公的地方。

四、中华会馆的功能和活动

由于有了中华会馆,华人遇到困难和麻烦时,自然会向中华会馆求救,中华会馆也尽可能向华侨华人伸出援助之手。

比如,1885年10月17日,几个华人商店的老板和几个在威廉溪的矿工给中华会馆写了一封信,信中讲到有一次几个白人警察来到威廉溪检查华人的采矿证书,因为华人矿工没有马上明白警察说的意思,一个专横的警察突然向华人矿工开枪,由于警察枪法不准,没有击中华人矿工,但警察马上回去拿来逮捕证,逮捕了5位华工。为了解救同胞,这些矿工请求新成立的中华会馆出面予以帮助。[3]又比如,加拿大太平洋铁路完工后,很多华工失业并流落在域多利唐人街街头,饥寒交迫,中华会馆出面救济这些华工。为维护华人权益,中华会馆带领华侨华人反对种族歧视,帮着收敛遗骨,还办了医院和学校。

域多利中华会馆虽由富商控制,但却不似一般商人牵头的组织那样松散浮夸,在唐人街孤立无援、主流社会歧视严重,以及华人难以摆脱的一盘散沙的习性这些特征构成的大环境下,中华会馆的宗旨和最高领导层宛如坚实的伞柄,同时又广泛纳入各同乡宗亲会,向外撑开形成伞面,这个在唐人街诞生的伞形协会,不但成为加拿大华人社群第一个统一的社区性正式社团,还香火延续,百年不衰,成为加拿大华侨华人社区历史最悠久的社团。当然,中华会馆也尝试百川归一,"一统唐人街的天下",但却没有成功,像洪门致公堂就一直不接受他们的支配。这样的局面有利有弊,一方面让唐人街拥有百花齐放、争奇斗艳的内在生命力;另一方面,又延续了华侨华人社会内讧不断、纷争不止的负面传统,削

---

[1] Land Registry Office D.D. Roll 109B,987, No. 6291a, registered Mar.21, 1885 in Absolute Fees Book, Vol. Feb.8, No. 895;"Chinese Benevolent Society", Daily British Colonist, May 28, 1885;"New Chinese Block", Daily British Colonist, Jul. 4, 1885;"Chinese Structure", Daily British Colonist, Jul. 15, 1885; Archives of Chinese Consolidated Benevolent Association (Meeting minutes, Correspondences, notices etc.) stored in the Archival Library University of Victoria, handwritten invoice submitted by John Teague, Sep. 29, 1885.

[2] Land Registry Office D.D. Roll 109B,987, No.6291a, registered Mar.21, 1885 in Absolute Fees Book, Vol.8 Feb., No.895; 资料来自域多利中华会馆。

[3] 威廉溪人和栈等几家华人商铺写给域多利中华会馆信件,1885年10月17日。资料来源:维多利亚大学图书馆。

弱了华人社群的力量。不过，在当时的加拿大，域多利中华会馆自成立之日起，在团结华侨华人，反对种族歧视，维护华侨华人合法权益，制止暴力和犯罪，弘扬中华文化，调处华侨华人内部纠纷，沟通华侨华人与政府之间的关系上，做出了重大贡献。

第三章
与白人和原住民的关系

早期华人虽生活在加拿大一个国家，却承受着来自中国和加拿大两个国家的压力。一方面，他们被认为是背弃祖国的"逃民"，被当时的清政府摈弃；另一方面，他们由于保持着旧中国的文化与价值观念，被白人认为是劣等和不能同化的民族，遭受着白人的凌辱、歧视和排斥，以致不少华工不得不到原住民保留地栖身，并与他们同居生活。可是华侨华人也不是完全任人宰割，当他们受到过分不平等对待时，也会站起来抗争的。

第一节 与白人的关系

白人并不是一开始就排华。1885年以前的自由出入时期，华工出入加拿大是不受限制的，这主要有两方面的原因。一方面，西部仍然处于开发时期，淘金潮和交通建设不但带来了卑诗殖民地经济的相对繁荣，同时也带来了对大量廉价外来劳工的需求，因此，华人的涌入符合社会的期待；另一方面，卑诗殖民地处于建制阶段，白人社区也没有稳定成形，所以对社区人口的组成架构尚没有定见。

当然，更为重要的是，华侨华人到加拿大淘金修路是为了赚钱，圆"金山"之梦，没有意图大规模定居加拿大，并千方百计让家人、孩子来加拿大的倾向，故整个加拿大社会没有排华的需要和急迫性。当时，欧洲移民主要精力放在建设和赚钱上，除了使用廉价的华人劳工，对华侨华人没有太大关注。当然，与华工接触的白人，不少对华工以及他们的生活方式，有偏见、蔑视，甚至有恶意，但与华工没有直接接触的，更多的则是感到好奇。

淘金时期，中国华工为了减少麻烦，尽量避免与白人遭遇，但有时也难免与白人相遇。有趣的是，当他们看到白人时，都把白人叫"约翰"（John），而白人叫华人为"中国人"（Chinaman），这是因为他们彼此分不清谁跟谁，再加之双方语言不通，彼此觉得叫"约翰"或"中国人"是最简单的称呼。

一、白人的歧视

在世界文明史的发展进程中，中国领先了将近 18 个世纪，但是，鸦片战争之后，世界对中国的眼光发生了根本性的变化。而在中国积贫积弱的时代，正是西方工业革命发展的上升期，落后与先进的落差，改变了西方民众对中国人的观察角度。

在淘金潮开始的初期，白人对华工的认识，还停留在好奇和不理解的温和阶段，这些观察和议论公开发表在当时的报纸上。

《域多利官报》(Victoria Gazette) 于 1858 年 6 月 30 日报道过关于华工抵埠的情况：有一批天朝人（这里指华人）从美国俄勒冈来到这里。这些家伙讲的方言，将会充斥在我们的日常生活中。[1]

但是，随着华工人数的增多，一些具有种族歧视立场的白人开始公开表露不满。3 月，《域多利官报》一位叫伦纳德·麦哥理（Leonard McClure）的编辑第一次公开指出中国华工涌入卑诗殖民地对当地欧洲移民的威胁性，他质疑卑诗殖民地政府对"这些奇特的新来者"的态度。[2]

这种零星的偏激观点，被淹没在"淘金潮"的高歌猛进里，而华侨华人作为廉价劳动力，支撑着白人世界的"金山之梦"，所以，类似的观点并没有引起社会大规模的共鸣。但是，不能否认，支持他观点的人越来越多，与此同时，对华工的歧视和敌意，开始发展到欺压华工的行动上。

1860 年，英国人拜伦·詹森（R. Byron Johnson）来到卑诗殖民地旅行，描述华人被歧视和被欺压的情形时说："用各种可能的方式虐待'中国佬'已成为太平洋沿岸的风气。华人经常遭到像狗一样的对待，随时会被恐吓、嘲弄、踢打，姓名、称呼被粗口所代替。他们没有表现出报复，静静地活着，而且有礼貌、有节制地对待所有的人……华工已经忍受到其他民族所不能容忍的程度。"[3]

当然，因着人性之恶和偏见之深而产生的对华工的歧视和不满，还只是体现在个案之中，尚没有向"国家歧视"，即向制度性和政策性歧视的方向发展，因为 1860 年代和 1870 年代，仍然是大规模需要廉价者和道路建设者的时代。不过，制度性歧视的萌芽已经显现。

1860 年 3 月 5 日，在一次公众会议上，已经有人建议对所有进入温哥华岛殖

---

[1] The Victoria Gazette, City of Victoria, Jun. 30, 1858.
[2] Victoria Gazette, Mar. 31, 1859.
[3] Edgar Wickberg et al., *From China to Canada*, Toronto McClelland and Stewart Ltd., 1982, p.43.

民地的中国人征收人头税。[1] 域多利的中国商人在会议讨论中了解到这一情况后，基于利益的考量，他们立即向省督詹姆斯·道格拉斯（James Douglas）提出质疑，道格拉斯向中国商人保证，他没有计划征收人头税。[2] 当然，有些白人也提出反对意见，他们认为华工的到来促进了卑诗省的经济发展。[3]

二、排华事件

随着金矿的进一步开采，金矿利益的获取越来越困难，这也就直接导致了金矿区的争端和冲突日益激烈，白人欺压华人的事件不断发生，华人采矿公司和自由采矿者容易成为被攻击的目标。

据记载，1861年发生过两名华工在卡尤什（Cayoosh）被白人矿工开枪打死的事件，随后，发生了白人采矿者使用暴力阻止华侨进入卡里布山区的事件。[4] 白人矿工不仅抢占好的矿区，不许华工进入，有时还把华工淘来的金砂抢走，以至于当时凡是有华工大量进入的矿区，都是贫瘠的矿区。

面对白人矿工的敌意和生命遭受的危险，以及在贫瘠的矿区赚不到钱的现状，华工来了不到一年时间，有人就返回了旧金山，也有人索性返回了中国。不过，淘金的"好消息"传播得比坏消息快，每年春天，仍有不少新的华工怀揣着梦想，又来到了卑诗殖民地。

经过人潮汹涌的淘金潮，到了1864年，河底的金砂大幅度减少，使前往卑诗殖民地的淘金者骤减，只有拥有较多资金的淘金者才可以用机器开掘山内的金矿苗。淘金人数的大幅度减少，带来了连锁的反应，商店里积压了大量无法出售的用品及食物，致使商人破产加剧。不仅如此，殖民政府为淘金潮而进行的基建投资，尤其是修路的庞大支出，因为没有税务回报，而出现了大规模的亏损。[5]

在这种情况下，就是在餐厅、洗衣店和市场商店也很难找到工作，为了谋生，华侨华人以及从金矿退下来的淘金华工，不得不开始寻找牧场、农场或者煤矿的工作。如此一来，原来对华侨华人淘金不太关心的白人社群，感到了自己工作有

---

[1] "Resolved", Daily British Colonist, Mar. 6, 1860.
[2] "Loan for British Columbia", Daily British Colonist, Mar. 8, 1860.
[3] "Chinese Immigration", Daily British Colonist, May 10, 1860.
[4] Edgar Wickberg et al., *From China to Canada*, Toronto, McClelland and Stewart Ltd., 1982, p.43.
[5] 1866-The Island and Mainland Colonies are United, Legislative Assembly of British Columbia, https://www.leg.bc.ca/dyl/Pages/1866-Island-and-Mainland-Colonies-United.aspx, 检索时间：2021年9月3日。

可能被廉价华工抢走的威胁。事实上，华人粗茶淡饭、吃苦耐劳、勤奋肯干，要求的工资较少，自然受到唯利是图的雇主雇用，无意中确实抢走了白人的工作机会，为此白人劳工和华工之间的对立现象更加严重，大规模排华的社会基础在慢慢形成。

三、社会、经济、政治和教育的歧视与隔离

卑诗殖民地在1871年加入加拿大联邦政府成为卑诗省，其后中国劳工的问题就成了全省的政治问题。这在报纸舆论上反应最快，也最直接。当时域多利的两家报纸，即《域多利殖民地日报》和《域多利官报》经常报道有关中国劳工的事。

从政治权力来看，1872年之前，华人是有选举权的。可是随着白人排华情绪一浪高过一浪，这种投票权力的使用没有被鼓励过，且遭遇了打压。当时华工们大多都是来自贫困家庭，从小没有机会受到基本的教育，心态比较封闭，接受外来文化比较慢，又加上来到一个完全陌生的国度挣扎求生，大多数时候为了不惹事，他们就忍气吞声，逆来顺受。原加拿大华裔军事博物馆馆长李悦后（Howe Lee）生前曾说：“在1875年之前，我祖父是有选举权的。可是当知道有些华人在参加选举时受到白人的阻挠，有的还被白人从投票处推搡出去，为了不惹事，就放弃了投票。”

如前所述，早在1872年，卑诗殖民地就想通过法案，避免在省公共工程中和联邦有关的任何工作雇佣华侨，以5票赞成，11票反对，该提案没有通过。同年，省政府要推动这一法案，但女王在卑诗省的代表省督不敢擅自批准，又交到了英国伦敦，1875年4月22日法案得到英国女王的批准。1876年，又一项法案获得通过，对1872年的《市政法》（An Act Respecting Municipalities）进行了修正，但依然保留了不准华人和印第安人在选举市长或市议员的任何选举中投票[1]。1885年3月9日，卑诗省通过《公立学校法》（An Act to Consolidate the Public School Acts），不准华人和印第安人在学务委员选举中投票。[2] 1886年4月6日，温哥华市推出《市政选举法》（An Act to Incorporation the City of Vancouver），剥夺了华人与印第安人在市长和市议员选举中的投票权。[3] 由此，华人的投票权在法律上被剥夺了。

---

[1] *Statutes of the Province of British Columbia*，1876，p.3.；*The Consolidated Statutes of the province of British Columbia 1877*，p.181.，p.567.

[2] *Statutes of the Province of British Columbia*，1885，pp.125–141.

[3] *Statutes of the Province of British Columbia*，1886，pp.161–169.

经济上的歧视也十分明显。早在 1872 年，卑诗殖民地就想通过法案，禁止在公共工程中雇用华侨，但是没成功。[1] 排华势力并不就此罢休，后来他们又要求在铁路修筑中不雇用华工，不批给华人土地，不给华人公民权，向所有华人抽人头税，取消华人在加拿大蒸汽船上的福利等。[2]

1878 年加拿大联邦选举时，域多利出现了一个反华组织——工人互保会（Workingmen Protection Association）。这个由白人劳工组成的团体，其目标是"保护卑诗省的工人阶级，利用合法手段制止华人的涌入"[3]。工人互保会规定，除了华侨华人，不论男女、任何国家、任何种族，都可以加入这个团体。1878 年 9 月 30 日，工人互保会为候选人专门举行了一次群众集会，让候选人发表对华侨华人问题的看法。会议清楚地表明：只有排华的候选人才能得到它的支持。在另一次会议上，那些雇用华人的白人公司和白人家庭被点名，并受到羞辱，还告诫产妇不要雇用或袒护华人。结果，白人社区形成了反华的大氛围，商人和政治家在公开场合都谴责华人，即使他们私下里依然雇用华人。1879 年年底，工人互保会索性改称排华会，并把"不妥协"作为其座右铭。[4]

在加拿大将要修建太平洋铁路时，反华组织不希望政府雇用华工，他们向联邦政府提出不雇用中国华工的意见。1878 年，域多利的国会议员阿莫尔·德·波斯莫斯（Amor De Cosmos，郭士毛）递交给联邦政府一封有上千人签名的信，要求政府不雇用头发超过 5 英寸半的人，明显就是针对华工，被联邦政府拒绝了。[5] 1882 年，域多利有一位名叫约翰·库尔茨（John Kurtz）的制烟厂老板，特地在香

---

[1] Daily Standard，Wednesday，Feb.28，1872，British Columbia，pp.16-17.

[2] An Act to prevent Chinese from acquiring Crown Lands，*Statutes of the Province of British Columbia*，1884，Chapter 2，p.3.；An Act to prevent the Immigration of Chinese，*Statutes of the Province of British Columbia*，1884，Chapter 3，p.5.；An Act to regulate the Chinese population of British Columbia，*Statutes of the Province of British Columbia*，1884，Chapter 4，p.7.；Walter Sage，"Federal Parties and Provincial Groups，1871-1903"，B. C. Historical Quarterly，12（1948），p.153.；p.1892，British Columbia Dirtctory 1，p.188.

[3] A Constitution of the Workingmen's Protective Association（PABA）；"Workingman meeting"，Daily British Colonist，Oct.1，1978；"The Workingmen's Meeting Last Night"，Daily British Colonist，Nov.5，1878.

[4] "Workingman meeting"，Daily British Colonist，Oct.1，1978；"The Workingmen's Meeting Last Night"，Daily British Colonist，Nov.5，1878；"Another Crooker Bill"：Daily British Colonist，Nov.5，1878；"The Chinese and the Railway"，Daily British Colonist，Oct.12，1879；"Petition"，Daily British Colonist，Oct.12，1879.

[5] Canada，House of Commons，Debates，May 12，1882，p.1476.

烟商标上标有：No Chinese Labor（不雇用华工）。[1]

卑诗省省议会还成立了一个委员会，专门来研讨如何阻止华侨移民。1879年3月28日，该委员会提出，省立法机关虽没有权力征收华人税款，但可把申诉送到联邦政府，向他们提出华人存在的有害影响，并采取有效的必要性措施，以防止华侨进一步移民到全省。[2]这份申诉书起草后发送到了渥太华。1879年5月，下议院（The House of Commons）成立了一个专责委员会，用以研究华人问题。下议院建议，不应该鼓励华人移民，华人劳工不应该被公共工程雇用。[3]

与此同时，卑诗省政府在排华分子的鼓动下，先后推出一系列经济歧视法案。1884年2月18日，卑诗省出台"皇家土地法"（Crown Land Act），皇家土地不能以任何方式售予或分配给华人。[4]1897年，卑诗省推出《外国人劳工法》（Alien Labour），根据该规定，华人和日本人不能受雇于一些特殊行业，如桥梁、港口、铁路、航运、通信等行业，如果雇主、承包商直接或间接雇用华人，都将受到监禁或罚款。[5]

四、区域和社会隔离

排华是多方面的，华人在居住和社交等方面也一样遭受隔离待遇。例如，一些白人指责华人生活在拥挤肮脏的环境里，身上携带病毒和细菌，他们觉得为了维护白人的"高贵"地位，应该让华人和白人社会分开。一位牧师是这样描述华人的："他们不被白人所喜欢，他们被邻居隔离开。"[6]

随着反华组织的呼求范围越来越广，他们不光在卑诗省发表文章公开排华，还在其他省份找到了同盟军。在文字排华之前，嘲讽般的视觉排华在当时的欧洲移民社区已经相当流行，主要体现在西方人喜欢的报纸漫画上。1879年4月26日，在发行量较高的《加拿大新闻画报》（Canadian Illustrated News）上就发表过一幅漫画，画中一个身材高大、头戴帽子、身穿西装的白人，左手插在裤兜里，

---

[1] "White VS. Chinese Labour", Daily British Colonist, Sep. 20, 1882.

[2] Journals of Legislative Assembly of British Columbia, Vol.8, 18679, append ix xxv.

[3] Journals of Legislative Assembly of British Columbia, Vol.8, 18679, append ix xxv; David Chuenyan Lai, Chinatowns: Towns within Cities in Canada, Vancouver: University of British Columbia, 1988, p.31.

[4] Statutes of the Province of British Columbia, 1884, p.3.

[5] An Act relating to the employment of Chinese or Japanese persons on Works carried on under Franchises granted by Private Acts, Statutes of the Province of British Columbia, 1897, Chapter 1, pp.3-4.

[6] George E. Hartwell, "Our Work among the Japanese and Chinese in British Columbia", Missionary Bulletin, 9 (1913), p.519.

右手从后面抓住一个矮小的中国人的辫子。漫画的标题是：异教徒华人在卑诗省。漫画下面还配有一段对话：

  阿莫尔·德·波斯莫斯：世界的爱或人类的热爱者。
  异教徒中国人：你们为什么要赶我走？
  阿莫尔·德·波斯莫斯：因为你不能也不愿意与我们同化。
  异教徒中国人：这从何说起？
  阿莫尔·德·波斯莫斯：你和我们不一样，你不能喝威士忌，不会谈论政治，不会投票。[1]

  通过文字和视觉形象，作者清楚地表达了这一思想，即在能力和意愿两个层次上，华人都是不能同化于白人社会的。

  随着时间的推移，在更多西人的报刊上，华人都是被嘲笑、被愚弄的对象。他们都被画成龇牙小眼、拖着长辫子的模样，一个个枯黄干瘦的脸上，画着密密麻麻的皱纹，他们眼睛浑浊、暗淡无光，一副愚昧及还没有走进文明的形象。

  从那时起，辱华和排华的事情越来越多，范围也越来越广。华裔后代陈建中先生回忆起外祖父时说道："我的外祖父长寿，所以我有机会听他讲早期来到加拿大那段艰难困苦的生活经历。我的外祖父叫简和，是广东省中山县人。他是修太平洋铁路时来到卑诗省的。当时我外祖父的大哥先来到加拿大，他帮着把我外祖父弄来。他们来到加拿大的那个时候，种族歧视很严重，白人见到华人都不喊名字，只喊'清'或者'中国人'（Chinaman）。当时华人是不许进入剧院和大商场的。有一次我外祖父的大哥打工之余，看到一家商场就想进去看看，结果被轰了出来。"

五、三条越权的法例

  1883年5月，罢工事件的发生，让卑诗省对华人的歧视，从选举权的剥夺延伸到对华人生活习俗的干涉，给华人的生存带来更大的困难。事件的发端是，在靠近利顿的37号营地，有一群华工因反对解雇两个同胞，攻击了工头和几个白人，晚上20多个白人对华工进行袭击，白人烧掉了华工住的木屋，野蛮地棒打华工，并杀死了一名华工。同年8月，在惠灵顿的邓斯米尔矿区发生了一次罢工事件，当时是"矿工相互保护协会"（The Miners' Mutual Protection Association）组织这场罢工的，这个组织内部明确指出要一视同仁，但这只是白人内部之间没有歧视。

---

[1] "The Heathen Chinese in British Columbia", Canadian Illustrated News, Apr. 26, 1879.

当时他们要求增加工资,却被老板邓斯米尔拒绝了,因为他有更廉价的华工作为对付罢工的武器,他很快从域多利找来了一批廉价华工,还驱逐了住在公司房屋里的白人工人,白人工人的罢工最后失败了。[1]

这件事发生后,白人工人纷纷向政客抗议,而这些政客都是选民选出来的,为了自己的政治前途,他们就向卑诗省政府提意见。惠灵顿罢工事件和相关的一些暴力事件,给了卑诗省立法机关以更多的口实,他们认为,是华工破坏了白人工人罢工,是华工道德败坏并传播疾病,给社区带来了威胁。于是采取了更严厉的立法行动,来限制和约束中国移民,卑诗省立法机构很快就出台了三个法案,与西方立法中的法律面前人人平等原则完全背道而驰。该法案通过了防止华人获得皇家土地的议案、防止华人移民的议案、监管华人议案。[2]

我们必须看到,虽然这三条法例几乎百分之百是歧视华人法,但它们并不代表当时加拿大联邦对华人的正式法律立场,也不代表全国范围内对华人的全面排斥,甚至还不代表西部地区富裕白人乃至政府的全面想法,因为联邦对西部地区的建设重点是修建太平洋铁路,以促进东西部的贸易交流,加快人口的迁徙,提升西部地区对联邦的向心力,而要在短时间里完成这样巨大的工程,使用廉价而又听话、勤奋的华工,是相当关键的,尤其是从美国加州地区招募来的熟练的修路华工。使用华工相对于雇用白人修路工人,还降低了成本,减少了白人劳工组织的罢工抗争、要求加薪的可能性。对于富裕阶级来说,因为西部地区的发展相对东部晚很多,因此,雇用廉价和顺服的华工,来担当杂工,也是不错的选择。他们对全面的排华尚不感兴趣。

由此可见,西部地区排华的主力军是白人劳工。在经济平缓发展甚至衰退的时候,他们认为华人抢了他们的饭碗,破坏了他们罢工抗争、与资本家讨价还价的可能性,所以要"除之而后快"。白人劳工的愤怒,一经有"话语权"的那些种族歧视者的煽动,就形成了一种社会运动和舆论压力。而并没有正义感、

---

[1] Paul Phillips, *No Power Greater: A Century of Labour in B.C.*, B.C. Federation of Labour (Boag Foundation), 1967; Edgar Wickberg et al., *From China to Canada*, Toronto, McClelland and Stewart Ltd., 1982, p.50., p.51.

[2] An Act to prevent Chinese from acquiring Crown Lands, *Statutes of the Province of British Columbia*, 1884, Chapter 2, p.3.; An Act to prevent the Immigration of Chinese, *Statutes of the Province of British Columbia*, 1884, *Statutes of the Province of British Columbia*, Chapter 3, p.5.; An Act to regulate the Chinese population of British Columbia, *Statutes of the Province of British Columbia*, 1884, *Statutes of the Province of British Columbia*, Chapter 4, p.7.

只考虑狭隘政治利益和权力的西部政客，只顾迎合这种排华的社会压力，草率地通过了排华法例，甚至没有得到联邦认同，也没有完全按照程序向伦敦报告。由于欧洲局势不稳、加拿大联邦政府着重东部建设，英国王室和渥太华都无暇顾及西部管制细节，也不会主动监察卑诗省的立法细节，以至于这三条越权的排华法例，虽然没有完全落实到执法的层面，但无疑加剧和鼓舞了整个西部地区的排华运动，起到了相当恶劣的影响。这三条立法的越权和"不合法"，是显而易见的。

在此仅举一例。华商张先生（Wing Chong）1847年在广东番禺出生，1860年来到卑诗殖民地。19世纪60年代，张先生在卡里布做了大量贸易，他的生意种类多而繁杂，各种资料证明他的活动代表了华商阶层。1885年，张先生被迫打了一场官司。原因是张先生没有遵守《监管华人法案》的规定，每年不向政府交10加元的税，被罚20加元。张先生认为卑诗省政府没有权利制定这种法律，认为它干涉了联邦政府才能管的法律，这是违反规定的。可是卑诗省检察官坚持说征税是由省政府规定的。法庭根据卑诗省华人人口制度及加州法案的合法性，最后判定卑诗省《监管华人法案》越权，认为它干涉了联邦政府所管理的外国人贸易、商业条约的法律。[1]

到了1884年，太平洋铁路将要完工，联邦政府开始"卸磨杀驴""过河拆桥"了。总理麦当奴顺应卑诗省的反华浪潮，开始考虑这个问题了。1884年7月，皇家中国移民事务委员会成立，专门负责对卑诗省华侨问题进行调查。1884年8月22日，皇家中国移民事务委员会在法庭调查时，乃磨的工会组织（The Knights of Labor）代表塔克菲尔德（Tuckfield）提交了一段陈词证明："大量的华人有陋习，包括卖淫和赌博，在那些区域（华人）里猖獗一时。……他们是一个不能被同化的种族。他们的恶习是最令人反感的，他们把自己生病的同胞赶出去让其客死街头，他们的麻风病人挤满了我国的监狱。他们控制着这个城市的劳动力市场，这对我们国家没有好处，我们的孩子不得不到其他国家寻求就业的机会。……事实上，这些调查结果使我们得出结论，华人是文明社会的耻辱，我们请求采取措施，制止中国人大量涌向我们的海岸。"[2] 这些陈词，对联邦政府的排华决策起到了临门一脚的关键作用。

---

[1] Crease, J. 1885, 1 B.C.R.（Pt.2）150（Supreme Court）.
[2] Canada, *Royal Commission on Chinese Immigration: Report and Evidence*（Ottawa: Printed by Order of the Commission, 1885）, p.66.

六、华工们被歧视的原因

华工们被歧视，是由多种因素造成的。首先是中国的积贫积弱，清政府软弱腐败，导致"弱国无外交"。当时的清政府对远在太平洋彼岸的加拿大没有什么影响力，除了在美国、英国设立了领事馆，在加拿大没有任何官方机构可以代表华人伸张基本权益。不仅如此，鸦片战争之后，清政府还将移居海外的华人视为"叛逆之人"，对他们的生死不闻不问，使他们成了弃儿。就是到了1860年，中国和英国签了《中英北京条约》，允许华人出国，但那也是在列强的压力下被迫同意的，清政府仍认为其子民出国是无益的。如此，中国华工在国外任人欺侮，也无处申诉投告。这与西人在中国的情况正好处于两极，西人来华，稍有不如意之处，就向使领馆投诉，而处于帝国主义强盛时期的欧洲各国，就会借此把事情闹大，甚至不惜发动战争，以谋求割地赔款。

其次，华工所带来的文化因素以及生活习惯，无法被西人社群所接受，因此，他们被视为"非文明之人"，在一个弱肉强食的时代，自然受到凌辱、欺负。华人的外貌、语言及生活方式与加拿大白人有很大不同，他们留着长辫子，穿着唐衫，到加拿大来打工挣钱，汇钱回家，即使生不能归，死后也要把尸骨运回中国。这种不愿在他乡做"冷魂孤鬼"及"落叶归根"的信念是中国文化中的一部分，在华人看来是天经地义的，但在西人看来却是不可理喻。他们自己从欧洲移民北美，当然是全心融入，再造家园。华人将加拿大当成客旅之地，白人自然也不将其视为"主人"，在经济动荡、失业率高涨之际，就会迁怒于华人，想方设法将他们赶出去。但西人的盲点是，北美白人移民在欧洲大都也是贫困之人，也是失去土地的弱者，但到了北美，他们将祖祖辈辈居住于此地的先民，也就是印第安原住民，视为野蛮的"仇寇"，处处排挤甚至加以消灭，而对于来淘金建路的华人，则肆意凌辱，根本没有创造一个让他们融入的大环境。

再次，华工的软弱导致事情更加恶化。许多华工本来就没有什么文化，长期在封建王朝的统治下生活，也不懂得为维护自己的权益而抗争。再加上远离故土，在一个陌生的环境中，语言不通，没有办法和白人接触与交流。在这种情况下，华工不想惹是生非，甘愿从事工时长、报酬少的苦力工作，如家佣、洗衣工、厨师、园工、侍者等。即使遇到欺凌，也是能忍就忍，使得白人觉得这是一群可以随意欺凌的对象。不仅如此，华工平时除了出卖苦力，没有任何乐趣，不少华工的业余生活就是吸鸦片、赌博、打牌、嫖妓，由此引起很多白人的不满。其实，白人社群只知道盘剥华工，却没有创造条件，让他们有机会接触西洋文明，这正是华工生活状况难见起色的重要因素。

除上述原因外,还有就是受到美国的影响。1882年,美国国会通过了一项排华法案:由1882年始,10年之内华人劳工不准进入美国境内。加拿大的排华分子借此也公开呼吁加拿大应该向美国学习。

导致许多加拿大白人对华人产生歧视与偏见的原因,还在于很多白人认为,华工不能被同化;无永久居留的打算,有碍社会产生安定;挣了钱总想汇回中国,影响国家财政金融。可是华人被剥夺了其他公民享有的一切权利,是法律迫使他们成为外国人的。在西方,白人认为自己有着优良的血统,西方白人优越论被广泛传播。而在当时,华工被描绘成愚昧、不讲卫生的劣等人种。一些加拿大人指责华人生活在拥挤肮脏的环境里,身上会携带病毒和细菌。为此,许多华人遭到辱骂和袭击,华人死后甚至不能埋葬在白人的公墓区中。以域多利的罗斯湾(Ross Bay)公墓为例,整座公墓分为21区,而其中的L区专门留给"土著居民与蒙古人"。[1]

七、华侨华人的态度

尽管华工受到歧视和排挤,但还是希望与主流社会搞好关系,希望通过对当地政府的效忠来换取平等待遇。1869年,卑诗殖民地总督马斯格雷夫(Musgrave)造访百加委路时,该地的华侨以响亮的喇叭声表示热烈欢迎。在广利行的率领下,该地的华商"应卡里布华人居民的要求,代表他们向女皇宣誓效忠:"我们——卡利浦(卡里布)的全体华商和华人居民,请您接受我们的热诚欢迎,并向您保证,我们效忠最仁慈的女王陛下所领导的政府。我们谨此感谢女王陛下执法不偏、公平施政、赐予我们同等的权利和保护。"[2] 因为对华人来说,中国的形势越来越差,回去后也无法谋求生存,所以,在加拿大进行大建设的时候,争取机会参与,是他们最佳的选择。事实上,远在东部的联邦政府仍然需要廉价的华人劳工。因此,卑诗省的排华活动没有立刻得到联邦政府的支持。1882年5月,总理麦当奴对来自卑诗省的议员说:"这只不过是一个简单的取舍问题:要么必须有这样的劳动力,要么不能有铁路。"[3]

就整体而言,华工是在重重剥削和歧视下,忍辱负重地生活着。

---

[1] Burial, Records, *Ross bay Cemetery*, Victoria.

[2]《卡里布哨兵报》,1869年9月22日。转引自陈国贲、丹尼斯·赫丽:《挣脱枷锁——加拿大华人反种族主义百年史》,中国社会科学出版社,1997年,第63页。

[3] Canada, House of Commons, Debates, May 12, 1882, p.1477.

人的尊严也是有底线的,当受到过分不平等对待时,华侨华人也会站起来抗争。1878年9月2日,卑诗省立法会通过了被称为《华人税务法》(An Act to Provide for the Better Collection of Provincial Taxes from Chinese)的法案,规定每一个超过12岁的华人,应每3个月领取一次可以居住在卑诗省的牌照,牌照费为10加元。[1]这相当于在卑诗省的每一个华人每年要支付40元的人头税。华人们知道后,为了维护应有的权益,纷纷起来反对这一排华税法。域多利的华商联合起来给总督递交了申诉书,提出三点反对理由:第一,新税法中提出对超过12岁的华人征税,而其他省都是年满18岁的居民才缴纳;第二,新税法不是按纳税能力征收,而是贫富纳同样多的税;第三,新税法仅向华人征收,而华人中有许多是英属地子民。不仅如此,华商们还向清政府驻英国伦敦公使郭嵩焘申诉,请求他出面反对这一条款。但是,当这些申诉和抗议还在上层官僚机构转悠的时候,域多利市已任命莎士比亚为收税员。1878年9月11日,莎士比亚在警察的陪同下,进入唐人街收税。华人们拒付人头税,莎士比亚就没收了拒付税款者的物资,后进行拍卖,引起华人的强烈不满。9月17日,华侨华人全面罢工。雇用华工的工厂、旅店、餐馆和家庭都受到影响。罢工历时5天,莎士比亚被迫辞职,政府也妥协让步,于9月22日退还了没收的货物,等待联邦政府进行裁决。[2]

在华人的共同努力下,9月27日,约翰·汉密尔顿·格雷(Dr.John Hamilton Gray)法官在卑诗省最高法院(Supreme court of British Columbia)宣布经卑诗省立法机构通过的《华人税法案》是违宪且无效的。他广泛援引国际法并做出如下结论:"……根据对通过的法律条款的审查,很清楚该法不是为了税收,而是要把中国人赶出这个国家。它干涉了属于自治领国会对商业和贸易的管辖权、外国侨民的权力,以及帝国君主的对外条约。该法干扰了本国的国内外贸易,它的实际效果将是绝对禁止和华人的交往。华人应该和其他居住在这个国家的民众一样,负担在宪法框架下以合理的方式规定的合理税额。如果在未来,卑诗省出于利益的考虑要求订立这样一个特别的税法,这也是本国一些实际而又明智的人的观点,

---

[1] *Statutes of British Columbia*, An Act to Provide for the Better Collection of Provincial Taxes from Chinese[Sep. 2, 1878], 42 Vic. Ch.35, pp.129 – 132; His Excellency the governor general in council; 1866 – 1946 Dominion of Canada Volume 13, number 11, Sep. 13, 1879, p.375.

[2] "The Chinese Tax", Daily British Colonist, Sep. 11, 1878; "The Chinese Tax", Daily British Colonist, Sep. 18, 1878; "The Chinese Strike", Daily British Colonist, Sep. 22, 1878; Unconstitutional and vold: Edgar Wickberg et al., *From Chinese to Canada*, Toronto, McClelland and Stewart Ltd., 1982, pp.47 – 48.

应该通过适当的途径，即通过自治领国会的手段来获得。这份提交的法案彻底地超出了省立法机构的权力范围，因此是违宪并无效的。"[1]

然而法庭虽然判决该法案无效，但卑诗省政府还是把该法案递交了上去。1878年9月2日，加拿大总督约翰·坎佩尔（John Campbell）收到了这份法案报告。[2] 1879年8月15日，加拿大联邦司法部长麦当奴（Jas.McDonald）向总督提交了关于1878年卑诗省立法机构通过并于同年9月批准的数个法案的意见报告，其中关于华人税法案部分指出："这个法案因被判违宪和无效，被押在卑诗省最高法院。判决一直没有被提起上诉，必须被看作是有效的。因为法庭已经宣布该法案'超越权限'，本政府有责任将这样的法案排除在法令全书之外，我认为应该正式地将其驳回。"[3] 1879年8月22日，加拿大总督坎佩尔宣布不同意卑诗省的《华人税法案》法案，因此该法案被驳回。[4]

从这一事件来看，加拿大联邦与卑诗省在对待华工问题上，确实存在着一些不同的看法和矛盾，这种矛盾也是加拿大一直存在的东部与西部矛盾的某种反映。加拿大联邦政府在税务问题上驳斥地方政府违宪，当然让西部的排华势力遭受了一些挫折。但是，从根本上来说、从全局来看，华人的抗争还是很微弱的，无法改变加拿大，尤其是西部地区的排华大趋势。

综上所述，早期华侨艰辛地到加拿大谋生和发展，虽然面对着贫穷、歧视、恶劣的生存环境和繁重的工作，但他们仍然步履维艰地参与加拿大的早期建设，并为此做出了难以磨灭的贡献。

---

[1] Appendix G, Judgment of The Hon. Mr. Justice Gary, on the Chinese Tax Bill, passed by the Legislation on the Sep.2, 1878. Sep. 23, 1878: Sessional Papers Volume II, Third Session of the Fifth Parliament of the Dominion of Canada, Ottawa, Printed by McLean, Roger & Co. Wellington Street, p.382.; Chinese Tax Bill: Daily British Colonist, Oct. 2, 1878.
[2] His Excellency the governor general in council: 1866–1946 Dominion of Canada Volume 13, number 11, Sep. 13, 1879, p.375.
[3] Wellington Street. p.382.; "Chinese Tax Bill", Daily British Colonist, Oct. 2, 1878.
[4] His Excellency the governor general in council: 1866–1946 Dominion of Canada Volume 13, number 11, Sep. 13, 1879, p.375.; Dominion and Provincial Legislation 1867–1895, Ottawa, Government Printing Bureau, 1896, p.1605.; 根据 Dominion and Provincial Legislation 1867–1895; 书中第1605页指出，1879年10月28日，加拿大总督坎佩尔批准了司法部部长的报告。

第二节　与原住民的关系

在加拿大早期华人历史中，华侨华人与原住民印第安人的关系，有点扑朔迷离。他们虽然都是弱势群体，一个是北美最早的居民，生活在这块土地上已经千百年；另一个是外来的劳工，踏足这块新大陆不到 200 年的时间。但是因为他们长得相像，以至于学术界不乏有人认为，最早到达美洲的，可能是中华民族的先祖。到目前为止，人类学、考古学、地质学、民俗学、古文字学等许多有关的研究成果显示：在美洲"史前"时期，中国和美洲有过某些直接或间接的联系，以及彼此的影响。一些学者直截了当地作出推测，美洲的印第安人和中国人一样，同属于蒙古人种。这些印第安人在距今 1 万—4 万年以前（旧石器时代），从亚洲东北部经过连接古代亚、美两洲的白令海峡陆桥进入美洲。白令海峡只有 60 英里宽，中间还有小岛，无论从冰上行走或水上航行，都不会有太多困难。[1]

近期考古发现，距今 6000 多年前，即白令海峡陆桥中断以后的新石器时代中期，在中国黄淮下游、东海沿海、渤海湾周围以及东南沿海的青莲岗文化系统与当时北美洲的古文化体系特征基本一致，如鸟和太阳的图腾崇拜、骨制倒钩鱼镖等生产工具都是相同的。[2]

100 多年以来，加拿大西部的多处地点，都发现了中国古代的钱币，给两地的关系增添了更多的想象空间。1882 年，有西人在今之温哥华东北百余里之卡西金矿区河床发掘，无意中竟掘出中国古钱 30 余枚。后携至域多利请人甄别，说明该钱乃是公元前 200 年中国的文物。于是更引起无数学者对于前期华人流寓于加拿大之史迹加以印证。[3]

当然，回溯过去百年来华工与原住民的关系，不但给加拿大的历史叙述，也给中国人与印第安人漫长的历史渊源，注入了新的元素。

加拿大一直是原住民的栖息地。到了 16 世纪，加拿大各地先后沦为法、英殖民地。1763 年，英国击败了法国，成为这片土地的控制者。当时英国曾发表皇家宣诏，要为印第安人留出土地，并禁止英皇室以外的任何组织购买印第安人的土地。这份宣诏引出了一系列土地割让条约，一些保留地区也被划分出来，作为土

---

[1] 李春辉、杨生茂等编：《美洲华侨华人史》，东方出版社，2009 年 12 月 16 日，第 4 页。
[2] 石兴邦：《关于中国新石器时代文化体系的问题》，《南京博物院集刊》，1980 年，第 2 期。
[3] 李东海：《加拿大华侨史》，加拿大自由出版社，1967 年，第 28 页。

著民族专用的区域。但加拿大联邦政府成立后，并不承认这一宣诏，也不承认印第安人的自治权、土地权等。如此一来，随着英国影响力的逐渐衰落以及加拿大联邦政权的巩固，渥太华和各省政府对印第安等土著人实行强制同化政策，以至于他们世代赖以生存的土地范围越来越小，他们的文化也受到冲击。

1858 年淘金热潮兴起，很多中国华工来到加拿大。这些华工大多都是年轻的单身男性，他们几乎走遍了能淘到金子的所有地方。而这些地方，要么原来就有印第安人居住，要么就有印第安的劳工参与淘金，因为当地的印第安人为了赚钱，常常为白人背东西。如此，印第安人就与中国华工产生了互动关系。

当然，从劳工的层次来看，虽然一个是当地最早的居民，一个是新的外来者，但印第安人与华工同属最底层的劳工，每天挣的钱大致一样，而白人则高很多。根据记录，当时华工一天仅挣 1 加元到 1.25 加元，印第安人当时一天仅挣 1 加元到 1.5 加元，而白人一天挣 2 加元到 3.75 加元。[1]

一、华工和印第安人之间的冲突

虽然当时华工和印第安人都是弱势群体，都受到白人的歧视，但因为彼此的历史背景和所处的环境不同，双方的关系显得颇为复杂，既有彼此间的同情，也有不同层次的冲突，而冲突常常是基于普遍的人性，以及原住民与外来者的矛盾，而非阶级与种族的冲突。吉利恩·玛丽（Gillian Marie）在她的《1858—1885 年卑诗省对华人移民的态度》(*Attitudes Toward Chinese Immigrants To British Columbia 1858–1885*) 一书中这样写道："印第安人知道白人对华工有暴力行为，并且自己的种族也受到歧视，这个局面生活在同一时代的白人也是知道的。"卑诗省有一个主教在 1860 年写道："利顿南部的印第安人瞧不起华人、蔑视华人，觉得他们自己高人一等。"海军中校梅恩（R.C.Mayne）从 1858 年起在卑诗省待了 4 年，根据他的经历，他认为印第安人拒绝尊敬黑人和华人，没有像尊敬白人那样尊敬黑人和华人。他回忆了一件事情：当地一个印第安人问他有关华人的事时，他告诉他华人和英国人一样，那个印第安人回答说："不，不。"[2] 值得注意的是，由于华工和印第安人同样处在生活的底层，没有文化，没受过教育，他们之间互动的历史，没有留下太多的文字记载，仅有家族口述历史的传承，因此，要找到百年前

---

[1] British Columbia Directory, 1882–1883, p.156.

[2] R.C. Mayne, R.N.F.R.G.S., Four Years in British Columbia and Vancouver Island, (London, John Murray, 1862), p.164.; Quoted by Gillian Marie, *Attitudes Toward Chinese Immigrants To British Columbia 1858–1885*, Vancouver, Simon Fraser University, 1976, pp.20-21.

华工与印第安人关系的蛛丝马迹,还得依赖当时各类有心白人的观察与记录。

毫无疑问,在华工最初到达加拿大加入淘金潮的时候,因为处于相当贫困和弱势的地位,遭遇印第安人的看不起,这在不少白人留下的资料中得到证实。当然,这种看不起和蔑视,是否可以定位成族群歧视,尚没有足够的史料证据。但是,有一点可以肯定的是,不像世界其他的殖民地,欧裔白人统治者为了殖民统治的需要,故意分化不同族群,将印第安人居于华工之上,比如在亚洲殖民地,将印度人置于华人之上,印第安人对华工的轻视,乃是其自己人性的使然。

在一些极端的场合,甚至发生了印第安人对华人劳工谋财害命的犯罪事件。当年的英文报纸曾经报道过这样一件事。一名叫普林戈(Pulingo)的华人,他身上带有黄金,他雇用了一名叫塔克纳克(Tachnack)的印第安人,请他划独木舟带他从哈里森湖(Harrison River)到 8 英里远的霍普上方,普林戈就失踪了,从此下落不明。塔克纳克因这件事被判偷东西入狱,从事重体力劳动。当时之所以没有判他谋杀罪,就是因为没有找到普林戈的尸体。[1]

在域多利罗斯湾公墓里,有一片华人墓地。每年清明前后或农历九月重阳节期间(这是在 3 月、4 月和 10 月,分别指阳历),华人会按照中国的习俗呼朋唤友去扫墓。因为域多利的华人一般在附近没有什么亲戚,各县宗族协会会在清明和重阳节前后前往"华人公墓"扫墓,清洁已故伙伴的墓地,燃上香烛,焚烧纸钱、银锭和金色箔锭,并供上水果、酒、烧猪、清蒸鸡及其他供品祭祀死者的灵魂。祭祀结束后,一些食物通常就留在墓地。印第安人中的锡沃斯(Siwash)族知道这一习俗后,他们在夜间乘船由发现岛(Discovery Island)到罗斯湾,去偷墓地的食品。[2] 刚开始,有些华人觉得奇怪,为什么每当他们扫墓后,印第安人就要大吃烧猪、蒸鸡和大米,他们很快解开了这个谜。据说华人与顺手牵羊的印第安人发生了争斗,这一事件发生后,华人不再把食物放在墓地了。[3]

当然,在淘金潮时代,当大量华工来到金矿时,对既有的劳工产生了巨大的冲击,华工不但威胁到白人劳工的饭碗,也威胁到最底层的印第安人的工作机遇,这自然引起了印第安人的不满,有些印第安人就把矛头指向了华人,双方产生了一些激烈的冲突。1860 年 9 月 12 日的《域多利殖民地日报》曾经刊登了一个叫道

---

[1] British Columbian & May 1864, p.3.; Quote by Gillian Marie, *Attitudes Toward Chinese Immigrants To British Columbia 1858–1885*, British Columbia, Simon Fraser University, 1971, p.21.

[2] "Chinese Feed the Dead", Victoria Daily Colonist, Oct.23, 1901.

[3] David Chuenyan Lai, The Chinese Cemetery in Victoria, *B.C. Studies*, No.75 Autumn 1987, p.28.

格拉斯的人写的一封信,题目直截了当——印第安人与华人之间的争斗。信中写道:华人在8月20日这一天被一群印第安人攻击。这些印第安人从华人的营地里拿走了所有能找到的食物、口粮,并且威胁说,如果华人反抗,就会要他们的命。这些华人由于没有武装,当时什么也没有说,而是让这些印第安人把东西抢走了。第二天,这些印第安人为了同样的事情,再次来到这里,但是这次他们不要食物,他们要华人的被子。由于在头天晚上华人已经从白人那里买了一些火枪,当他们拒绝这些印第安人的要求时,印第安人就向华人开火,打死了两个华人。华人开始还击,杀了两个印第安人和两个印第安妇女,并打伤了一些其他的人。这两群人顺着河流向两个方向逃窜,一群向上,一群向下。华人乘独木舟向下到大巴。当我离开卡尤什的时候,法官爱露琳(Eluyn)和警察弗林(Flynn)以及另外两个副手沿河而上,调查这件事情并抓捕有罪的人,但是一直到最后都没有结果。……这场争斗的起因是去年4月几个华人在跳跃比尔酒吧(Dancing Bill's Bar)酒吧被谋杀一事。很长一段时间这起谋杀案一直被认为是白人干的。被害人的喉咙整个被割开,尸体被裹在毯子里,放进一个独木舟上让其顺着河流漂下。从卡尤什到亚历山大一世城堡(Fort Alexand),所有的印第安人都否认锡沃斯人谋杀了这些华人,因为印第安人从来不割受害者的喉咙。但在重赏之下,这起谋杀案的调查有了结果。三个星期前,芳丹(La Fontain)的酋长向当局提出告诉,指控一个印第安人是杀人犯。警察弗林和波茨(Potts)马上前往芳丹去拘捕那个印第安人。当波茨接近这个印第安人时,他立刻向警察开火,警察便还击了两枪,一下子就把印第安人打死了。从那以后,印第安人愤愤不平,最后发展成与华人的公开械斗。[1]

由此可见,在淘金潮的最初阶段,由于新来的华工与印第安人接触不多,误解很深,故而双方都有戒心,彼此没有好感,并为了某些利益动了刀枪。

二、华工与印第安女子的同居现象

随着时间的推移,华工与印第安人的关系也发生了微妙的变化,尤其是在淘金潮的晚期,以及铁路建设时代,华工的地位日渐降低,不少人甚至成为被抛弃的一群,这让印第安人认识到,华工不是威胁原住民生存的外来者,而是与原住民同病相怜的贫穷人,双方的关系逐步接近。

排华运动兴起后,华工处境日趋艰难,生活贫困不说,还遭到白人社群的歧

---

[1] "The Indian and Chinese Fight", Daily British Colonist, Sep.12, 1860;该信写于1860年9月6日。

视、排挤和隔离，成了名副其实的海外孤儿。太平洋铁路建成后，很多华工失去工作，身陷窘境。于是，一些华工辗转来到原住民居住地。这些单身男工们在寻找生存权的同时，也想过正常的感情生活和性生活，当他们从清一色男人的劳工区，进入印第安人社区之后，久久压抑的情感遭到释放，很快，就有一些小伙子与原住民女子同居。当然，这并不是说，华工特别容易和印第安女子产生浪漫的共鸣，在当时的大环境中，那些选择与原住民同居的华工，也有不得已的苦衷。一是因为当时鲜有单身的中国女子漂洋过海来加拿大，而欧裔白人女子在严重的排华和歧视华人的环境里，根本不可能青睐华工。如此，只有原住民女子，没有地位和身份的阻隔，可以接受华工的追求。可以这样说，在加拿大建设初期，最早的原住民印第安人与最新的外来者中国劳工，同处于被白人统治者压迫、剥削的阶层。1872年卑诗省第一届省立法会通过一项法案，剥夺土著印第安人和华人的选举权，华人和印第安人双双成了等外民族。这种歧视措施，扫除了印第安人对华人新来者的最后一丝优越感，反而拉近了与华人的距离。华工和原住民都受欺侮、歧视和压迫，在相同命运下、在没有大的利益冲突下，彼此之间没有了大的隔阂，华工和印第安人开始慢慢良好互动，最后有些人走在了一起，彼此守望相助，共度蹉跎岁月。

华工之所以可以与印第安女子在其居住区同居而安然无事的另外一个原因，是因为在欧裔外来殖民地统治时期，大多数印第安人的社会组织遭到破坏，印第安人失去了原有的土地，受到白人带来的疾病（天花等）的侵扰，很多印第安男人英年早逝。[1] 这就使印第安女子与华工等外族男性同居，不会引发族内的纷争。

更有意思的是，印第安传统文化与中华文化的"历史缘分"，也让华人和印第安人的关系，有了更为深厚的基础。他们可以分享传统的医药和植物，也感受到彼此传统观念和宗教信仰的相近之处。在印第安居留区，华工发现印第安人也是长幼有序，尊老爱幼，大家族居住在一起，与白人的小家庭形态不同。华工还发现，与中国人一样，印第安人对死者、对先辈和偶像都有普遍的崇拜。印第安人认为，当人死后，其灵魂离开人体就变成鬼，但人们睡觉时，其灵魂在梦中与精灵接触。印第安人相信天地间有超自然的灵魂在支配着一切。相似的是，华人认为万物都有灵魂，人死后会变成鬼。华人还相信万物中有主宰，出于对神明的敬

---

[1] 在温哥华西部靠近UBC大学，有一块原住民的保留地，叫Musqueam。那里有埋葬原住民的墓场，从墓碑上可以看出，很多印第安人死时只有三四十岁。

畏，在重要节日时，两个民族都要祭祀天地。[1]

其实，印第安女子之所以愿意与华工同居，除了喜欢华工的吃苦耐劳之外，也有传统习俗上的因素。印第安人几乎都是大家族住在一个村子里，甚至住在一个屋子里（他们称之为长屋），但不希望近亲之间通婚，他们认为五代近亲之间不应结婚，因为近亲结婚生出的孩子会有问题，这种习俗同中国是一样的。因此，印第安人更愿意与远方来的人通婚，故此有些印第安女子就找了华工。华工和印第安女子同居后，生出了一些混血孩子。这些混血孩子，在加拿大被叫作"半个混血"（Half Breed）。在卑诗省，至今仍然生活着一些有华人血统的"半个混血"，像史多洛（Stó:lō Nation）部族内，就有不少人有华人姓氏。卑诗省奇姆（Cheam）部族、利鲁厄部族也有华人与原住民同居的现象。[2]

居住在温哥华玛斯昆（Musqueam）原住民保留地的拉里·格兰特（Larry Grant），就是中国华工和印第安女子的后代，我们采访他时，他讲道："我的父亲叫洪天兴（Hong Tim Hing，音译），是名华工。我的母亲叫阿尼格丝·格兰特（Agnes Grant），是原住民女子，我是混血孩子。我们家是我的祖父先来加拿大的，他来后一直在玛斯昆农场种菜。后来他把我的父亲带到加拿大，我父亲来时才十四五岁。我的父亲和我的母亲小时候都住在玛斯昆农场，并在那里劳动，他们的年龄差不多。我的母亲是我外祖父唯一的女儿，当年，她在路上常常会遇到我父亲。

图 3.1　口述者 Larry Grant，
资料来源：贾葆蘅拍摄

那时玛斯昆农场没有水，我的母亲和我的父亲就去远处打水，也常常碰在一起。等我的母亲到了二十二三岁时，我的父亲发现她身边没有男人，就去她的家里，向我外祖父求婚，希望我的母亲能嫁给他。当时我的母亲说她不想找男人，不想有丈夫。可是我的外祖父却认同了这门亲事，告诉我的母亲说这男人就是你的男人，是你的丈夫。从此，我的母亲和我的父亲就同居了，后来就生下了我哥哥和

---

[1] 阮西湖：《加拿大民族志》，民族出版社，2004年，第60页。
[2] 冯瑞熊（James Fung）：移民天地版——同甘共苦，拥有华工血脉原住民感自豪，《都市报》，温哥华，2011年9月2日。

我。在我小的时候，别人常常叫我半个混血，但因我的父亲是华工，我的母亲和父亲不能住在玛斯昆这个原住民保留地，他们只能住在中国城里。当时很多在玛斯昆农场工作的华工都把通信地址写在中国城，因为那里才是他们合法的地址。我的父亲在51岁时去世，我的母亲后来去世时，并没和我的父亲葬在一起，而是葬在安葬原住民的墓地里。"

但是，必须指出的是，从整体而言，与华工同居的印第安女子，大都只维持同居，而不愿意结婚，因为在当时的制度下，原住民是有福利待遇的，可华工是外来者，没有福利待遇，与华工结婚会令原住民女子丧失身份，她们会被要求离开保留地，从此就失去所享有的福利待遇，所以很多人都选择同居。当然，也有印第安女子毅然决然选择感情的归宿，与华人通婚。举例而言，加拿大参议员莉莲·伊瓦［Lillian Eva（Quan）Dyck，关丽丽］，她的父亲关勋绍（Leen Yok Quan）是中国广东开平人，1912年支付了"人头税"进入了加拿大。关勋绍在中国有过妻子和孩子，关丽丽的母亲麦克纳布（Eva Muriel McNab）在加拿大出生，是印第安人，是关丽丽父亲的第二个妻子。伊瓦的父母结婚后，她的母亲没有了原住民身份。[1] 根据当时的法律，原住民住在保留地可以享有种种优惠和补贴，一出保留地，这些补助大部分就会丧失。[2]

三、族裔和谐的先声

值得一提的是，在早期华工与印第安人的关系中，还有一段特殊的历史，加拿大联邦政府扮演了桥梁的角色。

温哥华西部的玛斯昆，一直是原住民的保留地。1877年，联邦政府允许一些来自中国广东省的华人在玛斯昆保留地租赁一些土地，用以经营农场。渥太华当局的目的是，通过华人的农场经营，向当地印第安人作出示范，即从事农业生产活动也是一种维持生计的方法。不仅如此，这些华人所缴纳的土地租金，最后是通过政府的印第安人事务部给了土地的拥有者，这也成为印第安人的一项收入来

---

[1] The Hon. Lillian Eva Dyck, Senator, 加拿大国会官方网, https://lop.parl.ca/sites/ParlInfo/default/en_CA/People/Profile?personId=8244, 检索时间：2021年9月30日；Senator Lillian Dyck, https://indigenousworks.ca/en/resources/success-story/senator-lillian-dyck, 检索时间：2021年9月30日；Jean Barman, Beyond Chinatown: Chinese men and Indigenous women in early British Columbia, https://ojs.library.ubc.ca/index.php/bcstudies/article/view/183677/183966, 检索时间：2021年9月30日。
[2] 1985年，这条法律被修改。Bills C-31（1985）; Indian Status and Band Membership Issues, http://publications.gc.ca/Collection-R/LoPBdP/BP/bp410-e.htm, 检索时间：2021年9月30日。

源。[1] 换句话说，中国华工在加拿大建国的早期，就为印第安事务做出了独特的贡献。

在当年的农场生活中，印第安人与华工互通有无，合作非常好，可谓是加拿大多元文化族裔和谐的先声。

当时，印第安人砍伐木材卖给农场，一些印第安人也来到农场里做工。由于政府不允许印第安人出售鱼类，他们就用捕到的三文鱼和农场的华人交换大米和蔬菜。早期在这里经营农场的华人饲养猪、鸡和鸭，同时也种植蔬菜贩卖到附近的富人区。农场的华人生活贫穷，缴付了租金，购买了食物和饲料后所剩无几。而原住民印第安人则更贫穷。当有了一定的交通运输工具后，农场的华人就可以把蔬菜运到中国城贩卖。

加拿大建国早期历史上出现的种族歧视，不但体现在日常生活中，也体现在死后的安葬地点上。

当时规定，华工和原住民死后，不能葬在白人公墓里，这还算是好的结局。据资料显示，淘金时期，华人在卑诗省，生时居无定所，死后无葬身地，因为原住民还可以葬在他们的部落山地，华人却因为孤身漂泊海外，死后除了随处择地而葬之外，有些人就葬在原住民的地方，所以现在还可以在原住民保留区发现安葬华人的遗迹。

由此可见，为加拿大早期建设做出卓越贡献的华工，却遭遇了死无葬身之地的悲惨经历，而印第安人却以自己宽厚、悲悯的胸怀和热土，让许多惨死的华工得以栖身，不至于成为孤魂野鬼。史多洛原住民文化研究中心执行长桑尼麦·豪瑟（Sonny McHalsie）表示，重视先民遗迹及祖先墓园是史多洛部族的传统，正因如此，才让一些与华工相关的传说得以流传。[2] 在受到歧视和不公正待遇时，为了求生存，为了给自身提供保护和依靠，华工与原住民互助互惠，共同抵御白人社会的欺侮。

在哥伦布发现新大陆并带来欧洲移民潮之后，白人与原住民的关系可以用紧张、对立，甚至生死厮杀来描述。但是，在加拿大西部淘金和铁路的建设中，以及在之后的渔业和农业发展过程中，居住在工人营地和唐人街的华工，与原住民之间产生了一种和白人跟原住民截然不同的关系，这期间双方虽有过一些误会和冲突，但在整体上做到了同病相怜，彼此帮助，互通有无，取长补短，在当年还多少崇尚弱肉强食的腥风血雨中，留下了族裔和谐相处的温馨一章。

---

[1] Peggy Schofield: *The Story of Dunbar*, Vancouver Dunbar Residents' Association, 2007, p.13.
[2] 阮耀毅：华工遗址，加和会促建博物馆，《世界日报》2008 年 8 月 15 日。

第二编

管制入境时期
（1885—1922年）

如果说，加拿大华人百年史是一部波澜壮阔的史诗，那么，继淘金潮和修铁路的序曲之后、限制时期的近 40 年时间，宛如是第一乐章，如泣如诉地叙述了华人在主流社会逐渐掀起的反华浪潮中，顶住臭名昭著的"人头税"的压榨，坚韧不拔、自强不息地在全加拿大各地建设起屹立不倒的唐人街的宏伟历史。在这个看似面积不大，却充满传统中华色彩，以及东方文化碰撞西方特征的华人社区中，演出了一幕幕求生存、求发展、求成长的人生大戏，应运而生的各种华社侨团，更展现了中国社会转型的历史风云，写就了加拿大近现代历史和中国近代历史中独特的一章。

第四章
排华事件和华侨华人的抗争

今天的加拿大在国际社会上以包容闻名，但是在华人早期移民的历史过程中，白人劳工因为自我生存的需要，对华人劳工进行了排斥和打击。更为严重的是，以卑诗省西部地区为发端，具有种族主义意识形态的政客，利用白人劳工保饭碗的情绪，掀起了一场反华运动，并把运动推到立法的高度，最终铸成了加拿大体制上种族歧视的历史性错误。

对于华人劳工来讲，面对反华的浪潮，开始时采取的是逆来顺受的方式，但在被逼到底线、难以维持生存的处境下，终于展开了反击。在抗争的过程中，华裔不但逐渐摆脱了在原居地封建制度下世代形成的奴性性格，同时也逐渐学会了依法抗争，来保护自己的人权与利益，通过经受西方近代化国家的法制洗礼，开拓了融入加拿大社会的新路。

第一节 人头税

修建太平洋铁路时期，是华侨华人继淘金潮之后进入加拿大的第二次高潮期。1881年到1884年期间，进入卑诗省的华人一共有15701人，大部分是修建铁路的华工。[1]华工人数的增加，引起了白人劳工的强烈不满，他们认为正是由于华工的存在，不但威胁其生计，也妨碍了他们与资本家谈判以提升工薪和福利，所以白人劳工组织发动舆论攻势，并对当地政客施加压力，要求政府限制华人入境，由此引发了一波又一波的排华浪潮。

---

[1] Canada, *Royal Commission on Chinese Immigration: Report and Evidence* (Ottawa: Printed by Order of the Commission 1885), p.398.

一、第一次皇家调查报告

联邦政府在修建铁路期间，为了节约成本和减少本地劳工的死伤，听从了铁路营建商的意见，坚持雇用听话和廉价的华工，没有接受卑诗省的排华法案。但随着太平洋铁路的日渐完工，越来越多的华侨华人失业，并随之产生了不少社会问题，以至于卑诗省的排华活动也随之高涨，省议会制定了多项排华法案，对该省的联邦政客形成巨大压力。联邦政府为了平息卑诗省人的愤怒，也为了获得证据来说明限制华人移民的适当性，并且保护卑诗省和联邦政府的利益，认为几方面的证据都是需要统计的，[1]便于1884年7月成立了皇家调查委员会（the Royal Commission）。是年，大部分华侨华人都居住在卑诗省。[2]皇家调查委员会主要在美国旧金山和加拿大卑诗省进行实地调查，调查内容包括华人生活状态、思想言行、人口、两性比例、职业、工资收入、工作效率、社交活动、犯罪记录、交税情况、有无恶习等。

该委员会有两名委员，一名是约瑟夫·阿道夫·查普洛（Dr. Joseph Adolphe Chapleau）博士，他是联邦政府的秘书，曾经是法学教授，也担任过魁北克律政厅厅长（他在退出政坛后，担任过魁北克总督）；另一名是来自卑诗省的约翰·汉密尔顿·格雷博士，他当时是卑诗省最高法院法官。里贾纳（Regina，雷振打）《领袖报》的主编尼古拉斯·弗雷德·达文（Nicholas Flood Davin）担任委员会的秘书。由于进入加拿大的最早一部分华工来自旧金山，查普洛先到旧金山实地考察并收集当地华人生活的相关资料，了解美国人对华人的态度，三周后返回了域多利，与格雷一同在加拿大域多利、新西敏、耶鲁调查华人情况。在整个过程中，委员会听取了51位证人的证词，其中包括两名中国人的证词。这两名中国人是中国驻旧金山领事馆的官员，其中黄锡铨介绍了域多利华商纳税的情况。[3]

皇家调查报告书一共提出了27个问题，诸如，移入卑诗省的华侨华人，其品质如何？他们主要是劳工阶层，还是商人或贸易商人？他们的经济是否能独立？留加期间是否能遵守当地法律？是否属于懒惰者、酗酒者、阴谋颠覆政府者或是肆无忌惮者？等等。对于这些问题，有些证人以书面的方式答复，而有些是以作

---

[1] Canada, *Royal Commission on Chinese Immigration: Report and Evidence* (Ottawa: Printed by Order of the Commission 1885), p.ix.

[2] Census of Canada, 1880–1881, Vol.1, Ottawa, 1882, pp.206–300; Census of Canada, 1891.

[3] Canada, *Royal Commission on Chinese Immigration: Report and Evidence* (Ottawa: Printed by Order of the Commission 1885). 1884年8月26日，黄锡铨给皇家调查委员会信函。资料来源自维多利亚大学图书馆。

证的方式答复。

雇用过很多中国劳工的铁路营建商安达当,作证认为中国劳工效率高且遵纪守法,"华工相当稳重安静,99%的华工是勤劳的、可靠的。没有中国劳工,这个国家的发展就会停滞不前,许多工业就要被废弃"[1]。

温哥华煤矿和土地公司(The Vancouver Coal Mining and Land Company-Limited)的监管人罗宾斯(Robins)的证词则是:"当中国人第一次来到这个省时,为我们提供了希望,他们无疑是受到欢迎和鼓励的,尤其是我和我所代表的温哥华煤炭开采和土地公司。但是白人劳工群体是强烈反对的。当中国人到来的时候,我们公司正处于白人工人罢工的麻烦之中,我们雇用了这批华工作为一种手段来平息纠纷……直到现在,劳动力的雇主们对华人的肯定从来没有减少过,但同时反华的情绪似乎每年都在加强。华人的出现,对本省的发展无疑是有贡献的……事实上,我们的薪酬高得足以吸引最好的白人工人。我们公司所雇大约400名白人矿工或工人,他们每人每天挣不少于2元,而所雇150名华人,每人每天只挣1到1.25元。"[2] 显然,罗宾斯强调低薪是雇用华工的一个合理因素。

不能否认,大多数的白人证词充满了对华人的偏见,其中不乏仇恨敌意的描述。举例而言,域多利的劳工骑士团体(Knights of Labor)的声明这样写道:"他们(中国华工)极强的适应性使得他们成为劳动力市场上危险的竞争对手。而他们温顺的奴性,那种历经几个世纪的极度贫困和对压抑的政体的卑微顺服的必然结果,使得他们具有双倍的危险性,并成为那些贪婪而暴虐的雇主用来把任何劳动阶层碾压在生活谷底而惯用的工具。"[3] 他们还指出,华工来到加拿大从不带妻子和家庭,每个人都想回原籍去,不论活的还是死的。华人很少做永久投资,生活在很拥挤、不卫生的房子里,消耗国家资源,使国民生活等级下降。商会也反对雇用华人,他们认为中国人只知道挣钱,却从不去白人商店购物。

总之,在委员会听到的作证中,三个观点比较典型。一是约翰·布拉德利(John A. Bradly)提出的华人道德败坏论。他认为,华人走私、违反卫生规则、吸食鸦片,

---

[1] Canada, *Royal Commission on Chinese Immigration: Report and Evidence* (Ottawa: Printed by Order of the Commission 1885), pp.149-150.

[2] Canada, *Royal Commission on Chinese Immigration: Report and Evidence* (Ottawa: Printed by Order of the Commission 1885), p.xvi.

[3] Canada, *Royal Commission on Chinese Immigration: Report and Evidence* (Ottawa: Printed by Order of the Commission 1885), p.156.;因为没有注册,属于秘密团体,不能作为一个团体来作证,委员会只收录了他们声明的摘要。

把麻风病带入西部海岸，用鸦片来腐蚀年轻人。[1] 二是吉尔伯特·马尔科姆·斯波鲁特（Gilbert Malcolm Sproat）提出的华人与白人劳工的不公平竞争论。他这样解释，华人劳工只要一天 10 分钱即可生活，因为他们完全脱离主体社会，像低等动物一样对一切冷漠无情。[2] 三是卑诗省总检察长埃德蒙·亚历山大·包特森·戴维（Alexander Edmund Batson Davie）提出的华人很难被同化论。他认为，华人是异己分子，不但白人不想同化他们，他们本身也不愿被同化。[3]

格雷法官根据众人的证词，把被调查者的舆论分成三类：第一类是对华人成见颇深，要求把华人全部排除出去。第二类认为无须定什么法案，因为华人会回去的，这个问题由供求关系解决。第三类占大多数，认为应该适当限制华人入境，并严格执行卫生条例。[4]

必须指出的是，查普洛博士并不赞同对中国人所谓通过低工资抢白人饭碗的指控，他认为白人和华人之间的差异不是"文明人"和"野蛮人"的差异，而是两种文明的差异。他认为卑诗省对华工的攻击源于偏见和无知。

由上所述，尽管来自东部的查普洛博士与西部的政客看法不同，但基于大势，他和格雷法官还是赞成大多数人的意见，即适当限制华人来加，并严格执行卫生条例。换句话说，听证会后，皇家调查委员会的天平，已经向排华势力倾斜。

查普洛博士承认政府不能忽视全国或某个省排华的情绪，加拿大必须保护自己。在进行了仔细的权衡后，他起草了一个限制华人移民的议案，即对每个中国人征收 5 加元的人头税、轮船每吨位只准载运一名华人、对华人的登记和对其住所的检查也有特别的规定。查普洛博士在 1885 年 4 月 10 日，向国会提交了这个议案。[5]

---

[1] Canada，*Royal Commission on Chinese Immigration：Report and Evidence*（Ottawa：Printed by Order of the Commission 1885），p.161.

[2] Canada，*Royal Commission on Chinese Immigration：Report and Evidence*（Ottawa：Printed by Order of the Commission 1885），pp.163 – 169.

[3] Canada，*Royal Commission on Chinese Immigration：Report and Evidence*（Ottawa：Printed by Order of the Commission 1885），p.52.

[4] Canada，*Royal Commission on Chinese Immigration：Report and Evidence*（Ottawa：Printed by Order of the Commission 1885），p.xii.

[5] Canada，*Royal Commission on Chinese Immigration：Report and Evidence*（Ottawa：Printed by Order of the Commission 1885），p.98.，p.109.，pp.130 – 131.

二、人头税实施的背景

查普洛博士的提案一上交，就遭到了卑诗省排华势力的激烈反对。排华分子认为委员会提出的措施不够严厉，没有考虑华工在卑诗省的影响力，是包庇华工，是极不负责任的。为此，他们连续几天在域多利发起抗议行动。1885年5月2日，在市长列达（Rithet）主持下，召开了一个反华工会议，会议出席者鲍威尔（Geo.Powell）批评道："卑诗省的劳工阶层，不管在公共会议上，或是通过当地议会，就华人到加拿大一事，已不断向联邦政府请愿或抗议，因为华工严重侵犯了白人劳工的利益。可是联邦政府在一些华人支持者以及对华人羡慕者的帮助下，根本忽视我们要求制定正义法律的呼声，而是准备推出一个可笑的措施限制华人移民，而这项措施直到工作中不再需要华人才生效。（想在整个公共工作不需要华人时才生效，这是不可能的。）因此劳工阶层及其他深受华人竞争影响的人们要求贸易工会采取反对行动，在政治上给予支持，因这项活动已有必要清除政府里的说谎者和华人吸血鬼。"言辞之间，已经将矛头对准联邦政府内同情华人，或者坚持按照现有法律行事的官员。

在这个会议上，反华者还认为华人是由秘密社会团体所操纵的，所以呼吁要通过反华联盟来对付华工秘密组织，要严惩在华人公司里工作的白人，或雇用华人的公司，还提出要一起共同抵制华商。不仅如此，反华分子在会议上还肆无忌惮地讽刺格雷法官，称如果他认为卑诗省大部分人都喜欢华人，那应该叫他去和华工住在一起。出席者迈客纳布·斯图尔特（McNab Stuart）还发出了暴动威胁：卑诗省人长期忍受这些严重的错误，并表示出耐心等待。他们一再请求自治领政府设法纠正，他们举行了多次公众会议来表达他们的要求和愿望。域多利市议会通过了关于华侨问题的地方性规章，但卑诗省立法机关据此制定的法律，却被总督根据联邦有关部门的意见予以否决；为了伸张正义，他们已用尽了宪法规定的手段，但由于联邦政府偏袒华侨，不明情况，考虑不周，因此既无效果，也无好处。如果人民大众因此迫不得已而采取最后措施，自己掌握法律，以暴力手段消除他们讨厌的事物——毋庸置疑他们有权力这样做，那时将发生骚乱甚至流血事件，联邦政府和最高法院的法官们就应当为之负责。当白人劳工阶级进行一次总暴动对付他们的天然仇敌华人，以维护自己的正当权利时，那可能会发生不幸的骚乱或流血事件。[1]

这次会议之后，排华委员会又在5月4日碰头，准备把委员会的决议传递给

---

[1] "Anti-Chinese Meeting"，Daily British Colonist，May 3，1885.

渥太华，并在当地彻底贯彻执行。委员会还在 5 月 20 日的《殖民地日报》上登了广告，告诉公众，委员会准备在 5 月 21 日组织群众性游行集会，[1] 与此同时，《殖民地日报》还刊登文章，[2] 以此来谴责皇家调查委员会的报告书和当时执行的移民法，并要求所有的雇主抵制华工。由此可见，西部的反华风潮，已经到达一个临界点，联邦政府面临棘手的挑战。

恰恰在这个时候，北美的大环境也给排华提供了外部条件。

太平洋铁路将要完工时，因筑路而开设的机器商店和锯木厂被迫关闭，许多为筑路而设的服务行业也相继停业，许多华工失去了工作。另外，因为美国在 1882 年通过的移民法禁止中国劳工在 10 年内进入美国。到了 1884 年，加拿大太平洋铁路接近完成，那些在 1882 年前从美国来的华工想返回美国时，却发现已经无法返回，因为他们没有在美国政府登记注册，这些华工只能在加拿大滞留下来。当然，也有一些华工试图偷渡回美国，但大多数的失业华工，逗留在卑诗省内陆地区，在农场或果园工作，或返回新西敏市和域多利市。

由上所述，在卑诗省的发展中，华工人口一度很多，自然引发白人劳工的恐慌和仇视，这是排华浪潮出现的重要因素。而这时太平洋铁路又使加拿大的东西部完全连在了一起，东西部的互动加大，经过政客的煽动，东部也开始有了反华活动。1885 年 7 月 2 日，《马尼托巴自由报》的主编就向政府发出警告：可以预料，天朝（指中国）的浪潮将滚滚东流。横贯洛基山的加拿大太平洋铁路，到时将为之开辟通道。10 倍于目前加拿大人口的滔滔人流，一定会从充满泥土的中国向我们涌来。[3] 可见不管东部西部，当时加拿大白人对华人的偏见和歧视，也是排华浪潮得以扩大至全国的主要因素。

三、1885 年的人头税

联邦政府在卑诗省和东部同情排华舆论的压力下，意图以重税来限制华人入境。1885 年 7 月 20 日，渥太华国会山庄通过了限制华人入境的新移民法（*The Chinese Immigration Act*, 1885）。其主要内容是：每个原籍中国人在进入加拿大时，应在港口或其他入境地点缴纳人头税 50 加元。免征人头税的有以下五类人，第一

---

[1] "The Anti Chinese Committee", Daily British Colonist, May 5, 1885; "Anti Chinese Mass Meeting", Daily British Colonist, May 20, 1885.

[2] "Shall the Chinese Vote", Daily British Colonist, May 20, 1885.

[3] The Manitoba Press, Jul. 2, 1885; Quoted by Edgar Wickberg et al.: *From China to Canada*, Toronto, McClelland and Stewart Ltd., 1982, p.56.

是外交人员、领事官员或政府代表及其随同和仆人；第二是旅游者；第三是科学家、学生；第四是商人；第五是拥有离境许可证返回加拿大的华人。

旅游者、科学家、学生和商人前往加拿大时，要持有表明其职业和前往加拿大目的的文件证书，这个文件是由中国政府用英文或法文签发的文件，文件上还要由证书签发地的英国领事馆检查并背书，或经女王陛下授权过的人员检查并背书。

另外，还对商人加以定义：商人不包括小贩、货郎或从事捕捞、晒干及用其他方法保藏水生贝类或鱼类供家庭消费或外销者。条例规定，船只运载华裔移民到加拿大任何港口，按其吨位每50吨不能载多于一个华裔移民；船主若运载超出此条款准许的人数，将为每个超载移民罚款50加元。条例还规定，向中国人收取人头税的责任落在每艘船的船长身上，船长必须先向港口监督呈交乘客名单和应付的税款，然后乘客和船员才能上岸。拒不履行者或弄虚作假者，每犯一次，处以扣押船只，罚款不低于500加元，并可能被监禁，为期不超过12个月。在检疫官核发健康证明以确保船上所有人没有麻风病以及各种传染病之前，任何港口的移民官不得准许这批华人上岸。[1]

图4.1　余鼎纯（Yee dan soon）人头税证书
资料来源：余宏荣

---

[1] Canada，*Statutes of Canada*，An Act to Restrict and Regulate Chinese Immigration into Canada，1885，Ottawa，Chapter 71，pp.207-212.

四、人头税生效后的影响力

新的华人移民法通过一个月后，即从 1885 年 8 月 20 日起，对任何从北美大陆港口来的船只，开始执行新法。而从 1886 年 1 月 1 日起，对其他地方来的船只，开始执行新法。[1]

对于征收人头税和排华法等事，加拿大华侨华人努力抗争。1986 年，维多利亚中华会馆给清朝驻英钦差大臣曾纪泽写信，陈述在加谋生之艰辛和"抽丁税"之事，请求帮助交涉取消排华苛例。[2] 1897 年，域多利中华会馆、温哥华中华会馆、新西敏中华会馆联合上书清政府驻英使臣张荫桓，请求交涉移民人头税苛例。[3]

然而，弱国无外交。风雨飘摇中的清政府根本改变不了渥太华政府的决策。

华侨华人的努力没有改变被征收人头税的命运。自此，所有的华人都要接受检查并交人头税。1885 年的新移民法，是加拿大第一个针对一个特定族裔，并以种族偏见为基础的法案，它违背了加拿大的建国精神，也是加拿大作为移民国家无法抹去的一个历史耻辱。新移民法标志着中国人自由出入加拿大的短暂时代结束了。从这个法的客观效果来看，它确实起到了限制华人入境的作用，因为 50 加元的人头税，在当时的时代背景下，是一个很重的经济负荷。举例而言，根据 1885 年皇家中国移民事务委员会的报告，华工每个月的平均工资为 25 加元，每年为 300 加元，他们的衣服和食物要花掉 130 加元，租房费 24 加元，城市建设费、药费、宗教费等 28 加元，扣掉冬季三个月的工资 75 加元，华工一年只剩 43 加元。[4] 由此看出，50 加元人头税相当于华工一年多的积蓄，这就导致华工无法像以前一样，轻易邀请及负担亲友来加，出境的人数开始多于入境的人数，以致很多人都认为大批中国人涌入的时代已经结束了。

但其实从 1886 年到 1922 年间，还是有很多华人进入加拿大。其中一个原因是加拿大新移民法生效后，也正是美国要禁绝华工的时候，华人入美已不可能，赴北美的华人只能通过付人头税而进入加拿大，这就导致以加拿大为中转站，再

---

[1] Canada, *Statutes of Canada*, An Act to Restrict and Regulate Chinese Immigration into Canada, 1885, Ottawa, Chapter 71, p.212.
[2] 1886 年，中华会馆呈请驻英钦差大臣曾纪泽，请驳除苛例文献。资料来自维多利亚中华会馆。
[3] 1897 年，域多利中华会馆、温哥华中华会馆、新西敏中华会馆联合上书清政府驻英使臣张荫桓之文。资料来自维多利亚大学图书馆。
[4] Canada, *Royal Commission on Chinese Immigration: Report and Evidence*（Ottawa: Printed by Order of the Commission 1885）, p.366.

想办法进入美国的华人入境人数有所增加。

这些新来的华人一时找不到工作，又无依无靠，只得流落街头，饱受饥饿。在这种情况下，1899年，温哥华和维多利亚中华会馆致信中国外交部，请求中国政府向英国政府抗议，抗议加拿大政府增加华人人头税和禁止华人在煤矿做工。[1]另一方面为了让国人知道真相，于1899年特写通知书，把在加华人贫困真相告诉给中国乡邻，规劝不要盲目来加。[2]

五、人头税递增的原因

尽管50元的人头税，在当时算是很大的一个数字，但联邦政府对华人实行征税政策后，并没有使排华分子感到满意，而华工不减反增，引发了反华势力的更激烈抗议。他们认为50元人头税太少了，要求增加到100元或500元，因为他们追求的目标，是以巨额的人头税将华工排斥在国门之外。

除了反华势力制造舆论之外，卑诗省省议会也扮演了在立法上排华的急先锋角色。

从1888年到1890年，卑诗省省议会连续提出禁止华人在地下煤矿工作的议案。1890年，省政府修改了《煤矿业管理法》（*Coal Mines Regulation Act*），不准华人在地下煤矿工作。[3] 不仅如此，他们还排斥中国移民，对已在加的华人实施职业限制。可以说，从19世纪80年代末期到90年代中期，在卑诗省立法机构的每一届立法会议上，几乎都要提出或通过一项排华议案。联邦政府虽然否决了卑诗省一部分议案，但还是逐步对反华势力做出了立法上的让步。

但是反华势力还不罢休，1892年，域多利劳工和行业委员会散发了一份要求渥太华提升人头税的请愿书，反蒙古人协会也散发了类似的请愿书。[4]

联邦政府在强大的反华浪潮前继续退缩，于1900年7月18日，将人头税增至100元。修正后的移民法于1901年1月1日生效。[5]

---

[1] 1899年，温哥华和维多利亚中华会馆致信中国外交部，请求中国政府向英国政府抗议，抗议加拿大政府增加华人人头税和禁止华人在煤矿做工。资料来自维多利亚大学图书馆。

[2] 1899年，域多利中华会馆劝告国人不要盲目来加的通知书。来源：维多利亚中华会馆。

[3] *Statutes of the Province of British Columbia*, Daily 1889–1990, Ch33, p.327.

[4] "Chinese Immigration", Victoria Daily Colonist, Apr. 10, 1892.

[5] Canada, *Statutes of Canada*, An Act respecting and restricting Chinese immigration, 1900, Ottawa, 63–64 Victoria, Chap.32, pp.215–221.

六、第二次皇家调查报告

联邦政府新的对华税法出台后,排华势力还觉得不够,排华事件有增无减,政客也在大肆煽动,卑诗省反华浪潮一波又一波地涌现。在这种情况下,加拿大联邦政府在1900年9月21日,指派三人组成了皇家委员会,对东方移民的情况进行调查。这三个人是多伦多的大律师克列德(R.C.Clute),任该委员会主席;新西敏罐头厂的记账员丹尼尔·詹姆斯·芒恩(Daniel James Munn)和乃磨的劳工领袖、积极政治活动家拉尔夫·史密斯(Ralph Smith)任委员,他们三人将同卑诗省政府合作,完成此次调查。

由于拉尔夫很快在选举中成了国会议员,就辞去了委员会委员的职务。1901年1月8日,加拿大联邦政府又指定劳工组织者、政治活动家福利·克里斯托夫(Loley Christopher)为委员会委员。[1]

从第二次皇家委员会人员组成就可以看出与第一次调查委员会的不同。没有法裔暂且不论,委员中有两个是西部的人,其中一人还是渴望赢得选票的政客,之后取代他的则是劳工组织者。这样的人选,摆明了联邦政府已经向西部反华势力倾斜,这样的调查显然从一开始就对华人非常不利。

此次调查不光针对华人,还包括日本人,其咨询对象有域多利中华会馆、日本人、日本人社团、华人、华人雇主、商人,委员会在域多利、乃磨、尤尼(Union)、温哥华、新西敏、锦碌市、稳宁(Vernon)、利维士(Revelstoke)、老士仑(Rossland)、纳尔森(Nelson)、山顿(Sandon)、卡市露(Kaslo)和美国旧金山等地,共听取了数百人的意见。[2]

此时正值八国联军侵华战争刚刚结束,清政府又签了许多丧权辱国的条约,故此,加拿大朝野反华气氛更为激昂,皇家委员会一方面命令中华会馆限期申报,另一方面又更多地向域多利白人社会征询对华人移民的意见。这次皇家委员会出的报告对华人很不利,报告结论还是老一套,说华人很难被同化,他们总想把钱寄回中国,对加拿大无益。华人不愿交税,能逃税就逃税。甚至还指出,华人入境,多由幕后秘密组织所操纵,还说美国排华法并未影响美国和中国的贸易,加拿大也应该实行较严厉的限制华人法案。

在这种情况下,域多利中华会馆、温哥华中华会馆和新西敏中华会馆于1900

---

[1] Canada, *Royal Commission on Chinese and Japanese Immigration*, Session 1902, p.xii, p.xiv.

[2] Canada, *Royal Commission on Chinese and Japanese Immigration*, Session 1902, pp.5-6.

年3月联合给中国政府官员写信,请求就苛例问题与加拿大政府进行交涉。[1] 中华会馆也担心加拿大迟早会禁止华人入境,故在1903年12月印出传单,劝解华人暂时不要再来加拿大。[2] 可是加拿大联邦政府于1903年又通过了新移民法案,将人头税增至500元,于1904年1月1日实施。[3]

500加元的人头税是强加在华人身上沉重的负担。当时华工减去必要的开支,每个月能节余大约4加元左右,一年大约是50加元左右,500加元等于10年的节余。如果新来加的华工是赊单工,除了要偿还旅费外,还要支付人头税,要流好多年的血汗才能还清。加拿大联邦政府向华人征收人头税的后果就是使华人债台高筑,生活更加贫穷。

从这以后,华工的处境更加艰难,华人在卑诗省倍受欺凌、被取消了选举权,在政客的煽动下,这种状况逐步蔓延到了全国。

七、华人移民数量再度上升

1903年7月10日,加拿大政府将人头税增至500元,使贫穷的华人震惊之至,交人头税的华人移民由1903年的5245名,减至1905年的8名,1906年只有22名。[4] 即使这样,域多利劳工和行业委员会还认为500加元人头税太低,不足以产生重效,他们给总理威尔福德·劳里埃(Wilfrid Laurier)写信,建议清除所有华人或把人头税从500加元增至1000加元。[5]

白人反对华人来加,希望华人迅速减少,可是华工减少来加只是暂时现象。当时的中国经过"甲午"和"庚子"赔款后,军阀混战,百姓生活困难重重,为了生存,很多华人被迫向外谋生。当时加拿大正处在发展时期,缺乏廉价劳动力,而华工在加拿大挣的钱是在中国挣的数倍。如果华人来到加拿大,维持住健康,

---

[1] 1900年3月,域多利中华会馆、温哥华中华会馆和新西敏中华会馆联合写给中国两广总督的信件。来源:David Chuenyan Lai, *Chinese Community Leadership*, Singapore, World Scientific Publishing Co. Pte. Ltd, 2010, p.128.

[2] 1903年12月,中华会馆劝华人不要来加拿大的传单。资料来自马寿山,《先驱者》,香港骆驼出版社,1977年,第9页图片。

[3] Canada, Statutes of Canada, Act Respecting and Restricting Chinese Immigration, 1903. Ottawa, 3 Edward VII, Chap.8, pp. 105–111.

[4] Canada Year Book, 1906, p.475.

[5] Laurier Papers Series. Correspondence, Vol. pp.638–641, 174002 (NAC); British Columbia, Department of Mine and Resources, Annual Report, 1947, p.245.; David Chuenyan Lai, *Chinatowns: Towns within Cities in Canada*, Vancouver: University of British Columbia, 1988, p.54.

能够克服艰难困苦，卖命苦干，不染上酗酒嫖赌的恶习，是有可能还清欠款并过上比在中国相对好的生活的。因此，尽管人头税已经很高，不少华人还是拼命存钱或向亲友借到500加元，到加拿大来追寻新生活的希望，以至于到了1907年，中国移民人数再度增升。1907年的9个月中，有91名华人交了人头税。从1908年、1909年到1910年，交人头税的华人分别有1482、1411、1614人。[1]从1908年到1914年的财政年度，从陆路和水路口岸到达加拿大的华人共有30409人。[2]从1901年到1921年，华人人口由17312人增至39587人，其中2/3住在卑诗省。[3]

图4.2 邓藻金（Joe Dang）
资料来源：贾葆蘅拍摄

居住在高贵林的华裔邓藻金（Joe Dang）的父母就是在限制入境期间来到加拿大的。当提起先辈的移民经历时，邓藻金做了这样的叙述："我的父亲叫邓宜禧（Yee Gee Dong），1882年8月22日生于中国广东南海，1908年，他向同村的人借钱，付清了500加元人头税和旅费后来到加拿大。刚来时，生活非常艰辛，在域多利采石场（就是现在的宝翠花园）工作。那里的中国人都被安排做危险的工作，如炸石等，有些中国人就死于炸石事故。父亲为了早日还清借的那一大笔钱，和几个中国人同住在帐篷里，也就是所谓的'房口'。当时我父亲每小时的工资是12分，一天工作12个小时，也就赚一元多，所以还清500加元人头税是个沉重的负担。我的母亲小时候在中国也很不容易，因为我的外祖父很早就去世了，我的外祖母改嫁了。当时中国人不认可改嫁的女人，我的外祖母带着孩子在广东番禺艰难生存，她就把我的母亲卖给温哥华一家姓周的人家做用人。1913年，我的母亲只有8岁，就和她6岁的弟弟一同登船，准备前往域多利。在漫长且可怕的海上航行中，食物不足，饮水奇缺，我的舅舅死在了船上。我的母亲历尽艰辛，总算在域多利登陆，然后去周家做用人。"

---

[1] Canada Year Book, 1910, p.410.
[2] Canada Year Book, 1913, p.107.
[3] Canada Year Book, 1912, p.23.; Census of Canada, 1921, p.358.

加拿大针对中国移民征收高额人头税，显然不符合当时的国际惯例。但是华人还是不断地涌入加拿大，使得白人对华人的敌意再次升温。

1913年至1914年，华人移民达1.3万人。[1] 不仅如此，华人还发现严苛的移民法仍有漏洞可钻，即若以学生身份入境，到加拿大读一年书后，便可将入加时交的人头税取回来。还有一些华人冒充商人进入加拿大，这些人不用交纳人头税。1886年—1923年间，共有89652名华人入境，其中有7908名华人免交人头税。[2] 如此一来，华人来加拿大的人数有增无减。[3] 但是，1916年和1917年，这两年华工入境人数有所减少，原因是加拿大"内阁会议指令"（Order in Council，后简称阁令）第一次规定，熟练及非熟练工人在这两年内均不得在卑诗省登岸。[4]

值得一提的是，在一波接一波的反华浪潮中，也有白人抗议并请求减免对华人征收人头税。1907年，温哥华的白人主妇们联名签了一份请愿书，要求政府免除华人的人头税，以便她们能雇得起家庭仆人，使其每月工资控制在35加元至50加元，这是华工所要求的。请愿书结尾说，如不然，温哥华的房子将无人问津，大家要挤到公寓或旅店里去住。[5] 当然，主妇们的请愿并没有被接受。

八、加拿大政府为什么要征收人头税

从当时的历史脉络来看，加拿大联邦政府向华人征收人头税，是有一个过程的。起初，联邦政府并不热衷于排华，在处理排华问题上，更倾向于支持使用华工的白人承建商的立场。然而，随着铁路建设的完工、经济的衰退、华工失业率上升带来社会问题的增加、西部逐渐在联邦政治中的比例增加，以及反华浪潮向东部及全国扩张，联邦政府的立场也发生了变化，并快速向排华倾斜。在这样的情况下，人头税出台并加重，最后自然发展到禁止华人来加。

总而言之，联邦政府征收人头税，有这样一些直接的原因。

第一，向华人征收人头税，可以增加政府收入。从1886年—1924年这39年间，共有82369名华人交付了人头税，总数接近2400万元之多（参见表4.1）。

---

[1] Canada Year Book, 1916-1917, p.113.
[2] Canada Year Book, 1922-1923, *Record of Chinese Immigration*, 1886-1923, p.212.
[3] Census of Canada, 1891-1921.
[4] Canada Year Book, 1916-1917, p.112.
[5] 沈已尧：《海外百年排华史》，中国社会科学出版社，1985年，第46页。

表 4.1　缴纳人头税及税金（1886—1947 年）

时间	人数及税金	税金合计（加元）
1886—1900	28637 人（50 加元）	1431850
1901—1903	11288 人（100 加元）	1128800
1904—1924	42444 人（500 加元）	21222000
1925—1947	2 人（500 加元）	1000
总计	82371 人	23783650

资料来源：Canada Year Book，1924，p.176.

23783650 加元，在当时是一笔巨额款项，接近联邦政府修建太平洋铁路的拨款 25000000 加元。[1] 而现在的卑诗省域多利办公大楼就是用当时华人缴纳的人头税建成的。

第二，政府向华人征高额人头税，目的是使很多华人因付不起重税，而不能来加拿大，这样就可以有效阻止华人进入加拿大。

不能不提的是，这样一个明显带有种族歧视的移民法案，涉及中国和加拿大两国关系，它之所以能够通行无阻，没有遭到中国政府的杯葛，主要是因为中国国内政局混乱，难以顾及移民权益，这就是所谓的弱国无外交。由于中国政府漠不关心，加拿大的宗主国英国，也就对其排华采取不闻不问的态度。与中国相比，同属亚洲的日本，是新兴的帝国主义国家，对外国排日采取积极抗议立场，因此，在日本的压力下，英国对加拿大的排日行动就加以干涉。

第二节　白人排华法案和事件

一、排华思潮和排华新法律

太平洋铁路完工后，一波劳动力过剩的浪潮出现在卑诗省，很多工人失业，卑诗省吸引华工的优势逐渐丧失，而华工和白人劳工的矛盾激化。华人为了自保以及寻求新的谋生出路，就向种族歧视较轻的中部和东部移动。但是，西部地区的排华思潮并未因此减弱，反而随着华人东迁而向东部蔓延。一些新闻媒体则起

---

[1] Peter James George，*Government Subsidies and the construction of the Canadian pacific Railway*，Toronto，Armo Press Inc.，1981，p.89.

到了兴风作浪、推波助澜的作用，散布是华工促使白人工资下降，华人吸毒、偷盗、赌博、不讲卫生、传染疾病、不容易被教化等负面信息。

值得注意的是，西部华工人数众多，与白人劳工形成了直接的矛盾冲突，华工的生活方式和其在社区的外部呈现，也对英语社区形成直接的视觉与感性的冲击，激发起反华思潮。而在东部，华工人数不多，占整体人口比例极少，因此，反华的思潮兴起，主要是新闻舆论以及西部反华政客的煽动，由此形成全国性的连锁效应。

1900年6月7日，卑诗省《新单华镇矿脉报》(The Ledge, New Denver)上刊登了一幅漫画，[1]意指由于政府没有大力限制亚洲人，就好像猫被捉住了一样，以至亚洲人像老鼠似的蚕食卑诗省的财富。

1908年3月6日的《温哥华每日省报》(Vancouver Daily Province)刊登的一幅漫画，反映出白人对越来越多的亚洲人来到卑诗省的恐慌，意指如果不限制亚洲人，白人将会被亚洲人替代，生活水准将要降低，工作要被亚洲人夺走，白人将成为劣势群体。

多伦多专门报道丑闻的《杰克·加拿大人》(Jack Canuck)报，1911年9月16日刊登了一篇文章，用耸人听闻的联想手法，宣扬华人潜在威胁论："只要在上述街区（国王街、女王街、扬街、约克街）走一圈，人们是否意识到了潜伏在围墙的另一侧，或者那些貌似无辜的洗衣店和餐馆后面可怕的危险呢？看到一群群在街上和人家门口懒散游荡的华人，就能了解，'黄祸'在本市已不仅仅是一句空话。"[2]

该报在1911年10月28日登出另一篇文章，针对华人的生活习俗，评论道："华人将始终保留他们的习惯……他们成群结伙地在一片地区聚集，而那片地区很快就成了他们毫无顾忌地赌博（所有华人天生的弊病）、抽鸦片以及展露其他恶习的场所。"[3]

---

[1] "Tying Up the Cat", The Ledge, New Denver, Jun. 7, 1900.
[2] Jack Canuck Sep.16, 1911: 10, Quoted by Paul Lee, *Chinatown*, Toronto James Lorimer & Company Ltd., 2005, p.79.
[3] Jack Canuck Sep.16, 1911: 10, Quoted by Paul Lee, *Chinatown*, Toronto James Lorimer & Company Ltd., 2005, p.79.

图 4.3　卑诗省《新单华镇矿脉报》，1900 年 6 月 7 日

1915 年 7 月 23 日，有白人在安大略省蒂明斯（Timmins）开办了一间洗衣店时，该地的《蒂蒙斯报》刊登了一篇文章，用煽情和不实的描述为这家白人洗衣店做广告：今日的中国佬会成为明日的加拿大人吗？希望不会！那么请光顾卫生蒸汽洗衣店（The Sanitary Steam Laundry）吧！它是白种人经营的。……加拿大每让一名中国佬入境，我们就必须贴上 500 块钱。每凑足一笔 500 块钱，就会有一个中国佬来到我们这里。所以，请光顾卫生蒸汽洗衣店。[1]

英文媒体还经常以刻板、调侃、讽刺的话语，来报道唐人街的大小事，如华人雇主与白人女雇员争吵、华人之间涉及钱财的纠纷之事、华人餐馆里处处充斥残渣剩菜等。总之，报纸上有关华人形象的刻画都是负面的，指责华人对社区没有贡献，总想赚钱后返回中国，没有正义之心，是野蛮落后的民族。报纸还警告，要是让更多的华人进入加拿大，只会败坏这个国家的声誉。

由白人劳工组织发起的排华攻势，政客们为了选票也推波助澜，引起了一波

---

[1] 陈国贲、丹尼斯·赫丽：《挣脱枷锁——加拿大华人反种族主义百年史》，中国社会科学出版社，1977 年，第 240 页。

波排华热潮，其中最具杀伤力的是法律上的歧视，甚至在战后还继续留存在加拿大的法律体系里。举例而言，1903年5月4日，卑诗省再次修改和通过了《煤矿管理法》(Coal Mines Regulation Act)，不准华人从事信号工、锅炉工等地下煤矿工作。[1]1904年，纽芬兰自治领(Dominion of Newfoundland)议员霍利(W.R.Howley)提出"排华法案"，1906年4月30日，关于中国人移民的法案(Act Respecting the Immigration of Chinese Persons)在纽芬兰众议院表决通过。[2]1914年3月4日，卑诗省的《水利法》(Water Act)规定，华人、日本人、其他亚裔和印第安人不准在选举水利委员中投票。[3]1919年3月29日，卑诗省修订并通过了《市政法》(Municipal Act)，禁止白人女性在华人开的餐馆、洗衣店、商店或娱乐场所工作。[4]1923年12月21日，卑诗省通过《妇女儿童保护法》(An Act for the Protection of Women and Girls in certain Cases)，禁止白人或印第安女性在任何可能有道德问题的餐厅、洗衣店、商店或娱乐场所工作。[5]

总之，在反华舆论的影响下，反华思潮越演越烈，并酿成血腥的排华事件，这种状况由卑诗省发展到全加拿大，由分散的、小规模的，发展成有组织的、大规模的排华运动。从贬义的称呼到公墓拒收华人尸体，及至驱逐、殴打、杀害、抢劫华人的暴力事件和惨案频繁发生。可以说在加拿大，法治只是白人的专利，华人的生命财产安全毫无保障。

二、卑诗省排华暴力事件

如果说舆论掀起的反华思潮只是前奏，那随之而来的排华行动就不再是文质彬

---

[1] An Act to further amend the "Coal Mines Regulation Act", *Statutes of the Province of British Columbia*, 1903, Chapter 17, p.37.

[2] An Act to Restrict and Regulate Chinese Immigration into Canada, S.C. 1885, c. 71; Newfoundland's 1906 Chinese Head Tax, https://www.heritage.nf.ca/articles/society/chinese-head-tax.php, 检索时间：2021年9月20日；Province apologizes for Chinese Head Tax, https://www.releases.gov.nl.ca/releases/2006/exec/0628n06.htm, 检索时间：2021年9月20日。

[3] An Act Respecting Water and Water-Power, declaring the Rights of the Crown therein, and relating to the Diversion, Acquisition, and Use of Water, *Statutes of the Province of British Columbia*, 1914, Chapter 81, pp.609-713.

[4] An Act to amend the "Municipal Act", *Statutes of the Province of British Columbia*, 1919, Chapter 63, p.271.

[5] An Act for the Protection of Women and Girls in Certain Cases, Statutes of the Province of British Columbia, 1923, Chapter 76, p.425.

彬，而是充满凶险的恶潮，温哥华则成为加拿大最早发生驱逐华人事件的城市。

1886年4月2日，温哥华市在格兰维尔小村（Granville Village）开始兴建。之后，温哥华发展迅速，很快超过了新西敏市的规模。[1] 1887年5月22日，第一列行驶在太平洋铁路上的火车由东岸到达温哥华市，带动了温哥华市的大发展。[2] 随着温哥华的拓建，卑诗省的经济、文化和交通的重心开始由域多利转移到了温哥华。当时位于渡邦街（Dupont St.），即今天的片打东街（East Pender St.）小规模的唐人街，已有90名华人居住在这里。[3] 之后，因铁路竣工而失业的华工，大多流落在温哥华市讨生活，慢慢地形成了温哥华的唐人街。随着温哥华唐人街人口不断增多，排华分子开始在温哥华掀起反华浪潮。

在温哥华的反华势力中，劳工骑士团扮演着重要角色，它坚决主张排斥一切华人。[4] 1887年1月，当第一批华工由域多利来到温哥华工地时，反华团体就提出把他们赶回域多利，不容许这批华工居住在温哥华。警戒委员会（The Vigilance Committee）发出通知说，华工必须在1月15日之前全部离开。[5] 当时，居住在中国城都板街的华人知道后，都很担心。

1887年2月2日，温哥华出现了一个反华联盟，要求当地的商行不要和华工打交道。[6] 2月24日，当24名华工从域多利乘坐"路易斯公主号"（Princess Louise）船到达温哥华，并前往布里格豪斯（Brighouse Estate）清理土地时，有人便持一块标语牌，上面写着："华工已经来了，今晚在市政厅举行群众集会。"晚上，在会议上，排华分子呼吁工人和商界联合起来排华。会议结束后，人群中有人提议"最好今晚就把华人撵走"，话一说完，立刻得到了与会者热烈的响应。随后，他们穿过2英里的雪地，很快来到华人居住的布里格豪斯工地，喊叫着把华工赶了出来，

---

[1] 1886年后，温哥华的城市规模发展得和新西敏一样大，甚至更大的时候，华人就称温哥华为二埠。但这有点让人迷惑。由于新西敏位于淡水的菲沙河畔，而温哥华位于海边，因此，华人便称温哥华为咸水二埠，称新西敏为淡水二埠。随着新西敏中国城的萎缩，淡水二埠的名称也随之消失，人们就简称温哥华为"咸水埠"。

[2] "The First Train"，The Daily Colonist，May 24, 1887.

[3] "Vancouver Chinese"，The Daily Colonist，Jan. 13, 1887.

[4] "R. D. Pitt and the Chinese"，The Daily Colonist，Jan. 26, 1887.

[5] "Vancouver Chinese"，The Daily Colonist，Jan.15, 1887.

[6] Vancouver Daily New-Advertiser, Feb.9, 1887; David Chuenyan Lai "Chinese: The Changing Geography of the Largest Visible Minority" in British Columbia, the Pacific Province: Geographical Essays, ed. Colin J.B.Wood, Western Geographical Series,（Victoria, University of Victoria, Department of Geography 2011）, p.154.

拆毁了华工的帐篷和棚屋，放火烧了华工的铺盖和衣服。[1] 为了逃命，有些华人跑进森林中避难，有些被迫跳进冰冷刺骨的水里，几乎被冻死。当时只有少量的警察，他们不想也不可能制止这些暴力行为。这些排华分子赶走华人劳工后，还不罢休，又来到刚刚发展起来的唐人街，贴上告示，要华人离境。于是很多华人把家里的门和窗户装上栅栏，把财产打包，仓促去了新西敏唐人街，因为他们觉得温哥华的警察不能保护他们。[2]

三、卡加利洗衣厂的遭遇

太平洋铁路竣工后，有些失业华工来到了爱伯塔省的卡加利市（Calgary，卡尔加里），并在那里建立了小小的唐人街，有华人在唐人街开了洗衣店或洗衣厂。华人开洗衣店，是因为洗衣业费用不多，同时华人大多语言不好，代白人洗衣时，只需要一两句英文便可交易。洗衣是很烦累的工作，挣得不多而且辛苦，单调重复又乏味，白人不愿意从事这种需要繁重体力的工作，以至这个行业吸纳了大部分涌进唐人街的华工。当时华工们挨门挨户去收集脏衣服，有时白人男子会殴打和嘲弄他们，还会揪他们的辫子，骂他们是"清佬、清佬"（Chink、Chink）。很多时候就算收到一些脏衣服，经常是沾有血迹和粪便的，还有很多是尿布。

1892年6月，卡加利中国城一家洗衣厂的一名华工染上了天花，该城市的官员烧毁了洗衣厂，所有洗衣厂的华人都被隔离在城外的一个窝棚里。当时有9名华人患病，其中3名病死。8月2日，当4名生病的华人从隔离所放出来后，300多名暴徒砸碎了其余几家华人洗衣店的门窗，试图把华人赶出去。卡加利《先驱报》的一篇文章评论道：卡加利的守法公民，与其纵容暴徒，不如贯彻新的法律，视华人居住在此地为非法，或者抵制他们，不给他们工作，迫使他们离开。此后的三个星期，西北骑警

图 4.4 口述者黄金焕
资料来源：贾葆蘅拍摄

---

[1] "The Chinese Attacked", The Daily Colonist, Feb.26, 1887.
[2] "The Chinese Attacked", The Daily Colonist, Feb.26, 1887.

不得不保护唐人街和那里的居民，以防止白人进一步对华人进行的攻击。[1]

提起洗衣业，已故华裔老人黄金焕生前曾感慨万分。黄金焕老人是交"人头税"华人的后代，在他83岁那年，为了让加拿大政府向歧视华人的人头税法令道歉，并对受害者及其家属做出金钱赔偿，从卑诗省维多利亚市启程，驾驶自己的摩托车，开始了横越加拿大的"呼吁平反"之旅。现在加拿大政府已就人头税一事道歉了，可是当年的种族歧视还令老人记忆犹新。接受采访时，他在纸上写下了父母的名字——黄纪福（Kee Foo Wong，音译）、余和兴（Ha Sing Yee，音译）后，说道："我是1922年在加拿大出生的，我不会中文，所以不知道我父母的中文名字怎么写。我父亲是1906年从中国来到加拿大的，那时他15岁，为来加拿大，他借了500加元支付人头税。到加拿大后，先在农场打工，后在奇化（Keefer）街和缅（Main）街之间，与朋友合伙租了房子，开了个小小洗衣店。我父亲负责上门收集脏衣服。当年我父亲挨门挨户收集脏衣服时，经常挨骂，有人骂他'清'，有人骂得更难听，还有人揪他的辫子。有几次我父亲把洗好的衣服放在木头车里，推车行走在半路上，一些白人小孩硬是把车推翻，把衣服全弄脏了，害得我父亲只好自己付钱，请人在周末时加班洗出来。这还不说，因为父亲把洗好的衣服晾在院子里，有些白人就经常打碎我们家的玻璃，当年唐人街很多华人家的玻璃都被白人敲碎过。为了生存，父亲只能忍耐。1921年，我母亲来加拿大和我父亲团聚，她也交了500加元人头税，他们两个人的人头税钱加起来是1000加元，当时几乎能买两间房子。好大一笔钱，我父亲打了很多年工才还清。"

从历史事实来看，白人以及媒体对华人的抨击都有很大偏差。1902年，第二次皇家调查委员会报告指出，1900年，在温哥华183例传染病病例中，只有6例是在唐人街发现的。[2] 其实，很多华人来加后，也从白人那里染上了疾病，比如致命的肺结核，但英文媒体绝不会报道这种事。从加拿大移民历史来看，白人来到北美后，带来很多传染病，造成大量印第安人的死亡。

四、温哥华的暴力事件

1907年，卑诗省的华人越来越多，反华浪潮随之高涨。这年夏天，温哥华成

---

[1] Gunter Baureise, "The Chinese Community in Calgary", Alberta Historical Review, 22 (1974), p.3; David Chuenyan Lai, *Chinatowns: Towns within Cities in Canada*, Vancouver: University of British Columbia, 1988, p.87., p.89.

[2] Canada, *Royal Commission on Chinese and Japanese Immigration*, Session 1902, p.297.

立了排亚联盟（Asiatic Exclusion League）。[1]虽说排亚，主要针对的还是华人。

9月7日，排亚联盟举行了一次集会，其中还有上百个从美国西雅图和华盛顿州贝灵哈姆市（Bellingham）来的反华煽动者。集会结束后，与会者以市政府为目标，举行了示威游行，排华分子的口号是"白加拿大"和"遏制黄货"等。到了市政厅后，游行的队伍放火烧了省督邓斯米尔的像。因为邓斯米尔就是一个富有的煤矿主，他的家族企业就是以大量雇用华人、限制白人工资而著称。西雅图排亚联盟秘书福勒（A.E.Fowler）发表演说，声称9月5日在美国的贝灵哈姆，500个白人男子袭击了锡克教徒和印度教徒，把他们从床上拖了出来，并开车把他们扔到城市外面。福勒暗示，温哥华应该仿效贝灵哈姆。果然，反亚分子的情绪立刻高涨起来。由于温哥华市政厅正好位于华人与日本人居住区之间，这批人就游行来到唐人街。他们有人手上拿着木棒，有人拿着瓶子或石块，在卡拉尔街（Clark Dr.）靠近喜士定街（Hastings Street）的地方，开始向华人商店扔石头，砸碎了商铺的窗户和有中国标志的大门，殴打了几十个华人，导致不少华人受伤。由于事出突然，华人措手不及，无法反击，只能退回房里面，把门锁上。有些华人害怕被杀，就躲到了日本人居住区。这伙排华分子随后狂飙至唐人街附近的日本人居住区，由于日本人事先受到警告，早就有了准备，这伙人一到，日本人纷纷熄灭了灯起来抗争，排亚分子直到午夜12时才离开。次日，即周日的早上，这伙人试图再次袭击日本人居住区。日本人手持棍棒和枪支，击退了暴徒。当这伙人想再次袭击唐人街时，警察赶来。这时的唐人街里，到处都是石头、碎玻璃和砖头。[2]到了星期一，华人全面停业以示抗议。华人们为了防止出现更大的灾难，很多人购买了枪支。销售人员麦克伦南（Mclennan）说："我们一开门，中国人已在外面排成一长串，他们在寻找左轮手枪。我们没有便宜的手枪，中国人一般买的手枪都比白人好。那天早上最便宜的枪卖15加元，一名华人订了15支，每支20.5加元，在警察局叫停销售之前，我

---

[1] "All Parties Opposed to Asia Tics"，Aug. 13，1907. front page of the Vancouver World.
[2] T. Ferguson. A White Man's Country：An Exercise in Canadian Prejudice（Toronto：Doubledy Canada 1975），p.4.；Ken Adachi, The Enemy that never was（Toronto：McClelland & Stewaet 1976），pp.72-76；David Chuenyan Lai, *Chinatowns：Towns within Cities in Canada*，Vancouver：University of British Columbia, 1988, p.84.；Edgar Wickberg et al., *From China to Canada*, Toronto, McClelland and Stewart Ltd., p.84.，p.85.；1907 Anti-Asian Riots Teacher Notes，https://static1.squarespace.com/static/58d29e6ccd0f6829bdf2f58f/t/59531f04197aeada91693169/1498619654648/MOV_Anti_Asian_Riots_Story.pdf，检索时间：2021年9月4日。

们已经卖了超过100支枪。"[1]

暴乱发生后，很多报纸和知名人士普遍表示遗憾。温哥华的《省报》《世界报》和《温哥华新闻广告》纷纷发表评论，谴责这场暴乱。当时中国是弱国，在加拿大没有派驻领事，联邦政府可以不理会中国的反应，可是日本是军事强国之一，事情发生后，日本领事立刻表示抗议。在接到抗议后，劳里埃总理马上致电温哥华市长："总督阁下获悉，英王陛下的朋友和同盟者日本天皇的某些臣民因无理的侮辱和残酷的对待而受到损害，感到很遗憾，希望迅速恢复治安，惩办一切肇事者。"一个月后，劳里埃总理还向日本天皇表示歉意，并保证采取措施防止以后再发生类似事件。[2]

1907年11月6日，联邦政府组成了调查委员会，任命劳工部副部长麦肯齐·金（W.L.Mackenzie King，当地华人称金麦京）为专员，对受害者的损失情况进行调查并提出理赔金额的建议。调查人员是10月份到达温哥华的，他们先对日本人进行赔偿。到了1908年年中才开始提交有关华人赔偿报告。[3] 委员会同意支付华人26990加元的损失费，另加1000加元的补偿费，这些赔偿费后来由联邦政府支付。[4]

对于华人的遭遇，加拿大政府既没有向中国政府道歉，也没有采取任何进一步的限制措施，只是加强了对华人的管理。

五、安大略省的排华缘起

在20世纪10年代，安省咸美顿的唐人街在位于约翰街（John Street）和休森街（Hughson Street）之间的一段国王威廉街（King William）上初步成形。当时几项不利于华人的城市条例，反而间接地促成了唐人街的形成，其中一个条

---

[1] Hundreds of Asiatics Purchase Rifles: The World, Sep. 10, 1907; Paul Yee, *Saltwater City*, Douglas & Mcintyre, Vancouver, 2006, p.29.

[2] Edgar Wickberg et al., *From China to Canada*, Toronto, McClelland and Stewart Ltd., 1982, p.86.; Howard Hiroshi Sugimoto, Japanese Immigration, the Vancouver Riots, and Canadian Diplomacy, Arno Press, 1978, p.107.

[3] Canada, *Report on Losses Sustained by the Chinese Population of Vancouver B.C.*, on the Occation of the Riots in that city in Sep. 1907 (Royal Commission: W. L. Mackenzie King) Sessional Papers, No.74f, 1908, p.18.; Edgar Wickberg et al., *From China to Canada*, Toronto, McClelland and Stewart Ltd., 1982, p.87.

[4] Canada, *Report on Losses Sustained by the Chinese Population of Vancouver B.C.*, On the Occasion of the Riots in that City in Sep.1907 (Royal Commission W. L. Mackenize King) Sessional Papers, No.41, 1908, p.18.

例是禁止华人在靠近市政厅和中心商业区盖房或利用这里的房屋开洗衣店、商店、工厂；另一个条例要求华人洗衣店主必须每年更新他们的执照，如洗衣店周围有居民反对，将拒绝给华人洗衣店主更换执照。根据这些限制性条例，华人洗衣店主根本无法在城市其他地方开业，他们被牢牢地困在小小唐人街里面或附近地带。1913年，有15名华人洗衣店主为了向非华人客户开展业务，申请把他们的洗衣店搬迁到其他地方，但由于所有新址居民的反对，市府拒绝了这些华人洗衣店主的要求。[1]

由此可见，一如西部地区，东部的白人社区也早早就对华人的融入采取了排斥立场，从而使唐人街变成了孤立的华人堡垒。

六、教育的歧视

19世纪后期，已经有华人的孩子进入公立学校读书了，只是当时的人数很少。

早期华人子弟大多在乐群学校（Le Qun）或新教牧师开办的班级就读。1900年的移民法把华人的人头税由原来的50元提高到100元，儿童有条件免税。该法案规定："缴纳入境人头税的华人儿童，从他们到达加拿大即日算起，18个月内，有权要求退还所交税金，但必须出示加拿大任何学校或学院教师签发的证书，以证明该学生确实在该校就读至少一年。"[2]

不可否认，这条规定确实让一些华人主动送自己的孩子去读公立学校，目的是获得退还的人头税。

这些华人孩子在入学前，很多都没有学过英文，入学后被编入低于他们实际年龄的班级。这种情况很快引起了白人学生家长的担心，他们害怕超龄华人学生会在"道德方面"给自己的孩子带来"在道德方面不利影响"。1901年2月，一些白人学生家长向校董事会提出要求，请求将自己的子女与华人的孩子分开。他们认为华人的子女肮脏、道德败坏、行为粗野，这些会对自己的子女产生不良影响。为了证实这种看法的正确性，该市的教育总监弗兰克·伊顿（Frank Eaton）向所有有华人学生的班级教师分发了问卷，询问他们对华人学生关于卫生、行为和仪表等方面的看法。调查结果显示，教师们并不觉得华人学生肮脏和粗野，也不认为华人学生在公立学校就读会对白人学生产生不良影响。相反，教师们赞扬华人

---

[1] Wenxiong Gao, "Hamilton: The Chinatown that Died", *The Asianadian*, 1 (1978), p.15., p.16.
[2] Canada. *Statues of Canada*, "An Act Respecting and Restricting Chinese Immigration", 1900, Ottawa: 63–64; Victoria, Chap, 32: p.216.

学生品行优良、勤奋好学。[1]

　　报告出来后，校董事会认为白人家长所说不实，就通知这些请愿者，学校无权隔离华人学生。

　　白人家长们不肯罢休，他们找到了域多利贸易和劳工委员会，请求支持。贸易和劳工委员会就派代表与学校董事会谈判，要求把华人学生隔离。学校拒绝了这种无理要求，理由是：第一，学校没有资金建新的教室，即使有资金，也只能解决学校过于拥挤一事，而不是把华人学生隔离开来；第二，如果把华人学生不分年级统统放在一个班级里，那将违反校规。由于不清楚是否违反法律，学校还向省政府教育署请示。省级官员表示，学校有权不分年级设班，但不应基于种族、肤色隔离学生。学校董事会接到通知后，便没有采取任何行动。1902年9月，华人学生仍和白人学生在同一班上课。[2]

　　尽管学校奉行"有教无类"的原则，暂时拒绝了白人家长的无理要求，没有进行"黄白分校"，但华人家长们还是有些担心。11名华商联名给校董事会写了一封信，信的大致内容是：我们这些联名写信的域多利华商，都是大英的臣民，也是享受这个城市公立学校教育孩子的家长。在此，向尊敬的校董就当前学校考虑要把华人孩子和其他孩子分开的想法，表达我们以及其他华人的观点。我们谋求这里先进的教育，目的是要孩子们从学校获得表达能力、改进他们的英文发音、提高讲话技巧，以及让这些正在成长的下一代从课堂上获得知识，并形成一种和其他臣民一样，在大英的规范下进行正常交往的习惯。我们认为，隔离会导致孩子们在获取知识方面失去竞争意识，而且对学生的进步无法做出评价，因为他们失去了就课上所学知识进行合理公正的定期测验的有利条件。我们了解到，目前正在考虑把华人的孩子放在一个班上，把不同年龄和不同程度的孩子放在一个班上，这将导致教师任务繁重，会大大减少孩子发展的机会。……我们家长一直以来都以身作则，要孩子们表现好、干净、守规矩、勤奋。……我们相信我们关于反对任何改变现状的几项观察和理由和你们在隔离问题上的考虑是一致的。[3]

　　华人的合理呼声没有改变反华势力的立场，白人家长与贸易和劳工委员会很快又找到一些学校董事，在10月29日举行会议，讨论华裔孩子的命运。会上进

---

［1］"Chinese in the School", Victoria Daily Colonist, Mar. 13, 1902; "Motions", Victoria Daily Colonist, Victoria, Jun. 12, 1902.

［2］"According", Victoria Daily Colonist, Apr. 27, 1902; "The Chinese Enter a Protest", Victoria Daily Colonist, Jun. 12, 1902; "Trades and Labor Council", Victoria Daily Colonist, Oct.16, 1902.

［3］"The Chinese Enter a Protest", Victoria Daily Colonist, Jun. 12, 1902.

行了激烈的争论，白人家长老调重弹，指出华人学生不受欢迎、不干净，教师不愿走到华人孩子身边，因为他们身上有味。最后，南园学校校长（The South Park School）阿格尼斯·迪恩斯·卡梅伦女士（Agnes Deans Cameron）在重压下提出折中建议：学校董事会不能实行学生隔离措施，但可以在唐人街另开校区，建立一所华人学校。不过，仍有校董不赞成这样的变相隔离政策。[1]

之后，市议会通过决议在唐人街建立新的教育区，并将该决定通知给学校董事会。学校董事会对这种做法很不满，一些董事认为如果在唐人街建隔离学校，等于促使华人学生同白人学生竞争。不过，这些意见没有起作用。

1903年1月新学期开始时，域多利教育局在重重压力下，实施了"黄白"分校政策。15名低年级华人学生被集中到洛克湾小学的一个隔离教室里，而几个高年级华人学生则被插在别的公立学校读书。隔离措施使华人孩子的父母非常愤怒，因为这导致了白人学生对华裔学生的歧视和暴力相向愈发严重。据1904年4月6日《域多利殖民地日报》报道，一个华裔男孩在逃避白人同学的攻击时，被车碾过，最后锯掉了一条腿。在法庭上，几个肇事者的家长被判以极其有限的赔偿，但诉讼结束后，肇事者的父母不肯支付金钱。在这种情况下，法庭再次审理，荒唐的是，重审的结果竟是被告无罪。[2] 至于白人学生追打华裔学生的情况，则是经常发生。

从这些攻击中可以看到，种族隔离激发了一系列校园问题，包括暴力偏见和仇视。

到了1903年，学校董事会终于找到了"名正言顺"的理由，把华裔的孩子排除出公立学校。由于该年的移民法把华侨的人头税由100加元上升到500加元，越来越多的华人家长为了退回巨额的人头税，而让孩子们去公立学校读书，有些人一旦拿到可以退钱的证书后就退学了。学校董事会认为，这是在浪费纳税人的钱，因此要禁止那些缺乏基本英文技能的华人孩子进入公立学校，并把由于华人孩子入学造成公立学校拥挤的情况报告给渥太华教育和移民部门。

面对这种情况，中华会馆的律师提醒学校董事会，他们的立场站不住脚，因为法裔加拿大人的孩子们不具有英语的技能，可从来没有被拒绝过。域多利的华人和其他公民一样，支付了教育方面的税，华人的孩子学习也很快，为什么不一

---

[1] "The Trustees must Act", Victoria Daily Colonist, Oct. 30, 1902.
[2] "Verdict for Chinaman", Victoria Daily Colonist, Apr. 6, 1909; David Chuenyan Lai, The Issue of Discrimination in Education in Victoria, *Canadian Ethnic Studies*, Vol. XIX, No.3, 1987, p.49.

样对待？[1]

然而，省教育署提出要进行成绩检查，这项建议虽没有实行，但域多利的学校董事会做出了另一项决定，即只有在1907年4月1日以前入境域多利，并在指导下学过英语的学生方能被学校接收，这项规定造成15名刚从中国来的华人孩子不能入学。域多利中华会馆就聘请律师弗雷德·彼得斯（Fred Peters）在学校董事会上进行发言，彼得斯恳请学校董事会本着公正的精神，取消不准华人孩子入学的规定，[2]可是学校董事会拒绝了这个要求，域多利中华会馆只好起诉董事会，但因种种原因没有成功。域多利中华会馆就把所有在中国出生的孩子送进乐群义塾，并着手建立一所更大的华侨学校。[3]

同年，学校董事会发现，在小学校里，24名青少年华人学生当中，有6名学生年龄在16—18岁之间，一些董事认为这些青年对年龄小的孩子会产生不利影响。学校董事会又举行了会议，决定把华人孩子与白人孩子分开，另设一个单独的房间给华人小学生，但允许高年级的华人学生继续他们的学业。[4]

1908年9月，54名出生在加拿大的华人的孩子通过了英文考试，进入了公立学校；但35名在中国出生的孩子则被拒之门外。1908年11月2日，在唐人街的菲斯格街上，一所华人隔离学校开学，接收了从1年级到4年级的华人小学生。华人孩子只有升入4年级后，才准许和白人孩子一起上学。[5]

到了1909年，在菲斯格学校就读的华人学生已经从1908年的41名增至58名，学校设施根本不够华人学生使用，学校董事会不去设法解决，反而指责超过14岁的华人孩子还去读低年级。1910年4月3日，爱德华·保罗（Edward Paul）

---

[1] 1907年12月3日，域多利中华会馆请律师交涉记录；林礼斌：域埠中华会馆之沿革及华侨学校创立之缘起，《著述》：《加拿大域多利中华会馆75周年、华侨学校60周年纪念特刊》，加拿大域多利中华会馆印，1960年，第1页；David Chuenyan Lai, The Issue of Discrimination in Education in Victoria, *Canadian Ethnic Studies*, Vol. XIX, No. 3, 1987, p.50.

[2] 1907年12月3日，域多利中华会馆请律师交涉记录；林礼斌：域埠中华会馆之沿革及华侨学校创立之缘起，《著述》：《加拿大域多利中华会馆75周年、华侨学校60周年纪念特刊》，加拿大域多利中华会馆印，1960年，第1页。

[3] 林礼斌：域埠中华会馆之沿革及华侨学校创立之缘起，《著述》：《加拿大域多利中华会馆75周年、华侨学校60周年纪念特刊》，加拿大域多利中华会馆印，1960年，第1页；"Chinese Public School", The Daily Colonist, Dec. 8, 1908; British Columbia, Land Registy Office, DD 505, DD10925.

[4] "Secures Quarters for Chinese Pupils", Victoria Daily Colonist, Oct.15, 1908.

[5] "Chinese Children and Public Schools", Victoria Daily Colonist, Sep.11, 1908; "Chinese School Is Opened Today", The Daily Times, Nov. 2, 1908.

接替伊顿成为该市的新教育总监,他向董事会建议不准超过 10 岁的华人学生进入低年级。董事会就裁定,超过 10 岁的孩子不可以上小学,因为这些孩子上学有为了退税的嫌疑。董事会也给渥太华施加压力,联邦政府就在 1911 年规定,只有大学生才有权利要求退还人头税。[1] 根据该规定,没有一个已经交了人头税的华人孩子有资格索回人头税,因为当时没有华人学生读大学。这个政策的修改,导致了华人小学生入学人数的减少。

白人对中国儿童的偏见非常严重,1921 年学校把焦点放在公共卫生上,因为域多利商务委员会认为华人学生家里不卫生,要求对华人家里的卫生条件进行调查。商务委员会"东方入侵问题特别委员会"的成员卡梅伦(J.D.Camaron)还认为,"东方人与白人儿童并排坐在一起,易造成社会平等的观念",建议学校把所有的华人孩子与白人孩子分开,并主张采取行动严厉执行公共卫生法,以提高东方居民的生活水平。域多利的学校视察官乔治·迪恩(George Deana)于 1922 年 1 月 11 日向学校董事会报告说,域多利有 216 名华人学生,其中一些学校对华人学生的入学很不满意,因为他们来自没有卫生设备的居民区,建议把城中所有的华人孩子集中到一所学校里。[2] 学校董事会估计,约 230 名华人学生在域多利,约 90 人已经在一所隔离学校读书,其余年龄稍长的华人学生还未分开。[3]

1922 年 2 月 10 日,为黄白分离问题,域多利学务部专门致函中华会馆,通知分校具体办法。[4] 这种歧视性的政策,很快蔓延到温哥华和新西敏。[5]

实行隔离对华人儿童非常不利,因为他们很难有机会练习英语。没有英文环境,这些华人孩子彼此之间用母语说话,很难用英文与人沟通,更不要说今后适

---

[1] Province of British Columbia, Thirty-ninth Annual Report of the Public School, 1909 – 1910, P.xxi., The school had only one division, consisting of fifth boys and eight girls; "Chinese Boys Sent to City School so that Parents May Get Head Tax Refunder: Colonist, Victoria, Apr. 14, 1910; "Chinese Resent Bit of Sharp Practise Refusal to Refund Head Tax on Scholars According to Agreement Cause Indignation", The Victoria Times, Dec. 11, 1911.
[2] Petition: To the Board of School Trustees of the City of Victoria, British Columbia, 1922.
[3] David Chuenyan Lai, "Chinese: The Changing Geography of the Largest Visible Minority" in British Columbia, the Pacific Province: Geographical Essays, ed. Colin J. B. Wood, Western Geographical Series, (Victoria, University of Victoria, Department of Geography 2011), p.155.
[4] 1922 年 2 月 10 日,域多利学务部专门致函中华会馆,通知"黄白分校"具体办法。资料来自域多利中华会馆。
[5]《抗争分校演说》,《大汉公报》1922 年 11 月 6 日;《云埠抗争分校后援会启示》,《大汉公报》1922 年 11 月 10 日。

应西方的生活方式了。

教育政策上的隔离，是最具歧视和伤害的政策，不但直接影响到受害的华裔学生，让他们在心灵受到冲击的同时，让他们的教育机会遭到不公平的剥夺；同时，也严重影响了白人学生的成长，他们在校园里接受的公平和博爱的价值观受到挑战，被强迫灌输了种族可以分等级的错误观念，同时也变相鼓励有些孩子采用暴力的手段，来虐待和欺压有色人种的孩子，扭曲了他们的成长过程。"黄白隔离"是对有教无类原则的严重背离，是加拿大教育史上的耻辱。当然，这里必须指出的是，当时的"黄白分校"也不是铁板一块，针插不进，水泼不进。如果与学校招生处或者校长等有"特殊的关系"，或者得到"特殊的照顾"，也有极少数华人可以进入白人学校读书（详见后面黄国雄的口述历史）。

七、沙省的女佣案

1912年，加拿大沙省（Saskatchewan）爆发了女佣案。

在穆斯乔（Moose Jaw，当地人又称舞市阻）市，一位受雇于一家中国餐馆的白人女侍应，到当地的警察局提出控告，指出华人餐馆主虐待和企图强奸她。英文报纸借机大肆渲染，引起了白人社区的不满。沙省省议会随后通过了法令，禁止华人、日本人等东方人开设的餐馆、洗衣房及其他商铺或娱乐场所雇用女性白人。该法于1912年5月1日生效。[1]

这条法令给华人商业打击很大，尤其是餐馆业。因为华人店主多半英文说得不流利，很难应付白人顾客。很多白人在中餐馆用餐，经常不付饭费和小费，[2]所以华商非常需要白人店员。其实，不仅华人反对该法，白人女侍应也反对该法，因为这个法令剥夺了她们的工作机会和工作权利。

1913年，沙省中国餐馆的老板黄广荣，因雇用白人女子被罚100元，黄广荣向加拿大最高法院上诉，可是他的上诉被驳回。黄广荣案之后，华人继续抗议，后来中国驻加拿大渥太华总领事向沙省交涉，沙省在1919年修正了该法案，不再限制华人餐馆老板雇用白人妇女。[3]

---

[1] An Act to Prevent the Employment of Female Labour in Certain Capacities, SS1912, c17, p.77.
[2] Paul Lee, *Chinatown*, Toronto James Lorimer & Company Ltd., 2005, p.69.
[3] *Statutes of the Province of British Columbia*, 1919, p.271；《沙省禁华人雇白女佣工之例取消》，《大汉公报》1919年1月23日。

八、第一次世界大战的影响

第一次世界大战期间，加拿大派兵去欧洲参战。华人社区展现出以德报怨的中华传统文化，同时，也展现出对新居住地的认同，拿出行动支持加国军队。在温哥华，加拿大华人购买了10万加元的政府公债。华人社区协会还呼吁年轻华人男子成为志愿者。响应社区号召，很多本土出生和已入籍的加拿大华人，甚至一些新移民，自愿申请加入志愿者名单。在战争期间，尽管没有精确的记录，但估计多达400名华裔男子在加拿大军队服务，比如雷伟宏（音译，Wee Hong Louie）于1917年4月在锦碌市参军，担任过无线电操作员和司机。雷伟天（音译，Wee Tan Louie）于1918年2月在爱伯塔省入伍。李弗雷德里克（Frederick Lee）是1916年3月在锦碌市加入172步兵营。[1]

值得一提的是，华人的满腔忠诚以及无私贡献，仍然没有打动主流社会和政府的心，华人的贡献没有带来公民权的获得，尽管他们在战后反复申诉，要求投票权，但遭到无情的拒绝。从某种程度上说，政府继修建太平洋铁路之后，再次对华人做了"过河拆桥"的事情。更令人难以置信的是，在战争中，政府虽然用了华人志愿兵，但他们的通信受到了监视和检查。

在第一次世界大战的最后两年，因年轻人参军以及战争经济的繁荣，导致加拿大劳动力缺乏，年轻的华侨劳动力在农场等处被大量雇用。但战争结束后，军人退伍回国，需要重新就业，而战时经济的繁荣逐渐消失，僧多粥少的现象在劳动力市场呈现。这时，就有人提出：1917年到1918年人力缺乏时期向华人和其他亚洲人开放的职业，应该让给退伍军人。此外，社会也有呼声，即华人在温哥华和域多利附近地区拥有土地和经营农场，导致华人经营的瓜果蔬菜和食品杂货店的增加，这一切似乎也应该加以限制。[2]

九、哈利法克斯唐餐馆受难

第一次世界大战结束之后，各国将注意力回归内政，排外风潮风起云涌。1919年，加拿大经济低迷，排华势力开始在各地开花。加拿大东部港口城市哈利法克

---

[1] Dennis Mclaughlin And Leslie Mclaughlin, *Fighting for Canada Chinese and Japanese Canadians in Military Service*, Ottawa, Department of National Defence, 2003, p.22., p.23., p.24., p.25., p.26.; 2016年8月25日，贾葆蕻采访雷伟天华裔妻子雷丽莲（Lilian Louie，音译）的记录。

[2] 《木瓦业拟设学校教授》，《大汉公报》1919年3月11日；《沿门小贩者注意》，《大汉公报》1919年6月6日；Edgar Wickberg et al., *From China to Canada*, Toronto, McClelland and Stewart Ltd., 1982, p.120.

斯（Halifax，台山人称夏路弗）首当其冲。

哈利法克斯是自然深水港和不冻港口，这里有些军事设施，所以有水兵驻防，不幸的是，这些水兵竟把矛头指向了华人。1919年2月19日，哈利法克斯爆发了一起回国士兵针对华人餐店的重大骚乱，有约300名士兵和暴徒参与，损失达1.5万加元。当天11点，在北部的加兰餐馆里，有一名士兵喝醉后，与餐馆主人发生口角，就将这间华人餐馆的玻璃砸烂，还将器物拆毁。警察把肇事士兵拘入警局，引起了更多士兵的震怒。2月20日，数百名士兵和平民对城里的6家华人餐馆进行了两个小时的肆虐报复，聚集的人数之多，使当地警方无法处理。[1] 杨书文总领事为此与当地省、市政府交涉，但是市政府认为不能担负重大赔偿之责。[2]

中国洗衣店主也常被骚扰。哈利法克斯《先驱报》（Halifax Herald）1919年5月2日有一篇专题文章，写道："为什么要让华人在加拿大开洗衣店？"呼吁白人重新控制洗衣行业。[3]

十、专业歧视

除了洗衣店、餐馆之外，零售商和其他专业领域的歧视与迫害也相继出现。

在温哥华，白人零售商协会要求该市规范上门的小商贩。[4] 1918年，政府征收了小商贩100加元的牌照费，蔬菜销售商协会的律师认为收钱过高了，把官司一直打到最高法院。最后蔬菜销售商协会输了官司，但是所需交纳的牌照费削减了一半。[5] 然而，零售商仍然拒绝交纳，因为一个商店的牌照费原本只有10加元。愤怒的小贩们举行了罢工，有5000名零售商向市政厅请愿，要求减少牌照费。白人零售商就把愤怒发泄到华人零售商身上，说他们"入侵"了白人的领地而且延长了工作时间。1922年，零售商协会、当地贸易董事会和当地报纸都呼吁抵制华人经营的商店。他们施加压力，要设立新的法律限制非白人拥有的商业数量。[6]

加拿大在早期建国时，就呈现出多元文化的色彩，在西方世界中属于社会宽

---

〔1〕《餐馆无辜被累》，《大汉公报》1919年2月20日。

〔2〕《夏路役市捣毁华人餐馆涉案》，《大汉公报》1919年3月22日。

〔3〕Paul Lee, *Chinatown*, Toronto James Lorimer & Company Ltd., 2005, p.113.

〔4〕《呜呼取缔小贩案果成立耶》，《大汉公报》1915年2月8日；《市厅关于华人小贩之议论》，《大汉公报》1915年5月19日；Paul Lee, *Chinatown*, Toronto James Lorimer & Company Ltd., 2005, p.44.

〔5〕《小贩牌照税仍征取五十元》，《大汉公报》1919年22日。

〔6〕《沿门小贩者注意》，《大汉公报》1919年6月6日；Paul Lee, *Chinatown*, Toronto James Lorimer & Company Ltd., 2005, p.44.

容度较高的国家，从来没有出现过大规模种族暴力冲突的情况。但是这并不表明，加拿大没有排外的历史传统，在经济不景气，尤其是失业率高涨的情况下，加拿大也出现过疯狂的排外风潮，而亚洲人尤其是华人，成为排外风潮的主要受害者。

由上所述，这个时期的加拿大排华风潮，虽然没有出现巨大的冲突血案，但是，排华的广度和深度渗透到各个领域，这种歧视性的排华，尤其是排斥孩子们进入教育体系、剥夺大人的政治参与权、禁止华人雇用白人等，可视为北美洲黑奴制度后最为严重的种族歧视现象之一，对当时华人的心理自尊伤害极为严重，并影响长远。

第三节 华侨华人的抗争

早期华工为了寻求生路，冒着九死一生的危险，远渡重洋来到北美。在一个完全陌生的环境里谋生，相当不易。尽管生活艰辛，备受歧视，但他们还是采取了能让就让、能避就避的态度，不想惹是生非，中断在海外谋生的机会。此外，语言的不通，对加拿大政治制度、法律制度的不了解，以及举目无亲，导致他们即使遭到欺压以至暴力迫害，也是能忍就忍，无法利用制度，尤其是法律资源来维权。

但是，华工的忍耐力也是有限的，当他们被逼到死角的时候，只能为维护自己基本的生存权而奋起抗争。1875 年之后，华人被剥夺了选举权，不能参与投票选举和竞选，他们成立了协会、劳工联盟等，并用签名请愿、写信呼吁、罢工、罢市、罢课等抗争手段，来回击白人的压迫和挑衅。当然，也有少数人参加了帮派组织寻求保护。这些抗争，也构成了加拿大华人移民史的重要组成部分。

一、温金友的特殊抗争

在华人的抗争中，最有效的是依据加拿大的法律以及主流社会的价值，来为华人说话，这就需要英语能力和比较广泛的社会法律知识，并拥有较强的沟通表达能力，而温金友就是这种有效抗争的代表人物。

面对种族歧视，温金友经常代表华人社区发言，其目的自然是维护华人的自尊和使华人得到应该享有的权利。他深知，联邦政府的立场关系到华人的处境和前途，因此，他一遇到机会，就会陈述华人遭遇的不公平处境，以及向联邦政府提出改善的建议。

1901 年，他在温哥华对皇家调查委员会讲述了很多华人的孤寂和心声："缺乏友善和尊重的境遇已经使华人感到缺乏信心，不过这当然不会导致他们放弃他们自己选择的道路和生活方式……我的看法是，如果华人能被赋予和这里其他人一样的尊重，那么他们将证明自己是一群好公民，他们就会携妻儿老小在这块土地上定居下来。"[1]

1902 年，一位温哥华的日本侨民托马斯·霍玛（Thomas Homma）要求把他的名字放在选区的选举名单被拒。他为此上诉且得到卑诗省最高法院的支持。此后此案又被提交到加拿大最高法院。加拿大最高法院也支持托马斯·霍玛。最后，该案被送到加拿大枢密院（The Privy Council），然后被一直搁置。1902 年 4 月 22 日，卑诗省出台一项禁止非英籍人士在市政选举中投票的法案（An Act to prohibit Aliens from Voting at Municipal Elections），该法案规定只有当时的英籍人士才在卑诗省的市选中有选举权和被选举权。[2]可是在加拿大出生的温金友不屈服，一直到了 1922 年，依旧为拥有投票权而奋争。[3]

温金友在 UBC 大学攻读过法律专业，但由于当时华人无选举权，他作为华裔第二代，当然也不能挂牌当律师。这种切身的遭遇，让他更加痛感制度的不公，作为华裔第二代，他对加拿大的认同远远超过第一代移民，因此也更不同意白人尤其是反华人士对华人的刻板甚至歧视的意见。所以他积极参加华人社区活动，目的是为华人谋福利，他曾是域多利中华会馆的英文秘书。

提起温金友，与他有亲戚关系的第四代华裔西恩·古恩（Sean Gunn）说道："我姨妈嫁给了温金友的儿子亨利（Henry）。在我小的时候，温金友给我的印象是满头白发、白胡子。他因为年纪大摔伤过，走路不便，所以很少行走。温金友会说四种语言，英语、粤语、客家话、原住民的先奴方言（Native indian Chinook）。他毕业于卑诗大学，学过法律，可是由于种族歧视，华人没有选举权，他不能当律师，只是被委任为警察法庭传译员。为了提高华人的地位，温金友曾向政府提议，要求给华人选举权，可是没有成功。"

这里仅举一个例子。在"黄白分校"问题闹得沸沸扬扬的时候，温金友看到，无论是当局还是白人普通家长，他们主张或者赞同"黄白分校"的理由，或出于无知，或出于盲点，或出于偏见，或出于歧视，不管如何，对这些似是而非的东

---

[1] Canada, *Royal Commission on Chinese and Japanese Immigration*, Session 1902, pp.235-237.
[2] An Act to prohibit Aliens from Voting at Municipal Elections, Apr. 22, 1902:《Municipal Elections》, chapter 53, p.205.
[3] "Twenty Years Ago in Vancouver", The Vancouver Daily Province, Oct. 23, 1922.

西，需要加以驳斥。为此，温金友在1922年投书《域多利殖民地日报》。他在文章里指出：学校给出"黄白分校"的理由是财政问题，可是为什么要让华人学生来应对财政问题？华人也是交税人，他们也为学校交税，但他们却被隔离出来。这让我们想起来有人说华人不讲卫生，应该分开，可这种说法与种族有关，是偏见。关于学校太拥挤，要分开一部分学生的说法，其实与经济无关。还有英语测试只找华人孩子，为什么不找其他族裔的？这就是歧视，是偏见。[1]由此可见，温金友用浅显易懂的逻辑分析，点出了主张"黄白分校"的理由毫无说服力。

二、华人在劳资问题上的抗争

华人虽然在大多数场合，对劳工待遇采取逆来顺受、忍辱负重的态度，但随着他们在加拿大居住岁月的增长，其劳工人权意识也开始萌芽生长。1901年8月，温哥华罐头加工行业的工人向资方施压而发起罢工，以保证华工自身的包工契约。1906年夏天，新西敏市的洗衣华工聚集起来，要求加薪，并将工作日改为6天制，虽然他们无法成立正式的组织，但在11月这一天发起的罢工行动，成功地将工资从原来的每月15元增加到每月25元。1907年，新西敏市的华人厨师也成立了协会，虽然他们不如洗衣业工人那么成功，但也划定了统一的工资标准，提出加薪40%的要求。[2]

1907年，温哥华市发生了震惊全加拿大的排华暴乱，一批排华分子来到唐人街打砸抢劫，乃至焚烧，不少华裔商店损失惨重，华工为此罢工，以示抗议，这使得许多酒店、旅店、轮船、锯木厂瘫痪，导致白人社区也出现了谴责暴乱的声音。[3]

1918年4月，来自中国、日本及印度的锯木工人联合发起一次更为成功的罢工，他们提出8小时工作而得到10小时工资，雇主初时不同意，可是两天后只好接受了他们的要求。[4]

三、对行业歧视和雇佣歧视的抗争

对于沙省在1912年通过的不准雇用白人妇女的规定，沙省华人也通过省法院

---

[1]"Chinese Segregation", The Daily Colonist, Victoria, Nov. 2, 1922.
[2]《劳动公报》1901年9月，第149页；1906年6月，第1343页；1907年5月，第1235页，转引自陈国贲、丹尼斯·赫丽：《挣脱枷锁——加拿大华人反种族主义百年史》，中国社会科学出版社，1977年，第28、29页。
[3]"Hundreds of Chinese Strike", The Province, Sep. 9, 1907.
[4]《工人要求之目的已达》，《大汉公报》1918年4月13日。

和联邦法院与这项立法展开了斗争，甚至一直上诉到伦敦的枢密院，他们的努力取得了部分的成功。不过由于这项法律以及类似的其他法律只是偶尔实施，效力并不大。到20世纪20年代后期，这项法律在加拿大不是被废弃，就是被置之不理。[1] 1922年，温尼伯中华会馆就禁雇白人女工之事举行了会议，并准备雇用一位律师为之申诉，要求当时的中国领事通过抗议协助斡旋。[2]

1914年12月，白人洗衣业店主就在报纸上攻击华人洗衣店，说华人洗衣店很脏，并决定筹银7000元，作为设法驱逐华人的经费。[3] 由于白人洗衣店的宣传，人们普遍认为华人肮脏、生活水平很低。魁北克省的省议员蔑助在省议会上提出，要满地可华人洗衣店在交付满地可市政府50加元税金之外，再交纳省政府50加元税金。魁北克市（Quebec city）的华人洗衣店，也要多交纳40加元省政府税金，而白人洗衣店则不用交纳。这项议案于1915年2月中旬被省议院通过了。中华会馆认为这样一来，会有很多华人洗衣店倒闭，建议华人店主不要支付这笔费用，并从柯京（Ottawa，渥太华）请来了杨书文总领事。杨总领事到满地可后，会馆的人告知实情，杨书文总领事就亲自去向魁北克省省长求情。满地可天主教总监神父和耶稣教牧师也到魁北克省省长处求情。中华会馆还请了律师摩利慎在法庭上提起诉讼，希望将此例驳消。在这种情况下，魁北克省省政府举行了会议，最后规定3人以下经营者，分期交纳，4人以上经营者，要交齐税金。当时有一位叫赵豪的华人，不理中华会馆的建议，反而劝华人洗衣店主交税。在他的劝说下，有十几家华人洗衣店主向政府交了税金，所有这一切使得中华会馆的努力没有成功。[4]

1917年3月21日，杨书文总领事接到居住在布兰顿（Brandon）的黄秋华的来信，信中剪有西报一张，内云：温尼伯巡警长以华人餐馆勾引白人女佣工招徕

---

[1]《缅汝草巴省女佣案又起》，《大汉日报》1917年3月30日；驻坎总领事杨书文对于缅地粗巴省女佣工案交涉始末之详情，《大汉日报》1917年4月9、10、17日；《女佣案可以修改》，《大汉日报》1918年3月22日；《沙省禁华人雇白女佣工之例取消》，《大汉日报》1911年1月23日；Edgar Wickberg et al., *From Chinese to Canada*, Toronto, McClelland and Stewart Ltd., 1982, p.121.

[2]《缅汝草巴省女佣案又起》，《大汉日报》1917年3月30日；《温尼辟中华会馆通告》，《大汉日报》1922年1月23日；Paul Lee, *Chinatown*, Toronto James Lorimer & Company Ltd., 2005, p.69.

[3]《抵制华人洗衣店之事急矣》，《大汉日报》1915年2月19日；Chinese Neighbourhood Society of Montreal, "A History of Chinese Community in Montreal", c1990, 14., Quote from Paul Lee, *Chinatown*, Toronto James Lorimer & Company Ltd., 2005, p.101.

[4]《华人洗衣馆之法行矣》，《大汉日报》1915年2月15日；《满地可中华会馆求各埠侨胞救助书》，《大汉日报》1915年5月31日；《满地可埠洗衣馆抽税案》，《大汉日报》1915年7月21日。

生意，遂呈请本省法部大臣，将1913年通过的禁止华人雇用白人女工的法律颁布实行，缅省省政府遂准备颁布实行禁止华人餐馆和洗衣店雇白人女工。杨书文总领事就携同黄容生和律师于3月26日来到温尼伯，会见了缅省省长和法务厅长，为女佣案与之进行交涉，希望不要颁布此项法律。随后杨书文总领事又与市长和警长交涉，最后说服了警长，警长当众宣布决不颁布此项法律。侨胞闻讯后，就在随后的星期日，于哥伦比亚戏院举行欢迎大会，杨书文总领事登台演讲，介绍了交涉经过并鼓励华侨努力经营生意。[1] 1918年，杨书文总领事又给萨斯彻温省（沙省）省长和省议会写信，希望取消该省于1912年颁布的禁止华人雇白人女工一事，因为这是羞辱华人之事，是不公平的法律条款。[2] 1919年1月17日，省议会发照给杨书文总领事，将此案取消。[3] 2月，杨书文总领事发出通告，沙省政府通令各埠市政府，在沙省开餐馆或洗衣馆，有欲雇用白人女佣者，在所居住处巡警局领取雇用西人女子牌照，即可开业。[4]

不光在阜诗省和沙省禁止华人餐馆和洗衣店雇白人女工，1928年，亚省有西人工党在省议会上提出限制东亚人雇用白人女佣。2月1日，卡城华侨在青年会召开全侨大会，华人决定成立抗女佣案抗例局，从而有机构进行抗衡，会中选举出执行委员10名。[5] 随后，列必珠（Lethbridge）、点问顿（Edmonton，爱民顿、埃德蒙顿，台山人称点问顿）等埠，纷纷响应，并以点问顿为总局，以此抗击排华苛例。[6]

1919年3月，多伦多市议会通过了一个条例，所有外国籍民不准颁给营业执照。华人们知道后，都很恐慌，就请求杨书文总领事与多伦多市议会交涉。经过交涉后，多伦多市议会将此条例修改，称凡是敌国侨民，一概不给牌照，其他盟军各国，均给牌照。中国在盟军各国之列，所有华人洗衣店、餐馆，一概给牌照。[7] 中国政府斡旋再次成功。

早期的温哥华地区，经常有些华人小贩沿街叫卖。规模不大时，白人没有反

---

[1]《驻坎领事杨书文对于缅地粗巴省白女佣工案交涉始末详情》,《大汉公报》1917年4月9日、4月10日。
[2]《杨总领事致沙省政府函照译》,《大汉公报》1919年1月31日。
[3]《沙省禁华人雇白女佣之例取消》,《大汉公报》1919年1月23日。
[4]《杨总领事通告》,《大汉公报》1919年2月10日。
[5]《卡城成立女佣案抗例局》,《大汉公报》1928年2月23日。
[6]《改组驳例局开会情形》,《大汉公报》1928年3月18日。
[7]《都朗都准出华人营业牌照》,《大汉公报》1919年3月5日。

对，但是后来，华人和日本人在域多利和温哥华开蔬菜商店，并批发到别处去卖，与白人经商者形成竞争。白人们从自身的商业利益出发，开始呼吁抵制。1909年以来，温哥华市议会一直处于要求对华人小贩采取某些行动的压力下。因为有人认为，这些零售小贩，通过不合理的价格手段占据了太多的蔬菜零售市场的份额。[1] 1915年1月，林轼恒总领事为此在《大汉日报》发出布告，指出瓜果蔬菜鱼鲜小贩，对华人小生意和唐人街的生存关系至大，希望华人签名抗议。[2]

到1918—1919年时，市议会决定采取行动，那些肩扛担挑着蔬菜，游走在温哥华居民区的华人流动小贩，开始改为开着自己的卡车把蔬菜从城市的几个中心集散地送往各地。市议会认为，华商取得的利润是其他商人的两倍，决定要征收华人小贩100加元的执照费，而其他族裔的小贩只需支付25加元的费用。[3] 对此，华人小贩成立了蔬菜销售协会，聘请律师上诉到最高法院。上诉虽然被拒，但费用降到了50加元。尽管如此，仍有很多小贩拒绝交钱。1919年9月，30多名华人因此而被逮捕并被控告。对于50加元的执照费，很多华人小贩还是不愿意交纳，因为就是商店也只需交纳10加元的执照费。从1919年11月开始，华人小贩进行了为期3个月的罢工。他们的律师麦克劳德（F.M.MacLeod）向市议会呈交了来自5000多名消费者的请愿书，要求减少小贩的执照费，以使他们恢复工作。由于市议会的顽固坚持，1920年，迫于无奈，华人小贩被迫支付50加元执照费。作为条件，华人小贩要求市警加强对他们的保护，以减少小偷从他们车上偷窃物品事件的发生。[4]

对于"黄白分校"，华人社区一直都在坚决抵制。早在1904年到1905年，域多利学校董事会就想把华人孩子与白人孩子分开上课，由于华人家长不送孩子去隔离学校而作罢。

---

[1]《驻温哥华正领事林示》，《大汉公报》1915年1月14日；Edgar Wickberg et al., *From China to Canada*, Toronto, McClelland and Stewart Ltd., 1982, p.130.

[2]《驻温哥华正领事林示》，《大汉公报》1915年1月14日；《欲保华埠小贩营业者其速起》，《大汉日报》1915年1月30日.

[3]《小贩牌照税仍征收五十元》，《大汉日报》1919年1月22日；Edgar Wickberg et al., *From China to Canada*, Toronto, McClelland and Stewart Ltd., 1982, p.130.

[4]《小贩牌照税仍征收五十元》，《大汉日报》1919年1月22日；Edgar Wickberg et al., *From China to Canada*, Toronto, McClelland and Stewart Ltd., 1982, p.130.

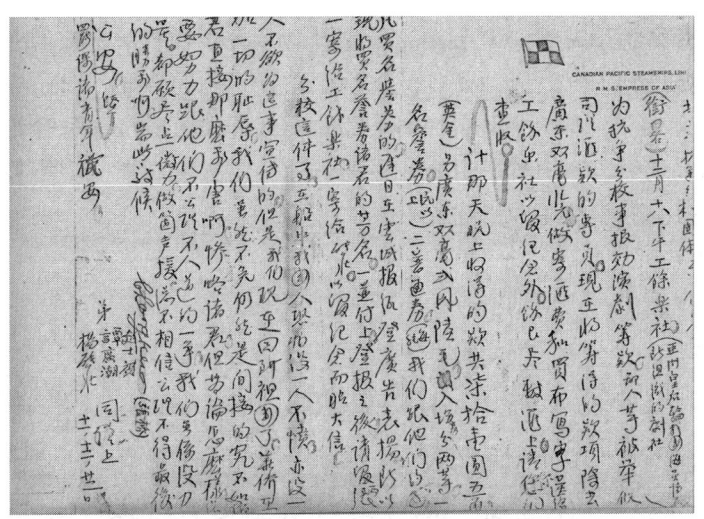

图 4.5　1921 年 11 月 12 日，服务于亚洲皇后号的
华人海员在船上演戏为抗"黄白分校"筹款
资料来源：黎全恩收集资料复印件

1922 年，当域多利中华会馆听到有人指责华人家里不讲卫生时，就于 1 月 18 日召开会议，会上建议华人家长严格管教孩子，确保孩子们时刻保持衣着整洁。1 月 24 日，中华会馆主席刘光祖引用城市健康官员的观点向学校董事会提出，华侨家里并不是没有卫生设备，并说该指责纯属诬蔑。然而域多利学校董事会还是决定把所有的华人学生放在被称为"鸡仔屋"的隔离学校。域多利中华会馆知道后，敦促华人家长抵制这项决议，中华会馆学校委员会于 1922 年 9 月 4 日举行了会议，会上决定聘请律师，为隔离一事打官司并开始筹集费用。一部分筹款来自捐献，但同时规定每个孩子的父母必须捐出 2 加元的赞助费。华人学生还被告知，如果他们被校方强迫去隔离学校，就罢课回家。接到中华会馆的指令后，9 月 5 日上午，当华人学生被命令一字排开，准备把他们送到隔离学校时，他们全都罢课回家了。之后华人学生进行了长达一年之久的罢课。中华会馆为此成立了抗争分校会，和学校董事会进行斗争。9 月 25 日，抗争分校会致函在北京、上海、广州、香港的商业、报界、学术界和其他加拿大各地的华人社区，告诉他们关于反隔离一事，并要求得到财政和道义上的支持。[1] 1922 年 9 月 29 日，中国政府发电表示声援。

---

〔1〕域多利华侨抗争分校团体会在 1922 年 9 月 28 日快邮给中国国内，请求支持、协助华人抗议；《抗争分校会派员回国宣传》，《大汉公报》1922 年 12 月 1 日；1922 年 9 月 5 日，域多利中华会馆通令所有华童一致罢课公告。

与此同时，会馆聘请喜士定（Hastings）先生为中华会馆代表，定期在长老会召集三方代表直接谈判。[1] 10月，域多利中华会馆、中华商会（The Chinese Chamber of Commerce）和加拿大华人俱乐部（The Chinese Canadian Club）联合给域多利学校董事会写信，愿意与其合作，并提出英语到达一定程度、在一定年龄以下的华人学生，可以去公立学校等几点建议。[2]

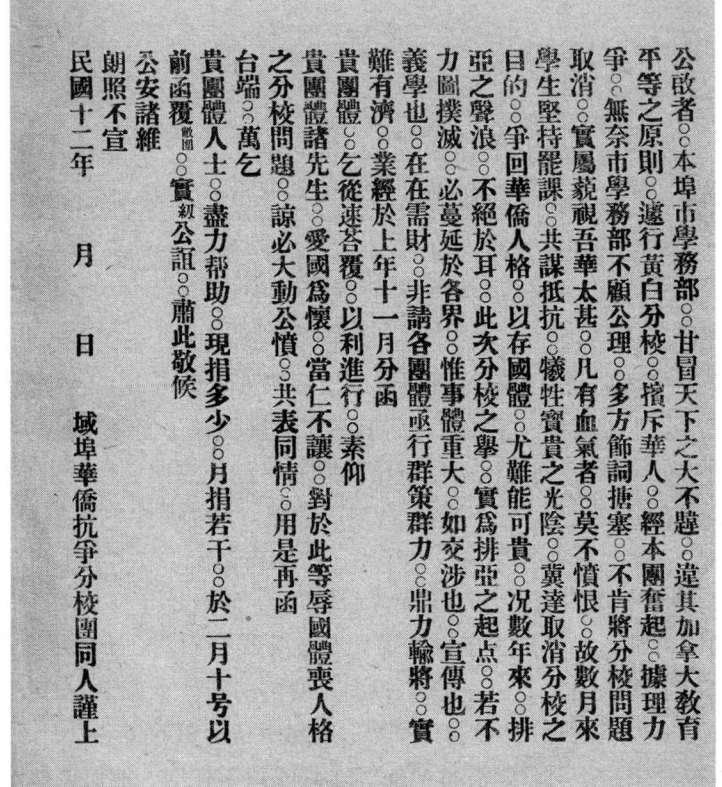

图 4.6　域埠华侨抗争分校团，1923 年
资料来源：黎全恩收集资料复印件

为了响应中华会馆的这一举动，温哥华、新西敏和其他地方的许多华人组织慷慨解囊。抗争分校会还在 11 月为罢课的学生成立了一个华人免费学校，在同一

---

[1] 1922 年 9 月 29 日，抗争分校第七次会议讨论文献。
[2] "Showdown in School Crisis", The Daily Colonist, Oct. 8, 1922.

时间，还派杨奇壮到上海传送有关域多利隔离学校的消息，并敦促中国政府向英国和加拿大政府抗议。[1] 11月5日，云埠抗争分校后援会及一些商家在唐人街乐万年戏院举行演说大会，抗议"黄白分校"。[2] 11月19日，域多利华侨抗争分校团在西人戏院举行演讲，宣传抗争。[3]

最终，在来自渥太华联邦政府、教会和公众的压力下，学校董事会于1923年8月通知中华会馆，所有的华人学生可以返回其原来的学校，只有17名英语成绩太差的学生被安排去特殊类学校，在他们的英语掌握到一定程度后，将能获准与白人学生一起读书。中华会馆接受了这样的安排，并通知华人学生可以在9月返回学校。[4] 总之，中华会馆在没有选举权的情况下，不得不通过报刊、法庭、签名请愿等手段来维护华人的权利。

四、白人劳工与华工联合抗争的萌芽

加拿大有不少白人对排华并不苟同，但由于当时白人社区排华的情绪十分强烈，一些白人并没有直接从天赋人权的角度对排华舆论进行反驳，而是通过一种婉转的办法，即强调华工对加拿大社会的不可或缺，来间接证明反华和排华的不恰当。一名叫史密斯（A.W.Smith）的白人曾给《域多利殖民地日报》写信表达过他的观点，他写道：域多利的排华行为，是域多利一部分人的行为，并不代表省里所有人的看法。我反对被盗用名义向渥太华联邦政府拍电报说：卑诗省各处都有排华活动。像利鲁厄特和卡里布地区，如果把华人都赶走了，那么这里的农场、商行、旅馆和伐木行业就要关门。[5]

自1900年以来，加拿大的森林业发展得非常迅速，因此锯木业和铁路工程都急需廉价的劳动力。1906年，几乎每期《伐木人》杂志都强调锯木厂急需廉价工人。木材厂的厂主说，白人每天的工资是2.25加元，华工是1.5加元，可是白人不肯干的木材分类、堆积、装车等体力劳动都只能由华工担当。用《伐木人》杂志的话，"中国人是锯木厂的活机器"。该杂志的编辑坚决主张取消向华人征收500

---

[1] 域多利华侨抗争分校团体会于1922年9月28日向全侨发出的启事；《抗争分校会派员回国宣传》，《大汉公报》1922年12月1日；David Chuenyan Lai, *Chinese Community Leadership*, Singapore World Scientific Publishing Co.Pte.Ltd., 2010, p.142., p.143.
[2] 《抗争分校演说大会记》，《大汉公报》1922年11月6日。
[3] 《空前未有之演说大会记》，《大汉公报》1922年11月21日。
[4] 1923年9月1日，域多利中华会馆关于华童返校文献。资料来自域多利中华会馆。
[5] "Lillooet not Counted In", Daily British Colonist, Jun. 12, 1885.

加元人头税的规定。[1]

从20世纪初期开始，黄白劳工联合抗争开始萌芽。1903年6月，5个平原地区的木材加工厂的华工和白人工人一起举行罢工，争取实行9小时劳作而领取10小时的工资的待遇。[2]

华人为了维护自己的基本权利，运用请愿、罢工、罢市、罢课等合理手段进行斗争，改变了逆来顺受的形象。有些白人和华人有生意和社交上的往来，他们不赞同那些恶毒的反华观点。许多白人工会明确禁止华人加入，但是到了第一次世界大战后期和经济萧条时期，那些在卑诗省反华的白人工人，开始认识到华人劳工组织的力量。1917年，温哥华的白人工人和华工联合在一起，参加了华人组织的罢工。两方面的工会分别提出了不同的要求，其他的白人工会也开始讨论华人成员的问题，或支持他们的政策，令人惊叹的是，华人所要求的工资竟比白人还高。[3]

1919年至1921年，一些华人加入了一个名为"木瓦业华工联会"的组织。[4]在该组织的领导下，华工在工厂里要求改善工作条件，努力提高自己在加拿大社会地位。[5]

由上所述，面对白人社会反华浪潮的步步紧逼，为了争取最基本的生存权利，华人也采取了各种形式的反抗。除了极为个例的暴力相向，大多数的情况下，华人采取了体制内依法抗争的模式，在许多场合，还与有共同遭遇的白人联手行动，争取立法机构的支持。这充分体现了华人在加拿大移居生活过程中，不断提升自己，学会了用加拿大人的价值观和法律观念来反对体制上产生的诸如种族歧视之类的"毒瘤"。这样的抗争模式不但为华人的遭遇鸣不平，也为加拿大体制不断趋向公平和正义，做出了独特和难以磨灭的贡献。

---

[1] 陈翰笙（主编）、卢文迪等（编）：《美国与加拿大华工》之《华工出国史料》，中华书局，1981年，第七辑第350页。

[2] 陈国贲、丹尼斯·赫丽：《挣脱枷锁——加拿大华人反种族主义百年史》，中国社会科学出版社，1977年，第28页。

[3]《瓦仔偈工人聚议》，《大汉公报》1917年7月18日；《板偈工人联同罢工》，《大汉公报》1917年7月19日；《木匠行聚会之决议》，《大汉公报》1917年7月21日。

[4]《木瓦业华工联会之发起》，《大汉公报》1913年3月11日；《坎拿大木瓦业华工联会会员》，《大汉公报》1920年1月7日。

[5]《加拿大木瓦业工联会章程》，《大汉公报》1920年4月20日。

第五章
与中国的关系

　　加拿大华人华侨在早期居留加国、衣衫褴褛地打拼新生活的同时，仍然怀着"先天下之忧而忧，后天下之乐而乐"的胸怀和传统的儒家精神，关注着这片曾经让他们无立锥之地的"故土"，无论是参与康梁的保皇会在先，还是加入孙中山的革命党在后，都站在中国改革的最前线，出钱出力乃至返回故土亲身浴血奋斗，为"华侨是革命之母"写下了最好的注脚，也为华人华侨立下了身在北美、心系中华的优良传统。从某种意义上说，加拿大的华侨史，也是清朝末期维新史的宝贵一页，更是孙中山革命历史中特殊的一章。

　　不仅如此，加拿大华人华侨在取得成功的初期，就开始帮助中国实业投资，援助家乡教育建设以及伸出援手为故国救灾纾困，方方面面都做出了巨大和可观的贡献，展现了海外中华民族血浓于水的同胞情谊，从而为全球华人华侨对祖国的百年贡献立下了可歌可泣的丰碑。

第一节　清政府与华侨华人的关系

一、清朝侨务政策的变革

　　鸦片战争之前，清政府自认为自己是天朝，是"万邦来朝"的大国，夜郎自大，根本瞧不起外国，并用律例禁止华工出国；而对于已经出国的华工，则采取不闻不问的态度。鸦片战争之后，清政府被迫签订了一系列不平等条约，西方凭借不平等条约的保护，利用中国劳苦大众急于摆脱贫困的心理，开始大规模且公开引诱、拐骗华工出国充当苦力。其实在1860年之前，华工贸易并非合法，但清朝地方官员恐洋媚外，不想找麻烦，对拐骗华工之事听之任之，不加干涉，有些官员私下甚至认为，与其叫穷人饿死、冻死或铤而走险，不如叫他们去海外寻找一线生机。这些都使得中国东南沿海一带拐卖人口之风越来越盛。英国驻香港总督包令于 1852 年 5 月 17 日致英国大臣马姆兹伯利的报告中指出："中国的法律禁止它的臣民离开本土移居外洋，但是人口过多的压力，年复一年地使华工外流不断增长，中国方面是如此无力干预或者不愿干预，以致在厦门，收买苦力的大巴拉坑（指囚禁苦力的猪仔馆）差不多就设在紧挨着海关的地方。"[1]

虽然清政府无能为力，但明面上还是严禁华人出国的。一直到 1860 年 9 月 21 日，英法联军攻占北京，10 月 24 日，清政府在武力逼压下，被迫签订了《北京条约》，其中第五款如下：戊午年定约互换以后，大清大皇帝允于即日降谕各省督抚大吏，以凡有华民情甘出口，或在英国所属各处，或在外洋别地承工，俱准与英民立约为凭，无论单身或愿携带家属一并赴通商各口，下英国船只，毫无禁阻。该省大吏亦宜时与大英钦差大臣查照各口地方情形，会定章程，为保全前项华工之意。[2] 次日又签了《中法北京条约》，其中第九款也有类似的内容。自此，清朝百年不准华人私自出国的禁令被打破，华工出国合法了。此后，出国的人数骤增，很快华侨遍布了全世界。

但是出国的苦力有去无回，加上苦力被虐、被杀的消息传回国内，逐步引起清政府及一些官员的重视。1865 年，镇压了太平天国的清政府缓过气来，出于大国的"颜面"和外交惯例，也有时间关注招工条款的实施以及对移民的保护了。这期间清政府不仅注意保护出洋的华工不受欺骗，也开始关心华工出国后被虐等情况。不过从 1860 年到 1874 年，清政府因为是在列强的压力下承认华人出国合法的，因此这一阶段清政府的侨务政策重点是把自愿出国和苦力贸易区分开来，更多的是关注苦力贸易，并试图对苦力贸易加以管理，并最终在 1874 年禁止了苦力贸易。[3]

1876 年，中国向美国派出第一位公使陈兰彬。[4] 这表明中国开始接受以西方习惯为基础的国际关系制度。同时，清政府第一次从国际的观念、立场来关

---

[1] B.P.P. Correspondence Respecting Emigration From China 1852–1853, No. (1686) LXVIII，第二号文件《包令致马姆兹伯利文》，见《汇编》第 2 辑第 3 页。转引自许肇琳：《清代中期华侨政策与契约华工》，广东华侨历史学会《侨史学报》1994 年第 1、2 期（总第 35、36 期）。

[2] 《筹办夷务始末》咸丰朝，卷六十七。

[3] 颜清湟著，粟明鲜、贺跃夫译：《出国华工与清朝官员：晚清时期中国对海外华人的保护 1851—1911》（Overseas laborers and Mandarins），中国友谊出版公司，1990 年，第 107—112 页。

[4] 颜清湟著，粟明鲜、贺跃夫译：《出国华工与清朝官员：晚清时期中国对海外华人的保护 1851—1911》（Overseas laborers and Mandarins），中国友谊出版公司，1990 年，第 150 页；清末我国首任驻美大使陈兰彬故居，https://web.archive.org/web/20131026112557/http://www.gdwc.gov.cn/file/news/2009/10/23/723.shtml，检索时间：2021 年 10 月 12 日。

注华侨，并抛弃了以往的消极放任政策，采取积极保护态度，主动维护华侨的权利。

二、承认双重国籍

鸦片战争后，随着海外华侨的经济实力不断巩固和加强，晚清政府觉得有利用价值，开始为保护华侨权益做出了有限的努力。在保护华侨的外交活动中，触及了华侨的国籍问题。1868年7月28日，美国卸任驻华公使蒲安臣在华盛顿代表清政府与美国签订了《中美天津条约续增条约》，其第五条、第六条申明：两国侨民有申请加入对方国籍的权利。[1]

1909年，荷属东印度殖民地（现印尼）政府强迫华侨改籍。受到这件事情的刺激和影响，1909年，清政府制定并颁布了中国历史上第一部国籍法《大清国籍条例》。清政府根据血统主义原则规定："所有的中国人无论出生于何地，或者在何地居留，都是中国公民。"[2] 根据这条法律，所有具有中国血统的中国移民，即使已加入外国国籍，也都被认为是中国公民。这是清政府第一次从法律上明确了华侨的身份，也是中国历史上第一次承认双重国籍的法律。

三、保护加拿大侨民与侨务交涉

随着华人出国人数的不断增长，歧视、排斥、迫害华侨的暴力事件也愈演愈烈，华人的反抗事件不断涌现，在一些具有国际视野的洋务派官员的推动下，清廷在侨务政策上慢慢有了转变，开始推行更为积极的保侨护侨政策。

随着太平洋铁路的完工，很多华工失业后流落街头。驻旧金山总领事黄遵宪给域多利中华会馆写信，希望他们能帮助这些失业的华工。

不仅如此，黄遵宪还为华侨做过辩护。1885年，黄遵宪在皇家调查委员会面前做过如下的辩论："我想就此谈一谈。有人指控华人并不想到国外久居，而仅是想挣一些钱回中国故乡。……当然，华人愿意居住在哪里，完全取决于他们所移居之国家对他们的待遇……你们一定还记得，来到这个国家的华人，不能像其他公民那样享有一切公民权利和优惠，法律使他们仍处于外来者的境况。据我所知，如果这里准许华人加入加籍，并能使他们享有公民的优惠和权利，有许多华人将

---

[1] 又称《蒲安臣条约》；王铁崖：《中外旧约章汇编》（第一册），生活·读书·新知三联书店，1957年，第261—263页。

[2]《大清国籍条例》第一章。

会特别高兴与全家人一起永久居住在这里。"[1]

黄遵宪为了维护华人的权益，经常过问加拿大华人的疾苦，并数次写信给域多利中华会馆加以慰问和关心。及至 1885 年黄遵宪离职回国，域多利侨胞因其对华人关怀备至，特送"万人伞"及"德政牌"以壮其行色，并志留念。[2] 黄遵宪的族弟黄锡铨在美国旧金山领事馆担任主事，经常奔走于域多利和旧金山之间，先后解决过不少侨胞疑难问题。

1891 年，薛福成任英国大使，域多利中华会馆以加拿大政府对华人之苛例，经多年交涉，毫无结果，深知黄遵宪与加拿大侨胞感情深厚，爱护备至，特请黄氏敦促薛福成与英机构交涉。黄遵宪给域多利中华会馆回信时，表示一定尽力而为。在他的建议下，薛福成也写信照会英国外交部，请求英政府废除阻止华人入境之法，希望"不要阻止两国人民日渐亲睦之情"。[3]

1896 年 9 月，李鸿章来到加拿大，他曾到过多伦多、卡尔加里和温哥华等城市，各地华人都是张灯结彩，热烈欢迎（参见表 5.1）。

表 5.1 李鸿章在加拿大的行程

日期	地点	内容
1896 年 9 月 7 日	由美国到加拿大的尼加拉瀑布	联邦下议院的亨利·乔利（Henri-Gustave Joly de Lotbinière，早期华人称祖利爵士）被指派代表加拿大一路陪同李鸿章这次横跨大陆的旅行
1896 年 9 月 7 日	李鸿章乘专列由尼加拉瀑布于下午 3 点到达多伦多 1896 年工业展览所在地	在市议会和展览董事会一行人的陪同下，李鸿章参观了几个展馆后，前往主席台，由当地官员引见并会见了联邦反对党保守党领袖查尔斯·塔伯（Sir Charles Tupper，早期华人称吐巴爵士）、联邦参议员麦肯齐·鲍厄尔（Sir Mackenzie Bowell，早期华人称保华路爵士）、福斯特（Hon.Mr.Foster）、安大略省督乔治·艾雷·柯克帕特里克（Hon.George Airey Kirkpatrick）等。李鸿章在整个下午的对话中，对铁路建设各个阶段的所有细节都表达了极大的兴趣。

---

[1] Canada, *Royal Commission on Chinese Immigration: Report and Evidence* (Ottawa: Printed by Order of the Commission 1885), pp.xi-xiii.
[2] 黄锡铨于 1884 年写给中华会馆的信件；1885 年黄遵宪写给域多利中华会馆的信件；资料来自维多利亚中华会馆和维多利亚大学图书馆。
[3] 中国驻英大使致英国外交部抗议在英属地（加拿大和澳大利亚）立法歧视华人的信，1891 年；资料来自维多利亚大学图书馆。

续表

日期	地点	内容
1896年9月8日	火车到达威路砰（Port Caldwell）	罗伯特·杰克逊（Robert Jackson）先生呈上两条非常大的、鲜活且有斑点的三文鱼，李鸿章非常高兴，并回赠一个银牌以表达他的谢意。
1896年9月9日	李鸿章及随行下午2点乘加拿大太平洋专列通过温尼伯前往温哥华	一行人观看了位于基韦廷（Keewatin）的磨粉厂（Lake of the Woods Mills），对曼尼托巴把小麦制成面粉表示感兴趣并进行了询问。其间，李鸿章收到了加拿大总督阿伯丁（Aberdeen）的官方快件，通知他女王陛下授予他大骑士司令勋章，授予他两个儿子骑士司令勋章，随团的 Chih Chen Fo、Feng Luh 大使各自获得荣誉奖励。李鸿章随即回电给总督表示对女王的感谢。
1896年9月10日	李鸿章到达卡尔加里时，受到了一大群好奇之人以及骑警仪仗队的迎接	两名朝廷官员与李鸿章经过拥挤的观看者通向警察守护的4匹马拉的马车。这辆马车带着李鸿章驶过市区。其间，李鸿章和欧文（Dr.Irvine）和德劳（Hon.Mr.Dieaw）以及李鸿章的两个儿子有过一次愉快的对话。欧文是他的私人御用医生，一位陪伴李数年的英国绅士。德劳在中国任海关专员一职。李和他的官员对加拿大西部很感兴趣，特别是水利灌溉，尽管它在中国已知有数百年的历史。
1896年9月11日	加拿大太平洋专列在班芙（Banff）	西北骑警（the North west mounted police）举行了盛大的招待会招待李鸿章。祖利爵士与诗丕亚公司专员马波利（Marpole）一直陪同和保护李鸿章一行人。
1896年9月12日	李鸿章一行人在火车上	李鸿章在加拿大的火车上时，加拿大太平洋电报公司（The Canadian Pacific Telgrraph Company）派了几个操作员供李鸿章使用，这些人在火车上发出有关李鸿章的消息。 李鸿章在火车上接受记者采访，指出，不久的将来，中国将大规模修建铁路。中国准备修建一条铁路，从汉口到北京，干线全长2500英里。工程材料和工人可在中国找，但得从国外进口机车、轮车弹簧等。火车到达嘉拉斯亚（Glacier）时，李鸿章接受记者采访，指出，我认为加拿大有美好的未来，因为人民勤奋努力。而美国排华，是因为嫉妒华人勤奋与节俭。对于记者询问李回国后是否辞职，李鸿章给予了否定的答案。 火车到达阿尔伯特峡谷（Albert Canyon）一行人浏览片刻，下午5点到达灰熊镇（Revelstoko）做短暂停留。

续表

日期	地点	内容
1896年9月13日	11点左右，李鸿章坐火车来到温哥华	李鸿章是用轿子抬下火车的，然后坐上了马车。在马车上由市长和代表自治领政府的霍西（Horsey）博士陪同。李鸿章随后会见了来自北京的专员温安邦、域多利的李梦九、温哥华的叶恩和叶春田、新西敏的林全（Lam Qung）等，所有人都穿着丝绸长袍。 在船边，李鸿章换乘座轿上了H.M.S.科姆斯（H.M.S Comus）号炮舰。船上的中桅披挂着中式的装点。港口的所有船只上，连同公共建筑物上，都飘扬着中国的黄色彩旗或英国国旗。下午3点，他游览了温哥华市区和公园。
1896年9月14日	李鸿章在温哥华	李鸿章于8点至12点接待了代表团成员，听取了贸易委员会的意见，且用一个长的演讲予以回复。他谈到渔业，并询问了贝尔·欧文（Bell Irving）主席100个有关加拿大政体和贸易的问题。9点15分市长代表市议会发表讲话。上午10点杜德尼（Dewdney）省督、科马斯（Comus）船长和第五军团汤利（Townley）少校表示敬意。李鸿章感谢女王在卑诗省的代表远道而来与他见面。会见结束时，李鸿章陪同省督一同走到船舷跳板。他请省督写信给总督，感谢他的慷慨解囊。他承认英国是世界上最大的海军强国，并感谢女王陛下的船长欢迎他的到来。10点30分会见了前传教士和中国的文官，并在11点接受了温哥华领事使团的访问。他通过沃尔夫森（Wulffsohn）领事向威廉（William）皇帝传达了友好的信息。商会主席和外交部长也通过领事们向所代表政府传达了他的善意信息。2点，温哥华所有能出来的人都来到码头上为李鸿章送行，李鸿章在甲板上向人群鞠躬告别。当中国皇后号轮船准备出境时，H.M.S.Comus舰鸣炮向它致敬。当晚，中国皇后号轮船到达边界湾（Boundary Bay）。

续表

日期	地点	内容
1896年9月15日	李鸿章到域多利	因为有大雾，中国皇后号轮船于下午4点才到达域多利码头。省长村拿（Turner）夫妇、司法部部长（Chief Justice）大卫（Davie）、工务部长（Minister of lands and works）马丁（Hon.B.Martin）登轮拜会。李鸿章向他们询问华人在该省的情形。随后牧师温彻斯特（Rev.A.B.Winchester）带领一些贵妇前来谒见。之后李鸿章接见李梦九、卢仰乔等侨领。李梦九将当地华人的状况和近5年来中加贸易概况的统计呈上，李鸿章表示这是得到的第一手资料。李鸿章希望当地华人遵守加拿大法律，戒除吸毒与赌博恶习。李鸿章给侨领赠送了一些银牌纪念品，还特地将自己的一张照片送给李梦九。 下午5点左右，在奏乐和爆竹声中，中国皇后号轮船离开域多利。

资料来源："Sir Henri Joly to Accompany Li Hung Chang", Vancouver Daily World, Aug. 31, 1896; "Li Pass Through Winnipeg", Van Daily News Advertiser, Sep. 9, 1896; "Li Pass Through Winnipeg", Van Daily News Advertiser, Sep. 11, 1896; "Immensely Delighted with His Trip–Li Hung Chang talks railway and telegraphs", Colonist, Sep. 13, 1896; "Canadian Gossip of Li's Visit", The Tacoma daily ledger, Sep.16, 1896; "Earl Li in Calgary", The Daily Herald, Sep. 11, 1896; "The Chinese viceroy", The Daily Colonist, Sep. 15, 1896; "Canadian Gossip of Li's Visit", The Tacoma daily ledger, Sep.16, 1896; "His Excellency Li Hung Chang on the last Stage of His Eventful Tour", The Daily Colonist, Sep. 16, 1896.

可以这样说，李鸿章访加，是当时加拿大与大清帝国外交来往中最重要的一件事，也是加拿大华人当时接待来自大清政府官员规模最大、花费最多、用心最深的一次活动。[1] 举例而言，李鸿章乘坐火车在9月13日进入温哥华，受到约4000名华人的欢迎。而在1891年的卑诗省才有8910名华人。[2]

---

[1] 温哥华中华会馆等侨社和照一公司等商家为搭建欢迎李鸿章牌楼共捐出658.3加元，但是却花费了724.2加元。这个工程是由叶春田和永生商号主管运作的；众街坊迎官驾进支数部，一八九六年八月初三日（阳历：1896年9月9日），资料来自卑诗大学特别收藏品部；"Canadian Gossip of Li's Visit", The Tacoma daily ledger, Sep. 16, 1896.

[2] "The Chinese Viceroy", The Daily Colonist, Sep. 15, 1896; Census of Canada, 1891.

图 5.1 李鸿章

值得关注的是，李鸿章在进行外务活动期间，会见了参与太平洋铁路建设的华人社区领袖叶春田等人，并与签署过多份美国铁路合同的陈宜禧进行了长谈。[1]显然，作为大清帝国洋务运动推动者的李鸿章，对铁路建设，尤其是华人参与的铁路建设十分感兴趣。当然，除了对洋务的关注之外，他对华人颇为不满的人头税议题相当注意，专门要求将自治领国会中关于增加人头税辩论的完整报告给他。[2]此外，李鸿章还考察了加拿大的政体和产业，并会见了各国在温哥华的领事使团。[3]

李鸿章在卑诗省期间，接见了华侨领袖，赠送了"大清钦差大臣赏给功牌"银牌给几位华人领袖，这些银牌均和李鸿章有关。

图 5.2　大清钦差大臣赏给功牌
资料来源：黎全恩著《唐人街权力核心》，第 59 页

---

[1]"The Chinese Viceroy", The Daily Colonist, Sep. 15, 1896; "Canadian Gossip of Li's Visit", The Tacoma daily ledger, Sep. 16, 1896.

[2]"Canadian Gossip of Li's Visit", The Tacoma daily ledger, Sep. 16, 1896.

[3]"The Chinese Viceroy", The Daily Colonist, Sep. 15, 1896.

清廷于光绪三十四年（1908年）12月18日批准在英属加拿大设总领事。1909年，清政府在渥太华设立了总领事馆，首任总领事为龚心钊。不久，在温哥华也设立了领事馆，欧阳赛庚曾任领事。[1]

尽管清政府一些官员有较开阔的视野，也同西方打过交道，但他们保护华人的能力有限，效果更有限。

四、推动侨务活动与宣慰侨民的模式

晚清政府的侨务活动主要有五个方面：一是设置领事馆保护与管理侨民；二是采取以外交手段为主的各种措施保护华工；三是动员、劝诱华侨对国内捐赠和投资；四是发展海外华文教育；五是筹建海外总商会，促进华侨社会的统一。[2] 应当说，晚清政府侨务活动的主要目的，是吸收华侨的财产，加强华侨与中国的联系，促进华侨社会的相互联系。

为了鼓励更多的华商向国内投资，晚清政府把签证分为三等：红边签证为头等，发给绅商；紫边签证为二等，发给普通商人；蓝边签证为三等，发给劳工。[3] 签证分等级的办法不仅是为了管理方便，也用来作为地位的象征。很多华侨商人喜欢分等级，因为得到高等级的签证，表明地位高人一等，还可以在华人社区炫耀一番。晚清政府的这种做法，确实吸引了一些华商向国内投资。

不仅如此，晚清政府还派官员到海外劝捐和买爵，对华人捐款者封官并予以表彰。其实清政府所封的官位无非是虚名，但因海外华人有着中国的传统观念，认为有了官爵可以光宗耀祖，可以炫耀于人，所以有很多华商踊跃捐赠。1885年8月15日，旧金山中国领事馆秘书黄锡铨致域多利中华会馆的一封信中说，域多利的华人已捐献了337.795两白银，同时要求域多利中华会馆提供捐助者的姓名，以及根据当时的官级和头衔的买卖规则，这些捐助者们想要的职务和官阶。[4] 大部分海外华人富商原均是家境贫寒的移民，来自朝廷的荣誉极大地满足了他们的

---

[1] "Chinese Consul is now in Ottawa", *The Vancouver Daily Province*, Jun. 26, 1909; "Owyang King, The new Chinese Consul at Vancouver", *Victoria Daily Colonist*, Aug. 14, 1909; China is to Establish Consulate in Vancouver, *Province Vancouver*, Feb. 9, 1909；见故宫博物院明清档案部、福建师范大学历史系合编，《清季中外使领年表》，中华书局，1985年。

[2] 庄国土：《华侨华人与中国的关系》，广东高等教育出版社，2001年，第193页。

[3] 颜清湟著，粟明鲜、贺跃夫译：《出国华工与清朝官员：晚清时期中国对海外华人的保护，1851—1911年》（*Overseas laborers and Mandarins*），第280页。

[4] 见1985年8月15日黄锡铨致函域多利中华会馆的信件。来源：David Chuenyan Lai, *Chinese Community Leadership*, Singapore, World Scientific Publishing Co. Pte. Ltd., 2010, p.57.

心理需要，同时也能提高他们在当地华人群体中的威信和影响力。

清政府通过宣扬忠君报国思想和给华人一些荣誉地位，来吸引华侨们捐献，确实获得了不少海外华人的支持，大部分华侨所捐给国内的公益事业都是通过这种途径实现的。

1897年12月20日，两个六品顶戴（朝冠上镶着代表六品官衔的乳白色玻璃顶珠）的荣誉头衔被拍卖，拍卖所得被用作古巴华人社区赈灾救济金。两个买受人，其中一个是蒋奈（字经可，Jiang Jingke，实际使用名字 Chung Nye），支付了159.5加元；另一个是李鉴涛（Lee Kam Tao）（别名李代或李锦周，Lee Dye or Lee Kum Chow），支付了125加元。

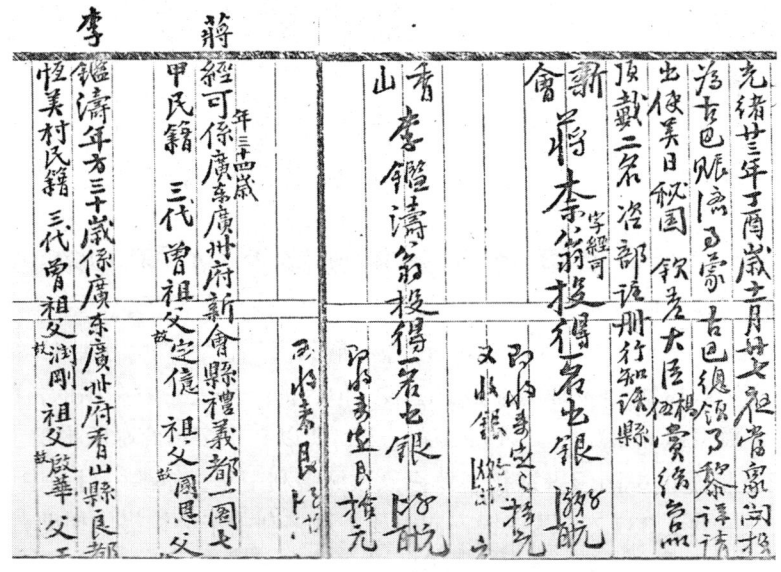

图5.3　1897年，华人李鉴涛和蒋经可捐银获赏顶戴
资料来源：黎全恩著《唐人街权力核心》

1898年4月8日，清政府为了替古巴中国社区筹集更多的赈灾救济金，提供了3个五品顶戴（朝冠上镶着代表五品官衔的白色透明玻璃顶珠）的荣誉头衔用于拍卖。这些头衔被3个人成功竞买：林邦锡（Lam Bon Skeh）以161加元成交、黄福康（Wong Fok Ong）以120加元成交、李鉴涛以115加元成交。[1]

---

[1] 见1897年和1898年荣誉官衔竞标得胜者记录。黎全恩：《唐人街权力核心》，第58页。

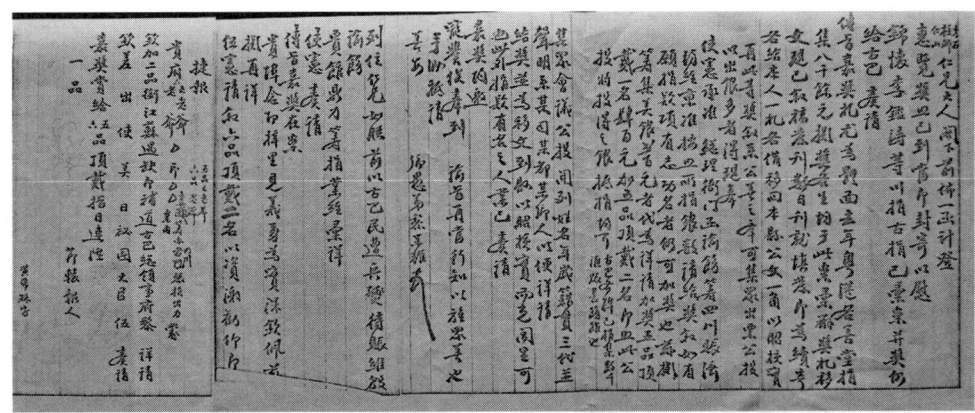

图 5.4　1898 年，驻古巴总领事黎荣耀来函指出加拿大华人殷商捐款古巴赈灾及功名奖励
资料来源：黎全恩收集资料复印件

那些获得清政府授予名誉头衔的客商，后来都成了唐人街的领导核心。李雄洽（Li Hongqia，别名李润华，Li Runhua）是钦加直隶五品同知衔、黄福康（Huang Fukang）有代表五品军功奖励头衔的白色透明玻璃顶珠、刘同春（Liu Tongchun）有广西地区巡检的头衔、卢春年（卢仰乔）有花翎道衔；黄裕麟（Huang YuLin）有千总衔的称号，还有一些著名的华商也已经从钦差大臣那里收到了荣誉奖章。李梦九（Lee Mong Kow）是广东番禺大滘村人，1862 年出生，1882 年移民来到加拿大域多利。1920 年的职业是商人。[1]

这里值得一提的是，李梦九后来成了华人社区、中国及加拿大政府之间的一名重要联络人。李鸿章来加时，李梦九将华人状况及中加贸易、华人人口统计等概况，呈交给李鸿章，得到李鸿章的赞许。1897 年，为了表彰他的贡献，清政府授予他五品同知衔加一级赏戴花翎。1907 年，清政府又授予他四品同知衔。清政府同时授予李梦九的母亲李关氏（Lee Guan Sez）一级诰命夫人。在当时，授予在世并在国外的女子为一级诰命夫人，较为罕见。因此在李关氏 67 岁生日时，李家连续两天举行了庆贺活动。在唐人街有超过 6 个地方，是李梦九招待来宾的宴会场地。[2] 另外，在民国时期，北洋政府也给李梦九颁发过特奖三等嘉禾章。[3]

---

[1] The department of the interior, Chinese Immigration branch, No. 37094, Apr. 9, 1920.
[2] 李惠贤（Jack Wai Yen Lee），*Lee Mong Kow's Legacy*（*1863 – 1924*），Manuscript, Victoria, 2004; Successful bidders for honorary titles, 1897, 1898; "Chinese Residents are Highly Honored", Victoria Daily Colonist, Apr. 16, 1907.
[3]《哀启》，《大汉公报》1924 年 7 月 15 日。

图 5.5　李梦九
资料来源：杨多萝西

图 5.6　口述者杨多萝西
资料来源：贾葆蘅拍摄

一提起外祖父李梦九，他的外孙女杨多萝西（Dorothy Yung）侃侃而谈："我的外祖父有很多孩子，我搜寻查找了很多关于外祖父李梦九的资料得知，早年他来到加拿大时，很努力学英文，接触了不少西人，后来他在海关和移民局做通译。1896年，李鸿章来加拿大时，特别召见了外祖父，后来清朝还授予他官衔，他还戴着官衔帽照了相。"

进入20世纪，清廷确实积极施行过一些爱侨保侨的措施，这与清廷最后推动君主立宪的改革大环境有关，更重要的是，慈禧太后集团因为受到康梁在海外推广维新保皇（光绪）活动，以及孙中山在海外紧锣密鼓地发动侨民、募款鼓吹革命的刺激，希望通过软硬兼施的手段，严格限制海外侨民的反清活动，防止其受激进言论的蛊惑，甚而拉拢侨商反对革命，维护清廷统治。从总体上说，清廷自始至终没有什么认真的侨务政策，一切都是随机处理。

第二节　保皇会

众所周知，大量华人来加拿大，始于19世纪中叶，那时中国社会动荡，导致农民流离失所，失去生存的希望，因此到海外谋生，同时也摆脱了社会无序的纠缠。谁知，出国了反而更爱国。康有为领导的保皇运动，先于革命运动，在华侨社会激起一潭春水，唤起了华人对清朝的"乡愁"，并产生了帮助维新志士"女娲补天",通过改良维护清朝的"爱国热情"。可以这样说,保皇会激起了加拿大华人的第一波参与国内政治运动的热情。

一、戊戌变法

中日甲午之战,中国输给日本,还要割地赔款,中国朝野上下一片哗然,很多有志之士痛定思痛,认为只有变革,挣脱传统观念与文化的束缚,中国才能起死回生。性急的光绪皇帝也是悲愤交加,强烈希望除积弊、洗国耻,改变中国的旧貌。他在康有为、梁启超等维新派的支持下,决定大张旗鼓,进行一场改革。光绪皇帝认为,只要把所有陈旧的、落后的、僵化的东西全盘抛弃,按照日本和西洋诸国的方式治理大清帝国,毕其功于一役,就会使大清帝国重振雄风,数年后,中国就会成为世界强国。蓬勃兴起的维新运动,一开始是得到慈禧太后的赞同的。可是随后的疾风骤雨般的改革,严重冲击了清朝贵族集团与整个官僚阶层的根本利益,最终遭到以慈禧太后为首的保守派的反对。因此慈禧太后囚禁了光绪皇帝,这次变法仅仅历时 103 天,史称"百日维新"或"戊戌变法"。"戊戌变法"失败以后,康有为和梁启超先后逃亡到了日本。

二、康有为首次到加并创建保商会

康有为虽在中国已无立足之地,可他的改良主义主张却得到了英国政府的支持,给了他 6 万加元奖金。康有为到日本后,遭到了中国保守势力的追杀,但他不能去美国,因为美国的排华法案规定,自 1882 年起,持续 10 年暂停华人移民。1899 年 4 月 7 日,康有为从日本来到域多利政治避难时,伦敦通知加拿大联邦政府予以保护,为此加拿大政府派了一名西北骑警菲尔(W.Fiffe)做康有为的保镖。[1] 康有为到了域多利后,受到了华侨的热烈欢迎,得到了年龄较大和较为富有的华侨的支持。富商李梦九安排康有为寄居在唐人街的泰源号,并给他介绍了当地一些知名华商,如李福基(Lee Folk Gay)、李奕卫(Lee Yick Wei)、黄宣琳(Huang Xuanlin)、林立滉(Lin LiHuang)等。[2]

康有为在域多利住下后,进行了一系列宣传鼓动活动。例如 1899 年 4 月 8 日,他在域多利中华会馆面对众多华人演讲,陈述戊戌政变之详情和光绪皇帝之惨状,

---

[1] "M.W. Fiffe": Victoria Daily Colonist, Apr. 8, 1899.
[2] 李福基:《宪政会纪始事略》,1909 年,第 1、2 页;David Chuenyan Lai, *Chinese Community Leadership*, Singapore, World Scientific Publishing Co. Pte. Ltd., 2010, p.93.

号召大家勤王,得到很多听众的支持。[1]随后康有为又到温哥华举行演讲,[2]这些使得加拿大华商逐渐同情维新派。

1899年5月3日,康有为离开温哥华,途经渥太华,准备到伦敦游说,希望能得到英国的支持,帮助推翻慈禧太后政权。5月8日,康有为到达渥太华。[3]5月10日,康有为出席渥太华国会会议,受到总理威尔弗里德·劳里埃(Sir Wilfrid Laurier)的隆重接待。[4]5月11日,加拿大总督吉尔伯特·埃尔奥特·默拉里·基宁蒙德(Gilbert Elliot Murrary Kynynmound)在渥太华总督府迎接了康有为,有700多名宾客参加。[5]5月18日,在康有为的倡议下,温哥华首先成立了商会,首倡者有温哥华的叶生、温金友等。[6]

5月20日,康有为乘温哥华号邮轮离开蒙特利尔赴英国利物浦(Liverpool)。[7]6月11日,康有为从英国返回加拿大。[8]7月初,康有为从域多利来到温哥华,在杜波特街26号(26 Duport St.)的冠芳楼叙饮时,康有为提倡设立保商会,每人捐1元,在场之人认股千余份。叶恩、温金友和其他华商均表示赞同,于是就在温哥华成立了保商会,同一天新西敏的刘康恒也在现场,等于新西敏也成立了保商会。[9]

三、保皇会

温哥华保商会成立不久,康有为回到了域多利。一次,他与卢仁山、林立滉和黄宣琳在嘉祥楼上会晤,黄宣琳对康有为讲到,保商不如保皇为妙。康有为闻言指出,他正是以倡议保商为名,实行保皇政策,于是众人决定成立组织。[10]

---

[1] 康有为:《游域多利、温哥华二埠记》(1899年4月16日),《康有为全集》第5集,姜义华、张荣华编校,中国人民大学出版社,2007年,第118页。

[2] 康有为:《游域多利、温哥华二埠记》(1899年4月16日),《康有为全集》第5集,姜义华、张荣华编校,中国人民大学出版社,2007年,第118—121页。

[3] "Kan-Yu-Wei, Note Chinese Reformer in Ottawa", The Citizen, May 9, 1899.

[4] "Ottawa's Chinese Visitors", The Citizen, Wednesgay, May 10, 1899.

[5] State Ball, Brilliant Function at Government House, Nearly 700 Present, The Citizen, May 11, 1899;康有为:《游加拿大记》,《康有为全集》第5集,姜义华、张荣华编校,中国人民大学出版社,2007年,第1256页。

[6] "A Gigantic Chinese Trust Gormed Here", The Province Vancouver, May 18, 1899.

[7] "Port of Montreal", The Gazette Montreal, May 20, 1899.

[8] S. S. Tainui, Liverpool to Quebec, Jun. 21, 1899:S.S. Tainui 邮船到达魁北克的旅客登记。

[9] 李福基:《宪政会纪始事略》,1909年,第3、4页。

[10] "Chinese organizing", Victoria Daily Colonist, Oct. 10, 1899;李福基:《宪政会纪始事略》,1909年,第3、4页。

康有为认为保皇就是保国，为此联络李福基、冯秀石等人商谈此事，并取得共鸣。7月20日，由李福基的广万丰公司（Quong Man Fung & Co.）和徐礼的永祥公司（Wing Chong Co.）牵头，在域多利成立了保皇会（保救大清光绪皇帝会，The Chinese Empire Reform Association），李福基为会长。[1] 保皇会在政府街1715—1717号兴建会所。这个组织的主要宗旨是宪政改革；在国内保守势力的迫害中，保护光绪皇帝；在种族歧视的大环境下，尽量保护海外华人。保皇会明文规定：凡入会者须缴会费2加元，作宣传、通信、办报、集资开矿、兴办工商之用。[2] 与此同时，温哥华和新西敏的保商会均自动变成了保皇会。1900年，保皇会加拿大总部由叶恩在卑诗省注册，地点设在温哥华。[3]

域多利保皇会成立那天，康有为主持了开幕典礼，并发表演讲。他痛陈清廷的腐败和慈禧太后的贪婪残暴，意气激昂，侨胞为之感动。参加保皇会的人有不少是华商和一些受过教育的华人，即地方侨团和宗亲侨团中的主要人物，如商人兼海关翻译李梦九等，这些人运用在侨团中的影响力发展会员，使得保皇会成为加拿大华人社会最有势力的政治团体。[4]

同年9月28日（阴历八月十三日），是戊戌六君子殉国周年纪念日，康氏特具三牲酒礼，并亲自撰文，连同埠中保皇会人士，前往域多利中华会馆三楼之烈圣宫灵前追悼六君子。[5]

1899年7月至9月，康有为居住在温哥华岛附近的一个小岛上，他命名此岛为"文岛"。康有为在"回首银河共明月，最难文岛话乡亲"一诗中注解道：文岛者，在英域多利海中，树木森森石矶数顷，吾居此月余，营一室焉。[6] 一位名叫阿奇博尔德·力特尔（Archibald Littee）的《日本邮报》（Japan Mail）的记者采访过他，说他住的地方由一位加拿大骑警把守，许多中国人都知道他在那里，目前

---

[1] 李东海：《加拿大华侨史》，加拿大自由出版社，1967年，第276页。

[2] 李东海：《加拿大华侨史》，加拿大自由出版社，1967年，第276页。

[3] British Columbia City Directories 1860–1955：1910 Henderson's BC Gazetteer and Directory，Part I，p.170.

[4] 李东海：《加拿大华侨史》，加拿大自由出版社，1967年，第276页。

[5] 康有为：《在加拿大域多利祭六君子文》，清光绪二十五年八月十三日（1899年9月28日）；李东海：《加拿大华侨史》，加拿大自由出版社，1967年，第276、277页。

[6] 康有为：《文岛中秋夜》手稿。[加] 张启礽：《康有为在海外·美洲辑——补南海康先生年谱（1898—1913）》，商务印书馆，2018年，第57页。

为止，没有人打搅他。[1]

这一时期，康有为为了扩大影响，宣传保皇运动，往返域多利、温哥华和新西敏之间，他撰写了《保皇会序例》，后来将其扩充为《保救大清皇帝公司序例》。[2]他还聚徒讲学，宣传君主立宪。他的关于发展工商实业的计划则许诺如果将来成功了，会按功行赏，这些对华人来说，是有吸引力的。许多商人在帮助康有为的同时，渴望成为开国功臣；而一些卖苦力的华侨，也希望通过投资保皇会能有出头之日。

1899年10月10日，康有为离开加拿大。[3]其后，康有为派弟子分赴世界各地，在美洲、澳大利亚等不同城市设立了分会，会员人数号称百万。[4]加拿大被各地视为榜样，不少分会也效仿温哥华保皇会的章程和结构，自发组织起来。

1899年11月6日是慈禧太后生日，保皇会以"中国人民和商人"的名义给慈禧太后发去贺电，电报写道："祝贺生日，我们请您退位并恢复我们所敬仰的光绪皇帝的权力。"[5]

当然也有华商不想与清廷为敌，持观望态度，不敢正式参加保皇会。

四、康有为再次来加

1902年12月，康有为到印度访问，其间他始终关心加拿大保皇会的情况。29日，他给李福基、刘章轩等人写信，谆谆嘱托，希望改良除弊。康有为希望唐人街能打扫干净，华人能讲个人卫生以消除污秽之弊，减少兄弟内争之弊；多读书阅报，多开文明之会。康有为还希望商会要多加努力，因为他认为这是救国之根本。[6]

---

[1] "Kang-Ya-Wei in Canada and His Views as to Future Events", Victoria Daily Colonist, Victoria, Oct. 19, 1899.
[2] 康有为：《复谭朝栋书》(1899年9月29日)，《康有为全集》第5集，姜义华、张荣华编校，中国人民大学出版社，2007年，第136页；康有为：《保救大清皇帝公司序例》(1899年10月)，载《康有为全集》第5集，姜义华、张荣华编校，中国人民大学出版社，2007年，第144页。
[3] "Injuries to the Steamer Tees-Alpha Leaves Vancouver", The Daily Colonist, Victoria, Oct. 11, 1899.
[4] 康有为著，楼宇烈整理：《康南海自编年谱》，中华书局，1992年，第72页。
[5] "Chinese Residents of Victoria Present a Left Handed Compliment to the Empress Dowager", The Daily Colonist, Nov.7, 1899.
[6] 方志钦主编、蔡惠尧助编：《康梁与保皇会·致李福基、刘章轩等书》，香港银河出版社，2008年，第46、47页。

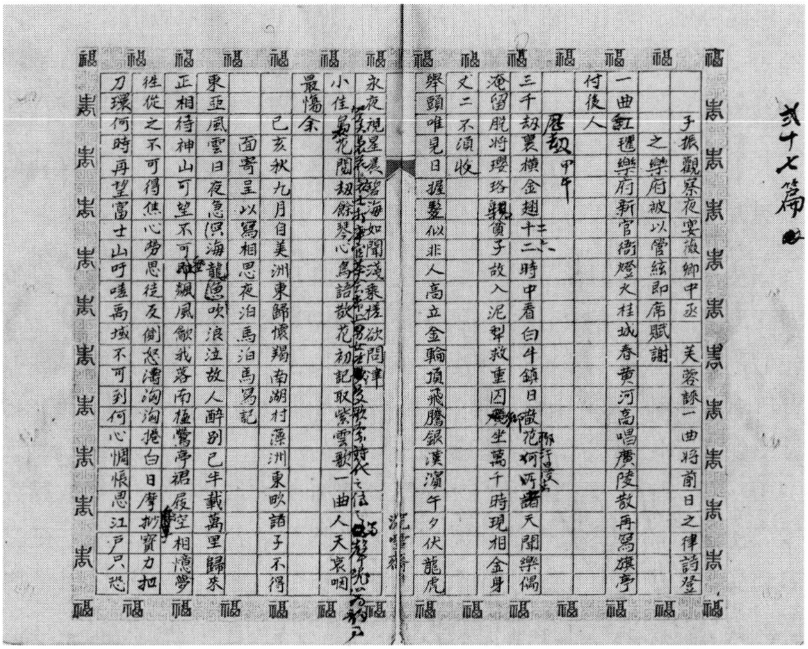

图 5.7　1899 年康有为在加拿大裛花裛士打（新西敏）出席西人茶会作诗手稿，
资料来源：张启礽，张启礽之父张沧江是陪伴康同璧到最后的秘书

1904 年，康有为再次来加拿大视察以推进保皇会的工作。康有为从满地可到温哥华，一路上接受采访，并与一些外国政要会面，受到过包括美国和日本驻加领事的款待。[1] 当时保皇会在域多利和温哥华的会所已经落成。[2]

康有为来到加拿大后，很希望去美国旅游和考察，但多次被拒。他必须获得美国于 1884 年 7 月 5 日通过的排华法案第六项所要求的证书，前提"不是劳工"。[3] 经过努力，康有为最终得到了加拿大政府的证明，证明其为居民，而"不是劳工"。加拿大海关于 1904 年 12 月 17 日在此证明上盖章，加拿大海关中国部（Controller of Chinese and Collect of Customs）主管鲍厄尔（J.M.Bowell）证明照片为康有为教授本人，并

---

〔1〕"Kang Yu Wei Given a Great Reception at Montreal"，The Globe，Nov. 14，1904.
〔2〕《梁启超全集》第四卷《新大陆游记》，北京出版社，1999 年，第 1199 页。
〔3〕United States Senate，Reports of the Immigration Commission，Immigration Legislation，Document No.758，Washington government printing office，1911，p.132.

陈述是鲍厄尔亲手加封。[1] 康有为得到证书后,又得到美国颁发的签证,得以前往美国。由此可见,康有为在加拿大是受到当地政府特别照顾的。

1905年,保皇会在域多利加富民街1715号建了一幢楼,设立了总部。[2] 楼内,一块石碑上刻着立碑日期是1907年,并且还刻有为修建这座大楼加拿大37个城市中捐款的数百名成员的名字。[3]

五、梁启超在加拿大

在维新变法时代,康、梁齐名,梁启超曾师从康有为。中日甲午战争后,梁启超提倡变法强国论,和康有为一起参加了"戊戌变法"。"戊戌变法"失败以后,康、梁先后逃亡到日本。康有为在海外组织保皇会,继续宣传他的保皇主张。起初,梁启超唯师命是从,可随着对西方著作的大量阅读,接触到更多的西方思潮,他的政见发生了变化,开始对保皇思想进行反省。

1903年3月4日,梁启超从日本横滨来到加拿大域多利,李福基等数十人到码头迎接。傍晚,船抵达温哥华,梁启超又受到百余名华侨的欢迎。在温哥华期间,梁启超受到了中西富商及政界人士的热烈欢迎。在梁启超滞留温哥华期间,温哥华保皇会总会会址就在今林西河堂(温哥华卡路街 Carrall St.531号)。[4] 之后,梁启超又访问了渥太华和满地可,宣扬维新变革思想。[5] 1903年10月末,梁启超重返温哥华,再次感叹该市保皇会起到的重要作用。[6]

与康有为不同,梁启超在加拿大期间,还对华侨状况进行了调查,成为著名学者考察北美华人生存状况的先行者。他通过调查了解到,华人在加拿大普遍受到歧视,进入加拿大的华人要交人头税。梁启超还发现尽管华人在加拿大很难找到工作,但进入加拿大的华人仍是络绎不绝,原因是很多华人想由此偷渡美国,而

---

[1] Vancouver, B.C. No.38 Fee No.1284.
[2] British Columbia, Land Registry Office. The Indenture between Lee Folk Gay and Trustees of the Chinese Empire Reform Association, Feb. 2, 1905. Absolute Fees Book, Vol.22 Fol.229, No.1084.; Chinese reformers: Victoria Colonist, Nov. 3, 1905.
[3] Interviewed Mrs. Wendy Bowkett, owner of the building, by Dr. David Chuenyan Lai, Sep. 29, 2009.
[4] 李福基:《宪政会纪始事略》,1909年,第5页;李东海:《加拿大华侨史》,加拿大自由出版社,1967年,第284页。
[5] "Chinese Visitors", Victoria Daily Colonist, May 5, 1903.
[6] 梁启超:《新大陆游记》,载《梁启超全集》第2册,北京出版社,1999年,第1199页。

图 5.8　域多利保皇党会所遗址
资料来源：黎全恩拍摄

帮助华人偷渡者的竟是"华商"，他们帮人偷渡赚黑钱。另外，还有很多华人赌博、吸毒、嫖妓，这一切都令他扼腕叹息。梁启超回到日本后，撰写了《新大陆游记》，其中一部分记述了加拿大华侨的生存状态。他总结出了在加华人耐苦、勤俭、守信的优点，也描述了华人狭隘的团结，因为这些所谓的团结只是局限在同乡、同族之间。梁启超一针见血地指出，海外华人难以成为海外的"犹太人"，因为他们是一盘散沙，内斗不息，即所谓"相轧铄相残杀，同舟而胡越，阃室而戈矛"[1]。

1906 年，清政府宣布计划建立一个君主立宪制国家，康有为和梁启超审时度势，将保皇会更名为帝国宪政党（Diguo Xianzhengdang 或 Xianzhengdang），受到李梦九、李福基、关恩（Quon Yen）、李代等人的支持。1909 年，当中国领事欧阳庚抵达卑诗省时，忠诚且有影响力的宪政党成员李梦九，于 1909 年 11 月 27 日，在皇后大酒店宴请并欢迎他到达域多利，唐人街所有富裕的中国商人、市长汉默肯

---

[1] 梁启超：《新大陆游记》，湖南人民出版社，1981 年，第 274 页。

（D.H.Helmcken）和其他政要都出席了宴会。[1]

由于康有为和梁启超的积极活动，1899 年到 1909 年间，加拿大华侨社会的保皇势力是相当大的。1911 年清政府灭亡后，宪政党依然存在，总部设在温哥华，并有一个强大的保守华人社团分支在满地可。[2]

六、保皇会女会

作为康有为的第二个女儿，康同璧完全秉持了父亲的意志。1903 年 5 月 7 日，康同璧到达维多利亚，[3] 她就在域多利开始了女权主义活动，并且很快就在域多利成立了保皇会女会（the Chinese Empire Ladies Reform Association），康同璧当选为会长，另有一些女性分别担任协会总理、正董事、副董事、书记、管库、正监、副监、翻译、正干事、副干事、值理等职。[4] 同年，康同璧创立第二个女会——新西敏保皇会女会。[5]

随后，康同璧在温哥华以及一些美国城市，如西雅图、波特兰、芝加哥和纽约等都成立了保皇会女会。[6] 在温哥华，甚至还有白人女性加入保皇会女会。

七、总结

从海外华人的历史来看，加拿大因为没有加入西方帝国主义和殖民主义的阵营，与清廷没有太大的外交和经济纠葛，因此，也不用理会清廷的抗议和镇压。同时，由于远离中国，也就避免了清廷爪牙直接施加迫害的可能，这种中立和远离的状态，反而给了康有为和梁启超等维新变法的"逃犯"立足及公开展开活动的安全空间，这也是为何康、梁在滞留加国期间，可以高调宣扬维新保皇思想，也可以建立与清廷当局对立的保皇会。

---

[1] "Banquet to Chinese Consul", Victoria Daily Colonist, Nov.28, 1909.

[2] 《民主宪政党成立讯》，《大汉公报》1945 年 11 月 20 日；Edgar Wickberg et al., *From China to Canada*, Toronto, McClelland and Stewart Ltd., 1982, p.112.

[3] "Tosa Maru Arrives", Victoria Daily Colonist, May 8, 1903.

[4] 1903 年康同璧成立的第一个域多利保皇会女会，资料来自保救大清光绪皇帝女会值理真像。Quoted by Chen, Zhongping. "Victoria as a Starting Point of Chinese Feminist Politics", Times Colonist, Jun. 24, 2012.

[5] 新西敏保皇会女会—保皇会女会值理真像，张启礽提供。张启礽之父张沧江是陪伴康同璧到最后的秘书。

[6] 康同璧：《康南海先生年谱续编》，载《康南海自编年谱》（外二种），楼宇烈整理，中华书局，1992 年，第 72 页。

事实上，康、梁的鼓动和初期保皇会的活动，提升了华侨华工的视野，在某种程度上引导华侨从只顾个人私利转向关心和参加中国的政治活动，这是有积极意义的。而保皇会创办的《新报》和在温哥华、域多利创办的华人学校，对保存中华文化传统以及发展侨社的文化教育，甚至团结华人，起到了一定作用。

第三节　辛亥革命与加拿大

辛亥革命是在清王朝日益腐朽、中国民族资本主义初步成长的基础上发生的，其目的是推翻清朝的专制统治。这次革命结束了中国2000多年来的封建帝制，开启了民主共和新纪元。辛亥革命前后，很多海外华侨积极主动关心中国的命运，支持和参加了推翻腐朽的封建王朝的斗争。在这期间，加拿大华侨同其他国家的华侨一样，也为辛亥革命做出了一定的贡献。著名的广州黄花岗起义，就有加拿大华侨参加。除了直接参加革命之外，加拿大华侨还在创办报刊鼓吹革命和筹款募捐等方面，做出了相当大的努力。

一、孙中山第一次来加

孙中山并不是一开始就主张推翻清政府的，他与早期的改良主义者何启、郑观应等人有交往，也曾倡导权贵们主张的改良，因为这种改良带有合法的标记。1894年6月，孙中山上书李鸿章，提出"人能尽其才，地能尽其利，物能尽其用，货能畅其流"的改革主张。[1] 他还费心通过很多人介绍，希望能得到李鸿章的接见，最终却没能如愿，从此他不再希望改良了。孙中山也曾试图和外国结盟，但因势力太微，不曾被重视。

孙中山又把目光放在了海外。1894年11月，他从上海前往檀香山，开始组织兴中会，以"驱除鞑虏，恢复中国，创立合众政府"为誓词。1895年2月，他又建立了香港兴中会。同年10月，兴中会集结三合会在广州起义，事泄失败，孙中山被迫亡命海外。1896年10月，他在英国伦敦曾被清公使馆诱捕，经英国友人营救脱险。1897年7月11日，孙中山由英国乘船来到加拿大满地可，当时驻英出使大臣罗丰禄聘请英国赖特侦察社（Slaters' Detective Association, London）跟踪孙中山在加拿大的行踪。孙中山到满地可后，席奔生（H.Hibbebson）前往接应，并送孙中山住进麦吉尔街（McGill Street）的爱利碧旅

---

[1] 罗家伦：《国父年谱》，1969年，第57页。

馆（Albion Hotel）。孙中山在旅馆里曾给旧金山的邝华汰（Walter N.Fong）和波士顿的梅宗炯（S.C.Chew）写信。[1]

7月13日，孙中山出于个人安全考虑，给自己取名为 Y.S.Sims，并乘火车前往温哥华。18日到达温哥华，住在杜邦街（现称片打街）的美以美教会（Methodist Church Mission），得到陈圣阶牧师的款待。19日，赴乃磨，住在华人美以美教会。7月20日，孙中山乘车前往域多利。抵埠后，由远东华人传道会使员带往李元昌公司暂住。孙中山在域多利逗留13天，皆由陈圣阶牧师陪同。21日，前往冚巴仑街（Cumberland Street）英昌隆（Yung Chung Ling）商店及住所居住。24日，去乃磨，下午返回域多利。30日，会见李梦九。8月2日，乘印度皇后号（Empress of India）船前往日本横滨。[2] 孙中山这次来加，是比较落寞的，只是由教会人员陪同，他不认识当地华侨，加拿大华侨不了解或害怕他所从事的革命工作，所以没有什么华人领袖和富商接待他，只有李梦九与他见了面。

二、孙中山加入洪门

虽然孙中山在其革命初期并没有和洪门来往过，但纵观整个革命过程，洪门与反清革命的渊源很深。

1895年，孙中山等人领导广州起义时就联合过洪门三合会成员。1899年，孙中山集结了香港与湘、鄂、粤、闽等地的哥老会、三合会，决定再次起义。

1900年，孙中山领导的惠州起义失败了，他的处境非常艰难，清政府想杀掉他，保皇派排斥他。深感势单力孤的孙中山，很想找到更多的合作伙伴。1903年，再次赴檀香山时，他对海外洪门有了较深的了解。[3] 他发现实力雄厚的洪门，在华侨中有着巨大的影响力，在各地的侨社，十之七八的华侨都加入了洪门。

孙中山清楚地看到，在美洲，若能争取到洪门的支持，不仅能赢得大多数华侨的支持，还能筹集到巨额资金。不过，他也发现，保皇党早已捷足先登，大部分富有的华人几乎都站在保皇党一边。孙中山明白如果不加强与会党的联合，很

---

[1] 罗家伦：《中山先生伦敦被难史料考订》，商务印书馆，1930年，第159—170页；域多利分部简史：《党史简介》，域多利分部编印，1996年，第26页；黎全恩：《孙中山在加拿大筹款起义事略》，《加华新闻》，2011年9月10日。

[2] 罗家伦：《中山先生伦敦被难史料考订》，商务印书馆，1930年，第159—170页；域多利分部简史：《党史简介》，域多利分部编印，1996年，第26页；黎全恩：《孙中山在加拿大筹款起义事略》，《加华新闻》2011年9月10日。

[3] 中国社科院近代史所等编：《孙中山全集》（第1卷），北京，中华书局，1981年，第226页。

难遏制保皇党在华侨中的蔓延之势，更难开展革命事业。与此同时，孙中山的母舅杨文纳竭力劝他加入洪门，于是孙中山就请洪门前辈钟水养作为介绍人，准备加入洪门。1904年1月11日，檀香山洪门在国安会馆举行了孙中山的入闱仪式。国安会馆就是同兴公司，其间有保皇分子曾提议阻止，钟水养为孙中山仗义执言，孙中山遂得以加入洪门。[1] 孙中山加入洪门后，被封为"红棍"。洪门的职位比较简单，大致分为红棍、纸扇、草鞋之类。红棍是主持人，是当家的。从此，孙中山被洪门中人尊称为孙大哥。孙中山加入洪门后，亲自草订了《美洲致公总堂八十条公章》，把"驱除鞑虏、光复中华、创立民国、平均地权"写进了致公堂宗旨里。[2]

三、保皇派与革命派的较量

孙中山加入洪门后，逐步得到洪门致公堂的认可，其革命反清的政治理论在华侨中影响越来越大，这让坚持保皇的康有为深感危机来临，开始带领保皇派全力攻击孙中山和他的革命党。而孙中山的反击策略很聪明，他从洪门当年反清的立会宗旨入手，力陈保皇无效，唯有起来革命，推翻清朝，才能拯救中国。

可以说，保皇与革命两大阵营，为了赢得洪门的支持，可谓针锋相对，毫不妥协。因为他们知道，谁赢得了洪门，谁就赢得了大多数华侨的支持，并可以赢得巨大的财力后援。当然，由于洪门本身的组织特征，无论保皇派还是革命派，都不可能把整个洪门完全纳在自己的旗帜下，这就让保皇党和革命党之争，形成了拉锯之势。

1906年，基督教徒周天霖、周耀初在温哥华组织筹办《华英日报》。周天霖曾致函广州格致书院钟光荣院长，请求帮助聘请主笔，钟光荣便推荐了崔通约。崔通约上任后的1907年某月，《华英日报》刊登了一则广东官员通缉保皇会会员的新闻，保皇会认为崔通约是有意侮辱师门，便到当地法院控告《华英日报》诽谤保皇会的名誉。崔通约便向洪门组织求救，洪门趁势提倡革命排满之说。[3]

在孙中山分化瓦解保皇党的策略的影响下，加拿大华侨吴紫垣、司徒莸和吴

---

[1] 罗家伦：《国父年谱》，1969年，第173、174页。
[2] 中国社科院近代史所等编：《孙中山全集》（第1卷），北京，中华书局，1981年，第259—262页。
[3] 冯自由：《华侨革命开国史》，商务印书馆，1947年，第103、104页；《本报八周年回顾小言》，《大汉日报》1915年1月1日。

尚鹰等人，于 1907 年春夏之交，在域多利组织了"击楫社"，"击楫"寓意中流击楫之义。[1] 该社一切经费均由社员义务支付，每人每月 1 元。这些人支持孙中山的民族、民权、民生的纲领，积极推广同盟会机关报《民报》，常将《民报》免费送往华埠各商户和华侨团体中，引起守旧派怒骂斥责。吴紫垣和司徒㲀分别是域多利中华会馆以及中华学校的中、英文书记，他们运用所掌职权，打击了保皇会所办的振华公司的发展，反对在中华会馆给慈禧太后和光绪皇帝开追悼会，这些都在一定程度上减轻了保皇会的影响力。[2] 不过该社成立两年多后，因生计问题及一些成员的离开而解体，剩余成员加入了当年成立的同盟会。1911 年，冯自由正式加入温哥华同盟会。域多利同盟会会员有高榜（云山）、朱礼（文伯）、曾暖、黄伯度等数十人。[3]

就在两派相争之时，保皇派发生了分裂，这让加拿大华侨的天平向革命党大幅倾斜。

事缘康有为主导成立的振华公司，曾在华侨中集资，要在广西从事开矿、建铁路等事业。1909 年 5 月，曾与叶恩合作的刘士骥在广州被刺杀。温哥华宪政会领袖集体发表布告予以谴责。维多利亚宪政会的李福基却对此公开加以反驳。[4] 这样，加拿大保皇党便发生了分裂。

在保皇党分裂的同时，革命党在舆论上也强化了对保皇党的攻击，而且效果明显。

加拿大洪门在温哥华创办了《大汉日报》。[5] 1909 年，致公堂大佬陈文锡、书记员黄壁峰为了加强宣传，初聘胡汉民为主笔，胡汉民不能来，就聘请在香港的冯自由为《大汉日报》主笔。为此，冯自由便辞去《中国日报》主笔和同盟分会会长二职，来到温哥华做《大汉日报》的主笔。冯自由上任后，一直鼓吹革命，反对保皇，很多加拿大保皇会员受到熏陶后，退出了保皇会。温哥华保皇会创办

---

[1] 域多利分部简史：《党史简介》，域多利分部编印，1996 年，第 26 页。

[2] 李东海：《加拿大华侨史》，加拿大自由出版社，1967 年，第 298、299 页；加拿大洪门对中国革命推翻清朝建立民国之贡献史迹：《中国洪门在加拿大》，1983 年，第 23 页。

[3] 域多利分部简史：《党史简介》，域多利分部编印，1996 年，第 26—35 页。

[4] 叶庭三等：《云高华埠宪政会布告书》，1909 年，第 1—19 页；李福基：《宪政会纪始事略》，1909 年，第 8—11 页。

[5] *Provincial Gazette*，Victoria Daily Times，Mar. 11，1910；《陈翼耀专员奉命调查全坎洪门事务报告书》，温哥华，驻云埠全加致公堂总干部、驻温哥华全坎洪门总干部印发，1945 年，第 103 页；《本报八周年回顾小言》，《大汉日报》1915 年 1 月 1 日。

的《新报》主笔为梁文卿，[1]曾与《大汉日报》主笔冯自由有过200多次报战，这是海外两党最持久的报战。[2]

1911年4月，冯自由奉孙中山之命，在加拿大秘密组建了同盟会。[3]

四、孙中山二度来加助筹饷

到了1910年冬天，孙中山正准备在广州发动起义时，冯自由电告孙中山，希望他能来加发动筹款活动。孙中山接到电报后，立即由南洋兼程赴美，再转赴加拿大。

1911年2月6日（辛亥正月初八），孙中山从西雅图乘火车到达温哥华，致公堂派陈扳崇、许昌平、黄树球、马昌廉等10余人在车站迎接，随后安置孙中山住在卡罗街（Carroll Street，也称卡路街）的活士旅馆（Woods Hotel）。翌日，致公堂借片打街高升戏院开欢迎会，请孙中山演讲。孙中山演讲之题是筹款及反清复明。这次加拿大之行，孙中山还带来了革命金币券，有百元的和十元的两种。凡捐军饷者，将如数给券。孙中山郑重声明：革命成功后，可凭此券向民国政府领回原银。孙中山演讲时，在座的观众都是洪门成员和同情革命的侨胞，[4]他们的热情很高，令孙中山相当兴奋，他在给旧金山致公堂的信中这样写道："弟已于初八晚到云埠。蒙各手足非常欢迎，连日在公堂及戏院演说，听者二三千人，虽大雨淋漓，亦极踊跃，实为云埠未有之盛会。人心如此，革命成功可必矣。"[5]

1911年2月14日（农历正月十六），在孙中山的倡导下，在加拿大成立了革命筹饷局，孙中山亲手订筹款约章12条。致公堂首先捐了3000加元，历时月余，各埠随从共捐加币13054.80元。[6]

---

[1] 冯自由：《华侨革命开国史》，商务印书馆，1947年，第105页；冯自由记录为梁文兴，实际是梁文卿，后改名梁秋水。
[2] 冯自由：《华侨革命开国史》，商务印书馆，1947年，第105页。
[3] 域多利分部简史《党史简介》，域多利分部编印，1996年，第27—35页；李东海：《加拿大华侨史》，加拿大自由出版社，1967年，第305页。
[4] 曹建武：《致公堂复国运动史》，温哥华，《洪门贡献加拿大140周年纪念特刊》，蓝马柯式印务（海外）有限公司，2003年，第146、147页；致旧金山致公总堂职员函：中国社科院近代史所等编：《孙中山全集》（第1卷），北京，中华书局，1981年，第509、510页。
[5] 中国社科院近代史所等编：《孙中山全集》（第1卷），北京，中华书局，1981年，第510页。
[6] 曹建武：《致公堂复国运动史》，温哥华，《洪门贡献加拿大140周年纪念特刊》，蓝马柯式印务（海外）有限公司，2003年，第147页。

图 5.9　革命军筹饷局颁布的 100 元革命金币（背面）
资料来源：黎全恩收藏资料

图 5.10　革命军筹饷局颁布的 100 元革命金币（正面）
资料来源：黎全恩收藏资料

2月22日（农历正月二十四日），孙中山由温哥华乘船前往域多利，罗超然、容家先、林立湟等到码头迎接，一行住在域多利新英伦旅馆（New England Hotel）。两天后，孙中山在政府街的中国戏院演讲。他讲述了屡次起义的经过及失败的原因。他声称，若海外洪门能筹集30万加元军饷，以供给内地同志起事之需，就可以推倒清朝。

在域多利侨界中，只有司徒旎、吴尚鹰等组织的"击楫社"及洪门人士对孙中山很支持，其他侨胞多抱犹豫观望态度，因此洪门人士对孙的讲话有人赞成，有人不以为意，有人谩骂。[1]

这期间，黄克强来电催款。冯自由便向孙中山建议，各埠致公堂都有产业，若能变卖助饷，实为事半功倍。孙中山以为事属公营，不便进言，仅授意热心青

---

[1] 曹建武：《致公堂复国运动史》，《洪门贡献加拿大140周年纪念特刊》，第147页；域多利分部简史：《党史简介》，域多利分部编印，1996年，第27页。

年提倡而已。稍后，在致公堂大会上，有会员提议，孙中山现接香港急电，广东起义在即，急需军饷，本堂既有楼房，可抵押现款，由于盟长马延远不在域多利，众人议而未决，乃即致电促其速回，因此当时未即决定。[1]

马盟长返回后，致公堂召开第二次全体大会，温哥华及新西敏两地的致公堂派黄树球和李枢作为代表参加会议，孙中山与冯自由出席，由盟长马延远任主席。马延远首先指出，洪门的宗旨是反清复明，现在孙中山到这里是做革命功夫，洪门之人应尽义务。众人听后，有赞同的有反对的。孙中山提议将堂所按揭借款作军饷，林立晃与黄启贺反对，恐清运未终，楼宇押去，不啻自锄革命根基。孙中山表示，将会介绍香山县（中山县）侨梓尽入洪门，集款将楼宇赎回。[2]孙中山的提议得到域多利洪门总会大多数人的赞同，最后商议决定将楼宇售出或抵押。

根据域多利田土厅的文献记录，超过70位会员，于1911年2月24日，签名赞成将堂所向银行按揭12000加元。[3]致公堂于2月27日，与英属哥伦比亚土地和投资公司（The British Columbia Land and Investment Agency）签署抵押文件，按揭12000加元。致公堂得到钱后，立即电汇3万港币至香港，交黄兴等人查收。黄兴等人于1911年3月6日和12日发出回信，称收到汇款。[4]致公堂于1919年11月28日才赎回会所。[5]

孙中山的主张得到域多利洪门组织的信任后，筹款境况大有改观。温哥华的洪门机构（Chinese Freemasons of Vancouver）也响应号召抵押党产。但是抵押的楼宇必须赎回，1919年洪门机构又不得不举行募捐赎楼活动。[6]

根据林洪公的《加属洪人建国运动事迹》、曹建武的《致公堂复国运动史》（洪

---

[1] 罗家伦：《国父年谱》，1969年，第328页。
[2] 曹建武：《致公堂复国运动史》，《洪门贡献加拿大140周年纪念特刊》，第148页；林普庆：《洪门史略》之《中国洪门民治党多伦多支部95周年纪念暨欢迎全国代表大会》，Toronto Chinese Freemasons，1989年，第55页。
[3] 1911年2月24日，域多利洪门组织会员签名赞成卖楼产契约书，域多利田土厅文献记录；黎全恩：《孙中山在加拿大筹款起义事略》，《加华新闻》2011年9月10日；黎全恩：《域多利洪门史略》，《加拿大中国洪门民治党34届代表大会纪念特刊》，2007年，第61页。
[4] 黄兴：《与赵声胡汉民致加拿大域多利埠致公堂书》（1911年3月6日），湖南省社会科学院编：《黄兴集》，中华书局，1981年，第35页。
[5] 黎全恩：《域多利洪门史略》，《加拿大中国洪门民治党34届代表大会纪念特刊》，2007年，第63页。
[6]《兹收到云埠捐赎总堂实业第一期芳名列》，《大汉公报》1919年2月22日；《兹将云埠达权支社第一期经费芳名列》：《大汉公报》，1919年3月5日；1924年李世璋捐款收据，致公总堂筹捐实业收条，No.88；1945年，洪门赎楼议案抄录。

门参加辛亥革命史实）、陈忠平的《维多利亚、温哥华与海内外华人的改良和革命（1899—1911）》、黎全恩的《孙中山在加拿大筹款起义事略》和《孙中山全集》的记述，孙中山赴各地筹款情形如下：域多利致公堂委派谢秋沿途保护孙中山的安全，游说全加各属公堂。因为总堂已经予以支持，故孙中山所到之处，均得到洪门人士的热烈欢迎。孙中山于 1911 年 2 月 26 日（农历正月二十八日）到达乃磨，乃磨致公堂将台山人李牛在扳街（Pine Street）28 号之屋，作为孙中山的住处。致公堂设筵三席招待。席毕劝募，获捐款百余加元。翌日致公堂会长何就与李牛陪孙中山沿门劝募，得 700 余加元，两次共获 908.50 加元，何就亲自把钱交到域多利致公堂，后转寄给广州革命军。

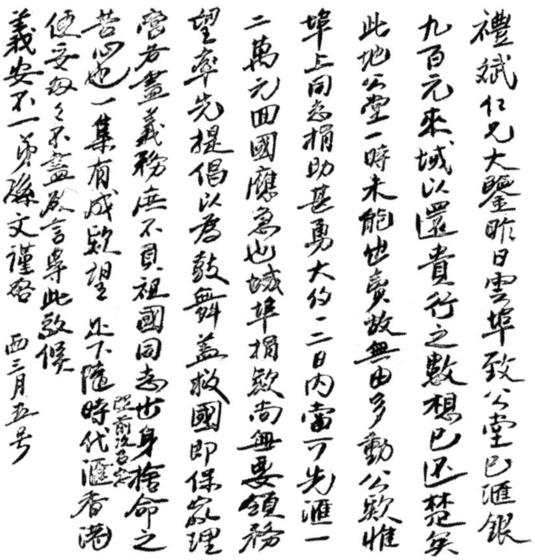
禮斌仁兄大鑒昨日雲埠致公堂已滙銀
九百元來域以還貴行之數想已收楚矣
此地公堂一時未能也變故無由多動公款惟
埠上同志捐助甚勇大約一二日內當可先滙一
二萬元回國應急也域埠捐款尚無要領務
望卒先提倡以為鼓舞蓋救國即保家理
當為盡義務無不負祖國同志出身拚命之
苦心也一集有成效望 足下隨時代滙香港（照前次名字）
便妥匆匆不盡欲言專此致候
義安不一 弟孫文謹啓 西三月五号

图 5.11　孙中山给域多利林礼斌的亲笔信

资料来源：黎全恩翻拍

3 月 1 号（农历二月初一），孙中山由乃磨乘船抵达于尤尼，致公堂派林桂、黄沾等前往渡口迎接，然后乘车前往冚巴仑。当时风传保皇党党员卢某拟阻袭孙中山，致公堂便派黄沾、黄沛霖、马大宗、陈秤四人，揣手枪日夜轮流守护，以防不测。同时致公堂成立筹饷支局，并沿门劝捐得 800 余加元，后交温哥华致公堂汇回香港，以供革命军使用。

孙中山于 3 月 6 日（农历二月初四）抵达新西敏，致公堂设筵九席并欢迎孙中山演说，还立即捐助 1820 加元以为首倡，其后更汇 2079.50 加元，作为黄花岗一役之用途。3月19日，孙中山从温哥华乘火车到锦碌市，[1]当时致公堂会员谢国彦、邓松等20余人，请了西人乐队到火车站欢迎，然后开车送孙中山来到致公堂所。孙中山一下车，见到高悬的青天白日旗，感叹道："余游遍美洲，各埠均无此旗，而本处独有，会员诸君可谓得风气之先矣。"翌日，致公堂设筵十席欢迎，孙中山演讲宣传革命，致公堂捐500金，均交温哥华《大汉公报》转给筹款总局，然后汇出供革命使用。

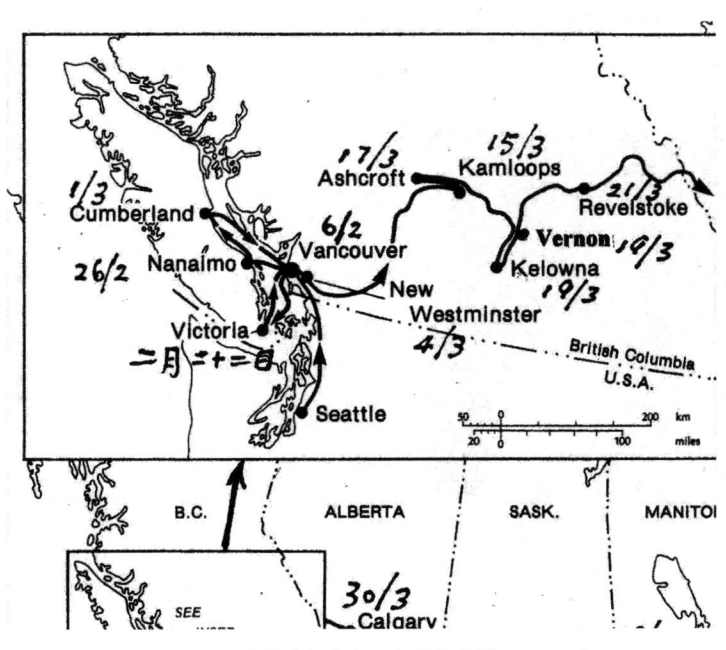

图5.12　孙文横跨加拿大西部筹款路线，1911年
资料来源：黎全恩

随后，孙中山由锦碌市乘火车抵稳宁，转乘轮船渡过奥哥拿根湖（Okanagan Lake）到达企龙拿（Kelowna），致公堂30余人率中华乐队在码头欢迎。上岸后，孙中山住在湖景旅馆（Lake View Hotel）。翌日，致公堂开大会欢迎，孙中山演讲内容大都是为革命募捐之言，并沿门劝捐，共捐得300余加元。

3月28日早晨（农历二月二十八日），孙中山离开企龙拿，乘火车抵达利维

---

[1] 曹建武：《致公堂复国运动史》，温哥华，《洪门贡献加拿大140周年纪念特刊》，第146—153页；《洪门参加辛亥革命史实》，《大汉公报》1978年9月25日—12月18日；林洪公：《加属洪人建国运动事迹》，《大汉公报》1942年9月10—22日；复吴稚晖函：中国社科院近代史所等编：《孙中山全集》（第1卷），北京，中华书局，1981年，第514页。

士，利维士华侨百余人，90%是致公堂会员。孙中山到达当夜，致公堂设宴招待，共捐助 600 加元。宴后，吴仕陪同孙中山返回中央旅店，在房中用电筒照遍各处，以保安全。孙中山见后感激而言："满清政府悬赏廿万元，购吾首级，今越在海外，赖有洪门手足保护，更可无虞矣。"翌日午刻，乘火车前往爱伯塔省。[1]

3月30日（农历三月初一）孙中山至卡加利，致公堂4人在火车站迎接。该埠致公堂未购有楼宇，乃假广华源号为会议场所，台山人李祜枢为会议主席。致公堂租中央街阿芬戏院为孙中山演说场地。其后，孙中山前往缅省温尼伯，并决定于1911年4月6日由温尼伯前往安省多伦多。4月19日，孙中山离开加拿大到达美国纽约。[2]

在孙中山的呼吁下，多伦多的洪门组织分堂也抵押堂产作为广州起义经费，并于4月28日招投，华人吴能出8260加元投得，但他要三个月以后才能交易。谭义就将楼房向道明银行（Domimon Bank）按款，由银行电汇万元给香港《中国报》李煜堂转交黄兴、赵声、倪影收。其后再四处劝捐，共得13000加元。[3]

广州起义失败后，86名烈士阵亡，最后寻找到的 72 具烈士尸体，葬于黄花岗，是为黄花岗72烈士墓。黄花岗72烈士之中，

图 5.13　口述者郭英华
资料来源：贾葆蘅拍摄

---

〔1〕曹建武：《致公堂复国运动史》，温哥华，《洪门贡献加拿大 140 周年纪念特刊》，第 146—153 页；林洪公：《加属洪人建国运动事迹》，《大汉公报》1942 年 9 月 10—22 日。

〔2〕孙中山：致加拿大某埠同志函，1911 年 4 月 6 日，中国社科院近代史所等编：《孙中山全集》（第 1 卷），北京，中华书局，1981 年，第 515、516 页；曹建武：《致公堂复国运动史》，温哥华，《洪门贡献加拿大一百四十周年纪念特刊》，第 146—153 页；《洪门参加辛亥革命史实》，《大汉公报》1978 年 9 月 25 日—12 月 18 日；陈忠平：《维多利亚、温哥华与海内外华人的改良和革命 1899—1911》；黎全恩：《洪门筹款助辛亥广州起义》，域多利《华埠通讯》，2011 年 8—9 月，总 111 期，第 26、27 页；根据曹建武：《致公堂复国运动史》、林洪公：《加属洪人建国运动事迹》和中华书局 1976 年出版的《孙中山年谱》第 1 卷记载，孙中山于 4 月 19 日到温尼伯，4 月 25 日到多伦多，4 月 28 日由加拿大经纽约抵达芝加哥。

〔3〕曹建武：《致公堂复国运动史》，温哥华，《洪门贡献加拿大 140 周年纪念特刊》，第 146—153 页；《洪门参加辛亥革命史实》，《大汉公报》1978 年 9 月 25 日—12 月 18 日；黎全恩：《洪门筹款助辛亥广州起义》，域多利《华埠通讯》，2011 年 8—9 月，总 111 期，第 26、27 页。

有一些是洪门昆仲。海外洪门为了支持辛亥革命,出钱出力,还创办了《大汉公报》帮助宣传革命要旨。可以说,洪门是辛亥革命坚定的支持者、参与者、推动者和宣传者。

辛亥革命成功后,中国驻温哥华张康仁正领事,于1913年1月12日写信给冯自由转呈国务院,表扬加拿大致公堂对革命的贡献,总结1911年致公堂自捐及集捐革命军饷,达126400余加元。[1]

1920年3月12日,孙中山在给温哥华华侨陈树人的信中写道:"树人兄鉴:迭阅来书,并得晤李、蒋诸君,备悉加属党务异常发展,成绩至佳,无任喜慰!查七年四月二十五日,由兄具函报告,加属同志曾缴爱国储金者,共八百八十四名,其中以域多利、卡加利最多。自后陆续缴交者,谅亦不少。至爱国奖章,经寄二千九百枚,即转送各埠同志曾缴爱国诸金者。如经给领后,肯将该同志姓名报部备案而登诸通信,以示奖励。专此奉达,并颂台安。孙文(民国)九年三月十二日。"

同日,孙中山在给陈树人的另一封信中写道:"树人兄鉴:倾接域多利交通部部长李君翰屏暨党务兼文牍主任谢君亦贲来函,内陈于去年护法军兴之际,曾电汇廖仲恺收港银七千元,其中多中属爱国储金款,请寄爱国奖章二百枚,以便转给交纳爱国储金之同志等情。文经查核无异,恳由兄查数照给,以昭划一。专此奉达,并颂台安。孙文(民国)九年三月十三日。"[2]

提起孙中山来加筹款一事,全加洪门盟长郭英华说道:"早在孙中山踏足北美之前,康有为和梁启超就于1899年在加拿大成立了'保皇会',声势很大。孙中山在伦敦脱险后来过加拿大,可那时没什么人理他。之后孙中山到美、加宣传革命,到处受到保皇会的打压,当时洪门致公堂亦受到保皇党的渗透,可以说孙中山在美、加两地举步维艰,势单力薄。

"孙中山加入洪门后再来加拿大,情况全然改观。1911年年初,孙中山到加拿大筹款,足迹踏遍东西两岸各埠,洪门致公堂均捐出不少金钱。域多利、多伦多等埠洪门致公堂还抵押了大楼。温哥华、域多利、多伦多、满地可这四个地方,筹到了7万多港银,是黄花岗起义经费的半数。当时华人打工挣的钱不是很多,能筹到这些钱是很不容易的。

---

[1] 曹建武:《致公堂复国运动史》,温哥华《洪门贡献加拿大140周年纪念特刊》,第154—155页;林洪公:《加属洪人建国运动事迹》,《大汉公报》1942年9月10—22日。
[2] 中国社科院近代史所等编:《孙中山全集》(第5卷),北京,中华书局,1985年,第229页。

"后来洪门致公堂在旧金山成立了筹款局，五大洲的致公堂都帮忙筹款，各地将募得款项寄到旧金山五洲洪门致公总堂，然后再将所筹款项集中汇到中国，这笔钱是整个革命的主要经费来源。回顾整个辛亥革命，由开始到成功、临时政府成立，海外洪门一直出钱出力，还有洪门人士返回中国参加革命，可以说洪门的贡献是无处不在的。"

有关孙中山来加的次数，众说纷纭，但是根据黎全恩教授、陈忠平教授等学者的研究，孙中山先生只于1897年和1911年两次来加。[1]

总而言之，1911年是辛亥革命之年，孙中山花了不少时间在加拿大活动，筹到了钱，其关键在于侨社的支持，而在这个过程中，洪门出力最多、贡献最大。所有这一切，都得到了孙中山以及其他辛亥革命元老的肯定。比如黄兴念致公堂抱反清复明之志，有输财助饷之功，特题赠"光复汉室"牌匾以为旌表，至今尚悬挂在温哥华致公堂中。

第四节　南京临时政府及北洋政府与华侨华人的关系

辛亥革命之后，中国的政治局势并没有稳定下来。加拿大大部分华人继续站在历史正义的一边，反对在中国大陆出现的一切复辟帝制的活动，并对孙中山的建国理想给予积极的支持。加拿大的国民党成为推动华侨投入祖国政治运动的主要平台，而洪门与孙中山的决裂，则给社区的团结造成了一些负面的影响。

一、加拿大华侨与护法运动

1912年1月1日，孙中山在南京宣布成立"中华民国南京临时政府"，同时宣誓就职成为临时大总统。南京临时政府的成立，标志着延续两千年的封建君主专制制度终于被废除了，代之以资产阶级民主共和国。令人遗憾的是，新政府并没有给中国带来和平与富强。辛亥革命后，中国内战无休，老百姓依然生活在水深火热之中，热情支持反清革命的海外华侨，其中包括加拿大华侨，都感到很失望。

1912年4月1日，在各种权势的倾轧下，孙中山被迫辞去临时大总统，大总统一职由袁世凯接任。卸职后的孙中山并没有放弃革命斗志，同年8月，他把同

---

[1] 刘伟森：《全美党史：中国国民党历程与美国党务百年发展史》，三藩市：中国国民党全美总部，2004年；黎全恩：《孙中山两次访加拿大》，域多利，《华埠通讯》，2012年8—9月；陈忠平：《维多利亚、温哥华与海内外华人的改良和革命 1899—1911》，《社会科学战线》2017年第11期第77—96页。

盟会改组为国民党。[1]

1912 年至 1916 年，加拿大东部、中部和西部都有其分部。

在孙中山及其追随者的努力下，国民党作为公开组织，在国内外发展得非常迅速，很快控制了国民政府，这种情况令袁世凯感到担心，因为他心仪独裁，并想恢复古老的君主国家。1914 年 1 月，袁世凯悍然下令解散国会，[2]他还利用外交手段要求各国政府禁止国民党在各国的活动，也就是所说的"党禁"。在他的努力下，加拿大政府很快采取措施，封闭了国民党各党部办公处，下令禁止国民党在加拿大各地举行公开活动。[3]

但是，加拿大毕竟远离亚洲，政府对"党禁"也只是做表面文章，国民党的各项活动依旧，只不过对外公开名称时改头换面，是以中华会馆、慈善团体、戏剧社、图书馆等名义进行活动。其中如多伦多的《醒华日报》报社，每星期天刊出大幅壁报，张贴于华埠，大声疾呼，力图唤醒侨胞。党禁后出版的《醒华日报》成为美洲东部最大的华文日报。

1915 年 12 月，袁世凯称帝，并改第二年为"洪宪"元年。加拿大侨胞闻讯后，深感愤怒，纷纷组织义勇军，要回中国讨贼。加拿大华侨中最有名的是黄惠龙和马湘，他们先后担任孙中山的侍从副官和卫士队长。[4]

二、孙中山与洪门的关系

孙中山成为临时大总统后，洪门致公堂非常希望在孙中山的支持下，光明磊落地组织政党，因此积极要求在国内立案参政。域多利致公堂曾给孙中山写信，提出在国内组织政党一事。可是孙中山对致公堂立案采取拖延态度，要求美国致公堂大佬黄三德通过正常途径向广东都督胡汉民具呈请其批准。孙中山于 1912 年

---

[1] "在国民党成立大会上的演说"，中国社科院近代史所等编：《孙中山全集》（第 2 卷），北京，中华书局，1982 年，第 407—409 页。
[2] 概述，中国第二历史档案馆网站，http://www.shac.net.cn/mgdacs/mgsqjgsz/201411/t20141111_1933.html，检索时间：2021 年 9 月 10 日。
[3] 域多利分部简史：《党史简介》，域多利分部编印，1996 年，第 27、28 页；1913 年，全加拿大至少有 40 个国民党会所：Wong Kin（黄金）: International Chinese Business Directory of the world, the International Chinese Business Directory Company, Inc., 1913, pp.1354-1385.
[4] 蒋中正，《孙大总统广州蒙难记》，民智书局，1922 年；中国第一历史档案馆，http://www.shac.net.cn/mgcq/mgmr/201810/t20181010_3925.html，检索时间：2021 年 9 月 7 日；黄惠龙口述，陈铁生 润辞：《中山先生亲征录》，商务印书馆，1930 年；域多利分部简史：《党史简介》，域多利分部编印，1996 年，第 27、28 页。

5月6日，在广东中国同志竞业社举行的欢迎会上发表演说，特别针对洪门做了如下陈述："洪门所以设会之故，系复国仇，倡于二百年前，实革命之导线，唯现下汉族已复，则当改其立会之方针，将仇视鞑虏政府之心，化而为助我民国政府之力。……洪门因避鞑虏查办，故将所有号召及联络处秘而不宣。今既治溥大同，为共和之国，自不必仍守秘密。……人贵自重，须知国无法则不立，如其犯法，则政府不得不以法惩治之。唯自纳于范围之中，自免此祸，此相安之理由也。人要知取舍，譬如附船舣岸，既由此达彼，即当急于登岸，以出迷津。如仍在船中，便犯水险。"[1] 鉴于孙中山对洪门的态度在辛亥革命后发生了重大改变，洪门致公堂觉得孙中山不讲信用，因此对孙中山等人有了成见，相互间的关系也逐渐疏远。

1914年，孙中山在日本组织中华革命党。同年11月，又写"各埠洪门改组为中华革命党支部通告"，要求各埠洪门填写誓约，加入中华革命党。[2] 此函寄到美洲各埠致公堂之后，致公堂诸公大多数皆不以为然，一方面与他们在辛亥革命成功后没有获得所期待的政治回报不无关系，另一方面很多洪门成员并不愿意改换门庭。[3] 1915年冬天，袁世凯称帝。尽管洪门致公堂与孙中山在国内组党立案问题上有分歧，但彼此维护共和的立场始终一致，故都积极投入了护国反袁运动。护法运动结束后，孙中山再次提及争取致公堂成员加入中华革命党的问题，洪门致公堂则认为是要变相除去洪门，因此与该党最终分裂。洪门认为国民党忘恩负义，并宣布将国民党重要人物冯自由革出，不准其干预洪门事务，还在报上宣布了冯自由的罪状。[4] 两党之争，逐渐演变成两党争夺华侨的斗争，这些斗争加剧了华人社会的内斗，甚至在某些地方还发生了武装冲突。当时加拿大一批洪门中坚分子，坚决树立洪旗，坚守洪门"义气团结、忠诚救国、义侠锄奸"的三大信条。故此，69位洪门中坚分子，于1915年11月12日，在域多利组织了"达权社"，[5] 只准纯粹洪门会

---

[1] 孙中山：在广东中国同志竞业社欢迎会的演说，中国社科院近代史所等编：《孙中山全集》（第2卷），北京，中华书局，1982年，第358、359页。

[2] "各埠洪门改组为中华革命党支部通告"，中国社科院近代史所等编：《孙中山全集》（第3卷），北京，中华书局，1984年，第81—113页。

[3]《不为洪门立案之鬼拍语》，《大汉日报》1915年5月4、5日。

[4]《洪门宣布冯自由被革之罪状》，温哥华《大汉日报》1915年6月30日。

[5] 加拿大达权社 69 名创办芳名表、加拿大达权社成立资料；《陈翼耀专员奉命调查全坎洪门事务报告书》，驻云埠全加致公堂总干部、驻温哥华全坎洪门总干部印发，1945年，第93页；《为域埠达权社一周年纪念之感》，《大汉公报》1917年11月12日；黎全恩：《洪门及加拿大洪门史论》，商务印书馆（香港）有限公司，2015年，第134页；黎全恩：《追本溯源话洪门》，《加华新闻》，2006年5月6日。

员加入。若洪门会员也是其他党会员，便不能成为"达权社"会员。任何人想要加入"达权社"，先要加入洪门，几年后才能申请加入"达权社"。1918年3月11日，"达权社"在卑诗省正式注册。[1]

1916年10月8日，致公堂成员刘子逵（Loo Gee Guia，又名Charlie Bo，音译查利伯）和另一致公堂成员遭到国民党（中华革命党）成员何铁魂（Hot Tet Wan）等人的袭击。在整个20世纪初，这一段时间爆发两党之间的武装冲突，不仅遍及域多利，而且还波及加拿大的其他城市。[2]

关于洪门与孙中山之间的历史渊源，温哥华侨领、原洪门主委姚崇英曾感慨地说："孙中山来到加拿大寻找支持者。鉴于当时洪门在华侨中的影响力，孙中山很想得到洪门的支持，可是刚开始时洪门人是不太了解孙中山

图5.14　口述者姚崇英
资料来源：姚崇英

的。据我的理解，当孙中山加入洪门，成为我们的弟兄后，洪门才认可孙中山，才肯义无反顾地帮助他，并且自始至终都没有反悔。为此，我们洪门按了楼，出了钱，可是后来孙中山却要求所有洪门成员一律变成革命党，这样一来，有着几百年历史的洪门就会被取消了，洪门人是不会接受的，所以当时洪门人对孙中山是有意见的。袁世凯称帝后，孙中山控制不了局面，又想起了洪门，这时洪门人以德报怨，也想帮助中国和孙中山，因为孙中山的理想是好的，他的大方向是对的，所以洪门组织在护法及反袁斗争中曾起过重要的作用。"

三、南京临时政府及北洋政府与华侨华人的关系

袁世凯死后，复辟帝制的政治力量大幅度衰退，但真正的共和也没有起色，接下来的北洋政府在体制上无太大变化，但实际上政府是由军阀操纵的。孙中山为了反对北洋军阀的统治，在广州曾先后设立过军政府、中华民国政府和大元帅府。

---

[1]"达权社"注册证书。资料来自黎全恩。
[2]《域多利中华会馆暴动略志》，《大汉公报》1916年10月11日；《领署复本埠中华会馆函》，《大汉公报》1916年10月23日。

二次革命失败后，孙中山再次把目光关注到海外，1917 年，特派陈树人来加拿大域多利分部，协助分部在温哥华筹建总支部。[1] 这一时期，国民党和北洋政府矛盾重重，双方斗争很激烈。国民党支持南方政府，但北洋政府是各国承认的合法政府。当时有位名叫汤化龙的政客，曾是北洋政府教育总长。1918 年 6 月，汤化龙从美国来到域多利。[2] 1918 年 9 月 1 日，侨商宴请他。散席后离开餐厅时，被理发员王昌所杀，[3] 王随后也自杀。事后，加拿大治安当局搜查了域多利国民党党部，但毫无所获，继而重申"党禁"。这次"党禁"来势较猛，但时间较短，加国各埠之国民党党部只得再以慈善团体、剧社、书报社出面活动。

1919 年 10 月 10 日，孙中山又宣布改组中华革命党为中国国民党。[4]

北洋政府时期，国民党在加拿大的发展也面临过危机，主要原因在于华侨的不同政治立场。有一部分华侨支持北洋政府，而致公堂很多成员认为国民党忘恩负义，与国民党矛盾重重，由保皇会演变的宪政党鉴于历史原因，也反对国民党。[5]

总之，因为北洋军阀时期中国国内政治形势复杂以及政党林立，带动了加拿大华人政治力量的分歧和对立，并在不同程度上加剧了侨社的分裂，而北洋政府在某些事上扮演了分化侨社的角色。

第五节　援助中国和家乡建设

清朝末年，随着海外华人华侨经济实力的增长，清政府逐渐改变了对待华人华侨的态度。1893 年，清政府正式解除海禁，申明了对海外华人的保护态度，随后又相继制定了不少涉侨政策。这一时期，原被视为"天朝弃民"的华侨，纷纷同故乡加深联系，他们在汇款赡家的同时，回乡探亲，并在家乡买田造屋。随着侨汇的增长，为侨乡的经济建设和社会发展提供了巨额的资金支持，而侨胞消费的增

---

[1] 域多利分部简史：《党史简介》，域多利分部编印，1996 年，第 28 页。

[2]《汤化龙先生游域埠纪略》，《大汉公报》1918 年 6 月 21 日；《汤化龙游抵砵仑》，《大汉公报》1918 年 7 月 16 日。

[3]《汤化龙被袭毙命》，《大汉公报》1918 年 9 月 3 日。

[4] 中国国民党通告及规约，《广东省社会科学院历史研究所》《中国社会科学院近代史研究所中华民国史研究室》和《中山大学历史系孙中山研究室》合编《孙中山全集》（第五卷），中华书局，1985 年，第 127 页。

[5] 域多利分部简史：《党史简介》，域多利分部编印，1996 年，第 28 页；Edgar Wickberg et al., *From China to Canada*, Toronto, McClelland and Stewart Ltd., 1982, p.106.

加，也刺激了侨乡商业经济的发展。在加拿大，一批在经济上有所建树的华侨华人，原本对中国就怀有深深的依恋之情，一旦对中国的归属感有了释放的空间，便对家乡建设倾注了极大的热情，纷纷回国创办实业，并捐资兴办公益事业。

当然，与东南亚的华侨利用自己的经济优势，逐渐控制当地的主流经济不同，加拿大的华人，尤其是第一代发达的商人，因为语言、文化等因素，对在加拿大主流社会扩大投资有很多的顾虑，因此，他们愿意把资金投入到中国或家乡，也因此满足衣锦还乡、光宗耀祖的成就感。

一、对水灾、旱灾等自然灾害的捐款

加拿大华侨华人移民史是充满辛酸和血泪的历史，他们长期饱受歧视和嘲笑，非常盼望有一个强大的祖国成为他们的坚强后盾。华人们滞留海外，普遍存在着强烈的宗亲意识和乡土观念，他们重视家庭、家族、家乡，甚至个人价值的体现很大程度上也需要得到家族、家乡的认可，华侨宗亲和乡土情结的最普遍表现就是对家乡和祖国的捐赠，所以每当中国或海内外华人遇到忧患或天灾人祸时，很多华侨华人及华人社团纷纷捐款赈灾，其次就是兴学办校，造福后代。

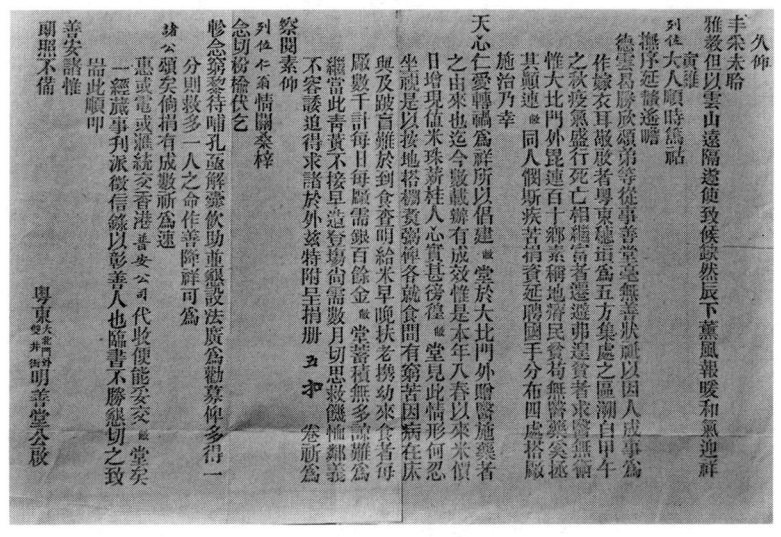

图 5.15　1895 年，广州市明善堂来函请求捐款救济广州灾民
资料来源：维多利亚大学图书馆

1. 加拿大华侨华人对家乡的帮助

1895 年，域多利中华会馆曾捐助赈灾款 1216 加元，1896 年，东华医院曾回

信表示感谢。[1]

1907年5月,中国广东大饥荒,米价被哄抬得很高。广东省一家慈善机构就给域多利中华会馆发电报,希望能给予赞助。域多利中华会馆开始在域多利和卑诗省发起筹款活动,光域多利就募到2807.25加元。[2]

1908年夏天,广东省西江泛滥,淹没了十多个县邑,开平和台山等八邑水灾最为严重,域多利中华会馆筹得7000加元,立即汇给八邑水灾公所。[3]

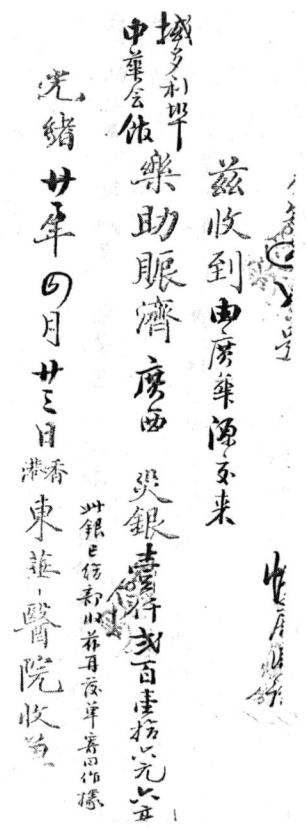

图5.16　1896年6月4日,香港东华医院收单

资料来源:维多利亚大学图书馆

---

〔1〕1895年,东华医院感谢域多利中华会馆捐助粤西灾区的信。资料来自维多利亚大学图书馆。

〔2〕Archives of Chinese Consolidated Benevolent Association (Meeting minutes correspondences, notices etc) stored in the Archival Library University of Victoria. list of donors and amount of donations to help famine in Guangdong Province, 1907.

〔3〕1908年,华侨捐助八邑水灾汇款收据。资料来自维多利亚大学图书馆。

1914年中国广东省发水灾,二埠中华会馆为此发动筹款,上百家公司和华人纷纷捐赠,最后共收到300多加元。[1] 1915年,满地可中华会馆第一期捐款人员就有上百名。[2] 温哥华侨界第一次募得234.68加元,随后又有数次捐款。[3]

2. 加拿大华侨华人不光关心家乡的灾难,对中国其他地区的灾难,也给予关心和帮助

1889年,域多利中华会馆筹集基金,以帮助缓解河南、江苏和安徽省饥荒。在域多利,有102家公司、商店和个人捐赠1012加元。在温哥华,有46个商店和个人捐赠了95.45加元。[4] 1889年,域多利中华会馆捐赠了870加元帮助河南、河北和辽宁省赈灾。[5] 1896年,域多利中华会馆捐赠1216.6加元,以帮助广西的旱灾和饥荒。[6]

1918年,奉天、直隶水灾,域多利华人商店、华人团体和个人纷纷捐款。[7]

1921年,中国北方五省闹旱灾,为赈济华北旱灾,满地可中华会馆于2月25日,汇给中国外交部2125港币,请其帮忙转交北五省协济会。3月9日,满地可中华会馆又汇给中国外交部500港币,请其转交北五省协济会。[8] 当温哥华购物赈济团号召华人买物捐款和购物助款时,华侨华人几乎是一呼百应,最后共收到20000加元。[9] 域多利赈国内旱灾团收到200多名华侨华人的捐款。温尼伯有80人参加义演。温哥华有上百名华人捐款。岊巴仑致公堂联英书社83人,

---

[1]《二埠筹赈广东水灾义士芳名列》,《大汉日报》1914年8月1日。

[2]《满地可埠中华会馆筹捐粤省水灾》,《大汉日报》1915年8月3日。

[3]《云高华中华会馆披露》,《大汉日报》1915年7月28日;《云埠中华会馆筹赈广东水灾第三次捐款胪列》,《大汉日报》1915年8月13、14日;《云埠中华会馆筹赈广东水灾第三次捐款胪列一续》,《大汉日报》1915年8月16日。

[4] Archives of Chinese Consolidated Benevolent Association (Meeting minutes correspondences, notices etc) stored in the Archival Library, University of Victoria. A Record of Fund-Raising for famines in Hebei, Jiangsu and Anhui province, 1889.

[5] Archives of Chinese Consolidated Benevolent Association (Meeting minutes correspondences, notices etc) stored in the Archival Library, University of Victoria. A Record of Fund- Raising for famines in Hebei, Jiangsu and Anhui province, 1889.

[6] 1896年6月4日,香港东华医院收单。

[7]《为奉天、盛京、直隶水灾各善士乐助芳名列》,《大汉公报》1918年1月15日。

[8]《坎拿大总领事近日汇北京之赈款》,《大汉公报》1921年3月16日。

[9]《云埠买物赈济团布告》,《大汉公报》1921年3月18日。

共捐 97.5 加元。[1] 在为北方五省募捐活动中，很多华人深明大义，出钱出力，有华人主动用车搭载募捐人去往各埠劝捐，华社、华商及个人捐款赈灾活动真是此起彼伏。[2]

3. 加拿大华侨华人对海外其他地区华侨的困境，也乐于帮助

例如，域多利中华会馆捐出很多的钱，帮助从 1870 年至 1898 年，在古巴反对西班牙独立斗争中的华人。1895 年古巴第二次独立战争开启后，西班牙的军事指挥官魏勒尔（Valeriana Seyler Y.Nicolau）出任古巴都督，次年推行"集中营制度"。他把乡村人口集中监禁到殖民军把守的城镇中，其中包括许多中国人。在那里，数千人死于疾病、饥饿和冻害，1897 年，古巴的中国总领事黎荣耀（Lai Wing Yiu）向维多利亚中华会馆请求救济援助，并以五品荣誉官衔在域多利以竞拍的方式作为交换。1897 年 12 月 20 日，蒋经可（Chiang King Ho）、李鉴涛（别名李代或李锦周，Li Kam Tao, Lee Dye or Lee Kum Chow）分别以 159.5 加元和 125 加元购买了两个六品官职。1898 年 4 月 8 日，三个五品官衔开始拍卖，三名华人林邦锡（Lam Bon Skeh）、黄福康（Wong Fok Ong）和李鉴涛分别以 161 加元、120 加元和 115 加元购买了三个五品官衔。[3] 1906 年 4 月 18 日旧金山地震，域多利中华会馆捐了 4000 加元帮助受伤的华人。[4]

二、国防和战争捐款

1885 年中法之战爆发，加拿大华侨华人积极捐款。1885 年 6 月 25 日，旧金山中国领事馆秘书黄锡铨致函域多利中华会馆，对其为广东省军需捐献的大约 400 加元表示感谢。[5]

中华民国成立后，财政紧张，共和国政府曾呼吁海外侨胞捐款，以帮助偿还外债。域多利致公堂积极响应，1911 年 3 月 1 日，统筹部出纳课长李海云给域多

---

[1]《驻域埠筹赈国内旱灾团收到个人捐款芳名列》，《大汉公报》1921 年 3 月 12 日；《温尼辟埠演剧筹赈华北灾民入场名誉员》，《大汉公报》1921 年 3 月 21 日；《驻域埠筹赈国内旱灾团取到各人捐款芳名列》，《大汉公报》1921 年 3 月 23 日。

[2]《云埠筹赈团布告》，《大汉公报》1921 年 3 月 1 日。

[3] 1897 年，李鉴涛和蒋经可捐银获赏顶戴信件。来源：David Chuenyan Lai, *Chinese Community Leadership*, Singapore, World Scientific Publishing Co. Pte. Ltd., 2010, p.58.

[4] Archives of Chinese Consolidated Benevolent Association（Meeting minutes correspondences, notices etc）stored in the Archival Library, University of Victoria. Receipt to CCBA, Aug. 16, 1906.

[5] 1985 年 6 月 25 日，黄锡铨致域多利中华会馆的信件。来源：David Chuenyan Lai, *Chinese Community Leadership*, Singapore, World Scientific Publishing Co. Pte. Ltd., 2010, p.58.

利致公堂回执表示，收到 3 万捐款。[1]

1912 年，共和国政府要求域多利中华会馆和温哥华致公堂建立国家捐款局来收集捐款。为了促进华侨华人捐款，共和国政府也依照清政府旧例，给捐款人一些奖励。三年内，域多利华人的总捐款为 35840 加元。[2]

1915 年 1 月 18 日，日本驻华公使日置益晋见袁世凯，递交了《二十一条》文件，日本帝国主义以威胁利诱的手段，想迫使当时的袁世凯政府签订协议，企图把中国的领土、政治、军事及财政等都置于日本的控制之下。对于日本这种侵略活动，加拿大华侨华人无比愤怒，他们的救国活动如雨后春笋般涌现出来，华人团体义演募捐，华人社团及个人捐款捐物。著名华商李梦九还发电报给中国外交部，其电文如下："外交部转袁总统，如决战，电坎属域部（加拿大域多利），中华会馆将汇 20 万元。"[3] 4 月，囸巴仑埠举行义演募捐时，不少华人购票支持。温哥华、新西敏也有大批华人捐款。[4] 域多利中华会馆召开全体团员大会，筹款并商谈汇寄给中国什么部门。4 月 25 日，很多爱国侨胞来到域多利中华会馆捐款。[5]

1915 年 5 月 3 日，基督教青年会对日本的无理要求非常气愤，发起捐助军用费活动，得款 500 加元。[6]

1915 年 7 月 4 日，华侨华人还购买中国国家发行的公债。当中国财政部委派特派员余君重、余同信到加拿大募捐时，域多利、温哥华和新西敏华人异常踊跃，有人购买几千加元、有人购买几百加元。[7]

三、建设投资

新会县旅美华侨陈宜禧为建新宁铁路筹集经费，从西雅图来到域多利向侨胞集资，以招股形式兴建新宁铁路。加拿大华人认股予以支持。[8]

---

〔1〕温哥华洪门致公堂档案文件。
〔2〕国民捐奖状，1913 年。来源：David Chuenyan Lai, *Chinese Community Leadership*, Singapore, World Scientific Publishing Co. Pte. Ltd., 2010, p.58.
〔3〕《外交部转袁总统如决战坎属域埠中华会馆担汇 20 万元》，《大汉日报》1915 年 4 月 27 日。
〔4〕《囸巴仑华侨救亡会开正式选举大会》，《大汉日报》1915 年 4 月 28 日。
〔5〕《域埠华侨爱国团》，《大汉日报》1915 年 4 月 28 日。
〔6〕《基督教青年会之爱国热》，《大汉日报》1915 年 5 月 4 日。
〔7〕《二埠认购公债之热诚踊跃》，《大汉日报》1915 年 7 月 2 日；《余委员已返域埠》，《大汉日报》1915 年 7 月 5 日。
〔8〕《域埠中华会馆之沿革及华侨学校创立之缘起》，《大汉日报》1959 年 8 月 24 日；黎全恩：《新宁铁路之历史文献》，域多利《华埠通讯》，2008 年 12 月第 95 期，第 25 页。

光绪末年，徐勤、刘士骥等人组织振华公司到广西开发太平山富源矿山，加拿大侨胞纷纷认股。[1] 1907 年，番禺县徐锐在上海准备开办中国银行，因经费不足，写信给域多利侨胞请他们投资入股，加拿大华侨认股予以支持。[2]

四、对教育和公益事业的捐款

加拿大华侨华人自始至终保持着中国的文化与价值观念，并在援助祖国和家乡的文化教育方面扮演了重要的角色，对教育的捐赠是华人捐献最主要的领域，为的是百年树人，造福后代。近百年来，除了上述紧急赈灾捐献之外，凡是家乡的文化教育、卫生、医疗、体育以及各种慈善事业，加拿大华侨华人无不给予关心和资助。

1919 年，为帮助中国兴建新宁中学，域多利华埠和温哥华华埠人士共捐 13000 加元。[3]

1919 年 8 月 30 日，《大汉公报》刊登《宁阳在祖国县城倡立中学校》一文，指出由林桥等首倡在台山建校。[4] 1920 年 2 月，加拿大华侨第一次为筹建台山中学筹款，其中温哥华的林德绍捐出 5000 加元，为最多；叶春田捐 3000，再捐纪念亭一座。[5] 4 月，温哥华的林德绍捐出 10000 元，维多利亚的李勉臣捐出 5000 元。[6]

1920 年 6 月 13 日，洪门、宪政党、国民党及各社团的满地可台山籍侨胞，在中华会馆商谈为台山中学捐款之事，侨胞当场捐了大约 2.2 万加元。[7] 冚巴仑华侨华人为筹建台山中学捐款 7000 多加元。[8] 另外，乃磨、萨斯卡通、伦敦（London，兰顿）、温尼伯、穆斯乔、车梨役（Chilliwack）、满地可、多伦多等埠的侨胞也都踊跃捐款。[9]

---

[1] 1908 年 9 月 19 日，温哥华中华会馆给域多利中华会馆理事的信函；李东海：《加拿大华侨史》，加拿大自由出版社，1967 年，第 454、455 页。
[2] 1907 年徐锐写给加拿大华侨的信函，来源：黎全恩收藏资料复印件。
[3] 《捐建新宁中校之踊跃》，《大汉公报》1919 年 3 月 27 日。
[4] 《宁阳在祖国县城倡立中学校》，《大汉公报》1919 年 8 月 30 日。
[5] 《台山筹建中学校舍第一次捐款芳名》，《大汉公报》1920 年 2 月 5 日。
[6] 《加属台侨捐建台中学校舍》，《大汉公报》1920 年 4 月 20 日。
[7] 《满埠台侨之中校捐款热》，《大汉公报》1920 年 6 月 21 日。
[8] 《台侨热心与学之可嘉》，《大汉公报》1920 年 8 月 18 日。
[9] 《台侨筹办中学校之热》，《大汉公报》1920 年 5 月 1 日；《台侨筹办中学校款之热心》，《大汉公报》1920 年 5 月 21 日；《满埠台侨之中校捐款热》，《大汉公报》1920 年 6 月 25 日。

1921年，北京大学校长蔡元培为增购图书来加筹款，温哥华有 51 名侨胞捐款。[1]

另外，值得一提的是，民国初年，台山、新会、开平等县掀起华侨华人建筑碉楼的热潮，加拿大侨胞亦不甘示弱，纷纷集资寄回家乡，同美国侨胞一起共同建筑了无数碉楼，台山、开平两县各个乡村碉楼大厦林立，其建筑风格有罗马式、巴洛克式、哥特式等，其宏伟壮丽，为当时全国各地所罕有。

总之，加拿大华人华侨出国后，始终没有忘记自己是炎黄子孙，尤其是对故乡旧土的热爱，使他们对中国和故乡的发展抱有强烈的责任感，出钱出力，在所不惜。在海外，华人真正践行了国家有难，匹夫有责的传统儒家文化，也践行了人溺己溺、乐于助人的道德精神，海外华侨华人的贡献，成为中国优秀传统的奇异新葩。

---

[1]《北京大学图书馆云哥华筹捐支部办事人员表列》，《大汉公报》1921 年 7 月 11 日；《致公总堂欢宴蔡林两先生纪盛》，《大汉公报》1921 年 7 月 12 日。

第六章
人口及职业的变迁

在早期加拿大华侨华人发展史上,人口增长与唐人街的兴衰,有着最重要和直接的因果关系。人多,则唐人街兴;人少,则唐人街衰。而华人人口的分布、籍贯以及男女比例的多寡,常常又影响了唐人街的生存状态、商业结构,乃至文化形态。

第一节 华侨华人人口

在 19 世纪末、20 世纪初,因加拿大的国家建设大环境、经济大环境和吸收海外劳工政策以及移民政策的变动,加拿大华人在数量上、结构上和地域分布上都有很大的变化。

一、华侨华人人口的流动性特征

1885—1923 年间,随着淘金潮的消失以及铁路建设的完成,加国劳动力需求骤减,失业潮呈现,加拿大政府加快限制华人入境的步伐,并征收了高额人头税,华人劳工离境人数逐年增加。另一方面,在加拿大站住脚的华人,则继续担保亲戚或者呼朋唤友,带动华人来加,而中国社会的政治动荡,也加速了中国人向海外流动,形成了禁而不止的局面,直到 1923 年全面禁止华侨华人入境。

这个阶段,每年进出加拿大的华侨华人数目变化很大(参见表 6.1)。

表6.1 进入和离开加拿大的华人人数(1886—1930 年)

时期	进入	离开	净增/净减
1886—1890 年	2686	5424	-2738
1891—1900 年	26345	10429	15916

续表

时期	进入	离开	净增/净减
1901—1910 年	23495	25453	−1958
1911—1920 年	32244	38899	−6655
1921—1930 年	5572	58857	−53285
总计	90342	139062	−48720

资料来源：compiled *annual reports of superintendent of Immigration*, Department of the Interior, 1886–1917; *Annual Reports of Department of Immigration and Colonization*, Dominion of Canada, 1918–1930.

上表统计显示，除了 1891—1900 年这 10 年，其余时间都是离加华人人数多于进加华人人数。人数减幅最大的有两段时期，第一段是征收 500 加元人头税之后的三年，华人移民由 1903 年的 5245 人减至 1905 年的 8 人；第二段是在第一次世界大战期间，从亚洲到加拿大的船被军队征用，无法运送平民，故 1916 年只有 20 名华人来到加拿大。[1] 1921 年 6 月 4 日，加拿大政府通过了一条法律，即华人可以暂时离开加拿大一到两年。[2] 因此，在第一次世界大战期间，有大约 12000 名华人在政府登记后离开加拿大。以后，离境返回中国的华人多于入境人数。

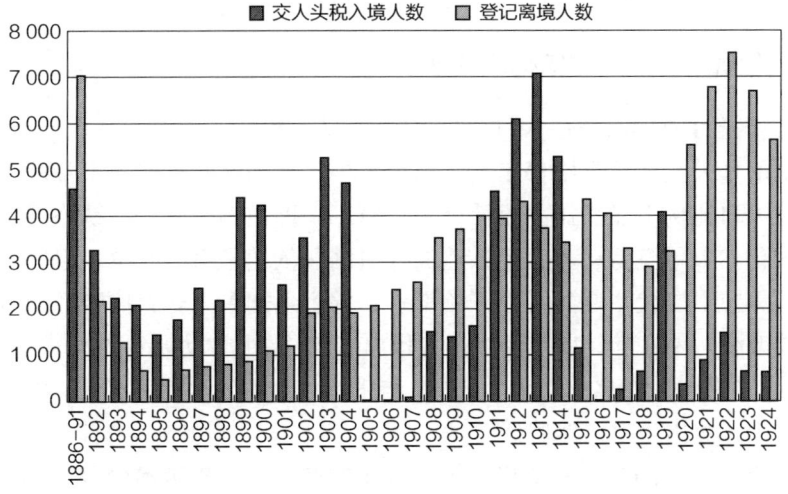

图 6.1 华人入境及出境人数比较表，1886—1924 年

---

[1] Canada Year Book, 1924, p.176.
[2] Canada, *Statutes of Canada*, An Act to amend the Chinese Immigration Act, Chap.21, pp.79–80.

总体来说，1885—1923年期间，华侨华人人数依然是增加的，从下面的表格中就可以看出这一点。

表6.2 在加华人数目（1881—1921年）

年份	数目	每年增长数目	增长率（%）	占加人口百分比（%）
1881	4383	—	—	0.10
1891	9129	4746	108.3	0.19
1901	17312	8183	89.6	0.32
1911	27831	10519	60.8	0.39
1921	39587	11813	42.5	0.45

资料来源：Census of Canada, 1881–1921.

华人人数的增加，不光因为每年有很多华人进入加拿大，还因为有第二代华人在加国出生。另外，也有一些华人冒名顶替已经回国或已经死亡的华侨进入加拿大，同时也不排除有一些非法华人偷渡进入加拿大。

二、华侨华人人口的结构及变迁

1885年至1923年，这一时期华侨华人在人口结构上有这样几个特点：第一，由于新来的华人大多数是中青年，所以老、中、青的比例不同于正常社会，但劳动人口在人口比例上显然比主流社会多。第二，即使淘金潮和修铁路潮已过，但来加华人仍然以单身劳动力为主，造成人口结构依然是男多女少，但比例稍微有所改变。第三，二代华裔的人数开始增多，并进入加拿大教育体制，同时男女比例也开始改变。1901年，皇家调查报告指出，当时在加拿大出生的华人有145名，其中有63名男性，82名女性。[1] 当然，与正常社会的人口比例相比，由于华裔女性仍然偏少，故出生率仍然偏低。

特别需要指出的是，有些华人经过多年的奋斗，积累了不少财产，社会经济地位也有所提高，他们有能力和财力在加拿大成家或把家属从中国接来，虽然这一时期女性和孩子比例有所增加，但男女两性比例失调问题还是很严重。

---

[1] Canada, *Report of the Royal Commission on Chinese and Japanese Immigration*（Ottawa, 1902）, p.12.

1885年，卑诗省的女性华人大概不到160人。在中国驻旧金山总领事馆给加拿大华侨移民事务委员会的咨文中，提及卑诗省有70名女性为妓女，有55名女性为已婚妇女，还有33名女性为未婚妇女。女性占全部华侨总数的1.2%，男女比例则为82:1。[1]

以域多利和温哥华为例，1902年，域多利有3283名华人，其中女性有174名。在这100多名女性中，61名是商人妻子，28名是体力劳动者的妻子，1人是牧师的妻子，2人是翻译人员的妻子，女童和本地出生的女性有82人，男女比例约为19:1。同期，温哥华华人有2053名为男性，27名为女性，其中16名是商人的妻子，8名是体力劳动者的妻子，1人是牧师的妻子，2人是翻译人员的妻子，男女比例约为76:1。[2]

1911年，域多利共有华人3458人，其中男性为3205人，女性为253人，男女比例为13:1。1921年，域多利共有华人3441人，男性为2938人，女性为503人，男女比例约为6:1。[3]

从整个加拿大来看，华人男女比例也是严重失调。1921年，全加拿大共有37163名男性华人，只有2424名女性华人，男女比例为15:1。[4]

管制入境时期，随着进入加拿大华侨华人的增多，妇女相对自由出入加拿大的时间多了一些，但从整体而言女性还是占少部分，这与欧洲清教徒举家移民新大陆有很大的区别。其实这种情况的出现并不奇怪，因为在那个时代，中国妇女在家庭中仍处于从属地位，不可能单枪匹马远渡重洋去海外谋生，而加拿大那时候所需要的仍然是男性壮体力劳工。问题是到加拿大谋生立足后，不少已经在家乡成家或者回去娶亲的华人，也没有把家眷带来，其原因与中国的传统文化不无关系。因为按照儒家思想，女性孝敬公婆被认为是天职，妇女留在家中照顾公婆，比移民海外与丈夫团聚更符合道德规范，所以很多妇女大都是在公婆去世之后才出国的。值得关注的是，从广东"四邑"来的劳工中，不少是客家人，而客家妇女是不缠足的，她们大多性格大胆外向，为了实现与丈夫团聚的愿望，可以不畏艰险，所以这时期来加的女性很多是客家人。

---

[1] Canada, *Royal Commission on Chinese Immigration: Report and Evidence* (Ottawa: Printed by Order of the Commission 1885), pp.363–365.

[2] Canada, *Report of the Royal Commission on Chinese and Japanese Immigration* (Ottawa, 1902), pp.12–13.

[3] Census of Canada, 1911–1921.

[4] Census of Canada, 1921, p.358.

图 6.2　口述者梁丽芳
资料来源：梁丽芳

曾任爱伯塔大学东业系（University of Alberta Department of East Asian）教授的梁丽芳（Laifong Leung）博士，其祖父是 1918 年从广东台山来到加拿大的。她在采访中表示，很感谢祖父漂洋过海让家族能在北美延续。

"台山人有个出洋的传统，我家的出洋，应该是从我的曾祖父就开始了。我曾祖父出洋的地点是美国纽约，纽约华埠有一条街叫勿（MOTT）街，我曾祖父就在那儿的一家进出口公司任职，那是我们的同族亲人开的。

"我的祖父叫梁凤珉，1900 年在广东台山出生，1918 年经香港来到加拿大。刚一上岸，就被带到一个拘留所接受检查。他曾愤怒地对我讲过，当时他被要求脱光衣服接受检查，而且还要跳绳子，检查他们是否健康，当时祖父觉得受到了很大侮辱。

"祖父从拘留所出来后，曾在致公堂里住了一段时间，因为当时洪门致公堂愿意接待新来的华人。之后，才到内陆。他曾经在沙省的亚伯王子（Prince Albert）做厨师，他是受过正规训练的，能做很大的婚礼蛋糕。他说，有一次，加拿大总理与人聚餐后，来厨房与他握手。后来他还到里贾纳跟亲戚合股开馆子。

"我祖父的大哥很早就来了加拿大，他在温哥华工作，身体不好，我祖父为了照顾大哥，就辞了职，和他大哥及我的姑夫一起到爱伯塔省中部拉科姆（Lacombe）

小城开了一家餐馆,卖中西餐。他们几个男的住在二层,下面就是餐馆,当时很多小城的华人餐馆都是这样的格局,楼上住人,楼下开店。当年他很辛苦,也很孤单,但生意还不错。祖父说过,华人开餐馆,时常会受到欺侮,因为不时有洋人吃饭不给钱,如果能打赢他们,才会给钱。他知道有个餐馆遇到这种情况,有个工人气愤之下,把洋人拉进厕所里打了一顿,那个洋人因为理亏,不得不付了钱。

"我祖父为人很好,所以很多顾客经常光顾,他们当中有些人一天来三次。为了回报顾客,每年12月24日圣诞节前夕,他们餐馆免费给全镇提供自助餐,很多人都会来,大吃一顿美味的唐餐,这已成为当地的一个传统。

"我祖父应该是在1918年出国前结婚的。我祖母也来自出洋世家,她的两个哥哥和堂兄们,都已经在加拿大。祖父婚后不到一年就出来了,后来他又回去过几次,一直到抗战。那个时候因为我曾祖母太老了,来不了加拿大,而我的祖父很孝顺,他认为如果我们都出来了,留下老母亲一人孤零零的,他很不放心,就没有申请让我们出来,曾祖母去世后,我的祖母直到1968年才来到加拿大。"

三、华侨华人人口的分布

1891年之前,超过97%的加拿大华人居住在卑诗省。随着淘金潮的式微、太平洋铁路的建成,以及因为失业率升高导致排华风潮汹涌,不少华人离开卑诗省,去铁路沿线城市寻找生机,有些华人则陆续东迁,来到种族歧视相对较轻的省份,并定居在中部草原(亚、缅、沙)(Prairie Province)省份和东部省份。根据1921年的人口统计,全加拿大华人共有39587人,卑诗省占59.4%、安大略省占14.2%、魁北克省占5.9%、草原省占19%(参见表6.4)。他们中的很多人在服务性行业谋生,当然,也有不少华人继续在卑诗省各地辗转,一些人重回菲沙河淘金,[1]还有一些辗转到煤矿、制鱼工厂、锯木厂和农场做工。值得注意的是,因为制鱼、锯木等工作大都是季节性的,开工时华工分散到省内各地区,到了冬季空闲季节,则又回到温哥华和域多利的唐人街居住。总而言之,这一时期的华人人口呈现出

---

[1] free miner's certificate Mining Receipt, No.15131a, Jul. 12, 1898;例如有华人Je Ah Chee于1898年7月12日向黄金出产管辖委员(Gold Commissioner)F.Soues支付5加元购买了一年自由采金证书,地点在卑诗省克林顿。

分布广泛的特征。

表6.3 卑诗省及加拿大华人人口数（1881—1921年）

年份	卑诗省（BC）	加拿大（Canada）	全国百分比（%）
1881年	4350	4383	99.2
1891年	8910	9129	97.6
1901年	14885	17312	86.0
1911年	19568	27831	70.3
1921年	23533	39587	59.4

资料来源：Census of Canada, 1881–1921.

表6.4 华人在各省分布（1921年）

省份	华人人口	占百分比（%）
卑诗省	23533	59.4
安大略省	5625	14.2
爱伯塔省	3581	9
魁北克省	2335	5.9
沙省	2667	6.7
缅省	1331	3.3
其他省	515	1.5
全国	39587	100

资料来源：Census of Canada, 1881–1921.

在1901年之前，还是有90%的华人居住在卑诗省，后来前往中部和东部定居的华人人数不断增加，就连纽芬兰（Newfoundland）、爱德华王子岛和西北的育空（Yukon）都有华人涉足。

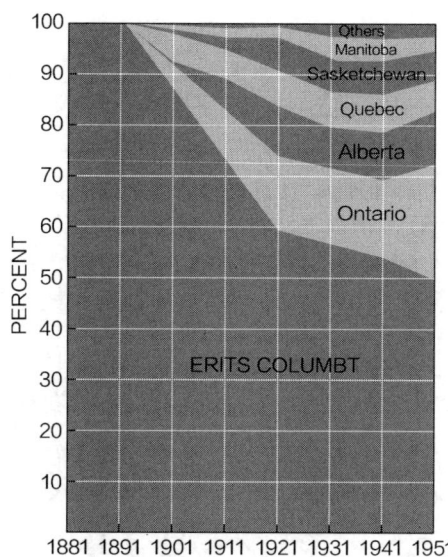

图6.3　1881—1951年，华人在各省人数分布表
资料来源：黎全恩

四、华人的居住习惯和籍贯比例

19世纪末，即淘金潮和铁路竣工之后，华侨华人大多不再居住在卑诗省的旷野山区了，而是分布于全加拿大不同省份，并且主要住在一些较大的城市和城镇，比如卑诗省的温哥华、域多利，安大略省的多伦多，魁北克省的满地可，缅省的温尼伯，爱伯塔省的卡加利等。他们在这些城市群聚，并成立了一些组织和机构，在一个个新的唐人街诞生的同时，这些大部分来自中国农村的华侨华人，在生活习惯诸方面，也在经历着巨变。

这个时期来加的华侨，来自中国珠江三角洲，四邑、三邑及中山县的华侨华人占大多数，从中华医院收到捐款的小册子可以窥见一斑。

昔日域多利中华会馆权力甚大，代表清政府管理华侨华人。中华会馆兴建中华医院后，规定华人给医院捐助2元，日后回国时，乘船必须出示医院捐款收据，没有收据必须补捐，否则不准乘船。目前，中华会馆文献内还存有1892年至1915年，华人捐款的6155张存根，记录着捐款人的姓名及县邑。其中34%来自台山，18%来自新会，16%来自开平，9%来自番禺，7%来自中山，5%来自恩平……（参见表6.5）[1]

---

[1] David Chuenyan Lai, An Analysis of date on home journeys by Chinese immigrants in Canada, 1892–1915, *The Professional Geographer*, Vol. XXIX, Nov.1977, pp.359–365.

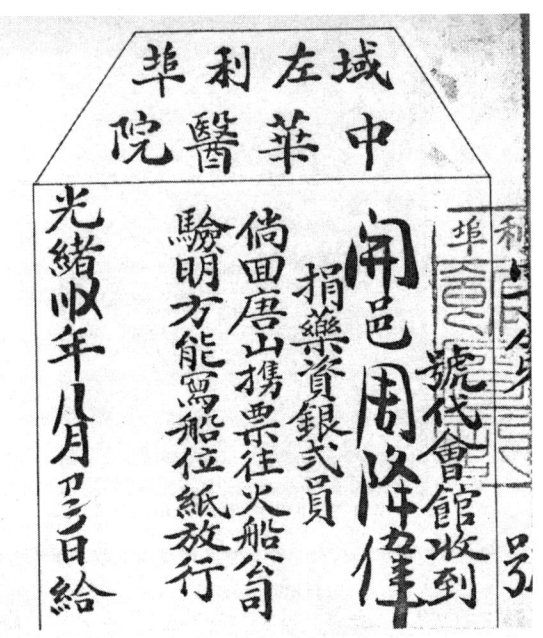

图 6.4　1892—1915 年域多利中华医院捐款存单
资料来源：维多利亚大学图书馆

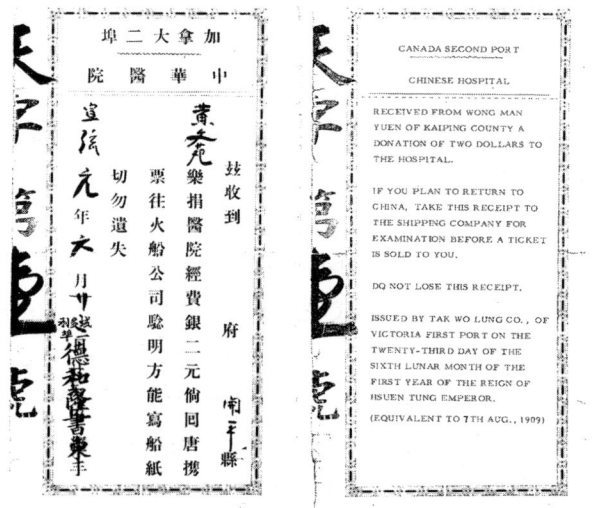

图 6.5　1909 年新西敏中华医院出口票
资料来源：黎全恩收集资料复印件

表 6.5 年中华医院收到捐款的人数（1892—1915 年）

县		人数	占百分比（%）
四邑		4464	72.5
	台山	2087	33.9
	新会	1129	18.3
	开平	967	15.7
	恩平	281	4.6
三邑		671	10.8
	番禺	563	9.1
	南海	70	1.1
	顺德	38	0.6
其他县		1020	16.7
	中山	411	6.7
	鹤山	133	2.2
	增城	111	1.8
	东莞	47	0.8
	宝安	23	0.4
	杨江	15	0.2
	花县	4	0.1
	其他	276	4.5
总计		6155	100.0

资料来源：Compiled from 104 booklets of hospital donation receipt stubs, dated 1892–1915.

而此 6000 余人中，李、黄、马、周、陈五大姓氏占捐款人数的 42%（参见表 6.6），最明显的是 97%姓马的和 66%姓黄的来自台山，69%姓李的和 67%姓陈的来自台山及新会两县，而 8%姓周的来自开平和番禺。这反映华侨移民大部分是连锁式移民，大都来自同县、同乡及同宗族。

表6.6 域多利华人家乡地名和宗氏统计（1892—1915年）

姓氏	台山	开平	新会	恩平	番禺	中山	其他县	总计
李	303	24	142	1	20	57	98	645
黄	420	30	75	3	25	24	62	639
马	446	1	4	0	0	6	4	461
周	11	220	16	24	113	2	31	417
陈	157	4	116	22	9	39	59	406
林	66	7	185	0	4	26	8	296
刘	67	1	13	3	6	41	30	161
张	6	76	46	2	5	3	13	151
余	78	34	22	0	5	5	2	146
关	2	128	0	0	0	1	7	138
其他	531	442	510	226	376	207	403	2695
总计	2087	967	1129	281	563	411	717	6155

资料来源：Compiled from Chinese hospital donation receipt stubs, 1892–1915.

中华会馆存有4本1902年12月至1920年7月间域多利华人坟场的记录，安葬于此的共有849穴。此800多坟墓，四邑人占66%（台山占31%、新会占18%、开平占14%、恩平占3%），李、周、黄三姓占三分之一。[1] 这些捐款人的县邑和姓氏，与1884—1885年给中华会馆捐款人的县邑和姓氏比较，没有多大差别。

由中华会馆捐款存根、中华医院捐款存根和华人坟场捐款存根可知，在1920年之前，全国华人80%来自四邑、三邑和中山，以李、马、黄、周为四大姓氏。这一时期，华侨华人虽然散布在加拿大各个省和地区，但主要还是集中在西部、中部和东部的几个大城市，尤其是域多利、温哥华、多伦多、满地可。这种人口移动和分布的特征，不但对加拿大各省唐人街的形成和发展产生了深刻的影响，也奠定了今天华裔社群分布的整体架构。

---

[1] 黎全恩：《加拿大尾城粤侨植根之剖析》，《琼粤地方文献国际学术研讨会论文》，海南出版社，2002年，第334页。

第二节　职业和生存状况

在早期华人历史中，职业和生存状况密不可分。大规模的淘金潮和修铁路结束后，华人的职业发展呈现出多元化的发展趋势，但主要集中在零散性、家庭性、边缘性的服务行业，以及一些涉及体力劳动的农耕行业。由于语言以及社会的排华大环境，华人很难进入主流制造业以及所谓的其他白领行业，而这样的职业状况也决定了大部分华人无法进入加拿大所谓的中产阶级圈。

一、华人职业

加拿大太平洋铁路建成前后，华人的职业开始从单纯的修铁路劳工以及维持劳工营生活的狭隘服务性工种，向职业的多元化方向扩展，华人劳工逐渐进入新的行业，包括餐饮业、零售业、农业、家政业等，甚至在某些行业占据了某种程度的优势，比如洗衣业，这种职业转向与社会的大环境变化有很大的关系。在修铁路方面，白人劳工掀起了激烈的排华运动，再加上艰难路段的完工，华人的竞争优势逐渐丧失；而另一方面，随着社区的成熟和产业的扩大，其他领域对华侨华人的需求也相应增加。例如，20世纪初，温哥华甚至出现航运代理公司利源号（Lee Yune Company）。[1] 1914年，著名侨领司徒茈作为东亚客务总司理在报上刊登广告，介绍新建的3万多吨的大船航行中国，较之以前的需要航行数月，新船航期仅17日就能到亚洲，且船上食物丰足。[2] 1914年，华人马光耀（Mah Kwong Yui）出版了《加拿大华侨邮传便览》，该书记录了华侨商业，比如商店名字、生意类别、地址等，便于侨商联络。[3] 不管就业的领域如何多元化，19世纪末，体力劳动者仍占华人人口的大多数。

从1902年域多利华侨华人职业情况来看，大多数华侨华人还是雇佣工人（参见表6.7），商人的增加导致一个小中产阶级群开始在唐人街形成。而在加拿大出生的第二代华人也开始有所增加。

---

[1]《回唐请搭好船》，《英华日报》1908年10月3日。
[2]《梓里诸君留意》，《大汉日报》1914年8月1日。
[3]《加拿大华侨邮传便览出世广告》，《大汉日报》1914年9月9日。

表 6.7 华侨华人在域多利职业分布状况（1901 年）

职业	人数	总百分比（%）
分类		
罐头厂工人	886	27.0
体力劳动者	638	19.4
厨师	530	16.1
商人	288	8.8
园工	198	6.0
洗衣工	197	6.0
裁缝	84	2.6
锯木厂工人	48	1.5
口译译员	2	0.1
传道人	1	0.0
非分类		
失业劳工	173	5.3
家庭妇女	92	2.8
土生男孩	63	1.9
土生女孩	82	2.5
总计	3282	100.0

资料来源：Compiled from *Report of the Royal Commission on Chinese and Japanese Immigration*（Ottawa 1902），pp.12–13.

值得关注的是，早期淘金和修建铁路的华工，如果没有回国，他们当中的有些人，用辛苦勤劳积攒的一些钱，开始做些小生意，并安排或者协助妻子和亲朋好友来加拿大。因此，原来劳工商人的两元结构出现了变化，小资本阶层渐渐在唐人街产生。[1]与此同时，在加拿大出生的第二代华人，在西人学校读中学，有些又读了专科或大学，成了技术人才，相当于白领阶层，与纯粹出卖体力劳动的华工产生了距离。

难能可贵的是，为了呼吁大清国政府向英国外交部施压，要求加拿大政府取消人头税，曾经有 150 多家遍布加拿大的华商商号，在加拿大全属中华会馆上书中盖上商号印章（参见表 6.8）。得蒙加拿大康有为研究专家张启礽先生的帮助，得以在史实中找寻到 120 多家商号的确据，并由此让加拿大唐人街在光绪三十二

---

[1] 1900 年 8 月 2 日，温哥华华商之经济状况表。例如 1900 年，温哥华各商铺与西人交易就达 11546 元。

年（1906年）的商业网络布局概貌得以呈现。从签名商号来看，虽然卑诗省唐人街的人口布局已经出现了从域多利向温哥华的转移，但商业的转移则需要更多的时间，域多利唐人街在那个时候，商号的数量和规模仍然是可观的，而温哥华的商号则在努力的追赶之中。更加令人深思的是，虽然自太平洋铁路修建完之后，因着失业潮的出现，华人抑或被迫回国，抑或东移，由中部向东部移动，但是，商号的移动则完全后滞。这就表明，华人的商号，市场和消费者都在于华人群体，与当地社会的经济体系和商业体系没有太大关系。同时，华人商号是两条线发展，一是大的商号在不同的唐人街发展新的商业分枝，二是不断有新的小商号出现，完成华工向华商的身份转变。

表6.8　1906年全加拿大121个家商号名称

地区	商号名称	总计
温哥华	三记号、怡记、广和隆、泰生号、兴记、华栈、巨利号、华益栈、合和、万昌隆栈、如意馆、公兴号、时利和、礼兴隆、永兴号、万生堂、广英昌、乾丰号、同安栈、广万生、瑞英昌和记、协德隆、章记、均胜号、永源昌记、琼香馆、冠芳楼、永生号、金利源、生昌号、广万源、广泰隆号、泰昌号、生隆号、永祥源号、利源号、广珍首饰、源源号、美和号、和源、纶昌号、公源押	42
新西敏	英泰祥记、晋源号、元盛号、公安押、广安堂、杏宴楼、泰利和、均隆号、协胜隆、泰安栈、美纶号、杏春堂、生安号、新锦和、成记号、广万泰号、泰巽号、广安和永记、怡祥号	19
域多利	广信泰、信源号、南生隆、成利号、永吉祥、杏花楼芳记、如意馆、协益号、时昌号、广怡兴、华纶号、公和押、添记、肇源号、海记、谦益号、万源号、源隆维记、广安隆记、华隆号、华源号、合记号、经纶盛记、同利号、昌记号、广万丰、公源号、新利源鞋靴店、金福源、保记、广胜荣、品花、益隆号、裕纶号、泗和、昌隆号、安泰号、万和号、万昌号、元昌、赞育堂、永和泰、万育堂、泰昌隆、祥和、叙馨楼、永安号、均安号、马广华、美兴、永祥号、森记号	52
其他城市	稳地碎(温尼伯)：永源号 吐朗度(多伦多)：广泰昌 老市仑：永同昌 冚卜碌(Cranbrook)：三益号 满地可：永泰号 尔利臣(nelson)：益生号 加忌利(卡技利)：广万源 乃磨(Nanaimo)：隆记号	

来源：光绪三十二年（1906年），加拿大全属中华会馆动员全加拿大150多家商号联名写给清政府驻英公使和清政府外务部和商务部的折子；来源：中国五邑大学广东侨乡文化研究院院长刘进教授演讲图片。

1921年，全加华人职业分布，可以从宏观上反映华人职业及生活的改变。根据1921年联邦政府的人口统计，这一时期，华侨华人从事的职业大致分为了十个方面。一是农业，二是伐木、捕鱼和捕猎，三是矿业及采石业，四是制造业，五是建筑业，六是运输业，七是贸易，八是金融，九是服务业，十是其他。

其中伐木工人共有584名男性，矿业及采石业有148名男性操作工，木业工人有560名男性，砌砖工、泥工、油漆匠和装饰工有9名男性，护路工有260名男性，以及贸易业的体力工人有104名男性，洗衣店主及工人共有6289名男性、18名女性，厨师共有4514名男性、12名女性，雇工园丁及农民共有3298名男性、5名女性，酒楼和饭店店主共有2115名男性、4名女性，用人共有1455名男性、24名女性，销售人员共有708名男性、3名女性，银行经理、监察员和经纪人有17名。[1]

当然，必须注意的是，统计局在统计职业的时候，根据的是某人现在从事的职业、某人最近从事的职业，或者某人想要找的那个职业，换言之，这个数据并不一定就是目前正在从事的实际工作人数。仔细观察以上数字就可以看到，比如所谓的酒楼和饭店店主，其实就是小业主，因为他们每人平均雇用的厨师也就两人多一点。而这些所谓的厨师，并不完全是大厨。另外，华人女性在劳动力市场上的人数相当少，即使在洗衣店或者帮佣这些被认为是女性占优势的行业，女性劳工也很少。

从大的方面来看，虽然大多数华侨华人是劳工，但在技术行业尤其是在金融业等原来被视为不可能有华人进入的白领领域，也出现了华人的身影，尽管人数很少。但是，从根本上说，华人依然没有改变"廉价劳工"的身份标志，因为绝大部分华人还是从事农业、伐木、采矿、基本制造业，以及在唐人街做些小生意，这些都是在当时加拿大最底层的工作，也是单纯依赖体力劳动的工作。

如果说华侨华人在洗衣店或者唐餐馆等服务型行业的发展是"无心插柳"，其中还不乏排华等外在因素的促成，那么，加拿大华侨华人在农耕中占有一席之位，则是"顺理成章"了。从外部环境来看，加拿大本来就是以农业为主的国家，以种植小麦、马铃薯、瓜菜为主。而从移民来源看，华侨华人也大多来自中国南方，他们有丰富的农耕经验，所以他们成了开垦荒田，栽种谷物、花卉、蔬菜、水果

---

[1] Seventh Census of Canada, 1931, Occupations and industries, Vol.VII, Table 69(Ottawa), pp.988–997.

的能手。因此，到了 19 世纪 20 年代，华侨华人经营的园艺场和农场已经具备一定规模。华侨华人通过拥有和租赁土地后，埋头苦干，逐渐生存下来。同时，正是这些华侨华人的辛勤劳作，使得加拿大一些荒田变成了良田。下面是 1921 年 116 名华人拥有土地的情况汇总表（参见表 6.9）。

表 6.9 1921 年卑诗省华人拥有和租赁土地的状况

	人数	果园（英亩）	小果种植（英亩）	拖拉机农场（英亩）	混合农场（英亩）
拥有土地	116	14.5	25.81	1632.93	1228.0
租地	369	37.5	64	8184.0	1581.0

资料来源：Complete from *Report of Oriental Activities within the Province*, p.23.

以上数字表明，华侨华人在经营的农场和园艺场使用上了拖拉机。由此可见，在中国南方习惯于小面积耕种的华人，在新的环境中很快就能适应新的技术需要，完全颠覆了当时西方世界认为中国农民因循守旧的刻板印象。

华侨华人不仅使用农业机械，还很快学会了使用温室栽培技术。加拿大气候寒冷，冬季蔬菜必须要种在温室里。比如在阿尔伯塔省的卡加利市，有些华人在近郊经营花圃或菜圃，有的建造了温室和暖房。[1]在温哥华有一片原住民的保留地，叫玛斯昆，其中南地（Southland）西部，有 11 块土地，从 1 英亩到 5 英亩大小不等，分别出租给华人佃农。[2]华人在这里的温室里种植了不少蔬菜。

到了 1923 年，11 名华人拥有了 120 间温室，面积达 546.052 平方英尺，占全省温室面积的 28.7%。[3]以致当时的农业部长巴罗（ED Barrow）说："温哥华蔬菜市场有 90%的蔬菜和多于 55%的马铃薯都是华人种植的。华人除了在阿什克罗夫特（Ashcroft）和利鲁厄特地区有 2500 英亩的土地，另外还租赁了 1905 英亩的土地。在域多利，只有两户温室不是华人的。"[4]

总之，随着时间的推移，华侨华人一方面辛勤劳动，另一方面多少学了一些英文，有的华侨华人还学了一些专业技术，再加上新一代华人的加入，有些华侨

---

[1] 布赖恩·道森（Brian Dawson），《卡城中华人百年奋斗史》，《卡城华人社区百周年纪念特刊》，卡城中华协会刊行，1993 年，第 3 页。

[2] Peggy Schofield, *The Story of Dunbar*, Vancouver Dunbar Residents' Association, 2007, p.30., p.31.

[3] 1921 Report of Oriental Activities within The Province, p.22.

[4] James Morton, *In the Sea Of Sterile Mountains*, Vancouver J.J. Douglas Ltd., 1974, p.235.

华人摆脱了简单的体力工作,进入了技术层面甚至经营管理层面。

二、华人们选择某些服务行业的原因

如前所述,华侨华人们选择餐饮业、洗衣业等服务性行业来经营,并闯出自己的一片天地,除了大环境因素以外,还有华人自己的一些特殊原因。

华侨华人从事餐饮业和洗衣业等,有两个主要原因:第一是因为不需要太多的英语,第二是不需要很多专业学识。

早期大部分华侨华人都是单身,不愿意在家孤独地煮饭,而喜欢聚在一起热热闹闹地吃饭。唐餐馆的饭菜物美价廉,适合远离家乡的华工的口味,又解了华工的乡愁,在互惠互利的基础上,华人餐馆兴旺起来。华人餐馆大多数都是小规模经营的,老板既当厨师又当洗碗工。妻子既做女侍又兼收银。慢慢地,华人餐馆除了做中餐外,还经营一些西餐,如煎牛排、煎猪排、火腿蛋、煲牛肉等,以迎合西人口味,招徕中下阶层的西人顾客。当然,当时华人经营的餐馆,大都是唐餐馆,坐落在唐人街,鲜有富丽堂皇的高级餐厅。

洗衣业是小本经营,投资不多,利润少,本来是适合女性的就业领域,由于不少加拿大白人不愿意经营这个劳累而利薄的生意,而华人的生意选择又不多,因此不少华人只得女业男就,这就使得洗衣业成了早期华人在加拿大的先驱事业之一。许多洗衣工每天工作10多个小时,靠长时间劳作挣些辛苦钱,他们食、住和工作都在同一间房子里。

华人的洗衣店挣钱少不说,还经常受到白人的欺负,有些白人拿走洗好的衣服却不给钱,有些白人明明拿来坏的衣服,却硬说是华人洗坏了,要洗衣店老板赔偿。另外,由于华人洗衣业人工低,致使洗衣的价格也低廉,生意往往超过白人经营的洗衣店,白人便想方设法排挤和打击华人洗衣业,说华人不讲卫生,说在华人洗衣店附近财产会贬值,迫使政府限制华人洗衣业。

随着华侨华人的不断增多,零售业兴旺起来。华人开的商店里经营丝绸、衣服、瓷器、酱料、海味、蔬菜水果、大米及鸡鸭等,这些都是华人熟悉和喜欢的东西,因为华人有需求,华人商店得以生存发展起来。1915年年初,在温哥华唐人街片打街东254号,新开张了一家华人商店,名叫源来栈(Yuen Loy Jan),卖鸡鸭鲜菜等。[1] 华人稍微适应后,也开始向现代化生活靠拢,还开有照相馆,比

---

[1] *Yuen Loy Jan*,《大汉日报》1915年2月6日。

如周耀初照相馆。[1]这些店面通常挂有中国字的招牌,在异国他乡成为中国元素的一种标识。

中医中药在加拿大发展也很快,由于很多华侨华人喜欢用中草药治病,一些有名气的华人商店和药店就开设在唐人街上,在满足华人需要的同时,又兴旺了生意,可谓一举两得。

在周围都是种族歧视的环境下,洗衣业、餐饮业等大都是围绕着华人客源赚钱的,而当时的华侨华人也鲜少去白人商店,而固定选择华人店铺,这些服务业就成了华人经商必选的行业。

三、华人的生活状况

限制华人入境时期,大多数受雇华工的工资比白人低很多,在大多数行业中,华人的工资是白人的一半或三分之二。各行业雇主于1902年向皇家委员会提交的证词和证据可以清楚地证明这一点(见表6.10)。[2]

表6.10 加拿大卑诗省某些职业华人与白人的工资对比表(1900年)

职业	工资期	华工工资(加元)	白种工人工资(加元)
农业	月	20—25	30—40
靴匠	天	1—1.35	2—3
制砖工人	天	1.6	2—2.50
罐头厂工人	月	40—50	80.91
烟厂工人	每一百支	0.50—1	1.10—1.90
煤矿工人	天	1.25	3—4
伐木工人	天	1.25	2.25—3.75
冲积矿矿工	天	2—2.25	3—3.50
铁路工人	天	1	1.25—1.50
缝纫机操作者	月	10—25	40
木瓦工人	天	1.67	2.58

资料来源:*Royal Commission, Report of the Royal Commission on Chinese and Japanese Immigration*(Ottawa,1902),pp.44-197.

---

[1]《周耀初照相馆》,温哥华《大汉日报》1915年1月6日。
[2] Peter S.Li, *The Chinese in Canada*, Toronto Oxford University Press, USA, 1998, 2nd Edition, p.48.

很多华工除了支付在加拿大仅够生存的生活费,还要寄钱回国养家,有些人甚至要分期偿还来加旅费和人头税,因此华工们的生活相当贫困,处于最底层。华工的主食基本上是白米饭和简单的蔬菜,有时是几个人合伙买些便宜的肉食分享。

为了省钱,不少华工通常是几个或十几个同居一室,室内通风设备和卫生条件都很差。1902年,皇家调查委员会专员在参观了华工的住处后,曾经详细描述当时华人的生存状况:

"顺着阶梯,我们进入一个看得出来曾经是很大的房间。面积约为18英尺×30英尺,天花板有10英尺高。但其中又有额外的一层楼板,差不多位于地板和天花板中间的位置,这就使原来的一层变为两层。较低的楼层被划分成几个小的房间,由几个狭小的走道相连。每个房间内有三个低矮的铺位,上面铺着席子。多数情况下可以看到是双层铺位。床上铺着垫子和一到两条被子,还算干净。通过一段短楼梯可以上到第二层或者上一层。这里没有用隔板把空间分开,但地板上铺满的垫子是按一定间隔有规则地排列着。这样,每一个人都能够找到他自己的地盘。许多情况下甚至有第三层,要通过一个狭窄的快要散架的楼梯上去。在上面,人们只能跪着爬行。在这里,我们发现几乎没有采光和通风条件。上面的人使用一种小的、有烟的、没有罩的油灯来找到他们各自的位置,烟雾使得周围环境更加令人不舒适。按照上面所说的居住方式及条件可以知道,这些人经济上是与世隔绝的。我们这个阶层的人用来维持生活基本开支的一部分,即是这些人生存的全部物质条件。

"来到一个门口,我们的向导花了很长时间找到了门闩的位置。他不打招呼、猛地一下推开了门。我们来到一个10英尺×10英尺大、没有天花板的小房间。一张小桌子放在屋子的中间,上面有一盏没有灯罩的、冒着浓烟的油灯;旁边有一个装鸦片的碗,里面有厚厚的、黑色的类似煤焦油的东西,屋里的一个人不时地用铁勺将其搅动一下。三个低矮的铺位沿墙摆放(通常是他们的双层铺),上面盖着席子,没有看见其他盖的东西。一个共用的炉子、一些盘子、一个或两个凳子和一些架子构成了屋里的全部家当。屋里飘荡着的烟把墙熏得黑黑的。墙壁和地板是由粗糙的木材做成的,完全没有油漆过,透过屋顶能看到繁星点点的天空。每个铺位上都有人,有的人看起来睡得正香,有的人正神情茫然地注视着,其他人则呆呆地看着前方,但每个人都抱着烟枪,脸上挂着心满意足的微笑。房里的气氛相当令人窒息,油灯的烟与鸦片的烟混合着,制造了一种旨在避免访问者长时间逗留的环境。"[1]

---

[1] Canada, *Royal Commission, Report of the Royal Commission on Chinese and Japanese Immigration* (Ottawa, 1902): pp.15–16.

从这篇报告里，可以窥见三个特点。第一，华侨华人在加拿大的生存环境是相当差的，与当时加拿大一般人的生活条件和居住条件相比，差距很大，以至于让实地调查的官员感到吃惊，并表示难以想象。第二，华侨华人在加拿大的生活状态是孤立或者游离于主流社会之外，处于封闭状态的。这就基本上排除了华侨华人在工作之余与社会接触，或者与其他族裔接触的可能性。也从另一方面证明，华侨华人在当时仍然将自己视为漂泊的浮萍，在加拿大的生活是客居。第三，大部分华侨华人在加拿大的居住习惯，仍然维持了劳工营的集体生活状态，只是规模缩小了很多，人数也不规律。这种抱团生活的习惯，利处是省钱，也可以互相慰藉乡愁，可以彼此帮助。弊处是集体惰性传染，难以打破原居地生活的陋习，阻碍了个体向外冒险开拓的可能性，缺乏打破歧视与隔阂、闯入主流社会的视野与勇气。

图 6.6　口述者廖全亨
资料来源：贾葆蘅拍摄

提起父亲早期单身一人来到加拿大的艰苦经历，加拿大廖武威堂副主席廖全亨回忆道："我的父亲叫廖树熏，他在来加拿大之前，从一个老朋友那里借了些钱，才交付了旅费和 500 加元的人头税。他刚到加拿大时，非常难找到工作，生活很艰辛。后来就是找到了工作，也是一天只挣 1 块钱，500 加元的人头税很难还清。"

廖全亨的女儿珍妮特（Jeneette）随后补充道："我的祖父是 1914 年从中国广东来加拿大的，当年他 23 岁。他是从香港乘船到日本，再到域多利的。他乘坐的船中有一些非常小的空间是留给收入很低的穷人乘坐的，这艘船在第一次世界大战时被征用。我祖父刚来时没有工作，住在唐人街非常老的公寓里，那是一些收入很低、很穷的人住的地方。后来他在温哥华市中心的城市俱乐部（Terminal City Club）做侍者。为了省钱，他从来不坐公车，每天从唐人街走到市中心上班。他不会说英文，在俱乐部里只讲三个英文单词：早上好（good morning）、先生（sir）、腌肉蛋（Bacon Eggs）。当时白人见了华人，不分年龄和名字，都叫中国人（Chinaman）。我的祖父打工非常辛苦，后来总算攒了一点钱，就回中国娶了我的祖母，结婚的第二天他就回加拿大了，因为他要挣钱。当时他并没有带我的祖母过来，他付不起 500 加元的人头税，但他却带着外甥过来了，因为男人过来可以打工挣钱。当时大多是男人出来挣钱，女人留在中国。我的祖母是很晚才过来的，所以我的祖父一直是单身一人在加拿大生活，很孤单。他能做的就是拼命地打工挣钱，他一直工作到 81 岁才退休。"

这一时期的华工还是单身居多，在加拿大孤独打拼之余，也有休闲和社交的需要，以及自然的生理需求。为了解除寂寞，他们常常结伴去唐人街，有些人甚至去找妓女、上赌场或吸鸦片，很少有人会去参加华人生活圈子以外的社区活动，尝试一些旅游探险等新生事物。

与华工的生活状况相比，一小部分华商、技术人员、小店主、小老板的生活就好得多。他们有经济能力把家人从中国接来加拿大共同生活，共享天伦之乐，其居住条件和环境一点也不比白人差。

1902 年皇家调查委员会的专员在参观了一位华商的家之后，曾这样写道："我们被获准进入该绅士的私人公寓，里面由四个房间组成，都被布置成东方风格。主人把我们介绍给他的家人，他有妻子和三个小孩子。这里环境足够整洁有序，能满足即使是最挑剔的人的口味。"[1]

图 6.7　20 世纪 20 年代生活在满地可的华人
资料来源：李加尼特（Garnet Lee）

---

[1] Canada, *Royal Commission, Report of the Royal Commission on Chinese and Japanese Immigration* (Ottawa, 1902): p.15.

第四代华裔刘少珍（Gail Yip）的曾祖父刘汝潜（Law Hong Tim）就是一位华商。他曾于新西敏唐人街开了一家零售批发和招工公司，名叫英泰（Ying Tai）。刘少珍考证过家族史，一提起她的家族，她就滔滔不绝说道："我的曾祖父于1889年带着曾祖母和我的祖父从中国广东顺德来到加拿大，他们在新西敏创建了英泰公司，进口中国商品和批发中国商品，也给华工介绍工作。曾经有一段时间，英泰公司雇有20名员工，当时付给雇员的工资是每月15加元再加上包食宿。作为招工公司，英泰根据合同为新西敏两家锯材厂以及在新西敏的美国米尔斯公司提供工人，他们的生意不错，挣了很多钱，所以我祖父能有钱回中国三次，他是在中国结婚成家的。我

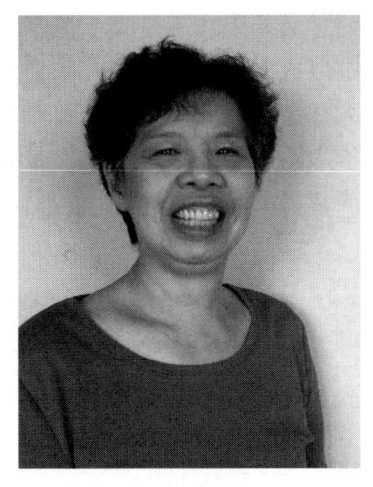

图6.8　口述者刘少珍
资料来源：贾葆蘅拍摄

的祖母一直到1913年才和我的祖父一起来到加拿大，因为是商人的妻子，她不用交付人头税。我的曾祖父后来回中国了，商店就由我的祖父和他的表兄弟管理，他们都学过英文。我们家很大，第一层的西边有简易的工人宿舍、饭厅和厨房，饭厅大到足以容纳15张桌子，二层、三层住着刘姓一大家族，顶层有厨房、客厅和我曾祖父母的睡房。他们的生活不错，你从照片上就可以看到，他们身上穿的衣服都很好，每逢过中国节日时，比如新年，他们就放烟火庆祝佳节。我的曾祖父生意很成功，算是富有的商人，他在中国社区受到了尊敬，他还参加过保皇会。"

综上所述，华侨华人从人口分布到职业选择、从做生意的模式到居住习惯，都难以摆脱原住地的传统，却又在新的环境中做出了迅速和自然的调整。不仅如此，限制时期华侨华人社会的整体架构，已经奠定了其在今后百年的生存模式。

最大的特点是，从加拿大西部到东部，华侨华人喜欢集中居住在几个大城市点，而整个商业架构和生意网络，都是以满足华侨华人社区的基本生活需求为主，间接延伸到白人和其他族裔的市场，这就决定了华侨华人主要商业活动局限在唐人街，呈现出规模小、领域狭窄、内容简单的特色。其雇佣模式和劳资关系也是封闭和落后的，无论在生意的转型还是劳工权利待遇等诸方面，都无法与加拿大主流社会接轨。虽然华侨华人在对待主流社会的歧视等方面，是相当团结的，但在华侨华人社会内部，贫富等级的鸿沟很大，富商和贫苦劳工

的生活差距几乎是天上地下。但是，不管华侨华人社会的贫富差距有多大，都难以成为导致华侨华人社会不稳定的因素，理由无他，因为语言因素、对加拿大社会机制的不了解以及难以在唐人街以外的地方开拓新生活，这不仅让华侨华人不会起来维权，而且是心甘情愿、按部就班地在华侨华人社会的架构中扮演自己的角色。

第七章
唐人街的发展和华侨华人社团

第一节 唐人街的发展

早期加拿大华侨华人的发展史，从某种意义上说，就是唐人街的发展史。斗转星移，许多早期华侨华人在加的历史，已经在百年风雨中风化，各地的唐人街几经兴衰，不乏小地方的唐人街走入历史，所幸从西到东，各大城市的唐人街，虽历经风霜雨雪甚至劫难，却老而弥坚，旧貌换新颜，成为加拿大早期华人发展史的"活化石"。每一幢历史建筑、每一个街巷角落，都见证着早期华人的生活足迹。

一、华侨华人居住方式和地域的变化

如前所述，随着太平洋铁路在1885年完工，加拿大这个年轻国家进入了稳定的发展期。在淘金潮和修铁路过程中辗转奔波、付出血汗代价的华工，也开始在各大主要城市安居下来，他们与之后陆续新到的华人一起，在日趋严重的排华氛围中，努力打拼，不但使以前动荡的生活稳定下来，更促进了各地唐人街的发展。可以这样说，限制时期唐人街的发展，为屹立百年而不倒的唐人街，奠定了重要的框架性基础。

二、唐人街的演变

20世纪20年代，华侨华人进入加拿大的历史仍然不算很长，华侨华人的移动呈现出由西向东的态势，而各个城市也有不同的气候、不同的政治经济环境以及不同的社会环境，加拿大各地唐人街的发展也不尽相同，它们的人口数量、规模大小、经济发展状况、建成时间也都不尽相同。不过各地唐人街都经历了萌芽、繁盛、衰落、复兴四个阶段。

在限制时期，华侨华人在加拿大的生活仍然以唐人街为中心，生活的方方面

面都依赖唐人街，而大多数白人却认为唐人街就是一个与加拿大社会格格不入、充满肮脏和罪恶的地方，也是赌徒、妓女、皮条客和其他社会弃儿聚集的地方，除了具有宗教使命的传教士、承担执法任务的警察、要写新闻的记者、太想品尝一下唐餐的食客，白人很少光顾唐人街。

尽管如此，由于唐人街没有被"一统天下"的大商店、大企业垄断，这就给了小本生意生存的空间。因此，在限制时期，唐人街呈现出店家如雨后春笋般冒出来的发展势头，很多小商店，如手工洗衣店、裁缝店、小咖啡馆、餐厅、杂货店等陆续开张，这些店面及建筑物都有着很明显的中国标志，给人一种蓬勃的生机感。

从1885年至1922年，加拿大最大的唐人街当然在卑诗省，那就是历史最长的域多利和温哥华唐人街。除此之外，三个草原省内有六个主要的唐人街，分别在卡加利、爱民顿、列必珠、萨斯卡通、穆斯乔和温尼伯。在安大略省，多伦多唐人街的华侨华人人数超过渥太华和咸美顿唐人街。在魁北克省，满地可唐人街华侨华人在该省占比最大，这使得魁北克的小唐人街黯然失色。加拿大近大西洋几个省的华人很少，所以没有形成唐人街。

值得一提的是，在淘金潮和修铁路期间，劳工大军所到之处，兴旺发展起来的临时唐人街或者"瞬间唐人街"，到了20世纪伊始，大多已经衰落，有的甚至消亡了。就算有少数残存的唐人街，也是面目全非，早期的木板房和圆木房大都坍塌了，继续滞留在那里的华人也已经很少了。

唐人街虽然具有封闭性和华人传统文化的特点，但是它的演变仍然跟所在城市的风貌和形象息息相关，成为加拿大城市发展重要的组成部分，更给加拿大城市的多元发展带来刺激。

1910年，得益于加拿大当时的经济繁荣，加拿大的多数唐人街也迅速发展起来，在纵横两个方向都有扩展。许多木结构房屋被两至三层的砖结构楼房取代，新的建筑扩散到周边主要街道以外。唐人街景观的一个重要方面是街道的格局和沿街排列的楼房。大的唐人街通常有一条或两条主要街道，比如域多利的菲斯格和金巴伦街，温哥华的片打街和奇化街（Keefer），与这些主要街道相垂直的有许多横街窄巷，形成了街中有街的独特格局。唐人街的街区包含了许多封闭的庭院、胡同、走廊，还有许多狭窄的小巷，它们隔绝了唐人街这个海外"紫禁城"与外面社会的联系，让华人以外的族裔"望而生畏"，难以产生勇气和欲望踏入其中，只有当地居民可以在这些宛如迷宫的地方，用自己的方式从一个地方到另一个地方，这让孤独的华人社群有了某种安全感。

三、全加主要的唐人街

在限制时期，卑诗省的唐人街变化最大。这不但因为卑诗省是华人进入加拿大的发源地，同时也因为其亚洲门户的地理环境。在没有航空运输的时代，这里是绝大部分从亚洲来的华人横越太平洋来加的必经之地，也因此，只要能够生存，他们就会滞留在此，形成了人数优势，也因此带动了唐人街的变化。

卑诗省在淘金时期，就建立了唐人街，属于全国最早的唐人街。

1. 域多利唐人街

19世纪中期，域多利已经是加拿大西海岸一个重要而繁忙的港口枢纽，有许多轮船定期来往太平洋两岸，沿着加拿大或美国海岸航行。由于域多利是离淘金地相对较近的港口，自然就成为很多中国淘金劳工最先到达的目的地，也成为中国货物到达加、美的主要集散地之一。这种得天独厚的地理条件，使得域多利在加拿大国家发展过程中，产生了第一个最大的唐人街。

图7.1　域多利唐人街，1885年
资料来源：黎全恩

1885年，域多利唐人街做生意的只有62家。许多华人商行从中国进口干货、鸦片和其他中国货物，并重新分配给省内其他较小的唐人街。由于唐人街的生意主要与华人华工的生活息息相关，当时唐人街上的裁缝店、杂货、补鞋匠和洗衣店就特别多。1885—1911年，域多利唐人街商店由62间增至155间（参见表7.1）。1890年代，域多利唐人街十分繁盛，为加拿大最大、最兴盛的唐人街。根据1891

年的人口统计,域多利埠华人有 2080 人,到了 1901 年增至 2978 人。[1]

表 7.1　华人在域多利的生意状况

生意	公司数目（1885 年）	公司数目（1911 年）
进出口	23	57
裁缝	11	27
杂货店	6	16
制鞋和修鞋	1	9
洗衣店	9	8
理发店	5	8
职业代理商和承包人	—	4
餐馆	—	6
面包店	1	3
草药商	4	1
其他	2	16
总计	62	155

资料来源：compiled from *Victoria City Directory*, 1885, 1911.

从 19 世纪 80 年代到 20 世纪的头 10 年,域多利唐人街进入了繁荣发展期,不但新的生意和小商人陆续冒了出来,更有许多新的、三四层的楼房在唐人街建立起来。1890 年代以后,唐人街的商业中心也从盖莫伦街发展到菲斯格街。中华会馆、中华帝国学校（Imperial Chinese School）、美以美教会、中华医院、致公堂以及其他宗亲会馆都坐落在菲斯格街上。[2]

域多利唐人街在发展过程中遇到了一系列社会问题,存在着垃圾多、卫生不良、寄宿舍拥挤等情况。1907 年,美国西雅图发生鼠疫,引发政府和民众对城市卫生的关注,域多利市政府借此对唐人街进行了清理,将很多破陋的木屋、木露

---

[1] Census of Canada,1891; Canada, *Royal Commission, Report of the Royal Commission on Chinese and Japanese Immigration* (Ottawa, 1902): p.15.

[2] British Columbia, land Registry Office, Absolute Fees Book, Vol.8, Folio895; Date were compiled from Victoria City Directory and Victoria Island Gazetteer, 1912.

台及木板进行扫除清理，随后又分批将木楼拆掉，改建砖楼，唐人街的面貌发生了很大变化。

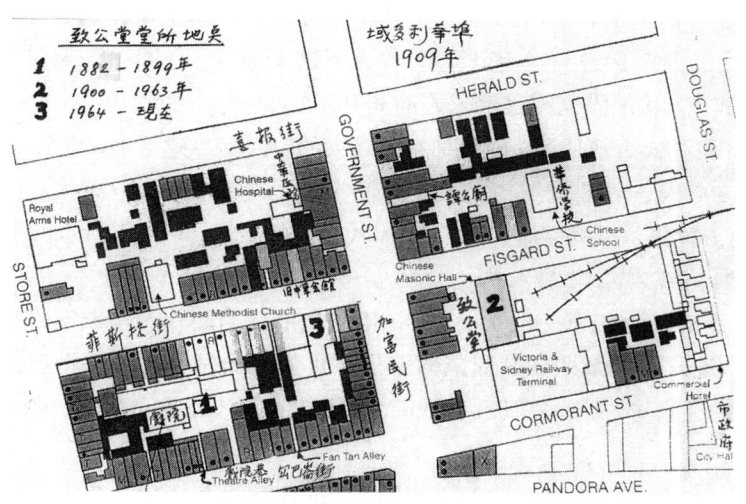

图 7.2　域多利唐人街土地使用状况，1909 年
资料来源：黎全恩

1910 年代初，域多利唐人街进入了繁荣的高峰期，华侨华人有 3000 人之多，商铺达 153 家，其中 1/3 在菲斯格街上、1/3 在盖莫伦街上，其余 1/3 在唐人街其他街上。而一些老牌的进出口商行依旧设在金巴伦街上，但新建的小食品店、鱼类市场、旅店等都设在菲斯格街上。[1] 当时唐人街有侨团组织、戏院、中华医院、华人学校和庙宇祠堂等。商店背后是曲径通幽的庭院、拱廊及各种羊肠小径。这些小街巷都很隐蔽，很多成为廉价公寓、赌场、妓院和各种生活场所。[2] 从某种程度上看，当时的域多利唐人街就宛如一个华人的小世界。

2. 卑诗省金矿区的唐人街

20 世纪初，福士埠、基富理以及一些小的矿业城市，因为金矿的枯竭荒废，那里的唐人街也走向衰亡。不过，20 多年前，即 19 世纪 80 年代，这些矿区出现的"临时唐人街"，也曾经辉煌过，虽然不过几年光景。

比如，在 1885 年，花岗岩溪（Granite Creek）附近发现金矿后，立即吸引了众多的淘金客，顷刻之间形成了一个大城镇，拥有 2 家饭店、2 家酒吧、1 家肉铺、

---

[1] Data were compiled from *Victoria City Directory and Vancouver Island Gazetteer*, 1912.
[2] David Chuenyan Lai, *The Forbidden City Within Victoria: Myth, Symbol and Streetscape of Canada's Earliest Chinatown*, Victoria: Orca Book Publishers, 1991, pp.6-7.

7家商店，人口也达到700多人，其中包括华工200多人。[1]但是，到了1886年春，随着采金量的迅速减少，白人淘金客率先离开了，几年后，华工也弃之而去，"临时唐人街"迅速消亡。1910年，在曾经富含金矿的福士埠，华工每天淘金所得仅为两角钱，到了1922年，华工终于放弃了这个地方。[2]同样，基富理唐人街的华工在19世纪90年代也因谋生无着而离开了。

百加委路唐人街曾是淘金时代加拿大最大的唐人街，建于1862年，华人人口最多时超过5000人，[3]20世纪初进入衰落期，华人人口仅有150余人。1910年，百加委路还有6家华侨办的商店，到了20年代，仅剩1家，华人人口也减至36人。[4]

3. 卑诗省煤矿区的唐人街

19世纪80年代末期和19世纪90年代初期，乃磨作为早期温哥华岛地区的商业中心，进入了繁荣期。其周围的卫星城也先后出现一系列小型唐人街，如南惠灵顿、惠灵顿、埃克顿森（Extention）、莱迪史密斯（Ladysmith）、贝文（Bevan）、岳巴仑等。

1901年，乃磨有华人约600名，大部分都住在第二个唐人街上。1905年，乃磨的两名富商马炳记（Mah Bing Kee）和清扬（Ching Yung，音译）成了唐人街土地的拥有者，他们开始提高租金。因此，原来的华埠商家和华人集中起一些资源，购买了另一块土地，建立了第三个唐人街，地点在第二个唐人街以北约250米远的地方。可是第二个唐人街上的一些楼房是某些华商所建，当他们开始把自建的楼房搬到新的地区时，第二个唐人街土地的拥有者马炳记把他们告上法庭。最后法庭裁定这些建筑物是个别华商的动产，而不是马炳记的不动产，华商们可以把这些动产迁移[5]随着这些楼房被迁移、摧毁和区域的再次分割，按着中国城的发展模式，第二个唐人街也没有逃脱早期小型唐人街兴起、发展、衰亡的命运周期。

---

[1] Similkamen Sta, Sep. 10, 1915.

[2] Bruce Ramsey, *Ghost Towns of British Columbia* (Vancouver: Mitchell Press Ltd.1970), p.48.

[3] A.B. Ramsey, *Barkerville: A Guide in Word and Picture to the Fabulous Gold Camp of the Cariboo*(Vancouver: Mitchell Press 1961), p.25.; British Columbia, Minister of Mines, Annual Reports, 1893, p.211.

[4] W.M. Hong, *And so that's How It Happened: Recollections of Stanley-Barkerville*, 1900-1975(Quesnel: published by the author, 1978), p.185, pp.189-190.

[5] United Kingdom, *Blue Books of Statistics, Colony of Vancouver Island*(London: Colonial Office 1865), pp.224-225.; and Blue Books, British Columbia, 1867, p.140.

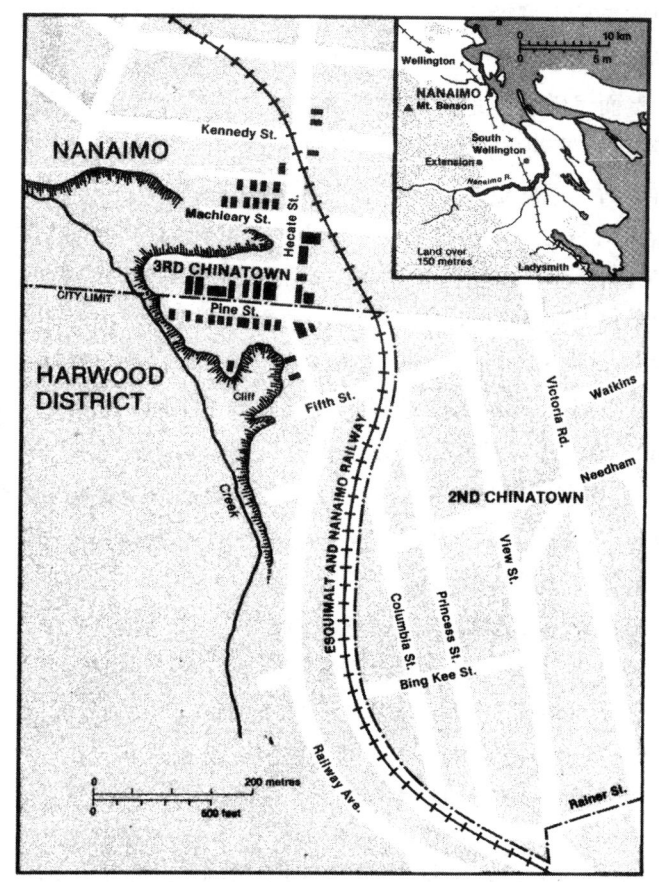

图 7.3　乃磨第二、第三唐人街，1910s
资料来源：黎全恩

到了 1908 年夏天，松树街土路两旁的一批木结构房屋构成了第三个唐人街的初期样貌，它的街景像一个旧的西部小镇。主街的两边是普通的框式建筑物，有装饰性门面、悬出的阳台以及木板铺成的人行道。这些建筑物相当大，通常有两层。松树街沿着城市边界延伸，北侧属乃磨城里，南侧则位于该省的哈伍德（Harewood）区。省政府和市政府都不对唐人街的学校、供水和道路维修提供服务。然而，这里的华人必须向市政府支付维护唐人街部分基础设施的费用，还要向省、市两级政府缴税。1910 年，乃磨的唐人街进入了繁荣期，它沿着赫卡特街（Hecate）向北延伸，又沿着马赫利（Machleary）街向西延伸，形成了 U 字形，在 U 字形中间是一条深谷。乃磨的煤矿在 20 世纪 20 年代衰落，这是因为受到了美国石油和加拿大其他地方煤矿发展的影响，乃磨的唐人街也因此进入衰落期。[1]

南惠灵顿在乃磨以南约 9 公里处。19 世纪 90 年代，大约 100 多名华人居住在南惠灵顿，然而，随着该地区煤炭储量的减少，矿井于 1902 年被关闭。因此，大多数华人搬走，南惠灵顿的小唐人街消失了。[2] 普通阶段的发展模式并不适用于南惠灵顿的唐人街，因此这是一个"临时唐人街"。

惠灵顿唐人街是另一个"临时唐人街"。19 世纪 80 年代期，这里住有几百名华人。19 世纪 90 年代末，由惠灵顿煤矿公司拥有的惠灵顿煤坑的煤几乎被挖完了，但是该公司在距离乃磨大约 8 公里以南、本森（Benson）山峰的南坡，发现了一座埋藏丰富的矿。该公司很快开辟了新的矿井，那里也就出现了一个新的采矿村，称为埃克顿森。距离埃克顿森 18 公里远的牡蛎港（Oyster Harbour）被建成了一个煤炭港口。1899 年，埃克顿森煤矿发生火灾，剩余的建筑物被迁移到了牡蛎港，1900 年，牡蛎港更名为莱迪史密斯。[3] 在埃克顿森和莱迪史密斯的华人住宅区，居住着大约 700 多名华人。当华人矿工被转移到埃克顿森和莱迪史密斯以后，惠灵顿的唐人街就消失了。[4]

20 世纪 20 年代后，当煤炭生产逐步减少时，埃克顿森和莱迪史密斯的唐人街兴旺不再。1931 年 4 月，埃克顿森煤矿关闭后，唐人街也就无人居住了。

1888 年，邓斯米尔联盟煤矿公司在尤尼东西走向陡峭的峡谷北边坡上、乃磨以北 97 公里处建了一个小煤矿。主要的大路——邓斯米尔大街，穿过煤矿村和铁路平行，但在铁路之上，铁路是在谷底的。邓斯米尔大街西部有一个小分支，分岔到山谷南坡，华人就住在那里。尤尼镇所在地于 1893 年开始规划，人口已达到 3000 人，但是城镇被陡峭的山坡包围，不适应扩张。[5] 因此，邓斯米尔的大儿子詹姆斯·邓斯米尔（James Dunsmuir），在尤尼以东选择了新的城镇所在地，叫㽵巴仑。1897 年，㽵巴仑镇被建成。然而，唐人街、日本街（Japtown）和其他种

---

[1] "Pine Street Outside Chinatown was Paved", Nanaimo Free Press, Jun. 22, 1908; David Chuenyan Lai, *Chinatowns: Towns within Cities in Canada*, Vancouver: University of British Columbia, 1988, pp.75-77.

[2] Lynne Bowen, *Boss Whistle: The Coal Miners of Vancouver Island Remember* (Lantzville: Oolichan Books 1982). p.49.

[3] T.W.Paterson, Ghost Town Trails of Vancouver Island (Langley: Stage Coach Pub.1975), p.66., p.88.

[4] Census of Canada 1901.

[5] Commox District Free Press, May 18, 1888.

族定居点仍然在原来尤尼的采矿村。在贝文，还建立了另一个小唐人街。[1]

1910年，甸巴仑和埃克顿森煤矿的拥有者惠灵顿煤矿公司，被卖给了加拿大邓斯米尔煤矿公司，由这家新公司继续经营。1920年，这里大约有540名华人矿工，都居住在甸巴仑唐人街，这里已成为自给自足的社区。甸巴仑唐人街有许多一个或两个房间的木棚屋，每个木棚屋都有一个小菜园，那里也有许多木板住宅。在其高峰期，唐人街有不少于80家商店，包括24个杂货店、4家餐厅、5个药店、400个座位的剧院、1座寺庙和18个赌场。[2]林阳（Lum Yung）俱乐部——唐人街上最大的木结构建筑，是一个受欢迎的赌博场所。达权社和国民党也在甸巴仑的唐人街设立了分部。[3]20世纪20年代初，两起爆炸毁坏了尤尼的矿井。矿井关闭后，许多华工离开，这里的唐人街也就衰落了。[4]

4. 新西敏唐人街

在西部唐人街的发展过程中，新西敏唐人街占有特殊的地位。在时间上，它是继域多利之后，且于1860年之后，在主要城市中发展起来的第二个唐人街，比温哥华唐人街早。不仅如此，由于新西敏是卑诗省的首府，造成新西敏唐人街在政治上也有其敏感性。在温哥华崛起之前，新西敏的唐人街可谓是西部低陆平原地区最大的唐人街。可惜的是，新西敏唐人街在1898年被一场大火夷为平地，尽管之后新的唐人街很快就建起来了，但元气大伤。新的唐人街除了商业和居民建筑外，也出现了两个新机构，它们是华人美以美教会和保皇会（Chinese Empire Reform Association），这两个机构的出现，给新西敏唐人街原来只有烟馆、妓院、赌场等的负面休闲娱乐文化带来了冲击和改进的契机。[5]值得一提的是，20世纪前10年，这里的唐人街领唐人街风气之先，已经摒弃了原有的木棚木架房屋，盖起了水泥结构的房屋。例如，1913年，李丁（Lee Din），一个富有且成功的商人

---

[1] Lynne Bowen, Boss Whistle: The Coal Miner of Vancouver Island Remember (Lantzville: Oolichan Books 1982. Bevan's Chinatown was leveled by a fire in 1922); David Chuenyan Lai, *Chinatowns: Towns within Cities in Canada*, Vancouver: University of British Columbia, 1988, p.73.

[2] Lynne Bowen, Boss Whistle: The Coal Miners of Vancouver Island Remember (Lantzville: Oolichan Books 1982), p.49.

[3] Kamloops Daily Sentinel, Apr. 22, 1965.

[4] "The Ghosts are Strictly Oriental", Victoria Daily Times, Victoria, Mar. 12, 1965.

[5] British Columbia City Directories 1860–1955: 1910 Henderson's BC Gazetteer and Directory Part I, p.170.；李福基：《宪政会纪始事略》，1909年，第3、4页；British Columbia City Directories 1860–1955: 1901 Henderson BC Gazetteer and Directory, p.463.；British Columbia Directory, 1897–1898, p.68.；陈颂恩牧师：《早期加国华人基督徒历史》，加拿大中国信徒布道会出版，2013年，第25页。

建了一幢7层的楼房,另有两个商人在位于麦肯尼斯(MeInnes)道与第10街(Tenth Street)之间的卡拉文(Carnarvon)街建了一个大的框架建筑。[1]在繁荣时期,新西敏的唐人街商业中心逐渐向北移到哥伦比亚大道与卡拉文街一带,与第八大街的华人墓地相隔几个大街。[2] 20世纪20年代以后,大多数华侨大都沿着哥伦比亚大道与麦肯尼斯大道居住。例如,1921年,新西敏唐人街38个商业机构中的17个位于第八道与麦肯尼斯大道之间的哥伦比亚大道上。这一年,居住在唐人街上的华人为750名。[3]

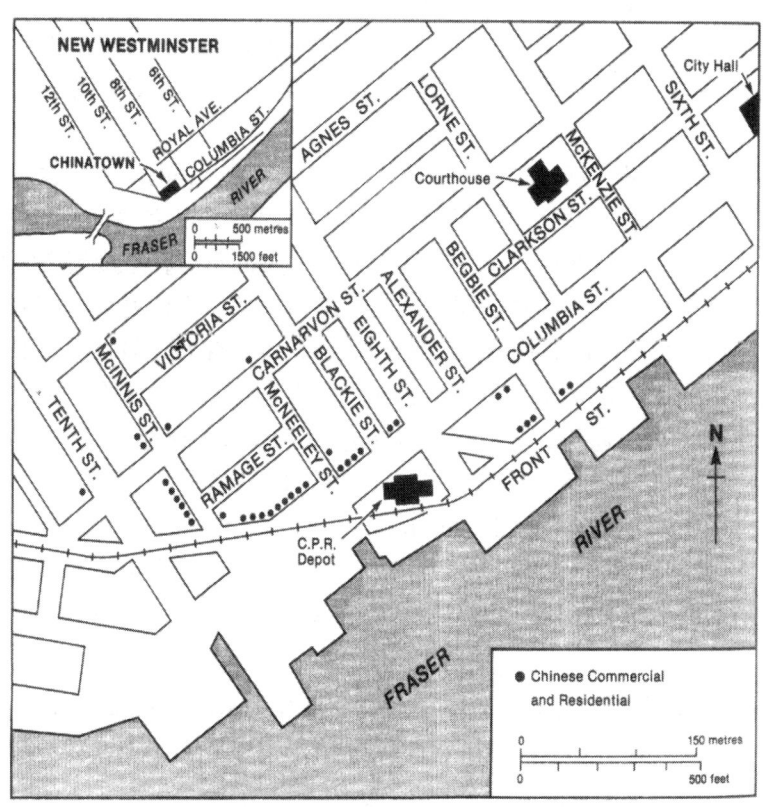

图7.4 新西敏唐人街,1921年
资料来源:黎全恩

---

〔1〕"Chinese will Erect Three Big Buildings at Cost of $150000",Vancouver Sun, Mar. 26, 1913.
〔2〕"Theoretical Ceremony",The Province, Nov. 23, 1906.
〔3〕*British Columbia Directory*,1921,pp.428–480.

5. 锦碌市唐人街

1880 年，锦碌市是当时卑诗省内陆地区另一个重要的唐人街中心。太平洋铁路完工以后，一些华工在当地留了下来。他们在农场、矿山、牧场以及罐头厂工作，或者在白人社区做厨师和家政服务。1892 年，唐人街人口达到 100 人，其中有 6 个商人。第二年，一场大火烧毁了唐人街，但很快被重建。[1]锦碌市唐人街沿着缅街和域多利街（Main Street-Victoria Street）分布，被加拿大太平洋铁路分割成南北两个部分。重建后的唐人街拥有几个新建筑物，如华人美以美教会大堂、洪门大厦以及国民党大厦。1914 年，当加拿大太平洋铁路向北延伸到缅街时，唐人街北半部分就被铲平了。1919 年，为了保护白人洗衣店的利益，该市通过一项法律，禁止华人洗衣店到尼科拉路（Nicola Road）以西的大街上开业，该法律遏制了唐人街向西部发展的步伐。[2]

6. 温哥华唐人街

温哥华唐人街的兴起比起卑诗省其他唐人街要晚得多，但是它的后发优势十分突出，崛起速度令其他唐人街相形见绌。温哥华唐人街的兴起，正应了"祸福相依"这句成语。1886 年 6 月 13 日，温哥华原有社区被一场大火完全烧毁。不过，该城作为政府当局开发西部地区的重镇，很快得到重建。为了发展新的市中心地区，政府急需人手来清理周边土地。于是，就把总面积为 160 英亩的林地租给了华侨。该地块位于新西敏大街（主街）、在福溪（False Creek）北岸，政府采取鼓励加刺激的政策，规定免交 10 年租金，条件是华侨必须清理并开垦出这片土地。[3]到了 1886 年年底，一个规模较小的唐人街就在这片土地上发展起来，华人大约有 90 人。[4]当时的华人大多是铁路工人，有一些是洗衣工。就这样，唐人街很快在卡路街和都板街（1904 年更名为片打东街）一带崭露头角。到了 1887 年夏天，有几百名华侨从穆迪港来到温哥华。1887 年 5 月 22 日，温哥华迎来了第一列火车，[5]从此成为加拿大太平洋铁路的西部终点站。

---

[1] Mary Balf, Kamloops: *A History of the district up to 1914*（Kamloops: History Community, Kamloops Museum 1969）, p.49., p.89.

[2] Ruth Balf, Kamloops: 1914 – 1945（*Kamloops: History Community*, Kamloops Museum 1975）, p.120.

[3] "Alan Morley, Vancouver", From Miltown to Metropolis（Vancouver: Mitchell Press 1961）, p.97. And Vancouver Daily News Advertiser（1886 – 1917）.

[4] "Vancouver Chinese", The Victoria Daily Colonist, Jan. 13, 1887.

[5] "The First Train", The Victoria Daily Colonist, May 24, 1887.

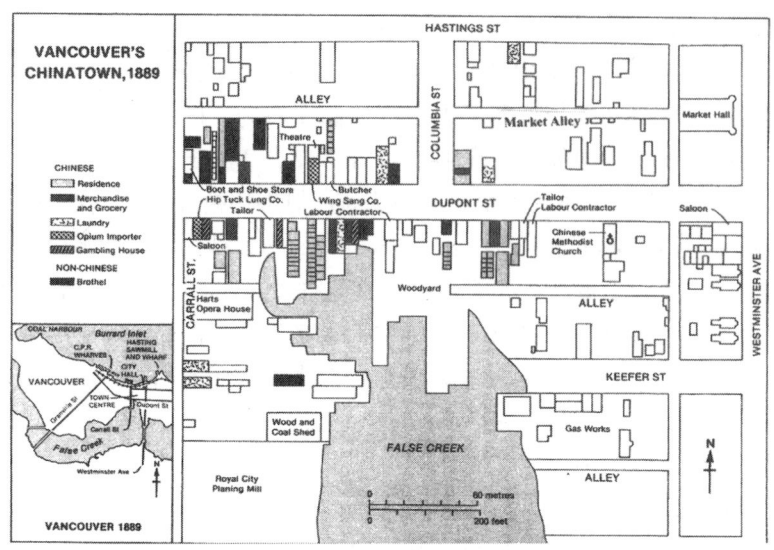

图 7.5　温哥华唐人街，1889 年
资料来源：黎全恩

虽然 19 世纪 80 年代的温哥华依然处于萌芽期，但是到了 1889 年，整个城市已有 29 家华侨商业机构。除了 3 家洗衣店在水街（Water Street）、1 家在西片打街之外，其余都在唐人街上，其中有 7 家洗衣店、10 家杂货店、2 家鸦片进口行、2 个包工商、2 家缝纫店、1 家肉铺、1 家鞋匠店。唐人街位于温哥华的"红灯区"，那里聚集了哈特歌剧院（Hart's Opera House）、妓院、酒吧、赌馆以及其他娱乐设施。[1]

1890 年，温哥华唐人街进入了繁荣期，人口已达 1000 人，它已取代新西敏成为继域多利之后卑诗省的第二大唐人街。当时的华人主要聚居在卡路街和哥伦比亚街之间的都板街路段，唐人街里十分拥挤，很多工人同居于一间房里。

由于温哥华唐人街发展较晚，一些在其他唐人街站住脚的宗教、教育和社会活动团体，很快也在温哥华唐人街上出现了。美以美教会是温哥华唐人街一个重要机构，它于 1889 年在都板街成立，并给华侨华人传道。三年后，即 1892 年 9 月 9 日，致公堂在都板街成立。[2]

由于温哥华唐人街地处福溪沼泽地带，无法深打地基建立牢固的建筑，因此在唐人街发展的初期阶段，不少房屋仍然与淘金潮工地搭建的简陋木屋和棚屋没

---

〔1〕 *British Columbia City Directories 1889*，pp.252 – 253.，pp.535 – 536.；*British Columbia Directory*，1889，pp.535 – 536.

〔2〕 Vancouver Daily World，Sep.8 – 9，1892.

有多大差别，一些劣质的房屋倒塌了也无人清理，再加上有的房子没有下水道，以至于粪便和垃圾随处可见，唐人街显得阴暗肮脏。这种情况到了1896年才有所改变。温哥华市政府在该年通过附例，要求对外营业的洗衣店必须具备一定的卫生条件，市政府也在都板街修建了下水道，并把先前在沼泽地上建造的棚屋拆毁，重新填土升高，使之与新街道齐平。三年后，即1899年，温哥华市政府通过了关于寄宿舍的法规，目的就是要强迫华人改善唐人街的卫生状况和居住条件。[1]随着唐人街的发展，其卫生状况一直受到关注，市政府就曾派官员检查华人住处。有关检查这件事，《大汉日报》曾提醒道："本报访员已探得市议会不日有市绅4名、卫生课官2名，协同市会状师等，亲临华埠，查察埠中各楼住房卫生状况，寄语梓里，务祈加意洁净，以免卫生官得所借口。"[2]

20世纪初，随着温哥华唐人街的壮大，越来越多的华人企业出现在喜士定和福溪岸之间的卡路街。而商业和住宅楼需求的增加，使更多的建筑物矗立起来。一个新的小巷从城市市场（City Market）后边延伸到卡路街，被命名为市场巷，华商和居民争相向那里迁居。[3]1904年，都板街有28家华人企业、卡路街有30家华人企业、哥伦比亚街有5家华人企业。1905年，广州巷（Canton Allay）有27家华人企业，包括11个卖东西的商店和杂货店、5个裁缝铺、3个餐厅、3个理发店和其他企业。[4]到1900年代末，唐人街已经延伸到了4个街区，北至喜士定，南至奇化街，东至西敏道（1910年后更名为缅街），西至广州巷。[5]

进入20世纪后，因温哥华拥有深水港的优势，同时又作为加拿大太平洋铁路的西线终点，海陆交通两大枢纽发挥作用，温哥华成了国内国际贸易的中心和大宗货物的集散地，逐渐取代了域多利，成为太平洋沿岸的第一大港口城市。同时，温哥华的华人人口也逐渐超过了域多利。1911年温哥华华人人口为3559人，域多利华人人口为3458人，温哥华唐人街从此成为加拿大最大的唐人街。1921年，温

---

[1] Vancouver Daily World, Apr. 7, 28, 1899.
[2]《警告侨胞注意卫生》，《大汉日报》1915年2月25日。
[3] British Columbia Gazetter and Directory, 1901, p.588.
[4] British Columbia City Directories 1860–1955: 1904 Henderson BC Gazetteer and Directory, pp.1171–1282.; British Columbia Gazetteer and Directory1860–1955: 1905 Henderson BC Gazetteer and Directory, pp.480–570.; British Columbia Gazetteer and Directory 1904, p.911; 1905 British Columbia Gazetteer and Directory, p.50., p.140.
[5] David Chuenyan Lai, Chinatowns:Towns within Cities in Canada,Vancouver: University of British Columbia, 1988,p.84.

哥华华人人口为 6484 人，域多利华人人口为 3441 人，可见域多利已经退居次位了。[1]

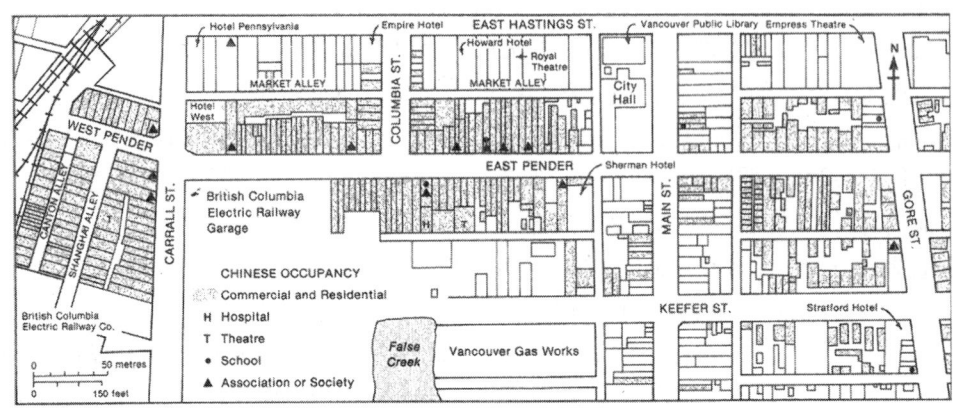

图 7.6 温哥华唐人街，1927 年
资料来源：黎全恩

1910 年至 1920 年期间，温哥华唐人街矗立起大量华侨社团的楼宇，既有西方建筑风格，同时也融入中华风采，形成唐人街独特的建筑特色，包括瞒税楼、嵌入式阳台、长而陡的楼梯。为了保持唐人街内部的四通八达，有时候两条街之间会留出一条小巷，由都板街直通楼宇的后巷。到了 20 世纪 20 年代初，唐人街进入鼎盛时期，发展成自给自足的全功能社区，兼顾消费休闲与日常生活，有戏院、学校、医院和图书馆，另有大量宗亲会、同乡会。部分侨社总部，包括龙冈公所、崇义会、禺山公所等，纷纷从域多利迁至温哥华，因为在温哥华有更多的会员。此时，温哥华已经初步呈现出华洋交错的多元色彩，既有华人楼宇，也有西人建筑，包括市政厅、温哥华公共图书馆、银行，以及白人开的酒店等。[2]

图 7.7 口述者黄光大
资料来源：贾葆蘅拍摄

提起温哥华唐人街，温哥华著名华裔慈善

---

[1] Census of Canada, 1911, 1921.

[2] David Chuenyan Lai, *Chinatowns:Towns within Cities in Canada*,Vancouver: University of British Columbia, 1988,p.85.

家黄光远（已故著名企业家、慈善家、社会活动家，曾任卑诗省西门菲沙大学校监，因组织筹备温哥华世界华商会而在侨社享有盛名。生前对加拿大大学和社区捐赠了数以百万计加元，获温哥华荣誉市民称号）的哥哥、一辈子在唐人街谋生的 91 岁老裁缝黄光大（Bill Wong）口述道："白人认为唐人街不好，可是我对唐人街很有感情。我的父亲黄公礼是 1911 年 8 月 11 日从中国广东到加拿大的，刚开始他在白人家里当男佣。1913 年他在温哥华唐人街开了'趋时裁缝店'，以手工精细和用料考究而著名。当时唐人街上大约有 40 名华人和日本人开裁缝店。华人们每天都超时工作，但薪水很低，所以能够低价收活，招来了更多的顾客。我父亲也是这样做的，因为他知道辛勤劳动会使他变得越来越富有，但他也知道白人裁缝很嫉妒华人裁缝。我父亲就是靠从事裁缝工作挣了一笔钱，后来娶妻成家，并养活了我们一大家人。因为我家的店在唐人街上，小时候我常到唐人街玩，当时这里的人不杂，都是华人，大家在一起相互都认识，互帮互助。早期唐人街商店关门时，家家都不用插杠子，不用怕住在这里的华人偷东西，很安全的。"

7. 草原省份的唐人街

有太平洋铁路通过的地方，可能就有唐人街，因为华侨华人为了生存，从西部向草原省份移动，只要有合适的土壤，他们就停留下来。太平洋铁路经过的爱伯塔省的卡加利、爱民顿、梅迪辛哈特（Medicine Hat）等地，先后出现了规模不一的唐人街。这些唐人街的发展有其共性，但由于地域不同、经济状况不同，也呈现出一些差异。与卑诗省唐人街不同，草原省唐人街开设的大多是服务性行业，比如洗衣业、餐饮业等。从 1886 年到 1900 年，华侨华人最为挣钱的谋生之路就是洗衣业，在这个行业，有时工资可挣到每月 40 加元到 100 加元。相比之下，华侨华人在煤矿、农场、森林工业、制鞋厂或木器商店工作，每月挣的钱大都在 20—40 加元之间。[1] 当时华人建立唐人街，并没有采取自相残杀的方式，而是尽量相隔远一些，创造共存的机会，以免引起太剧烈的竞争，这些唐人街还尽量靠近白人社区，争取白人消费者，因为华人的人数实在有限。

---

[1]（新加坡）陈国贲著：《烟与火——蒙特利尔的华侨》，王业龙、王毅译，杨立文、陈国贲校，北京大学出版社，1996 年，第 171 页。

8. 卡加利唐人街

1883年，太平洋铁路通到卡加利后，才开始在火车站北边的中心街（Center Street）形成一个小镇。有几个华人洗衣工在火车站附近的大西洋路开办洗衣店，到1888年，那里已有几家洗衣店开工。当时华侨华人都聚集在城中心东部边缘，那里就发展成为后来的唐人街。[1]不过，由于唐人街太小，一直没有引起当地社会的重视。

1892年6月，一名在洗衣厂工作的华人染上了天花，导致9名华人生病，3名华人死亡，事件引发了当地社会的强烈反响。1892年8月2日，当4个曾经染病的华人从隔离所释放出来后，大约300名暴徒袭击了唐人街。[2]这种社会氛围和敌对情绪，阻吓了更多华人的到来，以至于到了1901年，这里只有63名华人，仅占该城总人口的1.5%。[3]

1909年，卡加利的铁路两边都有了唐人街，即出现了两个小唐人街。一个唐人街最早是在城中心东部边缘的唐人街扩充起来的，在第8和第9大街上，东起第4街，西到中心街。唐人街上有8家饭店、1家杂货店、1家裁缝店和几家洗衣店。[4]另一个唐人街在第10大道上，东起中心街，西到第3街。以华人教会为中心，街上有3家饭店、6家洗衣店、3家杂货店、1家裁缝店和一排华人住处。20世纪初，这两个唐人街仍然处于萌芽阶段。当加拿大北部铁路公司（the Canadian Northern Railway，CNR）提出为该地区建新的酒店和铁路线时，业主借助房产的增值及出售土地，驱逐他们的华人租户，命他们必须在1910年搬迁。[5]由此这两个唐人街没有经过繁盛和衰落期，就迅速消亡了。

---

[1] David Chuenyan Lai, *Chinatowns: Towns within Cities in Canada*, Vancouver: University of British Columbia, 1988, p.87.

[2] Chinatown 1885-1910 (Calgary's Frontier and Early Settlement) Developing in the Shadow of the Head Tax: *Chinatown Historical Context Paper*, Commissioned By the City of Calgary, The City of Calgary Records & Information Management (RIM) Inspection & Permit Services, p.11.

[3] Chinatown 1885-1910 (Calgary's Frontier and Early Settlement) Developing in the Shadow of the Head Tax: *Chinatown Historical Context Paper*, Commissioned By the City of Calgary, The City of Calgary Records & Information Management (RIM) Inspection & Permit Services, p.87.; Census of Canada, 1901.

[4] *Calgary City Directory*, 1910, p.576.

[5] *Chinatown Historical Context Paper*, Commissioned By the City of Calgary, The City of Calgary Records & Information Management (RIM) Inspection & Permit Services, p.13.

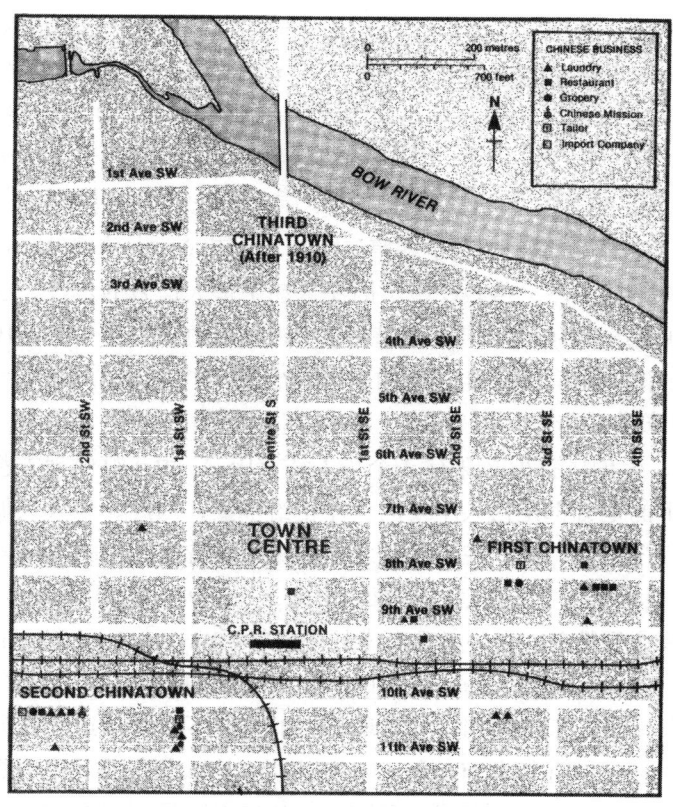

图 7.8　卡加利唐人街，1900 年代
资料来源：黎全恩

现在的卡加利唐人街是第三个唐人街，位于第二街与中心街之间，在鲍河（也称弓河，Bow River）之上并靠近中心街桥，这块土地是华侨在 1910 年 9 月买下的。当时，在整个城市地区，华人都被隔离。市议会成立了一个由市长和华人社区代表任命的委员会，探讨卡尔加里的华人是否应该被隔离或允许他们选择去哪里。委员会开始时都同意避免隔离，并把重点放在第三个唐人街要建在适当的位置上。但是所有备用站点都遭到反对，因此决定在广州街区（Canton Block）开始建设新的唐人街。[1] 1910 年，当地华人兴建了广州街区 200—218 中心街南建筑物。1911 年扩建两次。该社区为唐人街提供住宅和商业开发，还有会议场所。当时许多建

---

[1] Our Current Chinatown 1910–1922: *Chinatown Historical Context Paper*, Commissioned By The City of Calgary, The City of Calgary Records & Information Management (RIM) Inspection & Permit Services, p.23.

筑都采用西方风格设计,内部装饰有中国图案。广州街区最初提供 8 家商铺,上面有住宅,包括堂会的生活和娱乐空间。1911 年,孙中山先生曾为筹款在广州街区进行演讲。[1]卡加利唐人街直到 1910 年代末和 1920 年代才进入了繁荣时期。1911 年,卡尔加里一位著名的华人商人何林(George Ho Lem),建立了何林街区(Ho Lem Block)(1092 Avenue SE,现存)。[2]致公堂、国民党、华人公共学校、溯源会(Shuo Yuan)、马氏宗亲会和华人教会也在第三个唐人街建立。[3]值得注意的是,由于阿伯塔省基督教传统深厚,传教积极,因此带动了华人信教的步伐,20 世纪头 10 年末期,卡加利唐人街有 70 名华人基督徒,占华人总人口的 64%。1911 年,华人有 485 人。[4]不过到了 1921 年,卡加利唐人街进入了衰落期。

9. 列必珠唐人街

1891 年,爱伯塔省列必珠有 3 个华人洗衣店。[5]由于好的地方都被白人社区租掉了,剩下的地方都是白人不要的,才租给华人,因此,华人只能租住在位于镇边缘的木板棚里。后来,在苦力区北部边缘的福特街(Ford Street)(也称第二大道南),出现了几家华人经营的商家。由此,一个唐人街开始呈现出来。列必珠华人的主要来源很特殊,在列必珠东南的瑞蒙得(Raymond)小镇,有一个爵士糖业公司(The Knight Sugar Company)的甜菜农场。1904 年,几百名华工来到这里打工。[6]后来有些华工就搬到了列必珠,在那里开了洗衣店或经营果菜园。1909 年,列必珠城市记录有华人 102 名,91 名生活在唐人街。当时唐人街上有 5 家华人洗衣店、2 家华人饭店、2 家华人商店。[7]1915 年,国民党在列必珠成立了第一

---

[1] Canton Block:10th Annual Calgary Chinatown Street Festival in Celebration of Calgary Chinatown Centenary,2010, p.56.;*Chinatown Historical Context Paper*, Commissioned By the City of Calgary, The City of Calgary Records & Information Management(RIM)Inspection & Permit Services,p.25.; Canton Block, https://www. heritagecalgary. ca/heritage–calgary–blog/canton–block,检索时间:2021 年 10 月 25 日。

[2] George Ho Lem, *Chinatown Historical Context Paper*, Commissioned By The City of Calgary, The City of Calgary Records & Information Management(RIM)Inspection & Permit Services,p.15.;Chinese National League(Ho Lem Block),https://www. heritagecalgary.ca/heritage–calgary–blog/the–chinese–national–league,检索时间:2021 年 10 月 25 日。

[3] Gunter Baureiss,"The Chinese Community of Calgary", Canadian Ethnic Studies, 2(1971), pp.51–52.

[4] Osterhout, Orientals in Canada, pp.99–100;Census of Canada, 1941.

[5] Lethbridge News, May 7, 1890.

[6] Chinese to Week on Beet Farms:Province, Apr.22, 1904.

[7] *Lethbridge City Directory*, 1909, pp.43–63.

个机构。7 年后，致公堂在这里建立了分会。[1] 总之，列必珠的华人不多，1921 年只有 170 人。[2]

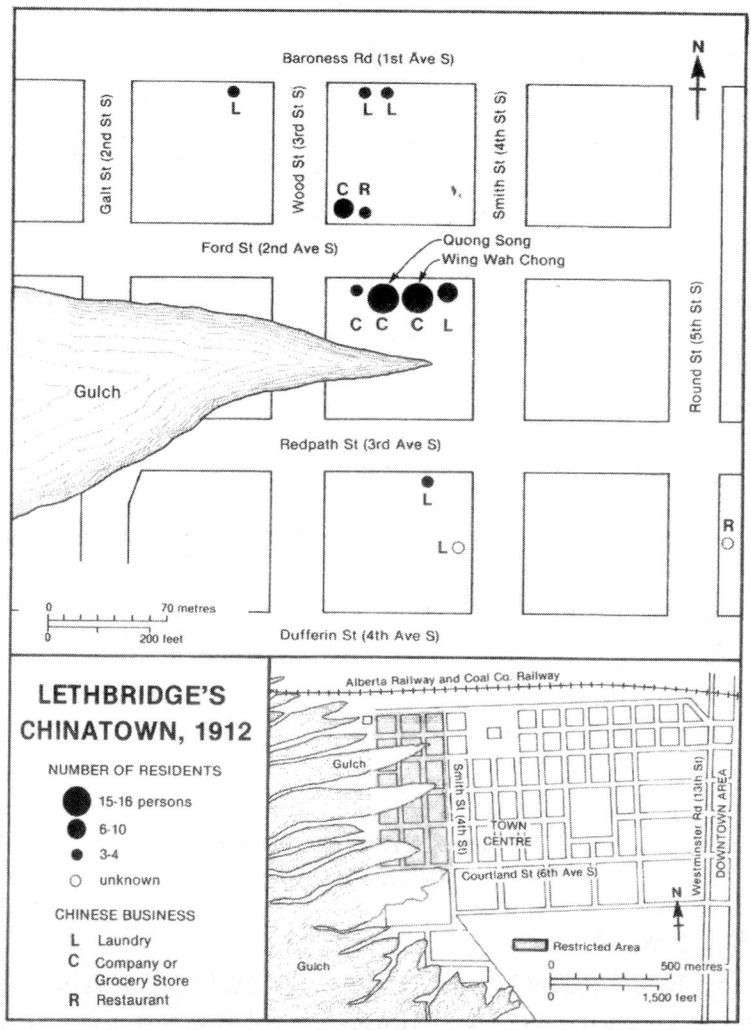

图 7.9　列必珠唐人街，1921 年
资料来源：黎全恩

[1] J. B. Joyer, "Lethbridge Chinatown: As Analysis of the Kwong On Lung Co. Building, the Bow On Tong Co. Building, and the Chinese Free Masons Buliding, 1985"(*unpublished mssubmitted to Historic Sites Service*, Edmonton, Alberta), p.14.

[2] Census of Canada, 1921.

10. 爱民顿唐人街

爱民顿在1904年建市,1905年爱伯塔成为一个省,爱民顿升级为首府都会。1910年代初,一个小的唐人街建在介于菲沙街(第98大街)和纳马有街(Namayo,即87大街)的稻米街(101A大街)。1911年,爱民顿唐人街有华人130人,1921年增加到500人。当时有许多宗亲会成立,如马氏(Mah)宗亲会、余氏(Gee)宗亲会、李氏宗亲会、王氏学会,还有华人教会。[1] 19世纪20年代初,洪门组织和国民党分会也在唐人街成立了。[2]

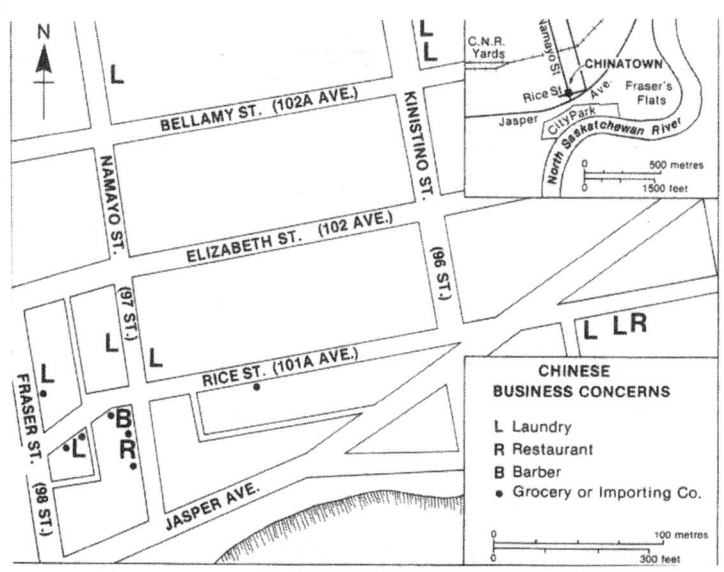

图7.10 爱民顿唐人街,1911年

资料来源:黎全恩

11. 穆斯乔唐人街

1882年,穆斯乔被选定为太平洋铁路的一个支点后,它就迅速发展起来了。不久,华人的几家洗衣店在这里开张。1910年,一个小规模的唐人街在河流街(River

---

[1] City of Edmonton, Planning Department, "Downtown Plan Working Paper No.1: The future of Chinatown, 1978", pp.24-25.

[2] J. B. Joyer, "Lethbridge Chinatown: As Analysis of the Kwong On Lung Co. Building, the Bow On Tong Co. Building, and the Chinese Free Masons Building, 1985"(*unpublished mssubmitted to Historic Sites Service*, Edmonton, Alberta), p.14.

Street）出现，华人有 150 名，有几家餐馆和商店。[1] 根据统计数字，1913 年穆斯乔约有 450 名华人男子和 2 名华人妇女，有 35—38 个华人洗衣店、3 个中国餐馆。[2] 与其他地方唐人街相同的是，穆斯乔在 1911 年成立了华人教会；不同的是，其他政治组织和致公堂并没有在那个时期出现。

12. 温尼伯唐人街

太平洋铁路完工后，有大量华侨华人从西部来到温尼伯寻找机会。值得注意的是，当时来此地的大部分人都姓李，来源地单一，那就是中国广东省鹤山县。到了 1886 年年底，他们已在当地开办了 8 家洗衣店。由于这批人抱团排外，他们力阻鹤山以外的华人进入该地。[3] 每当火车由温哥华抵达温尼伯时，这班人就火速赶往火车站，殴打非鹤山的华人，强迫他们离开。那些原本想到温尼伯的华人势单力薄，难以落脚，不得不到别的城市谋生。鹤山华人的自私行为引起了公愤，因此，附近威廉市的华人曾经有几次集合在一起返回温尼伯，殴打当地的鹤山人。直到温哥华的李氏宗亲会出面劝说，情况才有所好转。然而，鹤山人虽然不再阻挠其他地区的人进入温尼伯，却试图垄断该市的洗衣业。可是，鹤山人的洗衣店和商店间隔一段路，难以形成大片的商业街规模，造成温尼伯的唐人街很多年都没有发展起来。直到 1909 年，才有一些商店在国王街与亚历山大街的交界处聚集，这里就成了唐人街的中心。[4]

1901 年，温尼伯只有 109 名华人。但是到了 1911 年，华人剧增了五倍之多。[5] 1910 年，温尼伯的唐人街进入了繁荣期，致公堂、华人教会、国民党等组织纷纷成立。[6] 华人教会甚至设立英文班，协助华人融入西方社会。到 20 世纪 20 年代，温尼伯的唐人街发展到了顶峰。中华会馆成立了，各种宗亲会，如至孝笃

---

[1] Tim Yee et al, "An Ethnic Study of the Chinese Community of Moose Jaw, Moose Jaw, 1973" (*unpublished report on Opportunities for Youth Project*, May-aug. 1973), p.8.; p.18.

[2] Peter S. Li, "Chinese Immigrants on the Canadian prairie, 1910–1947", *Canadian Review of Sociology and Anthropology*, 19 (1982), p.553.

[3] Y. L. Chan, "Planning for Change: The Winnipeg Chinese Community and Its Responsiveness to Government Services" (*unpublished Master of Community Planning thesis*, University of manitoba 1962), p.80.

[4] Gunter Baureiss and Julia Swong, "The history of the Chinese Community of Winnipeg" (*unpublished report*, Chinese Community Committee 1979), p.29.

[5] Census of Canada, 1901, 1911.

[6] A. Pan, "History of Winnipeg Chinese United Church", Chinatown News, Oct. 18, 1983.

亲会（Gee How Oak Tin Association）也开始成立。[1] 1921 年，唐人街已发展到 6 个街区，其中有公主（Princess）街、缅街（Main Street）、洛根（Rogan）街和鲁特（Rupert）街。温尼伯唐人街 800 名华侨中有 1/3 在 300 家洗衣店工作，其余的 2/3 则当厨师、家庭服务员和劳工。[2]

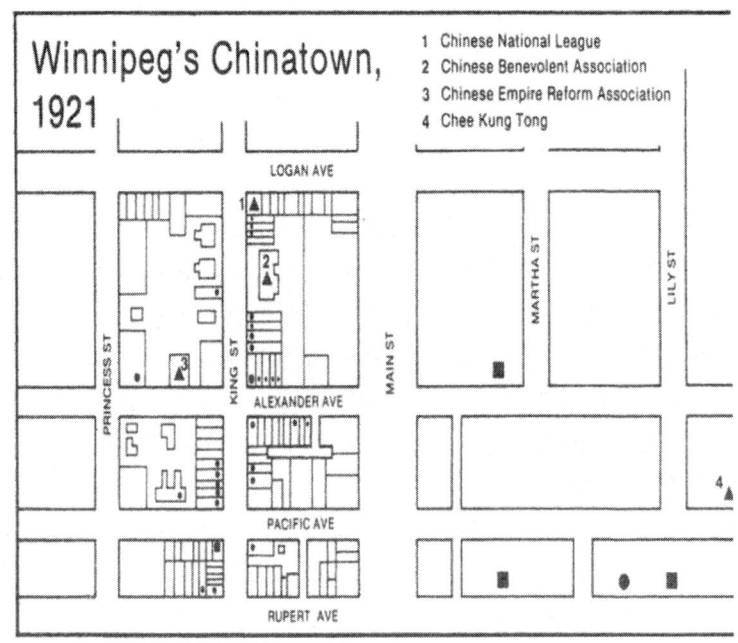

图 7.11 温尼伯唐人街，1921 年

资料来源：黎全恩

13. 多伦多唐人街

在太平洋铁路建华之前，就有华侨零零星星地来到安大略省，1881 年，整个安大略省的华侨只有 22 人，他们大多分散居住，并没有形成唐人街。太平洋铁路建成后，越来越多的华人来到了安大略省，主要居住在多伦多、渥太华和咸美顿。通过铁路来多伦多的华人多了，使得这里的唐人街发展起来了。1894 年，多伦多

---

[1] Gunter Baureiss and L. Driedger, "*Winnipeg Chinatown Demographic, Ecological and Organizational Change, 1900–1980*", *Urban History Review*, x (1982), p.15.

[2] David Chuenyan Lai, *Chinatowns: Towns within Cities in Canada*, Vancouver: University of British Columbia, 1988, p.95.；Kwong, "Transformation of an Ethnic Community", p.88.

的华人达到 50 人。[1]

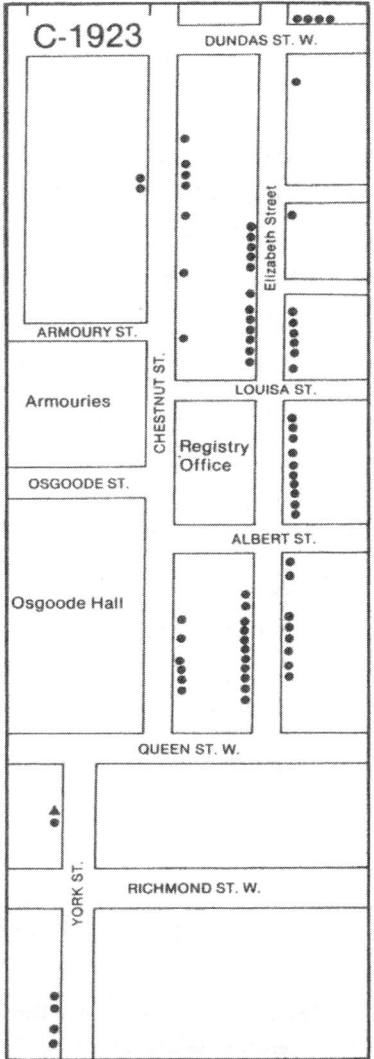

图 7.12　多伦多唐人街，1923 年
资料来源：黎全恩

---

[1] Vallerie A. Mah, "*The* 'Bachelor' Society; A look at Toronto's Early Chinese Community from 1878 to 1924" (*unpublished BA essay*, University of Toronto 1978), p.18.

有一班洪门兄弟,在约克街(York Street)建立了致公堂。1900年,华人人口增至200人,有几家洗衣店和商店集中在教会街、扬(Yonge)街和皇后街的东部及西部,但是这几十家华人生意还是各自分散的。[1]这时尚未成立华人社团。然而,美以美教会、华人基督教青年会和其他教会一起成立了5个主日学校。很多年后,这些学校是闻名全国的。

1910年,多伦多的唐人街还是萌芽状态,有两个小的唐人街:东唐人街和西唐人街。西唐人街有14间华人商店,以致公堂为中心。东唐人街只有6间华人商店,以保皇党为中心。华人人口不过几百人,但到了1911年,多伦多就有1000多华人了,唐人街进入了繁荣期,有7个华人商业公司在女王街东成立了。9家华人生意、寄宿舍和致公堂建在了约克街,保皇会也在此设立了办事处。整个20世纪10年代,多伦多唐人街迅速扩大,向北沿伊丽莎白街(Elizabeth Street)一直到邓达斯街(Dundas Street)以西。1912年,国民政府成立后,保皇党日渐衰落,东唐人街也渐渐没落,而西唐人街却日渐繁盛。[2]

随着越来越多的华人和华人企业出现在约克街,《多伦多周六晚报》(Toronto's Saturday Night)的编辑警告白人公众,华人对城市有越来越多的影响力,他主张推行"使华人不能定居"的政策,这样华人的居住地就不能发展了。另一家报纸《杰克·加拿大人》(Jack Canuck)支持这项提议,认为唐人街的发展会给城市带来"危险的后果"。然而,这些策略却产生了相反的效果,华人为了相互保护,让彼此的生意与住宅更为靠近,从而使唐人街显得更大。[3]

20世纪20年代以后,多伦多唐人街成为继温哥华、域多利之后加拿大的第三大唐人街。多伦多唐人街除了有大量的小商业外,还有许多宗亲侨团、教会、学校、戏院以及歌剧院。[4]

14. 咸美顿唐人街

咸美顿是加拿大制造业,尤其是钢铁业崛起的中心,华侨华人在此发展相对

---

[1] Vallerie A. Mah, "The 'Bachelor' Society: A look at Toronto's Early Chinese Community from 1878 to 1924" (*unpublished BA essay*, University of Toronto 1978), pp.20–22.

[2] David Chuenyan Lai, *Chinatowns: Towns within Cities in Canada*, Vancouver: University of British Columbia, 1988, p.97.; Lao Bo, "Hostages in Canada Toronto's Chinese (1880–1947)", The Asianadian, 1 (1978).

[3] K.Paupst, "A Note on Anti-Chinese Sentiment in Toronto Before the First World War", *Canadian Ethnic stuides*, 9 (1977), p.57.

[4] David Chuenyan Lai, *Chinatowns: Towns within Cities in Canada*, Vancouver: University of British Columbia, 1988, p.97.

困难。20世纪10年代，一个小小的、处在萌芽状态的唐人街沿威廉国王（King William）街在约翰和晓臣（Hughson）街之间形成。当时这里的地方政府立了几项城市章程，禁止华人洗衣店、商店设在市政厅和中心商务区，[1]还有一条法规就是华人洗衣店主每年必须更新执照，如果洗衣店周围的邻居反对的话，就不能获批。另外，禁止华人洗衣工在其处所赌博，这使得华工们只好去唐人街的俱乐部或协会娱乐，这却有助于华人俱乐部的经营。[2]

15. 满地可唐人街

魁北克虽然是法裔居住地，但华侨华人对英法裔文化的区别并不敏感，有机会的地方就一定有华侨华人。而来到魁北克省的华人，大多都居住在满地可，只有一少部分住在魁北克。1911年，满地可的唐人街有1200名华人，位居第二的魁北克市唐人街，却只有68名华人居民。[3]

19世纪90年代，满地可唐人街在西拉瓜切蒂尔西街（Laguachetiere Street West）出现，坐落于圣厄本街（St.Urbain Street）与卡拉尔街之间的达弗林（Dufferin）区域。20世纪10年代期间，满地可唐人街大约有20家商业机构。[4]

满地可是华人前往新斯科舍、纽宾士域和爱德华王子岛的出发点，也是这些地方的华人物资供应地，这几个地区的华侨华人都依靠满地可提供物资和有关中国的消息，因此，满地可唐人街发展很快。1921年，满地可唐人街华人已达1735名，成为加拿大第四大唐人街，范围包括多切斯特（Dorchester）街、卡拉尔街、维特（Vitre）街以及彻恩威尔（Chenneville）街等。大量华人商业组织和机构，如致公堂、中华医院、中华浸礼教堂等都建在唐人街商业中心——拉瓜切蒂尔街上。[5]

大西洋的三个省，即新斯科舍省、纽宾士域省和爱德华王子岛省（Prince Edward Island）的华人社区很小，这与当地总人口少以及气候、产业传统等有很大关系。1921年，这三个省的华人人口少于600人，塞因特约翰（Saint John）和哈利法克斯两地各有华人大约140人，其他城镇的华人社区只有10—20华人，那里

---

[1] Wenxiong Gao, "Hamilton: The Chinatown that Died", *The Assianadian*, 1 (1978), p.15.
[2] May Wong et al., "A Report on the Development of the Chinese Community in Hamilton" (*unpublished ms*, Chinese Cultural Association of Hamilton 1984), p.17.
[3] Ban Seng Hoe, "Chinese Community and Cultural Traditions in Quebec City", in CCBA 1985 Tri-Celebration spectral Issue (Victoria CCBA, 1986), p.131.
[4] *Montreal City Directory*, 1910–1911.
[5] *Montreal City Directory*, 1921–1923.

没有唐人街,当时大多数华人都是洗衣工,是分散在城镇上的。1922年,纽芬兰有大约80名华人,大多数在圣约翰(St.John)街上。[1]

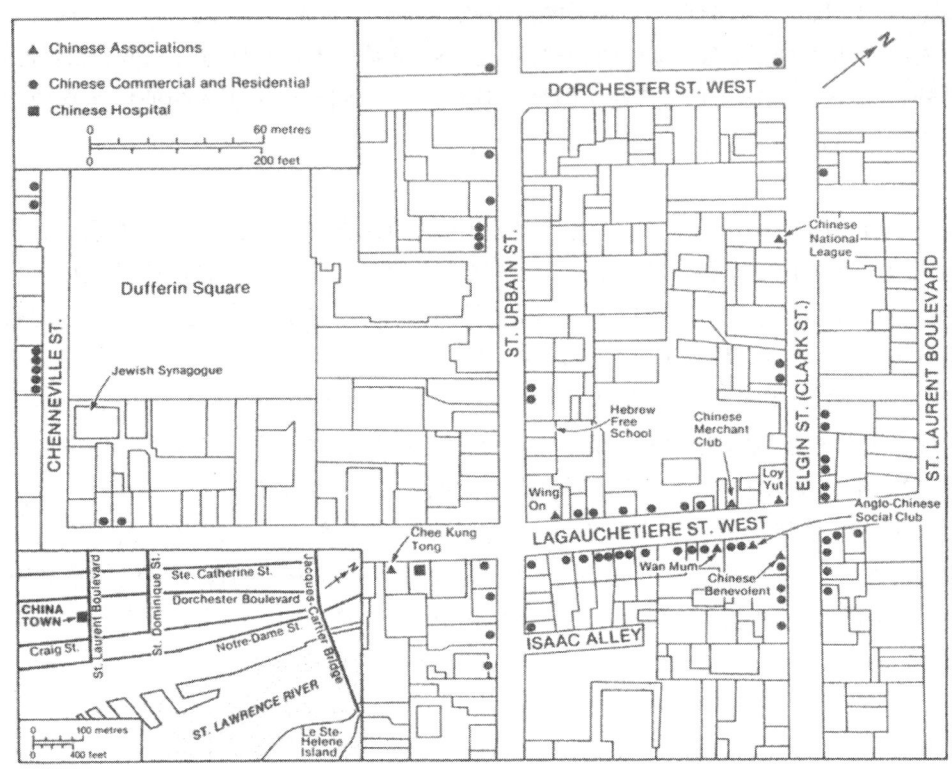

图7.13 满地可唐人街,1921年

资料来源:黎全恩

加拿大不同地方的唐人街,虽然相隔很远,但是每到中国传统节日,都会"普天同庆"。比如,1915年元旦,温哥华的致公堂、国民党、宪政党、李陇西堂和中华会馆等,均悬旗恭祝。新西敏各团体商户先期张贴长红。除夕、元旦两日,爆竹之声不绝于耳。域多利所有华侨商铺及各团体均悬旗庆贺。[2]

综上所述,加拿大唐人街的发展与进入加拿大的华人人口增加呈正比关系,人口越多,唐人街的规模就越大,发展速度越快。虽然唐人街总是在城

---

[1] Jane Hong et al., Chinese Community in Newfoundland (*unpublished ms*, Chinese Student Society of Memorial University Of Newfoundland 1976), p.24.

[2]《温埠国人之对于阳历元旦》,《大汉日报》1915年1月5日。

市的边缘地区，甚至是比较差的地区，而且唐人街几乎都是华人的天下，但它亦必须在加拿大的城市法规下生存，在整体环境上必须与主流社区接轨。因此，贫穷以及传统生活习惯造成的脏乱差挤逐渐得到改善和治理。更值得一提的是，随着唐人街的繁荣和发展，唐人街的建筑以及华人带来的餐馆业，为加拿大带来了多元文化的萌芽和族裔共存的社会意识，即使在很长一段时间里，不少白人对唐人街的发展持批评的立场，甚至通过一些法律条规来打压唐人街的扩展。

第二节　华侨华人社区中的种种弊端

在管制入境时期，除外交人员、领事官员、旅游者、科学家、学生和商人，来加华侨都要交人头重税，导致一般华人望而却步。但是，当时中国频繁的政治动乱和接连不断的战争，使百姓生活极端贫困，所以仍有不少华人想出国谋生。为了能够来到加拿大，有些华侨华人想方设法钻加拿大制度的空子，有人冒充商人，有人买死去华人或回国华人的移民纸，有人偷渡入境……总之，为了避免交500加元的人头税，有些华侨华人不惜弄虚作假。可是，不管是通过正当途径进入加拿大，还是非法进入加拿大，华人在异国他乡的生活，仍然有诸多艰辛，孤独、苦闷、单调、无聊、缺乏家庭的温暖和社区的支持、太多的乡愁，以至于不少华侨华人在艰苦的劳作之余，沉湎于鸦片、流连于赌场和妓院，使吸毒、赌博、嫖妓成为华侨华人社会的主要问题。

由于早期来加拿大的移民大多是劳工，其中不少还是文盲，除了商人以外，鲜少有知识分子，因此，除了华侨华人移民的书信以外，对早期华人生活状态的全局性掌握，很大程度上有赖于加拿大联邦政府的皇家调查报告。当然，任何政府的调查报告难免都有其既定的立场，对华人移民的调查报告更难以避免向当时社会氛围和舆情妥协。

一、偷渡和弄虚作假

尼斯·墨菲（Dennis Murphy）法官在 1910—1911 年的皇家调查报告中指出，华人非法进入加拿大共有六类欺诈行为。

第一类是偷渡。华人偷渡者使用三条主要客运航线，即加拿大太平洋铁路公司海运航线（ CPR Lines ）、蓝色漏斗航线（ the Blue Funnel Lines ）、银行航线（ the Bank

Line）和不定期货船来进行偷渡活动，因为这些船上大多是华人船员。事实上，蓝色漏斗航线和银行航线的船员，几乎都是华人，且温哥华没有海港巡逻，只有 1 名政府看守者，当船停泊在温哥华码头时，一天后才会报告船只到来。有的华人就趁看守者没有防备时，偷偷从煤舱里走出去，爬下锚链上岸。也有华人跳海游走，还有一些由事先安排好的船只前来接应，协助偷渡者入境。[1]而在乃磨港口，根本就没有看守人，偷渡者很容易进来。[2]所以墨菲法官说："偷渡是有组织、有计划的，蓝色漏斗航线和银行航线的船员们也参与其中。"[3]

调查报告列举了一个典型的案例。1910 年 8 月，在银行航线上有一艘名为库默里克（Kumeric）号的船，往返于东方（the Orient）和太平洋沿岸港口之间，船上携带了不少于 53 名偷渡客，这些人先后在美国和加拿大被当局抓获。当船在温哥华港停泊时，船只看守员发现有两个人试图上岸，于是将他们拘留。到了美国西雅图时，另外 25 名华人被美国当局发现。之后，船在美国波特兰港卸货时，又有 26 名华人被美国官员扣查。这说明了两点情况。第一，偷渡线路的使用已到了值得注意的程度。第二，即使对满载货物的船只再细致地进行检查，都收效甚微。调查报告特别指出，在西雅图被捕的人中，有一名叫阮仁兴（Yuen Jen Hing，音译）的华人，他于同年 3 月就曾在美国塔科马（Tacoma）被逮捕并驱逐过。[4]

据这些被捕的人交代，1910 年 3 月，有 20 名华人在温哥华偷渡成功。墨菲法官总结说："……很显然，尝试用这条路偷渡的人还是有限的……"换句话说，如果把所有偷渡线路都考虑进去，这个数字可能是非常大的。[5]

华工偷渡来加拿大，最终目的其实是进入美国。这一点，连临时来美、加考察的维新保皇派领袖梁启超都看出来了，他在《新大陆游记》中这样写道："加拿大属觅工甚艰，而华人来此络绎不绝者何也？盖由此偷过界以入美境也。去年（1902 年）上陆于域多利、温哥华两埠者，五千余人。其入美境者，殆十而六七，

---

[1] Dennis Murphy, *Royal Commission Investigation Of Chinese Immigration Frauds and Opium Alleged On The Pacific Coast*, 1910–1911, p.21.

[2] Dennis Murphy, *Royal Commission Investigation Of Chinese Immigration Frauds and Opium Alleged On The Pacific Coast*, 1910–1911, p.24.

[3] Dennis Murphy, *Royal Commission Investigation Of Chinese Immigration Frauds and Opium Alleged On The Pacific Coast*, 1910–1911, p.22.

[4] Dennis Murphy, *Royal Commission Investigation Of Chinese Immigration Frauds and Opium Alleged On The Pacific Coast*, 1910–1911, p.22.

[5] Dennis Murphy, *Royal Commission Investigation Of Chinese Immigration Frauds and Opium Alleged On The Pacific Coast*, 1910–1911, p.25.

他岁称是。此间华商有专导人偷渡为业者，每人索贿二百余元。"[1]

第二类是伪装成华人船员的欺诈行为。由于来加拿大的几条航运主线上大都是华人船员，于是就有华人想方设法假扮成船员进入加拿大，而有些在加拿大的华人则想不花路费回国，就假扮成船员返回中国，他们互换身份并在船即将离岸返回中国时蒙混过检查人员的清点。但由于交换场所不大，所以交换的人数不会很多。[2]

第三类是华人船员骗取重新入境许可证。1913 年之前，加拿大的华侨入境证件上没有贴照片，当时验证返回加拿大的持证人的方法是，在申办再次入境许可证时，将申请人的身体特征记录下来，持证返回加拿大时再对身体特征进行对比，所以黑市买卖证件十分猖獗。加拿大政府官员指出，超过 99%的华人移民有"丢失"入境证件的情况发生。[3] 有些华人船员上岸后，换一种装束，然后前往加拿大移民局，谎称他们是加拿大居民，要求办理重新入境许可证。当华人船员取得重新入境许可证后，就登船返回中国。一旦回到中国，他们便出售这类许可证给那些长相相似并想进入加拿大的人。这种做法很容易成功，尤其是在温哥华。[4] 1908 年，李吉亚（Lee Ghia），又叫李佳（Li Jia）的华人被发现一直在使用另一名男子的移民文件。因此，加拿大当局对他提起了诉讼。[5]

第四类是假装离加华人。有些在加华人认为已经挣够了钱，想永久回归中国，他们发现了一条生财之道，就是出卖再入境许可证。他们把再入境许可证申请到手，回到中国时，把许可证卖给那些想要来加拿大的华人，而担任翻译的华人也常常从中帮忙，让这些人入境。皇家调查报告就提到过叶庭三（Yip On，叶敦）。华人领袖叶庭三是温哥华移民局口译员，就曾协助对返回加拿大的华人入境许可证的核对工作。当有船只从中国来温哥华时，叶庭三就和一名白人政府官员前往域多利上船检查。在这艘船返回温哥华的路上，叶庭三有机会和船上的持证人说话，他们说的是白人政府官员不懂的汉语。这样他就可以按情况重新安排配对，通过他的"安排"，那些没有身份的人，成功地进入了加拿大。叶庭三负责报

---

[1] 梁启超：《新大陆游记》，社会科学文献出版社，2007 年，第 233、234 页。
[2] Dennis Murphy, *Royal Commission Investigation Of Chinese Immigration Frauds and Opium Alleged On The Pacific Coast*, 1910–1911, p.25.
[3] Lisa rose Mar, *Brokering Belonging*, Oxford University Press, 2010, p.27.
[4] Dennis Murphy, *Royal Commission Investigation Of Chinese Immigration Frauds and Opium Alleged On The Pacific Coast*, 1910–1911, p.25.
[5] Lisa rose Mar, *Brokering Belonging*, Oxford University Press, 2010, p.51.

出持证人应有的身体特征让白人政府官员核实,他很容易地忽略掉那些不匹配的特征。墨菲法官指出:"经常看到叶庭三在晚上到政府办公室登记的记录上抄写用于核对的文件,尤其是在从东方来的船只将要抵达温哥华时。"[1]

　　第五类是冒充商人的妻子、儿子和女儿的诈骗行为。移民法允许免去商人的妻子、儿子和女儿的人头税。中国人经常不带妻子过来,但他们确实带来许多所谓的"儿子"。[2]许多华工之所以注册成为商家,就是为了带来"儿子"而不用交税。当时加拿大政府人员询问有关人头税问题是很简单的,华侨很容易记住一些辅导书中的标准答案,所以当时许多假证件与辅导书连同合同,会一齐出现在为移民而要买假证件的人手里。1921年,有2435华人进入加拿大,其中有1550名华人免交人头税,[3]而1886年至1923年间,共有86952名华人入境,其中有7908名免交人头税。[4]据估计,1906年至1910年间,经叶庭三之手使用假证件入境者多达2000人。[5]

　　第六类是冒充"华商"进入加拿大的欺诈行为。有些华侨为了免除进入加拿大的人头税,就冒充商人。在征收华人人头税递增的同时,华商的数目也在戏剧性地增加。有些所谓的"商人",根本没有从事商业活动,他们只是用这种方式逃避人头税。华人中的掌权人物和加拿大的经纪人是互相依存的关系,像叶庭三的兄弟就开了一个移民公司,一直活跃在广东的珠江三角洲一带。1910年,一个叫麦伟(Mak Wai)的广东台山人,想要去加拿大。在中国,他把他的名字和照片给了一位不愿透露姓名的"君子"。这位"君子"给麦伟伪造了一个中国护照,这样麦伟就成了一名富有的商人,后来英国领事根据他的申请文件,批准了他来加拿大的申请。到达加拿大后,温哥华的政府官员产生怀疑,问他有没有得到叶庭三的援助。迫于压力,麦伟承认买了假证件,他的父亲只是一位在费城(Philadelphia)打工的洗衣工,这才是他最有可能要去的地方。[6]1924年10月,有12名华人被控携带假回头纸由中国来到域多利,被移民局查出扣留。这次被发现是因为有5

---

[1] Dennis Murphy, *Royal Commission Investigation Of Chinese Immigration Frauds and Opium Alleged On The Pacific Coast*, 1910 – 1911, p.26.

[2] Dennis Murphy, *Royal Commission Investigation Of Chinese Immigration Frauds and Opium Alleged On The Pacific Coast*, 1910 – 1911, p.27.

[3] Canada Year Book 1930, p.175.

[4] Canada Year Book 1930, p.175.

[5] Lisa rose Mar, *Brokering Belonging*, Oxford University Press 2010, p.25.

[6] Lisa rose Mar, *Brokering Belonging*, Oxford University Press 2010, p.28.

名华人的容貌与出港登记者不符。[1]同月，又有9名华人持假纸被拘留，其中有个叫周生（音译）的人被判入监6个月。被告律师指出，这些人均是上当受骗，被告愿意供出某团体以免再使无辜之人受骗。[2]

这里必须要指出的是，皇家调查报告是基于华人必须要交纳人头税的法例，而作出了上述欺诈指控。在法制社会，恶法也是法，在其被取消之前，法律是有效的，必须遵守。基于此，当时的华人确实有欺诈的问题存在。而在黑市买卖上谋取利益的人、在翻译官位上"渎职"的人，即使用今天的标准来看，也是违法的，应该遭到谴责。当然，由于人头税法后来被加拿大认定是歧视性的恶法，当初因为贫穷，无力交纳人头税而采取了"欺骗性"手段进入加拿大的一些华人，仍有值得同情和理解之处。

二、妓女问题

早期加拿大华侨华人社区一直存在着妓女问题，这些女子有些来自美国旧金山，有些从亚洲等地被拐带而来，也有少数是内地人。当时运往美国和加拿大的妓女，很多是广东育婴堂出来的，也有不少是在广东被拐卖出来的。还有少部分家境贫寒之女，不得不卖身为奴。

当时北美的华侨华人社会之所以需要为数众多的妓女，乃是因为社区人口构成比较畸形，绝大多数都是单身男人。失调的男女比例，使得男性华侨华人嫖妓成为生活常态。由于需求大，在高额利润的驱使下，贩卖妇女来加的生意日益兴隆。

值得注意的是，当时是极少数商人和一些堂会分子控制着唐人街的卖淫业。著名的华人领袖李梦九在第二次皇家调查委员会面前作证说，开妓院的老鸨和商人会勾结起来，由商人负担妓女的人头税、旅费和其他开支。作为回报，商人"拥有她的身体"。同时，作为妓女的她，必须在"一定时间内缴纳一定数量的钱，以偿还旅费和人头税，以及7%的利息"。在李梦九援引的一个例子里，一名叫温何（Woon Ho，音译）的妓女花了商人302加元，外加5加元的服装费和4加元的皮箱费。今后她要想成为自由人，必须偿还373.5加元和利息。[3]

1882年美国实施排华法以后，华侨华人妓女的价格上涨。少女身价大约在

---

[1]《本埠新闻》，《大汉公报》1924年10月13日。
[2]《华人违例入坎被判监》，《大汉公报》1924年10月14日。
[3] *Report of the Royal Commission Chinese and Japanese Immigration*, Session 1902, p.39.

300—1000 加元之间。但在旧金山，13 岁左右的漂亮少女大约是 2000—3000 美元。[1]也有些少女是从中国买来的。少女入境时，冒充是华侨的妻女。但登陆后，妓院对这些少女并不好。[2]

域多利唐人街中的菲斯格街和喜报街上就开有妓院，这些妓女的顾客多是贫苦劳工，富商很少问津。[3]有的妓女因年纪较大后，生意惨淡，就远途来到百家委路等地寻找生意。这种漂泊的生活使得一些妓女没有生活归属感，有些最后在贫病交加中离世。因为没有亲人处理后事，域多利中华会馆曾先后运送过一些妓女遗骨回中国。[4]

19 世纪 90 年代，温哥华的都板街成为唐人街的红灯区。唐人街上的妓女是得到白人警察保护的，这些警察每星期从都板街的华人妓女那里收取 8 加元的保护费。而在域多利，情况则不同，1885—1888 年，卖淫地点经常遭到警察的突击搜查。[5]例如 1886 年 12 月 14 日，警察突然搜查菲斯格街一间妓院后，逮捕了 9 名女子和 8 名男性华人。[6]对于华人妓女，警察会另找看护人加以保护并照顾。[7]

唐人街红灯区的声誉不佳，不光与华人妓女有关，与非华裔妓女在那里活动也有关，白人妓女也时常光顾唐人街，招揽华人客。但是白人妓女与华人男子发生性关系，引起白人社会的反感。1922 年，大不列颠帝国女法官埃米尼·墨菲（Emily F. Murphy）说："白人妇女与中国男子发生性关系是人类的堕落。"[8]

华人妓女有伤风化，引起堂斗、谋杀、诱拐等诸多社会问题，经过英文媒体

---

[1] "Chinese Slavery", Daily British Colonist, Dec. 17, 1886.
[2] "Chinatown Raided Last Night", Daily British Colonist, Sep. 4, 1886; "The Case Against Tai Ho", Daily British Colonist, Sep. 4, 1886; 李东海：《加拿大华侨史》，加拿大自由出版社，1967 年，第 107 页。
[3] "Chinatown Raided Last Night", Daily British Colonist, Sep. 4, 1886; "Slaver and Sin", Daily British Colonist, Sep. 4, 1886; "Chinatown Raided", Daily British Colonist, Dec. 12, 1886; Mysterious Chinatown, City of Victoria.
[4] 李东海：《域多利华娼沧桑史》，《加拿大域多利中华会馆 75 周年、华侨学校 60 周年纪念特刊》，加拿大域多利中华会馆印，1960 年，第 7、8 页。
[5] "The Chinese Matter", The Daily Colonist, Jul. 6, 1988; "Chinatown Raided Last Night", Daily British Colonist, Sep. 4, 1886; "The Case Against Tai Ho", Daily British Colonist, Sep. 4, 1886; Edgar Wickberg et al.: From China to Canada, Toronto, McClelland and Stewart Ltd., 1982, p.68.
[6] "Chinatown Raided", Daily British Colonist, Dec. 12, 1886.
[7] "The Chinese Home", Daily British Colonist, Dec. 19, 1886.
[8] Anthony B. Chan, Gold Mountain-The Chinese in the new world, Vancouver, New Stars Books, 1983, p.80.

渲染报道后，引发白人社会诸多不满。19世纪60年代初，阿吉（Ah Gutt），一个"臭名昭著"的拉皮条客，他在盖莫伦街拥有一家妓院，常被新闻曝光。[1]

教会等宗教慈善组织见此情况，大声呼吁解救华人性奴，并竭力帮助受迫害的女子。域多利唐人街上就有一个机构，叫"中华救援之家"又名"英华女馆"（The Chinese Girls' Rescue Home, or Oriental Home），是约翰·恩迪科特·贾甸立（John Endicott Gardiner）创办的。[2]贾甸立出生在广州，父母都是牧师，会讲广东话和英文。1886年，贾甸立设立了一间收容所，专门收容由警察从妓院带走的雏妓。早期收容的经费大部分由贾甸立自付。1887年12月，收养所在先驱（Herald）街54号重新租了房子。[3]

"中华救援之家"后来也收养了许多受虐的妻妾和婢女，此举引起很多华商的不满，他们认为买来的婢女及妾侍是可以鞭罚的，并不是违法行为，因此常常与贾甸立在法庭上对峙。后来因求援的妇女太多，还有日本妓女和受虐的日本妇女求救，1908年，"中华救援之家"改名为"东方人养育院及学校"，设立在盖莫伦街732号新建的砖楼里。[4]

三、吸毒现象

清朝末期，中国人吸食鸦片是国运衰落的一个象征。遗憾的是，这个恶习也被华人带到了加拿大。吸食鸦片是早期唐人街华人社区的一大污点。早期来加华人，大多数都是男性，主要从事淘金、修铁路、筑路等艰辛的工作。单调艰苦的劳作之后，没有文化娱乐生活的华工，就沿袭了在故居地的陋习，通过吸食鸦片来消除寂寞，减轻身体和心灵的疲惫，在吞云吐雾中忘却思乡的孤独、生活的艰辛，借鸦片麻醉自己，逃避现实，在绵绵无尽、日复一日的煎熬中，找寻快感，建造梦想里的空中楼阁。由此，引发了唐人街烟馆生意兴隆，鸦片需求量和价格不断增长。在高额利润面前，一批华人华商甚至堂会分子纷纷参与到鸦片的制造、

---

[1] "The Vitriol Gunpowder Case", The Daily British Colonist, Victoria, May 5–6, 1864.
[2] British Columbia, Land Registry Office, Absolute fees Book, Vol. 10. Fol. 504. The property at Lot 454 was bought for $3500；陈颂恩牧师：《早期加国华人基督徒历史》，加拿大中国信徒布道会出版，2013年，第22页。
[3] "The Chinese' Home", The Daily Colonist, Jul. 13, 1888；黎全恩：《由卑贱贫民窟至旅游景点》，《华埠通讯》，域多利，2003年12月第7卷第5期，第25页。
[4] "The Chinese' Home", The Daily Colonist, Jul. 13, 1888；黎全恩：《由卑贱贫民窟至旅游景点》，《华埠通讯》，域多利，2003年12月第7卷第5期，第25页。

贩运和买卖中来，形成了一种恶性循环，不但吸掉了华工辛苦赚来的血汗钱，也熏黑了华工和唐人街的灵魂。

当时的鸦片是从印度出口到亚洲，再由亚洲运送到美国和加拿大的。1908年之前，在加拿大使用鸦片是合法的，任何人都可以购买销售鸦片的牌照。19世纪70年代，鸦片生意是政府重要的财政来源和域多利唐人街的重要经济组成部分。

19世纪六七十年代，泰巽、广利、和生是域多利出口鸦片排名前三的公司。这些工厂提炼生鸦片，经营简陋污秽的鸦片窝点，让吸食者躺在公司窝点的床上吸烟。[1]

当然，因为有利可图，也有华人铤而走险无牌照就进行鸦片买卖，从而遭到当局的罚款。1865年，一名华人被发现没有牌照而销售鸦片，他的74罐鸦片被没收并拍卖了290加元。[2] 1874年，在卡里布煤矿社区，一名叫阿冲（Ah Chong，音译）的华人因没有买卖鸦片的牌照，被罚了50加元。[3] 从这些例子可以看出，当时华人吸食鸦片相当普遍。

1880年11月17日，清政府和美国签订了《中美续修条约》协议，规定彼此不准进口对方的鸦片。[4] 从此美国的华商不能再从中国进口鸦片，只得依靠域多利和别处的鸦片商。这样域多利成了最主要的走私鸦片中心。当时一磅鸦片在加拿大是5加元，在美国就是10加元。[5] 加工过的鸦片在域多利卖10加元，在芝加哥能卖到25加元。[6] 在卑诗省，鸦片走私到美国的船只一般行驶在域多利和美国之间的西雅图、塔科马港、砵唐逊、波特兰（Portland）和旧金山等沿海港口。另一种常见的路线是从域多利运送鸦片到霍普，再把鸦片带到斯美加美矿区或曲利矿区。从这些矿区，很容易把鸦片走私到美国。同样，走私也活跃在美国边境附近的唐人街。例如，鸦片被送到温尼伯、圣保罗和明尼阿波利斯（Minneapolis），或通过铁路运到温尼伯以西的位置，然后通过边境走私进入蒙大拿州（Montana）和

---

[1] David Chuenyan Lai, "Chinese Opium Trade and Manufacture in British Columbia, 1858–1908", *Journal of the West*, Vol.38, No.3, Kansas, Jul. 1999, p.23.

[2] "British Columbia Items", The Daily British Colonist, Victoria, Aug. 10, 1865.

[3] The Cariboo Sentinel, Sep.12, 1874.

[4] W. W. Willoughby, *Opium as an International Problem* (Baltimore, MD: John Hopkins Press, 1925), p.435.

[5] "That Opium Seizure", The Daily Colonist, Victoria, Aug. 5, 1887.

[6] David Chuenyan Lai, "Chinese Opium Trade and Manufacture in British Columbia, 1858–1908", *Journal of the West*, Vol.38, No.3, Kansas, Jul. 1999, p.23.

北达科他州（North Dakota）。[1]

整个 1880 年代，由于太平洋铁路的修建，华人人口在增加，鸦片业呈现出一片繁荣的景象，更多的鸦片工厂出现在域多利唐人街上。1881 年，域多利唐人街有 6 到 7 个鸦片工厂，1884 年，增加到 8 个鸦片工场。1888 年，鸦片工场增加到 13 家。[2]

由于价格昂贵，鸦片在当时甚至可以作为抵押品。例如，1886 年，广联兴（Kwong Lun Hing）公司，在域多利的加州保险箱和信托投资公司存放 10 箱鸦片，作为 5500 加元贷款的抵押物。[3]

1888 年，13 家鸦片工厂每年出口产量近 90000 磅，每磅 15 加元。这些鸦片工厂大部分在政府街和士多街之间的盖莫伦街上，现称潘多拉大道（Pandora Avenue）。[4]

鸦片之所以在加拿大流行，从经济角度讲，主要是鸦片贸易带来了巨额利润，出口鸦片税和征收牌照费成为一段时期以来加拿大政府财政收入的重要组成部分之一（参见表 7.2）。在域多利，1886 年每年鸦片牌照费为 250 加元，1888 年已翻了一倍。[5]

表 7.2　卑诗省鸦片进口税（1874—1899 年）

时间	总金额（加元）
1874 年	2493
1875 年	4839
1876 年	15331
1881 年	13668

---

[1]"Opium Smuggling", Daily British Colonist, Victoria, Sep.9, 1988.

[2]"Opium", Daily British Colonist, Victoria, Feb. 15, 1881; David Chuenyan Lai, "Chinese Opium Trade and Manufacture in British Columbia, 1858–1908", *Journal of the West*, Vol.38, No.3, Kansas, Jul. 1999, p.23.

[3] David Chuenyan Lai, "Chinese Opium Trade and Manufacture in British Columbia, 1858–1908", *Journal of the West*, Vol.38, No.3, Kansas, Jul. 1999, p.21.

[4] David Chuenyan Lai, "Chinese Opium Trade and Manufacture in British Columbia, 1858–1908", *Journal of the West* Vol.38, No.3, Kansas, Jul. 1999, p.21.

[5] "The Opium Traffic", The Daily Colonist, Victoria, May 8, 1888.

续表

年代	总金额（加元）
1887 年	53172
1889 年	101224
1890 年	137050
1891 年	146760
1892 年	144593
1894 年	91843
1895 年	36506
1987 年	51580
1899 年	39704

资料来源：Canada Table of the Trade and Navigation, Dominion of Canada, Ottawa, 1872—1899.

其次，对于商人而言，从事鸦片生意回报高，来钱快。尤其是在1880年美国国会通过了禁止鸦片进出口法案后，鸦片价格日益高涨，导致从事鸦片活动的人，更加猖狂。

更值得一提的是，加国政府盯着鸦片的税收，却根本无视吸食鸦片带来的副作用，他们没有将华人视为本国的公民，因此不需要计算鸦片副作用造成的社会成本提升，以及给社区带来的消极影响，他们的态度就是坐视华人社区自生自灭。

其实，吸食鸦片对个人、对社会都有很大危害。因为一旦上瘾，便不易自拔，染上烟瘾后不但身体受损，有人甚至完全丧失了劳动能力，并且往往伴随着品质、道德的沦丧。为了能定时吸食鸦片，鸦片吸食者们不关心家庭，上街偷窃或四处寻钱，使得华人社会失去了活力。鸦片在华人社会很流行，甚至波及华人社团。根据域多利中华会馆印行的第一本征信记载，其时会馆每召集一次会议，皆由会馆特设公烟一二两，供给职员食用。当然，华人吸食鸦片的风气也蔓延到西人社区。1884年，皇家调查人员前往域多利唐人街烟窟实地调查时，竟发现有洋妇及西人与华人一起吸食。[1]

如此一来，吸毒问题引起了加拿大政府的关注。随着1906年9月晚清政府发布禁烟圣旨，英国下议院也于1908年5月6日通过一项决议，减少鸦片的出口销

---

[1] 李东海：《加拿大华侨史》，加拿大自由出版社，1967年，第104页。

售，并采取措施终止在所有英殖民地发放鸦片牌照。[1]

1907年9月7日，温哥华发生了排华骚乱。11月6日，联邦政府组成了调查委员会，任命劳工部副部长金麦京为专员，对受害者的损失情况进行调查。当时有两家华人鸦片工厂要求索赔600加元。[2]金麦京通过调查发现，每年有大量生鸦片进口到加拿大。例如，1905—1906财政年，进口鸦片的价值在251943加元。当时在温哥华、域多利、新西敏有至少7个鸦片工厂，1907年鸦片收入总额约为650000加元。金麦京认为，有充分的理由相信，当时所生产的大部分鸦片是被走私到中国和美国沿岸城市的。[3]根据这个调查，金麦京非但拒绝了华人鸦片商提出的索赔要求，还建议并促使联邦立法机构在1908年7月20日通过了一项禁止买卖、加工、吸食鸦片的法律，这对域多利依赖鸦片生意的华人商业打击很大。[4]这项法律通过后，任何人要是再卖、进口或生产鸦片，将被判三年监禁并罚款50加元到1000加元。

在清朝和大英帝国以及加拿大立法禁烟的大环境下，华人社区内部累积很久的反吸食鸦片情绪终于找到合理的发泄口，约克（T.T.York）和其他华人社区领袖于1908年3月28日在温哥华成立了反鸦片联盟。[5]不久，新西敏、域多利和卑诗省其他城市也形成了分支联盟，明确宣扬反对和不鼓励在华人社区吸鸦片，并敦促停止使用鸦片。

不过，因为短时间内大量的瘾君子难以断然戒除吸食鸦片的陋习，非法的鸦片买卖市场依然有利可图，仍有一些华人为了牟取暴利铤而走险，继续非法经营鸦片生意，高价贩卖鸦片等毒品，警方对此也强化了搜查和检控。1918年7月13日，警方在片打街305号搜出鸦片烟及吗啡，约价值银三千元，就将屋内华人靳尼拘去。[6]1919年1月26日，警察在北温哥华二街某华人住所拘去华人7名，控

---

[1] W.W.Willoughby, *Opium as an International Problem* (Baltimore, MD: John Hopkins Press, 1925), pp.14-15.

[2] Canada, *Report of Lasses Sustained by the Chinese Population of Vancouver, B.C., On the Occasion of the Riots in that City in Sep. 1907* (Canada, Sessional Papers, 1908, no.74f).

[3] Canada, Report by *W.L.Mackenize King on The Need for the suppression of the Opium Traffic in Canada* (Canada, Sessional Paper, 1908, No. 36b).

[4] Canada, *Statutes*, 7-8 Edward VII, chap.50.An Act to prohibit the Importation, Manufacture and Sale of Opium for Other than Medical Purposes; https://sencanada.ca/content/sen/committee/371/ille/rep/repfinalvol2- e.htm, 检索时间：2021年7月29日。

[5] "Local Chinese will Combat the Evil", Victoria Times, Mar. 31, 1908.

[6]《又搜获违禁药品一大帮》,《大汉公报》1918年7月15日。

以吸烟罪，并搜出烟具两副及烟膏等物。[1] 1920 年，当皇家加拿大骑警接替卑诗警方负责该省实施反毒品法，加强麻醉品管制以后，在 10 年内，为数虽少却经常出现华人因触犯这项法律而被驱逐出境者，平均每年达 70—80 人。[2] 就这样，经过很长的一段时间，在执法的大环境和华人社区内部抵制的情况下，贩卖和吸食鸦片的陋习才慢慢在社区中弱化。

四、赌博现象

嗜赌，是中国人根深蒂固的一个陋习。不幸的是，华工两手空空来到异国他乡，却没有忘记把这个陋习留在故土。梁启超曾在北美游历多次，其海外游记没有放过对当地华人赌博情况的关注。他在《海外殖民调查报告书》这本关于加拿大（特别是卑诗省）华侨华人的著作中，提及了华人的赌博习惯，当时，开赌铺的有，赌博的更多，"几乎无家不赌"，连日本人也参与进来。从中可见，赌博在加拿大华人中流行甚广。

早期加拿大华人热衷赌博，当然与他们文化水平低、生活单调，以及唐人街缺少其他娱乐生活有密切关系。不少华人其实在家乡就已学会了赌博，甚至上了瘾。来到加拿大后，因无法融入主流社会，赌博就成了早期华工日常休闲娱乐的生活方式，当时社区重要的娱乐活动，比如华人会友、座谈、宴会，往往以赌博为娱乐。[3] 赌博的种类很多，有番摊、牌九、白鸽票等，这些赌博方式在华人看来不是罪恶，只是一种社会活动方式，用来消磨时间。因此，华人参赌者来自华人社会的各个阶层，有下层打工者、农工、小商人等，甚至还有吸毒者。

20 世纪 10 年代，域多利番摊巷（Fan Tan Alley）内的赌馆最出名，华人又称之为银行巷。此巷长 200 英尺，宽仅可过两个人。巷内除餐馆等商号外，还有数十家大小不一的番摊赌馆，大的可容纳百余人。馆内还有摊位，有小贩穿插其间，兜售香烟、零食等，宛若街市。[4] 番摊巷繁华期间，还有歌女、杂技，甚至有从旧金山来的华人歌剧演员前来助兴。[5] 赌场老板请乐队演出，是为了吸引更多的客人。

早期的唐人街，几乎大多数商店都有赌博业务。据估计，19 世纪后期和 20

---

[1]《大破芙蓉城》,《大汉公报》1919 年 1 月 27 日。
[2] Edgar Wickberg et al.: *From China to Canada*, Toronto, McClelland and Stewart Ltd., 1982, p.122.
[3] 李东海：《加拿大华侨史》, 加拿大自由出版社, 1967 年, 第 104 页。
[4] 李东海：《加拿大华侨史》, 加拿大自由出版社, 1967 年, 第 105 页。
[5] Anthony B. Chan, *Gold Mountain-The Chinese in the New World*, Vancouver, New Stars Books, 1983, p.79.

世纪早期,温哥华华人每年花在赌博上的钱就有30万美元。而在整个卑诗省,华人每年要花去100万美元。[1]赌博确实引发了很多社会问题。有些华人越赌越输,越输越赌,最后落得身无分文,甚至欠下债务,把养家糊口的责任抛诸脑后,引发很多悲剧。因为赌博或者输钱,有的华人去行窃,有的华人去抢劫,有的华人流浪街头,有的华人客死他乡。例如,何安(Ho Ng,音译)在赌场的小房间就被李泓(Lee Hung,音译)抢劫过。[2]华人赌博引发的社会问题,也成为种族歧视者排华的重要借口,而一些媒体也大肆渲染华人的赌博恶习,使华人的负面形象深入人心,让加拿大公众对华人形成了一种刻板的印象。

由于华人赌博引发了舆论关注,政府当局采取了一些措施,普通民众也介入遏制赌博的行动。1914年10月,有30名华人在温哥华片打东街115号被警察拘走,被控赌博。[3]1915年5月,有百余名华人在片打街东3号被拘留,另有30多名华人在片打东街115号被拘留,被指控赌博。[4]1920年5月13日,一大群西人在片大东街115号,拘住赌徒17人,并将赌具一并解往警局,每人具保金25加元。据西报载,西人中,其中有市长夫妻。[5]

与吸食鸦片不同,在早期的华侨华人社区,赌博这一现象并非只是需要社群反省,这是由大环境和第一代华人嗜赌的习性两方面因素决定的。一直到社区休闲娱乐活动多元起来,赌博人数才相应减少。

第三节 华侨华人社团的发展与作用

1885年至1923年间,随着华人的日益增多,以及海外华人力量的逐渐显现,加拿大华侨社团有了很大发展。促使侨团发展的两个内外因素十分明显,内部因素自然就是华人领袖期望团结乡亲,发挥人多势众的影响力,并与其他团体竞争;外部因素则是,中国本土的政治较量加剧,革命与保皇、进步与反动势力都要争取海外华人的支持,政治渲染与革命激情在海外华人社区震荡,各类具有政治性的社团也应运而生,形成加拿大华人侨团发展的第一个高潮,其特征是,在旧的组织不断扩大的同时,新的组织也纷纷成立。这一时期华人组织主要分为以下几

---

[1] Jiwu Wang,*His Dominion and the Yellow Peril*,Waterloo Laurier University Press 2006,p.20.
[2] CCBA Jun. 1,1893.
[3]《小衙内案汇录》,《大汉日报》1914年10月12日。
[4]《赌徒为人所愚》,《大汉日报》1915年5月26日。
[5]《政界人物亲来华区缉赌》,《大汉公报》1920年5月14日。

种类：社团领导组织、宗亲性组织、邑县性组织、商业性组织、政治性组织、方言组织和青年组织等。

一、社团领导组织与作用

中华会馆是侨社的领头羊，由华埠内各华人社团派代表组成。域多利中华会馆成立后，1897 年，域多利中华会馆、温哥华中华会馆、新西敏中华会馆联合上书清政府驻英使臣张荫桓，请求交涉移民"人头税"苛例。但这只是有新西敏中华会馆之名，新西敏中华会馆应该在 1903 年之前正式建立。[1]由于温哥华交通便利，且市区与新西敏相连，华人多云集于此，新西敏中华会馆受其影响，在没有壮大的情况下就逐渐走向衰落了。

1895 年，温哥华中华会馆开始草创。经过 10 多年的筹备，于 1906 年正式成立。[2]当时由 6 名温哥华华商叶春田、沈满、黄玉珊、李骥（Lee Kee，也叫李世璠）、周棠和梁齐（梁齐瑞）于 1906 年 11 月 21 日前往卑诗省政府，注册"温哥华中华会馆"为慈善机构。会馆成立之初，并没有制定自己的章程，行事完全按照域多利中华会馆的规章办理。

温哥华中华会馆成立之初，并没有固定的场所，筹备组的活动也不多。随着组织的扩大和会务的增多，温哥华中华会馆开始筹集资金，后在片打东街 108 号兴建了中华会馆会所。1910 年 10 月 21 日，温哥华中华会馆举行开幕典礼，三楼为会所。底层和二楼是中华医院。[3]阳台上所悬牌匾也是从域多利中华会馆原有的朱汝珍所书照拓仿制的。[4]

自域多利、新西敏和温哥华成立中华会馆后，加拿大几乎所有华侨华人社区都建立了中华会馆或中华会所，其中有多伦多中华会馆、湿比利（Sudbury）中华

---

[1] 1897 年，域多利中华会馆、温哥华中华会馆、新西敏中华会馆联合上书清政府驻英使臣张荫桓之文献；*The Vancouver Daily Province*，Oct. 13，1903；David McIlwraith (Editor), Wanda Joy Hoe (Translator)，*The Diary of Dukesang Wong: A Voice from Gold Mountain*，Talonbooks，2020，p.100.

[2] 1906 年 11 月 21 日，温哥华中华会馆在卑诗省注册记录；Henderson's BC Gazetteer and Directory Part I，p.170.

[3]《本会馆简史》，《加拿大云高华中华会馆举行重修落成开幕典礼特刊》，1952 年，第 1 页；李东海：《温哥华中华会馆成立年代之考证》，《加拿大域多利中华会馆成立 75 周年、华侨学校立 60 周年纪念特刊》，加拿大域多利中华会馆印，1960 年，第 3—5 页；禀呈李鸿章设领事馆照会英官呈稿原文（光绪二十二年，即 1896 年）；黎全恩：《温哥华中华会馆及全加中华总会馆成立年份考证》，《华埠通讯》，2006 年 12 月，第 9 卷第 3 期，第 21 页。

[4] 李东海：《加拿大华侨史》，加拿大自由出版社，1967 年，第 196 页。

公所、京士顿（Kingston）中华会馆、咸美顿中华会馆、伦敦中华会馆、蒂明斯中华会馆、魁北克中华公所、哈利克法斯中华公所、满地可中华会馆、穆斯乔中华公所、里贾纳中华公所、萨斯卡通中华会馆、威廉中华公所、列必珠华侨联合会、温尼伯中华会馆、尾步溪（Maple Creek）中华公所、士役汗（Swift）中华公所、纳尔森中华公所、渥太华中华会馆（1919）、冚巴仑华侨公所、当近（Duncan）中华公所。[1]当然，各地的中华会馆之间有着千丝万缕的联系，但彼此之间各自为政，没有实在的从属关系。

这里要特别指出的是，与其他地方的中华会馆成立过程相比较，满地可中华会馆的成立颇具戏剧性。1900年到1909年这10年间，满地可大约90%的华人姓谭、黄和李，这几个大姓之间经常发生冲突，难以合作。到了1912年，中华民国成立后，中国驻渥太华领事前往满地可的唐人街，调解三姓人士之间的纠纷。[2]1914年10月26日，满地可商会各代表赞成成立中华会馆。11月1日，召开满地可全体华侨大会，宣布章程。[3]1915年2月7日，由各侨团选举满地可中华会馆议员。9日，由各议员自行补选各职员，共得职员38人，均为义务，唯中文书记员，每月工金15元，西文书记随事请雇。中华会馆于2月14日开幕，来宾有杨总领事、赵副总领事，各埠商董谭华田、梁亭、熊奕湛等。是日，主宾演说，均欢呼满地可中华会馆万岁。当时选出来的总理是谭声赓，副总理是李基亿，议长是黄良滋，副议长是彭崇，司库是胡遵年，书记是谭文泽。[4]1915年5月10日，满地可中华会馆给维多利和温哥华两埠中华会馆写信称，由满地可回国的华侨，该会馆已经征收2元费用，如果他们由温哥华和域多利两埠搭船，请不要再收费用。对此，驻加拿大总领事核准施行。[5]

满地可中华会馆成立后，与其他中华会馆一样，努力为华人争取权益。1915年，魁北克省议会提出，要修正洗衣抽税案。凡是在满地可的华人，每人抽税50元。早期魁北克的华人每人抽税40元，若白人用机器洗则不抽税。满地可中华会馆请杨书文总领事与魁北克省政府交涉。会馆还请律师和翻译与省长交谈，但没

---

[1] 李东海：《加拿大华侨史》，加拿大自由出版社，1967年，第198—202页；《加拿大缅省中华会馆简介》，《全美中华会馆、中华公所、华侨总会年会特刊》，1994年。
[2] 《杨总领事到满埠中华新董值书》，《大汉公报》1914年11月19日。
[3] 《满地可埠中华会馆成立》，《大汉日报》1914年11月9日；《杨总领事致满埠中华新董值书》，《大汉日报》1914年11月19日。
[4] 《满地可中华会馆开幕》，《大汉日报》，1915年2月23日。
[5] 《满地可中华会馆禀批照录》，《大汉日报》，1915年5月29日。

有成功。[1]

不可否认，各地的中华会馆都带有政治色彩，而其政治色彩与加拿大主流政治无关，却与亚洲原居地的政治难分难解。中华会馆虽然没有完全控制唐人街华人各派各山头，却在某种程度上可以代表各自所在地的华侨社区发言。这些会馆之间互相联络，解决华人之间的纠纷和争执，维护祖籍国主权，共同反对主流社会对华人的歧视，要求消除苛例杂税，争取华人权益。比如反对黄白分校、反对禁止华人餐馆雇用白人女子、帮助新来的华人早日适应加拿大生活习惯等。

举例而言，1885年3月，域多利安兴公司代表西雅图华昌公司付了99.25美元关税，但后者公司的经理陈宜禧不知道这种付款，拒绝还款给安兴公司。后来这两家公司通过中华会馆调解，于1887年1月23日签署了一项协议。协议中规定，陈宜禧支付给中华会馆100元的信任钱，如果三个月后没有被要求再付关税，100美元将支付给安兴公司。如果安兴公司把华昌公司告上法庭并胜诉，华昌将支付所有在美国和加拿大债务利息以及法律费用。另一方面，如果华昌打赢官司，安兴公司将支付所有的费用和利息。中华会馆为这项协议做了见证。[2]

当时很多来加拿大的华人来自贫穷的乡村，他们不了解西方的文化和习惯。有些华人是赤着脚，穿着内裤来到加拿大的，这些衣衫褴褛的华人与加拿大社会氛围不相吻合，故而被白人瞧不起。为了纠正这些不良习惯，提高华人形象，1901年4月，域多利中华会馆派送了很多传单到中国乡村，向将要来加的华人介绍一些生活中的注意事项，其中有最好能带有钱银5加元；在香港就要买好衣服、裤子、帽子、袜子等；上船后不要当众抓虱子，去厕所时不要尿到外面；吃饭时要排队等。[3]

1902年，皇家调查委员会调查在加拿大的华人和日本人的生活状况，罗列了方方面面34个问题。比如，有因华人入境而妨碍白人工人吗？本国白人工人够用吗？若不禁华人入境有碍本国利益吗？有啥工艺专靠华人才能做吗？如有的话，为什么？等等。域多利中华会馆董事们认为，其中提出的一些问题，目的是借此控制华人在某些行业就业和禁止华人移民。于是，他们就想花几千元聘请律师，

---

[1]《满地可中华会馆求各埠侨胞救助书》，《大汉日报》，1915年5月31日；《满地可中华会馆布告照录》，《大汉日报》，1915年6月7日。

[2] 1887年1月23日，陈宜禧与陈东儒签名信。资料来自维多利亚大学图书馆。

[3] 1901年4月30日，域多利中华会馆寄返中国各地乡村，指导国人来加规则的告白书。

来对抗这些调查。中华会馆发出通告，呼吁商家慷慨捐赠，并要求每个华人贡献 50 加分和支付 2 元的离境费。[1]可是后来未能获得足够的捐款，中华会馆的董事们只得放弃了这个打算。

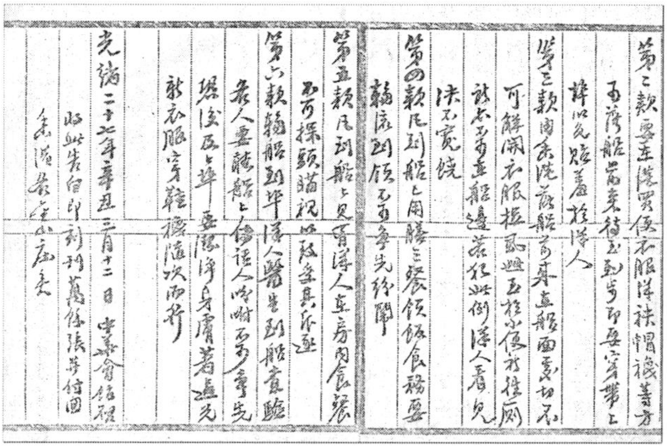

图 7.14　1901 年 4 月 30 日，域多利中华会馆寄返中国各地乡村、指导国人来加规则的告白书

资料来源：维多利亚大学

这种声望的衰退，也体现在董事成员的构成上。以前域多利中华会馆董事及理事由埠上有名望的商人委任或担任，但后来参加的理事人数日益减少。1916 年，中华会馆理事会要求每个邑县团体选派两位代表出任理事。自此开始，中华会馆理事会由埠内各邑县侨团代表担任，再不由商人担任。其后，中华会馆因欠交会馆楼宇和坟场地税，面临破产。"维持中华会馆委员会"于 1920 年形成议决，任何侨社或政党每捐 100 元便可派一位代表为理事，国民党捐 200 元可占两席位。其他侨社，如致公堂、台山会馆，只能限捐 100 元，故只占有一席位。1921 年中华会馆由 12 位理事负责，代表埠内 11 个侨团，因人数太少，1922 年各代表侨团多派一位代表，理事会便增至 24 人。代表中有许多是厨师或板厂工人等，[2]因此，中华会馆理事不再由富人独占。同时由于拖欠 1200 加元的税款，市政府要求在 11 月 30 号之前交清，否则将要拍卖中华会馆财产。本来中华会馆在成立几年之后已

---

[1] Archives of Chinese Consolidated Benevolent Association (Meeting minutes correspondences, notices etc) stored in the Archival Library University of Victoria, Circular to fellow countrymen for Donations to Fight Against Discriminatory Regulations, Mar. 20, 1902.

[2] Chinese Consolidate Benevolent Association (CCBA), Jan. 22, 1921；黎全恩：《华埠社会之组织与权力结构》，《城市中国》，2007 年 第 23 期，第 34 页。

不再向华人征收会馆底银,现在不得不重新向管辖之内的温哥华岛华人征收 2 加元的会馆底银。[1]

总体而言,在管制入境制时期,中华会馆在各地华社中起了很大的增强团结与领导的作用,但在一些华人较少或者社团组成较为复杂的地方,中华会馆的成绩并不显著。另外,随着更多地方和宗亲侨团的建立,不但在领袖人才上分薄了中华会馆的优秀理事来源,同时,这些侨团也都要求其会员捐助,间接造成中华会馆的捐款收入日益减少。这样一来,中华会馆的威望和权力逐渐减弱,无力平息后来搅动社区的国民党和致公堂的争斗,显示其无法再扮演解决华人内部纷争的最大仲裁者角色。

二、宗亲性组织与作用

早期华侨进入加拿大,同邑同乡乃至同宗关系,扮演了重要角色。而在唐人街稳定发展时期,宗亲会崭露头角,在凝聚人群、对应危机、发挥团体力量上表现突出,成了中华会馆之外最重要的社团力量。在管制入境制时期,加拿大各地的唐人街出现了众多的宗亲会团体,而以西部卑诗省最为兴旺。

卑诗省的宗亲团体,呈现出会友多且资产较多的特征,因人事变迁,有些团体在成立后更名,如刘关张赵四姓组成的名义堂扩大为龙冈公所、谢玉树堂归并昭伦亲义公所(Chau Luen Society of Vancouver)、周爱莲公所一部分并入至德三德堂、司徒教伦堂与姓薛的合并为凤伦堂(Fong Leub Tong Society Sit, Seto Clans Association)、梁安定堂为梁忠孝堂。[2] 1931 年,在温哥华召开的全加李氏宗亲会上,议决撤销全加李陇西堂(Lee Long Sai Tong)和敦亲公所之名,统一改为李氏公所,同时在温哥华成立全加李氏总公所(Lee's Benevolent Association of Canada)。[3]

在域多利,黄江夏堂(Wong Kong Har Tong)成立于 1900 年。[4] 1909 年 12 月,李梦九、李代、李丹(Dan)和李荣耀(Wing Yew)代表李陇西堂在 612—614 号

---

[1] Minutes CCBA Maintenance Committee meeting, Nov. 25, 1920; David Chuenyan Lai, *Chinese Community Leadership*, Singapore, World Scientific Publishing Co.Pte.Ltd., 2010, p.136.
[2] 李东海:《加拿大华侨史》,加拿大自由出版社,1967 年,第 206、207 页。
[3] 《发刊词》,《全加李氏第三届恳亲大会纪念特刊》,1985 年,第 3 页。
[4] 《维多利亚黄宗亲会》,《全加黄氏宗亲 2005 年恳求大会、加拿大黄氏宗亲会成立 35 周年纪念》,2005 年,第 24 页。

菲斯格街买了块地，1910年，该协会建了两间砖房。[1]李陇西堂改名为李氏公所后，于1911年发起百子会筹款建筑会址。百名会员合资于华埠中心购地，兴建了一座美轮美奂的三层建筑物，顶层置有礼堂及面向街道的阳台。1916年，该堂所正式向政府注册存案。开幕时，来自中国南方的维市李氏宗亲送来精致的雕刻木坛作贺礼。李氏公所最隆重的活动是农历二月十五日的老子诞。[2]或许有人会说，李氏宗亲会是拿着古代圣贤为自己的姓氏立威撑场面，但实际上，这种活动既在海外华人尤其是第二代、第三代华人中传承了中华文化的传统，同时也向新的居住地传播了悠久的中华历史文明。

19世纪80年代，刘、关、张、赵四姓成立了明义堂（Ming Yee Tong），1902年，改组为龙冈亲义公所。1905年，该协会在加富民街1717号买了楼，把总部设在三楼。1920年，该公所设立阅书报社，开办英语夜班、国语训练班等。[3]20世纪20年代初，域多利唐人街逐渐衰落，许多华人移居到了温哥华唐人街。

至德堂（吴、周、蔡、翁、曹）成立于1903年。同年，余姓同乡筹备成立余风采堂（Yee Fung Toy Tong）。1903年6月，两个社团将他们的钱集中起来，在菲斯格街611—626号购买了一个两层建筑的楼房。[4]1904年，余风采总堂正式成立，总堂大厅悬挂着"风采堂"的匾额。[5]

到了1909年，域多利有至少12个宗亲会，即李陇西堂、明义堂、林西河堂、陈颖川堂（Chan Wing Chun Tong）、马紫金堂（Mar Gim Doo Tong）、黄江夏堂（Wong Kong Har Tong）、司徒教伦堂（Seto Kou Lun Tong）、何卢江堂（Ho Lo Kong Tong）、周爱莲公所（Chow Oylin Kung Shaw）、溯源堂（Suoy Yuen）、至德堂（Gee Tuck Tong）和余风采堂。这些非正式的宗亲会没有定期举行会议，也没有保留会议记录。20世纪20年代初，大多数小氏族宗亲会几乎不存在了。[6]例如，徐东海堂、甄中山堂、冯始平堂、董陇西堂因时代变迁不复存在。[7]

温哥华唐人街随着城市的繁荣而发展起来，它虽然在时间上成立得比较

---

[1] Land Regislative Office，AFB Vol.28 Fol.310#23502c DD 17303.

[2] 关达仁：《加拿大龙冈亲义总公所成立65周年回顾与前瞻》，《加拿大龙冈亲义公所成立65周年暨第一届全加恳亲代表大会开幕纪念特刊》，加拿大龙冈亲义总公所，1967年，第45、46页。

[3] *The 65th Anniversary and 1st Convention of Lung Kong Association in Canada*，1967，p.45.

[4] Land Regislative Office，AFB vol.21 Fol.235#8828c and 83407-1.

[5]《世界余氏宗亲总会第五届暨全加余风采堂第16届恳亲大会纪念特刊》，2012年，第6页。

[6] David Chuenyan Lai，*Chinese Community Leadership*，Singapore，World Scientific Publishing Co.Pte.Ltd.，2010，p.101.

[7] 李东海：《加拿大华侨史》，加拿大自由出版社，1967年，第206页。

晚，但却因着良好的地理环境，呈现出发展速度快、规模大的特征，很多宗亲侨团也相继在温哥华成立，同时也吸引着他地的宗亲会搬迁过来，成为总堂所在地。

1906年，温哥华市唐人街已开始有马氏会所，外称乐群房，内则实为一个金紫堂百子会，后因组织不甚完善，数年后就解散了。1918年，百加委路埠宗人再次发起组织金紫堂，经商量后决定由各埠马氏宗人分别组织马金紫堂，进而在温哥华组织金紫总堂。[1] 1919年，马氏宗亲会（The Mah Benevolent Society）正式成立。[2] 1922年5月，旅北美马氏总公所（Mah Society of North America）在云高华片打街东139号成立，常务理事三人。[3]

1913年，温哥华黄氏族人成立黄云山总公所，随后又成立全加黄江夏堂，该堂筹款购买了唐人街片打东街121号的四层楼业，1922年举行了开幕典礼暨第一届恳亲大会。[4]

1916年10月，温哥华至德堂支部成立。[5] 1918年，数十陈氏族人在温哥华组织会所，租缅街438号二楼为会址。1919年开始用全加陈颖川堂名称。1926年建成全加陈颖川总堂（Chin Wing Chun Tong Society of Canada）大楼。[6]

1919年前，部分居住在温哥华的伍氏宗亲集体租住在片打东街165号二楼，称伍胥山房，既为住处，也是宗亲聚集会所。后因业主迫迁，搬至佐治东街近假溪岸边几间铁皮屋，后又遭迫迁。同人遂认识到拥有自己实业的重要。1919年，由先侨伍善于等首倡并带头认股，因百子会办法，发动伍氏宗亲入股集资，每股10元，计划发行1000股。1920年，觅得温哥华喜士定东389号三层物业，房价9750加元。5月22日交定银500加元，6月22日再交3558.3加元，便正式入伙居住。[7]

---

[1]《温哥华马氏宗亲会简介》，《温哥华中华会馆百年纪念特刊1906—2006》，2006年，第255页。

[2] Dana J Mah.Mah Society of Canada Brief Combined History: *Mah Socitey Canada Established 100th Year Anniversary 1919-2019*, Vancouver, 2019, p.10.

[3] 华侨团体印鉴报告表，1922年5月24日。

[4] 黄浓添：《全加黄氏宗亲2005年恳亲大会、加拿大黄氏宗亲总会成立35周年纪念》，黄氏宗亲总会，2005年，第10页。

[5]《温哥华中华会馆百年纪念特刊1906—2006》，2006年，第265页。

[6] 本堂历届重要职员表，1918年至1976年；全加陈颖川堂于1919年3月28日获得卑诗省政府发给的社团注册证书；1926年3月21日，全加陈颖川总堂新厦落成志庆，一些侨社所送的贺词；陈荣枢：《细说颖川堂》，《全加陈颖川总堂成立百周年纪念特刊》，2018年，第63页。

[7]《温哥华中华会馆百年纪念特刊1906—2006》，2006年，第278页。

1923 年，龙冈亲义公所在温哥华成立。同年，林西河堂在温哥华成立。1924 年，林西河堂更名为林西河总堂，同年，林九牧公所在温哥华成立。[1] 1927 年，爱莲公所在温哥华成立。[2] 1930 年，为了团结一致，林西河总堂和林九牧公所合并，统称为加拿大林西河总堂和林九牧公所（Lim Sai Hor Kow Mock Benevolent Association）。[3]

除此之外，温哥华唐人街还有昭伦亲义总公所（谭、覃、许、谢）、至德三德总堂、林西河总堂、笃亲总公所（陈、胡、袁）、陈颖川总堂、郑荥阳总堂（Cheng Wing Yeong Tong）、梁忠孝总堂、余风采总堂、凤伦总堂（司徒、薛）、廖武威堂（Lew Mow Way Tong）、南阳总堂（叶、邓、袁）、曾三省堂、罗豫章堂、溯源总堂（雷、郑、方）、许高阳堂、关陇西堂、李岗西堂（开平李）、铁城崇义会、李敦宗总所。

由于卡加利、多伦多、满地可唐人街的兴起晚于西部地区，加上早期华人沿着由西往东的路线移民，因此，中部和东部的宗亲会大都沿袭西部的模式，数量也少一些。

在多伦多，1911 年，刘、关、张、赵四姓宗亲人士成立了龙冈亲义公所（Lung Kong Tien Yee Association），1921 年正式注册。[4] 1912 年，黄江夏分堂在多伦多成立，并于 1913 年成立黄云山总公所，1922 年成立黄江夏总堂。[5] 另外，多伦多还有李氏公所、昭伦亲义公所、伍胥山堂、陈颖川堂、麦始兴堂、横塘公所（台山李）、横岗公所（开平吴）、林西河堂等。[6]

在卡加利，1910 年，卡加利李氏族人为了团结，成立了"同胜房（Tung Shing Fon）"，位于卡城西南第一路及第 17 街，后迁至华埠第二街东南，改名为"李陇

---

[1]《宗亲记志》，《林西河堂林九牧公所金禧纪念特刊》，1980 年，第 1 页；《金禧纪念纵横谈》《林西河堂林九牧公所金禧纪念特刊》，1980 年，第 6 页；《本堂所历年大事记》，《加拿大林西河总堂九牧公所合并 60 周年纪念特刊 1930—1990》，1990 年，第 108 页。
[2]《爱莲公所一周年纪念志盛》，《大汉公报》1928 年 5 月 7 日。
[3] 林岳均：《旅加林族堂所沿革概述》，《林西河堂林九牧公所金禧纪念特刊》，1980 年，第 1 页。
[4] 张胜焕：《多伦多龙冈亲义公所简史》，《多伦多龙冈亲义公所庆祝成立 100 周年纪念特刊》，2011 年，第 98 页。
[5] 黄浓添：《加拿大黄氏宗亲总会》，《全加黄氏宗亲 2005 年恳亲大会加拿大黄氏宗亲总会成立 35 周年纪念》，2005 年，第 10 页。
[6] 李东海：《加拿大华侨史》，加拿大自由出版社，1967 年，第 207 页。

西堂"。[1]

1910 年，"江夏旅馆（The Kung Har Hotel）"成立，地址在中央街 205 号。这是黄氏宗人的住所及聚集堂口，也是黄江夏堂（Wong Kung Har Tong）的前身。1927 年，黄氏族人发起组织黄云山公所（Wong Wu Sun Society），并于 1931 年正式成立。[2]

1919 年，卡城马紫金堂（The Calgary Mah Society）成立，这是一个纯男性会员组织。[3] 1920 年，卡城余风采堂（The Yee Fung Toy Society）成立，并于 1924 年购置现在堂址。[4] 1923 年，卡城龙冈亲义公所（The Lung Kong Association）正式成立。[5] 1922 年，来自中国广东中山地区的华人成立了铁城崇义会。[6] 1926 年，卡城溯源堂（The Sue Yuen Association）正式成立，由雷、方和邝三姓组成。[7] 卡加利还有梁忠孝堂、袁汝南堂、林西河堂、明义堂（刘、关、张、赵）等。

在爱民顿，黄江夏堂成立于 1920 年。[8]

在满地可，1917 年成立黄云山公所。[9] 另外还

图 7.15 口述者廖永腾
资料来源：贾葆蕌拍摄

[1]《卡城李氏公所的经过》，《全加李氏第三届恳亲大会纪念特刊》，1985 年，第 35 页。
[2]《黄氏宗亲会简史》，《卡城华人社区百周年纪念特刊》，卡城中华协会刊行，1993 年，第 43—45 页；Chinese Businesses and Institutions, *Chinatown Historical Context Paper*, Commissioned By The City of Calgary, The City of Calgary Records & Information Management（RIM）Inspection & Permit Services, p.18.
[3]《卡技利马氏宗亲会沿革》，《卡城华人社区百周年纪念特刊》，卡城中华协会刊行，1993 年，第 49 页；Dark Times in Chinatown 1923–1946: *Chinatown Historical Context Paper*, Commissioned By The City of Calgary, The City of Calgary Records & Information Management（RIM）Inspection & Permit Services, p.27.
[4]《余风采堂简介》，《卡城华人社区百周年纪念特刊》，卡城中华协会刊行，1993 年，第 51 页。
[5]《龙冈史略》，《卡城华人社区百周年纪念特刊》，卡城中华协会刊行，1993 年，第 54 页。
[6] Dark Times in Chinatown 1923–1946, *Chinatown Historical Context Paper*, Commissioned By The City of Calgary, The City of Calgary Records & Information Management（RIM）Inspection & Permit Services, p.28.
[7]《卡城溯源堂》，《卡城华人社区百周年纪念特刊》，卡城中华协会刊行，1993 年，第 53 页。
[8]《点城黄氏宗亲会简史》，《全加黄氏宗亲 2005 年恳亲大会、加拿大黄氏宗亲总会成立 35 周年纪念》双庆特刊，2005 年，第 22 页。
[9]《满城黄云山公所简介》，《全加黄氏宗亲 2005 年恳亲大会、加拿大黄氏宗亲总会成立 35 周年纪念》双庆特刊，2005 年，第 10 页。

有李氏公所、谭光裕堂、陈颖川堂、至孝笃亲义公所、昭伦公所、龙冈亲义公所、三德公所、溯源堂等。在温尼伯，有黄云山公所、李氏公所、马氏公所、至孝笃亲义公所。在以上这些宗亲团体中，以黄江夏堂和李氏公所会友最多，会务最发达。其次是马氏公所、龙冈亲义公所、林西河堂和至孝笃亲义公所。[1]

无论是何地的宗亲会都有这样一些基本功能，即收会费、创办费或认股，也为临时有困难的会员提供暂时住宿，协助会员寻找工作，必要时给予救济，并帮助会员办理丧事，还有些宗亲团体出资鼓励子弟学习，等等。毫无疑问，宗亲会在团结华裔、济危救难、反对歧视等方面功不可没，但也因各自为政，使得唐人街的华人组织结构很松散。不过，值得大书特书的是，宗亲会建立的会所和宗亲祀堂，成为见证唐人街历史的活化石，也成为加拿大这个年轻国家重要文化遗产的一部分。

宗亲团体注重传承，口述历史显得相对重要。温哥华廖武威堂主席廖永腾介绍说：

"我们廖武威堂是在1920年成立的。那个时候，有一班从中国广东新会和沙堆来到加拿大的廖姓同乡，都是没有家庭的单身汉，他们平时很孤单。更为严重的是，当时华人被白人欺负得很厉害，在这种情况下，廖姓同乡们很想在加拿大站稳脚跟并联络乡亲，大家就一起组织起来成立了廖武威堂，因为当时没有堂址，廖姓百子会又辛苦集资，于成立的当年购买了片打东街349号，正式成立了廖武威堂，并一直沿袭到今天。

"为什么叫廖武威堂呢？因为武威是中国一地方，在甘肃省中部。两千多年前，我们有一位祖先叫廖延龄，是晋武帝咸宁二年左卫镇国大将军廖子璋的十一代孙，他曾被皇上封为武威太守，等于现代的省长，廖延龄的祖先是三国时的廖化，很有名气。武威是中国古代重地，所以我们利用它的名气，叫作武威，可以说武威堂是出自名门，现在很多地方廖氏宗亲社团都用武威的名号。

"很多人都以为我们是武术馆，其实我们是宗亲会。我们廖武威堂的宗旨是联络及扶助各位宗亲，互相帮助，互相辅佐，不要被别人欺负，并发挥守望相助的精神。廖武威堂早期成立时，活动不多，因为老侨挣钱不多，不能拿出很多钱举行活动。不过每年清明，廖武威堂的人一大早都会去菲沙街附近的山景墓地祭拜先侨，回来后再举行会庆。所有的廖姓宗亲都会来到廖武威堂，在祭桌上摆上全猪、三牲等祭拜祖先。1985年，一场大火把原有的楼房烧成灰烬，

---

[1] 李东海：《加拿大华侨史》，加拿大自由出版社，1967年，第207、208页。

后来几位宗亲发扬武威精神，再向宗亲募捐，加上向银行贷款，终于在 1990 年在现址重建起来，这标志着武威精神不灭。现在的廖武威堂有 92 年的历史了，得来不易。"

三、地邑县性侨团与作用

除中华会馆、宗亲会以外，地方性侨团是唐人街华人组织的三大支柱之一，这些侨团主要由来自同一县或同一乡的华人组成。早期华人来到加拿大，主要靠同县同乡的所谓"乡亲"纽带来作连接，互相抱团才能生存下来，所以常常是同乡同县之人在一起居住打工。因环境需要，同一地区的人组成"房口"，后来又有"善堂"，最后发展成侨团。地方性侨团会为来加游客或暂时失业的同乡提供价格合理的住宿和烹饪设施，他们还为会员提供阅览室和娱乐活动，并照顾最有需要的成员。

1914 年，新宁更名为台山。1931 年，全加宁阳余庆堂第一届恳亲大会开会通过温哥华和域多利两埠原来的宁阳余庆堂改为台山宁阳会馆（Hoy Sun Ning Yung Benevolent Association）、域多利埠为全加台山宁阳总会馆。[1] 1902 年，11 名中山商人也扩充他们的中山福善堂。[2] 1905 年，客家人成立了"人和堂"。[3]

20 世纪 10 年代，一些番禺商人成立了昌后堂（Chong How Tong），其宗旨是执运先友遗骨和代收侨梓书信。刚开始昌后堂没有堂所，在各会友商店轮流议事。20 世纪 10 年代，在加富民街 1715 号建立总部。[4] 1919 年，域多利铁城崇义支会成立。1935 年购买了域多利 612 号菲斯格街实业，为支会会所。[5]

域多利还有冈州会馆、开平会馆、恩平同福堂、禺山公所、三邑同乡会、香邑福善堂、增城会馆等。[6]

在温哥华，1897 年，台山宁阳会馆成立，借以联络乡情，互助互爱，办理

---

[1] Special Issue on the Second National Convention of Taishan people in Canada, Victoria, May 1975, p.130.; Land Registative Office, AFB Vol.9 Fol.727# 7487 and AFB Vol.22 Fol.143#10459a and # 10640a；陈振沛，台山总会馆百周年纪念庆会演讲词；《全加台山邑侨第五届恳亲大会暨邑侨来加 130 周年纪念双庆特刊》，加拿大域多利台山会馆，1990 年，第 90 页。

[2] Pamphlet on "Xiangyi Hook Sin Tong Chengli" held in the office of Hook Sin Tong.

[3] Land Regislative Office, AFB Vol.5 Fol.324, No.182A-20581.Subdivison Lot & of Lots 602 and 603, city Blpck M.

[4]《昌后堂与禺山总公所之沿革史》，《禺山总公所楼成纪念册》，1949 年，第 2、3 页。

[5]《加拿大铁城崇义会大事表》，《铁城崇义总会成立 100 周年纪念特刊 1914—2014》，2014 年，第 50 页。

[6] 李东海：《加拿大华侨史》，加拿大自由出版社，1967 年，第 205 页。

邑侨公益之事，造福桑梓。[1]1900年之后，昌后分堂成立，不过仅有其名义，并无会所。[2]

1914年，四邑会馆（Sz Yip Benevolent Association）成立。[3]1914年8月，20多个中山人在温哥华筹建"崇义会"联络处，并于1915年在温哥华建立了铁城崇义会（Shon Yee Benevolent Association）。[4]当日开会的议案中写明，1915年5月9日下午2时半，于温哥华片打东街315号，召开选举大会，到场者66名，并定名为崇义会。[5]1922年，崇义会创立百子会，购入片打东街100号（100 Pender Street, Vancouver）的三民旅馆。1935年，出售了三民旅馆，购入片打东街254—262号，即今天的"崇义楼"。[6]

1920年，增城仁安堂成立，租哥伦比亚街431号为会所。[7]1921年，台山海晏公所创立，宗旨是联络乡亲感情，加强团结，共谋福利。

温哥华还有冈州总会馆（Kong Chow Benevolent Association of Canada）、顺德行安堂、开平总会馆、恩平同福堂、香邑福善堂、三邑同乡会、禺山公所、新会福庆堂、恒美寄庐、库充侨所、鸦湖乡幸福会、沙堆侨安总会等。

卡加利于1923年成立铁城崇义会。[8]多伦多有冈州会馆等。

四、商业性组织

当然，早期的华侨华人到海外打拼，主要还是想赚了钱，做自己的生意，

---

[1]《加拿大温哥华台山会馆成立110周年纪念特刊》，2007年，第38页。
[2] 发凡：昌后堂与禺山总公所之沿革史，《禺山总公所落成纪念册》，1949年，第3页；黎全恩：《禺山分所：域多利最早之邑县堂所》，《华埠通讯》，域多利，2008年6月10卷，第1期.黎全恩：《禺山分所：域多利最早之邑县堂所》，《华埠通讯》，域多利，2008年6月10卷，第1期。
[3]《复兴四邑会馆之布告》，《大汉日报》1914年8月4日。
[4]《序文》，《加拿大云高华中山铁城崇义总会周年成立30周年纪念 全加会员第二次献金征信录》，云埠铁城崇义会编印，1944年；李慎满整编：《加拿大铁城崇义会发展简史》，《加拿大温哥华铁城崇义总会成立90周年纪念特刊》，2005年，第22页；《加拿大铁城崇义会大事表》，《铁城崇义总会成立一百周年纪念特刊1914—2014》，2014年，第50页。
[5] 李慎满整编：《加拿大铁城崇义会发展简史》，《加拿大温哥华铁城崇义总会成立90周年纪念特刊》，2005年，第22页；《温哥华中华会馆百年纪念特刊1906—2006》，2006年，第252页。
[6] 李慎满整编：《加拿大铁城崇义会发展简史》，《加拿大温哥华铁城崇义总会成立90周年纪念特刊》，2005年,第23页；《加拿大铁城崇义会大事表》，《铁城崇义总会成立100周年纪念特刊1914—2014》，2014年，第50页。
[7]《增城倡立仁安堂缘起》，《大汉公报》，1920年3月9日。
[8]《加拿大铁城崇义会大事表》，《铁城崇义总会成立100周年纪念特刊1914—2014》，2014年，第50页。

而做生意，自然需要商业上的合作伙伴与人脉，因此，商会的出现也就十分自然了。

1893 年，域多利的几个商人成立昭一公所（Zhaoyi Gongsuo），它是中华商会的前身。[1] 1896 年，公一公所成立了，它的性质和昭一公所类似。[2] 1908 年，两个组织合并成域多利华人商会，其主事有李锦周、黄祝求、李崇变、陈东岳等。[3]

1922 年夏天，域多利商务部要求市议会禁止华人小商贩上门出售蔬菜，周三和周六除外，这项建议却促使华人小商贩形成一个组织。1922 年 8 月 7 日，域多利成立了上门小贩联谊会（Shangmen Xiaofan Lianhehui），西人叫作卖菜同业工会（Chinese Vegtable Peddlers Association），以后又改名为瓜菜联合会（Guacai Lianhehui）。[4]

1909 年，温哥华成立"温哥华中华总商会"，主事者为叶生、黄玉珊、林德绍等。[5] 温哥华蔬菜零售公会和木瓦业工人联合会则是在 1914 年和 1919 年 3 月因对付一些不利于华人的措施或政策而成立的，这些措施或政策在同一行业中偏袒白人、歧视华人。[6]

1909 年，满地可华商黄发文、黄良滋、黄良润亦于同年创立"中华商会"。1909 年，多伦多也成立了"华商总会"。这些商会中，只有温哥华的最活跃，多伦多和满地可的商会不久便解体了。[7]

五、政治性团体与其他团体

如前所述，政治性团体很早就进入了唐人街。辛亥革命前，主要是致公堂、保皇会、同盟会。辛亥革命后，主要是国民党、致公堂和宪政党。

1913 年，卡加利国民党分部（Kuomintang Calgary Chapter）成立。1919

---

[1] 李东海：《加拿大华侨史》，加拿大自由出版社，1967 年，第 276 页。

[2] 李东海：《加拿大华侨史》，加拿大自由出版社，1967 年，第 208 页。

[3] 李东海：《加拿大华侨史》，加拿大自由出版社，1967 年，第 209 页。

[4] Record of minutes of Maicai Tongyet Gongyet, 1939; David Chuenyan Lai, *Chinese Community Leadership*, Singapore World Scientific Publishing Co.Pte.Ltd., 2010, p.104.

[5] 李东海：《加拿大华侨史》，加拿大自由出版社，1967 年，第 209 页。

[6] 《木瓦业华工联会之发起》，《大汉公报》1913 年 3 月 11 日；《坎拿大木瓦业华工联会会员》，《大汉公报》1920 年 1 月 7 日；Edgar Wickberg et al., *From China to Canada*, Toronto, McClelland and Stewart Ltd., 1982, p.114.

[7] 李东海：《加拿大华侨史》，加拿大自由出版社，1967 年，第 209 页。

年，该部买下东南第二大道 109 物业。[1] 1919 年年末，国民党在温哥华建立了总部。几年后，一个新的党部大楼在戈尔街（Gore）和片打街建成。[2]

国民党加拿大支部的领导人有程天放和陈树人。程天放是国民党多伦多分部的负责人，陈树人担任在域多利出版的、国民党的报纸《新民国报》（New Republic）的编辑，又是国民党开设在温哥华的华侨公立学校的副校长和老师。[3]

与国民党并驾齐驱的是致公堂，它经历了一个从帮派性组织向政治性组织过渡的复杂过程。1885 年至 1923 年间，加拿大的致公堂发展很快，在全加拿大 31 个华人居住地区建有致公堂。[4]

域多利致公堂是 1886 年在加拿大建立的。当年，域多利致公堂筹足 6000 元，于盖莫伦街 22 号兴建了一座两层高的堂所。是年 9 月 25 日举行开幕仪式。后来致公堂日益壮大，1899 年用义兴堂名义在菲斯格 615 号建了一座砖楼。1900 年 11 月 23 日，致公堂迁往新址。[5]

在管制入境时期，全加拿大致公堂的情况如下：

表 7.3 致公堂成立时间及地点（1885—1922）

时间	地点
1890 年	冚巴仑（Cumberland）
1892 年	温哥华（Vancouver），1888 年筹组
1895 年	满地可（Montreal）
1897 年	都朗度（即多伦多）（Toronto）

[1] 布赖恩·道森（Brian Dawson）：《卡城中华人百年奋斗史》，《卡城华人社区百周年纪念特刊》，卡城中华协会刊行，1993 年，第 5 页。
[2] 《党史简介》，域多利分部编印，1996 年，第 27 页；Edgar Wickberg et al., *From China to Canada*, Toronto, McClelland and Stewart Ltd., 1982, p.110.
[3] 《党史简介》，域多利分部编印，1996 年，第 27 页；Edgar Wickberg et al., *From China to Canada*, Toronto, McClelland and Stewart Ltd., 1982, p.110.
[4] 根据《陈翼耀专员奉命调查全坎洪门事务报告书》，驻云埠全加致公堂总干部、驻温哥华全坎洪门总干部印发，1945 年。
[5] 《陈翼耀专员奉命调查全坎洪门事务报告书》，温哥华，驻云埠全加致公堂总干部、驻温哥华全坎洪门总干部印发，1945 年，第 5 页；黎全恩：《域多利洪门民治党之沿革》，《华埠通讯》，域多利，1998 年 2 月第 4 卷第 10 期。

续表

时间	地点
1899 年	锦碌（Kamioops）
1902 年	利维士，笠巴市笃（Revelstoke）
1905 年	兰拿（Ladner）
1909 年	乃磨（Nanaimo）
1911 年	卡技利（Calgary）
1911 年	兰顿（London）
1915 年	温地辟（温尼伯，Winnipeg）
1915 年	车梨役（Chillwack）
1917 年	占尾利（Chemainus）
1918 年	坎问顿（Hamiliton）
1918 年	党近（Duncan）
1918 年	片市佐治（Princ George）
1919 年	汝利慎（Nelson）
1919 年	尾利慎血、梅迪辛哈特（Medicine Hat）
1920 年	企仑打（Kelowna）
1920 年	稳宁（Vernon）
1920 年	沙市加寸（Saskatoon）
1920 年	老市仑（Rossland）
1921 年	始罗（Trail）
1921 年	冚补碌（Cranbrook）
1921 年	砵亚板汝（Port Alberni）
1921 年	暗示党（Armstrong）

续表

时间	地点
1921 年	欵汝（Fernie）
1922 年	片市鲁别（Prince Rupert）
1922 年	不坎文（Port Hammond）
1922 年	片辰（princeton）
1922 年	和仑（Welland）

资料来源：《陈翼耀专员奉命调查全坎洪门事务报告书》，驻云埠全加致公堂总干部、驻温哥华全坎洪门总干部印发，1945 年，第 7—79 页；简建平：《贺温哥华三庆第二百年开端展望》，《温哥华洪门民治党百年三庆纪念特刊》，1988 年，第 8 页；《洪门民治党温哥华支部》，《温哥华洪门民治党第 130 周年纪念达权社第 100 周年纪念》，2018 年，第 32 页。

清政府垮台后，1912 年，致公堂就向中国政府提出申请，请求立案为正式社团。1912 年 12 月 26 日，奉袁世凯大总统命，国务院批准致公堂的申请。[1] 后来虽有国民党同致公堂争侨民，但是到了 1923 年，致公堂的人数还是没有减少。

在管制入境制时期，全加拿大第一个达权社域多利达权社，1915 年 11 月 12 日议决成立。[2] 1916 年 11 月 11 日创立宣言称：本社之设，原为保存一记固有之公权，不致被他人欺辱，务期达至目的为止，故名达权。首创有 69 名华人。[3] 1918 年 3 月 11 日正式注册。[4]

这一时期，全加达权分社情况如下表：

---

[1]《敬告洪门昆仲公函》，《大汉日报》1914 年 9 月 18 日。
[2] 黎全恩：《洪门及加拿大洪门史论》，商务印书馆（香港）有限公司，2015 年，第 134 页；加拿大达权社成立资料。
[3] 加拿大达权社 69 名创办人名表；加拿大达权社成立资料，资料来自黎全恩：《洪门及加拿大洪门史论》，商务印书馆（香港）有限公司，2015 年，第 135 页；《陈翼耀专员奉命调查全坎洪门事务报告书》，温哥华，驻云埠全加致公堂总干部、驻温哥华全坎洪门总干部印发，1945 年，第 93 页；《为域埠达权社一周年纪念之感》，《大汉公报》1917 年 11 月 12 日。
[4] 达权社注册证书号码：501，1908 年。

表 7.4 达权社成立时间及地点（1885—1922 年）

时间	地点
1915 年	域多利
1917 年	卡加利
1918 年	温哥华
1920 年	雷巴仑
1922 年	锦碌
1922 年	温尼伯

资料来源：《陈翼耀专员奉命调查全坎洪门事务报告书》，驻云埠全加致公堂总干部、驻温哥华全坎洪门总干部印发，1945 年，第 93—96 页。

1919 年 12 月 14 日，加拿大洪门致公堂于域多利召开首届全加洪门恳亲大会，确立域多利致公堂为全加各埠洪门致公堂总部。[1] 1928 年，全加洪门机构第五届恳亲大会在卑诗省召开。云高华（温哥华）党员人数在增加，同时又有《大汉公报》，议决总机构由云高华洪门致公堂主理，称为全加致公党云埠总办事处，掌理全加洪门事务。[2]

中华民国成立后，宪政党的地位跌落。但是在关系到中国国家权益时，其他侨社还是和宪政党合作抗争的。1915 年，日本向袁世凯提出 21 条要求，遭到中国和世界华人的强烈反对。域多利中华会馆在唐人戏院召集各社团举行演说大会，研究爱国救亡问题。李梦九、马君如、黄宣琳、司徒瓞，致公堂总堂代表马延远，宪政会代表刘子逮，民声阅书报社彭振三等先后发表演说，均显示出爱国情怀。[3] 这种洪门人士和宪政党代表坐在一起共同举办活动的情况是少有的。

宪政党总部设在温哥华。1916 年 4 月 15 日，宪政党加拿大总支部在报上刊登启事，要求党员要注册领党证方算正式党员。[4] 1917 年 6 月 5 日，宪政党加拿大总部在其公所召开恳亲大会。致公堂、国民党、共和党和华侨公立学校等均派代表参加。[5]

---

[1]《历届加拿大洪门恳亲大会要记》，《中国洪门在加拿大》，1983 年，第 70 页；黎全恩：《域多利洪门民治党之沿革》，《华埠通讯》，1998 年 2 月第 4 卷第 10 期。

[2]《历届加拿大洪门恳亲大会要记》，《中国洪门在加拿大》，1983 年，第 71 页。

[3]《域多利华侨爱国热》，《大汉日报》1915 年 3 月 13 日。

[4]《宪政党同志注意》，《大汉日报》1916 年 4 月 14 日。

[5]《加拿大温哥华宪政党总支部开恳亲大会之纪盛》，《大汉日报》1917 年 6 月 9 日。

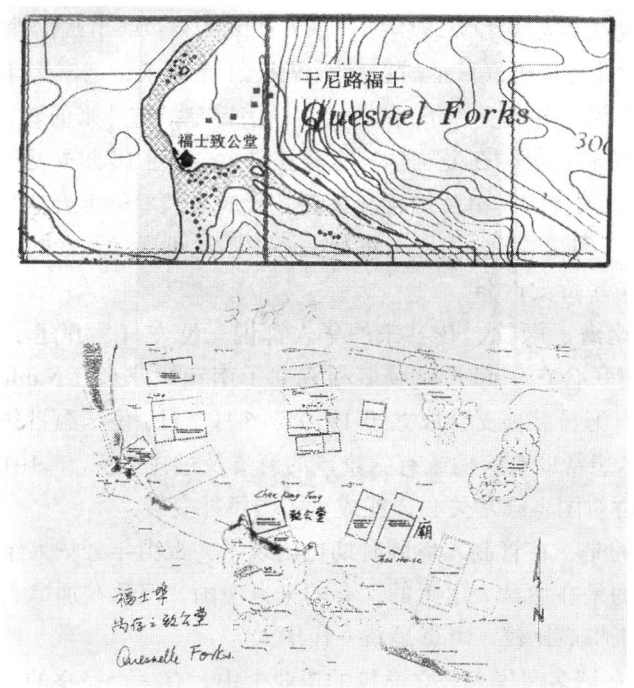

图 7.16　福士致公堂
资料来源：黎全恩

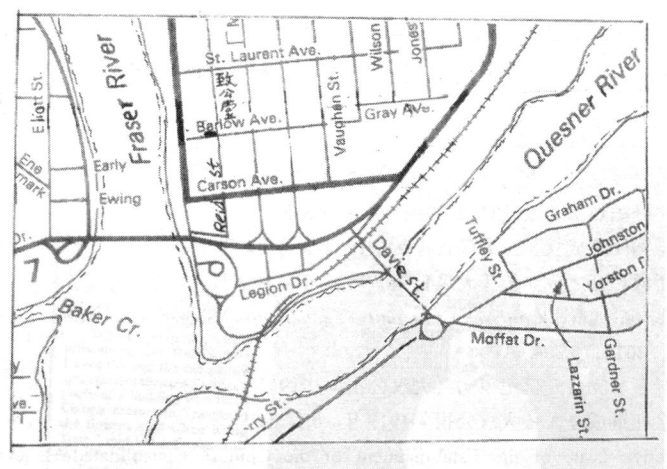

图 7.17　茂士致公堂的位置
资料来源：黎全恩

除了国民党、致公堂和宪政党外，华人社区还有一些半政治性组织。1915年2月，鉴于中国外交危机，日本向袁世凯提出21条要求，加拿大华侨特在温哥华中华会馆举行会议，并成立"华侨救亡会"，宗旨是抵御外来侮辱，挽救危机。[1] 3月2日，"华侨救亡会"在爱国学校举办演讲大会，指出日本无理要求，纷纷表达爱国之心。[2] 3月5日，由黄伯耀和林森呼吁成立满地可埠合众华侨救国团，得到一致认可。[3] 3月28日，冚巴仑侨社关心中国危机现状，在同庆戏院举行演讲活动，并成立了华侨救亡会。[4]

最初，从南海、顺德、花县来的华人都说三邑方言，并建了自己的善堂。1922年，他们联合在一起，在域多利成立了南花顺联会（Nanhuashun United Association）。[5] 海员慈善支会成立于1919年6月7日，位于温哥华缅街628号楼上，成立原因是想帮助有疾病或有急难事的海员及过往华侨。[6] 1919年10月，缅省砵仑缅埠华侨对国事异常关心，就成立了国民外交会。[7]

值得注意的是，在管制入境制时期也出现了一批由年轻华人组织的团体。这些年轻人，有的是在加拿大出生的，有的来自中国，但都在加拿大接受高中以上的教育，与华工华商比较，可算是新一代华人。

1915年，在域多利华人公立学校的毕业生中，有一个完整的中学生班，共有12人，有男生也有女生。[8] UBC大学创办伊始，温哥华的华商叶春田就于1914年，把女儿叶金陵（Susan Yipsang）送进了这所学校。[9] 随后又有其他华人陆续考进大学。这些年轻人很关心他们的未来，也渴望和白人一样有平等的机会。大约在1911年5月左右，一群当地的华人学生成立了华人青年男子进步党（the Chinese Young Men's Progressive Party），他们呼吁警方禁止唐人街的赌博，并给英国君主发了一

---

[1]《华侨救亡会之成立》，《大汉日报》1915年2月22日。

[2]《二埠华侨之爱国热》，《大汉日报》1915年3月3日。

[3]《满地可埠救国团之成立》，《大汉日报》1915年3月17日。

[4]《冚巴仑华侨救亡会之成立》，《大汉日报》1915年4月3日。

[5] David Chuenyan Lai, *Chinese Community Leadership*, Singapore, World Scientific Publishing Co.Pte.Ltd., 2010, p.104.

[6]《云高华海员慈善支会开幕纪事》，《大汉公报》1919年6月23日。

[7]《国民外交会相继成立》，《大汉公报》1919年10月24日。

[8] Commemorative Issue of the Establishment of the Chinese Consolidated Benevolent Association (1884–1959) and Chinese Public School (1899–1959), (Victoria: Chinese Consolidated Benevolent Association, 1959), Section 3, p.63.

[9] Edgar Wickberg et al., *From China to Canada*, Toronto, McClelland and Stewart Ltd., 1982, p.95.

封信，请求修缮关于从中国来到这个国家的所有移民的法律，从而使得他们的入境手续可能会更容易些。[1]

1914 年，在加拿大出生的年轻人和在中国出生的，还有在华人公立学校读书和在教会学校读书的年轻人，成立了同源会（Chinese Canadian Citizens），他们经常举行公益演出和活动。[2] 1915 年 7 月 10 日，冚巴仑侨社成立了青年社，成立的理由是青年是国家的希望，责任重大。[3]

总体说来，加拿大早期华人社团，一如这个国家的构成，呈现出多元化的特色，同时又体现出中国传统社会和传统文化的特征。此外，虽然华人社团的组成契机是为了团结起来反对种族歧视，争取华人在新居地的生存权益，但另一方面，它们又与祖国的各种发展变化息息相关。作为在异国他乡打拼的华人个体，他们或许是失根的兰花，形单影只；但当他们形成一个一个团体时，他们就转化成一种建设性的力量，不但在新的家扎下根来，同时还反哺这块接受他们的土地，同时，也为他们代代居住的故土送去无限的乡思以及力所能及的贡献。

第四节　华侨华人社团的内部冲突及其原因

众所周知，无论在世界的任何地方，只要有华人居住，一定有美味的中式料理；同样，人们也同样相信，凡有一定规模的华人社群的出现，也一定存在着"窝里斗"的现象，这是人性使然，也有民族性格和历史传统的原因。

早期的加拿大华人社会，在备受歧视的大环境下，形成了抱团对外，互帮互助的社团架构，但同时，在内部则开始了漫长的冲突和争斗过程。在管制入境时期，随着华人的增多，这种冲突和争斗更为广泛，也更加频繁，冲突的诱因大都以政治为主，此外则有商业经济利益纠纷，涉及原居地背景的地方主义冲突。在冲突的形式上有地方族裔之间的冲突、侨团之间的冲突、政治团体之间的冲突、华商之间的冲突、华工之间的冲突、华商与华工之间的冲突、大家族与大家族之间的冲突，甚至还有兄弟之间的冲突等等。比如，卢卓凡和卢超凡兄弟两人，拥有早期加拿大华人中最大的广利公司和多块地产。1884 年，因财政问题及兄弟不

---

[1] Active Campaign Being Carried on by Local Branch of Young Men's Progreaslve Party, Daily Colonist, Aug. 4, 1911.
[2] 李东海：《加拿大华侨史》，加拿大自由出版社，1967 年，第 214 页。
[3]《冚巴仑组织青年社临时开幕演说情形》，《大汉日报》1915 年 7 月 20 日。

和而长期互相诉讼，最后变卖了在域多利唐人街拥有的地产，广利公司于1887年关闭。[1]可以说早期华人社会的争斗冲突，是早期华人社会的一个重要特征，也是一个长期弊病。

梁启超在北美考察时，曾把北美华人的不团结现象与西人做了比较，指出："西人数人同行者如群雁，中国人数人同行者如散鸭。"[2]为此，他感到相当痛心。

一、地方性族人之间的冲突

在早期的唐人街，因为地方性族人之间的对立冲突，曾引起过一些暴力事件。如前所述，在早期华工华人的构成中，同族同乡的关系扮演着重要角色，因此，宗亲和地方社团成为一个个圈子，例如四邑和三邑的华人都说自己的方言，内聚性很强，向外的扩张力就很差，更不用说平等竞争的风范了。其表现之一就是蓄意垄断某种职业和生意，在劳工市场上只雇用与他们说同种方言的华人，而对外姓和其他地方的人就加以排斥。如此一来，势必引发冲突。有时候虽然是邻县邻乡，或者同县，但一些大姓的家族，在故土就有矛盾甚至世仇，华人照样会把这些矛盾带到加拿大来，在海外延伸新的冲突。这种利益的纠葛、族人因为地方排外性造成的冲突，就会在唐人街出现打群架的现象，这就是所谓的"堂斗"。有时候这些规模较大的"堂斗"，都是因为一些鸡毛蒜皮的小事引起的。比如，当四邑人和三邑人为着一个女人或金钱吵架时，双方都会找来自己同县或同族的人帮忙斗狠。事实上，从来到加拿大淘金修铁路开始，域多利的四邑和三邑华人之间，就没有断过纠纷和冲突，而一个敏感的冲突点就会带动双方旧恨新仇的情绪。举例而言，1898年9月，三邑、四邑的华人之间掀起了一场很大的风暴，他们拿起了"铁棒"，准备对任何一方可能的"敌对行动"进行反击。[3]据一份报告指出，这场骚乱是从中国四邑而来的致公堂成员引起的，当时致公堂成员大多是从中国四邑而来。该堂要求唐人街每一个赌博的房子，每月交15加元，但从中国三邑来

---

[1] Canada, *Royal Commission on Chinese Immigration: Report and Evidence* (Ottawa: Printed by Order of the Commission 1885), p.394.; British Columbia, Land Registry Office, Absolute Fees Book, Vol.9 Fol.845, No.7492.; "The old House of Kwong Lee & Co-partnership Difficulty", Daily Colonist, Nov. 11, 1884.

[2] 梁启超：《饮冰室文集点校》，云南教育出版社，2001年，第1911页。

[3] "Chinatown has Civil War", The Daily Colonist, Sep. 30, 1898.

的赌博房主拒绝交钱。[1]致公堂立刻命令他们的成员不再去三邑华人开的赌场。[2]由此引起了纷争，连当时的社团龙头老大中华会馆也不能解决四邑和三邑华人之间的仇隙。

令人感到惊讶的是，在华人遭遇主流社会歧视或者排挤的时候，华侨华人的反应相当克制，许多时候忍耐可以用忍气吞声来形容；但是在华侨华人因为地方主义发生冲突的时候，双方的"火爆"会立刻上升到动刀动枪闹出人命的程度，完全反映出华人"内斗内行，外斗外行"的群体特征。举例而言，1903年10月31日傍晚，在域多利唐人街发生了一次地方性华人团体之间的冲突。事缘是在一次华人剧院演出期间，一个三邑演员撞倒了一名从中山来的演员，这一事件引发了观众当中三邑和中山华人之间的大声争吵。后来争吵又转移到街道上，直到警察赶到。另外几次争斗也发生在唐人街上。一份报告指出，这些争斗的实际原因是，一名域多利三邑领袖查理（Charley Sing），在访问史提夫斯顿（Steveston）期间，不知道被哪边的人"割了喉咙，整个头几乎被切下来"。[3]他的被害引起了三邑和中山华人之间的连续殴斗，唐人街的气氛令人感到不安，双方都购买了左轮手枪和刀子。一位华人翻译告诉记者，他预计，域多利的这场"堂斗"将蔓延到温哥华，因为温哥华年轻华人殴斗团伙都配备了铅管，并且随时准备械斗。[4]

地方主义的抗争带来的是华人的不团结，另外一方面也促成了一些小地方小姓氏的华人在危机中凝聚起来，组成新的社团，带动华人的安居乐业。比如，在福善堂（Hook Sin Tong）里，一些大姓中山人因为有较多的成员，就欺负其他小姓氏的中山人。[5]为此，20多名"弱势"的中山人就在1915年5月9日在温哥华成立了一个独立的中山县团体——铁城崇义会，并于1921年在域多利创立了一个分支协会。1925年5月19日，两位铁城崇义会会员被一位姓刘的中山人杀害，因此铁城崇义会议决所有姓刘的中山人不能成为会员。[6]这种情况延续到20世纪，华裔中山人后代刘志强当选为域多利市长后，还是不能入会。

---

[1] "Will Enforce the Levy", The Daily Colonist, Oct. 2, 1898.
[2] "Chinatown has Cilil War", The Daily Colonist, Sep. 30, 1898.
[3] "Chinatown Uneasy Over the Tong War", The Daily Colonist, Nov. 8, 1903.
[4] "War of the Tongs in Chinatown", The Daily Colonist, Nov. 5, 1903.
[5] *Commemorative Issue of the 70th Anniversary of Shon Yee Benevolent Association of Canada*, 1914–1984, p.16., The anonymous author did not want to disclose the surname of the clan.
[6] 郑今后：《为崇义会遇难会员简述》，《加拿大温哥华铁城崇义总会成立90周年纪念特刊 1914—2004》，加拿大温哥华铁城崇义总会，2004年，第35页。

二、华商与华工之间的冲突

在早期的华人社会，华商与华工的关系最为复杂微妙。毫无疑问，华工认为华商是他们来到加拿大的引路人和桥梁，也是他们抱团生存、对付外界恶劣环境的领袖。而华工千辛万苦地赚钱，忍受各种歧视，打拼下去的主要目标之一，就是有朝一日开启自己的小生意，自己也成为华商的一分子。但是，华商与华工又是老板与雇佣者的关系、剥削与被剥削的关系（从当时劳资关系角度来看）、上等人和下等人的关系、领袖和跟随者的关系，因此，他们之间的矛盾从来没有停止过。不仅如此，华商因为语言和经济能力的优势，在接受加拿大文化甚至宗教信仰上，都采取开放的态度，为的是融入主流社区。而华工则因为语言和受教育程度低，生活圈子相当封闭，思想意识上也抱持传统习惯，这又让华商和华工之间产生了新的冲突点。

1909年，域多利华人公立学校建于菲斯格636街道，当时准备下面用作校舍，上面用作中华会馆办公室。学校建成后，会馆尚有9000元加币的债务。校长李梦九建议，将旧会馆内的列圣宫（Palace of Sages）关闭。[1] 这样的话，这一层就可以出租，出租费可以用来支付新学校的债务。中华会馆一些董事和一些开明商人支持他的想法，然而在唐人街，许多华工仍然崇拜列圣宫的偶像神，强烈反对李梦九的想法。有谣言传，商人要关闭列圣宫并把这个楼以9000加元的价格卖给加拿大太平洋铁路公司，用挣来的钱还清学校的债务。这一传言激怒了许多华工，他们指责中华会馆的董事们为抬高自己的地位故意夸大当时的债务状况，并掠夺华人社区的公共资金。为了解决问题，中华会馆呼吁公众在1909年10月10日下午，去华人公立学校开会表决，[2] 如果多数赞成取消列圣宫，偶像就会被拿走。可是这次会议开得非常糟糕，300名华工闯进来砸碎了票箱。在混战中，一名商人严重受伤。中华会馆为此事开了很多次会，可是始终不能解决华商和华工之间的争斗。11月28日，中华会馆又召集商人再次尝试取消列圣宫，[3] 结果会场上又云集了许多反对的华工，数人受伤。当警察赶到的时候，混乱已经结束。

---

[1] "Leading Chinese is Threatened", The Daily Colonist, Oct.14, 1909.
[2] "Fight to Defend Gods of Fathers", The Daily Colonist, Oct.12, 1909.
[3] "Fight to Defend Gods of Fathers", The Daily Colonist, Oct.12, 1909.

三、由政党纷争引发的社团冲突

虽然加拿大华人重视宗亲同乡的纽带，但政治上的分歧和斗争会凌驾在宗亲同乡的关系之上，并引发严重的冲突，有时候甚至上升到武装械斗的程度，这在某种程度上折射出原居地政治和社会变迁导致的震荡程度之烈，打破了华人"莫谈国是"的旧传统。这种政党纷争引发的加拿大华人社团冲突，在辛亥革命前，集中体现在以康有为为首的保皇派和以孙中山为首的革命派的争斗上；而在民国成立之后，则体现在国民党与致公堂之间的争斗上，而后者有时会出现武装械斗的激烈局面。

如前所述，1899年之后，由于康有为和梁启超的积极活动，加拿大保皇会得到了包括华裔富商等各阶层华人的支持。但孙中山加入洪门后，加拿大的洪门组织与保皇派展开了激烈的争斗。随着中国国内政情的发展以及孙中山在海外的奔波号召，洪门致公堂对孙中山倾力相助，使孙中山有了继续革命的本钱。

辛亥革命后，孙中山领导的国民党在加拿大设立政党社团，分支遍布全加各省，并与洪门致公堂反目，导致国民党与洪门致公堂的关系迅速恶化，两者矛盾的焦点，体现在抢夺社区龙头老大中华会馆的控制权上。

1916年9月之前，域多利中华会馆董事皆由埠内商人推荐及委任。这时中华会馆财政开始恶化，因为很少有商人愿意奉献了。1903年到1913年，中华会馆董事成员大约有30—45名，但开会时大部分董事缺席。因此，1916年8月16日，域多利中华会馆董事会成员举行会议。他们认为，地方侨团、宗亲会、政党和域多利的教会组织发展很快，他们的财政可以支持中华会馆的开支。因此决定叫每个组织派两名代表出任1916年至1917年的中华会馆董事。邀请发出后，30名代表在1916年8月21日参加了会议。[1] 9月1日，选举出人和会馆代表、裁缝刘子遂为正董事，林立荣为副董事，他们两人都是致公堂成员。但是国民党党员反对新的选举制度，认为没有按照章程办事，想找借口推翻此次选举，恰好"借口从天而降"，在北京的中国政府正考虑取消孔教为国教，而推行宗教自由。可是一些中华会馆董事担心，取消孔教将引起大批传教士涌入中国。9月20日，刘子遂发起召开了一次会，在会上提议向中国发一个电报，以抗议取消孔教的打算。这项提议以15票比6票数获得通过，同意把抗议电报送往温哥华的中国

---

[1] CCBA, Aug. 16 and 22, 1916；《域埠中华会馆长红照录》，《大汉公报》1916年8月19日。

领事馆。[1]

9月24日,国民党主办的《新民国报》指责刘子逵没有向董事咨询,就发送电报到中国。翌日,国民党开了一个会,有一些华人基督徒也出席了。他们要求刘子逵不要发电报或自称这是个人观点,不是中华会馆的立场,因为这只代表了他自己的看法,而不是中华会馆的意见。[2]随后在9月26日的《新民国报》中,出现了攻击刘子逵和要求他辞职的文章。由于何铁魂和高云山(Simon Ko Bong, Go Pong)率领的国民党党员一再指责,刘子逵呼吁于10月8日在中华会馆集会礼堂召开会议。会上,他读了电报并承认电报并没有发往中国。可是随后,何铁魂和其他国民党党员带着凶器在中华会馆打伤数人,并毁坏会馆物品。[3]10月30日,高云山被拘,交了1000加元保释金。10月31日,何铁魂被拘。[4]何铁魂和高云山声称斗殴是刘子逵和致公堂成员挑起的,法院应该起诉他们。[5]总体说来,被捕的人中大部分是国民党成员,而所有受伤的都是致公堂成员和他们的朋友。刘子逵脸上和胳膊上被严重割伤,住了两个星期医院。林立荣也受了伤,需要住院治疗。[6]法院审理这个案件历时4个月,最终于1917年1月31日判高云山、李子敬和亚吐(音译)等无罪,判何铁魂等4个国民党党员被罚款75加元或入狱3个月。[7]但《新民国报》的李公武等4人是重犯,直到1917年5月还没有宣判,留待冬季审讯。[8]但因为这件事,1910年至1920年,国民党和致公堂的斗争遍布全加拿大的唐人街。

---

[1] CCBA, Aug. 16 and 22, 1916; "Chinese Riot Case Occupies Many Days", Daily Times, Jan. 17, 1917.

[2] "Newspaper Heads Involved in Case", The Daily Colonist, Oct.31, 1916; "Chinese riot case occupies many days", Daily Times, Jan.17, 1917.

[3] 《域多利中华会馆暴动略志》,《大汉公报》1916年10月11日;《领署复本埠中华会馆函》,《大汉公报》1916年10月23日; David Chuenyan Lai, *Chinese Community Leadership*, Singapore World Scientific Publishing Co.Pte.Ltd, 2010, pp.134-135.; "Chinese Gulity on Charges of riot", The Daily Colonist, Feb. 2, 1917; "Chinese Newspaper Founder Dies at 77", The Daily Colonist, Apr. 30, 1957.

[4] 《何铁魂高云山被拘》,《大汉公报》1916年11月1日。

[5] "Chinese Fracas is Investigated", Daily Times, Nov.21, 1916; "Concealed Hammer Found on One Man", Daily Times, Nov. 22, 1916; "Chinese Cases Continued to Day", Daily Times, Nov. 23, 1916; "Hear Charges of Unlawful Assembly", Daily Times, Dec. 13, 1916.

[6] "Chinese Riot Case Occupies Many Days", Daily Times, Jan. 17, 1917.

[7] 域埠衙案:《大汉公报》1917年2月1日;"Chinese Riot Case Complete Today", Daily Times, Jan. 31, 1917.

[8] 城埠大衙案:《大汉公报》1917年5月11日。

总之，随着华人的增多和唐人街的发展，华人侨团也如雨后春笋般发展起来，而地域主义、宗族宗亲、大陆党派政治三大因素影响着侨团的构成，并成为侨团纷争的导火线。从深层因素来看，经济利益和权力争夺是侨团纷争的主要动力。但是，即使有这样一些负面因素存在，从整体来看，侨团社团仍然在华人的生活中发挥着正面的能量。

第三编

禁止入境时期
（1923—1946年）

加拿大从立国之日起，就是以移民为主的国家。与美国相同，加拿大在对待原住民的问题上有很多可议之处，但相对而言，在接受移民上还是很宽容的。不过，1923年，在加拿大移民史或者说加拿大历史上，出现了一个最大的污点，那就是国会通过了一个仅针对单一族裔的移民法，并依此禁止华人入境。这个法律显然违背了加拿大的立国精神和宪法原则，并在很长一段时间里给华人家庭和社区带来了巨大的困难和人道灾难。

但是，一向坚韧不拔的华人社群并没有在国家制度性的歧视下一蹶不振，而是忍辱负重，继续在困境中求发展，让社区更加成熟起来。在太平洋战争中，华人华侨发挥以德报怨的精神，与加拿大主流社区共赴国难，为战胜德意日法西斯做出了重要贡献。这种勇于为加拿大捐躯的壮烈精神，从另外一方面证明了反华排华的无理与无稽，并为最终取消这个恶法打下了基础。当然，华人在为自己在加拿大的地位奋斗的同时，时刻也没有忘记回馈祖国，他们对中国抗日救亡的支持也同样可歌可泣。

1923年到1946年，加拿大华侨华人在黑暗的历史中做出了光明的见证，并由此赢得了尊重，迎来了新的历史转折。

第八章
政府对华侨的政策与华侨华人的抗争

在西部反华政客和全国反华舆论高涨,以及第一次大战后很多退伍军人返回加拿大、欧洲移民大量入境所造成的就业困难的大环境下,加拿大联邦政府终于揭开了司法公正的温柔面纱,对华人祭出了最为严厉的终止移民措施。对此,华侨华人社群联络一切可以联络的力量进行了抗争。无奈加拿大华侨华人社群势单力薄,主流社会正义之声微弱,而当时的中国政府又软弱无力,难以扭转反华排华的大趋势。由此,华侨华人迎来了继淘金潮、修铁路后最黑暗的移民历史时期。

第一节　1923年"排华法"的产生及其原因

在管制入境时期,联邦政府通过立法对进入加国的华人征收人头税。对联邦政府而言,高额人头税既可以暂时应付反华势力的呼吁与要求,同时也可以增加联邦政府的税收。在经济比较萧条的年份,这份人头税的"额外收入",可以帮助联邦政府维持一些必要的服务。换句话说,加拿大的反华势力和排华公民,在某种程度上说,都是华人支付人头税的受益者。虽然说这种情况颇具讽刺意味,但也从另外一个方面说明,至少在联邦政府层面并没有处心积虑地主导推动完全禁止华人入境的政策。

一、欧美移民剧增

加拿大本来就是从欧洲移民为主的国家,由于毗邻美国,大宗欧洲移民,尤其是期待摆脱长期君主制束缚的欧洲人,都向往自由的美国新大陆,而加拿大则相对保守,欧洲移民首选的自然是美国。但是,第一次世界大战结束后,一直到1924年,欧洲经济经历了战后萧条和经济危机,各个战胜国还没来得及享受胜利后的喜悦,就面临经济大幅度下滑、基本建设停顿的种种危机。至于战败国德国,由于割地赔款,战后经济一片调整,工业生产猛烈下降,最严重时只有七分之一的工业企业勉强开工,数百万失业者流离失所,再加上史无前例的通货膨胀,民众生活很苦。鉴于经济社会的各种原因,欧洲移居北美的人数增加,而前来加拿大的移民也增长了很多。不仅如此,从20世纪初期开始,美国也有不少人北上移民,寻求新的生活。对于加拿大来说,接受更多的白人移民,是他们最为高兴的事情。从下列数字就可以看出当时欧洲移民剧增的现实。1901年,从英国和美国到加拿大定居的移民只有29797人,1905年增至108902人,而到了1911年,更激增到 244464 人。[1]世界各地每年移民加拿大的人数也呈上升趋势。例如 1918年,到加拿大的全部移民是 79074 人,1921 年增至 148477 人。[2]在此时间段里,华人移民人数应该有一两万人。换句话说,在淘金时代和修铁路时代,加拿大把华人视为廉价的"宝贝",而到了欧洲移民急遽增长的 1910—1920 年代,进入加国的数万华人,即使付了高额的人头税,也成了"累赘",必欲"除之而后快"。

二、经济影响与种族歧视

加拿大虽然地大物博,欢迎大量欧洲移民入境,但是,由于从第一次大战尾声到 1920 年代初期,战后经济尚没有快速起飞,加拿大现有的社会设施,尤其是企业规模,一下子难以接受和容纳大量的外来人口,其中最为突出的就是就业困难。新来乍到者,如果在短时间里找不到工作,就会十分紧张和不安,继而对社会和人群产生不满。

雪上加霜的是,到了1918年,随着第一次世界大战接近尾声,无数军人从欧洲战场返回加拿大,其中数以千计的复员军人来到卑诗省,他们也面临着战后经济萧条的局面而找不到工作。这些退伍军人愤怒地认为,他们在战争中为国浴血奋战,理应获得国家的优渥待遇,谁知却工作没有着落,生活困难,自然怨气十足,需要寻找发泄口。

除了上述战后新移民和复员军人外,本来有工作的本地劳工也因为经济形势不好以及劳动力市场的恶性竞争,或者失业或者工资遭到削减,也是怨声载道。

这三种白人劳工之间虽然也有摩擦,但却在一个地方找到了共同的怨气发泄口,那就是抗议非白人劳工。从 1919 年到 1922 年,战争退伍军人组织和贸易工会开始抗议东方人(华人和日本人)夺取了本来属于他们(白人)的工作机会。退役军人们要求以白人取代东方劳工,因而劳工局领导者提出了终止亚洲移民的

---

[1] Canada Year Book 1922–1923, p.206.
[2] Canada Year Book 1922–1923, p.206.

提案。[1]

谁都知道，在当时的经济形势下，不要说禁止东方人继续入境，即使把已经在加拿大的东方人都赶出去，也不可能解决问题。由此可见，这一波排外风潮的兴起，除了工作问题之外，主要还是加拿大白人社会积累已久的、对东方人尤其是对华人的歧视与偏见，找到了一个最佳的时机喷涌而出，而那些工会领袖以及政客，为了防止白人劳工把不满延烧到自己头上，影响他们的政治生命，也就推波助澜，用排外来转移内部矛盾，从而使势态变得越发严重。

事实上，如果仅仅是就业问题，那么在1923年之后，出现了好几年的战后经济高涨，排外的风潮应该有所收敛，但情况并非如此。

三、排华民意为立法开路

加拿大自立国开始，就是一个奉行民主制度的社会，其立法或政府决策的过程，是一个从社区民意到政府国会的双向互动过程，其中民意的上达经常起到推动立法或者政策制定的关键作用。在用人头税排华的立法及政策的制定过程中，白人社区的民意，尤其是卑诗省白人的民意，确实起到了最初的推动作用。

如前所述，皇家调查委员会的调查报告显示，卑诗省白人社区的民意刻板地认为，来加华人有太多陋习，无法被主流社群同化，对加拿大也不会有贡献，不宜让他们滞留加国。因此，不少白人提议应该修改移民政策，限制华人大量入境，一些白人甚至在世纪交替之际，就在公共场合集会，要求禁止华人入境。

不能否认，尽管有媒体和政客的推波助澜，但抛弃所有的公正平等的理念与核心价值，公开跳出来鼓噪种族歧视的排华，还是少数人。但是到了欧战之后，大环境触发了白人社区大规模的公开排华风潮。这样的民意滥觞就形成了要求制定政策与法例的社会基础，而卑诗省政府法律机构充当了先锋队。

1921年，温哥华劳工局呼吁出台严厉的控制东方人入境的政策，"我们应当尽一切能力来确保卑诗省属于我们自己的人"[2]。已故前省长理查德·麦克布赖德(Richard McBride)曾在1909年发出这样的宣言："我们站在的是白人的卑诗省、白人的土地和白人的王国。"早已成为政界的"共识"。[3] 卑诗省的加拿大零售商公会给联邦政府总理写信说，排斥东方移民的斗争"是一场更为深远的斗争。在这

---

[1] "Labor Men Expect Race Riots Soon", Victoria Daily Times, Mar. 21, 1919.
[2] W.Peter Ward, *White Canada Forever*, Montreal: McGill-Queen's University Press, 1978, p.126.
[3] Patricia Roy, *White Man's Province*, Vancouver UBC 1989, p.230.

场斗争中,对于家庭、家属和公民身份的考虑,超过了着眼于钱的算法"。

温哥华一位法官解释他为什么经常拒绝给东方人公民权的理由是,"我们的这个国家是否要充斥来自太平洋彼岸的东方人?……在我死后,我希望留下的国家是一个适合我子女居住的地方"[1]。

白人种族至上现象也出现在学校中,尤其是在华人较多的域多利学校随处可见。1921年11月,域多利教育委员会成员之一贝克威斯(Backwith)说:"白人小孩与华人孩子混在公共学校,是令人极其不愉快的。"[2]所以,白人不仅要从经济上,还要从文化教育及其他主要方面彻底排除华人移民。

四、联邦和地方政府的反东方人法案

如果说,当时的民意为排华法奠定了基础,那么,来自联邦和省的一些反东方人法案,则逐渐搭起了排华法亮相的舞台。

随着白人反对亚洲人的情绪日益高涨,1920年,联邦选举法新增一条规定:"在加拿大的任何省份,法律意义上不合选举省议员资格的所有人,也不应当在这些省份具有选举联邦议员的资格。"[3]这样一来,华人是不被允许参与联邦选举的。其连锁反应是,一些学会和工会立下规则:没有资格参与投票选举之人,不能成为会员。这实际上是不准华人成为会员。

到了1921年,要求立法终止华人移民是当年联邦大选的主要议题。联邦自由党和保守党这两个主要政党为了拉选票,都指责对方做出有利于东方人的事。由于卑诗省的华人最多,几乎所有的卑诗省参选候选人都宣称将进一步推动收紧或彻底终止华人移民的政策。

从1921年到1922年,卑诗省省议会提出多项议案想终止亚洲移民来加,并进一步授权当局阻止省内亚裔购买土地和其他产业。1922年5月8日,新西敏国会议员麦哥理(W.G.Mcquarrie)在国会山庄提出:联邦政府必须立即采取行动来遏制东方人移民。[4]此提议得到来自卑诗省的13个国会议员的一致支持。在这种情况下,其他省份也遥相呼应。多伦多的劳工团体也支持卑诗省反东方人的提议。

---

[1] Roy, Patricia. "The Oriental Menace in British Columbia", In the Twenties in Western Canada, ed. S.M. Trofimenk off. Ottawa: National Museum of the Man, 1972, pp.248-250.

[2] "Am Resolutions Against Oriental", The Daily Colonist, Nov. 29, 1921.

[3] Canada, *Statutes of Canada*, 1920, 10-11 George V Chap.46 An Act Respecting the Election of Members of the House of Commons and the Electoral Franchise, pp.182-1833.

[4] Canada, House of Commons, Debates, May 8, 1922, p.1509.

政客和媒体报刊的排华舆论日趋严重，有组织的排华活动也日益增加。

五、排日与排华的异同

坦白说，当时的加拿大社会掀起的是排斥亚洲人的风潮，其中当然包括日本人。尽管日本移民人数没有华人多，日本人于19世纪70年代开始移民加拿大西部，以后每年移民约数百人。日本移民大部分在卑诗省，大都从事渔业或在一些岛上的农场伐木。对加拿大白人来说，他们并不想搞清楚谁是华人，谁是日本人，对于亚洲人一概排斥。在这样的排斥亚洲人或者东方人的风潮中，日本人也被剥夺了投票权，也被禁止从事某些职业，包括无法做律师。在1920年代，政府也收紧了对日本人发出的捕鱼许可证，这对加拿大日裔打击甚大。[1]但是，除了日裔移民人数少以外，还有两个主要原因导致历史上没有出现排日法案。首先，日本政府与中国政府不同，他们对日本人的外出移民，仍然有很大的控制权。1907年，应加拿大政府的强烈要求，日本限制男性移民出国，每年只有大约400名男性移民进入加拿大，[2]此后，日本女性去加拿大的人数有所增加，她们或者去和丈夫团聚，或者有单身女性嫁到加拿大。这非但减轻了白人社区认为日裔抢饭碗的抗议，同时也让日裔社区的男女比例迅速平衡，社区的稳定性增强，也减少了单身男性多产生的麻烦。其次，一直到1922年，日本和英国是同盟国，在战争和政治外交诸方面是合作伙伴，日本政府对加拿大的歧视政策也常常提出实质性的抗议，因此，即使地方社区有强烈的排亚洲和东方人的呼吁，联邦政府也不可能通过排日法。

六、臭名昭著的新排华法案

一般而言，稳定和强盛的国家就有对外交涉的能力，所谓"弱国无外交"。辛亥革命后，整个中国依然没有摆脱积贫积弱、分崩离析和军阀割据的大环境。在北洋政府统治时期，无论哪一方势力占据北京，都无法号令全国，外交国防当然也就有其名而无其实了。对这种处于弱势的中国政府，加拿大政府的态度当然就不一样了，渥太华当局仅想用限制华人移民的方式，来满足当时社会的反东方移民的呼吁。当然，在形式上，联邦政府还是要与代表中国的北洋政府进行交涉。

---

[1] The Pre-World War II Years, https://japanesecanadianhistory.net/historical-overview/reference-timeline/, 检索时间：2021年9月13日。

[2] Gentlemen's Agreement, 1908, https://pier21.ca/research/immigration-history/gentlemen-agreement-1908, 检索时间：2021年9月13日

1922年夏天，联邦政府开始与中国总领事周启濂（Chilien Tsur）就人头税与收紧华人移民展开了一系列的会谈。[1]

虽然没有强大的外交实力做支撑，但作为中华民国驻加拿大的总领事，周启濂还是尽力想为华人的利益说话办事，期待扭转排华局面。1923年年初，周总领事在与北京沟通后，提出以改进中加贸易来消除对华人移民的歧视，并告诉渥太华，随着中国经济的发展，以生存为目的渡洋谋生的中国人必然减少。不仅如此，他还婉转地提醒渥太华，在加华人被诟病的吸鸦片等陋习，始作俑者乃是当年英国的鸦片贸易。他指出，吾国商业大有进步，将来外向者必少，近年来吾国与加国通商，销售加属产品极多。加属货品，全赖我国人为之畅销，加人之稍有识者应与我国友善，不加歧视。鸦片因为毒品之一，其始来自外洋，我国前清时曾竭力禁其输入，林文忠舍身禁烟。在西人考究中国史者皆知。唯外洋人多方设计，源源偷入，其贻害我国人者不少。我国人目下深知此弊，力行除之。[2]他还指出，中国视加拿大如姊妹，加拿大与中国应鼓励增加贸易，而不是歧视华人。他认为歧视华人做法如黄白分校等，是很错之事。[3]此外，他提了一个12点建议的草案给加国政府，其中包括取消人头税等。[4]

由于北洋政府根本无暇顾及遥远的加拿大华人移民问题，在地外交官的好意努力并不可能转化成实际的外交压力。而加拿大的排华声音在媒体等各种力量的推波助澜下，已经从民间和西部席卷到整个渥太华，形成难以阻挡的呼吁立法风暴，联邦政府强迫华人交纳人头税，希望以此迫使华人停止或减少移民失效之后，为了阻止华人继续涌入加拿大，在1923年3月底，国会通过了新的华人移民法草案。这是一个全面禁止华人新移民入境的法律，不但充满了种族歧视的偏见，也与加拿大的立国精神背道而驰。

最终，人头税被取消，新的华人移民法于1923年6月30日在国会获得通过，并于1923年7月1日加拿大国庆日开始生效。此法律包含歧视华人的43个条款，华侨华人称之为"四三苛例"或"排华法"。根据此法律，除了以下类别，任何华人都不允许登陆加拿大：（1）外交使团或领事；（2）在加国出生的孩子；（3）加拿大移民和殖民部或枢密院规定条例中明确的商人；（4）在加国大专院校就读的学生；（5）返回加国的华人居民，未离境前领有离境证，并

---

[1]《周总领事抗议苛例》,《大汉公报》1922年6月5日。
[2]《周总领事之侃侃而谈》,《大汉公报》1923年1月31日。
[3]《周总领事最近之演说》,《大汉公报》1923年4月2、3日。
[4]《周启濂总领事致中华会馆书》,《大汉公报》1923年3月16日。

必须自登记之日起，两年之内返回加国。

根据新的华人移民法，即使取得加拿大居留权、已有住房的华人，如果暂时离加或没有按新法准时入境，也可能被拒绝再度进入加拿大。[1]

除了1923年的华人移民法，在此期间，加拿大联邦政府或地方政府还制定了其他与华人有关的法规，其中具有代表性的法规有《卑诗省妇女儿童保障法》。规定凡存在道德问题的地方，任何人不得雇用白人、印第安人或儿童。[2] 这个条例的目的显然是禁止华人雇用这两类人。

不仅如此，就是西人与华人通婚也会受到惩罚。20世纪30年代，西人女孩维尔玛·德默森（Velma Demerson）与华人男子叶哈里（Harry Yip）自由相爱并同居，但是却受到了不公平待遇。[3] 1939年5月，警察根据1897年推出的女性庇护法案，将怀孕的德默森从家中带走，该项法律允许当局以诸如乱交等"屡教不改"的行为监禁妇女。

如果说征收人头税只针对加拿大移民中的华人这一单一族裔，而犯下了严重的种族歧视的错误，那么禁止华人入境则是加拿大作为移民国家，犯下的违反人道的严重错误，因为这一纸法律，数以千百计的华人家庭，包括夫妻、父母和儿女、祖父母和孙儿女，被活生生地分隔在太平洋两岸，其中许多人至死难以团聚，遗恨千古。

第二节　华侨华人的抗争

在20世纪前20年间，加拿大唐人街获得较快的发展，各大社团逐渐成熟起来，华人的组织力和抗争力与19世纪相比，提升了很多，而且对加拿大社会的依法抗争、舆论抗争的模式也越来越熟悉。在北洋政府对加拿大排华政策抗争无力的情况下，华人社区大规模动员起来，在排华法出台前后进行了"自救式"的抗争，虽然最终没有阻止恶法的出现，但在华人抗争史上写下了重要的一页，也为度过长达20多年的排华黑暗时期并最终推倒恶法，建立了坚实的心理基础。

---

[1] Canada.*Statutes of Canada*, "An Act Respecting Chinese Immigration", 1923, 13-14 George V Chap.38, pp.301-315.

[2] *Statutes of the Province of British Columbia*, 1923, "An Act for the Protection of Women and Girls in Certain Cases", Chap.76, p.425.

[3] Velma Demerson, *Incorrigible*, Wilfrid Laurier University Press.2004, p.5., p.33., p.41., p.43., p.44.

一、华侨华人反击排华运动

由于加国立法程序必须要经过民意咨询的程序，因此，当加拿大的华侨华人社区知道联邦政府准备通过立法严禁华人来加时，并没有袖手旁观、无所作为，而是立刻行动起来，纷纷举行公众会议讨论有关华人移民问题，并将征集的华人意见见诸报刊，企图以此形成社区民意压力，改变政府立法方向。

1922年7月底，温哥华中华会馆鉴于通商和移民条例关系重大，华人一直饱受歧视，故此成立云高华（温哥华）中华会馆研究中坎（加）订约会，司徒英石为临时主任。该会的目的是研究通商问题，希望与各国平等相待。[1]

1922年9月，温哥华华人劳工协会联合华人木瓦工人联合会及华人农作物销售组织，提出以下五项基本维权要求：

（1）应当允许华人劳工回访中国两年以上；

（2）华人移民应当享有与日本移民同等的待遇；

（3）华人居民和移民应当拥有申请家庭成员来加国团聚的权利；

（4）有辱人格的卫生检查只针对轮船三等乘客（大多数是华人），应当停止或加以改善；

（5）应当允许华人移民在全加拿大境内自由从事任何行业的工作。[2]

值得关注的是，华侨华人没有停留在简单的宣泄不满上，而是充分依据现有法律和人权原则，提出合情合理合法的反制建议，显示华侨华人不但具备加拿大公民应有的素质，也从另外一个方面，凸显了排华法的荒谬与霸道。

1923年1月，温哥华侨领司徒旡领导的研究小组也呈报了四个草案：

（1）废除人头税和其他限制华人移民的条件；

（2）加拿大可参照其他国家禁止劳工移民的做法而限制劳务输入，但加拿大应当允许其他类别移民自由入境；

（3）在加拿大的华人居民应享有与来自其他国家的居民同等的权益；

（4）应当保留已在加国但未领取人头税证书的华人的身份（1884年颁布人头税前，移民加国的部分华人并没有人头税证）。[3]

---

[1]《云埠中华会馆布告》，《大汉公报》1922年8月1日。

[2]《华人工会等上周总领事书》，《大汉公报》1922年9月7日；《华人工会等上周总领事书续》，《大汉公报》1922年9月8日。

[3]《馆函照录》，《大汉公报》1923年1月31日。

由此可见，华侨华人在排华法草案通过之前，进行了认真的研究与合法的抗议。

二、华侨华人抗议排华法案

虽然华侨华人做出了前所未有的努力和抗争，企图中止新移民法草案的通过，但是，由于华侨华人的力量在当时并不足以影响政府决策，而华人无法在联邦大选中投票，也让政治人物根本不会重视华侨华人的意见，而昧着政治良心，不顾法律公平的原则，一味地向具有投票权的反华白人社区倾斜。1923年3月底，国会通过了"四三苛例"草案。

新华人移民法草案通过后，在华侨华人社区引起了巨大的反响，《大汉公报》在一篇社论中指出，华侨华人无力阻止华人移民法的通过，是因为中国国力薄弱且四分五裂，加国华人普遍分属不同派别，是华侨华人不团结等原因造成的。[1]

华人社会是存在种种矛盾，但绝大多数华侨华人对于此恶法是群情激愤，并将抗争的规模和层次逐步升级。域多利的中华会馆为抗议排华法，很快组成了抗苛例团体，并派刘光祖等3人于1923年4月14日来到温哥华中华会馆征求意见。温哥华中华会馆于1923年4月15日举行职员会议后，于4月19日召集本埠各侨团大会，邀请各界团体代表磋商抗争之事，经决定组成了华侨驳例局，并选出任事职员，随后进行了一系列募捐活动。[2] 1923年5月，新西敏中华会馆给北京政府及上海工商学报界去信，请求支持。[3] 同月，温哥华华侨驳例局致电渥太华华侨驳例局，请向上议院议员呼吁，能够取消即将推出的排华法案。[4] 温哥华驳例局和岜巴仑驳例分局等埠，均有华人商家和个人出钱捐助。[5]

在这波抗争中，出现了一个重要的转折，也就是东部的多伦多侨社开始扮演全国华人中心的角色，而不再是由西部省份担此重任，尤其是卑诗省华人社区，可以说是独领风骚。这种转变显示，华人已经充分意识到，加拿大联邦的政治

---

[1]《本馆论说——抗争苛例之我见》，《大汉公报》1923年5月17日。
[2]《中华会馆召开华侨大会议》，《大汉公报》1923年4月16日；《中华会馆昨夕会议情形》，《大汉公报》1923年4月19日。
[3]《中华会馆致国内要电》，《大汉公报》1923年5月14日。
[4]《驳例局要电两通》，《大汉公报》1923年5月16日。
[5]《云埠驳例局第一期捐款芳名》，《大汉公报》1923年5月22日；《驻岜巴仑华侨驳例分局助款芳名》，《大汉公报》1923年8月7日。

中心在东部，华人必须在东部发声。同时，这也说明，多伦多的华社力量开始崛起。

草案通过不久，多伦多召开全国代表大会，组织了"全加华侨驳例总局"，统领全加华人社区对抗该移民草案。与会者包括来自域多利的中华会馆主席刘光祖、罗超然，温哥华的廖鸿翔，满地可的黄渊伟，多伦多的麦造舟、马境湖，渥太华的谭华钿，还有里贾纳、京士顿、温莎（Windsor）、咸美顿及其他华人社区的1000多名代表。会议推举麦造舟、刘光祖为驳例总局正、副主任，起草了24页的抗议草案。会议之后，组织了一个代表委员会，前往首都渥太华国会抗议，并印发了300份抗议样书，分发给一些议员请求援助。但是，华人的努力仅获得该法案草案部分细节的改进。例如，准许以商人身份及读书人身份入境的华人，在付了500加元后即被允许合法居留。移民局非有传票不得逮捕华人。[1]

7月初，也就是排华法案正式付诸投票通过后，周启濂总领事立即通电全加华侨，希望华侨能于7月14号游街请愿，可是后来发现，技术上难以落实，因为即使各埠华侨同意也要得到各处警局同意才能行动。"全加华侨驳例总局"为此把交涉艰难之事，公开发表在《大汉公报》上，希望华侨华人不要畏缩，继续抗争。与此同时，他们还动员各埠组成驳例分局，发动华人捐款，用以支持总局与政府抗争。[2]

不仅如此，华人社区还串联组织反苛例演讲大会。1923年8月，多伦多驳例总局特派刘光祖和麦造舟来到温哥华，温哥华驳例总局于1923年8月9日在中华会馆召开华侨大会，请两人演讲驳例详情。[3]

1926年，乃磨华侨举行侨耻纪念大会。会上华侨学校学生唱了纪念歌，黄荣华、徐素梅等发表演说，勉励大家勿忘"四三苛例"，以图雪耻。[4]

不过，在此必须指出的是，华侨华人社区虽然进行总动员，团结一致，对不公平、反人道的新移民法提出抗争，但另一方面，社区之间的内斗并没有停止，各团体纠结于国民党与致公堂，以及国民党与宪政党的纷争，在某种程度上相对削弱了华社对新移民法抗争的力度。

1923年年末，卑诗省省议员提出妇女保护议案，要求禁止华人餐馆、洗衣馆、

---

[1]《解释误会抗例局进行书》，《大汉公报》1923年6月2日；《全加驳例局要讯》，《大汉公报》1923年6月19日；李东海：《加拿大华侨史》，加拿大自由出版社，1967年，第368页。

[2]《全加驳例总局布告》，《大汉公报》1923年7月9日。

[3]《本埠新闻》，《大汉公报》1923年8月9日。

[4]《乃磨纪念侨耻情形》，《大汉公报》1926年7月3日。

贸易和娱乐所雇用白人妇女，华人团体闻知后一起抗议。域多利中华会馆、同源会、华人商会及温哥华中华会馆联名向省会递交了抗议书。[1]林葆恒领事于1923年12月1日面见省当局进行抗议。[2] 1923年12月20日，省议会经过讨论，议决改案修正。1923年12月21日，卑诗省通过《妇女儿童保护法》（An Act for the Protection of Women and Girls in Certain Cases），规定无论华人或别国人，凡道德卑劣、形迹可疑者，禁止雇用白人妇女。[3]为此，1924年11月，林葆恒领事给卑诗省省督发电表示严重抗议，并告知域多利中华会馆随时沟通此事。[4]同年12月3日，罗昌总领事给加拿大总理写信，抗议卑诗省女佣案，指出这是法律上的一个污点，与邦交亲睦真意背道而驰，因此提议修改。[5]

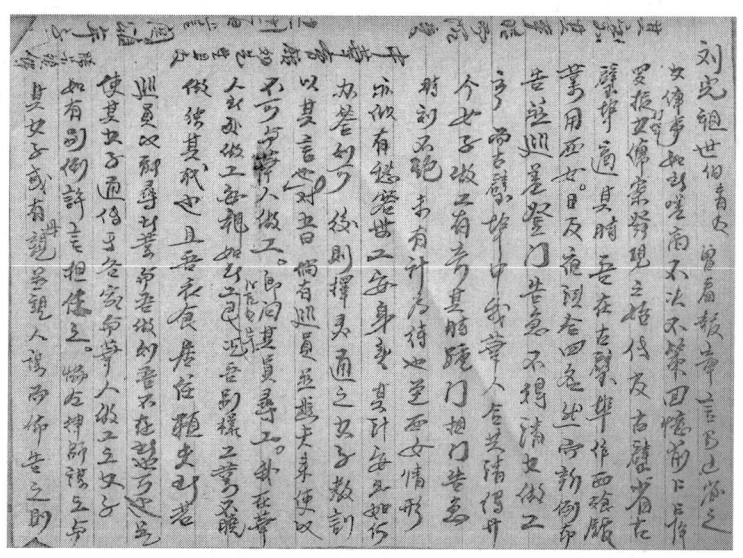

图8.1　1923年，为女佣案，有华人向中华会馆申诉庠状

资料来源：黎全恩收集资料复印件

---

〔1〕《华侨反对女佣案》，《大汉公报》1923年12月7日；《中华会馆抗议女佣案》，《大汉公报》1923年11月28日。

〔2〕《谒见省当局驳女佣例记》，《大汉公报》12月5日和11日。

〔3〕An Act for the protection of Women and Girls in Certain Gases: *Statutes of the Province of British Columbia*, Chapter 76, 1923, p.425.；《女佣案抗争胜利》，《大汉公报》1923年12月21日。

〔4〕林葆恒于1924年11月26日写给域多利中华会馆刘光祖的信。

〔5〕《罗昌总领事抗议女佣案》，《大汉公报》1924年12月10日。

由于排华法生效后华侨不能再自由入境加拿大,华人社群每时每刻都能切身感受到这个恶法带来的痛苦,以及受到社会歧视的压力。

提起1923年禁止华人入境的排华法案,温哥华市第一位华裔市议员余宏荣讲道:"我父亲余鼎纯(Yee dan soon)是1918年来到加拿大的,交了500加元人头税。当时他单身一人来到卑诗省找生活,很孤独。后来他回到中国和我母亲结婚,又有了我们兄弟姐妹三人。1923年禁止华人入境后,我们不能来加拿大与父亲团聚,我们一家只能隔海相望。"

图 8.2 口述者余宏荣
资料来源:贾葆蕻拍摄

对于禁止入境的排华法案,华人曾经努力抗议,想通过施加压力让政府修正或取消"四三苛例"。1924年2月,域多利的加拿大华人俱乐部、国民党、致公堂、宪政党、反对歧视移民法协会和适适轩等6个华人协会联合致信域多利中华会馆,要求将7月1日定为"耻辱纪念日"。4月,宪政党在报上介绍定为"耻辱纪念日"的理由,指出华人所受的歧视,列举华侨华人为加拿大开国做出的贡献,华侨华人有权居住在加拿大。呼吁举办纪念活动,拍电报给中国政府介绍详情,以英文撰稿记录纪念新闻,寄给西人报纸等。[1]

中华会馆经过几次会议后,于1924年5月4日做出决定,将每年的7月1日定为加拿大华人社区"耻辱日"。[2] 值得注意的是,在这个问题上,内斗得不可开交的华社几个主要政治团体都超越分歧,取得了共识。

这次大会还发出了通告,为了不忘教训,耻辱日这一天将采取:

(1)华人商家及各种组织不悬挂国旗,尽管这一天是国庆日;
(2)华人不应该参加国庆日庆祝游行;
(3)将在华人剧院举办大量的会议、讲座来影响1923年的华人移民法,强调这一法案对加拿大华人的伤害;
(4)在本地英文报刊发表耻辱日的各种纪念文章;
(5)华人应当特别设计纪念耻辱日徽章;

---

[1]《本埠新闻》,《大汉公报》1924年4月22日。
[2] Circular of CCBA, May 6, 1924; David Chuenyan Lai, *Chinese Community Leadership*, Singapore World Scientific Publishing Co.Pte.Ltd., 2010, p.146.

（6）将在国会山庄及白人社区行驶带有表明 1923 年法案对华人造成伤害标记的车辆，并鸣笛以引起公众的注意。[1]

三、国耻日抗议行动

举行抗议活动的通告获得了加拿大各省华人的支持和拥护。1924 年 7 月 1 日，温哥华华人在升平剧院举行了演说会，许多侨领上台演讲，整个剧院座无虚席。[2]同天，在甸补碌市，华人侨团齐集仁爱医院，举行反排华法案活动。[3]

域多利中华会馆于 1924 年 7 月 15 日发起"七一"纪念活动，并准备编写《旅坎华侨痛史》，征集有关华侨痛苦的诗歌、杂文等。域多利华侨公校的学生呈交两首"七一"侨耻歌，终因文章不够，未能出版。

1925 年 7 月 1 日，加拿大国庆日时，温哥华市厅为了招徕游客，仪仗如云，乐声震天，可是华人拒绝参加。下午 1 点，中华会馆分发"毋忘国耻"的传单，并在升平戏院开演说大会，一些华人先后上台演讲，获得热烈掌声，最后由中华会馆主席叶茂君致谢词。[4]1930 年 7 月 1 日，域多利中华会馆举行"七一"耻辱纪念活动，一些侨界人士上台进行有关反"四三苛例"的演讲。[5]

排华法案也曾引起中国著名学者的关注。1933 年，胡适来到爱伯塔省参加太平洋国际会议，曾给维多利亚中华会馆发信，咨询排华法案是否可以修改。[6]

中华会馆通知在域多利的华人商家及组织，注意每年 7 月 1 日有关耻辱日的活动，这样的通告连续 5 年在域多利发布，之后因侨社以抗日活动为主，耻辱日纪念活动逐渐减少，但是中华会馆并没有忘记侨社的耻辱。1935 年，温哥华市政府要举行"七一"国庆日，希望各国侨民参加，中华会馆依然予以拒绝，并通告侨胞勿忘华侨耻辱日。[7]

---

[1] Circular of CCBA, May 6, 1924；《华侨七一纪念之详情》，《大汉公报》1924 年 7 月 2、4 日；《勿忘耻辱》，《大汉公报》1924 年 5 月 7 日。
[2]《华侨七一纪念之详情》，《大汉公报》1924 年 7 月 2 日。
[3]《华侨七一纪念汇志》，《大汉公报》1924 年 7 月 4 日。
[4]《侨耻纪念情形》，《大汉公报》1925 年 7 月 2 日。
[5]《域埠中华会馆纪念侨耻》，《大汉公报》1930 年 7 月 3 日。
[6]《接胡博士来电》，《大汉公报》1933 年 8 月 31 日。
[7]《中华会馆函复领事》，《大汉公报》1935 年 7 月 24 日；《中华会馆之通告照录》，《大汉公报》1935 年 6 月 28 日。

第九章
唐人街的衰落与华侨社会的变更

在人头税时代，加拿大华人社区虽然遭遇了歧视性的对待，但他们在抗争的同时，继续申请或者鼓励亲友同乡到加拿大来追寻比祖国好的生活，因此侨社的发展，无论在人口的增减、男女比例失衡的缩小、唐人街的商业发展等诸方面，还是呈现出平衡有序发展的特征。但是，由于排华法的施行，除了极少部分特例，华人不能再进入加国，这对侨社的生存和发展带来了极大的挑战并产生了不少负面的影响。

第一节 华侨华人人口的变迁

排华法带来华人人口减少自不待言，但更重要的是它带来了人口分布的变化，也就是卑诗省的华人为了"避祸"，开始向东部移动，这就连带着让西部华社的"领头"地位逐渐削弱，而东部华社的地位明显增强，这是禁止华人入境带来的直接结果。

一、人口减少

从 1923 年实施禁止华人入境到 1947 年取消，这 20 多年间，由于加拿大严格限制华人入境，从政府记录来看，仅有 12 名中国人被允许移民加拿大，其中 10 名有豁免权，另 2 人则补交了 500 加元人头税。由于亲人不能来加，单身华人要回家娶妻生子延续后代、已婚男人要回中国家庭团聚、有父母在华的儿女要回去奉养老人，以及其他原因，离加回国的华人不断增加，在此期间，回国总数达 61213 人。[1] 几年之后，华侨社区的总人口呈现出不断下降的趋势。

---

[1] Canada, Department of Mines and Resources, *Annual Report*, 1947, p.245.

根据加拿大统计局 1931 年和 1941 年的人口普查报告，1931 年，在加拿大的华人有 46519 人，占加拿大总人口的 0.45%；1941 年，在加拿大的华人有 34627 人，占加拿大总人口的 0.3%，负增长 25.6%。[1] 总之，1923 年的排华法成了阻止华人移民的"杀手锏"，它有效地结束了加拿大华人人口自 19 世纪后半期以来长达半个世纪的增长势头，这个状况延续了近四分之一个世纪。

二、人口下降的原因

综上所述，华侨华人人口总数在限制入境时期基本呈现出逐年递减的态势，这就表明，除了新的移民无法入境之外，已经在加拿大的华人也有大规模离境的情况出现。而离境的大部分华人并没有短期内返回加拿大。

在限制华人入境时期前后，在加华人总人数减少的另外一个原因，就是在加华人男女比例失衡，导致本土华人生育率受到很大限制，华人社群在人口上难以增长。例如，1921 年，全加共有 37163 名男性华人，而同一时期只有 2424 名女性华人，可见很多男性都是单身，男女比例大约为 15:1。[2] 到了 1941 年，全加拿大 15 岁以上单身男性有 4186 人，而女性只有 422 人（参见表 9.1），全加拿大华人男女比例只增至 8:1 而已（参见表 9.2），所以华人人口自然增长不会太多。

表 9.1　15 岁以上加拿大华人的婚姻状况（1941 年）

	婚姻状况	人数
男性	单身	4186
	已婚	23556
	其他（鳏夫、离婚、分居和一些未明情况）	1291
	总共	29033
女性	单身	422
	已婚	2001
	其他（寡妇、离婚、分居和一些未明情况）	168
	总共	2591

资料来源：1941 Eighth Census of Canada, Vol.1, pp.698－699.

---

[1] Census of Canada, 1931－1941.
[2] Sixth Census of Canada, 1921, Vol.1 Table 25, p.358.

表9.2　加拿大华人性别和年龄组成表（1941年）

年龄组	男性	女性	总共
0—4岁	529	509	1038
5—14岁	1151	1068	2219
15—24岁	1260	1041	2301
25—34岁	2316	513	2829
35—44岁	4929	352	5281
45—54岁	9943	263	10206
55—64岁	7847	123	7970
65—69岁	1752	25	1777
70岁及以上	986	20	1006
总计	30713	3914	34627

资料来源：1941 Eighth Census of Canada, Vol.1, pp.696-697.

当然，严重影响华人人口数量下降的第三个重要因素，是1920年代开始的经济大萧条，它让所有北美人均卷入其中。而在大饥荒中，不少华人死于饥饿和与营养不良有关的疾病。加拿大联邦政府为了舒缓困境、减少用于华人的相关开支，采取了鼓励处于饥荒和失业的华人返回中国的政策。联邦政府于1931年12月29日签发命令（PC 3173），允许受难华人经登记后可以离开加拿大4年不回来，而取代原先的两年期限。更进一步，那些愿意永久返回中国居住的华人将一次性获得政府签发的遣返费，即每人65加元的单程费。这一政策获得了白人社区的高度支持。[1] 新政策效果显而易见，1934年到1935年，有近1000名华人登记后返回中国故乡，另有889名华人没有登记就离开加国，因为他们根本没有返回加拿大的愿望。[2]

三、华人人口在各省的分布

1923年排华法实行后，除了华人人口减少以外，加拿大各省的华人人口分布

---

[1] Canada, Department of Immigration and Colonization, *Annual Report*, 1931-1932 Vol.II, p.65.；驻温哥华总领事馆于1941年1月8日发表的公文与域多利中华会馆文献。资料来自维多利亚会馆。

[2] Canada, Department of Immigration and Colonization, *Annual Report*, 1934-1935, Vol.III, p.79.

也发生了重大变化,其中最突出的是卑诗省。由于反华排华风潮的发源地就在卑诗省,华侨华人遭受白人社区的敌意特别严重,导致大批华人向东迁往其他省份城市,因为在那里比较容易找到工作以谋求生存。同时,那里排华和敌视华人的势力也较弱,如卡加利、穆斯乔、里贾纳和其他一些小的城市。如此一来,自然造成卑诗省华侨华人人口逐年下降,其他省份华侨华人人口逐年增加。比如,1921年,在卑诗省居住的华侨华人占全加拿大华人总数的59.4%,到了1941年,这个比例下降到53.8%。同一时期,安大略省的华侨华人总数由14.2%增至17.1%;魁北克省的华侨华人增至6.9%(参见表9.3)。

表9.3 华人在加拿大的分布百分比(1921—1941年)

人口统计年	卑诗省(%)	安大略省(%)	草原三省(%)	魁北克省(%)	其他省(%)
1921	59.4	14.2	19.0	5.9	1.5
1931	58.3	14.9	19.5	5.9	1.4
1941	53.8	17.1	19.9	6.9	2.3

资料来源:Census of Canada,1921–1941.

排华法施行之后,不但卑诗省的华侨华人在全加拿大华人中所占的比例下降,而且在卑诗省总人口中所占的比例也同步下降。1921年,卑诗省总人口是524582人,华人占全省总人口的4.5%,到1941年,卑诗省总人口增至817861,但华侨华人所占比例却降为2.3%。[1] 卑诗省总人口呈现递增趋势,而华侨华人所占的比例则呈递减趋势,华侨华人的力量也相对萎缩。由此可见,排华法对华人社群的打击相当大。

在这一时期,绝大部分华侨华人居住在大都市和大城市内。例如,卑诗省60%的华人居于温哥华和域多利两个大都市中(参见表9.4),安大略省有55%的华人居于多伦多、渥太华、温莎和咸美顿四个大都市中。大部分华人集中居住在加拿大省内的一两个大都市,主要还是因为这几个大城市给华人洗衣业、餐馆业提供较好的市场,同时,华人在这里找到工作的机会也高于小城镇。其实,这里所说的市场主要包括两个部分,一个是华人自己的"内需市场",这个市场的特征是华人越多越好;一个是服务华人以外的族裔,主要是白人的"外需市场",这个市场不稳定,但非常重要,关系到华人在当地的生存发展。

---

[1] Census of Canada,1921–1941.

表9.4 华人在各省主要城市的人口分布（1941年）

省份	城市	人数	人口占全省的百分比（%）
卑诗省	大温哥华	7880	42.3
	大域多利	3435	18.4
	新西敏	400	2.1
	乃磨	298	1.6
	锦碌	281	1.5
	当近市	165	0.9
	爱伯尼港（Port Alberni）	137	0.7
	稳宁	112	0.6
	纳尔森	103	0.6
	其他地区	5808	31.3
安大略省	大多伦多	2559	41.7
	大渥太华	289	4.7
	大温莎	267	4.3
	大咸美顿	253	4.1
	湿比利	109	1.8
	其他地区	2666	43.4
魁北克省	大满地可	1865	78.4
	大魁北克城市	134	5.6
	其他地区	379	16.0
缅省	大温尼伯	762	61.1
	其他地区	486	38.9
阿尔伯塔省	卡加利	799	25.6
	爱民顿	384	12.3
	列必珠	248	7.9
	其他地区	1691	54.2
沙省	穆斯乔	261	10.3
	里贾纳	247	9.7
	萨斯卡通	206	8.1
	亚伯王子（Prince Albert）	103	4.0
	其他地区	1728	67.9
新斯科舍省	大哈利法克斯	147	40.0
	其他地区	225	60.0

资料来源：compiled from Census of Canada，1941，Table 33 and Table 43，pp.508－517.This table includes only cities with 100 Chinese residents or more.

大都市有市中心及其他郊区外的市镇，例如，温哥华大都市有列治文和本拿比等，域多利大都市包括域多利市及郊区的橡树湾市和山汝市等。

据1941年的人口统计，34627名华人有一半生活在10个大都市及周边地区。不仅如此，在多数大都市中，超过90%的华人居住在大都市的中心城市。例如，1941年，生活在多伦多大都市内的华人，有91%住在多伦多市，只有9%居住在邻近约克和怡陶碧谷市（Etobicoke）等郊外城市。[1]在满地可大都市，有91%的华人住在满地可市，而在西山（West-mount）、凡尔登（Verdun）、乌特勒蒙（Outremont）等居住的华人仅占9%（参见表9.5）。

表9.5 华人在大都市及城市的人口分布（1941年）

地区	大都市人口	城市人口	城市人口占大都市人口的百分比（%）
温哥华	7880	7174	91.0
域多利	3435	3037	88.4
多伦多	2559	2326	90.9
满地可	1865	1703	91.3
温尼伯	762	719	94.4
渥太华	289	272	94.1
温莎	267	259	97.0
咸美顿	253	236	93.3
哈利法克斯	146	127	87.0
魁北克城市	134	130	97.0
总数	17590	15983	90.9

资料来源：Compiled from Census of Canada, 1941, Table 33, and Table 43, pp.508-517. This table includes only those cities with 100 Chinese residents or more.

禁止入境时期，华人的籍贯及姓氏与自由出入时期及管制入境时期的籍贯与姓氏没有很大分别。根据1937年运骨返回中国的记录和1937—1945年域多利华人坟场重新安葬记录，70%—90%的华人来自广东四邑（参见表9.6）。李、黄、马

---

[1] Census of Canada, 1941, Table 32, pp.442-443.

三个姓氏的族人占华人人口的三分之一（参见表9.7）。

表9.6 华人遗骨迁葬各县所占比例（1937—1940年）

县		1937年船运遗骨（%）	1937—1945年重新安葬者（%）
		90.8	72.1
四邑	台山	43.2	36.9
	新会	19.1	13.3
	开平	16.7	14.4
	恩平	11.8	7.5
番禺		0.1	17.6
中山		2.7	4.5
鹤山		2.5	0.2
其他		3.9	6.5

资料来源：Records of shipment of bones, CCBA, 1937; Reburial records crates of bones in Chinese cemetery of Victoria, CCBA, 1960.

表9.7 华人遗骨迁葬姓氏所占比例（1937—1940年）

姓氏	1937年船运遗骨（%）	1937—1945年重新安葬者（%）
李	12.3	9.2
黄	10.4	10.6
马	8.5	9.5
周	3.4	6.1
陈	5.0	4.3
林	4.4	4.8
刘	2.0	2.6
张	2.4	1.8
于	1.6	1.7
关	2.2	1.8

续表

姓氏	1937 年船运遗骨	1937—1945 年重新安葬者
郑	4.4	2.1
梁	4.0	3.0
吴	3.1	2.6
夏	1.0	0.1
其他	17.3	39.8

资料来源：Records of shipment of bones, CCBA, 1937; Reburial records crates of bones in Chinese cemetery of Victoria, CCBA, 1960.

1923 年，在排华风潮中出台的新华人移民法案，不但否定了以往华人对加拿大做出的贡献，让加拿大华人遭受了巨大的精神伤害，同时也让持续发展的华人社区遭遇了人口逐渐减少带来的沉重打击。为了与国内的亲人会合，数以万计的华人只能放弃在加拿大已经稳定的生活而回国，其中不少人没有再回来，对加拿大留下了永久的遗憾甚至是不满和愤怒。不仅如此，由于男女人口比例的不均衡，不少单身华人男性遭受了难以言喻的人道痛苦，而华人社群人口的自然增长率也比不上流失的人口多，这导致华人社区的生存发展经历了一个长达 24 年的漫长停滞期。

第二节　职业和生活状况

在淘金潮和修铁路结束之后，华人在寻找工作上历经千辛万苦，这不但因为华人在语言和生存环境上"先天不足"，同时也因为整个加拿大社会尤其是白人劳工，对华人的排斥和仇视与日俱增。这种情况一直持续到禁止入境时期，凡是可能与白人竞争的行业，华人都受到大力排斥而导致减员失业。从整个就业状况而言，大部分华人还是从事工资低、劳动强度大的体力劳动。

当然，随着时间的推移以及华工构成的变化，比如第二代华人成长起来，相应地带来华人从事的职业范围有所扩大，有些土生华人成了印刷工人、织工、装卸工、升降车司机、机修工和技工，有些华人成了珠宝匠和金匠，还有极少数华人成为白领，出现在办公室里（参见表 9.8）。

表9.8 加拿大华人职业分布状况（1931年）

职业	男	女	合计
厨师	6319	8	6327
雇农、园丁和农民	4691	7	4698
酒楼、饭店店主	3567	7	3574
其他行业店主及经理	2772	12	2784
家庭佣工	1512	27	1539
销售人员	732	41	773
伐木工人	649	0	649
小贩	470	0	470
矿场工人	387	0	387
鱼类和罐头工人	311	1	312
裁缝	246	3	249
码头工人、水手	212	0	212
文员、簿记员、收银员	176	19	195
修路工人	134	0	134
专业服务人员	114	15	129
锯木工人	91	0	91
金融保险人员	19	0	19
其他职业	17602	109	17711
合计	40004	249	40253

资料来源：Seventh Census of Canada, 1931, Occupations and Industries, Vol.VII, Table 49: pp.430－443.

1931年的全加华人职业分布，可以从宏观上反映华人职业及生活的改变。根据1931年第7次联邦政府的人口统计，这一时期，华人从事的职业大致分了15个方面：一是农业，二是钓鱼、打猎和捕猎，三是伐木，四是矿山、采石、石油和盐井，五是制造业，六是发电及电力（包括发动机工人），七是建筑和工程，八是交通和通信，九是仓库和存储，十是贸易，十一是金融、保险，十二是服务，十三是神职人员及文员，十四是其他，十五则没有详细指明。在这 15 个方面，大部分华人还是劳工，他们靠最基本的体力劳动来养家糊口。与以往不同的是，有一些妇女也加入了体力劳动的行业，其中大部分是纺纱工人。这些华人妇女同男性华人一样，在工厂受压榨，通过挣廉价工资维持生存。

20 世纪 30—40 年代，个体经营的小商人有所增加，华人洗衣店、餐馆、小杂货店遍布加拿大各地。比如，在 1920 年代，温尼伯华人洗衣店超过 300 间。1938 年，温尼伯华人洗衣店有 125 间。[1]特别要指出的是，30 年代后，华人洗衣店与以前有所不同，基本是机器洗衣代替了人工。根据 1931 年联邦政府加拿大华人职业分布状况调查表可以看出，一些华人成为洗衣店、皮革店、纺织店等的店主和经理，皮革店、纺织店和制纸厂等行业，先后有 6000 多名华人职员。贸易业中的店主、经理和零售商店经销商，有 1396 名男性华人、11 名女性华人。虽然这一时期华人的小生意大都没有超出唐人街的范围，但也是加拿大经济的一部分，为加拿大中小企业经济的发展做出了贡献。仅以域多利一个唐人街为例，1925 年就有 341 张营业执照发给了华人。[2]可是 20 世纪 30 年代后，由于排华法的实施，华人人口减少，市场需求也减少，再加上经济大萧条，唐人街的华人生意也快速下降，华人小生意只剩下不到 90 个。[3]

禁止入境时期，华人务农人数则在增加。1925 年，卑诗省 21 名华人已经拥有 206 间农产品的温室（本地人称之为玻璃屋），面积为 863458 平方英尺。[4]随着华人玻璃屋的增加，批发零售业务也逐渐增加，所以当时的卑诗省农业部长巴鲁（ED Barrow）曾经说过："温哥华市场的蔬菜有 90%、马铃薯有 55%是华人种植的；华人有 2500 英亩菜地，另外还租着 1905 英亩。在域多利，除两户玻璃屋外，其余都是华人的。"[5]

尽管华人大多数仍然是做劳工，但随着第二代华人人口的逐渐增加，华人就业范围有了微小但极为重要的变化。这些在加拿大受过教育的第二代华人，熟悉西方社会的风俗和文化，也有一些人脉，最重要的是具备在主流劳动力市场竞争的实力，他们和极少一部分通过勤奋努力学会英文的第一代移民一起，改变了华

---

[1] Kwong, "Transformation of an Ethnic Community", p.92.
[2] *Report on Oriental Activities within the Province*, Prepared for the Legislative Assembly of British Columbia（Victoria 1927），p.23.
[3] *British Columbia Directory*，1935.
[4] Complete *Report of Oriental Activities within The Province*，p.22.
[5] James Morton，*In the sea of Sterile Mountains*，Vancouver，J.J Douglas Ltd，1974，pp.234-235.

人就业的版图。他们当中有人当了老师和记者,有人成了机械师、设计师和绘图员,有人进入金融及投资行业,有人成了房地产代理商和经销商,有人进入医药行业成了内科医生、外科医生、牙医和护士,也有人成了音乐家和音乐教师。这些人都可称为专业人才。根据1931年联邦政府统计的加拿大华人职业分布状况,金融和保险业有19名华人专业人才,专业服务业中有3位牙医,5位外科医生,17位音乐家、艺术家和教师,17位牧师、神父和宗教工作者。这些专业人员大部分在加拿大长大,熟悉中、英语言,是20世纪上半叶华人社会的侨领。

总体而言,这些华人通过努力,在一些职业领域进入了主流社会。他们成为排华黑暗历史时期一道道亮光,给华人社区带来很多的鼓励,尤其是激励华人中的年轻一代向上攀登。当然,这只是极少数人,因为在经济萧条或种族歧视的大环境下,也有一些年轻人学有所成,但还是难以找到专业性的工作。

在禁止入境时期,华侨华人的生活水平还是很低的,除了少数富有阶层外,大多数都是廉价的劳工,工资不高,再加上他们仍然要储蓄钱财,分期支付人头税、寄回国内家里或者积攒些做小生意的本钱,这使得他们的生活依然艰难,甚至有时候还捉襟见肘。

图9.1 早期华人信件
资料来源:蒋北扶收藏信件,贾葆蘅拍摄

1920至1930年代,当时加拿大华人每月平均生活费约在20—30加元,洗衣工和店员每月工资是40—100加元,水泥工和木工为70—130加元,大厨为70—

80加元、普通厨师为30—40加元，侍应生及洗碗工为20—30加元，英文教师为75加元，华文报刊编辑为60—70加元，耕农、园丁和制鱼工为30—40加元，普通劳工为20—30加元。[1]当然，工资多少也是因时因地而不同的，偏远和寒冷的地方工资高一些，所以有些华人会去一些人迹稀少的地方求生存。

值得一提的是，华人劳工常常在最低工资的下限获得工作机会，一旦没有了这个可怜的"优势"，华人连工作都很难找到。举例来说，很多华人是伐木工人，他们的工资比白人低且又任劳任怨，所以才被伐木公司和木瓦公司雇用。可是从1926年11月1日起，卑诗省批准在林木业中试行最低工资条例，每小时最低人工4毛钱。[2]为此，很多伐木公司和木瓦公司辞退了低廉的华工，导致大多数华人不得不从这一行业退出。[3]这些人失业后，只能靠极微薄的救济金生活，而老年单身华工就更加困难了。

华商、技术人员和一些个体商贩的生活状况与华工不一样，他们当中的许多人在禁止华人入境之前就可以把家眷接来，不用遭受分离之苦。他们懂英文，熟悉当地法律和风俗习惯，因此可以与白人联系。华商雇用华人，一般只给最低工资，或者比白人公司更低，因为受雇华人是不会反抗的。华商控制着侨社侨团，通过在侨社里获得的地位，在中国也获得一些荣誉地位。但是他们也受到白人的歧视，不可能有真正平等的权利。

总而言之，在禁止入境时期，华人是回国多、入境少，这在某种程度上减少了唐人街居住的密度，再加上有华人进入白领的工作领域，在某种程度上，华人的生活条件和状况比之前有所改善，但是，由于排华政策的持续，大部分华人的工作领域反而收缩，新移民进不来，导致唐人街的华人企业、市场和商贸有所萎缩，这又在整体上影响了华人生活水平的提升，而大环境的压力对华人心理产生的负面作用，使他们对移民前景和社区发展悲观，这让华人的生活状况更加雪上加霜。

---

[1] 李东海：《加拿大华侨史》，加拿大自由出版社，1967年，第412、413页。
[2]《最低工值例准备施行》，《大汉公报》1926年11月1日。
[3]《最低工值例迎有人》，《大汉公报》1926年11月20日。

第三节 唐人街的没落

在加拿大，早期和中期华人社群的任何变化，无论是大的社会动荡，还是小的生活变迁，都可以从唐人街的变化中寻找到来龙去脉，这是因为唐人街在某种程度上就是当时华人社群的代名词。换句话说，华人社群的变化就是从唐人街的变化开始的。

这个时期加拿大唐人街的最大变化是大城市的唐人街，如温哥华、域多利和多伦多等，人口减少，而小城市的唐人街，如福士等市镇因没人居住而陆续消失。造成这个现象的主要原因有三个，一个是年老、疾病造成的死亡率提升，加上没有新移民过来，自然造成唐人街人口减少；二是大量居住在唐人街的华人因为不堪被排挤或者失去工作而回国；三是不少华人因为经济萧条而离开小市镇唐人街到其他的地方去找工作。这种分散化的趋势，是造成小规模唐人街消失的一个重要原因。

我们仅以1931年和1941年的人口普查结果来印证唐人街人口减少的现象（参见表9.9）。

表9.9 主要城市华人人口数量的变化情况

城市	1931年的人口数	1941年的人口数	减少的人口数
温哥华	13011	7174	5837
域多利	3702	3037	665
卡加利	1054	799	255
爱民顿	467	384	83
温尼伯	1033	719	314
多伦多	2635	2326	309
满地可	1982	1708	274
渥太华	305	272	33
哈利法克斯	129	127	2

资料来源：Census of Canada, 1931 IV, pp.900-918.; Census of Canada, 1941, IV, p.138., p.456.

从上表可以看出，1931 年至 1941 年，各地唐人街的人数都在下降，最严重的是温哥华，下降了 44.9%、温尼伯下降了 30.4%、卡加利下降了 24.2%。

当然，如前所述，到了 1920 年代和 1930 年代，本地出生的年轻华人已经成长起来，他们在生存能力、工作层面和经济实力上都超过他们的父辈。这些人逐渐迁出唐人街，定居在更好的社区，主流社会对他们的接受度也远远超过对其父辈的接受度。不过，在华人总人口中，这部分人尚没有占据较大的比例。

总之，这个时期，加拿大的唐人街数目大幅减少，大城市唐人街的人数也在减少，这是加拿大华人历史上的黑暗期。

1. 卑诗省金矿区的唐人街

由于淘金潮发生在卑诗省，大量华工也因着淘金潮涌来加拿大，因此，卑诗省也是加拿大金矿区建有唐人街的唯一省份。虽然淘金潮的高峰期在 19 世纪 90 年代已经式微，但淘金的余绪依然绵延，一直到 20 世纪 20 年代后，由于黄金枯竭，利鲁厄特、福士埠、吉时利和其他小矿业城镇迅速被遗弃，那里曾经兴旺一时的唐人街，也结束了二三十年的苟延残喘，接近灭绝。

作为当时矿区首屈一指的百加委路唐人街，到了 20 世纪 30 年代，华人已经所剩无几，至 20 世纪 40 年代，这里已经人迹稀少，成为一座空城。[1]

2. 卑诗省煤矿区的唐人街

不但金矿区的唐人街走向没落，卑诗省煤矿区的唐人街也遭受到衰落的命运。20 世纪 20 年代中期，随着经济大萧条的开始，生产力萎缩、煤炭产量大幅下降，导致华人矿工失业离开，莱迪史密斯和埃克顿森的唐人街日益缩小。1931 年 4 月，埃克顿森煤矿关闭后，埃克顿森唐人街也无人居住了。1932 年，莱迪史密斯唐人街不复存在。[2]

1936 年，一场大火烧掉了半个岜巴仑唐人街，几乎所有的华人都离开了。1940 年代，岜巴仑唐人街已成废墟，只留下三四间木屋。[3]

禁止入境时期，乃磨的唐人街也进入了枯萎阶段。20 年代末，数以百计的煤矿华工被解雇，唐人街上有好几位商人破产。当地最大的地产公司联益实业公司（The Land Yick Land）也面临破产。为了保存唐人街，华商们成立了一个非营利性

---

[1] David Chuenyan Lai, *Chinatowns:Towns within Cities in Canada*, Vancouver: University of British Columbia, 1988, p.71.

[2] Paterson, Glost Town Trails of Vancouver Island, p.72; David Chuenyan Lai, *Chinatowns: Towns within Cities in Canada*, Vancouver: University of British Columbia, 1988, p.72.

[3] Susan Mayse, "Coal Town, Boomtown, Ghost Town?" Canadian Heritage (Oct. - Nov. 1985), p.18.

公司,称作华兴(The Wah Hing)地产公司,并恳请加拿大各地华人购买公司股份。最终,4000股股票被售出。1929年,华兴公司筹集了足够的资金,购买了联益实业公司拥有的地产。[1]

尽管华商成功地保留了财产,却无法逆转唐人街人口日益减少的趋势。1941年,乃磨只剩下298名华人,大约是1921年的三分之二。[2]

3. 域多利唐人街

19世纪,域多利唐人街可谓"一街独大",撑起了加拿大华人社区的"擎天大旗"。进入20世纪后,域多利唐人街开始萎缩,其直接原因有两个,一是不少华人返回了中国,也有华人去了加拿大其他省份,一些患病或年老的华人过世,加之当时华人出生率低于死亡率,造成域多利唐人街的华人日益减少;二是温哥华唐人街的"黑洞效应"。温哥华发展起来后,在工作机会和往来亚洲出入境方面,都超过域多利,自然就吸引了域多利的华人移居到温哥华,慢慢地,温哥华唐人街的人数就超过了域多利唐人街。到了1940年代,域多利唐人街又落后于多伦多唐人街,排到了加拿大唐人街的第三位。

随着唐人街华人数的下降和客户的减少,迫使小生意人开始寻找新的生存之道,导致唐人街外的华人餐馆与杂货店有所增加。为了发展新的非华裔客户群,业主们更倾向于聘用会讲英文的员工对顾客进行服务。1925年,省政府对卑诗省的东方亚裔人的社会活动展开调查,发现域多利地区341家华人商户中有一半是开在唐人街之外的。[3]到了20世纪30年代,唐人街华人的生意持续下降,一部分原因是大环境经济萎靡不振,另一部分原因则是由于唐人街人口的不断减少造成的。因此,本来在唐人街到处可见的理发店、修鞋店、裁缝店和洗衣房等,都因单身汉的需求下降而减少。1934—1935年,唐人街只有85间华人商店,到了1947年,已跌至64间(参见表9.10),很多楼宇已经很破旧。

---

[1] British Columbia, Land Registry Office, Certificate of the Title No.12864 – 1929: ABCDE of Lot 4 in Block N and BCDEFG of lot 1 and 2 in Block O and all of section G of Lot 3 and Section G of Lot 4 in Block N, May 9, 1929; "Chinese Appeals Mortgage Decision", The Vancouver Sun Mar.29, 1933.

[2] Census of Canada, 1941.

[3] Compiled from *Report on Oriental Artivities within the province*, Prepared for the Legislative Assembly of British Columbia (Victoria 1927), p.25.

表9.10　域多利唐人街华人商店的情况统计

商店	1934—1935年	1947年
进口店和杂货店	26	22
酒楼、咖啡室	8	8
剪发店	6	7
裁缝店	7	6
洗衣店	5	2
修鞋店	3	1
中药店	2	1
其他行业	28	17
总计	85	64

资料来源：*British Columbia Directory*，1935，1947。

20世纪30年代初的经济衰退，加剧了加拿大各地唐人街商业的衰退。许多华商和业主都拖欠贷款和税款，不得不关闭生意而最终丧失财产。商人的破产直接导致了许多华裔工人的失业。数字显示，域多利唐人街在1911年有超过150家商户，但到了1934年和1935年，只留有85家仍在营业。[1]1939年，华人团体或个人只拥有唐人街上15个地段的地产。这种萧条的景象一直延续到战争结束以后。到了20世纪40年代末期，由于当时房地产价格很低，一两位投资华商开始以低价购买唐人街的楼宇，拆后变为停车场，待高价时才出售。[2]

4. 新西敏唐人街

新西敏唐人街在卑诗省府迁都域多利以及温哥华唐人街兴起之后，就走上了萧条之路。1923年排华法案通过后，新西敏唐人街的衰落趋势更加严重。20世纪30年代，只有少数华人定居在新西敏唐人街，相应地，华人企业并不多，主要

---

[1] *Victoria City directory*，1911 and *BC directory*，1935.
[2] David Chuenyan Lai, *Chinatowns: Towns within Cities in Canada*, Vancouver: University of British Columbia, 1988, pp.241-242.

是沿麦肯尼斯大道,分布在哥伦比亚街和阿格尼斯(Agnes)街之间。根据统计,新西敏华人人口从1921年的约750人,下降到1931年的600人,主要原因是不少华人在温哥华找到了更好的工作。1938年,沿着麦肯尼斯大道只有两家手工洗衣店、两家杂货店和一家理发店,已经很少有华人居住在阿格尼斯街。[1] 到了20世纪40年代,华人集中居住并经商的新西敏唐人街风貌已经依稀难寻,400名华人分散居住在新西敏不同的地区,新西敏唐人街到了几近灭绝的地步。[2]

5. 锦碌市唐人街

1923年禁止华人入境政策执行之后,锦碌市唐人街人口和经济双双开始呈现下降趋势。跟新西敏等其他较小城市的唐人街一样,到了1927年,锦碌市的300多名华人大多数已经不住在唐人街,而是散居在不同的社区。同样,锦碌市的41家华人商店,当时一半以上已经开在白人社区,不再仅仅依赖华人顾客的生意。[3] 值得关注的是,这个城市的唐人街因为后续没有大量华人涌入,使得华人社区与主流社区的隔阂相对较浅,相处也较为平和,导致华人后代在社区的融合度比其他唐人街深入,这为几十年后该市出现全加拿大第一位华裔市长奠定了基础。

6. 温哥华唐人街

温哥华唐人街崛起之后,在很长一段时间里成为加拿大华人社区变化的风向标。因为禁止华人入境,这个处于北美的亚洲门户的唐人街,当然深受影响。1931年,温哥华有13011名华人和10多个侨团。到了1941年,只剩下7174名华人,减少近6000人。而在这10年中,华人的出生率为9‰,死亡率则是16‰。[4] 换句话说,本来源源涌进来的华人不见了踪影,而因饥饿、疾病等原因造成的死亡率又大大超过出生率,唐人街人口下降了很多。当然,随着华人人数的减少,也使得唐人街生意不复以前的热闹而日趋冷落,加拿大经济大萧条则让唐人街的困境雪上加霜。

不仅如此,温哥华唐人街的卫生状况一直受到市政府的批评和社会舆论的诟病,被视为贫民窟,而经常遭遇强迫搬迁,却无法得到政府资源加以改善。1944

---

[1] *British Columbia Directory*, 1938, p.583.; Province, Apr.19, 1940.

[2] "Number of Chinese Laborers Falls Off", The Province, Apr.19, 1940.

[3] Kamioops Daily Sentinel, Feb.1, 1927.

[4] "City Chinese Face 'Racial Extinction'", The Province, Oct.15, 1941.

年 8 月，上海巷的几座楼被市政府宣布不卫生，300 多名华人被强制迁走。[1] 这就进一步减少了唐人街的人口，打击了唐人街的生意。

1945 年抗战胜利后，日裔社区萎缩，一些华人开始迁入鲍威尔街（Powell）的日本埠，但大多数华人还是喜欢生活在拥挤的唐人街。[2]

图 9.2　林西河总堂
资料来源：黎全恩

7. 卡加利唐人街

加拿大草原省份的唐人街发展时间晚于西部省份的唐人街，规模也没有域多利、温哥华的唐人街大。1923 年禁止华人移民法颁布后遭遇的冲击，相比域多利和温哥华唐人街也来得小，再加上卡加利的华人洗衣店、杂货店，很多原来就开在唐人街之外以迎合白人客户，所以生意勉强还能支撑。当然，住在外边的华人虽然在生意上服务其他族裔的客户，但他们自己的生活方式还是中国传统式的，他们经常去唐人街买中国食品或饮茶会见朋友。但是，像其他唐人街一样，在整个限制入境时期，卡加利的唐人街总体上也呈现出衰退的态势。1931 年，卡加利的华人人口为 1054 人，只有数个侨团存在。到了 1941 年，华人人口已下降到约

---

[1] "300 Chinese must Remove From 'Alley'", The Vancouver Sun, Aug. 11, 1944.
[2] "'Little Canton' has Taken Place of 'Little Tokyo'", The Vancouver Sun, Jul. 18, 1945.

800人，其中只有不到一半华人住在唐人街里。[1]

图9.3　卡加利梁忠孝分堂

资料来源：黎全恩拍摄

图9.4　卡加利至孝笃亲公所

资料来源：黎全恩拍摄

[1] Census of Canada 1931, 1941.

8. 列必珠唐人街

当然，在限制入境时期，也有唐人街人口不减的例子，这属于比较特殊的情况，列必珠唐人街就是其中之一。列必珠唐人街的华人并不多，规模也不大。[1] 列必珠唐人街的华人大都姓梁，来自中国广东开平县。梁中孝堂和开平会馆是唐人街上最大的宗亲侨团和地方侨团，此外还有国民党分部及洪门堂所。就是因为人口不多，加上姓氏宗亲纽带强，因此在禁止华人入境和经济大萧条等大环境下，华人之间可以互相救济帮忙渡过难关，自然就减少了华人人口的流失。反过来，也因为梁姓为大，封闭性强，所以在西部华人比较多地向中部和东部迁徙的时候，难以中途在列必珠落脚。

9. 爱民顿唐人街

爱民顿虽然是爱伯塔省的都会城市，但唐人街的规模比爱伯塔省第一大城市卡加利小很多。1923年排华法通过后，爱民顿唐人街的发展受到遏制，也无法逃避衰落的趋势。1929年爱民顿唐人街成立了中华会馆，并把服务延伸到爱伯塔北部，[2] 虽然组织能力加强了，但华人人数还是呈现下降趋势。统计数字显示，华人由1931年的467名减少到1941年的384名，还有黄氏宗亲会等数间侨社。[3] 更令人感慨的是，爱民顿唐人街上的博伊尔（The Boyle）街一带简直就是贫民窟，那里有许多便宜的旅馆、出租房屋、破旧的剧院、小酒馆、舞厅和二手店，可见当地华人的生存状态并不是很好。

10. 穆斯乔唐人街

在排华时期，小城市的唐人街本来就已经很难生存了，穆斯桥唐人街也像其他的华人社区一样，随着蒸汽洗衣新技术的推广，再加上20世纪30年代经济大萧条，使得很多华人经营的洗衣店难以为继，只能关闭。在华人生意下降的同时，穆斯乔华人人口也持续下降，从1921年的320名，下降到1941年的260名。可以这么说，在20世纪40年代，穆斯乔小小的唐人街几近灭绝。[4]

---

[1] David Chuenyan Lai, *Chinatowns: Towns within Cities in Canada*, Vancouver: University of British Columbia, 1988, p.90.

[2]《点问顿华人社区华埠一百周年纪念特刊》，2013年，第22页；David Chuenyan Lai, *Chinese Community Leadership*, Singapore, World Scientific Publishing Co.Pte.Ltd, 2010, p.10.

[3] Ben Seng Hoe, *Structural Changes of Two Chinese Communities in Alberta* (Ottawa: Canadian Centre for Folk Culture Studies 1976), p.113.

[4] Yee, "An Ethnic Study of the Chinese Community of Moose Jaw", p.12.

11. 萨斯卡通唐人街

萨斯卡通是沙省人口最多的城市，但华人极少。据统计，1921 年萨斯卡通有 228 名华人，1931 年则增加到 308 名。[1] 同期，一个微小的唐人街建立在 19 街中的第一和第三大道之间，那里散布着几家华人商店。[2] 不过这里的唐人街存在时间很短，前后延续不到 10 年，至 20 世纪 30 年代后期，萨斯卡通唐人街就不复存在了。

12. 温尼伯唐人街

总体来看，20 世纪 20 年代后，温尼伯唐人街已经进入衰落期。

如果说禁止华人入境的排华政策是西部省份唐人街衰落的主因，那么对马尼托巴省首府温尼伯的唐人街来说，机械化程度的提升和经济大萧条造成的冲击，对唐人街的影响可谓与排华政策一样严重。

据统计，1920 年代，温尼伯唐人街的华人洗衣店超过 300 家，可是到了 1938 年，只剩下 125 家，其主要原因就是机械化洗衣占据了市场，华人在洗衣业的廉价劳动力不再占有优势。[3] 同时还要面对 1930 年代经济大萧条。许多华人餐馆和杂货店因为没有顾客而关门。曾经活跃的侨社也仅剩几个，比如国民党分部等。

图 9.5　温尼伯国民党分部
资料来源：黎全恩拍摄

---

［1］Census of Canada, 1921, 1931.

［2］Emest Chan, retired school-teacher in Saskatoon, Daivd Chuenyan Lai interview, Jul. 1986.

［3］David Chuenyan Lai, *Chinatowns: Towns within Cities in Canada*, Vancouver: University of British Columbia, 1988, p.95.; Kwong, "Transformation of an Ethnic Community", p.92.

唐人街经济不景气引发出一连串的问题，一些华人地（屋）主因交不起税，而失去了他们的财产，不得不去租房居住。但是，排华和歧视华人的风潮仍在作祟，华人很难租到唐人街以外的房子，唐人街南端的詹姆斯街物业租赁代理曾警告白人居民，如果把房子转租给华人的话，他们的租约将被终止。[1]因此，一些华人连居住都出了问题。

13. 多伦多唐人街

多伦多唐人街发展较晚，早期不少华人移民，主要是从西部迁徙而来。20世纪20年代之后，多伦多唐人街已慢慢在皇后西街和登打士西街的伊丽莎白街和板栗街上形成规模。1931年，多伦多唐人街有2635名华人，到了1941年，华人只有2326名。[2]

图9.6　多伦多破旧唐人街
资料来源：黎全恩拍摄

20世纪40年代，多伦多唐人街地界有所扩大，成了加拿大第三大唐人街。但是，同主流社区的大都会发展规模与水准相比，唐人街显得格外破旧和"不入流"，这也从另外一个侧面，揭示了多伦多唐人街在限制时期所处的困境。

第二次世界大战后，多伦多市政府对市中心进行美化和扩建，因为唐人街靠近市中心，很多地产商以低价收购破烂的唐人街楼，并转卖给市政府。

---

[1] Winnipeg Tribune, Mar. 2, 1942.
[2] Census of Canada, 1931, 1941.

14. 渥太华唐人街

加拿大首都渥太华也是较晚形成唐人街的城市。1911 年，渥太华只有 170 名华人，但还没有唐人街。1931 年，华人人口增长到 300 名。[1]也是在这一年，渥太华开始有了小小的唐人街。唐人街沿着阿尔伯特街（Albert），在肯特（Kent）街和奥康纳（O'Connor）街道之间形成。当年，唐人街上有 3 家杂货店、2 家洗衣店、2 家娱乐会所和 1 家礼品店。[2]

1941 年，华人商业机构增加到 12 家，包括 4 家餐厅、3 家洗衣店、2 家杂货店还有另外 3 个店。此外，唐人街还成立了 4 个组织：渥太华东方俱乐部、Dai Lou 俱乐部、Moo Chung 华人俱乐部以及渥太华中国国民党分部（Chinese Nationalist League）。[3]中日战争全面爆发后，一个支援中国抗日的组织在唐人街成立，20 世纪 40 年代末改组为中国慈善协会。

综上所述，渥太华虽然是联邦排华政策的制定地，但却因为华人人口少，是政府雇员为主的就业结构，没有发生太多的工潮，且与华人关系不大，又需要多元的服务，因此反而没有太多的排华事件发生，在禁止华人入境时期，成为极少数唐人街没有衰落反而成长的城市。

15. 咸美顿唐人街

咸美顿唐人街是在加拿大东部地区较早发展起来的华人社区，到了 20 世纪 30 年代，咸美顿唐人街开始走下坡路，除排华的大环境之外，另外的原因是华人赖以生存的手工洗衣业被逐步淘汰，华人人口也在减少。许多华人迁移到多伦多，因为那里就业机会远远高于咸美顿。到了 1941 年，只有不到 200 名华人留在咸美顿。20 世纪 40 年代末，咸美顿唐人街几乎灭迹。[4]

16. 满地可唐人街

在禁止华人入境初期，满地可唐人街还能维持华人人口的不减少，但由于新的华人无法补充进来，加上遭遇大萧条时代，华人人口开始减少。根据人口普查数据，1921 年，满地可唐人街有华人 1735 人，成为全加拿大第四大唐人街。1931 年，唐人街人口微增至 1982 人，到了 1941 年，唐人街人口减至 1708 人，少于 1921

---

[1] Census of Canada, 1931.

[2] Ottawa City Directory, 1931.

[3] Ottawa City Directory, 1941.

[4] David Chuenyan Lai, *Chinatowns: Towns within Cities in Canada*, Vancouver: University of British Columbia, 1988, p.99.

年的人口数。[1]

满地可唐人街边界为多切斯特（Dorchester）、克拉克（Clark）、维特雷（Vitre）和谢内维尔（Chenneville）街。与其他大城市的唐人街一样，满地可唐人街有很多华人企业和机构，如致公堂、中华医院和美以美教会，这些大的机构主要集中在满地可唐人街商业地带，即拉句诗渐（Lagauchetiere）街以西。[2]

17. 魁北克市唐人街

由于满地可是英、法裔并存的大都会，经济较繁荣，文化也相对多元而宽松，因此吸引了比较多的华人在该市的唐人街定居，这自然使魁北克省的首府，也是单纯法裔居住的魁北克市唐人街发展受到限制，与满地可唐人街相比，自然相形见绌。

坐落在亚伯拉罕海岸（Cote D'Abraham）附近的魁北克唐人街，规模非常小，商店不多，社团组织也很少，到1941年，也只有140名华人，随着满地可唐人街的开发，魁北克市的唐人街越发显得黯然失色。[3]

总而言之，在禁止华人入境时期，唐人街面对排华风潮，经济大萧条，人口数量降低，技术改良冲击华人手工式作坊等多重挑战与压力，但各地唐人街的华人不惧衰落，逆势而上，勇于转型，全力经营，苦撑待变，再度展现华人刻苦耐劳、百折不挠的自力自强精神。虽然不少小城市的小唐人街难以为继，走向衰落，但很多华人迁徙到大城市的大唐人街，仍然延续这些消失的唐人街的精神与遗产，发扬唐人街的包容性和多元性，使大城市的唐人街历经磨难而不倒，有的甚至获得逆势成长的佳绩。

唐人街在历史的风雨飘摇中，成为华人在加拿大坚守的家园，而华人的坚韧不拔，也让唐人街老而弥坚，焕发青春。

---

[1] Census of Canada 1921, 1931, 1941.
[2] *Montreal City Directory*, 1921–1923.
[3] Ban Seng Hoe, "Chinese Community and Culture Tradition in Quebec City," in Chinese Consolidated Benevolent Association 1985 Tri-Celebration Special Issue (Victoria: Chinese Consolidated Benevolent Association, 1986), p.131.; David Chuenyan Lai, *Chinatowns: Towns within Cities in Canada*, Vancouver: University of British Columbia, 1988, p.100.

第四节 侨社侨团的发展与作用

如果说在禁止入境时期，华人不畏艰难困苦，坚守了唐人街这个家园堡垒，那么，支撑唐人街家园的重要支柱就是华人社团。唐人街虽然人口不增反减，但华人华侨社团在这个时期并没有停滞不前。原有侨团扩大规模，提升质量，有些还设立了总部或进行了重组。同时新的侨社侨团还在陆续涌现，使唐人街更加多元，也让华人在困境中有乡情族情抱团扶持。

与早期侨团相比，这个时期的侨团不论大小，一般都有基本章程和固定的地址，并为本地华人的正当利益和祖居地的抗战，组织了大量的活动，其中包括反苛例和抗议排华等示威活动，为家乡捐款，为中国的抗战和世界反法西斯战争出钱出力。当然，一些侨团还兴办学校、报刊和医院等。

禁止入境时期的侨团，按照功能有以下几种类型。

一、社团领导组织

由于唐人街基于乡土宗亲关系建立的社团繁多，因此，将这些社团联合起来发挥集体的力量，一直是唐人街社团发展的重中之重。在禁止入境时期，加拿大各地既有的中华会馆以及新成立的中华会馆或中华会所，继续扮演着社团领导者的角色。值得注意的是，这个时期的东部城市，出现了中华会馆和中华公所成立的高潮。

安大略省温莎中华公所于1924年5月18日成立。[1]爱伯塔省点问顿中华会馆（Chinese Benevolent Association）于1929年成立，[2]并于1932年注册成为侨团。中华会馆把服务扩展到爱伯塔省北部的育空地区和西北地区（Northwest Territories），因为那里没有华人组织存在。1932年7月17日，甶巴仑华侨公所成立。[3]

在里贾纳，20世纪20年代末，许多华人失业，无处可去。中华会馆成立后，

---

[1]《稳梳中华公所开幕预告》，《大汉公报》1924年5月6日。
[2]《点问顿华人社区华埠100周年纪念特刊》，2013年，第22页；David Chuenyan Lai, *Chinese Community Leadership*, Singapore World Scientific Publishing Co.Pte.Ltd, 2010, p.10.
[3]《甶巴仑华侨公所成立》，《大汉公报》1932年7月21日。

在博劳德大街租了一间帐篷小屋,让失业的华人有一个社交集会的地方。[1]

同样,20世纪30年代的经济大萧条时期,在哈里法克斯,很多华人单身老人死后,没有人帮他们料理后事。1934年2月,哈里法克斯成立了中华公所。中华公所募集了一些钱,在城市的墓园购买了一小块地,为死去的华人安葬。[2]

当然,在限制入境时期,各地区的中华会馆等领导侨团担负着很多工作,其中最重要的工作是带领侨社侨团继续抗议排华法案。

举例而言,1928年7月1日下午1点半,温哥华中华会馆在大舞台戏院举行华侨会议,到会者达六七百人之多。很多华人上台演说,谴责排华法案,大家都希望华人亲爱融和,知耻而图洗雪,场面气氛热烈,一直到了钟鸣4响,才高呼口号而散。[3]

1933年8月,加拿大的班芙(Banff)召开第五次太平洋国际学术会议,域多利中华会馆将"四三苛例"资料整理成册,委托代表在会上适机提出。[4]

中华会馆第二个重要工作就是支持中国的抗战活动。1931年9月18日,日本侵略中国。1931年9月27日,温哥华中华会馆在唐人街大舞台戏院召开全侨抗日演讲大会,并成立抗日委员会。[5]

1938年7月7日下午两点,温哥华中华会馆及抗日救国会,在远东戏院召开全侨纪念抗战一周年大会,会上供着抗日阵亡将士及殉难同胞的灵位,绕以黑纱,伴以花圈。到场侨胞甚多,另有中西报记者、摄影师及采访人员10多人。黄文甫赞礼,大家先向国旗行三鞠躬礼,再由林焕庭主席致祭,大家静默三分钟后,主席讲开会理由,然后众人演讲。出席人员有国民党代表、全加和温哥华洪门代表、达权社代表和抗日会代表等。[6]

当然,加拿大各地中华会馆在发展过程中也遇到过很多问题,其中尤以财政问题、人事纠纷为最。

以中华会馆中具有元老地位的温哥华中华会馆为例,就因为埠中意见有分歧,

---

[1] "Brief introduction of the CBA of Regina, Saskatchewan," Special Issue of the Annual Meeting of Pan-American CBAs(Vancouver: Chinese Benevolent Association of Canada June 1994), Pages unnumbered(In Chinese Script).
[2] Jack Suen, Director, Chinese Benevolent Association in Halifax, personal interview, Jun. 1991.
[3]《纪念侨耻》,《大汉公报》1928年7月3日。
[4]《欢迎我国代表团记略》,《大汉公报》1933年8月14日;《提论华移民苛例》,《大汉公报》1933年8月18日。
[5]《中华会馆抗日大会情形》,《大汉公报》1931年9月28日。
[6]《云市全侨纪念抗战周年》,《大汉公报》1938年7月8日。

会务屡次中断。20世纪30年代因为无人署理日常事务、未向卑诗省府呈报,1933年3月9日被取消注册。1933年4月29日,再由周宝山重新登记,1933年6月28日补领执照至今。[1]

与其他地方的中华会馆一样,温哥华中华会馆也一直受财政困扰。1938年年初,温哥华中华会馆为了交地税、还清中华医院的欠款,曾在华人社区开展募捐活动。[2]

由此可见,中华会馆作为领导侨团,一方面要与参与的各侨团共襄盛举,形成人多势众的集体力量,在唐人街遇到大事时,登高一呼,各方响应;另一方面也因为成员众多,七嘴八舌,一旦意见产生分歧,就呈现互相推诿、莫衷一是的分裂无序状态。这种情况可谓是中华会馆的痼疾。

二、宗亲社团

虽然中华会馆在唐人街扮演着龙头侨团的作用,但是,以宗族姓氏或血缘为纽带的宗亲团体,依然是唐人街侨社侨团发展的基础,并在华人社会中继续发挥着重大作用。在限制入境时期,新的宗亲团体依然在加拿大各地的唐人街陆续诞生。

在温哥华,1925年,开平人黄纪杰、黄振三创办民星书报社,其目的是帮助从广东开平抵加的黄氏家族成员。1924年5月,林九牧公所成立,在6周年庆典时,很多宗亲侨团,如林西河堂、黄江夏总堂和黄云山总公所等派代表亲临并送贺词贺礼。[3] 1925年5月,何卢江堂在温哥华唐人街成立。[4] 1928年,温哥华郑荥阳总堂成立。1933年,温哥华吴、蔡、翁三姓宗亲成立三德书社,该社是在极端困难的环境下组成的,本着同舟共济、守望相助的精神,协助宗亲共渡难关、立足他乡。[5]

除此之外,这一时期还有成立于温哥华的周爱莲总公所,其前身是爱莲总公所,凡旅居温哥华的周姓华人均可参加。

在温尼伯,1930年5月18日,黄云山公所举行了开幕典礼。当地很多侨社,

---

[1] Province of British Columbia "Societies Act", Jun. 28, 1933; Societies Act, Jun. 28, 1933; *The 100th Anniversary 1906–2006 of Chinese Benevolent Association of Vancouver*, 2006, p.49.

[2] 《云埠中华会馆征收义捐展期开选启事》,《大汉公报》1938年2月23日。

[3] 《云埠林九牧公所纪念庆典鸣谢》,《大汉公报》1930年5月14日。

[4] 《何卢江堂启事》,《大汉公报》1925年7月15日。

[5] *The 100th Anniversary 1906–2006 of Chinese Benevolent Association of Vancouver*, 2006, p.273.

如致公堂、凤采堂、警魂社、新鹤联声社等均派代表参加。[1]

这一时期，宗亲社团很活跃，不光商讨宗亲会物业、恭祝先祖诞辰、祭祖、会馆周年庆及贺中国节日、美化华人坟场等，还参加各项社会活动，包括政治活动，而且规模日趋扩大，全国串联的趋势愈演愈烈，这也表明，宗亲会的影响力在全国唐人街持续扩展。

举例来说，1935年6月，卡加利召开全体华侨大会，议决支持抗日团体、修理并美化华人墓场。会后，黄江夏堂、马金紫堂、陈颖川堂、林西河堂、梁忠孝堂等宗亲团体纷纷捐款。[2] 1944年，林西河总堂林九牧公所决定购买宪政党的楼宇为永久堂所，另组实业部向林姓兄弟认股完成此举。1946年装修完毕，举行开幕典礼。[3]

三、邑县社团

在限制华人入境时期，因为鲜有新的华侨华人进入加国，因此，以地缘为纽带的邑县团体没有大幅度增加，但是原有团体或者在规模和会务方面有不同程度的发展与扩大，或者以更小的县和地区为基础，纷纷在总会的架构下建立小型社团，让乡亲们彼此的照顾、帮助细致化。

1937年，在多伦多，番禺籍华侨成立城北通讯社。1924年，在温哥华，禺山昌后堂改名为"禺山总信局"，租赁地址为片打街110号。[4] 1939年，禺山总信局改为禺山总公所会所（Yue Shan Society），正式建成。[5]

1939年5月，温哥华中山隆镇同乡会成立。1925年，成立开平总会馆。1946年，恩平同福堂改为恩平总会馆（Yin Ping Benevolent Society of Canada）。1946年，温哥华金紫支堂更名为马氏公所。[6] 1931年，域多利和温哥华两埠将宁阳余庆堂改为台山宁阳总会馆（Hoy Sun Ningyung Benevolent Association，Headquarters for Canada）。[7]

---

[1]《黄云山公所开幕之盛况》，《大汉公报》1930年5月26日。

[2]《卡城华坟场修例经过》，《大汉公报》1935年7月13日。

[3]《本堂所历年大事记》，《林西河总堂林九牧公所金禧纪念特刊》，1980年，第12页。

[4]《昌后堂与禺山总公所之沿革史》，《禺山总公所楼成纪念册》，1949年，第4页。

[5]《昌后堂与禺山总公所之沿革史》，《禺山总公所楼成纪念册》，1949年，第5页；《禺山总公所七十周年纪念特刊》，2009年，第7页。

[6] *The 100th Anniversary 1906–2006 of Chinese Benevolent Association of Vancouver*，2006，p.258.，p.264.，p.255.

[7] 黄文甫：《序》，《坎拿大台山宁阳总会馆章程》，1932年。

与宗亲团体一样,地邑县性团体也开展了很多活动。1930年7月,域多利宁阳余庆堂准备检运先侨遗骨回国。为了顺利挖骨,宁阳余庆堂曾在报上登广告,希望如有与地方官感情融洽的侨胞,能事先与之沟通,以便周全。[1] 1945年12月26日下午1点,禺山总公所举行第7届联欢大会,邑侨到场者满座。禺山昌后堂、禺声月刊、域多利代表及乃磨代表、党进代表等均出席了会议,席间还有舞狮、耍双刀等演出。下午5点半,假座华侨酒楼举行庆宴。8点在礼堂举行游艺表演,总领事和几位领事也到场观看。[2]

图9.7 口述者雷焕仪
资料来源:贾葆蕗拍摄

1949年,铁城崇义总会注册为慈善机构,并设立慈善基金。1965年,卡加利铁城崇义支会正式向阿尔伯塔省政府注册。[3]

提起邑县社团铁城崇义会,卡加利铁城崇义会主席雷焕仪介绍道:

"我们铁城崇义会是1922年秋天成立的。当时因为有一部分中山人从温哥华迁移到卡加利,他们在新的地方谋生,觉得应该建立一个会所来互帮互助,敦睦乡谊。就这样,十几名中山人组建了铁城崇义会,创会宗旨是:互助互爱、互相守望、积极行善。铁城崇义会成立后,会员们齐心协力,努力发展会务。开展的活动有祭拜先侨、庆贺中国节日和周年庆典等。中国的节日春节来临时,会员们齐聚一堂,在一起吃饭,有时会在唐人街游行,因为我们人少,就没有舞狮舞龙。铁城崇义会开展过很多济贫和慈善活动,比如先侨去世时,会派人慰问,并派送花圈。每年清明,全体人员会一起去祭拜先侨。铁城崇义会最大的活动是周年纪念活动。因全加拿大有三个铁城崇义会,总会在温哥华,另一个分会在域多利,周年庆时,另外两个会派代表前来祝贺。届时会摆上全猪等,主持人先讲话,欢迎其他两会的代表,然后总会代表讲话,大家一起交流会务。

"早年,孙中山先生曾到过卡加利,先侨给他捐过钱。我们会里有一名会员叫林三合,也是洪门成员,曾做过孙中山的护卫。与温哥华相比,我们的会员少些,规模也小些。但是全加拿大的三个铁城崇义会有共同的会章,经常有书信往来,

---

[1]《联邑检运先友再启》,《大汉公报》1930年7月2日。
[2]《禺山总会所联欢会盛况》,《大汉公报》1945年12月29日。
[3]《加拿大铁城崇义会大事表》,《铁城崇义总会成立100周年纪念特刊1914—2014》,2014年,第50—54页。

互帮互助。早些年,我们铁城崇义会买下华埠 109 2 Ave 作为会所,后来又在 114 3rd Ave Southeast 建了崇义大厦,1 楼和 2 楼出租,4 楼也有几个单元出租,租金用来维持会务运转。"

四、反种族歧视社团

在华人到达加拿大之后,种族歧视就如影随形地与华人社群纠缠,而华人则经历了从沉默忍受到理性反抗的成长过程。在排华法案出台前夕,华人社区成立了很多反种族歧视团体,全力进行反制。其中比较著名的团体是,1923 年在多伦多成立的全加华侨驳例总局,陆续在加拿大各埠成立驳例分局。排华法案通过后,全加华侨驳例总局派代表赴渥太华交涉,代表们还向议员请愿,虽然最终无法阻止苛例施行,但却积累了全国性抗争的经验,为持久性抗争奠定了基础。1924 年 4 月 1 日,全加华侨驳例总局发出通告,要求中国政府与加国政府严重交涉,要求全体华侨再度兴起抗苛例运动。[1] 由此可见,这些反种族团体虽然是因事而成,具有暂时性的特点,但在限制入境时期,却成为曝光度高、华人共识最强的团体,对凝聚华社的团结力、提升华人的参与意识功不可没,成为华人社团的一道独特风景。

五、商业社团

禁止入境时期,唐人街生意大幅减少,但华人仍然在逆境中寻找商机,同时也有新的商会团体诞生。

在温哥华,1922 年 8 月 7 日,鉴于华侨华人来到加拿大饱受歧视,求生存不易,上门小贩联合会宣布成立。[2] 1926 年 4 月 4 日,成立了华侨农商联会,它由华侨农商联合会、振华贸易团和振华侨生会三大团体联合组成,目的是联络同业的感情,保护同业的权利。[3] 1927 年 5 月 28 日,沙文胆农会成立。[4] 1934 年 3 月 3 日,温哥华成立群生瓜菜种植联合会。[5] 1935 年 8 月 10 日,中华农人联

---

[1]《全加抗例局通知书》,《大汉公报》1924 年 4 月 7 日。
[2]《上门小贩联合会缘起序》,《大汉公报》1922 年 8 月 7 日。
[3]《华侨农商联会成立》,《大汉公报》1926 年 3 月 26 日;《华侨农商联会成立典礼》,《大汉公报》1926 年 4 月 5 日。
[4]《沙文胆农会成立》,《大汉公报》1927 年 6 月 9 日。
[5]《驻云群生瓜菜种植联合会成立预告》,《大汉公报》1934 年 3 月 3 日。

合会在温哥华成立。[1] 1943 年，华侨旅店会正式成立，旨在集中力量，保存同业利益。[2] 1944 年 10 月 10 日，温哥华成立中加协进会，目的是增加友谊商务。[3]

此外，商业社团还有华侨西厨工会、中国航空建设协会加西直属支会、加拿大温哥华华侨工友联合会、华侨农业总会、票行联合会、温哥华工人保障会。

在域多利，有华人农业合作社（Chinese Agricultural Cooperative）、温室联合会（Greenhouse United Association）。在锦碌有华侨农业会等。

这些团体集合了各行业的华人，加强了行业内的互相支持，积极鼓励华人在困难的时刻，不放弃，朝前看，渡过难关，迎接光明。

六、体育社团

习武本来就是一些地方华人的传统，在倍受歧视、倍感压力的西方社会生活，强身健体就有了多层意义。在禁止入境时期，华人在体育活动上的投入显著增加，不但要改变在西人眼里华人是"东亚病夫"的刻板印象，同时也期望把自己的子弟培养成有强健体魄的人才，不受欺负，并能在体育运动成绩上超过西人。1929 年，域多利成立"华生体育会"，实为旅加华侨正式体育会之始。1931 年，"华人学生体育会"（Chinese Students' Athletic Club）正式在域多利成立。[4] 之后又有温哥华中学生体育会、洪声体育会、温哥华华侨女子爱国体育会、域多利洪门体育会、禺山体育会、多伦多洪门体育会和卡加利华人棒球会等成立。

这些体育会既有武术操练、舞狮舞龙活动，也有正式比赛。华侨们长期处在受歧视的异质文化环境里，举办体育活动和体育赛事不仅是强身健体，也是提升自我形象、联络感情、争取平等地位的唯一渠道。

值得一提的是当时著名的温哥华中学生体育会足球队。这支成立于 1920 年、由华人青少年组成的球队，在卑诗省足球场上东征西伐，屡建战功，让傲慢的西人在绿茵场上俯首称臣，让倍感屈辱的华人社群扬眉吐气。

1926 年 5 月 24 日，这支华人足球队与西人足球队在干转球场比赛，中西观者约有 9000 余人。下午 4 点多，中国领事及中华会馆总理也来助力。交战双方势

---

[1]《华农组立农人联合会》，《大汉公报》1935 年 8 月 12 日。
[2]《华侨旅店会成立宣言》，《大汉公报》1943 年 11 月 4 日。
[3]《中加协进会昨成立》，《大汉公报》1944 年 10 月 11 日。
[4] Introduction：Chinese Students' Athletic Club 20th Anniversary celebration and reunion，*Chinese Students*'，Athletic Club, p.1.；李东海：《加拿大华侨史》，加拿大自由出版社，1967 年，第 212 页。

均力敌，赛事异常激烈，最终华人学生以5:3获胜，获得了银杯。[1]

1933年5月29日，温哥华中学生体育会足球队以4:3击败卑诗大学足球队，获得卑诗大陆冠军奖杯（BC Mainland Cup），这是当年全省和全国最高水平的比赛。[2]这支足球队的辉煌战绩，证明了只要有公平的游戏规则，华人一点也不比白人逊色，这对当时处于艰难时期的华人是相当大的鼓舞。而足球队中的不少年轻人，在20世纪40年代和50年代，成为华人在各个行业的领袖人物。

不仅如此，华人还创办了与体育有关的刊物。例如，1937年成立的加拿大云高华华人网球会，从1939年开始创办年刊，介绍华人参加的体育赛事等。[3]

七、政治性团体

在限制入境时期，由于大多数华人没有投票权，因此，就没有参与本地政治团体，比较活跃的依然是与中国政治息息相关的政党团体，其中国民党、致公堂和宪政党依然是主要团体。

1. 国民党

国民党自从孙中山去世后就分裂为左、右两派。左派延续孙中山联俄联共的主张，而右派则执行蒋介石的反共路线。国民党在中国的分裂也延烧到加拿大。加拿大国民党分成拥蒋和倒蒋两派，党争汹涌，严重影响唐人街的和谐与团结。

例如，在爱民顿，两派为970.63加元的基金争吵，都认为自己才是纯正的国民党成员。[4]1927年8月，被视为左派的温哥华《加拿大晨报》的经理兼主笔雷鸣夏，在报社办公室被打死，暗杀之人是右派人员黄五盛。[5]这个凶杀案影响了华社的声誉。

就国民党在加拿大发展情况而言，1929年11月8日，中国国民党驻加拿大总支部在加拿大注册，英文名称为：The Chinese Nationalist League of Canada。[6]

---

[1]《华生球队奏凯而归》，《大汉公报》1926年5月25日。
[2] "Chinese Students are Colorful Team", The Province, Jun. 4, 1933；《华足球队夺得银杯归》，《大汉公报》1933年5月30日。
[3]《加拿大云高华华人网球会创办年刊》，第1期，1939年；《加拿大云高华华人网球会创办年刊》，第2期，1940年。
[4] Edmonton Journal, Jan.17, 1929.
[5]《加拿大晨报内之惨杀案》，《大汉公报》1927年8月9日。
[6] 中国国民党驻加拿大总支部在坎城政府注册条例及细则，1929年，第1页。

当时以蒋介石为首的南京政府代表中国与加拿大互动颇多，1933年8月，财政部部长宋子文访加，商讨中加关系问题。[1]中国抗日战争爆发后，加拿大的国民党也投入支持祖籍国抗战的洪流之中。1937年，域多利分部成立全侨救国会和劝募救国公债支会。[2]1938年，加拿大公民白求恩率国际医疗队赴华，帮助中国的抗日战争。1940年，中华民国空军募款委员会主任委员及国民党海外部部长陈庆云来加宣慰华侨，宣传航空救国，并筹款救济重庆广东难民。同年，黄寄生和黄渊伟被选为加拿大华侨国大代表。[3]1943年6月15日，宋美龄到达渥太华，16日在加拿大下议院致演说词，介绍中国抗战情形和成果。[4]6月17日，宋美龄接见报界，指出日本人善于宣传，珍珠港事件后，日本对南京中央政府使用拉拢手段，想使南京中央政府与其合作。宋美龄还指出，现在中国的抗战精神足，因为人力足、军队足。[5]1945年，侨务视察专员陈立人抵加。[6]

2. 致公堂

洪门是在唐人街兴起最早的政治性社团，也是与其他政治性社团关系最复杂的一个社团。自从1908年在卑诗省正式注册，其他地区先后设有分支，其组织的发展变化很大。

在禁止入境时期，洪门致公堂在加拿大各地举行过多次恳亲会，并进行了改组和章程的修改。1924年至1945年间，洪门致公堂在全加拿大各埠举行过第二次到第十二次恳亲大会，其中1928年9月在亩补碌召开的第五次恳亲大会，议决温哥华致公堂为全加致公堂驻温哥华总办事处。1937年10月10日，洪门机构在温尼伯举行第八次恳亲大会，而总部地点，议决由域多利和温哥华洪门机构轮流设置。1945年11月4日，全加洪门举行第十二届恳亲大会，议决加拿大洪门由"堂"转"党"，定名为：中国洪门致公党驻加拿大总支部。[7]此后洪门致公堂成为这个时期具有全国规模行动力的一个华人社团。

---

[1]《宋子文昨到柯京》，《大汉公报》1933年8月5日。

[2]域多利分部简史：《党史简介》，域多利分部编印，1996年，第29页。

[3]李东海：《加拿大华侨史》，加拿大自由出版社，1967年，第499页。

[4]《蒋夫人到柯京之余闻》，《大汉公报》1943年6月16日；《蒋夫人向议员演讲》，《大汉公报》1943年6月16日。

[5]《蒋夫人昨接见报界》，《大汉公报》1943年6月18日。

[6]《陈立人君昨日行抵本埠》，《大汉公报》1945年2月5日；李东海：《加拿大华侨史》，加拿大自由出版社，1967年，第500页。

[7]《历届加拿大洪门恳亲大会要记》，《中国洪门在加拿大》，中国洪门民治党驻加拿大总支部，1983年，第71—73页。

这一时期，洪门致公堂在地方的拓展很迅速。从 1923 年 7 月到 1943 年年底的 10 年间，庇李磨（1923，Blairmore）、哈利法克斯（1923）、列必珠（1924）、魁北克（Quebec，魁省，台山人称为古壁省，1928）、渥太华（Ottawa，柯京，1941）、卡市顿（1943，Creston）[1]等 6 个大小不一的城市均成立了致公堂，成立的缘由不尽相同，有的是从通讯社发展而来，有的因为是地处遥远，为了方便获得洪门致公堂的信息而建堂，更有的是因为侨团的意气之争而自立"庙堂"。

1923 年到 1944 年的 11 年间，洪门致公堂的另一个机构达权社，先后在冚补碌（1923 年）、乃磨（1923 年）、胜卡顿（1924 年）、满地可（1924 年）、列必珠（1924 年）、多伦多（1924 年）、咸美顿（坎问顿，1925 年）、企龙拿（企仓打，1926 年）、党近（1926 年）、新西敏（1926 年）、稳宁（1927 年）和片市鲁别（Prince Rupert，1944 年）等 12 个地方成立达权分社。[2]

各埠的洪门致公堂，除了参加全国性的恳亲大会外，也经常开展自己的活动，如开办阅书报社、庆五祖生日、筹款建广州先烈祠、开办学校报社、庆贺孔子生日、成立拒日会抗日、捐款赈济中国灾民等。

值得注意的是，洪门也积极向主流社会介绍洪门，以改变他们对洪门的固有看法，加速洪门的本地化过程。其典型例子就是，1945 年 11 月 9 日，域多利致公党代表团宴请省督及军政西人名流，周新和在会上陈述洪门宗旨，并讲述洪门对加拿大各种慈善工作都在尽力而为，比如向红十字会捐款、推销公债、加入军队出兵远征，由此可见洪门很希望能与加拿大政府有良好互动。[3]

洪门致公堂与另一政党宪政党政出两门，在加拿大早期侨社历史上也恩怨不小，但随着清朝退出历史舞台，双方斗争的焦点消失，因此也开始摒弃前嫌，进行互动，共同举办活动。1930 年夏历八月二十七日，渥太华宪政党举行庆贺孔子圣诞典礼，在其党所内，座中悬挂孔子圣像，两旁悬挂许多祝联。各团体如洪门致公堂及侨胞均可参加，活动举办得很隆重。[4]1931 年 3 月 15 日，渥太华宪政党和洪门致公堂联合举行了春宴大会。时任多伦多弘道学校

---

[1]《陈翼耀专员奉命调查全坎洪门事务报告书》，驻云埠全加致公堂总干部、驻温哥华全坎洪门总干部印发，1945 年。

[2]《陈翼耀专员奉命调查全坎洪门事务报告书》，驻云埠全加致公堂总干部、驻温哥华全坎洪门总干部印发，1945 年，第 95—101 页；二埠达权社支部成立盛况：《大汉公报》1926 年 3 月 30 日。

[3]《洪门代表团公宴时》，《大汉公报》1945 年 11 月 10 日。

[4]《四埠恭祝圣诞志盛》，《大汉公报》1930 年 10 月 27 日。

教员的黄孔昭、多伦多致公分堂《洪钟报》代表宋卓勋、满城宪政党代表谭广华等出席。[1]

最后特别提出的是，1944年3月，全美洲洪门代表大会于纽约举行，议决由"堂"改为"党"，党名为"中国洪门致公党"。翌年11月4日，全加洪门第十二届代表大会在域多利致公堂召开，致公党首次用"中国洪门致公党驻加拿大总支部"名称，是加拿大洪门由"堂"变"党"的开端。[2]

3. 宪政党

随着中国社会的发展，保皇党的传统已经式微，这种情况也连带着使加拿大侨社的宪政党走入低潮。宪政党的影响力已经不能同国民党和洪门相提并论。虽然清王朝早就成为历史，但远在大洋彼岸的加拿大，宪政党诸公仍以中华帝国宪政党名义领导其成员，并举行过一些活动，比如纪念宪政党创办者康有为等。1937年4月11日，满地可宪政党党支部在党所礼堂举行纪念康有为逝世10周年活动，谭纬文先生介绍了康有为先生的生平，并对康有为先生的一生给予了极高的评价，得到在场成员的掌声呼应。[3]

1945年11月，中国宪政党在满地可召开大会，这次会议将宪政党改名为中国民主宪政党。[4]

八、青年团体、妇女团体及其他团体

在禁止入境时期，由于来自祖居地的华侨华人在减少，本地出生的华人在华人社区中扮演的角色开始受到更多关注，他们也急于要团结起来，发挥组织的力量来凝聚人心，一方面提升华人在主流社会的形象，减少偏见，筹款帮助中国的抗战；另一方面也把西方好的东西带入唐人街，改变华人的一些负面传统。在这些社团中，妇女团体占有一定的比重，这些不依赖男性的妇女团体成立本身，对改变侨社男尊女卑的旧传统、提升华人女性的自主意识、帮助贫困孩童，有相当正面的意义。

这些由年轻人组织的社团，逐渐与早期成立的传统侨团分离，形成自己的特色，而他们专注于对社会反馈的努力，成为侨社发展的新动力。

---

[1]《坎京两团体春宴志盛》，《大汉公报》1931年3月24日。

[2]《历届加拿大洪门恳亲大会要记》，《中国洪门在加拿大》，1983年，第73页；黎全恩：《追本溯源话洪门》，《加华新闻》2006年5月6日。

[3]《宪政党纪念康先生》，《大汉公报》1937年4月22日。

[4]《民主宪政党成立讯》，《大汉公报》1945年11月20日。

青年团体、妇女团体还举行过很多与传统侨社互动的活动。1929年，一班土生土长的青年在域多利成立了同源会青年部，"同源会"意即"同宗同源"。1930年1月29日，域多利同源会青年部举行一周年庆典。晚间7时，同源会青年部男女来宾济济一堂，8时开会，赞礼宣布开会理由，会员向来宾行一鞠躬礼，同源会会长讲述青年部成立的原因及将来运作的步骤。随后，华侨公校、青莪学校和致公总堂阅书报社代表一一发表祝词。晚上开演滑稽白话独幕剧《招驸马》[1]。

从全国范围来看，这些土生华人建立的组织有加拿大域多利埠华裔童子军（The Boys of the 1st Chinese Scout Troop）、中华卫生会、文强学校学生自治会、域多利侨生少年团、温哥华中华妇女会（原名华人妇女会）、全加助华总会、华裔军人会、温尼伯中华妇女会、满地可和渥太华及其他城市孔教会等。

总而言之，在限制入境时期，侨社侨团不再有大量的新入境华人参与，这就从客观上鼓励华人在侨团组织的架构上以及活动的质量上下功夫。同时，排华的外在环境也促使华人更多地参与侨团活动，这就造成唐人街侨社侨团没有因为华人人口的减少而衰落，相反，却形成了侨团侨社发展的一个新阶段。

不仅如此，由于华人要在艰苦的环境中争取生存和发展的机会，同时向主流社会证明华人不亚于其他种族的人，因此，这一时期行业性、文体性侨团的出现较为显著，前者要团结各行各业的业内人士"救亡图存"，争取生意的壮大；后者则发挥文艺功能，抚慰华人的乡愁，克服与家人的别离之苦，继续在唐人街创业奋斗。而由土生华人领军的体育团队，尤其是足球队，在绿茵场上纵横驰骋，振奋华人社群斗志，也有效地改变了一些白人对华人的刻板印象。与此同时，华人也开始和白人共同参加活动，典型的例子是，1936年，华人有组织地参加了庆祝温哥华市成立50周年活动。

值得注意的是，在这一时期，由于抗日战争的爆发，唐人街侨社侨团掀起了前所未有的援助中国的高潮，不少组织应运而生，出钱出力，延续了"华侨是革命之母"的传统，谱写了一曲海外华人爱乡救国的史诗。

---

[1]《同源会青年部一周年纪念庆会》，《大汉公报》1930年2月3日。

第五节　华侨华人社区中的弊端

在禁止入境时期，华人人口在减少，生意遭受经济大萧条的冲击，但唐人街处变不惊，继承华人坚韧不拔的精神，逆境奋斗，依然取得宝贵的进步，华侨华人社团也在数量和质量上有所提升。遗憾的是，在唐人街的华侨华人社团中，早期社群存在的种种弊端，诸如偷渡、吸毒、赌博、堂斗等，还继续存在，有的问题甚至更趋严重，由中国的政治因素导致的唐人街派系之争，也自然在延续。

尽管侨社的这些弊端在唐人街的整体发展中只是一些瑕疵，但由于加拿大处在禁止华人入境的排华反华的大环境中，因此，华社的任何弊端，不仅破坏侨社的团结，也给反华势力提供攻击华社的借口，对华人华社的形象产生了严重的负面影响，并使华人社区抗争排华的效果打了折扣。

一、偷渡和弄虚作假

偷渡和弄虚作假，一直以来都是华人进入加拿大过程中难以根除的弊端。理由很简单，到北美追寻"淘金梦"，是不少中国人在动乱时期找寻生机的一个选择。因为这个需求，也就有不良分子专做"蛇头生意"，除此以外，那些已经在加拿大因故返国的华人，为了赚钱，也会出卖自己的合法文件。而一些华人即使不为赚钱，为了把亲戚朋友带出来，也会使用弄虚作假的方法。

在禁止入境时期，由于不准没有身份的华人进入加拿大，用买假"纸"（移民纸）的办法来加，成为一个突出的现象。

移民纸的来源很多。有些在加华人为了赚钱，用不同的方法欺骗联邦政府，比如谎称生了孩子，骗到政府颁发的出生纸之后，再把根本不存在的孩子的出生纸卖掉。也有华人有加拿大的出生纸，便将出生纸卖掉牟利，当然，有了出生纸和市场，就有不法分子倒手买卖。

至于花钱买纸或通过其他渠道弄到出生纸的华人，或者干脆铤而走险偷渡的华人，有些比较幸运，买了出生纸或偷渡成功，平安地进入了加拿大，也有些华人被移民局发现后收监入狱，遭递解出境，可谓赔了夫人又折兵。

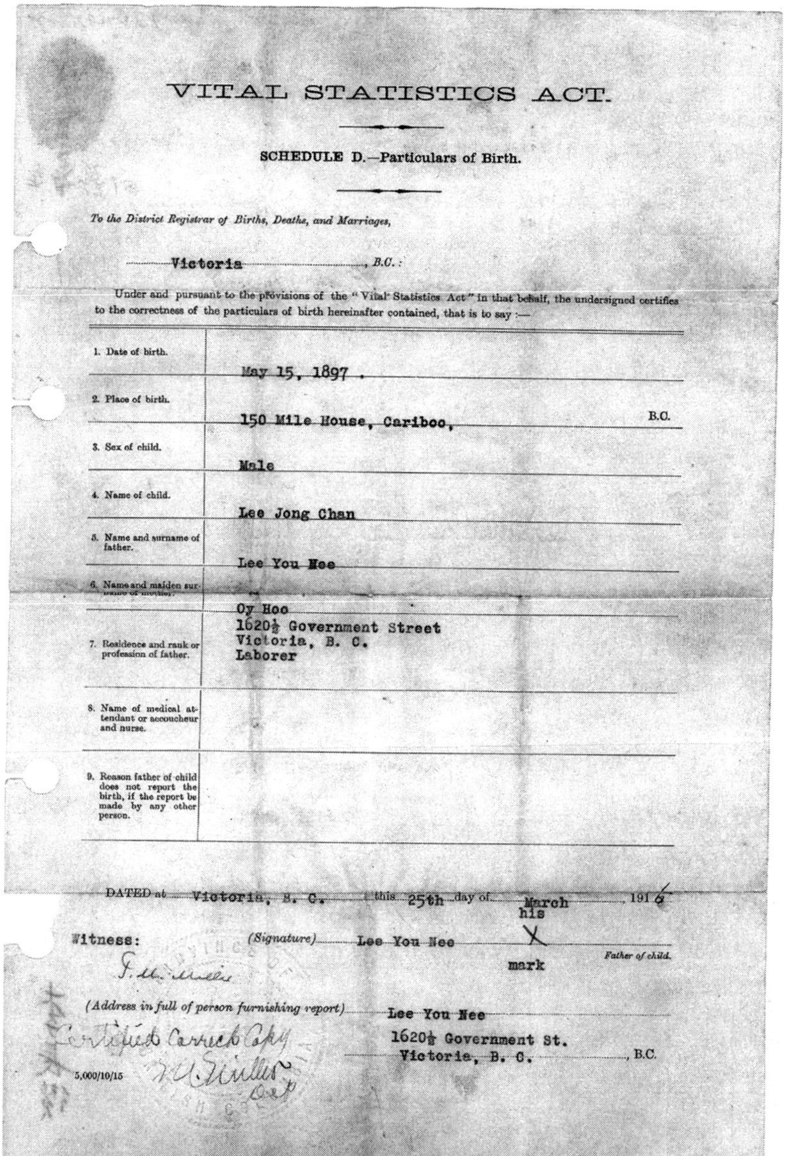

VITAL STATISTICS ACT.

SCHEDULE D.—Particulars of Birth.

To the District Registrar of Births, Deaths, and Marriages,

Victoria, *B.C.*:

Under and pursuant to the provisions of the "Vital Statistics Act" in that behalf, the undersigned certifies to the correctness of the particulars of birth hereinafter contained, that is to say:—

1. Date of birth.	May 15, 1897.
2. Place of birth.	150 Mile House, Cariboo, B.C.
3. Sex of child.	Male
4. Name of child.	Lee Jong Chan
5. Name and surname of father.	Lee You Nee
6. Name and maiden surname of mother.	Oy Hoo
7. Residence and rank or profession of father.	1620½ Government Street Victoria, B. C. Laborer
8. Name of medical attendant or accoucheur and nurse.	
9. Reason father of child does not report the birth, if the report be made by any other person.	

DATED at Victoria, B. C. this 25th day of March 1916

Witness: (*Signature*) Lee You Nee his X mark *Father of child.*

(*Address in full of person furnishing report*) Lee You Nee 1620½ Government St. Victoria, B. C., B.C.

Certified Correct Copy

5,000/10/15

图 9.8　一位华人在加拿大的出生纸

资料来源：黎全恩收集资料复印件

在禁止入境的早期阶段，出现过几个比较大的买假纸偷渡案，引发了媒体的广泛关注。1924 年 10 月 10 日，12 名华人由中国来到域多利，因携有假回头纸被移民官员查出，当局将这些人扣留，并定在 3 天后，即 10 月 13 日提讯。[1] 谁知这件事还未尘埃落定，又有 9 名华人携有假回头纸闯关，被移民局扣留。有关方面为了遏制假纸闯关事件的再次发生，以起到杀鸡儆猴的效果，并平息主流社会可能产生的不满声音，扣留当日就在警局提讯。经过法庭程序后，法官判每人入狱 6 个月，监满后递解出境。不过，这些人不承认有罪，只承认受奸人所骗，被告律师与移民官辩论后，判事长以华人尚未登岸而取消罪案，将华人免监。[2]

1926 年 11 月，15 名华人藏在"亚洲皇后"号的洗衣房中来到加拿大，移民局官员获悉后，将这些华人扣押。这些华人入狱后，曾试着逃出铁窗，可是内外都有警察防守，偷渡的华人只能任由加拿大政府处置。[3] 在整个禁止入境时期，此类靠买卖假纸或者直接偷渡的案例就没有断绝过，只是在太平洋战争期间，因为海上风险太大，靠船偷渡的情况鲜少出现。

二、鸦片与妓女

如前所述，加拿大联邦立法机构早在 1908 年 7 月 20 日就通过了一项禁止买卖、加工、吸食鸦片的法律，但因为唐人街，甚至原住民、白人中，仍有不少人热衷于吸食鸦片，造成了黑市鸦片买卖有利可图，屡禁不止，以至于到了禁止华人入境时期，仍有华人甚至侨团铤而走险，参与倒卖鸦片的活动。举例而言，1925 年 2 月，在南温哥华顷士威路 1570 号一间华人经营的昌利（音译）洗衣店，皇家骑警和关税人员在该洗衣馆搜到鸦片。当时昌利的老板逃走，1926 年 7 月，昌利的老板归案自首，被控私藏鸦片。[4]

华人倒卖鸦片，常常利用商号的名义，借从海外运来的商品偷梁换柱，把鸦片运进来，这样做，量大又相对安全。比如 1928 年 7 月，乃磨海关缉私队协同省警截获鸦片烟多罐，约合银 12 万，是由俄罗斯"皇后号"轮船载来，分装成

---

[1]《域埠电》，《大汉公报》1924 年 10 月 13 日。
[2]《华人违例入坎被判监》，《大汉公报》1924 年 10 月 14 日；《邦人伪照入境案无罪》，《大汉公报》1924 年 10 月 23 日。
[3]《15 名邦人偷入坎被拘》，《大汉公报》1926 年 11 月 4 日。
[4]《贩毒案自首》，《大汉公报》1926 年 7 月 5 日。

66 包，以花生油的名义准备寄到华商联茂（音译）。[1]警方截获这批鸦片后，自然要追查接收的华商商号，如果查出问题，就会以非法运贩鸦片控罪。由于贩卖和吸食鸦片深为社会各界厌恶，其中也包括唐人街有识之士的不齿，因此民众的举报和政府的打击也愈发加强，这在西部卑诗省特别明显。不过，在量刑方面，法院依然秉持"法理情并重"的原则，并没有"特别惩罚"的情况出现。

1930 年 12 月初，域多利警长带领警队来到华人社区非士假街，将华人黄孝和李振（音译）拘拿，控以吸食鸦片，每人具保单百元释出。后在警局提审，黄孝到堂认罪，法官判罚 50 元，李振不到堂，法官将其保单百元充公。[2]

1934 年 4 月，75 岁的华人黄龙（音译）被加拿大骑警用线人引诱拘拿，控以售卖鸦片烟 5 罐。4 月 6 日下午审后，黄龙认罪，最后判监 23 个月，另罚 300 加元，监满遣返中国。可是他的辩护律师说黄龙年老力衰，不能再当厨工，才以制药为业，此次不法，实是加拿大骑差用线人引入圈套所致，而且不是案中主要之人。如监禁太久，被告必死于狱中，故要求从轻发落。最后法官觉得黄龙年老，而且是初犯，判监 6 个月及罚款。[3]

1946 年 11 月，住在温哥华片打东街 100 号半的华人利安（音译），被控私藏鸦片，判监 1 年另罚 200 元。[4]

贩卖吸食鸦片，是中国近代社会以来的一大陋习，华人远渡重洋来加拿大后仍无法根除，甚至不顾法律制裁，实乃经营鸦片有暴利可图。不过，在禁止入境时期，大规模的烟馆或者聚众吸食，已经不复可见。由此可见，唐人街侨社侨团对这个问题的重视日益加深，抵制自然也在加强，妓女问题亦是如此。在禁止入境时期，华人社会的男女比例状况，虽然比早期改善很多，但由于禁止没有身份的华人入境，男子即使在家乡娶亲，妻子也无法来加团聚，再加上没有婚嫁的华工不在少数，男人单身的情况仍十分严重，这就使妓女问题继续存在，因卖淫和企图招人卖淫而导致当局控罪的情况时有耳闻。

---

[1]《破获华商大帮片烟》，《大汉公报》1928 年 7 月 29 日。
[2]《大破芙蓉城》，《大汉公报》1930 年 12 月 3 日。
[3]《售鸦片请求从轻定监不准》，《大汉公报》1934 年 4 月 7 日。
[4]《华人私藏烟片判监一年》，《大汉公报》1946 年 11 月 9 日。

1930年11月，住在新西敏第8街490号洗衣馆内的华人谭华（音译）被警方控以带西女当娼案。1930年12月2日，由陪审官判决有罪。[1] 1943年2月，一名年约63岁的西人妇女被警察拘走。警方控她在1941年12月30日到1942年12月20日吸收妇女卖淫。据悉该西妇劝其他妇女卖淫赚钱，再从中抽头，她所荐嫖客均为华人。[2]

三、赌博

在禁止入境时期，尽管经济不景气，唐人街生意不佳，但是华人参与赌博的情况并没有太大改善。华人赌博的一个特征是，并非只有少数赌徒恶习难改，而是参与者众多。参赌者来自华人各个阶层，有洗衣工人、农场工人，还有小老板等。

在唐人街，赌博的规模大小不一，赌博的方法形形色色，大规模的聚众赌博会有百人以上参加，小的赌博则只有几人参与。由于招集赌博的庄家获利丰厚，大部分人都是输钱，故引发了很多社会问题，招致了社会的非议和警方的扫赌行动。警察局不仅赴华社捉赌，没收赌具，并对参赌之人施以罚款和监禁，甚至还频频清理华人社区。因此，华人社区也纷纷谴责赌博行为，为社区挽回声誉。

温哥华的扫赌就是一个典型案例。1924年10月，温哥华市市长兼警委会主席给警长下令，着其下令警员，禁止唐人街赌博和卖麻醉药，并遏制堂号活动。市长认为，不久前唐人街发生的华人廖鸿翔被杀案就是帮派互相争赌引起的，唐人街已被犯法活动者所玷污。他强调，曾查悉唐人街各铺位租赁为赌馆，致租价高昂，多为赌博事业，故希望警方着手清理唐人街。[3] 接着，市长又下命令，要求市卫生局对唐人街用严厉的卫生条例加以整顿，凡是赌博、卖麻醉药、私运烧酒等别项同样犯罪事情，都要严加惩处。侦查检查员与巡查员接令后，在片打东街176号查赌，拘去华人馆主梁江（音译），其余10名为聚赌者，堂审后判每人罚款50加元。又在该街121号拘去馆主刘九（音译），还有35名华人为聚赌者，堂审

---

[1]《华人带白女当娼被拘》，《大汉公报》1930年11月11日；《华人带白女当娼有罪》，《大汉公报》12月3日。

[2]《西人犯吸收卖淫钱续讯》，《大汉公报》1943年2月25日。

[3]《下令肃清华埠》，《大汉公报》1924年10月2日。

后判每人罚款 50 加元。[1]

1924 年 10 月 3 日晚，一些检查员在片打东街 13 号抓去 21 名聚赌华人，连赌具一同带回赌局，第二天堂审，首领判罚 50 元，其余 13 名每人罚 10 元。余下未到者，将每人保单 15 元充公。同晚，警员在两间票厂搜查，拘去 1 名华人。警员称，肃清华埠之缘起，系因华人对立派互相报告。[2]

在抓去很多参赌华人后，温哥华警察委员会召开会议，会上有人提议严禁华埠赌博，也有人提出反对，指出若继续清理华埠，就会忽略别处的问题，毕竟华埠并不是温哥华最有害的地方。有委员提议，今后不光要清理华埠，市内其他赌馆也要清理，但是若警长能像年初禁华埠赌博一样清理其他地方，就太好了。在这次会上，警察报告中提到，警方在 3 月搜查了 38 次，拘走了 448 人。现在，华埠楼下赌博少了，可是又在楼上开赌了。[3]

加拿大法裔区魁北克，是一个很少有华人居住的地区，可也发生了华人因参赌被抓的事情。1931 年 1 月，警方在华埠拘去 97 名华人，控以开赌馆和聚众赌博。在这次抓赌行动中，警方还搜到大批私酒及毒药。[4] 由于华人赌馆大都开得隐蔽，警方经常费很大力气才能破门扫赌，所以在 1931 年 5 月，域多利警长下令，要求华埠曾被控为赌馆的各处，均要把硬门拆除。[5] 从魁北克案例可知，华人参与聚赌的人比例很高。

1934 年 3 月，域多利市巡警长领着四名警员到华人区拘赌，破入非士假街 549 号楼上的赌馆，将 31 名华人拘走，控以藏身赌博馆内案。[6]

在整个禁止入境时期，加拿大警方没有停止过对华埠聚赌的清查和取缔。

四、华社争斗

困扰唐人街最大的问题，在于内斗和一盘散沙状。在禁止入境时期，一方面因为面对排华恶法以及中国国内的抗战，侨社侨团比以往更加团结，来抗拒恶法，支援祖国抗战；但另一方面，由于新的华人难以进入加国，

---

[1]《市当局严厉肃清华埠》，《大汉公报》1924 年 10 月 4 日；《六日调查华埠》，《大汉公报》1924 年 10 月 4 日。

[2]《肃清华埠讯》，《大汉公报》1924 年 10 月 6 日。

[3]《严禁华埠赌博之决议》，《大汉公报》1925 年 4 月 3 日。

[4]《拘捕华人 97 名》，《大汉公报》1931 年 1 月 27 日。

[5]《华区赌馆废除硬门》，《大汉公报》1931 年 5 月 11 日。

[6]《域部警差重到华区拘赌》，《大汉公报》1934 年 3 月 10 日。

靠人数的自然增加来让某些侨团做大，已经没有可能，侨社侨团要依靠"肌肉"来抢"老大"地位，致使侨社侨团的内斗变本加厉，甚至演变成大规模的堂斗。

在唐人街的社团争斗中，国民党和洪门之争可谓是一个典型，其特点是历史恩怨深，延续时间长，涉及范围广，争斗方式多样且血腥，后遗症重。

在禁止入境时期，尤其是国父孙中山去世后，国民党与洪门之间再度爆发激烈的冲突和缠斗。

1925年4月12日，国民党成员、域多利中华会馆主席赵安国（Chew On Kwok）和《新民国报》编辑及域多利中华会馆教育事务的负责人陈耀坛（Chan Yu Tan），在唐人街组织了哀悼孙中山逝世的游行。当1000多人的送葬游行队伍穿过唐人街，进入中华会馆礼堂时，它对面的洪门致公堂总部突然传来了刺耳的噪音、击鼓声和大笑声。[1]一场激烈的冲突一触即发，如果当时警方没有介入，肯定会演变成双方的群殴血战。

1928年，域多利国民党和洪门致公堂之间再一次发生争斗。部分原因是中华医院和中华会馆维护基金的处置权，部分原因是因为抢劫案和关闭赌博窝点。1月18日，洪门致公堂拥有的福禄寿（Fook Luk Sou）小赌馆有赌徒发生争执，事后赌馆以被打劫400加元等名义报警，有3名华人被逮捕。其中叫郑炳华的人辩解在美国船上帮工，才刚上岸，完全不知情，警官便将其释放。国民党秘书长Lee Chee则将另外两人保释出来。[2]这一纷争导致双方纠结同党准备大规模群殴。根据警方事后调查，有80多名华人带着手枪和刀，从乃磨、温哥华等地来到了域多利。[3]

2月5日，国民党成员李林（Lee Lum）等在靠近喜报街处伏击了一名叫黄林的洪门致公堂成员，打中了他的腮部。[4]警察在6日下午抓住了李林，经伤者指证为凶手。随后其他人也被抓获，都经伤者指证为凶手。[5]

对此，国民党也不肯善罢甘休，寻找机会进行报复。鉴于赌博收益是洪门的主要财政来源，一些国民党成员向警察委员会请愿，要求关闭所有

---

[1]"Tells of Sun's Life", The Daily Colonist, Apr.14, 1925.
[2]《摊馆发生争潮》，《大汉公报》1928年1月19日。
[3]《域埠华区之枫鹤惊》，《大汉公报》1928年1月24日。
[4]《判赌馆案犯判监两载》，《大汉公报》1928年2月6日。
[5]《谋杀案又拘获凶手》，《大汉公报》1928年2月9日。

赌博窝点，声称这是唐人街打架的根源。因此，2月9日，委员会指示警察局长约翰·弗莱（John Fry）关闭所有华人赌场，以维持唐人街正常的秩序。[1]

本来，当洪门与国民党发生冲突时，为了避免外部力量，尤其是警方介入唐人街的事务，侨团老大中华会馆一般会充当调解员与和事佬，但这一次中华会馆没有当成调解员，因为中华会馆董事分成了两派，互有冲突。最后，中国驻温哥华总领事和温哥华一些知名人士专程来到域多利，试图调解国民党和洪门致公堂之间的冲突。不过，他们的调解收效不大。[2] 这次洪门与国民党的冲突已经不单单是为政治而斗，更是为了争夺唐人街地盘，几乎与帮会械斗没什么两样。

由于国民党和洪门都是全国性的社团组织，因此，温哥华堂斗的恩怨之火也延烧到了多伦多。

1929年12月8日，多伦多华埠发生了打架案，并受到了媒体关注。这天，国民党党员赵友和周莲女在洪门所办的《洪钟报》门前被殴，他们被手下扶回国民党党部后，委员黄裕松和吴志革等报警后带便衣警察来到《洪钟报》，指认吴潮、林喜和刘友三人为凶手，随后三人被拘走。12月20日，《洪钟报》总编洪少植和司理林鹤年也被拘走，双方便打上法庭。第一次开庭时，国民党代表均指洪少植为督打人，林鹤年为首凶。《洪钟报》则聘请大律师证明打架之时，该报同事不在其列。双方各执一词，针锋相对，数次开庭后，陪审团判被告无罪，这件事才算结束。[3]

多伦多之后，满地可也发生了国民党与洪门的武斗争执。

1933年12月14日，满地可洪门致公堂成员马光安、谭昌期及李松诸人，

---

[1] Victoria Daily Times, Feb.10, 13, 1928;《黄林被凶徒轰伤》，《大汉公报》1928年2月6日。

[2]《华区争潮近讯》，《大汉公报》1928年2月21日。

[3]《洪少植林鹤年等被国民党诬告审判德直之详情》，《大汉公报》1930年3月18日；《陪审员一致谓无罪》，《大汉公报》1930年3月20日；《洪少植林鹤年等被国民党诬告审判德直之详情 三续》，《大汉公报》1930年3月22日；《洪少植林鹤年等被国民党诬告审判德直之详情 四续》，《大汉公报》1930年3月25日；《洪少植林鹤年等被国民党诬告审判德直之详情 五续》，《大汉公报》1930年3月26日；《洪少植林鹤年等被国民党诬告审判德直之详情 六续》，《大汉公报》1930年3月27日；《洪少植林鹤年等被国民党诬告审判德直之详情 续完》，《大汉公报》1930年3月29日。

在万香楼吃夜宵，与国民党党员李金、李道本、黄林和黄世均等人发生口角，继而动武。李金身受重伤后，削去黄林的耳朵。后来双方都有援兵到场，致公堂成员黄开打伤李道本，双方混战中，警方接报到场抓人，一场恶斗才算终止。[1]

事后双方互相控告，均有许多证人，每方既是原告也是被告，案情异常复杂。1934年1月12日，检方第一次开庭。在随后的审理过程中，警方担心唐人街再有暴动，派警员到华区餐馆、俱乐部及华人洗衣馆搜查军火，结果有20名华人被拘，控以藏短枪及麻醉药案。[2]

当时满地可华人社区领袖为了平息争斗，在2月11日曾召闹事双方在中华医院开会磋商维持和平的办法，希望双方能抛弃恩怨，守望相助，然而双方竟然在磋商和解会上再次发生堂斗，现场形同大暴动，洪门和国民党以及中间人受伤者达11人，其中1人重伤。警方拘捕两方人员90多名，并收缴军刀、铁棍及硬木棒无数。[3]

除洪门与国民党两大社团的纷争之外，其他社团之间也有规模不等的纷争堂斗，使华人社区人心浮动，也让唐人街形象大受损害，这是禁止入境时期唐人街面临的最大问题之一。为了解决堂斗以及各派因抢占赌场引发的问题，维护唐人街的安全和生意的经营，华商会向警方求援，增派警员巡查华埠，防患于未然，并能够即时制止小规模的械斗。比如，1934年3月12日，域多利警长曾宣布：本埠华区敌对派争赌风潮愈演愈烈，华区可靠华商曾向市警长要求增派警员巡查华区，以防止发生恶斗。[4]值得庆幸的是，无论多大规模的堂斗，一旦警方介入，双方即会罢手。显示华人对警方和加拿大法律仍有畏惧之心，这在某种意义上说，也是华人的一种进步。

总而言之，在禁止入境时期，华人社区的种种弊端没有因为处于特殊的历史时期而有大的改善，这与加拿大整体环境，尤其是排华，仍然有很大的关系。因为华人社区在封闭和疏离的情况下，仍然没有朝外发展的可能性，那种非国民地位带来的心理压抑以及思乡却又见不到亲人、乡亲的愁绪，都容易让人进入以嗜

---

[1]《满城华侨相残之始末真相》，《大汉公报》1934年1月11日。
[2]《满城警探到华区搜军火》，《大汉公报》1934年1月22日。
[3]《满城华侨又起斗潮》，《大汉公报》1934年2月12日；《发生流血惨剧案之真相》，《大汉公报》1934年2月26日。
[4]《域埠华区将起恶斗门说》，《大汉公报》1934年3月13日。

赌、嫖妓乃至群殴来躲避现实、发泄愤怒的误区。但是，这些人或事仍然只是唐人街的"支流"，而非主流。

另外，中国的抗日战争以及太平洋战争的爆发，华人内部的纷争和流弊相对减少很多，整个社区的团结气氛大幅增浓，这个大环境使得华人社区进入了一种全新的发展阶段，这是"民族灾难激发道德提升"的又一个范例。

第十章
对中国抗战和二战的贡献

在禁止入境时期，加拿大华人面临的最大国际事件，是中日战争的爆发与太平洋战争的爆发。这两场血腥而残酷的战争，不但改变了世界格局，也改变了加拿大华人的命运。辛亥革命前后，当时的华人华侨因着中国内部拥护清廷、维新和革命而分成几大阵营，他们在支持各自对象的同时，也因着不同的政治立场而带来了侨社内部的纷争。中日战争则全然不同，加拿大华人华侨与祖国同胞一样，感受到国破家亡的痛苦以及可能当亡国奴的危险，故而整个侨社团结一致，众志成城，以各种方式抗议日本的侵华行径，全心全意援助中国的抗战，形成了华人华侨在加拿大历史上罕见的团结奋斗的景象。

当太平洋战争爆发的时候，华人子弟不顾自己遭受歧视的不公平待遇，为加拿大而战，也为同盟国而战，创造了以非国民身份为保卫加拿大而献身的历史纪录，也为最终改变自己的"低等人"身份，奠定了坚实的基础。

第一节　支援中国的抗日战争

1931年，日军悍然发动"九一八事变"，侵占中国沈阳。此次事变后，在短短4个多月内，日本又侵占整个东北。1937年7月7日，"卢沟桥事变"爆发，日本展开了全面的侵华战争。中国全面抗战的序幕也由此拉开。

在以往历史研究中都没有提及的是，中国的抗日战争，因着海外华侨的积极参加，已经超越了一国抗战的范畴，甚至超越了亚洲的范畴，而成为全球的抗战。这从另外一个侧面证明,第二次世界大战或者说太平洋战争的起点,应该定在1937年，而非1941年的偷袭珍珠港事件。

毋庸讳言，尽管身处大洋彼岸，但抗战一起，加拿大华侨华人没有任何犹豫，把自己定位成中华民族的一分子，一肩担起"国家兴亡，匹夫有责"的责任，与世界各地的华侨一起，义无反顾地投入抗日的洪流之中，与中国人民风雨同舟，同仇敌忾。

加拿大华人华侨将唐人街变成支援中国抗战的一个大后方基地，组建各种抗日救亡社团，捐款捐物，利用报刊舆论向所在国揭露日本侵华罪行，展开声势浩大的抵制日货运动，动员置身中日战争事外的加拿大人最终加入反对日本法西斯主义的行列，起到了他人难以取代的作用。更值得一提的是，也有不少加国华侨，战事一爆发，就义无反顾地回国，与中国同胞共赴国难，浴血抗战，为中国抗战史，也为加拿大华人华侨史，写下了传奇的一页。

一、组建各种抗日团体

加拿大各华埠先后成立了各种抗日团体，这些团体在组织架构上大致分为几种：一个是在某个大城市唐人街成立总会，各地成立分会；一个是在各地成立以目标为名字但互不相关的团体，不管是什么团体，目标是一致的，那就是抗日救国。

这里可以举出林林总总一些团体的名字，但不可能涵盖全部，难免挂一漏万。除了各省的拒日总会和拒日分会外，还有温哥华华侨外交协进会、驻温哥华加拿大华侨义捐救国总会、全温哥华国民抗日救国会、加拿大温哥华中山邑侨购机卫乡会、温哥华华侨购机抗敌筹款委员会、温哥华航空建设支会、温哥华华侨救国筹饷总局、域多利华侨劝募救国公债支会、罗士兰市华侨抗日会、域多利洪门拒日协进会、克兰布鲁克华侨救国会、占尾利华侨抗日会、乃磨洪人拒日救国会、企龙拿洪门拒日救国协进会、党近华侨救国会、列必珠抗日协进会、卡加利妇女救国会、温尼伯抗日救国后援会、爱民顿华侨爱国会、满地可华侨统一抗日救国会、多伦多统一抗日救国会、渥太华洪门救国协进会等。

图 10.1　域埠华侨拒日会义卖硬币
资料来源：黎全恩《唐人街权利核心》

值得一提的是，在自发组织社团抗日的同时，加拿大华人也从全中国一盘棋的角度，积极配合国民政府的海外抗日统筹。1938年2月，国民党政府派刘维炽专使来多伦多动员华侨认购公债。在刘维炽专使的建议下，22日下午8点，在龙冈公所举行安大略省华侨统一救国总会执监委员及各职员就职典礼，由此安大略省华侨统一救国总会在多伦多正式成立。[1]

同样，一些已经成立的团体也因中国政府动员海外华侨统一抗日的要求等原因，而更改了名称。比如，温哥华华侨救国筹饷总局为遵行政府命令，改名为加拿大温哥华华侨劝募救国公债总分会。[2]

引人注意的是抗战期间，加拿大华侨妇女也相当活跃，她们不光在拒日会妇女部中参加活动，在已有的妇女组织，像温哥华中华妇女会、多伦多华人妇女会等组织中参加抗日活动，还成立新的妇女抗日组织，比如卡加利妇女救国会、新西敏和爱民顿妇女组织等。这些妇女救国会带着极大热忱，为中国抗日救亡筹款筹物，奔走呼号。1938年3月，温哥华中华妇女会为筹款购置医药器具，帮助中国伤兵和难民，在23日连同西人协合教会女会，假座民宴楼卖茶筹款。会中有女士表演舞蹈和唱歌，还有男士合奏西乐，这次活动中，侨界妇女皆热诚任事。[3]总之，在抗日救亡运动中，加拿大华人妇女做出了无愧于历史的贡献。

二、抵制日货

1928年5月3日，日军屠杀中国军民数千余人的"济南惨案"发生后，加拿大各埠华侨就在抗日团体的组织下举行演出，抗议日本侵略中国，并展开抵制日货的活动。该年5月，乃磨华侨组织了抗日后援会。5月20日，在联益戏院举行演讲大会，痛陈日本侵略中国的罪行，并给中国南京国民政府发报，请求力争国体。[4]6月，多伦多华商自动发起抵制日货活动。初时提倡者有华隆栈的黄伟业、泰生的吴良惠、合利的邝修溥、广恒泰的张子田和振亚的周耀娄等10名华商。[5]

乃磨、多伦多华商打前阵后，1928年6月28日，温哥华金利源、广万生、广裕隆、中原兴、辅行和元发等各大商店东主紧随其后，一致表示要号召华人抵制日货。[6]其实在这之前，有的商号已经决定不办日货。

"九一八事变"后，全加各地的华社发起了抵制日货活动。1931年10月，温

---

[1]《安省救国总会成立补志》，《大汉公报》1938年3月9日。
[2]《筹饷总局宣告结束》，《大汉公报》1937年10月12日。
[3]《妇女筹救难民款盛况》，《大汉公报》1938年3月25日。
[4]《乃磨华侨之拒日演出》，《大汉公报》1928年5月25日。
[5]《华商实行抵制倭货》，《大汉公报》1928年6月27日。
[6]《各大商店不辨日货》，《大汉公报》1928年6月29日。

哥华黄云山总公所强调，其公所抵制日货，任何成员不得与日本人有交易。[1] 1932年4月，满地可华人拒日会妇女部根据平日搜集到的日本入口货造册，证明加属一些丝织品所用原料有些直接由日本运来，某些外国丝绸其原料多为日本供应。有人建议，一定要与日本在经济上绝交，不再使用日货。众妇女积极响应，她们均表示如不能购得中国的丝绸，宁买别国羊毛或棉质品代替，以示救国之决心。[2]

当时，华侨华人社团的华人抵制日货，绝对是言行一致，在小事上也不马虎。1932年12月，280多名加拿大和美国华侨从美国坐船返回中国，他们决定轮船经过日本时不上岸游玩，也不买日货。当船到达横滨、神户和大阪时，没有一人肯离船登岸。[3]

但是，华侨华人社团的华人抵制日货的最大目标，是要求西方国家中止对日本提供军事原料的出口，因为提供这些出口等于"间接"帮助日本制造武器屠杀中国同胞。

1937年到1941年间，卑诗省华侨华人社团的华人与太平洋沿岸港口城市的美籍华人联合在一起，形成了一个反对美、加运送废金属到日本的联合组织。他们在各种场合，包括运输废金属的装船码头，举行示威活动，同时也游说白人加入相同阵营，颇有成效。西人民主集团和平会及救援会等白人组织，也先后以各种方式参与了华人的这些活动。[4] 1938年2月20日，CCF党（Co-operative Commonwealth Federation）在八音箱戏院召开演说大会，遍请中西名流，国际妇女和平联合会西人代表声称，由加拿大载运军械品去日本，是本国历史上一大污点，还违背了国际政策。[5]

三、多样化的抗日活动

加拿大唐人街和华侨华人的抗日活动可谓如火如荼，虽形式众多但中心只有一个，那就是全力支持中国本土的救亡与抗战，一心一意要打倒日本帝国主义。

四、抗日团体与中国互动

从"济南惨案"到日本发动全面侵华，侵略者在祖国制造的每一个事件，都

---

[1]《黄云山总公所拒日长红照录》，《大汉公报》1931年10月15日。
[2]《满城华妇女誓抵制劣货》，《大汉公报》1932年4月26日。
[3] 黄昆章、吴金平：《加拿大华侨华人史》，广东高等教育出版社，2001年，第219页。
[4] Edgar Wickberg et al., *From China to Canada*, Toronto, McClelland and Stewart Ltd., 1982, p.189.
[5]《CCF党不直运械往倭》，《大汉公报》1938年2月22日。

会引发加拿大华侨华人的愤慨,抗日团体势必作出反应,体现了华人与祖国人民共体时艰、休戚与共的血肉相连的关系,同样,中国抗战出现每一次大的胜利,华侨华人莫不欢欣鼓舞。

1928年"济南惨案"发生后,加拿大多地成立抗日团体,例如多伦多致公堂成立拒日后援会。[1]各抗日团体及各社团纷纷举行集会演说等抗日活动,例如新西敏抗日团体、乃磨华侨拒日会,分别给南京国民政府发电,表示加拿大华人誓为后盾。[2]

"九一八事变"后,加拿大华侨华人再次掀起了反日浪潮。1931年10月21日,林西河总堂举行了抗日演讲会。10月23日,林九牧公所举行了抗日演讲会。[3]

值得注意的是,加拿大华社中两大党派洪门和宪政党,原本矛盾重重,时有摩擦,但是在国难当头之际,他们以民族大义为重,摈弃旧怨,携手并肩共同抗日。1931年11月,多伦多洪门致公分堂召开了全体大会,联合宪政党组成了加东致公堂宪政党拒日救国会,两党共同发出宣言:……希图联合国人,一面取积极主义训练国人,预备与日本决战,冀能挽回国运。一面持消极主义,不购日货……我两党同人等亦属国民分子,深知国家兴亡,匹夫有责。[4]

1931年11月,抗日将领、黑龙江省代理主席马占山领兵血战江桥,挫败日军多次进攻,这一切引起了国内外的强烈反应,世界各地华人寄发的电文和慰问信,有如雪片般飞到中国。加拿大华侨也带着极大的爱国热情,尽力支持和援助马占山官兵。11月,多伦多加林巴市救国后援会于22日召开全侨大会,会上热烈讨论中国存亡大事,并决定分头发动捐款,奖慰黑龙江省将士。[5]同月20日,温哥华洪门拒日会特请大罗天名班演《救国红颜》爱国剧,准备筹款慰劳马占山将军。当日正午12点开戏,演至两点,洪门人上来大舞瑞狮,之后有洪门童子军献技。此次共有4000余众购票观看,为前所未有的热烈场景,尽显各界侨胞爱国之心。[6]加拿大温哥华(云高华)埠华侨拒日会在1931年年末给马占山汇去钱款后,

---

[1]《致公堂拒日后援会成立》,《大汉公报》1928年8月8日。

[2]《反抗倭寇之电文》,《大汉公报》1928年5月15日;《乃磨华侨之拒日演讲》,《大汉公报》1928年5月25日。

[3]《林族开欢送会及演讲拒日之热烈》,《大汉公报》1931年10月24日。

[4]《加东致公堂宪政共同拒日救国》,《大汉公报》1931年11月4日;《加东致公堂宪政党拒日救国宣言》,《大汉公报》1931年11月14日。

[5]《慰劳马占山军纷纷而起》,《大汉公报》1931年12月4日。

[6]《洪门拒日会演剧筹款慰劳马将军盛况》,《大汉公报》1931年12月21日。

1932年年初，马占山以"海伦华人政府马占山支印"回复：款已拜收，特谢。[1]马占山还在同月给砵亚板汝埠去函，感谢该埠华侨联会汇款支援。[2] 2月，加拿大各埠支持抗日活动还在继续。卡加利华侨拒日后援会通过筹款和演戏，筹到1000多加元后，通过上海中国银行汇给国民政府并转给马占山。[3]

1932年1月，日本武装侵略上海，十九路军在军长蔡廷锴、总指挥蒋光鼐的率领下，奋起抵抗。加拿大侨胞闻讯后，热血沸腾，寄去了大批款项给予十九路军，再次表现出民族的凝聚力和向心力。2月，占尾利华侨拒日会发表宣言，赞扬十九路军的爱国行动，希望华侨共赴国难，捐资援助，早日恢复中华疆土。[4]片市鲁别地方不大，华侨不多，但侨胞们还是痛感国家前途危险，于1932年2月4日成立统一救国后援会，筹款支援十九路军等多打胜仗。[5]

为更好地支持浴血奋战的十九路军，1932年3月，温哥华中华商会、温哥华中华会馆和卡加利拒日会，先后电促中国各级国民政府，请求增兵拒日。[6]渥太华和满地可致公堂与宪政党则联名给上海华商会，并请转全体国民，盼全体国民支持十九路军，并表示加拿大华侨愿为后盾。[7]哈利法克斯华人很少，但是该埠致公堂见到日本侵略中国，杀戮同胞后，特成立了拒日救国会，并筹款汇给上海广东银行，转交给蔡廷锴将军。[8]对于加拿大华侨华人的大力支持，蔡廷锴将军在百忙之中给予回复。1932年3月6日，蔡廷锴将军给维多利亚洪门拒日协进会回电，表示收到4000元，并誓死拒日。[9] 1932年4月15日，蔡廷锴将军给点问顿华侨拒日会发来谢电，感谢捐款支持。[10]蔡廷锴和蒋光鼐还给岂巴仑致公堂、点城拒

---

[1]《马将军电谢收到汇款》，《大汉公报》1932年1月7日。
[2]《马将军电复砵埠犒款》，《大汉公报》1932年1月27日。
[3]《各埠侨胞救国运动》，《大汉公报》1932年3月1日。
[4]《占尾利市华侨拒日救国会宣言》，《大汉公报》1932年2月14日。
[5]《各埠侨胞奋起筹款杀贼》，《大汉公报》1932年2月17日。
[6]《中华会馆电促国民政府增兵拒日》，《大汉公报》1932年3月5日；《中华会馆电请国府增援》，《大汉公报》1932年3月7日；《卡城拒日会促政府增兵拒日》，《大汉公报》1932年3月12日。
[7]《柯京致公堂宪政党联拒日》，《大汉公报》1932年3月16日；《满城宪政党春宴纪盛》，《大汉公报》1932年3月16日。
[8]《夏城洪人救国之热烈》，《大汉公报》1932年3月1日。
[9]《蔡将军电谢维城洪人》，《大汉公报》1932年3月8日。
[10]《蔡廷锴将军电谢犒款》，《大汉公报》1932年4月18日。

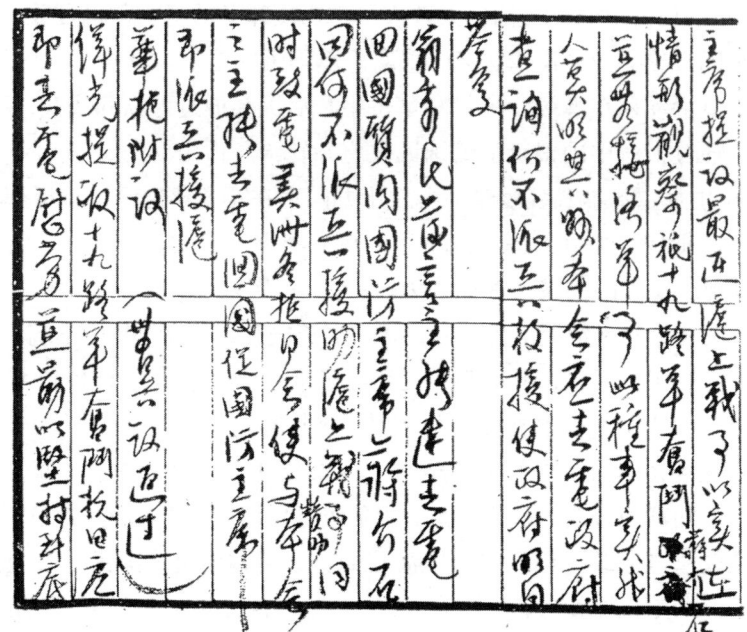

图 10.2　域多利拒日会记录，1932 年 3 月 5 日
资料来源：黎全恩

日后援会发来电报，表示谢意，并陈述会以死效国。[1]

华侨华人为了更好地宣传抗日救国，还放映爱国影片，因为华侨华人热心救国，对于宣传抗战的影片均予以支持。1932 年，当近埠华强电影公司带来《十九路军抗日光辉史》影片，12 月 14 日在该埠播放，受到欢迎。[2] 该片在岜巴仑等埠播放时，受欢迎程度是极其热烈的。[3]

1938 年 2 月 22 日，安省成立统一救国会支持中国抗日。[4] 1939 年年初，温哥华中华会馆及抗日救国总会在看到报纸盛传中国政府里面有部分人准备与日本议和，特地给重庆国民政府发去电报，指出：在敌人未完全撤离中国边境时，如有人主张和解，本会馆及救国总会誓率全侨反对。[5]

---

[1]《岜城接十九墨函照录》，《大汉公报》1932 年 5 月 9 日；《第十九路军函复点城侨胞》，《大汉公报》1932 年 5 月 10 日。

[2]《当近华侨欢迎爱国影片》，《大汉公报》1932 年 12 月 15 日。

[3]《各埠华侨欢迎爱国影片》，《大汉公报》1932 年 12 月 16 日、12 月 20 日。

[4]《安省成立统一救国会》，《大汉公报》1938 年 3 月 2 日。

[5]《中华会馆反对议和公电》，《大汉公报》1939 年 1 月 4 日。

五、欢迎方振武等抗日英雄和使者

加拿大华人华侨身在"大后方",对来自祖国的抗日英雄和使者,展现了极大的热情和崇敬。他们想要知道祖国抗战的每一个细节,想要分享抗战每一次胜利的喜悦,同样,也要表达对抗日英雄的敬仰与感谢之情。

1934年,蔡廷锴将军抵美,并打算来加。加拿大多伦多、温哥华、域多利和渥太华等埠的侨胞侨团得知心中的英雄将至,纷纷筹备准备欢迎大会。后蔡廷锴将军因国事迫急,无暇前来,占尾利华侨打造了一枚精制金牌,上刻"天降大任"四个字,并写了欢送词联一齐寄给了蔡廷锴将军,以表对英雄的敬意。[1]

1936年5月31日晚5点50分,方振武将军由域多利到温哥华,温哥华中华会馆及各界代表亲到码头迎接。等船靠岸后,方振武将军微笑着与各界代表一一握手,随后一行人步行前往中华会馆。一路上由警察摩托车为先导,参观者沿途喝彩。英文《太阳报》和省报沿途摄影,方振武将军接受西报记者采访时,不忘畅谈抗日及团结一切可以团结的力量,并深情地说:"战事一开,我们不得不保护公理,抵抗日人侵略。此次出洋,考察军务和政治,同时对外宣传中国政府及国内形势,深信中加两国有通商的可能。"

到中华会馆时,文强学校、文华学校、育才学校和华侨公立学校的学生列队欢迎方振武将军,场面热闹感人。晚饭后,方振武将军到致公堂拜访并进行了演讲,他说:"深望贵堂昆仲与侨界及全国民众联合,不分党派,在统一战线上抗日,拯救危亡。"[2]

6月3日下午,中华会馆在片打街夹卡路街的华人游戏场举行欢迎大会。方振武将军在众人的欢呼声中进行了演讲,他讲述了10多年来日本的侵略手段及保卫济南的经过,还举出执政者不抵抗误国之事。讲到悲愤处,竟将讲台上水瓶弄破,致玻璃割伤手指,虽流血不止,方振武将军情绪却更加激昂。在场观众皆大呼打倒汉奸,努力抗日。会上,赞成组织中华民国国民抗日救国会的发起人请大家签名,当场签名者甚众,尽显侨胞的爱国之心。[3]几天之内,中华民国国民抗日救国会就成立了。在成立大会上,方振武将军勉励侨胞团结一致,努力抗日。[4]方

---

[1]《华侨寄给蔡将军金牌》,《大汉公报》1935年2月5日。
[2]《欢迎方将军之热闹》,《大汉公报》1936年6月1日;《方将军昨日行踪》,《大汉公报》1936年6月2日。
[3]《欢迎方将军大会》,《大汉公报》1936年6月4日。
[4]《抗日职员选定就职》,《大汉公报》1936年6月8日。

振武将军临行前，对加拿大侨社赤心报国大加赞赏，同时也勉励侨胞持久努力。[1]

1938年2月18日，车梨役西人扶轮会想了解日本在中国的暴行，请温哥华的保君晔领事演讲，保领事携同叶爵主事前往。此次会议车梨役市长、省议员和当地法官均出席，保领事以"你们对日本侵华有什么感觉"为主题，痛陈日本侵华残杀无辜妇幼的罪行，听者无不动容。西人《星期报》主笔向保领事取得演讲稿后全文登载。[2]

1938年4月，中国著名教育家、思想家和爱国者陶行知先生访加，温哥华中华会馆及中华民国国民抗日救国会联合全体华侨，于15日下午两点，假座远东戏院，举行了欢迎大会。陶行知先生以朝、萌、春、中、日等字，拆猜中日两国的命运。他详细讲解中国的抗日情况，指出中国必胜，并赞许侨胞的热心爱国。在这位天才演说家的宣传下，加拿大侨胞深受鼓舞，文华学校合唱团激情地唱起《义勇军进行曲》，会场气氛热烈。[3]

六、捐款捐物

加拿大华侨华人深知中国抗战的艰辛，万众一心为中国抗战筹款筹物。1938年年初，驻云高华华埠加拿大华侨劝募救国公债总分会还制定劝募捐款救国章程，一共19条，其中特设救济伤兵难民筹捐处。[4] 1938年，各地拒日会进行各项筹款活动，捐款给中国买坦克车、演戏捐助伤兵和难民等。[5] 1939年，维多利亚中华会馆主办"一碗饭运动"（One Bowl of Rice），即每天节省一碗饭的钱，捐给中国支持抗战。会馆特制作宣传单，上面有12个人围着一个特大号瓷碗，碗中坐着周逸经先生。"一碗饭运动"共筹得善款17000余元。[6]

---

[1]《抗日会欢送方将军》，《大汉公报》1936年6月9日；《方振武谢启》，《大汉公报》1936年6月13日。
[2]《保领事应车城扶轮会演讲》，《大汉公报》1938年2月22日。
[3]《欢迎陶行知博士大会》，《大汉公报》1938年4月16日。
[4]《驻云高华埠加拿大华侨劝募救国公债总分会修正章程》，《大汉公报》1938年1月5日。
[5]《中国银行香港分行电汇回条》，《大汉公报》1938年2月12日。
[6]《题词与图片》，《加拿大域多利中华会馆75周年、华侨学校60周年纪念特刊》，加拿大域多利中华会馆印，1960年。

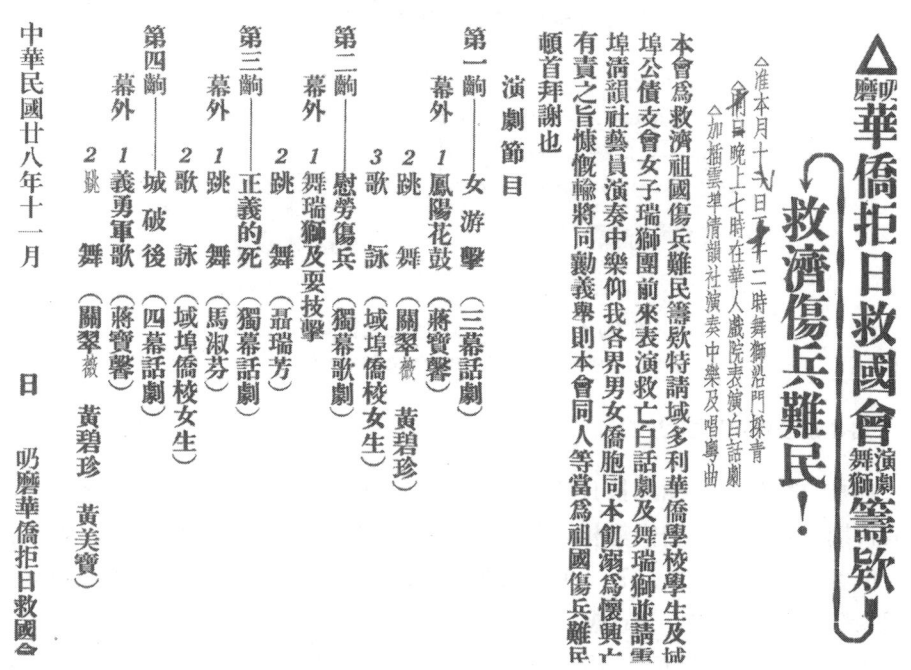

图 10.3　乃磨抗日救国会演剧舞狮筹款
资料来源：黎全恩

　　1941 年年初，加拿大华侨华人得知八路军在华北克复失地，建立了无数抗日根据地。而这些根据地之所以得以存在，是因为有游击队的力量。而延安的抗日军政大学是训练游击队的摇篮，但学生生活很艰苦。为此加拿大华侨华人在 1940 年 12 月 5 日成立了抗日军政大学筹款委员会，希望扶助抗日力量，建设幸福的新中国。[1] 驻温哥华中华工人保障会指出，八路军在枪林弹雨中抗击日本，不少伤兵因药物不足而忍受痛苦，呼吁加拿大侨胞本着爱国之心，踊跃捐献，[2] 为此有数百名华侨华人和商家捐款。[3] 到了 6 月，在温市中华工人保障会的呼吁下，共有 1068 名华侨华人捐助八路军，所筹得资金为 1200 多加元。[4]

---

〔1〕《为抗日军政大学筹款宣言》，《大汉公报》1941 年 1 月 11 日。
〔2〕《筹募第八路军伤兵医药费宣言》，《大汉公报》1941 年 1 月 14 日。
〔3〕《鸣谢》，《大汉公报》1941 年 1 月 27 日；《工人保障会筹捐第八路军医药费续志》，《大汉公报》1941 年 1 月 29 日、1 月 30 日和 2 月 6 日。
〔4〕《云市中华工人保障会第八路军筹募医药委员会》，《大汉公报》1941 年 6 月 14 日。

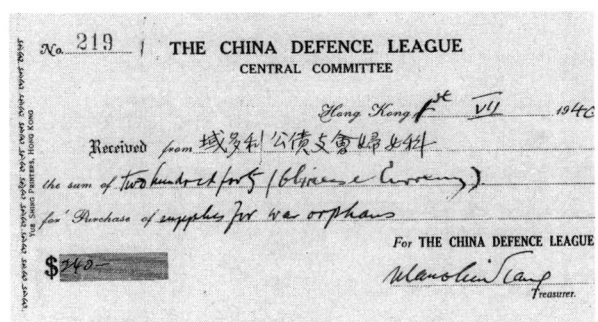

图 10.4 域多利公债支会妇女科捐款收据
资料来源：黎全恩收集资料复印件

七、航空救国运动

在加拿大侨社侨团的抗日活动中，航空救国运动显得十分突出。这是因为在抗战初期，日本的航空优势相当明显，空中打击力量远胜于国民政府。因此，日军凭借着空中绝对优势，不但在正面战场上快速推进，同时不断进行大规模轰炸，企图动摇中国军民的抗战意志。

为此，中国国内和海外侨社掀起了一场全民捐赠，加强中国空军和空防能力。加拿大华侨在这方面全力以赴，纷纷出钱出力，积极主动地为中国反侵略战争培养人才，有的华侨干脆回国加入空军，为了保卫中国领空而牺牲，谱写了许多可歌可泣的英雄事迹。

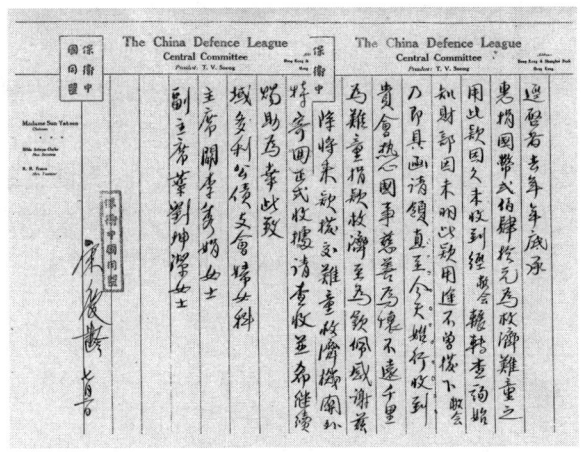

图 10.5 宋庆龄写给域多利公债支会妇女科主席关李秀娟、副主席叶刘坤洁的信件
资料来源：黎全恩收集资料复印件

1933年3月，鉴于中国空中人才不足，加拿大华侨爱国心切，成立了加拿大华侨航空研究会，以期联结加拿大华侨中的航空人才，共同帮助灾难深重的中国。[1]

卡加利华侨梁显荣，原籍广东新会，曾在西人教师指导下学习飞行，1933年2月考取了政府私人飞行执照，1934年8月，他来到加拿大华侨航空研究会与航空学生互勉。25日，梁显荣乘诗丕亚公司轮船日本皇后号回国，希望能为祖国效力。[2]

为了使中国拥有更先进的飞机，1938年，加拿大各埠侨团，例如爱伯塔省体粒巴（Highriver）华侨劝募救国公债支会和温哥华华侨购机筹募委员会等，均发布过宣传告示，呼吁华人捐款。爱伯塔省体粒巴华侨劝募救国公债支会甚至引用孟子的话"拔一毛而利天下"来劝告华侨捐款。温哥华华侨购机筹募委员会则和醒侨剧团联合起来，通过义演筹款购机。[3] 1941年，岀补碌和锦步利（Kimberley）埠华侨救国会为了支持中国的航空事业，呼吁华侨华人捐款，在大家的齐心合力下，给旧金山中国总领事汇去1800美金和1900多加元，请中国总领事转给广东银行航空总会，[4]爱国之心可鉴。

随着抗战的深入，加拿大华侨的航空救国活动发展到了新的阶段，一些新航空救国社团诞生，他们积极从事爱国救亡活动，像温哥华中山邑侨购机卫乡会、温哥华航空救国运动会和中国航空建设协会加西直属支会等，均为祖国航空事业筹款，得到了华侨们的大力支持。

八、打道回府　共赴国难

在加拿大华侨华人支援祖国抗战的过程中，最令人动容的是，数十名华侨华人毅然回国或被派回国参加抗战，在艰难的战争岁月中，转战南北，浴血抗争，有的甚至英勇献身，真正实践了"共赴国难，舍我其谁"的民族精神。

祖籍台山的马俭进，童年居住在卡加利，飞行与机械技术都很好，英语娴熟，1932年回国参加广东空军（广东国民政府于1936年加入中央政府）。1935年被选派去德国学习一年。1939年，他参加轰炸运城日本机场的战斗。在一次执行轰炸任务时，马俭进与战友一起，从成都起飞经秦岭低空抵达山西运城敌机场上空，向敌人投重型炸弹，共炸毁敌机30多架，立下军功。后来调到第十九中队任分队

---

[1]《加拿大华侨航空研究会成立》，《大汉公报》1933年3月11日。
[2]《欢送华侨航空毕业生归国》，《大汉公报》1934年8月25日。
[3]《华侨劝募救国公债支会筹捐购飞机卫国卫粤启事》，《大汉公报》1938年6月15日、8月3日。
[4]《岀补碌锦步利埠华侨救国会航空捐》，《大汉公报》1941年1月13日。

长，驾驶苏制 D.B 飞机，多次执行轰炸及运输任务，在一次飞行中不幸飞机失事，摔断双臂，成为残疾军人，抗战胜利后才返回加拿大，后又去美国定居。[1]

周·庞巴迪·乔治·L（Bombardier George L.Chow），出生于沙省的穆斯乔，于 1930 年代中期前往中国香港。他曾在香港志愿防卫队的第 5 防空部队服役。1941 年，驻扎在香港岛鲤鱼门附近西环山顶上防御工事内。12 月 15 日，防御工事遭到日军空袭和猛烈的炮击的轮番进攻，守军所有大炮无一幸存。日军对山头发起猛攻，防线节节退败，第 5 防空部队除了投降别无他选。乔治是被囚禁在深水埗（Sham Shui Po）战争集中营里的战俘之一，但他于 1942 年 1 月 28 日成功地逃出了集中营。[2]

埃尔希·王（Elsie Wong）来自卑诗省的新西敏。为了顺利参加该省的一个护士项目，她前往香港接受培训。太平洋战争爆发时，她从玛丽皇后医院毕业，成为一名合格的护士，在香港和印度工作。埃尔希的丈夫何亚发（阿尔弗雷德·何，Alfred Hoe）是香港战场上的一员老兵，受伤时正是受到她的照顾。两人一起逃往桂林，并搭乘中国航空公司马克·唐纳德上尉（Captain Mac Donald）的班机飞往加尔各答。在加尔各答时，埃尔希也同样为中国航空公司工作。她因在抗战期间救治香港战场的伤员而被授予"1939—1945 抗敌勋章"（Defence Medal 1939—1945）。战后，埃尔希和丈夫回到加拿大，而阿尔弗雷德（他出生在马来西亚的槟城）于 1954 年加入加拿大籍。[3]

加籍华人李·雷蒙德（Raymond Harry S. Lee）少校，出生在中国，儿时随家人移居温哥华，后回到香港读书，毕业于香港大学。后来加入了英军服务团，英军服务团是组建于广东省南部的一支临时部队，雷蒙德曾在惠州负责战地医疗工作。1943 年，他来到饥荒和霍乱肆虐的广东西部地区，负责当地的救援工作。他的医院救治了数千名病患，在当地设立了两个医疗急救站。他的护士内莉·林（Nellie Lim），同样来自温哥华。[4]

---

[1] 刘锦涛：《侨居美国的前广东空军人员记述参加抗战的二三事》，《广州文史资料：选辑第二十九辑》，广东人民出版社，1983 年 6 月。

[2] Marjorie Wong, *The Dragon and the Maple Leaf: Chinese Canadians in World War II*, London, Ontario Pirie Publishing, 1994, p.11.

[3] Marjorie Wong, *The Dragon and the Maple Leaf: Chinese Canadians in World War II*, London, Ontario Pirie Publishing, 1994, p.11.

[4] Marjorie Wong, *The Dragon and the Maple Leaf: Chinese Canadians in World War II*, London, Ontario Pirie Publishing, 1994, p.11., p.14.

来自卡加利的姜·艾露儿（Luey Kheong）一家，在 1930 年代由母亲带着孩子回香港。他们离开卡加利期间，她的父亲去世，遗骨按照传统风俗被送回家乡安葬。家里的 4 个男孩，其中的 3 个——哈利（Harry）、乔（Joe）和杰克（Jack）都加入了中国空军部队所属的飞机制造厂。最小的肯（Ken）则入学就读。太平洋战争爆发时，哈利是中国空军和美国空军之间的联络人员，乔在空运司令部（Air Transport Command）担任地勤人员，杰克转往驻昆明美军部队担任中士，肯则继续在香港读书。日军进犯香港，肯遭学校疏散，逃往昆明，在那里他加入了负责后勤供应的美军军需部队（US Army Quartermaster Corps，Service of Supply），在战争后期担任口译员。战后，哈利在 1950 年代回到加拿大，并在满地可的庞巴迪公司（Canadair）工作，直到退休。肯在各国的商船上担任无线电工作人员，直到 1960 年才回到加拿大。后来他加入了加拿大交通部（Transport Canada），担任航务专家，直到 1986 年才退休。[1]

出生于温哥华的陈·哈罗德（Harold Chinn，音译），在卑诗省接受飞行训练，并于 1933 年前往中国，当时年仅 21 岁。由于当时加拿大并不聘用中国飞行员，因此，哈罗德应征加入了广东空军，并服役到 1935 年。1935 年至 1937 年，他在上海加入中国航空，成为运输飞行员，往返于重庆、贵阳和香港之间，直到 1941 年 12 月香港沦陷。1942 年，他加入中国航空的"驼峰航线"，和其他飞行员一起往返于汀江和昆明。他在"驼峰航线"上往返多达 600 次，超过所有飞行员，对中国抗战贡献颇大。

马郭林（Kuo Lim Mah），卑诗省企龙拿人，1933 年在爱民顿完成飞行训练，很快去了中国。他加入隶属广东空军的第六歼击机中队，成为中央政府空军中的一员，他一直都是歼击机飞行员，后来接受训练成为运输飞行员，于 1942 年加入中国航空，飞行"驼峰航线"。1944 年 8 月 1 日，马郭林驾驶的飞机从昆明起飞，在飞越悬崖的途中失事身亡。[2]

郑兆根，1911 年 7 月 15 日生于温哥华。1941 年 12 月，他在香港目睹了一名加拿大士兵被日军杀害，于是加入了英国救援队。他在中国日本占领区工作，代号为 Agent 50。他执行过很多次危险任务，例如秘密运药品、收发情报、解救被捕人士以及帮空降兵去日军前线。由于表现突出，他被授予大英帝国勋章，他是

---

[1] Marjorie Wong, *The Dragon and the Maple Leaf: Chinese Canadians in World War II*, London, Ontario Pirie Publishing, 1994, p.11., p.16.

[2] Marjorie Wong, *The Dragon and the Maple Leaf: Chinese Canadians in World War II*, London, Ontario Pirie Publishing, 1994, p.11., p.25.

唯一获得此项殊荣的加籍华人。[1]

还有几位为中国航空服务的加拿大籍华裔无线话务员：董·杰克·K（Jack K.Dong），方·士丹利（Stanley Fong）和冯·C.T（C.T Fung）等。[2]

总之，加拿大华侨华人在日本发动侵华战争之后，第一时间与祖国同胞共悲愤，也第一时间奋起参与抗战，并与祖国同胞一样，切身感受到民族危亡、国将不国的痛苦。在这场血腥的战争面前，华侨华人再度确认了自己的炎黄子孙的定位，一扫几十年来漂浮海外，不知根扎何处的迷茫。这有助于他们克服加拿大禁止华人入境政策带来的自卑、自哀心态，强化了他们与中国共命运的连带意识，对加拿大华人华侨历史产生了重大的影响。

第二节 对二战的贡献

如果说，中日战争，尤其是中国的抗战，激发起整个加拿大侨社对日本侵略者的同仇敌忾、对中国和加拿大的双重忠诚，从而掀起了抗日救亡的高潮；那么，第二次世界大战的爆发，尤其是太平洋战争的爆发，更激发起侨社年轻人，尤其是一部分在加拿大接受过系统教育的华裔第二代、第三代年轻人的参战热情，他们与加拿大乃至其他同盟国年轻人的想法完全一致，就是德意日轴心国的侵略战争，将要葬送人类的民主、自由和人权，因此，爱好和平自由的国家必须动员起来，彻底打败法西斯主义。华裔年轻人没有犹疑，挺身而出，为这个尚没有承认他们政治地位和社会地位的国家而战。

当然，数以百计要求服役的华裔青年，对于加入加国军队参加战争，有着不同的想法和动机，有的是出于伸张正义的热血，要为反法西斯出力；有的则是为了让自己的职业生涯在军队中得到最佳的机会；有的干脆为了改变自己蓝领工人的生存环境，通过当兵彻底改善自己的生活处境；当然，也有一部分华人子弟，对自己遭受白人歧视、低人一等的社会地位感到愤愤不平，期待通过在战场上的生死拼杀，赢得社会的尊重，争取与白人相同的社会和政治地位，继而能够获得公民权和选举权。

但所有这些期待参军的华人都认为，这场战争是中国抗战的延续，参战对中

---

[1] 加拿大华裔军事博物馆提供史料。
[2] Marjorie Wong, *The Dragon and the Maple Leaf: Chinese Canadians in World War II*, London, Ontario Pirie Publishing, 1994, p.25.

国有利，尤其是参加太平洋战争，更是直接打击日本侵略者。因此，加入加国军队与华人固有的身份定位没有任何冲突，但却可以改善华人在加拿大的地位。

1939年欧洲战争爆发后，加拿大对德国宣战。1940年6月21日，加拿大《国家资源动员法令》(the National Resources Mobilization Act，NRMA) 颁布实施，并成为正式法律，授权联邦政府征兵，并且不限于在加拿大领土服役。不少华人青年闻风而动，出现了要求当兵的风潮。可是，令人沮丧的是，加拿大皇家空军及海军部队均在各自征兵服役的条例中，明确规定了种族限制，即只允许"纯种欧洲人"和"纯种白人"在部队服役。加拿大陆军虽没有明文规定排斥其他族裔，实际上也不征召包括华人在内的亚裔人。

对华人当兵的限制，在排华最为严重的卑诗省体现得尤为突出。联邦政府总理金麦京（Mackenzie King）在帕图罗（T.D.Pattullo）省长的强烈要求下，禁止华裔和日裔加拿大人在该省参军。帕图罗省长的目的显然不是为了国家打赢战争，而是为了堵住华人的政治和身份定位诉求，他毫不讳言地表示，如果"允许华裔和日裔加拿大人参军，他们会进一步要求给予选举权，这在卑诗省是绝对不能允许的"[1]。严格地说，帕图罗省长的行为和言论，是把他对亚裔的种族歧视的偏见置于国家利益之上、置于战争动员之上，对他自己标榜的爱国主义和为自由而战，是一个相当讽刺也是相当可悲的事情。应该说，拥有种族歧视偏见的人，难以成为真正的爱国者。

在排斥亚裔风潮和国际形势的发展下，1940年9月到10月，联邦政府正式下达指令，不得征召华人和日本人接受军事训练，甚至连那些已经通过体检的人也被拒之门外。[2]

对日裔参军的排斥，是与东亚形势发展密不可分的，因为到1940年下半年，日本军部的南进政策愈发明显，与英、美的开战迫在眉睫。因此，严防日裔加入西方军队，以防止军事情报外泄给日本，成了引人关注的问题。即便如此，针对华人的歧视也是难以理解的，因为中国与日本已经全面开战，日本尽管还没有与美、英正式开战，但战争的方向已经明确，中国自然就是美、英等西方国家的潜

---

[1] National Archives of Canada, MG 26J1, Vol.293, pp.247684–248556, Reel C.4573, Quoted by Marjorie Wong, *The Dragon and the Maple Leaf: Chinese Canadians in World War II*, London, Ontario Pirie Publishing, 1994, p.70.

[2] National Archives of Canada, MG 26J1, File 290, pp.244976–245782, Reel C.4570, Quoted by Marjorie Wong, *The Dragon and the Maple Leaf: Chinese Canadians in World War II*, London, Ontario Pirie Publishing, 1994, p.70.

在盟国，但加拿大华人却遭到与日裔一样的歧视，这是完全说不通的逻辑。

面对不平等的法律，华人没有退缩，而是挺身而出，提出了合理的要求。域多利的加籍华人在国家资源动员法令颁布几个月后，就有10名华人（包括女性）给域多利中华会馆写信，指出加籍华人愿意"跟加拿大普通公民一样"接受义务征兵制，但是，同样地，他/她们也应该"享受公民应享有的权利，尤其是选举权"。他/她们还请求中华会馆召集全埠青年及有儿女的家长开会协商，向加拿大政府请愿。[1] 他/她们很清楚，这场世界大战异常残酷，主动要求参军无异于准备牺牲。但是，他们知道，这是为这个国家、为正义而战，这就是选择。同样，他们认为，要求成为合法公民也是天经地义的，维护公民享有的民主等权利，正是他们参与这场与法西斯主义进行战斗的目的所在。

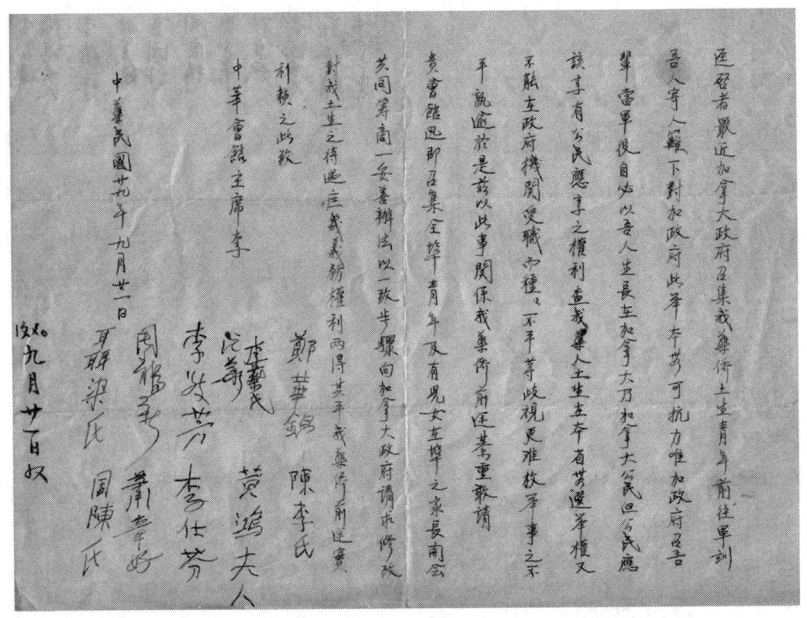

图 10.6　1940 年 9 月 21 日，10 位华人写给中华会馆请愿信
资料来源：黎全恩收集资料复印件

华侨华人的愿望虽然美好，现实却是残酷的。在内阁战争委员会（Cabinet War Committee，CWC）的推动之下，1941 年 1 月 20 日，禁止华裔和日裔加拿大

---

[1] National Archives of Canada, MG 26J1, File 290, pp.244976–245782, Reel C.4570, Quoted by Marjorie Wong, *The Dragon and the Maple Leaf: Chinese Canadians in World War II*, London, Ontario Pirie Publishing, 1994, p.70.

人义务参军的 CWC 法案，在整个加拿大开始实施。[1]但是，在军队的具体层面，对已经入伍或者已在一些部门服务的亚裔义务兵，并没有采取强硬的清洗措施。

1941 年 12 月 7 日，日本偷袭珍珠港，该事件不但开启了太平洋战争的序幕，还让第二次世界大战进入了一个新的阶段。同时，这一事件也改变了加拿大亚裔，尤其是华人参军的命运。美国对日宣战，加拿大作为盟国之一，也宣布对日作战，中加两国成了共同对敌的盟国。开战初期，日军在南洋等地攻势凶猛，英国面临欧洲、亚洲两线作战，急需补充新兵。因此，英国战争办公室建议加拿大扩大招兵范围，其中包括招募亚裔军人，来应付在远东的对日战争。因为在战争第一线的英国军方很清楚，由于这场战争相当残酷，兵员伤亡极大，因此，只有在英联邦所属国家进行最大范围的征兵，才能与轴心国进行持久的较量。

加拿大海军、陆军和空军面对战争环境的压力，在上层内部对是否招收亚裔服役，有着不同的意见与争议，不同会议的讨论决议出现了各说各话的情况，相当混乱和不一致。而落实到每个军种的招兵部门，则各行其是，"摸着石头过河"，根据自己的需要做出决定。当然，从服役兵员的总数来说，亚裔还是很小的一部分。

就空军而言，1942 年 10 月 1 日起，加拿大皇家空军开始接收加拿大华人应征飞行员，因为皇家空军在其成员是否是"纯种欧洲人"的问题上，没有陆军那样计较，一切以战事为先。当然，皇家空军也不可能公然违法，擅自行事。1942 年 12 月 9 日，加拿大通过了枢密令（Order In Council）PC 79/111601，该枢密令正式修改了《1924 年加拿大皇家空军皇家条令和命令》(*The King's Regulations and Orders for the Royal Canadian Air Force*, 1924) 第 227 段第一条，取消了种族限制。[2]这给空军招收华裔军人打下了坚实的法律基础。

就其海军来说，1943 年 4 月，加拿大皇家海军召开内部会议决定，"可以接收所有来自英属地的侨民，而不接收其他外侨"。在这一政策的影响下，一些华裔

---

[1] The "Report and Recommendations of the Special Committee on Orientals in British Columbia December 1940" in Nac, RG 27, Vol.1500, file 2–K–184, N.W.S.Oriental B.C, Quoted by Marjorie Wong, *The Dragon and the Maple Leaf: Chinese Canadians in World War II*, London, Ontario Pirie Publishing, 1994, p.71.

[2] Judy Maxwell, *A Cause worth fighting for: Chinese Canadian Debate Their Participate in the Second Worth War*, University of British Columbia, 2002, pp.19–20.

加拿大人或出生于中国香港的中国人也有机会加入皇家海军了。[1]

就其陆军来说,1942年1月,加拿大皇家骑警(Royal Canadian Mounted Police,RCMP)、国家战争服务部(National War Service,NWS)和外事部(External Affairs)联合召开会议,决定将华裔、日裔及印度人纳入《国家资源动员法令》的征召范围。会议还一致认同,如果某一个指挥官拒绝接收东方人或东印度人在他所属单位里参军,那么,他应该推荐一个适合的部门给他们。[2]但是,这些决议只是几个部门单方面的想法,并未影响内阁做出决议。换句话说,对亚裔或其他遭受歧视的族群进行义务征兵并未得到官方的正式认可。

1943年3月26日,在一次联合会议上,因为部队正面临人员缺乏的困境,加拿大陆军部队(Canadian Army)决定征召归化了的华人,由外事部负责审查被征召华人的国民身份。[3]会议争论得十分激烈,而且对会议决定的反应也同样激烈。国防部长在会上告诫,归化了的华人应该以《国家资源动员法令》的名义被征召,但内阁战争委员会的决定不会改变。[4]一个月后,在以《国家资源动员法令》的名义征召加拿大华人的问题上,渥太华采取了断然相反的观点:归化了的和没有归化的华人都不得被征召。看起来,身为内阁战争委员会一员的国防部长,要么是没有把会议决议带到内阁讨论,要么是他无法改变内阁的立场。1943年3月27日联席会议的另一次会议,主要讨论华人外侨问题。陆军代表称大约有1500名华人,包括加拿大华人和华人外侨正在被征召为义务兵。外侨需要"历经严格的背景、学历等的核查",这位陆军代表还提到,"很难决定给这些华人什么职位。换句话说,不知道怎样来使用他们,尤其是文职人员"。尽管加拿大华人和华人外侨

---

[1] Note for External Files, 27 Apr.1943, in National Archives of Canada, RG 25, Vol.2818, File 1154–40, Quoted by Marjorie Wong, *The Dragon and the Maple Leaf: Chinese Canadians in World War II*, London, Ontario Pirie Publishing, 1994, p.60.

[2] Marjorie Wong, *The Dragon and the Maple Leaf: Chinese Canadians in World War II*, London, Ontario Pirie Publishing, 1994, p.72.

[3] Minutes of meeting in office of Brig.R.D.Sutherland, Mar.26,1943 in NAC, RG 27, Vol.998, File 2–114, pt.15, Quoted by Marjorie Wong, *The Dragon and the Maple Leaf: Chinese Canadians in World War II*, Ontario Pirie Publishing, 1994, p.75.

[4] Note for External Files Apr. 27, 1943, in NAC, RG 25, Vol.2818, File 1154–40, Quoted by Marjorie Wong, *The Dragon and the Maple Leaf: Chinese Canadians in World War II*, London, Ontario Pirie Publishing, 1994, p.76.

应属于两种类别，但在陆军看来，所有加拿大华人都逐渐被划到外侨一类。[1]这对在加拿大出生的华人相当不公。

1943年11月30日，加拿大陆军发布了一份联合通知。在这份通知里，第一次把加拿大华人划归在同盟国外侨范畴内，而不是列在单独的一类。通知规定加拿大华人可以志愿参军，但不在《国家资源动员法令》的名义下入伍。[2]

征招亚裔服役的政策变来变去，主要还是种族歧视作祟。令加拿大政府逐渐改变立场的，是来自整个大西洋地区的战争压力。随着残酷无情的战事的发展，以及大规模的杀戮，兵源缺乏已是个大问题。1944年6月8日，陆军军队建议加拿大义务兵服务局（NSS）修订第一号秘密备忘录（Secret Memorandum No.1），把条例修改成所有华人均在《国家资源动员法令》条件下应征入伍。但这也只是建议，1944年7月5日陆军的通函中，华人仍被列为同盟国外侨这一类。他们还需要被审查，且涉及战争敏感区域仍不允许华人参与。此外，没有得到国防总部常规安全检查和批准，华人不允许参加任何旨在完成某项使命的工程和军事课程。7月24日，加拿大皇家电气和机械工程师课程也被列入受限制范围，只是因为触及"处理和维修秘密设备"的范围。9月30日，关于工程事务就业的课程被列入敏感和受限制的范围。[3]

尽管有很多限制，但在世界范围内大规模反法西斯战争中，加拿大华人终于可以入伍了。1944年8月，管辖卑诗、爱伯塔、育空及西北领域周边地区的太平洋司令部，提出要组建一个单独的华人分队。在1944年9月2日举行的会议上，人们达成一致，认为最好的解决办法是，启用华人军官在特殊训练中心和训练营中任教。两天后，太平洋司令部得到通知，正在为战争办公室征召教官。[4]

第二次世界大战期间，大约有五六百名华人在加拿大军队服兵役。这期间，

---

[1] Marjorie Wong, *The Dragon and the Maple Leaf: Chinese Canadians in World War II*, London, Ontario Pirie Publishing, 1994, p.77.

[2] AG（Adjutant General）memo in National Archives of Canada RG 27, Vol.998, File 2-114-15, Quoted by Marjorie Won, *The Dragon and the Maple Leaf: Chinese Canadians in World War II*, London, Ontario Pirie Publishing, 1994, p.79.

[3] AG（Adjutant General）memo in National Archives of Canada RG 27, Vol.998, File 2-114-15, Quoted by Marjorie Wong, *The Dragon and the Maple Leaf: Chinese Canadians in World War II*, London, Ontario Pirie Publishing, 1994, p.79.

[4] Pearks to Gibson, The Disposal of Men of Chinese Racial Origin called up for Service under N.R.M.A." in D.Hist.322.009,（D478）, Quoted by Marjorie Wong, *The Dragon and the Maple Leaf: Chinese Canadians in World War II*, London, Ontario Pirie Publishing, 1994, p.79.

加拿大海陆空军队中都有华人的身影。这批华裔军人置身军营中，与白种军人同甘共苦，大都感到比较公平，很多华人还想通过卓越的表现得到提升。但是华人不可能得到完全的平等，比如工资就比白种人低。一个白种人机长每月飞行60个小时便可挣得800美元的基本工资，而华裔机长每月的收入仅为485美元。白人每月平均飞行65小时，而超时工作的工资按每小时6美元来算，超过70小时的部分，每小时20美元；而华裔的超时工资不论是多长时间，都是每小时3.25美元。[1]

在禁止入境时期，中国移民禁止进入加拿大，一些华裔军人在境外浴血奋战的同时，也寻到知心伴侣并结婚。为加拿大洒热血的华人，若不能带妻子回加团聚，似乎不太人道。1944年，加拿大国防部和英国安全协调处驻加拿大代表德卢-布鲁克（T.G.Drew-Brook）询问渥太华，若华裔加拿大军人在澳大利亚服役期间结婚，其中国妻子具有什么身份。国防部很快把布鲁克的质询转交给外交部考虑，却没有后文。[2]

无论如何，大多数华人还是争相报名参军奔赴战场，英勇地投身于欧洲战区、东南亚战区和太平洋战区以及本土的抗战行列，立下了赫赫战功。还有众多华裔青年投入了军工生产、战时救护、战时运输、宣传演出等行业，另外，很多华侨购买加拿大发行的胜利公债来支援加拿大，加拿大华人为反法西斯战争的胜利立下了卓著的功勋。

一、加入空军

1942年10月前，已经有个别加拿大华人加入了皇家空军，但他们不在《国家资源动员法令》的召唤范围内。1942年12月9日新法令颁布之后，皇家空军开始招收华人，其中一个项目是安排几名华裔飞行员参加了英联邦飞行训练计划（the British Commonwealth Air Traning Plan）。

英联邦飞行训练计划中的一部分，是给加拿大空军培训新兵，技术培训集中在安大略省的圣托马斯（St.Thomas）。在这批学员中，有两位持有商业飞行员驾照、技术高超的华人兄弟，分别是卑诗省片市鲁别的上尉马邦基（Albert Mah）和上尉马绍基（Cedric Mah）。

马邦基和马绍基平民出身，因为受过飞行训练，故在太平洋战争前欲加入皇

---

[1] Marjorie Wong, *The Dragon and the Maple Leaf: Chinese Canadians in World War II*, London, Ontario Pirie Publishing, 1994, p.26.

[2] Marjorie Wong, *The Dragon and the Maple Leaf: Chinese Canadians in World War II*, London, Ontario Pirie Publishing, 1994, p.133.

家空军，因是华人未果，不过后来都当过英联邦飞行训练计划的教员。

离开空军后，马邦基加入了加拿大太平洋航空公司（Canadian Pacific Airlines），马绍基则为上尉阿尔弗雷德·R. 梅耶（Alfred R. May）效力。1943年马邦基来到中国加入中国航空公司，马绍基紧随其后，于1944年也加入了中国航空公司，他们在"驼峰航线"上执行运输或其他任务。"驼峰航线"跨越喜马拉雅山脉，穿行于缅甸北部与中国西部的崇山峻岭，天气极为恶劣，素有"死亡航线"之称。兄弟二人除了要克服糟糕的天气和机械故障外，有时还要迎战日军战斗机的袭击。在艰苦的飞行中，马邦基凭借着高超的飞行技术曾往返驼峰航线420余次。马绍基也是数次飞行其间。战后，兄弟二人都返回了加拿大。[1]

来自温尼伯的空军少尉、领航员吉姆·占·李（Jim Gen Lee），编号J.42216，在位于卢德福德马格纳（Ludford Magna）的英国皇家空军第一大队第101中队服役。该中队是轰炸机司令部里唯一一支装备了空载雪茄（Airborne Cigar，ABC）的军队，每架飞机都安装了雷达干扰装置，并安排了一位会说德语的机组人员。轰炸机群里的这些飞机负责干扰德军夜航战斗机的通信。它们搭载着常规数量的炸弹，跟机群里其他轰炸机一同飞行。1945年3月23日，吉姆·占·李的飞机在执行作战任务时，撞在了不莱梅港市（Bremen）的铁路桥上，失事坠落，机组人员全部遇难。吉姆牺牲后，被葬在了位于德国奥尔登堡（Oldenburg）的圣战墓园里。[2]

空军上尉、领航员约瑟夫·洪（Joseph Hong），编号J.37185，在英国皇家空军站第24作战训练部队接受训练。1944年5月23日，约瑟夫·洪第一次执行任务，是在法国的阿朗松（Alencon），他的任务是投放传单，不料飞机竟被击落，约瑟夫·洪壮烈牺牲，年仅23岁，后葬在了位于法国莱兹河畔布雷特维尔（Bretteville-sur-Laize）的加拿大战争墓园内。[3]

来自温哥华的空军中尉雷昆照（Guan Jil Louie），1942年11月加入加拿大空军。他主要负责在轰炸机上投炸弹。被派往英格兰后，由空军少尉晋升为空军中尉。他在欧洲战场上执行任务将近30次。1945年1月16日，雷昆照和4名同机战友在德国的马格德堡执行夜间空投任务时，被防空炮火击落，机组人员全部牺

---

[1] Dennis Mclaughlin And Leslie Mclaughlin, *Fighting for Canadian*, Ottawa, Minister of National Defence Canada, 2003, pp.54–55.

[2] Marjorie Wong, *The Dragon and the Maple Leaf: Chinese Canadians in World War II*, London, Ontario Pirie Publishing, 1994, p.32.

[3] Marjorie Wong, *The Dragon and the Maple Leaf: Chinese Canadians in World War II*, London, Ontario Pirie Publishing, 1994, p.33.

牲。雷昆照年仅 23 岁。[1]

华裔空军成员除了上机参战以外，也有人通过刻苦深造，成为技术兵，为战争做出贡献。

二等兵赫伯特（Herbert）或赫比（Herby），编号 R.166288，来自域多利。1941 年，他曾想参军遭拒，但他没有放弃，于 1942 年 5 月如愿在温尼伯入伍。同年 6 月，他在温尼伯完成机组前课程后，被派到爱民顿第三人员站参加基础训练。9 月，被派到萨斯卡通第四飞行训练学校（SFTS）负责停机坪和保卫工作。在萨斯卡通，他接受了摩斯（Morse）密码课程训练，随后来到位于萨斯卡通的第七信息训练学校，在这里他接受了严格的课程训练。1943 年 1 月，赫伯特被派到温尼伯第三无线电学校（Wireless School），他在那里学会每分钟用摩斯密码发 20 个字，操作几台发报机和接收机，并且在一次飞行中担任无线电操作员。1943 年 8 月毕业后，被派到位于鲍尔森（Paulson）的第 7 轰炸和射击学院进行特殊训练。9 月毕业后，他被派往第 7 训练学校地面指挥学院。除了帮助训练无线操作员用摩斯密码，他还是飞行训练以及投弹员学员低飞训练时的无线操作员。1945 年 5 月，赫伯特被派到爱伯塔大草原城（Grande Prairie）的西北空军指挥部（Northwest Air Command），担任无线电操作员及电传打字员。1945 年 12 月他回到温尼伯，并于 1946 年 1 月 4 日在温尼伯退伍中心退伍，被转到皇家加拿大空军储备名单"E"级中。[2]

在空军服役的华人也参加了皇家加拿大空军运输服务。

来自满地可的韦伯·布鲁斯·王（Wilbur Bruce Wong），1941 年 12 月入伍，担任地面维护技术人员，后成为一名机工长（Crew Chief）后，又升为飞机工程师。韦伯的任务是进行起飞前的飞机检查，其负责的范围包括检查飞机的起落架系统和燃料开关、操作节流阀，以及负责电力、燃料和液压系统。渡运指挥部于 1943 年 3 月成为英国皇家空军运输指挥部第 45 大队的一部分，该年 10 月，韦伯·布鲁斯·王第一次担任渡运飞行工程师。他至少运了 25 架飞机到印度、北非、中东地区和大不列颠群岛。[3]

---

[1] 加拿大华裔军事博物馆提供史料。
[2] Marjorie Wong, *The Dragon and the Maple Leaf: Chinese Canadians in World War II*, London, Ontario Pirie Publishing, 1994, p.48.
[3] Marjorie Wong, *The Dragon and the Maple Leaf: Chinese Canadians in World War II*, London, Ontario Pirie Publishing, 1994, p.55.

第一位加入加拿大皇家空军的华裔、已故的黄国雄先生（Thomas Kwok Hung Wong）生前这样回顾他的从军生涯：

"我于 1917 年出生在域多利，父亲是名厨师，在省督府（Government House）的厨房里打工，所以我们家吃的食物比一般华人家庭要好些。我们当时住的地方离域多利两所好学校（一所男校、一所女校）只有一个街区。但因为当时排华，华人的孩子只能上单独的学校。我妈妈为此质问当地学校局，为何自己的孩子不能去那两所好学校。她用一口流利的英语告诉学校局的一位办事人员，她的两个兄弟都参加过第一次世界大战。该人问清名字后，就说我妈妈的一位兄弟救了

图 10.7　口述者黄国雄
资料来源：贾葆蘅拍摄

他的命，为了这个原因，他要安排我们几个孩子到男校和女校读书。结果我和我的兄弟姐妹都上了这两所学校。

"我从男校毕业后，在域多利中学读书。1935 年，我到温哥华技术学校读了一年特别课程，其中有绘图课和木工学，是用来培训教师的。毕业后有一段时间，我在我父亲打工的厨房里帮忙。可是我想做工程师，也喜欢飞行。

"1939 年，第二次世界大战爆发，我报名参加皇家空军，当时我已是域多利飞行俱乐部的成员，学了很多有关飞行和飞机方面的知识，知道怎么飞行。但是征兵站的招聘人员告诉我，因为我是华人，不能加入空军。不过，他说我的背景不错，或许未来有机会成为志愿飞行员，他提醒我经常注意这方面的来信。

"珍珠港事件后，日本飞机轰炸了美国的舰队。很快我就收到政府的来信，要求我马上到温哥华的征兵站报到。那时加拿大皇家空军还没有正式招华裔，因我的背景不错，就先招了我，这样我就成了第一位被加拿大皇家空军录取的华裔军人。

"刚开始他们让我当飞机机师。之后，因为我的背景好，当局就送我到爱民顿第三训练中心参加培训。毕业后又派我到安大略省圣托马斯培训中心进行第二阶段的学习，在那里我正式入伍，发给我军服。后来又送我到卡加利第三飞行服务中心，在那里经过了一年的培训，后来他们推荐我到莫尔顿市（Malton）的一所学院学习飞机发动机的检查。毕业时，我的分数很高，校长就把我叫到他的办公室，

说很高兴有我这样出色的学生,学校非常愿意推荐我,他问我想去什么地方。因为我的女朋友在温哥华,所以我就到了温哥华耶律哥(Jericho)海滩飞机检查站工作,成了飞机检查师。我还负责海岛的飞机检查。耶律哥海滩只有水上飞机,海岛有战斗机,这两个地方都属于加拿大皇家空军。当时我的工作很好,工资每个月都超过 100 元,而且不用交税。我知道当时社会上歧视华人,可是在军队里,我有很好的工作,白人都很友好,我没有任何不好的感觉。我一直工作到 1945 年。"

二、加入海军

早期华人要进入加拿大海军,并不比加入空军容易。主要原因还是社会对华人的歧视,以及军方条例没有给亚裔参军打开大门,所以参加海军的华人并不多。但是,由于战争的因素导致军方对兵源的渴求,也使个别华人成功进入了海军。

这里有一个典型的例子。1909 年 2 月 28 日,出生于域多利的罗威廉(罗尔)(William King Lowd Lore),于 1939 年加入了海军,属于非正式编制的技术人员。当时他隶属运输部无线电区海军及空军分部,被派往安蒂科斯蒂岛(Anticosti Island)的梅尼耶港地区工作,这在华裔加拿大人中是首例。1939 年 9 月 2 日,英国客轮"雅典娜号"(SS Athenia)遭德国海军鱼雷袭击,其发出的国际呼救信号被渥太华运输部(Department Of Transport)获得,当时罗尔就在该站工作。从 1939 年 12 月到 1941 年,罗尔又被渥太华运输部派往圣休伯特机场(St.Hubert Airport)工作,处理天气预报、陆空无线电语音通信等工作。渡运指挥部被转移至多瓦尔机场(Dorval Airport)时,罗尔又被派往多瓦尔机场工作。1943 年 1 月,在海军参谋长珀西·尼勒斯(V/Adm.Percy F.Nelles)的要求下,罗尔正式加入加拿大海军(Royal Canadian Navy RCN),并接受军官训练,之后被任命为加拿大皇家海军(RCN)临时副中尉,成为整个英联邦海军中第一个华裔军官。该年 6 月,罗尔被派往渥太华海军总部下的作战情报中心工作,进入海军最核心的部门工作。1944 年,罗尔被任命为加拿大海军联络官,在位于华盛顿州的班布里奇岛(Bainbridge Island)的美国第十三海军区无线电情报机构工作。诺曼底登陆时,罗尔又被召回海军总部(NSHQ),在无线电情报联合服务部(Combined Service Radio Intelligence Unit)工作,同时晋升为加拿大皇家海军中尉。

1944 年 9 月,罗尔接到命令,前往水星皇家海军舰艇(HMS Mercury)接受皇家海军进一步的高频/侧向(High Frequency/Direction Finding)训练。罗尔随即到哈利法克斯的百利加拿大皇家海军舰艇(RMCS Peregrine)报到,该舰艇是英联邦空军训练计划(British Commonwealth Air Training Plan BCATP)中新建立的加拿大海军兵站，用于预装载训练、设备供应和药物接种等。罗尔乘坐一艘运兵舰前往英国，并于 10 月到达利物浦。即将登陆时，罗尔在船上接受了英国军官的检查，却被告知"没有签证的中国人不能登陆"。在同船人员的帮助下，这一问题才被顺利解决。此后罗尔又前往伦敦，在那里一直停留到 12 月。因为"能读懂两句屏幕上的中国警句（Epigram），罗尔很快成为一名处理日本情报的成员"，并与另一名官员一起在详细情报部队联合服务部工作，负责缅甸地区的任务。1945 年 3 月底，罗尔被转移至英国太平洋舰队（British Pacific Fleet BPF）。他来到金鹿号皇家海军舰艇（HMS Golden Hind）BPF 岸站。紧接着，罗尔又从英国太平洋舰队出发，前往美国第七舰队（US 7th Fleet），后又接到命令，前往位于昆士兰、布里斯班附近的盟军指挥总部（Allied Command Headquarter），负责 G-2（美国情报）工作。

1945 年 8 月 26 或 27 日，罗尔参加了解放香港岛和九龙半岛的战争。香港解放后，罗尔被留了下来，在香港皇家海军基地继续做哈考特上将的中尉情报官。1946 年 11 月之前，罗尔在海军情报部和联合情报部工作，也是对中国方面的联络员。直到 1947 年 2 月，他被召回加拿大海军，这才离开了联合情报部。当年 4 月，罗尔与妻子乘坐 UST "梅格斯号"（General Meigs）一同回到渥太华。罗尔与妻子在战火中相识，她是一位来自中国香港的华裔加拿大人。回到渥太华时，罗尔大为震惊，在海军总部及公务员委员会的报告中竟记载他"在战争中牺牲了，时间大约是 1945 年，地点则在南太平洋附近"。直到 1947 年 6 月，罗尔经多次走访渥太华并多次据理力争之后，在证明下，罗尔得以获得工资待遇。

1949 年 2 月，罗尔重新回到运输部工作，并奉命乘坐"新月号"巡洋舰前往上海，撤离当地滞留的加拿大人员。这次的香港、上海之行使罗尔亲眼看见中国内战的结束。复员后，罗尔被调到满地可的"多纳科纳号"巡洋舰做海军现役军人，军衔依然是中尉。1952 年，罗尔在"多纳科纳号"巡洋舰被晋升为加拿大海军退役军人海军少校。1969 年，罗尔依法退休。[1] 从罗尔的海军复杂经历中可以看到，优秀的华裔年轻人，依然可以冲破种族歧视的种种障碍，进入军队服务，并凭着出色的才华和勤奋的工作，担当起最重要的工作。在军队中，华裔既找到了改变自己命运的契机，但同时也遭遇了军队中的"玻璃天花板"。如果罗尔是白人，他在海军中的晋升恐怕要快很多。

除了罗尔之外，在加拿大海军和由渥太华、美国海军部和华盛顿海事委员会共

---

[1] Marjorie Wong, *The Dragon and the Maple Leaf: Chinese Canadians in World War II*, London, Ontario Pirie Publishing, 1994, pp.60-66.

同管理的商船队中也有一些华裔军人,他们来自不同的省市,他们在各自的岗位上恪守职责,在保家卫国的战争中做出了应有的贡献,为加拿大也为华人社会争了光。

三、加入陆军

与入伍海军和空军相比较,参加陆军的华裔,呈现出涉及面广的特征,几乎分布在陆军的各个兵种和部门,其中包括加拿大皇家军事医疗队(Royal Canadian Army Medical Corps)、加拿大皇家炮兵(Royal Canadian Artillery)、加拿大皇家电子和机械工程师(Royal Canadian Electrical and Mechanical Engineers)、第一加拿大伞兵部队(1st Canadian Parachute Battalion)、加拿大皇家信号部队(Royal Canadian Corps of Signals)、加拿大步兵团(Canadian Infantry Corps)、加拿大装甲兵团(Canadian Armoured Corps)、加拿大皇家后勤部队(Royal Canadian Army Service Corps)、加拿大情报军队(Canadian Intelligence Corps)、S-20日语学校等部门。华裔陆军军人与华裔海空军军人一样,在战争中体现出了专业、勇敢、服从命令,敢于牺牲的战斗精神,为加拿大军队参与二战写下了特殊的一页。

关·戴蒙德(Diamond Quon),编号M 9074,来自卡加利,在第一加拿大军团(1st Canadian Corps)服役。他在京士顿接受基本军事训练后,随部队集结到英伦,又在苏塞克斯(Sussex)接受了进一步的训练。1943年秋,戴蒙德与第一加拿大军团来到意大利,参加意大利战役。1945年2月13日,他们离开意大利,经过700英里的长途跋涉,穿过马赛(Marseilles)到达比利时(Belgium),后来又到了荷兰。1945年3月12日,戴蒙德牺牲在战场上,年仅23岁,葬在荷兰的奈德维尔特战争墓园(Nederweert War Cemetery)。

李·伊凡(Ivan G.Lee),编号D.143578,来自满地可,在南萨斯喀彻温团(The South Saskatchewan Regiment)参军。1944年9月27日,李·伊凡在比利时的一场战斗中牺牲,葬于比利时安特卫普的斯库舍夫公墓(Schoonselb of Cemetery)。[1]

洪·乔治(George Hong),编号A.117703,来自温莎,在西新斯科舍军团(The North Nova Scotia Regiment)参军。1941年9月8日,牺牲在意大利战场上,当时年仅18岁。葬在亚得里亚海(Adriatic)的安科纳战争墓园(Ancona War Cemetery)。[2]

孔·乔治(George Yet Kwong),编号K.1813,来自利维士,出生于1924年2

---

[1] Marjorie Wong, *The Dragon and the Maple Leaf: Chinese Canadians in World War II*, London, Ontario Pirie Publishing, 1994, pp. 90 – 91.

[2] Marjorie Wong, *The Dragon and the Maple Leaf: Chinese Canadians in World War II*, London, Ontario Pirie Publishing, 1994, pp.91 – 92.

月 15 日。他于 1943 年年末应征参加温哥华的小山军营（Camp Little Mountain）。在卡姆罗斯（Camrose）和红鹿市（Red Deer），他接受了基本训练和高级训练。该年年底，他们从哈里法克斯出发，并于 1944 年 7 月的第一个星期到达英国。受训后，他被派往加拿大皇家陆军服务军团执行任务。之后，在法国和比利时的 83 团服役，做与石油、40mm 炮弹相关的工作。1944 年 9 月，由于步兵团急需增援，乔治志愿参加了步兵团。10 月 21 日，他在比利时受重伤，先后在英国各地接受治疗并进行康复。在转到伦敦北部的第 21 加拿大总医院接受治疗时，乔治遇到了他未来的妻子珍妮特·格兰特（Janet Grant）。这家医院由来自新西敏的一个医疗小组主持。1945 年 5 月 25 日，乔治乘坐莱堤西亚号（SS Laetitia）医务船被送回加拿大。战争结束后，当局花了很长时间才将他的档案资料和他本人联系在一起。1946 年 1 月，他的档案到达温哥华，乔治在多伦多定居下来，并于 1946 年 2 月 18 日正式复员。

乔治的妻子珍妮特·格兰特（Janet Grant）出生于中国，她被母亲卖给了一对夫妇，后来她从这对夫妇身边逃走，并被理查德·威廉·格兰特（Richard William Grant）夫妇收养。1925 年至 1926 年，珍妮特在拉布安岛（Labuan Island）做马来亚高级专员（high commissioner）。珍妮特在英国接受教育，萨米迈（Sammy Mee）介绍她和乔治认识时，她正在伦敦儿童医院做护士。尽管她拥有英国通行证，但还是不能到加拿大和乔治结婚。最后，在养父的帮助下，她终于在 1947 年 8 月 31 日进入加拿大。[1]

华裔军人除了在前线参战之外，还有些人从事后勤工作。林亨瑞（Harry Bing Mon Lim），编号 K.16400，来自域多利，他于 1942 年 2 月在第 6 加拿大苏格兰（Scottish）军队（后备军 Reserve）参军。1943 年 1 月 21 日，他转为现役军人（Active），于稳宁接受基本军事训练，并在卡加利接受高级训练。1943 年夏，他被送往英国做增援士兵，后又去往意大利的皇家爱民顿团（The Loyal Edmonton Regiment）。1943 年 11 月 7 日清晨，他最终到达了菲利普维尔（Philippeville）的第 1 基地增援仓库（No.1 Base Reinforcement Depot）。在北非接受了 7 周的步兵训练之后，于 1944 年新年那天到达那不勒斯（Naples）。随后又被派往阿韦利诺（Avellino），在那里加入第 1 加拿大基地增援部队，后加入陆军后勤部队（Army Service Corps）。[2]

---

[1] Marjorie Wong, *The Dragon and the Maple Leaf: Chinese Canadians in World War II*, London, Ontario Pirie Publishing, 1994, p.97.

[2] Marjorie Wong, *The Dragon and the Maple Leaf: Chinese Canadians in World War II*, London, Ontario Pirie Publishing, 1994, p.105..

在军队的乐队里也有一些华裔音乐人,其中有一个就是步枪兵李·罗伯特（Robert Lee），编号 B.168081。1944 年,罗伯特加入在多伦多的加拿大女皇御用步兵队（The Queen's Own Rifles of Canada）。经过基本训练之后,他被分配到第 2 总部的军队乐队,于 1946 年 9 月退役。[1]

在华裔军人中也有一些女兵,她们参加的是加拿大陆军妇女军团（Canadian Women's Army Corps）。马玛丽（Mary Laura Mah），编号 W.111243，来自域多利,是在温哥华进入加拿大陆军妇女军团的。1944 年 5 月 13 日至 1945 年 7 月 6 日，玛丽在 29 管理部队（29 Admin.Corps）做电传打字机键盘操作人员。[2]

值得一提的是,在温哥华的加拿大陆军情报军团中,有几位华裔加拿大人进入了 S-20 日语学校学习。从这里毕业的学生,也包括日裔加拿大人,东南亚口笔译军团（South east Asia Translators and Interpreters Corps，SEATIC）聘用。

刘查理（K.Chee/Charlie Lowe），编号 1046585，是第一批从 S-20 毕业的华裔学生。从 1943 年开始,他在华盛顿的太平洋军事情报研究机构（Pacific Military Intelligence Research Section，PACMIRS）度过了 9 个月的服役生活。这之前,他曾在萨维奇军营的军事语言学校学习日语强化课程。他翻译的一些日语文件曾作为证据在战争罪犯审判中使用。1944 年 6 月,他从二级准尉（warrant officer class 2）晋升为少尉,并成为学校的指导员。后来他被调到东南亚司令部（Southeast Asia Command SEAC）工作,和其他 6 位军官及 15 位日裔加拿大人一同前往英国；之后又在新加坡的战争罪犯审判的东南亚口笔译军团工作,再后来又到中国香港的联合情报部队（Joint Intelligence Unit）当队长。1947 年 8 月

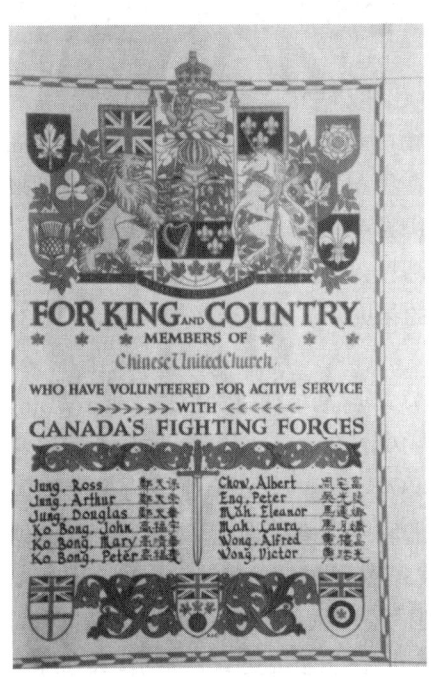

图 10.8　华人教会会员参军
资料来源：黎全恩

---

［1］ Marjorie Wong, *The Dragon and the Maple Leaf: Chinese Canadians in World War II*, London, Ontario Pirie Publishing, 1994, p.106.

［2］ Marjorie Wong, *The Dragon and the Maple Leaf: Chinese Canadians in World War II*, London, Ontario Pirie Publishing, 1994, p.106.

回到加拿大并退役。他39岁参军,是1939年参军的首批华裔加拿大人之一,也是首批华裔加拿大学者之一。[1]

加拿大特别行动委员会(SOE)是由民政机关建立的,而不是军队组织,它的行动命令由伦敦方面给出,而不是由作战指挥部指挥。然而,加拿大特别行动委员会与各地的战场军事指挥处均有联络。在亚洲战场上,加拿大特别行动委员会需要加拿大情报机构提供一些会说敌占区语言和长相与敌占区亚裔相像的华人和日本人,故此英国政府认为华人有特殊的作用。在英国军方强有力的说服下,加拿大政府终于暂时撇开歧视,先后从加拿大陆军中挑选出一批人来,组成特种部队(第一、二战斗队),进行严格训练。原本打算把这些人派到中国、马来西亚、澳大利亚等东南亚地区,执行消灭行动(Oblivion),及香港地区的特别行动。这些行动由英军安全协调局(British Security Coordination)代表战争办公室拟定并实施,华人是以加拿大军人身份参与英国的作战计划,后因某种原因消灭行动被取消,其他特别行动也因战争结束被取消,受过严格训练并被派出的华裔军人只能分散执行些次要的军事行动,其中有人成了战俘,不过他们最后都通过各种途径返回了加拿大。

郑天华(Douglas Jung),编号 K.50207,来自域多利,曾在太平洋战区军情局服役。他的兄弟郑亚瑟、郑罗斯也参加了二战,两人都是空军。兄弟三人共赴反法西斯战场,在加国华裔乃至主流社会中一时传为佳话。郑天华在20世纪50年代成为华裔第一位联邦国会议员。

王亨瑞(Henry Albert Hank Wong),编号 A.50317,1920年8月25日出生于安大略省伦敦市。1940年,被加拿大皇家海军拒绝后,他加入了安大略省漆咸(Chatham)市肯特团。该团作为加拿大第14步兵旅的一支,在特勒斯(Terrace)的太平洋战区服役,亨瑞在突击类型训练中指导步兵,也曾到过澳大利亚,战后返回了卑诗省。[2]

加拿大陆军中首位获得少尉以上军衔的华裔陈罗杰(Roger Kee Cheng),是第三代华裔加拿大人,1915年生于卑诗省利鲁厄特,早年毕业于麦吉尔大学(McGill University)电子工程专业。1942年加入陆军,曾在渥太华电子通信和设计指挥部服务两年。罗杰能说流利的广东话,由于在突击战和游击战方面受过训练,他被派往

---

[1] Marjorie Wong, *The Dragon and the Maple Leaf: Chinese Canadians in World War II*, London, Ontario Pirie Publishing, 1994, p.110.

[2] Marjorie Wong, *The Dragon and the Maple Leaf: Chinese Canadians in World War II*, London, Ontario Pirie Publishing, 1994, p.128.

婆罗洲（Brneo）。在 136 军服役期间，有一次因帮助当地游击队执行追杀日军的任务，他手下的 4 名战士荣获了军事奖章。陈罗杰还曾被派往澳大利亚营地工作。[1]

综上所述，在太平洋战争爆发前后不到 5 年的时间里，相继有五六百名华裔青年毅然参军，为一个歧视他们以及他们的父祖辈生活了长达半个世纪之久的国家浴血奋战。在这些军人当中，有不少人为这个国家献出宝贵生命的时候，甚至还没有加拿大国籍、没有公民投票权利。这些年轻人展现的是"以德抱怨"的精神，以及捐弃历史前嫌，为正义而战的崇高境界，让加拿大主流社会深感震惊，并刮目相看；也让养育他们的华人社区倍感荣耀和自豪，他们的英雄事迹在唐人街广为流传。

战争结束后，加拿大华侨华人万分欣喜，纷纷举行庆祝活动。[2] 1945 年 12 月 20 日下午，二次世界大战结束后，首批华裔军人乘诗晏亚铁路公司的火车来到温哥华。当地民众准备了隆重的欢迎仪式。卑诗省华裔青年会与铁路公司议定，在公司车站北端开出一间特别客室，作为凯旋军人与亲友集会之地。3 点 45 分，车站欢迎的人数已达 200 人之多。西人红十字会也派人准备了咖啡和食物。当华裔军人到达会客厅时，气氛达到高潮，很多人欢呼雀跃，向用鲜血和生命换来和平的华人英雄致意。在众人的欢呼声中，中华民国领事、华裔青年会会长和中华会馆代理主席先后致辞，后由一名西人陆军上校致辞，场面热闹非凡，盛况空前。[3]

战争结束后，幸存的华裔军人回到加拿大，回到社区，又开始了新的平凡生活。从波澜壮阔的二战来看，五六百名士兵实在微不足道，或许连打一个小的战役都不够。但是，就是这些微不足道的五六百多名华裔军人，以自己的勇气和牺牲精神，开启了一个民族在加拿大改变命运的契机。对华人社区，五百子弟兵从战场的凯旋，意味着历史的崭新一页正在徐徐打开。[4]

---

[1] Dennis Mclaughlin And Leslie Mclaughlin, *Fighting for Canadian Chinese and Japanese Canadians in Military Service*, Ottawa, Minister of National Defence Canada, 2003, p.65.; Chinese Canadian Military Museum: Image 43 of 64.

[2] 《庆祝胜利大会消息》，《大汉公报》1945 年 8 月 15 日；《各埠华侨祝捷盛况》，《大汉公报》1945 年 8 月 23 日；《雷城华侨庆祝胜利》，《大汉公报》1945 年 8 月 24 日；《点城华侨庆祝胜利》，《大汉公报》1945 年 8 月 25 日；《满城洪人庆祝盛况》，《大汉公报》1945 年 10 月 29 日；《沙城华侨祝捷献金》，《大汉公报》1945 年 11 月 2 日。

[3] 《华裔战士凯旋盛况》，《大汉公报》1945 年 12 月 21 日。

[4] 为了纪念华裔，卑诗省金马湾（Commando Bay）军事基地被定为历史文物古迹地区。1988 年 9 月 17 日，在该处立纪念碑，表彰了华裔军人的贡献；《锦马湾立纪念功碑，表彰华裔退伍军人》，《大汉公报》1988 年 8 月 25 日；*Okanagan History 53rd Report of the Okanagan Historical Society*, Okanagan Historical Society, Vernon, B.C.: The Society, 1987, p.19.

第三节　对中国和加拿大的贡献

在禁止入境时期，中国和世界发生了很多大事，其中包括重大的灾难以及人类历史上最大规模的战争。在加拿大遭受歧视，但也相对生活在北美一个安全、和平，甚至有点孤立的环境中的华人，并没有对祖国遭受的自然灾难和战争灾难袖手旁观，也没有对加拿大被卷入的但战场却远在欧洲和亚洲的战争作壁上观，而是用人溺己溺、感同身受的情怀，积极投入援助祖国、为加拿大出力的各类活动之中。这个时期可以说是加拿大华人对中国贡献最显著的时期。他们视抗日救亡为己任，不分男女老少，先后成立了许多名称不一的筹款团体，在侨团爱国领袖的领导下，华侨华人纷纷以义捐、义演、义卖、购买公债和债券等多种形式为抗日捐款。

在加拿大为战争筹款发行胜利公债的时候，中华会馆和洪门等侨团积极响应，踊跃联盟参与，让本来歧视华人的加拿大主流社会逐渐转变了偏见。

一、对自然灾害和难民捐款

每当中国或世界侨胞有难之时，加拿大华侨华人社团都会伸出援助之手，向受灾同胞献上爱心，奉献绵薄之力。

1923年日本发生了大地震，很多华人侨胞流离失所，苦不堪言。林保恒领事向侨界提倡赈灾后，祝安民班马上响应，义演筹得钱款，全部交林领事转给红十字会。另外，很多商家，如永祥源、英华书报公司、金陵酒楼和五洲药房等均有捐款。[1]

1925年7月，温哥华现象剧社为了救济广东和上海失业难民，举行筹款义演。除了一些必要支出外，共得2434.5加元，这笔钱通过中华会馆很快汇到了中国。[2]

1929年，广东、广西、河南、陕西和甘肃五省灾情严重，千万人嗷嗷待赈。锦碌华侨于3月27日在华人基督教会召开大会，一致通过组成筹款会。会上，晨钟剧社社长甄永保提议该社愿演戏筹款，得到华人们的积极支持。随后，晨钟剧社在国民党党部演戏，购票华人极多。3月和4月间，温哥华中华会馆和域多利中

---

[1]《祝安民班演剧筹赈报告》，《大汉公报》1923年10月3日。
[2]《演剧筹赈盛况》，《大汉公报》1925年7月6日；《中华会馆通告照录》，《大汉公报》1925年7月11日。

华会馆先后交给温哥华领事馆赈灾款 61 加元和 1350 加元。[1]

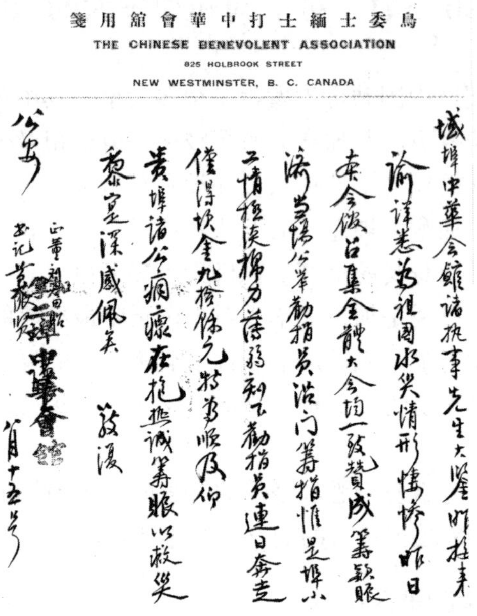
鳥委士緬士打中華會館用箋
THE CHINESE BENEVOLENT ASSOCIATION
825 HOLBROOK STREET
NEW WESTMINSTER, B. C. CANADA

域埠中華会館諸執事先生大鑒 昨接来
諭 詳悉我祖国水災情形悽惨 昨日
本会假召集全體大会 均一致贊成筹款賑
濟 当場公举勸捐員 沿门募捐 惟是埠小
人情極淡 稀少薄弱 勸捐員連日奔走
僅得 頌金九拾條元 特著匯 及仰
貴埠諸公痌瘝在抱 热識筹賑以救災
黎 定深感佩矣 敬復
公安
新西敏中華會館
月十五日

图 10.9　1924 年新西敏中华会馆关于捐助慈善事业文献

资料来源：维多利亚大学图书馆

1935 年，中国长江、黄河洪水泛滥，造成了极为严重的灾害。多伦多各侨团立刻成立赈济祖国灾民筹款会。[2]爱民顿华侨公所于 8 月 14 日召开全体华侨大会，发起组织了筹赈会，以示不落人后。[3]

1938 年，温哥华华人基督教联合会为了赈济中国难民，收集了约有 10 吨重的衣物，通过亚洲皇后号运回了中国。[4]

1940 年，域多利华侨劝募救国公债友会（Chinese Liberty Fund Association）妇女组为了救济中国受的难儿童，特寄出 525 美元。域多利年轻的姑娘们也建立了域多利华人女子爱国会（Victoria's Chinese Young Girls' Patriotic Society），有组织地举行中国服装时尚游行，用募来的钱为超过 7000 名中国儿童筹集资金，并向广东

[1]《侨胞演戏筹振祖国灾荒》，《大汉公报》1929 年 4 月 5 日和 20 日。

[2]《都城华侨赈灾会成立》，《大汉公报》1935 年 8 月 17 日；《都城侨胞筹赈水灾》，《大汉公报》1935 年 8 月 13 日。

[3]《点城华侨组立筹赈会》，《大汉公报》1935 年 8 月 19 日。华城即爱民顿。

[4]《华教会赈济难民之近讯》，《大汉公报》1938 年 1 月 13 日。

省 7 个儿童中心提供食物。[1]

除上述较为大型的活动之外,小型或者个人的零散捐款更是不计其数,充分显示加拿大华人心系同胞、急公好义的精神风貌。

二、对教育和公益事业的捐款

如果说赈灾等事件性的捐款是临时的、因灾而起的,那么,对教育的捐款则是加拿大华人社区长期一贯的援助祖国、回馈桑梓的义行。他们深信,教育能够改变个人的命运、家乡的命运,乃至国家的命运。因此,一旦条件具备,他们就在故乡和新土捐资兴学,可以说对教育的捐赠是华人捐赠的主要领域之一,捐出的款项之多也相当惊人。

1924 年,卡加利及其附近小埠华侨华人为资助开平中学,共捐筹 12000 余金。令人感动的是,捐款者中不乏捐助上百元的较富裕的华人,但也有毫无收入却捐助 10 元之多的学生。[2] 多伦多和满地可等埠的侨胞为了给家乡培养人才,无私奉献者甚多。在多伦多,华侨捐出数千金。在满地可,华人共捐出 13000 多加元。[3] 1925 年,驻加筹办开平中学捐务处,收到第 12 期捐款中,爱民顿华人捐了 258 加元,不坎文华人埠捐了 11 加元。哈利法克斯及附属各埠华人捐了 3626 加元,温哥华华人捐了 100 加元。[4]

由于本土华校资金困难,许多学校需要捐款来维持,每当华文学校筹款时,都得到华人的支持。1931 年 6 月,菁莪学校举行筹款义演,共筹得 700 加元以上。[5]

1945 年,华侨们为了支持华文教育向前发展,纷纷为温哥华华侨公校的扩建捐献巨款,最终使得温哥华华侨公校筹够资金并购买了新地段。[6]

卑诗省当近埠华人虽不多,但建有华侨公校。1946 年 11 月,当近华侨公校

---

[1] Archives of Chinese Consolidated Benevolent Association (Meeting minutes, correspondences, notices etc) stored in the Archival Library University of Victoria. Letter from the overseas Cantonese information office of Kwong Tung Government to CCBA, Apr. 2, 1941.
[2]《卡城一带侨胞之助学热》,《大汉公报》1924 年 7 月 18 日。
[3]《开中在都城募捐成绩》,《大汉公报》1924 年 8 月 21 日;《满城捐助开中成绩》,《大汉公报》1924 年 8 月 25 日。
[4]《驻坎筹办开平中学捐务处》,《大汉公报》1925 年 5 月 8 日。
[5]《菁莪学校演剧筹款详纪》,《大汉公报》1931 年 6 月 12 日。
[6]《加拿大温哥华华侨公立小学筹建校舍募捐》,《大汉公报》1945 年 12 月 1 日。

准备筹款重建,很快得到了不少华人的支持,捐款额超过 200 加元。[1]

三、国防和战争的捐款捐物

日本对中国的侵略,让华侨华人极为愤慨,并切身感受到国破家亡的危机。这不但因为华侨华人是中国人,他们有很多亲人邻里在中国,正遭受着日本的侵略,同时也因为当时的加拿大华人尚没有在加国落地生根的想法,盼望的还是落叶归根,他们坚信,这个国家不能破,中国人也不能当亡国奴,华侨华人不能有家归不得。因此,不管贫富、不管老幼、不管男女,加国华人在侨社领袖以及抗日救国社团的领导下,纷纷发起筹赈运动。

众所周知,华侨华人中还是以华工为主,很多人收入不高,但为了支援祖国的抗战,他们个个节衣缩食,将自己的"血汗钱"捐了出来。在长达 10 多年的时间里,华人没有停止过捐款,而且捐款名目五花八门,有救灾捐、日捐、难民捐、卖茶捐、义演捐、卖物捐、巡游捐、义卖捐等。在他们的努力下,钱款、武器、寒衣、药品和粮食等源源不断被送到中国抗战前线和后方。

加拿大华侨筹款主要的方式有以下几种。

四、直接捐款

当年孙中山先生在加拿大筹款支持国内武装起义,华人社区以及洪门都是用捐钱的方式,解了孙中山先生的燃眉之急。这种真金白银的方式,特点就是直接快捷。同样,在支持中国拒日抗战上,直接捐款成为华人筹款最重要的方式。

"济南惨案"后,域多利中华会馆动员社会各界举行募捐活动,并把筹集到的 2000 加元寄到上海商务协会(Shanghai Commercial Association)、2000 加元寄到上海商会(Shanghai Merchants Association)、3000 加元寄给广州的罢工者。[2]

1925 年 6 月 19 日,为了更好地支持上海同胞,香港 10 余万工人举行大罢工,13 万人回到广州,这就是震惊中外的省港大罢工。温哥华中华会馆发动侨社捐款支持上海同胞的活动,得到了各侨团热烈的响应,其中黄江夏堂、林西河堂、华侨农业团、恒美寄庐、华人工会、龙岗公所、至德堂、中华基督教青年会等,还有一些商号,如华人自由车行、瑞华酒楼等,及其华商和华工等均有捐款,少则几元,多则上百。戏剧社团,如现象剧社等,则通过演白话剧筹款。温哥华中华

---

[1]《当近重建校舍捐款二志》,《大汉公报》1946 年 12 月 2 日。
[2] CCBA, 5, Jul. 15, 1925.

会馆把各侨社捐来的钱，分几次汇往中国。第一次汇给上海总商会 2000 加元、汇给广州五洲公司 1000 加元。第二次汇给上海总商会 2000 加元、汇给广州五洲公司 4000 加元。第三次汇给广州总商会 6000 加元、上海总商会 3000 加元。[1]

马占山打响抗日第一枪后，中国进入了抗日战争时期，加拿大华侨华人多次发起捐款支援抗日的活动，单单根据 1932 年到 1945 年间《大汉公报》所载，加拿大各埠华侨所捐款额超过 100 万加元。

比如 1931 年 12 月 7 日，温哥华拒日会给马占山汇去大洋 3000 元，由哈尔滨华人商会转交，马占山为此亲复回电表示感谢。[2]

1932 年，十九路军血战日军，振奋了全世界的抗日精神，加拿大华侨纷纷筹款以示支援。为了表示感谢，蔡廷锴将军数次来电表示感谢。1932 年 4 月 14 日，蔡廷锴将军给爱民顿拒日会发电报，感谢华侨拒日会捐出 1000 元美金。[3]

国共合作后，八路军奋勇直前，为国家不怕牺牲，但战士们常常风餐露宿、缺粮少药，1941 年，温哥华工人保障会为了给八路军筹募医药费用，特成立了筹捐委员会，并沿门劝捐，最后把筹来的 1209.15 加元全部汇出。[4]

五、物资捐赠

加拿大华人华侨在直接捐款之外，在物资上也大力支持祖国抗战。他们捐献的各种抗战急需物资，如医疗器械、药品和棉衣等，既补充了抗日战场的需要，又救济了战火中的伤兵和难民。1938 年，温哥华妇女会从温哥华卑诗大药行筹得一批价值千元防避传染病的药品，立即寄回了中国。[5] 与此同时，华侨还捐献了大批用于杀敌的军用物资。由于飞机是御敌卫国的重要武器，侨胞们多次发起捐购机款的活动，比如温哥华铁城崇义总会积极响应航空救国的号召，慷慨捐款。[6]

抗战期间，加拿大华侨华人捐献的各种抗战急需物资，从物质上和精神上有力地支援了祖国的抗战。

---

[1]《中华会馆第三次汇款》，《大汉公报》1925 年 7 月 21 日；《中华会馆议事记》，《大汉公报》1925 年 7 月 21 日。
[2]《马将军电谢收到汇款》，《大汉公报》1932 年 1 月 7 日。
[3]《蔡廷锴将军电谢犒款》，《大汉公报》1932 年 4 月 18 日。
[4]《云市中华工人保障会为第八路军筹募医药委员会结束数目启事》，《大汉公报》1941 年 6 月 14 日。
[5]《妇女会昨又寄医药千元》，《大汉公报》1938 年 1 月 25 日。
[6]《崇义会接受金章奖状》，《大汉公报》1945 年 4 月 19 日；1945 年 4 月 17 日，中国航空建设协会颁给温哥华铁城崇义总会甲等金质奖章一枚，奖状一张。

六、认购公债

认购公债是加拿大华侨华人在输财助战方面对祖国抗战的又一重大贡献。抗战期间,国民政府为了解决浩大的军事开支造成的财政困难,先后发行了数次救国公债。加拿大华侨积极响应,争先恐后认购救国公债。

1938年,沙省穆斯乔附近有一名年迈的老华侨,靠领救济度日,可是为了尽些微薄之力,仍购买了59元救国国债。[1]

1940年,温哥华禺山总公所给中国汇去2万国币。1941年2月1日,国民财政部部长孔祥熙为此特给温哥华禺山总公所复函。[2]

华侨华人不但购买中国政府的公债支持抗战,在太平洋战争爆发之后,也积极购买加拿大政府发行的胜利公债。为在侨社中劝购,连一向矛盾重重的国民党和洪门也走在一起,共同献计献策。1942年,在加拿大发行第二次胜利公债时,温哥华中华会馆、中国国民党总支部、致公堂、华侨农会、工人保障会、中华商会、华侨教育会、华侨青年联合会、华侨妇女会、中华基督教会、卖菜侨生会等,于2月16日下午在新华酒楼共同举办推销公债的活动。[3]

华侨华人社团踊跃购买胜利公债,总金额超过了1000万加元,赢得了西人的敬佩。[4] 1943年4月,域多利战时经济委员会组织部主任曾给胜利公债会华人支会写信:"加拿大得华人之助力,亦深慕贵国人民之伟大风度也。"[5]

综上所述,在中国抗战和太平洋战争期间,加拿大华侨华人社团没有犹豫,没有保留,在筹款支援祖国、支援正义战争上,不分政治立场、不分地区宗亲、不分贫富阶级、不分男女老幼,慷慨解囊,全力以赴,聚沙成塔,做出了惊人的成绩。同时,也因着这样的义举,强化了同盟国之间的民间纽带,形成得道多助的巨大精神力量,为世界反法西斯战争的胜利做出了伟大的贡献。

---

[1]《老华侨热心购买公债》,《大汉公报》1938年6月10日。
[2] 国民财政部部长孔祥熙给温哥华禺山总公所复函件。
[3]《胜利公债华区开始推销》,《大汉公报》1942年2月18日。
[4] 李东海:《加拿大华侨史》,加拿大自由出版社,1967年,第446—467页。
[5]《求收回公债扣佣救伤难》,《大汉公报》1943年4月27日。

第四编

选择入境时期

（1947—1966年）

第十一章
第二次世界大战后加拿大政府的华侨政策

第二次世界大战是人类历史上最为惨烈的一场战争,但也是一场正义战胜邪恶的战争。这场战争改变了全人类的面貌,也改变了加拿大的移民政策。而在这个政策改变的过程中,华裔退伍军人再度扮演了重要的角色,成为排华政策终结的重要推手。

第一节 华裔退伍军人的抗争

加拿大作为战胜国,自然感激为国参战者,对加国军人和退伍军人表达了很高的尊崇,其中自然也应该包括华裔军人。华裔军人人数不多,但他们在自己父母和社区遭遇歧视的大环境下,依然以大局为重,以正义为先,奋然参战,以大无畏的牺牲精神,为自己赢得了荣誉,也为华社赢得了的尊重。不仅如此,由于加拿大与中国同属一个阵营,同为战胜国,与昔日的国家地位大不相同,这又给华裔军人和华人社区很大的鼓舞。因此,华裔退伍军人在战后率先发起抗争,既要取得与其他族裔背景的退伍军人平等的待遇,并在此基础上要求政府一并取消对华裔的歧视。华人社区对华裔退伍军人的诉求高度支持,同时也借着华裔退伍军人的合理诉求,举全社区之力,通过地方的国会议员,在渥太华国会山庄寻求终结实施了20多年的排华法之途径。

华裔退伍军人托马斯·罗克(Thomas Lock)的妻子,就是在退伍军人为"战争新娘"来加多次诉求后,在禁止入境时期被特批移民到加拿大的。他们的儿子基思·罗克(Keith Lock)这样回忆他

图 11.1 口述者 Keith Lock
资料来源:Keith Lock

的父亲：

"我父亲1916年出生于多伦多，他的全名叫George Thomas Lock。他在参加二战之前，在自己家开的洗衣店里工作，同时也在一家家具公司做兼职。大约在1941年，我父亲参加了加拿大军队，当时华人参军并不容易，唐人街上很多华人都想参军，但都没被批准。没想到我父亲真的参了军，而且被派到加拿大皇家牙科队（Royal Canadians Dental Corps）里学习牙科，这只能说他很幸运。

"日本军队进入东南亚之后，英国政府决定招一些华人在日军后方展开行动。在这种情况下，我父亲被招去培训，学习特别课程，而后被派到了澳大利亚。当时一共派了12个人，我父亲是其中的一个，工资待遇还不错。

"我父亲在澳大利亚时，一部分培训内容是怎么做特务。他曾讲过有一次模拟训练，派他们偷偷进入水厂。他的一颗牙里装了致命的毒药，准备万一被敌人抓到时自杀。可见父亲他们有着为国捐躯的心理准备。

"大约在1944年，我父亲与我母亲相识了，他们在一起就讲中文，没有语言障碍，当年的5月还是6月，他们结婚了。婚后我父亲离开了军队。不幸的是澳大利亚和加拿大一样，也不准华人移民，我父亲不能留在澳大利亚，只好单身一人返回加拿大。当时加拿大正是禁止华人入境时期，我母亲也来不了加拿大，他们只能两地分居。

"其实，当时也有一些白人士兵娶了华裔女性，这些人纷纷要求政府准许"战争新娘"进入加拿大。战后，退伍军人受到了优待，破例准许"战争新娘"进入加拿大，并且不收"人头税"，故此我母亲得到了特别批准证书，号码是00026。1946年，她如愿以偿来到了加拿大。不公平的是，当时欧洲战场回来的士兵如果和欧洲女人结婚，妻子随时可以来加拿大。

"战后，政府让很多退伍军人上大学，我父亲当时想学牙科，可是学校名额满了，他就转去学药学，我父亲是那所学校里第一个华人。毕业后，因为唐人街华人很多，我父亲就在唐人街开了家药店，店名叫骆盛和药房（Tom Lock Drugs）。当时全加拿大只有两家华人药房，第一家在温哥华，第二家就是我父亲的药店。我母亲是微生物学家，曾在澳大利亚医院工作，来到加拿大后，她去了多伦多一家医院。"

早在太平洋战争爆发前后，华人子弟借着参军潮的兴起，希望战后获得平等待遇。随着战争胜利的临近，已经退伍的华裔军人和华人社团，开始着手要求公平待遇，其中最为重要的就是公民权。因为他们深知，在民主社会中，如果没有公民权和选举权就等于没有基本的人格和基本的生存权利。华人的诉求行动，随着战争的胜利在望,频率愈发密集起来,比如1945年年初,卑诗省域多利华埠的同源会就曾经陪同华裔退伍军人面见省长詹森(John Hart),要求给予华人公民权。[1]

在加拿大排华历史上,卑诗省扮演着发动以及推动排华法成形的主要角色,并且是华侨华人遭受歧视和排斥最深重的地方。因此,华裔社团和退伍军人要求公民权的诉求,对省政府的压力很大。尤其是在太平洋战争胜败最为关键的时刻,全加拿大对加拿大军人的重视以及期望和尊敬,达到了历史的高峰,因此,华裔退伍军人诉求的一个最简单的逻辑让卑诗省政府不得不自省,那就是放眼反法西斯同盟阵营,哪有为了正义和公平而在欧洲和亚洲战场浴血奋战的军人,在自己的国家却是一个被剥夺了公民权的二等人士。因此,在战争结束之前,即1945年3月28日,卑诗省政府率先修改省选举法,准许在第一次和第二次世界大战中服兵役之人,均可有公民权。如此,曾参加过第一次和第二次世界大战的华裔军人,皆获选举权。[2]这是华裔现役军人和退伍军人在争取公民权上获得的第一个胜利。

由于华裔军人和华裔退伍军人大都是在加拿大出生的,因此,他们在争取自身选举权的同时,也积极为土生的华裔青年争取选举权等平等待遇。他们凭借着在1946年5月成立的华裔退伍军人会,展开了一系列的争取选举权的活动。华裔军人虽然在卑诗省获得了选举权,但他们依然要面对在市政上选举权或缺的境遇,为此,他们也在努力争取。1946年10月,温哥华市政府拒绝一名华裔退伍军人参加该年12月的市选,华裔退伍军人会即刻召集职员会议,议决推派5名代表参加温哥华退伍军人代表会议,要求该会"出面领衔向市府交涉,取消禁止华人选举之市特许状"。该会拒绝直接出面交涉后,华裔军人又举荐两名代表何荣琛、马国冠参加省退伍军人代表大会,要求该会声援。[3]

华裔退伍军人会不仅为自己的袍泽争取公民投票权,也为同样的土生华裔青年争取选举权,因为他们充分认识到华裔退伍军人人少势单,即使所有袍泽有"选举权",仍不足以让土生华人得到平等待遇,须团结华人社区的社团来"共襄盛举",人多势众才能达成目标。为此,他们"为代表我华人土生,争取选举权事",召开全侨紧急会议,讨论如何出声,促进政府重新修订相关选举条例。[4]不仅如此,华裔退伍军人会还将这个议题提交给加拿大退伍军人代表大会,以"获得多数同情",

---

[1] 黎全恩:《2007年之四项侨史周年纪念》,《华埠通讯》,2007年,第9卷,第6期,第21页。
[2] *Statutes of the Province of British Columbia*, 1945, "An Act to Amend the Provincial Elections Act", Chap.26, pp.77–78.
[3] 《华裔回兵争选举权近讯》,《大汉公报》1946年10月18日。
[4] 《召开全侨紧急会议》,《大汉公报》1946年10月26日。

"更得诸代表力加赞助,乐意与本会共同合作,以期实现"。[1]

第二节 《移民条例》的更改

在太平洋战争结束前后,华裔军人和退伍军人争取公民权及选举权的积极努力取得了相当好的效果。战争结束后,全加华裔退伍军人协会推动的争取土生华裔青年获得平等权利的活动,也得到了全加海陆空退伍军人代表大会的背书,呈现出很好的发展势头。这些成果也高度激发起华人社区整体再度奋起抗争,发起废除"四三苛例"的新运动。

从大环境来看,战争结束之后,加拿大的移民法规一改战争中的紧缩状态,出现了很多的新变化,最根本的动因来自经济和政治这两个方面。从经济方面来看,就是充分因应战后经济发展的需要,要求大量移民进入加拿大;从政治方面来看,那就是加拿大成为联合国的创始会员国,因此必须快速改变原来移民法当中违背西方基本人权和种族歧视的条例,防止加拿大的国家声誉受损。但是,由于排挤亚洲移民,尤其是排华(排日另当别论,毕竟日本是加拿大战时的敌国)的传统根深蒂固,在这些移民条例的改变过程中,仍然因为族裔的不同而充满着不公平的情况,华侨华人社团华人社区对此一一作出回应,推动加拿大政府朝取消排华法的方向运作。当然,在这个过程中,当时与加拿大有着邦交关系的中华民国政府,也尽到了自己的职责。举例而言,1946年5月29日,加拿大矿产资源部部长詹姆斯·艾利森·格伦(James Allison Glen)在国会上宣布枢密院新颁命令,准许合法入境并在加居住之人的亲属来加,但此项规定对于东方移民不适用。中华民国政府驻加大使馆即刻向加拿大外交部提出抗议,谓枢密院此命令"证明其对于多年艰难期中,为加拿大忠实盟邦之人民,为进一步之歧视",[2]强烈质疑加拿大政府在对待华人移民问题上的不公不义。

这种要求废除排华法的运动,到1947年年初,形成了很大的声势。

一、华人串联要求废除苛例

1946年,域多利中华会馆成立"运动取消加拿大对华移民苛例委员会"。[3]1947

---

[1]《华裔回军之来函照录》,《大汉公报》1946年11月4日。
[2]《我驻加大使抗议移民案》,《大汉公报》1946年6月5日。
[3] 域多利中华会馆于1946年12月9日发给都城加拿大对华移民苛例委员会信函。

年年初，温哥华华人社区成立"云埠废除四三苛例运动委员会"，借中华会馆礼堂召开全侨代表大会，商讨废除恶法的种种办法，"尚祈上下同心，全民合力，务底于成"。[1] 显然，他们已经十分清楚，在全球政经大局之下，非要达成废除恶法不可，无法再中途而废。对此，加国各地华社纷纷响应，一时间风起云涌，而政府的对应也与战前截然不同，趋向废法的姿态溢于言表，而西人的支持也相当踊跃，社会潮流已成崭新之势。

1月下旬，卡加利中国洪门民治党分部致电加拿大移民部长，要求废除"四三苛例"。29日，他们收到部长复电，谓"贵党赞助修改华人移民条例之举，本人十分感激"。[2]

1月26日，安省中华总会馆为鼓舞民气，响应废除"四三苛例"运动，特借嘉仙那戏院举行民众大会，"中西人士，闻风踊跃而至，开会前千余座已满"，会中安省和满地可中西人士报告工作经过。其中西人参与者直言，"废例之举，理应发自西人之本身，加人不应处于被动之地位"。更有西人国会议员克劳拉氏声言，"将尽能力所及，以助该次运动之成功"，全体大会一致通过提案，要求渥京取消排华法。会后，除了振洪声剧社演出粤剧之外，还特别放映了安省政府电影检查局赠影的《中国之天日》一片。[3]

也是在1月26日，渥太华华人社区也召开了响应大会，定名为"公道请愿日"，先是席开16桌吃饭，而后进行会议。150人中三分之一是白人，包括两名国会议员、渥太华副市长以及16大团体代表。全体一致通过要求废除排华法的决议，并推出两位白人，即西人律师罗伊肯·尼迪（Roy Kennedy）、西人联合教会牧师活西博士（Dr.Woodside），一位华人，即华人交际团副主任周日洪君为代表，由国会议员安排，往见移民部长，传达大会决议精神。[4]

由华人推动的废除排华法运动，在短时间内就获得了社会上下、朝野内外的纷纷响应，联邦自由党政府各部长、国会议长等回复华人电报，几乎没有人不赞成废法。在此仅举加拿大资源部长的复函为例，他引用总理1月27日宣布的，谓"加拿大政府决于下届国会开会时，提议将对华苛例取消，借使华人得在普通移民例内，享受一切权益"。[5]

---

[1]《废除苛例会之通告》，《大汉公报》1947年1月30日。
[2]《卡城洪人电废苛例》，《大汉公报》1947年1月31日。
[3]《都城开中西民众会》，《大汉公报》1947年2月3日。
[4]《柯京中西废例运动》，《大汉公报》1947年2月5日。
[5]《废苛例会接要人复讯》，《大汉公报》1947年2月15日。

可见，从表面上看，废除排华法已到了水到渠成的时候，但实际上，从政府要人到国会议员，对于废除排华法之后如何让华人进入加拿大的实际操作，仍然存在意见分歧，且莫衷一是。

二、排华恶法寿终正寝

1947年5月1日，加国总理金麦京向国会提出移民政策的报告，两处提到亚洲移民问题，一是战后仍然实行禁止日本侨民进入加拿大；二是承认加国民众对排华法多所批评，因该例完全禁止中国人入境，实含有歧视中国人之意义，故此法例与其他有关东亚移民的条例不同，应该加以取消。不过，总理强调，加国民众大多数均不愿意远东民族移民来加谋生，因为担心由此造成的人口结构变化，会带来族裔、社会以及经济等问题，故政府不会开放门户，让远东移民大量涌入。[1]

总理报告之后翌日，国会展开了激烈的辩论。不少反对党议员发言，一是要求政府制定"额数"，限制远东移民来加；二是要求英国移民有优先权来加。不过，也有反对党议员称，加政府之移民政策，含有违背人伦之嫌，政府应准予中国人移民相等权利，可带家眷来加。锦碌市进步保守党代表福禄顿氏更向总理质询，谓加政府应该与中国政府签订两国平等交换移民条例，总理回应谓政府现时已经准备与中国政府谈判该问题。但是，在辩论中最具典型意义的是，卑诗省国会议员、前太平洋加国陆军总司令卜斯少将的发言。他称赞华裔军人在战争中的贡献，以及中国移民在加拿大的"光明模范"，故卑诗省人民"均皆尊敬华人，并无歧视之动荡"，话锋一转，他又称，"政府若准许华人带其家眷来加拿大，卑诗省将增加华人四万余名，照现实省内各处华人区看，多处已人满为患"。他的结论是，卑诗省不能再接受华人，原因无外乎三个：没有房宇供其居住，没有学校供儿童就读，没有工作供其就业。[2]

卜斯的虚伪言论显示，在战后的大环境下，不但维护明显具有种族歧视的排华法已经不可能，同时，要否定华裔军人在二战的贡献以及华人社区在加拿大的贡献，也相当困难。因此，排华论者开始改头换面，以社会基础设施不够来反对加拿大华人享有与其他族裔平等的权利，从而阻止华人移民带家眷进入加拿大。我们可以将这种现象称作排华法难以为继，排华论则阴魂不散。

经过一番辩论，1947年5月，国会众议院通过取消排华法的三读，送参议院

---

[1]《报告加拿大移民例》，《大汉公报》1947年5月2日。
[2]《加拿大众议院辩论对中国移民例》，《大汉公报》1947年5月3日。

加以批准。1947 年 5 月 14 日，臭名昭著的排华法（简称 1923 法案）终于被正式撤销。[1]

三、反对家人团聚的不平等待遇

排华法虽然被取消了，但这不等于加拿大华人自此就获得了与其他族裔，尤其是欧洲裔移民相同的权力。在移民法的细则方面，1930 年针对加拿大公民申请直系家属移民加国的枢密令（Order-in Council）PC 2115 条款，[2]因着排华法的取消，也可以适用于华裔加国公民。该条例规定，加拿大公民可以担保妻子和未满 18 周岁的孩子入境定居加拿大。[3]从逻辑上讲，华人至少应该满意这个结果，因为在申请妻子和未成年孩子的资格上，华裔公民与其他族裔公民有了相同的法律条例可以依循。其实不然，在 PC2115 条款的限制下，华人符合资格申请家人来加拿大的人数少得可怜。因为一直到排华法取消之前，华人入籍加国的人数极其有限，只占在加拿大的华人总数不到 10%。以 1941 年加拿大统计局的数字为例，在 34627 名加国华人中，只有 2055 名华人入了加拿大籍，而本地出生的华人有 6860 人，占加拿大华人总数的 20%。[4]而华人入籍人数少还有一个原因，就是华人报名申请入籍并缴纳费用后，仍须等候一年半以上的时间，方能领得加国国籍证书。[5]之后再申请家属来加，又是另外的等候时间。如此正可谓"夜长梦多"，其在国内的婚姻以及孩子的年龄都可能随之生变。

举例而言，1947 年，在中国出生的华侨移民获得批准发给加拿大入籍证书者仅 34 名。[6]还有，在入籍过程中，不但审批时间缓慢，刁难的情况也时常出现。1949 年，在多伦多的一次入籍宣誓时，竟有一名老华侨被当场拒绝，因为主持宣誓仪式的汉尼威推事，认为老华侨的英语"是依中国语言句法而组成之英语，需要切实训练，余现在不能准他入籍"。[7]由此可见，在华人眼里，排华法废除之后，枢密院 2115 法令成了战后的"新苛例"。

综上所述，在排华法取消之后，华人即使想要快速申请加入加拿大国籍，以

---

〔1〕 Canada, *Statutes of Canada*, 1947, An Act to amend the Immigration Act and to Repeal the Chinese Act.
〔2〕 P.C.2115, Sep. 16, 1930.
〔3〕 Order in Council, P.C.2115, Sep.16, 1930.
〔4〕 Census of Canada, 1941.
〔5〕《废苛例会会议纪略》，《大汉公报》1947 年 5 月 23 日。
〔6〕 *Canada Year Book, 1951*, p.162.
〔7〕《准 12 名华侨入籍》，《大汉公报》1949 年 1 月 14 日。

便申请家人来加拿大也是相当不容易的,更何况在当时中国内战烽烟四起的情况下,要取得国民政府的相关证据,变得难上加难。这样,排华法虽然取消了,但大部分华人还是没有即刻享受恶法撤销的利益。而让华人感到雪上加霜、倍感不满的是,在战后申请家人来加拿大团聚一事上,加拿大欧裔移民既不用受限于2115条款,更得到了政府的政策倾斜,以促进加国白人人口的增长。例如,根据枢密院1931年695号法令,凡是大不列颠、北爱尔兰、爱尔兰自由邦、纽芬兰、美利坚、新西兰、澳大利亚或南非联盟直接进入或间接进入加拿大的英国公民,必须证明能维持生活直到获得稳定的工作,才可以移民。另外,合法住在加拿大、有能力供养妻子和18岁以下孩子的移民,其妻子和18岁以下孩子可以来加拿大。[1] 还有,按照团体移民计划,对欧洲,除了加国居民指定的移民个案,加国移民局还派出劳工官员到欧洲各地招募本国人力需求的人员。[2] 华人和其他亚洲人却不能享有同等的待遇和权利。

这种不同的境遇,让华人不仅没有感受到排华法被取消后的胜利,相反再次受到种族歧视和不平等的打击。因此,华人社区非但没有大肆庆祝排华法的撤销,反而紧锣密鼓地展开了第二波废苛例请愿运动。

加东、加西废除苛例运动委员会在排华法取消之后分别举行会议,虽然对撤销排华法的结果感到高兴,并将其成功的原因归结为"政府阁员、国会议员及各界人士极力赞襄,又各报记者著论鼓吹",但也明确指出,"除华人土生与入加籍者有权携带妻孥来加同居外,其余旅加华侨如未入籍,不能享受此项权益,是则与别国侨民相较,有所轩轾,不能达到平等待遇"。为此,由加东发起,加西追随,组织全加华侨人权平等请愿团,"料我侨胞,当能奋斗到底,必不弃其一篑之功也"。1947年5月21日,云埠废除"四三苛例"委员会在台山会馆召开会议,指出虽然苛例已经废除,但是还有缺憾,尚有歧视华人之法,希望大家共同努力加以消除。[3] 1947年,温哥华中华会馆派常委黄文甫向西人社团演讲,呼吁取消2115条款,请求与欧洲移民一样待遇。[4]

1947年6月5日,温哥华华侨废除"四三苛例"运动委员会在报上发出通告,"征收加西各地侨团及侨胞,将当地侨胞所受歧视、痛苦与不平等待遇情形,及希望改善各点,详细开列(英文更好,华文亦得),于6月15日前寄到本会,以便

---

[1] Order-in-council, P.C.695, Mar. 21, 1931.
[2] 加拿大统计局年表,渥太华,1948—1949年,第174页。
[3]《废苛例会议纪略》,《大汉公报》1947年5月23日。
[4]《本会馆简史》,《加拿大云高华中华会馆举行重修落成开幕典礼特刊》,1952年,第2页。

汇编成册，由（请愿）代表携带晋京，分送上下两院议员"。[1]

必须指出的是，在这个时候，加东，即多伦多的华人社区与西人密切合作，开始在要求华人平等权益等运动中，扮演领头羊的角色，改变了以往卑诗省，尤其是温哥华唐人街"一枝独秀"的局面，其原因除了多伦多华社逐渐壮大之外，在地理上多伦多与首都渥太华邻近，前去国会游说自然要比西部容易许多。

在1948年新年过后国会重开之际，多伦多废例总会委员喜谟律师等人上京，连同渥太华分会负责人，晋见移民总局长及其他政府要员，提出两点请求：一是请求废除东亚移民条例。因政府取消排华法后，在具体实施新例之前，仍然以东亚移民例而行，为种族平等待遇之故，要求废除该条例。二是请求迅速实施对华移民新例，使已入加籍之华人，得以早日携带妻室儿女入境同居。对此，移民总局长谓，前者要由政府准许，而关于后者，在最近60日内，即在香港成立办事处，办理该项华人移民事宜，该处办事人员已经选定。[2]

在移民部和劳工部的赞助下，多伦多代表希米尔再度向国会相关小组呈文，谓加国估计有23000多名已婚华人，妻子在中国者有19000人，现既已允许加籍华人可带妻子来加，故请求扩大范围，准许所有居住在加拿大的华裔可以"取其妻子来加拿大"。希米尔甚至举例，谓加拿大抗议俄国政府不让加拿大人之俄国妻子离境，但自己则不让中国人之妻子来加团聚，那怎能指责俄国政府呢？[3]

由上可见，即使是执行2115法令，允许华裔入加籍者申请妻儿来加，而在运作的过程中常常出现故意拖延的现象。1948年，温哥华中华会馆就派常委黄文甫上渥太华请愿，请求改善对华人不公平的移民法。[4]多伦多废苛例运动委员会就这样陈述，之所以上书移民当局，吁请华人移民入境手续，"事因许多已经领有加籍证书之华侨，做纸欲遣其眷属出国来加，而驻香港之加拿大移民委员借故延宕，致其子女一逾18岁，即不能前来，故须催请从速办理，勿再稽延"。[5]因此，到了1950年，废除苛例代表团晋见公民部长，提出了要废除旧例设定新例，允许华人的妻室子女可以不限年龄来加定居。[6]1950年，温哥华中华会馆派黄

---

[1]《温高华华侨废除四三苛例运动委员会通告》，《大汉公报》1947年6月10日。
[2]《废例会代表团运动近讯》，《大汉公报》1948年2月26日。
[3]《要求准许侨眷来加》，《大汉公报》1948年3月10日。
[4]《旅加华侨大事记》，《全加中华总会馆概况》，1969年，第17页。
[5]《多伦多废运会会议记》，《大汉公报》1949年3月21日。
[6]《废运会代表团到柯京请愿》，《大汉公报》1950年3月24日。

文甫到渥太华请求修正移民法。[1]

　　针对华人的连续呼吁，联邦政府也做出了一些枝节上的让步，以表对华人陈情的重视。比如，移民部部长沃尔特·爱德华·哈里斯（当地华人称为夏里斯，Walter Edward Harris）在复函温哥华中华会馆黄文甫时称，政府以同情的理由，在1950年1月7日下令，批准在1949年12月之前填志愿书入加籍之华侨，有取妻子来加同居之权力，而如果移民局实际批准时间过长，子女已逾18岁，也可通融来加，但前提条件是子女申请时必须未满18岁。[2] 1951年1月6日，夏里斯通报华人社区，放宽亚洲人移民来加规例，将枢密院2115号法令进行修改，使加籍亚裔能取其妻，或妇人取其丈夫，及年龄在21岁以下的未婚子女，来加同居。[3] 根据国会立法记录，这个针对2115法令所做的修正，是枢密院6229法令，于1950年12月28日公告。[4] 1951年2月，温哥华中华会馆知渥太华将有移民修正案，就通过黄文甫起草，给夏里斯致函。夏里斯迅速回信，表示这些意见将为修改的材料。[5]

　　1951年3月，因华人多次抗议，移民部又取消对入籍条例的新解释。该解释称，凡要加入加拿大国籍的，必须在申请前连续在加住满5年。如有出国者，出国前的时间不计入。如此一来，不少华人在战争前居住加国数十年，战前回国者因战争阻隔，不能及时回加，而战后回国探亲者亦多。按新解释，都要再等数年才能入籍并申请家人不加团聚。届时，多数子女早已逾合格年龄，实为不公。[6]

　　1951年6月29日，夏里斯致函温哥华中华会馆，确认政府在特殊情况下，将允许加籍华人子女在21岁以上25岁以下者，可批准入境。[7] 至此，在华人的持续抗议和请愿下，加拿大对华人子女入境的年龄限制，出现了大幅度放宽的态势。而这个特别许可令，一直由1951年施行到1955年3月12日止。[8]

　　1956年，联邦政府移民部部长发出内阁令，给予华人家属团聚以部分平等权利，准许在中南美洲（比如千里达、委内瑞拉等国）、欧洲以及中东诸国（比如以色列、埃及和科威特等）、土耳其等国的加籍华人之28种亲属，可以来加定居，

---

[1]《旅加华侨大事记》，《全加中华总会馆概况》，1969年，第33页。
[2]《移民部长覆黄文甫》，《大汉公报》1950年8月26日。
[3]《中华会馆通告照录》，《大汉公报》1951年1月8日和11日。
[4] SOR/50-583，Order in Council P.C.6229, Dec. 28, 1950.
[5]《本会馆简史》，《加拿大云高华中华会馆举行重修落成开幕典礼特刊》，1952年，第5页；《旅加华侨大事记》，《全加中华总会馆概况》，1969年，第17页。
[6]《中华会馆再抗入籍例新解释》，《大汉公报》1951年3月14日。
[7]《25岁华人子女有来加可能，移民略为宽松》，《大汉公报》1951年7月5日。
[8]《中华总会馆筹抗例费致全加侨胞书》，《大汉公报》1959年4月10日，4月11日，4月13日。

其中包括丈夫、妻子女、兄弟、姐妹、嫂子、弟媳、姐丈、女婿、媳妇，及未婚且年龄在 21 岁以下之孙、孙女、外孙、外孙女、外甥、父母俱亡之侄、侄女、外侄、外侄女、父母、外祖父和外祖母等。[1] 唯有这个家庭团聚的内阁令，接近欧洲移民的家属团聚类别。

到了 1958 年，黄文甫已经 10 次去渥太华呈文，希望政府了解华人社区，修改移民政策，给华人平等待遇。[2]

四、抗议照骨案

加拿大移民当局在华人社区和主流社会有识之士的不断抗议和请愿中，针对亚裔，尤其是华人的歧视政策断断续续作出了修改。但是，在人权平等开始高涨的战后大局面中，政策层面的排华不再有市场，一些人就用技术层面的刁难或者时间的延缓，来阻碍华人的入境，造成华人家庭的团聚依旧困难重重，无法及时得享天伦之乐。照骨案就是其中的一个典型案件。

温哥华中华会馆在 1950 年初秋，就接到各地华侨的报告，谓侨眷（主要是子女）遭到港英移民局以 X 光检验体格，然后判其年龄过高或者不及，从而被阻挠前来加国。原来，在华人入境审查时，香港移民局有一项手续，要去医生处进行照骨检查，就是要求用 X 光拍照骨骼来确定华人申请人子女的年龄，移民官依此留难不少移民孩子。中华会馆收到 20 多起投诉，乃开会议决，要向渥太华当局抗议。1950 年 11 月 3 日，中华会馆在《新民国报》和《大汉公报》刊登通告，向华社通告此事，以便汇呈渥太华。之后，中华会馆又跟进此事，详细报告这些投诉的后续处理结果。[3] 不仅如此，中华会馆还向加拿大、美国两地医学界专家权威，包括动物学、生理学、解剖学等学科著名教授咨询，证实用 X 光拍照骨骼并不能准确确定其年龄。中华会馆黄文甫等人两次上京，向当局抗议并呈上专家咨询报告，要求废除此照骨措施。其实，此项方法也非加国独创，10 年前美国也用此法测度新客年龄，9 岁的新移民黄传铎经过 X 光照射，谓其骨骼为 11 岁至 15 岁，故移民官判其遣送出境。黄家不服，将此事告上法庭并胜诉，美国乃停止使用该法。[4]

---

[1] P.C.1959-785：Immigration Act，May 24，1956；《中华总会馆筹抗例费致全加侨胞书》，《大汉公报》1959 年 4 月 11 日。

[2]《黄文甫十次晋京呈文，移民部长允细心研究》，《大汉公报》1958 年 8 月 14、15、16、20、21、23、25、26 日。

[3]《照骨案件抗议经过》，《大汉公报》1951 年 4 月 6 日。

[4]《黄文甫再赴京请愿》，《大汉公报》1951 年 4 月 23、24 日。

1951年6月10日，多伦多中华会馆也开会讨论抗议移民局对华人实施照骨措施一事，认为自移民当局采取照骨措施后，"对华裔青年入境诸多留难，但其对于欧洲之移民，绝无上项限制，似此情形，实有种族歧视存于其间"，因此决定联合满地可中华会馆等组织代表团上京请愿。[1]至此，抗议照骨活动大有演变成全加侨社之共举，声势骤然上升。尽管温哥华中华会馆不赞同多伦多中华会馆借抗议照骨召开全加中华会馆代表大会之议，但对形成全加华侨抗议照骨苛例大势并无异议。

　　6月26日上午，多伦多等地请愿代表团先见国会议员伦汝，由他伴同，往见夏里斯。在见到移民部长后，华人代表提出废除照骨措施，放宽华人子女入境年龄等五项建议，夏里斯承诺在28日和29日两天，提交国会讨论。但他个人表态，谓"关于照骨决定年龄办法，此举可靠程度确属低微，当可考虑废除"。[2]

　　到了1953年4月，温哥华中华会馆以加拿大云高华全加中华总会馆〔Chinese Benevolent Association（National Headquarters）〕的名义，要求政府取消X光线来确定年龄修例。[3]夏里斯复函温哥华中华会馆，谓给予照骨以定年龄之宽限，前后准移动三年。即如照骨确定年龄为12岁，则可视为15岁或9岁。[4]

五、新娘案例的风波

　　战后，因为排华法解除，华人开始申请家属来加团聚。几年之后，更多的年轻人进入结婚适龄期，华侨父母们求孙心切，敦促他们到亚洲原居地娶亲。为了避开漫长的申请移民的等待，达成快速结婚来加团聚的目的，华人社区开始游说政府放宽相关条例，准许新娘能够来加成婚。而在这个议题上，华人显示出成熟的游说技巧，而加国政府也在此问题上，专门为华人开了绿灯。

　　温哥华中华会馆在提出要求允许中国新娘来加结婚的问题上，已经考虑到准新娘来加后可能生变的情况，故提出具体担保建议，由当事人具现款保单1000元，如果来加后30日结婚不成，将1000元充公，为新娘发回原地之舟车旅费之用。[5]

---

〔1〕《加东会馆代表团讲赴京请愿》，《大汉公报》1951年6月23日。

〔2〕《晋京交涉移民例讯，移民部长允将各建议送国会讨论》，《大汉公报》1951年7月4日。

〔3〕A collection of documents concerning the use of radiology in determining ages of humans, [Chinese Benevolent Association (National Headquarters)], Apr. 1953.

〔4〕《移民部长批复总会馆》，《大汉公报》1953年5月30日、6月1日。

〔5〕《会馆呈请修改籍民移民两例》，《大汉公报》1952年3月8日；《全加中华总会馆代表请修改移民例呈文》，《大汉公报》1954年5月11日。

对此，移民部在经过多次研究后，于1956年8月8日在国会宣布，准许加籍华人以千元保单，娶新娘来加，抵加30日内，须照加国法律结婚，否则将千元充公，新娘则拨回原地。移民部长并说明，谓此例系专指华人，别国人不能照此例，并同时指新娘要取得回港证，方准前来加国。显见当局担心新娘来加后爽约，不愿与男子结婚，故给予新娘入境时的签证，并非移民签证，而要等到其结婚后，才由当事人将当局所发之结婚证，移交移民局，由移民部请内阁发出阁令，给予其永久居留证件。值得关注的是，这样的宽容政策也是仅仅当做试验，1957年4月1日为满期之日，如果效果好，当局会重新检讨。[1]

从华人社区的反应来看，此临时之新娘结婚条例施行效果甚佳，连移民部官员都予以肯定。[2]因此，温哥华中华会馆进一步向移民部提出诉求，一是要求将上述新娘例变为永久性，或者至少延长政策施行时间；二是要求加籍华人男女享受同等权益，让女子亦能申请未婚夫来加结婚。[3]令人感到欣慰的是，移民部长在1957年3月11日复信，同意将此新娘例延长一年，至1958年4月1日止。但在延长一年期间内，仍然沿用旧的规定。[4]其实，该例在联邦大选后，保守党取代自由党执政，仍然有效。[5]1957年3月27日，移民部长再度致函中华会馆，准许"华裔青年年龄在21岁以上尚未获得公民证者，可申请娶新娘来加结婚"，即日起生效。[6]

然而，令人感到意外的是，华侨华人社团、华人社区出现了所谓"骗婚"的案例。温哥华中华会馆和其他地方的华人社区组织，都陆续接到一些华人的投诉，谓有些亚洲原居地的女子为了达到出国到加拿大的目的，不惜利用加拿大华人急于到亚洲原居地娶亲的机会，承诺共结连理、养育后代，但是，进入加拿大后，则寻找各种理由毁约而去，让娶亲华人及其家庭空欢喜一场之外，还有不少金钱和感情的损失。比如在多伦多，有位华侨青年依照新娘例，从亚洲原居地娶一位女子来加结婚，谁知该女子飞抵机场，即时背约，不肯随青年回家，一星期后，该女子竟然与另一男子结婚。[7]

---

[1]《全加中华总会馆接到移民批准新娘来加函》，《大汉公报》1956年8月18日。
[2]《移民部拟保留华人移民例》，《大汉公报》1957年2月12日。
[3]《黄百运君依新例娶媳，黄常委解释新移民例》，《大汉公报》1957年3月8日、3月11日。
[4]《移民部长复中华会馆延长新娘来例一年》，《大汉公报》1957年3月16日。
[5]《中华总会馆筹抗例费致全加侨胞书》，《大汉公报》1959年4月10、11、13日。
[6]《黄文甫报告呈政府修改对华移民例》，《大汉公报》1957年5月9—10日。
[7]《未婚妻来加毁约，老父被气死涉讼》，《大汉公报》1957年5月8—9日；《缔婚议成买舟来加，半途变节破镜难圆》，《醒华日报》1958年3月2日。

这些被加拿大华人称为"骗婚"的案件，在侨社和华文报刊传播后，引发了华人社区的极大愤怒，认为这些女子滥用了华人辛苦争取来的新娘例，实属非法行径。为此，侨社向移民部长请愿，要求政府严厉执行新娘例所设各种附加条件，"以保障华侨在加之权益，并不容许非法者利用加籍华侨之申请人，为其来加之桥梁"。[1]

如上所述，在战后争取华侨家属来加团聚事宜上，华人一直是要求政府打开大门，宽松条例，让更多的人能够进来，而新娘"骗婚"风波第一次触怒华人社区，并主动要求政府严厉执法，将以婚姻之名入境却又不履行婚姻承诺的"新娘"们遣送回去。

六、另外一些法律诉讼案

在华人家属来加拿大团聚的议题上，除了新娘案等一些大案件以外，也陆续出现了一些小的司法案件。这些案件处理的司法过程，既可以看出当年华人入境的困难，也可以看出华人已经敢于据理力争，在情、理、法三方面，说服法官，赢得自己的权益，彰显了时代的变迁。

举例而言，温哥华华人梁雄庆，欲申请其妾所生之子梁百济来加团聚，移民部拒绝其入境，谓此乃梁氏妾侍所生，按照加拿大法律，乃是不合法。梁庆雄不服，雇西人律师打官司，而中华会馆主席黄文甫等也与律师接洽，给予支持。因为此案关系到众多加籍华侨在中国之庶出子女能否来加事宜。几轮官司下来，梁庆雄胜诉。辩护律师所持理由谓，梁之庶子乃在中国合法出生。而梁氏自1911年来加，其间仅两度短暂回国，可谓加拿大忠诚国民，而根据枢密院2115号法令，加籍华人子女准许其来加，无论其合法非法，均一体看待。梁百济乃21岁以下，未婚，当属合法，法官采纳此辩护。[2]不过，虽然有此法庭判决案例，移民部仍在1954年6月颁布新阁令，禁止加籍华人之庶子来加。对此，连国会议员都表示出极端的不满。[3]

此外，中华会馆等组织也为华人养子进入加国进行呼吁。谓中国人相信孔子学说"不孝有三，无后为大"，在无子嗣的情况下，往往收亲人或者远房亲属之子

---

[1]《全加中华总会馆呈请移民部长严施新娘例》，《大汉公报》1957年5月13—15日。

[2]《华侨庶子经上诉衙批准入口》，《大汉公报》1953年2月4日；《移民律师致会馆函》，《大汉公报》1953年2月6日。

[3]《中华总会馆接到情报，国会议员移民辩论》，《大汉公报》1955年3月3日。

为养子,以继家庭"香火",而信奉佛教者,要长子继承,在丧葬时为去世之父母洗面,如此死者灵魂,方能升天堂。因此,加国应批准加籍华人取养子入境移民,条件是需要其在加拿大或者中国没有儿子方合格。[1]这种以中国文化和宗教传统礼仪为由要求政府网开一面,可见华人希望家人团聚之殷切。

在家属团聚之外,华人社区还游说政府允许作家、医生、律师、教师和厨师等专门人才进入加拿大,而这些专门人才获得临时签证来加后,如果5年内没有犯法行为,亦可获得加国永久居留权。[2]

七、"假纸案"风波

在二战前后的时代大动荡中,加拿大华人也在历史的风浪里颠簸。尤其是排华法施行以及随之而来的经济大萧条之后,不少华人纷纷携老带幼,回到故土谋生。及至战后,排华法取消,而故土又一直战火未断,体制交替,局势动荡,以至于大批回国华人再度申请来加拿大。在华人社区的努力争取之下,家庭团聚的门逐渐打开,父母儿女都积极争取来加拿大开始新的生活。而在这一波接着一波的团聚大潮中,自然也出现了一些不协调的现象,主要就是非法移民问题。当然,在全球移民历史上,非法移民一直是存在的,加拿大也不例外。但是,这一时期华人非法移民的形式却有其特殊性,那就是所谓的"假纸"。在战前,华人移民回国,如果打算回来都必须登记,并在移民局拿到"回加纸",上面记载着当事人的面貌、身体特征以及回去的人数(儿女),却没有照片。战后,华人就要凭借"回加纸"来加拿大。当然,随着动荡岁月的变化,许多回国的加拿大华人,无论男女老幼,不少人故去,也有人改变心意,不想再回加拿大,更有人谎报在中国生了子女,拿了移民纸出售。于是,"回加纸"就成了"奇货可居",有的就把亲戚的孩子冒名顶替来加拿大,或者干脆出卖"回加纸"张冠李戴,进入加拿大,其中也有不少人只是以加拿大为跳板,随后要进入美国谋生。这就出现了所谓的"假

图 11.2 口述者刘灿焜
资料来源:贾葆蘅拍摄

---

[1]《黄文甫十次晋京呈文,移民部长允细心研究》,《大汉公报》1958年8月14日。
[2]《中华总会馆筹抗例费致全加侨胞书》,《大汉公报》1959年4月10日。

纸风波"。

1908 年从中国广东中山移民到加拿大的刘木先生,在 1947 年新移民法施行之后,曾想把外孙认作儿子带到加拿大,从而也在某种程度上涉及所谓的"假纸案"。对于这段历史,刘木先生的儿子刘灿焜先生这样叙述道:

"我的父亲是 1908 年来加拿大的,当时他是靠卖菜生存。大约在 1921 年或 1922 年,我父亲回国和我母亲结了婚。我的母亲叫郑爱屏,婚后生下四个孩子,我是唯一的儿子,上面有三个姐姐。1923 年,华人不许来加拿大了,我母亲无法来加夫妻团聚,父亲只得找机会回国探亲。那个时代,两地奔波十分不易,花费很多的血汗钱之外,每次坐船回去要花一个多月时间,可谓劳民伤财。

"1947 年,我父亲回国后,觉得在加拿大生活太辛苦,本不想再出来。但由于中国局势发生重大变化,1951 年,他又返回了加拿大。之后,他在原住民保留地种菜,因为我父亲懂得点英文,又会开货车,所以主要管理运输和外面的交易。

"这期间,我父亲曾把他姐夫的弟弟认作儿子,并申请来到加拿大。当时我在中国念书,我曾在中南矿冶学院读冶金专业。1954 年,我父亲开始申请我们来加拿大。他向移民局申报时称有三个儿子,一个是我,另外两个是我大姐的儿子,他们只有八九岁。我父亲是请洋人律师帮助我们申请的。

"1957 年,我们申请去香港的报告被中国政府批准后,我没读完大学就来到香港移民局。我们面试时,移民官看到我母亲年事已高,认为她不可能生出年幼的孩子,便产生了怀疑,盘问之下得知了真相,就拒绝了我们的申请,连我这真实的儿子也遭池鱼之殃。1957 年之后,我和母亲暂住在香港,靠父亲寄来的钱生活。后来我父亲再次申请我们来加拿大,1961 年,我母亲才以家庭团聚身份来到加拿大。而我因为已经超龄,不能以家庭团聚条例申请,两年后,最终是以在菜园工作的理由移民来加,当时我已经 27 岁了。到加拿大的头半年,我在菜园工作,以后就和表兄开杂货店。"

《大汉公报》曾在 1958 年报道过一个案例。居住在温哥华的 47 岁华人李嘉被控犯有"伪造呈报移民局,申请陈伯丕来加"罪。原来陈伯丕以李嘉长子李卓林的名字于 1955 年来加,随后又去了美国。法庭最后处李嘉罚款 200 加元,"因他非法使另一个人身份,用他已失踪之子名字,入境来加"。华文媒体都承认,"加拿大华人以购买入籍纸而申请其子女入境者,时有发生"[1]。

随着时间的推移,对"假纸"的起诉日渐频繁,惩罚也有上升的趋势。1958

---

[1]《买假纸来加国,一华人被罚款》,《大汉公报》1958 年 6 月 19 日。

年11月，温哥华警方再度逮捕2人，起诉他们因为报"假纸"而违反移民例。两个案件分别发生在1951年和1956年。两人各出保释金1500加元，出外候审。[1]

到了1960年，"假纸"风波越演越烈，有报章披露，依照警方初步调查，骑警总长哈维成得出了相当惊人的结论，谓"在战后10年内，23000名华人移民，有11000人是以'假纸'入境的，而办理'假纸'的人，估计获款有400万元"。在当局看来，这样庞大的"假纸"案例，显然不是个别人或者个别家庭所为，而是有集体舞弊现象存在。针对联邦保守党政府这样的指控，前自由党政府移民部长在国会发言，指责政府发表华人移民非法入境占半数之数字，是过度夸大。保守党政府司法部部长回应指责说，他将核对该数字，但认为警方之统计数字，并非为夸大之谈。[2] 而过了一段时间，司法部部长富路顿在国会表示，"谓报章所指华人非法进口者，有11000之数，但司法部部长及骑警局未曾公布有此数量"。[3] 其实，移民部本身在提及非法移民数字上，也是有很大差距的。举例而言，在移民部向域多利华人发通告的时候，移民局官员麦金斯特利就指出，"相信在过去10年内，有数千华人是非法入境，唯至目前为止，域多利华人似未与移民经纪有关"。[4] 这里的数字就是数千，而非11000人。而在联邦自由党政府取代保守党政府之后，曾经对保守党政府的信息有所披露，谓当时保守党政府估计的非法入境之中国移民，大约在6000—9000人之间。[5]

由此可见，11000人用"假纸"进入加拿大的华人之数，最多只是警方在调查后作出的大致评估，并无确切的根据。但毫无疑问，警方之所以发动大规模的搜查和盘问，确实基于这个评估，而政府在之后的一系列政策制定中，也多次提到这个所谓的非法移民数字，这也是整个华人社区为此震惊不安的原因所在。

尽管对"假纸"入境的总体数字有不同认知，但是，加国警方、港英当局以及加拿大华人社区，均认为这样大规模的"假纸"入境，说明亚洲原居地存在着移民舞弊的重大问题，且有国际跨国组织的支持。《温哥华太阳报》报道，港英当局很久以来就想将移民舞弊案肃清。报道引证香港警员的话说，华人移民舞弊案，不仅是针对加拿大，也针对美国、澳大利亚、新西兰（New Zealand）以及南美各

---

[1]《两华人报假纸被控违移民例》，《大汉公报》1958年11月12日。
[2]《骑警暴露移民舞弊案，搜13间商店及住宅》，《大汉公报》1960年5月25日；《前移民部长指责政府》，《大汉公报》1960年5月26日。
[3]《黄文甫抗议痛切陈词，首相引民权案为保障》，《大汉公报》1960年7月13日。
[4]《移民部通之告，发与域市华人》，《大汉公报》1960年8月2日。
[5]《移民部长覃布里今晨国会宣布，非法中国移民限期更正身份》，《大汉公报》1964年8月14日。

国。香港移民局相信，舞弊组织技术高明，并在各国有经纪人或者代理。而走私华人最大宗者，是在温哥华。例如温哥华一位名叫约琴芬周（音译）的女士，于1959年12月被拘留，她在警察局里称，在1958年来加前一个月，才看到她的护照。[1]而满地可、温尼伯亦为移民主要之目的地。针对华人舞弊案，也有华人现身说法。多伦多一华人旺明（音译）详细说明，他本人、他的妻子以及内兄，是以16000元的代价购买"假纸"，从中国非法来加的。他陈述说，其父亲在满地可开洗衣店，曾让他设法来加，但无法在移民部取得任何证件，最后"经6个月之斡旋，始以400元之代价得到一个证件，证明他子，移民部采信了，并批准其入境"。随后，他借钱在加拿大将1050加元，通过一名中介给一名华裔男子，该男子就给中国寄去一个证件，谓其内兄是他的儿子，移民部便批准其来加。[2]

华人移民舞弊案的最高潮是在1960年4月下旬，加国警方经过数月调查后，在加拿大华人主要居住的大城市，举行了大规模的搜查，其中卑诗省60名特警中的38人参加了搜查行动，共有13间商店及住宅涉及，大量中文文件被扣。[3]多伦多有15处华侨事务所被搜查。[4]满地可搜查了15—20处。[5]在爱民顿有7处东方人住宅及商号被搜查，警察搜去很多文件。[6]同时，安省中华会馆两名负责人被控。[7]加国警方高层对搜查做了一些解释，一是此次全加各地搜查，多数集中在移民经纪和包工人等上，甚少涉及非法入境之个人；二是搜查并非无的放矢，因为加国政府曾经雇用港英政府的警察，在全加各地华埠做地下工作两个月。[8]特别要指出的是，警方强调，不少非法入境的华人，是以高利贷形式付钱进入加国，随后在菜园或者餐馆做苦力，多年都还不清债务，却又不敢投诉，怕被递解出境。为此，警方呼吁非法入境者出面向当局提供情报，而不用担心会被递解出境。[9]

---

[1]《一华女向法庭供称 伊用假护照入加境》,《醒华日报》1960年5月26日。

[2]《华人承认以一千六百元买纸》,《大汉公报》1960年5月28日;《青年华侨告记者 称妻与弟均买纸来加》,《醒华日报》1960年5月30日。

[3]《骑警暴露移民舞弊案，搜13间商店及住宅》,《大汉公报》1960年5月25日;《联邦合作同盟反对使用港警察搜查华人》,《大汉公报》1960年5月30日。

[4]《多伦多15处华侨事务所被搜查，中华总会馆将为此事有所声明》,《醒华日报》1960年5月25日;《全加各大城市宪兵突袭各地华侨》,《醒华日报》1960年5月25日。

[5]《满城被搜20处，骑警称将拘人犯》,《醒华日报》1960年5月26日。

[6]《非法移民真回复应负责，访问顿侨商吐衷情》,《醒华日报》1960年5月27日。

[7]《安省中华会馆控告》,《大汉公报》1960年5月26日。

[8]《搜查各埠华人移民舞弊案》,《大汉公报》1960年5月24日。

[9]《移民部长保证》,《大汉公报》1960年5月25日。

如此大规模的搜查行动，经报刊披露和社区口口相传之后，在华人中引发了巨大的震荡与恐慌，未经证实的流言开始四处传播，暗指当局对华人的查问范围也在扩大。在卑诗省片市鲁拔市，皇家骑警盘查了200多名华人，代表华人的白人律师透露，骑警称此项查询是在全加范围内进行的。因此，温哥华中华总会馆发出声明，谓移民部查问每一个华人之举，表明华人已经失去人权之自由。针对此声明，域多利皇家骑警专员出面澄清，指出并没有在卑诗省查问华人的事情。移民部副部长更否认移民部有查询每个华人的计划。[1]司法部部长在国会也否认有查询所有华人之举，并说明警方所作的并非是审查而是访问，受访者可以选择不回答警方的提问。[2]

值得关注的是，联邦保守党政府的搜查和警方的扩大调查，不但遭到了华人社区的质疑，也在国会辩论时遭到强烈质疑，[3]导致了政府和警方连续出面澄清，"假纸案"引发的移民舞弊风波，只针对少数犯法之人，而非针对整个华人社区。移民局之机关报特地转载移民部长在6月9日于国会发表的详细声明，承诺不会使华人中的大多数受非法入境案牵连，而对他们加以迫害或者遣返其出境，他们除了帮助自己的亲属而外，并没有帮助其他华人入境。当局针对的只是以非法手续入境的华人，他们将其真正的身份、年龄、婚姻状况、亲属以及家庭状况等填造假报。移民部部长向这些人喊话，"这些人如果想要得到帮助，唯有将真正的身份事实报告，自动向移民部报案，才能够将他们在加拿大的居留合法化"。[4]显然，移民部部长已经认识到，必须在理论上将大多数华人与非法移民者作出区分，才能止息流言和不安。同时也必须表明，只要自动报案，非法移民身份就可以合法化，而非被遣送出境。

不管当局如何解释，华人社区深感"假纸案风波"对社区形象的打击至为严重，对华人在加拿大的安居乐业也至为不利，因此展开了自废除排华法苛例后最大规模的抗议活动。安省中华总会馆早于1960年5月24日召开紧急会议，各地华人代表在多伦多集会，组成专门委员会，计划上京晋见总理进行抗议，并由中华会馆向首相呈文等。[5]安省中华总会馆还于1960年6月4日，在西人报纸刊发

---

〔1〕《移民部长否认查询每一华人》，《大汉公报》1960年6月17日。
〔2〕《司法部长否认查询所有华人》，《大汉公报》1960年6月18日。
〔3〕《非法华侨入境并受贿事，下院突起激烈辩论狂潮》，《醒华日报》1960年6月11日。
〔4〕《移民部长在国会声明，要求华人自动报案》，《大汉公报》1960年6月17日。
〔5〕《安省中华总会馆昨召开紧急会议，决议全加派代表晋京向总理抗议》，《醒华日报》1960年5月28日。

抗议书，指出所谓国际非法私运华人进入加拿大并被侨界奴役之事，是夸大报道，安省侨界人士感到愤怒。[1]当时的总理约翰·迪芬贝克（当地人称为第芬碧架，John Diefenbaker），也在国会表示，愿意在适当的时间，会见华人代表。[2]6月21日全加华侨代表团来到渥太华，22日下午来到国会拜访政府官员，他们和司法部部长及移民部长交谈，抗议警察搜查华侨居所。[3]随后，全加华侨代表团得到第芬碧架总理的接见，第芬碧架总理希望华人不要恐惧，对于已经入境的移民将不予追究等。[4]第芬碧架总理还请郑天华转达，相信加籍华人是守法及忠诚和节约的。[5]

当时围绕着搜查案的风波，形成了四方，即保守党政府、在野的联邦自由党、华人社区以及皇家骑警的政治角力。作为涉事的一方，华人社区的抗议当然是主要力量。而一些部长议员也表示同情。[6]政府本来理直气壮地要彻查移民舞弊案，但在华人和在野党的两面夹击下，除了不断公布案例来为自己的执法正确辩护以外，[7]对华人社区的立场日趋缓和。除了移民部长保证不大批遣返非法入境者之外，还把调查的范围缩小成"只要取缔移民舞弊之营利者"，而司法部部长也不断回应，绝无借此迫害华人之意。[8]

而作为执法者的皇家骑警，立场最为强硬，但遭遇的抗议也最激烈。在"假纸案"风波中，除了遭遇全加拿大各地华人社区的连续抗议，更有满地可的华人签署证明，送交司法部，陈述加拿大警方竟然雇用港英政府的警察，对华人进行非法盘问和威胁，因此要求政府彻查。[9]为了反击华人社区的抗争，警方竟然对外透露，谓全加有一秘密组织，正发起一个抵抗警方搜查华人移民舞弊的运动。"该运动（包括控告香港警察协助调查之暴行）得到了舞弊组织头目之赞助"，"这有

---

[1]《安省中华总会馆在本市三大西报刊发宣言抗议虐待，呼吁公平待遇》，《醒华日报》1960年6月8日。

[2]《首相将接见华人代表》，《大汉公报》1960年6月20日。

[3]《全加华侨代表团日前晋京，抗议宪警搜查华侨案详情》，《醒华日报》1960年6月30日、7月2日、7月4日；《总理请郑天华向侨胞转达信息》，《醒华日报》1960年7月8日。

[4]《全加华侨代表团日前晋京，抗议宪警搜查华侨案详情》，《醒华日报》1960年7月6日。

[5]《总理请郑天华向侨胞转达信息》，《醒华日报》1960年7月8日。

[6]《中华总会馆抗议搜查，部长议员多方表同情》，《大汉公报》1960年6月18日。

[7]《一华人认以二千八元取得假护照来加》，《大汉公报》1960年6月24日；《华移民舞弊案证人谓》，《大汉公报》1960年7月28日。

[8]《司法移民长保证，政府无意迫害华人》，《大汉公报》1960年6月23日。

[9]《一华籍移民签署证明，香港警察之非法审问》，《大汉公报》1958年7月13日。

组织之抵抗运动，公开对骑警之调查不相信"。[1]这种指控，显然有影射中华会馆等抗议警方团体。或许因为要防止华人误读这个指控，司法部部长在国会发表声明，指移民舞弊经纪正是这拨"不合作运动"的幕后黑手，他还强调，对警方以及其雇用的香港警察非法盘问的指控，都没有根据。唯有片市鲁拔市的一个调查涉及6位华人，确有"违反往常之规则"。[2]

加拿大警方的"秘密组织"之指控，引发了英文媒体的揣测与引申。英文的《温哥华太阳报》刊登来自渥太华的通讯，谓中国的黑社会"三合会"组织正在加拿大活动。对此，华裔社区领袖予以全面的否认。[3]

鉴于华人社区知道，在申请家属来加问题上，用"假纸"的情况确实不在少数，因此，华人在"假纸案"抗争的过程中，采取了寻根溯源的辩护逻辑，也就是说，把大部分"假纸案"的原因，归咎于战前的反华苛例以及战后新移民例对华人的不公平待遇上。温哥华中华会馆主席黄文甫在搜查刚发生的时候，就做出这样的回应：如果政府将移民例放宽，允许加籍华人超过21岁的子女入境的话，就不致有舞弊的事情发生。[4]在多伦多的千人集会上，温尼伯市华人代表发言称，华人唯一被迫采取非正常手续，使其家人入境，乃是因为加拿大移民法例对华人不公平之故。[5]在这种情况下，华人在抗议政府大规模搜查的同时，借力使力，要求政府完全取消移民法例中对华人的不公平待遇。对此，执政保守党的唯一华裔国会议员郑天华，虽然支持政府和皇家骑警依法执法，但他也在国会率直发言，指出现有的移民例有歧视有色人种之嫌，他建议"政府开放门户，准许华人亲属来加，其子女不限于结婚与否，亦不限于年龄，准许孙及养子等来加"。[6]郑天华的立场，也是婉转告诉保守党政府，只要将针对欧洲国家的家庭团聚移民条例，适用于华人的家庭团聚，才能釜底抽薪，解决大部分"假纸案"出现的大环境原因。

尽管各方抗议声不断，政府方面仍然决定继续搜查。1960年6月20日，温哥华中华会馆黄文甫在满地可亲见"该埠华侨情形，异常紧张，骑警不停拘人，致令人心惶恐，造成恐怖世界。警员以神经战之方式，迫华侨认罪"。之后，全加

---

[1]《骑警队官员指摘，华侨有系统反抗组织，有妨碍调查移民案件》，《醒华日报》1960年7月12日。
[2]《司法部长控告移民经纪》，《大汉公报》1960年7月26日。
[3]《华人否认有三合会组织说》，《大汉公报》1960年7月29日。
[4]《骑警突袭搜查华区，侨界领袖咸表愤懑》，《醒华日报》1960年5月28日。
[5]《多朗度华人大集会》，《大汉公报》1960年7月4日。
[6]《郑天华请求放宽华移民例》，《大汉公报》1960年6月10日。

拿大代表分成两拨,一拨晋见司法部部长戴维·富路顿(Davie Fulton)和移民部部长埃伦·费尔克鲁夫(Ellen Fairclough),多伦多的代表周天禄为代表团发言人;一拨晋见总理第芬碧架,温哥华代表黄文甫为代表团发言人。在会见中,司法部部长拿出搜查所得的"奴隶劳工"合同64件,谓参与移民舞弊之华人,以卖猪仔方式来加,订有合同期,每月薪金100元,每天工作13时,但所谓薪金从来没有支付。对此,政府不能停止搜查。而总理在会见中亦谈及收到有关部门递交的"奴隶劳工"报告,但承诺在面对全国的电视讲话中要赞扬华人的贡献。[1]可见,当时政府的搜查重点,已经从亲属团聚打假转到检控利用"假纸"募集血汗工厂廉价劳工的议题上,只有这样,政府才能避开华人社区对不平等移民条例的批评。同时,政府再次重申采取宽恕政策,发出一万册中文小册子,呼吁华人配合政府搜查盘问,政府保证宽恕非法入境的华人,尤其是那些利用"假纸"帮自己儿女和亲属申请来加者,绝对不会把他们遣送回去,而当局获得情报的目的,就是要起诉和取缔舞弊的移民经纪(俗称猪仔头)。政府甚至晓之以理,谓"唯有向政府报告其真实状况,否则其儿女亦不能改正其原来之姓名与身份,为人父者,将不免损失保护家庭之责"[2]。不仅如此,政府还从华人财产继承的角度,晓喻出卖移民纸让别人顶替是自己儿女的华人出面与警方合作,不然,"如果其本人死亡后,该冒名顶替之华人可继承其产业,而其真实子女则无分文可继承"。[3]当局为了让华人相信搜查并非没有根据,甚至具体描绘出舞弊经纪的诈骗过程:经纪索取每一非法入境移民4000加元,然后给予所需之假证件,使该人可以申请有亲属在加,而得以居住在加拿大。移民无力付现款者,可以"记账",至抵加后,在工作中清还。[4]

在不断地向华人社区喊话的同时,警方也从1960年6月开始大规模抓人。缅省和魁北克省、满地可省相继有华人被捕,被控"造假移民纸"等罪行,法院开出的保释金高达10000加元。[5]随后,有更多的人遭到拘捕,其中包括满地可的一

---

[1]《黄文甫抗议痛切陈词,首相引民权案为保障》,《大汉公报》1960年7月14、15、18日。
[2]《移民部通告华人,政府欲取缔舞弊经纪,非拘留非法入境华人,劝华人与政府合作》,《大汉公报》1960年7月29日;《加拿大政府重要通告,对非法入境之华裔所公布政策全文照录》,《大汉公报》1960年7月29、30日。
[3]《加拿大政府重要通告,对非法入境之华裔所公布政策全文照录》,《大汉公报》1960年8月1日。
[4]《审讯延期》,《大汉公报》1960年8月25日。
[5]《缅省骑警逮捕一华人》,《大汉公报》1960年7月30日;《司法部长谓数日内将有更多逮捕》,《大汉公报》1960年7月30日。

个牧师、温尼伯的一个旅行社代理、温哥华的一名律师,被控的罪名有"造假纸及谎告移民局""阴谋破坏移民法罪"等。令人震惊的是,骑警在多伦多逮捕了多名社区领袖,其中包括黄威廉、李建和陈佐治等3人。黄威廉59岁,《醒华报》前任主笔、安大略省中华会馆主席、国民党执行委员;李建59岁,中国贸易行东主、安大略省中华会馆财政;陈佐治49岁,为地保官兼营旅行社事业。黄威廉被控曾经在1950年至1951年,帮助两兄弟利用"假纸"非法入境,其余两人为帮凶。[1]从被捕人的背景来看,可谓五花八门。

到了10月之后,针对涉及移民舞弊案疑犯的庭审和司法判决陆续出台。在温哥华,被警方检控涉嫌移民舞弊的律师哥顿,以"犯了非法护照罪",被判入狱一年;同案的72岁理发师孙唐,则被判入狱半年,罚款5000加元,如不缴付罚款,则另加半年监禁。[2]在温尼伯,做进出口贸易的商人刘白棠(音译)遭全体男性陪审员一致定罪,以其非法将一名华人带入加国,而需罚款1000加元或者入狱一年。他用一位在1951年去世的土生华裔青年的名字,非法将一名中国学生带入加拿大。法官称此种犯罪至少该判入狱两年,现在则以罚款终结。刘在加拿大居住40年,没有任何犯罪前科。[3]在这段时间里,加拿大各地都有关于移民案的法庭审讯和判决。[4]

与加拿大的法庭审判相配合,香港法庭也对想要非法进入加拿大的华人进行了司法审判。25岁台山籍女子李瑞柔想去加拿大移民,两次申请均遭到拒绝,最后一次更被警方检控作假宣誓罪名,在位于铜锣湾的法庭被判罚款300元或者入狱6周。[5]

针对法庭的判决标准,也有华人律师提出反驳。温哥华退休商人郑氏因为用非法手段让周姓等4人进入加拿大,而被法官判处10项罪名成立。其辩护律师周卫贤引用英国法律准则,指出郑氏作为中介违背了移民法,而周姓青年的父母出大量钱财委托郑氏办事,"支持此种犯罪成为事实",可是出钱之父母获得宽恕,

---

[1]《多朗度三华人被捕,骑警控告协助华人入境》,《大汉公报》1960年8月26日;《搜查和四大城市,总共拘捕12人》,《大汉公报》1960年8月25日。
[2]《假护照哥顿一年监,孙唐六月监罚款五千》,《大汉公报》1960年10月14日。
[3]《宛埠华人口商犯移民例被罚》,《大汉公报》1961年2月11日。
[4]《宛地辟华人移民案开审》,《大汉公报》1960年11月21日;《又有一宗华移民案》,《大汉公报》1960年12月9日;《多城华移民案昨审讯情形》,《大汉公报》1960年12月10日;《法庭昨日审讯华人移民案件》,《大汉公报》1961年8月30日。
[5]《女子申请往加发假誓被判罚》,《大汉公报》1961年3月28日。

郑氏却要受到法律之制裁，显然违背了"平等待遇之法律原则"。不仅如此，加国移民法准许欧洲而来之家庭成员来加团聚，却对中国移民子女设下 21 岁之年龄限制，此乃移民法的歧视。[1] 其实，周卫贤律师的抗辩，也是当时华人社区对法律制裁的一种流行看法，他们虽然对不良经纪并无好感，但对当局处理移民舞弊案，还是有很大的不满。最大的原因还在于他们认为，华人之所以铤而走险，非法用"假纸"申请家人来加拿大，是因为长期的歧视历史以及政府采取不平等的移民条例所致。

这个"假纸风波案"在争议声中延续了很长时间，终于，要求其结束的呼声正式响起。温尼伯 3 个华侨组织向移民部长呼吁，"加警之查究所谓非法华人移入加国之事"，应该立刻结束或停止。[2]

针对这个上书，移民部长立刻作出正面回应，谓"现在之加骑警调查非法华人入境之事，系由中央司法部管理，但是我很肯定愿意见到此次之整个调查迅速地结束"。他还澄清，在这次事件中，没有一个人被遣送出境。[3]

面对政府的呼吁，不少华人开始坦白真实身份，例如居住在卡尔加里的赵树舜的哥哥赵树尧就是这一时期向政府坦白的。

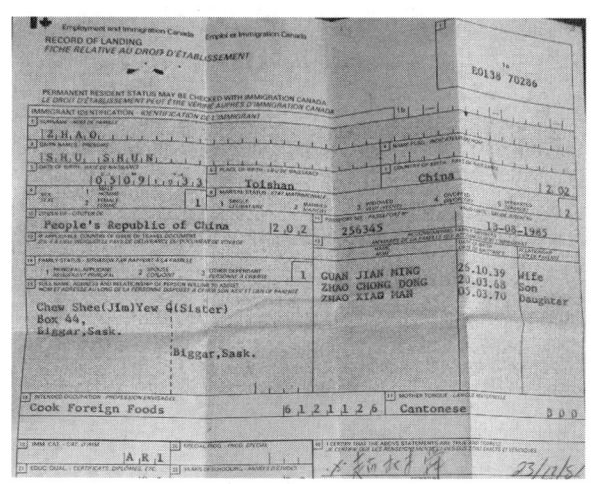

图 11.3　赵树舜的登陆纸

资料来源：赵树舜

---

[1]《警察法庭昨审讯华人非法入境案》，《大汉公报》1961 年 11 月 14 日。

[2]《请停止查所谓非法华人入境》，《大汉公报》1961 年 10 月 24 日。

[3]《调查非法华人入境，化部长谓愿意早结束》，《大汉公报》1961 年 10 月 25 日；《密秦那报告移民问题，盼侨胞多与政府合作》，《醒华日报》1961 年 4 月 17—19 日。

提起这段历史，赵树舜讲道："我父亲在加拿大曾经申请我去，加拿大政府都批准了，但当时是新中国刚刚成立，一切蒸蒸日上，因此我不想来加拿大。1952年，我突然收到哥哥赵树尧从加拿大寄来的信件，说他已经冒我的名字来到加拿大了，今后给他写信时要写赵树舜，不要写他的真名赵树尧。大约9年后，即1961年前后，他向政府坦白他其实叫赵树尧，不叫赵树舜。后来他又申请我来加拿大，我于1981年以赵树舜的名字移民来到了加拿大。"

继移民部长表态之后，总理第芬碧架也在不同场合与温尼伯3个华人组织的代表两度会面，虽然继续要求非法入境之华人移民向当局自首，并改正身份，但也透露政府已有计划准备取消对华人移民案之调查，并提出将公布新的移民条例。[1]与此同时，侨社也向政府提出停止搜查要求及放松侨胞来加的种种限制。[2]于是，在等待新移民法的期待中，"假纸案"风波开始走向尾声。

警方对移民舞弊案大搜查的调查起诉审判，到1962年年底才开始减少。根据移民部对卑诗省新民主党国会议员的书面查询所作的答复，总共有57人被指控经营非法入境的生意，他们被判定的罪名有"非法、串通及造假证件"等。[3]到了1964年，域多利46岁的船厂工人、华人张永文在法庭上承认，同谋非法接了26名华人来加。[4]鉴于大部分违法华人得到了司法宽恕，仅从这个定罪的数字来看，很难证明数以万计的华人移民乃是用"假纸"非法入境，更难证明的是，有所谓的非法黑社会组织进行大规模的贩运"假纸移民"进入加拿大。但是，不容置疑的是，在加拿大的移民史上，这样大规模的调查以及最后有数以十计的非法经纪人被定罪，仍属十分罕见。

八、移民法例的修改

1962年，加拿大政府颁布了新的移民条例。即使从时间上看，这个新移民法与"假纸"案风波，也有着千丝万缕的关系。

"假纸"案风波让不少华人忧心忡忡，毕竟涉法的华人家庭不在少数。从风波案本身来看，华人是"肇事者"，也是"受害者"，当局则扮演着严厉的执法者。但是，随着调查的深入以及华人社区的抗议，政府也逐渐意识到，除了人蛇走私

---

[1]《三华人代表为移民案两次会见加相》，《大汉公报》1961年11月18日、21日。
[2]《温尼辟侨团分函总理及戴芬壁格，要求放松侨胞来加限制停止搜查》，《醒华日报》1963年8月29日。
[3]《调查华人非法入口案，共有57人被指控》，《大汉公报》1963年1月22日。
[4]《域埠华人移民案，张永文承认有罪》，《醒华日报》1964年6月8日。

非法移民这种历来不断的不法情事之外，利用"假纸"来加的不少华人，确实是因为历史上一些苛刻的排华法例和战后不平等的移民例所造成的。华人因着重视家庭的传统，总要千方百计让家人出来团聚，合法进不来，就"非法"进来，而投机取巧的华人经纪，自然要见缝插针，乘机赚钱，导致问题积重难返。在"假纸"案风波尾声，加拿大总理和移民部长等人，已经充分明白华人社区的抗议逻辑，即不管如何进行司法追查，只要移民法不改变、问题的根源不排除，那么，加籍华人还是会铤而走险，"非法"让不合条件的家属进入加国。事实上，在华人社区发生的问题，在其他社区也会发生，政府只有全面完善移民法，让移民法更加合情合理，并具有公正性，才能杜绝大规模的非法移民的进入，让加拿大的人口政策符合国家发展的长期规划，这就是新移民条例出台的大环境所在。

当然，任何移民条例的修改都不可能是"一日之功"，而是有一个漫长的政策拟定过程。也就是说，至少在当局大幅度搜查华人非法移民之时，政府已经开始进行修法的准备工作，时间上有相当大的重叠。保守党华裔国会议员郑天华就表示，这个新移民条例花费了浩大的时间，是"史无前例的改善"。[1] 由此可见，这个新移民条例的出笼，"假纸案"肯定是有借鉴之功的。

这个新移民条例的最大特点，就是开启了技术移民进入加国的大门。华裔年轻人不再仅仅依赖家属团聚才能来加拿大，还要受到年龄以及结婚与否的限制。而在新的移民法条例之中，华人可以依据自己的学历技能申请移民来加，能力成了移民的条件。[2] 这样的改变对华人来说，确实是翻天覆地的变化。从出卖苦力到加拿大"淘金"，备受别人的歧视，到能够堂堂正正地用自己的学识、技术申请移民，昂首挺胸地走进加拿大这个枫叶之国的大门，正好经历了百年的历史进程。加拿大的移民法在变，华人移民的地位也在变，这两者的变化，也第一次有了比较完美的交接和契合。

不仅如此，如果移民局认定该华人符合移民资格，并证实其在抵达加拿大后可以在经济上独立而不依赖政府的福利，就可以在其移民的同时，把妻子及21岁以下的儿女同时带来加拿大。这在华人移民加拿大的历史上，可谓是翻天覆地的变化。要知道这个移民条例颁布的时候，"假纸案"风波尚未了结，那些依赖家属团聚才能来加却又缺乏合法证件的华人，是何等地无奈与痛苦。

在新的移民条例之下，华人直系亲属来加的范畴也有了扩大，加籍华人被准

---

[1]《国会议员郑天华谓加国颁行之新移民例，改善对华移民之权利》，《大汉公报》1962年1月22日。
[2] SOR/162-36, Immigration Act, Order in Council, P.C.1962-86.

许可以申请父母来加,而且不限年龄。同时,他们也可以申请祖父母及未婚夫或者未婚妻来加。换句话说,以前多次延长的未婚夫、未婚妻来加临时条例(是一种恩准),终于变成正式的法例。

可以这么说,新移民法最伟大之处,在于亚裔不再被另眼相看,获得了与其他族裔平等的地位。而获得这个认可,加拿大华人走了一百年,经历了难以描述的痛苦。

新移民法的颁布,为新来的华人,打开了一条远比他们前辈通畅的移民之路。当然,以技术移民身份申请来加拿大的华人,并非一下子就很多,而是呈现逐渐上升的趋势。到了1965年之后,该数字就呈现出较快的增长。从1965年3月至1966年中期,以技术移民申请来加的华人家庭,已达到500家以上。[1]

但这并不等于说,旧移民法,尤其是排华法在华人社区造成的后遗症可以自动消失,"假纸案"的余波仍然在荡漾。在保守党政府于1962年11月16日在国会公布修正身份简化法(类似大赦之法)之后,华人自动坦白身份者甚多。对于"假纸案",移民部长在1963年3月再度向华人喊话,请那些在1960年前以假身份非法入境的华人,自动到移民局坦白并改正身份。[2] 1963年,一位华裔青年因买"假纸"来加,其后向政府坦白,在此过程中,经移民部长特批,准许其把未婚妻接到加拿大。[3]

联邦自由党政府移民部长覃布里宣布,中国非法移民,包括1960年至1962年非法入境加拿大之中国移民,必须在8月31日以前,自动到移民局办理更正身份及取得合法移民的手续,9月1日起即取消自动更正身份的权利,移民部对于9月1日后被查出属于非法入境者,必定依照移民法例,实行递解出境。[4]联邦自由党政府的政策转换,除了在政治上要改变前任政府的政策之外,他们也认为保守党的宽恕政策效果也有限。

覃布里不赞成一些华人的意见,说更正非法移民身份是一种歧视,而是希望华人因此享受到加国一切法律的利益,能申请他们的亲属来加。[5]

由于联邦自由党政府这个决定事出突然,而且华人在联邦大选中对自由党投票甚为积极,故而造成华人社区的大震荡。华人社区从政府公告中作出这样的分

---

[1]《匡古臣分析新移民法》,《大汉公报》1966年10月19日。
[2]《加移民部长再度邀请华人趁机会修正身份》,《大汉公报》1963年3月15日。
[3]《华青年办理请求改正身份手续中,得移民部长特准许接未婚妻来加》,《醒华日报》1963年10月23日。
[4]《移民部长覃布里今晨国会宣布,非法中国移民,限期更正身份》,《大汉公报》1964年8月14日。
[5]《加国对中国移民政策》(下),《大汉公报》1964年8月21日。

析，政府的最后通牒有 3 个目的，一是针对亚洲原居地仍然存在有组织将非法移民送入加拿大的问题，政府借此法作彻底严厉之打击；二是迫使加拿大国内"非法者"早日完全改正身份；三是划下一条日期线，使全加移民均统一合法，而后可以彻底更正歧视条例，使移民法一视同仁。不论如何，政府的通牒给予的时间只有两个多星期，华人社区发出了要求延期的呼吁，而前保守党国会议员郑天华和范尔锐两大移民律师指出，非法中国移民仍有相当数量，而移民局官员不足，以此短促时间，实无能力完全清理此类坦白案件。[1] 不仅如此，郑天华还将非法移民分成两类，一类是确有家人在加拿大，但使用非法证件入境；一类是没有家人在加，而持非法证件入境。政府的恩赦应该涵盖所有的非法入境者，而非严惩后者。为此，联邦政府特别澄清，政府对上述两类人一视同仁，纳入恩赦范围，因此，华人非法移民应该赶快向当局自首，改正身份。如此，他们也可申请亲属来加。[2]

1964 年 6 月 24 日下午，联邦政府的移民部长来到多伦多华埠，参加安省中华会馆的宴会，移民部长提出不久将修改移民政策。安省中华会馆向部长呈交了请愿书，希望未来的移民政策没有种族、肤色和信仰歧视等。移民部长在演讲致辞中提出：对华人印象很好，深信华人在加拿大必有贡献，希望能彼此相互了解。[3] 1965 年 3 月 19 日，温哥华全加中华总会馆连同各侨团在海滨大酒家与移民部长尼高逊见面，并呈文陈述华人过去的贡献，请求维护侨民权利，希望平等对待等。[4]

到了 1965 年 3 月，联邦政府的移民部长由在温哥华执律师业达 40 年的温哥华中区议员杰克·尼科尔森（John Robert "Jack" Nicholson，当地称匿古臣）担任，他对华人的诉求更为熟悉。他在中加友谊会 12 周年的年会上透露，到那时为止，华人前来坦白改正身份的人数，已经达到 9000 人，而至少在自由党执政时期，政府未有控告或者拘捕任何一人。不过，他也强调，以移民为生者（非法经纪），不在恩赦之列。[5] 由此可见，在华人的呼吁和要求下，联邦政府依然采取了比较宽

---

[1]《震动华埠大事件》，《大汉公报》1964 年 8 月 15 日。

[2]《非法入境范围放宽，郑天华极力争取》，《大汉公报》1964 年 8 月 31 日。

[3]《移民部长桑比利访华埠，修改移民比例事不久宣布》，《醒华日报》1964 年 6 月 25 日；《安省中华总会馆向部长呈请愿书》，《醒华日报》1964 年 6 月 25 日；《移民部长桑比利会馆宴会上致辞》，《醒华日报》1964 年 6 月 26、27 日。

[4]《云会馆联同各侨团代表十九谒移民部长递呈文》，《醒华日报》1965 年 3 月 26 日。

[5]《取消歧视华人例》，《大汉公报》1965 年 6 月 15 日。

松的政策措施，在最后通牒之后，仍然实际延续恩赦的原有措施，让华人有足够时间自首坦白来改正身份。

在这个阶段，华人除了继续要求扩大亲属移民的范围之外，对独立移民（技术移民）类别的要求也提出了意见。因为根据当时的移民条例，只准合格的大学生学历人士申请，华人要求准许中学生以及中等职业学校学生也可前来移民，期待其通过受训成才，为加拿大谋福利。此外，华人也提出，请求入籍、法庭准许居留加国 20 年以上的老人于入籍问话时，可以由翻译传译，而不需申请人直接以英语或者法语答询，该传译人员由法庭聘用。[1]不管华人的请求是否合理，是否与移民政策的原则一致，至少在那个时期，华人的要求已经不单单是与别的族裔一视同仁，而是有了更多华人自己的特殊要求，这也从另外一个侧面显示，华人的地位在逐渐提高，在移民政策上的发言权也越来越积极。

1965 年 12 月，匡古臣被加拿大总理任命为劳工部长，而由琼·马钱德桑（Jean Marchand，当地称马桑）接替其职位，担任移民及公民入籍部长。1966 年 10 月 14 日，马钱德桑在国会发表修改移民政策的白皮书，其要点就是让加籍公民，不管其族裔背景及祖籍国，都可享受申请亲属来加的权利，而以前只有欧洲以及美洲加拿大公民可以享受这样宽泛的受邀的范围，如今则适用于所有公民。[2]这个移民修改草案自然引发了加拿大社会的广泛关注，更受到华人社区的欢迎。当然，这个草案必须要在国会经过辩论通过后，方能成为新的移民法。但是，一个在完整意义上符合公平正义原则的加拿大新移民法，已经浮上了地平线，一个新的移民潮正在涌动。

综上所述，二战之后，加拿大面临着移民政策重组的重大挑战。在移民政策改变、完善的过程中，华人的抗争和呼吁是一股不可忽视的正面动力。排华法取消后，加拿大的华人获得了前所未有的政治权力，他们充分运用这种权力，来争取自己的利益以及与欧洲等地移民的同等地位。事实上，排华法取消后，移民条例中歧视亚裔和华人的许多条文细则依然存在，压缩了华人申请亲属移民的空间，让华人备尝地位低于欧洲移民的挫败感。因此，华人不厌其烦，团结奋争，从而不断赢得政府让步，逐渐扩大申请亲属来加的范围。

与战前华人抗议移民苛例只能孤军奋战的情况截然不同，在选择入境时期，

---

[1]《吁请改善移民法》，《大汉公报》1965 年 3 月 19 日。
[2]《部长马桑宣布改善移民例白皮书》，《大汉公报》1966 年 10 月 14 日；《移民法白皮书全文》，《醒华日报》1966 年 10 月 20—22、24—29 日；移民法白皮书全文：《醒华日报》1966 年 11 月 1、2、4、5、7—10、16、18、19、21、23—29 日；《移民法白皮书全文》，《醒华日报》1966 年 12 月 1 日。

华人的抗争可谓"得道多助",在争取平等待遇的过程中,得到了主流社会三方面的支持。

首先是各政党和国会议员的支持。战后政党竞争激烈,出现了联邦保守党和联邦自由党多次的政党轮替,这种情况相当有利于华人的抗争及呼吁请求。因为两党为了赢得华人选民的支持,相当积极地回应华人的诉求。可以这样说,在这个时期,华人社区代表会见总理和相关部长的次数,多而且频繁,并有实效。这种直接对接决策者的诉求,效果惊人。当然,在这样的过程中,华裔国会议员郑天华和两党同情华人的国会议员,起到了关键的穿针引线的作用。

其次是白人民意、专业人士和宗教人士的支持。战后,加拿大社会依然不排除有歧视华人和亚裔的现象存在,但是,仔细观察每一次华人的抗争呼吁,西裔人士积极参与其中,并仗义执言,甚至在许多时候扮演了领头的角色。

再次,最值得一提的是,战前在排华问题上扮演煽风点火、推波助澜角色的英语媒体,在战后的华人抗争中,也开始改变排华时期助纣为虐的陋习,而是站在正确的一面,为华人合理的诉求说话,形成重要的舆论压力。举其最为典型的一例来说,当年反华最为激烈的卑诗省,包括《温哥华太阳报》《省报》等西报舆论重镇,也都多次著论,支持华人吁求,要求修改不平等的移民条例。《省报》就曾明确指出,加拿大华人多为良好公民,多能自治。华人呼吁,均非要求移民门户大开放,而是相当谨慎,唯希望与子女和父母团聚,政府应以人道主义对待他们,让他们得到平等待遇。[1]

西报舆论的支持,不但因为有西人政府官员和议员乃至专业人士支持华人行动,也因为华人不再害怕接触英文媒体,而是积极与英语媒体互动,解答民众疑问,从而让英文舆论同情华人的地位。从历史上看,西人谓华人不适合成为加国公民而加以排斥,其中一个重大理由就是华人没有为加国经济做贡献,而是将所赚之钱都汇回亚洲。华人领袖面对西人记者的相同提问,就明确回答,如加国政府准许近亲属来加,不拘年龄,华侨定尽心忠诚于加国,而且不寄银出加国,因其父母、兄弟姐妹、妻子或子孙,均在此邦居住。[2]这样的逻辑,西人记者、听众自然能够理解,有助于英文舆论转而支持华人诉求,为政府修改不平等移民条例,奠定民意基础。

当然,在华人争取合法平等权益的同时,也出现了"假纸案"等风波,华人

---

[1]《云埠三大西报著论求修改加移民律例》,《大汉公报》1959年7月7日。
[2]《黄文甫与西人记者谈话》,《大汉公报》1955年5月28日。

中的无良中介，遭到了警方和政府的追查以及司法制裁。但这些负面事件并没有激发起社会的新排华潮以及让政府的移民法走回头路。这是因为时代变了，加拿大作为联合国的创始会员国，必须要揭橥和遵守人权平等的大原则，同时，随着战后欧洲移民的大量涌入，华人人口比例相对降低，华人移民的增加对加拿大总人口的合理增长，没有产生任何的负面作用，故而引发不了社会的强力反弹。

总而言之，加拿大移民条例的不断修正，与华人移民呈成正比例增长，华人社区进入了一个新的发展阶段。

第十二章
唐人街与华侨华人社会的发展

第一节 人口分布

第二次世界大战后，人口问题成为全球的焦点。因为这场涵盖欧亚非三洲的残酷大战，造成了千万人的死亡，其中包括军人和平民。战争结束后，百废待兴，经济建设的高潮随之而至，这就使人口问题出现了两个最为特殊的现象，一个是各国尤其是战争中人口损失惨重的国家和依靠移民发展的国家，迅速采取各种政策，争取网罗尽可能多的人力资源，尤其是男性，来参与战后的国家重建或展开大规模的经济发展；另一个现象是战后婴儿潮的出现，以自然的人口增长来弥补战争中巨大的人口损失。

对加拿大来说，战后涉及人口变化的重大政策有两个，一个是在1947年取消了臭名昭著的排华法，这个法从1923年开始一直执行到1947年，除了少数例外，几乎全面禁止华人移民入境；另一个是向全球尤其向欧洲国家开放，争取更多的欧洲移民进来，毕竟加拿大是一个以欧洲移民为主开发成长的"西方国家"。

值得关注的是，在战后以及废除排华法以后的开始几年，华人的人口没有增加，而是有所减少，这从1941年的人口普查和1951年的人口普查结果可以找到佐证。1941年，加拿大有34267名华人，1951年已减至32528名。[1] 具体来说，在加拿大战后几年增加的这些移民中，华人人数是微不足道的。1947年，华人新移民加拿大的只有21人。1948年则有华人新移民76人，1949年则增加到803人。[2] 相反，欧洲移民的数量却比较大。这是因为加拿大政府给欧洲移民以优惠待遇，促进了加拿大白人人口的增长。例如，1957年，进入加拿大的282164名移民中，36%是英国人，11%是匈牙利人，10%是意大利人，9%是德国人，只有0.6%是华

---

[1] Eighth Census of Canada, 1941, Vol. IV, p.2.; Ninth Census of Canada, 1951, Vol. 1, p.32-2.
[2] Canada Year Book 1951, p.151.

人。[1]考虑到在战争期间，加拿大政府对移民的高度限制，因此可以认为，10年中大部分新增移民都是在战后来的。由此可见，欧洲移民的增加主要由于两个因素，一个是原来要移民的人因战争限制而拖延到战后，进来的人数自然多；二是战后初期到美国实施马歇尔计划重新复苏欧洲，还是有一段短暂的经济困难时期，这也促使不少欧洲移民申请进入没有直接受到战争打击的加拿大，来寻找新的工作机会。

从客观的大环境来看，从1947年到1950年，有这样几个因素，可以解释为何华人移民没有像欧洲移民那样有快速的增长。首先当然是排华政策产生的后遗症和行政处理比政策立法滞后的原因。众所周知，尽管排华政策被取消，但是，从联邦政府到地方政府、从官僚机构到社会民意乃至主流社会舆论，对亚洲移民的偏见不可能一夜消失。这就导致在接受新移民的申请和安排华裔加拿大公民的直系亲属来加，都困难重重，进展缓慢，而无法像欧洲移民一样，可以"长驱直入"进入加拿大。另外，新的移民法并没有使华人有和欧美白人移民平等的权利，华人仍要按照枢密令（Order-in Council）PC 2115 内阁命令，先入加籍，才可申请妻子和18岁以下子女到加拿大团聚，而符合这些条件的华人是有限的。可在加拿大居住的白种人，不一定有公民身份，只要是永久居民，他们的家属均可以申请来加拿大团聚。这就表明，即使排华法在法律层面被废除了，但由于种族歧视的惯性和偏见根深蒂固，加拿大依然在各种移民的技术环节限制华人的进入，这种情况在战后前10年特别明显。

其次，在这段时间里，虽然有美苏两大阵营开始对立，但整个欧洲大陆在大战浩劫后，开始进入和平发展时期，民众也容易选择移民的途径进入美国和加拿大。但中国在二战后，又进入了国共内战的动荡之中，这对想要选择移民加国或者准备到加拿大去与亲人团聚的民众来说，又平添了许多困难和不确定因素，自然也就让人们往加拿大移民的脚步放慢。而到了中华人民共和国成立以后，因为各种原因，加拿大对于来自大陆的移民或者家庭团聚成员，仍然百般挑剔。在综合的因素之下，排华政策废除之后的头几年，华人入境人数不多，这种情况到20世纪50年代中期才有改观。

一、移民人口分布变化

在早期移民阶段，因为淘金潮和修铁路的关系，华人主要居住在卑诗省，而

---

[1] Canada Department of Citizenship and Immigration, Immigration Statistics, 1957.

西部离亚洲以及美国旧金山近的地理环境,也强化了卑诗省成为华人重镇的特征。淘金潮和修铁路的终结,使一部分华人向中部和东部迁移。随着卑诗省反华排华的加剧,以及一战后与1930年代初的经济大萧条,使得东移的人数加大。尽管如此,卑诗省的华人比例仍占据绝对多数,在1941年的人口普查中,华人人口总人数为34627人,卑诗省有18619人,安大略省只有6143人,卑诗省的华人达五成以上,比安大略省多两倍。[1]

而10年之后,即1951年的人口普查显示,卑诗省总人数比1941年下降了2000多人,而安大略省则增加了800多人,达到6997人,爱伯塔省小增200人,其余省份与卑诗省一样,呈现下降趋势。但是,这种华人在各省的分布格局在1950年代中期之后就发生了变化。与1951年人口统计数字相比较,安大略省的华人人口在1961年实现倍增,在华人总数中的比例大幅上升,而从1960年代末起,呈现出直线上升的趋势,华人总人口数量直逼卑诗省。爱伯塔省华人也在1961年实现倍增,达到近7000人。魁北克的华人人口则在1961年增加一倍半,达到近4800人(参见表12.1)。

表12.1 各省华人人口增加的比例(1951、1961年)

	1951年		1961年		增加的人数	增加百分比
	人数	百分比	人数	百分比		
卑诗省	15933	49.00	24227	41.63	8294	52.06
安大略省	6997	21.50	15155	26.04	8158	116.59
爱伯塔省	3451	10.60	6937	11.92	3486	101.01
沙省	2144	6.60	3660	6.29	1516	70.71
魁北克省	1904	5.90	4749	8.16	2845	149.42
缅省	1175	3.60	1936	3.33	761	64.77
新斯科舍省	516	1.60	637	1.09	121	23.45
纽芬兰	186	0.60	445	0.76	259	139.25
纽宾士域	146	0.40	274	0.47	128	87.67
育空	37	0.10	100	0.17	63	170.27

---

[1] Eighth Census of Canada, Eighth Census of Canada, 1941 Vol. IV, p.3.

续表

	1951		1961		增加的人数	增加百分比
	人数	百分比	人数	百分比		
爱德华王子岛	35	0.10	43	0.07	8	22.86
西北地区	4	0.00	34	0.06	30	750.00
总计	32528	100	58197	100	25669	78.91

资料来源：Ninth Census of Canada, 1951, Vol.1, p.32-2.; Census of Canada, 1961, Series 1.2, p.35-2.

如果按省人口分布，1961年度，卑诗省、安大略省和魁北克省的华人占加国华裔总数的87.7%。尽管卑诗省的华人总数领先各省，但该省的华人占华裔总人口的百分比由49%降为42%；而同一时期，其他省份的华人数占华裔总数的比率不断增长：1951年到1961年，安大略省由22%增至26%，爱伯塔省由11%增至12%，而魁北克省由5.9%增至8.2%。

如上所述，虽然华人大部分分布在加拿大主要6个省份，但实际上华人的绝大部分还是居住在这6个省份最大的城市之中。而这期间，唐人街依然是这些城市中华人聚居的中心地带。例如，1961年，57%的加国华人居住在7个大城市的唐人街：温哥华、多伦多、满地可、卡加利、域多亚、爱民顿和温尼伯（参见表12.2）。在卑诗省，一些华人仍在比较小的城市居住，如新西敏市、乃磨市、甘禄市和阿尔伯尼港市等。

华人喜欢居住在大城市的最主要原因是因为唐人街的凝聚力，住在唐人街或者唐人街的周边地区，华人除了做生意及找工作方便之外，维持"唐人"的日常生活也十分方便。这种情况，在战后的10多年中也没有太大改变。一直到20世纪60年中期以后，随着华人人数的大幅增加，华人人口结构的变化，经济状况的改善，以及城市交通的开拓，其居住分布开始向大城市周边扩散。

表12.2 华人在主要城市的人口分布（1951、1961年）

城市	人数（1951年）	人数（1961年）	1951年总人数百分比	1961年总人数百分比
温哥华	8729	15223	26.84	26.16
多伦多	2879	6715	8.85	11.54
满地可	1272	3330	3.91	5.72

续表

城市	人数（1951年）	人数（1961年）	1951年总人数百分比	1961年总人数百分比
卡加利	973	2232	2.99	3.84
域多利	1904	2137	5.85	3.67
爱民顿	782	1805	2.40	3.10
温尼伯	738	1194	2.27	2.05
渥太华	404	970	1.24	1.67
里贾纳	211	584	0.65	1.00
咸美顿	271	554	0.83	0.95
萨斯卡通	225	499	0.69	0.86
穆斯乔	219	467	0.67	0.80
列必珠	298	413	0.92	0.71
其他地方	13623	22074	41.88	37.93
总计	32528	58197	100	100

资料来源：Ninth Census of Canada, 1951, Vol. pp.35－1. to p.35－10., Census of Canada, 1961, Series 1.2, pp.38－1. to p.38－26.

从上表可以看出，与1941年相比，1951年华人在大城市的人口变化并不是很大，这与华人移民人数尚没有快速增加的大背景吻合。但是，到了1961年，除了域多利的人口增加不到两百人以外，其余大城市，包括温哥华、多伦多、满地可、卡加利、爱民顿和渥太华等，华人人口都比1951年增加了一倍，或者一倍以上，显示华人往大城市集中居住的倾向在持续。但是，值得注意的是，与1941年比较，居住在这几个大城市的华人比例，在华人总人口的比例中却有下降的趋势，显示随着加拿大城市交通的发展和城镇化的发展，以及房价的关系，华人往大城市周边的卫星城镇落户的新趋势，也在逐渐形成。

二、亚洲移民猛增

如前所述，在加拿大废除排华法之后的开始几年，并没有带来华人移民的急剧增加，加国内部的因素是主要原因，但中国方面的因素也无法忽略。到了1950年代中期之后，华人移民进入加拿大的人数开始增加（参见表12.3）。

表 12.3　华人移民来加拿大前的最后居住地（1956—1965 年）

原籍地	总人数	总百分比
香港地区	14648	66.0
台湾地区	4686	21.6
亚洲其他国家	717	3.2
英国	400	1.8
美国	344	1.6
其他国家	1298	5.8
总计	22093	100.0

资料来源：加拿大公民和移民部门移民数据，1956—1965。

我们将 1956 年至 1965 年这 10 年间获得永久移民身份的华人来源地做一个分类，就可以看到这一明显的特点。这期间，因为加拿大与中华人民共和国尚没有邦交国关系，无法接受直接来自中国大陆的移民。20 世纪 50 年代，在美国掀起的麦卡锡主义，对加拿大也产生了间接影响，以至从加国政府到地方政府都拒绝来自中国大陆的华人。

由于中国大陆的华人不能直接移民加拿大，故要先抵达中国香港，短期居港后再办手续来加与亲人团聚，所以由香港来加拿大的华人，包括中国大陆抵港的移民。

这种情况，一直持续到中国和加拿大正式建立外交关系后，才告一个段落，因为从中国大陆直接前往加拿大的移民之路打通了。

三、女性移民人数增加

加拿大早期的华人移民潮缘起于淘金热和修铁路，由此形成年轻单身的男性华工成为主力军。这一特色，给华人社会的发展带来了很大的困扰，并给唐人街带来了妓寨不少、赌博盛行的负面形象。在 20 世纪最初的 20 年，这种情况有所改善，但排华法的发端，终止了女性移民进入加国的正常途径。值得关注的是，虽然华人社群单身男性居多，但这个男女比例失调造成的社会问题，主要还局限于唐人街和华人社区内部，并没有给主流社区等外部的社会造成任何危机，这是华人在加拿大自律的一个典型例子。不过，单身男性劳工为主的人口结构，自然在加国社会无法进行正常的消费，而把主要的工作所得寄回家乡，这就给当时"过河拆桥"的排华势力带来口实,即华人无法贡献加拿大社会的经济,故而不适合成为融入加拿大社会的移民群体。

排华法的取消,给华人人口结构的变化带来了根本性改变的契机。首先,加拿大的产业结构在战后发生了重大变化,需要大量单一性别劳动力的时代已经过去。因此,加拿大在吸取移民的时候,采取了更为宽泛的措施,而对人权的重视也给女性移民,尤其是家庭团聚的妻子们进入加拿大,开辟了更大的可能性。其次,战后西方社会的发展,需要更高的生育率,加拿大情况尤甚,这也给华人女性大规模进入加拿大,提供了很好的外部条件。再次,华人自19世纪50年代起进入加拿大,将近百年,女性移民加国的机会微乎其微,一旦打开女性移民的大门,女性将会积极来加团聚。而当时亚洲地区形势动荡,变化巨大,华人当然会选择相对和平稳定的加拿大环境,来重建家庭。不仅如此,"父母在,不远游"的传统,敌不过"夫妻团聚,生儿育女"的人性自然要求,促使华人女性毅然抛下故乡的羁绊,或单身一人,或拖儿带女,远渡重洋来加拿大与亲人团聚。而以前很多华人开杂货店、餐馆等家庭小生意,妻子和孩子来加后,也可以协助生意。

从加拿大统计局的调查数据可以看到,1941年,男性华人有30713人,女性华人有3914人,男女比例约为8:1[1],这个男女比例平衡度已经远远超过20世纪初华人社群的男女比例。以1921年为例来看,在华人家庭数目最多、男女比例最接近平衡的卑诗省域多利唐人街,华人男性为2938人,女性为503人,两者的比例为6:1。而在里贾纳,那就是一色的男性华工为主,华人男性为246人,女性为4人,男女比例达到61:1。[2] 20世纪40年代,华人男女比例缩小的主要理由,是第二代乃至第三代的华人已经进入结婚和生儿育女的高峰时期,带动女性人数的增加,而并非是华人妇女移民的增加。但在排华法废除后,华人妇女移民人数逐年增加,致使华人妇女总人数也在增加。1951年,全加拿大有25669名男性华人,有6859名女性华人。1961年,全加拿大有36075名男性华人,有22122名女性华人。[3]

1947年后,华人学生可以进入加拿大求学,曾经担任过加拿大上议会议员(1998—2012年)的伍利德蕙博士(Dr. Vivienne Poy)这样回忆:"我在香港圣保罗

---

[1] Eighth Census of Canada, 1941, Vol. IV, p.2.
[2] Sixth Census of Canada, 1921, Vol. I, p.543.
[3] Ninth Census of Canada, 1951, Vol. 1 p.32-2.; Census of Canada, 1961, Series 1.2, p.35-32.

男女校就读，中学毕业后，于 1959 年进入加拿大，在麦吉尔大学就读历史系二年级。当时华人来加留学的不多，女学生更少。整个麦吉尔大学只有 12 位华人女大学生。因为我拿英国护照入境，与加籍华人伍卫权（Dr.Neville Poy）结婚后，不需要办移民手续，便可将我的英国护照，改为加拿大护照。"

昔日本地华人就读大学的学生不多，利博士所说的 12 位华人女大学生大部分来自亚洲。

随着女性移民进入加拿大，她们或与在加拿大的丈夫团聚，或与还在单身的华人成婚成家，从而让华人已婚家庭数目很快上升，男女比例逐渐趋于平衡。统计局的人口调查数据显示，1941 年，华人

图 12.1　伍利德蕙
资料来源：伍利德蕙

社会完整的已婚家庭为 1177 户，分居或者妻子不在加拿大的达到 20141 户；到了 1951 年，已婚家庭人数上升到 2842 户，分居或者妻子不在加拿大的有 12882 户；到 1961 年，情况完全逆转，已婚家庭达到 11275 户，分居或者妻子不在加拿大的则锐减到 5384 户。[1]

这种结婚家庭数目的稳步增长，不但有利于加拿大华人华侨社会的稳定，大幅度减少了早期华人移民社会中存在的嫖妓、嗜赌等现象，同时，也有利于华人践行中华文化中重家庭、重亲情、重教育、尊老爱幼等优良传统，促进华人从"落叶归根"的客居心态转变到"落地生根"的主人翁心态，以更积极的姿态投入加拿大的生活，有助于提升华人在主流社会中的形象，甚至于在 20 世纪六七十年代西方社会盛行个人主义，解构传统家庭的风潮中，起到了某种正面稳定家庭细胞的作用。

四、移民人口年轻化

战后排华法的废除和移民政策的逐年合理化，除了带来华人女性移民人数的上升、男女比例失调减缓、夫妻分居家庭数目减少等现象之外，华人社群年龄结构年轻化，也是一个不争的事实。在华人移民的早期，华人的人口结构也是相对年轻，因为淘金潮和修铁路，需要年轻的单身男性劳动力。从排华法开始到 1947

---

[1] Peter S. Li, Immigration Laws and Family Patterns: Some Demographic Changes among Chinese Families in Canada （1885–1971）, *Canadian Ethnic Studies*, Vol.12, No.11, 1980, p.68.

年，20多年时间里，华人社区新人难进，原有的人口逐渐老化，只能靠第二代第三代的华裔年轻人通婚并生儿育女，来稍稍改善社区人口老化的趋势。

但是，排华法废除后，尤其是到了20世纪50年代中期以后，以家庭团聚进入加拿大的年轻移民相当多，其中尤以19岁以下的居多，使得全加拿大华人社群更加年轻化。仅以1951年至1961年这两次人口统计来看，1951年全加19岁以下的华人占总人数的24%，1961年全加19岁以下的华人占总人数的33%（参见表12.4）。

表12.4　19岁以下的华人占总人数百分比（1951、1961年）

年份	总人数	19岁以下人数	百分比
1951年	32528	7859	24
1961年	58197	19304	33

资料来源：Ninth Census of Canada, 1951, Vol. II, p.4－1.; Census of Canada, 1961, Series 1.3－2, p.81－1.

从表中可以看出，加拿大华人社区的人口老龄化得到了遏制。这些新移入的年轻人和本地生的第二代、第三代华人汇为一体，形成了加拿大华人社区年龄结构的年轻化趋势。

华人社区人口年轻化，不但让华人社会的新旧传承、延续香火得到很大的助力，而且年轻华人凭借着战后人权民主发展的东风，大幅度地融入主流社会，并在各个领域努力拼搏，不但让华人社区的发展走出唐人街，有了更加广阔的腹地，并形成了遏制加拿大社会在传统意识上以及利用制度上的"残渣余孽"来歧视华人的重要力量。

加拿大第一位华裔女性国会议员（1997—2004年）梁陈明任（Sophia Leung）的丈夫梁甦华（S.Wah Leung）教授，就是在这一时期取得杰出成就的华人学者。梁陈明任回忆道：

"1925年，梁甦华随母亲和大哥由中国广东江门来到加拿大与父亲和二哥团聚，那年他只有8岁。20世纪20年代，正是加拿大排华最厉害的时期，法律严禁华人进入加拿大，梁甦华的父亲是牧师，经特别准许他们才进入加拿大。尽管牧师家庭在当时尚受尊重，但梁家却很清贫，一

图12.2　口述者梁陈明任
资料来源：贾葆蘅拍摄

直过着节俭的生活。梁甦华半工半读,学习优秀,在麦吉尔大学(McGill UNiversity)学牙医,毕业时得了第一名,领到了难得的金牌。

"按理说,他这样出色,应该能找到一份专业的工作,但因为他是华人,很难申请到牙医执照。面对歧视,梁甦华只有选择到美国去发展,在美国获得生理学博士学位后,受聘在宾夕法尼亚州(Pennsylvania)的匹兹堡大学(University of Pittsburgh)任教,我们也是在那里相识并结婚的。后来梁甦华继续在美国从事牙医研究和教学,并成为国际知名的学者,获得了巨大的声望。

"1962年,卑诗大学准备成立牙医学院,特聘梁甦华回加担任院长,当时我们考虑过加拿大的种族歧视,但基于想提高华人地位的良知,决定接受挑战返回加拿大。

"1962年,我们夫妇一同来到温哥华。梁甦华来做牙医学院院长,而且是加拿大有史以来第一位华裔大学院长,我们心情很激动,但面临的挑战也很大,当时的大学牙医学院连办公室都没有,完全是白手起家,梁甦华既要与建筑师一起制订建筑计划,还要聘请教授和员工,制定牙医学院学生入学规章制度,安排教学题材和科研计划,可谓极其忙碌和艰辛,在他和同事的努力下,牙医学院终于建了起来,而且招聘的员工都是美国、加拿大、澳大利亚和新西兰等国的顶尖学者和专家,梁甦华也成为加拿大学术界年轻的领导人物。

"但总体说来,那时候华人的地位还是很低的,社会上种族等级观念很深。比如先前不准华人购买土地,后来我们在靠近卑诗大学的校院住宅区买了一栋房子,很多白人都奇怪怎么准许华人在那里买房子。有一次我请人装修,来的工人首次上门时,见到我开门,竟问我谁是女主人。他把我当成用人了,不相信华人可以住在这里。也有些场合,一些西人见到我时,谈笑中会讲到他们也有华人朋友,我仔细一问,回答竟是家里的厨师和家佣。这种若隐若现的流露,使我感触很深,所以后来我进入卑诗大学社会学系攻读硕士学位,就是想贡献社会,为提高华人地位做出努力。"

梁甦华教授可以说是华人中的精英,但也有一批年轻的华人在融入主流社会的同时,出现了"宁要西化,不要传统"的倾向,使老华侨们担心,从中华文化的传承角度来看,他们是否会成为"失去的一代"。

总体而言,从1947年起,加拿大华人社区面临着一个完全不同以往的发展时期,"正常化"发展逐渐取代了以往的"畸形化"发展。表现在人口的增长上,从20世纪50年代中期之后,呈现出逐年加速增长的大趋势,而东部尤其是多伦多的人口增长,比例大大高过传统的卑诗省地区。这种人口分布的变化也导致了加拿大华人社区力量和唐人街分布重心的重组，多伦多唐人街的重要地位开始蹿升，改变了以往温哥华唐人街独大的局面，逐渐形成温哥华、多伦多双重支柱的局面。不仅如此，由于这个时期华人人口的增长，并非如以往那样是单身男性劳工的人数增加，而是妇女增多、年轻一代增多，由此大幅度减少了以往华人社区男女比例失调、单身男性居多的"畸形"现象，并使华人社区老龄化的趋势得到有效的遏制。同时，男女成婚正常家庭的增加、社区的年轻化，带来了相当正面的积极因素，不但让华人社区的发展与主流社会的发展同步，也加速了华人社区和唐人街融入加拿大社会整体，而不再是一个"孤岛"。

另外，值得注意的是，虽然这个时期的华人移民来源仍然是祖籍结构，还没有完全超越原来广东四邑为主的传统，但从亚洲原居地来的移民人数已经呈现出上升的趋势，祖籍结构多元化的态势已然成形，到20世纪60年代中期以后，呈现出爆发的前奏，昭示着华人社区更宽泛、更多元化的变化正在来临。

第二节　华侨华人的职业

选择入境时期，华人从事的职业突破了老华侨传统行业的取向，开始涉足各行各业，并朝着多元化方向发展。

出现这种变化的外部原因就是，战前大行其道的白人至上等种族歧视传统，随着世界法西斯主义的溃败而分崩离析，排华法等明目张胆的种族歧视法例、政策遭到取缔，带动职场上的人权平等风潮的兴起。而这种大环境的变化又与战后的大发展浪潮彼此推动，各行各业对人才的需求日益增加，从而给华人就业的多元化带来了前所未有的新契机。此外，加拿大社会从战时的紧缩生活方式向战后的消费生活方式转型，带动了金融产业、科技产业以及其他服务性行业、社会福利行业的发展，政府的管理职能也相应大幅增加，导致白领职业的需求大幅上升，这也给华人就业的多元化造就了很大的机会。

而从华人社会的内部原因来看，战后劳动力以及就业者结构与素质的变化，也是华人职业多元化发展的重要动力。首先当然是第二代土生华人的人数有所增加，他们的教育程度普遍较高，战后出现的大环境变化给他们谋求脱离父辈依赖唐人街的求职模式创造了条件。其次，随着亚洲形势的变化，以不同方式来加拿大的新移民当中具有较高教育程度的人也有所增加，其中不少是以专业人士身份暂时来加拿大，之后又拿到了永久移民身份。1962年加拿大移民政策作出重大更改之后，出现了以技术移民身份入境加拿大的华人。这些华人构成了与战前不同的华人求职队伍。再次，随着战后唐人街的衰落，以及华人人口的大幅增加，华人即使想要依赖以往唐人街的职业范畴谋生，也变得相当不易，就职向多元发展，努力争取踏入专业人士的门槛，争取更好的生活，已经成了不可逆转的趋势。

这个趋势，在政府所作的有关华人移民的就业愿望调查中可窥一斑。根据加拿大移民公民部年度报告的统计，1954年至1967年间，9664名华人移民中，有约40%的移民希望成为专业人士（参见表12.5）。

表12.5　华人移民在进入加拿大后想从事的职业（1954—1967年）

职业	百分比
企业管理和行政类	3.4
专业类	39.9
文员和销售类	13.0
服务类	27.7
技能类	8.9
初级和非技术类	6.4
其他	0.7
进入劳力市场总人数	9664

资料来源：Peter S. Li, *The Chinese in Canada*, Toronto Oxford University Press, USA, 1998, 2nd Edition, p.100.

而另外一个更加具体、详细的统计数字，即加拿大1966年移民统计资料显示，在4094名华人移民中，有40%的移民希望在加拿大从事的工作是护士、速记员、中小学教师和政府官员等（参见表12.6）。

表12.6　华人移民希望在加拿大从事的工作

工作种类	希望人数
护士	147
速记员	97
中小学教师	87
市政府公务员	81

续表

工作种类	希望人数
科技技术员	72
机械及电气工程师	66
绘画员	65
厨师	54
记账员	52
机械修理工人	51
医生	49
电气电子工人	30
教授和校长	28
会计员	26
化学科学家	26
店员	23
侍者和门童	21
销售员	20
食品工人	20
总数	1015

资料来源：加拿大1966年移民统计资料（1966 Immigration Statistic），p.8.

这一时期的华人就业愿望，是华人根据自己的教育背景和以往的工作经验，相信通过各种努力，包括专业英语的培训和相关学位以及资格证书的获取，就可以"美梦成真"。这种高度的职业期许，在以简单出卖劳力的早期移民阶段，是不可想象的，而在限制移民入境时期，也只有少数土生华人有此愿景。由此可见，华人移民在加拿大的就职状况，进入了一个崭新的历史时期，这对华人在加拿大地位的提升，具有举足轻重的影响。

一、更多华人进入白领职业

当然，仅仅从华人的工作意愿调查，还难以得以证明。在战后20年的时间里，华人进入白领专业领域的人数占到30%—40%这样高的比例，但不少华人向白领职业流动却是不争的事实。加拿大勋章获得者蒋北扶（Wallace Chung）医生就是其中一例。我们在采访中,蒋北扶提起在加拿大从事专业工作时说道:"我是1925年在维多利亚出生的。我曾在魁北克省就读麦吉尔大学医科。在魁北克省遇到了我的妻子,1953年我们结婚。后来我担任过卑诗大学医学院普通外科(Division of General Surgery VGH-UBC)主任和卑诗大学医学院心血管外科(Divison of Vascular Surgery)主任。"

其实很多进入专业领域的华人白领人才,涉及几乎所有的技术职业范畴,包括工程师、技术员、研究员、教授、医生、律师和会计师等,也有一些华人成为大公司的经理、金融证券经纪人、房地产商人等。他们当中的许多人开创了华人在加拿大就业领域中的第一纪录,并开始涉足加拿大公共服务。

举例而言,1948年由中国来到加拿大的范哈利,经过多年努力,1958年被批准加入律师工会,成为出生于中国的第一位加拿大华人律师。[1] 1953年,华人陈杰克成为首位华裔加拿大陪审团成员。[2]

图12.3　口述者蒋北扶
资料来源:贾葆蘅拍摄

值得一提的是,在这一时期,许多年轻女性华人也接受了高等教育,并借着战后男女平等风潮的兴起,以亚裔女性独特的风姿,走向了专业技术岗位和政府部门。1949年来到加拿大的黄丽贞医生,曾分别在多伦多儿童医院、温哥华中央医院和圣保罗医院任职。在取得加拿大皇家医学院儿科专家文凭后,1958年,她来到沙省穆斯乔开诊行医,是当时少见的华裔专科医生。[3] 1952年,李杰茜(Jessie Lee)被温哥华市政府录用,她是首位被温哥华市政府录用的华人。[4] 1954年,朱淑贞成为卑诗省华人第一位女律师。[5] 当然,这个时期华裔优秀专业女性的出现并非偶然,除了大时代的因素以外,她们身上

---

〔1〕《出生中国青年第一名业律师》,《大汉公报》1958年1月4日。
〔2〕《加拿大华裔历史协会》,温哥华中华文化中心的展览资料。
〔3〕《华人女医生在沙省雷城开业》,《大汉公报》1958年1月7日。
〔4〕Paul yee, *Saltwater City*, Vancouver, Douglas & McIntyre Ltd, 2006, p.126.
〔5〕《朱淑贞为卑诗省华人第一位女律师》,《大汉公报》1954年6月1日;《朱淑贞为卑诗省华人第一位女律师》,《洪钟时报》1954年6月4日;《朱淑贞女律师开业宴客盛况》,《洪钟时报》1954年9月16日。

凝聚着华人社区百年的期待、华人家庭几代人的努力，还有社会各方的无私援助。

二、华商

尽管华人在就业上逐渐进入了技术专业、金融服务，乃至政府机构等白领领域，有的人也因此成为华人社会的骄傲，但是，自己开业经商仍然是大部分华人的梦想。在战后选择入境时期，因为排华的大背景已经一去不复返，经商的环境大幅改善，华人移民人数增加，并向唐人街以外的地区扩展，也给华人经商提供了更大的发展空间，因此，华人社区的商人阶层也进入了一个崭新的发展阶段。

在华人发展史上，餐馆、饼店、洗衣店、杂货铺、中草药店和旅店等，是华人经济的"基干产业"。在这个时期，这些传统企业继续在华人经济中扮演核心角色，经营这些企业的华人，也是华商中的主流。例如，位于卡加利埠新打街209号的华侨餐馆，曾开业20年。1949年8月大规模改造装修之后，于10月重新开业。[1] 1955年，在片打东街154号新开张的中国公司，采用连锁的方式，专办中西伙食。[2] 1963年，在温哥华片打东街164号开张一家"金菊园"商号，出售肉类、烧腊和瓜果。[3] 1963年，卡加利建生公司为了扩充业务，特以现代化设备使肉类和蔬菜保鲜。[4]

随着社会的发展和科技的进步，人们的生活在战后发生了很大的变化，华商也没有固守传统的商业项目，而是与时俱进，开拓了更多的零售业商铺，跟现代商业连接，既做了生意，也促进了华人生活水准的提升，同时在商业活动和销售商品层面，开始与主流社会的零售业接轨。这个时期的新潮零售店，包括了高级珠宝店、音响店和照相馆等。有些商店还花费较大成本，采购新的机器，拓展新的业务，招揽更多的生意。比如，中文打字机的代理，也是一个崭新的生意。因为华人移民的增加，导致中文报纸的印数和广告增加，有华商就投资销售华文打字机，比如温哥华坚利行就是代理中国生产的华文打字机的商家，他们成为代理之后，不光在温哥华销售，还把分销点做到了加东及加中各埠。[5]

值得关注的是，在华人取得公民权之后，各种社会福利也随之而来，华人在加拿大的生活更加稳定，再加上"拾骨回乡"的传统也已经中止，"落地生根"的

---

[1]《华侨餐馆复业启事》，《大汉公报》1949年10月20日。

[2]《新张大赠送》，《大汉公报》1955年2月16日。

[3]《云高华金菊园新张广告》，《大汉公报》1963年6月20日。

[4]《卡城建生公司为新增烧腊部启事》，《大汉公报》1963年6月20日。

[5]《华文打字机销加国，云埠坚利总代理》，《大汉公报》1965年1月5日。

情况越来越普遍，因此，华人社区所需的社会服务、法律服务也相应增加。于是，华商和华裔专业人士也开始经营这方面的生意。

举例而言，1957年6月21日，著名侨领简建平的简氏事务所在加拿大唐人街片打东107号A街开张。该事务所经营的业务非常广泛，有人寿、养老等保险、接送侨眷、代订机票；接送货物、搬家等；代理大小商号簿记；代申请儿童津贴、养老金和加国护照；兼办出口货物等。[1] 这种类似的服务生意，也出现在卡加利等其他华人聚集的大城市。[2]

不过，最重要的是，已经有华商在这个时期，将零售业的生意发展到主流社会去，并开始形成著名的品牌，伦敦药房就是一个典型的例子。以创办人命名的雷氏家族企业（HY Louie Company）历经祖孙三代经营。1903年华人雷学谥（Hok Yat Louie）在温市华埠开杂货店，1930年代儿子雷钰棠接手，以后陆续将IGA超市引入卑诗省，1976年收购伦敦药房（London Drugs）。[3]

三、体力工作者

在战前的华人社区，除了华商和极少数第二代华人白领外，大部分华人依然没有摆脱完全的体力劳动和低技术的普通劳工地位，其中最为普遍的职场就是农场菜圃、洗衣房、餐馆、蔬果杂货铺、制衣工场和富裕白人家庭的帮佣等。到了战后，虽然排华法的终结给华人打开了更为宽阔的就业之门，且确实有更多的华人进入了白领或者其他工作领域，但是，从事普通劳工职业的华人，依然是华人就业人口的大宗。这种情况，在很长的一段时间里，都没有改变。

首先，从事这些工作的"老移民"，因为语言或者缺乏教育背景，很难改变自己的职业。他们没有机会得到职业培训，也没有能力通过成人教育获得相关技术证书，除非有机会自己经商开店，不然就是打一辈子的体力工。

其次，虽然唐人街走向衰落，影响了唐人街的一些生意，但留在唐人街的商铺，或者新进唐人街开店的商人，大都还是蔬果杂货铺或者餐馆洗衣店，需要的还是普通工人，因而在唐人街商铺打工的，大部分依然是不需要任何技术的最低级工人。

---

[1]《简氏事务所开张》，《大汉公报》1957年6月22日。
[2]《马若梦事务所》，《大汉公报》1966年2月9日。
[3] https://www.londondrugs.com/about-london-drugs/about-us.html，检索时间：2021年9月15日；John Mackic, Canada 150: Tong Louie built his family company into a B.C. business empire，https://vancouversun.com/news/local-news/canada-150/canada-150-tong-louie-built-his-family-company-into-a-b-c-business-empire，检索时间：2021年9月15日。

再次，随着华人移民的增加，以及华人向唐人街以外地区的发展，华埠以外满足华人生活所需，以及面向其他族裔的小生意也发展起来，这些生意为了减少成本或者赚取更多的钱，依然喜欢雇用工资要求不高、听话卖力的华人，这就给华人增加了不少普通工人的职位。

另外，虽然不少年轻的新移民以家庭团聚或者结婚的方式进入加拿大，但这些人也未必能够拥有成为白领的语言和技术条件，这就给普通劳工职位提供了生力军。也有一些新来的移民条件不错，但因为缺乏加拿大的人脉背景和工作经验，一时找不到专业技术工作，只好从事体力劳动。

事实上，随着战后经济的大发展以及加拿大产业的升级，白人从事白领或者其他技术性或者高薪行业的机会大增，在普通劳工领域与华人竞争的张力大幅度减少，以至于在当时加拿大的普通劳工市场，仍然缺乏农工、家佣、裁缝、洗衣店工人……华人社区为此还向加拿大移民部请愿，要求政府开放这方面的劳工移民。[1]

第三节　唐人街

一、唐人街经济走向衰落

在加拿大华侨华人历史上，最为复杂的一个现象就是唐人街在战后的衰退。按理说，在战前排华时代发挥中流砥柱作用、凝聚与保留华人力量的唐人街，在战后排华法终结后，应该迎来"苦尽甘来"的发展高潮，但事实恰好相反，在战后不短的一段时间里，各地唐人街反而经历了一种特殊的"华人社区向上发展，唐人街则向下衰退"的特殊局面。

其实，如果进行深入的观察和分析，就可以发现，唐人街的这种衰退是有客观原因的。

从历史而言，加拿大华人集居在唐人街，是一种必然，但也有很多的无奈。在排华时期，更是具有被迫集中、保存自己的客观原因。换句话说，对不少人而言，唐人街的生活很不如意，并非是他们的"北美梦"，而是限制了他们的发展。因此，一旦排华法取消，华人逐渐取得合法的公民权利之后，那些有条件的华人，尤其是华商和受过教育的第二、第三代华人，就开始向唐人街所在的大城市周边

---

[1]《请改移民例理由》，《大汉公报》1965年3月26日。

的城镇迁徙，即使在唐人街经营商铺的华人，也纷纷把家移到更好的住宅区。这就导致唐人街的居住人口不断流失。

不仅如此，在战前，华人的经济生活本来九成以上都依赖唐人街，往外发展则受到排华的阻碍，如此一来，唐人街的营商环境就很恶劣，恶性竞争比比皆是。因此，等到战后大环境一宽松，不少华商便积极地把生意做到唐人街以外的社区去，导致唐人街新生意的出现再也不如以前那样频密。加上之前所说的唐人街人口在减少，使得留在唐人街的商铺也面临经营困难的挑战。

当唐人街的两大因素——人口和商业减少时，衰退就变得不可避免。

二、旧唐人街的衰落

战后，加拿大各地的旧唐人街都出现了衰落的现象，但因着地区和华人人口的消长，各地唐人街的衰落程度不同。值得关注的是，不管是西部还是东部，不管是大都会还是省府，唐人街的衰退有着许多共同之处。在外部环境上，这种衰退主要表现在两个可见的现象上，一个就是象征老唐人街的建筑物和小唐人街不断消失，二是唐人街充满了黄赌毒。

举例而言，随着战后加拿大都市的重建与发展，许多唐人街19世纪的旧建筑物被拆除，建成了新的办公楼或停车场等。同时，随着唐人街人口的减少，各个唐人街里狭窄的街道和小巷变得更加脏乱差，垃圾四处可见。唐人街街市里和附近的街区经常会见到酒鬼、妓女和吸毒者，很多华人沉溺在赌博上。1960年1月23日，警察在温哥华唐人街搜查赌博馆，一下子就抓捕了19名聚赌者。[1]

总之，这一时期，有些旧的唐人街消失了，有些唐人街则处于萎缩状态，变成老华人、穷华人和新移民的居留区。唐人街尽管仍然是华人的重要据点，但日益恶化的治安和环境，使唐人街被视为罪恶的渊薮，促使不少华人离开，搬到较安全的地区去。

导致许多旧唐人街萧条和消失的，有以下几个原因。

第一，火灾是毁灭唐人街的主因。例如乃磨的唐人街，二战后持续萧条。到了1955年，只有10家华人商户为大约250名华人服务。[2]但它保留了传统的华人的特性：建筑物对齐的木质柱廊走道。就像其他曾经辉煌的唐人街一样，1960年

---

[1]《搜查华埠聚赌，19人被拘留》，《大汉公报》1960年1月23日。

[2] The Vancouver Sun Magazine Supplement, Jan.29, 1955.

9月30日，乃磨唐人街毁于一场大火。[1]

第二，人口减少。像百加委路、岙巴仑、咸美顿、列必珠、穆斯乔和其他城市的唐人街，就是因为人口减少而消失的。例如，20世纪50年代末期，岙巴仑唐人街变得落满尘埃，只有20个华裔老人居住。[2] 1962年，很多建筑倒塌了。到了20世纪70年代早期，只有一个叫黄庚（Huang Geng）的人和其他3个80岁的老人家住在那里。[3]

唐人街人口减少的现象也在大城市出现。第二、三代华人和二战后的移民并不认为唐人街是他们的家，因为他们根本就没有参与唐人街的兴建。为了不被歧视，他们搬出唐人街，搬到接近白人的社区。到了20世纪50年代后期，大多数的小唐人街只有少数的单身老男人居住。

还有一些原因，就是人们搬到了靠近更大城市的唐人街。比如，新西敏市的华人搬到温哥华，魁北克市的华人搬到满地可市，直接导致了那两地唐人街的消失。

即使在大唐人街，人口的减少也是显著的，而且迁出去的还是条件相对好的华人及其家庭。以温哥华为例，1961年，温哥华的华人户籍中，有电话者1662家，其中1109家居住在唐人街之外；5287家没有电话，其中2146家住在唐人街之外；华人经营生意者有1113家，其中675家居住在唐人街之外。[4] 可见，华人那时已经开始大量散居在其他社区。

第三，社会活动和商业活动的减少。随着住在市郊小镇华人的增加，唐人街外的华人商贩逐年增多，带走了很多原来唐人街的客户。加上唐人街上小型商店和餐馆的东家退休或过世，生意不得不关闭，唐人街变得越发萧条。再则，年轻人受到的教育使他们不愿像他们的父辈那样长时间工作，对家庭生意也没兴趣。因而，华人老商家没有多少成功的继任者。

第四，唐人街的东家们自身的原因。唐人街的租金一般较低，他们因而不愿修理或重新装修破旧的房屋。例如域多利、温哥华、满地可到处都是破旧的烂楼宇。当老房子不满足新的防火要求和建筑标准时，东家往往宁愿空置房子，或将之拆除建停车场。域多利和温尼伯的唐人街就是很好的例子，那些房东们没钱改造他们的房子以达到政府颁布的新的建筑规范，就干脆将房子留空或在原址建停

---

[1] Nanaimo Free Press, Oct.11, 1960.

[2] Nanaimo Free Press, Jul. 27, 1962.

[3] Interviewed by Dr.David Chuenyan Lai, Jun. 2, 1972.

[4]《请修改移民例理由》，《大汉公报》1965年3月27日。

车场。

第五，市政拆迁和新开发方案。市区的扩建需要拆除一些房屋建筑。像位于当近（Duncan）的唐人街，于1970年代被夷为平地，以便为新的省高等法院兴建停车场。相似地，锦碌市于1961年要兴建大桥，就将唐人街的大半部分推平。卡加利市、满地可市和多伦多市的唐人街均位于市中心扩建计划的主要地段，开发商看中升高的地价趋势，大量低价购进旧屋。房东们并没有兴趣保留旧房子，一旦房价合适立即出售。像多伦多，接近2/3的唐人街位于彻斯纳特街（Chestnut）和伊丽莎白街，已于20世纪60年代被拆除用作内森菲利普斯广场（Nathan Philips Square）和新的市政厅大楼场址。

1. 域多利唐人街

域多利唐人街虽然是加拿大最早的唐人街，也是华人从亚洲进入加拿大的门户，更是华人遗骨最早回归亚洲故乡入土安葬的出口，但是，随着温哥华唐人街的兴起，它就挥别了辉煌，一路走向衰落。

进入20世纪40年代后，随着加拿大东部华人的增加，域多利唐人街不仅落后于温哥华唐人街，随着多伦多唐人街的后来居上，它在华人社区的地位愈发不重要。

域多利作为卑诗省的省府，在战后展开了大规模的市政重建以及市容整理工作，域多利唐人街有不少旧的楼房被认定为不安全和不符合卫生条件，于是，整个20世50年代和60年代，唐人街上许多自住或者出租的楼房遭到拆除，不少华

图12.4 战后域多利破旧楼宇

资料来源：黎全恩拍摄

人因此离开了唐人街,向别的社区和温哥华移动。比如,1966年6月,加富民街上有180个街区宣布不能使用,房主为此赶走了租客,包括几位年长的华人。[1]

毫无疑问,随着华人的减少,唐人街的生意也相应萎缩,比如,在20世纪60年代,域多利唐人街商店先后关闭。1961年,很大的杂货公司李棣新公司(Lee Dye Sons)出售资产,并搬出了唐人街。1963年,唐人街东方博物馆建成,但仅仅开了3年就关闭了,因为它不大能吸引游客。[2] 域多利唐人街走向了衰落,除了依旧顶着加拿大最早、北美第二早的唐人街桂冠,在经济、政治或者社团文化等方面,域多利唐人街已经难以担当举足轻重的角色。

2. 温哥华唐人街

二次大战后,只有域多利和温哥华唐人街还能保留19世纪末年的传统风貌,温哥华唐人街大部分侨社侨团的楼宇,主要还是在卡路街和缅街之间的片打东街路段。戈尔街西侧原有许多两层或三层楼房,成了商业、住宅和公共机构。但是,由于温哥华移民日增和市政府的战后建设,唐人街也发生了很大变化。在这个时期,温哥华唐人街最引人注目的变化,是东边的士达孔拿(Strathcona)区的变迁和其在唐人街的定位。

1949年,广东巷被拆除,沿街两侧的廉价公寓也全被拆除。唐人街以东的士达孔拿区本来应该算作唐人街的近邻,有大约7500人居住,其中44%是欧洲人,33%是英裔加拿大人,11%是华人,12%是其他族裔人。[3] 20世纪50年代期间,由于该处楼价和租金比其他地方便宜,又依傍着唐人街,方便租客在唐人街讨生活,因此吸引了很多华人迁到此地,这自然就造成了该区人口组成结构的重大变化。

随着白人不断迁出,到了1957年,士达孔拿区有一半居民是华人,出现华人明显增长的趋势,[4] 该区也自然而然被认为是旧唐人街的住宅部分,士达孔拿区也由此被计入唐人街范畴。

---

[1] "PM Bails Out House Leader", Victoria Daily Times, Victoria, Jul. 14, 1966.

[2] "Oriental Museum Horrors Unfold", The Daily Colonist, Jun.2, 1963; David Chuenyan Lai, *Chinatowns: Towns within Cities in Canada*, Vancouver: University of British Columbia, 1988, p.241.

[3] Leonard March, Rebuilding a Neighorhood: *Report on a Demonstration Slum Clearance and Urban Rehabilitation Project in a Kay Central Area in Vancouver*, Research Publication No.1)(Vancouver: University of British Columbia 1950).p.3., p.71.

[4] City of Vancouver, *Planning Department for the Housing Research Committee*, Dec. 48, 1957.

图 12.5　战后温哥华破旧楼宇
资料来源：黎全恩拍摄

可是士达孔拿区有很多年久失修的楼宇，有的已成了危楼，因此，重建计划被提上温哥华市议会的议程。在受到市政专家评估的 274 栋楼房中，有 37% 栋楼宇被认为存在建筑问题，24% 栋楼宇室内环境相当差。[1] 1961 年，温哥华市政府决定实施第一期重建计划，大量华人"堂所"被拆除，有约 300 名华人不得不搬迁。[2] 1965 年 3 月，温哥华市政府决定实施第二期重建计划，[3] 一年半之内，有 24 栋楼宇被拆，有近千人搬迁，其中多一半是华人。1965 年夏天，温哥华市政府开始第三期计划，拆除了区内旧楼，并重新安置了 3000 多名居民。[4] 可以说士达孔拿区是中西人士混住的一个地区，形成了战后温哥华唐人街一道独特的风景。

3. 多伦多唐人街

与西部唐人街相比，东部的唐人街发展相对慢。但是，在战前，尤其是在经济大萧条之后，西部华人为了躲避排华和寻找新的工作，不少人向东部迁徙，形

---

[1] City of Vancouver, *Planning Department for the Housing Research Committee*, Dec. 37, 1957.

[2] City of Vancouver, *Planning Department. Urban Renewal in Vancouver*, Progress Report. No.7, 1966, pp.3 - 4.

[3] City of Vancouver, *Planning Department, Urban Renewal Proposed study under Part of the National Housing Act*, Aug. 21, 1966.

[4] City of Vancouver, *Planning Department, Urban Renewal Proposed study under Part of the National Housing Act*, Aug. 22, 1966.

成了一个相对兴旺的时期,并延续到战后初期阶段。

到了 20 世纪 50 年代末和 60 年代初,多伦多旧唐人街也走向了衰落。10 年来,华人在咖啡店和小商店里丢失了 500 多个职位。同样,因为新的市政建设,大约 2/3 的唐人街用地被市政府收回。而剩下的部分,因地价上涨,地税升高,许多华人业主纷纷出售拥有的土地物业,华人商店和居民迁往大学路(University Avenue)以西的登打士西街(Dundas)。到了 1965 年,唐人街位于海湾区和中央街道之间的登打士西街一带。[1] 即使规模缩小到那样的程度,多伦多唐人街依然有很大的发展隐患,不确定性因素很多,因为残存的唐人街上大约有 58% 的土地在开发商手中,只剩下 42% 的土地由华人拥有。[2]

4. 其他唐人街

战后,连温哥华、域多利和多伦多这样的大唐人街都难以避免衰退,更遑论中小城市的唐人街。显然,因为势单力薄,再加上大城市唐人街的"磁吸效应",这些唐人街的年轻人流失相当严重,衰退带来的打击也就更大。不少唐人街走向萧条,有的甚至遭遇消亡的命运。

1951 年,在温尼伯唐人街 700 名居民中 86% 竟然都是老年单身汉,唐人街上毫无生机。[3] 而卡加利唐人街也好不到哪里去,华人人口萎缩或者外移导致唐人街规模一缩再缩,到了 20 世纪 50 年代末和 60 年代初,卡加利唐人街仅剩鲍河南岸约 10 个城市街区。

魁北克省满地可唐人街,由于战后的建设导致市中心一带地价大幅上涨,很多开发商看到有利可图,纷纷收购唐人街上旧的楼房,并加以拆除,等待政府或者承建商高价购买,以至于唐人街上低价出租的房屋越来越少,甚至很难找到,很多华人不得不迁出唐人街。

受到衰退潮打击最重的是首都渥太华唐人街,20 世纪 50 年代中后期,在渥太华爱伯特街上唐人街几近消失。1961 年,唐人街上仅剩下 4 家华人饭店和 1 家华人杂货店。[4]

此外,列必珠唐人街大部分街区被开发商拆掉,大多数华人只能搬走。二战

---

[1] "Devitt, Vincent, Redeveloping Chinatown: When? How? By whom", Globe and Mail, Toronto Nov.25, 1965.

[2] Toronto Star, May 16, 1967.

[3] Gustavo Da Roza. "Winnipeg Chinatown: A Proposal" (Winnipeg: Winnipeg Chinese Development Corporation, 1971), pp.1-3.

[4] *Ottawa City Directory*, Street Guide (1961), pp.5.

之后，爱民顿唐人街只剩下一些年老的单身汉，大部分华人已转移到较好的住宅区。总之，以上几处唐人街全都随着华人的搬迁，昔日繁华景象不复存在。

图12.6 战后满地可破旧楼宇
资料来源：黎全恩

三、新的唐人街产生

新旧交替原本是历史发展的规律，唐人街也不例外。按理说，战后排华法取消，华人得以重新移民加拿大。但是，由于唐人街在各方面的局限性，无法在新的时代，与华人社区同步发展，而华人向唐人街以外的地区发展，也成为无可逆转的新趋势，因此，"新唐人街"的发展，也就应运而生。

与旧唐人街不同，这里所说的"新唐人街"，既不是华人集居的住宅区，也没有诸多华人的侨社侨团。"新唐人街"是20世纪60年代后在加拿大各地，尤其是大城市新兴起来的华人商业街，规模有大有小，多则有10多家，少则有几家华人商店，为邻近的华人居民或者其他族裔服务。像渥太华、萨斯卡通和温莎等"新唐人街"，都是因为华人社区迅速增长，商业和服务随之增加而出现的。

例如20世纪60年代中期之后，在萨斯卡通，一些新的华人餐馆和商店出现在B大道（Avenue B）和D大道（Avenue D）之间的第20街西边。[1] 20世纪60年代末期，渥太华有一些华商在萨默塞特（Somerest）街西、布朗森街（Bronson

---

[1] Letter, from Derek Chao, student at University of Saskatchewan, to Dr. David Chuenyan Lai, Nov. 26, 1986.

Avenue）和肯特（Kent）街中心地带开办商家，这些地方无论是商业还是娱乐，都体现出了华人文化的色彩，但又少了唐人街那样的封闭性。这种"新唐人街"的出现，对华人文化的对外传播作用很大。但客观上，在有传统唐人街的大城市，它们又减少了华人去光顾唐人街的机会，间接地也促进了传统唐人街的衰退。

总体而言，在选择入境时期，唐人街面临着变化的挑战，而衰退又是这个变化过程中最为明显的现象，这对具有漫长历史，同时又在排华时期奋力抗争的唐人街来说，确实有些残酷。但是，唐人街的衰退并非等于华人社区的弱化，相反，随着很多华人走出唐人街，走进主流社区，华人的力量和影响力反而在上升，"新唐人街"的出现，就是华人影响力扩散的最佳表征。

第四节　社团的发展与多元化

虽然说在华人早期的历史中，唐人街扮演了举足轻重的作用，但是，给唐人街注入生命力和战斗力的，依然是各种社团，它们是唐人街的细胞，也是唐人街的心脏。不能否认，唐人街之所以历经磨难和起伏而不衰，就是因为生生不息的社团，发挥着中流砥柱的作用。

在唐人街的社团里，有三个大宗。一是同乡会宗亲会，它是唐人街社团的缘起和源头，历史长、生命力久远；二是随着时代变迁而产生的社团，它们目标明确，战斗力集中，一旦达成目标或者完成使命就结束；第三种是由各种宗教组织和其他社会组织设立的社团，以超越同乡和宗亲的胸怀进行慈善济贫救难或者宗教活动，成为唐人街的精神堡垒。除了这三大宗以外，其余的团体或规模小，或成分复杂。

二战之后，一些因时代风云变幻而起的政治团体，如宪政党和抗日救国团体等，随着战争的结束和祖国政治机制的变迁而自然消失。同样，随着排华法的取消和华人公民权的获得，专注于抗争苛例恶法的组织也逐渐淡出，其间如有事情发生，中华会馆和宗亲同乡会可以临时联手进行相关活动。更为明显的是，随着唐人街的衰退和人口外移，20世纪50年代以后，依赖唐人街社区协会打发时间的华人越来越少，使得唐人街同乡会宗亲会的活跃分子也出现了青黄不接的状态。

更严重的是，唐人街生意的减少，使得一些社团通过收费或者商业赞助维持社团活动的途径在萎缩，不仅如此，完全依赖出租会所房间给会员打麻将或其他赌博而来的收入，也因为警方不定时地突查扫荡而难以为继，造成那些以赌博业为生的华人团体因财政困难而不得不解散。有些小的华人团体也因其他原因在这个时期消失了。

总体上说，唐人街老团体解散的一个最主要原因还有，老会员大都去世或者回到故土了，而年轻的新会员又后继无人，这在加拿大最古老的唐人街域多利唐人街表现得最为彻底。比如，在1945年间还兴旺的增城仁安堂、余风采堂、周爱莲堂、陈颖川堂及马紫金堂在逐年衰落，到了1960年代，最终因会员减少及缺乏收入等原因而关闭解散。

当然，唐人街一些大的社团，凭借着在漫长的历史中累积起来的产业和物业收租等经济实力，以及依靠深厚的人脉关系筹到善款，从而继续维持原有的活动运作，甚至还有一些新的开拓。各地的中华会馆以及温哥华的黄江夏堂、铁城崇义会等就是很好的例子。

值得注意的是，虽然加国出生的第二、三代华裔，因为接受了当地的教育，不少人进入了白领阶层，他们与第一代移民且没有受过高等教育的父母之间，自然会产生代沟与文化隔阂，最典型的结果就是他们对参加父母辈的社团不感兴趣，但是，这并不等于说他们对组成社团服务社区和社会不感兴趣。

事实上，第二代华裔在战后赢得了与白人相同的政治权利和公民权利之后，积极建立各种新型的协会组织，或者在白人主流社团中发展出属于华人的独特分支，典型的例子就是加拿大各地的华人鹿头会、狮子会和华裔退伍军人协会等。

再从域多利唐人街来看，1960年代，一些本地出生的华裔青年自己成立了"华青体育会"和"声韵音乐社"等青年活动会所，他们的活动方式、组织方式，都与父辈不同。战后从中国来的一群新移民，也在1960年成立了"中华青年会"组织。这些新的华人团体更加专注本地事务，积极参加当地活动，形成了与传统侨社侨团截然不同的景观。

这期间还涌现出一些新的华人商会和文娱、体育及慈善团体，举办了一系列活动，有些活动还有很大的影响力。

总之，在局部限制入境时期，唐人街的传统侨社侨团有所衰落，但是新的社团又在不断涌现，构成了新老交替、多元发展的态势，这也证明，华人社区处在一个新的变化发展阶段，其复杂性亦在增加。

一、社团领导组织

在加拿大华侨华人历史和唐人街发展史上，社区领导一直是一个非常敏感与重要的角色。从早期的商人、宗亲会到后来的中华会馆，分别扮演过领导的角色。

在选择入境时期,中华会馆依然是华人社区,也是唐人街的主要领导机构。这个领导角色的承担,不是靠"店大欺人",而是凭借着在战前、战后为华人利益仗义执言,领头对排华法或者不平等的战后移民条例的抗争而赢来的。这个领导角色,在战后不仅得到华人社区的拥戴,也得到了加拿大各级政府和主流社区的承认。可以这样说,在战后一系列的移民问题和移民政策风波中,中华会馆是连接政府国会与华人社区的主要桥梁,是华人的主要代言人,也是代表华人与政府交涉的主要谈判者。不仅如此,中华会馆在兴办华文教育、推动医疗保健、推广中华文化等方面,也是不遗余力,起到了中流砥柱的领导作用,可谓功不可没。

当然,因为移民历史和华侨身份构成的不同,各地中华会馆的发展和影响力是不平衡的,温哥华中华会馆在当地侨社的势力很大,而一些小地方的中华会馆势力薄弱,发挥作用有限。

由于中华会馆大都设立在华人聚集的大城市,华人较少的中小城市难以效仿。因此,在选择入境时期,为了避免群龙无首、一盘散沙,一些小城市的华人同乡会、宗亲会,就自发组织起来,设立了类似中华会馆的组织,来领导华人社区。

比如,1953年之前,片市鲁别没有华侨公共机构,凡是遇到有关全侨事宜,便出现无人出头主持的困境。有鉴于此,有些华侨提出成立不分党派、不受任何政治影响的华侨联合会,旨在团结互助,保障华人在加拿大的权益。于是,1953年5月31日,在全体华侨的拥护下,片市鲁别成立了华侨联合会。[1] 同样,1964年3月,当近成立了华侨公所,当近埠从此有了自己代表全侨的发言机构。[2]

战后,各地中华会馆仍然是受国民党的控制和影响,表现在人事上,大部分理事都有国民党党员的背景。国民党的控制方式还是很松散的,并不是全国一盘棋的管理。如此一来,各地中华会馆之间就出现了一些矛盾和纠隔,而最大的纷争就是西部温哥华的中华会馆与东部多伦多的中华会馆对全国中华会馆龙头老大的竞争。

最典型的例子,就是在反对不平等移民条例的问题上,双方对领导权的争夺。尽管在这些议题上双方的立场完全一致,目标也完全一致,但是,一涉及谁来带头、谁是全国华人社区的核心,双方就开始"同床异梦"。

1947年成立安省中华总会馆(Chinese Community Centre of Ontario Incorporation)。[3]

---

[1]《片市鲁别联合会成立讯》,《大汉公报》1953年6月15日。
[2]《当近华侨公所成立》,《大汉公报》1964年3月16日。
[3]《总会馆三庆典盛况》,《醒华日报》1957年10月7日;安省中华总会馆会务简报,1993年。

1951 年，安省中华总会馆提议准备在 1952 年 5 月 18 日召开全加中华会馆大会，温哥华中华会馆得知后，建议大会名为"全加华侨抗议照骨苛例代表大会"。但是安省中华总会馆不赞成这项提议，坚持要开全加会议。为此，1952 年 5 月 4 日，温哥华中华会馆开全体华人大会，商讨是否派代表参加大会，讨论结果决定不派代表参加，而是自己派代表向政府请愿。[1]

尽管温哥华中华会馆不派代表出席，全加中华会馆代表大会还是于 1952 年 5 月 19 日在安省中华总会馆礼堂内召开。会议通过提案，即统一中华会馆中英文名称，请求政府改善移民法案，并决定集中全加华侨力量，以谋取华侨获得平等权利等。会上还提出没有中华会馆的各埠，可由就近中华会馆派员协助成立；不能成立者，则附靠邻近中华会馆。[2]

由此可见，温哥华中华会馆虽然在努力统一全加拿大中华会馆方面，输给了多伦多中华会馆，但是，凭借着在华人历史上的重要地位，以及在西部华人社区中的绝对优势，温哥华中华会馆在之后的全国反对不平等移民例的过程中，独立运作，并利用温哥华中选区的郑天华作为唯一华裔国会议员的地位，在渥太华穿针引线，使中华会馆的代表可以高调会见总理和各部部长，赢得了不亚于安省中华会馆的政治声势。

不过，中国人讲究名正言顺，温哥华中华会馆要摆脱地方会馆的形象，必须在名字上加以考虑，好机会自然而来。早在 1951 年 4 月 13 日，温哥华中华会馆被大火殃及，楼宇和后座尽毁。会馆为了修建新址，曾向全加各埠华侨募捐，募得一笔钱后，于 1952 年重新建成新会址。1952 年 11 月 30 日正午 12 时，在新建成的礼堂里，温哥华中华会馆举行了重修落成开幕式。[3]修复后的会馆在四楼前面，高悬"全加中华总会馆"的大匾，标志温哥华中华会馆已改名为"全加中华总会馆"了。[4]这就表明，温哥华中华会馆无意与安省中华会馆联手共组全国中华总会馆，这样加拿大东西两地出现了两个中华总会馆。

1960 年 5 月，安省中华总会馆又向全加拿大中华会馆发出通知，要求各地中华会馆、中华商会、同源会等派代表来渥太华，准备在 5 月 28 日召开全加代表大会。通知陈述开会目的是集中全侨力量，同一主张、同一要求、同一行动，向加拿大政府交涉，争取华侨移民平等待遇。温哥华全加中华总会馆接到通知后，没

---

[1]《云埠全侨代表大会议决重要案多件》，《大汉公报》1952 年 5 月 6 日。
[2]《全加会馆代表大会举行首次会议》，《大汉公报》1952 年 5 月 29 日。
[3]《中华会馆重修落成开幕盛况》，《大汉公报》1952 年 12 月 5 日。
[4]《温哥华中华会馆百年纪念特刊 1906—2006》，2006 年，第 52 页。

有像上次那样，宛转表达拒绝，而是直截了当、毫不客气地指责对方："……事先未有商谈文件，今则突然而来。派代表参加，谈何容易。……8年前贵会馆曾发出同一性质传单式之通告，以集中侨胞力量谋修改移民例。请各埠派代表共商我侨福利，但结果与宣言大相径庭……而今旧调重弹，其结果将是谋立加拿大会馆于贵埠而已。基于上述原因，本会馆同仁认为无参加之必要。"[1]

这个回复使双方更加各自为政，难以在组织合作上再有交集，这种东西两立的模式倒也与加拿大主流政治和社区东西地区两立的现状相吻合。

在加拿大华侨华人历史发展过程中，中华会馆不但在领导侨社侨团上发挥影响力，同时，他们在许多重要的议题上，也发挥着领导者的角色，并开拓出华人在加拿大发展的新方向，使侨社更加融入加拿大主流社会。

可以这样说，在加拿大华侨华人遭遇歧视时，中华会馆就是最坚实的堡垒，战前如此，战后也是如此。在要求政府改变不平等移民例的过程中，中华会馆兼具了游说团体、抗争团体、智库团体、舆论团体和谈判团体等各种功能，其他社团难以与之相比，这在之前的章节中都有详细叙述。但是，这里特别要指出的是，中华会馆没有在华人社区画地为牢，在选择入境时期，他们更加积极地带领华人与主流社区和其他族裔社区互动，为华侨华人在加拿大的发展，争取更大的平等与和平空间。

举例而言，1949年12月，温哥华市选，这是华人首次有选举权的市选。温哥华中华会馆积极协助选举活动，而且为了能提高华人对政治的兴趣，消除华人对政治的恐惧感或冷漠感，特发出通告，希望华人善用选票，融入政治架构。[2]1953年6月，卑诗省省选，全加中华总会馆再次发出通告，提醒华人不要放弃多年抗争得来的选举权，积极参选。[3]1962年6月18日，加拿大举行全国大选，域多利中华会馆特发出通告，劝勉侨胞依时登记，参加选举。[4]

自从1923年加拿大政府禁止华人移民后，全加华人不再参加加拿大"七一"国庆日。1947年，新移民法实行后，华人地位大幅改善，温哥华全加中华总会馆宣布不再进行纪念"七一"侨耻活动。1958年是卑诗省成立百年，全加中华总会馆特发出通知，在"七一"庆祝时，各华侨团体、商号、寓所和住宅均要悬旗以

---

[1]《安省中华总会馆争取移民平等对待，发起召开全加代表大会通告》，《大汉公报》1960年5月27日；《云埠全加中华总会馆答安省中华总会馆函》，《大汉公报》1960年5月27、28日。

[2]《中华会馆通告照录》，《大汉公报》1949年6月24日。

[3]《全加中华总会馆通告》，《大汉公报》1953年6月8日。

[4]《域埠中华会馆劝促侨胞选举》，《大汉公报》1962年5月24日。

示庆祝。[1]

中华会馆不光在侨界举行各种活动,还在促进东西方文化交流中起着重大积极作用。为了在多族裔的社会里提高华人地位,中华会馆也和西人团体联合欢庆。1945年,新西敏中华会馆参加该埠75周年之5月庆典大游行,特装饰彩车,开销为48.75加元。[2] 1951年2月18日,温哥华中华会馆、印侨会馆、西人青年商会、犹太会、日侨会、土人会、救世军、黑人进步会以及耶教会等,在佐治大旅馆举行宴会,共同庆祝"兄弟周"。希望尽管种族、肤色和宗教信仰不同,但都应享受平等权利。[3]

1955年,全加足球比赛在温哥华进行,温哥华全加中华总会馆为了联络中西感情,促使华埠繁荣起来,11月24日在华埠举行"中国夜"及唐人街巡游庆祝活动,参加巡游的既有全加中华总会馆等社团,还有大公义学和文强学校等华人学校、洪门体育会及教会等。[4] 这一天,唐人街上异常热闹,在阵阵鞭炮声中,游行队伍彩旗飘扬,锣鼓喧天,既有舞狮舞龙也有中国传统歌舞,洪门体育会会员均以古代兵器随行,数万名中西人士沿街观看。当地的CBC和CKNW两家广播电台进行了报道。[5]

1957年2月17日,全加中华总会馆在温哥华紫金城酒家举行大规模庆祝会。中西团体代表身穿各国服装济济一堂,举行庆祝活动,希望唤醒世界人民,注重友谊合作。[6]

1963年,卑诗省政府观光团来到萨斯卡通,并到中华会馆访问,中西友人欢聚一堂,热闹非凡。[7]

这些活动,对继续改变华人在加拿大社会遭遇的各种偏见和歧视意义重大,也让华人社区开阔了视野,有助于华人社区本身的成长。

当然,在20世纪五六十年代,除了中华会馆以外,其他大的同乡会和宗亲团体,也在不同层次和较次一级的各种议题上,发挥了侨社领导的作用。

---

[1]《全加中华总会馆通告,七一加国庆悬旗庆祝》,《大汉公报》1958年6月30日。
[2] 1945年5月27日,新西敏中华会馆参加该埠75周年之5月庆典大游行进支对比数目表。
[3]《兄弟周宴会之盛况》,《大汉公报》1951年2月20日。
[4]《举行"中国夜"盛况》,《大汉公报》1955年11月26日。
[5]《举行"中国夜"盛况》(连载),《大汉公报》1955年11月28日。
[6]《中西团体联合庆祝世界兄弟周盛况》,《大汉公报》1957年2月18日。
[7]《沙城中华会馆欢迎卑诗省真回复观光团员》,《大汉公报》1963年5月30日。

二、政治性团体

尽管战后亚洲形势发生了重大变化，国共内战以及1949年的变局是中国政治和政党竞争的主要内容，但是，这种变化尚没有延伸到北美华人社区。在选择入境时期的大部分时间里，加拿大华人政治性团体的主干与战前相比变化不大，主要是国民党和洪门民治党，其中国民党是最有势力的政治团体。

1. 国民党

综上所述，二战后，加拿大各地的中华会馆，都在国民党的影响控制之下。随着国内政治形势的变化，尤其是在社会各界要求民主的压力下，蒋介石政府决定召开国民大会，来回应国内外的呼吁。国民大会代表的遴选，也延伸到海外华人社区。国民党通过各地中华会馆，号召会员超过1000名的加国分部选出2名代表，出席定于1947年12月25日在南京召开的中国国民大会。[1]

在国民党的运作下，几名来自温哥华、多伦多和域多利的华裔候选人竞逐这两名议员资格。[2]中国国民政府计划用这种方法来扩大海外华人华侨的支持，却遭到洪门的抵制。例如，洪门民治党和达权社拒绝选送代表去域多利市参加由国民党代表主持的会议。

综观20世纪50年代和60年代，国民党在华人社区的政治影响力还是占据绝对优势。1953年3月29日，在国民党的支持下，温哥华成立了"华侨救国会"，成立典礼就在温哥华中华会馆的华侨公立学校举行。[3]1954年是战后国民党在加拿大的势力达到顶峰的一年。国民党总部设在温哥华，有党员300多人。最大的分部在多伦多，拥有500名党员，其次是满地可，第三是卡加利，党员都在400至500人之间。[4]

2. 洪门民治党

洪门是加拿大华人社区最早的政治性团体，也是生命力最强的一个团体。随着洪门在亚洲故土的影响力逐渐衰落，加拿大洪门在选择入境时期，就在加拿大华人社区投入了更大的精力，进行慈善和宗亲会的活动，并持续进行分部的扩大

---

[1]《致旅加全体华侨公函》，《大汉公报》1947年11月1日；《旅加拿大华侨选代表揭晓》，《大汉公报》1947年12月3日。

[2]《为赞助林逸川先生竞选国大代表敬告侨胞》，《大汉公报》1947年11月10日；《介绍由张子田为旅加国大代表候选》，《大汉公报》1947年11月17日；《请我全体侨胞一致选黄》，《大汉公报》1947年11月20日；《请亲爱侨胞一致投票选举李乐天为国大代表》，《大汉公报》1945年11月27日。

[3]《云哥华华侨救国会举行成立礼盛况》，《大汉公报》1953年3月30日。

[4] Edgar Wickberg et al, *From China to Canada*, Toronto McClelland and Stewart Ltd., 1982, p.228.

分流工作。

1946年7月，第4届世界洪门代表大会在上海召开，将洪门改为"中国洪门民治党"。1947年1月1日，中国洪门民治党驻加拿大总支部与驻温哥华支部联合，成立了加拿大洪门民治党，总部就设在温哥华。[1] 当时，洪门民治党在加东基础较弱，而在加拿大西部，尤其是温哥华，会员最多，在唐人街依然维持较大的影响力。洪门民治党也因为历史的原因，拥有较多的财产，在战后不动产价值大幅上升的背景下，显得财力雄厚，以至于在其他社团经费捉襟见肘的时候，洪门仍有能力为卡加利以及卑诗省城镇的稳宁和爱泊尼港分部建立新会所。[2] 1954年，爱民顿洪门民治党（Edmonton Chinese Freemasons Society）正式成立。[3] 1956年，片市佐治洪门组织成立达权支社。[4]

随着华人社区的重组，洪门组织也出现了一些起伏，在人口集中的大城市，比如多伦多，就成立了新的协进会。[5] 1955年，多伦多洪门民治党新建党所落成。[6] 同年，温哥华洪门支部乔迁到新党所。[7] 而在华人人口逐渐减少的小城镇，有些分支就消失了。

当然，战后加拿大城市的重建也让洪门受到影响。1962年，域多利市政府兴建百周年纪念广场（Centennial Square），收购了菲斯格街南边一带楼宇。1964年3月，民治党被迫出售有64年历史的堂所，给予域多利市政府。是年10月迁往菲斯格557至559号。[8]

在中国政党竞争问题上，加拿大洪门民治党追随中国洪门民治党的立场，在1946年和1947年9月分别于上海和北美洲哈瓦那召开的代表大会上，强调要反对内战。[9]

1949年，北美洪门领袖司徒美堂当选为第一届中央人民政府委员会委员，兼任中央侨务委员，加拿大洪门民治党对此亦持肯定立场。不过仍然呼吁国共双方

---

[1]《民治党成立之盛况》，《大汉公报》1947年1月4日。
[2] Edgar Wickberg et al, *From China to Canada*, Toronto, McClelland and Stewart Ltd., 1982, p.226.
[3] 矿立焊：点问顿洪英大厦的重生，《加拿大洪门140周年贡献》，第91—93页。
[4]《片城洪门恭祝五祖，欢迎新进党员，成立达权支社》，《洪钟时报》1956年9月19日。
[5]《都城洪门协进会举行成立典礼》，《大汉公报》1960年3月8日。
[6]《中国洪门民治党驻都城支部新党所落成乔迁开幕宣言》，《洪钟时报》1955年11月16日；《民治党支部新党所落成乔迁开幕盛况》，《洪钟时报》1955年12月5日。
[7]《民治党驻云支部乔迁金禧纪念盛大庆典》，《大汉公报》1957年3月12日、14—16日。
[8] 黎全恩：《域多利洪门民治党之沿革》，《华埠通讯》，1998年第4卷第10期，第28页。
[9] Edgar Wickberg et al, *From China to Canada*, Toronto, McClelland and Stewart Ltd, 1982, p.226.

化干戈为玉帛，以和平方式解决问题。[1]

值得一提的是，随着加拿大战后的变化，洪门民治党加强了对华人社群和洪门成员的服务，尤其是举办较大规模的恳亲等活动。

举例而言，在选择入境时期，加拿大洪门民治党分别在加拿大的不同城市，举行了第 13 届到第 19 届 7 次恳亲大会。[2]而在战后早期，即 1949 年 10 月，全加洪门达权社在温哥华举行第 9 届恳亲大会。[3]1950 年，在温哥华举办了全美洲中国洪门民治党第 3 届恳亲大会。[4]

随着时代的变化，洪门民治党的"会党"色彩越来越淡，但是却保持了华人侨社的所有传统习俗，其中包括举行春宴、新进成员欢迎会、扫墓、周年庆、郊游和乔迁等活动。而洪门下属的体育会，则把强身健体、舞狮舞龙的传统发扬光大，甚至带入了主流社会。[5]

提起早期多伦多洪门的历史，多伦多洪门民治党元老吴培芳娓娓道来："多伦多洪门成立于 1894 年，堂所位于唐人街上。多伦多洪门是支部，温哥华洪门才是总部，所以多伦多洪门要听从总部交代。会员交来的会费，有一部分要上缴总部。在选择入境时期，多伦多洪门举行和参加过不少活动，比如庆祝中国春节和 7 月 1 日加拿大国庆日、清明祭拜先侨、夏季郊游和参加全加拿大洪门的恳亲大会等。1957 年之前，多伦多洪门还有一个养老院，专门收养年老的会员，并雇人给这些老人煮饭。当时有一位罗医生，是洪门主委，他帮忙到政府申请一些补助金。不幸的是到了 1957 年，多伦多洪门破产了，一切活动都停止了。一直到 1968 年，多伦多洪门才得以重新恢复。"

图 12.7　口述者吴培芳
资料来源：吴培芳

---

[1] 简建平：《中国洪门在加拿大》，中国洪门民治党驻加拿大总支部，1989 年 9 月，第 82 页。
[2] 简建平：《中国洪门在加拿大》，中国洪门民治党驻加拿大总支部，1989 年 9 月，第 66 页。
[3]《全加达权社恳亲开幕》，《大汉公报》1949 年 10 月 17 日。
[4]《全美三恳大会》，《大汉公报》1950 年 2 月 2 日。
[5]《云埠洪门庆祝省庆详情，加拿大发电全球报道》，《大汉公报》1958 年 5 月 24 日。

三、宗亲社团

在加拿大早期华人历史中，宗亲会是最早的社团，也是根基最稳的社团，到大规模技术移民被允许入境之前，宗亲会依然是华人社团的主要部分，也是中华总会馆等领导社团的基础。这种情况，在选择入境时期并没有太大的改变，举行的活动也和以前差不多，比如春秋两祭、帮助已故单身宗亲把遗产汇给中国亲属等。不过，随着时代的变化，各种宗亲会的内部组织架构也在与时俱进，发生了新的变化。这些变化主要体现在青年会的大量出现和宗亲会的整合重组两个方面。

由于排华的影响，宗亲会面临着青黄不接的状态，老年化的同时，第二代、第三代本地出生的华裔则与父辈有代沟隔阂，不太融入宗亲会的活动。战后，华人可以申请子女入境，导致青年人有所增加。因此，宗亲会的侨领为了传递薪火，就要争取土生青年人和新移民青年人加入宗亲会的活动，因此，青年会的出现就形成了小热潮。

比如，1951年，温哥华李氏公所从中国新来了一批青年宗亲学子，公所中原有的一些青年华侨，为了联络双方感情，决定成立青年部。在公所长者的支持下，特于3月18日李氏太祖诞辰日，举行了青年部成立典礼。[1]1952年3月，温哥华龙冈亲义公所成立了青年部，13日，刘、关、张、赵四姓长辈和青年人全部到齐。[2]同年4月，原住域多利的许多余风采堂成员来到温哥华定居，使得温哥华余风采堂人员增多，余风采堂遂组成青年部，并于12日举行了成立典礼。[3]1953年，温哥华溯源总堂因很多家属来加，成员增至百名以上，其中青年男女亦增到数十名，总堂执事认为这些青年人年富力强，工作时间外，应为堂中服务，故组成了青年部。[4]1954年年初，温哥华陈颍川堂成立青年部。[5]

1946年，云埠金紫支堂改为云埠马氏公所。[6]1955年，温哥华南阳总堂成立。[7]1962年3月，温哥华至孝笃亲公所成立，[8]宗亲会重组。战后，华人老移民和新

---

[1]《李氏青年部成立礼》，《大汉公报》1951年3月24日。
[2]《龙冈青年部成立讯》，《大汉公报》1952年3月31日。
[3]《余风采堂纪念志盛》，《大汉公报》1952年4月22日。
[4]《溯源总堂组立青年部》，《大汉公报》1953年3月17日。
[5]《颍川青年联谊预讯》，《大汉公报》1957年2月22日。
[6]《云高华马氏宗亲会简介》，《温哥华中华会馆百年纪念特刊1906—2006》，2006年，第225页。
[7]《南阳总堂成立盛况》，《大汉公报》1955年11月28、29日。
[8]《云埠至孝笃亲公所举行成立典礼盛况》，《大汉公报》1962年3月28日。

移民都有很大流动,导致了东部和西部的宗亲会都有整合归宗或者开枝散叶的现象出现。

多伦多黄江夏分堂原本成立于 1912 年,后来中断了一段时间。1951 年年初恢复。1952 年,多伦多黄江夏分堂和黄云山公所的部分宗亲,为了使堂所能拥有自己的楼业,成立了黄江夏云山实业公司。筹款 5 万元,买下旦打西街 111 号至 113 号三座楼宇,并将 111 号三楼改为堂所办公地址,黄江夏分堂和黄云山公所同时搬入办公。1962 年,经两个堂所大部分会员同意,黄江夏分堂和黄云山公所正式合并,成立了安省黄江夏云山公所。[1] 1957 年,多伦多龙冈亲义公所青年部成立。[2] 1960 年,安省林九牧公所成立。[3] 1962 年,多伦多成立周爱莲公所。[4]

1953 年 7 月,满地可昭伦公所由五姓联宗提议成立,旨在团结宗亲,敦睦宗谊,互助合作,共谋宗亲福利。1954 年 5 月,昭伦公所正式发出成立宣言,并举行成立开幕仪式。[5] 1955 年 7 月,温哥华昭伦公所召开了全体宗亲大会,满地可和多伦多两埠均有代表出席。会后再经域多利和萨斯卡通等埠宗亲公所同意,决定在温哥华成立昭伦总公所。[6] 1955 年 11 月 20 日,全加昭伦总公所在温哥华举行了成立开幕典礼。[7]

1954 年,卡城至德公所成立。[8] 1956 年 6 月,在温哥华马氏公所的帮助下,片市亚拂组织了马氏公所。[9] 1959 年 10 月 27 日,满地可李陇西堂正式更名为李氏公所。当时 5 个主要积极分子是饭店老板李义新、商人李宾雁、商人李约翰、洗衣店店主李道祖和银行职员李亨利。[10]

1962 年,温哥华至孝笃亲公所成立。[11] 1963 年,卡城至孝笃亲公所(The Gee

---

[1]《安省黄江夏云山公所简介》,《全加黄氏宗亲 2005 年恳亲大会 加拿大黄氏宗亲会总会成立 35 周年纪念》,2005 年,第 15 页;《黄江夏云山公所成立二周年纪念》,《醒华日报》1964 年 6 月 17 日。
[2]《龙冈亲义公所青年部成立暨职员就职之盛况》,《醒华日报》1957 年 3 月 5 日。
[3]《安省林九牧公所成立宣言》,《醒华日报》1960 年 8 月 13 日。
[4]《周爱莲分公所成立宣言》,《醒华日报》,1962 年 4 月 9 日。
[5]《加东昭伦亲义公所举行成立开幕纪盛》,《大汉公报》1954 年 7 月 2 日;《满城昭公所开幕纪盛续闻》,《大汉公报》1954 年 7 月 17 日;《满城昭伦公所组织成立宣言》,《洪钟时报》1954 年 4 月 28 日;《满城昭伦公所举行成立开幕纪盛》,《洪钟时报》1954 年 6 月 24 日。
[6]《昭伦总公所成立开幕盛况》,《大汉公报》1955 年 11 月 24 日—26 日。
[7]《全加昭伦总公所举行成立开幕庆典》,《洪钟时报》1955 年 12 月 17 日。
[8]《至德公所世系简略》,《卡城华人社区百周年纪念特刊》,卡城中华协会刊行,1993 年,第 5 页。
[9] 陈国贲著:《烟与火——蒙特利尔的华侨》,北京大学出版社,1996 年,第 219 页。
[10] 陈国贲著:《烟与火——蒙特利尔的华侨》,北京大学出版社,1996 年,第 219 页。
[11]《云埠至孝笃亲公所举行成立典礼盛况》,《大汉公报》1962 年 3 月 17、18 日。

How Oak Tin Benevolent Association）宣布成立，1964 年 1 月 12 日在公所礼堂举行了成立典礼。[1] 1963 年，安省赵氏宗亲会成立。[2]

综上所述，随着一些小唐人街的消失，那里的宗亲会也自然消失，但在人口集中的大城市，仍然不断有新的宗亲会出现，再度体现出华人割不断的乡情和血脉相连的亲情，这是海外华人社区绵延不断的根基。

四、邑县社团

与宗亲会一样，邑县社团也就是同乡会，亦是华人社区最早的社团之一。到了选择入境时期，尽管华人移民的背景逐渐多元化，但是，在家庭团聚移民为主的情况下，广东等四邑的新移民仍然很多，这对邑县社团的发展当然是有利的。

同样，在新的形势下，邑县社团也着眼于年轻一代，不少社团设立了青年部。1952 年，温哥华冈州总会馆成立了青年团。[3] 同年，温哥华铁城崇义总会成立了青年研究社。[4] 1953 年年末，禹山总公所也成立了青年部。[5]

这一时期，华人人口结构多样化，来自各地的移民也组建了新的邑县社团或成立了总部。1955 年 6 月 5 日，卡加利中山同乡会举行了正式成立大典。[6] 1955 年 11 月，温哥华昭伦总公所和南阳总堂成立。[7] 1959 年，域多利三邑同乡会成立，凡旅居

图 12.8　卡尔加里铁城崇义支会会所
资料来源：贾葆蘅拍摄于 2019 年

---

[1]《卡城至孝笃亲会成立志》，《卡城华人社区百周年纪念特刊》，卡城中华协会刊行，1993 年，第 56 页；《卡城至孝笃亲会成立》，《大汉公报》1964 年 1 月 29 日。
[2]《赵氏宗亲会庆祝成立十周年纪念》，《醒华日报》1964 年 5 月 13 日。
[3]《冈州青年团举行第一周年纪念》，《大汉公报》1953 年 4 月 20 日。
[4]《崇义青年研究社成立及清游会盛况》，《大汉公报》1952 年 7 月 8 日。
[5]《禹山总公所联欢大会暨青年团成立纪盛》，《大汉公报》1953 年 12 月 29 日。
[6]《卡城中山同乡会成立典礼之盛况》，《大汉公报》1955 年 6 月 13 日。
[7]《昭伦总公所成立开幕盛况》，《大汉公报》1955 年 11 月 24、25、26 日；《南阳总堂成立盛况》，《大汉公报》1955 年 11 月 29 日。

域多利市的广东南海、番禺、顺德籍华人均可参加。1962年10月，在禺山总公所的支持下，域多利成立禺山分所。[1] 1965年，卡尔加里铁城崇义支会向阿尔伯塔政府申请注册。[2]

这些邑县侨团和宗亲侨团一样，举行的活动大都还是庆贺中国节日、祭祖、清明扫墓、周年庆、新旧职员交替、慰问病侨及帮助已故单身乡亲把遗产汇给中国家人等。

五、土生社团、青年团体和妇女团体

战后，随着华人地位的提升，且已没有语言障碍，同时也属于白领一族的土生华人和20世纪60年代进入加拿大的技术移民，宛如春蚕破茧，爆发出参加社会活动的巨大热情。但是，他们中的很大一部分人并不太认同父辈或者祖父辈的宗亲同乡观念，而是以主流社会的价值观来判断社团的价值。在这种情况下，他们认同英语的主流社团，并积极参与其中，发展出华人社团的分支，而主流社团也想积极开发华人社区的资源，因此全力配合这些华裔年轻人的社团工作。

在这些社团中，华人鹿头会（Chinese Elks）、华人狮子会（Chinatown Lions）、华裔退伍军人协会和一些华人青年协会等，就是比较有代表性的社团。

狮子会是不受特定种族、宗教和政治信仰影响的国际性慈善组织，拥有很多分支，专门从事福利工作。土生华人加入狮子会后，很快组成了华区狮子会分会。1955年，温哥华狮子会华埠分会成立。[3] 1956年，域多利华区国际狮子分会成立。[4]

这些社团每年都会单独或者与西人团体一起举办慈善活动。他们在慈善活动中筹得的款项，很大部分会用在老华侨身上，比如给病侨送去食品、到中华医院探望病人，以及支持中西老年人活动等。[5] 他们以这种方式来回馈父辈、祖父辈养育的恩典，在华人社团中成为另一类，却是十分重要的一个分支。

华裔退伍军人协会是由二战之后一些退伍军人组成的，1946年5月，大约70

---

[1]《域埠禺山分所成立，侨界致送礼物祝贺》，《大汉公报》1962年10月3日。

[2] 李慎满：《加拿大铁城崇义会发展简史》，《加拿大温哥华铁城崇义总会成立90周年纪念特刊》，2005年，第23页。

[3]《狮子会昨开叙飡会》，《大汉公报》1956年2月15日。

[4]《国际狮子会维城华区分会成立》，《大汉公报》1956年4月26日。

[5]《域埠华区狮子会为侨服务热诚可嘉》，《大汉公报》1957年6月4日；《域部华区狮子会慰问老人及病侨》，《大汉公报》1960年2月3日。

位温哥华华裔退伍军人,成立了最初的华裔退伍军人协会。[1] 1947 年 2 月 27 日,全加拿大华裔退伍军人协会正式成立,联邦政府正式给全加拿大华裔退伍军人协会颁发证书,编号为 Pacific UNIT 280,标志着全加华裔退伍军人协会正式成立。他们除了积极争取自身的利益之外,也为华人社区争取平等的政治权利,而这些退伍军人在战后各个领域,都做出了积极的贡献,其中最著名的当然是当选为第一个华裔国会议员的郑天华。

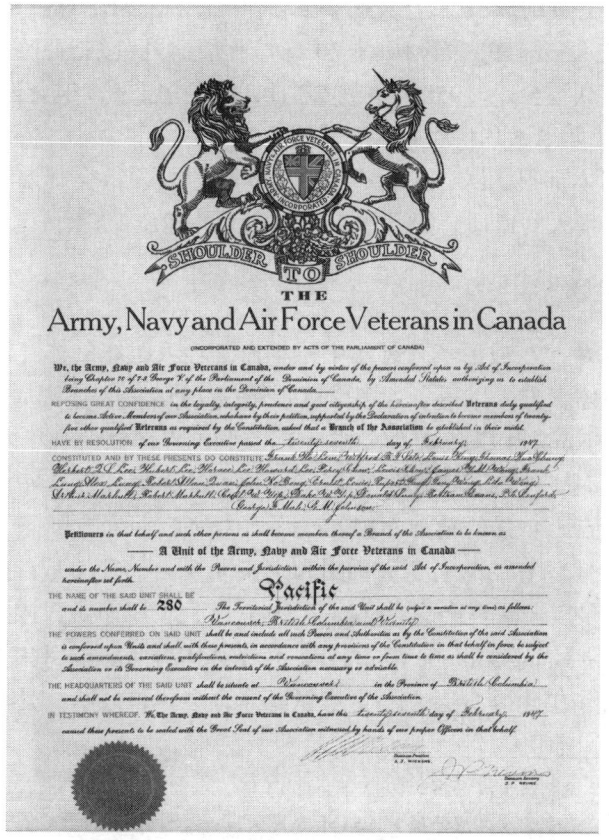

图 12.9　联邦政府颁发给华裔退伍军人协会证书,1947 年
资料来源:加拿大华裔退伍军人协会

作为一个社团,他们除了努力保护和传承华人参军参战的历史功绩之外,还在每年 11 月 11 日世界和平纪念日,出现在加拿大主流社会的活动中,提醒世人

---

[1]《华裔军人会已成立》,《大汉公报》1946 年 5 月 15 日。

不要忘记华人在加拿大最艰苦的战争年代，曾经不畏牺牲，英勇奋战，做出过极大的贡献，这对提升华人社区的曝光度和形象，意义重大。

此外，与从属宗亲同乡会的青年部不同，不少本土出生的华裔和新移民青年华裔还以所在城市为标志，成立了一些独立的青年团体以及妇女团体，比如满地可中华青年会等。

1952年8月10日，由新来加国的青年们创办了温哥华侨英青年会。[1] 1954年5月25日，里贾纳成立了华人青年会。1955年，纳尔森青年组织成立了中国男女青年联谊会。[2] 1957年10月20日，十几个里贾纳青年组成了一个纯学术团体——青年联谊会。[3] 1958年4月27日，温哥华恩平青年会正式成立。[4] 1963年4月13日，萨斯卡通华侨青年会正式成立。[5]

这些青年团体都很活跃，先后举办过学术研讨、联谊会、郊游和慰问病侨等活动，旨在提升华人的素质，提升华人在加拿大的地位。

六、体育社团

值得一提的是，在战后华人社团中，华裔年轻人组织的体育团体可谓是一枝奇葩。年轻人在体育方面取得了很多成就。例如1958年，珍妮周（Jennie Chow）成为踩踏女王（Stampede Quee）。[6] 这些不但改变了外部社会视华人为"东亚病夫"的刻板印象，同时也改变了以前唐人街华人予人抽大烟、迷恋赌博嫖妓的陈旧形象，提升了华人自力自强的精神面貌。

这些体育团体，有的从属于大侨团和宗亲同乡会，有的是自发形成的独立团体。属于大侨团和宗亲同乡会的有成立于1940年且隶属于黄氏族人组织的温哥华汉升体育会（Hon Hsing Athletic Club）[7]、海锋会体育队、温哥华多伦多洪门民治党体育会、温哥华禹山体育会、温哥华恩青体育会、顶好队、爱泊尼港洪门体育

---

[1]《侨英青年社开幕讯》，《大汉公报》1952年8月13日。

[2]《雷城华人青年会成立》，《大汉公报》1954年6月1日；《汝利慎中青会二周年纪念盛况》，《大汉公报》1956年5月31日。

[3]《雷城青年联谊会举行开幕典礼》，《大汉公报》1957年11月8日。

[4]《恩平青年会成立，开幕庆典盛况》，《大汉公报》1958年4月30日、5月1、2日。

[5]《沙青正式宣布成立》，《大汉公报》1963年4月24日。

[6] Post-War 1947–1966：*Chinatown Historical Context Paper*，Commissioned By The City of Calgary，The City of Calgary Records & Information Management（RIM）Inspection & Permit Services，p.32.

[7]《加拿大黄氏宗亲总会》，《全加黄氏宗亲2005年恳亲大会 加拿大黄氏宗亲总会成立35周年纪念》双庆特刊，2005年，第10页。

会。后者则包括温哥华中华体育会、温哥华中华女子体操团、温哥华太极社、温哥华华侨青年体育会、温哥华工力队、温哥华布旦娜队、域多利女子体操团、里贾纳华人青运社、卡加利华人体育会、穆斯乔华人体育会和1961年舞市阻市华人成立的体育会等。[1]

这些体育团体活跃在中西社区之中，先后举办过篮球、排球、乒乓球、棒球、足球、体操、围棋等比赛，成为华人社区与西人社区互动的生力军，对扫除种族歧视的后遗症居功至伟。

举例来说，1962年3月，温哥华海锋会在片打东街女青年会里，举行了第三届"华埠乒乓球锦标赛"。参加比赛者均为温哥华各大乒乓球团体的选手，其中西人选手有26名，华人选手有11名。华人选手李文禄取得了亚军。[2] 1964年年初，温哥华海锋会在片打东街700号女青年会举行第五届乒乓球锦标赛，这次比赛好手云集，北美西岸所有乒乓球球星均来参战。以往比赛，冠军宝座多落在西人之手，可是这一次，李文禄以顽强的拼搏精神和精湛的技艺，最终摘得桂冠。李文禄作为一名乒乓球手，数次取得好成绩，就连很少报道乒乓球赛的《太阳报》，都在报上介绍他的情况和所取得的成绩，还配了李文禄的照片，称他是北美最有希望的乒乓球球星。[3] 1966年，30岁的华裔青年占李，在英联邦运动会射击比赛中，为加拿大夺得了一枚金牌。[4]

华人体育团体也常常参加主流社会的活动。1961年7月，温哥华女子体操队应西人回兵会的邀请，在卑诗省北部各埠轮回表演。7月11日，女子体操队到达片市佐治。这些人刚卸下行装，就参加了沿街巡游。到了晚上，温哥华女子体操队又在滑冰场内举行公开表演，这些尽展巾帼风采和民族特色的表演，得到了场上4000多名中西观众的赞叹。[5] 1965年7月，爱泊尼港洪门体育会受邀参加西人鹿头会伐木工人体育日，这是华人团体首次参加爱泊尼港西人的活动。7月10日下午，洪门体育会在这次活动中，表演拳、棍、刀和枪等18般武艺，显示出华人的雄风，受到西人的欢迎。[6]

---

[1]《舞市华人体育会成立三周年纪念》，《大汉公报》1964年8月22日。
[2]《华埠乒乓球锦标赛志》，《大汉公报》1962年3月24日。
[3]《乒乓赛华人天下》，《大汉公报》1964年3月5日；《西报昨赞扬李文禄》，《大汉公报》1964年12月11日。
[4]《加国华裔青年夺英联邦射击赛冠军》，《大汉公报》1966年8月12日。
[5]《华女子操团誉满片城》，《大汉公报》1961年7月12日。
[6]《砵埠洪门获盛誉》，《大汉公报》1965年7月15日。

而唐人街的一些体育赛事，更是有助于改变唐人街的形象，提升唐人街的活力。比如，1964年4月，温哥华举行了恩青杯华埠篮球公开赛，参加的团体有工力队、洪门队、海锋队、恩青队、汉升队、布旦娜队、青联队和顶好队。[1]最后，海锋队荣登冠军宝座，恩青队为亚军，洪门队屈居季军。[2]本次比赛不仅展现了华人良好的精神风貌，也增进了彼此之间的交流。

这一年篮球公开赛刚刚结束，恩青杯华埠排球公开赛又点燃了烽火。这一次参加比赛的团队有禹山、青联、洪门、恩青、汉升、顶好、布旦娜校友和海锋等8个球队。[3]最后洪门体育队夺得了冠军。[4]

1965年2月，温哥华华埠举行了篮球大赛，共有13个球队参加。[5]在异常激烈的比赛后，恩青队经过苦战荣登榜首。[6]1965年4月，海锋会主办第六届乒乓球锦标赛，华人李文禄打出了雄风，以3:0击败加国冠军，荣登冠军宝座。[7]1966年4月，由海锋会再次主办的乒乓球公开赛，李文禄再一次夺得了单打冠军。[8]同年7月，在海锋会举办的象棋大赛中，马子平气势如虹，楚河汉界展开厮杀，最终取得了冠军。[9]

这些体育运动强健了身体，增强了团体合作，更体现了"全民健身、人人参与"的精神，也给华人社区带来了生机与活力。

七、其他团体

1962年，点城华人杂货商会成立。[10]1964年，加拿大华人社区孟尝会（慈幼会）在多伦多筹备成立，1965年6月正式成立，名为孟尝会（The Mon Sheong Foundation）。[11]此会同年10月通过安省政府注册。1967年1月再获联邦政府批准

---

[1]《球赛金融业第二周》，《大汉公报》1964年4月11日。
[2]《篮球赛成功闭幕》，《大汉公报》1964年5月26日。
[3]《排球赛八队报名》，《大汉公报》1964年7月20日。
[4]《洪门登排球王座》，《大汉公报》1964年8月31日。
[5]《华埠篮球本周开幕》，《大汉公报》1965年2月10日。
[6]《篮球赛连爆冷门》，《大汉公报》1965年4月5日。
[7]《李文禄登冠军宝座》，《大汉公报》1965年4月14日。
[8]《六届乒乓球赛李文禄重登宝座》，《大汉公报》1966年4月12日。
[9]《海峰会棋赛结束，马子平夺得冠军》，《大汉公报》1966年7月16日。
[10]甄炳沾：《永远的荣誉会长》，《问问顿警世钟耆英剧社1917—2017一百周年纪念特刊》，第9页。
[11]《孟尝会大事回顾》，《孟尝会50周年》，2014年，第119页；《孟尝慈幼会积极筹建老人院》，《醒华日报》1965年10月25日。

为慈善机构，成为加拿大华人社区第一个慈善社团。孟尝会成立后，从事慈善事业，举办了许多慈善活动，如建立安老院、合办送餐活动等。[1]

图 12.10　孟尝会
资料来源：丁果于 2014 年拍摄

在选择入境时期，还有一些专门团体，比如 1941 年成立的、保障同行利益的华侨旅店同业公会，[2]针对工人权益的中华职工总会、中华工人保障会、中华职工联合总会，针对商业的中华总商会，拥护中华人民共和国的自由华人委员会、加中友谊会，1944 年 10 月成立的中加协进会[3]，针对农业的华人农业协会，提倡文化活动的海锋会。

还有多伦多华侨福利协会、列城建国协进会[4]、多伦多加籍华人联合会[5]、满城加籍华人联合会[6]、片市鲁别市华侨联合会[7]、当近华侨公所[8]、埃德蒙顿

---

[1]《孟尝会大事回顾》，《孟尝会 50 周年》，2014 年，第 119—122 页。
[2]《华侨旅店会成立宣言》，《大汉公报》1943 年 11 月 4 日。
[3]《中加协进会昨成立》，《大汉公报》1944 年 10 月 11 日。
[4]《列城华侨抗日协进会改建国协进会通告》，《大汉公报》1947 年 4 月 7 日。
[5]《多城加籍华人联合会成立大会盛况》，《大汉公报》1951 年 5 月 18 日。
[6]《满城筹组加籍华人联合会讯》，《大汉公报》1951 年 5 月 26 日。
[7]《片城华侨联合会》，《大汉公报》1953 年 5 月 30 日。
[8]《当近华侨公所成立》，《大汉公报》1964 年 3 月 16 日。

华侨青年文娱社等[1]，这些团体有些是新成立的，有些是早已存在的，不管活动多寡，先后都对促进华人社区的发展起了一定的作用。

举例而言，1950年年初，在中华人民共和国成立之后，温哥华自由华人委员会在俄国人食堂举行了庆祝大会，参会者有中西人士500余名，会上大家唱歌、跳舞，还有人即兴发表演讲，当有人提出要求加拿大总理承认中华人民共和国时，得到与会者的一致赞同。[2]

1953年，多伦多中加友谊会为了发展会务，特派该会驻加西专员黄文甫在温哥华组织分会。同年2月22日，在全加中华总会馆大礼堂，温哥华的一些华侨召开会议，一致同意成立中加友谊协会温哥华分会，并公推黄文甫为主席，还有一些西人政要，如国防部次长等也成了该会名誉会员。[3]

1963年，因卑诗省华人从事农业人数不少，同行业的人在征求社会各界人士及自由党、保守党和新民主党要人的意见后，于3月17日组织成立了卑诗省华人农业协会。其目的是求团结并呈请政府批准华人农民移民到加拿大，以协助发展农业。[4]

加中友谊会于1964年成立，该会的主要任务是敦促加拿大政府承认中华人民共和国政府，并向外交部部长马田提出，要求北京派记者来渥太华设立新闻局，以表示平等互惠。[5]

域多利加中友好协会（Victoria Canada-China Friendship Association）成立于1965年，该协会举办了很多中加友好活动。[6]

这一时期，华人团体相当庞杂，活动各异，但立场大相径庭，总体而言，体现了华人走出了孤立沉默的不幸历史，在加拿大活跃起来，对繁荣华人社区、提升华人在加拿大的曝光度，做出了大小不等的贡献。

---

[1]《华青文娱社成立》，《洪钟时报》1954年4月27日。
[2]《中西人庆祝新中华人民共和国》，《大汉公报》1950年2月6日。
[3]《国民外交的生力军》，《大汉公报》1953年2月25日。
[4]《卑诗省农业协会正式成立》，《大汉公报》1963年3月26日。
[5]《加中友谊会建议政府，加京设中共新闻局》，《大汉公报》1964年1月25日。
[6] 资料来自域多利加中友好协会介绍。

附 录

一、主要地名和省市名中英文对照表

主要地名和省市名（英文）	主要地名和省市名（中文）
Alberni	阿尔伯尼
Albert Head	阿尔伯特半岛
Alberta	爱伯塔省（阿尔伯塔省、亚省）
Alencon	阿朗松
Alexandria	亚历山大
Anticosti Island	安蒂科斯蒂岛
Arizona	亚利桑那
Armstrong	暗市党
Ashcroft	阿什克罗夫特
Ashcroft	埃士哥夫埠
Avellino	阿韦利诺
Bainbridge Island	班布里奇岛
Baltur	巴尔图
Barkerville	百加委路
Barrie	巴里
Beechwood Street	比奇伍德街
Belgium	比利时
Bellingham	贝灵哈姆
Benson	本森

续表

主要地名和省市名（英文）	主要地名和省市名（中文）
Bevan	贝文
Big Bar Creek	大巴溪
Big Bend	大弯
Blaine Lake	莱恩湖
Boston Bar	波士顿沙洲
Bow River	鲍河
Brandon	布兰顿（布兰登）
Bremen	不莱梅港市
Bretteville-sur-Laize	莱兹河畔布雷特维尔
Brighouse Estate	布里格豪斯
British Columbia	卑诗省
Burrard Bay	伯拉德湾
Cache Creek	卡什溪
Calgary	卡加利（卡技利、卡尔加里、加忌利）
California	加利福尼亚（简称加州）
Camrose	卡姆罗斯
Canoe Creek	卡什溪
Canton Alley	广州巷
Canton Block	广州街区
Cariboo	卡里布
Carrall Street	卡罗街
Cassiar	卡西
Cayoosh	卡尤什
Center Street	中心街
Chatham	漆咸

续表

主要地名和省市名（英文）	主要地名和省市名（中文）
Chemainus	占尾利
Chenneville	彻恩威尔街
Chilliwack	车梨役（奇利瓦克）
Clark Dr.	卡拉尔街
Clinton	克林顿
Commando Bay	金马湾
Colony of British Columbia	不列颠哥伦比亚殖民地（简称卑斯殖民地）
Colony of Vancouver Island	温哥华岛殖民地
Cormorant	盖莫伦
Craigellachie	克莱拉奇
Cranbrook	冚补碌（冚卜碌）
Creston	卡市顿
Coontown	黑人街
Centennial Square	纪念广场
Cumberland	冚巴仑
Dewdney Trail	吊理小径
Discovery Island	发现岛
Dorchester Street	多切斯特街
Douglas	道格拉斯
Dufferin	达弗林
Duncan	当近
Dundas	登打士街
Dundas Street	邓达斯街
Dupont St.	渡邦街
Dallas Road	达拉斯街
Eagle Pass	老鹰山口

续表

主要地名和省市名（英文）	主要地名和省市名（中文）
East Pender St.	片打东街
Edmonton	爱民顿（埃德蒙顿，台山人称点问顿）
Elizabeth Street	伊丽莎白街
Emory's bar	颜摩里沙洲
Esquimalt	亚斯奎毛
Extention	埃克顿森
False Creek	福溪
Fan Yan Alley	番摊巷
Fisgard	菲斯格
Fernie	款汝
Ford Street	福特街
Fort street	炮台街
Fraser River	菲沙河
French Creek	法人溪
Front Street	富伦街
Gonzales Bay	冈沙利湾
Gore Street	戈尔街
Government Street	加富民街
Grande Prairie	大草原城
Granite Creek	花岗岩溪
Granville	格兰维尔
Halifax	哈利法克斯（台山人称夏路弗）
Hamilton	咸美顿（台山人称为坎问顿）
Harewood	哈伍德
Hastings Street	喜士定街
Hecate	赫卡特街

续表

主要地名和省市名（英文）	主要地名和省市名（中文）
Hell's Gate	鬼门关
Herald Street	喜报街
Highriver	体粒巴
Harrison River	哈里森湖
Hope	霍普
Hughson	休森
Hastings Street	喜士定街
Hughson Street	晓臣街
Johnson Street	约翰逊街
Juan de Fuca Strait	德富加海峡
John Hart	哈庄
John Street	约翰街
Japtown	日本街
Kamloops	锦碌市（甘露市、坎卢普斯）
Kaslo	卡市露
Keefer	奇化街
Keithley	基富理
Kelowna	企龙拿（企仑打）
Kent Street	肯特街
King William Street	威廉国王街
Kingston	京士顿
Kitsilano	吉施兰奴青年市
Kootenai	库特奈
Kootenay River	曲理河
Labuan Island	拉布安岛

续表

主要地名和省市名（英文）	主要地名和省市名（中文）
Ladysmith	莱迪史密斯
Laguachetiere Street	拉瓜切蒂尔街
Lethbridge	列必珠
Lillooet	利鲁厄特
Logan Avenue	乐根街
London	伦敦（兰顿）
Lucknow	勒克瑙
Lytton	利顿
Liverpool	利物浦
Ladner	兰拿
Lacombe	拉科姆
Main	缅街
Malton	莫尔顿市
Manitoba	缅省（马尼托巴）
Maple Creek	尾步溪
Marseilles	马赛
McGill Street	马吉尔街
McNeely	麦柯尼利
Metchosin	麦祖先
Minneapolis	明尼阿波利斯
Montana	蒙大拿州
Montreal	满地可（蒙特利尔）
Moose Jaw	穆斯乔
McInnes	麦肯尼斯
Musqueam	玛斯昆

续表

主要地名和省市名（英文）	主要地名和省市名（中文）
Medicine Hat	尾利慎血（梅迪辛哈特）
Machleary	马赫利
N.& S.Saanich	南山汝市和北山汝市
Namayo	纳马有
Nanaimo	乃磨、纳奈莫、乃么
Naples	那不勒斯
Nelson	纳尔森（汝利慎、尔利臣）
Nevada	内华达
New Brunswick	纽宾士域省
New Caledonia	新加利杜尼亚
New Westminster	新西敏（二埠）
New Zealand	新西兰
Newcastle	纽卡斯尔
Newfoundland	纽芬兰
Nicola	妮可拉
Nootka Sound	奴加港
North Dakota	北达科他州
Nova Scotia	新斯科舍省
Nicola Road	尼科拉路
NW Territories	西北地区
Oblivion	奥布里维森
Ohilippeville	菲利普维尔
Okanagan	奥哥那根
Oldenburg	奥尔登堡
Olympic Mts	奥林匹克山

续表

主要地名和省市名（英文）	主要地名和省市名（中文）
Omineca	奥米纳卡
Ontario	安大略省（安省）
Oregon	俄勒冈州
Oshawa	奥沙瓦市
Osooyos	奥索尤斯
Ottawa	渥太华（台山人称柯京）
Outremont	乌特勒蒙
Oyster Harbour	牡蛎港
Pandora Avenue	潘多拉
Pennsylvania	宾夕法尼亚州
Philadelphia	费城
Pilkington	皮尔金顿
Pine Street	扳街
Port Alberni	爱伯尼港
Port Moody	穆迪港
Port Townsend	唐逊埠
Portland	波特兰
Powell	鲍威尔街
Prince Albert	亚伯王子（砵亚板汝）
Prince Edward Island	爱德华王子岛省
Prince George	片市佐治
Prince Rupert	片市鲁别
Princess Street	公主街
Princeton	普林斯顿
Puget Sound	皮吉特海湾

续表

主要地名和省市名（英文）	主要地名和省市名（中文）
Port Hammond	不坎文
Princeton	片辰
Quebec	魁北克省（魁省，台山人称为古壁省）
Quebec City	魁北克市
Queen Street	皇后街
Quesnel	干尼路
Quesnelle Forks	福士埠（干尼路福士埠）
Quesnelle Mouth	茂士埠（干尼路茂士埠）
Raymond	瑞蒙得
Red Deer	红鹿市
Regina	里贾纳（雷振打）
Renfrew	兰菲
Revelstoke	利维士（笠巴市笃）
Richfield	里奇菲尔德
River Street	河流街
Robson	罗布森
Rock Creek	岩溪
Rogan	洛根街
Ross Bay	罗斯湾
Rossland	罗士兰市
Rossland	老士仑
Rupert	鲁特街
Russian	俄国
Saint John	塞因特约翰
Somerest	萨默塞特

续表

主要地名和省市名（英文）	主要地名和省市名（中文）
San Francisco	旧金山（三藩市）
Sandon	山顿
Saskatchewan	沙省（萨省、萨斯喀彻温省）
Saskatoon	萨斯卡通（沙士加寸）
Savona's Ferry	沙王拿渡口
Sham Shui Po	深水埗
St.John	圣约翰
St.Paul	圣保罗
St.Urbain Street	圣厄本街
Stanley	士丹利
Stettler	士达拿
Store Street	士多街
Strathcona	士达孔拿
Wellington	惠灵顿
Sudbury	湿比利
Swift	士役汗
Skeena	斯基纳
Tacoma	塔科马港
Terrace	特勒斯
The Horsefly Lake	飞马湖
The Quadra Street	奎德拉街
The Similkameen	斯美加美
Thompson River	汤普森河
Thunder bay	雷湾
Timmins	蒂明斯

续表

主要地名和省市名（英文）	主要地名和省市名（中文）
Toronto	多伦多（吐郎度、都郎度）
The Boyle	博伊尔
Trail Creek	齐路溪
Union	尤尼
United Colony of British Columbia	卑斯（卑诗）联合殖民地
University Avenue	大学路
Vancouver	温哥华（云高华）
Verdun	凡尔登
Vernon	稳宁
Victoria	域多利（维多利亚）
View Street	风景街
Vitre	维特街
Water Street	水街
Wells	韦尔斯
Welland	和仑
West-mount	西山
Wild Horse Creek	野马溪
Williams Creek	威廉溪
Willington	惠灵顿
Windsor	温莎
Winnipeg	温尼伯（温尼泊、宛地辟、稳地辟）
Yale	耶鲁
Yates Street	耶茨街
York Street	约克街
Yukon	育空

二、主要人名中英文对照表

人名（英文）	人名（中文）
Arthur Edward Kennedy	亚瑟·爱德华·肯尼迪
Ah Hong	阿康
Andrew Onderdonk	安德鲁·安达当
A.Bunster	宝士达
Amor De Cosmos	阿莫尔·德·波斯莫斯（郭士毛）
Ah Chory	阿冲（音译）
Alexander Edmund Batson Davie	包特森·戴维
Amanda Clapton	甲顿
Amy Morris	摩利士
A.E.Fowler	福勒
Agnes Deans Cameron	阿格尼斯·迪恩斯·卡梅伦
A.W.Smith	史密斯
Amos E.Russ	阿摩司
Alexander Brown Winchester	亚历山大·布朗·温彻斯特
A.E.Armstrong	阿姆斯壮
Alfred Hoe	何亚发，阿尔弗雷德·何
Albert Mah	马邦基
Bombardier George L.Chow	周·庞巴迪·乔治
Bell-Irving	贝尔-欧文
Bing Wong	黄炳超
Chiang King Ho	蒋经可
CA Coleman	科尔曼
Charley Sing	查理星
Chen Sing Guy	陈升阶
Cedric Mah	马绍基
Chan Dun	陈敦

续表

人名（英文）	人名（中文）
D.H.Helmcken	汉默肯
Dufferin	达弗林
Dunsmuir	邓斯米尔
Daniel James Munn	丹尼尔·詹姆斯·忙恩
Diamond Quon	关·戴蒙德
Douglas Jung	郑天华
Davie Fulton	戴维·富路顿
Dennis Murphy	尼斯·墨菲
E.T.O'Hara	奥哈拉
Earl Dufferin	达厄尔·弗林
Edward Paul	爱德华·保罗
Edward White	爱德华·怀特
Emily Woodman	艾米莉
Elsie Wong	王埃希
Ed Lum	林福来
Ellen Fairclough	埃伦·费尔克鲁夫
Emily F.Murphy	埃米尼·墨菲
Frank Eaton	弗兰克·伊顿
Fred Peters	弗雷德·彼得斯
F.M.MacLeod	麦克劳德
Frederick Seymour	弗雷德里克·西摩
Fong Dickman	冯德文
George Stephen	乔治·史提芬
George Ho Lem	何林
Geo.Powell	鲍威尔
George Deana	乔治·迪恩

续表

人名（英文）	人名（中文）
Guan Jil Louie	雷昆照
George Hong	洪乔治
George Yet Kwong	孔乔治
Gim Wong	黄金焕
Gillian Marie	吉利恩·玛丽
George Ho Lem	何荣禧
Gilbert Malcolm Sproat	吉尔伯特·马尔科姆·斯波鲁特
Gilbert Elliot Murrary Kynynmound	吉尔伯特·埃尔奥特·默拉里·基宁蒙德
H.Hibbebson	席奔生
Henry Cambie	亨利·甘比
Hot Tet Wan	何铁魂
Harry	哈利
Huang Fukang	黄福康
Huang YuLin	黄裕麟
Huang Xuanlin	黄宣琳
Harry Bing Mon Lim	林亨瑞
Harold Chinn	陈·哈罗德
Henry Albert Hank Wong	黄亨瑞
Ivan G.Lee	李·伊凡
John Endicott Gardiner	约翰·恩迪科特·贾甸立
John Meares	约翰·米尔斯
John Fry	约翰·弗莱
James W.Marshall	詹姆斯·马歇尔
James Douglas	詹姆斯·格拉斯
J.M.Bowell	鲍厄尔
Jennie Chow	周珍妮

续表

人名（英文）	人名（中文）
John Robson	约翰·罗品信
John Hamilton Gray	约翰·汉密尔顿·格雷
John A Bradly	约翰·布拉德利
John Endicott Gardiner	贾甸立
Janet Grant	珍妮特·格兰特
Jiang Jingke, Chung Nye	蒋奈
John Diefenbaker	约翰·迪芬贝克（当地华人称第芬碧架）
John Robert "Jack" Nicholson	杰克·尼科尔森（当地华人称匿古臣）
James Allison Glen	詹姆·艾利森·斯陵格
Jim Pattison	吉姆·富帕蒂森
John A.MacDonald	约翰·麦克唐纳（当地华人称麦当奴）
Jean Marchand	琼·马钱德桑
Joseph Adolphe Chapleau	约瑟夫·阿道夫·查普洛
Jack K.Dong	董·杰克
Kuo Lim Mah	马郭林
Leonard McClure	伦纳德·麦哥理
Loley Christopher	福利·克里斯托夫
Loo Yang Kiu	卢仰乔
Lee Mong Kow	李梦九
Lee Ying San	李英灿
Lee Yick Wei	李亦卫
Lin Zangqing	林赞卿
Huang Fukang	林邦锡
Lee Quong Yee	李关叶
Loo Gee Guia, Charlie Bo	刘子逵（查利伯）

续表

人名（英文）	人名（中文）
Luey Kheong	姜·艾露儿
Lee Folk Gay	李福基
Lee Yick Wei	李奕卫
Li Hongqia，Li Runhua	李雄洽（别名李润华）
Lee Kam Tao，Lee Dye or Lee Kum Chow	李鉴涛（别名李代或李锦周）
Lee Kee	李骥（李世璠）
Lee Ghia	李吉亚
Lee Lum	李林
Lam Bon Skeh，Lin Bangxi	林邦锡
Lin LiHuang	林立滉
Liu Tongchun	刘同春
Laifong Leung	梁丽芳
Laurier	劳里埃
Ivan G.Lee	李·伊凡
Matteo Ricci	马泰奥·里奇（利玛窦）
Michael Harey	迈克尔·韩利
Musgrave	马斯格雷夫
Marquis of Lorne	洛恩
McNab Stuart	迈客纳布·斯图尔特
Mclennan	麦克伦南
Mar Sheung	马湘
Mac Donald	马克·唐纳德
Ma T.K.Wou	马镜湖
May Young Yip	叶芙蓉
Mak Tso Chow–T.C.Mark	麦造舟
Mary Laura Mah	马玛丽

续表

人名（英文）	人名（中文）
Noah Shakespeare	诺厄·莎士比亚
Nellie Lim	内莉·林
Nicholas Flood Davin	尼古拉斯·弗雷德·达文
Princess Louise	露易丝公主
Pearson	皮尔逊
Peter Wing	吴荣添
Quon Yen	关恩
Byron Johnson	拜伦·詹森
Robins	罗宾斯
Rithet	列达
R.D.Pitt	皮特
R.C.Clute	克列德
Ralph Smith	拉尔夫·史密斯
Richard McBride	理查德·麦克布赖德
Richard William Grant	格兰威廉
Raymond Harry S.Lee	李·雷蒙德
Roger Kee Cheng	陈罗杰
R.C.Mayne	梅恩
S.Westox	威斯托克
S.Wah Leung	梁甡华
Sophia Leung	梁陈明任
Staneland	斯坦兰
Susan Yipsang	叶金陵
Steveston	史提夫斯顿
Stanley Fong	方·士丹利
Simon Ko Bong, Go Pong	高云山

续表

人名（英文）	人名（中文）
Thomas Kwok Hung Wong	黄国雄
Thomas D.Lindsay	托马斯·林赛
T. T. York	约克（音译）
Valeriana Seyler Y.Nicolau	魏勒尔
W.L.Mackenzie King	麦肯齐·金（当地华人称金麦京）
Won Alexander Cunyow	温金友
Wallace Chung	蒋北扶
W.D.Noyes	诺伊斯
Wilfrid Laurier	弗里德·劳里埃
William King Lowd Lore	罗威廉
Walter Edward Harris	沃尔特·爱德华·哈里斯夏里斯（当地华人称夏里斯）
Wee Hong Louie	雷伟宏
Wee Tan Louie	雷伟天
Walter N.Fong	邝华汰
Wong Fok Ong	黄福康
W.G.Mcquarrie	麦哥理
Walter Edward Harris	沃尔特·爱德华·哈里斯
Woon Ho	温何（音译）
Yip Sang	叶春田
Yip On	叶庭三（叶敦）
Yee dan soon	余鼎纯
Yip Yen，Charlie	叶恩
Yuen Jen Hing	阮仁兴（音译）

三、公司中英文对照表

公司（英文）	公司（中文）
Allan Lowe & Company	刘雅伦船运代理公司
Fook Luk Sou	福禄寿

续表

公司（英文）	公司（中文）
Fook Yen	福源
Hop Kee &Company	合记公司
On Kee	安记
Po Yuen	宝源
Kwong Lee&Company	广利行
Kwong On Wo	广安和
Lee Yune Company	利源号
Quong Man Fung & Co.）	广万丰公司
Stahlschmidt & Ward	施麦与锅公司
Tai Yune	泰源
Tai Soong & Company	泰巽行
Tai Chong	泰昌
The Wah Hing	华兴
Wing Chong Co.	永祥公司
Yang Wo Sang	和生
Yee Kee	义记公司
Yuen Loy Jan	源来栈

四、社团中英文对照表

社团（英文）	社团（中文）
Chinese Liberty Fund Association	域多利华侨劝募救国公债友会
Chinese Benevolent Association（National Headquarters）	加拿大云高华全加中华总会馆
Chinese Community Centre of Ontario Incorporation	安省中华总会馆
Chinese Agricultural Cooperative	华人农业合作社
Chong How Tong	昌后堂
Chinese Canadian Citizens	同源会

续表

社团（英文）	社团（中文）
Chinatown Lions	华人狮子会
Chinese Elks	华人鹿头会
Chow Oylin Kung Shaw	周爱莲公所
Chan Wing Chun Tong	陈颖川堂
Chinese Consolidated Benevolent Association, CCBA	域多利中华会馆
Chinese Vegtable Peddlers Association	卖菜同业工会
Fong Leub Tong Society Sit, Seto Clans Association	薛、司徒氏凤伦堂
Greenhouse United Association	温室联合会
Guacai Lianhehui	瓜菜联合会
Gee How Oak Tin Association	至孝笃亲会
Gee Tuck Tong	至德堂
Chinese Reform Society	华人改革协会
Cheng Wing Yeong Tong	郑荣阳总堂
Chau Luen Society of Vancouver	昭伦亲义公所
Chin Wing Chun Tong Society of Canada	全加陈颖川总堂
Chinese Freemasons of Vancouver	温哥华洪门机构
Han Yuen Club	闲园俱乐部
Ho Lo Kong Tong	何卢江堂
Hip Sing Tong	协胜堂
Kuomintang Calgary Chapter	卡加利国民党分部
Kong Chow Benevolent Association of Canada	冈州总会馆
Hoy Sun Ning Yung Benevolent Association, Headquarters for Canada	台山宁阳总会馆
Hon Hsing Athletic Club	温哥华汉升体育会
Lew Mow Way Tong	廖武威堂
Lum Sai Ho Tong	林西河堂

续表

社团（英文）	社团（中文）
Lim Sai Hor Kow Mock Benevolent Association	林九牧公所
Lee's Benevolent Association of Canada	全加李氏总公所
Lee Long Sai Tong	李陇西堂
Lung Kong Tien Yee Association	龙冈亲义公所
Mar Gim Doo Tong	马紫金堂
Ming Yee Tong	明义堂
Mah Society of North America	旅北美马氏总公所
Nanhuashun United Association	南花顺联会
Shangmen Xiaofan Lianhehui	上门小贩联谊会
Shi Shi Xuan	适适轩
Seto Kou Lun Tong	司徒教伦堂
Suoy Yuen	溯源堂
Shon Yee Benevolent Association	铁城崇义会
The Chinese Young Men's Progressive Party	华人青年男子进步党
Edmonton Chinese Freemasons Society	爱民顿洪门民治党
The Mah Benevolent Society	马氏宗亲会
The Chinese Girls' Rescue Home, or Oriental Home	中华救援之家（又名英华女馆）
The Mon Sheong Foundation	孟尝会
The Chinese Chamber of Commerce	中华商会
The Chinese Canadaian Club	加拿大华人俱乐部
The Gee How Oak Tim Benevolent Association	至孝笃亲公所
The Yee Fung Toy Tong	余风采堂
The Calgary Mah Society Calgary	卡城马紫金堂
The Lung Kong Association Calgary	卡城龙冈亲义公所
Victiroia Canada-China Friendship Association	域多利加中友好协会

续表

社团（英文）	社团（中文）
Victoria's Chinese Young Girls' Patriotic Sociery	域多利华人女子爱国会
Wong Kong Har Tong	黄江夏堂
Wong Wu Sun Society	黄云山公所
Xinning Yee Hing Tong	新宁余庆堂
Yin Ping Benevolent Society of Canda	恩平总会馆
Yue Shan Society	禺山总公所
Zhaoyi Gongsuo	昭一公所

加拿大华侨移民史

社科卷 下

1858-2001

黎全恩 丁果 贾葆蘅 ◎著

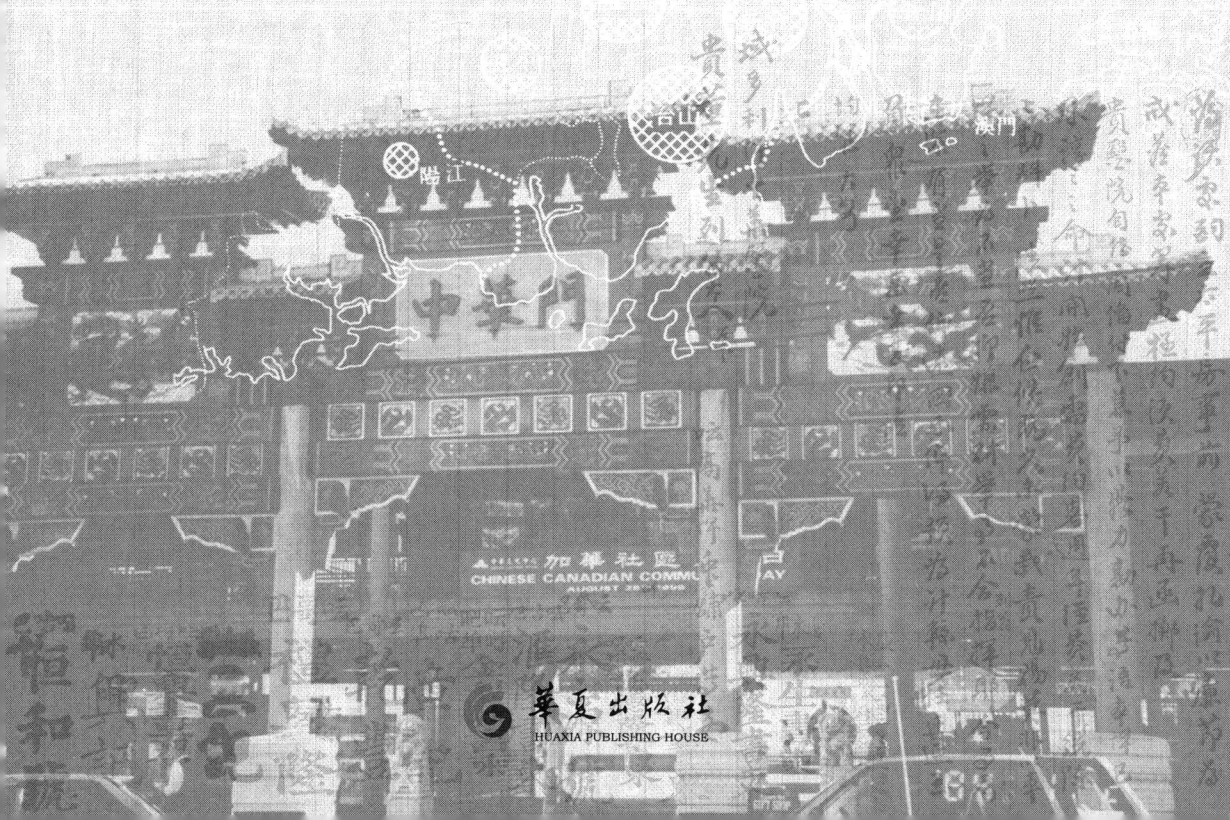

华夏出版社
HUAXIA PUBLISHING HOUSE

图书在版编目（CIP）数据

加拿大华侨移民史：1858—2001. 社科卷. 下 / 黎全恩，丁果，贾葆蘅著. -- 北京：华夏出版社有限公司, 2022.5
ISBN 978-7-5222-0307-2

Ⅰ. ①加… Ⅱ. ①黎… ②丁… ③贾… Ⅲ. ①华侨－移民－历史－加拿大－1858-2001 Ⅳ. ① D634.371.1

中国版本图书馆 CIP 数据核字（2022）第 037517 号

目 录

第一章 开放的移民政策 ·· 1
  第一节 1967年移民政策根本性改变的原因 ·· 1
  第二节 1967年移民政策的主要内容 ·· 5
  第三节 评论移民政策（1973—1981年）·· 9
  第四节 减收移民入境（1982—1984年）·· 16
  第五节 增收移民入境（1985—1989年）·· 17
  第六节 亚洲原居地的新移民潮（1990—2001年）······································ 23

第二章 中国香港移民对加拿大的影响 ·· 47
  第一节 1970年和1980年代的移民 ·· 48
  第二节 1990年至2001年之间的移民 ··· 53
  第三节 中国香港移民在加拿大的发展状况、影响与贡献 ······························ 58

第三章 中国台湾移民对加拿大的影响 ·· 65
  第一节 中国台湾出现留学和移民热 ·· 66
  第二节 中国台湾移民社区的特征 ·· 69
  第三节 中国台湾投资移民 ··· 73
  第四节 "空中飞人" ··· 75
  第五节 中国台湾移民社区 ··· 77
  第六节 中国台湾移民对加拿大和华人社会的贡献及影响 ······························ 78

第四章 中国大陆移民对加拿大的影响 ·· 81
  第一节 中国大陆移民的类别与移民潮产生的原因 ·· 81

第二节　中国大陆技术（独立）移民在加拿大的生活特点与状况……87
第三节　中国大陆老年移民…… 100
第四节　赖昌星案件…… 101

第五章　东南亚难民…… 104
第一节　"海虹号"事件与接收难民…… 105
第二节　华社帮助东南亚难民…… 106
第三节　东南亚难民人口增减及分布情况…… 110
第四节　东南亚难民华裔社团及在加拿大做出的贡献…… 119

第六章　华侨华人反歧视斗争…… 124
第一节　烧腊事件…… 124
第二节　反对W5歧视活动…… 130
第三节　争取"'人头税'赔偿"的斗争…… 136
第四节　"点心日记"案…… 163

第七章　侨社维护祖籍国主权活动…… 168
第一节　修改教科书案…… 168
第二节　加拿大华侨华人参与保钓运动…… 171

第八章　华侨华人人口概况、分布及职业…… 175
第一节　华侨华人人口概况…… 175
第二节　华侨华人的职业、生存状况…… 189

第九章　旧唐人街的衰落与振兴及新唐人街的诞生…… 199
第一节　重建历史悠久的旧唐人街…… 199
第二节　尚存遗迹的旧唐人街…… 200
第三节　修复及美化后的旧唐人街…… 202
第四节　附近重建或原地重建的唐人街…… 222
第五节　新的唐人街…… 235
第六节　华人商场…… 242

第十章　侨团的发展 ································· 246
　　第一节　侨社侨团的发展 ····························· 246
　　第二节　华侨华人社团的现状和特点 ····················· 308
　　第三节　侨社侨团存在的问题 ························· 310

第十一章　亚洲原居地等世界各地华裔留学生在加的情况 ············ 313
　　第一节　中国香港和中国台湾的留学生 ··················· 314
　　第二节　中国大陆来加留学生 ························· 317
　　第三节　亚洲原居地与加拿大合作项目及学术交流 ············· 322
　　第四节　小留学生 ································ 324
　　第五节　社团帮助留学生 ··························· 325

附录 ·· 331

鸣谢 ·· 356

后记 ·· 362

第一章
开放的移民政策

第一节 1967年移民政策根本性改变的原因

许多人都以为,第二次世界大战结束之后,加拿大成为联合国创始成员国,在国际上主张奉行公平正义原则的同时,开始纠正本国移民政策上种族主义的错误。典型的例子就是在1947年废除臭名昭著的"排华法",让华人得以重新进入加拿大,加拿大移民史上最黑暗的一页翻过去了。但是从1947年到1967年,加拿大移民政策中仍然存在着不少种族歧视的内容。在20年的时间里,包括华人在内的有色人种少数族裔和有良知的白人群体,不断通过和平抗争和政治游说的方式,要求渥太华修正移民政策中的种族歧视和不公正条款,使加国的移民政策更加符合公平正义的宪法原则。

就拿华人来说,"排华法"废除后,在子女团聚、配偶来加等家属团聚方面,遭遇移民当局很多刁难。一直到1962年修改移民条例,华人虽然可以通过技术移民的方式来加,华人直系亲属来加的范围也有扩大,但该移民条例的第31节第一段仍然表明,任何来自欧洲国家,包括土耳其、中南美洲国家及其附近岛屿、埃及、以色列和黎巴嫩各国移民,可以申请兄弟姐妹、叔伯子侄等来加移民,但来自亚洲和非洲的移民,则无法享受此种特权。[1]对此,华人社区锲而不舍地发出反对声音,并通过各种途径和渠道要求加拿大移民政策真正符合人权平等的"色盲"原则。

1966年,联邦自由党政府终于发出了取消歧视,向真正的"普遍性"移民政策做出改变的信号。10月14日,担任加拿大人力资源和移民部(Department of Manpower and Immigration)部长的让·马尔尚(Jean Marchand,当地华人称为马桑)在国会发表修改移民政策的白皮书,其主旨就是所有加拿大公民,无

---

[1] SOR/62-36, Feb.14, 1962, Canada Gazette, Part II Vol. 96, No.3, pp.126–139.

论其族裔背景和祖籍国背景，都可享受相同的申请亲属来加的权利。[1]换句话说，原来只是来自欧洲和美洲的加拿大公民才能申请的宽泛亲属移民政策，也同样适用于来自亚洲和非洲的加拿大公民。作为移民部部长，马桑在国会公开承认现有的移民条例存在歧视和不公平之处，并表示要加以修正，这等于承认在战后20多年的时间里，加拿大的移民政策仍然存在着"种族歧视"的致命缺陷。

那么，为何到了1967年，带有种族歧视的移民政策才遭到总清算，移民的大门才开始公平地向所有族裔打开？这里面显然有复杂的原因。

首先，加拿大国家经济发展的需求刺激带来了修正要求。经过战后多年的发展，加拿大已经彻底摆脱农业国的基本地位，进入了复杂的工业社会。从1950年到1967年，加拿大处于历史上GDP高度发展的时期，国内生产总值一度名列世界第八。[2]到了20世纪60年代末，加拿大人均GDP处于世界第四位。[3]

这就使加拿大要积极筹划吸引有学历或者受过培训的技术人才，来支撑国家经济发展的需要。如果按照传统的网罗移民的模式，这些人才自然要从欧洲寻找，但欧洲经过战后马歇尔计划的援助，也迈入高速发展的时期，人才外流的余地并不大。因此，从欧洲以外地区网罗受过教育的高质量移民，已是加拿大无法回避的选择。

但是，要从亚洲吸引这些移民，如果不同时打开家属团聚的大门，吸引力就不会很大。从战后到1966年，加拿大大约吸收了200多万移民，其中大部分是欧洲的亲属团聚移民。[4]而到了20世纪60年代，欧洲很多依亲申请移民则是来自南欧的农民，并不能满足加拿大对"白领阶层"的需求。因此，为了维持可持续性的移民政策，加拿大必须修正原有移民政策中种族歧视那一部分，为未来亚洲来的"白领移民"打开畅通之路。从之后的统计数据可以看到，1951年至1957年，欧洲移民占据移民总数的89.1%，亚洲移民只占2.3%，而从1968年至1983年，

---

[1] The Hon. Jean Marchand, White Paper On Immigration, Canadian Immigration Policy 1966, Queen's Printer and Controller of Stationery, Ottawa, 1967, p.21., p.41.

[2] GDP Countries Compared, https://www.nationmaster.com/country-info/stats/Economy/GDP#1969，检索时间：2021年8月16日。

[3] GDP percapita: Countries Compared, https://www.nationmaster.com/country-info/stats/Economy/GDP-per-capita#1969，检索时间：2021年8月16日。

[4] *Canada Year Book 1966*, p.225., p.241.; *Canada Year Book 1967*, p.223.

欧洲移民降到49.9%，而亚洲移民则上升到16.8%，非洲移民也从0.6%上升至3.4%。[1]这个此消彼长的数据一直延续到21世纪。由此可见，加拿大移民部在1966年对整个移民趋势的观察和把握，是相当正确的，而移民政策的根本性修正，也是符合形势发展的。

其次，当然是国际社会的政治大环境因素使然。20世纪60年代，全球进入殖民地独立和人权高涨的时代，邻国美国更是进入了黑人争取人权的高潮期。自1964年马丁·路德·金（Martin Luther King, Jr.）获得诺贝尔和平奖之后，[2]黑人民权运动已经锐不可当，消除种族歧视已经成为北美洲的共识。这种国际环境的重大变化，对加拿大的影响极为深刻，再加上加拿大的经济架构已逐渐成为出口主导型经济，对美国和世界市场的依赖日趋紧密，从而对世界形势，尤其是人权形势的发展尤为关注和敏感。我们从当时重大历史事件的发生时间来看，可以找到这种观察的线索。

1967年，加拿大政府取消了移民政策中的种族歧视条例。1968年，马丁·路德·金博士在美国遇刺，丧礼的第二天，即1968年4月10日，美国总统林登·贝恩斯·约翰逊（Lyndon Baines Johnson）签署了自1950年代以来黑人民权运动压力下的最后一个民权法案，[3]它标志着民权运动的结束。从中可以清楚地看到事件中的互动关系，因为加拿大移民政策中有明显的歧视亚洲人和非洲裔的条款。

再次，由于经济的高度发展，促使加拿大政府提前向福利国家的目标快速迈进，社会福利制度迅速完善，这也方便了政府消除移民政策中的歧视条款。

自1961年起，加拿大开始实行免费的全民保健制度，显示了加拿大社会的公平平等观念开始深入人心，民众集体思维中对东方人和非洲人的歧视发生了根本性的动摇。

1967年，加拿大举办蒙特利尔世界博览会，当时的世博会会标是清一色的树权，代表人的双手，八双相同大小的手均匀分布，形成一个整圆，掌心一致向内，围绕着中心的地球。这个会标显示的就是全世界不分种族、国界、语言，大家

---

[1] Ottawa, Department of Manpower and Immigration, "Highlights from the green paper on Immigration and Population"（1975）, pp.35–39.

[2] Martin Luther King Jr. Facts, https://www.nobelprize.org/prizes/peace/1964/king/facts/，检索时间：2021年9月20日。

[3] *Civil Rights Act of 1968*.

都拥抱一个地球，同呼吸共命运。试想，在筹备世博会之际，为了能在世博会上向国际社会传递公平正义的信息，加拿大政府怎能不把自己移民政策中残存的"种族歧视"条例排除掉呢？数据显示，移民政策的改变给加拿大带来了巨大利益。1967年，加拿大人口只有2037.8万，[1]但从4月底到10月底半年的博览会展期内，共有5000多万人前来参观，[2]是举办国人数的两倍多，成为加拿大向全球招揽高端移民的最佳历史时期。可以这样说，加拿大在人权问题上的进步，使其国际地位大幅提升，到了1976年，加拿大受邀参加原来由英、法、美、日、德、意组成的六国集团，并成为世界领袖之一。[3]

最后，包括华人社区在内的少数族裔和有良知的白人的持续和平抗争，对移民政策的修正起到了催化作用。1947年"排华法"取消之后，华人社区备受鼓舞，也看到了和平抗争和政治游说对于加拿大移民政策的改变确实卓有成效。此后的20年，无论是在取消"排华法"中功劳卓著的华裔退伍军人组织，还是诸如国会议员郑天华等民意代表，或者像中华会馆那样的社团组织，都通过各种途径向政府施压，要求华人取得与欧洲裔一样的公民或移民权利，尤其是申请家属、亲戚移民的权利。不仅如此，华人从20世纪50年代开始参与选举投票，虽然参政人数和投票人数不多，但在华人集聚的城市和社区也有了一定的影响力，受到了主要政党的关注，导致华人在移民议题上的抗争和游说，有了更大影响力。比如，1966年10月，劳工部部长杰克·尼科尔森（Jack Nicholson，当地称匿古臣）来到温哥华唐人街华侨酒家，与侨胞们一起联欢，并描述了马桑部长向国会呈递白皮书的过程，对新移民法中与华侨有关的重要法律条文加以分析。[4]

其实，在20世纪50年代之后，华人社区在亲属移民、配偶团聚、子女移民年龄等问题上，不断向移民部施压，也取得了局部的成绩，获得了不少移民部的特许批准。这些进步的累积，与时代的发展互动，对推倒加拿大移民政策中种族

---

[1] Estimated population of Canada, 1605 to present，加拿大统计局官方网，https://www150.statcan.gc.ca/n1/pub/98-187-x/4151287-eng.htm，检索时间：2021年9月20日。

[2] Expo 2025 Projected Attendance, Operating Budget & Economic Impact, Pricewaterhouse Coopers LLP., 2016.

[3] John Kirton, Canada, the G7, and the Denver Summit of the Eight: Implications for Asia and Taiwan, http://www.g7.utoronto.ca/scholar/kirton199701/index.html，检索时间：2021年9月20日；History of the G7 Summit: The Importance of American Leadership, http://www.g8.utoronto.ca/annual/bayne1997/document.html，检索时间：2021年9月20日。

[4]《匿古臣分析新移民法》，《大汉公报》1966年10月21日。

歧视的"最后一堵墙",起到了不可或缺的作用。

可以这样说,1923年的"排华法"和之前施行的"人头税",因为针对单一的华人族裔,违反了加拿大的宪法精神,成为加拿大移民史上耻辱的一页。而1967年移民法的修改,则是加拿大在移民政策上真正迈向全球一律、族裔平等的历史新时期,为华人在国家层面的政策性和机制性歧视画上了休止符。

这是时代转型的重要标志。

第二节　1967年移民政策的主要内容

加拿大政府于1967年10月1日,推行了一个没有种族歧视和具有普遍性的新移民政策。[1]新政策的三个主要目标是:1. 刺激加拿大经济增长及鼓励社会与文化的发展;2. 鼓励家庭团聚;3. 实行人道主义之计划,缓解入境难民之困境。在新移民政策下,世界各地人士都能平等地获准移民进入加拿大。这是加拿大历史上,华人首次像其他国籍的移民一样得到平等的对待。审核移民是否合格,是按照挑选标准的记分制来计算:1. 教育学历与训练(20分);2. 个人特质的评价,如适应能力、积极性、进取精神和智慧(15分);3. 加拿大的职业需求(15分);4. 职业技能(10分);5. 在加拿大已有的雇佣安排(10分);6. 英、法语言的能力(10分);7. 年龄(10分);8. 有加拿大亲属(5分);9. 申请到劳动力急需地区的就业机会(5分)。例如,在语言方面,如果申请者能熟练地书写、阅读和流利地讲解英文与法文两种官方语言,最多可获得10分。如果只能说及阅读一种官方语言,可能只获得4分;如果申请者只会说一种官方语言,并有一定的难度,那只能得1分。如果申请人所申请的职业,是当时加拿大所需要的职业人才,申请者便可获得15分。如果独立申请人有足够的经济来源,用来创业或能保障退休后的生活,便可以得到25分,不用职业需要和技术来取得积分。总之,不管申请人是否生活在加拿大,只要获得70分,便可进入加拿大成为移民。

1967年新移民政策中第34条款,即正在加拿大旅游的游客或过访者,如达到70分,便可以在加申请成为移民,不用返回原居地申请。因此,前往加拿大游览成为申请移民的捷径,造成来自世界各地的游客大增。1970年,大约45000名加

---

[1] SOR/67-434,Sep. 13,1967, Canada Gazette, Part II, Vol.101, No.17, pp.1350–1362.

拿大游客申请为移民。自由党联邦政府感到第 34 条款被滥用,于是在 1972 年 11 月 3 日,取消了该条款。[1]

  1967 年 10 月以后,移民人数的统计,不再以移民种族来鉴别,代之以最后长期居住国为依据。例如,在统计数字里,只记录由中国香港入境的移民,这些移民包括由中国香港来的中国人、印度人、英国人或其他族裔人士,因此,1967 年由中国香港入境的中国人并没有具体统计数字,但估计大部分中国香港移民是中国大陆人。从 1967 年到 1970 年,由于加拿大和中华人民共和国没有外交关系,加拿大统计出来的 28440 名中国移民,[2] 其实大多来自中国香港和中国台湾。自 1970 年 10 月 13 号加拿大与中华人民共和国建交后,[3] 很多加拿大华侨开始呼吁申请家眷来加。之后开始有从中国大陆来到加拿大的移民的记录,但是人数非常少,而且这些移民因种种原因,不全是走官方渠道,也有不便公开的特殊原因。1973 年,皮埃尔·特鲁多(Pierre Trudeau)总理访问中国,华人又在为家眷来加大声呼吁。1973 年 9 月 15 日,在特鲁多总理访问中国前夕,加拿大移民顾问委员会成员、温哥华著名侨领简建平就曾给特鲁多总理写信,请求特鲁多总理设法与中国政府协商,简化侨眷来加手续等问题。[4] 对此,特鲁多总理在同年 10 月 3 日访华之前,给简建平回信,表明他此行将会与中国政府提出讨论侨眷之事。[5] 特鲁多总理来到中国后,不仅在贸易方面取得成功,并与周恩来总理签订了协议,准

---

[1] Erika Khandor, Jean McDonald, Peter Nyers, and Cynthia Wright, The Regularization of Non-Status Immigrants in Canada 1960–2004, 2004, p.22.; Freda Hawkins, *Critical Years in Immigration*: *Canada and Australia Compared*, McGill-Queen's University Press, 1991, pp.45–47.; Stevens Paul and John Saywell, "*Parliament and Politics*", Canadian Annual Review of Politics and Public Affairs, 1972, (Toronto: University of Toronto Press, 1974), p.82.《麦基西昨日宣布修改条例:旅客身份入加境,不能再请求居留》,《快报》1972 年 11 月 4 日。

[2] Country of Former Residence and Mode of Arrival of Immigrants Calendar Year 1967, Immigration Statistics, *Manpower and Immigration 1967*, p.6.; Country of Former Residence and Destination of Immigrants Calendar Year 1968, Immigration Statistics, *Manpower and Immigration 1968*, p.5.; Country of Former Residence and Mode of Arrival of Immigrants Calendar Year 1969, Immigration Statistics, *Manpower and Immigration 1969*, p.6.; Country of Former Residence and Destination of Immigrants Calendar Year 1970, Immigration Statistics, *Manpower and Immigration 1970*, p.9.

[3] 中国政府和加拿大政府关于中、加两国建立外交关系的联合公报(1970 年)。

[4] 《简建平,致首相陶杜全文(中译)》,《大汉公报》1973 年 9 月 26 日。

[5] 《陶杜复函简建平有关中国侨眷事》,《大汉公报》1973 年 10 月 15 日。

许一些在加拿大有亲属的中国人移民到加拿大。[1]一年之内,加拿大有6000名华人申请了约15000名中国亲戚来加的移民签证,其中90%为广东人。[2]加拿大移民官也被派到中国,直接处理申请事件。自特鲁多总理访华达成协议后,到了1974年,有近万名侨眷办理来加手续,但首批只有300多人来到加拿大,其中包括司徒玉清等人。1974年8月,司徒玉清与阔别25年的父亲终于相见。[3]自此以后,从中国来到加拿大的移民,由1971年的仅仅47名增长到1975年的903名(参见表1.1)。而由中国香港前往加拿大的移民由1971年的5009名增长到1973年的14662名。这些移民包括学生、企业家、投资者、医生、工程师、设计师等专业人士。

表1.1 中国香港、中国台湾、中国大陆和越南的移民人数

时间	中国香港	中国台湾	中国大陆	越南	总数
1971年	5009	761	47	—	5817
1972年	6279	859	25	—	7163
1973年	14662	1372	60	418	16512
1974年	12704	1382	379	373	14838
1975年	11132	1131	903	2269	15435
总数	49786	5505	1414	3060	59765

资料来源: Canada, Department of Manpower and Immigration, Immigration Statistics, 1971, p.7.; Department of Employment and Immigration, Immigrations Statistics, 1978, p.75.

中国香港移民剧增的主要原因是:1. 香港于1967年发生暴动后,很多港人担心中国政府接管香港,故急于离境。2. 加拿大没有种族歧视的新移民政策,吸引很多合格的港人入境。3. 加拿大的教育和经济发展,吸引港人带孩子移居加拿大。

---

[1] "A hundred years of immigration to Canada 1900–1999(Part 2)", The Canadian Council for Refugees Web site, http://ccrweb.ca/en/hundred-years-immigration-canada-part-2, 检索时间:2021年9月20日;《首相透露中国侨眷来加将获准》,《大汉公报》1973年10月18日;《中加协议移民新办法》,《大汉公报》1975年7月15日;《中加设领事馆助华侨家属团聚》,《快报》1973年10月16日。

[2] Janet W. Salaff and Siu-lun Wong, "Bride fights back tears as Chinese families reunited", Montreal Star, Aug. 26, 1974;《六千亲属来加事,移民部开始办理》,《快报》1973年11月24日;《华侨家属重聚事在北京开始进展》,《快报》1973年3月19日;《侨眷一万余人申请移民来加》,《快报》1974年3月28日。

[3]《中国政府允许侨胞亲属来加》,《快报》1974年4月30日;《首批中国移民昨抵加》,《大汉公报》1974年8月26日;《第一批中国移民昨日经到云哥华》,《快报》1974年8月26日。

4. 加拿大政府于 1973 年 8 月实施了一项新移民政策，凡持有学生签证并于 1972 年 11 月 30 日之前入境的学生，可以申请为加拿大永久居民。[1]因此大约 500 名拿着学生签证的香港学生，获得了永久居住权。5. 加拿大政府又于 1973 年，特赦境内非法入加居民。即凡是 1972 年 11 月 30 日之前入境的旅客和非法移民，其后未曾离开加拿大，并在加拿大没有犯罪记录，则给予 60 天更正身份的机会，但要在 1973 年 10 月 15 日之前申请。联邦政府为此进行了宣传和介绍，加拿大人力资源和移民部部长罗伯特·安德拉斯（Robert Andras）指出，非法移民在 1973 年 10 月 15 日之前登记，就会使"我们的国家成为你的国家"。最后大约有 3.9 万人取得了合法身份。[2]但这种特赦鼓励了更多的人非法入境，因此加拿大政府于 1977 年起决定不再推行特赦政策。[3]

总体来说，1967 年加拿大修改移民法之后，针对一些族裔的歧视政策终于被取消，东方移民，尤其是华人移民，摆脱了长期以来受歧视的阴影，这是战后族裔平等运动中的一个重要成果，也是加拿大国家反省和制度完善的一个重要里程碑。

---

[1] Government of Canada, Forging our legacy: Canadian citizenship and immigration, 1900-1977, https://publications.gc.ca/site/eng/91366/publication.html，检索时间：2021 年 9 月 15 日；Erika Khandor, Jean McDonald, Peter Nyers and Cynthia Wright: The Regularization of Non-Status Immigrants in Canada, 1960-2004, 2004, p.22.; "A hundred years of immigration to Canada 1900-1999" (Part 2), The Canadian Council for Refugees website, https://ccrweb.ca/en/hundred-years-immigration-canada-part-2, 检索时间：2021 年 9 月 15 日；Frances Stanford,Citizenship and Immigration Gr. 4-8, S&S Learning Materials, 2003,p.93.

[2] Frances Stanford, Citizenship and Immigration Gr. 4-8, S&S Learning Materls, 2003, p.93.; Erika Khandor, Jean McDonald, Peter Nyers, and Cynthia Wrigh: The Regularization of Non-Status Immigrants in Canada 1960-2004, 2004, p.23.; Canada, House of Commons, Debates, Jun.20, 1972, 4950; Memo to Community Development and Recreation Committee to Executive Director, Social Development, Finance & Administration, Undocumented Workers in Toronto 7 (Oct. 22, 2012); legdocs/mmis/2013/cd/bgrd/backgroundfile-55291.pdf；《安祖士提出新法，许非法移民拘留》，《快报》1973 年 6 月 19 日；《移民部长再三声明，非法移民登记勿延》，《大汉公报》1973 年 10 月 3 日；《史德利请求华友对政府具有信心》，《快报》1973 年 7 月 23 日；Department of Manpower and Immigration Robert Andras：《快报》1973 年 8 月 23 日；"A hundred years of immigration to Canada 1900-1999" (Part 2), The Canadian Council for Refugees website, http://ccrweb.ca/en/hundred-years-immigration-canada-part-2, 检索时间：2021 年 9 月 16 日；Valerie Knowles, Strangers At Our Gates: Canadian Immigration and Immigration Policy, 1540-2015 (Toronto: Dundurn, 2016).；《现已有三万九千余人登记》，《快报》1973 年 10 月 10 日。

[3] Immigration Act, 1976-1977, https://www.refworld.org/docid/3ae6b5c60.html，检索时间：2021 年 9 月 17 日；《境内非法移民，联邦不再特赦》，《醒华日报》1977 年 9 月 19 日。

在歧视政策改变的过程中，华人虽然不是主要推动者，但华人在歧视时代的遭遇和为改变这种遭遇所做的不懈努力，肯定也是改变移民法的重要动力之一。

1967 年移民法的修改让加拿大的移民政策真正进入具有"普遍性"的时代，并与加拿大的宪法精神完全吻合。加拿大虽然在 1960 年制定仅属于联邦法律范畴的《加拿大人权法案》（Canada Bill of Rights）[1]，但族裔歧视的现象仍然到处可见。1967 年移民法的改变，再度使加拿大在族裔平等诸方面走到世界的前列，并为 1982 年《加拿大权利和自由宪章》的出炉做了最好的铺垫。

半个世纪以来，因为 1967 年移民法的修正，加拿大再未出现过"排华法"等种族歧视的法律。当然，这并非说联邦层面的移民政策已经尽善尽美，各届政府仍然通过调节海外移民处和移民官人数等技术手段，来滞缓或者加大某个地方的移民数量，但制度性的歧视毕竟成为昨日的历史。

图 1.1　1966 年以留学生身份到渥太华大学攻读教育学位的叶吴美琪（Maggie Ip）
资料来源：叶吴美琪

第三节　评论移民政策（1973—1981 年）

在 1967 年移民政策出现之前，欧洲移民仍然占加拿大移民的大多数，但其变化趋势已经呈现。1967 年普遍性移民政策推动后，欧洲移民出现了大幅度下降的

---

[1] S.C. 1960, c. 44.

局面。1951 年至 1957 年，近 90%的加拿大移民来自欧洲，亚洲移民仅占 2.3%。从 1959 年到 1965 年，欧洲移民出现减少的趋势（参见表 1.2）。

表 1.2　各地登陆移民人数

出生地	1959 年	1960 年	1961 年	1962 年	1963 年	1964 年	1965 年
亚洲	3768	2247	1828	1597	2374	4404	8553
欧洲	68319	65602	41688	37222	42833	51263	66043

资料来源: *Canada Year book 1962*, p.166.；*Canada Year book 1966*, p.227.；*Canada Year book 1967*, p.220.

1967 年新移民政策实施后，这种此消彼长的趋势更为显著，欧洲移民占全加移民人数降至 50%，而亚洲来的移民升到 17%，非洲移民则由 0.6%升到 3.4%（参见表 1.3）。由于歧视亚洲移民的历史因素和传统习惯，非白人移民的快速增长引起不少白人社区的不满，因此加拿大联邦政府于 1973 年 9 月开始检讨移民政策，并再度修改了一些法案。

表 1.3　移民到加拿大前最后的定居处及人数

原居处	1951—1957 年		1968—1973 年	
	人数	百分比（%）	人数	百分比（%）
欧洲	1103539	89.1	459881	49.9
北美和中美洲	76277	6.2	216840	23.5
亚洲	28465	2.3	154864	16.8
南美洲	10182	0.8	32827	3.6
澳洲	11571	0.9	21345	2.3
非洲	7265	0.6	30820	3.4
大洋洲	1652	0.1	4747	0.5
总计	1238951	100.0	921324	100.0

资料来源: Ottawa, Department of Manpower and Immigration, "Highlights from the *Green Paper on Immigration and Population*"（1975），pp.35–39.

一、对普遍性移民的不当反弹

1974年10月22日,加拿大人力资源和移民部部长安德拉斯在国会中宣布,今后凡是申请移民加拿大者,需要确定申请人是否具备加拿大的工作聘书,且具备的技能是加拿大所需要的,符合加拿大社会职业需求,或申请者愿意到某些特定地区从事人工缺乏的工作。否则,在计算中会失去10分,而新法并不影响有直系亲属在加拿大的申请人。[1]

安德拉设定了这届联邦政府移民政策的基调:要减缓移民增长速度,继续鼓励法裔移民来加。[2]

(一)"绿皮书"风波

对于新移民法,华人社团及其他族裔均有不同意见。1974年年底,温哥华侨领简建平曾呼吁侨胞组织移民委员会,准备向政府提供华人社区对新移民修改政策的意见。[3]谁知,华人社区的反应速度比不上主流社区的反馈速度,加拿大联邦政府于同期收集了全国各团体对移民政策的意见后,将提交的简报、信件和讨论文件等,集合编辑成一本《移民和人口绿皮书》,于1975年1月出版。[4]国会为此成立了一个"加拿大国会上下两院联合移民委员会"(Canada Parliament, Special Joint Committee of the Senate and the House of Commons on Immigration Policy),决定按照加拿大人口与社会经济的需要,制定接收移民条例,但是加拿大各少数族裔及部分白人激烈地批评"绿皮书"的建议。

(二)华人社区对"绿皮书"的反击

温哥华中华文化中心首先成立"绿皮书研究小组",一面对绿皮书进行分析,一面与其他少数族裔取得联系。随后,中侨互助会与中华文化中心、洪门民治党等40多个社团召开全侨大会,于1975年3月9日成立了温哥华华人研究移民政策行动委员会。该委员会向华人社区发出呼吁,要求各社团集思广益,对新移民政策提出建言,由该委员会编写整合后呈交国会。[5]随后温哥华华人研究移民政策行动委员会准备在1975年5月于上议院国会移民委员会举办的公

---

[1]《安祖士正式宣布实行新移民条例》,《快报》1974年10月23日。

[2]《新移民规定昨日正式宣布,推荐及独立移民需要聘书》,《醒华日报》1974年10月23日。

[3] 简建平:《呼吁侨胞组织移民委员会,准备向政府提供移民意见》,《大汉公报》1974年12月2日。

[4] Canada, Department of Manpower and Immigration, *Green Paper on Immigration and Population*, Ottawa, 1975.

[5]《云埠侨团讨论"移民政策绿皮书",组成一个行动委员会》,《大汉公报》1975年3月21日;《侨界加紧讨论绿皮书,积极与各民族联系研究》,《大汉公报》,1975年3月24日。

听会上递交意见书，呼吁侨胞签名。[1] 1975年5月，在上议院国会移民委员会举办的公听会上，华人研究移民政策行动委员会代表华人交上有9200多名华人签名的请愿书，并有100多名华人旁听公听会，华人呈文演讲词获得特批用中文译出。[2]

1975年6月，继温哥华之后，多伦多有15个华人团体组成了"绿皮书研究委员会"，着手收集大都市华人对绿皮书的意见和建议，并和温哥华及蒙特利尔等华人社团交换意见，以便在9月中旬向政府提出一个能顾及华人利益的新移民政策呈文。有侨领接受"中华之声"电视访问时，对绿皮书提出意见，认为政府鼓励法语系国家的人移民加拿大，有种族歧视的意味。[3] 当时唯一的华裔国会议员李侨栋在1975年6月多伦多华商会周年晚会上，直指绿皮书取消推荐移民的建议，与中国大家庭观念相冲突，而绿皮书采取的关门政策对加拿大是有害的。[4] 显然，对绿皮书持不同意见的不仅是华人，加拿大成人教育协会于1975年5月22日在多伦多大学召开全国性代表大会，专门讨论绿皮书问题。出席会议的代表有华人、英裔、法裔、意大利裔、德国裔、韩国裔、黑人、印度裔、巴基斯坦裔、波兰裔、乌克兰裔、犹太和希腊等族裔，不少人在会中对绿皮书提出了反对意见。[5] 同月，加拿大国会上、下两院移民政策联合小组在多伦多举行绿皮书公听会，会外有不同族裔在游行示威，抗议政府的绿皮书。[6]

但是，加拿大主流社会不少人反对更多的移民来到加拿大。1975年，加拿大国会上、下两院联合移民委员会在21个城市举行了50次公听会，收到1200多封信和简短声明，反对接收更多的移民。委员会于1975年年末把报告呈交给国会。[7]

---

[1]《请签名支持移民意见》，《大汉公报》1975年5月10日。

[2]《公听会抨击移民法》，《大汉公报》1975年5月28日；《华区呈文惊震大会》，《大汉公报》1975年5月29日。

[3]《华人社区领袖接受电视访问，对绿皮书表示意见，主张放宽亲属移民》，《醒华日报》1975年6月26日。

[4]《华裔国会议员李侨栋指出：加国移民政策不应关闭大门》，《醒华日报》1975年6月25日。

[5] 简建平：《全加会议讨论移民记》，《大汉公报》1975年6月3日。

[6]《加国会移民联合组昨首次举行，绿皮书公听会，各族巡行示威》，《大汉公报》1975年6月10日。

[7] A hundred years of immigration to Canada 1900–1999（Part 2），https://ccrweb.ca/en/hundred-years-immigration-canada-part-2，检索时间：2016年10月16日；Report to Parliament by the Special Joint Committee on Immigration Policy（Ottawa：Information Canada，1974）. p.5.，Table 3，71；《国会委会收到千余反对移民信，移民新政策势将加强严厉限制》，《大汉公报》1975年9月20日。

联合移民委员会总结草案认为,加拿大应该是移民国家,将来的移民人数按移民政策方案做出调整,并随时可以按照年度变更移民指标,以获得有效的人口增长,以及适应经济环境的变化和需求。[1]

二、1976年移民法的变化

联邦政府经过多次讨论后,于1976年通过了一项新的移民法,定于1978年4月10日生效。新法分为3种类型:家庭亲属移民、独立移民和难民类移民。新法规定,加国公民的父母或祖父母申请来加,不再有年龄限制,均可以按近亲处理。新法鼓励新移民到边远地区居住,自愿在边远地区居住至少半年者可获得政府优待。为了阻止不断增加的非法移民,新法规定所有以游客身份来加者,要在加国短期工作,必须得到政府批准,所有游客不得改变身份。新法第一次把难民列为独特的一类,此前接纳难民是在一个特设的基础上确定的。[2]

(一)难民与企业移民

新移民法还增加了企业移民,就是计划在加拿大创业的移民,凡携带15万加元以上现款的申请移民者,可立即获得批准。新移民法还将申请入籍年限由5年减为3年。新法准许接受企业移民的时候,不用按照加拿大职业需求或是否已经有就业安排的规定。新法对以企业家和自雇人士身份申请移民者提出如下条件:企业家必须购买1个企业或控股1个企业;自雇人士必须计划在加拿大建立企业,并为5个以上加拿大人提供就业机会。[3]

(二)新移民法的目标

新移民法有3个主要目标:1. 鼓励家庭团聚;2. 通过人道主义计划,减轻从亚洲、欧洲、南美洲和其他地方来的难民的困境;3. 增加加拿大的人口,帮助刺激国家的经济增长及社会和文化的发展。依据这些目标,新例修改了1967年的记分法,将重点放在移民担保、职业经验、教育和加拿大的经济需要上。

---

[1] Canada Parliament, Special Joint Committee of the Senate and the House of Commons on Immigration Policy, *Report to Parliament*: *Immigration*, Ottawa: Information Canada, 1975, pp.5 – 7.;《华人研究移民政策行动委员会设小组,抗议移民政策报告书》,《大汉公报》,1976年3月2日。

[2] Canada, Statutes of Canada. "*An Act Respecting Immigration to Canada*": 25 – 26 Elizabeth II, Chap. 52, 1976 – 1977.

[3] Canada, Statutes of Canada, "*An Act Respecting Immigration to Canada*": 25 – 26 Elizabeth II, Chap. 52, 1976 – 1977; The Immigration Regulations of 1978, Privy Council P.C. 1978 – 486, Feb.23, 1978, Canada Gazette, Part II. Vol.112, No.5, pp.757 – 788.

每年 10 月，加拿大劳工移民部部长会咨询各省政府有关该省人口及劳工市场的需求，然后决定下一年度加拿大即将接收的移民人数。据此，加拿大劳工移民部（Employment and Immigration）部长巴德·卡伦（Bud Cullen）在 1978 年 10 月咨询各省政府后，决定加拿大于 1979 年接收 100000 名移民，次年接收 120000 名移民。[1]

（三）中国团聚移民激增

1979 年和 1980 年实际入境移民人数超出原本计划接纳的移民人数（参见表 1.4），其中一个可能的原因是中国团聚移民突然大幅增加，因为中国政府于 1978 年 6 月 9 日，发布并实施国务院批转公安部、外交部、国务院侨务办公室关于放宽和改进归侨、侨眷出境审批的意见。[2] 中国放宽侨眷移居外国的控制后，从中国来加拿大的移民比以前多出两倍多，他们均是以家庭团聚的名义进入加拿大的。大多数从中国来的新移民，是早先来自传统侨乡的广东省农村移民的配偶，他们主要是农民或农场劳动者。像 19 世纪来的华人移民一样，许多新移民没有接触过西方文化，他们面临着语言障碍。这些从中国大陆来的新移民和越南华侨难民，还是愿意住在唐人街或附近的，一方面是因为居住廉价，另一方面是容易寻找到赖以维生的工作。

表 1.4　计划移民数量和实际登陆人数

时间	计划移民人数	实际登陆总移民人数	来自中国香港、中国台湾和中国大陆的实际登陆人数	总百分比（%）
1979 年	100000	112096	8731	7.8
1980 年	120000	143117	12072	8.4
1981 年	130000—140000	128618	13836	10.8
1982 年	130000—135000	121147	10674	8.8
1983 年	105000—110000	89157	9497	10.7
1984 年	90000—95000	88239	10331	11.7

---

[1] Canada, Employment and Immigration Canada. Immigration Levels Planning: The First Decade, Mar. 1988, p.9.

[2] 国务院批转公安部、外交部、国务院侨务办公室关于放宽和改进归侨、侨眷出境审批的意见：国发〔1978〕121 号。

续表

时间	计划移民人数	实际登陆总移民人数	来自中国香港、中国台湾和中国大陆的实际登陆人数	总百分比（%）
1985 年	85000—90000	84302	9799	11.6
1986 年	105000—115000	99219	8490	8.6
1987 年	115000—125000	146994	20262	13.8
1988 年	125000—135000	161585	28246	12.6

资料来源：Employment and Immigration of Canada.*Immigration Levels Planning: The First Decade*, Mar. 1988, p.40.

（四）越南船民与难民

值得一提的是，除了常规移民之外，20 世纪 70 年代中期，加拿大迎来了来自越南的难民潮，难民中很大一部分是华裔。在难民政策方面，加拿大政府采取了积极帮助的姿态。1975 年西贡沦陷后，不少越南人，包括越南华人逃离越南。大批华人为避祸选择乘船离境，很多越南人也追随其后，争先恐后与华人一同乘船离境，形成庞大的难民群体。除水路以外，成百上千的难民也从老挝和柬埔寨进入泰国，再向其他国家申请难民定居。加拿大是西方接纳印度支那难民定居国之一。

出于人道主义考虑，渥太华联邦政府决定提高接收难民的人数。从 1979 年 7 月开始及以后的两年内，在联邦政府和私人资助者的合作安排下，加拿大为 50000 名印度支那难民提供了住所（其后增至 60000 名）。[1]

（五）有关家佣移民政策

在有关家佣移民政策方面，1981 年 11 月，联邦政府宣布了一项新规定，暂时在加国工作的管家和保姆，在完成 24 个月工作后，可申请移民。1992 年，该项目更名为住家保姆项目（The Live-in Caregiver Program，LCP）。[2]

---

[1] Canada Year Book, 1980–1981, p.125.; Department of Employment and Immigration, Immigrations Statistics, 1979–1981.

[2] The Foreign Domestics Movement (FDM), 1981; Canada's temporary foreign worker program, http://migranteottawa.org/temporary-foreign-worker-program-what-you-need-to-know/, 检索时间：2021 年 9 月 20 日。

第四节　减收移民入境（1982—1984年）

进入20世纪80年代后，受加拿大经济大环境的变化、移民政策多元化的出现、联邦自由党和联邦进步保守党政党轮替等因素的影响，加拿大在接收移民人数的目标上出现了较大的浮动。这种波动为20世纪90年代移民人数目标相对固定化提供了契机。

1981年后期，加拿大的经济开始衰退，失业率增长超过了10%，很多失业的加拿大人抱怨是移民夺走了他们的工作机会。因此，联邦政府于1982年5月1日实施了一项选择移民工作者的政策：移民必须在加拿大有安排好的工作，而这份工作必须在加拿大境内找不到人胜任才行。不仅如此，联邦政府还将接纳移民的数量从1982年的13万—13.5万减少到1985年的8.5万—9万。

在移民数量减少的情况下，来自中国香港的移民却由1982年的6542名增加到1984年的7696名。[1]原因是很多香港移民是投资移民和企业移民，他们带来了资金并在加拿大创业，帮助加拿大增加就业机会，所以受到政府欢迎。同样，来自中国台湾的投资移民和企业移民也一样受到欢迎（参见表1.5）。

表1.5　从中国香港、中国台湾进入加拿大的商业移民

时间	商业移民人数总和	中国香港	中国台湾
1983年	6225	1180	221
1984年	6260	2287	154
1985年	6481	2821	155
总计	18966	6288	530

资料来源：Department of Employment and Immigration, Canada, Immigration Statistics, 1983–1985.
注：商业移民的总和包括企业家移民和自雇移民进入加拿大的主申请人和家属。

1997年，香港回归中国。[2]之后，不少中国香港居民希望移民加拿大，尤其

---

[1] Canada, Employment and Immigration, Immigrations Statistics, 1978–1984.
[2] 中华人民共和国政府和大不列颠及北爱尔兰联合王国政府关于香港地区问题的联合声明，1984年12月19日；The Joint Declaration of the Government of the United Kingdom of Great Britain and Northern Ireland and the Government of the People's Republic of China on the Question of Hong Kong was Sign on Dec. 19, 1984.

是那些中产阶层和富裕阶层的人士。

1979年，魁北克省在中国香港设置办事处，介绍中国移民到魁北克发展。[1]

第五节　增收移民入境（1985—1989年）

1985年6月，一份"评论计划未来移民发展方向"的报告，呈交给加拿大国会下议院。这份报告揭示：育龄妇女生育孩子的比率已经从30年前平均每位育龄妇女生育3.85名孩子，下降到1.66名孩子。如果不接收更多的新移民，加拿大人口下滑，终将影响国家的经济发展。报告认为，移民并没有从加拿大人手里夺走工作的机会，而是对经济增长有所贡献，并增加了新职位。[2]这份报告结束了两年多的减缓移民政策。

加拿大进步保守党政府移民部部长瓦尔特·麦克莱恩（Walter Mclean）于1985年年底宣布，加拿大在1986年重新扩大接收移民，以防止加拿大人口下降，[3]接纳移民人数从1986年起每年增至105000—115000名。[4]而55岁以上人士只要有足够的生活费，均可以申请移民。政府认为他们虽不是生产者，却是消费者，他们不需要政府的津贴，单凭消费就可以增加加拿大人的工作机会。[5]这就是所谓的退休移民，而欧美、日本是这类移民的受益者。

一、来自中国台湾和中国香港的企业移民的进入

加拿大政府于1986年1月，实施了一项投资移民政策。[6]据此政策，投资及

---

[1] 魁北克—中国：贸易往来40年！魁北克省政府官方网，http://www.international.gouv.qc.ca/zh/beijing/actualites/19116，检索时间：2021年9月20日；Immigration to Canada 1900 - 1999 (Part 2),The Canadian Council for Refugees web site, http://ccrweb.ca/en/hundred-years-immigration-canada-part-2，检索时间：2021年9月20日；Canada's Refugee Determination System, https://pier21.ca/research/immigration-history/canada-s-refugee-determination-system，检索时间：2021年9月20日。

[2] Canada, Employment and Immigration Canada, *Immigration Levels Planning*：*The First Decade*, Mar.1988, p.28.

[3]《联邦移民部长通令所属，放宽来加定居老人移民》，《醒华日报》1985年8月2日；《加国放宽移民政策增加配额》，*Modern Times Weekly*, Nov. 8, 1985.

[4] Canada, Employment and Immigration Commission, Immigration, 1(1986),p.2.

[5]《联邦移民部长通令所属，放宽来加定居老人移民》，《醒华日报》1985年8月2日；《加国放宽移民政策增加配额》，*Modern Times Weekly*, Nov. 8, 1985.

[6] Canada, Employment and Immigration Canada. *Immigration Levels Planning*：*The First Decade*, Mar.1986, p.2.

企业移民被划分为三类。第一类是企业移民，必须要有足够的财产和管理能力，购买或创建一个企业并认真管理，给加拿大人创造就业职位。第二类是自雇移民，其工作必须对加拿大经济有所贡献或丰富和充实加拿大的文化艺术。第三类是投资移民，至少拥有 50 万加元的家产，必须在加拿大拥有居所，三年内总投资资金不能少于 25 万加元，并创造就业职位。[1]概括地说，加拿大希望企业移民投入风险资金，并发挥他们的企业管理才能，帮助增加就业机会。

恰逢中国台湾地方政府于 1987 年取消了资金流动管制，加拿大投资移民法吸引了很多中国台湾投资者及工商创业专家把目光转向加拿大。中国台湾移民从 1986 年的大约 700 名增至 1989 年的 3000 名以上，其中不少是投资移民（参见表 1.6、1.7）。

很多中国香港人担心"一国两制"行不通，导致申请移民到加、美、澳等国家的人数大增。尽管加拿大每年所需各种类型的移民人数有限额，但是加拿大驻中国香港的专员公署日日挤满申请的人。仅 1988 年就有超过 23272 名中国香港人移民加拿大。中国政府和港英政府都曾表示担心，大量资金的离开会给香港带来负面影响，因为仅 1986 年就有 80 人申请投资移民，其中超过 1/3 来自香港。

表 1.6　来自中国香港、中国台湾及中国大陆的移民人数

时间	中国香港	中国台湾	中国大陆
1985 年	7382	536	1883
1986 年	5903	695	1902
1987 年	16195	1424	2625
1988 年	23272	2066	2778
1989 年	19935	3388	4430
总计	72687	8109	13618

资料来源：Landed Immigrant Data System, 1980–1989, Citizenship and Immigration Canada; Hong Kong Information Centre, Emigration, updated May 2003; Department of Employment and Immigration, Immigration Statistics, 1978–1988; Country of last permanent Residence by Age Groups and Sex: Immigration Statistics, *Employment and Immigration Canada*, 1985, p.26.

注：商业移民的总和包括企业家移民和自雇移民进入加拿大的主申请人和家属。1986 年之后还包括投资移民。

---

[1] Canada, Employment and Immigration Commission, Immigration, 1 (1986), p.2.

表1.7 从中国香港和中国台湾进入加拿大的商业移民

时间	中国香港	中国台湾
1985年	2821	155
1986年	2433	345
1987年	3173	775
1988年	4477	1323
1989年	5301	2267
总计	18205	4865

资料来源: Department of Employment and Immigration, Canada, Immigration Statistics, 1986–1989.

注：商业移民的总和包括企业家移民和自雇移民进入加拿大的主申请人和家属。1986年之后还包括投资移民。

二、企业移民和投资移民引发的争议

联邦政府放宽移民政策再度引发主流社区疑虑，移民部着手疏导民众的不满。1987年3月，联邦人力资源和移民部次长（Parliamentary Secretary）格里·韦纳（Gerry Weiner）在多伦多市移民论坛上为放宽移民政策辩护，指出移民给加拿大带来了资金、技术和人才，给加拿大创造了就业机会，提高了加拿大人的生活水平。不过，鉴于不少人反对放宽移民政策，他承诺未来进一步放宽移民政策之前，政府要事先征求民意。当天出席者近200人，华人占了6成。[1] 同年4月，韦纳再度引用研究报告指出，事实上"新加拿大人"创造工作职位，在他们到来的头10个月里，收入比全国平均水平多出10%，也比许多"老加拿大人"纳税更多。因此，政府将接纳移民的人数在1987年增至115000—125000名，1988年再度增加到125000—135000名。超过21岁的子女可以由父母担保申请来加。[2]

此时，来加投资的华人越来越多，移民地首选多伦多，其次是温哥华。许多香港地区的企业移民对加拿大产业的多元化发展以及温哥华等城市的国际化做出了积极的贡献。例如1987年，香港亿万富翁李嘉诚和他的儿子李泽钜，购买了卡

---

[1]《联邦移民次长韦纳阐述放宽移民政策》，《大汉公报》1987年3月7日。
[2] Canada, Employment and Immigration Canada, *Immigration Levels Planning*: *The First Decade*, Mar.1988, p.40.;《联邦移民部次长周五宣布，逾21岁子女移民，可由父母担保申请》，《大汉公报》1987年10月31日。

尔加里赫斯基石油有限公司52%的股票。1988年4月，李嘉诚旗下的协平世博发展公司，以3.2亿元购买了温哥华福溪北岸Expo 86的85公顷土地。[1]

劳工移民部（Employment and Immigration）部长芭芭拉·麦克杜格尔（Barbara McDougall）在1988年4月宣布了一项修订的投资移民计划。合格的投资移民分三类：1.投资移民拥有净值50万加元的资产，能在批准接收该移民的省份投资15万加元，并锁定3年不能动用；2.投资移民拥有净值50万加元的资产，能在批准接收该移民的省份投资25万加元，并锁定3年不能动用；3.投资移民拥有净值70万加元的资产，能在批准接收该移民的省份做至少50万加元的投资，并锁定5年不能动用。[2]对于上一年度接收投资移民只占加拿大总投资移民不到3%的省份，可批准接收第一类投资移民。这样做是为了尽可能均衡投资移民在加拿大各省份的流向。这个项目吸引了很多富有的移民来到加拿大，他们的投资帮助加拿大中小企业取得更广泛的财务支持，使这些企业得以进一步发展，并提供了更多的就业机会。

这期间投资移民政策也引发了争议。有媒体指出，投资移民政策被滥用，有些投资移民到魁北克后，很快就移到其他省居住。对于投资移民发生的一些问题，1989年12月，加拿大广播公司的一则新闻节目报道过，许多投资者没有真正创造就业职位，而是希望借此取得移民加拿大的权利。对此，麦克杜格尔做出澄清，指出投资移民计划虽然不完善，但它不是一项买卖护照活动。[3]

三、针对团聚移民的新法规

1988年7月8日，联邦政府引入了一系列新的改善家庭团聚的移民法规。例如，新的移民法使加拿大公民或永久居民可以担保：1.年龄超过21岁但没有结过婚的儿子和女儿；2.任何年纪的父母。评估移民的记分法也做了修改，对于已婚的儿子和女儿、兄弟和姐妹，加分从10分增加到15分。[4]其结果是使家庭成员更符合移民条例。麦克杜格尔在1988年10月表示，这些改变"使得担保标准更加

---

[1] "Jason Proctor, Deal of the Century", Expo 86 land purchase changed Vancouver, CBC News, May 4, 2016，检索时间：2016年11月21日；Toronto：Financial Post, May 11-17, 1987.

[2] Canada, Minister of Employment and Immigration, news releases, Apr.27, 1988 and May 27, 1988.

[3]《电台指投资移民无兴趣创设职位》，《大汉公报》1989年12月14日。

[4] Immigration and Families, Canadian Issues, 2006, p.10.; Citizenship and Immigration Canada, Parents and Grandparents: IMDB 2008 Immigration Category Profile Series, Mar. 2012, p.5.;《移民次长纬纳宣布1988年移民配额》，《大汉公报》1987年12月28日。

符合加拿大人权自由宪章的精神，说明加拿大政府要改善家庭团聚法规"。[1]这项政策的实施是通过宣布1989年计划移民的人数来体现的，其中有57000名是家庭团聚类移民，多于其他类将被准许进入加拿大的移民人数（参见表1.8）。由于这项移民政策的改变，申请家庭团聚人数急剧上升。

表1.8 1989年计划接收各类移民的人数统计

组成		人数
家庭类		57000
难民		30000
退休者		2000
企业移民	主要申请者	4000
	配偶和家眷	9000
基于人道所接纳的申请者		3000—6000
选择工人移民	主要申请者	21000—24000
	配偶和家眷	24000—28000
总计		150000—160000

资料来源：Canada Minister of Employment and Immigration, News Release, Dec. 23, 1988, p.2.; Edited by Laurence J. C. Ma, Carolyn L. Cartier, The Chinese Diaspora: Space, Place, Mobility, and Identity, Rowman & Littlefield Publishers, 2002, p.324.

四、难民条例的修订

加拿大的难民政策一直在修正。加拿大同联合国难民署等机构合作，定期安置因战争等原因成为难民的人，但为了防止一些伪造难民身份的人进入加拿大，加拿大移民部不断修改难民法法案。1989年1月1日，C-55和C-84法案修正案在保守党政府推动下正式生效，与旧例相比有不少变化，如移民官认为难民申

---

[1] David Chuenyan Lai, "Impacts of Canadian Immigration Policies on Chinese Migration, 1858–1988", *Asian Culture*, No. 14, Apr. 1990, pp.178–186.

请不成立，可立即遣返。[1]新法实行后，以各种借口想留在加拿大，比以前困难得多，申请难民案例大为减少。移民官指出：新法将使非难民身份申诉者很快被分辨出来。

五、结语

由上所述，在1967年普遍性移民政策原则确立后，歧视某族裔或某区域的移民政策已经不复存在。但是，就整个社会氛围而言，凡移民人数增加快且经济形势不稳的时候，社会上仍有强烈的反对增加少数族裔移民的民意，在此问题上折射出"不满有色人种"的隐性种族歧视特征。20世纪80年代初期，加拿大社会重新出现反对过多移民的倾向，与石油危机之后加国失业率和通胀率"双高"的经济萧条现状密切相关。随着保守党政府取代特鲁多自由党政府而采取强有力的措施后，加国财政状况回稳，从20世纪80年代中后期起，又迎来了长达20多年的移民高增长期。

由此可见，政府的政策力度对缓和或者加重反移民社会氛围起着关键的作用。进步保守党马丁·布赖恩·穆罗尼（Martin Brian Mulroney）政府为了推动市场的扩展和多元化，对增加移民采取"进步"的立场，并积极修改移民条例来推动移民人数的增加。

另外，随着加拿大进入国际化的经贸大潮，对移民的多元需求急速增加，尤其是对投资移民和企业移民的网罗，成为这20年移民类别扩大的重要标志。当然，由于国际形势的突变，尤其是越战的结束，带来前所未有的难民潮，加拿大作为美国的邻国，在接收越南难民问题上也堪称慷慨，并顺应国际人权的进步潮流，将接收难民的重要性上升到与接受普通合法移民相同的地位，使移民和难民"两足鼎力"，成为移民政策的基本支柱。

不容否认，由于石油资源带来的暴利，20世纪70年代，加拿大社会福利制度基础稳定，社会宽容度很大。总体而言，主流社会对移民人数的增加也甚少担忧，加之加拿大社会出生率的大幅度下降，使这一时期的移民政策充满了多元、多变、

---

[1] Immigration to Canada 1900–1999 (Part 2),The Canadian Council for Refugees web site, http://ccrweb.ca/en/hundred-years-immigration-canada-part-2，检索时间：2021年9月20日；Canada's Refugee Determination System, https://pier21.ca/research/immigration-history/canada-s-refugee-determination-system，检索时间：2021年9月20日。

多收的"三多"现象，加拿大作为"移民国家"的形象在国际社会更加稳固和深入人心。

第六节 亚洲原居地的新移民潮（1990—2001年）

一、20世纪90年代移民政策变化的大环境

自1988年加拿大总理穆罗尼与美国总统里根分别签署美、加自由贸易协定，[1]并在此基础上于1992年签订涵盖美、加、墨西哥的北美自由贸易协定，[2]加拿大经济进入了一个新的发展时期。在这种新的经济形势推动下，加拿大对移民人口的需要成为政界的基本共识。无论是保守党的穆罗尼政府（1984—1993年）还是自由党的让·克雷蒂安（Jean Chrétien，加拿大华人称克里田）政府（1993—2003年），都施行了较为宽松的自由主义移民政策，后者还在1993年至1994年成立了加拿大公民及移民部（英语 Citizenship and Immigration Canada；法语 Citoyenneté et Immigration Canada），以强大的政府力量落实新移民政策，来迎接一波接一波的移民潮。

与加拿大接收移民的宽松环境相配套，东亚出现了大规模的移民潮。就中国而言，改革开放政策继续刺激留学潮与移民潮，20世纪90年代形成了所谓的第二波移民潮。香港则随着九七回归中国的临近，也出现了大规模的移民现象，且一直延续到1997年后。台湾地区则因为两岸形势的紧张，尤其是1996年的台海危机，促使该地区也爆发了大规模的移民潮。中国各地的移民，加上印度、韩国、菲律宾等地的移民，可谓亚洲移民纷至沓来。可以这样说，20世纪90年代成为加拿大移民史上罕见的"亚洲大移民时代"。

二、20世纪90年代前期移民政策的内容及影响（1990—1993年）

20世纪80年代末到90年代初，加拿大新移民急剧增加（参见表1.9）。

---

[1] Canada-United States Free Trade Agreement Implementation Act，加拿大联邦政府官方网，https://lois-laws.justice.gc.ca/eng/acts/C-10.6/FullText.html，检索时间：2021年9月20日。

[2] North American Free Trade Agreement，U.S. Customs and Border Protection，https://www.cbp.gov/trade/nafta，检索时间：2021年8月19日。

表1.9 登陆加拿大的移民人数

时间	登陆移民人数
1988 年	161929
1989 年	192001
1990 年	214230
1991 年	230791
1992 年	254842
1993 年	255819

资料来源: Overview: *Citizenship and Immigration Statistics 1988*, p.IX.; Overview: *Citizenship and Immigration Statistics 1989*, p.VIII.; Overview: *Immigration Statistics 1990*, p.VIII.; Overview: 1991, p.VIII.; Overview: *Citizenship and Immigration Statistics 1992*, p.VIII.; Overview: *Citizenship and Immigration Statistics 1993*, p.VIII.

联邦政府十分清楚，由于移民的大规模涌入，给移民安置地，尤其是多伦多、温哥华、蒙特利尔等亚洲移民聚居的城市和社区，带来了就业竞争、交通堵塞、房价高涨、人际关系紧张、族裔歧视和文化冲突等压力，需要政府和有关组织及时疏解，才能平息民众要求限制移民的呼声。为此，政府从两方面着手，一是通过社区巡回的政策宣导，向社会宣传加拿大接受移民的好处，诸如资金的吸纳和技术人才的网罗对加拿大经济发展的重要性；二是堵住明显的政策漏洞，加快接受移民的步伐，让移民政策更加公平透明，并易于被民众接受。在这个过程中，保守党和自由党政府的移民部部长和总理成了加拿大移民政策的最大推销员。他们奔波于东西两岸，在主流社区和移民社区宣讲接收移民的益处，目的是让主流社群张开双臂欢迎新来者，也让新移民消除恐惧，积极融入新居地的建设。[1]

（一）几个法案的内容

在移民政策方面，制定年度接收移民人数的目标一直是联邦和各州政府移民政策的重中之重。1990 年 10 月，联邦保守党政府公布了"移民5年计划"，提议将年度接纳移民总人数从 1990 年的 20 多万增加到 1992 年的 25 万，年度移民总

---

[1]《加拿大欢迎新移民政策不变》，《世界日报》1990 年 3 月 19 日；《亚洲新移民对卑诗省经济的贡献》，《世界日报》1990 年 8 月 1 日；《欢迎新移民为加国贡献》，《世界日报》1991 年 3 月 8 日；《加拿大欢迎亚裔移民》，《世界日报》1991 年 3 月 23 日。

人数并不包括每年收容的 3 至 4 万名难民。[1]这个移民计划的主要变化是超越就业市场的视野，严格规范家庭关系的定义，确保家庭移民和独立移民之间的平衡。这个 5 年计划是在咨询各企业、各领域的相关人员达 4000 人之多后，才制定出来的。[2]

新移民计划之所以雄心勃勃，除了一般的经济发展需要和家庭团聚的人道主义因素外，还有一个很重要的人口预测因素，即担心因为婴儿出生率低，加拿大人口将在下个世纪初开始减少。

新移民计划的独特之处在于，这是联邦政府首次颁布移民类 5 年计划，接收移民数量也达到过去 30 年的最高水平，这也带来了移民安顿及管理方式的重大变化。从短期来看，这个计划对政府移民安顿模式以及政府财政拨款带来重大影响。因为移民人数的增加，政府也要相应增加语言培训津贴和接待服务经费等，并要招聘员工，来筛选和处理额外移民。不仅如此，这项计划还需要强化联邦政府与省、市机构及团体之间的合作，才能让计划有效落实。

由于魁北克要求在移民问题上有自己独立的权力，故而跟联邦政府谈判协调，在联邦政府制定扩大接收移民政策的时候，充分考虑魁省的特殊需求。1971 年加拿大联邦政府和魁北克省签署了移民协议后，1978 年联邦政府又同该省签署了"加拿大—魁北克移民协议"（Cullen-Couture Agreement），这是第三个协议。至此，魁北克省可以颁布自己的积分移民政策。[3] 1991 年 4 月 1 日，魁北克省又与联邦政府签署了"加拿大—魁北克关于移民和临时入境外国人协议"（the Canada-Quebec Accord Relating to Immigration and Temporary Admission of Aliens），该协议规定了联邦政府与魁北克省关于移民计划的分工与合作，赋予了魁北克省关于制定移民具体人数、移民挑选、接收和安置的权利与义务，[4]即加拿大作为国家每年设有接收移民总数，要考虑魁北克省的建议，要尊重魁北克省的独特性。魁北克省虽不能

---

[1] Employment and Immigration Canada, *Annual Report to Parliament*, *Immigration Plan for 1991-1992*.
[2] Ninette Kelley, M. J. Trebilcock, *The Making of the Mosaic: A History of Canadian Immigration Policy*, University of Toronto Press, Scholarly Publishing Division, 2010, p.394.
[3] Cullen-Couture Agreement: The Canada-Quebec Accord, 1991.
[4] Canada-Quebec Accord Relating To Immigration And Temporary Admission Of Aliens, Government du Québec Ministère des Relations avec les citoyens et de l'Immigration,2000, pp.1-2.; Canada-Québec Accord relating to Immigration and Temporary Admission of Aliens, 加拿大联邦政府官方网, https://www.canada.ca/en/immigration-refugees-citizenship/corporate/mandate/policies-operational-instructions-agreements/agreements/federal-provincial-territorial/quebec/canada-quebec-accord-relating-immigration-temporary-admission-aliens.html, 检索时间：2021 年 9 月 20 日。

直接发放移民签证，但拥有接纳移民的独立选择权。通过该协议，魁北克省有权制定本省选择各类移民的标准和人数。经魁省甄选后，加拿大联邦政府会根据申请人的健康状况和无犯罪记录而发出永久居民签证。[1]

联邦保守党政府在临近大选前一年，开始收紧对移民难民的政策要求，以呼应社会的质疑之声，同时在移民类别的选择上与经济发展的需要紧密接轨。1992年6月16日，加拿大国会（The House of Commons）二度通过移民法修正案，即An Act to amend the Immigration Act and other Acts in consequence thereof（Bill C-86）。这一修正案的重点是对普通移民和难民设有更多限制，给予联邦政府更大的甄选及否决权力。修正案以简化难民身份甄别制度为理由，撤销难民申请者的第一阶段聆讯，并规定难民必须在申请时按指印及由移民部拍摄照片，以使政府官员更容易甄别涉嫌与犯罪或恐怖组织有联系的人，并查出假冒难民身份的罪犯。同时，该修正法案赋予体检医师更多的权力来筛选那些被认为在医学上不可接收的申请人。[2]

这个修正法案建议将移民申请者分为三类：第一类移民申请者包括加国居民的直系亲属（配偶、未婚夫妇及必须依靠父母的子女）、被移民局承认的难民及投资移民。这类移民的审批程序比较快，会尽快得到处理，且不受每年移民配额限制。第二类移民申请者包括政府或社团赞助的难民，加国居民之父母、祖父母及用人，处理程序秉持先到先得的原则，且每年有配额。一旦限额已满，就留待下一年度处理。第三类移民申请者包括独立移民、企业移民以及有独特专长的人才。移民部有权甄选优秀的企业家或独立人士移民，但也有名额限制。

1993年1月，联邦政府颁布移民实施条例。[3]法案除以上述"加强经济类移民，紧缩亲属类移民"为基本方针，确定接受三类移民的范畴之外，还就移民担

---

[1] Canada-Quebec Accord Relating To Immigration And Temporary Admission Of Aliens, Government du Québec Ministère des Relations avec les citoyens et de l'Immigration, 2000, pp.1–2.; Canada-Québec Accord relating to Immigration and Temporary Admission of Aliens，加拿大联邦政府官方网，https://www.canada.ca/en/immigration-refugees-citizenship/corporate/mandate/policies-operational-instructions-agreements/agreements/federal-provincial-territorial/quebec/canada-quebec-accord-relating-immigration-temporary-admission-aliens.html，检索时间：2021年9月20日。

[2] Bill C-86(Canada)(1992); The House of Commons on Jun. 16, 1992; Peter Harder, Bout de Papier, Vol.12. No.3, pp.30–33.; Third Session, Thirty-Fourth Parliament, 40–41 Elizabeth II, 1991–1992.

[3] Immigration ACT (SOR/93-44) Jan.28, 1993, Canada Gazette, Part II, Vol. 127, No. 3, pp.605–654.; Don J. DeVoretz, *Asian Skilled-Immigration Flows to Canada*, Asia Pacific Foundation of Canada, p.7.

保作出新的规定，即移民担保时间最长为5年。

（二）社区的反应

20世纪50年代之后，社区对移民政策的反应不再处于两极对立的状态，即主流社区总是希望政府想方设法限制少数族裔（或者有色人种）移民申请者进入加拿大，而少数族裔，比如华裔，总是用反歧视来进行抗争。1967年移民政策改革之后，这种对立情绪更加减少，因为普遍性移民政策已经成为加拿大人的集体共识。但是，这并不等于说，每当新移民政策出台，各个社区只做技术性反应，而没有情绪上的反应，或者产生隐晦曲折的争议。这些争议常常打着经济的借口来反映不同社区对政策的政治批评。

针对1990年的"移民5年计划"，公共政策研究所（The Institute for Research on Public Policy，IRPP）研究主任雪莉·苏瓦德（Shirley Seward）在《环球邮报》上撰文披露，她研究人口普查后发现，许多移民其实被雇用在衰退的行业，而非促使加拿大发展的新兴行业，这就让人产生怀疑，通过技术评分进来的新移民，并不真的具有满足加拿大技术专业领域所需的语言水平和工作技能，从而成为中产阶级的生力军。她坦言自己改变了对移民适应能力的传统看法。同样，经济学家尼尔·斯旺（Neil Swan）汇集了统计数据，以此质疑移民部宣称的移民是经济增长动力的传统假设。[1]

这些以数据来批评移民部扩大接收移民人数的反应，其实表达了加拿大主流社会不少人的疑虑。他们只看到表面现象，没有去深入观察和反省，这些专业移民之所以进入衰退行业，或者说不能专业对口，其中很大一部分原因乃是他们的技术背景虽然受到移民部评分标准的肯定，但却难以得到社会上专业部门的学历认证和技术背景的认可，导致他们无法在专业对口的领域就业。

也有不少人认为，政府扩大移民人数的目的，已经不是着眼于经济发展的需要，而是把这些移民视为潜在的选民，哪个政党接收得多，哪个政党就会获得更多的选票，而这些大量增加的移民，不少是少数族裔。换句话说，在他们眼里，新的"移民政策"已经被政治化。[2]

当然，对于种种扩大接收移民政策均表支持的政治力量，在主流社会总是存在。这些力量包括新民主党等左翼政党、接受政府拨款或者社会捐款的移民

---

[1] "Hugh Winso, Mcdougall wins battle to increase immigration", The Globe and Mail. Toronto, Ont.: Oct. 24, 1990.

[2] Herbert Grubel: *The Effects of Mass Immigration on Canadian Living Standards and Society*, the Fraser Institute, 2009, p.4.

机构、多元文化机构、属于非政府组织的移民难民援助组织、中侨互助会等。卑诗省移民服务协会行政主任（Immigrant Services Society of British Columbia, ISS of BC）克仪说，尽管温哥华教育局担心新移民的增加，会使英语为第二语言的学习班供不应求，但她欢迎提高新移民数额，并欢迎增加款项协助新移民融入加拿大社会。[1]

比较复杂的是少数族裔。从大原则和社区领袖的角度来看，他们都支持增加移民，因为任何担心移民进入的立场，都会伤及社区。但是，少数族裔的移民群体并非铁板一块，不少人有"自己坐上了移民列车，就希望车门关上"的想法，他们担心因为新移民的涌入，会带来工作职位的竞争，以及因为移民素质的原因，原有的移民打拼出来的良好形象受到损害。这种本位主义的思考，从另外一个层面显示，移民进入加拿大后，大部分并没有进入主流劳动力市场或者技术人才市场，而是拥挤在很狭小的社区劳动力市场，以至于新移民越多，社区的"大饼"被分得越薄。

对政客和社区来讲，公开争议最多的是三类人，一是难民，二是家庭团聚类移民，三是投资移民。因为这些移民被接收大都依赖政府的政策倾斜，而非像独立移民那样，有较为客观的"评分标准"。

在难民问题上，争议最多的是难民甄别系统存在漏洞，不能及时甄别出有犯罪记录的难民申请者。因为对非法难民无原则的宽容，等于是对合法移民的"欺凌"。

联邦移民部部长贝尔纳·瓦尔古（Bernard Valcourt）在推广1992年移民草案的时候就指出，新法完全是为了加拿大的安全，防止罪犯入境。他举例说，如果有人敲你的门，你要知道外面的人是谁，我们愿意收容真正的难民，但是不要罪犯。[2]

针对商业移民，社会各阶层存在意见分歧。政府显然表示支持，认为可以达成"一箭双雕"的效果：既增加移民的数量，又吸引了财富和投资。而商界（包括华人商界）当然也支持扩大商业移民的规模，这样可以发展加拿大经济，同时增加社区的经济势力，所以他们成为政府政策咨询的主要对象。比如，针对1992年推出的商业移民计划草案部分，渥太华台湾商会副会长李如海在参加完一个公听会后披露，加拿大各界人士在政策听证会上一致肯定了投资移民的正面价值，

---

[1]《渥京放宽移民额，卑诗省将可受益》，《大汉公报》1990年10月27日第2版。
[2]《勿对修订移民法起误解》，《世界日报》1992年8月3日。

认为投资移民人数还可以增加。[1]

新民主党对商业移民和高学历移民的看法显然与执政党和商界不同，他们认为政府收紧接收移民的标准，自然是要减少通常是低学历、没有经济资源的难民以及家庭团聚中的祖父母之类的人。[2]

为此，新民主党国会议员玛格丽特·米契尔（Margaret Mitchell，当地华人称米槽夫人）则要求保守党政府优先处理祖父母的移民申请。她认为新法案提议的最优先类别，包括投资者、直系亲属及联合国核准难民，但祖父母却被排除在外。她指出，祖父母在家庭中除了传授母语及文化给下一代，也在协助照顾儿童中扮演着很重要的角色。[3]

移民律师戈登·梅纳德（Gordon Maynard）批评C-86法案给予了政府技术调控接收移民类别的特殊权力，因为政府可以配额为理由，在任何时间停止接收某一类移民的申请。[4]中侨互助会于1992年7月30日举行了紧急华人社区大会，征询华裔社区各界的意见。[5]

1993年年初，新的移民法正式实行后，社会对新移民政策的讨论并没有终止，再加上联邦大选日益临近，政党政治与移民政策重叠在一起，让争论更趋复杂化。3月，移民部邀请社会各界人士、少数族裔代表、难民、人权支持者团体以及多伦多市政府代表举行移民政策讨论会，会上意见纷呈，难有共识，有人批评新的计分法复杂，也有人建议公布难民贡献。[6]5月，政府立例提高对技术移民教育背景评分的要求，反对党批评这样做收窄了教育程度低的申请者移民加拿大的可能性。[7]

总而言之，加拿大的移民政策随着时代的变迁不断发生变化，但由于党派和各界利益的不同，使移民政策的规定细节难获全社会的共识，政策的不断变化和反复反而成为一种常态。

（三）法案实施后移民人口的变化

不能否认，从20世纪90年代初保守党政府提出"移民5年计划"到1993

---

[1]《加国各界肯定投资移民计划》，《世界日报》1992年6月12日。
[2] Mark Anthony Drumbl, *Canada's New Immigration Act*, （1994）24 R.D.U.S., pp.391-394.
[3]《祖父母移民，国会议员要求政府优先考虑》，《世界日报》1992年6月24日。
[4]《新移民法案对申请人不利》，《世界日报》1992年8月1日。
[5]《移民修订法案不利华人，中侨互助会研商对策》，《世界日报》1992年8月1日。
[6]《新移民计划旨在发展经济》，《世界日报》1993年3月10日。
[7] Mark Anthony Drumbl, *Canada's New Immigration Act*, （1994）24 R.D.U.S., pp.391-398.

年年初新移民修正法案出台，这4年拉开了移民高速进入加拿大的帷幕，为之后20年移民维持在每年25万人以上奠定了基础。从表1.10中可以看出，除了1990年的214330人和1991年的230781人，1992年加拿大移民人数就突破了25万人，几乎达到了当时加拿大总人口2700多万（1991年）的1%。[1]而1993年加拿大继续维持吸收移民25万人以上，可见移民高潮期的势头已经形成，而且亚洲移民占据了重要位置，这对未来加拿大人口结构的变化带来前所未有的影响。

表1.10 登陆移民人数

时间	登陆移民人数
1990年	214330
1991年	230781
1992年	252842
1993年	255819

资料来源：Overview: *Citizenship and Immigration Statistics 1990*, p.VIII.; Overview: *Citizenship and Immigration Statistics 1991*, p.VIII.; Overview: *Citizenship and Immigration Statistics 1992*, p.VIII.; Overview: *Citizenship and Immigration Statistics 1993*, p.VIII.

在1990至1993年实施移民5年计划的4年里，共有96万移民入境。这期间来自中国香港的移民数量最多，占全部移民的13.2%。中国台湾则因为正属亚洲四小龙之一，经济繁荣，故没有形成移民高潮，每年只有几千人移民加拿大。但中国自从改革开放后，尤其是中国政府消除了公民出国的限制，导致移民大增，每年数以千、万计的移民来到加拿大，4年内入境加拿大的大陆移民占全部移民人口的4.4%（参见表1.11）。

表1.11 中国香港、中国台湾、中国大陆移民加拿大的人数

时间	中国香港	中国台湾	中国大陆	总移民人数
1990年	30045	3681	7989	214230
1991年	22562	1389	13915	232781

---

[1] Statistics Canada, 1991.

续表

时间	中国香港	中国台湾	中国大陆	总移民人数
1992年	39356	7456	10429	252842
1993年	36654	9867	9466	255819

资料来源：Overview: *Immigration Statistics, Employment and Immigration Canada 1990*, p.VIII.; Country of Last Permanent Residence by Year of Landing: Immigration Statistics, 1990, p.35.; Overview: *Immigration Statistics, Employment and Immigration Canada 1991*, p.VIII.; Country of Last Permanent Residence by Age Group and Gender: Immigration Statistics, Employment and Immigration Canada 1991, p.28.; Overview: *Immigration Statistics, 1992*, p.VIII.; Country of Last Permanent Residence by Age Group and Gender: Immigration Statistics, Employment and Immigration Canada 1992, p.32.; Overview: *Immigration Statistics, Employment and Immigration Canada 1993*, p.VIII.; Country of Last Permanent Residence by Age Group and Gender: Citizenship and Immigration Statistics, *Employment and Immigration Canada 1993*, p.34.; Landed Immigrant Data System, 1990－1999, Citizenship and Immigration Canada; Hong Kong Information Centre, Emigration, updated May 2003; Citizenship and Immigration Canada, Landed Immigrant Data System, 1980－2001.

三、20世纪90年代中期和后期的移民政策及其影响

1993年联邦大选，进步保守党政府大败，整个国会竟然只剩下两个席位，中间偏右的政治光谱由在西部省份崛起的改革党取代（52席），由让·克雷蒂安领导的联邦自由党赢得大选，组成稳定的联邦多数政府，开始了长达10年的国家治理，加拿大移民政策也由此进入了一个新的阶段。

克雷蒂安持续前政府的北美自由贸易协定，[1]使加拿大经济能够继续搭上美国经济发展的便车。1992年，威廉·杰弗逊·克林顿（William Jefferson Clinton）总统上台，美国经济开始步入繁荣期，由于美国民主党与加拿大联邦自由党关系紧密，加拿大的经济也随之水涨船高。因此，加拿大在20世纪90年代初期开始以亚洲移民为主的第四波移民潮，在克雷蒂安时代得以继续，而亚洲时局的变化，也对移民政策的改变产生了间接的影响。

（一）1994年至1999年移民政策主要修改法案（政策重点、白皮书等）

一般而言，移民人口的调整常常与当时的经济发展周期有关，更与当时

---

[1] "Master of persuasion": Why Brian Mulroney's NAFTA playbook remains relevant 25 years later, Jennifer Clibbon · CBC News · Posted: May 16, 2018, https://www.cbc.ca/news/politics/nafta-negotiations-brian-mulroney-fen-hampson-q-a-1.4664564，检索时间：2021年9月20日。

政府受到的社会政治压力密不可分。由于保守党政府在 20 世纪 90 年代初期经济不景气的情况下，继续推动增加移民的 5 年计划，超越了 20 世纪 90 年代前仅仅根据劳动力市场的需要来调节移民人口目标设定的传统思维，而以国家长远发展的需要来设定移民目标，联邦自由党乐意"萧规曹随"，在执政的前 5 年，维持了较高的接收移民人口的政策，每年移民人数目标应为人口总数的 1% 的理论，开始成为政府和国民的共识。从某种程度上讲，这种政策的延续除了经济逐渐向好以外，掌握国会大部分议席的联邦政府也较少受制于社会政治的压力。

这种政策的延续，强化了亚洲移民持续增加、欧洲移民持续减少的移民潮特征。根据人口普查数据来看，1966 年和 1968 年进入加拿大的移民，其中欧洲移民占 80%，亚洲移民占 10%，非洲移民则只有 1%。[1] 到了 1990 年代，在总共 220 万移民人口中，[2] 欧洲移民降至 23%，亚洲移民则增加到 65%，非洲移民也增加到 11%。[3]

更值得一提的是，随着加拿大出生率的下降，移民在加拿大人口增长中所占比重持续上升。不仅如此，包括外籍劳工在内，加拿大的临时居民也大量增加。仅以 1998 年为例，加拿大就有 28 万临时居民。就外籍劳工来讲，美国劳工占 30% 多。[4]

在移民人数大致不变的情况下，对移民政策的调整就会体现在移民类别的偏重和甄选制度上。1994 年，加拿大经济开始增长，劳动力市场的需求增大，加上没有选举的政治压力，总理克雷蒂安一改移民类别平衡接收的传统思路，强调自给自足移民的重要性，认为移民的重点应该是技术工人，而不是家庭团聚或人道主义。[5] 1995 年 11 月，联邦政府颁布的甄选制度产生重大变化，但这些建议遭到

---

[1] *Canada Year Book 1966*, p.227., p.228.; *Canada Year Book 1968*, p.234., p.235.

[2] Permanent residents by immigration category, 1980–2016*, Immigration, Refugees and Citizenship Canada, Mar. 31, 2016 Data.

[3] Immigration Statistics, 1991, p.34.; Immigration Statistics, 1993, pp.42–43.; Immigration Statistics, 1995, pp.42–43.; Citizenship and Immigration Canada, *Facts And Figures Immigration Overview Permanent and Temporary Residents* 2005, p.27.

[4] Citizenship and Immigration Canada, *Facts and Figures Immigration Overview Permanent and Temporary Residents*, 2005, pp.64–65.

[5] Baisakhi Roy: The politics of immigration: a brief federal history in time for the election, Oct. 2, 2015, http://canadianimmigrant.ca/slider/the-politics-of-immigration-a-brief-federal-history，检索时间：2021 年 9 月 20 日。

强烈批评，最后被搁置了。[1]

1994年，多伦多一家名叫"只是甜点"（Just Desserts）的餐厅遭到抢劫，一名白人女顾客被枪杀，犯罪嫌疑人是4个蒙面黑人。[2]事件引起全国关注，媒体纷纷报道。为此1995年6月，法案Bill C-44正式通过，[3]此法案赋予了政府更多打击犯罪活动的权力。

随着全球化的发展，亚洲各国技术人才和企业人才受教育的背景越来越优化，加拿大的经济在获得连续多年的财政平衡后也在稳健发展，加拿大政府应社会和经济界的呼声及需求，对商业类移民的背景要求大幅度提升。在新世纪来临之际，即1999年1月6日，移民部部长吕西安娜·罗比亚尔（Lucienne Robillard）公布了新移民政策白皮书。这份标题为《为21世纪建立稳固的基础，移民暨难民政策及立法新方向》（Building on A strong Foundation for The 21st Century-New Directions for Immigration and Refugee Policy and Legislation）的白皮书长达60页。[4]白皮书提出修订新世纪加拿大移民立法总方向，对商业移民和技术移民法案作出重大修订。除了强调资金和技术的传统要求之外，还对投资移民、企业移民提出了语言和学历要求。白皮书作为立法草案，包括移民修改方案和难民保护方案。一般认为，白皮书收紧了对未来移民及公民入籍的要求。由于华裔企业移民乃至技术移民的"空中飞人"现象日趋严重，白皮书重提颁发移民卡，提出5年内需住满2年才能续办移民卡，这被认为对华裔影响较大。但白皮书也提出了有利于家庭团聚的建议，即移民子女担保的年龄或随行子女的年龄，由现行的19岁以下提升到22岁，而同居者或少数群体亦可办理家庭团聚。[5]

2001年2月21日，依据白皮书制定的新的移民法案（Bill C-11），即移民和难民保护法案（The Immigration and Refugee Protection Act），在加拿大下议

---

[1] Canada's Immigration Policy: Prepared by: Benjamin Dolin and Margaret Young, Law and Government Division, Jan. 1989 Revised Oct. 2002, http://publications.gc.ca/Collection-R/LoPBdP/BP/bp190-e.htm, 检索时间：2021年9月20日。

[2] Racial Discrimination in Canada, National Anti-Racism Council of Canada, Jul. 2002, p.38.

[3] *An Act to Amend the Immigration Act and the Citizenship Act and to Make a Consequential Amendment to the Customs Act*, S.C. 1995, c. 15 [hereinafter Bill C-44].

[4] *Building on A strong Foundation for The 21st Century-New Directions for Immigration and Refugee Policy and Legislation*, Minister of Public Works and Government Services Canada 1998.

[5] *Building on A strong Foundation for The 21st Century-New Directions for Immigration and Refugee Policy and Legislation*, Minister of Public Works and Government Services Canada 1998, p.23., p.28.

院进行一读，2月27日进行二读。6月14日在参议院获得一读，9月27日获得二读。10月31日新法三读。11月1日获得英国皇家御准。[1]该草案有关移民和难民之间的保护有明确区分，准许留学生、配偶及临时技工在加申请移民，但强化管控居民居留及出入境。该移民和难民保护法案，以"敞开前门，关闭后门"为政策方向，给政府更多的权力加快审核难民，遣返非法移民，打击偷渡人口集团。

2001年11月1日，经加拿大参议院和下议院的咨询和同意，加拿大政府颁布新的移民和难民保护法案（Immigration and Refugee Protection Act）。[2]这个新法成为联邦自由党政府之后几年接收移民和难民最重要的依据，其间只有一个新法进行补充，即2003年政府颁布的枫叶卡政策。

（二）各方对移民法修正的回应

每一次移民政策的调整，社会上都会发出声音。对于1995年11月独立移民新的计分标准，中侨互助会主席乐美森先生表示是可以理解的，因为这是从国家发展利益出发的。但是他又说，此次重大政策性的改变，将使移民审核逐渐脱离加拿大实行平等、无歧视的移民政策指导原则。[3]

到了1998年年初，联邦移民部新拟了一份报告（*A Canadian Framework of future Immigration*），共有172项建议。其中第26条：在移民和入籍的法则下，设立语种语言测试，来鉴定英语和法语的水平。第35条：由家属担保的移民，若年满6岁以上，其英语或法语如未达到测试所定水平，则需自付基本语文训练的费用。[4]为了听取对"移民法检讨报告"的意见，部长吕西安娜·罗比亚尔在全国举行了公听会。尽管有些人对报告中法语能力要求的建议有异议，但有超过7成的受访者（大都是白人）认为新移民应该具备一定程度的英语和法语能力。[5]

---

[1] *An Act Respecting Immigration to Canada and the Granting of Refugee Protection to Bill C-11: Immigration and Refugee Protection Act*, S.C. 2001, c. 27; Immigration and Refugee Protection Act, 加拿大联邦政府官方网，http://laws.justice.gc.ca/eng/acts/I-2.5/FullText.html，检索时间：2021年10月16日。

[2] *Immigration and Refugee Protection Act*: S.C. 2001, c. 27; The Department of Justice web site, http://laws.justice.gc.ca/eng/acts/I-2.5/FullText.html，检索时间：2021年10月16日。

[3]《联邦改计分法，亚洲移民势将减少》，《世界日报》1995年11月18日。

[4] Not just numbers: a Canadian framework for future immigration, Citizenship and Immigration Canada, 1997.

[5]《移民法检讨公听会，官民认知有差距》，《世界日报》1998年3月1日；A hundred years of immigration to Canada 1900-1999, http://ccrweb.ca/en/hundred-years-immigration-canada-part-2，检索时间：2021年9月20日。

但是华裔社区对此持有不少反对意见。李松代表全加华联上书移民部，希望取消对新移民实施语文新要求。[1]中侨互助会很重视1998年2月在温哥华举行的移民公听会，曾撰写10页的书面材料，准备就家庭团聚、自立移民及计分制向部长提问。乐美森表示，有关事实居住的问题，在联邦法院尚未取得共识，恐难执行。[2]全加中华总会馆反对以流利英、法语为先决条件，并在华埠收集反对签名。[3]平权会副主席李百仁和多伦多华人与东南亚社区法律援助中心的吴瑶瑶，在移民政策建议报告公听会上，猛烈批评报告对家庭团聚和难民的限制，并与移民部部长罗比亚尔有过辩论。[4]

对于移民政策修订建议中对语言的要求，温哥华市议员李思远表示关切。他说，10多年来联邦政府努力推广多元文化政策，成功吸引世界各地不同背景移民来到加拿大，使加拿大经济和文化受益不少。随着近年来大量移民的涌入，一小部分难民和移民罪犯成为令人瞩目的焦点，引起大家的关注和讨论。对于有些新移民不懂英语及不能融入主流社会等问题进行讨论，李思远分析认为，一部分主流人士不喜欢及不习惯突如其来的转变，而政府为了减低反对党的抨击及讨好主流人士，才委任专责小组撰写此次的修法建议。李思远又指出，在一个英、法语国家，每个移民来加后都应该学习加拿大的官方语言，才可能与本地人沟通。但是很多移民对加国有重大贡献，如果硬要强调来加前一定符合语言要求，有潜力的移民可能去了其他国家，如澳大利亚、新西兰等，加国就失去了吸引海外移民的竞争力。[5]

对于1999年1月颁布的白皮书，政府为此进行了事后咨询工作，并决定全国性的咨询活动将于1999年3月底截止，然后汇总各方意见，再提交国会讨论。[6]

对于白皮书，移民顾问詹姆斯·诺理斯（James Norris）认为，该法案承认家庭团圆的重要性，很好地反映了加拿大对家庭价值的重视。[7]但是对于白皮书中关于商业移民除具有经商背景外，还应有英语和法语能力和学历要求，卑诗省多

---

[1]《李松代表全加华联上书移民部》，《星岛日报》，1998年2月26日。
[2]《移民法检讨公听会，官民认知有差距》，《世界日报》1998年3月1日。
[3]《全加中华总会馆在华埠收集反对签名》，《世界日报》1998年3月3日。
[4]《华人发言，猛轰移民修法建议》，《世界日报》1998年3月5日。
[5]《移民政策，温哥华市议员李思远有话说》，《世界日报》1998年3月8日。
[6] *Building on A strong Foundation for The 21st Century-New Directions for Immigration and Refugee Policy and Legislation*, Minister of Public Works and Government Services Canada 1998, p.60.
[7]《加强家庭团员》，《华埠通讯》，1999年2月第4卷第6期，维多利亚中华会馆，第25页。

元文化兼移民厅厅长杜新志（Ujjal Dosanjh）说，对投资移民中华人企业移民来说，语言可以是次要条件，不应该成为首要条件。[1]中侨互助会通过与社会大众、商界、社区领袖、移民部官员及国会议员等多方面人士沟通后，于3月29日公布了一份交给国会立法审议秘书处的"移民难民政策及立法草案立场书"，对白皮书和加拿大公民法（C-63）作出回应，试图反映本地社区人士对这些问题的关注。中侨互助会对移民部部长的公开商讨方式表示赞赏，对法案中无经济能力子女的年龄上限由19岁提高到21岁，及加快难民案审理及罪犯的递解表示支持，并针对投资移民中华人企业移民有语言和学历要求等提出异议。[2]

（三）移民政策给华人移民带来的结果

不可否认的是，随着移民政策的更改，移民人数也随之发生变化，类别也有不同，但是华人移民加拿大的人数一直在增加（参见图1.2、表1.12）。

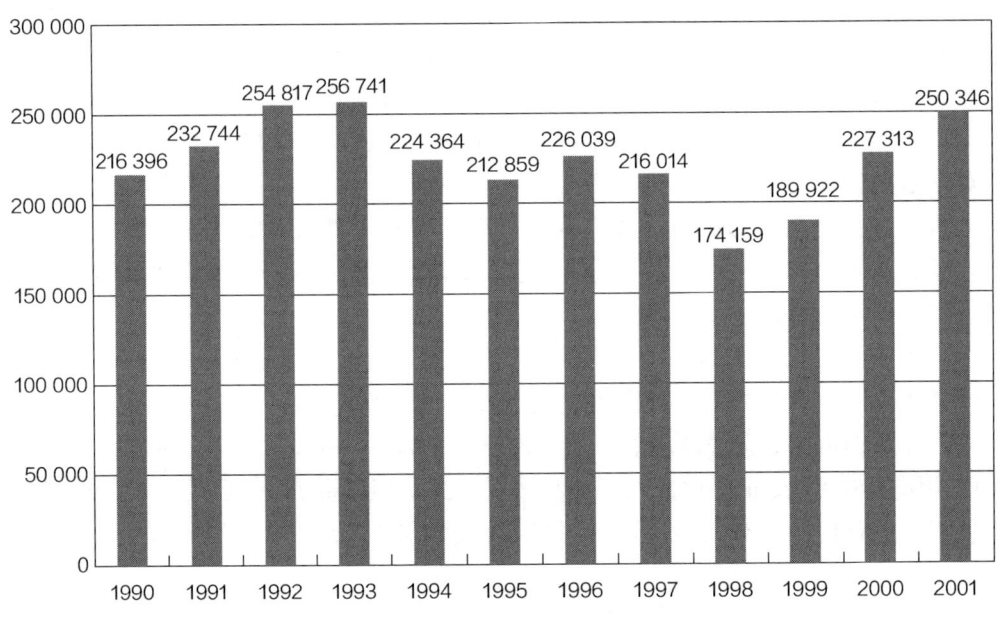

图1.2 每年登陆加拿大的移民人数（1990—2001年）

资料来源: Citizenship and immigration Canada, *Facts ad Figures 2001 Immigration Overview*, p.3.; Citizenship and immigration Canada, *Pursuing Canada's Commitment to Immigration 2001*, Appendix C.

---

[1]《新移民政策白皮书，不利吸收商业技术移民》，《世界日报》1999年1月7日。
[2]《中侨公布移民政策立场书》，《世界日报》1999年3月30日。

表1.12 加拿大总人口和华人移民总人数

时间	加拿大总人口	华人移民总人数
1991年	27296859 *	652630
1996年	28846761 *	921580
2001年	30007094	1029395

资料来源：Population and private dwellings occupied by usual residents and intercensal growth for Canada, 1991 to 2001: Censuses of Canada 1991－2001; Table 13.4 Visible minority population, by province and territory, 2001: Statistics Canada, 2001 Census of Population; *Canada Year Book 2007*, p.205.

Note：* Exclude data from incompletely enumerated Indian reserve or Indian settlement.（不包括不完全统计的印第安保留区和居住区的数据。）

1. 中国香港移民人数递减

由于加拿大经济低迷，劳工市场萎缩，中国香港移民来到加拿大的人数在1994年进入高峰后，于1995年开始下降，就是香港回归中国的前一两年，也没有触发大批香港人外流。1997年，香港居民似乎对香港的政治前途充满信心。[1] 香港移民数量变化与政治有一定关系。1989年中国的政治风波，导致香港移民增多。但"九七"香港回归后经济的繁荣和增长又使不少移民返回香港。当然，海外资产申报税也是导致香港移民减少的一个重要原因。1997年4月25日，加拿大开始讨论资产公开政策，并于1998年1月开始实行。这项政策要求所有加拿大居民要报海外资产，包括合资、股份、房地产资产和原居地超过100000美元的银行账户。[2] 因此，1997年后，中国香港移民登陆加拿大的人数大幅下降（参见表1.13）。同样，海外财产申报法的实施，使得富裕的中国台湾投资移民也开始望而却步。

表1.13 中国香港、中国台湾、中国大陆移民加拿大人数

时间	中国香港	中国台湾	中国大陆	移民总数
1994年	44223	7423	12486	224382
1995年	31770	7689	13.291	212862

---

〔1〕 "Hong Kong upbeat, poll shows", Globe and Mail, Mar. 15, 1997.

〔2〕 Form T1135 Foreign Income Verification Statement; "Ottawa quietly passes tax law on foreign assets", Globe and Mail, May 2, 1997; "Asset disclosure bill quietly passed", The Vancouver Sun, May 1, 1997; "Exodus will continue, realtor Says", The Vancouver Sun, May 1, 1997.

续表

时间	中国香港	中国台湾	中国大陆	移民总数
1996 年	29985	13225	17516	226070
1997 年	22251	13324	18526	216036
1998 年	8087	7193	19785	174195
1999 年	3663	5464	29119	189950
2000 年	2858	3511	36723	227470
2001 年	1963	3114	40365	250656

资料来源：Censuses of Canada, 1994–2001；Landed Immigrant Data System, 1990–1999, Citizenship and Immigration Canada；Hong Kong Information Centre, Emigration, updated May 2003；Citizenship and Immigration Canada, Landed Immigrant Data System, 1980–2001；Permanent Residents by Top Source Countries: *Facts and Figures 2003*, Citizenship and Immigration Canada, 2003, p.32.

2. 中国大陆移民人数递增

1996 年之后，中国大陆移民是最引人注目的群体，一直在稳步增加。2001 年的人口普查证实，中国大陆成为加拿大华人移民最大的来源地，中文已经成为加拿大第三大语言。对加拿大来说，进入千禧年，迎来了中国大陆移民潮（参见图 1.3）。中国大陆移民一般都是技术移民，有较高的学历。然而许多中国新移民，

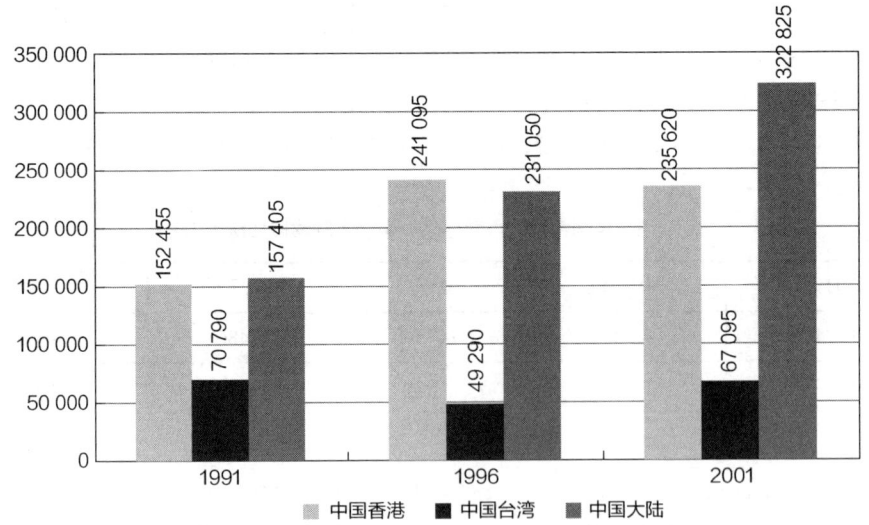

图1.3 来自中国香港、中国台湾及中国大陆的移民人数

资料来源：Statistics Canada, 1991, 1996, 2001 Census of Population, Statistics Canada.

因为没有加拿大的工作经验和学历，再加上语言等问题，很难找到对口的专业性工作，中国大陆移民与中国香港移民相比，就业状况不尽相同。例如，中国香港移民通常具有较高的英语水平，由于香港曾是英国殖民地，在香港获得文凭和工作经验在加拿大容易被认可。相比之下，中国大陆移民和中国台湾移民被认可度要小些，尤其是中国大陆移民。这种现象也引起了加拿大政府的关注。

3. 20世纪90年代移民的类型

20世纪90年代移民的类型并不复杂，分为三大类：家庭亲属移民、独立移民和难民移民。

（1）家庭亲属移民

家庭亲属移民除受年龄和亲属关系的限制外，不受职业安排、教育程度等各种限制，不必通过计分考查。只要加拿大的公民或移民具备担保条件，就能申请亲人家庭团聚。但是由于有些亲属担保最后没有实现，给政府增加了负担。因此从1995年起，联邦政府出台新的移民政策，限制家庭亲属移民人数，此类移民人数开始缩减。同样，1995年后，华人家庭团聚移民与其他类型移民相比，也在逐渐减少（参见表1.14）。

表1.14 华人家庭团聚和亲属担保移民登陆人数

时间	类型	中国大陆	中国香港	中国台湾
1986—1990年	家庭团聚	19590	9884	1003
	亲属担保	3531	4403	298
1991—1995年	家庭团聚	53939	28798	2522
	亲属担保	7359	28606	1939
1996—2001年	家庭团聚	39023	7874	2565
	亲属担保	11923	19412	6847

资料来源：Landed Immigrant Data System, 1985–2001.

（2）独立移民

加拿大独立移民包括商业移民（Business & Immigration Program）、技术移民和亲属担保移民。

技术移民和亲属担保移民总称为独立技术移民。独立技术移民的优点是不一定要在加拿大找到雇主才可以申请，不要求申请人在加拿大有亲属和经济担保。

主申请人申请成功,便可全家移民。申请者移民后,有利于亲属移民,可申请的职业、专业领域较广泛。

可是很多技术移民来到加拿大后,因为没有加拿大学历和工作经验,他们在原居国的技能与培训未能获得承认,找工作时困难重重。很多拥有高学历的移民被迫离开本专业,从事与本行无关的工作。

商业移民有投资移民（Investor）、企业家移民（Entrepreneur）和自雇移民（Business Self-Employed）,还有退休移民。

企业家移民,是指移民者要有能力在加拿大建立或购买一个具有一定投资规模的企业实体或商业实体,这个实体必须雇用一个或一个以上的加拿大永久居民或公民,而且企业家移民本人必须有能力参与这个实体的管理和经营。

自雇移民是指移民者有能力在加拿大创办一项业务或商业实体,并雇用自己,且必须对加拿大的经济、文化或艺术有一定的贡献。自雇移民作为商业移民的一种,其审批将参考独立移民的标准。

退休移民是指55岁以上、无意在加拿大工作、已退休或即将退休的人。如申请者为夫妇,只要其中一方达55岁即可。对申请退休移民的人不做计分,但申请者必须有足够的经济能力在加拿大生活,一般至少得拥有30万加元的净资产。

投资移民是指移民在加拿大投入的资金至少要在加拿大运行5年。

有关企业和投资移民的政策,在1989年至1990年期间一直在修改。1989年,加拿大联邦政府推出一个三层构架的条例。投资额多少由各个省来决定。[1]第一类省份被准许的投资额最少是25万加元。第二类省份被准许的投资额最少是35万加元。[2]第一类省份是这个省商业移民有不到10%的投资移民。第二类省份是这个省商业移民有超过10%的投资移民,像卑诗省、安大略省和魁北克省。但不能使用联邦、省和市的优惠办法减少投资额。第三类省份最少投资为5万加元,这类投资是有政府担保的。第一和第二类投资政府没有担保,除了魁北克省。[3]

1990年10月1日,加拿大联邦政府将投资年限改为5年。按照规定,投资移

---

[1] SOR/89-585, Privy Council P.C. 1989-2440, Dec.7 Canada Gazette, Part II Vol.123, No.26, pp.4939-4944.

[2] SOR/93-412, Privy Council P.C. 1993-1626, Aug.4 Canada Gazette. part II Vol.127, No.17, pp.3410-3484.

[3] SOR/89-585, Privy Council P.C. 1989-2440, Dec.7 Canada Gazette, Part II Vol.123, No.26, pp.4939-4944.

民最少在一个企业或政府担保的基金里投资 15 万至 25 万加元。[1]1993 年修改过的移民法重申，投资移民必须有一个成功的商业背景和能提供保障的 50 万至 70 万加元的净资产。按照规定，投资移民最少在一个企业或政府批准的基金会里投资 25 万至 50 万加元。[2]1999 年，加拿大联邦政府做了进一步的改变投资移民计划，旨在集中投资者的资金。投资者的最低净资产提高至 80 万加元，需要成为投资移民者最少投资 40 万加元。[3]

在这四类独立商业移民中，除了投资移民不需经过评分制审核外，其他几种移民都须经过评分制审核，每种商业移民合格的总分要求不同。

20 世纪 90 年代初期和中期，加拿大华人企业家和投资移民主要来自中国的香港和台湾。比如，1993 年，卡尔加里的 Westcoaries Petroleum 公司，以 24.8 亿卖给了香港亿万富商郑裕彤、何鸿燊和李兆基。[4]临近千禧年，中国大陆商业移民有所增加（参见表 1.15）。

表1.15　华人企业家移民和投资移民登陆人数

时间	类型	中国大陆	中国香港	中国台湾
1986—1990 年	投资者	4617	13415	4788
	企业家	1136	2911	2283
1991—1995 年	投资者	6672	22898	6854
	企业家	5456	14846	16065
1996—2001 年	投资者	5157	7615	5075
	企业家	10215	5082	7064

资料来源：Landed Immigrant Data System, 1985–2001.

很多投资移民完全委托投资集团替他们投资，至于这些资金如何使用，则由集团人员决定。对于投资移民的资金是否使用得当，曾引起一些国会跨党移民委员会的关注。他们担心没有妥善使用移民的资金，将会降低投资移民今后移居加国的意愿。比如 1992 年，有 230 位来自中国台湾和香港的移民，提出一项总

---

[1] Privy Council 1990–2317, Oct.25 Canada Gazette, part II, Vol.124, No.23, pp.4888–4896.
[2] Privy Council P. C. 1993–1626, Aug.4 Canada Gazette. part II Vol.127, No.17, pp.3410–3484.
[3] SOR/ 99–146, Mar.25, 1999, PC1999–525 Canada Gazette Part II, Vol. 133, No.8, pp.1029–1041.
[4] "Westcoast sells oil and gas unit", The Globe and mail, Feb. 18, 1993.

价值3400万加元的诉讼，控告由阿尔伯塔省省长助理管理的投资移民资金使用不当。[1]

在加拿大投资确实是有很大风险的。1992年上半年，中国香港著名商人李嘉诚在温哥华投资的"和记黄埔"，亏损了1200万元。[2]一群中国台湾投资移民在阿尔伯塔省投资兴建了一个商场，到了1993年，商场建了8成被拍卖掉，这些投资人血本无归。[3]1994年，总价值超过1000万加元的百森基金（Bison Fund of Manitobatd.）由于涉嫌管理不善，投资者已经对原管理者正式提起民事诉讼，要求追回投资。来自中国台湾和香港的71位投资者，总共投给百森基金1065万加元。1992年缅省政府委托一家会计师事务所对百森基金进行调查，这才知道该基金管理不善的事情。1994年2月，缅省法院判将基金交还投资者自行管理。[4]

还存在另一种现象，就是有一些企业移民因不能在规定时间内履行条件而被递解出境。卑诗省暨育空地区移民局项目主管弗瑞德·雷恩福（Fred Ringham）于1993年11月指出，尽管在加拿大办企业存在很多困难，但凡是按照企业移民来加拿大的人士，就没有理由不履行移民的附带条件。因没有履行条件而被递解出境，说明移民局非常重视企业移民应该承担的责任，了解他们完成责任的具体情况。[5]

这里要指出的是，政府在监管移民基金上的漏洞，导致投资移民不但投资资金血本无归，更严重的是，他们经此痛苦体验，完全丧失了在移民后继续投资加拿大产业的信心，以至于将资金转入投机的房地产业来保本获利。在这种情况下，投资移民有时候就被扭曲成"花钱买护照"，而加拿大民众又谴责亚洲投资者炒高房地产价格，形成了双输的局面。

（3）难民

加拿大作为移民国家，其移民政策是多方面的，难民政策只是其中之一。在人道主义精神影响下，加拿大政府花了大量经费资助和安置难民，因此每年都有从世界各地来到加拿大的难民。

自1995年2月28日起，加拿大政府规定每个人需交纳975加元的移民登陆费（Right of permanent residence fee，RPRF），包括想变成永久居民的人，但也有些特例，像孤儿的兄弟姐妹就不用支付登陆费。1995年联邦政府为此增加贷款预

---

[1]《投资移民资金使用，国会关注》，《世界日报》1992年8月8日。
[2]《李嘉诚在加投资失利》，《世界日报》1992年8月13日。
[3]《投资兴建亚省商场，血本无归》，《世界日报》1993年12月15日。
[4]《追讨本金，台港71名投资移民联手控告》，《世界日报》1994年8月11日。
[5]《企业移民，应努力履行移民条件》，《世界日报》1993年11月7日。

算，以帮助支付这一新的费用。最初，难民是移民登录费（RPRF）贷款的主要接受者。[1] 加拿大难民理事会（The Canadian Council for Refugees）反对征收此类费用，认为这是"人头税"，是增加难民的特殊负担。[2] 卑诗省省议员杜新志于1995年3月底，在省议会发表声明指出，联邦政府不应该向移民收取975加元的抵埠费。[3] 2000年2月，加拿大联邦政府取消了难民登陆费。[4]

不过，加拿大联邦政府为了国家安全，也会修正难民法案。1995年的Bill C-44法案影响了被驱逐出境的永久居民的上诉，此法案的目的是使所有犯有严重刑事罪行的移民更容易被驱逐出境，旨在打击犯罪。

1999年1月6日，移民部部长罗比亚尔公布了新移民政策白皮书，其中含有难民保护方案。新的法案将会给政府更多的权力，以加快审核难民，遣返非法移民和打击偷渡人口集团。

总之，加拿大政府对难民类别有详细定义，与普通移民有着不同的甄别程序和管理系统。

4. 20世纪90年代的外籍劳工

1973年，加拿大联邦政府推行临时外籍工人计划（Temporary Foreign Worker Program，TFWP），[5] 政府允许一些无法在加拿大招聘到公民或永久居民任职的雇主，可以从国外雇用工人，也可以在加拿大境内找到合格的外籍劳工，即与另外一名雇主或外国公民签订工作合同的外籍劳工，该雇员可以在加拿大为雇主工作，并负责安排职工薪酬福利和医疗保险，确保员工有社会保险号、工作许可证和工作时间限制，并得到尊重。虽然大部分临时外国劳工被聘用来解决短期劳动力需求，但临时外国劳工如果符合某些要求，可以过渡到永久居留。例如，在加拿大从事全职管理或专门职业的外国劳工，如果符合某些要求，可以通过省级提名计

---

[1] Elena Constantin and Benjamin A. Kranc, *Getting Into Canada: How to make a successful application for permanent or temporary residence*, How To Books, 2004, p.231.; Right of Landing Fee Eliminated For Refugees, https://www.cicnews.com/2000/03/landing-fee-eliminated-refugees-03427.html#gs.ecvfte，检索时间：2021年9月20日。

[2] A hundred years of immigration to Canada 1900–1999, https://ccrweb.ca/en/hundred-years-immigration-canada-part-2，检索时间：2021年9月20日。

[3] 《杜新志发表声明，质疑人头税》，《世界日报》1995年4月1日。

[4] Right of Landing Fee Eliminated For Refugees, https://www.cicnews.com/2000/03/landing-fee-eliminated-refugees-03427.html#gs.ecvfte，检索时间：2021年9月20日。

[5] Temporary Foreign Worker Program, Published under the authority of the House of Commons, 2016, p.1.

划在加拿大获得永久居留资格。有些工作不需要加拿大人力资源和技能开发部（Human Resources and Skills Development Canada，HRSDC）授权就可以聘请外国工人。某些工种可能因国际贸易协定（如北美自由贸易协定）或联邦政府与省或地区政府之间的协议而聘用外国工人。临时外籍工人计划由加拿大人力资源和技能开发部（Citizenship and Immigration Canada，CIC）共同管理。

进入20世纪90年代，来到加拿大的外籍劳工每年都有几万甚至十几万（参见表1.16）。

表1.16 外籍劳工统计

时间	最初进来人数	定期重返（Seasonal Re-entries）	不定期重返（Other Re-entries）	总计
1990年	75869	9476	18252	103597
1991年	67370	10410	19052	96832
1992年	60588	9896	19960	90444
1993年	57049	8403	20154	85606
1994年	59090	8587	20274	87951
1995年	60539	9154	20862	90555
1996年	61126	10339	21826	93291
1997年	64204	11189	21725	97118
1998年	68727	10800	22889	102416
1999年	76668	8737	24571	109976
2000年	88520	5143	25210	118873
2001年	79926	13157	25874	118957

资料来源: Figure 3: Foreign Worker Population, Annual Flows by Method of Calculation, 1990 – 2001: *Facts and Figures 2001*, Produced by Strategic Policy, Planning and Research, p.8.

注：该表显示了从1978年到1999年外籍劳工流动情况。统计人数分三种类别：首次入境类，只有首次入境记录的人。首次入境和季节性再次入境类，有首次入境记录，并有离境30天后再次入境记录的季节性工人。首次入境和其他再次入境类：指有首次入境记录，并有离境30天后再次入境记录的其他人。

来自中国的外籍劳工从1994年起，每年都位居第12名（参见表1.17）：

表1.17 国外劳工来加人数前12名的国家

来自国家	1994年	1995年	1996年	1997年	1998年	1999年	2000年	2001年
美国	23208	23152	24141	24879	25142	25124	28004	24666
墨西哥	5241	5386	5718	6128	6980	8119	10046	11250
澳大利亚	3282	3331	3632	3682	3758	3710	4333	4930
牙买加	4825	5144	5108	5264	5083	5425	5347	5778
英国	4578	4506	4717	5101	5352	6381	7001	7338
日本	4281	4255	4134	4513	4549	5047	4292	4431
菲律宾		2010	1819	2056	2198	2198	2256	4083
法国	3564	3855	3873	4255	4321	4823	5574	5246
印度							2394	2163
德国	1615	1857	1774	1865	2150	2328	2558	2608
特立尼达和多巴哥	1482	1584	1630	1739	1746	1663	1799	1830
中国	1518							
人数最多的前10个国家的总和	53594	55080	56546	59482	61279	64818	71805	72493

资料来源：*Facts and Figures 2003*, Produced by Strategic Policy, Planning and Research, p.61.

四、20世纪90年代到2001年移民政策的总结

综上所述，20世纪90年代至2001年的移民政策有三个重要特点。第一，从国家发展的战略高度制定移民政策，开创了在国家经济低迷时期仍然大幅度接收移民的先例，可见，在政府的推动和主导下，加拿大国民对大量接收移民已经有了民意共识；第二，将移民人数首次推到20万至25万人以上，接近全加拿大人口的百分之一。虽然这个数字在十年中存在上下起伏，但超越这个人数的移民目标，已经成为加拿大接收移民人口的共识，加拿大移民进入了高增长时期。而这种移民人数高增长的出现，与加拿大出生率始终偏低和老龄化社会的情况息息相关。第三，移民人口中亚洲人口占据了多数，而在亚洲移民中，来自亚洲原居地，

尤其是来自中国大陆的移民，成为加拿大移民群体的最大宗。这一方面与欧洲移民的逐年减少密切相关，同时也体现出加拿大社会在接收移民来源地上，变得更加务实和宽容，歧视性的情况在减少，移民制度更加具有"普遍性"。

不容否认，在加拿大的移民政策中，难民政策占据了相当重要的地位。十年中加拿大难民达 31 万人之多，难民政策也越来越完善。此外，由于从国家发展的战略高度接收移民，依据评分制度接收的技术移民，与劳动力市场出现了脱节现象，许多获得高分的移民，进入加拿大后却找不到相应的专业对口的工作，被迫成为蓝领工人，从而使得高端技术移民的专业认证问题凸显出来，甚至演变为政治问题。与此相关联，应劳工市场的实际变化，接受短期的外籍劳工成为移民政策的重要辅助手段，其数字也在逐年增加，从 1994 年的 67000 人，上升到 2001 年的 97000 多人，7 年间增长了近 5 成。

值得关注的是，当中国大陆移民成为加拿大最大的移民来源之后，加拿大华人社区的构成发生了重大变化，中国大陆移民人数迅速接近中国香港移民，中国台湾移民则逐渐成为移民群的"第三位"，这给华人社区的面貌和互动带来了很大的变化因素。

第二章
中国香港移民对加拿大的影响

第一次和第二次鸦片战争后,大英帝国迫使清政府分别签订了《南京条约》和《北京条约》。1842年8月29日,清政府被迫命大臣耆英与英国政府签订的《南京条约》[1],将香港岛割让给英国。自此之后,香港岛正式受大英帝国的殖民统治。香港英国殖民统治地区包括香港岛、九龙半岛。1898年,英国再次迫使清廷签订《展拓香港地区界址专条》[2],从1898年7月1日起租借九龙半岛界限街以北、深圳河以南的区域及附近200多个离岛,为期99年,于1997年归还中国。本专条于1898年8月6日在伦敦交换批准。

在港英政府统治香港期间,就不断有人从中国大陆到香港定居谋生,或者将香港作为前往他国的跳板,其中包括前往加拿大。中国的抗战爆发后,日本军队入侵香港,展开了3年8个月的"香港日占时期",又称为香港日治时期或香港沦陷时期。有些香港人为了躲避战乱而移居澳门或东南亚,也有港人和难民辗转移居美国和加拿大,其中最有名的就是1999年到2005年间,成为加拿大总督的伍冰枝(Adrienne Louise Clarkson)全家,就是在这个时间移居加拿大的。[3]

中华人民共和国成立后,废除了过往的一切不平等条约。但基于"尊重历史、尊重现实"的现实主义方针,做出了暂缓解决香港主权回归的问题,将香港定位成新中国与世界交往的一个"国际通道",也让香港成为中国经济进出口的一个口岸。因此,北京与英国政府协商,维持香港地位暂时不变,并在此基础上实现了英国与中华民国断交、正式承认中华人民共和国(1950年1月6日),但并未建立外交关系。[4]

---

[1]《南京条约》(Treaty of Nanking)原件(英文与中文),原文三即条约第三条,1842年8月29日。
[2]《展拓香港地区界址专条》,《光绪条约》,卷53,第4页;展拓香港地区界址专条原文,1898年6月9日;Convention between the United Kingdom and China, Respecting an Extension of Hong Kong Territory, Jun. 9, 1898.
[3] Biography, http://adrienneclarkson.com/biography,检索时间:2021年8月20日。
[4] 郭伟伟:周恩来与新中国的谈判建交制度,http://zhouenlai.people.cn/n1/2020/0302/c409117-31612794.html,检索日期:2021年9月20日;台英关系,http://www.roc-taiwan.org/uk/post/51.html,检索日期:2021年9月20日。

中英双方政府的承诺一直维持到 1997 年香港正式回归中国。在此期间，一直到中加正式建交为止，香港成为中国人或华人移居加拿大的最主要通道。可以说，由于中国政府恪守中英协议，中国的内部政治运动和经济动荡没有影响香港的稳定。直到"文化大革命"波及香港，发生了"六七暴动"（Hong Kong 1967 Leftist riots），触发了港人集体移民海外的思潮。到了中英谈判香港主权回归时期，香港出现了好几波移民加拿大的风潮，使加拿大成为海外港人最多的国家之一。而在 1997 年香港回归之后的数年间，移民加拿大的香港人又出现了大规模回流的现象，导致香港成为亚洲加籍公民最多的城市，这批加籍香港人对加拿大和香港地区都产生了不小的影响。

第一节　1970 年和 1980 年代的移民

从华人移民加拿大的百年历史来看，中国香港一直扮演着最重要的出发地的角色。1967 年之前，不少经香港移民加拿大的华人都是从广东等地辗转而来，或者是中国大陆移居香港，然后移民加拿大的华人之亲戚、同乡，完全从香港本地移居加拿大的人并不多。但是，1967 年的"香港地区暴动"开启了港人大量移民加拿大的"序幕"。

受到"文革"思潮影响的香港左翼势力，在 1967 年 5 月，借劳工事件发起了大规模的反抗港英政府的街头工人运动，并在后期由示威行动演变成骚乱。[1] 由于担心中国政府提前收回香港，不少港人开始申请移民。很巧的是，1967 年正是加拿大移民政策大改革的年份，"普遍性移民政策"取代了之前仍然歧视亚裔的移民政策，这就给香港人移民加拿大开了方便之门。

1969 年至 1970 年，加拿大的香港地区移民和在加拿大各大学读书的留学生有 2296 人。[2] 1970 年至 1971 年，来自香港地区的全日制攻读研究生学历的华裔学生有 355 名，[3] 业余时间攻读研究生的有 34 名。[4] 1971 年至 1972 年，来自香港地区的全日制攻读大学学历的华裔学生有 2345 名，[5] 而业余时间攻读研究生的

---

[1]《港英当局不能推卸责任》，《大公报》1967 年 5 月 8 日。
[2] Dominion Bureau of Statistics, *Survey of Higher Education, Part I: Fall Enrolment in Universities and Colleges 1969–1970*, Ottawa, The Minister of Industry, trade and Commerce, 1970, pp.158–159.
[3] Statistics Canada, *Fall Enrolment in Universities and Colleges 1970–1971*, Ottawa, The Minister of Industry, trade and Commerce, 1972, pp.126–127.
[4] Statistics Canada, *Fall Enrolment in Universities and Colleges 1970–1971*, Ottawa, The Minister of Industry, trade and Commerce, 1972, pp.130–131.
[5] Statistics Canada, *Fall Enrolment in Universities and Colleges, 1971–1972*, Ottawa, The Minister of Industry, trade and Commerce, 1973, pp.132–133.

有25名。[1] 1973年8月，加拿大政府实施了一项移民政策，即凡持有学生签证并于1972年11月30日之前入境的学生，可以申请为加拿大永久居民。这一政策使得大约500多名香港地区学生移民加拿大。[2]

20世纪70年代，香港人在移民加拿大的华人总数中占比最高，平均每年有超过8600名香港人移民加拿大（参见表2.1）。香港地区学生移民在加拿大各大学登记注册人数也逐年增加（参见表2.2）。

表2.1 中国香港、中国台湾、中国大陆移民人数

时间	中国香港	中国台湾	中国大陆
1971年	5009	761	47
1972年	6279	859	25
1973年	14662	1372	60
1974年	12704	1382	379
1975年	11132	1131	903
1976年	10725	1178	833
1977年	6371	899	798
1978年	4740	637	644
1979年	5966	707	2058
总计	77588	8926	5747

资料来源：Canada, Department of Manpower and Immigration, Immigration Statistics, 1971–1977; Department of Employment and Immigration, Immigrations Statistics, 1978–1979.

---

[1] Statistics Canada, *Fall Enrolment in Universities and Colleges，1971–1972*, Ottawa, The Minister of Industry, trade and Commerce, 1973, pp.142–143.

[2] 加拿大联邦政府官方网，Forging our legacy, Canadian citizenship and immigration, 1900-1977, http://publications.gc.ca/site/eng/91366/publication.html, 检索时间：2021年9月20日；Erika Khandor, Jean McDonald, Peter Nyers and Cynthia Wright: The Regularization of Non-Status Immigrants in Canada 1960-2004, 2004, p.22.; "A hundred years of immigration to Canada 1900-1999" (Part 2), The Canadian Council for Refugees website, http://ccrweb.ca/en/hundred-years-immigration-canada-part-2, 检索时间：2021年9月20日。

表 2.2 香港地区移民在加拿大的本科及以上各类学生统计

时间	性别	在职研究生	在职本科生	全日制本科生	全日制研究生	总计
1972—1973 年		49	165	3001	446	3661
	男	41	106	2238	363	2748
	女	8	59	763	83	913
1973—1974 年		54	201	3173	348	3776
	男	44	135	2359	291	2829
	女	10	66	814	57	947
1974—1975 年		80	287	3924	2101	6392
	男	75	193	2784	1780	4832
	女	5	94	1140	321	1560
1975—1976 年		134	441	5616	453	6644
	男	115	276	3974	366	4731
	女	19	165	1642	87	1913
总计		317	1094	15714	3348	20473

资料来源：Undergraduate Enrolment by Home Province, Citizenship, Province of Study and Registration States, 1972–1973: *Fall Enrolment in Universities, 1972–1973—1973–1974*, The Minister of Industry, Trade and Commerce, Ottawa, Statistics Canada, pp.52–53.; Graduate Enrolment by Home Province, Citizenship, Province or Region of Study and Registration States, 1972–1973: *Fall Enrolment in Universities, 1972–1973—1973–1974*, The Minister of Industry, Trade and Commerce, Ottawa, Statistics Canada, pp.56–57.; Undergraduate Enrolment by Home Province, Citizenship, Province of Study and Registration States, 1973–1974: *Fall Enrolment in Universities, 1972–1973—1973–1974*, The Minister of Industry, Trade and Commerce, Ottawa, Statistics Canada, pp.54–55.; Graduate Enrolment by Home Province, Citizenship, Province or Region of Study and Registration States, 1973–1974: *Fall Enrolment in Universities, 1972–1973—1973–1974*, The Minister of Industry, Trade and Commerce, Ottawa, Statistics Canada, pp.58–59.; Undergraduate Enrolment by Home Province, Citizenship, Province of Study and Registration States,1974–1975: *Fall Enrolment in Universities, 1974–1975*, The Minister of Industry, Trade and Commerce, Ottawa, Statistics Canada, pp.32–33.; Graduate Enrolment by Home Province, Citizenship, Province or Region of Study and Registration States, 1974–75: *Fall Enrolment in Universities, 1974–75*, The Minister of Industry, Trade and Commerce, Ottawa, Statistics Canada,pp.34–35.; Undergraduate Enrolment by Home Province, Citizenship, Province of Study and Registration States, 1975–76: Fall Enrolment in Universities, 1975–76, The Minister of Industry, Trade and Commerce, Ottawa, Statistics Canada, pp.36–37.; Graduate Enrolment by Home Province, Citizenship, Province or Region of Study and Registration States, 1975–76: *Fall Enrolment in Universities, 1975–76, The Minister of Industry, Trade and Commerce*, Ottawa, Statistics Canada, pp.38–39.

1982年，随着新界百年租借条约时间接近届满，拖延了30多年的香港回归中国的问题终于摆上台面，中英就中国香港问题展开正式谈判。1984年，中英双方签署了联合声明，宣布中国政府将于1997年7月1日收回香港主权。[1] "九七回归"引起了一些香港人的忧虑，他们担心中国大陆实行的政治体制会影响未来香港的发展，并导致港人习以为常的生活发生巨大变化，很多香港人计划移民加拿大、美国和澳大利亚等国家。当然，香港地区的高等学府较少也是原因之一。香港地区的高中生升学竞争激烈，很多年轻人认为加拿大高等学府比较理想，学位含金量高，于是决定到加拿大读书。这些香港地区的学生为争取更好的学费条件，不少人以亲属移民的方式移居加拿大。

　　香港人移民加拿大可谓是全方位的，有留学生、企业家、技术移民、公务员，还有普通的中产阶级，几乎涵盖香港地区精英阶层的全部。

　　以香港地区公务员为例，根据伊恩·斯科特（Ian Scott）和约翰·伯恩斯（John P. Burns）两位学者的研究，1985年有863名公务员辞职，1988年有1174名公务员辞职。辞职的公务员80%没有说明辞职原因，有20%的人称辞职原因是移居海外。[2]

　　公务员之外，企业家移民也在20世纪80年代大幅度增加，因为资本家的身份让他们对香港回归社会主义的中国大陆有顾虑。加拿大政府于1986年1月，实施了一项投资移民政策，欢迎和鼓励投资移民在加拿大投资创业。这个在经济全球化影响下的移民政策，促使香港地区的一些金融和商业集团、富商及企业家开始在加拿大进行投资和兴办企业，一些香港地区的商人以商业移民的方式将全家或部分家族成员移往加拿大。可以说在经济阶层中，商业移民的增加提高了香港移民的数量。

　　事实上，香港地区想要移民的人，远远超过实际移民的人数。香港《电脑协会》（The Computer Society）于1988年7月采访495名会员，67.7%的会员已决定

---

[1] 中华人民共和国政府. 中华人民共和国政府和大不列颠及北爱尔兰联合王国政府关于香港问题的联合声明，1984年12月19日，http://www.npc.gov.cn/wxzl/gongbao/2000-12/13/content_5001628.htm，检索时间：2021年9月20日；香港特别行政区政府. 政制及内地事务局，https://www.cmab.gov.hk/gb/issues/jd2.htm，检索日期：2021年9月20日。

[2] Ian S. Scott and John P. Burns, *The Hong Kong Civil Service and Its My Future*, Hong Kong: Oxford University Press, 1988, p.24.

或正在考虑移民。[1]港英政府于1988年5月设立一个小组,负责搜集移民资料及移民对香港的影响。结果发现港人移民剧增,1986年只有18989名港人移民,但到1988年就增至45817名。而在这些移民中,1986年和1988年移往加拿大的香港人分别是5903人和23272人,由占港人移民海外的20%多激增到50%以上(参见表2.3)。1986年,去美国的香港地区移民有7000多人,比去加拿大的多出1000多人,而到了1988年,去美国的香港地区移民仅占去加拿大的香港地区移民人数近一半,加拿大已经成为香港地区移民选择最多的国家。[2]

表2.3 中国香港移民登陆人数

时间	人数
1980年	6309
1981年	6453
1982年	6543
1983年	6711
1984年	7694
1985年	7382
1986年	5903
1987年	16195
1988年	23272
1989年	19935
总计	106397

资料来源:Landed Immigrant Data System, 1980–1989, Citizenship and Immigration Canada; Hong Kong Information Centre, Emigration, updated May 2003.

---

[1] Bernard Fong, "Computer Experts Join Brain Drain", South China Morning Post, Hong Kong, Jul. 30, 1988.

[2] Edited by T. L. Tsim, The Other Hong Kong Report, Hong Kong: The Chinese University of Hong Kong, 1989, p.89.

第二节 1990 年至 2001 年之间的移民

从移民数据可以看出，1987 年香港地区移民加拿大的只有 16000 多人，随后移民人数大增，20 世纪 90 年代的头 5 年，登陆移民总数达 172000 人以上（参见表 2.4），比 20 世纪 80 年代后增加两倍多。

进入 20 世纪 90 年代，每年从香港地区来加拿大的移民都维持在 2 万人以上（只有 1998 年不到 2 万人），1994 年达到 44000 人的峰值。1998 年后又回落到 1 万人以下。因为 1997 年香港回归中国后，香港非但没有如西方媒体预测的那样变成"死港"，反而呈现出社会稳定和民心安定的情况，经济和政治前途也呈现明朗迹象，失业率降低。与此相反，1997 年 4 月 25 日，加拿大开始讨论资产公开政策，并于 1998 年 1 月开始实行。[1] 因此，香港地区来加拿大的移民渐减，从 1997 年的 22251 人，急剧降至 1999 年的 3663 人（参见表 2.4）。2000 年后，中国香港经济蓬勃发展，找工作比较容易，因此很多移民回流香港。同理，移民加拿大的人数也不多，2000 年和 2001 年分别只有 2858 和 1963 名香港地区移民登陆加拿大。[2]

表 2.4 中国香港移民登陆加拿大的人数

时间	人数
1990 年	30045
1991 年	22562
1992 年	39356
1993 年	36654
1994 年	44223
1995 年	31770
1996 年	29985
1997 年	22251

---

[1] Form T1135 Foreign Income Verification Statement; "Ottawa quietly passes tax law on foreign assets", Globe and Mail, May 2, 1997; "Asset disclosure bill quietly passed", Vancouver Sun, May 1, 1997.
[2] Citizenship and Immigration of Canada, Landed Immigrant Data System, 1980–2001; Hong Kong Information Centre, Emigration, updated May 2003.

续表

时间	人数
1998 年	8087
1999 年	3663
2000 年	2858
2001 年	1963
总计	273417

资料来源：Landed Immigrant Data System, 1990–1999, Citizenship and Immigration Canada; Hong Kong Information Centre, Emigration, updated May 2003; Citizenship and Immigration Canada, Landed Immigrant Data System, 1980–2001.

就行业而言，香港地区独立移民和部分投资移民以公司和行政管理、教师、律师为主。例如，1981 年对 6451 名香港地区移民职业进行调查，在有职业的 2207 人中，专业人员 497 人、书记员 400 人、机械技师 221 人、教师 58 人。[1] 对香港地区商业移民选择的行业没有专门的统计，但据 1990 年进行的一项调查，所有企业移民所选择的头 5 个行业是房地产、金融和保险、建筑、制造业、商业服务，投资移民所投资的方向主要是酒店、金融、建筑、食品和饮料、电器和电子等行业。[2]

香港地区移民来到加拿大后，主要选择安大略省、卑诗省、阿尔伯塔省和魁北克省等，并集中在这些省份的一些大中城市，像多伦多、温哥华、蒙特利尔、埃德蒙顿和卡尔加里等城市居住（参见表 2.5—2.7）。他们选择这些城市时，主要看重经济繁荣、交通发达、有很多可供利用的华人社区等。比如大温哥华地区的列治文市就有"小香港"之称，在那里，华人即使不会讲英语也能生存。

表2.5　中国香港移民在加拿大的定居省份（1971—1980 年）

省份	人数
安大略（Ontario）	36244

---

〔1〕 Government of Canada, Department of Employment, Immigration Statistics, 1981.

〔2〕 Vic Satzewich ed., *Deconstructing a nation: immigration, multiculturalism and racism in 90's Canada*, Fernwood Publishing, 1992, p.50.

续表

省份	人数
卑诗（British Columbia）	24502
阿尔伯塔（Alberta）	11042
魁北克（Quebec）	5852
马尼托巴（Manitoba）	2873
萨斯喀彻温（Saskatchewan）	1921
新斯科舍（Nova Scotia）	583
新不伦瑞克（New Brunswick）	382
纽芬兰与拉布拉多（Newfoundland and Labrador）	335
爱德华王子岛（Prince Edward Island）	53
育空和西北地区（Yukon Territory and Northwest Territories）	125
总计	83912

资料来源：Canada, Department of Employment and Immigration, Immigration Statistics, 1971-1980.

表2.6 中国香港移民在加拿大的定居省份

省份	1971年	1981年	1991年
安大略	2098	2679	11220
卑诗	1.362	1598	6301
阿尔伯塔	510	1295	1829
魁北克	473	338	2304
马尼托巴	249	261	314
萨斯喀彻温	169	150	207
新斯科舍	57	37	77
新不伦瑞克	43	51	52
纽芬兰	40	18	14
爱德华王子岛	7	11	4
育空和西北地区	1	9	18

续表

省份	1971	1981	1991
其他		4	
总计	5009	6451	22340

资料来源：*Immigration Statistics 1971*, Manpower and Immigration Canada Immigration, p.5.; *Immigration Statistics 1981*, Immigration and Demographic Policy Group, pp.12–13.; Immigration Statistics *1991*, Employment and Immigration Canada, pp.40–41.

表2.7　中国香港移民在加拿大各城市定居人数（2001年）

城市	香港
多伦多（Toronto）	82700
温哥华（Vancouver）	64600
渥太华（Ottawa）	1700
蒙特利尔（Montreal）	3600
卡尔加里（Calgary）	6500
埃德蒙顿（Edmonton）	3900
温尼伯（Winnipeg）	700
维多利亚（Victoria）	500
魁北克（Quebec）	3600
萨斯卡通（Saskatoon）	100
哈利法克斯（Halifax）	300
汉密尔顿（咸美顿，Hamilton）	700
里贾纳（Regina）	100
总计	169000

资料来源: Top countries of birth and place of residence, Canada, 2001, https://www.canada.ca/en/immigration-refugees-citizenship/corporate/reports-statistics/research/recent-immigrants-metropolitan-areas-canada-comparative-profile-based-on-2001-census/partb.html, 检索时间: 2021年9月20日。

从语言上来说，香港地区移民说广东话的占绝大多数，且大多数能说英语。从年龄上看，25—54岁的移民较多，即在加拿大的香港地区移民一般多是年轻人和孩子。从性别来看，女性多于男性（参见表 2.8）。这与很多香港地区移民来到加拿大后，因为没有更好的发展机会，就放下妻子儿女，独自返回香港，继续经营在港的生意或从事之前的职业有关。

表 2.8　中国香港移民的状况统计（1980—2000 年）

香港移民	状况	人数
年龄	0—14	0
	15—24	5570
	25—54	75805
	55—64	45145
	≥60	22045
性别	男	69230
	女	79335

资料来源：Statistics Canada, 2016 Census of Population, Statistics Canada Catalogue No.98－400－X2016202.

香港地区移民最大的特点之一是回流港人多，除了工作机会和企业经营等理由之外，最主要的原因是香港人难以割舍当地人多却有序的热闹生活方式，这种生活方式与地广人稀的加拿大并不合拍。因此，香港地区移民有数十万人拿了加拿大护照却选择回流。1987 年，香港加籍华人协会（Chinese Canadian Association of Hong Kong）成立。该协会希望促进香港地区和加拿大社区之间更好地了解和沟通，并解决华裔加拿大人在香港地区多关注和福利待遇问题，为在香港地区的加拿大人提供社交场所，开展商业联系。[1]

选择回流的香港人有多种原因。根据移民顾问公司统计资料显示，移民加拿大的香港人，回流率为 10%—15%。一些移民抱怨找不到自己专业的工作，另一些人说加拿大生活步调太慢，税又奇高。[2]

对于香港地区移民回流的具体人数，一直缺乏权威的统计，因为两地可以自由往来，交流密切，回流再回流始终是"动态"的。因此，今年的统计数字未必与去年或者其他时间的相同，统计数字很难精确，只能是一个大概的统计，再加

---

[1] 香港加籍华人协会，http://www.ccahk.net/，检索时间：2022 年 1 月 24 日。
[2]《港人回流香港，扮演空中飞人》，《世界日报》1992 年 8 月 27 日。

上统计方法的差异，各数据间也有很大的不同。加拿大华人社会学家、荣休教授李胜生撰文介绍，1990年代初期，香港地区移民回流人数是移民人数的12%—30%。[1] 1995年前后有15%的香港地区移民在取得公民身份后，选择了回流。[2] 多伦多大学的方伟晶教授则认为，按粗略的估计，1996年至2000年，有约11.48%的香港地区移民回流。[3] 2000年后，香港地区经济蓬勃发展，找工作比较容易，因此很多香港地区移民回流。这些情况造成加拿大华人中讲广东话的人口比率下降，讲普通话的人数增加。

其实，不管回流的人有多少，中国香港一定是除英、美之外，居民中持加拿大护照最多的城市，对两地的社会发展都带来很大影响。举例而言，对香港人的生活产生巨大影响的港姐等各类选美活动，都活跃着持有加拿大护照的年轻女子的身影，她们已成为回流一群，并选择在香港发展自己的演艺事业。同样，考虑到有数十万加国护照持有者，加拿大政府在制定相关海外侨民政策，包括遇事撤侨时，都把香港地区纳入考虑的范畴。

第三节 中国香港移民在加拿大的发展状况、影响与贡献

一、中国香港移民在加拿大的发展状况

中国香港移民来到加拿大后，有成功者也有失败者和生活困苦者。

1967年，加拿大实行新移民政策，一些从事尖端科研工作的香港地区移民来到加拿大后，由于过往的学历和经历不被承认，又无在加拿大的工作经验，很难找到与专业对口的工作，限制了他们的发展，造成相当一部分移民生活水平下降。甚至有报刊刊登文章，劝诫香港地区移民来到加拿大之后，要有过艰苦生活的心理准备。[4] 新移民来到加拿大寻求发展，遇到许多问题，比如语言问题、文化差异问题等，他们不知道到哪里找人帮忙，甚至不知道自己应有的权利，为此有人患上忧郁症和焦虑症。1993年4月，多伦多咨询社区服务处做了一项调查，在大多伦多城市，华

---

[1] Peter Li, *The rise and fall of Chinese immigration to Canada: newcomers from Hong Kong special*, International Migration, 2005 (43), p.22.
[2] Peter Li, *The rise and fall of Chinese immigration to Canada: newcomers from Hong Kong special*, International Migration, 2005 (43), p.28.
[3] Eric Fong: Return Migration from Canada to Hong Kong, China Review, Vol. 12, No. 1, Chinese University Pres, 2012, pp.25–43.
[4]《香港移民寻职困难，寻金梦想多被打破》，《醒华日报》1967年7月13日。

裔移民失业率为省府公布的两倍，失业中的大多数人来自香港。[1]

当然，成功者也大有人在。一些香港地区移民来到加拿大后，经过努力，也在从事高端领域的工作。不少在经济、科技和文化等方面取得卓著成绩的香港移民，受到主流社会的关注，影响力也逐渐增强，并开始投身维护本族裔权益以及整个加拿大社会公平的事业中。还有人迈出参政参党的步伐，走进了上议院、国会、省议会和市议会，如利德惠、陈卓愉、陈志动、李思远、黄志华等。

二、中国香港移民对加拿大华人社会的影响和贡献

在亚洲原居地华人移民还没有具备大规模的经济能力时，香港地区移民对加拿大华人社会的贡献比较突出。但必须承认的是，当香港地区成为移民加拿大的最重要基地时，从香港地区出来的有实力的华人移民，其背景未必就是香港地区本土的企业家，不少企业家本身在香港地区也是移民身份，他们到加拿大后，充分发挥了本身已经拥有的"移民经验"，从而在融入加拿大的经济乃至政治生活中，显得更加开放和自信。

随着移民潮进入加拿大的香港地区新移民，几十年来对当地社会产生了一定的影响，促进了加拿大的经济发展，并由此影响华人社区的发展。归纳起来，主要表现在以下几点。

第一，开启了振兴唐人街的进程，在某些方面促进了唐人街的发展。比如，香港地区移民在加拿大建立的新唐人街有：埃德蒙顿北唐人街（也有越南华侨）、多伦多士嘉堡唐人街（Scarborough Chinatown）、密西沙加中国城（Mississauga Chinese Centre）、卑诗省列治文中国城等。

1950 年代，唐人街因为人口减少以及经济的影响，逐渐走向衰落。但 1967 年后，华人人口开始增加，尤其是香港地区移民的到来，给唐人街的商业活动带来了转机。那时候尚没有新的华人商业区，唐人街仍然是华人社区的中心，一些香港地区移民重新注资唐人街，开始兴建新的大商场，使唐人街重现已经失去的繁华兴旺。新移民、新的商业种类和模式，改变了旧唐人街的商业面貌，诸如新型旅行社、珠宝店、新中文书店等在唐人街出现，以往的小餐店也逐渐被新的中餐馆替代。港式"饮茶"让中午的唐人街餐馆顾客盈门。进入 2000 年后，一家家装饰辉煌的港式大型酒楼餐馆不光出现在各地的唐人街上，也出现在闹市中。这些中国香港籍华侨华人经营的餐饮业，以粤菜、港式西餐为主，在加拿大享有极高的声誉，深受中外人士的欢迎。

---

[1]《穿梭港加"太空人"，心酸有谁知？》，《世界日报》1993 年 4 月 26 日。

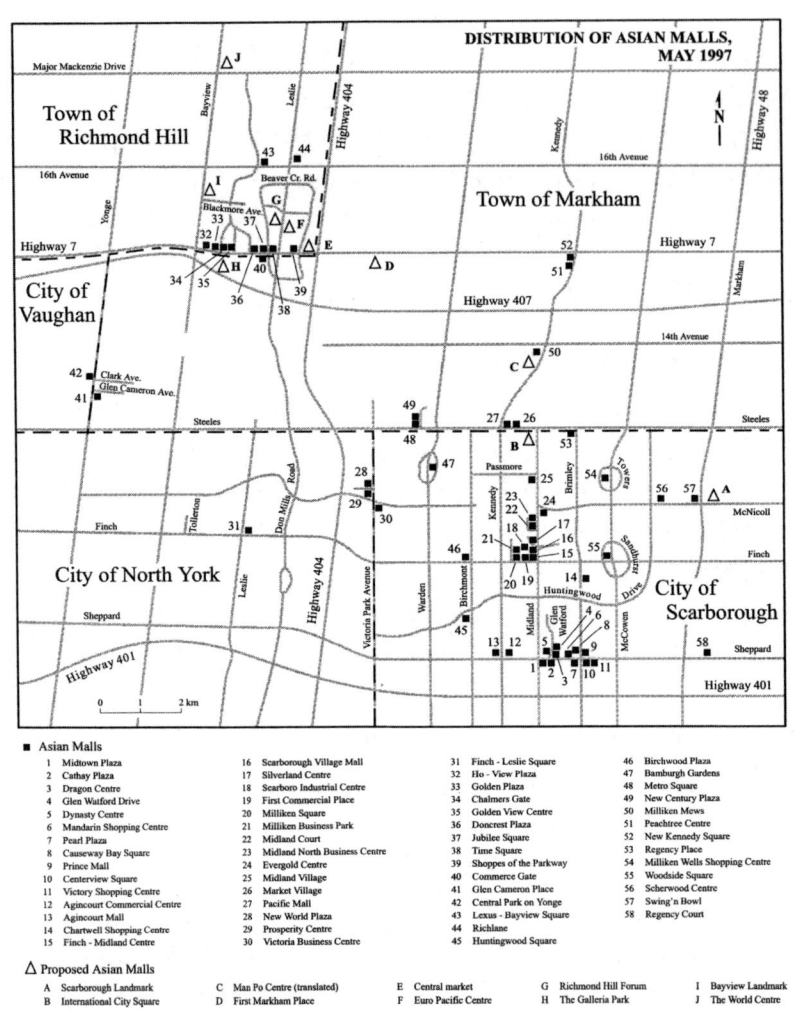

图 2.1　1997 年士嘉堡市、约克市和万锦市等亚裔商店地图，
资料来源：黎全恩

第二，突破老华侨狭隘的"小店小铺"的传统，拓宽华人在加拿大投资就业的领域，加大投资力度，进入加拿大商业的主流企业，朝着多元化方向发展。比较突出的例子是，1988 年 4 月，李嘉诚旗下的协平世博发展公司，以 3.2 亿加元购买了温哥华福溪北岸 Expo 86 的 85 公顷的地盘。该地的开发模式，对温哥华成为国际大都会影响深远。同时，李嘉诚还投资石油等大型能源产业，在加油站

等领域与英美大公司并驾齐驱。[1] 20世纪80年代前半期，香港地区对加拿大的投资每年约为1.7亿加元，1986年为4.26亿加元，到了1990年则增至13亿加元，[2] 为加拿大产业的发展和就业率的提升，做出了不小贡献。

其实，从企业家人数的急剧增加就可以看到香港地区移民在加拿大投资创业的规模。当然，属于自雇的"小店小铺"还是方兴未艾，甚至有些在香港地区的高层专业人士移民到加拿大后，也是开个小店小铺来打发日常生活，并赚取一些生活费用。而在新移民希望从事的工作中，想要开饭店的人数一直维持在数以百计。[3] 在饮食生活方面，香港地区移民还是期待维持"港式"的生活习惯。

第三，丰富华人社区的新闻产业，强化了中华文化的传承和弘扬。香港地区新移民在20世纪70年代后，成立了中文电台、电视台，创办了报刊等，比如"合众之音"和"温哥华中文"电台、"新时代"和"城市电视"电视台、《星岛日报》和《明报》等，大量报道中国香港新闻、加拿大侨社新闻和新移民的情况。香港地区移民还创建中文戏院、粤剧音乐社，成立文学社团，例如多伦多华人作家协会等，强化了加拿大与亚洲的文化交流。

第四，促进了华人社区的发展。香港地区移民增多后，为了谋求发展，又成立了很多新社团，逐渐改变自娱自乐的小范围活动，并与主流社会积极互动。比如由林思齐开创的温哥华香港侨商会（Hong Kong Merchants' Association of Vancouver），会员多为来自香港地区的商业移民，多年来不光成为港商的联谊平台，还获得社会各界人士的支持。[4]

不能否认，在香港地区移民潮持续的过程中，也出现了一些不和谐的声音，而这些不和谐在温哥华地区表现得尤为突出。与多伦多相比，温哥华涌入了更多

---

[1] Jason Proctor, Deal of the century: Expo 86 land purchase changed Vancouver, CBC News, https://www.cbc.ca/news/canada/british-columbia/expo-86-china-business-vancouver-1.3560255, 检索日期：2021年9月18日。

[2] Statistics Canada, *Canada's International Investment Position*, Catalogue No.67-202, 1987. p.48.; 1991, p.50.

[3] Citizenship and Immigration Canada. Country of Last Permanent Residence by class, *Citizenship and Immigration Statistics 1995*, p.63.; Employment and Immigration Canada. Country of Last Permanent Residence by Intended Occupations (Major Groups), *Immigration Statistics*, 1991, p.60.; Citizenship and Immigration Canada, Country of Last Permanent Residence by Intended Occupations (Major Groups), *Immigration Statistics*, 1992, p.60.; Employment and Immigration Canada.Country of Last Permanent Residence by Intended Occupations (Major Groups), *Immigration Statistics 1985*, p.50.

[4] Douglas Todd, David Lam's first profile in the media: 1987, Nov. 22, 2010, Vancouver Sun;《香港侨商会喜庆51周年》，《明报》2019年4月29日。

有钱、有时间的新移民，而在缺少其他投资项目的温哥华，房地产就成了富裕新移民"做点事、赚点钱"的最佳目标，这些富裕的香港地区移民对土地情有独钟。与香港地区的高房价相比，温哥华的豪宅显得相对便宜，而对香港地区前景不看好的富豪移民，大都是携带现金来加拿大，一时间，在温哥华买房成了新移民的"时尚"。

1988年，加拿大香港侨商会主席、在哥利亚麦哥里尼浩（Colliers Macavlay Nicolls）国际地产公司从事商业地产买卖的伍慧芬指出，1987年，卖给香港地区移民的商业地产总值达4000万加元。[1] 而1992年卑诗评估机构分析，在香榭区（Shaughnessy）的1923间独立屋，50万到75万加元的房屋，有26.1%是华人的名字。而超过75万加元的房屋，有32.5%是华人的名字。[2] 虽然这些名字未必都是香港地区来的新移民，但可以这样说，香港地区移民在大温哥华置业情况较普遍。香港地区移民挟资来到加拿大，在购买房屋促进就业并带动经济发展的同时，也导致房价和房租的上涨，比如1981年，温哥华西边的两层独立屋是30.5万加元，1987年为30万加元，1989年为50万加元。从1986年到1989年，温哥华西边的两层独立屋价值增长了60%。[3]

来自香港地区的富裕移民并非有意要炒高温哥华和多伦多的房价，而是也没有太多的商业活动可以拓展，故而投资买房和买房出租成了最为便捷的获取现金收入的普遍投资行为。

由于当地政府在土地供应和廉价房屋政策上没有充分考虑到大量移民的涌入，因此，房价和租金的急剧上升带来了民怨的出现。从某种程度上讲，拥有两间以上房产的白人中产阶级，是这波屋价和房租上涨的最大获益者，而首次买房或者租房的白人劳工和下层民众就感觉到很大的负担，他们就会把抱怨和不满倾注到新移民，尤其是香港地区移民身上，导致讨厌华人的民粹主义开始泛滥。政府为了掩盖自己的政策缺失，就会默认这种针对新移民的抱怨，媒体则乘势"兴风作浪"，有偏见的报道充斥在各英文媒体上。"怪兽屋（Monster House）"成为这种民粹主义的一个代表词。

---

[1]《香港移民挟资来加，促进就业带动经济》，《大汉公报》1988年3月24日。

[2] Compiled from 1992 Assessment Roll, British Columbia Assessment Authority; Quoted by Peter S. Li, Unneighbourly houses or unwelcome Chinese: the social construction of race in the battle over 'Monster House' in Vancouver, *International Journal of Comparative Race & Ethnic Studies*, 1994, p.26.

[3] Peter S. Li, Unneighbourly houses or unwelcome Chinese: the social construction of race in the battle over 'Monster House' in Vancouver, International Journal of Comparative Race & Ethnic Studies, *1994*, p.19.

从 20 世纪 80 年代中期到 90 年代中期,香港地区移民在大温社区开启了大屋建设的风潮,很多香港地区移民购买房屋后,拆除了几十年的老旧房屋,兴建体积庞大和楼层较高的新住宅,改变了社区居住环境的风貌,引起当地社区中非华裔,尤其是白人居民的反感,被他们称为"怪兽屋"。有些香港人要盖大房子,有些香港地区移民认为门前有树不吉利,故此将家中一些树木砍掉,也有些香港地区移民破坏了社区和民居原有的景观风貌,这与当地白人注重保护树木花草相违背,从而引发了更多的不满。温哥华市议会(Vancouver City Council)曾收到很多居民的抱怨信。1989 年,卑诗省省督林思齐在不同场合劝诫新移民,要"入境问禁",不要因为懒得剪树叶就把树砍掉;不要因为不愿意剪草,就把院子里的草地换成水泥地,因为这些都会引起邻居不满。[1]到了 1990 年,伴随着抵制"怪兽屋"社会声浪的不断高涨,为了回应公众一直关注的"大块土地修建巨大房屋的问题",温哥华市议会再一次修改房屋建设规范。[2]

除了"怪兽屋"和"乱砍树"的情况之外,另一个引发争议的话题就是商铺的"中文招牌"。无论在唐人街还是新兴的华人商铺集中的商店街,一些店主在招牌的设计上只有中文字,而没有官方的英、法语,从而遭遇非华裔,尤其是白人的指责,认为华商无视本地的商业招牌规范,有意排斥主流商业文化,根本不顾非华裔的感觉。中文招牌问题,在之后的 20 多年时间里,一直成为一些非华裔抱怨的内容。

总体来看,20 世纪 80 年代中期到 90 年代出现的香港地区移民潮,是受到中国内地和香港政治和经济形势变化的影响,以及加拿大移民政策变化的影响而形成的。在经济层面,这些香港地区移民,尤其是商业移民,对温哥华、多伦多等大城市的发展带来了新的刺激因素,也给战后加拿大唐人街的复兴和新型唐人街的出现创造了重大契机。从某种程度上讲,香港地区移民潮改变了温哥华等华人集中居住城市的结构布局,提供了城市国际化所需要的外来元素,也对这些城市的商业和居民社区,尤其是对富裕或者所谓的"豪宅"居住区的转型,带来了深刻的影响。从城市和社区发展的实际情况来看,这些影响大都是正面的,但也掺杂一些有争议乃至负面的因素。香港地区移民潮带来的这

---

[1] 王广滇:《从炒地皮热引发的联想》,《世界日报》1989 年 3 月 7 日。
[2] Director of Planning, City of Vancouver 1990: "RS-1/RS-1S public hearing Delegations", submitted to City Manager for Council, Mar. 30, 1990, Quoted by Peter S. Li, Unneighbourly houses or unwelcome Chinese: the social construction of race in the battle over "Monster House" in Vancouver, International Journal of Comparative Race & Ethnic Studies, 1994, p.19.

些特征，在之后出现的中国台湾移民潮和大陆移民潮中都有不同程度的重现，显示出不管亚洲原居地社会制度如何不同，华人文化和亚洲生活习惯仍然有强大的共同基因。

不能否认，尽管2000年之后到加拿大的中国香港移民人数逐渐减少，回流再回流成为一个主要现象，但香港地区移民在加拿大华人社区中的主导作用仍然十分明显，无论在参政议政还是非政府组织运作，无论在移民服务还是慈善捐款，无论在融入加拿大社会还是保护华人历史传统诸方面，香港地区移民都是重要的主力军。不仅如此，香港地区移民因为语言的关系，与老侨社团有着天然的连接，在华人社区传承和发展上，做出了很好的示范。

第三章
中国台湾移民对加拿大的影响

在加拿大华人移民中，中国台湾移民扮演着重要角色。回溯早期移民历史，台湾地区并没有移民来加，因为到二战结束前，台湾地区一直受日本的殖民统治。战后，台湾重新回到中国的版图，台湾地区移民也开始进入加拿大华人移民的队伍。1949年之后，有些移民是通过台湾地区来到加拿大的，但大部分移民是转道中国香港进入加拿大的。1967年，加拿大修改移民法，排除了"种族歧视"的因素，开始了"宇宙性"的移民制度，这就为台湾地区的华人移民进入加拿大打开了大门。

在战后经济发展中，台湾地区的表现令人惊艳。从1960年代末到1990年代，台湾地区通过吸收外国（主要是美、日）资金和技术，充分利用本地廉价的和具有较高教育程度的技术劳动力，让经济发展出现了腾飞。台湾地区与当时的韩国、香港地区和新加坡一起，被誉为亚洲"四小龙"（Four Asian Tigers），是东亚、东南亚国家和地区中，除日本之外经济发展速度最快的四个经济体，而台湾地区又是亚洲四小龙之首，经济的向好让更多居民有到国外留学以及移民的物质基础。

在亚洲四小龙中，除了香港地区受英国的殖民统治之外，它们有两个重要的共同特征，一是它们都是威权主义的治理架构，在经济管理上有强大的优势，但在社会管理上有颇多的张力，这是触发移民的重要原因之一；二是它们都处于"儒家文化圈"，尤其是中国台湾、中国香港、新加坡三地，与海外华人移民社区的文化密切相关，这也让这些地区的人容易作出移民的决定。

更为重要的是，台湾地区是地小人多，平均人口密度每平方公里近700人，人口压力相当大，再加上所处的特殊政治环境及因此带来的不稳定性，这也让台湾地区居民向外移民有了更加充足的理由。

第一节 中国台湾出现留学和移民热

如前所述，台湾地区在 20 世纪 60 年代末，经济开始起飞，个人收入增加，社会也逐渐开放，加上外向经济带来了国际人才的广泛需求，使得自费留学潮兴起。与此同时，经济的繁荣也带来了台湾当局施政的自信，不但允许人们出国观光，对居民的海外移居政策也逐渐宽松，从早期的严格管制政策逐渐向开放政策过渡。原来对移居海外的"不鼓励，不禁止"原则，转变为"移出从宽，移入从严"的立场，促使留学和移民来加拿大的人数逐年增加（参见表 3.1）。

表 3.1 中国台湾移民登陆加拿大的人数

时间	人数
1971 年	761
1972 年	859
1973 年	1372
1974 年	1382
1975 年	1131
1976 年	1178
1977 年	899
1978 年	637
1979 年	707
1980 年	827
1981 年	834
1982 年	560
1983 年	570
1984 年	421
1985 年	536

续表

时间	人数
1986 年	695
1987 年	1424
1988 年	2066

资料来源: Canada, Department of Manpower and Immigration, Immigration Statistics, 1971–1977; Department of Employment and Immigration, Immigration Statistics, 1978–1988; Country of last permanent Residence by Age Groups and Sex: Immigration Statistics, *Employment and Immigration Canada, 1985*, p.26.

众所周知，发展中国家的人口向西方国家留学，大部分是移民的前奏。从1949年到1962年，台湾当局还是采取公费留学的方式，但人数十分有限。之后，当局施行只要有奖学金或者自费，就可以出国的开放政策，台湾地区留学生人数随着台湾经济的增长同步起飞。1976年，当局全面降低留学门槛，取消对自费留学生的考试、甄试，自费留学完全开放，导致大量学生出去留学。20 世纪 60 年代至 80 年代，留学海外人数从年均 1000 人增至 5000 人，1990 年更是突破 10000 人，10 年后年均留学人数突破 30000 人。其中 1960 年至 1969 年，有 21000 多名留学生出国。1970 年至 1979 年有 31000 多名留学生出国。[1] 而 1980 年到 1984 年，共有 28321 名留学生出国。1985 年到 1989 年，共有 35859 名留学生出国。[2] 台湾地区学生留学海外，美国是当然的首选之地，占据留学人数的一半以上，此外才是日本、英国、澳大利亚、新西兰等国家，来加拿大的留学生应该不会超过总数的一成。

1977 年到 1978 年，从中国台湾来到加拿大的全日制大学生 226 人、半日制的 55 人，[3] 而 1980 年到 1986 年有 412 名。[4]

---

[1] 蔡青龙，戴伯芬：《台湾人才回流的趋势与影响——高科技产业为例》，2001 年，Research Center For Taiwan Economic Development，第 20 页。

[2] 蔡青龙，戴伯芬：《台湾人才回流的趋势与影响——高科技产业为例》，2001 年，Research Center For Taiwan Economic Development，第 15 页。

[3] Undergraduate Enrolment by Home Province, Citizenship, Province, of Study and Registration Status, 1977–1978, *University: Enrolment and Degrees, 1976–1981*, Ottawa, Statistics Canada, pp.42–43.

[4] Undergraduate Enrolment of Visa Students and Landed Immigrants by Province, Country of Citizenship and Sex, 1980–1988, *University: Enrolment and Degrees 1976–1981*, Ottawa, Statistics Canada, p.33.; Undergraduate Enrolment of Visa Students and Landed Immigrants by Province, Country of（转 68 页）

需要指出的是，无论是中国台湾统计的数字还是加拿大统计局提供的数据，都没有涵盖所有台湾地区出来的留加学生，均有统计的误差，当然也有政治的原因。实际来加拿大的学生人数，应该要超过上述统计数字。

根据加拿大在中国台湾主办签证业务的单位统计，1990 年代后，从台湾地区留学加拿大的学生正大幅增加。1990 年有 1600 名留学生。1991 年增至 5000 名。[1] 而根据加拿大联邦统计局的数据，从 1986 年到 1992 年，从台湾地区来到加拿大攻读本科和研究生的人数为 1354 名。[2] 很明显，在留学大军中，有不少是高中或者初中留学生。

上述统计数据再度说明，来加读书的留学生实际数字要超过台湾当局统计数据很多。

19 世纪 60 到 70 年代，不少来自台湾地区的移民，是由留学生身份转换而来的。前国会议员及国会多元文化秘书（相当于副部长）梁中心就是一个典型的例

（接 67 页）Citizenship and Sex, 1981–1982, *University: Enrolment and Degrees 1976–1981*, Ottawa, Statistics Canada, p.33.; Undergraduate Enrolment of Visa Students and Landed Immigrants by Province, Country of Citizenship and Sex, 1982–1983, *University: Enrolment and Degrees, 1982–1986*, Ottawa, Statistics Canada, p.33.; Undergraduate Enrolment of Visa Students and Landed Immigrants by Province, Country of Citizenship and Sex, 1983–1984, *University: Enrolment and Degrees, 1982–1986*, Ottawa, Statistics Canada, p.33.; Undergraduate Enrolment of Visa Students and Landed Immigrants by Province, Country of Citizenship and Sex, 1984–1985, *University: Enrolment and Degrees, 1982–1986*, Ottawa: Statistics Canada, p.33.; Undergraduate Enrolment of Visa Students and Landed Immigrants by Province, Country of Citizenship and Sex, 1985–1986, *University: Enrolment and Degrees, 1982–1986*, Ottawa: Statistics Canada, p.33.

[1]《台湾地区留加学生大幅增加》，《世界日报》1991 年 8 月 1 日。

[2] Enrolment of Foreign Students by Level, Province, Country of Citizenship and Sex, Journal 1986–1987, *University: Enrolment and Degrees, 1982–1986*, Ottawa, Statistics Canada, p.55.; Enrolment of International Students by Level, Province, Country of Citizenship and Sex, 1987–1988, *University: Enrolment and Degrees, 1987–1991*, Ottawa, Statistics Canada, p.55.; Enrolment of Foreign Students by Level, Province, Country of Citizenship and Sex, Journal 1988–1989, *University: Enrolment and Degrees, 1987–1991*, Ottawa, Statistics Canada, p.55.; Enrolment of Foreign Students by Level, Province, Country of Citizenship and Sex, 1989–1990, *University: enrolment and Degrees, 1987–1991*, Ottawa, Statistics Canada, p.55.; Enrolment of Foreign Students by Level, Province, Country of Citizenship and Sex, Journal 1990–1991, *University: Enrolment and Degrees, 1987–1991*, Ottawa, Statistics Canada, p.55.; Enrolment of Foreign Students by Level, Province, Country of Citizenship and Sex, Journal 1991–1992, *University: Enrolment and Degrees, 1987–1991*, Ottawa, Statistics Canada, p.55.

子。梁中心1968年以留学生身份从中国台湾来到加拿大，留学期间恰逢加拿大与台湾当局断交、与中华人民共和国建交，梁中心为避免无国籍身份带来的不便而入籍加拿大。之后，他担任会计，并到美国二度留学，回到多伦多后进入安大略省都市交通发展局工作，再后下海经商并开始投身政治。[1]

中国台湾留学生在北美，尤其是在美国和加拿大的成功，带来了一些重要的社会影响。那些在留学结束后留在美国和加拿大的学者，后来成为不少大学和研究机构的教授和领袖。

第二节 中国台湾移民社区的特征

如果说从20世纪60年代末到70年代，台湾地区留学生转移民是加拿大台湾社区新增人口的主流，那么，从20世纪80年代开始，从台湾地区直接申请移民的比例大幅增加，这种趋势一直延续到20世纪90年代甚至21世纪初（参见表3.2）。而在这段时间里，20世纪90年代台湾地区投资移民的大量涌入，是一个显著的特征（参见表3.3）。不仅如此，因为两岸形势的紧张，导致1997年和1998年，出现了创纪录的移民潮，这是台湾地区移民社区另外一个显著特征。一些人为了尽快移民，甚至投诉移民部不在台湾地区设立加国移民签证办事处，以致出现处理延缓或拒签等情况。[2]2000年和2001年，台湾地区的商业移民位列第三。[3]

表3.2 中国台湾移民登陆加拿大的人数

时间	登陆移民数量
1995年	7689
1996年	13225
1997年	13324
1998年	7193
1999年	5464

---

[1] 梁中心在2011年当选保守党国会议员。
[2] 《乐美森明日首途赴台湾，继访京港与加官治移民》，《明报》1997年11月13日。
[3] Business Class by Top Ten Source Countries (Principal Applicants and Dependants): Citizenship and Immigration Canada-*Facts and Figures 2002*: Immigration Overview, p.79.

续表

时间	登陆移民数量
2000 年	3511
2001 年	3114

资料来源: Permanent Residents by Top Source Countries: *Facts and Figures 2003*, Citizenship and Immigration Canada, 2003, p.32.

表 3.3　中国台湾在加拿大的商业移民（主申请人）人数（1986—1996 年）

移民人种类	数量	整个企业/投资/自雇移民百分比（%）	所有国家及地区企业/投资/自雇移民总人数
企业移民	3233	9.7	33449
投资移民	5046	36.2	13931
自雇移民	664	7.3	9111

资料来源: Citizenship and Immigration Canada, *Business Immigration Program Statistics*（Ottawa: Citizenship and Immigration Canada, 1996）.

当然，在选择定居地点的时候，台湾地区移民与大部分华人没有太多的区别，那就是因为交通、经济和气候等因素，大多选择大城市。就美国来说，主要集中在洛杉矶、纽约、旧金山；就加拿大来说，主要在安大略省的多伦多和卑诗省的温哥华（参见表 3.4—3.6）。当然，集中居住在多伦多和温哥华，也是有不同理由的。选择多伦多的移民，很大一部分是因为在那里工作，乃至符合原本专业的工作比较好找，因为多伦多毕竟是加拿大的经济中心，工作机会相对多些。同时，城市的生活节奏也比较快，与亚洲大都会的生活方式较为接近。而选择温哥华的移民，看中的则是较温暖的气候、朋友圈活跃、中文使用程度高、来回台湾方便等因素。

表 3.4　中国台湾移民在加拿大的定居地（1971—1980 年）

定居地	人数
安大略	5207
卑诗	2493

续表

定居地	人数
阿尔伯塔	609
魁北克	790
马尼托巴	260
萨斯喀彻温	143
新斯科舍	80
新不伦瑞克	105
纽芬兰	50
爱德华王子岛	9
育空和西北地区	7
总计	9753

资料来源: Canada, Department of Employment and Immigration, Immigration Statistics, 1971–1980.

表3.5 中国台湾移民在加拿大的定居省份

省份	1971年	1981年	1991年
安大略	447	438	1090
卑诗	131	196	2617
阿尔伯塔	59	76	125
魁北克	55	86	546
马尼托巴	21	20	44
萨斯喀彻温	9	3	35
新斯科舍	3	3	21
新不伦瑞克	22	9	3
纽芬兰	14	2	—
爱德华王子岛	0	1	7
育空和西北地区	0	—	—

资料来源: Immigration Statistics 1971, Manpower and Immigration Canada Immigration, p.5.; Immigration Statistics 1981, Immigration and Demographic Policy Group, pp.12–13.; Immigration Statistics, Employment and Immigration Canada 1991, pp.40–44.

表3.6 中国台湾移民在加拿大的定居城市（2001年）

城市	人数
多伦多	11900
温哥华	41700
渥太华	400
蒙特利尔	2200
卡尔加里	1200
埃德蒙顿	400
温尼伯	100
维多利亚	600
魁北克	100
萨斯卡通	100
哈利法克斯	100
汉密尔顿	300
里贾纳	0.00（低于50人）

资料来源: Top countries of birth and place of residence, Canada, 2001, https://www.canada.ca/en/immigration-refugees-citizenship/corporate/reports-statistics/research/recent-immigrants-metropolitan-areas-canada-comparative-profile-based-on-2001-census/partb.html，检索时间：2021年10月16日。

中国台湾移民的另一个特点是，他们与台湾本土有着千丝万缕的联系。就投资移民和商人来说，这一点很容易理解。因为冷战后，国际社会的经贸发展出现了全球化的潮流，到北美移民并非意味着"连根拔起"，而是继续与岛内的事业连成一体，与原居地进行着频繁的人文、经贸、金融技术，甚至是政治的交流。但不仅是投资移民和商人，就是普通的台湾地区移民，他们也与岛内互动密切，原因除了与亲属有交流的需要外，主要是台湾由国民党当局建立起来的福利制度，包括健康保险机制和退休金福利相当优惠，没有人愿意将岛内的一切弃之脑后。另外，台湾特殊的政治氛围和意识形态纷争，也让海外侨民相当关注，台湾地区侨民成为海外华人移民群体中，与岛内政治变动联系最为紧密并积极参与的一群，而台湾地区移民社区内部，也因为岛内政治和意识形态的不同而分歧严重，这是海外华人社群中一个罕见的例子。

由于上述特征，来自中国台湾的华侨华人社群，在1970年代美国承认"一个中国"并与台湾"断交"后，成为台湾地区与外部世界联系的重要桥梁之一，他们在居住国的活跃，给日益狭隘的台湾地区国际空间，带来了一些缓冲和补给。

特别需要指出的是，在中国改革开放初期，台湾地区在北美的学术领袖和企业家对中国大陆的对外开放起到了很大的作用。由于战后特殊的政治环境，不少在1949年前直接从中国大陆留学北美的精英，仍被划归到台湾地区精英的行列，比如杨振宁、李政道、丁肇中等诺贝尔奖获得者，他们在20世纪70年代、80年代回中国大陆旅行，为中国大陆的北美留学和学术交流创造了重要的机会，做出了极大的贡献。

随着中国的改革开放向纵深发展和两岸关系的改善，在加拿大的台湾地区华人社群中有不少人，直接前往中国大陆投资、旅游和居住，成为海外华人沟通的重要桥梁。同时，不少台湾地区华侨华人在国际旅游和经贸往来中，特别是在突发的自然灾害和战争危机中，也受到了中国政府的外交保护和协助。

第三节　中国台湾投资移民

台湾地区移民选择加拿大，有家庭的原因、子女教育的原因、寻求职业发展的原因、跟随潮流的原因、政治的原因等等。从20世纪70年代到新世纪初，大部分地区移民与全球各地来加的移民没有区别，大都是通过三个途径进入加拿大的，一是独立移民（Economic-Class-Immigrants），一是家庭团聚移民（Family-Class Immigrants），一是难民（Refugees）和人道主义者（Humanitarian），前两者当然占据多数，难民仍然是少数。

在亚洲移民中，相当多的人是有大学学历的。问题是，即使是在加拿大技术移民计分标准审核下批准来加拿大的独立移民，要找到与专业相关的工作也十分困难，这样的情况不只是加拿大，美国和澳大利亚等移民国家也是如此。1995年，有教授在台加文化协会举办的"移民适应研讨会"上，作了"台湾移民在温哥华的社会心理适应研究"的报告，在81位受访者中，其中一多半人表示是为了子女而移民。不少人在加拿大面临就业等诸多问题，不打算久住加拿大。[1]根据加拿大联邦政府的报告，2001年来自台湾地区、具有学位的合格移民，在找到工作机会

---

[1]《温哥华台湾新移民多无长居打算》，《世界日报》1995年4月10日。

方面排名很低。中国为 19%，南亚和中亚为 17%，东南欧为 17%，中国台湾为 15%，东欧为 14%，印度为 13%。[1] 而在加拿大接受大学教育的留学生和移民第二代，这样的问题就少了很多。在 1996—2001 年度有资格获得学位的人中，有 65%在加拿大找到了某种工作。例如在加拿大出生的新会计毕业生中，有 46%找到了工作。相比之下，海外出生的本地毕业生居住 10 年以上的比例为 44%，在加拿大生活 5—10 年找到工作的比例为 33%。[2]

因此，不少台湾地区来的专业移民，也就面临转行进入中小企业的自雇行列。如前所述，20 世纪 80 年代末到 90 年代，加拿大出现了台湾地区移民潮，而在这波移民潮中，投资移民人数逐年递增。从 1986 年到 2001 年，共有 46129 名台湾地区投资移民和企业移民来到加拿大。[3]

我们看到，在加拿大开放投资移民之后，中国台湾投资移民继中国香港投资移民后，在加拿大经济的各个层面，扮演了很积极且正面的角色。从传统的农业到零售业以及新科技新能源领域，都有很成功的故事出现。比如 1993 年，由统一集团与大统华集团在本拿比市建立的大统华超级市场，在加拿大成为很有影响力的综合性超级市场。[4]

从投资移民的人数来看，台湾地区的投资移民没有超过在他们之前来的香港地区投资移民，从 1991 年到 2001 年，中国的投资移民和企业移民为 27500 人，香港地区的投资移民和企业移民为 50441 人，台湾地区为 35058 人。[5] 但从投资移民的质量来看，他们是不差的。

一般认为，比台湾地区投资移民后到的中国大陆投资移民，一般不愿意花费精力来了解加拿大的法律制度和企业文化规范来开创新的事业，再加上英语的障碍，就更加视开创新的事业为畏途。其实，台湾地区投资移民也有这样的倾向。不过，一些中小企业背景的投资移民，或者独立移民后进入企业家行列的台湾人，

---

[1] Labour Market Outcomes for Migrant Professionals：Canada and Australia Compared：https://www.canada.ca/en/immigration-refugees-citizenship/corporate/reports-statistics/research/labour-market-outcomes-migrant-professionals-canada-australia-compared.html，检索时间：2021 年 9 月 20 日。
[2] Labour Market Outcomes for Migrant Professionals：Canada and Australia Compared：https://www.canada.ca/en/immigration-refugees-citizenship/corporate/reports-statistics/research/labour-market-outcomes-migrant-professionals-canada-australia-compared.html，检索时间：2021 年 9 月 20 日。
[3] Landed Immigrant Data System，1985–2001.
[4] 《大统华超级市场十日隆重揭幕》，《世界日报》1993 年 11 月 15 日。
[5] Landed Immigrant Data System，1991–2001.

还是努力在加拿大寻找新的发展机会，争取事业的成功。在这些成功的案例中，与原居地的经济优势结合，反映出全球化的影响力。

第四节 "空中飞人"

台湾地区移民除了少数追求北美梦、追求更大的生活空间、追求给孩子优良的教育环境而来到加拿大，很大一部分人还是因为台湾地区本身的政治环境变迁以及海峡两岸关系的波动而移民的。举例而言，1996年两岸关系因为1995年李登辉"访美风波"以及他蓄意偏离国统纲领（1991年在国家统一委员会第三次会议通过）而日趋紧张。[1] 1996年3月，中国大陆举行两周军事演习，在台湾海峡发射三枚地对地导弹，美国克林顿政府派遣航母舰队到达台湾海峡附近，战争的阴影笼罩，台湾岛内十分紧张。[2]

这种临战氛围刺激了台湾地区新移民潮的出现，而统派作家郑浪平在1994年出版的《一九九五闰八月》所描绘的台湾战争境况，被1995年和1996年的两岸关系紧张局势"佐证"，成为岛内罕见的畅销书，也间接刺激了移民潮的汹涌。而台湾地区政治不稳定、治安不好、学业压力大等诸多因素，也加快了台湾人移民的脚步。此时加拿大较好的移民政策、适宜居住的生态环境和学习环境，加上移民美国较为困难，因此加拿大吸引了一些台湾地区移民。1987年之后，台湾地区移民数目开始超过千人，1997年移民人数超过13000多人，达到最高峰。1994年到1999年，有54000多移民登陆加拿大。[3]

在这种外在因素刺激下的移民群体，具有很强的"避难"心态，他们非但被连根拔起的意愿不足，更会留恋和怀念在亚洲的生活方式和生活环境。跟之前的中国香港移民和后来的中国大陆移民一样，在台湾地区投资移民和军公教及其他

---

[1] 新闻与活动, https://www.president.gov.tw/NEWS/22622, 检索时间：2021年8月20日；https://www.mac.gov.tw/MAIRC/cp.aspx?n=F368176BE5500567&s=2947BC4C3FBC8E1C, 检索时间：2021年8月20日。

[2] 中国大陆回击：详解两次导弹发射演习, https://news.ifeng.com/special/taihai1996/, 检索时间：2021年8月20日；前美国驻华大使首次披露1996年台海危机内幕, http://news.sina.com.cn/c/2004-11-26/10465039681.shtml, 检索时间：2021年9月20日。

[3] Permanent Residents by Top Source Countries: Facts and Figures 2003, Citizenship and Immigration Canada, 2003, p.32.

专业人士中出现回流现象,一般最多居住 5 至 9 年。[1]这些为数庞大的"空中飞人",因种种原因离开加拿大(参见表 3.7)。1997 年之后,台湾地区移民人数急剧减少,1998 年移民人数几乎减少一半,只有 7000 多人。[2]

表 3.7　中国台湾移民回流的原因

回流原因	百分比(％)
投资创业	4.0
求职	8.9
就学	0.1
找对象	0.1
适应不良	0.9
落叶归根	8.2

资料来源:徐荣崇,陈丽如,A Comparative Study of Contemporary Taiwanese Immigrants in USA, Australia and Canada, OCAC-SO-094-01(委托研究报告),台北市立教育大学社会科教育系,2005 年,第 118 页。

事实上,亚洲原居地的华人移民因"空中飞人"现象的出现,给家庭带来了一系列变化,台湾地区移民也不例外,这种情况发生在投资移民和高学历家庭尤多。因为在加拿大重新开创较大的企业不容易,而高学历背景的人也难以找到对口的工作,因此,回流台湾变成一个选择。如此一来,母亲在加拿大面对生活的孤单压力,再加上孩子的教育带来的各种困难,还有担心丈夫在台湾地区或者中国大陆(做生意)出现外遇的危机,放弃移民生活而回流的数目在不断上升,有的为了坚持让孩子完成 12 年教育,却付出了离婚的代价。这是许多移民家庭始料不及的现象。2001 年,加拿大有 1130 名台湾地区移民离婚,635 人分居。[3]

---

[1] 徐荣崇,陈丽如,A Comparative Study of Contemporary Taiwanese Immigrants in USA, Australia and Canada, OCAC-SO-094-01(委托研究报告),台北市立教育大学社会科教育系,2005 年,第 120 页。

[2] Permanent Residents by Top Source Countries: Facts and Figures 2003, Citizenship and Immigration Canada, 2003, p.32.

[3] 徐荣崇,陈丽如,A Comparative Study of Contemporary Taiwanese Immigrants in USA, Australia and Canada, OCAC-SO-094-01(委托研究报告),台北市立教育大学社会科教育系,2005 年,第 32 页。

第五节　中国台湾移民社区

由于台湾地区移民群体中不少人选择移民加拿大很大程度上是基于岛内的政治生态和两岸关系，因此，台湾地区移民社团的组成鲜少以加拿大共识为社团结合的基础，反而反映出岛内的政治生态，被外界贴上了"蓝绿"或者"统独"的标签。

另外一个重要的特点是，因为国民党在海外的组织已经有接近百年的历史，而1949年的江山易帜，让原有的国民党老侨团也"顺其自然"被纳入了"台湾社团"的大范畴。其实，国民党老社团的"日常用语"既非普通话，也非福建话，而是粤语、客家话，甚至台山话，它们是唐人街百年历史中的一部分，与台湾地区来的新移民社团有很大的不同。不过，在台湾地区来的新侨中，属于国民党一系的人，与国民党老社团则有承接的紧密关系。

从老社团来看，温哥华、多伦多和蒙特利尔等大城市的中华总会馆（蒙特利尔是中华会馆），是国民党的海外组织，延续近百年。战后，这些组织依然从属于国民党，与台湾地区移民和社区的联络也仅限于国民党，外延性较小，但因为代表台湾地区官方，台湾地区留学生和移民常常要到中华总会馆去付钱签署一些涉及台湾地区的官方文件。其实，在台湾地区留学生和新移民眼里，中华总会馆就是跟当年孙文和国民党有关的老侨团而已。

在台湾地区移民组成的社团中，商会是最具中性色彩的团体，也最能包容具有各种政治色彩的成员加入，因为经济活动还是侨社最为关注的事情。更何况经济类移民也是台湾地区移民类别中很大的一部分。如前面数据显示，从1986年到2001年，有46000多名中国台湾移民是以投资移民或者企业移民等经济移民项目进入加拿大的，占同时期移民加拿大的中国台湾移民总人数近5成，另外的5成则是经由技术移民或依亲的方式移民加国的。[1]因此，商会的组成也就水到渠成，在此仅举几例。

1991年4月，魁北克台湾工商文化协会（Quebec Taiwan Business & Cultural Association）在蒙特利尔成立，会员由来自台湾地区的工商专业人士、经贸专家和技术人才等组成。协会成立后，持续举办过一系列工商文化活动。[2]卑诗省台湾地

---

〔1〕Censuses of Canada, 1986–2001.
〔2〕魁北克台湾工商文化协会成功举办第25届联欢晚会，《新加园》2015年6月26日。

区企业家协会在 1992 年注册成立,专注于台湾地区与加拿大经贸合作与交流,会员众多,相当活跃。2001 年改名为卑诗省台湾商会(Taiwan Chamber of Commerce in BC,简称 TCCBC)。[1] 多伦多台湾商会(The Taiwan Merchants Association of Toronto)则成立于 1995 年,主要成员均是自台湾地区移民到加拿大的工商或专业人士。[2]

值得注意的是,随着全球化的全面发展,各地台湾商会出现了整合的大趋势。加拿大各大城市的台湾商会都加入了全球台湾商会体系——北美洲台湾商会联合总会。[3] 温哥华和多伦多台湾商会在其中扮演着重要的角色。

综上所述,台湾地区移民社团是加拿大华人移民群体中很重要的一部分,对加拿大与外部世界的连接发挥了很大的作用。

第六节　中国台湾移民对加拿大和华人社会的贡献及影响

台湾地区华人社区对加拿大的经贸贡献表现在两个方面,一是通过华人移民经营的中小企业,尤其是餐馆业、杂货店、农业(蔬菜、水果的种植)等针对华人社区的服务性企业,来促进商业、就业和纳税等;另外一个就是通过承担加拿大与亚洲的经贸合作,作为文化交流的桥梁,来为加拿大作贡献,台湾地区的投资移民和企业移民在这方面也贡献良多。到了 21 世纪,台湾地区移民在金融业、高科技、新能源和环保业等方面也作出了不少贡献。

从投资的规模和资金的额度来看,台湾地区投资移民或许不如香港地区投资移民,也没有出现李嘉诚家族那样的大投资者。但是,台湾地区投资移民脚踏实地,在中小企业和新兴企业领域,取得了不俗的成绩,其中被津津乐道的就是大统华超市的成功案例。台湾地区企业家在加拿大最成功的食品零售业品牌,是成立于 1993 年的大统华连锁超级市场(T&T Supermarket),主要售卖华人喜爱的亚洲食品。创始人为来自台湾地区的华商李罗昌钰(Cindy Lee)和她的丈夫李安邦(Jack Lee)。他们独具眼光,观察到华人移民的大幅增加以及富裕程度的提升,使得原来集中在唐人街的商铺和零星散落在华人居住社区街道上的小超市,已经无法满足华人移民的多元需要,因此,他们以台湾地区统一集团的供货为基础,创立了和唐人街销售模式完全不同的西式超市,发展速度很快。

---

[1] 卑诗省台湾商会网站,http://tccbc.ca/History-of-TCCBC,检索时间:2021 年 9 月 20 日。
[2] 多伦多台湾商会简介,http://www.tma-toronto.ca/intro.html,检索时间:2021 年 9 月 20 日。
[3] chapters,北美洲台湾商会联合总会网站,https://www.tccna.org/chapters/?lang=zh-hant,检索时间:2021 年 9 月 20 日。

台湾地区企业家并没有满足于经营传统的商业，有的开始进入新能源等新兴产业。来自台北的林成贤，1992 年与发明家、滑铁卢大学德斯蒙德·雷德来恩（Desmond Radlein）教授及一些志同道合的朋友，成立了加拿大达茂能源公司（Dynamotive Energy Systems Corporation）。该公司是利用农林业废料，如玉米秸秆和废木料等为原料，转化成生物燃油及焦炭，供发电和发热之用。此项技术属于环保先进科学技术，颇受加拿大政府的重视，该专利被林成贤购买。为了事业的发展，1995 年，林成贤在安省设立第一家工厂。1996 年，加拿大达茂能源公司在美国纽约纳斯达克（Otcbb Dymtf）正式上市，由此拥有了筹资渠道。2000 年，加拿大达茂能源公司设计并建造了商业实验厂，每天处理 10 吨生物质原料。2001 年扩大规模，每天可处理 15 吨生物质原料。到 2001 年，达茂能源公司成为加拿大环保科技领域唯一一家上市公司，雇用高科技专家和员工已经达到四五十名。[1]

文化、媒体和慈善，也是台湾地区移民关注的重要领域，同时也是提升台湾地区华人社区形象的重要途径。在丰富华人社区和当地的新闻和文化产业方面，从 1990 年温哥华东宁书院陈彗中发起"台湾作曲家之夜音乐会"开始，每年都有文化活动。1992 年，东宁书院和"台加协会"合作共同举办音乐会，1993 年，活动改为"台湾作曲家音乐节"，1995 年改为"台湾文化节"。[2]

以金融业起家的来自台湾地区的企业家贺明笙，于 1993 年收购了 CHQM AM1320 频率和"华侨之声"，将牌照改为"多元文化电台"，并与他人共建汇声广播公司（Mainstream Broadcasting Corporation），贺鸣笙占据大部分股份。1998 年，贺鸣笙独自拥有了"汇声广播华侨之声"。[3] "华侨之声"为华人社区带来了与本地接轨的资讯，为华人社区的政治、文化生活带来了正面的效应，并在筹款和救灾等主流社会需要的层面，带去了华人的贡献和影响力。

"慈济"是台湾地区移民社群最重要的宗教和慈善团体品牌。慈济加拿大分会在 1992 年 9 月登记成立。两年后在安大略省多伦多市成立了多伦多联络处，并于 2000 年转成多伦多支会。到了 2000 年前后，慈济加拿大分会分别在大温地区、多伦多、密西沙加、爱明顿、卡加利、渥太华、蒙特利尔、维多利亚和温尼伯等地

---

[1] 林成贤口述，华商韬略编辑委员会：《了不起的力量》，中华工商联合出版社，2009，第 642—649 页。

[2] 《台湾文化节艺术展开幕》，《明报》1997 年 9 月 2 日。

[3] #110 Ownership-Broadcasting-CRTC 2012-03-29 Appendix; Decision CRTC 93-745, Ottawa, Dec.14, 1993；史料来自贺鸣笙；资料来自刘恒信。

设立支会，拥有 30000 多名会员，并陆续成立了 84 个志工站，在敬老、教育、医疗、扶弱等方面，提供跨族裔的支持和帮助。[1]

来自台湾地区的移民群体在加拿大华人社区中虽然不是最大的一部分，而且因为岛内的政治和意识形态的纷争，"蓝绿恶斗"和"统独之争"等，也呈现出不团结、一盘散沙的状况，但是，随着加拿大华人定位的强化，台湾地区移民社群也在不断克服"客居"心态，以更开放的姿态融入加拿大华人移民大家庭，也更积极地在主流社会耕耘，无论在经济建设、文化交流和社区发展等方面，都作出了很大的贡献，在华人参政议政上也逐渐成熟。值得一提的是，由于台湾地区在亚洲公民社会的实践上走在前面，因此，来自台湾地区的移民在环保、慈善和人权等方面对华人社区的贡献也相当突出，成为华人社区中重要的一支力量。

图 3.1　慈济

资料来源：贾葆蘅拍摄于 2019 年

---

[1] http://tzuchieast.ca/index.php/about-tzuchi/%E5%8A%A0%E6%8B%BF%E5%A4%A7%E5%88%86%E6%9C%83，检索时间：2021 年 9 月 20 日。

第四章
中国大陆移民对加拿大的影响

第一节 中国大陆移民的类别与移民潮产生的原因

从宏观上看,加拿大最早的华人劳工或者移民,绝大多数都来自中国。自二战以后,中国政治形势发生了重大变化,尤其是1949年的政权更替,使得加拿大的华人移民来源地变得更加多元。到1970年代中加正式建交之后,才重续大批中国民众直接移民加拿大的历史渊源。从20世纪70年代末到80年代,出现了大陆民众移民加拿大的新热潮,并对华人社区乃至加拿大产生了重要的影响。

一、中加建交之前移民的情况

加拿大政府于1951年关闭在中国上海的领事馆,[1]一直到1970年中加建交之前,中加外交关系没有任何进展。由于中加外交关系中断,使得在大陆没有任何机关单位可以办理中国公民移民加拿大的手续。只有少数人以其他理由,经过第三地移民加拿大。加拿大华人要想申请中国的亲人来加团聚,必须先向中国政府提出申请,准许亲人前往中国香港。除了合法到香港的人之外,也有一些人是偷渡来到香港,然后再往加拿大移民局申请前往加拿大。

在这个漫长的过程中,加拿大保守党总理约翰·迪芬贝克(John Diefenbaker,当地人称第芬碧架)曾经在1962年宣布加拿大接收100个从中国内地到香港地区的难民家庭,由联邦政府资助他们旅费,并支付他们到加拿大的安置费用。[2]这是一个相当特殊的案例,因为在那个时候,加拿大移民和难民政策中还有歧视华人

---

[1] John Hilliker, Donald Barry, *Canada's Department of External Affairs, Vol. 2: Coming of Age, 1946–1968*, Institute of Public Administration of Canada and McGill-Queen's University Press, 1990, p.56.; 钱皓,《国际政治中的中等国家:加拿大》,上海人民出版社,2020年,第223页。

[2] Ryan M. Touhey, "Dealing in Black and White: The Diefenbaker Government and the Cold War in South Asia 1957–1963", *Canadian Historical Review 92*, No. 3 (2011), 438, accessed Feb. 19, 2012.

的因素存在,尤其在家庭团聚问题上。[1]当时有一位名叫朱小荪的孩子,他的母亲吴少华(Wu Shiu Wah, Show Hwa)住在香港,而他和姐姐朱小蓉(Chu Siu Yung, Joanne)及父亲朱汤荪(Chu Ting Suen, Tonson)住在上海,中国当地政府破例同意类似这些家属进入香港。[2]这个案例在某种程度上,成为加拿大1967年移民政策大改变的先声。

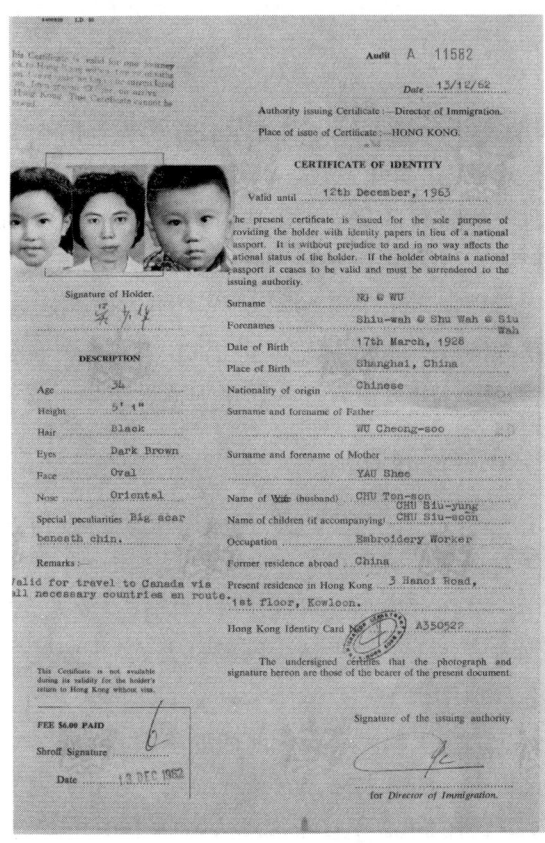

图4.1 吴少华、朱小蓉、朱小荪移民纸

资料来源:朱小荪

---

[1] 值得一提的是,在这批难民家属中,就有一位3岁的上海男孩,他就是在2007—2015年成长为温哥华第一位华裔警察局长的朱小荪(Chu Siu Soon, Jim Chu)。

[2] Ken MacQueen, Jun. 28, 2014: "They're dipping their toe in the water with the 100 families", https://www.macleans.ca/news/canada/john-diefenbaker-and-100-chinese-families/,检索时间:2021年9月20日;Laura Madokoro, "Jim and Joanne Chu, and remembering the first Chinese refugees settled in Canada", National Post, Dec. 12, 2012;资料来自朱小荪。

1966年，中国公民因私出国审批工作基本停办，即使通过协商辗转到中国香港，再移民加拿大的路子也被堵死了。

二、中加建交初期移民的情况

中国对外关系于1966年至1968年"文化大革命"初期处于谷底状态。由于同苏联的对立日趋激烈，北京开始着力改善与西方国家的关系。1968年，加拿大总理杜鲁多在林达光（Paul T.K Lin）教授等华裔的帮助下，展开与中国建交的运作，开启了1949年以后中国公民可以直接移民加拿大的大门。

1970年10月13日中加建交[1]，经过三年互动，杜鲁多总理于1973年10月访问中国，与中国政府商讨中国侨眷前往加拿大与亲人团聚等问题。[2]此外，杜鲁多与周恩来总理达成协议，两国交换留学生及医学、科学、体育和艺术等方面的专业人士。1974年，周恩来总理回访加拿大。中加协议达成后，短短几年里就有超过15000名有加拿大亲属的中国人，申请移民加拿大，希望与家人团聚。[3]1974年至1978年，共有3557名中国人，以家庭团聚身份进入加拿大。[4]不过，由于当时仍处于"文革"末期，中国政府对于公民出境限制较多，尚无法形成相当规模的移民潮（参见表4.1）。

表4.1 从中国大陆来加拿大的登陆移民人数

时间	人数
1971年	47
1972年	25
1973年	60
1974年	379

---

[1] 中华人民共和国与各国建立外交关系日期简表，中华人民共和国外交部网，https://www.fmprc.gov.cn/web/ziliao_674904/2193_674977/，检索时间：2021年9月20日。

[2]《陶杜复函简建平有关中国侨眷事》，《大汉公报》1973年10月15日；《首相透露中国侨眷来加将获准》，《大汉公报》1973年10月18日；中加协议移民新办法，《大汉公报》1975年7月15日；Trudeau, E., *Canada and China: A little mutual education' Statements and Speeches Ottawa: External Affairs Canada*, 1973, p.20.

[3] Janet W. Salaff and Siu-lun Wong. "Bride fights back tears as Chinese families reunited", Montreal Star, Aug.26, 1974.; "China will the emigrants become immigrants", Global and Mail, Toronto, Nov.2, 1974, p.9.

[4] Canada. Employment and Immigration, Immigration Statistics, 1974–1978.

续表

时间	人数
1975 年	903
1976 年	833
1977 年	798

资料来源：Canada, Department of Manpower and Immigration, Immigration Statistics, 1971–1978.

三、1978—1988 年，中国移民抵加情况

自 1978 年起，中国政府实行改革开放政策，向外打开国门，中国公民因私出境由严趋宽。1984 年 4 月，国务院批转了公安部《关于放宽因私出国审批条件的请示》。[1] 1985 年制定了《中华人民共和国公民出境入境管理法》。翌年公布实施细则，即《中华人民共和国公民出境入境管理法实施细则》。[2] 这些法律规范了中国公民出入境办理程序。随着这些法律的实施，中国公民开始走向海外。由于加拿大华人移民历史长达百年，加拿大也自然成为改革开放后华人向西方国家移居的主要国家之一，移民人数也是成倍增加。根据统计，中国公民移民加拿大的人数，1981 年比 1978 年增长了 10 倍以上（参见表 4.2），他们大多是家庭团聚移民。

1978 年，邓小平拍板向西方国家派遣公派留学生和进修学者。[3] 之后，中国政府逐步开放自费留学的大门。1980 年到 1986 年，中国来加拿大的公派和自费攻读大学和研究生的学生共有 2927 名，[4] 他们当中有不少人后来成为移民。

1978 年到 1988 年间，中国对公民出入境政策的改变，使得从大陆到加拿大的移民，以及留学生、访问学者、短工和短期培训等的人数慢慢增长（参见表 4.2）。

---

[1] 公安部 [84] 公发（境）59 号文件。
[2] 中国人大网，http://www.npc.gov.cn/wxzl/gongbao/2000-12/06/content_5004464.htm，检索时间：2021 年 9 月 20 日。
[3] 中华人民共和国中央人民政府网，新中国档案：邓小平作出扩大派遣留学生战略决策，http://www.gov.cn/test/2009-09/30/content_1430681.htm，检索时间：2021 年 9 月 20 日。
[4] *Journal 1980, Ottawa, University: enrolment and degrees, 1976–1981*, Statistics Canada, p.33., p.35.;
Journal 1981, University: enrolment and degrees, 1976–1981, Ottawa, Statistics Canada, p.33., p.35.;
Journal 1982, University: enrolment and Degrees 1982–1986, Ottawa, Statistics Canada, p.33., p.35.;
Journal 1983, University: enrolment and Degrees 1982–1986, Ottawa, Statistics Canada, p.33., p.35.;
Journal 1984, University: enrolment and Degrees 1982–1986, Ottawa, Statistics Canada, p.33., p.35.;
Journal 1985, University: enrolment and Degrees 1982–1986, Ottawa, Statistics Canada, p.33., p.35.

还有一些中国人先到其他国家，然后在那里申请移民加拿大；或在其他国家留学，拿到学历后再以技术移民身份申请移居加拿大。

表 4.2 从中国大陆来加拿大的登陆移民人数

时间	人数
1978 年	644
1979 年	2058
1980 年	4936
1981 年	6551
1982 年	3572
1983 年	2217
1984 年	2214
1985 年	1883
1986 年	1902
1987 年	2625
1988 年	2778

资料来源：Canada, Department of Employment and Immigration, Immigrations Statistics, 1978–1984; Immigration Statistics, *Employment and Immigration Canada 1985*, p.xi.; Immigration Statistics, *Employment and Immigration Canada 1986*, p.26.; Immigration Statistics, *Employment and Immigration Canada 1987*, p.28.; Immigration Statistics, *Employment and Immigration Canada 1987*, Country of Last permanent Residence by Age Groups and Sex Calendar Year 1988, p.28.

四、1989—1990 年移民情况

不可否认，在中国公民和留学生移民加拿大的过程中，出现了一个因特殊政治事件触发的小移民潮，并成为在加拿大的中国人形成较大规模移民潮的一个先声。

1989 年中国政治风波发生后，加拿大保守党政府劳工移民部部长麦克·杜格尔公开宣布针对中国公民的移民计划，即 Operations Memorandum IS 399（OM‑IS‑399）计划：中国公民可以申请留居加拿大，中国学生只要愿意可以申请改变其身份。在加拿大的中国访问学者可以延长 60 天的停留时间。OM‑IS‑399

计划于 6 月 29 日更改，无限期取消中国公民因为签证到期必须离境的规定。[1] 因此不少中国学生、访问学者、契约工人和游客，纷纷填表申请留居。在这个大形势下，不少与政治活动无关的人，也以相关政治理由获得签证快速入境，并申请长期居留。1990 年 8 月，大约有 8000 名中国公民获得永久居民资格，大部分是学生和学者。[2] OM-IS-399 计划于 1990 年 10 月 19 日废止。

中国政府对加拿大政府的特殊移民政策提出了质疑，但并没有为难获得移民资格的绝大部分中国公民，从而使这拨移民成为大陆向海外移民大潮的一个插曲。

五、1991 年后移民情况

OM-IS-399 计划废止后，中国大陆公民移民加拿大的程序回归常态。值得关注的是，从 1991 年起，前来加拿大的中国大陆移民继续增加，逐渐形成一个新的大陆移民潮。1998 年，中国大陆成为加拿大华人海外移民的首要来源地。2001 年的人口普查证实，中国大陆成为加拿大华人移民最重要的来源（参见表 1.14）。

1980 年代末到 1990 年代初，来自福建和广东两个沿海省份的一些居民，以偷渡方式进入加拿大，然后申请难民身份，其中一些人由难民身份陆续转为加拿大永久居民。[3]

与以往来加的大陆移民相比，新时代大陆移民的受教育背景和其他方面的素质也有所提高，但其中很多人属于技术移民和家庭团聚移民，商业移民较少。大陆新移民来自中国的不同省市，覆盖地区比较广，贵州、青海和新疆等中国大陆的边远地区都有新移民来加，侨乡已经不再局限于过去传统的广东四邑和五邑。

任何正常移民潮的发生，都有两个基本条件，一是有大量的居民从原居地往

---

[1] Canada. *Employment and Immigration Canada 1989*，*OM IS 399–Current Processing Procedures for Persons from the People's Republic of China*，*PRC*（revised Jun. 29）.

[2] "670 Chinese now in B.C.apply to stay in Canada"，The Vancouver Sun，Jul. 21，1989；"China says Canada stealing students"，The Vancouver Sun，Aug. 2，1990；"Chinese students continue to seek refuge"，The Vancouver Sun，Sep. 15，1990.

[3] Paul Kaihla，"Inside an immigration scam，Maclean's"，Oct. 2，1995，pp.25–26.；《任人宰割，处境凄凉》，《醒华日报》1984 年 2 月 2 日；《各界人士发表看法 强烈反对非法移民》，《加华新闻》1999 年 9 月 4 日；邹德浩，《加拿大不养中国逃犯》，《环球时报》2000 年 6 月 23 日第 14 版。

外移动，二是有国家愿意接收这些移民。中国大陆移民加拿大的潮流，也是这两方面的因素起着主要作用。

从中国方面来看，中国大陆自改革开放后，原来的"锁国"政策发生了变化，政府对公民出入境管理不断放宽，使得许多人可以实现移民外国的愿望。而属于西方先进国家一员，又与美国比邻的加拿大，成为中国移民群体除选择美国之外最主要的移民目的地，某些年代移民数曾与澳大利亚不相上下，也有些年代超过澳大利亚。例如，1990—1999 年，中国大陆获得美国永久居民身份的有 342058 人。加拿大在相同年代，来自中国大陆的登陆移民人数约 152000 人，远少于美国。[1] 1985—1986 年，由中国大陆到澳大利亚的定居者为 3138 人。同期，由中国大陆到加拿大的登陆移民人数为 3785 人，两国大致相同。而到了 1995—1996 年，由中国大陆到澳大利亚的定居者为 3700 人，由中国大陆到加拿大的登陆移民人数为 30807 人，后者远超过前者。[2]

此外，不少中国精英希望孩子受到更好的教育，想给孩子创造更高的起跑线，故而他们愿意离开故土，到外面的世界发展，这也触发了中国的移民大潮。

从加拿大的角度看，移民国家本来就需要新移民，加上人口出生率低等老问题愈加严重，国家制定年度移民接收配额也随之增长。雪上加霜的是，美国在里根、老布什时代和克林顿时代，经济发展迅速，导致加拿大的中青年人才大量外流，国家对技术移民的需求增加，这给中国技术移民进入加拿大创造了很好的条件。不仅如此，由于欧盟带动了欧洲的一体化进展，来自欧洲的移民日渐减少，也促使中国大陆跃升为加拿大主要的移民来源地。

第二节　中国大陆技术（独立）移民在加拿大的生活特点与状况

与战后的华人移民潮不同，20 世纪 90 年代来到加拿大的中国大陆移民，不再是过去的以家庭团聚为主、文化程度不高，他们中的大多数在中国实行改革开放

---

[1] 2010 Yearbook of Immigration Statistics, Office of Immigration Statistics, U.S. Department of Homeland Security, Aug. 2011, p.8.; Censuses of Canada, 1990–1999.

[2] Censuses of Canada, 1995-1996；澳大利亚议会官方网，https://www.aph.gov.au/sitecore/content/Home/About_Parliament/Parliamentary_Departments/Parliamentary_Library/Publications_Archive/CIB/CIB9697/97cib16#FIGURE1，检索时间：2021 年 9 月 20 日；Citizenship and Immigration Statistics, Citizenship and Immigration Canada, 1996, p.x.

后接受过高等教育，很多人都具有大学本科学历，其中一些人还获得硕士学位和博士学位。这些技术移民所学专业涉及电脑、电子、机械制造、会计、工程力学、建筑设计、土木工程、国际贸易、工商管理、企业管理、环境保护、广告设计、文学、日语、英语、美术、舞蹈、音乐和体育等各个方面。例如，1997年至1999年，加拿大萨斯喀彻温大学宗力教授，在温哥华、多伦多、渥太华、埃德蒙顿、卡尔加里和萨斯卡通六个城市，对1180名从中国大陆移民到加拿大的专业人士进行问卷调查。调查对象主要是在中国国内从事专门职业的医生、工程师、中学或大学教师等，他们中绝大多数是在20世纪90年代移民到加拿大的，其中有34%的人已取得了加拿大国籍。他们当中有95%的人在中国至少取得了学士学位，有39%的人取得的最高学位是硕士或博士。[1]

这些华人新移民来到加拿大后，他们的生活方式与华人老移民有相同之处，但也有不同之处。从地域分布来看，大多数中国新移民延续着老一代移民的选择模式，主要定居在加拿大的四个大省：安大略省、卑诗省、魁北克省和阿尔伯塔省。同样，在这些省份中，中国新移民也与老移民一样，绝大多数喜欢生活在大城市，比如多伦多和温哥华等（参见表4.3—4.5）。

表4.3　中国移民在加拿大的定居省份（1971—1980年）

省份	登陆移民人数
安大略	3422
卑诗	4529
阿尔伯塔	1059
魁北克	887
马尼托巴	285
萨斯喀彻温	297
新斯科舍	56
新不伦瑞克	80
纽芬兰	48

[1] Li Zong, International Transference of Human Capital and Occupational Attainment of Recent Chinese Professional Immigrants in Canada, *American Review of China Studies*, Spring Fall 2004, Volume. No. 1&2, p.82.

续表

省份	登陆移民人数
爱德华王子岛	6
育空和西北地区	15
总计	10684

资料来源：Canada, Department of Employment and Immigration, Immigration Statistics, 1971–1980.

表4.4 中国移民在加拿大的定居省份

省份	1971年	1981年	1991年
安大略	20	2008	5910
卑诗	7	2655	3544
阿尔伯塔		764	1261
魁北克	19	508	2161
马尼托巴		174	323
萨斯喀彻温	1	285	429
新斯科舍		69	154
新不伦瑞克		34	63
纽芬兰		49	51
爱德华王子岛		1	12
育空和西北地区		3	7
其他地区		1	

资料来源：Immigration Statistics, 1971, Manpower and Immigration Canada Immigration, p.5.; Immigration Statistics, 1981, Immigration and Demogrppaphic Policy Group, pp.12–13.; Immigration Statistics, Employment and Immigration Canada, 1991, pp.40–44.

表4.5 中国移民在加拿大的定居城市（2001年）

城市	人数
多伦多	102500
温哥华	40000

续表

城市	人数
渥太华	10300
蒙特利尔	16000
卡尔加里	8900
埃德蒙顿	6000
温尼伯	2000
维多利亚	14000
魁北克	700
萨斯卡通	900
哈利法克斯	600
汉密尔顿	2100
里贾纳	400
其他地区	14200

资料来源: Top countries of birth and place of residence, Canada, 2001, https://www.canada.ca/en/immigration-refugees-citizenship/corporate/reports-statistics/research/recent-immigrants-metropolitan-areas-canada-comparative-profile-based-on-2001-census/partb.html, 检索时间: 2021 年 9 月 20 日。

但是，与老移民截然不同的是，他们当中很少有人会选择居住在唐人街或者唐人街附近地区。除了有些人会在初到加拿大时来唐人街菜市场拣选比较廉价的华人食品外，他们的基本生活完全不依赖唐人街。亚洲模式的商场在各个城市兴起后，他们造访唐人街的次数变得屈指可数，这给加拿大唐人街的遗迹保存和经济复兴，带来了巨大的挑战。

从加拿大甄别和挑选移民的角度来看，中国大陆移民的年龄层大都在青年到中年之间，也就是 20 岁到 59 岁之间的人数最多（参见表 4.6），这样的年龄层最符合加拿大社会发展的需要；但是，由于就业市场的有限和语言等问题，中国大陆移民的性别构成与加拿大早期华人移民出现了明显的反差，在 20 世纪 70、80 和 90 年代，女性明显多于男性（参见表 4.7）。

表 4.6　中国大陆登陆移民年龄

时间	15岁以下	15—19岁	20—24岁	25—29岁	30—34岁	35—44岁	45—54岁	55—59岁	60—64岁	65岁以上
1973年	6	3	17	10	5	5	10	—	3	1
1974年	55	34	45	53	27	50	34	14	22	45
1975年	156	93	163	128	58	82	61	27	54	81
1976年	207	86	113	95	42	114	62	21	26	67
1977年	169	78	106	139	50	89	75	25	20	47
1978年	154	59	69	100	38	78	66	22	22	36
1979年	509	172	240	273	229	218	170	68	59	120
1980年	1099	422	513	626	504	584	432	187	207	362
1981年	1618	559	572	825	746	741	561	245	243	441
1982年	681	250	387	476	341	365	354	210	218	290
1983年	202	120	274	362	140	162	184	215	237	321
1984年	138	125	319	262	140	131	220	210	280	389
1985年	108	140	314	250	109	83	150	201	272	256
1986年	112	131	370	238	158	131	159	176	208	219
1987年	165	229	452	359	215	234	244	241	232	254
1988年	268	221	443	411	281	342	210	197	180	225
1989年	284	284	533	816	676	531	334	265	300	407
1990年	553	258	773	1993	1557	1273	521	299	331	431
1991年	1102	361	1115	3319	2833	2712	935	434	470	634
1992年	1675	401	1035	1801	1731	1843	670	418	372	483
1993年	1712	495	986	1366	1427	1409	637	410	439	585

续表

时间	15岁以下	15—19岁	20—24岁	25—29岁	30—34岁	35—44岁	45—54岁	55—59岁	60—64岁	65岁以上
1994年	1.943	620	1209	1902	2044	1649	873	685	725	836
1995年	2200	546	899	1715	2521	2066	975	696	790	883

资料来源: Immigration Statistics, *Manpower and Immigration 1973*, Country of Last Permanent Residence, Age Group and Sex of Immigrants, pp.8－9.; Immigration Statistics, *Manpower and Immigration 1974*, Country of Last Permanent Residence, Age Group and Sex of Immigrants, pp.10－11.; Immigration Statistics, *Manpower and Immigration 1975*, Country of Last Permanent Residence, Age Group and Sex of Immigrants, pp.10－11.; *Immigration Statistics, Manpower and Immigration 1976*, Country of Last Permanent Residence, Age Group and Sex of Immigrants Calendar Year 1976, pp.10－11.; *Immigration Statistics, Employment and Immigration Canada 1977*, Country of Last Permanent Residence, Age Group and Sex of Immigrants Calendar Year 1977, pp.10－11.; Immigration Statistics, *Employment and Immigration Canada 1978*, Country of Last Permanent Residence, Age Group and Sex of Immigrants Calendar Year 1978, pp.10－11.; Immigration Statistics, *Employment and Immigration Canada 1979*, Country of Last Permanent Residence, Age Group and Sex of Immigrants Calendar Year 1979, pp.10－11.; Immigration Statistics, *Employment and Immigration Canada 1980*, Country of Last Permanent Residence, Age Group and Sex of Immigrants Calendar Year 1980,pp.20－21.; Immigration Statistics, *Employment and Immigration Canada 1981*, Immigration Statistics, Country of Last Permanent Residence, Sex and Age Group of Immigrants Calendar Year 1981, pp.20－21.; Immigration Statistics, *Employment and Immigration Canada 1982*, Country of Last Permanent Residence, Sex and Province of Destination of Immigrants Calendar Year, 1982, pp.26－27.; Immigration Statistics, *Employment and Immigration Canada 1983*, Province of Intended Destination by Sex by Country of Last Permanent Residence, 1983, pp.26－27.; Immigration Statistics, *Employment and Immigration Canada 1984*, Age Groups by Sex By Country of Last permanent Residence, pp.24－25.; Immigration Statistics, *Employment and Immigration Canada 1985*, Country of Last Permanent Residence by Age Groups and Sex, pp.26－27.; Immigration Statistics, *Employment and Immigration Canada 1986*, Country of Last Permanent Residence, Age Group and Sex of Immigrants Calendar Year 1986, pp.26－27.; Immigration Statistics, *Employment and Immigration Canada 1987*, Country of Last Permanent Residence, Age Group and Sex of Immigrants Calendar Year 1987, pp.28－29.; Immigration Statistics, *Employment and Immigration Canada 1987,* Country of Last permanent Residence by Age Groups and Sex Calendar Year 1988, pp.28－29.; Immigration Statistics, *Employment and Immigration Canada 1989*, Country of Last permanent Residence by Age Groups and Sex Calendar Year 1989, pp.28－29.; Immigration Statistics, *Employment and Immigration Canada 1990* , Country of Last permanent Residence by Province or Territory of Intended Destination and Gender, Immigrants Calendar Year 1990, pp.28－29; Immigration Statistics, *Employment and Immigration Canada 1991*, Country of Last permanent Residence by Age Group and Gender, Calendar Year 1991, pp.28－29.; Immigration Statistics, *Employment and Immigration Canada 1992*, Country of Last permanent Residence by Age Group and Gender, Calendar Year 1992, pp.32－33.; Immigration Statistics, *Employment and Immigration Canada 1993*, Country of Last permanent Residence by Age Group and Gender, Calendar Year 1993, pp.34－35.; Immigration Statistics, *Employment and Immigration Canada 1994*, Country of Last permanent Residence by Age Group and Gender, Calendar Year 1994, pp.34－35.; Immigration Statistics, *Employment and Immigration Canada 1995*, Country of Last permanent Residence by Age Group and Gender, Calendar Year 1995, p.34.

表 4.7 中国大陆登陆移民男女人数

时间	总计	男	女
1973 年	60	35	25
1974 年	379	161	218
1975 年	903	382	521
1976 年	833	364	469
1977 年	798	450	348
1978 年	2058	956	1102
1979 年	4936	2407	2529
1980 年	6551	3148	3403
1981 年	3572	1568	2004
1982 年	2217	807	1410
1983 年	2214	857	1357
1984 年	1883	750	1133
1985 年	1902	763	1139
1986 年	2625	1092	1533
1987 年	2778	1170	1608
1988 年	4430	2057	2373
1989 年	4430	2057	2373
1990 年	7989	4049	3940
1991 年	13915	7220	6695
1992 年	10429	4598	5831
1993 年	9466	3731	5735

续表

时间	总数	男	女
1994年	12486	5342	7144
1995年	13291	5969	7322

资料来源: Immigration Statistics, *Manpower and Immigration 1973*, Country of Last Permanent Residence, Age Group and Sex of Immigrants Calendar Year 1973, pp.8 – 9.; Immigration Statistics, *Manpower and Immigration 1974*, Country of Last Permanent Residence, Age Group and Sex of Immigrants Calendar Year 1974, pp.10 – 11.; Immigration Statistics, Country of Last Permanent Residence, *Manpower and Immigration 1975*, Age Group and Sex of Immigrants Calendar Year 1975, pp.10 – 11.; Immigration Statistics, *Manpower and Immigration 1976*, Country of Last Permanent Residence, Age Group and Sex of Immigrants Calendar Year 1976, pp.10 – 11.; Immigration Statistics, *Employment and Immigration Canada 1977*, Country of Last Permanent Residence, Age Group and Sex of Immigrants Calendar Year 1977, pp.10 – 11.; Immigration Statistics, *Employment and Immigration Canada 1978*, Country of Last Permanent Residence, Age Group and Sex of Immigrants Calendar Year 1978, pp.10 – 11.; Immigration Statistics, *Employment and Immigration Canada 1979*, Country of Last Permanent Residence, Age Group and Sex of Immigrants Calendar Year 1979, pp.10 – 11.; Immigration Statistics, *Employment and Immigration Canada 1980*, Country of Last Permanent Residence, Age Group and Sex of Immigrants Calendar Year 1980, pp.20 – 21.; Immigration Statistics, *Employment and Immigration Canada 1981*, Country of Last Permanent Residence, Sex and Age Group of Immigrants Calendar Year 1981, pp.20 – 21.; Immigration Statistics, *Employment and Immigration Canada 1982*, Country of Birth ,Sex and Province of Destination of Immigrants Calendar Year, 1982, pp.20 – 21.; Immigration Statistics, *Employment and Immigration Canada 1983*, Province of Intended Destination by Sex by Country of Last Permanent Residence, 1983, p.20.; Immigration Statistics, *Employment and Immigration Canada 1984*, Age Groups by Sex By Country of Last permanent Residence, p.24.; Immigration Statistics, *Employment and Immigration Canada 1985*, Country of Last Permanent Residence by Groups and Sex, p.26.; Immigration Statistics, *Employment and Immigration Canada 1986*, Country of Last Permanent Residence, Age Group and Sex of Immigrants Calendar Year 1986, p.26.; Immigration Statistics, *Employment and Immigration Canada 1987*, Country of Last Permanent Residence, Age Group and Sex of Immigrants Calendar Year 1987, p.28.; Immigration Statistics, *Employment and Immigration Canada 1988*, Country of Last permanent Residence by Age Groups and Sex Calendar Year 1988, p.28.; Immigration Statistics, *Employment and Immigration Canada 1989*, Country of Last permanent Residence by Age Groups and Sex Calendar Year 1989, p.28.; Immigration Statistics, *Employment and Immigration Canada 1990*, Country of Last permanent Residence by Province or Territory of Intended Destination and Gender, Immigrants Calendar Year 1990, p.40.; Immigration Statistics, *Employment and Immigration Canada 1991*, Country of Last permanent Residence by Age Group and Gender, Calendar Year 1991, p.28.; Immigration Statistics, *Employment and Immigration Canada 1992*, Country of Last permanent Residence by Age Group and Gender, Calendar Year 1992, p.32.; Immigration Statistics, *Employment and Immigration Canada 1993*, Country of Last permanent Residence by Age Group and Gender, Calendar Year 1993, p.34.; Immigration Statistics, *Employment and Immigration Canada 1994*, Country of Last permanent Residence by Age Group and Gender, Calendar Year 1994, p.34.; Immigration Statistics, *Employment and Immigration Canada 1995*, Country of Last permanent Residence by Age Group and Gender, Calendar Year 1995,p.34.

从家庭构成上讲,更多的中国移民和他们的直系亲属一起生活,有家庭的人数高于单身人数。从语言上讲,三分之一的中国移民会讲至少一种加拿大官方语言(参见表 4.8)。

表 4.8 中国大陆移民的特征统计(1986—2001 年)

特征		人数
婚姻状况	单身	98483
	已婚	216108
	其他	19486
掌握加拿大官方语言能力	英语	80670
	没有	215283
	"国语"	330283

资料来源:Landed Immigrant Data System, 1986–2001.

改革开放以后出来的中国大陆新移民完全不同于百年前从广东四邑来的华工,也不同于战后通过不同途径和地区来的移民。他们大部分是在中国新的对外开放政策和社会经济环境下自愿选择出国的,对移民生活有比较明确的目标和方向,并不仅仅是为了比国内多赚一点钱。不过,由于中国大陆封闭较久,又经历了十年"文革"的特殊时期,这些移民也在公民意识、社会道德、亲子关系、社区服务等诸方面,存在着明显的问题。综合起来看,这一移民群体有如下的一些明显特征。

第一,他们中的大多数是中国改革开放后的精英骄子,在中国接收过正规的高等院校教育,并获得了相应的学历和学位。他们在百废待兴的中国都是各领域的技术骨干,有些甚至具有较高的社会地位和声望。他们以技术移民的身份来到加拿大,有一种精英意识,虽然初来乍到,需要较长时间的适应,却有大干一场的期待。

第二,从年龄上看,中国大陆新移民大多是三四十岁的青壮年,他们在中国处于发展创业的黄金时期。从某种程度上说,他们放下在中国发展的大好机会,往外寻找更好的机会,是下了很大决心的,有着放手一搏的冒险精神。

第三,虽然他们身为精英,但囿于教育体制和环境的限制,英语水平相对比较薄弱,加上国际经验的缺乏,在社会文化适应上存在比较大的障碍。语言和文化障碍是很多新移民的难题。中国大陆移民对加拿大官方语言英语和法语的掌握程度低于总移民的平均水平,很多中国移民达不到官方语言要求,特别是口语和听力较弱。新移民,尤其是技术移民来到加拿大后,为了适应新的社会环境,大都需要重新学习英语。

尽管中国大陆移民满怀豪情来到加拿大,并期待着在一个尊重人才和能力,且有完善制度的新国家再创人生的高峰,但是,现实总是比愿望严峻,中国大陆移民中的不少人,在融入加拿大新生活的过程中,遭遇了不少挑战。

首先,技术移民的学历、资历不被承认,在职场上找不到匹配他们得以移民加拿大的"技术背景"的工作,这让他们的移民愿望和加拿大的现实产生了巨大的落差。不仅如此,他们在技术劳工市场的竞争中,还因为缺乏在加拿大的工作经验而丧失了竞争能力。

宗力教授1997年至1999年做的问卷调查结果显示,只有31%的专业移民在加拿大从事专业性的工作(参见表4.9)。

表4.9 中国大陆移民移民前后从事的职业比较(1997—1999年)

		在中国	占比(%)	在加拿大	占比(%)
专业	医生	103	8.7	17	1.4
	工程师	453	38.4	178	15.1
	中学、大学老师	295	25.0	66	5.6
	其他专业	81	6.9	105	8.9
	小计	932	79.0	366	31.0
非专业	地产经纪	4	0.3	33	2.8
	管理人员	107	9.1	32	2.7
	文书或办事员	21	1.8	31	2.6
	销售人员	13	1.1	48	4.1
	操作工	12	1.0	103	8.7
	服务业	5	0.4	83	7.0
	不需要特殊技能	0	0.0	80	6.8

续表

		在中国	占比（%）	在加拿大	占比（%）
非专业	农业	0	0.0	3	0.3
	其他	58	4.9	137	11.6
	小计	220	18.6	550	46.6
从来没有工作		28	2.4	264	22.4
总计		1180	100.0	1180	100.0

资料来源：Li Zong, International Transference of Human Capital and Occupational Attainment of Recent Chinese Professional Immigrants in Canada, *American Review of China Studies*, Spring Fall 2004, Volume 5.No.1&2, p.85.

从职业流动的情况看，62%的人经历了职业向下流动（例如，在中国从事医生工作，在加拿大从事实验室化验员的工作、打工或没有工作）；33%的人取得了同样或类似的工作，没有形成职业的上下流动（例如，在中国是工程师，在加拿大仍然做工程师）；只有5%的人经历了职业向上流动（例如，出国前从事非专业性的工作，在加拿大却找到了专业性工作）。[1]

此外，由于新移民欠缺社会和企业的人脉，以同等学力或者专业特长进入技术劳动力市场的可能性较低。为此，不少新移民只能高学历做低学历的工作，以白领身份拿蓝领的工资，挫折感很大。

其次，面对生存现实，为了获得本地学位，不少有博士和硕士学历的新移民放弃了所学的专业，也就是放弃了他们在移民打分中获得高分的专业，到大专院校或社区学校重新选择一门专业学习，比如，会计、酒店管理、美容和幼儿教育等，之后从事这些方面的工作，这对加拿大的移民政策是很大的讽刺，也是加拿大浪费高学历新移民的最突出表现。

由于生存的压力，不少高学历移民不得不放弃进入加拿大时的雄心壮志，或与朋友合伙开杂货店、小超市和餐馆等，成为他们以前做梦都没有想过的"小生意人"，人生的轨迹因为移民加拿大而发生了重大的转折。

由于移民的理想和生活的现实有较大的差距，因生活问题、孩子的教育、面

---

[1] Li Zong, International Transference of Human Capital And Occupational Attainment of Recent Chinese Professional Immigrants in Canada, *American Review of China Studies*, Spring Fall 2004, Volume 5. No. 1 &2, p.86.

子等因素,很多新遗民无法走回头路,一些在国内成就辉煌但在加拿大被迫改行的知识分子,诸如工程师、医生和教授等专业人才,因为生活和工作不如意而患上抑郁症等精神、情绪方面的疾病,移民之路不乏困窘。卑诗大学中央医院精神专科莫礼康医生表示,一份调查报告指出,华裔移民患上精神病后不求治疗的五大原因:46%因为语言不通、38%因为贵且等待时间太长、34%因为不知道有此类服务、31%因为服务项目不针对中国移民、30%因为医生不理解患者的文化背景。[1]多伦多健康与家庭服务委员会于1997年3月至7月间,访问过547名华裔男性移民。大部分受访者年龄在25至50岁之间。47%来自中国、35%来自中国香港、12%来自中国台湾、6%来自东南亚其他国家,26%的受访者失业、6%的人只有兼职工作。[2]另外有一少部分新技术移民,上不去下不来,自我调适的能力比较弱,进退两难。一位来自中国的地理教师,感慨地说,她与丈夫由中国移民到加拿大后,从"双职工"变成了"双找工"。[3]

受访者中也有家庭分离的,有的成为"空中飞人",还有个别人走向极端。2000年,在大多伦多北约克地区,一位3岁华裔女童被父亲杀死。这位父亲来自中国安徽,在中国是工程师,移民到加拿大后,一直找不到理想的工作,最后闲置在家,发展到情绪失控勒死孩子。[4] 2000年,在渥太华市卡娜塔(Kanata)区一个华裔家庭也发生了惨剧:36岁的华裔女子黄凤芝猝死家中,34岁的丈夫刘勇生随后被警方带走,刘勇生被控扼死妻子。[5] 2002年年底,加拿大法庭裁决刘勇生杀妻罪名成立。[6]

很多中国新移民,因为不能说流利的英语,没有在加拿大工作的经验,面对失业和经济困窘,郁郁寡欢,脾气暴躁。从事家庭婚姻事务的周武强律师称,中国新移民离婚率急剧上升,90%以上都是投资或企业移民。[7]

由于中国大陆的多数移民是在全球化的大形势下移民加拿大的,并非像早期移民那样在祖居国已无生路,需要到海外去谋生存。因此,移民加拿大绝对不是

---

[1]《新移民・警惕忧郁症》,《环球华报》,2003年10月10日。
[2] 邹德浩:《移民加拿大,三思而后行》,《人民日报》,1998年6月7日。
[3]《移民加拿大,三思而后行》,《人民日报》海外版,1998年1月9日。
[4]《大陆新移民为家贫勒死三岁女》,《明报》2000年7月15日。
[5]《本市华裔家庭惊爆惨案》,《中华导报》2000年3月10日;《渥太华多伦多连续出现大陆移民杀妻案》,《渥京周末》2000年3月10日。
[6] 加国无忧网:评论为何犯案嫌疑人几乎都是同胞? https://info.51.ca/news/canada/2002-12/5728.html,检索时间:2021年9月20日。
[7]《太空人家庭离婚案不停》,《明报》2000年7月25日。

在中国连根拔起，而是去寻找更好的机会。这种与亚洲母国的紧密联系，对一些新移民产生了影响，并出现了更大规模的"太空人"现象，也给移民家庭的生存模式带来了新的挑战。

由于资讯的偏差，移民前对加拿大制度缺乏足够的了解，以及触发移民的契机不尽相同，不少新移民来到加拿大后，发现现实与想象的情况有很大落差，在加国找工作很难，也不容易融入当地文化，且与中国飞速发展的经济形势形成了强烈的反差。于是，在移民加拿大的滚滚热潮中，不少中国大陆移民出现了程度不同的回流潮。不过，加拿大的教育环境明显好过国内，不少家庭左右为难，无法轻易做出全家回流还是定居加拿大的选择。一些移民家庭为此采取了分居两地、"空中飞人"的部分回流模式。可是无论是全家回流还是部分回流、是永久回流还是暂时回流，影响这个决定的因素非常之多，不光是物质上的考虑，还有感情上、精神上和道义上的考虑。这些考虑虽在很大程度上有个人的理由，但也必然会受到时代、社会、经济和潮流趋势的影响。

投资移民和完成企业移民条件后的新移民"空中飞人"居多，他们有财富，但缺乏语言能力、对加拿大文化不了解、对加拿大企业经营和法律不熟悉，也找不到经营人才，故而无法把在中国经营企业的成功经验移植到加拿大，因此，他们除了在加拿大买豪宅、开豪车之外，无法找到"做生意"的成就感。在享受了一段新移民初期的"蜜月期"之后，陷入了"好山好水好无聊"的困境。加上亚洲经济持续蓬勃，中国经济改革持续向好，这些企业家在中国和亚洲的企业仍然商机无限，于是，回流就成了必然的选择。他们把妻子和孩子留在加拿大，自己则两地跑，在中国热火朝天地做生意、赚钱，回到加拿大"探亲"的时候，则是吃饭、喝酒、打球（高尔夫）、打猎，或者炒卖一点房产。

在"空中飞人"中，也有一些专业人才。他们在加拿大实在找不到对口的工作，却又不想"屈尊"去做小生意或者干体力活，只能选择"回流"，做回在中国的老本行。这些技术移民在国内虽然也有不错的薪水，但无法像富豪一样"钱多任性"，留守在加拿大带孩子的妻子也必须在本地找到谋生的工作，来承担"空中飞人"家庭所需要的开销。

"空中飞人"现象带来了很多问题，其中最重要的是家庭稳定问题。由于中国经济发展很快，社会价值观变化迅速，回流大陆的"空中飞人"，大都有丰厚的经济实力，加上加拿大的移民身份，长期单身生活在不断发生巨变的中国大陆，难免会面对不少诱惑，进而与在加拿大的原配感情破裂，这可谓司空见惯。同样，妻子在加拿大陪伴孩子读书，又要操持繁重的家务，心态和心理都有改变，生活模式也发生着变化。在这种情况下，离婚或者"小三"介入原生家庭，也是屡见不鲜。从中国移民温哥华的小王，丈夫因为在加拿大找不到工作，选择返回中国做生意。每年只回加数日，来去匆匆，"叫声爸爸"成了4岁儿子的一种心理负担。3年后，夫妇离婚。

秦奏（假名）于1998年带着儿子，由北京打前站来到温哥华，她每天辛苦工作。不到半年，丈夫告诉她不想移民了。后来秦奏知道丈夫在北京已有相好，要与她离婚。秦奏感慨地说："这就是我移民来加拿大付出的沉重代价。"[1]两对新移民家庭的夫妻关系和亲子关系，代表着移民家庭面临的巨大挑战，对中国大陆移民社区而言，甚具负面影响。

"空中飞人"或者家庭主要经济扶持者的回流，带来了另外一个负面影响，那就是在加拿大交税的问题。由于对海外资产和收入的审查不严，以及加拿大的"非税务居民"机制，一些人没有在加拿大纳税或者少纳税，导致新移民社区出现了"住豪宅却是低收入"的现象，引发了社会的很大争议。

第三节　中国大陆老年移民

在中国大陆新移民社群中，老年移民是一道独特的风景。在战后初期的华人移民中，常常是老移民申请后辈过来，甚至出现了所谓的"假纸风波"。但在中国改革开放后，中国大陆新移民开始申请父母以家庭团聚的方式来加拿大。其中一个重要的原因是，20世纪80年代末至90年代初，中国大陆新移民群体中，30到40岁的技术移民占据很大部分，他们在加拿大读学位或者进入职场，需要全情投入，这样，照顾小孩就出现了很大的问题。再加上加拿大公立托儿所凤毛麟角，难以申请入读，而私人托儿所托费不菲，且质量参差不齐，为此，不少技术移民就申请父母来加，一方面三代团聚，一方面可帮助年轻父母带孩子。例如，1995年维多利亚耆英研究中心（the Centre on Aging at the University of Victoria）及西门菲莎大学社会及人类学院（the Department of Sociology and Anthropology at Simon Fraser University）在卑诗省大温哥华和大维多利亚对2158名65岁以上华裔耆英进行抽样调查，830名耆英于1995年7月至1996年1月接受访问（580名大温区居民、250名大维多利亚区居民），其中25.8%是两代同堂，27.9%是三代同堂。[2]根

---

[1]《太空人家庭离婚案不停》，《明报》2000年7月25日。
[2]《卑诗省华裔耆英研究报告》，维多利亚耆英研究中心和西门菲莎大学社会及人类学院，1997年，第1和11页。

据这个调查，祖父母或者外祖父母以各种方式帮助儿女照顾第三代的家庭，占据了华人家庭的半数以上，这对加拿大的贡献也是相当大的。

不过，中国大陆老年人以团聚移民身份来到加拿大后，也遭遇了不少挑战，主要体现在日常生活当中，以至于不少人发出了"得到天空，失去大地"的感叹。与年轻移民一样，老年人最大的困境是语言不通。虽然很多从中国大陆来到加拿大的老人，教育和文化程度都比较高，但由于各种原因，大多数人不懂英语，特别是听说能力差。[1]这给他们在加拿大的移民生活带来极大的困难，也让他们无法与非华裔人士进行沟通，自然限制了他们的活动空间和范围，使生活质量受到很大的影响。老人们难以通过考试获得车牌，难以辨识城市的路径，难以独立就医，难以独立寻找居住的地方。这些困难也让他们增添了无力感、孤独感和浓郁的乡愁，导致不少人在完成看孩子的家庭任务后，选择回流。语言问题也影响老年华人与孙辈们的沟通，再加上中西文化的差距，老年人不仅无法把自己的专业知识转化为培养孩子的正能量，反而会让他们与华裔后代产生巨大的文化和价值观隔阂。不得不指出的是，一些老人因为家庭关系受到不当对待，他们因语言不通也无法进行有效投诉，从而不可避免地出现了一些家庭悲剧。当然，也有一些老人，积极主动地融入社会，参加各种社团活动，不仅丰富自己的人生，也从中享受了晚年的快乐。

第四节 赖昌星案件

1999年8月，有一个曾经轰动世界的案子，那就是中国大陆远华案的主犯赖昌星和妻子曾明娜持香港特区护照，以游客的身份进入加拿大。2000年11月23日，加拿大移民部相关部门以违反移民法规定，在温哥华将赖昌星逮捕。[2]11月28日上午，加拿大移民局就厦门远华走私案中的关键人物赖昌星的案件进行听证，决定是否继续扣留他。[3]经过2001年1月23日和24日的聆讯，赖昌星和妻子曾

---

[1] Landed Immigrant Data System, 1986–2001；《卑诗省华裔耆英研究报告》，维多利亚耆英研究中心和西门菲莎大学社会及人类学院，1997年，第9页。

[2] Smuggling kingpin or Rich Refugee? Maclean's, Dec. 11, 2000；Chinese couple charged with smuggling held in jail, CBC News, Dec. 29, 2000；《大陆远华案主犯在温落网》，《世界日报》2000年11月25日。

[3]《赖昌星夫妇获准在家软禁 移民部不满》，《世界日报》2001年2月3日。

明娜获准保释在家中软禁，但必须满足多项条件，并由一家保安公司（Intercon）看管。[1] 2001年3月2日，移民部对赖昌星夫妇进行了第五次聆讯。[2] 移民部裁审官在8月31日做出释放赖昌星决定。[3] 2001年11月6日，由移民部4名代表向聆听案作结案陈词，指出赖昌星是中国有史以来最大的经济犯，不符合加国公约难民定义，并提出复审的要求，可是法院驳回了这一要求。[4]

赖昌星一案，是加拿大历史上拖延时间最长、耗费巨大的一起难民申请诉讼案件。[5]

不管从哪个角度来看，中国大陆新移民自20世纪80年代后半期开始，成为加拿大新移民群体中非常重要的一部分。中国大陆移民群体，在加拿大有其特殊的地位，既连接过去也导向未来，是全球化过程中重要的一支生力军。

虽然中国大陆新移民在这20年才受到关注，但在加拿大150多年的历史血脉中，其实有着中国大陆移民的重要基因。早在1858年，正是中国大陆来的劳工参加了卑诗省的淘金潮，这为西部省份的发展，奠定了重要的基础。随后，也是中国大陆来的劳工，参加了横跨东西部的加拿大太平洋铁路的建设，正是这条铁路，奠定了今天加拿大联邦的面貌。这些劳工，作出了巨大的贡献，却遭遇严重的歧视，在一波接一波的排华风潮中，他们逆流而上，忍辱负重，凭借着唐人街弹丸之地，形成了加拿大历史上最为成功的亚洲少数族裔之一，书写了加拿大移民的传奇，也成为今天华人移民可以依靠的参天大树。

今天的中国大陆新移民群体，是一种奇妙的历史承接。或许触发他们移民加拿大的契机，完全是现今的种种因素，比如追寻更好的生活、为了孩子受到更好的教育、换一种生活方式，但他们天然就与华人在加拿大的发展历史相承接，注

---

[1] Rod MickleburGh, Chinese fugitives get house arrest, The Globe and Mail, Mar. 9, 2001；赖昌星在加拿大接受第二次难民申请聆讯，http://www.rfa.org/cantonese/news/45915-20001203.html，检索时间：2021年9月20日。

[2]《移民官员要求赖保释金百万》，《世界日报》2001年3月3日。

[3]《赖昌星获释，关心受远华案牵连人士》，《世界日报》2001年9月7日。

[4]《赖昌星案，法院驳回移民部复审申请》，《世界日报》2001年12月1日。

[5] 10多年后的2011年7月22日下午，赖昌星被从加拿大遣返回北京，并于7月23日下午在北京首都国际机场被中国公安机关逮捕；厦门市中级人民法院对赖昌星案依法公开宣判，中华人民共和国驻加拿大大使馆网，http://ca.chineseembassy.org/chn/zgxw/t933327.htm，检索时间：2021年9月20日；Timeline China（F）2010-Present, https://www.timelines.ws/countries/CHINA_F.HTML，检索时间：2021年9月20日。

定了他们不是"外来者",而是加拿大现代史中的"新建设者"。再过 100 年,他们会像 19 世纪来加拿大的华侨华人先辈一样,成为加拿大移民历史长廊中,最为优秀和传奇的群体之一。

中国大陆新移民群体大致由四部分人组成,技术移民、投资和企业移民、家庭团聚移民和留学生移民。这种移民状况有一个重要特征,就是家庭元素突出,给社区带来很大的稳定性。虽然围绕着投资移民的贡献问题各方观点不一,但随着中国大陆移民人数的增加,他们对社会的融入度加深、对社会事务和国家事务的关切、对下一代教育的全面付出,对社区和国家的贡献将会与日俱增,对加拿大新核心价值的形成也会产生巨大影响。

更为重要的是,随着全球化的发展,随着亚洲,尤其是东亚日益成为世界经济的火车头,中国大陆新移民社群凭借他们在北美、亚洲两地的关系网和经商基础,必将成为加拿大经济等方面减少对美国的依赖、加强与亚洲连接的重要桥梁和人才库。

不过,在华人社区发展的过程中,中国大陆新移民群体与港台地区移民群体相比有着明显的弱点。港台地区移民群体中,发挥主干作用的是专业人才,他们有着市民社会的运作经验,也有较强的英语能力,与非华裔社群联系密切,且懂得民主政治的 ABC,因此,港台地区移民的社团政治能量极大。他们中的商人和富翁,常常在财经上支持这些社团的发展,却不会恃着有钱,占据舞台的中央。相反,中国大陆新移民社团,常常是有钱人的俱乐部和玩偶,富豪们竞相出钱当会长和副会长,争着做侨领,却不会使用专业人才来管理社团。如此一来,富豪们的短板,诸如语言能力的低弱、团队精神的缺乏、山头主义的偏爱、对加拿大社会了解不足等劣势凸显出来,社团的功能就虚化和娱乐化了,变成了唱自己歌、跳自己舞、喝自己酒的小团体和小圈子,无法锐变成从广阔的视野上凝聚人、融入主流社会、积极参政议政、努力回馈社区的新华人。

因此,中国大陆新移民社群正在通过谦卑的反省,从挫折中吸取教训,从其他社群中借鉴经验,在加拿大人的定位上重新出发,坚持以新移居地加拿大和祖籍中国的双赢为"建桥"的基础,其在多元文化的加拿大前景可期。

第五章
东南亚难民

战后,加拿大逐渐完善的移民和难民政策基于两个原则,一是作为移民国家,加拿大需要接收移民来推动国家的经济建设;一是加拿大信奉人道主义,愿意接收来自世界各地因各种原因遭遇人道灾难的难民。20世纪70年代发生的越南难民潮,给加拿大带来了很多的难民人口,其中很大一部分是越南华侨。

20世纪70年代,越南当局实行迫害和驱离华侨的政策。[1]1975年西贡沦陷后,[2]不少越南人包括越南华人逃离越南。大批华人为避祸选择乘船离境,很多越南人也追随其后,争先恐后与华人一同乘船离境,形成庞大的难民群体。越南华侨逃生路线主要有通过水路前往中国香港,或从老挝和柬埔寨进入泰国后,再通过联合国难民署(United Nations High Commissioner for Refugees,HCR)向其他国家申请难民定居,[3]其中包括加拿大。

20世纪70年代中期,有很多柬埔寨人因为遭受迫害、饥饿、疾病或劳累过度而逃离该国。据联合国难民署称,1975年至1978年只有34000名柬埔寨人设法逃脱并进入泰国,另有2万人前往老挝,17万人前往越南。[4]1978年,越南发动侵柬战争,[5]将迫害华裔的政策带进柬埔寨,触发了更大的难民潮。联合国协调西方各国接收柬难民。

---

[1] 庄国土,略论东南亚华族的族群认同极其发展趋势,《厦门大学学报》(哲学社会科学版),2002年第3期,第69页。

[2] 陈加昌,《越南,我在现场》,Global Publishing,2011年,第130页。

[3] The Indochinese Refugees: the Canadian Response, 1979 and 1980, Employment and Immigration Canada, p.5.

[4] Office of the United Nations High Commissioner for Refugees: The State of the World's Refugees, 2000: Fifty Years of Humanitarian Action, Oxford University Press, 2000, p.92.

[5] 《中国坚决支持柬埔寨抵抗越南侵略》,《人民日报》1979年1月9日;牛军,"回归亚洲",《国际政治研究》(季刊)2011年第2期,第66页。

1975年老挝政府更替，[1]一些老挝人，包括华人，成为难民来到加拿大。

第一节 "海虹号"事件与接收难民

加拿大难民申请包括境内申请和境外申请两种。也就是说，加拿大政府接收的难民，有在加拿大境外获得担保的难民，或者自己设法抵达加拿大，在海关向政府提出申请避难的人。难民担保可以是机构、企业、团体或个人，即可以是加拿大各级政府、加拿大企业或团体、加拿大公民。获得担保的人一般应是在加拿大之外的难民营，例如东南亚难民来加之前，大多是在难民营被挑选后，坐飞机进入加拿大的。

由于难民潮是在短时间内爆发，难民营无法及时收容，一时间，漂流在海上的难民船成了媒体聚焦的焦点，人道危机也如影随形，一触即发。1978年10月，一艘名叫"海虹号"（Hai Hong）的旧轮船，带着2500名难民离开越南前往印度尼西亚。印度尼西亚政府拒绝接收难民，船长被迫把船开到马来西亚的一个港口，但马来西亚政府同样拒绝了他们。[2]鉴于难民极其艰难的处境，包括加拿大在内的许多国家都对"海虹号"船上乘客的困境表示同情。

由于越南以前是法国殖民地，魁北克在接收难民时很看重他们是否懂法语，魁北克在接收"海虹号"难民问题上，扮演了"引领者"的角色。魁北克政府移民部部长雅克·库蒂（Jacques Couture）基于1978年同联邦政府签署的"加拿大魁北克移民协议"（Cullen-Couture Agreement），即魁北克在接收移民上有自己独特的权力，[3]因此1978年11月15日，雅克·库蒂宣布，根据新的加拿大魁北克移民协议，魁北克省准备欢迎至少200名来自"海虹号"的难民。[4]这使得加拿大成

---

[1] 老挝国家概况，中华人民共和国外交部网，https://www.fmprc.gov.cn/web/gjhdq_676201/gj_676203/yz_676205/1206_676644/1206x0_676646/，检索时间：2021年8月21日。

[2] Leonard Downie, Vietnam Refugee Plight Causes Concern in U.S., 1978: https://www.washingtonpost.com/archive/politics/1978/11/16/vietnam-refugee-plight-causes-concern-in-us/2595e0ee-8330-43de-b506-f4298d9a9b7c/，检索时间：2021年9月20日；Dara Marcus, The Hai Hong incident: One boat's effect on Canada's policy towards Indochinese refugees，http://cihs-shic.ca/wp-content/uploads/2013/10/Marcus_IMRC_Submission.pdf，检索时间：2021年9月20日。

[3] Cullen-Couture Agreement: The Canada-Quebec Accord, 1991.

[4] Dara Marcus: The Hai Hong incident: One boat's effect on Canada's policy towards Indochinese refugees, p.8.: http://cihs-shic.ca/wp-content/uploads/2013/10/Marcus_IMRC_Submission.pdf，检索时间：2021年9月20日。

为国际社会中愿意接纳"海虹号"越南船民的一个国家。

在联合国难民署的协调和各国的协商下,加拿大接纳了来自"海虹号"的604名难民,美国接纳了897名,德意志联邦共和国接纳了657名,法国接纳了222名,瑞士接纳了52名,新西兰接纳了9名,澳大利亚接纳了8名。[1] 1978年11月,首批159名"海虹号"难民抵加。[2]

1979年,加拿大政府在发表声明指责越南当局的同时,提高了难民配额,简化了越南难民来加的手续,并出台了政府与个人的"匹配方式"。规定加拿大个人(包括教会、企业以及公民组织)每资助一名越南难民,加拿大政府也相应资助一名难民。就是说,按照难民收容规定,由加拿大驻该地难民收容中心进行甄别,界定合乎接收标准后,再与担保人对接完成手续。凡担保难民来加的私人机构和团体,必须签合同负责担保难民一年的生活并协助其就业,不过如果担保人中途无力继续负担时,联邦政府将会襄助。1979年7月,加拿大国防部和就业与移民部(National Defence and Employment and Immigration)在蒙特利尔的空军基地长点难民接收中心(Longue Pointe)和埃德蒙顿的格赖斯巴赫军营(Greisbach Barracks)加拿大军队基地设立临时区域(接待中心),接收抵达难民。[3]

1979年7月及以后的两年里,在联邦政府和私人资助者的合作安排下,加拿大为5万名东南亚难民提供了住所。[4] 1980年4月2日之后,政府把目标增至接收6万名难民,其中大约有26000名难民由政府接收,34000名难民是私人、机构和亲属接收的。[5]

第二节　华社帮助东南亚难民

一般情况下,华人社区对加拿大难民事务不太关心,尽管华人在难民申请上并不比其他族裔少。但是,在对待越南船民的问题上,华人社区的态度大不相同。

---

[1] Dara Marcus: The Hai Hong incident: One boat's effect on Canada's policy towards Indochinese refugees, p.10.

[2]《安省中华会馆继续发动募捐帮助》,《醒华日报》1978年11月30日。

[3] The Indochinese Refugee Movement to Canada Chronology 1954–1980, p.8., http://cihs-shic.ca/wp-content/uploads/2015/08/Chronology-Master_Canada-Indochinese-refugees-Aug2.pdf,检索时间:2021年9月20日。

[4] Canada Year Book, 1980–1981, p.125.

[5] Employment and Immigration Canada: The Indochinese Refugees: the Canadian Response, 1979 and 1980(1981, Department of Supply and Services), p.8.

原因有两个：第一，援助越南船民已成加拿大社会，乃至西方世界整体关注的事情，华人当然不能置身事外。第二，更为重要的是，因为大多数越南难民是华裔，血浓于水，所以加拿大的华侨华人以感同身受的心情和巨大的爱心，投入援助越南船民的行动之中。

不过，由于接收和援助越南船民是联合国主导、美国等西方国家全力投入的人道主义救援活动，加拿大联邦政府承担了主要的接收和安置经费，并落实到各个省市。因此，华人社区主动承担的工作是配合，以及鼓励华裔社群参与这次人道主义活动。对于这项持续多年的援助工作，华人社区在参与上呈现出这样几个特征。

一、社区超越"一盘散沙""各自为政"的传统，联合起来进行援助，而社区的"龙头组织"发挥了领头羊的作用

在多伦多，当首批 159 名难民乘飞机抵加后，安省中华会馆立刻连同联桥剧社和安省华人妇女教育文化促进会开展募捐活动，希望帮助难民渡过难关。[1]

在温哥华，中侨互助会每星期派人到移民接待部接见越南难民，负责联络翻译，帮助移民部到机场接待难民，并去华埠商店为难民购买厨房用具等。中侨互助会还帮助政府给难民提供正确的资讯，如申请福利、住房、子女教育和医疗等，希望难民早日适应加拿大的生活。[2]

在亚省埃德蒙顿，当地政府接收难民后，侨社也伸出救援之手，帮助难民寻找住处和工作。中华会馆帮助接待和安顿难民，协助政府与难民进行沟通。有些难民在埃德蒙顿站稳脚跟后，先后成立了一些侨社，例如，成立于1979年的爱城越南华侨联谊会（Vietnam Chinese Association of Edmonton）就曾帮助后来的东南亚难民。[3]

在亚省卡尔加里，1979年至1981年，卡城华人文化社、华人社区服务中心和其他热心人士发起成立"卡城华人协助越南难民委员会"，为难民提供多种帮助，该委员会后来发展成"卡城协助印支难民中心"。[4]

在渥太华，1978年12月18日，渥太华中华会馆和华侨服务处在国泰酒楼招

---

[1]《安省中华会馆继续发动募捐帮助》，《醒华日报》，1978年11月30日。
[2]《中侨会协助越难胞》，《大汉公报》，1979年1月31日。
[3] 时任中华会馆主席洪金福夫人陈洪美兰和焦根基口述；爱城越南华侨联谊会：《点问顿华人社区华埠100周年纪念特刊，1911—2011》，第46页。
[4] 卡城华人文化社：《卡城华人社区百周年纪念特刊》，卡城中华协会刊行，1993年，第96页。

待了越南难民，费用由两团体负责人支付。1979 年 10 月 21 日，由中华会馆主席余时辉主持，在市立中心举行了盛大的游艺会，特别邀请渥太华市长杜瓦参加，还邀请了已经签保难胞来渥太华的中外人士。游艺会除了演出中华舞蹈，还有越南民俗歌曲和舞蹈。[1]

二、在侨社和各大社团的共同努力下，各地华人社区组织专门的援助社团，专做一件事，做好一件事

举例而言，多伦多一群关心难民的华人，于 1979 年 8 月成立了"支持东南亚难民行动委员会"，委员会有 6 个行动小组。成立之初就发起全侨"一天薪金"捐款运动。[2] 1983 年，多伦多越棉寮的华人难民增加，安省越棉寮华人协会获得政府提供的一笔拨款，该会聘用 6 位既懂英语、汉语，又略谙越、棉、寮语言的华人，驻会负责提供日常社区服务，协助难民处理日常事务。[3]

在温哥华，1978 年 11 月，中侨互助会收集数千件寒衣，送给难民，帮助难民过冬。还有若干团体成立"接待越南难民中心"，并发表公开信，呼吁大家捐助衣物。[4] 1980 年，中侨互助会成立了"越南难民援助协会"，[5]并迅速筹到 10 万加元，赞助 53 名难民到卑诗省定居。协会还在温哥华市和本拿比市为数千难民提供辅导，解决难民生活上的种种问题。不仅如此，协会还在华埠帮难民租房并照顾了整一年。[6]

在渥太华，1979 年 7 月，渥太华市长马里昂·杜瓦（Marion Dewar，当地称刁华）正式推出了"4000 计划"（Project 4000）。[7] 渥太华市政府提供一定的资金启动该项目，并迅速成立了一个非营利组织，负责协助渥太华居民根据联邦政府私

---

[1]《支援难胞委会 举行游艺大会》，《加华侨报》，1979 年 11 月 1 日。

[2]《加京区华人支援东南亚难民委员会》，《加京华报》1979 年 8 月 1 日；《支援东南亚难民行动委员会简介》，《快报》1979 年 12 月 11 日—13 日；《加京华人支援东南亚难民委员会发起全侨"一天薪金"运动》，《加京华报》1979 年 8 月 1 日。

[3] 资料来自陈福。

[4]《侨社侨胞热烈支持捐助越南民品物》，《大汉公报》，1978 年 11 月 24 日。

[5]《中侨互助会 35 年大事表》，《中侨互助会 35 周年纪念（1973—2008）之中侨群英会》，中侨互助会出版，2008 年 9 月，第 95 页。

[6] 李国柱：《中侨的足迹》，《中侨互助会 25 年纪念》，中侨互助会出版，1998 年 9 月，第 24 页；《越南难民终抵乐土》，《中侨互助会 25 年纪念》，中侨互助会编印，1998 年 9 月，第 36 页。

[7] Vietnamese community celebrates Project 4000,CTV News, May 31,2009,http://ottawa.ctvnews.ca/vietnamese-community-celebrates-project-4000-1.403619,检索时间：2021 年 9 月 20 日。

人赞助计划资助难民个人或家庭。渥太华华人社区支持渥太华市的4000难民计划。为了更好地帮助难民，1979年7月3日，在中华会馆的倡导下，成立了"加京华人支持东南亚难民委员会"，由14位华人社团的代表及个人组成。加入的团体有渥太华中华会馆、华侨服务处、加京华人联谊会、中华文化协会、洪门民治党、柯京区国民党、华人联合教会、天主教华人中心、真道堂、宣道会、伦弗鲁中华文化协会、渥太华中文学校、加华侨报社及加京华报社。委员会分为理事会及6个小组。[1]该协会一成立，就发起了全侨"一天薪金"捐款运动，计划协助安排100名难民到渥太华安居。[2]1981年3月底，该委员会将收到的捐款34万多加元，全部用在难民身上。[3]3月29日，委员会完成使命，宣告解散。[4]

在温尼伯，1979年到80年代初，当难民抵达温尼伯时，由担保人、单位接机和安排入住预先租用的公寓。由于很多难民是逃难来到加拿大的，没有带来多少金钱，需要侨社接济。温尼伯的侨社和教会提供一切日常起居饮食，并帮助安排难民工作和子女上学，还有日常探访，以此希望帮助新移民早日融入加拿大社会。[5]

三、不少侨领身先士卒，出钱出力，整合各方力量，把援助工作做好

而难民中也即时涌现出新的领袖或东南亚社团组织侨领，继承了华人社区先来的帮助后到的优良传统。

举例而言，温尼伯的著名侨领余岳兴本身就是从越南移民来的，他大力推动侨社和宗教组织，向政府递交申请担保难民书。[6]埃德蒙顿著名侨领洪金福，于1979年进入中华会馆，担任西文秘书，他曾支持和帮助过难民。[7]当他得知来自越南的焦根基英文不错，曾派焦根基到军营做翻译，协助难民与政府进行沟通。[8]

---

[1]吴经才，《难民支援会报告》，《加京华报》，1979年12月1日。
[2]《加京区华人支持东南亚难民委员会成立》，《加京华报》，1979年8月1日；《加京区华人支持东南亚难民委员会成立发起全侨"一天薪金"捐款运动》，《加京华报》，1979年8月1日；《支持难民各小组工作人员选出》，《加京华报》，1979年8月1日。
[3]《华人支援难民会完满结束》，《加京华报》1981年5月1日。
[4]《特稿》，《加华侨报》1981年4月1日。
[5]温尼伯侨领颜国华口述。
[6]余岳兴生前口述。
[7]洪金福夫人洪陈美兰口述。
[8]焦根基口述；殚思竭虑服务侨社：访洪金福先生，《点问顿华人社区华埠一百周年纪念特刊》，2013年，第180页。

1978年担任渥太华中华会馆主席的余辉时，带领中华会馆积极响应援助难民的号召，一方面帮助接待和安顿难民，一方面探讨新的帮助计划。1979年6月30日下午，中华会馆召开大会，十几家团体共同商议援助越南侨胞。[1] 在中华会馆的倡导下，成立了"加京华人支持东南亚难民委员会"。7月，渥太华华人宣道会成立"协助难民小组"，参加新成立的"加京华人支持东南亚难民委员会"，协助招待、资助工作，并捐赠衣物和开设英文培训班等。[2]

渥太华侨领邓家昌，当时是渥太华洪门组织的公关，在帮助社区运作难民来加的同时，因为在四季酒店任餐房副经理，他号召酒店工作人员捐出一天收入给难民。[3] 加京越棉寮华人基金会主席李乃斌，是1978年从越南逃难到中国香港，同年又以难民身份来到渥太华的。因为语言流利，很快在联邦政府谋得职位。李乃斌的工作任务之一是协助三级政府从各方面帮助难民。李乃斌后来出任加京越棉寮华人基金会主席，帮助再来难民寻找住处和就业等。[4] 1980年2月1日，以难民身份坐飞机来到加拿大温哥华的蓝树河（已经去世），曾做过洗碗、清洁等工作。几年后稳定下来，开办自己的小生意，1991年，蓝树河开办了辉煌装饰橱柜公司（Brilliant Cabinets），公司状况良好。他在事业有成时，积极奉献社会，曾出任加拿大越棉寮华裔联谊会会长，带领越棉寮华裔共同发展。[5] 1984年以难民身份来到加拿大卡尔加里的夏来和，在政府的帮助下，到一所学院补习英语。后来自己开了一间比萨店，并发展成为连锁店。夏来和曾任卡尔加里越棉寮华裔联谊会会长。[6]

第三节　东南亚难民人口增减及分布情况

从20世纪70年代起，每年进入加拿大的越南、柬埔寨和老挝移民并不多。但自从越南难民潮发生后，两拨越南难民先后涌入加拿大。例如1979年到1980年，越南人进入加拿大人数剧增为45400人，其中很多是难民（参见表5.1）。

---

[1]《加京华侨雪中送炭，响应援助越南难胞》，Chinese Canadian Community News，Jul. 1, 1979, p.7.
[2]《华人宣道会协助越南难民》，《加华侨报》1979年10月1日。
[3] 渥太华洪门达权社社长邓家昌口述。
[4] 李乃斌口述。
[5] 蓝树河生前口述。
[6] 夏来和口述。

表 5.1　越南移民人数统计

时间	登陆移民人数
1973 年	418
1974 年	373
1975 年	2269
1976 年	2269
1977 年	243
1978 年	659
1979 年	19859
1980 年	25541
1981 年	8251
1982 年	5935
1983 年	6451
1984 年	10950

资料来源: Canada, Department of Manpower and Immigration, Immigration Statistics, 1971–1977; and Department of Employment and Immigration, Immigrations Statistics, 1978–1984.

柬埔寨难民人数不多，经常被误认作"越南船民"，而忽略了他们的特殊性。老挝虽然也有难民进入加拿大，但人数也不多（参见表5.2）。不过在这些难民中，华人人数并不少。1991年，在加拿大三大城市多伦多、蒙特利尔和温哥华，从越南、柬埔寨和老挝等进入的华人占这些城市东南亚难民（或者移民）的60%（参见表5.3）。

表 5.2　中南半岛各国难民到加拿大的人数统计（1979.1.1—1980.12.31）

出生地	难民人数
越南	42664
柬埔寨	4697
老挝	9849
其他	2839
总计	60049

资料来源: The Indochinese Refugees: the Canadian Response, 1979 and 1980, Employment and Immigration Canada, p.20.

表 5.3　部分城市越棉寮人和来自越棉寮的华人人数统计（1991 年）

种族	多伦多	蒙特利尔	温哥华
越南人	24550	19260	10090
柬埔寨人	1925	7325	1100
老挝人	3025	3550	715
来自越棉寮的华人	18000	6600	7300

资料来源: Statistics Canada 2006；Louis-Jacques Dorais: The Cambodians, Laotians and Vietnamese in Canada, The Canadian Historical Association, 2000, Ottawa, p.11.

东南亚难民来到加拿大后，主要居住在安大略省和魁北克省，其中安大略省人数最多，占 37.0%（参见表 5.4）。

表 5.4　接收中南半岛难民和移民的比较

省和地区	1979—1980 年接收印度支那难民百分比（%）	1978 年普通移民百分比（%）
西北地区和育空	0.2	0.2
卑诗	12.3	14.3
阿尔伯塔	13.0	11.4
萨斯喀彻温	5.3	1.8
马尼托巴	6.7	4.1
安大略	37.0	49.1
魁北克	21.8	16.6
新不伦瑞克	1.3	0.8
新斯科舍	1.7	1.1
爱德华王子岛	0.2	0.2
纽芬兰	0.5	0.4

资料来源: The Indochinese Refugees: the Canadian Response, 1979 and 1980, Employment and Immigration Canada, p.22.

因为越南早年间是法属殖民地,很多能说法语的越南难民选居魁北克省。另外,因为1975年联邦政府和魁北克省签订安德拉斯/比安弗尼协议(the Andras/Bienvenue agreement),[1]准许魁北克移民官员采用征收新兵和协商移民的办法让来自越南的难民定居魁北克(参见表5.5)。

表5.5 越南移民定居各省的人数统计

省份	1973年	1974年	1975年	1976年	1977年	1978年	1979年	1980年	1981年	1982年	1983年
纽芬兰					3	1	175	128	16	28	3
爱德华王子岛							94	40	6	16	2
新斯科舍	1	3	27	2	1	6	298	540	82	48	43
新不伦瑞克	9	2	4	16			315	355	59	28	26
魁北克	291	264	1271	1081	191	281	3898	3519	1894	1315	1137
安大略	85	79	485	363	35	210	7778	9496	2623	2036	2452
马尼托巴	1	4	97	10		52	1044	1902	460	375	404
萨斯喀彻温	2		34	3	1		1005	1586	400	244	219
阿尔伯塔	1	2	242	21	1	80	2899	3935	1540	1149	1327
卑诗	28	19	109	53	11	29	2227	3981	1136	691	837
西北地区和育空							66	53	9	3	1
没有说明							60	6	26	2	

资料来源: Canada, Department of Manpower and Immigration, Immigration Statistics, 1973, p.6.; Canada, Department of Manpower and Immigration, Immigration Statistics, 1974, p.6.; Canada, Department of Manpower and Immigration, Immigration Statistics, 1975, p.6.; Canada, Department of Manpower and Immigration, Immigration Statistics, 1976, p.6.; Canada, Department of Manpower and Immigration, Immigration Statistics, 1977, p.6.; Department of Employment and Immigration, Immigrations Statistics, 1978, p.6.; Department of Employment and Immigration, Immigrations Statistics, 1979, p.6.; Department of Employment and Immigration, Immigrations Statistics, 1980, pp.12-13.; Department of Employment and Immigration, Immigrations Statistics, 1981, pp.12-13.; Department of Employment and Immigration, Immigrations Statistics, 1982, pp.12-13.; Department of Employment and Immigration, Immigrations Statistics, 1983, pp.20-21.

---

[1] The Canada-Québec Accord Made Easy: https://www.canada.ca/en/immigration-refugees-citizenship/corporate/mandate/policies-operational-instructions-agreements/agreements/federal-provincial-territorial/quebec/canada-quebec-accord-made-easy.html,检索时间:2021年9月20日。

因为很多难民居住在加拿大东部,因此,20世纪80年代之后,越南登陆移民定居在魁北克省和安大略省的人数最多(参见表5.6),柬埔寨和老挝移民也是如此(参见表5.7)。

表5.6 越南登陆移民在各省大学注册统计

省份	1980—1981年	1982—1983年	1984—1985年	1985—1986年
纽芬兰	1	4	2	2
爱德华王子岛	1	3	2	1
新斯科舍	5	12	5	3
新不伦瑞克	7	4	7	4
魁北克	380	505	381	334
安大略	130	290	323	340
马尼托巴	10	42	73	81
萨斯喀彻温	4	23	25	36
阿尔伯塔	7	22	63	65
卑诗	6	23	35	26
总计	551	928	916	892

资料来源:University: enrolment and degrees, Ottawa, Statistics Canada, 1976–1981, Journal 1980, pp. 32–33.; University: enrolment and degrees, Ottawa, Statistics Canada, 1982–1986, Journal 1982, pp. 32–33.; University: enrolment and degrees, Ottawa, Statistics Canada, 1982–1986, Journal 1984, pp. 32–33.; University: enrolment and degrees, Ottawa, Statistics Canada, 1982–1986, Journal 1985, pp. 32–33.

表5.7 越棉寮人在加拿大各省人数的分布(1991年)

省份	越南人	柬埔寨人	老挝人
纽芬兰	65		
爱德华王子岛			20
新斯科舍	645	15	
新不伦瑞克	250		35
魁北克	21800	8720	4715
安大略	38550	5585	6180
马尼托巴	3545	560	1195

续表

省份	越南人	柬埔寨人	老挝人
萨斯喀彻温	1530	210	615
阿尔伯塔	15135	2195	1015
卑诗	12595	1335	1065
西北地区和育空	150		
总计	94265	18620	14840

资料来源: Statistics Canada, Census of Canada, 1991; Louis – Jacques Dorais: The Cambodians, Laotians and Vietnamese in Canada, The Canadian Historical Association, 2000, p.11.

就东南亚难民和移民男女比例而言，1980年代后期到1990年代中期，只有越南男女比例呈现女性增高的趋势（参见表5.8）。

表5.8 越南移民的男女比例情况

时间	男	占比	女	占比	总计
1987年	3303	58.27%	2365	41.73%	5668
1988年	3557	57.41%	2639	42.59%	6196
1989年	5086	53.96%	4339	46.04%	9425
1990年	4845	53.35%	4236	46.65%	9081
1991年	4183	46.67%	4780	53.33%	8963
1992年	3336	43.43%	4345	56.57%	7681
1993年	3414	41.13%	4887	58.87%	8301
1994年	2480	39.81%	3750	60.19%	6230
1995年	1372	34.70%	2582	65.30%	3954

资料来源: Canada, Department of Employment and Immigration, Immigration Statistics, 1987, p.40.; Canada, Department of Employment and Immigration, Immigration Statistics, 1988, p.40.; Canada, Department of Employment and Immigration, Immigration Statistics, 1989, p.40.; Canada, Department of Employment and Immigration, Immigration Statistics, 1990, p.40.; Canada, Department of Employment and Immigration, Immigration Statistics, 1991, p.40.; Canada, Department of Employment and Immigration, Immigration Statistics, 1992, p.44.; Canada, Department of Employment and Immigration, Immigration Statistics, 1993, p.48.; Canada, Department of Employment and Immigration, Immigration Statistics, 1994, p.48.; Canada, Department of Employment and Immigration, Immigration Statistics, 1995, p.48.

1979年至1980年,在讲母语的难民中,讲越南语的最多,占47.9%(参见表5.9)。在1979—1980年间,东南亚难民讲官方语言的人数很少,讲英语的只占4.3%(参见表5.10)。但是到了1991年,讲官方语言的人数逐渐增加,其中柬埔寨和老挝移民说法语的要高于越南移民,其中柬埔寨移民占34.3%,老挝移民占31%,越南移民占21.5%(参见表5.11)。

表5.9 中南半岛难民使用母语统计(1979.1.1—1980.12.31)

语言	人数	百分比(%)
越南语	28759	47.9
高棉语	3998	6.7
老挝语	8341	13.9
泰国语	67	0.1
广东话	12212	20.3
普通话	1032	1.7
其他中国方言	4777	8.0
其他亚洲语言	863	1.4
总计	60049	100.0

资料来源: Employment and Immigration Canada: The Indochinese Refugees: the Canadian Response, 1979 and 1980, p.23.

表5.10 中南半岛难民使用语言能力统计(1979.1.1—1980.12.31)

语言	人数	百分比(%)
英语	2591	4.3
法语	1481	2.5
英语和法语	830	1.4
非英语和法语	55147	91.8
总计	60049	100.0

资料来源: Employment and Immigration Canada: The Indochinese Refugees: the Canadian Response, 1979 and 1980, p.24.

表 5.11　越南、柬埔寨和老挝移民说官方语言的比例（1991 年）

语言	越南人（%）	柬埔寨人（%）	老挝人（%）
英语	61.5	43.4	55.3
法语	7.5	22.6	18.0
英语和法语	14.0	11.7	13.0
非英语和法语	17.0	22.3	13.7

资料来源: Louis-Jacques Dorais: The Cambodians, Laotians and Vietnamese in Canada, The Canadian Historical Association, 2000, p.18.

越南学生在加拿大注册情况，一般是男生多于女生。（参见表 5.12—5.15）

表 5.12　来自越南的学生大学注册情况

类型	1975—1976 年	1976—1977 年	1977—1978 年	1978—1979 年	1979—1980 年
全日制男生	198	136	265	268	197
全日制女生	48	52	120	117	107
总计 [1]	246	188	385	385	304
业余班男生	24	73	118	102	127
业余班女生	4	37	79	77	73
总计	28	110	197	179	200

资料来源: Fall Enrolment in Universities 1975 – 1976, Survey of Higher Education:Fall Enrolment in Universities and Colleges, 1968 – 1976, Ottawa, Statistics Canada, pp.36 – 37.; University:enrolment and Degrees 1976, University:enrolment and Degrees 1976 – 1981, Ottawa, Statistics Canada, pp.44 – 45.; University: enrolment and Degrees 1977, University:enrolment and Degrees 1976 – 1981, Ottawa, Statistics Canada, pp.42 – 43.; University:enrolment and Degrees 1978, University:enrolment and Degrees 1976 – 1981, Ottawa, Statistics Canada, p.39.; University:enrolment and Degrees 1979, University:enrolment and Degrees 1976 – 1981,Ottawa,Statistics Canada, p.39.

1:Where male plus female does not equal the total,the different is due to the non-reporting of sex.

表 5.13 来自越南的学生攻读研究生的情况

类型	1975—1976 年	1976—1977 年	1977—1978 年	1978—1979 年	1979—1980 年
全日制男生	121	62	79	55	23
全日制女生	21	13	15	4	7
总计[1]	142	75	95	59	30
业余班男生	36	30	63	58	55
业余班女生	4	1	12	6	10
总计	40	31	75	64	65

资料来源: Fall Enrolment in Universities 1975–1976, Survey of Higher Education: Fall Enrolment in Universities and Colleges, 1968–1976, Ottawa, Statistics Canada, p.39.; University: enrolment and Degrees 1976, University: enrolment and Degrees 1976–1981, Ottawa, Statistics Canada, p.47.; University: enrolment and Degrees 1977, University: enrolment and Degrees 1976–1981, Ottawa, Statistics Canada, p.45.; University: enrolment and Degrees 1978, University: enrolment and Degrees 1976–1981, Ottawa, Statistics Canada, p.44.; University: enrolment and Degrees 1979, University: enrolment and Degrees 1976–1981, Ottawa, Statistics Canada, p.41.

1: Where male plus female does not equal the total, the different is due to the non-reporting of sex.

表 5.14 来自越南的男女学生签证持有者大学注册统计

性别	1980—1981 年	1981—1982 年	1982—1983 年	1983—1984 年	1984—1985 年	1985—1986 年
男	24	7	6	6	24	1
女	19	2	3	2	15	3
总计	43	9	9	8	39	4

资料来源: University: enrolment and Degrees 1980, University: enrolment and Degrees 1976–1981, Ottawa, Statistics Canada, p.33.; University: enrolment and Degrees 1981, University: enrolment and Degrees 1976–1981, Ottawa, Statistics Canada, p.33.; University: enrolment and Degrees 1982, University: enrolment and Degrees 1982–1986, Ottawa, Statistics Canada, p.33.; University: enrolment and Degrees 1983, University: enrolment and Degrees 1982–1986, Ottawa, Statistics Canada, p.33.; University: enrolment and Degrees 1984, University: enrolment and Degrees 1982–1986, Ottawa, Statistics Canada, p.33.; University: enrolment and Degrees 1985, University: enrolment and Degrees 1982–1986, Ottawa, Statistics Canada, p.33.

表 5.15 来自越南的男女学生签证持有者研究生注册统计

性别	1980—1981 年	1981—1982 年	1982—1983 年	1983—1984 年	1984—1985 年	1985—1986 年
男	4	4	5	2	2	—
女	0	1	1	1	2	—
总计	4	5	6	3	4	—

资料来源：University: enrolment and Degrees 1980, University: enrolment and Degrees 1976–1981, Ottawa, Statistics Canada, p.35.; University: enrolment and Degrees 1981, University: enrolment and Degrees 1976–1981, Ottawa, Statistics Canada, p.35.; University: enrolment and Degrees 1982, University: enrolment and Degrees 1982–1986, Ottawa, Statistics Canada, p.35.; University: enrolment and Degrees 1983, University: enrolment and Degrees 1982–1986, Ottawa, Statistics Canada, p.35.; University: enrolment and Degrees 1984, University: enrolment and Degrees 1982–1986, Ottawa, Statistics Canada, p.35.; University: enrolment and Degrees 1985, University: enrolment and Degrees 1982–1986, Ottawa, Statistics Canada, p.35.

第四节　东南亚难民华裔社团及在加拿大做出的贡献

东南亚难民，尤其是华裔，来到加拿大后，并没有因为在祖居国的遭遇而怨天尤人，不少人从零开始，在加拿大进行新的打拼。华人在海外抱团是一个传统，因此，这些华裔难民在加拿大落脚后，即刻组织起一些社团，既互助也帮助后来的难民。值得关注的是，除了一部分人直接融入华人社区的传统社团之外，不少人还加入或者新组成越棉寮社团，形成了不同于亚洲其他区域性华人社团。这些社团不但对该地区的难民融入加拿大生活贡献良多，也对亚裔社群的发展以及加拿大的多元经济、多元文化建设，做出了很大的贡献。

一、东南亚华裔社团

从 1970 年代到 2000 年代，加拿大各大城市都出现了东南亚华裔组织的各种社团（见表 5.16）。

表 5.16　东南亚华裔社团（1967—2001 年）

社团名称	成立时间	宗旨	其他
多伦多越南社（the Vietnamese Association, Toronto）	1972 年	为新移民提供服务，促进社区之间相互了解和种族和谐。努力保存和促进越南文化遗产和文化，并加强与加拿大的多元文化融合。	
安省越棉寮华人协会，开始称中华服务协会（The Vietnamese Cambodian Laotian Community Services Association of Ontario Canada，Vclcsa）	1979 年	服务会员、争取权益、团结社区、与政府沟通。	协会一成立，就注重协助移民解决生活困难和如何融入加拿大生活方面。该协会设有英文班、太极班、粤曲班、歌唱班和舞蹈组。
爱城越南华侨联谊会（Vietnam Chinese Association of Edmonton）	1979 年	协助抵达埃德蒙顿的越南华裔难民办理各种申请手续，并解决各种困难。	进入 1980 年代，越华移民和难民的工作、学习与生活逐步趋于稳定，协会便逐步开展了各种文体与联谊活动。
加拿大越棉寮华裔联谊会（温哥华）	1979 年	协助政府对越南、柬埔寨（高棉）、老挝（寮国）华侨移民定居、求职、入学、就医、家庭团聚等多方面工作，并给予帮助，使他们能适应新环境并安居乐业。	
加京越棉寮华人协会	1982 年成立。1985 年在政府部门注册		
蒙特利尔柬华协会（Association des Chinois du Cambodge au Canada）	1981 年成立 "柬华联络中心"。1993 年向政府登记注册		1975 年至 1979 年由数位柬华青年组成小组，为魁省蒙特利尔市政府所接收的柬华难侨日夜奔走。联络中心编印第一本《通信录》分发到世界各地，帮助柬华侨胞找回失散的亲友。

续表

社团名称	成立时间	宗旨	其他
满地可市越南华侨联谊会（Association Des Chinois Du Vietnama Manitoba）	1983年		
卡尔加里越棉寮华裔联谊会	1983年		该协会帮助新移民处理入境手续和寻找工作，还办了英文会话班和志成中文学校。
缅省越棉寮华裔协会（The Indochina Chinese Association of Manitoba）	1983年		协会聘请一位辅导员为会员寻找工作、申请各类福利、做语言翻译，成立了中文学习班和民族舞蹈培训班，还创办了不定期的《会员通讯》（《缅省越棉寮华报》前身）。
越棉寮传译服务中心	1986年		每日提供24小时的服务，对象主要是大多伦多市的越棉寮难民。
卑诗省越华相济会（Vietnam Chinese Community Services Association of BC）	1986年成立，1987年7月23日获得政府批准	为卑诗省印支华侨谋福利。	
爱城越柬寮华裔敬老培英协会（Indochina Chinese Senior Citizens Association of Edmonton），原名是"爱城越棉寮敬老协社"	1988年	宗旨是为越棉寮华人提供福利服务，给侨胞提供一个理想的活动场所。	
亚省爱城越棉寮华裔敬老培英协会（原称越棉寮华人敬老社）	1989年	宗旨是敬老尊贤，为印支同侨谋福利。	
卡尔加里越南华裔联谊会（Calgary Vietnam Chinese Association）	1990年		

续表

社团名称	成立时间	宗旨	其他
加拿大越棉寮华人团体联合会（缅省温尼伯市）	1993年	目标是促进全加拿大越棉寮华人团体的互助团结合作，发扬传统，缔造社会繁荣，谋求增进侨社福祉。	

资料来源: the Vietnamese Association, Toronto web site： http://www.vatoronto.ca/en/about.php，检索时间：2021年9月20日；本会介绍：《湄江情谊颂银禧》，多伦多，安省越棉寮华人协会，2004年，第13页；安省越棉寮华人协会网站，https://vclcsa.wordpress.com/about/，检索时间：2021年9月20日；安省越棉寮华人协会：*National Congress of Chinese Canadians 10th Anniversary 1991–2001*，2001年，第68页；爱城越南华侨联谊会，《点问顿华人社区华埠100周年纪念特刊，1911—2011》，第46页；驻温哥华台北经济文化办事处文化中心筹备处，http://www.ocac.gov.tw/OCAC/SubSites/Pages/Detail.aspx?site=20ece45e-b975-46ed-b250-fb0ab8863fb5&nodeid=1032&pid=21149，检索时间：2021年9月20日；曾任加拿大越棉寮华裔联谊会会长蓝树河生前口述；《加京越棉寮华人协会选择新理事》，《加京华报》，1985年2月1日；加拿大蒙特利尔柬华协会成立38周年：https://www.youtube.com/watch?v=BWPlUPYmLhA，检索时间：2021年9月20日。https://www.facebook.com/Association-des-Chinois-du-Cambodge-au-Canada-ACCC-%E5%8A%A0%E6%8B%BF%E5%A4%A7%E7%8E%92%99%E7%89%B9%E5%88%A9%E7%88%BE%E5%9F%AC%E8%8F%AF%E5%8D%94%E6%9C%83-76627224682 1835/，检索时间：2021年9月20日；覃展鹏副总领事出席柬华协会庆祝活动，中华人民共和国驻蒙特利尔总领网 http://montreal.chineseconsulate.org/chn/zlgxw/t925504.htm，检索时间：2021年9月20日；满地可市越南华侨联谊会注册证书；卡城越棉寮华裔联谊会沿革：《卡城华人社区百周年纪念特刊》，卡城中华协会刊行，1993年，第66页、第72页；史料来自缅省越棉寮华裔协会；越棉寮传译服务中心结束：*Modern Times Weekly*，Sep. 11, 1987；卑诗省越华相济会简介：《大汉公报》1988年3月26日和28日；庆祝八八年加拿大国庆日卑诗省越华相济会成立二周年纪念特刊，Jul.1,1988；爱城越柬寮华裔敬老培英协会，《点问顿华人社区华埠100周年纪念特刊，1911—2011》，第67页；卡城越南华裔联谊会组织过程简介：*Chinatown Historical Context Paper*，Commissioned by The City of Calgary，The City of Calgary Records & Information Management (RIM) Inspection & Permit Services，P.40.；史料来自加拿大越棉寮华人团体联合会。

这些协会把全加拿大东南亚华裔移民团结在一起，努力推动华人族群与所在国其他族裔的和睦相处，积极参与当地慈善公益服务等社会活动，融入主流社会和其他族裔社群，使越棉寮社团发展出新气象。比如，在温尼伯影响力很大的缅省越棉寮华裔协会，1983年购买了一座面积约929平方米并附有宽大停车场的废置厂房，并将它修建为一座拥有一个可容纳200多人的大礼堂、一个大会议室、一个办公室及一个可接纳40个孩童的托儿中心。该协会在中文教育、传承文化、社区文体活动等方面做了不少工作。[1] 1989 年起，该协会在缅省一年一度的大型民风节活动中，组织了为期一个星期的越棉寮华裔民风馆。之后该协会和文华文化中心轮流举办民风节，获得很好的口碑。

二、东南亚难民在加拿大做出的贡献

东南亚难民在加拿大建立基于血缘和地缘的网络后，不少人很快适应和融入了加拿大社会，有的自食其力，做起小生意，埃德蒙顿唐人街很瞩目的超市就是越南华侨开办的。更优秀者，如来自越南的难民潘辉通于 1980 年荣获爱德华王子岛全省数学冠军。[2] 还有一些难民经过多年努力，进入了管理层和文化机构。多次担任缅省越棉寮华裔协会理事长的杰出侨领颜国华先生就在皇家银行出任高级职务。[3] 1988 年，越华相济会会长刘兆鹏被选入卑诗省传统文化厅咨询委员会。[4]

作为全球接收难民的主要国家之一，加拿大在接收东南亚难民方面，做出了很大的贡献。由于东南亚难民中，很多是华人难民，加拿大华人社区因为"血浓于水"的炎黄子孙情结，以及加拿大华人本身经历过的"排华苦难"，从而以巨大的热情参与帮助接收东南亚难民的社区行动，让华裔难民很快就熟悉和融入加拿大的新生活。东南亚华裔难民也没有辜负各方的期待，以自强不息的精神，从零做起，迅速在加拿大开创出新的生活。不仅如此，他们也发挥己溺溺人、己达达人的精神，先来者帮助后到者，在加拿大建立起互助奋斗的社区组织，使东南亚难民没有成为国家的负担，反而成为国家建设的生力军。

---

[1]史料来自缅省越棉寮华裔协会。
[2]《越南难民数全省》，《加华侨报》1980 年 8 月 1 日。
[3]史料来自颜国华。
[4]《实至名归》，《大汉公报》，1988 年 12 月 10 日。

第六章
华侨华人反歧视斗争

虽然 1967 年移民政策的大修改，奠定了加拿大普遍性移民政策的基础，使以前歧视性的政策寿终正寝，但加拿大社会对华人歧视的文化和社会偏见，却依然存在。这种歧视在一般情况下，呈现出隐性的状态，但在某些时候，借着某些社会现实情况，便转为公开的现象。因此，在很长的一段时间里，华人社区仍然要联合起来与这些歧视性的现象做抗争，并通过这些和平性的抗争，以及通过政治的游说，来为华人社区正名，来为属于多元文化范畴的华人生活形态正名，来为华人对加拿大社会所做出的贡献正名。这些反歧视的抗争，在某种程度上也是一种"公民教育"，让加拿大社会放弃长期以来用"有色眼镜"看待华人社区和华人生活的陋习，从而创造更加符合加拿大多元文化精神的和谐社会和和谐社区。

第一节　烧腊事件

民以食为天。中国料理是加拿大华人社区文化的一个重要特征，而粤菜中的"烧腊"（又称明档），即英文中的中国"烤肉"（BBQ），是广东人非常喜欢的一种食品，伴随着华人社群在加拿大经历了长久的历史。

战后，尤其是 20 世纪六七十年代后，由于华人的增多，烧腊店生意红火起来，引起了政府食品卫生部门的注意。随着加拿大食品安全的管理趋于正规化，属于熟食类的"烧腊"也遭遇了管制，当局并没有对"烧腊"的制作过程进行科学的调查，而是以"一刀切"的方式来制定法例。

1968 年 10 月 1 日，温哥华市通过一条法律，要求所有准备出售的易腐烂变质的食品，必须存放在 150 ℉（65.6 ℃）以上或者华氏 40 ℉（4 ℃）以下的设备（容器）中。冷冻食品应保持在冷冻状态，直至产品到达最终消费者手中。这条法律由当时的温哥华市市长坎贝尔（T.J.Campbell）签字。[1]三年后，卑诗省也引入了相关条例。1971年11月16日，卑诗省通过食品场所卫生和操作管理条例（Regulations Governing the Sanitation and Operation of Food Premises），要求食物摊或流动食物摊上所有准备出售的易腐烂变质的食品，在任何时候必须存放在140 °F（60 ℃）以上或者40 °F（4 ℃）以下的设备（容器）中。[2]

在温哥华的食品管制上，烧烤肉食当然要遵守这项法规。温哥华卫生检查员杰拉尔德·博纳姆（Gerald Bonham）决定从1972年10月1日起，开始在中餐业界也执行熟食所要求的温度法规。[3]在严格执法的氛围中，烧腊售卖最集中的唐人街，有20余家烧腊铺或餐馆停卖烧腊，因为他们认为无法一直保持规定的温度。华人消费者当然很不高兴，因为烧腊是不少人日常饮食难以缺少的佐餐食品，一些华裔消费者在烧腊铺和餐馆发起签名活动，抗议温哥华市政府的规定。[4]但也有部分华人支持政府这一规定，并且希望除华埠之外，在其他地方也要严格执行此项法规。[5]

温哥华的烧腊风波也漫延到首都渥太华，1973年2月20日，联邦政府开始对烧腊等熟食设立温度限制，规定与温哥华的法例几乎相同，只是将上限温度设定为140 °F（60 ℃）以上，而下限40 °F（4 ℃）以下的要求没有改变。[6]随后，对烧腊问题的关注也进入了亚省、安省和魁北克省。

虽然温哥华市政府官员与烧腊店铺代表有过几次交涉，但当局的执法力度继续加大。1973年7月，卫生局以烧腊食品含有大量"三文纳拉氏"病毒及一些商人不遵守法规为由，下令封闭唐人街的6家烧腊店，引起了商铺的愤怒，唐人街罢市数天。为了反驳卫生当局的无端指控，烧腊商人为此聘请了一名专业化验师，

---

[1] By-Law No. 4387: "*A By-Law for Providing for the Care Promotion and Protection of Health of the Inhabitants of City of Vancouver*", Oct. 3, 1968, p.8., p.23.

[2] B.C. Order in Council 4136, 1971, p.1., p.10., p.12.

[3] Hayne Y. Wai, *Vancouver Chinatown 1960-1980: A Community Perspective*, Seattle, WA: Canadian Studies Center, Henry M. Jackson School of International Studies, University of Washington, 1998, p.22.;《华人联名抗议省市府》,《大汉公报》1972年10月10日；Rogelio Velez Mendoza, Kelsey Lucyk, Lindsay McLaren, Frank Stahnisch, *The History of the Alberta Public Health association*, Alberta Public Health Association, 2017, p.24.; "Gerald Bonham", The Vancouver Sun, Jan. 25 to Jan. 27, 2013.

[4]《华人联名抗议省市府》,《大汉公报》1972年10月10日。

[5]《温市卫生官员决定严格执行烧腊禁例》,《大汉公报》1972年10月16日。

[6] P C. 1973-414, Feb.20, 1973, Canada Gazette Part II Vol. 107, No.5, p.368.

鉴定出"三文纳拉氏"细菌绝对不可能存活于含盐高的烧烤食品中，卫生当局才撤销此案。[1]

1973年7月，温哥华市政府举行了几次公听会，唐人街烧腊商人联会代表苏成坤和林彬、中华文化中心筹建会及华埠业主商人联合会代表周卫贤（Andrewn Way Yin Joe），连日与市政府卫生部门沟通。[2]

尽管风波时有缓和，但问题的症结并没有解决。1974年3月6日，卑诗省修正1971年通过的卫生和操作管理条例，却用另一个条例来代替，该条例对出售易腐烂变质食物的温度要求没有改变。[3]

1975年8月20日，温哥华市卫生局又以烧腊食品不能符合温度规定为由，对华埠5家烧腊店发出禁止出售烧腊的通知。华埠商铺又一次发动罢市，后来由中华文化中心出面斡旋，才恢复营业。[4]

为了保留华人烧腊的手艺，1977年年底到1978年年初，温哥华中华文化中心和华埠商会成立了"保留华人传统烧腊委员会"。[5]该委员会于1978年2月发出致各界人士公开信，希望能够得到各界的支持，[6]并于1978年2月22日举行记者招待会，邀请中西报界记者在元昌烧腊店参观华人传统烧制烤肉的过程，并于中午12点在华侨酒家贵宾厅招待各界文化机构的代表，品尝不同温度烧腊的味道。在该活动中，郑天华和李侨栋分别发表意见。该协会有书面形式指出，加拿大为多元文化国家，尊重每一民族的文化特色和传统生活方式，而三级政府的卫生官针对华人烧腊的武断行为，对华侨经济产生的不良影响，不可谓不重要。[7]

3月初，温哥华第10电视台《华侨之夜》节目主持人刘伯纳邀请烧腊商会主

---

［1］《华埠"保留华人传统烧腊委员会"，致各界人士公开信》，《大汉公报》1978年2月20、21日。

［2］《烧腊卫生与祖国文化》，《大汉公报》1973年7月28日；Hayne Y. Wai, *Vancouver Chinatown 1960－1980：A Community Perspective*, Seattle, WA, Canadian Studies Center, Henry M. Jackson School of International Studies, University of Washington, 1998, p.22.

［3］B.C. Order in Council 0788, 1974, pp.7－8.

［4］《华埠"保留华人传统烧腊委员会"，致各界人士公开信》，《大汉公报》1978年2月20日。

［5］《华埠"保留华人传统烧腊委员会"，致各界人士公开信》，《大汉公报》1978年2月21日；《温哥华烧腊商抗议温度管制，组成保留传统烧腊委员会》，《醒华日报》1978年3月10日；《保留华人传统烧腊会签名运动周》，《大汉公报》1978年3月17日。

［6］《华埠"保留华人传统烧腊委员会"，致各界人士公开信》，《大汉公报》1978年2月20、21日。

［7］《烧腊委员会招待记者》，《大汉公报》1978年2月23日；Hayne Y. Wai, *Vancouver Chinatown 1960－1980*: A Community Perspective, Seattle, WA: Canadian Studies Center, Henry M. Jackson School of International Studies, University of Washington, 1998, p.22.

席刘成坤、书记谭华就、保留华人传统烧腊委员会和中华文化代表郑永福，进行了45分钟的电视访问。刘成坤与谭华就讲述了历年来烧腊事件的经过，解释了不能符合140 °F以上或40 °F以下技术上的困难。郑永福指明中华文化中心的立场并非为了少数烧腊商人，而是为了维护传统的中华文化。[1]

3月9日至19日，"保留华人传统烧腊委员会"开展签名运动周活动，呼吁侨胞踊跃签名。[2]签名活动得到了侨胞的热烈支持，在国会议员李侨栋的支持下，很多西人也来签名。[3]

1978年4月4日，温哥华元昌烧腊公司老板、温市侨领黄威，商人苏成坤和渥太华洪门主委邓家昌等各地几百位同业代表，在华裔国会议员李桥栋的斡旋下，带着烧腊一起来到渥太华，在国会山庄摆下了烧腊宴，数百名国会议员、参议员以及其他政府官员和新闻媒体一同品尝烧腊。[4]

这是华人社区一次罕见的"政治公关和游说"，让议员们亲眼看到在普通温度下存放烧腊，不但能维持烧腊的原汁原味，而且无损于健康。这次别出心裁的"烧腊渥京行"，可谓取得了相当成功的效果，国会议员们体验了存放在常温下的烧腊食品并认同不存在卫生安全问题，烧腊美味而健康，希望联邦政府允许烧腊商铺将烧制的肉放在店内销售。

然而烧腊的存放温度依然受条例控制，条例并没有得到修改。[5]温哥华卫生检查员博纳姆还强硬宣称，他是被温哥华市政府聘用的，并由卑诗省政府指定在温市执行省卫生法案。如果联邦政府改变了他们的条例，他们只能在他们管辖范围内设制规则，不影响我的职权。[6]

温哥华的严厉管制仍在持续。12月，温哥华华埠两家华商商铺遭到罚款，6

---

［1］《电视访问烧腊商人》，《大汉公报》1978年3月8日。
［2］《"保留华人传统烧腊委员会"启示》，《大汉公报》1978年3月10日；《保留华人传统烧腊会签名运动周》，《大汉公报》1978年3月17日。
［3］《签名支持烧腊热烈》，《大汉公报》1978年3月14日。
［4］"Feast Gives Ottawa Food for Thought", The Vancouer Sun, Apr.5, 1978；《救烧腊，黄威功不可没》，《星岛日报》2010年2月4日。
［5］City of Vancouver British Columbia, Health By-Law NO. 6580, p.13.; Public Health Act Food Premises Regulation, includes amendments up to B.C. Reg. 223/2015, Jan.18, 2016.
［6］"Bonham Zeroes in on Meats", The Vancouver Sun, Jun.24, 1978; "Meat War Erupts Anew", The province, Jun.21, 1978; Hayne Y. Wai, *Vancouver Chinatown 1960–1980：A Community Perspective*, Seattle, WA: Canadian Studies Center, Henry M. Jackson School of International Studies, University of Washington, 1998, p.22.

家烧腊店被控温度不合格。[1]

1979年1月，卑诗省卫生厅厅长接收CTV电视台记者采访时指出，省政府将继续维持卫生法中对熟肉储存温度的规定，省府将不干涉市府卫生官对熟肉储存温度的严格要求，因为遵照省府卫生法规执行，十分正确。CTV华裔女记者谢海燕特为此事走访华埠各大烧腊店。谢海燕的报道指出，现在温哥华市政府已经对华埠10家烧腊店提出控告，指控违反卫生规定。谢海燕采访的一家被认为不合格的烧腊店，玻璃门在忙时经常拉开，室内温度下降。而华商则认为，要保证140 ℃，烧腊橱窗温度非要调到300 °F不可。而如此高的温度，烤肉会干掉而不可食。[2]

1979年年中，温哥华中华会馆再度发起了反对政府制定的关于烧腊卫生的条例。[3]但是到了1979年11月，华人烧腊商会代表温哥华16家烧腊商中的12家，呼吁其会员遵守该卫生条例，因为温市一再调查烧腊商铺。[4]

1980年，温哥华卫生检查员博纳姆进入省卫生厅，成为卑诗省卫生厅高级助理副厅长（the Senior Assistant Deputy Minister of Health），唐人街烧腊商人有可能面临新一轮的指控。[5]温哥华唐人街烧烤商店被省级卫生检查员用温度计进行测试，并提出了几项指控，一些商人被法庭传唤。不过烧烤肉问题最终在1981年不再被提起，因为博纳姆离开该省成为阿尔伯塔省首席卫生官员（Chief Medical Health Officer）了。[6]

对于烧腊的温度，并非只针对华人多的卑诗省和安省，加拿大各城市都有严格规定，比如温尼伯要求烧腊的温度一定是在140 °F以上或41 °F以下，即60 ℃以

---

[1]《六位烧腊商又被控》，《大汉公报》1978年12月2日。

[2]《省府严厉管制烤肉》，《大汉公报》1979年1月15日。

[3]《华人社区大事记》，《温哥华中华会馆百年纪念特刊1906—2006》，2006年，第225页。

[4]《烧腊商致函市卫生官，愿意遵守安全温度》，《大汉公报》1979年11月13日。

[5] "Joanne Lee-Young: The demise of Chinatown's BBQ meat shops", The Vancouver Sun Oct.2, 2015; Rogelio Velez Mendoza, Kelsey Lucyk, Lsabel Ciok, Lindsay McLaren, Frank Stahnisch, *The History of the Alberta Public Health association*, Alberta Public Health Association, 2017, p.24.; "Gerald Bonham"; The Vancouver Sun, Jan. 25 to Jan. 27, 2013.

[6] Hayne Y. Wai: *Vancouver Chinatown 1960–1980: A Community Perspective*, Seattle, WA: Canadian Studies Center, Henry M. Jackson School of International Studies, University of Washington, 1998, p.24.; Joanne Lee-Young: The demise of Chinatown's BBQ meat shops, The Vancouver Sun Oct.2, 2015; Rogelio Velez Mendoza, Kelsey Lucyk, Lindsay McLaren, Frank Stahnisch: The History of the Alberta Public Health association, Alberta Public Health association, 2017, p.24.; Gerald Bonham: The Vancouver Sun, Jan. 25 to Jan. 27, 2013.

上或5℃以下。[1]

1988年，联邦政府修正案提到烧腊等，还是维持原来的法规，这是联邦政府最后的修正版。[2]

卑诗省政府于1999年7月8日，废除原来卫生和操作管理条例，新制定的食品经营场所管理规则（Food Premises Regulation），没有改变对烧腊等食品温度的要求。[3] 到了2019年10月8日，新的食品经营场所管理规则，仍然没有改变对烧腊等食品的温度要求。[4]

1989年11月7日修正1968年通过的对烧腊等温度要求的4387号法例，改为6580号法例，但温度要求仍沿袭旧规。[5]

从烧腊风波来看，华人在抗争方式上有了很大的进步。从一味地消极反应，转变成积极地游说，主动向主流社会介绍中国食文化的特点，减少社会对中华文化的偏见，丰富多元文化的特色。当然，我们必须指出，从修改法例条文的角度来看，烧腊抗争并没有达到预定的结果，这是由加拿大食品条例的划一性特征决定的。换句话说，如果再出现一个"死磕条例"的卫生检察官，仍然可以把烧腊问题再度提上桌面。可喜的是，华人的抗争活动起到了"烧腊普及"的效果。只要烧腊商铺严格自律，把好质量关，注意销售环境的卫生，少出最好是不出因食用烧腊而"中毒"的现象，社会对烧腊食品销售特性的"宽容"，以及对烧腊食品的喜爱，都会使烧腊这一物色食品长久流传。

客观而论，在10年的烧腊风波中，博纳姆作为卫生官依法执法，即使华人社区也有人赞同他严格执法。在一个法制社会，如果将法例当成"可有可无"，对华人社区来说也并非好事。博纳姆要求一视同仁地执法，至少有这样几个积极的意义。首先，他并没有将华人社区当成是"边缘社区"，而是将其视为卑诗省的一部分，华埠的熟食与其他熟食一样，要接收食品安全的制约。这在某种程度上，提升了华人社区以及华人食品的地位。其次，因为博纳德的认真执法，迫使华人站

---

[1] The City of Winning Food Service Establishment by law No, 5160//89, p.9.
[2] P.C. 1988-1246, Jun. 23 1988, Canada Gazette part II. Vol. 122, No.14.; Food and Drug Regulations（C.R.C., c. 870）, Oct.24, 2018, p.383.; 到2019年，依然维持原来法规。
[3] B.C. Order in Council 0774_1999, p.7.
[4] 卑诗省政府网站，http://www.bclaws.ca/EPLibraries/bclaws_new/document/ID/freeside/11_210_99，检索时间：2021年9月20日。
[5] By-Law No. 6580：A By-Law for Providing for the Care Promotion and Protection of Health of the Inhabitants of City of Vancouver, Nov.7, 1989, p.11.; 2008年4月15日最后一次修正，上限温度为140℉（60℃）以上，40℉（4℃）以下的要求没有改变。

出来，一方面要坚持烧腊的质量以保证消费者的安全，另一方面为烧腊的特殊性做广泛的解释，其中包括到国会去做烧腊让国会议员品尝等大手笔，这在某种程度上提升了华裔社区走出去做社会公关和政治公关的勇气与自信，也提升了华人社区弘扬中华文化（包括食文化）的自信心，黄威一战成名的意义也在这里。再次，华人对烧腊的维护，也给加拿大立法和执法带来了新的视角。在多元文化的框架下，单一的法律可能无法涵盖执法对象的多元性。如果烧腊销售在温度上"不达标"，却能满足法律要求的食品安全，这就值得执法者深思：法律的建设是否没有跟上社会多元发展的现状？如此，或者要酌情修订相关法律，或者在执法层面要更加细腻，而非以刻板的方式跟少数族裔文化"过不去"。中医在加拿大从"江湖"走向立法的过程，就是一个好例子。未来的食品温度制定是否也会细致化？

从博纳姆卫生官个人经历来看，他在加拿大主流社会是备受尊重的一员，他在烧腊风波中和风波后，从温哥华晋身到省府，再转战到亚省，之后又回到学界，可见社会对他秉公执法的立场是肯定的。而在与烧腊商的交涉中，相信他也慢慢理解了烧腊文化的特殊性，理解了烧腊销售虽然没有达到条例规定的温度，但却满足了食品安全的要求，片面强制执行有关温度的规定，或将危及一种美味的中华传统食品的生存，这对加拿大多元文化是一种伤害。之所以做出上述的判断，重要的依据是博纳姆到了亚省后，并没有重复在温哥华对烧腊严厉执法的方式。可见，华人在烧腊问题上的抗争，带来的是多赢。

第二节　反对W5歧视活动

在加拿大开放国际教育市场的过程中，总会伴随着一些涉及族裔背景的争议。这些争议的焦点无非有两个：一是校园中属于有色人种的国际学生增多，改变了学校的"景观"和"氛围"，引发了"主流社会"的某些抱怨；二是属于有色人种的国际学生参与了某些有名额限制的精英专业的竞争，导致传统或者在地的申请者认为自己的入学机遇遭遇威胁甚至被剥夺，所以抱怨声音不断出现。这种情况在一定的时空条件下，尤其是在媒体的推波助澜下，会引爆歧视和反歧视的社会风波。在1979年至1980年间发生的W5事件，就是一个典型案例。

1979年，一位名叫芭芭拉·艾伦（Barbara Allan）的加拿大学生，因报考多伦多大学药剂系未能如愿，就公开抱怨因为外国学生占据了位子，导致她丧失了入学机会。[1] 本来一两个学生的抱怨并不会形成大的社会风暴，但是，一旦有媒体带着"既定的立场"介入，就会产生巨大的社会反响。CTV新闻网络电视台（Television Network）的时事节目 W5（What、Why、Who、How、Where）抓住这一事件，策划了一个大型专题节目，题目就相当煽情，叫《校园大平卖》（Campus Giveaway），公开探讨这个问题。主持人海伦·哈奇森（Helen Hutchinson）指出，艾伦分数很好，但当她看到多伦多大学药学专业新生名单时，她不能相信，申请人中只有165名合格，估计10%—30%的录取名额给了海外学生，由此削减了加拿大学生进入药剂师和医生行业的机会。[2] 节目在1979年9月30日一经播出，就引发了校园争议。引发争议的主要有两点，一是主持人哈奇森的"偏见性"言论，一是画面对华人的潜在歧视。

哈奇森的民粹主义言论，一是强调外国学生占据了加拿大名牌大学中工程、药剂师以及医生的入学名额，导致加拿大本地优秀学生无法选读，家长们对此极度不满；二是来自"东方的"外国学生根本不与本地学生融合，宛如校中有校。[3] 除了主持人的"奇谈怪论"之外，纪录片中的画面只选择华人面孔入镜，且集中在几位华人学生身上。其实，艾伦无法入学是另有原因的。医药系副校长（Associate Dean of Pharmacy）E.W. 斯蒂德博士说："如果有她所说的分数，她就会被接受。但是根据我们的记录，她没有达到录取分数。"[4]

然而主流媒体却断言外国学生占据了白人学生的位子，在校园引发了争议。有些加拿大其他族裔的学生和华人学生，写信给CTV新闻网络电视台，批评 W5 的《校园大平卖》节目。多伦多大学中国同学会在唐人街散发传单，抨击种族偏

---

[1] Irene Chu, C.K. Fong and May Seung Jew ed, "Point by Point Rebuttal of Campus Giveaway" in Visible Minorities and Multiculturalism: Asians in Canada, Toronto: Council for Chinese Canadians in Ontario, 1980, p.125.; W5 Campus Giveaway: A Rebuttal（Part 1/2）COMM 2230U, https://www.youtube.com/watch?v=CS-PBKXJbhs, 检索时间：2021年9月20日。

[2] Irene Chu, C.K. Fong and May Seung Jew ed, "Point by Point Rebuttal of Campus Giveaway" in Visible Minorities and Multiculturalism: Asians in Canada, Toronto: Council for Chinese Canadians in Ontario, 1980, p.128.; "Robert Fulford's column about the Encyclopedia of Canada's Peoples", The Globe and Mail, Sep.11, 1999.

[3] Beddoes, Dick., "W5 show stirs strong protest", The Globe and Mail, Jan. 23, 1980.

[4] Anthony B Chan, Gold Mountain: The Chinese in the New World, New Star Books Ltd., 1983, p.167.; Irene Chu, C.K. Fong and May Seung Jew ed, "Point by Point Rebuttal of Campus Giveaway" in Visible Minorities and Multiculturalism: Asians in Canada, Toronto: Council for Chinese Canadians in Ontario, 1980, p.129.

见。[1]但是，华裔学生在校园的呼声毕竟太弱，一开始社团并没有介入，难以让已经有"预设立场"的大媒体认真倾听。为了扩大社会压力，学生团体开始寻找与华人社区的联结，期待得到华社的后援。为此，在多伦多大学牙科二年级就读的学生领袖关诺曼（Norman Kwan）带领学生们出席了安省华人联会（Council of Chinese Canadians in Ontario）于1979年11月举办的年会，希望得到侨社的支持。[2]可是有些华人认为学生谈论诽谤及诉讼的事情，会危及个人利益，他们将学生的不满视为一个激进团体的活动，而选择不予关注。[3]

但在学生们的持续呼吁下，1979年年底，多伦多9个华人社团组成了"安省加拿大华人联会对抗W5行动委员会"（The Ad Hoc Committee of the Council of Chinese Canadians in Ontario Against W5），要求政府出面干涉CTV电视台节目中不负责任的言行。该委员会分派小册子、和教会谈话、给政客和报纸写信，还呼吁全加华侨华人行动起来，以确保华人在加拿大应有的权益。[4]

1979年12月19日，塞西尔社区中心（the Cecil Community Centre）举办活动，播放《校园大平卖》视频，礼堂座无虚席，华人社区也有不少人前来参加。在这次活动中，安省华人联会对抗W5行动委员会提出三项意见：一、要求CTV公开道歉，并播出公平准确的节目来修复W5所造成的影响。二、采取必要措施，确保CTV不会播放类似歪曲和破坏任何民族文化、群体形象的节目。三、向公众宣传华人对加拿大社会的贡献。[5]

社区的支持鼓舞了学生们的抗争行动，关诺曼等5名大学生在1979年年底，宣布要起诉CTV电视台，并相信华人社区的诉讼会成功。[6]

多伦多有5所大学联合成立了"安省华联对抗W5行动委员会"，并于1980年1月26日在多伦多大学教育系礼堂举行了研讨会，与会者有2000多人，多伦多市市长约翰·休厄尔（John Sewell）、市议员刘光英、朱大彰（Donald Chu）等出

---

[1]《多大中国同学会在华埠散发传单》,《快报》1979年11月9日。

[2] David Olive "Breaching the Chinese Wall" Toronto Life, Nov.1990, pp.78-79; Chinese students sue W5 for alleged racist broadcast: The Ubyssey, Feb.1980, Vol. LXII, No. 48; Anthony B Chan, *Gold Mountain: The Chinese in the New World*, New Star Books Ltd., 1983, p.168.

[3] Anthony B Chan, *Gold Mountain: The Chinese in the New World*, New Star Books Ltd., 1983, p.169.

[4]《安省华人成立反W5委员会》,《加京华报》1980年1月1日; Anthony B Chan, *Gold Mountain: The Chinese in the New World*, New Star Books Ltd., 1983, p.170.

[5] Anthony B Chan, *Gold Mountain: The Chinese in the New World*, New Star Books Ltd., 1983, pp.171-172.

[6] Anthony B Chan, *Gold Mountain: The Chinese in the New World*, New Star Books Ltd., 1983, p.170.

席。研讨会还邀请了黑人、日裔、印度裔、犹太人和意大利裔等其他族裔的代表,这些少数族裔都愿意与华人合作。午后,数千人举行抗议游行,呼喊要求 CTV 电视台道歉的口号,一直走到 CTV 电视台。两位代表递交了抗议书,CTV 电视台负责人表示已经收到控票,案件正在进行中,目前不便发言。[1]

其实,在多伦多学生到华社呼吁的同时,具有反歧视丰富经验的温哥华侨社已经敏感地认识到,W5 事件是一个明显的歧视事件,中华会馆在 1979 年年底就成立了专责委员会,担任与其他城市进行串联共商对策和组织签名运动等工作。委员会提出了抗议诉求:要求 CTV 电视台公开道歉,并用相同的广播时间作一次公平、正确的报道,以弥补造成的损害。同时,要求电视台采取有效措施,以保证不再播出类似的歪曲及损害各民族形象的节目。电视台要做出努力,教育社会各阶层人士,使他们了解加拿大华人对加拿大社会所做出的贡献。

在委员会成员和许多人士的共同努力下,温哥华市发起签名请愿运动,三周之内有上万人签名。很多侨团、商号和个人进行捐款。之后,委员会还举办过很多活动,比如进一步在温哥华市召开包括各少数民族代表参加的大会,并协同全国委员会在多伦多召开大会,成立"华裔加拿大人争取平等权利全加联会"。[2]

华人社区的行动扩展很快。在首都渥太华,华侨华人社团继多伦多和温哥华之后,1980 年 2 月 4 日,正式成立了"加京华人抗议 W5 行动会(the Council of Chinese Canadians in Ontario against W5,CCCO Against W5)",并设有 6 人临时工作小组。该协会代表渥太华地区的华侨华人,与全加拿大华侨华人一起举行抗议活动。[3] 在这前后,哈利法克斯、蒙特利尔、温尼伯、卡尔加里、埃德蒙顿、里贾纳和维多利亚(Victoria)等地的 16 个委员会,都在开展反对 W5 歧视活动。[4]

加拿大全侨社的一致行动以及努力产生了积极的效果。在舆论的压力下,1980 年 2 月 4 日,CTV 副总裁兼执行制作唐·卡梅伦(Don Cameron)和 W5 节目制作

---

[1]《对抗 W5 的二千多人,和平游行示威》,《加京华报》1980 年 2 月 1 日;Anthony B Chan, *Gold Mountain: The Chinese in the New World*, New Star Books Ltd., 1983, pp.173 – 174.

[2]《全加华人抗议 CTV W5 校园大平卖的种族歧视》,《温哥华中华会馆百年纪念特刊》,2006 年,第 76 页;《华人社区大事记》,《温哥华中华会馆百年纪念特刊》,2006 年,第 225 页。

[3]《渥太华华裔加人抗议 W5 行动会月报》,《加京华报》1980 年 3 月 1 日;《加京华人抗议 W5 行动会声明》,《加京华报》1980 年 3 月 1 日。

[4] Anthony B Chan, *Gold Mountain: The Chinese in the New World*, New Star Books Ltd., 1983, pp.167 – 178.; Irene Chu, C.K. Fong and May Seung Jew ed *"Point by Point Rebuttal of Campus Giveaway" in Visible Minorities and Multiculturalism: Asians in Canada*, Toronto: Council for Chinese Canadians in Ontario, 1980, p.175.

莱昂内尔·卢姆（Lionel Lumb）邀请安省华人联会对抗 W5 行动委员会会谈。5 日，委员会主席朱大彰和副主席王裕佳（Joseph Wong）赴会，向 CTV 电视台重申要求：CTV 电视台公开道歉，另拟一公平的报道弥补损失，并要求公开保证今后不会重蹈覆辙。[1]但是双方未达成任何协议。2 月 11 日，多伦多对抗 W5 行动委员会及 5 位学生，聘请伊恩·斯科特律师为谈判代表，与 CTV 电视台交涉。朱大彰还呼吁社会支持 5 名大学生控告 CTV 电视台。[2]

3 月 16 日，CTV 电视台 W5 节目播放了一小段声明：《校园大平卖》引起大学生和华人社区的不愉快，所以 W5 节目准备一个后续计划，在 3 月拍摄新片，准备邀请华人社区参与意见、提出观点。由于 W5 节目因被起诉而受到阻止，该节目主动邀请行动委员会寻求解决的途径，并等待委员会的答复。声明表示，W5 节目中任何冒犯华人的言行，均属无心，并对此表示遗憾。另外，声明还表示，对外国学生的统计数字，不应该将移民包括在内，应该使用政府公布的数字。节目今后的播出，会让各方人士发表意见。[3]华人社区认为该声明本身就令人困惑，回避了抗议活动引发的主要问题，要求 CTV 公开道歉。[4]CTV 的这一让步，让华人社会产生了不同的反应，甚至出现了见好就收的意见，认为"得饶人处且饶人"，要适可而止。[5]但埃德蒙顿对抗 W5 行动委员会副主席马·帕特里克（Patrick Ma）指出，CTV 没有提及把东方人称为外国人的错误。[6]安省华联对抗 W5 行动委员会表示不满意，认为 CTV 是在分裂华人社区，要求侨社采取行动，直到 CTV 真诚道歉。委员会在 3 月 19 日委派律师向 CTV 表达不满，并呼吁大家支持对抗 W5 的行动。[7]

可是卢姆认为，CTV 的声明是以积极的方式发出的，不理解为什么还受埋怨。华人社区在得到这样的反应后，15 个委员会在多伦多开会，展示出反 W5 运动已席卷加拿大华人社区。CTV 于 4 月 3 日与安省华联对抗 W5 行动委员会召开会议，

---

[1]《多伦多"对抗 W5 行动会"对 CTV 声明的反应》，《加京华报》1980 年 4 月 1 日。

[2]《CTV 与 W5 行动会展开初步谈判》，《加华侨报》1980 年 3 月 1 日。

[3] CTV the statement by W5 on Mar.16, 1980; "W5'apology'is empty", The Ubyssey, Friday, Mar.28, 1980, p.5.；《CTV W5 3 月 16 日"校园大赠送"声明全文》，《加京华报》1980 年 4 月 1 日。

[4] "W5'apology'is empty", The Ubyssey, Friday, Mar. 28, 1980, p.5.

[5]《CTV 的所谓"道歉"》，《加京华报》1980 年 4 月 1 日。

[6] Patrick Ma, Newsletter of Ad Hoc Committee of Chinese Canadians in Edmonton Against W5, II, p.1.；Anthony B Chan, *Gold Mountain: The Chinese in the New World*, New Star Books Ltd., 1983, p.174.

[7]《多伦多"对抗 W5 行动会"对 CTV 声明的反应》，《加京华报》1980 年 4 月 1 日。

达成新的和解。[1]

不得不提的是，主张经济发展的华人社区，对左翼政党的支持相当有限，但左翼政党在帮助华人对抗种族歧视、要求对迫害华人的历史进行道歉方面，却一直走在前面，在抗议 W5 问题上亦是如此。作为主流政党之一的安省新民主党党领迈克尔·卡萨迪（Michal Casady）抨击"校园大平卖"这一提法不光不准确，而且有歧视之意。他坚决反对 CTV 所谓华人文化不是加拿大文化的理论，并称已经去函向 CTV 投诉该节目。1980 年 4 月 25 日，卡萨迪给平权会的创始人王裕佳医生（Dr.Joseph Wong）写信，表示愿意接受成为全加华人协进会（Chinese Canadian National Council，简称平权会）名誉会员。[2]

华人社区有组织的反击获得越来越多朋友的支持，本来就理亏的 CTV 管理层终于撑不下去了。4 月 16 日，CTV 行政总裁默里·彻科弗（Murray H.Chercover）终于向全加拿大公开道歉，尤其是向节目中受到最强烈批评的加拿大华人和加拿大大学道歉。他指出："无疑地，歪曲的统计连同所播出的图像，使该节目显得在气氛上和效果上，含有种族歧视的问题。我们对华裔加人被描述成外国人的事实，表示真诚道歉。"根据上述道歉声明，CTV 终于承认《校园大平卖》报道失实，承认其为了取得基于偏见的视觉效果而滥用统计数据。节目呈现的"太多外国学生"，真正只有 2 名，其他都是加籍华裔学生，无法证明外国学生占了加拿大学生的学位。行政总裁承诺，经过这次教训，CTV 将加强内部审核制度，以保证今后不再犯类似的错误。[3] 电视台道歉后，《校园大平卖》制作人莱昂内尔·卢姆（Lionel Lumb）辞职。对于 CTV 此次的道歉，全加华人平权协进会在报纸上刊登消息，表示接受 CTV 的道歉声明。[4]

这次 W5 节目风波，让华人再次认识到，社区团结才有力量。为了保持这股正面的力量，全加华人协进会于 1980 年 4 月 19 日在多伦多正式成立，目的是形成一个代表加国各地华人的发言机构。[5]

---

[1]《CTV 电台公开道歉》，《加华侨报》1980 年 5 月 1 日；Anthony B Chan, Gold Mountain: The Chinese in the New World, New Star Books Ltd. 1983, p.179.

[2] Michal Casady letter, Apr.25, 1980；《NDP 卡西地抨击 CTV》，《加京华报》1980 年 5 月 1 日；《NDP 卡西地接受成平权会名誉会员》，《加京华报》1980 年 6 月 1 日。

[3] News release: "Statement by President and Managing Director, CTV", Apr.16, 1980；《CTV 终于公开道歉》，《加京华报》1980 年 5 月 1 日。

[4] "Two More Quit CTV News Staff", The Globe and Mail, Oct.17, 1980；《全加华人平权协进会接受 CTV 道歉声明》，《加京华报》1980 年 5 月 1 日。

[5] History, https://www.ccnctoronto.ca/history，检索时间：2021 年 9 月 20 日。

对于侨社努力取得的胜利，联邦政府多元文化部（Minister of State for Multiculturalism）部长詹姆斯·弗朗明（James Fleming）于5月7日发出贺词，指出作为多元文化部部长，很高兴侨社齐心合力，取得胜利。[1]

针对《校园大平卖》节目而兴起的抗议风波，显示了华人已经充分意识到主流媒体的不实报道，视觉形象强烈，传播面广泛，对加深社会对华人社区歧视和偏见起到很大的作用，华人必须勇敢站出来，对这样的歧视和偏见说不，而不是沉默忍让，才能纠正不实报道，以正视听。

第三节 争取"'人头税'赔偿"的斗争

加拿大是一个移民国家，在漫长的接收移民的历史中，单独针对华人征收的"人头税"（1885—1923）和"排华法"（1923—1947），是一页歧视的历史，也是一页耻辱的历史。战后，反对种族歧视和倡导人权渐渐成为西方国家主流价值的重要组成部分，对历史的反省也逐渐深入，要求为"人头税"和"排华法"平反的呼声开始浮出台面。到了20世纪80年代，由于《加拿大人权利和自由宪章》（1982年）成为宪法的一部分，"人头税"受害者开始站出来，提出索偿的呼吁。而在加拿大联邦政党积极介入以及华人社团全力推动之下，受害者个人的呼声逐渐变成华人社区的共同呼吁，而华人社群的壮大又使要求为"人头税"和"排华法"平反的呼吁变成"加拿大政治进程"的重要组成部分。尽管从要求平反到落实平反，将近有20年漫长的岁月，而这个平反距离反法西斯主义的二战也有半个世纪之久，但迟来的正义还是正义。这个问题的解决，对华人社群彻底告别过去黑暗的历史意义重大，也对加拿大各级政府解决过去历史遗留下来的歧视和反人权行为（比如针对原住民的人权侵害等）带来了积极的促进作用。

"人头税"自实施以来，就受到了华人社群的抱怨。战后，人权思想彰显，对"人头税"的批评也日益增多，华裔国会议员郑天华、李侨栋等，都曾指出"人头税"的不公正。但直接要求索偿甚至道歉的声音，在20世纪80年代开始掀起，并随着幸存者的逐渐减少而呼声日高。1983年，温哥华"人头税"缴纳者麦德伦（Dak Leon Mark，麦于炯）求助于温哥华东部（Vancouver East）新民主党国会议员玛格丽特·米切尔（Margaret Mitchell，也称米槽夫人、美曹女士），要求向政府索

---

[1] James Flaming letter, May 7, 1980；《多元文化部部长占·弗朗明贺词》，《加京华报》1980年6月1日。

回在1885年至1923年间交纳的500加元"人头税"。[1]同年9月6日，米切尔给加拿大总理皮埃尔·特鲁多写信，专门介绍麦德伦的情况，希望政府能够给"人头税"受害者予以补偿。[2]1984年2月，米切尔在国会发言，专门谈及"人头税"，在介绍"人头税"受害者受到不公正对待后，正式要求政府对曾经交过"人头税"的华人予以补偿。[3]这是"人头税"道歉和赔偿议题首次在国会提出，得到了联邦新民主党安大略省圣三一·士巴丹拿（Trinity-Spadina）地区国会议员丹·希普（Dan Heap）的支持。[4]

图6.1 米槽夫人与余宏荣
资料来源：余宏荣

---

[1] Submission to the United Nations Special Rapporteur on Contemporary Forms of Racism, Racial Discrimination, Xenophobia and Related intolerance by Chinese Canadian National Council and Metro Toronto Chinese & Southeast Asian Legal Clinic on Redress for Chinese Head Tax and Exclusion Act, Sep. 25, 2003, p.5.；林岳均：《再探华人人头税问题》，《大汉公报》1985年4月15日。

[2] Margaret Mitchell letter；Re：Compensation to Chinese-Canadian for Head Tax paid under discriminatory Laws, Sep.6, 1983.

[3] 39th Parliament, 1st Session, Edited Hansard·Number 046, Thursday, Jun.22, 2006；Carlito Pablo, Most head-tax families haven't gotten a penny, Straight.com, Nov.28, 2007；Road to Justice web site：http://www.roadtojustice.ca/redress-campaign，检索时间：2021年9月20日；《华人曾付人头税，加考虑道歉赔偿》，《大汉公报》1984年2月27日。

[4] 39th Parliament, 1st Session, Edited Hansard·Number 046, Thursday, Jun. 22, 2006.

联邦主流政党的发声，让"人头税"问题的平反变成一个可行的议题，并在华人社区引发了更广泛的涟漪，并直接向渥太华喊话。全加拿大华人协进会于 1984 年 5 月在多伦多举行"人头税"和"排华法"公众论坛，向加拿大国会提出三点要求：一是正式承认"人头税"和"排华法"是不平等的种族歧视法规，二是联邦政府应采取适当办法退赔"人头税"，三是开展缴付过"人头税"在世华侨华人及其遗孀的登记工作。在侨社的倡议下，全加拿大有 2000 多名拥有"人头税"证书的华人，在平权会全加拿大不同地区分会和其他侨社办理了登记，要求政府赔偿。[1] 可见，当时华人"人头税"的受害者，还有不少幸存于世。

1984 年 5 月至 8 月间，东西部主要华人社团，就"人头税"道歉和平反发表了大量言论、组织了多次座谈会，将历史上的惨痛经历诉诸媒体舆论，形成了一股民意浪潮。举例来说，5 月，多伦多市市议员刘光英指出，讨论"人头税"应该扩大范围，不应该只局限在赔偿问题上，土生华人的出生证也反映了加拿大政府对华人的歧视，所以也应该向政府讨个公道。[2] 同月，加西温哥华中华会馆投票通过决议，要求渥太华联邦政府承认征收"人头税"是歧视。[3]

1984 年 8 月，为"人头税"平反已经成为加拿大华人社区的基本共识，并成为华人在加拿大发出政治诉求的重要内容。由于联邦政党在国会上涉及这个议题，华人社区的有识之士也适时将这个议题与联邦政治和选举挂钩，期待对"人头税"道歉和赔偿能够成为联邦政党大选的政纲，加快解决这个历史遗留问题的速度。[4] 例如 1984 年 8 月至 9 月，联邦大选前夕，平权会就要求三大联邦政党就"人头税"和"排华法"的立场进行表态。[5]

---

[1] 平权会网站，http://www.ccnctoronto.ca/history/，检索时间：2021 年 9 月 20 日；《人头税问题又炒热，华人要求政府赔偿》，《醒华日报》1984 年 5 月 7 日；《平权会争取平反人头税事件簿：安省华裔人头税家属联盟成立大会》，《平反人头税历程纪念册 1983—2012》，2012 年，第 F.79 页。

[2]《讨论人头税问题应该扩大范围，市议员刘光英深受其害提出呼吁》，《醒华日报》1984 年 5 月 9 日。

[3]《云中华会馆支持促使渥太华承认人头税属种族歧视》，《大汉公报》1984 年 5 月 11 日。

[4]《排华征人头税系加历史污点》，《加京华报》1984 年 8 月 1 日。

[5]《平权会争取平反人头税事件簿：安省华裔人头税家属联盟成立大会》，《平反人头税历程纪念册 1983—2012》，2012 年，第 F79 页。

一、马尔罗尼（进步保守党）政府时期

"人头税"道歉和赔偿的关键在联邦执政党。1988年9月22日，加拿大总理马丁·布来恩·马尔罗尼（Martin Brian Mulroney，当地称穆朗尼）对日裔社区做出了道歉和赔偿的决定。[1]在第二次世界大战中，当时的加拿大政府基于对国家安全的考虑和对日本战争行为（比如日军对香港地区的攻占）的报复，拘留日裔加人并将他们送入集中营，甚至拍卖他们的财产。二战结束30多年，即从1970年代后期到1980年代，有关二战期间扣留日裔的文件陆续公开，日裔社区开始跟政府进行交涉，就政府道歉和赔偿寻求共识，而这时候日本与加拿大已经是关系密切的盟国。[2]

马尔罗尼政府对日裔的道歉赔偿措施，更加激发起华人要求道歉和赔偿的集体意志和热情。1988年10月，平权会多伦多分会在市政厅举办"人头税"论坛，超过500个"人头税"苦主参加，联邦三大政党也有代表参加。11月，平权会分会先后在加东和加西四个城市举行要求平反"人头税"活动。12月，平权会在多伦多成立"大多市平反委员会"。1989年4月，平权会在蒙特利尔成立"满地可平反委员会"。[3]不过谁也没有料到，华裔就"人头税"问题获得道歉和赔偿，竟然需要比日裔更长时间的努力，而在1988年到2006年间，有大量"人头税"受害者过世。造成这种情况的原因当然很复杂。比如日裔加人受的歧视与"人头税"受害者不同，加拿大民间对日裔和华裔遭受的歧视在认知和感受上存在不同，战后加日和加中的双边关系不同，华人社区和日裔社区对政府游说的力度不同，但有一点无法否认，华人社区在道歉和赔偿问题上的立场分歧，也是导致"人头税"道歉和赔偿滞后的一个重要因素，而且这种内部的分歧和分裂，也给政府"避重就轻"处理问题带来了合理的借口。

从政府的角度来看，在对日裔社区进行赔偿和道歉后，马尔罗尼政府是愿意对"人头税"和"排华法"进行正式道歉的，但对"人头税"受害者的个人赔偿，

---

[1] "We cannot change the past. But we must, as a nation, have the courage to face up to these historical facts." *The Right Honourable Brian Mulroney*（1988）; CBC/Radio-Canada, http://www.cbc.ca/archives/entry/1988-government-apologizes-to-japanese-canadians，检索时间：2021年9月20日。

[2] Japanese Canadian History, https://japanesecanadianhistory.net/historical-overview/general-overview/，检索时间：2021年9月20日。

[3] 《平权会争取平反人头税事件簿：安省华裔人头税家属联盟成立大会》，《平反人头税历程纪念册1983—2012》，2012年，第F79页。

则持相当谨慎和保守的态度。

1990年3月9日,马尔罗尼表达了要迅速、公平地解决"人头税"平反问题。[1] 17日,内阁住房部部长(Minister of State for Housing)爱伦雷·德维(Alan Redway)在多伦多华裔长春会举办18周年纪念大会上,公开支持"人头税"索偿运动。[2]

1991年之后,政府与华人的接触更为频繁,但也遇到华人社区不同立场、不同诉求的困难。不过,到了1993年联邦大选前夕,马尔罗尼政府加快了解决"人头税"问题的步伐,总理提出的具体方案包括向"人头税"付款者或者家人颁授纪念章及证书。[3] 5月18日,多元文化部部长韦纳与平权会及全国平反运动委员会面谈,提出更加具体的平反内容,包括由总理在国会发表道歉声明、设立纪念碑,以及在国家纪念馆设纪念堂,陈列纪念章和有关平反资料。[4] 然而,由于华人社团存在意见分歧,以及大选中政党竞争等因素掺杂其中,政府的平反方案无法落实。

由于联邦进步保守党政府在1993年10月25日的联邦大选中落败,仅剩下两个议席,马尔罗尼推动的"人头税"平反也就无疾而终了。

在马尔罗尼政府时期,"人头税"平反问题第一次进入联邦政府议程,但却没有开花结果。个中原因,除了联邦政府对这个历史问题平反的尺度把握较为肤浅、与华人社区的沟通不够"全面"之外,主要还是华人社区对平反所包含的道歉、赔偿、社区教育等细节认知有重大分歧,对平反达成的目标也意见不统一,再加上社区"一盘散沙"的传统,社团之间互不信任、社团背后的政党支持取向存在差异,导致对联邦政府的政治游说缺乏统一性和权威性,从而无法促使政府推出平反决策。

在这一阶段(1889—1993年),加拿大平权会、大多市华人团体联合总会、全加华人联会、温哥华中华会馆和安省中华总会馆,是推动平反"人头税"的5个主要力量(参见表6.1—6.5),而华社之间的矛盾,也主要由这5个主要社团之

---

[1]《就排华法及人头税补偿细则,平权会要求政府即展开谈判》,《醒华日报》1990年3月22日。

[2]《多市华人常春会十八周年纪念联会宴上,房屋部长支持索偿人头税》,《醒华日报》1990年3月21日。

[3]《华人拒绝联邦人头税排华法平反方案》,《世界日报》1993年5月27日;The Chinese head tax imposed by Canada, https://econperspectives.blogspot.com/2008/12/chinese-head-tax-imposed-by-canada.html, 检索时间:2021年9月20日。

[4]《联邦人头税平反方案,华人失望》,《世界日报》1993年5月27日。

间的相互批评和指责体现出来。例如，1992年5月，安省中华总会馆向中文媒体表示，不参加全加华人联会组织，因为该组织与总会馆立场不一致。[1]

在社团方面，华侨华人提出平反"人头税"与"排华法"之事，是得到全加侨社一致支持的。在1993年自由党执政之前，侨社曾经举办过很多活动，希望联邦政府早日就"人头税"和"排华法"进行道歉和赔偿。这期间，侨社有过争论，有过分歧。

表6.1 平权会推动"人头税"平反活动图表

时间	活动内容
1988年10月30日	平权会在多伦多市政大会堂举行群众大会，敦促保守党政府赔偿"人头税"及向华人社区做公开道歉。
1990年3月9日	加拿大总理穆朗尼就"人头税"表示会尽快寻求公平解决方案后，平权会要求政府就"排华法"和补偿问题的细节展开谈判，还呼吁各界支持者分别致函总理或多元文化部部长，立即与平权会和华人进行谈判。
1990年4月	平权会与多伦多公校教育局合办"排华法"与"人头税"会议。
1990年5月9日	平权会就"人头税"之事，写信给总理穆朗尼。
1990年7月	平权会成立"温哥华平反委员会"。
1990年8月12日	平权会主席余志超与前三任会长来到温哥华，与温哥华中侨互助会和中华会馆、洪门民治党、华裔退伍军人协会等协商，希望通过全国的行动，使"人头税"问题得以解决。
1990年11月18日	平权会在中区华埠思豪中心举行了"大多市平反运动社区大会"，有500多名华人参加，包括半数以上"人头税"缴纳者与家人，联邦政府3个政党均有出席。
1990年11月22日、29日	1990年11月22日，加拿大多元文化和公民事务部（Minister of Multiculturalism and Citizenship）部长格里·韦纳（Gerry Weiner）给平权会全国会长余志超回信中指出，总理已经委任他与华人社区及其他要求"人头税"平反的社区代表开始商谈。11月29日，韦纳抵达多伦多与平权会董事见面。平权会要求国会通过一项决议，及对个人做出赔偿，并建立社区基金。
1991年1月至6月	1月，平权会发出超过2000份问卷，向"人头税"登记人咨询平反意见。6月收到近1000份问卷。

---

[1]《安中华会馆决不参加全加华人联会》，《星岛日报》1992年5月19日。

续表

时间	活动内容
1992年4月、5月	大多市平反委员会召开大会，超过300个"人头税"索偿者出席。5月，平权会在渥太华国会山庄举行平反集会。
1993年5月13日	平权会宣布给多位保守党领袖去函，促使他们支持各"排华法"和"人头税"平反。
1993年5月26日	总理穆朗尼提出了为"人头税"平反的解决方案。平权会表示失望，认为这是不可接受的方案。他们指出，因为该方案没有赔偿，只向受害人发证书和纪念章，根本没有正视"人头税"付款者及家人的痛苦。
1993年10月	平权会与意大利裔、乌克兰裔和日裔加拿大人联会召开记者会，表示如政府短期内不能解决该问题，就会向联合国人权委员会提交提案。

资料来源：林立：《回顾平反人头税的争论，到全加华人联会成立的经过》，*National Congress of Chinese Canadians 10th Anniversary 1991—2001*，p.48.，p.49.；《加华新闻》2005年11月26日；《多市华人常春会18周年纪念联会宴上，房屋部长支持索偿人头税》，《醒华日报》1990年3月21日；《就排华法及人头税补偿细节 平权会要求政府即展开谈判》，《醒华日报》1990年3月22日；《平权会再向联邦政府施压 速对排华法人头税道歉赔偿》，《醒华日报》1990年3月31日；《平权会争取平反人头税事件簿》，《平反人头税历程纪念册1983—2012》，2012年，第F80页；《多伦多侨团到加拿大华人协进会(平权会)主席的公开信》，《大汉公报》1990年8月22日；《平反"人头税"弥补歧视创伤，全加华人协进会吁华人支持》，《世界日报》1990年8月14日；《平权会四届会长抵云，会见华人各社团代表》，《大汉公报》1990年8月15日；《加洪门面首相穆朗尼，表达华人人头税立场》，《大汉公报》1990年8月17日；《就人头税排华法平反退款问题 多元文化部部长韦纳会见平权会》，《大汉公报》1990年12月3日；《1991年全加华人代表大会纪实》，*National Congress of Chinese Canadians 10th Anniversary 1991—2001*，p.26.；《平权会全国平反运动委员会表示欣见上周末多伦多大会通过赞成金钱赔偿》，《大汉公报》1991年5月23日；《平权会吁联邦平反排华案》，《世界日报》1993年5月14日；《联邦人头税平反方案，华人失望》，《世界日报》1993年5月27日；《华人拒绝联邦人头税排华法平反方案》，《世界日报》1993年5月27日。

虽然要求为"人头税"平反的契机是在温哥华产生的，但由于东部是加拿大的政治中心，且多伦多的华社规模自20世纪80年代以后，逐渐超过温哥华华社，自然在"人头税"平反问题上也扮演着主要的政治游说角色，其中尤以平权会最为积极主动。不过，当政府真的对"人头税"平反松口之后，侨社的争端便浮上水面，而争议的焦点集中在两个议题上，一是平反运动的领袖之争，二是平反涉及的赔偿问题。其中，华联总会率先带头挑战平权会的领导地位，并与安省中华总会馆联手，强调集体领导的原则。一如华人历史历来的特点，社团之争总会涉及侨领的个人攻击。

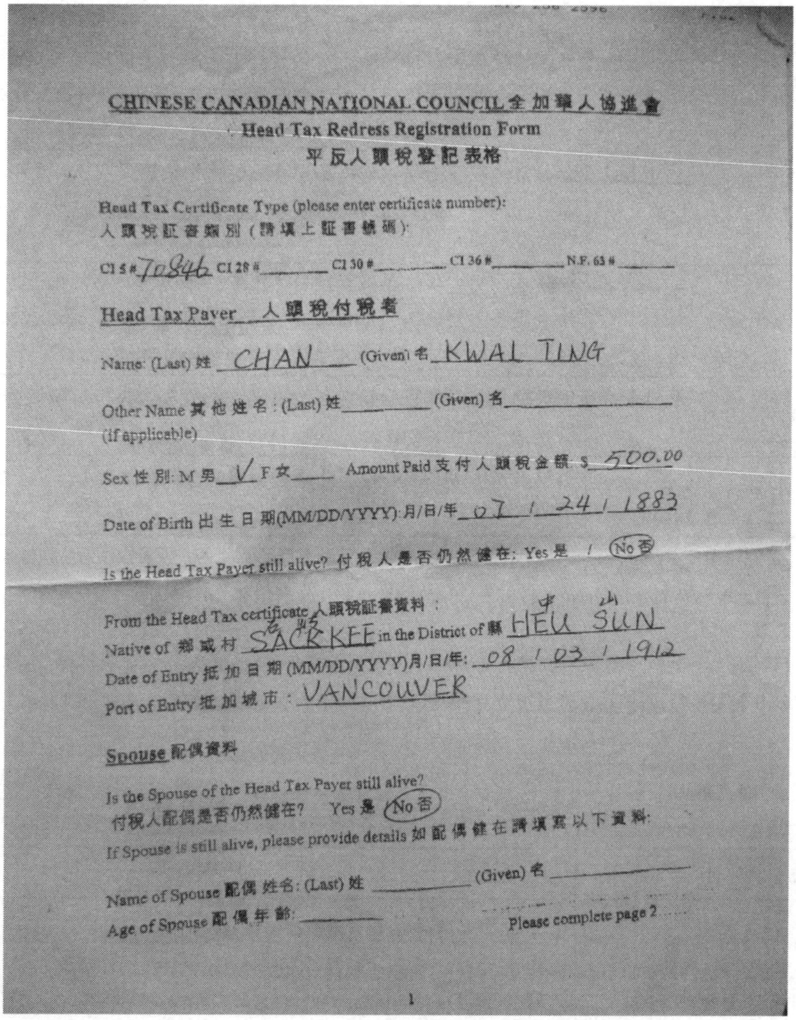
CHINESE CANADIAN NATIONAL COUNCIL全加華人協進會
Head Tax Redress Registration Form
平反人頭稅登記表格

Head Tax Certificate Type (please enter certificate number):
人頭稅証書類別（請填上証書號碼）:
CI 5 # 70846 CI 28 # ______ CI 30 # ______ CI 36 # ______ N.F. 63 # ______

Head Tax Payer 人頭稅付稅者

Name: (Last) 姓 CHAN (Given) 名 KWAL TING

Other Name 其他姓名: (Last) 姓 ______ (Given) 名 ______
(if applicable)

Sex 性別: M 男 V F 女 ______ Amount Paid 支付人頭稅金額 $ 500.00

Date of Birth 出生日期(MM/DD/YYYY) 月/日/年 07 / 24 / 1883

Is the Head Tax Payer still alive? 付稅人是否仍然健在: Yes 是 / No 否

From the Head Tax certificate 人頭稅証書資料:
Native of 鄉或村 SACK KEE in the District of 縣 HEU SUN
Date of Entry 抵加日期 (MM/DD/YYYY) 月/日/年: 08 / 03 / 1912
Port of Entry 抵加城市: VANCOUVER

Spouse 配偶資料

Is the Spouse of the Head Tax Payer still alive?
付稅人配偶是否仍然健在? Yes 是 No 否
If Spouse is still alive, please provide details 如配偶健在請填寫以下資料:

Name of Spouse 配偶姓名: (Last) 姓 ______ (Given) 名 ______
Age of Spouse 配偶年齡: ______ Please complete page 2

1

图 6.2 “人头税”平反登记表

资料来源：陈仲池

表6.2 大多市华人团体联合总会推动"人头税"平反活动图表

时间	活动内容
1989年1月7日	大多市华人团体联合总会在洪门民治党礼堂举行特别会议,邀请平权会参加。根据会议讨论结果发出了声明:"人头税"问题是全加华人的事,应该大家团结起来办,不应该由一个团体去单独肩负。
1990年8月15日	华人团体联合总会等23个华人团体代表署名发表致平权会公开信,批评平权会致总理的信中对华联会主席陈丙丁进行了人身攻击,贬低了华联会及华人传统社团,再次强调"人头税"之事由平权会单独包办是行不通的。
1990年8月	大多市华联总会与安省中华总会馆达成协议,强调"人头税"应由全加侨社协商与政府商讨解决方案,并批评平权会只做表面文章,未采纳其他侨团建议。
1990年8月23日	华联总会与安省中华总会馆发表声明,主张召开全加华人代表大会,并由代表大会产生一个行动委员会与政府进行交涉。双方决定首先发起成立多伦多地区行动委员会。
1990年10月21日	华联总会与中华总会馆在孟尝安老院礼堂联合举行侨团大会,一致通过成立"华人'人头税'赔偿行动委员会"。
1991年3月9日	多伦多"华人'人头税'赔偿行动委员会"在该市中华总会馆举行了第四次会议,并筹备召开"1991年全加华人代表大会"。

资料来源:林立:《回顾平反人头税的争论,到全加华人联会成立的经过》,*National Congress of Chinese Canadians 10th Anniversary 1991—2001*,p.48.,p.49.;《多伦多侨团致加拿大华人协进会(平权会)主席的公开信》,《大汉公报》1990年8月22日;《安省总中华会馆华联会达成共识》,《大汉公报》1990年8月23日;《中华总会馆及华联总会发起华人人头税赔偿行动委员会》,《醒华日报》1990年9月25日;《多市人头税行动委员会通过设立秘书处》,《全加华人联会20周年志庆》,2012年,多伦多,第46页。

表6.3 全加华人联会推动"人头税"平反活动图表

时间	活动内容
1991年5月18、19日	全加拿大450多位华人代表、280多个社团在多伦多参加了全加华人代表大会。大会一致决定成立一个全国性组织,名称为"全加华人联会"(The National Congress of Chinese Canadians,简称为华联会)。大会认定"人头税"和"排华法"是对华人的歧视,要求政府解决这一问题。

续表

时间	活动内容
1992年5月17日	华联会第一届代表大会（1992—1995年）在温哥华举行成立典礼。召开首届全国代表大会，商议华联会章程。
1993年4月24日	全加华人联会太平洋区分会（The Pacific Region of the National Congress of Chinese Canadian）在温哥华中华会馆成立。分会成立后与政府协商如何解决给"人头税"平反问题。
1995年9月1日	全加华人联会第二届全国代表大会在阿尔伯塔省埃德蒙顿市举行，大会对联邦政府在"人头税"问题上所采取的立场进行了回应。
2000年9月2、3日	全加华人联会第八届周年大会在多伦多市政府会议厅召开，会议要求联邦政府就"人头税"问题，早还华人一个公道。

资料来源：A Brief Introduction of National Congress of Chinese Canadian, *National Congress of Chinese Canadians 10th Anniversary, 1991–2001*. 2001, p.32.；《"全加华人联会"大事记》, *National Congress of Chinese Canadians 10th Anniversary, 1991–2001*, 2001, p.34.；黎全恩：《全加华人联会之成立及历届代表大会纪要》, *National Congress of Chinese Canadians 10th Anniversary, 1991–2001*, 2001, p.33.；《全加华人联会太平洋区分会》,《温哥华中华会馆百年纪念特刊1906—2006》, 2006, 第274页；《全加华人联会第八届周年会议新闻公报》, *National Congress of Chinese Canadians 10th Anniversary, 1991–2001*, 2001, p.35.

由上表可以看出，大多数多伦多侨团已经与平权会分道扬镳，而前者通过全加侨社的串联，又建立了华联社，来争取"人头税"平反运动的主导权，从而产生了孤立全加平权会的效果，削弱了平权会与保守党政府沟通的力度，华联会则无法在短期内获得与政府直接接洽的渠道，再加上政党竞争的阴影笼罩在不同社团的背后，以至于造成华社在"人头税"平反问题上难以达成共识，难以集全加华人社团之力与政府交涉，达到政治多赢的局面，让已经迟到的历史公义得以彰显。

值得关注的是，加西虽然在为"人头税"平反的问题上与加东是同步的，但还是相对独立地展开了相关活动。其中，与加东中华总会馆没有太多交集的温哥华中华会馆，从一开始就支持平权会的个人赔偿立场，但随着形势的推进，其立场发生变化。中华会馆主席余宏荣不赞成由平权会作为侨社与政府洽商的唯一渠道。而华裔退伍军人协会则正面挑战平权会，要求对"人头税"受害者及其家属进行个人赔偿，认为"人头税"问题与日裔赔偿问题性质不同，不能仿效（参见表6.4）。

表6.4 温哥华中华会馆推动"人头税"平反活动图表

时间	活动内容
1986年10月	平权会与温哥华中华会馆举行座谈,认为联邦政府对"人头税"理应道歉赔偿。温哥华中华会馆从一开始就支持平权会的主张。
1990年6月22日、7月15日和12月8日	温哥华中华会馆先后召开会议,就"人头税"问题征求华侨意见。
1990年7月	温哥华中华会馆主席余宏荣表示,中华会馆多次和联邦政府就"人头税"问题进行交涉,此次召开会议,目的是成立一个地方性的专门委员会,以此与全国各地华人社团进行联络,以期组织全国性华人社团向政府施压。
1990年11月	加拿大华裔退伍军人协会给温哥华中华会馆的信,全面否定要求"人头税"个人赔偿的诉求,认为这只是满足一小部分人的利益,却损害了全加华人的形象和声望,立场与平权会针锋相对。
1990年12月	温哥华中华会馆为"人头税"之事举行会议。会议最后决定,今后由中华会馆领导未来与政府就"人头税"及"排华法"平反问题进行交涉的工作。
1991年4月5日、7日	温哥华中华会馆在中华文化中心林思齐礼堂就"人头税"和"排华法"等问题召开了公听会。到会的许多人是"人头税"缴费者和后裔。中华会馆此次会议就是否应该得到赔偿征集民意。1991年4月7日,温哥华中华会馆在中华文化中心举行第二次公听会,征求华人意见,以找出和政府谈判的立场。
1991年5月	温哥华中华会馆在媒体上指出:在平权会发动为"人头税"平反初期,中华会馆曾把收集到的很多资料交给平权会,并建议平权会要邀请各地社团参与其事,公开征集各地华人的意见,并以大多数人的意见为依据,确定向政府交涉的方案。然而平权会没有征集各地侨社意见,就"人头税"向政府要求万元赔偿,中华会馆认为不符合民主程序,有失妥当。鉴于各方面意见不一致,中华会馆希望邀请平权会代表参加全国代表大会,达成一个合理方案,再与政府进行商量。

资料来源:《华人协进会与中华会馆座谈会前提出向华人征"人头税"加联邦应谈判赔偿》,《大汉公报》1986年10月15日;《"人头税"之起因及全加华人联会之成立》,《温哥华中华会馆百年纪念特刊》,2006年,第80页;《就历史上"人头税"及"排华法"问题中华会馆举行社团会议经过反复辩论取得共识》,《大汉公报》1990年7月16日;《就"人头税"历史遗留问题加华退伍军会认为不应争取个人赔偿》,《大汉公报》1990年11月23日;加华退伍军人发表对"人头税"的立场:史料来自加拿大华裔退伍军人协会;《"人头税"问题讨论会决定 今后与政府交涉工作由中华会馆领导进行》,《大汉公报》1990年12月10日;《"人头税"是否应该得到赔偿中华会馆公开征集民意》,《大汉公报》1991年4月8日;《中华会馆开第二次历史问题公听会》,《大汉公报》1991年5月8日;《温哥华中华会馆重申"人头税"主张》,《大汉公报》1991年5月17日。

表6.5 加中社团推动"人头税"平反活动图表

时间	活动内容
1991年2月24日	埃德蒙顿中华会馆为"人头税"之事召开全侨大会，最后投票通过，由中华会馆代表当地侨社，与多伦多方面进行沟通。
1991年3月22日、24日	温尼伯中华文化中心召开会议，出席此次会议的除了缅省各界社团代表和知名人士，还有政府官员和各地的社团代表。大会邀请了加拿大日裔总会会长阿特·尼基（Art Niki）介绍日裔平反运动的经过。平权会主席余志超向大会递交了3月16日多伦多会议决议案，并表示平权会的立场是政府应该赔偿"人头税"万元。维多利亚大学的黎全恩教授、全加洪门民治党总支部主委郑炯光、温哥华中华会馆主席余宏荣、温尼伯中华文化中心主席余岳兴、点问顿中华会馆主席洪金福、安省中华会馆彭以德等在会上纷纷发了言。大会通过了余宏荣的多项提议案，并组成一个较为广泛的、具有代表性的"人头税"专责委员会。
1991年4月14日	埃德蒙顿25个华人社团成立了"点问顿华人社区'人头税'委员会"。

资料来源：《点城"人头税"，平权会孤掌难鸣》，《大汉公报》1991年3月1日；《缅省华人社区举行会议，探讨加华人面对之挑战》，《大汉公报》1991年3月27日；《点问顿华人社区成立"人头税"委员会》，《大汉公报》1991年5月9日。

二、克里蒂安、马丁（联邦自由党）政府时期

1993年的联邦大选，改变了加拿大联邦政治的版图。由于保守势力分裂，联邦进步保守党几乎全军覆没，只剩下两个议席，联邦自由党赢得议会多数席位，组织了让·克里蒂安（Jean Chrétien，当地称克里田）多数党政府。由于该党在联邦政坛占据绝对优势，自由党政府改变了大选的承诺，对于"人头税"平反和道歉的立场，远比进步保守党强硬。他们看到平权会在华人社区的影响力逐渐下降，且与新民主党关系密切，而华联会等大社团的领袖都倾向联邦自由党，因此，在对待"人头税"问题上，开始排除个人赔偿的选项。1994年12月14日，分管多元文化妇女事务的国务秘书希拉·芬斯通（Sheila Finestone）向8个少数族裔组织及传媒界致函，就华裔、意裔和犹太少数族裔等组织，要求为"人头税"平反等问题做出答复，称政府相信以有限的政府资源创造未来更平等的社会，是最

佳解决方式，所以联邦政府宣布了不赔偿"人头税"受害者的决定。[1]

12月16日，首位入阁的外交及国际贸易部旗下的亚太事务部（the Asia-Pacific Region for the Department of Foreign Affairs and International Trade）华裔部长陈卓愉（Raymond Chan）表示，他支持多元文化部部长米歇尔·迪普伊（Michel Dupuy）不予赔偿的决定。陈卓愉透露，政府在赔偿问题上的顾虑是，如果赔偿大门一开，今后将有无法预料的人前来向政府索赔，将使事情变得不可收拾。[2]之后陈卓愉在很长一段时间里，在华文媒体上代表联邦政府与华人社群中要求道歉和赔偿的社团及个人进行辩论。问题是，联邦政府的"不可收拾"之说，并没有数据的支持。

面对华人社区不断要求政府道歉和赔偿的呼声，2001年7月，加拿大移民部部长埃林诺尔·卡普兰（Elinor Caplan）再度明确表态说："加拿大政府在这件事上的政策非常明确：不会进行任何补偿。"[3]

在联邦政府与社团形成僵局之时，官方反对党、改革党的华裔国会议员麦鼎鸿（Inky Mark）异军突起，于2002年12月10日正式向国会提出补偿"人头税"和肯定华人贡献的Bill C-333个人议案，该议案要求：1. 加拿大国会公开表扬华人移民所做出的贡献。2. 加拿大国会承认"人头税"及1923年禁止华人入境法对华人不公平，并公开道歉。3. 建立一项基金，搜集有关加国华人历史资料，及推动种族和谐等教育资料，分派给学校、大专院校等教育机构。[4]这是有议员首次在国会提出关于"人头税"的法案，来自加东和加西的百多位华人见证了这一历史

---

[1] Submission to the United Nations Special Rapporteur on Contemporary Forms of Racism, Racial Discrimination, Xenophobia and Related intolerance by Chinese Canadian National Council and Metro Toronto Chinese & Southeast Asian Legal Clinic on Redress for Chinese Head Tax and Exclusion Act, Sep. 25, 2003, p.5.; CCNC takes the case, Road to Justice, http://www.roadtojustice.ca/redress-campaign/ccnc, 检索时间：2021年9月20日；Social Problem Resolved? Apology and Redress, https://chinesediscriminationheadtax.weebly.com/social-problem-resolved.html, 检索时间：2021年9月20日；《人头税联邦决定不赔偿，华人愤慨》，《世界日报》，1994年12月15日。

[2] 陈卓愉：支持人头税不赔偿决定，《世界日报》1994年12月14日。

[3] Geaeme Smith：Chinese take head-tax struggle to Ottawa, The Globe and Mail, Jul. 12, 2001.

[4] Bill C-333，加拿大国会官方网，http://www.parl.ca/DocumentViewer/en/37-3/bill-C-333/first-reading，检索时间：2021年9月20日；Bill C-333，加拿大国会官方网，http://www.parl.ca/DocumentViewer/en/38-1/bill-C-333/first-reading/page-19，检索时间：2021年9月20日；《Bill C-333》，《全加华人联会20周年志庆》，2012年，第51页。

时刻。[1] 2004 年 11 月 15 日，Bill C-333 在国会第一次宣读。2005 年 2 月 21 日，第二次宣读。[2] 2005 年 11 月 3 日，下议院委员会（Committees of the House of Commons）通过了 Bill C-333，2005 年 11 月 4 日提交给加拿大国会下议院。[3] 但随后因国会即将解散，Bill C-333 未获三读通过。

反对党的议案对联邦自由党刺激很大，他们看到，华人一波接一波的政治游说和舆论攻势，使为"人头税"平反的议题愈来愈大，执政党如果在短时间里无法解决这个问题，可能会在新的联邦大选中受到重创。当然，保罗·艾德加·菲利普·马丁（Paul Edgar Philippe Martin，华人称为马田）取代克里蒂安担任联邦政府总理后并没有在"人头税"的基本立场上做出改变，但马丁任命陈卓愉担任多元文化和公民部部长（Minister of Multiculturalism and Citizenship），着手解决"人头税"遗留的历史问题。陈卓愉秉持自由党内阁既定的不道歉、不赔偿之立场，利用华社中支持联邦自由党的社团，力图使用较少的联邦资源，一举解决持续近 20 年的"人头税"历史问题，既可以向内阁交代，又可以在社区留下政治业绩。

在陈卓愉和一些社团的努力下，2005 年 11 月 24 日，加拿大联邦政府同华人社区在渥太华就"人头税"问题签署了原则性协议。这个协议后来被诟病和推翻的最大因素，就是"不道歉和不赔偿"的谅解：联邦政府承认向华人征收"人头税"是歧视行为，计划通过 ABC 项目向全加华人联会提供 250 万元的启动资金。全加华社应成立一个"加拿大华人社区基金会"，在三五年内落实行动，表彰过去建设加拿大铁路的华工，纪念过去对加拿大做出贡献的先侨，以及推广大众教育，促进各族裔和谐。当天，参加协议书签署的代表有：多元文化部部长陈卓愉、全加华人联会执行主席陈丙丁、多伦多中华文化中心副主席黄林慧玲等十几个社团的代表。陈卓愉在仪式上称："因为赔偿会影响各族裔之间的和谐，所以在处理'人头税'问题时，政府和加拿大华人社区草拟原则

---

[1]《麦鼎鸿向国会提交平反歧视华裔议案，全加百多名华人社团代表见证这一历史》，《加华新闻》2002 年 12 月 14 日。

[2] Bill C-333，加拿大国会官方网，http://www.parl.ca/DocumentViewer/en/38-1/bill/C-333/first-reading/page-14，检索时间：2021 年 9 月 20 日；2nd Reading Debate of Bill C-333: The Chinese Canada Recognition and Redress Act, House of Commons Debate, Volume 140, Number 061,1st Session, Official Report, Feb. 21, 2005.

[3] Bill C-333，加拿大国会官方网，https://www.ourcommons.ca/Committees/en/CHPC/StudyActivity?studyActivityId=1379645，检索时间：2021 年 10 月 16 日。

性协议书时，取得'不道歉和不赔偿'的谅解。"在 11 月 25 至 27 日，全加华人代表大会在温哥华中华文化中心召开，有来自加拿大各地 300 多名代表，包括华人社团、幸存的"人头税"缴纳者及缴纳者的后代，还有参加过二战的华裔军人参会。在 25 日这一天，全加华人代表推选出"全加华人社区基金会"筹备委员会委员。26 日，陈卓愉在会上解释不赔偿的原因后，陈丙丁讲述平反方案，最后大会一致通过加拿大华人社团与联邦政府所签署的"解决'人头税'问题原则性协议"。但在会场外，具有平权会身份的周明辉，以"卑诗省'人头税'受害者及家属联盟共同统筹"的名义，召集 20 多人，高举标语进行抗议。[1]

这样重要的历史遗留问题，既没有国会的正式道歉，也没有象征性的赔偿，所有的就是 250 万的社区教育基金，这显然与华人社区当初的要求相去甚远。这个协议一公布，就受到了华人社区和舆论的猛烈抨击。由于协议正是在联邦大选前出笼，故而也遭到了在野党的批评。如此一来，"人头税"道歉问题，竟然成为联邦大选的主轴之一，这是华人议题首次成为联邦大选的主要竞选议题，在某种程度上创造了历史，也为大选后彻底解决"人头税"道歉及赔偿问题奠定了全国性的政治基础，这是联邦自由党始料未及的。

问题是，陈卓愉主导"速战速决"的不道歉、不赔偿协议，得到了东西部华人主要社团领袖的背书。这也表明，华人社区在对这个问题立场有分歧且争论不休的情况下，差点让一个重要的历史议题，在公正和公义没有落实的情况下落幕。

有一点必须承认，联邦自由党自 1993 年上台后到 2005 年年底，不道歉、不赔偿协议出台，凡 13 年中，华人社区对"人头税"问题的分歧相当明显，争论也相当激烈，给政府的不公正解决方案的出现，创造了社区基础。

在联邦自由党执政的近 13 年间（1993—2005 年），华人社区一如既往，对要求给"人头税"平反和赔偿的呼声一直没有停止过，对于道歉和赔偿的分歧也没有停止过，主要社团的相关活动列表如下（参见表 6.6—6.9）。

---

[1]《全加华人联会与联邦政府签署"解决人头税问题原则性协议"》，《全加华人联会第十五届年会》，2006 年，第 31、32 页；Jack：《马田：人头税和排华法是加国历史上灰暗的一页》，《星星生活综合讯》，2005 年 12 月 1 日；《全加华人联会 20 周年志庆》，2012 年，第 52 页；黎全恩：《全加华人代表大会简报》，《华埠通讯》，2006 年 4 月，第 8 卷第 9 期，第 26 页。

表6.6 全加华人联会推动"人头税"平反活动图表

时间	活动内容
1994年1月	全加华人联会成立后，主要工作是关注全加拿大华人的问题，如检讨移民政策，争取为"人头税"平反等。全加华人联会致函新任总理克里蒂安（Jean Chrétien，当地称克里田），敦请新政府尽快为"人头税"及"排华法"平反，推出合理而公平的解决方案，并要求总理指派一名部长，负责成立一个由全加华人代表及联邦政府成员组成的委员会，就该会所提出的平反原则和方案进行检讨，以及向政府提出一套建议。该会一直争取为五项原则平反，包括承认"人头税"和"排华法"是歧视华裔加人的措施，做出道歉，特别抚恤"人头税"交纳者的家属，并设立基金等。
1994年10月	全加华联在多伦多召开年会，议决发布公函给各地侨社，请发信支持，敦请政府认真解决为排华政策及"人头税"平反等问题。
1994年12月14日	联邦政府宣布不赔偿"人头税"受害者的决定后，全加华人联会全国书记李松称，对政府的答复表示失望，该会就"人头税"问题，向政府提出建议，由国会公开道歉，并筹建一个纪念馆，以表扬移民对建设加拿大所做出的业绩，拨出一笔款项，作为教育下一代消除种族歧视的基金，同时对交纳"人头税"人士的后裔在申请移民时，给予特别优待。
1995年9月2日至4日	全加华联在埃德蒙顿召开会议，讨论对联邦政府"人头税"问题所采取立场的回应。
1996年8月底	全加华联在卡尔加里举行了为期两天的会议。年会决定，不就"人头税"问题要求政府向曾经纳税的华裔及他们的后代作出个别赔款，但希望自由党政府为"人头税"与"排华法"平反，并要求加国政府尽早设立一个种族基金会。该会执行主席余宏荣表示，基于目前加国国债沉重，向政府追讨赔偿只会间接加重全国纳税人的负担，因此全加华联不主张向当局追讨个人赔偿，但强烈要求政府道歉。余宏荣批评平权会在"人头税"问题上，不为整个侨社及种族关系的大前提着想，而只是代表"人头税"付税人的利益。
2000年9月2日	全加华联在多伦多召开第8届年会，会上支持华裔国会议员麦鼎鸿准备向国会提出为"人头税"平反的私人议案（Bill C-333）。
2000年10月	全加华联执行主席陈丙丁律师致函克里蒂安总理，敦促克里蒂安总理正视历史，正式为"人头税"和"排华法"平反。还附上一封信：1991年全加华人代表大会会议决议，由全加华人联会筹委会组成专责小组，解决"人头税"和"排华法"等问题；加国政府正式承认"人头税"和"排华法"是对加国华人社区的歧视，加国政府在国会上向华裔加人所受的伤害正式道歉；加国正式肯定加拿大华人在建国过程中的贡献。加国政府拨出一笔合理数额的款项，设立一永久基金，由政府委任的代表与华人社区代表组成的信托委员会监管，只动用基金所得的利息，用作下列用途：照顾尚在世之"人头税"缴纳者，促进种族和谐，提倡其他有利于华人社区的活动，要求加国政府对"人头税"缴纳者之亲属移民给予特别考虑。

续表

时间	活动内容
2001年2月	全加华联要求加拿大联邦政府正式向全加华人道歉，并设立基金，促进种族和谐。全加华联认为，为"人头税"和"排华法"平反是整个社会的问题，不主张赔偿个人。
2001年6月	新当选的全加华联太平洋区分会主席茹容均表示，将继续为华人"人头税"问题，争取公正的解决办法。茹容均提出四点要求，一是要求作出正式道歉，二是政府设立一笔基金，作为华裔攻读大学、硕士和博士的奖学金，三是在加拿大各大城市建立纪念碑，表彰华裔先民的历史贡献，四是照顾"人头税"缴纳者在中国的后人，优先批准他们来加拿大。茹容均解释道，全加华联之所以不要求对个人进行赔偿，主要是"人头税"缴纳者在世上已寥寥无几。
2001年9月1日	2001年9月，全加华联第四届代表大会在多伦多举行。大会讨论了五个问题：正式承认"人头税"和"排华法"是对华人社区的歧视；在国会向华裔受害者道歉；正式肯定华人对加拿大的贡献；拨出合理数额，设立一个永久基金，用来照顾尚在世的"人头税"缴纳者，促进种族和谐及对华人社区有利的工作。对"人头税"缴纳者的亲属移民，予以特别考虑。支持国会议员麦鼎鸿向国会提出的Bill C-333私人议案，为"人头税"和"排华法"平反。与平权会及其他华裔社团协商，建立一个联合阵线组织，以便有效促进国会为"人头税"和"排华法"平反。全加华联理事李松表示，全加华联在90年代初制定了一个主要目标是为"人头税"平反，不过，上述目标尚未达成，原因是华人社区力量太过分散，目标也不一致，而且双方在向联邦政府争取赔偿金额、道歉用词方面也未能达成统一意见。
2002年	2002年，全加华联曾经与平权会交换意见，双方有合作意愿，可是由于平权会采取法律途径，因此未能形成联合行动。9月7、8日，全加华联在卡尔加里举行第11届全国会议，对"人头税"问题深入讨论，并邀请加拿大日裔三木先生（Arthur K. Miki）出席，介绍要求政府就历史问题道歉和赔偿的经验，并致联邦政府，敦促政府早日道歉。
2003年9月12—14日	全加华联第12届年会在温尼伯文化中心召开，会议一致通过支持为"人头税"平反。支持国会议员麦鼎鸿于2002年12月10日向国会提出Bill C-333的为"人头税"和"排华法"平反的私人议案。利德蕙（Vivienne Poy）参议员在大会上做出"加拿大华人历史与'人头税'"的专题演讲。

续表

时间	活动内容
2004 年 7 月	全加华联与多伦多华人社区举行盛大庆祝活动，庆祝加拿大联邦建立 137 周年活动，同时缅怀先侨为加拿大建国和中加关系做出的历史贡献，并呼吁政府对"人头税"事件和"排华法"提出正确的解决办法。游行队伍在天虹体育馆前"铁路华工纪念碑"下举行献花仪式。
2005 年 11 月 26 日	联邦政府总理马丁、陈卓愉等在温哥华中侨互助会会见全体代表。马丁简述了他幼年遇见邻居受"排华法"影响和不能与家人团聚的故事。陈卓愉表示非常高兴看到原则性协议得以签署。特别请 98 岁缴纳过"人头税"的老人关祥国参会拍照。联邦政府代表比尔·巴朗（Bill Balan）讲述建立加拿大华人社区基金的目的。

资料来源：《全加华联致函总理，促尽快平反排华法》，《星岛日报》1994 年 1 月 4 日；黎全恩：《全加华联 12 年来之工作及温岛代表》，《华埠通讯》2004 年 10 月，第 7 卷第 10 期，第 26 页； CCNC takes the case, Road to Justice, http://www.roadtojustice.ca/redress-campaign/ccnc，检索时间：2021 年 9 月 20 日； Social Problem Resolved? Apology and Redress, https://chinesediscriminationheadtax.weebly.com/social-problem-resolved.html，检索时间：2021 年 9 月 20 日；《华裔大表失望与不满，责联邦政府漠视民意》，《星岛日报》1994 年 12 月 15 日；《全加华联二届大会探讨挑战寻求共识》，《星岛日报》，1995 年 9 月 4 日；《全加华联表明人头税立场，不向联邦政府索偿但要求道歉》，《全加华人联会第五届全国代表大会 1992—2004 年纪要特辑》，卑诗省维多利亚，2004 年，第 48 页； Chinese Head Tax in Canada, The Canadian Encyclopedia, https://www.thecanadianencyclopedia.ca/index.php/en/article/chinese-head-tax-in-canada，检索时间：2021 年 9 月 20 日；加拿大国会官方网, 38th Parliament, 1st Session Standing Committee on Canadian Heritage, Tuesday, Oct. 25, 2005, https://www.ourcommons.ca/DocumentViewer/en/38-1/CHPC/report-16，检索时间：2021 年 10 月 16 日；《全加华人联会声明》, *National Congress of Chinese Canadians 10th Anniversary 1991–2001*, pp.51-52.；《全加华人联会第九届周年会议新闻公报》，《全加华人联会 20 周年志庆》，2012 年，第 70、71 页；《Bill C-333》，《全加华人联会 20 周年志庆》，2012 年，第 51 页；《全加华联会秘书处对平反人头税的声明》，《明报》2001 年 2 月 21 日；《全加华联区会就职，继续争取人头税权益》，《星岛日报》2001 年 6 月 5 日；Geaeme Smith , "Chinese take head-tax struggle to Ottawa", The Globe and Mail, Jul. 12, 2001；《人头税之起因及全加华人联会之成立》，《温哥华中华会馆百年纪念特刊》，2006 年，第 81 页；《全加华人代表大会圆满结束，置常设办事处加强会务工作》，《明报》2001 年 9 月 5 日；《全加华联全国大会闭幕 李松：人头税意见分歧难平反》，《明报》2001 年 9 月 5 日；《全加华人联会关于平反人头税问题的声明》，《全加华人联会第五届全国代表大会 1992—2004 年纪要特辑》，2004 年，第 84 页；《全加华人联会年会圆满闭幕》，《全加华人联会第五届全国代表大会 1992—2004 年纪要特辑》，2004 年，第 91 页；《缅怀先人，促平反辱华法案》，《星岛日报》2004 年 7 月 2 日；《全加华人联会与联邦政府签署"解决人头税问题原则性协议"》，《全加华人联会第十五届年会》，2006 年，第 31、32 页；Jack：《马田：人头税和排华法案是加国历史上灰暗的一页》，《星星生活综合讯》，2005 年 12 月 1 日；《全加华人联会 20 周年志庆》，2012 年，第 52 页。

表6.7 平权会推动"人头税"平反活动图表

时间	活动内容
1994年12月	联邦政府宣布不赔偿后，平权会"人头税"赔偿委员会主席黄煜文表示很失望，认为不可接受。黄煜文指出，希望联邦政府立即解决问题，否则将把此案送交联合国人权委员会评判。
1995年3月	平权会给联合国写信，指出加国政府拒绝为"人头税"平反。
1998年10月	平权会举行社区会议，征求对联邦政府采取法律行动的意见，同时更新"人头税"苦主和配偶及后人的资料库。
1998年年末	平权会拟以法律途径控告联邦政府，对此，温尼伯中华会馆主席余岳兴表示了不同意见。
1999年10月	平权会获得"法庭挑战计划"（Court Challenges Program）资助，用以展开法律行动。
1999年12月	平权会举行了记者招待会，宣布3名"人头税"受害者将向联邦政府提出"人头税"索偿诉讼案。温哥华华裔加人协会表示全力支持。
2000年12月18日	平权会举行新闻发布会，宣布代表"人头税"缴纳人及其家属已经起诉加拿大联邦政府，要求政府对此做出赔偿。
2003年9月28日	平权会和大多伦多东南亚法律援助中心协办，约克加华协进会主办的话剧《最后一颗铁路钉》在第7号高速公路与肯尼迪路间的新旺角广场上演。
2005年6月26日	"人头税"缴纳者的后代、时年83岁的二战华裔军人黄金焕（Gim Wong）骑着摩托车抵达多伦多，受到平权会、全加反对种族歧视委员会及华人社区的热烈欢迎。
2005年11月	联邦政府与全加华人联会就"人头税"问题签署意向协议，引发了平权会与华人舆论界的强烈反响。平权会在与马丁自由党政府谈判陷入停顿困境后，继续推动其他社区团体，包括B.C."人头税"纳税人联合会（the B.C.Coalition of Head Tax Payers）等重新启动了社区斗争。

资料来源：《人头税联邦决定不赔偿，华人愤慨》，《世界日报》1994年12月15日；《平权会指拒绝人头税赔偿，是不负责做法》，《世界日报》1994年12月19日；《平全会争取平反人头税事件簿》，《平反人头税历程纪念册1983—2012》，2012年，第F80、F81页；《争取人头税排华平反》：《中原侨报》1998年11月；《温哥华华裔加人协会 说明人头税索偿诉讼》，《明报》2001年1月18日；《全加华人联会声明》，National Congress of Chinese Canadians 10th Anniversary 1991–2001, p.51.；《全加华人联会秘书处对平反人头税的声明》，《明报》2001年2月21日；《星星生活记者青河》，《星星生活》，2003年9月30日；Peter Kennedy, "Redressing the Chinese head tax", The Globe and mail, Jun. 6, 2005；《黄金焕要求总理道歉》，《星岛日报》2005年6月28日；星星生活记者捷克佳报道（特别报道）:《人头税案：重大进展 争议纷起》，《星星生活》，2005年11月25日；Road to Justice website, http://www.roadtojustice.ca/redress-campaign/getting-political，检索时间：2021年9月21日。

表6.8　卑诗省华人社团推动"人头税"平反活动图表

时间	活动内容
1992年	卑诗"人头税"后裔联盟于1月5日在温哥华召开全侨大会，多伦多平权会也有侨领参加。他们要求联邦政府做个别赔偿。
1994年年初	卑诗"人头税"后裔联盟和温哥华华裔加人协会代表黄煜文从国会山庄回到温哥华后，陈述为"人头税"和中国人权之事，向国会施加压力的情况。
2001年年初	全加中华总会馆提出：发动各地中华会馆、中华公所、中华协会等民间组织举行聚会，听取各界意见，向国会议员建言。敦请拨出专款，帮助先侨后人及通过传媒，介绍华人早年对国家奉献的史实，希望每年举办平权纪念活动。
2001年2月4日	加拿大华裔加人协会在士达孔拿社区中心，召开首场"人头税"诉讼案资讯会，呼吁受影响的华裔家庭和后裔，要尽快登记加入诉讼。
2006年	维多利亚华人耆英康乐中心于6月—7月间发起"人头税"苦主或家人登记，申请赔偿。在7月15日华人耆英康乐中心每周聚会上，黎全恩教授讲解了有关如何申请"人头税"赔偿的问题。有54人登记，其中有13位遗孀符合赔偿标准。

资料来源：《人头税后裔联盟大会，坚持联邦作个别赔偿》，《大汉公报》1992年1月7日；《人头税联盟盼年内解决赔偿问题》，《世界日报》1994年1月23日；《全加中华总会馆收集"人头税"意见》，《明报》2001年1月9日；CCNC takes the case，Road to Justice，http://www.roadtojustice.ca/redress-campaign/ccnc，检索时间：2021年9月20日；Social Problem Resolved? Apology and Redress，https://chinesediscriminationheadtax.weebly.com/social-problem-resolved.html，检索时间：2021年9月20日；《人头税索偿诉案自寻资讯会，座无虚席》，《世界日报》2001年2月5日；《维市人头税苦主遗孀13人申请赔偿》，《华埠通讯》2006年8月，第9卷第1期，第27页。

表6.9　其他机构推动"人头税"平反活动图表

时间	活动内容
1997年	维多利亚耆英研究中心与西门菲莎大学社会及人类学院，于1997年在温哥华及维多利亚开展了"华裔耆英研究"项目，被访耆英830人，温哥华有580名，维多利亚有250名。这些人中有187名耆英或家人曾交过"人头税"。有64%的人不清楚"人头税"追讨赔偿之事。有73%的人不知道平权会、华联会和全加中华总会馆正在处理"人头税"平反一事。在曾经交过"人头税"的187名耆英或家人中，有1/3赞成政府对个人进行金钱赔偿，1/3的人反对，1/3的人表示没意见。187名中有64位要求个人赔偿，54位不要求个人赔偿。28%的人赞同政府设立"种族关系基金"，推广种族和谐工作，14%的人要求政府向交"人头税"者道歉，14%的人表示不需要任何补偿，44%的人表示无意见。只有4%的人要求与政府对立，向联合国人权委员会发出抗议书。

续表

时间	活动内容
2005年9月	安大略省华裔"人头税"家属联盟（简称安省"人头税"联盟）（Ontario Coalition of Chinese Head Tax Payers and Families）由一群"人头税"受害者、遗孀及家属正式成立。联盟的宗旨是要联邦政府道歉和赔偿。联盟宣言强调，联盟反对任何团体未得到该组织之同意，便声称为"人头税"的平反作出和解。
2005年11月	在大多伦多位于蓝鸟路（Blue Jays Way）和海军码头街（Navy Wharf Ct）附近的中国铁路工人纪念碑前，安大略省华裔"人头税"家属联盟举行了纪念仪式，要求加拿大联邦政府向"人头税"受害者和他们的后代做出赔偿，并正式道歉。

资料来源：黎全恩：《华裔耆英追讨"人头税"之意见调查》，*National Congress of Chinese Canadians 10th Anniversary 1991–2001*，第50页；《安省华裔"人头税"家属联盟成立大会》，《平反"人头税"历程纪念册1983—2012》，2012年，第F61、F62页；捷克佳：（特别报道）"人头税"案：重大进展争议纷起，星星生活网站，http://newstar.superlife.ca/2005/11/25/%EF%BC%88特别报道%EF%BC%89"人头税"案%EF%BC%9A重大进展–争议纷起/，检索时间：2021年9月20日；安省华裔集会怀念华人劳工要求政府赔偿，蒙城在线，http://www.mtl163.com/modules/news/article.php?mode=nocomments&order=0&item_id=5668，检索时间：2021年9月20日。

由上述活动可以看出，争取为"人头税"平反的主要华人社团，越来越分歧和不团结，而这给联邦自由党政府形成不彻底解决"人头税"问题的决议创造了空间。针对赔偿措施会否带来国家财政危机的讨论，成为争论的焦点。华人的分歧，让"人头税"平反走进了歧途。联邦自由党宣布不道歉、不赔偿的决定，进一步加剧了受害者和社群的意见纷扰，也引发了在野党议员的非议。在此试举几例。

经历过缴纳"人头税"时代的林黄彩铃表示，她一向不主张华人社区向政府索偿，认为当初"人头税"支付者是心甘情愿以此作为进入加拿大的条件的。他们定居加国后，享受过许多福利。因此，华人二代、三代后人要金钱补偿，是一种耻辱。安省黄江夏云山公所主席黄超云的父亲当年也交了500加元"人头税"，黄超云认为华人索偿，或会引发其他族裔反弹。可是多大—约大亚太研究联合中心首席顾问陈嘉年认为，政府不应以把经济资源用于下一代身上为理由，而推卸退还"人头税"给华裔公民的责任。[1]加拿大退伍军人协会的郑

---

[1]《联邦政府答复平反人头税问题，华裔表不满》，《世界日报》1994年12月15日；黎全恩：《华裔耆英对追讨人头税之意见调查》，*National Congress of Chinese Canadians 10th Anniversary 1991–2001*, p.50.

天华和李侨栋从一开始就反对个人赔偿，[1]至于政府为什么对日裔和原居民道歉和个人赔偿，有些人觉得这是两码事。二战期间，政府不但没收日裔财产，并把他们关进集中营，而他们中的绝大部分是土生的加拿大公民。至于原居民历来受尽政府各种种族主义政策压迫和歧视，从被赶至"保留区"到强迫性的住宿学校等，政府对原居民的道歉、个人赔偿和集体赔偿是应该的。而对于华人的要求，有些人认为超出了政府预算，可能增加纳税人负担，最终更可能引起主流社会和其他友族的反感，进一步形成华社和主流社会的对立，引发种族歧视和排华情绪。[2]

虽然华人社区在"人头税"平反问题上相当主动，但绝大部分情况都是通过特定社团，对执政党进行政治游说，希望通过执政党的决策，来解决历史遗留的问题，鲜少有华人采取主动的法律行动，来推动"人头税"平反的进程。因此，进入千禧年之后，加国史上第一次关于"人头税"的一场官司，改变了华人社区和政府关系的既有互动模式，引起社会的瞩目。2000年年末，两位"人头税"和"排华法"受害华人麦长灼（Shack Jang Mack）、李周坤英（Quen Ying Lee）以及李周坤英的儿子李华耀（Yew Lee）就"人头税"和排华问题，向安大略省高等法院（Ontario Superior Court of Justice）提出集体诉讼，要求联邦政府道歉和赔偿。华人聘请的代表律师是玛丽·艾伯茨（Mary Eberts）和吴瑶瑶（Avvy Yao-Yao Go）。[3]艾伯茨就此案表示，加拿大"人头税"是种族歧视，已经使很多华人家庭分离，应该向他们道歉和赔偿。[4]

安大略省高等法院于2001年4月24、25日举行两日公听会。在经过几个月的审核后，安大略省最高法院于2001年7月10日公布裁决，卡明法官（Cumming J.）认为，"人头税"及1923年的"排华法"已于1947年废除，裁定《宪章》不能作追溯用途，以"缺乏合理诉讼原因"驳回此案。但是卡明法官指出，根据当代加拿大的道德和价值观，"人头税"是一项令人反感的征

---

[1] 林岳均：《加华人入境人头税浅析》，《大汉公报》1992年5月6日。
[2] "Rod Mickleburgh, Chinese head-tax compensation proves to be a thorny issue", The Globe and Mail, Jun.9, 2006.
[3] Matt James: *Recognition, Redistribution and Redress: The Case of the "Chinese Head Tax"*, Canadian Journal of Political Science / Revue canadienne de science politique Vol. 37, No. 4（Dec. 2004）, pp.883–902.; Jane Gadd, "Court rejects Chinese head-tax lawsuit", The Globe and mail, Jul.11, 2001;［2001］O.J. No. 2794, Court File No. 00-CV-202644, Also reported at: 55 O.R.（3d）113, p.1.
[4] "Chinese families seek head tax compensation", CBC News·Posted: Jun.10, 2002.

税，应该受到谴责。[1]这是加国法院第一次针对"人头税"问题做出裁决，承认华人作为种族歧视法律受害者的事实。

这次司法官司证明，如果单从法律层面来解决"人头税"的道歉和赔偿，几乎不可能。但是，官司确实引起了社会的整体关注，为了继续引发舆论重视和推动平反运动的发展，三位原诉者在华人社区组织的协助下，再次聘请艾伯茨和吴瑶瑶，并增添另一位律师乔纳森·斯特鲁格（Jonathan Strug）代为上诉，上诉状递到安大略省上诉法院（Ontario Court of Appeal）。安大略省上诉法院也很重视，于2002年7月10、11日举行两天公听会，两个月后，即9月13日正式判决，上诉法庭同意卡明法官的结论，维持原判。[2] 2002年11月18日，三位华裔依照法律程序，又向加拿大最高法院（Supreme Court of Canada）提交了申请上诉的要求。诉状在2003年2月24日提交，加拿大最高法院于4月24日在没有具体说明的情况下拒绝接受上诉，案子就此结束。[3]

在联邦大选之前，又一位"人头税"受害者家属的壮举，引起了社会的广泛关注。2005年6月3日，"人头税"缴纳者的后代、时年83岁的二战华裔军人黄金焕骑着摩托车从温哥华出发，开始横跨加拿大的"人头税"平反运动之旅。黄金焕和儿子黄杰弗里（Jeffrey Wong）经过20多天的长途跋涉，途经卡尔加里和温尼伯等城市，于6月26日抵达多伦多。全加反对种族歧视委员会代表吴瑶瑶向黄金焕转交了多伦多市市长大卫·米勒（David Miller，当地称苗大伟）的信件，苗大伟充分肯定了黄金焕此次行动的意义。[4] 6月27日，平权会多伦多分会为黄金焕举行记者招待会，向当地媒体介绍他此行的目的。[5]但黄金焕骑着摩托车从温哥华赶到国会山，总理马丁拒绝与他见面。[6]

联邦自由党坚持不道歉、不赔偿，而华裔部长陈卓愉也同意，造成华人

---

[1] Indexed as: Mack v. Canada (Attorney General), [2001] O.J. No. 2794, Court File No. 00-CV-202644, Also reported at: 55 O.R. (3d) 113, pp.1-11., Ontario Superior Court of Justice.
[2] Case Name: Mack v. Canada (Attorney General), [2002] O.J. No. 3488, Docket No. C36799, Also reported at: 60 O.R. (3d) 737 and 60 O.R. (3d) 756, pp.1-15., Ontario Court of Appeal Toronto, Ontario.
[3] Case Name: Mack v. Canada (Attorney General), Supreme Court of Canada, File No.29475, pp.1-2.
[4] Peter Kennedy, "Redressing the Chinese head tax", The Globe and mail, Jun. 6, 2005;《黄金焕要求总理道歉》,《星岛日报》2005年6月28日。
[5]《八旬华翁骑摩托车横贯加拿大的黄金焕先生》,《平反人头税历程纪念册1983—2012》，2012年，第F142页。
[6] http://www.roadtojustice.ca/redress-campaign/getting-political，检索时间：2021年9月20日。

社区在"人头税"平反议题上存在相当大的分歧。在联邦自由党多数执政达10年之久的情况下,都不能做出平反的决定,在马丁少数政府期间达成的协议,更无法实现历史的公义。幸运的是,在华人的呼吁和在野党的支持下,"人头税"平反终于成为联邦大选的主要议题之一,预示着离问题的解决越来越近了。

三、史蒂芬·哈珀(Stephen Harper)(联邦保守党)政府时期

2006年,联邦大选举行,加拿大联邦政坛变天,延续13年的联邦自由党政府下台。哈珀领导的加拿大保守党赢得议会下院308个席位中的124席,以国会内第一大党的身份单独组成少数政府(参见表6.10)。

表6.10 加拿大议会下院各党派席位(2006年)

党派名称	席位
联邦保守党(Conservative)	124
联邦自由党(Liberal)	103
魁北克集团(Bloc Québécois)	51
新民主党(New Democrats)	29
独立或无党派(Independents and no affiliation)	1

资料来源:Elections Canada: Number of Seats in the House of Commons, by Political Affiliation 39th General Election,2006,http://www.elections.ca/content.aspx?section=res&dir=rep/off/sta_2006&document=p4&lang=e,检索时间:2021年10月15日。

来自卡加利的国会议员、备受哈珀总理信任的杰森·康尼(Jason Kenney)担任多元文化部部长。长达20年的"人头税"平反运动,迎来了春天,之前联邦自由党不道歉、不赔偿的立场,宛如冬天存积的腐烂落叶,面临着被清扫的命运。

联邦自由党下台后,陈卓愉与华人社区签署的不道歉、不平反协议被取消了。2006年2月21日,安省中华会馆向政府提出,要在7月1日之前,解决"人头税"平反问题。[1] "全加华人社区基金会"筹备委员会于2月25日举行全国电话会议,

---

[1]《提三大建议,安省中华会馆促政府7月前平反"人头税"》,《平反"人头税"历程纪念册1983—2012》,2012年,第F72页。

一致要求哈珀落实 2005 年 11 月 24 日加拿大旧政府与华人社区签署的为"人头税"和"排华法"平反的原则性协议。[1]

  但是新政府在康尼的领导下，已经准备完全抛弃前政府关于对"人头税"不道歉、不赔偿的原则性立场，而是要隆重地对"人头税"做出平反和道歉。与此同时，哈珀政府愿意跟在野党合作，以超党派的原则来解决华人社区呼吁很久的问题。在实际的政党协商过程中，康尼部长和新民主党国会议员邹至蕙合作相当紧密。邹至蕙在国会和媒体上，多次敦促保守党政府兑现就"人头税"向华人道歉和赔偿的大选承诺。而在马尔罗尼政府时期承担政治游说主力的平权会再度活跃，呼吁政府加快落实道歉赔偿，平权会创会会长王裕佳医生指出，"人头税"苦主很多已离世，部分苦主遗孀也 90 多岁了，应尽快让他们看到正义的伸张。[2] 联邦政府就"人头税"问题在 4 月份举行了社区咨询大会，不少"人头税"苦主在大会上提出赔偿要求。虽然赔偿的方向已定，但在赔偿的对象和赔偿的数量上，"人头税"苦主和家属产生了意见分歧。[3]

  大部分人赞成象征性赔偿，而且仅限于对"人头税"苦主和配偶进行赔偿，但也有声音要求对其后代进行赔偿。联邦政府在聆听各方意见后，终于定出了道歉、赔偿的具体计划。2006 年 6 月 22 日，哈珀总理就"人头税"政策在国会山庄，打破了议会在下议院讲英语和法语的传统，用中国方言粤语说出"加拿大道歉"，由此翻开历史崭新的一页。哈珀在演说中这样表示："虽然加拿大法庭曾经裁定'人头税'及移民禁令的实施是合法的，但我们完全承担道义上的责任，承认这些过去可耻的政策。"哈珀总理还宣布将向受害者进行象征性补偿和公布平反方案。[4] 在国会殿堂，哈珀总理亲笔签署了"道歉书"。"人头税"苦主和华人社区领袖在国会见证了这一历史时刻。

---

[1]《"加拿大华人社区基金"筹备会召开全国电话会议，敦促联邦政府认错，落实"ACE"协议及设立千万元基金》，《全加华人联会第十五届年会》，2006 年，第 35 页。

[2]《周二施政报告，王裕佳刘来增上京听候佳音》，《平反人头税历程纪念册 1983—2012》，2012 年，第 F73 页。

[3]《人头税，真咨询或假做戏》，《平反人头税历程纪念册 1983—2012》，2012 年，第 F74 页。

[4] Prime Minister Harper Offers Full Apology for the Chinese Head Tax：加拿大联邦政府官方网，https://www.canada.ca/en/news/archive/2006/06/prime-minister-harper-offers-full-apology-chinese-head-tax.html，检索时间：2021 年 9 月 20 日；Campbell Clark：PM offers apology, 'symbolic payments' for Chinese head tax，The Globe and Mail，Jun. 23, 2006.

图6.3 "人头税"受害者遗孀叶善和（坐者）曾应邀出席平反仪式

资料来源：黄学昆拍摄于2014年

在随后的平反庆祝仪式上，加拿大祖裔部部长（Minister of Canadian Heritage）小田（Bev Oda）宣布了补偿方案。政府为目前健在的"人头税"苦主和受害者遗孀每人补偿2万加元，同时拨款2400万加元，资助各少数族裔社区就历史问题展开教育活动，其中250万元用于华人社区进行"人头税"问题的宣传。此外，政府还拨款1000万元，旨在资助联邦倡议，在全国范围内举行反种族歧视的宣传，而且所有的补偿和拨款计划在2006年秋天展开（参见表6.11）。[1]

表6.11 "人头税"平反大事表

时间	大事件
2006年6月15日	安大略省华裔"人头税"家属联盟与VIA铁路公司组织了一次"平反列车（Redress Express）"之旅。这次旅行包括"人头税"缴纳者及其家人。旅行从温哥华开始，2006年6月21日抵达多伦多，在多伦多聚集了大约100名华人，其中包括106岁的"人头税"纳税人李龙基（Ralph Lung Kee Lee）及其家人，火车最后开到渥太华。

---

[1] Government of Canada, Prime Minister Harper Offers Full Apology for the Chinese Head Tax, https://www.canada.ca/en/news/archive/2006/06/prime-minister-harper-offers-full-apology-chinese-head-tax.html, 检索时间：2021年10月18日；"Ottawa issues head tax redress payments to Chinese Canadians", CBC News, Oct.20, 2006.

续表

时间	大事件
6月16日	火车开到埃德蒙顿火车站,94岁的"人头税"苦主马振悦(James Mah)在3个女儿的陪同下,坐着轮椅登上"人头税""平反列车"。15日从温哥华出发的85岁"人头税"付款人马林笑容女士,在埃德蒙顿火车站把具有特别意义的"最后一根钉(The Last Spike)"交给马振悦,由马振悦接力带到多伦多。
6月22日	在时任加拿大总理哈珀的道歉现场,共有约300多名"人头税"受害者及其家属、华人社区代表,应邀见证了这一历史性时刻。他们当中年龄最大的是106岁的李龙基先生,最小的是马林笑容女士。盘占元是前往渥太华见证"人头税"平反的苦主之一。
6月23—24日	华人见证了哈珀总理道歉的历史一幕后,有的苦主和家人在渥太华乘飞机返回,有的留在渥太华观光和参加加拿大国庆日活动,有的乘火车返回多伦多。

资料来源:"PM unveils redress for head tax on Chinese", CBC News Jun.22, 2006; Redress Express, http://www.roadtojustice.ca/redress-campaign/redress-express,检索时间:2021年10月16日;"人头税"苦主轮椅代步渥京参加平反仪式,https://info.51.ca/news/canada/2006-06/22488.html,检索时间:2021年9月20日;《华人领袖盘占元逝世 成功平反"人头税" 政坛及社区代表赞扬贡献》,《星岛日报》2013年3月24日;一路欢歌,加华人"人头税"平反之旅画上句号,《平反人头税历程纪念册1983—2012》,2012年,第F83页。

马尔罗尼政府和克里蒂安、马丁政府,花了近20年没有落实的"人头税"道歉与赔偿问题,哈珀政府上台后不到半年就全部落实了,这是加拿大和华人社区应该记取的功绩。

四、结论

"人头税"平反运动是一次漫长的社区争权运动,从争取到成功,展现了华人社区在政治上的成熟,但也暴露了华人社区诸多的问题。从成功的经验来看,华人社区的整体呼声显然是重要的元素,而持续不懈的努力则是最终成功的关键。通过这次事件也可以看到,20世纪80年代以后,多伦多华人社区在游说联邦的事务上,发挥了很大作用。不过,华人社区在这个议题上的意见分歧和争论,以及甘于接收政党操作的特性,不但让"人头税"的道歉和赔偿延迟了很长时间,也造成社区内部的重大分裂,不利于华人社区在重大事情上形成共识,并凝聚力量达成政治诉求。相反,华人社区如果善用大选时不同政党的竞争,适时推出合理的政治诉求,成功的希望就会很大。

第四节 "点心日记"案

　　加拿大是移民国家,也是多元文化的国家,因此,加拿大的电视台、电台播报新移民的生活也是天经地义之事。但是,作为国会拨款的国家媒体,就必须要坚守族裔平等的大原则,因为国家媒体是纳税人养活的。问题是,加拿大广播公司(Canadian Broadcasting Corporation, CBC)的一个节目,却在报道移民生活时出现了偏差,引发了华人社区的强烈反响。这个节目在 CBC 电台 690AM 频道逢周六早上播放,该节目分为 5 辑,分别为:1. 外国口音(Foreign)。2. 完美的班级(Perfect Class)。3. 麻将(Mah Jong)。4. 红杉树(The sequoias)。5. 点心(Dim Sun)。[1]出事的部分就在第 5 辑,即后来被称为"点心日记"的节目。

　　在 1991 年 4 月播出的"点心日记"中,提到很多中国香港人是"空中飞人",把太太和孩子留在加拿大,自己返港工作。这些香港地区新移民在加拿大不讲英语、迷信风水和巫术,把树都砍掉。更离谱的是,在节目独白的部分,制作人竟然这样说:"我真希望拿起那把锯,把张先生的白色美洲虎(white jaguar)车子锯成两半,如果张先生恰好在里边,我这么做会更好……"[2]

　　这个节目播出后,专栏作家尼科尔·帕顿(Nicole Parton)女士为此给温哥华分部 CBC 制片人、监制约翰·朱利安尼(John Juliani,当地称祖利安)去函,质疑节目有种族主义倾向,[3]有华人社团认为其中有涉嫌侮辱华人的成分,并担心这样的节目会引导社会舆论对香港地区移民产生偏见,故而决定提出投诉,表达不满。1991 年 5 月 1 日,时任温哥华中侨互助会主席叶吴美琪(Maggie Ip)致信 CBC 导演罗伯特·桑特(Robert Sunter),指出"点心日记"第 5 部分具有明显的种族主义色彩,对陌生的文化价值观和信仰带有攻击性和侮辱性嘲笑。叶吴美琪认为,这个节目使用个别事件,对华人群体进行概括性归纳,是对华人群体不公正对待,反过来加强了社会大众对华人群体的负面刻板印象,因此期待 CBC 给予解释。[4]

---

〔1〕《中侨互助会发起签名运动,抗议 CBC 节目侮辱华人》,《大汉公报》1991 年 5 月 3 日。

〔2〕Parton, "Artistic Licence be damned: Dim Sun Diaries a racist diatribe": The Vancouver Sun, Apr.22, 1991; Mark Leiren Young, "Dim Sum Diaries, case for defence", The Vancouver Sun, May 23, 1991;《中侨互助会发起签名运动,抗议 CBC 节目侮辱华人》,《大汉公报》1991 年 5 月 3 日。

〔3〕Parton, "Artistic Licence be damned: Dim Sun Diaries a racist diatribe", The Vancouver Sun, Apr.22, 1991.

〔4〕1991 年 5 月 1 日,中侨互助会主席叶吴美琪发给 CBC 电台导演桑特信件。

翌日，中侨互助会举行了记者招待会，现场特别播出了"点心日记"节目的片段并进行讨论。中侨互助会发起签名运动，呼吁市民签名，然后把收集来的签名交给加拿大广播公司和加拿大广播事业委员会（Canadian Radio-television and Telecommunications Commision，CRTC），以示抗议。互助会要求加拿大广播公司公开道歉，停播"点心日记"节目，并制定一系列政策，防止类似的事情再度发生。出席记者招待会的新民主党国会议员米切尔表示，在听过"点心日记"节目的录音带后，发觉该节目确实具有攻击性。在一个多元文化的社会，该节目不仅侮辱了华人，也侮辱了所有加拿大人。但"点心日记"节目监制朱利安尼到场表示，"点心日记"并非侮辱华人，强调制作人曾经进行过搜集，并访问过30名华人和很多人士。他表示欢迎市民对节目进行讨论，但不希望带着对抗情绪。[1]

1991年5月5日，温哥华中华会馆举行了公听会，邀请了3名CBC电台负责人到场做解释。出席会议的还有华人社区著名人士，包括叶吴美琪、中华会馆理事长余宏容律师和梁燕城博士等。CBC电台温哥华部负责人桑特发表了一份道歉声明，但强调该节目并非有意侮辱华人，指责中侨互助会断章取义。该节目监制朱利安尼认为这只是戏剧节目，而非生活真实。但与会的余宏容和陶黄彦斌女士等，都不同意电台的解释，认为节目鼓动了对华人的偏见和仇恨。桑特否认节目有种族主义的倾向，他在声明中指出：尽管我们是一片好意，该连续剧已经伤害了一些华裔加人，我们对这些人表示歉意。该节目目前已经结束，但是会考虑安排一个节目，并邀请华人社区代表参加，以对这个问题进行讨论。[2]

由此可见，华裔社区和电台在节目是否有种族歧视上各执一词。为此，5月6日，叶吴美琪给加拿大广播事业委员会主席写信，提出中侨想正式投诉CBC和"点心日记"系列节目的制作人，认为这个节目违反了CRTC的政策，该政策要求：取得执照的广播电台等实体，不能就民族背景、国籍、出生来源、颜色、信仰、性别、年龄、精神病患者或身体残缺者一类人或团体有侮辱性评论，并造成仇恨或处于轻视状态之下。[3]同日，叶吴美琪又给桑特写信，指出广播节目试图通过描述一小部分人，来破坏华人社区在温哥华的形象，

---

［1］《中侨互助会发起签名运动，抗议CBC节目侮辱华人》，《大汉公报》1991年5月3日。
［2］《CBC电台受压力，终于向华裔表歉意》，《大汉公报》1991年5月6日。
［3］叶吴美琪代表中侨互助会给加拿大广播事业委员会的信，1991年5月6日。

在华人社区和非华人社区反应几乎完全是消极的。在任何情况下，这些陈述都是不真实和不合理的。[1]

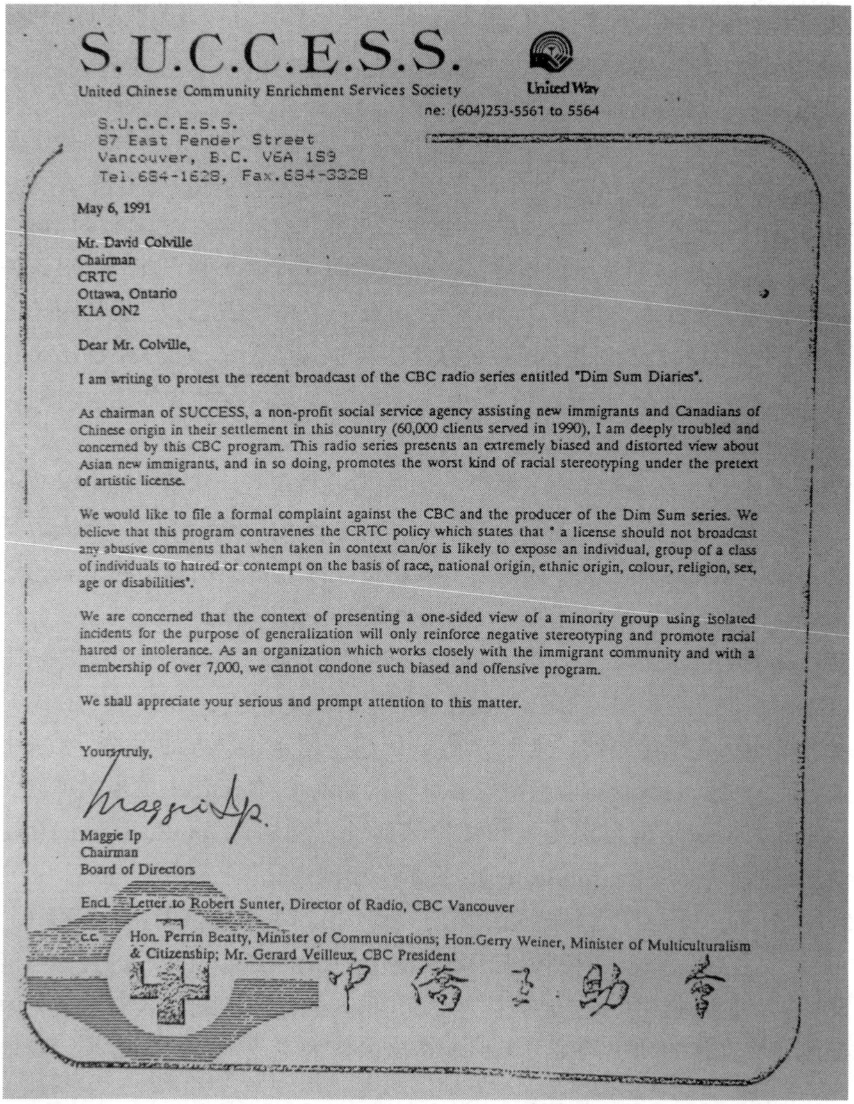

S.U.C.C.E.S.S.

United Chinese Community Enrichment Services Society

United Way

ne: (604)253-5561 to 5564

S.U.C.C.E.S.S.
87 East Pender Street
Vancouver, B.C. V6A 1S9
Tel.684-1628, Fax.684-3328

May 6, 1991

Mr. David Colville
Chairman
CRTC
Ottawa, Ontario
K1A ON2

Dear Mr. Colville,

I am writing to protest the recent broadcast of the CBC radio series entitled "Dim Sum Diaries".

As chairman of SUCCESS, a non-profit social service agency assisting new immigrants and Canadians of Chinese origin in their settlement in this country (60,000 clients served in 1990), I am deeply troubled and concerned by this CBC program. This radio series presents an extremely biased and distorted view about Asian new immigrants, and in so doing, promotes the worst kind of racial stereotyping under the pretext of artistic license.

We would like to file a formal complaint against the CBC and the producer of the Dim Sum series. We believe that this program contravenes the CRTC policy which states that " a license should not broadcast any abusive comments that when taken in context can/or is likely to expose an individual, group of a class of individuals to hatred or contempt on the basis of race, national origin, ethnic origin, colour, religion, sex, age or disabilities".

We are concerned that the context of presenting a one-sided view of a minority group using isolated incidents for the purpose of generalization will only reinforce negative stereotyping and promote racial hatred or intolerance. As an organization which works closely with the immigrant community and with a membership of over 7,000, we cannot condone such biased and offensive program.

We shall appreciate your serious and prompt attention to this matter.

Yours truly,

Maggie Ip

Maggie Ip
Chairman
Board of Directors

Encl. Letter to Robert Sunter, Director of Radio, CBC Vancouver

c.c. Hon. Perrin Beatty, Minister of Communications; Hon.Gerry Weiner, Minister of Multiculturalism & Citizenship; Mr. Gerard Veilleux, CBC President

中僑互助會

图 6.4　叶吴美琪于 1991 年 5 月 6 日给加拿大广播事业委员会主席的信件

资料来源：叶吴美琪

〔1〕叶吴美琪代表中侨互助会给 CBC 电台负责人罗伯特 · 桑特的信，1991 年 5 月 6 日。

5月9日，米切尔致函加拿大广播事业委员会主席大卫·科尔维尔（David Colville），提及在听了"点心日记"的广播及在会议上听了中侨互助会负责人的观点后，发现剧本对华人移民，尤其是来自中国香港的移民有负面的且陈旧的观念，令她感到不安。米切尔提到该作品似乎违反了基于广播法案的 CRTC 政策，因此要求 CRTC 和 CBC 审查"点心日记"的磁带，以确定这种戏剧是否违反了政策。米切尔希望能考虑华人社区组织所表达的意见。她还提出请求，建议制作大纲，阻止今后播放对少数民族和所有反对种族主义的听众造成冒犯的节目。[1]

5月10日，桑特回复叶吴美琪。他对叶吴美琪来信的内容感到很惊讶，认为"点心日记"旨在揭露和打击种族主义，竟然被彻底地误解和歪曲，他对这种反应感到不安和很难理解。桑特指出，广播公司有一个杰出的记录，就是制作解决社会问题的节目，激发社会讨论，通过公众态度来加速立法的改变。桑特建议在 CBC 的早间节目《早期版本》中播出一系列关于种族主义以及社会如何应对的讨论，将邀请华人社区的代表表达自己的意见。[2]

5月11日，叶吴美琪致函渥太华 CBC 主席帕特里克·沃森（Patrick Watson），对"点心日记"表示抗议。叶吴美琪指出，"点心日记"描绘了一个充满敌意的加拿大社会，新移民的文化遗产被嘲笑、被谴责。因此希望沃森迅速采取行动，制定政策和监督机制，以确保将来不会播出种族主义的广播。[3]

5月13日，米切尔致函加拿大多元文化和公民事务部部长韦纳，随函附上给 CRTC 的信件和 CBC 广播剧系列"点心日记"的副本。指出由于 CBC 在温哥华播出了有争议的反移民计划的"点心日记"，引起了温哥华华人的关注。要求韦纳在加拿大广播公司强制执行就业权益，并确保向所有 CBC 工作人员提供种族关系培训。[4] 同日，米切尔也致函传播和文化部部长（Minister of Communications and Culture）裴林·贝蒂（Perrin Beatty），表示了相同意见。[5]

5月20日，著名学者林达光致函渥太华 CBC 主席帕特里克·沃森（Patrick Watson），表达个人意见。林达光觉得，CBC 电台的"点心日记"的独白可能造成了严重后果，他还指出，从未见过"点心"系列的作家、制片人和导演，因此无法质疑他们所宣称的动机的诚意，但他指出，作为专业传播者，必须清楚地了解

---

[1] 米切尔致函加拿大广播事业委员会主席大卫·科尔维尔，1991年5月9日。
[2] CBC 电台负责人罗伯特·桑特回复叶吴美琪，1991年5月10日。
[3] 叶吴美琪致函渥太华 CBC 主席帕特里克·沃森，1991年5月11日。
[4] 米切尔致函加拿大多元文化和公民事务部部长格里·韦纳，1991年5月13日。
[5] 米切尔致函传播和文化部部长裴林·贝蒂。

在真实的世界中，有大量狂热的诽谤和偏见超出了传播艺术范畴。针对桑特和朱利安尼为这个系列进行的辩护，林达光认为"制作者和观众之间存在可怕的鸿沟"。[1]

对于华人社区的抗议，"点心日记"的作者杨·马克·雷仁（Mark Leiren Young）也发表了自己的看法。他觉得撰写旨在挑战偏见的戏剧而被指责为种族主义，真是具有讽刺意味。他介绍剧中有5个故事，每一集都涉及很多想法。因为主题的敏感性，在提交剧本之前，杨马克邀请了不同背景的一些人来阅读剧本，包括教师、演员、作家和来自中国香港的新移民。在CBC，该剧本至少获得两位制片人和一位编辑的批准。杨马克认为，"点心日记"里面没有任何险恶的东西。他认为好的戏剧应该是令人不安的，他的目的是写出好戏，而这部戏就是为了反映现代温哥华人的一些信仰和态度。但是他也承认，关于红杉树之类的对话播出后，太有争议。[2]

经过几个月的辩论沟通，1991年11月，侨社和CBC双方达成谅解。CBC与中侨互助会联合发表声明，指出中侨互助会从没有过问过"点心日记"的供稿人和制作人的动机，只是关注节目伤害了华人社区。双方发表联合声明的用意，目的是要增强传媒处理族裔题材的能力。加拿大广播有限公司认识到，在族裔文化与种族关系这个范畴内，需要专门学问与高度敏感。加拿大广播有限公司建议，在中侨互助会的协助下，为扩大文化团体从业人员和社区工作者对族裔问题的视野，举行一次研讨会，希望通过这次研讨会，使传媒更为警觉。[3] CBC新任电台总监苏珊·昂格勒贝（Susan Englebert）在记者会上指出，"点心日记"所带来的教训，是告诫他们日后要小心处理少数族裔题材。[4]

从结局来看，中侨互助会和CBC都在原有立场上做出了妥协，前者排除了作品本身的"主观歧视"，后者承认处理族裔题材的疏忽，中侨的灵活应对，是值得肯定的，因为最好的结果就是以此为教训，防止同类事件重演。"点心日记"风波虽然发生在温哥华，但CBC是全国唯一的国家电台，它的反省足以让加拿大主流媒体认识到，少数族裔题材处理不当，会引发伤害性的结果，跟加拿大多元文化主张的社区和谐精神格格不入。

---

[1] 林达光致函渥太华CBC主席帕特里克·沃森，1991年5月20日。
[2] Mark Leiren Young, "Dim Sum Diaries: case for defence", The Vancouver Sun, May 23, 1991.
[3] 《中侨CBC联合声明全文》，《大汉公报》1991年11月21日。
[4] 《中侨与CBC将办研讨会》，《大汉公报》1991年11月21日。

第七章
侨社维护祖籍国主权活动

在加拿大华人华侨社区百年历史中，有三条主线可以勾画出华人社区重大且团结一致的活动。第一条主线是对种族歧视的持续抗争，第二条主线是对中国持续的关注和援助，第三条主线是对国际事务（其中大多数与中国、加拿大或者华人有关）的直接或者间接参与。而在这些方面，日本一直是重要因素，这是因为在近现代史中，中日关系错综复杂。日本对中国的数度侵略，激发起海外华人的同仇敌忾。在二战中，六七百加拿大华人子弟主动请缨加入反法西斯战争，其中一个重要因素就是为了对抗日本。而华人子弟的参战，又成为一个重要历史契机，改变了华人在加拿大的地位。

令人感慨的是，战后日本在美国的占领下进行了制度的变更，最终成为西方阵营中一个重要成员。但是，日本与西方的和解，并不等于日本对过去的侵略战争有了深刻的反省，而美国为了抵御红色浪潮冲击亚洲，在归还冲绳之际，片面地将钓鱼岛交与日本直接管辖，埋下了中日在钓鱼岛领土问题上的争端。日本对战争历史的肆意篡改、对南京大屠杀以及慰安妇问题的错误定位、对钓鱼岛领土主权的占有，引发了海内外一波又一波的抗议浪潮，加拿大华人则成为海外华人抗议日本右翼势力和日本政府不当行为的重要组成部分，而这种抗议呈现出华人在历史大是大非面前团结一致的难得景象。

第一节 修改教科书案

日本篡改教科书，是一个引发亚洲国家和世界舆论抗议的老问题。在日本历史学家家永三郎教授控告日本政府篡改其教科书的情况下，[1] 20世纪80年代，日本文部省仍然多次篡改本国教科书，将侵略中国说成是"进兵"中国，把韩国人

---

[1] 许育铭：《站列法庭的历史学：家永三郎与日本教科书审定诉讼之研究》，《东华人文学报》第9期，2006年7月，第251页。

民反抗日本殖民统治形容为"暴动",引起中国大陆、中国台湾和南韩(韩国)政府及东南亚国家的抗议。加拿大侨社也与东亚各国互动,展开了全国范围的抗议。在此,将这些抗议撮其大要者,陈述如下。

1981年8月14日,安省中华会馆、安省培英校友会、留学生服务中心、加华广播电台、旅多台湾大专校友会、联侨剧社、荣光联谊会、多朗多林九牧公所、香港珠海大学加东校友会和精武体育会等20多家侨团,在安省中华会馆召开会议,寻求采取一致对策,抗议日本篡改历史的行动。侨界强调,他们不强化历史仇恨,但也决不让历史错误重蹈覆辙。大家一致认为,日本修改教科书,会造成历史悲剧的重演。[1]20多家侨团决议组成反对日本篡改侵略历史行动委员会,抗议日本修改教科书,掩盖侵略屠杀行为。行动委员会选出二三十人。此次大会一致通过,先行递交抗议书给日本领事馆,转交日本文部省,并发动侨社签名抗议。[2]

8月20日上午10时,行动委员会的27名代表,在安省中华会馆集合,手举着"记录历史教训,避免大屠杀重演""阻止日本军国主义复活"等标语,来到日本驻多伦多领事馆,向该馆文化参事河合弘递交抗议书,抗议日本篡改侵华历史行为。抗议书得到56个社团的支持,行动委员会主席徐光锐向河合弘宣读抗议书,强调日本军国主义为祸中日两国,并要求日本文部省忠于历史,同时向被日本侵略的亚洲国家道歉。抗议书是写给文部省大臣小川平二的,河合弘表示一定立刻转交。[3]

温哥华华侨华人也发起签名运动,于1982年9月4日在全加中华总会馆开会,商讨抗议活动,其中包括向日本首相铃木善幸递交抗议书,并呼吁华人抵制日货,不坐日航,不看日片。[4]1982年9月19日,温哥华中华会馆发表抗议声明,随后递交日本外交机构,并于9月30日在《大汉公报》刊登声明。会馆还于12月在剧场举行"南京大屠杀惨案纪念会",放映纪录片《惨痛的战争》。[5]

---

[1]《抗议日本篡改历史,侨团集会商议对策》,《醒华日报》1982年8月16日。
[2]《20余侨团议决组成行动委员会,抗议日本篡改历史,反对军国主义复苏》,《醒华日报》1982年8月18日;《反对日本篡改侵略史行动委员会》,《醒华日报》1982年12月9日。
[3]《多伦多侨界代表前往日本文参处,向参事递交抗议函,抗议日本篡改历史》,《醒华日报》1982年8月23日。
[4]《侨胞响应抗议日本篡改历史》,《醒华日报》1982年9月13日。
[5]《抗议日本篡改侵华历史》,《温哥华中华会馆百年纪念特刊》,2006年,第110页;《中华会馆拟就严正声明,抗议日本政府篡改史实》,《大汉公报》1982年10月9日。

渥太华华侨华人在1982年9月8日和10日,在渥太华中华会馆集会,讨论抗议行动。[1]

1997年,温哥华保钓大联盟就日本政府侵占钓鱼岛(也称钓鱼台)、日本军舰撞击中国船只及日本文部省准备修改教科书,将钓鱼岛归入日本领土等,发起一人一信行动。要求日本立即退出中国领土领海,撤走巡逻军舰,为历次侵略罪行认罪道歉并作合理赔偿。1997年1月在卑诗省成立的抗日战争史实维护会(Association for Learning & Preserving the History of WWII in Asia, BC ALPHA),于当年6月21日,在片打东街的华埠广场举行了签名运动,呼吁公众支持日本著名教授家永三郎控诉日本政府篡改教科书。[2]这些社团成立后,签名活动很快在温哥华、多伦多和卡尔加里等城市蔓延,不到一个月时间,就有6个族裔的近万民众参加了"一人一信"运动。加拿大全国日裔加人协会人权委员会主席平野久贵子对此发表评论,称应公开讨论,并教育下一代,让他们知道历史上日本犯下的罪行,例如承认违反人道的战争暴行,是日本与亚洲各民族真诚修好的基础。以史为鉴,亦有助于我们在加拿大促进各族裔间的了解及抚平有违公义的历史伤口。[3]

1997年7月7日,在"七七事变"纪念日这一天,温哥华保钓大联盟7名成员,把收集到的有3800人签名的抗议书,递交给日本驻温哥华领事馆,以此抗议日本侵占钓鱼岛和纪念"七七事变"60周年。[4]

包括加拿大华人华侨在内,这种全球性的声势浩大的运动,给家永三郎的教科书案件带来了积极的影响。1997年8月29日,日本最高法院就家永三郎第三次法律控诉,作出最后判决,其中包括三个重点[5]:

一、政府须向家永三郎赔偿40万日元。

二、检定制度本身符合日本宪法规定,不过在检定过后中存在滥用裁量权的行为。

三、认决文部省在"南京大屠杀""七三一部队"等4处审定意见为违法。

判决后,家永三郎在新闻发布会上向30多年来一直支持他的律师及各界人士

---

[1]《侨胞响应抗议日本篡改历史》,《醒华日报》1982年9月13日。
[2]《保钓盟今明商场设摊位,蒐签名抗议日政府劣行》,《明报》1997年6月21日;《史实维护会同声响应,今日在华埠广场呼吁》,《明报》1997年6月21日。
[3]《控诉日本篡改史实,六族裔上万签名支持家永三郎》,《明报》1997年7月16日。
[4]《保钓大联盟,递交抗议书》,《世界日报》1997年7月8日。
[5] 华成6年(戈)第1119号。

致谢，并表示很不幸，因为未能取得期望中的全面胜利，但整个法律诉讼显示了教科书审查制度事实上导致了这一非法行为。[1]

第二节　加拿大华侨华人参与保钓运动

钓鱼岛及其附属岛屿位于东中国海。1970年9月10日，美日两国私下达成协议，美国准备在1972年把美军二战时所占领的琉球群岛交予日本，当中包括钓鱼岛及其附属岛屿。[2]虽然美国没有明文提及钓鱼岛的法定地位，但是由于美国驻日大使馆表示"钓鱼岛为琉球群岛一部分"，日本可以对钓鱼岛进行直接管辖，而日本也开始驱逐来自中国台湾的渔民，由此引发世界各地华人的抗议。

全世界华人在1970年掀起了保钓运动，是由一群在美国留学的中国台湾学生提出来的，[3]随后中国香港和中国台湾、海外华侨华人及学生举行了一系列民间保卫钓鱼岛运动。其活动方式有示威游行、驾船出海前往钓鱼岛及其附属岛屿海域、登陆钓鱼岛向世界宣示中国拥有主权等等。加拿大东西部的留学生也参加了保钓运动。举例而言，1971年4月4日，卑诗大学同学会举行了"钓鱼台（即钓鱼岛）事件"座谈会，参加者包括来自西雅图、旧金山和西门菲莎大学的留学生及温哥华埠的华侨华人。会上介绍了钓鱼岛的地理背景，指出日本军国主义侵略钓鱼岛之事等，呼吁支持保钓活动。[4]同年，多伦多大学的中国留学生特为此出版《钓鱼台事件特刊》，并于5月4日举行"钓鱼台事件座谈会"。在该次会上，还成立了"多伦多大学保卫钓鱼台行动委员会（T.Y.T.Action Committee University of Toronto）"，声明反对日本军国主义，坚决保卫中国领土钓鱼岛列岛，反对出卖中国领土的行为等。[5]

日本一些右翼组织从90年代起，不断登上钓鱼岛，装置灯塔和其他设施，而

---

[1] 黄彬华：《认识日本·认识东北亚》，Global Publishing，2008年，第246页；许育铭：《站列法庭的历史学：家永三郎与日本教科书审定诉讼之研究》，《东华人文学报》第9期，2006年7月，第251页；《家永三郎控日篡改教科书裁定违法　抗战史实维护会声援施压奏效》，《明报》1997年9月1日。

[2] 郭永虎："关于中日钓鱼岛争端中'美国因素'的历史考察"，https://www.aisixiang.com/data/11338.html，检索时间：2021年9月20日。

[3] 袁越："保钓运动的起源"，新浪网，http://news.sina.com.cn/c/sd/2010-12-03/171321578935_4.shtml，检索时间：2021年9月20日。

[4] 《卑大中国同学会举行钓鱼台事件座谈会志》，《大汉公报》1971年4月13日。

[5] 《多大中国留学生声援钓鱼台运动》，《快报》1971年6月8日。

日本政府还时常发表一些言论支持日本人的登岛活动，想造成钓鱼岛属于日本的事实。有关钓鱼岛主权问题，加拿大华侨华人和世界华侨华人紧密团结，先后成立协会，不断举行抗议活动。1990年11月9日，温哥华中华会馆就对钓鱼岛主权问题发出严正声明。指出钓鱼岛极其附属岛屿是中国固有领土，是中国不可分割的一部分，强烈要求日本政府立刻退离钓鱼岛及停止一切侵犯中国领土的行动。中华会馆还发表公开谴责信，要求日本政府采取有效措施，制止其国民在钓鱼岛上的非法活动，拆除岛上的灯塔及其他设施。[1] 1990年11月12日，温哥华侨胞在中华文化中心举行保钓群众大会，数百名民众参加大会，大家一起谴责日本不该一错再错。梁燕城博士等分别向侨胞讲解钓鱼岛纷争的历史背景，及保卫中国领土完整的意义。[2]

1990年11月，"温哥华保卫钓鱼台（岛）协会"正式成立。这是一个教育性组织，希望通过他们的宣传、教育及联络工作，让人们了解钓鱼岛的历史和日本侵略的史实。该协会指出，钓鱼岛列岛从明朝起，中国渔民一直在列岛附近作业，从历史、地理以及国际法来看，钓鱼岛都是中国的一部分。[3]

1996年7月，日本政治社团体"日本青年社"在钓鱼岛上兴建灯塔。9月，该社发言人说，他们已经重建了钓鱼岛北小岛的灯台，日本各大报都进行了报道。[4] 此报道一出，激起了世界华人的抗议。加拿大侨社对日本人兴建钓鱼岛灯塔表示出巨大愤怒。多伦多侨社马上计划举行签名活动。[5]

9月10日，温哥华侨界组成了"温哥华保钓联盟"。[6] 同日，多伦多成立"中国大陆学生学者新移民保钓委员会筹委会"。成立这个委员会目的是联合所有中国大陆人士的力量，打击日本军国主义的气焰。[7]

加拿大的保钓活动，涵盖华人社区几乎所有的阶层。9月15日下午2点，大多伦多市5000多名华人，包括多伦多大学、约克大学、贵湖大学、西安大略大学和滑铁卢大学的留学生，一起在多伦多市议会堂前集会，现场播放着《黄河大合

---

[1]《关于钓鱼岛主权的声明》：《温哥华中华会馆百年纪念特刊》，2006年，第113页。
[2]《侨胞举办保钓群众大会，谴责日本不该一错再错》，《世界日报》1990年11月13日。
[3]《保钓协会周六举行纪念集会，唤起大家对日本军国主义的警惕》，《世界日报》1990年12月14日。
[4]《日青社又登岛建灯塔》，《世界日报》1996年9月10日。
[5]《多伦多华人敌忾同仇，声援保钓》，《世界日报》1996年9月9日。
[6]《温哥华华人保钓联盟正式成立》，《世界日报》1996年9月11日。
[7]《保钓大陆侨团联合成立筹委会》，《世界日报》1996年9月11日。

唱》，还有不少人为保钓签名和捐款。2 点集会开始。华人们纷纷发表支持保钓演讲，3 点 15 分，华人社团打着"保卫钓鱼台""反对日本军国主义"的横幅，举行了盛大的"支持保卫钓鱼台（岛），反对日本军国主义扩张"的抗议示威游行。游行的队伍长达数公里，整个活动持续数小时。最后，华人代表将一份《致日本政府的抗议书》交到日本驻多伦多总领事田中（译音）手中，一直到田中表示会转交给日本政府才离开。[1]

1996 年 9 月 22 日，由"全球华人保钓大联盟"领袖陈毓祥带领的中国香港抗议者，乘坐"保钓号"货轮开始了钓鱼岛之行。他们的任务是毁掉日本右翼分子前不久在钓鱼岛上竖起的灯塔，并在岛上重新竖立中国的国旗。1996 年 9 月 26 日"保钓号"到达钓鱼岛，陈毓祥率领 5 位突击队员穿上救生衣，跃身入海游向钓鱼岛，因脚部被绳索缠绕，陈毓祥溺水身亡。[2]

陈毓祥为保钓牺牲的消息一经传开，立即引起全世界华人的极度震撼和悲愤。9 月 28 日，全加华人联会给加拿大外交部部长劳埃德·阿克斯沃西（Lloyd Axworthy，当地称艾斯和非）写信，要求加拿大政府表明反对日本动用武力霸占中国钓鱼岛列岛的立场。全加华人联会指出，加拿大是一个热爱和平的国家，希望能同世界领袖共同阻止在历史上多次威胁世界和平的日本重新回到军国主义的老路上。[3] 9 月 29 日，温哥华保钓大联盟在中华文化中心举行了"保钓烈士陈毓祥先生追悼会"。1000 多名民众在设置灵堂的文化中心参加悼念活动。[4]同日，在多伦多大学和约克大学的中秋晚会上，有数千名中国学生和他们的家属为陈毓祥致哀。不少大陆学人表示，陈毓祥壮志未酬，他们一定要参会表示支持。[5]

1996 年 10 月 5 日下午两点半，卡尔加里举行卡城保钓座谈会。[6] 12 日，有超过 500 名华裔参加保钓大游行和追悼陈毓祥大会。[7] 11 月 20 日，卡城保钓大联盟的 6 名成员和埃德蒙顿的 1 名保钓人士一同前往埃德蒙顿日本领事馆，日本领事出来接见了保钓人士。卡城保钓大联盟主席周广遂向日本领事道

---

[1]《保钓护士 华人怒吼 盛大游行热到最高点》，《世界日报》1996 年 9 月 16 日。
[2] 1996 年 9 月 26 日保钓义士陈毓祥溺水牺牲，http://news.ifeng.com/history/1/renwu/200809/0926_2665_807415.shtml，检索时间：2021 年 9 月 20 日。
[3]《全加华联会保钓致函外长》，《世界日报》1996 年 9 月 29 日。
[4]《温市侨界追悼陈毓祥，哀凄肃穆》，《世界日报》1996 年 9 月 30 日。
[5]《中秋晚会为陈毓祥致哀》，《世界日报》1996 年 9 月 30 日。
[6]《卡城保钓座谈会已于十月五日圆满结束》，《星岛日报》亚省版，1996 年 10 月 6 日。
[7]《卡城保钓大游行，声讨日本侵略心》，《星岛日报》亚省版，1996 年 10 月 14 日。

明来意，并递交了超过 2000 人签名的签名册和一封中英文抗议书，日本领事接过了抗议书。[1]

1997 年 6 月，温哥华保钓大联盟就日本政府侵占中国钓鱼岛，日本军舰撞击中国抗议船只、日本文部省准备修改教科书、钓鱼岛归入日本领土等，发起一人一信行动，向日本政府抗议。要求日本立即退出中国领土领海，撤走巡逻军舰，为历次侵略罪行认罪道歉并作合理赔偿。[2] 7 月 7 日，温哥华保钓大联盟征集了 3800 多份抗议书交给日本驻温哥华领事处，抗议日本侵占钓鱼岛和纪念"七七事变" 60 周年。[3]

---

[1]《卡爱两城保钓大队，日领事馆递抗议名册》，《星岛日报》1996 年 11 月 21 日。
[2]《保钓盟今明商场设摊位，搜签名抗议日政府劣行》，《明报》1997 年 6 月 21 日。
[3]《保钓大联盟，递交抗议书》，《世界日报》1997 年 7 月 8 日。

第八章
华侨华人人口概况、分布及职业

第一节 华侨华人人口概况

加拿大实行种族平等移民入境和推行多元文化政策后，移民加拿大的华侨日渐增加。加拿大统计局统计数据显示，从 1971 年到 2001 年的 30 年间，华人移民加拿大的数量增加 8 倍，从 1971 人的 118815 人，增加至 100 多万人（参见表 8.1）。

表 8.1 人口统计年的华人人数

人口统计年份	华人总人数
1971 年	118815
1981 年	289245
1986 年	414040
1991 年	652630
1996 年	921580
2001 年	1029395

资料来源：1971 Census of Canada, Vol.1（Part: 3）, p.2–1. Population and private dwellings occupied by usual residents and Intercensal growth for Canada, 1971 to 2001; Census of Canada 1971–2001.

这段时间，加拿大进一步放宽移民入境条件，分别在 1980 年代和 1990 年代，推行技术移民、商业移民等政策，从而激发更多华人来加。从华人移民来源地看，先后出现了中国香港和中国台湾移民潮。20 世纪 90 年代末期到新世纪，中国大陆移民蜂拥而至，在华人移民的人口比例上呈现出急起直追的现象，打破了战前和战后初期广东省移民一枝独秀的局面。

除了亚洲移民猛增之外，来自东南亚和其他地方的华人也有所增加，导致加拿大华人移民祖籍结构更加多样化。举例来说，由于越南国内形势的变化，东南亚难民大量涌入，1975年到1984年前后，配合联合国安置难民的政策，加拿大收容8万多东南亚难民，其中很多是华人难民。[1]

除了土生华人，加拿大华人华侨人口的增减，大都与加拿大移民政策有关，也与亚洲原居地政治经济环境的变化有关。比如说，1980年代末期及1990年代早期，有大量香港地区居民移居加拿大，这与香港回归中国带来的影响有关。亚洲原居地的环境变化虽然是触发移民潮的外部因素，但它与加拿大移民政策一同构成华人移民人口变化的共同主因。香港回归中国带来的移民潮到1994年达到高峰，有44223名香港地区移民来到加拿大。1997年香港正式回归之后，出现经济持续发展、政局稳定的局面，离港人数即刻大减。至2001年，移民加拿大的不到2000人。[2] 与移民人数减少同步，不少在加拿大取得身份的香港地区移民，还回流香港发展。

中国大陆也是如此。1970年代末期，中国实行改革开放，很多中国大陆居民和留学生，来到加拿大寻找新的发展契机。由于人口基数庞大，绝对出国人数与港、台地区相比就大很多。1998年后，中国大陆成了加拿大华人移民最大来源地（参见表8.2）。

表8.2 中国大陆、中国香港及中国台湾登陆移民人数

时间	中国大陆	中国香港	中国台湾
1971—1980年	10683	83897	9753
1981—1990年	36161	130133	14175
1991—2000年	181256	241409	76541

资料来源: Canada, Department of Manpower and Immigration, *Immigration Statistics, 1971–1977*; Department of Employment and Immigration, *Immigrations Statistics, 1978–1984*; Landed Immigrant Data System, 1980–1989; Citizenship and Immigration Canada; Hong Kong Information Centre, Emigration, updated May 2003; Department of Employment and Immigration, *Immigration Statistics, 1978–1988*;

---

[1] Canada, Department of Manpower and Immigration, *Immigration Statistics, 1974–1977*; Department of Employment and Immigration, *Immigration Statistics, 1978–1984*.

[2] Landed Immigrant Data System, 1990–1999, Citizenship and Immigration Canada; Hong Kong Information Centre, Emigration, updated May 2003; Citizenship and Immigration Canada, Landed Immigrant Data System, 1980–2001.

Country of last permanent Residence by Age Groups and Sex: Immigration Statistics, *Employment and Immigration Canada 1985*, p.26.; Overview: Immigration Statistics, *Employment and Immigration Canada 1990*, p.VIII.; Country of Last Permanent Residence by Year of Landing: Immigration Statistics,1990,p.35.; Overview: Immigration Statistics, *Employment and Immigration Canada 1991*, p.VIII.; Country of Last Permanent Residence by Age Group and Gender: Immigration Statistics, *Employment and Immigration Canada 1991*, p.28.; Overview: Immigration Statistics,1992, p.VIII.; Country of Last Permanent Residence by Age Group and Gender: Immigration Statistics, *Employment and Immigration Canada 1992*, p.32.; Overview: Immigration Statistics, *Employment and Immigration Canada 1993*, p.VIII.; Country of Last Permanent Residence by Age Group and Gender : Citizenship and Immigration Statistics, *Employment and Immigration Canada 1993*, p.34.; Landed Immigrant Data System, 1990–1999; Citizenship and Immigration Canada; Hong Kong Information Centre, Emigration, updated May, 2003; Citizenship and Immigration Canada, Landed Immigrant Data System, 1980–2001; Censuses of Canada , 1994–2001; Landed Immigrant Data System, 1990–1999; Citizenship and Immigration Canada; Hong Kong Information Centre, Emigration, updated May, 2003; Citizenship and Immigration Canada, Landed Immigrant Data System, 1980–2001; Permanent Residents by Top Source Countries: *Facts and Figures 2003*, Citizenship and Immigration Canada, 2003, p.32.

* 1971—1973 年，包括中国香港的华人。

根据加拿大人口普查报告，从 20 世纪 70 年代到 2001 年，在加拿大出生的华人没有超过一半，其中 1971 年在加拿大出生的华人比例最高，为 38%，而到了 2001 年，这个比例大幅下降，为 28%（参见表 8.3）。由此可见，华人移民潮带来的华人人口增长，一直超过本地出生的人口增长，华人在加拿大的人口出生率没有其他族裔高，如果没有第一代移民的补充，华人在加拿大的人口增长没有优势，加拿大最多少数族裔人口的地位很快就会被其他族裔取代。

表 8.3 全加拿大华人人口出生率

时间	本国出生（%）	外国出生（%）
1971 年	38	62
1981 年	25	75
1991 年	27	73
2001 年	28	72

资料来源: Statistics Canada, 1971 Census of Canada, Public Use Tape (1976), Individual File; Statistics Canada, 1981 Census of Canada, Public Use Tape (1984), Individual File; Statistics Canada, 1991 Census of Canada *Public Use Microdata file* on *Individual* (1994) (from Peter Li, *The Chinese in Canada* Oxford University Press; 2 edition (May 1,1998).; The majority are foreign-born，加拿大统计局官方网，http://www.statcan.gc.ca/pub/89‐621‐x/89‐621‐x2006001‐eng.htm#tphp，检索时间：2021 年 9 月 20 日。

尽管 1967 年以后，出现了好几波华人移民潮，唐人街也不再是华人落脚的唯一去处，但华人选择的移居地区却没有大的变化，除了零星人口到较小的地方或者偏僻的地方去之外，大部分移民仍然选择居住在主要的城市，从而让温哥华所在的卑诗省、多伦多所在的安大略省、卡尔加里和爱明顿所在的阿尔伯塔省，以及蒙特利尔所在的魁北克省，继续成为华人集聚的主要省份。唯一和战前以及战后初期不同的是，多伦多在 1981 年起超越温哥华，成为华人居住人口最多的城市，这表明华人已经成为加拿大主流劳动力市场的一部分（参见表 8.4、8.5）。

表 8.4 加拿大各省的华人人口

省份	1971 年	1981 年	1986 年	1991 年	1996 年	2001 年
安大略	39325	118640	180960	304755	422770	481505
卑诗	44315	96915	125535	196725	312330	365485
阿尔伯塔	12905	36770	56760	80210	98135	99095
魁北克	11905	19260	26755	41620	55870	56830
马尼托巴	3430	7065	10740	13730	14485	11930
萨斯喀彻温	4605	6965	8620	9335	9970	8085
新斯科舍	935	1540	2015	2855	3675	3290
新不伦瑞克	575	875	1015	1550	1830	1530
纽芬兰	610	630	1035	1125	1415	925
爱德华王子岛	25	165	185	120	455	205
育空和西北地区	200	420	420	575	645	480
努纳武特（Nunavut）						35
总计	118830	289245	414040	652600	921580	1029395

资料来源：1971 Census of Canada, Volume 1（Part: 3），p.2-1.；Census of Canada 1981, 1986, 1991, 2001；Statistics Canada, *The Daily Ethnic Origin*, Dec.3, 1987；Table 13.4 Visible minority population, by province and territory, 2001：Statistics Canada, 2001 Census of Population, *Canada Year Book 2007*, p.205.

表 8.5 华人移民在加拿大主要定居城市的人数

定居城市	1971 年	1981 年	1986 年	1991 年	2001 年
多伦多	26285	89590	143235	252435	409530
卡尔加里	4630	15545	26175	36140	56580
温哥华	36405	83845	109370	178825	347985
埃德蒙顿	5110	16300	24560	36280	44445
奥沙瓦（Oshawa）	235	720	1400	2515	2355
基奇纳（Kitchener）	565	1710	2545	4200	7130
渥太华船体（Ottawa-hull）	3060	8205	11575	16605	30360
汉密尔顿（Hamilton）	1380	3405	4665	7315	9000
萨斯卡通（Saskatoon）	975	2410	3245	3825	3960
温尼伯	2535	6195	9300	12400	10930
伦敦（London）	820	1960	2430	3910	4660
温莎（Windsor）	1070	2.325	2390	3735	5710
圣卡塔琳娜－尼亚加拉（St.catharines-Niagara）	495	980	1740	1825	2665
维多利亚	3290	5825	6295	7860	11245
哈利法克斯（Halifax）	600	1000	1250	1950	2440
蒙特利尔	10655	17200	24185	38365	52110
里贾纳（Regina）	1275	1835	2595	2975	2370
雷湾（Thunder Bay）	305	440	755	595	420
魁北克城市	525	715	895		1275
圣约翰斯（St.John's）	275	360	690	665	520

资料来源：Census of Canada 1971, 1981, 1986, 1991, 2001; Statistics Canada, Summary Tabulation of Ethnic and Aboriginal (1986), Table 2; Table 13.5 Visible minority population, by census metropolitan area, 2001: Statistics Canada, 2001 Census of Population, *Canada Year Book 2007*, p.205.

加拿大早期对华工的政策是歧视和不人道的,其中最大的问题就是配偶极难进入加拿大,从而让加拿大华工单身人口占据绝大多数。战后,移民政策在很长的一段时间里仍然对华人包括配偶在内的家属移民颇多歧视和刁难,缺乏人道主义精神。一直到1967年新的移民政策实行后,华人才能感受到人道主义温暖。而这种变化在华人人口结构上带来的直接结果就是已婚家庭人口逐年增加(参见表8.6、8.7),男女比例也趋于平衡(参见表8.8),这是华人社区取得平稳发展的重要因素之一。

要注意的是,在统计局数据上的已婚人口中,仍然存在着等待配偶进入加拿大团聚的不少案例。而随着时代的发展,华人在加拿大的离婚率也在不断上升,导致这方面的数据有较大的波动。

表8.6 15岁及以上华人的婚姻状况

婚姻状况	1971年		1981年		1991年	
单身	25000	30.46%	142050	49.7%	307633	48.53%
已婚	50635	61.7%	78700	27.5%	293633	46.32%
寡妇、鳏夫和离婚	6435	7.84%	65050	22.8%	32666	5.15%
总计	82070	100%	285800	100%	633932	100%

资料来源: 1971 Census of Canada (1976), Volume I(Part: 4), Population, p.14–1.; Table 14; Statistics Canada, 1981 Census of Canada, Public use Sample Tape on Individual(1984); Statistics Canada, 1991 Census of Canada, Public use Microdata File on Individuals(1994), quoted by Peter Li, *The Chinese in Canada*, Oxford University Press; 2 edition, May 1,1998.

表8.7 华人社区对比全加拿大15岁及以上男性和女性人口的家庭状态(2001年)

婚姻状况	华人地区(%)			全加拿大(%)		
	男	女	总计	男	女	总计
已婚	57.9	54.8	56.3	51.0	48.3	49.0
同居	2.1	2.3	2.2	10.0	9.4	9.7
单亲	1.6	6.8	4.3	2.1	8.7	5.5
住在家里的子女	26.2	21.0	23.5	19.0	14.0	16.4

续表

婚姻状况	华人地区（%）			全加拿大（%）		
	男	女	总计	男	女	总计
与亲友同住的人	3.0	6.2	4.6	1.9	2.6	2.3
不与亲友同住的人	3.9	3.3	3.6	4.7	3.3	4.0
独居成年人	5.3	5.6	5.4	11.3	13.7	12.5

资料来源：Statistics Canada，2001 Census of Canada.

表 8.8　加拿大华人男女人数统计

时间	男	女
1971 年	62805	56015
1981 年	146330	142915
1991 年	324890	327740
2001 年	499385	530015

资料来源：1971 Census of Canada Volume I(Part：3)Population：Population by Ethnic Group and Sex for Canada and Provinces，1971，p.2－1.；1981 Census of Canada Population：Population by Ethnic Origin and Sex，for Canada and Provinces，1981，p.1－9.；Census of Canada 1991；Statistics Canada，2001 Census of Population，Statistics Canada Catalogue no.97F0010XCB2001002.

战后的移民政策，尤其是1967年移民政策的改变，不但带来了移民潮，也带来了华人社区人口结构的变化。其中一个最明显的特征就是，家庭团聚和配偶移民的增加，也带动了华人社区新生人口的增加（参见表8.9）。

表 8.9　29岁以下在加拿大国内和国外出生的华人占比

出生地	时间	16岁以下（%）	16－29岁（%）
国内	1971 年	64.5	20.1
	1981 年	61.9	24.9
国外	1971 年	13.2	27.5
	1981 年	12.9	29.1

资料来源：Statistics Canada，1971 Census of Canada，Public use Sample Tape(1976)，Individual file；Statistics Canada，1981 Census of Canada，Public use Sample Tape(1984)，Individual file；From Peter Li，*The Chinese in Canada*，Oxford University Press；2 edition（May 1，1998），p.106.

注:1971 年的数据是总人口 1%的随机抽样结果。1981 年的数据是总人口 2%的随机抽样结果（The Individual file for 1971 is a 1%probability sample of the total population. The Individual file for 1981 is a 2%probability sample of the total population.）

这些新鲜血液和年轻移民使华人社区人口相对年轻化，给社区的可持续发展带来了很大的"人口红利"（参见表 8.10）。

表8.10 加拿大的华人年龄构成百分比

年龄组	1971年（%）	1981年（%）	2001年（%）
15岁以下	30.5	24	19.6
15—24岁	17.2	20	15.3
25—44岁	31	36	33.4
45—64岁	13.6	13	22.1
65岁以上	7.7	7	9.5

资料来源: Census of Canada 1971，Volume I (Part:4)Population, Population by Five year age Group, Showing Ethnic Group and Sex for Canada, Urban, Rural Non-farm, 1971, p.4－1., p.4－2.；1981 Census of Canada, 2001.

随着海外出生的加拿大人口的增加，加拿大境内不说英、法官方语言的人也在逐渐增加。对华人而言，在家中说中文的人随着新移民的增加而增加。1971 年母语为中文的人有 94855 人，只占加拿大人口的 0.44%。1976 年为 132360 人，占 0.58%（参见表 8.11）。其中有两个特征值得关注。20 世纪 70 年代之前，亚洲各地经济尚不发达，移民家庭为了让孩子更多地适应英文环境，很多人在家里只对孩子说英文，避免说中文。因此，1971 年，经常在家说中文的为 77890 人，占人口总比例的 0.36%。[1] 20 世纪七八十年代之后，亚洲经济开始高速发展，亚洲原居地出现了"经济起飞"的现象，掌握中文变得越来越重要，移民家庭开始重视教孩子学中文，家庭中说中文的人数也就多了起来。另外一个特征是，随着经济移民，尤其是投资移民政策的出台，不讲英文的华人移民逐年增加，家长不讲英文，在家里跟孩子也不讲英文，导致家庭使用中文的人数在增加，这两个特征都让拥

---

[1] *Canada Year Book 1976*，p.191.

有中文和英文两种母语的华人有所增加。

表8.11 华人母语为中国话的人数统计

时间	人数	百分比（%）
1971年	94855	0.44
1976年	132560	0.58
1981年	212785	0.9
1986年	266560	1.1

资料来源：*Canada Year Book 1976*, p.191.；*Canada Year Book 1985*, p.58.；*Canada Year Book 1988*, p.2－20；*Canada Year Book 1990*, p.2－25.

此外，随着华人移民来源地的多元化，而不再局限于广东、福建，因此说家乡话的华人华侨的人数也增加了（参见表8.12）。

表8.12 华人说家乡话的人数统计

时间	人数
1981年[1]	187240
1986年[2]	230460
1991年	389230
1996年	586805

资料来源：*Canada Year Book 1985*, p.58.；*Canada Year Book 1990*, p.2－25.；Statistics Canada, *Home language and Mother Tongue*, Published by authority of the Minister responsible for Statistics Canada, Jan. 1993；Selected Characteristics for Census Divisions and Census Subdivisions, 1999 Census－100% Data and 20% Sample Data，Statistics Canada, *Profile of Census Divisions and Subdivisions in British Columbia*, Published by authority of the Minister responsible for Statistics Canada, Mar.1999, p.18.

注：
1. 家庭内使用的语言是基于20%的抽样调查，不包括监狱的囚犯。
2. 20%的家庭被抽样来回答在家里最常使用的语言等问题。这个抽样不包括监狱和疗养院里的人。

在语言使用方面值得注意的一个现象是，从2001年的人口统计数据来看，至少有85%的华人华侨可以使用英语或者法语中的一种官方语言，但也有65%的华人华侨在家里只说非官方语言。从少数族裔的语言来看，包括粤语、普通话以及其他方言在内，中文是继英语、法语两大官方语言之外，加拿大第三大语言。[1]因此，这种官方语言的对话程度以及阅读程度到底是多少，各方解读不一。而一般的公众舆论认为，华人华侨的英文程度，要低于同样身为亚裔的印度裔和菲律宾裔的移民。不能否认，语言的障碍给华人融入加拿大和参与加拿大事务，带来了诸多不便。

亚裔在孩子教育上的投入是众所周知的，而华侨华人更是其中的佼佼者。1967年加拿大实行新移民政策后，来自亚洲原居地的华裔学生逐步进入加拿大高等学府，20世纪60年代末到70年代初，来自中国香港的学生攻读本科和研究生的居多。1969—1970年，攻读本科学历华裔学生的人数分别是中国大陆295人、中国台湾245人、中国香港2296人。[2] 1970—1971年，全日制攻读研究生学历的华裔学生的人数分别是中国大陆162人、中国台湾283人、中国香港355人。[3]业余时间攻读研究生学历的华裔学生的人数分别是中国大陆43人、中国台湾34人、中国香港34人。[4] 1971—1972年，全日制攻读研究生学历的华裔学生的人数分别是中国大陆250人、中国台湾286人、中国香港2345人。[5]而业余时间攻读研究生学历的华裔学生的人数分别是中国大陆9人、中国台湾17人、中国香港25人。[6]

受传统因素的影响，在接受高等教育方面，华人男性还是多于女性，这种情况到了20世纪90年代后才有根本改变（参见表8.13—8.16）。从移民早期到战后初期，第一代移民大都没有学历或者只有低学历，19世纪60年代开放技术移民之后，高学历的独立移民开始增多。到了19世纪90年代，亚洲原居地的留学生移民和大批从中国

---

[1] Most can converse in an official language, Statistics Canada, http://www.statcan.gc.ca/pub/89-621-x/89-621-x2006001-eng.htm#tphp，检索时间：2021年9月20日；Statistics Canada, 2001 Census of Population, Statistics Canada Catalogue no. 97F0007XCB2001002.

[2] Dominion Bureau of Statistics, *Survey of Higher Education*, Part I: *Fall Enrolment in Universities and Colleges 1969-70*, Ottawa, The Minister of Industry, trade and Commerce, 1970, pp.158-159.

[3] Statistics Canada, *Fall Enrolment in Universities and Colleges 1970-1971*, Ottawa, The Minister of Industry, trade and Commerce, 1972, pp.126-127.

[4] Statistics Canada, *Fall Enrolment in Universities and Colleges 1970-1971*, Ottawa, The Minister of Industry, trade and Commerce, 1972, 1970-71, pp.130-131.

[5] Statistics Canada, *Fall Enrolment in Universities and Colleges 1971-1972*, Ottawa, The Minister of Industry, trade and Commerce, 1973, pp.132-133.

[6] Statistics Canada, *Fall Enrolment in Universities and Colleges 1971-1972*, Ottawa, The Minister of Industry, trade and Commerce, 1973, pp.142-143.

来的技术移民,彻底改变了华人第一代移民低学历的人口结构。加上第二代华人大都接受过高等教育,使得华侨华人的整体移民知识结构发生了变化。

表8.13　中国学生在加拿大各大学注册人数统计

类型	1975—1976 年	1976—1977 年	1977—1978 年	1978—1979 年	1979—1980 年
中国大陆					
全日制男生	331	341	282	202	147
全日制女生	125	143	144	104	61
总计	456	484	426	306	208
非全日制男生	46	46	89	47	69
非全日制女生	27	22	62	40	33
总计	73	68	151	87	102
中国香港					
全日制男生	3974	4079	4148	3910	3436
全日制女生	1642	1750	1972	1897	1865
总计	5616	5829	6120	5807	5301
非全日制男生	276	363	608	534	518
非全日制女生	165	200	350	414	348
总计	441	563	958	948	866
中国台湾					
全日制男生	115	127	137		
全日制女生	72	69	89		
总计	187	196	226		
非全日制男生	32	28	33		
非全日制女生	15	13	22		
总计	47	41	55		

资料来源: Undergraduate Enrolment by Home Province, Citizenship, Province of Study and Registration States, 1975–1976: *Fall Enrolment in Universities 1975–1976*, The Minister of Industry, Trade and Commerce, Ottawa, Statistics Canada, pp.36–37.; Undergraduate Enrolment by Home Province, Citizenship, Province of Study and Registration States, 1976–1977, *Universities: Enrolment and Degrees 1976*, The Minister of Industry, Trade and Commerce, Ottawa, Statistics Canada, pp.44–45.; Undergraduate Enrolment by Home Province, Citizenship, Province of Study and Registration States, 1977–1978, *Universities: Enrolment and Degrees 1977*, The Minister of Industry, Trade and Commerce, Ottawa, Statistics Canada, pp.42–43.; Undergraduate Enrolment by Home Province, Citizenship, Province of Study and Registration States, 1978–1979, *Universities: Enrolment and Degrees 1978*, Ottawa, Statistics Canada, pp.38–39.; Undergraduate Enrolment by Home Province, Citizenship, Province of Study and Registration States, 1979–1980, Universities: *Enrolment and Degrees 1979*, Ottawa, Statistics Canada, pp.38–39.

表 8.14 中国学生在加拿大各大学攻读研究生注册人数统计

类型	1975—1976 年	1976—1977 年	1977—1978 年	1978—1979 年	1979—1980 年
中国大陆					
全日制男生	88	76	24	40	51
全日制女生	20	26	5	14	11
总计[1]	108	103	30	54	62
非全日制男生	40	31	47	10	11
非全日制女生	4	3	19	6	3
总计	44	34	66	16	14
中国香港					
全日制男生	366	377	414	305	294
全日制女生	87	98	82	64	64
总计	453	475	496	369	358
非全日制男生	115	113	130	83	59
非全日制女生	19	20	30	19	13
总计	134	133	160	102	72
中国台湾					
全日制男生	121	137	79		
全日制女生	52	57	15		
总计	173	194	95		
非全日制男生	0	22	24		
非全日制女生	35	8	5		
总计	35	30	30		

资料来源: Graduate Enrolment by Home Province, Citizenship, Province or Region of Study and Registration States, 1975–1976: *Fall Enrolment in Universities 1975–1976*, The Minister of Industry, Trade and Commerce, Ottawa, Statistics Canada, pp.38–39; Graduate Enrolment by Home Province, Citizenship, Province or Region of Study and Registration States, 1976–1977: *Universities: Enrolment and Degrees 1976*, The Minister of Industry, Trade and Commerce, Ottawa, Statistics Canada, pp.46–47; Graduate Enrolment by Home Province, Citizenship, Province or Region of Study and Registration States, 1977–1978, *Universities: Enrolment and Degrees 1977*, The Minister of Industry, Trade and Commerce, Ottawa, Statistics Canada, pp.44–45. Graduate Enrolment by Home Province, Citizenship, Province or Region of Study and Registration States 1978–1979, *Universities: Enrolment and Degrees 1978*, Ottawa, Statistics Canada, pp.40–41. Graduate Enrolment by Home Province, Citizenship, Province or Region of Study and Registration States 1979–1980, *Universities: Enrolment and Degrees 1979*, Ottawa, Statistics Canada, pp.40–41.

另外，如果男性加女性不等于总数，是因为个别人没有报告其性别。下同。

表 8.15　中国移民在加拿大各大学注册人数统计

类型	1980—1981 年	1981—1982 年	1982—1983 年	1983—1984 年	1984—1985 年	1985—1986 年
中国大陆 登陆移民男生 登陆移民女生 总计	76 40 116	58 45 103	68 57 125	98 58 156	109 57 166	117 64 181
中国香港 登陆移民男生 登陆移民女生 总计	805 560 1365	826 588 1414	872 641 1513	967 697 1664	1023 759 1782	1002 783 1785
中国台湾 登陆移民男生 登陆移民女生 总计	54 70 124	44 74 118	43 54 97	51 57 108	72 57 129	50 57 107

资料来源：Undergraduate Enrolment of Visa Students and landed Immigrants by Province，Country of Citizenship and Sex，1980－1981：*Universities：Enrolment and Degrees 1980*，Ottawa，Statistics Canada，p.33.；Undergraduate Enrolment of Visa Students and landed Immigrants by Province，Country of Citizenship and Sex，1981－1982：*Universities：Enrolment and Degrees1981*，Ottawa，Statistics Canada，p.33.；Undergraduate Enrolment of Visa Students and landed Immigrants by Province，Country of Citizenship and Sex，1982－1983：*Universities：Enrolment and Degrees 1982*，Ottawa，Statistics Canada，P.33.；Undergraduate Enrolment of Visa Students and landed Immigrants by Province，Country of Citizenship and Sex，1983－1984：*Universities：Enrolment and Degrees 1983*，Ottawa，Statistics Canada，p.33.；Undergraduate Enrolment of Visa Students and landed Immigrants by Province，Country of Citizenship and Sex，1984－1985：*Universities：Enrolment and Degrees1984*，Ottawa，Statistics Canada，p.33.；Undergraduate Enrolment of Visa Students and landed Immigrants by Province，Country of Citizenship and Sex，1985－1986：*Universities：Enrolment and Degrees 1985*，Ottawa，Statistics Canada，p.33.

表 8.16 中国移民在加拿大各大学攻读研究生注册人数统计

类型	1980—1981年	1981—1982年	1982—1983年	1983—1984年	1984—1985年	1985—1986年
中国大陆						
登陆移民男生	11	9	12	18	28	26
登陆移民女生	4	4	5	5	5	9
总计	15	13	17	23	33	35
中国香港						
登陆移民男生	101	96	120	178	181	166
登陆移民女生	23	26	29	43	48	52
总计	124	122	149	221	229	218
中国台湾						
登陆移民男生	18	10	27	26	19	16
登陆移民女生	9	7	5	7	12	9
总计	27	17	32	33	31	25

资料来源: Graduate Enrolment of Visa Students and Landed Immigrants by Province, Country of Citizenship and Sex, 1980–1981: *Universities: Enrolment and Degrees 1980*, Ottawa, Statistics Canada, p.35.; Graduate Enrolment of Visa Students and Landed Immigrants by Province, Country of Citizenship and Sex, 1981–1982: *Universities: Enrolment and Degrees 1981*, Ottawa, Statistics Canada, p.35.; Graduate Enrolment of Visa Students and Landed Immigrants by Province, Country of Citizenship and Sex, 1982–1983: *Universities: Enrolment and Degrees* 1982, Ottawa, Statistics Canada, p.35.; Graduate Enrolment of Visa Students and Landed Immigrants by Province, Country of Citizenship and Sex, 1983–1984: *Universities: Enrolment and Degrees 1983*, Ottawa, Statistics Canada, p.35.; Graduate Enrolment of Visa Students and Landed Immigrants by Province, Country of Citizenship and Sex, 1984–1985: *Universities: Enrolment and Degrees 1984*, Ottawa, Statistics Canada, p.35.; Graduate Enrolment of Visa Students and Landed Immigrants by Province, Country of Citizenship and Sex, 1985–1986: *Universities: Enrolment and Degrees 1985*, Ottawa, Statistics Canada, p.35.

就整体而言，男性华人受教育程度比女性高一些。例如，2001年有31%的男性华人拥有大学学位，而女性则占24%。然而，女性华人比加拿大其他女性更有可能获得大学学位。2001年，24%的女性华人是大学毕业生，而加拿大女性大学生的比例为15%（参见表8.17）。

表8.17　15岁及以上华人和全加拿大学生的比较（2001年）

学生程度	华人学生百分比（%）		全加拿大学生百分比（%）	
	男	女	男	女
初中	27.9	32.2	31.4	31.1
高中	10.5	12.4	13.1	15.1
某些专上教育	12.9	11.6	10.7	11.0
职业证书及文凭	9.7	3.8	14.1	7.8
学院毕业或修完大学前两年课程	10.2	12.0	12.5	17.3
大学证书、文凭	3.4	4.2	2.1	2.9
大学学士毕业	20.3	18.1	10.6	10.6
学士学位	10.2	5.9	5.4	4.2
硕士学位	30.5	23.9	16.0	14.9

资料来源：Statistics Canada, 2001 Census of Canada.

第二节　华侨华人的职业、生存状况

战后华侨华人的职业和生存状况，呈现出三个重要特征。一是随着华侨华人人口的增加，与其日常生活有关的传统小企业主数量大幅度增加，经营的种类也愈发广泛。当然，随着时间的推移，也有一些新华人视野开阔，在经营传统公司中，走出新路，闯入了主流社会。例如，1974年从中国香港移民加拿大的方君学，因为在香港积累了一些客户资源和人脉，再加上逐步了解了北美市场，1981年，他在温哥华开办了世源有限公司，经营进出口业务，批发家庭小商品，如厨房用具等，后来进口和批发业务扩展到上万种小商品。方君学认为，主流社会市场远远大于华人市场，就把主要经商业务放在主流商场。他的公司里雇员有西人员工也有华人员工，西人员工主要做销售。在他的努力下，公司规模逐步扩大。1989年，方君学收购了CTG品牌公司（CTG Brands Inc.）。CTG品牌公司成立于1985年，是直接销售季节性和一般性商品的进口商和分销商。到了2000年，CTG品牌公司已经是加拿大家用小商品零售上市公司（Dollarama）、沃尔玛（Walmart Inc）、加拿大轮胎（Canadian Tire）等多家客户的供应商之一。[1]

但是华人从事餐饮业、杂货业、书店和其他小生意的仍然占多数（参见表8.18）。

例如20世纪70年代初，仅多伦多华埠就有数十家商业机构。[2]有一些书店开业，像三联书店、京华书店、怡卢书报社、温哥华良友图书公司、白羊楼书庄、文心书局、三德书社、华安书店等。[3]华人的生意有不少是新开张的，例如大同市场（Tai Tung Supermart）、香港芽菜厂、莲华餐厅（Lin Wah Restaurant）、碧丽宫酒楼、状元楼（Champion House Restaurant）、元昌食品制造厂、温尼伯加华市场（Young's Trading Co.）、温尼辟华隆有限公司［Wah Loong（WPG）LTD.］等。[4]

表8.18　华人餐厅列举

时间	餐厅名字	内容
1964年	上海楼	20世纪40年代由华侨李仁简创办。1963年，李仁简去世。1964年，李杏源从中国香港移民到温尼伯，接手经营和管理上海楼。20世纪70至90年代，上海楼是温尼伯唐人街上最有名的华人餐厅，全职和兼职员工达六七十人，但该餐厅2011年关闭。
1972年	汉记	中国香港移民叶汉光创办，是温哥华唐人街上知名老字号。随着中国移民的增加，更在新西敏、高贵林和列治文开设分店。
1979年	文华餐厅	中国台湾移民邱映明和另外3名股东1979年在多伦多接手经营，1986年改为中式自助餐并逐步开设分店。2000年已发展到13家分店，雇员千人以上，积极筹划慈善活动回馈社会。

---

［1］资料来自CTG品牌公司董事长方君学；CTG Brands Inc., https://ctg080-b2b.ws.emuncloud.com/about/，检索时间：2021年10月18日。

［2］《多城华埠酒楼》，《快报》1971年1月9日；《多城华埠商店》，《快报》1971年1月16日。

［3］《三联书店八周年特开讲座邀专家畅论学习英语捷径》，《明报》1997年8月21日；《新张营业》，《大汉公报》1987年7月21日；《温哥华良友图书公司》，《大汉公报》1987年7月27日；2013年贾葆蘅采访刘彼得，刘彼得口述；《白羊楼书庄新张广告》，《大汉公报》1967年1月6日；《新张启事》，《大汉公报》1972年1月7日；《华安书店开张》，《大汉公报》1986年6月4日。

［4］《大同市场》，《快报》1974年12月18日；《香港芽菜厂》，《快报》1979年11月1日；《莲华餐厅》，《快报》1974年12月20日；《碧丽宫酒楼夜总会新张营业志庆》，《大汉公报》1983年7月7日；《状元楼》，《快报》1974年12月21日；《元昌食品制造厂》，《大汉公报》1984年5月19日；《加华市场》，《大汉公报》1988年3月6日；《恭贺温尼辟华隆有限公司》，《大汉公报》1986年2月27日。

续表

时间	餐厅名字	内容
1980 年	新城饼家餐室	1980 年吴国才先生与吴郑萍芳在温哥华唐人街开设的餐厅。1994 年在列治文开设分店，1998 年在素里开设分店，到 2001 年，3 家分店大约有 50 名员工。
1983 年	李家园酒家	20 世纪 70 年代移民到蒙特利尔的陈植新和李惠霞夫妇，决定从事餐饮业。这期间李惠霞进修了餐饮管理、服务、调酒、法国地理、葡萄类别、葡萄酒的酿制方法、美酒佳肴的配搭、宴会统筹、名酒品鉴等，夫妻二人于 1983 年开办李家园酒家。到 2000 年，已经开有 4 家餐厅，雇用约 40 名员工。

资料来源：《创业横过世纪七十载，温尼辟一页辉煌历史，华埠上海楼光荣结业》，《缅省中华时报》2011 年 3 月；《温尼辟孟尝君李杏源》，《李杏源与温尼伯华埠》，2003 年，第 33 页；汉记云吞（老牌粤式面家），http://sunny1948.blogspot.com/2019/01/blog-post_25.html，检索时间：2021 年 9 月 20 日；资料来自文化餐厅创办人之一兼总裁丘映明；资料来自新城饼家餐室创始人吴郑萍芳；about us，新城饼家餐室网站，https://newtownbakery.ca/#content-about，检索时间：2021 年 9 月 20 日；资料来自李惠霞。

图 8.1　1985 年陈植新、李惠霞夫妇在自己餐厅与加拿大总理合照，

资料来源：李惠霞

1986 年，有 19.3%的华人从事旅馆和餐饮服务行业，[1]随着华人移民、土生华人教育程度的提升，从事高端职业的华人人数大幅度增加（参见表 8.18、8.19），其中不乏律师、法官、政府技术官员和教授等专业人员。华人从事专业技术性工作的比例从 1981 年的 17.8%提升到 1991 年的 19.2%。2001 年，华人占加拿大劳动力总数的 3%，其中在自然和应用科学领域，华人占比为 7%，在商业、财务和行政以及制造业中的比例也相对较高。[2]随着不少亚洲企业家移民的到来和第二、三代华人企业家开始兴起，大型的地产公司、投资公司、外贸公司、制造业厂家不断涌现，[3]将华人的经济地位提升到一个新的高度。2001 年，占加拿大劳动力总数 3%的华人，在自雇并拥有企业和公司里，华人占到 4%。[4]

一、华人从事的生意和职业

表 8.19　维多利亚的华人生意（1972 年）

生意类别	店铺数目
进口公司和杂货店	7
餐厅和咖啡店	7
面包房	1
裁缝店	1
洗衣店	2
修鞋店	1
中草药店	1
其他生意	7
总计	27

资料来源：British Columbia Directory and field surveys in Nov. 1972.

---

[1] 1986 Census of Canada, Public Use Microdata File on Individuals(Statistics Canada), quoted by Peter Li, Chinese Investment and Business in Canada: Ethnic Entrepreneurship, Pacific Affairs, Vol.66, No. 2(Summer, 1993), p.226.

[2] 加拿大统计局官方网，http://www.statcan.gc.ca/pub/89-621-x/89-621-x2006001-eng.htm，检索时间：2021 年 9 月 20 日。

[3] 《昌兴肉食公司》，《大汉公报》1988 年 3 月 4 日；《泰嘉制衣厂》，《大汉公报》1988 年 3 月 12 日。

[4] 加拿大统计局官方网，http://www.statcan.gc.ca/pub/89-621-x/89-621-x2006001-eng.htm，检索时间：2021 年 9 月 20 日。

表 8.20 华人职业占比

职业	1971 年（%）	1981 年（%）[1]	1991 年（%）[2]
管理、行政及相关职业	1.0	4.8	8.9
专业技术	16.7	17.8	19.2
文员及相关职业	12.3	18.5	18,3
销售员	9.7	7.5	10.9
驾驶运输车辆	0.7	1.4	1.1
加工、机床加工及建筑行业	11.1	16.4	12.8
服务性行业	28.0	24.5	18.3
耕作和基本行业中的其他职业	2.6	1.0	1.0
其他职业	4.8	3.7	4.2

资料来源：Statistics Canada，1971 Census of Canada，*Public Use Sample Tape*，Individual File（1976）; Statistics Canada，1981 Ceusus of Canada，*Public Use Sample Tape*，Individual File（1984）; Statistics Canada，1991 Ceusus of Canada，Public Use Micro Data File on Individual（1994）; From Peter Li，*The Chinese in Canada*，Oxford University Press；2 edition（May 1，1998）.

1. 1981 年的文件是一个针对 2%总人口的随机抽样结果。
2. 1991 年的文件是一个针对 3%总人口的随机抽样结果。

总体来说，华人的生存环境得到大幅度改善，不少人进入了中产阶级的行列，成为加拿大少数族裔中的佼佼者。

二、华人的收入

1967 年年初，华人从事职业种类有限，多是体力工作兼有教师和文员等，收入并不高（参见表 8.21）。

表 8.21 华侨华人从事的职业及工资（1967 年前后）

工种	年工资（加元）
洗衣工	2160—3000
店员	2160—3000
坭水木匠	4800—6000

续表

工种	年工资（加元）
板厂工	4800—6000
头厨	3600—4800
普通厨	2400—3600
前台服务员和洗碗	2160—3000
华文教师	1800
耕农	1800
园丁	2400
普通劳工	2400
制鱼工	3600—4800

资料来源：维多利亚中华会馆文献记录；李东海：《加拿大华侨史》，加拿大自由出版社，1967年，第412、413页。

随着时间的推移，华人工资在逐步增加。根据联邦政府1986年人口普查统计显示，全加全职华人平均年收入为24100加元，其中男性高于女性。男性是27600加元，女性是18900加元。华人低收入家庭占总数的15%。[1]

进入2000年，在男女收入水平方面，华人与加拿大的整体情况一致，平均收入有所增加，但女性的收入仍少于男性（参见表8.22、8.23）。

表8.22　15岁及以上、65岁及以上华人男、女平均收入（2000年）

年龄与性别	收入（加元）
15岁及以上男性华人	79047
15岁及以上女性华人	56428
65岁及以上男性华人	21293
65岁及以上女性华人	15647

资料来源：加拿大统计局官方网，http://www.statcan.gc.ca/pub/89－621－x/89－621－x2006001－eng.htm#tphp，检索时间：2021年9月20日。

---

[1] 1986 Census of Canada.

表 8.23 15 岁及以上华侨华人就业状况（2001 年）

就业状况	人数
15 岁及以上从就业和其他工作中取得收入的华侨华人 [1]	834145
全职工作（平均年收入 40817 加元）	263955
兼职工作（平均年收入 17412 加元）	252255
2000 年年内没有工作过 [2]	317930

资料来源：Statistics Canada，2001 Census of Population，Statistics Canada Catalogue no. 97F0010XCB2001047.

1. 工资或就业收入者，指在 2000 年财政年度内年龄 15 岁及以上，以领取工资或薪酬、以非农业的非法人实体经营或提供专业服务的净收入或以农场自雇经营的净收入作为收入来源的人。

2. 包括从未工作、2000 年之前工作、仅在 2001 年工作的人员。

15 岁及以上有各类收入的华侨华人为 834145 人。其中一部分是以赌博、中彩、2001 年获得的一次性付清的财产继承、投资资本、资产出售、退税所得、借贷收入、保险一次性结清、返还的财产税、偿还的退休金供款、享受的免费食宿招待和农场自家产品消耗作为收入来源，这部分有 75345 人。另外一部分是以工资和薪金、农场净收入、非农业个体合伙经营企业以及提供专业领域服务的净收入、加拿大儿童税补助金、加拿大养老金计划、加拿大或魁省退休金计划、就业保险金、来自政府的其他收入、股息、债券利息、存款以及其他投资收益、退休津贴、公共服务人员退休金和年金，包括来自 RRSP 和 RRIF 的退休金作为收入来源，共有 758795 人。他们按资金收入分布如下（参见表 8.24）。

表 8.24 华人按资金收入计算的人数（2001 年）

资金收入	人数
5000 加元以下	155110
5000—9999 加元	92685
10000—19999 加元	177825
20000—29999 加元	105080
30000—39999 加元	78490

续表

资金收入	人数
40000—49999 加元	50205
50000—59999 加元	33390
60000 加元及以上	66010

资料来源：Statistics Canada, 2001 Census of Population, Statistics Canada Catalogue No. 97F0010XCB2001047.

三、华人就业率

在华人华侨的职业问题上，有很多值得探讨的现象，有的体现出加拿大移民政策的重要缺陷。从大的格局来看，二代以后的移民在就业和专业发展上，或许会碰到玻璃天花板，但是，新移民的情况则更为严重，尤其是在移民的最初几年。以技术移民为例，他们在移民的审批上，获得了较高的专业评分，误以为可以在专业劳动力市场大显身手，但实际情况并非如此。对加拿大官方语言掌握程度不够、没有加拿大本地学历、在祖居国的专业背景不获承认，因此很难在加拿大找到符合自己专业兴趣的工作，有的即使找到技术工作，也难以进入主要岗位，只能在较低层面工作。更多的人只能从事不愿意干的体力工作，内心相当痛苦，以至全职工作率不高。1985 年，华人工作一年的全职工作率仅为 54%。[1]

由于专业认证的难度、语言差距和缺乏本地学位，以及隐形的"玻璃天花板"，导致以高学历移民加国的新移民非但找不到较高薪酬的专业性工作，他们的收入还低于加拿大平均收入水平。更严重的是，不少新移民在进入加拿大的同时，也意味着进入了加拿大的失业大军，在寻找低端工作的路上辛苦颠簸，连带产生了很多精神和家庭关系上的问题。

根据 2001 年人口普查报告，华人成年移民的就业率低于加拿大成年人的平均就业率，而华人女性的就业率还低于男性。[2] 2001 年，15 岁及以上的华人成年人

---

[1] 1986 Census of Canada。
[2] 加拿大统计局官方网，http://www.statcan.gc.ca/pub/89-621-x/89-621-x2006001-eng.htm#tphp，检索时间：2021 年 9 月 20 日。

中有56%就业,而加拿大成年人则占62%。[1]

华人移民在加拿大的失业率显然高过加拿大人的平均失业率。2001年,华人失业率为8.4%,而加拿大整体失业率为7.4%,[2]其中年轻人的失业率差距更大(见表8.25)。

表8.25　15—24岁加拿大人和华人男女失业率比较(2001年)

类型	失业率
男性加拿大人	14%
男性华人	18%
女性加拿大人	13%
女性华人	15%

资料来源:About as likely to be unemployed, http://www.statcan.gc.ca/pub/89-621-x/89-621-x2006001-eng.htm#tphp,检索时间:2021年9月20日。

由于新移民中有不少人申请非税务居民,以及没有申报海外入息税,再加上"空中飞人"的特殊家庭现象,导致在统计家庭收入和儿童生活费用的时候,出现了很大的困难。在卑诗省的大温地区,英文报刊常常报道一个奇特的现象,那就是不少在列治文和温哥华等高尚住宅区的华人家庭,住着百万豪宅,却是低收入家庭,领取牛奶金等福利,与统计局的数据出现了矛盾。以2000年为例,超过25%的华人移民收入低于平均水平。在15岁以下的华人儿童中,有27%生活在低收入家庭中,而加拿大的儿童则只有19%。华人老年人自己的收入特别低。2001年,65岁以上华人老人中,有70%的人处于低收入阶层,而在所有独立生活的老年人中,这一比例只有40%。[3]

总而言之,加拿大的华人数量在移民潮的推动下不断增加,华裔在教育程度、专业就职、进入中产阶级的比例等各个方面,也比战前和战后初期有长足的进步。但是,由于语言的障碍和加拿大专业认证的滞后,仍然有很大

---

[1] 加拿大统计局官方网,http://www.statcan.gc.ca/pub/89-621-x/89-621-x2006001-eng.htm#tphp,检索时间:2021年9月20日。

[2] 加拿大统计局官方网,http://www.statcan.gc.ca/pub/89-621-x/89-621-x2006001-eng.htm#tphp,检索时间:2021年9月20日。

[3] One in four with low incomes, http://www.statcan.gc.ca/pub/89-621-x/89-621-x2006001-eng.htm#tphp,检索时间:2021年9月20日。

比例的华人专业移民，无法进入加拿大高端就业市场；而歧视及偏见产生的"玻璃天花板"，也让不少加拿大华人精英难以在职场晋升。随着亚洲的经济起飞，加拿大华人中出现了"空中飞人"现象，导致华人家庭结构产生了不稳定的因素，也出现了让加拿大人诟病的"住豪宅、收入低"的吊诡现象，给华人社区正面形象的提升，带来了些许障碍。最值得关注的是，因为投资和企业移民政策的实施，更多的企业家移民进入加拿大。不过，由于亚洲和加拿大的经商大环境不同，华裔的资金力量难以发挥作用，中小企业仍然是华裔经济的主流。

第九章
旧唐人街的衰落与振兴及新唐人街的诞生

根据黎全恩教授在 1980 年代及 1990 年代的调查，全加拿大各大城市中的 16 个主要唐人街，11 个建立于 1960 年代之前，称为"旧唐人街"；5 个建立于 1960 年代之后，称为"新唐人街"。这样的划分，并非基于国际通用的对历史遗址的定义，而是基于时间分段来划分的。谁都知道，二战前的唐人街和 20 世纪 60 年代以后建立的唐人街，在历史价值上，前者的历史影响是后者无法企及也不能复制的。

但是，我们也应该看到，撇开历史价值不谈，对加拿大华人社区而言，"唐人街"的生活形态和商业形态是承继和连续的。因此，对加拿大各大城市的唐人街做出分类并加以比较，可以加深我们对加拿大华人社区的了解，而对各类唐人街发展的观察，也有助于了解加拿大华人社区生活形态的历史演变。

事实上，随着战后"排华法"的废除和移民政策的日趋公平，进入加拿大的华侨华人不断增加，华人集聚的唐人街也出现了一些新的特点，比如有些已经向郊区扩展。根据唐人街的城市面貌和土地利用，分为五大类：第一类是重建历史悠久的旧唐人街（Reconstructed Historical Old Chinatown），第二类是尚存遗迹的旧唐人街（Relict Old Chinatown），第三类是修复及美化后的旧唐人街（Rehabitated Old Chinatown），第四类是改道或原地重建的唐人街（Replaced Chinatown），第五类是新唐人街（New Chinatown）。

第一节 重建历史悠久的旧唐人街

众所周知，从 20 世纪 60 年代中期开始，随着普遍性的加拿大移民政策的出台，尤其是独立移民政策的施行，移民加拿大的华人类别出现了巨大的变化，非依亲和同乡的新移民大幅增加，导致延续近百年的华人集聚唐人街生活和工作的现象也出现了变化，华人分散居住的情况越来越普遍。在"生活的唐人街"概念之外，"历史的唐人街"价值上升，这就导致了重建历史悠久的唐人街的情况出现。

部分华人于 1850 年代至 1870 年代，先后抵达卑诗省淘金。当时的华人分布在全省的各个金矿地区，并分别在这些地区的一条街道上由华商所兴建的木屋中聚居生活，西人把这些地区称为唐人街。淘金潮于 1870 年代过去后，西人淘金者和大部分华人离开金矿地区，前往他处生活。因为金矿地区没有什么居民，商店倒闭或迁走，村落中木屋日久失修而坍塌，最后只剩有两三处，或者尚存一些破旧木屋。

1860 至 1870 年代，百加委路（Barkerville）镇曾经为卑诗省最大的金矿市镇。其西部为唐人街，华人人数曾经达 5000 多名，先后成立过数个堂所，如明义堂和致公堂等。1940 年代后，百加委路镇居民大多都已经离去，很多木屋倒塌或十分破烂。卑诗省政府根据 1959 年 1 月 12 日第 26 号议会命令，将荒废的百加委路淘金镇重建为百加委路省立公园，[1] 并从 1980—1981 年开始，将破烂木屋重修或重建倒塌木屋，恢复 1870—1880 年代的面貌。像百加委路镇唐人街内的致公堂、广生荣杂货店、太平房等木屋修建及重修后，恢复了昔日的面貌。黎全恩教授把百加委路唐人街称为"重建旧唐人街"，目前加拿大只有一个重建旧唐人街。

在百家委路重建旧唐人街，不是为了再度吸引大量华人前来居住和工作，而是为了保护其重要的历史价值，提升这个地区的历史旅游资源，从而使这个古镇维持它的生机。当然，随着华人移民的增加，以及加拿大小镇生活的重新振兴，未来也不排除百家委路再度重现华人前往投资、居住的荣景。事实上，今天百加委路小镇政府在卑诗省华人社区及中国广东，广为宣传该地区的华人在加拿大历史上的价值，应该也蕴含了对未来的期待。

第二节　尚存遗迹的旧唐人街

19 世纪至第二次世界大战结束，加拿大各地的唐人街之所以可以在反华和排华的恶劣环境中巍然屹立，不但延续华人社群的命脉，而且在逆势中奋起，一个重要原因是唐人街兼具了日常生活、商业活动、社团凝聚等重要功能。战后，随着"排华法"的取消，对抗外部世界的凝聚力涣散，唐人街也无可避免地步入衰退或者衰亡的过程。

1950 年代后，加拿大出现了很多旧唐人街没落或消失的现象。究其主因，当

---

[1] Barkerville Park, http://apps.gov.bc.ca/pub/bcgnws/names/40076.html，检索时间：2021 年 9 月 20 日。

然是居住在唐人街的人口迅速减少。无论是生活条件改善后向更好的住宅区迁徙，还是年轻华人随着工作机会的多元化定居其他区域，原来拥挤在唐人街的华人向周边城镇分散，这也导致唐人街的商业活动减少，旧唐人街的华人商店日渐衰落而先后关闭。例如新西敏市（New Westerminter）和魁北克市（Quebec City），就是因为大部分华人移往附近的温哥华和蒙特利尔等大城市居住，华人人口大幅减少后，唐人街便消失了。

因为华人居民减少，沙省（Saskatchewan）的沙士加寸市（Saskatoon，或称萨斯卡通）、穆斯乔市（Moose Jaw）及里贾纳市（Regina）的旧唐人街，至1930年和1940年代间也消失了。此外，因为城市市中心的发展和美化，市政府及发展商收购接近市中心的旧唐人街的破旧屋宇，拆毁重建，导致旧唐人街消失。例如，锦碌市市政府于1961年兴建陆路大桥（Overland Bridge）时，要清除很多唐人街旧楼。1979年扩张该市维多利亚大街时，整条锦碌市唐人街被拆毁了。1970年代，当近（Duncan）旧唐人街被市政府铲平，改建为省法院停车场。目前只有3个消失的旧唐人街，还保存一些旧唐人街的遗迹，它们分别位于福士（Quesnelle Forks）、列必珠（Lethbridge）和多伦多（Toronto）。

1. 福士尚存遗迹旧唐人街

卡里布（Cariboo）金矿区的福士埠，1930年代已衰落。该埠尚存数十间木屋，都十分破烂，也有几间华人木屋是可以被认定的。

2. 列必珠尚存遗迹旧唐人街

列必珠旧唐人街，位于列必珠市西侧，接近左边的深沟地区。1951年，列必珠有298人，1961年有413人。[1] 1986年，只有6座华人建筑物尚存。[2] 1990年代，该埠已接近废墟，差不多没有华人居民，只余下空置的国民党和洪门民治党两座楼宇。

3. 多伦多尚存遗迹旧唐人街

多伦多的旧唐人街，位于伊丽莎白街（Elizabeth Street）和切斯特纳特街（Chestnut Street，当地人称栗子街）。20世纪50年代末到60年代初，因为兴建市府大楼及高层大厦，大部分旧唐人街楼宇被清拆，很多华人商店及侨社迁往别处。

---

[1] Ninth Census of Canada, 1951 Volume1 p.35-1. to p.35-10.; Census of Canada, 1961, Series 1.2, p.38-1. to p.38-26.

[2] Letter, Dr. Michael Carley, field representative of Historical Resources, Historic Sites Service, to Mr. Felix Michna, Director of Planning Department, Mar.1, 1983.

目前尚存的只有在登打西街（Dundas Street West）一座李氏公所楼宇和数间华人餐馆而已。[1]

第三节　修复及美化后的旧唐人街

　　加拿大主要城市的旧唐人街，因其地理位置和历史人文价值，再加上华人社区和领袖的努力，在战后得到政府有规划的改造和发展，并逐渐成为加拿大国家历史遗产中不可忽视的一部分。

　　域多利、温哥华、温尼伯和蒙特利尔四大城市的唐人街，因为实施维修计划，保存了19世纪有历史价值的楼宇，并安装了中国式的街灯柱，兴建了牌楼、苏州公园，并进行了美化，目前这些唐人街已经成为旅游景点。

　　1. 修复及美化的维多利亚旧唐人街

　　1950年代以后，维多利亚唐人街一直在衰落。华人人口日渐减少，主要原因是西人对华人的歧视渐渐减少，比较富裕的唐人街居民先后离开唐人街，选择较好地区居住。大多数青年华人已经逐渐融入西人社会，也不在唐人街居住。1970年代后抵加的华人新移民，都选择温哥华、多伦多、蒙特利尔和卡尔加里等大城市，一般不会来维多利亚和其他小的城市定居，这些陈旧的唐人街皆面临被清拆的命运。维多利亚唐人街的许多民房破旧倾斜，年久失修，已经不适宜居住。很多房屋楼上部分被钉上木板，空关起来。已被拆毁的旧楼，大多腾出空地用作停车场。维多利亚唐人街已经衰落为穷街陋巷，当地很多西人市民认为唐人街是刺眼的贫民窟。在这种情况下，一部分华人赞成拆毁唐人街，也有一部分华人认为维多利亚唐人街建于1858年，是全加拿大较早的唐人街，有保存的历史价值。一份1971年的土地测量显示，维多利亚唐人街面积已缩减至3个街区，华人居民仅有143人。[2] 1972年，维多利亚唐人街只有27个华人企业，而1956—1957年间，

---

[1] David Chuenya Lai, *"Chinatowns: From Slums to Tourist Destinations"*, LEWI Working Paper Series, *David C. Lam Institute for East-West Studies*, Hong Kong Baptist, University, Hong Kong, No. 89, Jul. 2009, p.147.; "Redeveloping Chinatown: When? How? By whom?", The Globe and Mail, Toronto Nov. 25, 1965.

[2] David Chuenyan Lai, "Socio-Economic Structures and Viability of Chinatown", in Residential and Neighbourhood Studies in Victoria, ed. C. N. Forward, *Western Geographical Series*（Victoria: University of Victoria. Department of Geographical 1973）, 120.

则有 52 个。[1]

  维多利亚市政府于 1970 年代，准备进行城市中心区美化，唐人街也是其中一部分。由于华人社区对清除还是保留唐人街意见不一，市政府于 1979 年 3 月，聘请黎全恩教授为调研学者进行调研与访问，希望了解大多数人是赞成取消唐人街，还是愿意重修、美化唐人街。黎全恩教授于 4 月 15 日至 6 月 3 日，给唐人街上的中西业主、商人、住客、游客及唐人街使用者发出 1116 份问卷。唐人街使用者指维多利亚唐人街外的居民，一星期只去唐人街购买一两次蔬菜、杂货，或往中国餐馆就餐，或送接小孩到中文学校上课，等等。[2] 共有 796 人回答问卷，464 人反对取消唐人街，[3] 514 人支持美化唐人街，470 人建议将唐人街发展为旅游景点。[4] 市政府最后决定仍然保存维多利亚唐人街。而由省政府传遗部认定的 30 多座传统遗产楼宇，大部分建于 19 世纪 80 年代至 20 世纪 10 年代之间，[5] 楼宇背后依然有四通八达的小巷及天井。因为维多利亚唐人街是北美洲唯一一个还保留着 19 世纪城市面貌和独特风格的唐人街，黎全恩教授建议市政府及域多利中西市民共同努力，保存这个具有 100 多年历史的唐人街。[6] 黎全恩教授的建议，先后获得迈克尔·杨（Michael Young，当地称米高）和比尔·延德尔（Bill Tindall，当地称天度标）两任市长及鲍伯·赖特（Bob Wright）市议员的支持，他们相信维多利亚唐人街具有经济潜力和传统承继的价值，维多利亚市政府于 1979 年 7 月，议决重修及美化维多利亚唐人街。

  黎全恩博士被市政府和中华会馆委任为唐人街重修美化委员会主席，委员会成员一起确立华埠改革计划。[7] 主要任务是整顿唐人街市容等，包括粉刷楼宇及涂上新油漆，将电线、电话线等移至地下；美化行人道，兴建中国式牌楼"同济门"、唐人街疗养院和中华大厦（政府资助住宅）；修葺番摊巷，安装中英双语路牌和指

---

[1] British Columbia Directory, 1956 and field surveys in Nov. 1972.
[2] David Chuenyan Lai, The Future of Victoria's Chinatown: A Survey of Views and Opinions, Vol. 1: Recommendations, p.8.; Department of Community Development, City of Victoria, Victoria, 1979.
[3] David Chuenyan Lai, The Future of Victoria's Chinatown: A Survey of Views and Opinions, Vol. 2, Tabulation of Data, p.36., Department of Community Development, City of Victoria, Victoria, 1979.
[4] David Chuenyan Lai, The Future of Victoria's Chinatown: A Survey of Views and Opinions, Vol. 2, Tabulation of Data, p.42.
[5] David Chuenyan Lai, *The Forbidden City Within Victoria: Myth, Symbol and Streetscape of Canada's Earliest Chinatown*, Victoria: Orca Book Publishers, 1991, p.100.
[6] David Chuenyan Lai, "Chinatown is Worth Saving", Victoria: Victoria times, Sep. 22, 1979.
[7] *A plan for the Rehabilitation of Chinatown*, Chinatown Ad Hoc Committee, Aug. 29, 1979.

示前往唐人街路牌。[1]

逕啟者：謹定於五月二十三日（星期三），下午七時半，假座 636 FISGARD ST. 中華會館禮堂，舉行華埠華人業主、各大商號及居民聯席會議，商討下列各議案：

(一) 報告初步華埠調查結果。
(二) 討論有關華埠發展之各項問題。
(三) 選舉業主及各大商号代表，參加市府聯絡委員會 (Liaison Committee)。
(四) 其他臨時動議。

此次會議，對華埠發展前途及僑界利益，極為重要，敬請撥冗光臨，依時出席，共策進行為荷。

加。敬請

此致

　華埠各大商号
　華埠居民
　業主

城市古蹟保存委員會主席及市府城市設計官將出席參加。

華埠發展委員會主席黎全恩敬啟

一九七九年五月十日

再者：原定於五月二十四日下午七時卅分之會議取消，改訂於五月二十三日（即此次會議）舉行。

图9.1 1979年5月10日，华埠发展委员会主席黎全恩启事
资料来源：黎全恩

---

[1] David Chuenyan Lai, *Chinatowns: Towns Within Cities in Canada*, University of British Columbia Press, Vancouver, 1988, pp.261-269.；资料来自黎全恩教授。

图 9.2　同济门
资料来源：黎全恩摄于 1981 年

英国伊丽莎白女王（Elizabeth II）于 1983 年 3 月访问维多利亚期间，还莅临唐人街参观，黎全恩博士亲自为之介绍维多利亚唐人街的历史。[1]此外，维多利亚唐人街也是电视和电影导演青睐的拍摄场地。

时至今日，维多利亚唐人街内的中西居民和商店并不多，但还保存着一排建于 19—20 世纪的连排楼宇。唐人街的 32 座传统楼宇，一半以上是意大利式的建筑。楼宇背后依然曲径通幽，保留着"紫禁城"式的独特风格。维多利亚唐人街也是加拿大最早进行全面性重修的唐人街，自 1979 年至 1986 年，持续了 7 年才完成。

---

〔1〕资料来自黎全恩教授。

图 9.3 美化前的番摊巷

资料来源：黎全恩

第九章　旧唐人街的衰落与振兴及新唐人街的诞生・207

图 9.4　美化后的番摊巷

资料来源：黎全恩摄于 1989 年

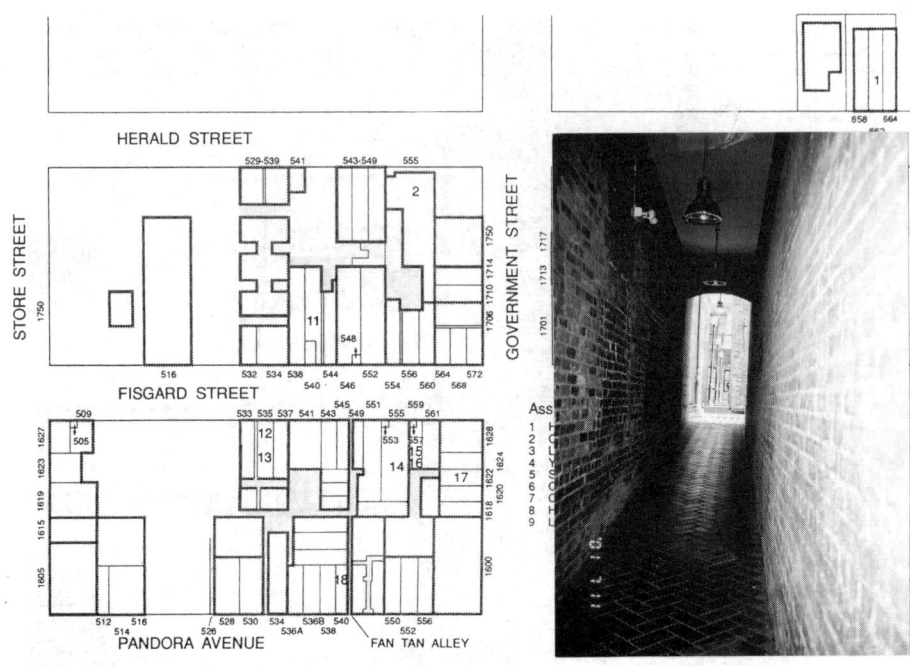

图 9.5　1991 年维多利亚唐人街

资料来源：黎全恩

1995 年年底，加拿大传承遗迹与纪念碑委员会（The Historic Sites and Monuments Board of Canada），将维多利亚唐人街定为国家级重点历史遗迹。[1]

1996 年，同济门进行了重修。[2]

1997 年 4 月 20 日，华埠纪念铜牌揭幕。[3] 经过百年沧桑，维多利亚唐人街成为华人怀旧漫游和世界各地游客追溯华人历史遗迹的必到之地。

2. 温哥华修复及美化旧唐人街

温哥华在 20 世纪初成为卑诗省的经济发展中心，温哥华唐人街也取代维多利亚唐人街，成为当时加拿大最大的唐人街。在这种大形势下，温哥华成为之后 100 年华人进入加拿大的最主要口岸。在 20 世纪六七十年代之后，温哥华逐渐崛起成

---

[1] http://chinatown.library.uvic.ca/index.html%3Fq=chronology.html，检索时间：2021 年 11 月 21 日。

[2] David Chuenyan Lai, Pamela Mad off, Building and Rebuilding Harmony: The Gateway to Victoria's Chinatown, Victoria: Canadian Western Geographical Series, 1997, p.37.；黎全恩：域多利唐人街 1890—2014，黎全恩、高保罗、王健编：《加拿大的唐人街》，西门菲莎大学林思齐国际交流中心，2017 年，第 8 页。

[3] 《编者的话》，《华埠通讯》，1997 年 6 月，维多利亚中华会馆，第 4 卷第 6 期，第 3 页。

为北美乃至国际著名城市，其迅速的都市化发展一度给温哥华唐人街的存续带来很大的危机。

20世纪60年代中期，温哥华唐人街地理范围包括卞路街（Carrall Street）至哥雅街（Gore Street）地区，基本是第二次世界大战前所建立的侨社楼宅和华人商业区。1967年，温哥华市政府为了增加市中心的交通流量，曾建议在卞路街与哥伦比亚街（Columba）之间修建自由大道，横跨华埠。[1]这种建议显然是打着发展的旗号，形同"肢解"具有重大历史和人文价值的唐人街，当然遭到华人社区的强烈反对。同年，温哥华市政府举办过两次公听会，华区人士纷纷表示反对。1969年，温哥华中华会馆正式公布反对计划，还派代表参加市府商讨修道会议。[2]经过华人社区数年不懈的抗议和政治游说，1973年6月12日，温哥华市议会决定停止横切华埠计划。侨社齐心协力取得成功。[3]

1970年后，随着联邦移民政策实现公平化，华人移民出现了新的热潮，温哥华唐人街也出现了重新繁盛的契机。来自中国香港的企业家的投资开始进入唐人街。由于片打东街（Pender East Street）和奇化街（Keefer Street）之间的路段，已没有多余的商业用地，新移民开始在缅街（Main Street）、哥雅街（Gore Street）、东喜士定街（East Hastings Street）和附近的街区投资做生意。[4]1972年，温哥华市政府拟在片打街与奇化街西400号街位兴建消防局，侨团联合起来一致反对，成立了抗议消防局设址华埠委员会，并向三级政府提出书面交涉。[5]1972年12月10日，温哥华唐人街举行了大游行，洪门和汉升双狮起舞、侨团、商号、业主和居民联合起来反对在华埠建消防局。[6]1973年年初，温哥华市政府决定取消在华埠建消防局。[7]反对"肢解"唐人街和设消防局，双双取得圆满成功。

当然，除了华人社区为保护唐人街做出的抗争等努力外，温哥华唐人街的人文历史价值随着时间的推移日渐获得各方重视，这也是唐人街平息危机的重要因

---

[1]《华商反对自由大道横跨华埠危害商业》，《大汉公报》，1967年6月15日。

[2]《反对"自由大道"横穿华埠之经过》，《温哥华中华会馆百年纪念特刊》，第65页；《云埠中华会馆反对市府新建隧道计划》，《大汉公报》1969年5月21日；《中华会馆派代表参加市府商讨自由隧道线》，《大汉公报》，1969年5月21日。

[3]《华侨抗议成功 市府改变计划》，《大汉公报》，1973年6月13日。

[4] David Chuenya Lai, *Chinatowns: Towns Within Cities in Canada*, University of British Columbia Press, Vancouver, 1988, p.133.

[5]《侨团联合组会反对市府在华区建消防局》，《大汉公报》，1972年11月29日。

[6]《抗议设消防局，华区热烈示威》，《大汉公报》，1972年12月11日。

[7]《市府决定取消华区火局计划》，《大汉公报》，1973年1月10日。

素。1971年，温哥华唐人街因具有少数民族特点，被划为历史区。[1]

图9.6　1976年的温哥华唐人街
资料来源：黎全恩

除了商业的发展，唐人街的无形资产价值也在新时代获得提升。从1978年起，由加拿大温哥华中华会馆、温哥华中华文化中心、温哥华华埠商会、中侨互助会和云埠洪门机构等主办的华埠春节大游行，每年都吸引数以万计的市民和游客沿街观看。华埠大游行成为卑诗省大温地区最重要的多元文化大型巡游活动之一。[2] 1996年2月，为庆祝温哥华华埠和煤气镇成为历史见证保留区，温哥华市政府在这两个地方举行了庆祝活动。[3] 显然，无论是市政府还是市民，将这两个历史区域一视同仁，认为它们是温哥华从一个小渔村成长为国际大都会的活的历史见证。

1980年代，唐人街依照华埠历史区设计委员会向温市政府提交的计划，完成了多个美化工程，包括装设带红灯柱、设置双语路标、铺设混凝土水泥路面和过

---

[1]《唐人埠划为历史区，云市设计局定规例》，《大汉公报》，1974年2月14日；City of Vancouver Administrative Report, Dec. 14, 1999.

[2]《华埠春节大游行》，《温哥华华埠商会三十周年纪念特刊》，第85页。

[3]《华埠划列历史区，25周年庆》，《世界日报》，1996年2月4日。

街通道，并在大道沿途种植银杏树，同时维修翻新陈旧楼宇。新的建造项目包括中山公园（The Dr.Sun Yat-Sen Classical Chinese Garden）。中山公园和古典中国花园建于1985年至1986年间，根据明朝花园的特点，由来自中国苏州的数十名工匠与加拿大同行合作建成，并于1986年4月24日开业。[1]

1987年5月，中华文化中心获得1986年举办的温哥华世博会上展览的"中华门（The Chinese arch）"牌楼所有权。[2]

图9.7 温哥华中华文化中心前的中华门
资料来源：黎全恩

1988年，位于唐人街奇化街上的新华文化大厦落成。[3]1997年，在中华会馆、中侨互助会和华埠商会三个社团的努力下，"安居楼"在唐人街动工，该楼坐落在

---

[1] Dr. Sun Yat-Sen Classical Chinese Garden website，https://vancouverchinesegarden.com/about/，检索时间：2021年9月20日；City of Vancouver, Administrative Report, RTS No.01689, CC File No.1250, Sep.13, 2000；《中山公园苏州园林举行开幕典礼志盛》，《大汉公报》1986年4月26日。

[2] 《卑诗省府拨出二万元，中华门牌楼赠华埠》，《大汉公报》1987年5月25日；David Chuenya Lai, *Chinatowns: Towns Within Cities in Canada*, University of British Columbia Press, Vancouver, 1988, p.134.

[3] 《华埠新华中心揭幕，温德心省长话有得顶》，《大汉公报》1988年3月4日。

片打西街 32 号，1998 年落成。[1]

图 9.8　1987 年温哥华唐人街
资料来源：黎全恩

为了纪念先侨在"上海巷"和"广东巷"建立的社区，中华会馆于 2000 年筹划美化该地点，后来特为此成立了一个委员会来运作。在筹划期间，正值广州市与温哥华市缔结友好城市 15 周年，广州市赠送给温哥华市一座仿制的 1983 年在该市出土且有 2100 年历史的西汉宝钟，温哥华市政府赞同把它安放在"上海巷"和"广东巷"作为地标，安放工程于 2001 年完成。[2]

1996 年，温哥华华埠举办了北美第一个华埠夜市。[3] 2000 年，温哥华举办了第一届华埠节，有舞蹈表演、武术表演，还邀请早期到好莱坞发展的华裔演员张明道，到场演唱多首怀旧金曲，成都新苗技艺团也来助兴演出。很多不同族裔人士到场观看，一连两日举行的各项活动，不但吸引了大批本地人到华埠，不少居

---

[1]《筹建"安居楼"的经过》，《温哥华中华会馆百年纪念特刊 1906—2006》，2006 年，第 93 页。
[2]《中华会馆倡议纪念"上海巷"美化工程》，《温哥华中华会馆百年纪念特刊 1906—2006》第 95、96 页。
[3] 黄展斌：《林华泽具备君子五美》，《温哥华华埠商会 30 周年纪念特刊》，第 64 页。

住在邻近和内陆城镇的人士亦闻风而来。[1]

哥雅街（Gore Street）西部是士达孔拿区（Strachona District）。1950年代，区内楼价和租金低廉，因此不少华人居住于此。1957年后一半以上的居民是华人，简直变成唐人街的住宅区。当时，士达孔拿区有近6成的楼宇，因为年久失修出现问题，一些甚至变成危楼。1958年1月，市政府将士达孔拿区列为清拆及重建区域。第二区有274幢楼宇，37%的楼宇建筑质量不达标，24%的楼宇内部状况很差。[2] 1961年，第一期重建第二区计划拉开序幕。市政府强迫收购区内的旧楼宇（6000至8000加元）。很多业主抱怨拿了出售房屋的钱，不足以在其他地区重新置业。但如拒绝出售，政府便会没收产业。一年内很多旧楼宇被拆除，在空地建起新的楼宇。当时约有300多名华人被迫搬迁，不少人为此倍受煎熬。[3]

1962年12月，市政府宣布士达孔拿区第二期重建计划。该计划将会收购清拆30英亩地段，2300户居民要迁居别处。这项重建计划将使数百华人居民迁离唐人街，还要拆毁4间华人学校和10多间华人堂所。1965年3月，市政府开始实施第二期重建计划。一年半之内，拆除24幢楼宇，包括保存尚好的中华基督教会堂。两期重建计划，共迁离约千名居民，其中超过半数是华人。1965年夏天，温哥华市政府计划开始第三期重建计划，这一计划将会拆除区内所留下的旧楼，并重新安置3000名居民。

1968年12月，士达孔拿区居民自发成立"士达孔拿区业主住客协会"，联名致信市政府，要求政府贷款给居民，用以翻新修理旧楼宇，取消收购拆毁旧楼计划。1969年10月，该协会应邀与三级政府合作，成立"士达孔拿区工作委员会"。委员会经过协商决定，不再对该区进行大规模的拆迁，重建的目标为维护、修建、改善个人楼宇、公共建筑和社区设施。1971年7月，士达孔拿区翻新计划开始执行，共翻新229座楼宇，[4] 并实施各项美化计划，例如兴建莲拿公园（Linear Park）、哥雅街（Gore Avenue）景观工程、中英文双语路牌指示等。[5]

---

[1]《华埠节多族裔热烈参加，弘扬文化，振兴经济》，《明报》2000年7月30日；《华埠节圆满结束 明年继续 侨领一致认为可带来兴旺》，《明报》2000年7月31日。

[2] City of Vancouver, *Planning Department for the Housing Research Committee*, Dec. 1957, p.37.

[3] City of Vancouver, *Planning Department*, *Urban Renewal in Vancouver*, *Progress Report*, No. 7, 1966, pp.3–4.

[4] *City of Vancouver*, *Strathcona Rehabilitation Project*, Stage II Evaluation（1977），p.61., p.63.

[5] *City of Vancouver*, *Strathcona Rehabilitation Project*, Stage II Evaluation（1977），p.73.；韦业庆：《士达孔拿区历史简介》，1977年，Intermedia Press.

2001年1月,温哥华成立振兴华埠委员会,22位来自商界、家庭和社区组织的代表选出黄绍华任主席,并选出专业人士担任常规委员。委员会开办刊物《唐人街》,该刊物以双月刊形式,向公众提供委员会工作进度和各类活动的资料,希望与政府和唐人街居民一起携手建设华埠。[1]

3. 修复及美化旧温尼伯唐人街

第二次世界大战后,温尼伯唐人街日渐衰落。1967年,温尼伯市政府聘用一家顾问公司,研究如何振兴停滞不前的市中心及市内的唐人街。翌年,该公司推出《市内第2号区重建计划》(*The Urban Renewal Plan for area No.2*)报告,建议拆除唐人街,将唐人街发展为一个具有浓厚民族气息的中等价位的购物区,这样不仅可以保留当时华人社区原有的唐餐馆、杂货食品店和其他商店,也希望能吸引其他族裔群体开设相似的店铺。[2]

1971年,数名温尼伯唐人街物业业主和商人组成了"温尼伯华埠重建委员会(Winnipeg Chinese Development Corporation)",聘请柯思华·达路沙(Gustavo da Roz)测绘师,于1974年完成"唐人街发展规划"。这个设计计划兴建一个汇集商场购物、生活、就医和娱乐的商业区,还有文化中心等建筑,[3]总投资预计为1000万加币,其中20%由华人社区自行筹款。但是一部分华商觉得该计划偏离现实,不切实际,因为该计划会使一些业主关闭生意或破产,且拆除物业等待建成新商楼,定会消耗很多时间和费用。[4]同时,一些华人抱怨该计划没有考虑到老华侨的利益。1974年,当大多数起决定作用的商家选择退出、社区耆英急需廉价住屋时,该计划最终没有提交给市议会审批,于1975年被迫放弃。[5]在此期间,唐人街另有两个新项目开始推进,一个是1975年华人联合教会收购旧内阁(The old Cabined Hotel)旅馆的物业,1976年将地产移交给缅省房屋重建发展委员会(The Manitoba Housing and Renewal Corporation),其后兴建"石安台(Sek On Tol)"长者公寓,并于1978年竣工;另一个是独立发展商于皇帝街(King)和亚历山大道(Alexander)

---

[1]《振兴华埠委员会的由来》,《唐人街》,温哥华振兴华埠委员会双月刊,2001年10月,第4页。

[2] City of Winnipeg, Department of Housing and Urban Renewal, Final General Report of Urban Renewal Plan No.2 Winnipeg, Jan. 1968, p. 163.

[3]《温城华埠发展简史》,温城华埠发展协会,1988年,第21页;Gustavo Da Roza, "Winnipeg Chinatown: A Proposal" (Winnipeg Chinese Development Corp. Ltd. 1971), pp.30–32.

[4] Hung Yuen Lee, President of Chinese Benevolent Association, Winnipeg. Interviewed by Dr. David Chuenyan Lai, Jun. 1986.

[5]《温城华埠发展简史》,温城华埠发展协会,1988年,第21页。

的东北角新建了集写字楼和购物中心为一体的"帝国商场（the Imperial Plaza）"。[1]

20 世纪 70 年代初期，温尼伯华人人口快速增长，尤其是 1978 年至 1981 年间大批越棉寮难民华侨的到来，[2]市内华裔人口从 1971 年的 2535 人增至 1981 年的 6000 人。这突如其来的人口增长，令许多当地的华裔商人和投资者在唐人街购买更多的物业，他们期待在不久的将来会重建唐人街。

1980 年年初，一个政府支持的计划开始启动，即将整个温尼伯市中心重新发展，华埠是其 10 项重整计划之一，该计划决定复兴及美化温尼伯唐人街。侨社领袖余岳兴（Dr.Joseph Nhac Hung Du）、李杏源（Louis F.T.Lee）和李奉天（Hung Yuen Lee）获悉新计划后，便向市中心区发展局（The Core Area Initiative）提交了兴建华埠计划，请求予以资助。市政府于 1981 年宣布投资 9600 万元重整市中心及相关地带，重整唐人街的愿望终于实现了。[3]

同年 11 月，在余岳兴等侨领的领导下，华人成立"温尼伯唐人街发展协会"。1981 年 6 月 3 日正式定名为"温尼伯华埠发展协会"（The Winnipeg Chinatown Development Corpration）。协会的美化唐人街计划，获得市政府的批准。1983 年，协会与代表省政府和市政府的温尼伯市长威廉·诺里（Willian Norrie）以象征性的"一加元"的价格，签订租用地用于新建华埠，租期为 99 年。将唐人街西面的一半用于兴建一幢拥有 111 个住宅单位的融华大厦（The Construction of Harmony Mansion），出租给低收入家庭；东面的一半，则用于建造一所中式花园和天朝大厦（The Dynasty Building），而温尼伯中华文化中心则设立于天朝大厦，另外还有建设了一个有 140 个位置的地下停车场。[4]

温尼伯唐人街发展协会主要负责唐人街的筹措重建费用和整体发展，包括绿化皇帝街、建造光华门牌坊和中国花园，及承担天朝大厦地下停车场 50%的兴建费。[5]温尼伯唐人街中光华门牌坊上边设有人行天桥，这座横跨皇帝街的天桥连接着天朝大厦和融华大厦。天朝大厦楼高 6 层，建有零售商铺和办公室，还有多功

---

[1]《温城华埠发展简史》，温城华埠发展协会，1988 年，第 21、22 页。
[2] Winnipeg, *Winnipeg Chinatown Development（1981）Corporation, Chinatown Development Project 1984*, p. B1.
[3]《温城华埠发展史》，温城华埠发展协会，1988 年，第 22 页。
[4]《温城华埠发展史》，温城华埠发展协会，1988 年，第 25—29 页；Minister of Cultural Affairs and Historical Resources Eugene Kostyra's letter to Mayor of city Winnipeg William Norrie, Mar. 25, 1982.
[5] David Chuenya Lai, Chinatowns: *Towns Within Cities in Canada*, University of British Columbia Press, Vancouver, 1988, p.144.

能体育场、演剧厅、图书馆、幼儿园等服务设施。温尼伯唐人街非牟利房屋协会负责兴建和管理融华大厦，融华大厦于 1985 年 12 月正式完工，1986 年 9 月 13 日正式开始运营。[1]

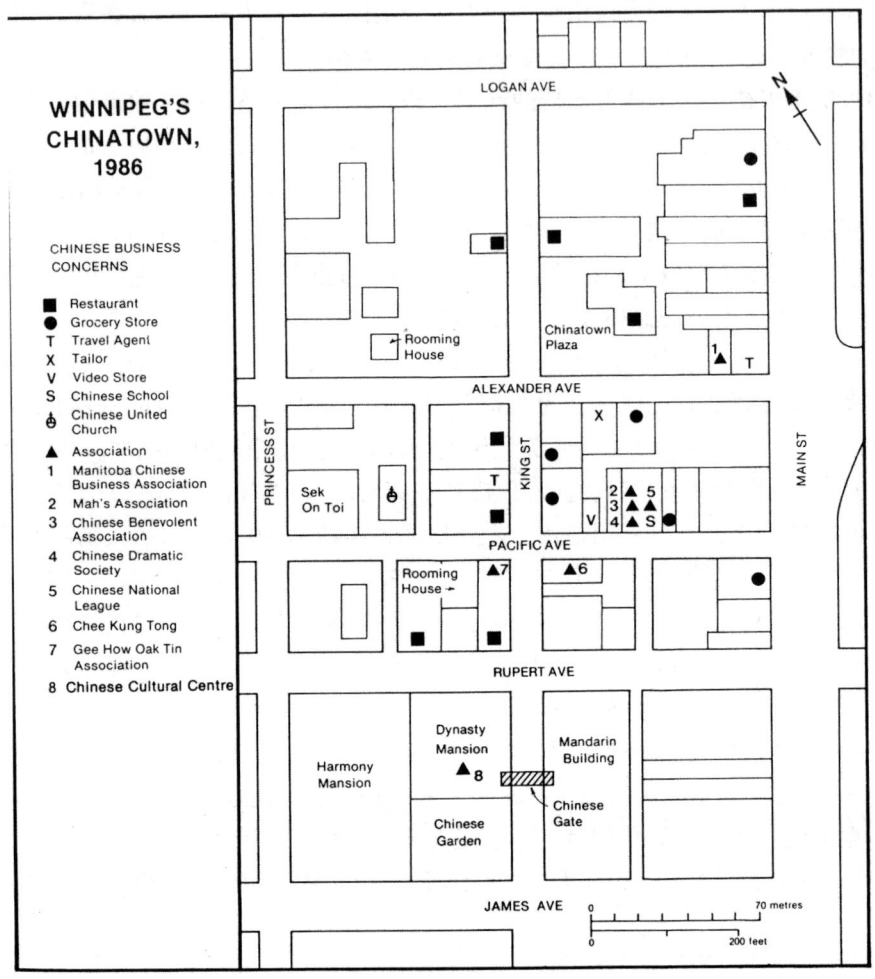

图 9.9　温尼伯唐人街 1986
资料来源：黎全恩

中式园林花园、唐人街光华门牌坊及皇帝街的绿化，则在同年 10 月 15 日举行正式移交政府典礼。温城中华文化中心也于 1987 年 8 月 1 日竣工，正式对外开

---

[1]《温城华埠发展史》，温城华埠发展协会，1988 年，第 27、28 页。

放，[1]它是当地两万多华人（包括5000名多越棉寮华侨）的社交活动中心。

图 9.10　温尼伯中华文化中心花园
资料来源：贾葆蘅摄于2016年

温尼伯唐人街建成后，获得加拿大国内外一致好评。1991年在纽约举办的城市发展比赛中，温尼伯唐人街革新规划，获全北美城市设计奖。[2]

在温城中华文化中心和温尼伯唐人街发展协会的发起和带领下，温尼伯唐人街得以不断发展。这些团体本着保持唐人街的可持续性发展，将历史和现代元素相结合作为长期目标，在推动新建设的同时，也保存有价值的历史遗址。例如坐落在太平街211号的砖楼，自1932年起就一直是国民党分部的所在地，全现其历史价值。[3]

---

[1] Letter from Dr. Joseph Du, Chairman of Winnipeg Chinatown Development to Dr. David Chuenyan Lai, Jun. 17, 1987.
[2]《温尼辟华埠革新新规划，获北美城市设计奖》，《大汉公报》1991年1月8日。
[3] David Chuenyan Lai and Tina Mai Chen, "Winnipeg Chinatown, 1909-2013": Canada's Chinatown: Past, Present, and into the Tuture, Simon Fraser University David See-Lam Centre for International Communication, 2017, p.59.

4. 修复及美化蒙特利尔旧唐人街

第二次世界大战后，蒙特利尔唐人街因为人口减少、投机商人经营唐人街资产以及华人社区矛盾重重而逐渐走向没落。在 1950 年代后期和 1960 年代初，蒙特利尔唐人街处于旧蒙特利尔与市中心商业区之间的"三文治"地带（sandwiched），此时附近的地产价格上涨，开发商见有利可图，乘机购买唐人街的旧建筑，拆除成为空地后，变作停车场，等到价钱合适时再卖出。1963 年，消防局宣布拉句诗浙西街（La Gauchetiere St.West）上的破旧中华医院不能再继续使用，就关闭了。[1] 由于唐人街没有合适的地方，新的中华医院只能建立在唐人街以外的地方。

1967 年，蒙特利尔举办世博会，蒙特利尔政府为迎接数十万游客，对市中心进行翻修。恰逢蒙特利尔华人社区受人尊敬的商人、慈善家李俊棠（Arthur Lee）先生，[2] 委托建造了一座定制塔，随着加拿大联邦百年纪念活动和第 67 届世博会的临近，李俊棠将宝塔捐赠给蒙特利尔市，并得到认可。这座宝塔在世博会前的 1966 年，由蒙特利尔市政府安装在圣奥本街（St-Urbain Street）东北角，[3] 成为唐人街一个突出地标。

1970 年代到 1980 年代初，因为土地征用与广场扩建，使得蒙特利尔唐人街逐渐变得窄小。例如，1975 年联邦政府收购及拆毁拉句诗浙西街西北方的华人商店、住宅和教堂，在该处兴建住宅及商业楼宇（Place du Complexe Desjardins）。之后，市政府又收购及拆毁拉句诗浙西街西南方的华人商店和住宅，兴建满地可议会中心（Palais des Congres）。中华天主教堂（The Chinese Catholic Church）作为该区域唯一保留的建筑，也岌岌可危。最后，因为民间的呼吁，1978 年 1 月，魁北克省政府正式宣布教堂为文化古物，不得拆毁，但业主应负责维修，如无特殊理由，也不得变更其用途。[4]

魁人党在 1976 年 11 月执政后，[5] 1977 年 8 月 26 日通过了 101 法案，[6] 该法

---

[1] Chinatown News, Sep.3, 1985, p.29.
[2] 李俊棠在蒙特利尔出生，是 1946 年成立的永兴隆有限公司（Wing Hing Lung）联合创始人。
[3] "Chinatown outlived Drapeau but it is still fighting city hall", The Gazette, Montreal, Jun. 13, 1987; History, 永兴隆面厂网站, https://wingnoodles.com/en/history.php, 检索时间：2021 年 9 月 20 日；Art Lee's life was difficult, and he never forgot that, his son recalls. As result, he believed in a sense of community; "it was important to him", The Gazette, Montreal, Nov. 15, 2002.
[4] 杜宝田神父,《加拿大蒙特娄华人堂区小史》, 2007 年，第 26—29 页。
[5] "Graham Fraser, Time to start thinking the unthinkable", Maclean's, Nov. 29, 1976, pp.18-21.
[6] BILL 101; After 40 years of Quebec's Bill 101, its legacy is still a matter of perspective: https://nationalpost.com/news/politics/legacy-of-quebecs-bill-101-40-years-on-depends-on-political-perspective, 检索时间：2021 年 2 月 20 日。

案规定禁止新移民子女入读英语学校,而且禁止使用除了法文之外的任何商业标识。所有说英语的和说其他语言的移民儿童均被强制入读法语学校。为此,满地可中华会馆、中加文化协会、满城华人天主教堂等向省政府呈文,希望政府考虑很多华人不会说法语的事实,不要对华人施行"独尊法语"的语言政策。他们强调华人及其子女并非不愿意学习法语,而是希望英语与法语的学习并举,同时希望华人子女能说流利的中国话。[1]语言的纷争也引起了华人社区的分裂,[2]加上许多新华人移民不太关心唐人街的发展,希望尽快搬离魁省,因此加剧了唐人街的萎缩。

1980年9月17日,满城华埠计划发展委员会经全侨选举成立,发展委员会希望与满城华侨华人一起关注唐人街的发展,并由满城华人联合总会出版非定期刊物《满城华报》,报道计划发展委员会会务,尤其是有关与三级政府的交涉过程及结果,并协助委员会推动及组织华人社区的活动,并鼓励本地华人积极参与。[3]

1981年9月,蒙特利尔市计划征地和拆除李氏公所大楼而拓宽圣奥本街(St-Urbain Street)。蒙特利尔华人社区联合中心成功获得超过2000人的签名反对此一举动,从而保存了李氏公所大楼。联合中心又发动修复及美化唐人街,最后市政府接纳联合中心的建议,将拉句诗浙西街美化为一条行人专用的商业街。[4]

1982年,市府和相关社团开始修补美化拉句诗浙西街两旁楼宇,兴建中国式牌楼。1986年,还建了中山公园。[5]

1988年,中华天主社区中心在拉句诗浙东街与圣伊丽莎白街(St.Elizabeth Street)的街角建立了一座可容纳22户长者的"仁爱楼"(Ren Ai Lou)。1990年6月16日,在"仁爱楼"南边,蒙特利尔中华天主教堂建造了慈爱和普爱两楼。[6]

---

[1]《满地可华人社团呈文,呼吁不要歧视英语》,《醒华日报》1977年5月24日。
[2]《古省华人反对法语独尊政策》,《醒华日报》1977年4月18日。
[3]《编者的话》,《满城华报》1983年3月。
[4] Henry K.C. Ng "Preliminary Study/Report on Redevelopment and Revitalization of Montreal Chinatown", Urban Planning Department, City of Montreal(unpublished ms)Jan.14 1982, p.20.; David Chuenyan Lai, *Chinatowns: Towns Within Cities in Canada*, University of British Columbia Press, Vancouver, 1988, p.151.
[5] 黎全恩、陈超万:满地可唐人街1890—2014,黎全恩、高保罗、王健编:《加拿大的唐人街》,西门菲莎大学林思齐国际交流中心,2017年,第95、96页。
[6] Father Thomas Tou, Chinese Catholic Church, David Chuenyan Lai interview, Apr. 1988;杜宝田神父,《加拿大蒙特娄华人堂区小史》,2007年,第32—35页。

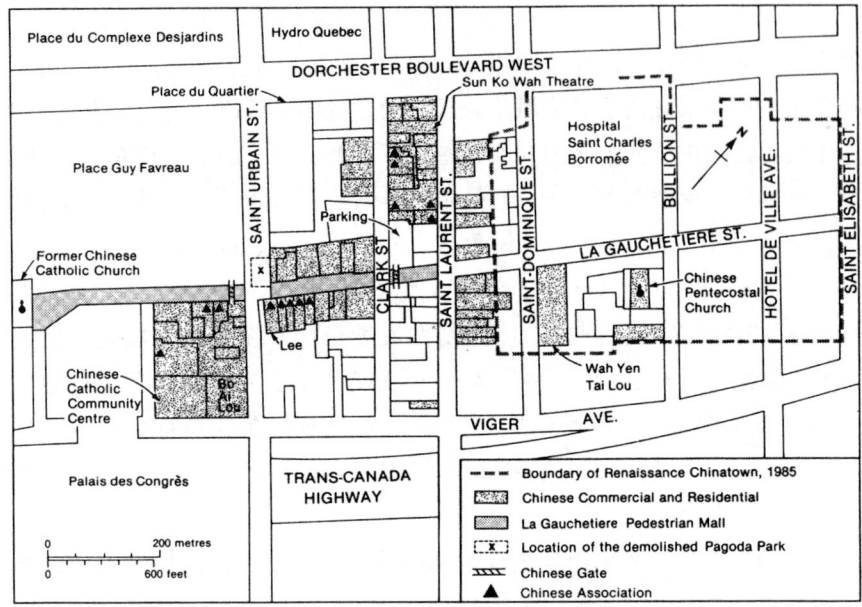

图 9.11 蒙特利尔唐人街 1986

资料来源：黎全恩

图 9.12 千禧年后的蒙特利尔唐人街

资料来源：贾葆蘅摄于 2015 年

靠近会议中心的假日酒店，在1991年落成。楼顶带有中华文化色彩的风格设计，使其成为唐人街的地标。1990年代，来自中国香港的投资移民在宝乐沙（Brossard）的达驰路大道（Taschereau Boulevard）建了3个以亚洲为主题的购物中心。另外，在康戈迪大学（Concordia University）与拉萨尔学院（La Salle College）的西面地区，建立了许多华人商业。此外，中华医院在2001年由蒙特利尔基金会在唐人街重建。[1]

蒙特利尔市的梦湖园（Dream Lake Garden），西人称为"中国花园"（The Chinese Garden），坐落于该市植物园内，有7个展馆，是具有中国江南风格的园林。由该市与姐妹城市上海合作，于1990年开始兴建。上海园林设计院特为设计，并派出园林工程专家主持施工，经过50多位中国建筑工人一年多的努力，终于在1991年建成。取名"梦湖园"，因为它是蒙特利尔与上海的合作结晶，故因蒙、沪两市的中文谐音而得名。1991年6月22日，举行落成揭幕典礼。[2]

图9.13 蒙特利尔梦湖园
资料来源：贾葆蕳摄于2015年

---

[1] 黎全恩、陈超万：满地可唐人街1890—2014，黎全恩、高保罗、王健编：《加拿大的唐人街》，西门菲莎大学林思齐国际交流中心，2017年，第85—97页。

[2] Encylcopedia of French Cultural Heritage in North America, http://www.ameriquefrancaise.org/en/article-426/Montreal_Botanical_Garden.html, 检索时间：2021年10月15日；李保东：蒙特利尔"梦湖园"：中加友谊地久天长，新华网，2015年6月3日：http://www.xinhuanet.com/world/2015-06/03/c_127874176.htm, 检索时间：2021年10月16日。

第四节　附近重建或原地重建的唐人街

虽然加拿大主要的唐人街在战前的形成地点，都是在当时市中心边缘最"脏、乱、差"的地方，几乎可以用"贫民窟"来形容，但是，随着战后加拿大从农业国转化成工业国，以及开放移民申请，各大城市的人口出现了快速的增长，导致市中心的规模不断向外扩张，唐人街地皮的价值也水涨船高，成为各大市政府"觊觎"的目标。拆毁唐人街，将其扩成新的市中心商住两用的计划，成为各市府规划的主要目标。

这种城建规划，引发了唐人街社区的意见分歧。一方主张全面改建，即使拆掉所有的历史旧建筑也在所不惜；一方主张新建设不能以摧毁旧唐人街为代价，不少历史遗址应该通过"改建"来翻新。

可惜的是，拆建派在不少城市占了上风，从而在旧有唐人街的区域内，出现了新建筑群，具有历史人文价值的旧唐人街，被一座座新楼替代，即使是传播中华文化的文化中心，也由新的现代建筑来承担。这种高密度发展起来的"取代唐人街"，与各大城市中心的布局相配套，也确实能够增加日渐衰退的唐人街人口，但它们却牺牲了唐人街历史人文的"遗址传承"，让唐人街作为华人社区在历史上衣衫褴褛、逆境奋斗的"活化石"价值丧失不少。

三个在附近重建或在原地大规模更新、重建的唐人街位于卡尔加里（Calgary）、埃德蒙顿（Edmonton）及多伦多（Toronto）。卡尔加里新唐人街在原地重建，埃德蒙顿南部及多伦多中区的唐人街在异地建立。

1. 卡尔加里原地大规模更新、重建的唐人街

1960年代，卡尔加里的唐人街很多房产归投资者所有。一些破旧房子因难以维护而被拆掉或建成停车场。1966年，卡尔加里市提出了新规划，包括建议兴建一条贯穿南第二道和南第三道的干线大道，这个建议如果被执行，将造成唐人街支离破碎而毁灭大半。[1]因此，卡城华人行动起来加以抵制。一些华人在1969年组建了善乐社，[2]这是一个有许多年轻商人和专业人士的团体。该社动员社区华人反对这个计划，最后劝服政府取消了新规划。在该提案被搁置后，为了维护华人

---

[1] City of Calgary, *Planning and Building Department*, *Chinatown Area Redevelopment Plan*, 1986, p.6.; 1967–1974 Preservation and Promotion of Chinatown：*Chinatown Historical Context Paper*, The City of Calgary Records & Information Management（RIM）Inspection & Permit Services, 2019, p.37.

[2]《卡城善乐社》,《卡城华人社区百周年纪念特刊》, 卡城中华协会刊行, 1993年, 第31页。

和唐人街的利益，华人在 1969 年 8 月联合善乐社、致公堂和马氏公所等 27 个华人社团，组成卡城中华协会（United Calgary Chinese Association），领导全侨保护唐人街，弘扬中华文化，继续为华人的福利而努力。[1]

1974 年，市议会划定约 20 公顷地方作为"唐人街"区，指定为街坊改善计划地。[2] 1973 年，唐人街里弓河扩建项目被重新命名为"Downtown Penetrator"。这次社区领袖为了唐人街的未来，组建了唐人街发展特别工作组（the Chinatown Development Task Force）。何荣禧（George Ho Lem）联合约 170 名专业和非专业人士，撰写了卡尔加里唐人街设计简要方案（The Calgary Chinatown Design Brief），建议保留唐人街，并把它发展成一个为华人及非华人而设的住宅区。市议会于 1976 年批准此方案，这便是美化卡尔加里唐人街的开始。[3] 之后，当局开始清理打扫唐人街道路，拆除许多老旧及废弃的房屋，腾出空地以备重建新大厦。1976 年，卡城善乐社向政府申请土地，建立了后来的"善乐公园"。[4]

这期间，何荣禧成立了"卡尔加里华埠发展基金会"（The Calgary Chinatown Development Foundation, CDF），[5] 委员会还向加拿大抵押和房屋公司借款，于 1976 年盖起了一座耆英住所，名为"爱群大厦"（Oi Kwan Place），此外还兴建了其他的高层大楼，如河边大厦（Bowside Manor）、弓边中央广场（Bow Central Plaza，现称五丰收广场 Five Harvest Plaza）和伍氏中心（Ng Tower Centre）等。[6] 1978 年，

---

[1] David Chuenyan Lai, *Chinatowns: Towns Within Cities in Canada*, University of British Columbia Press, Vancouver, 1988, p.135.；《卡城中华协会》，《卡城华人社区百周年纪念特刊》，卡城中华协会刊行，1993 年，第 32 页；*Chinatown Historical Context Paper*, Commissioned By The City of Calgary, The City of Calgary Records & Information Management(RIM)Inspection & Permit Services, 2019, pp.37-38.

[2] City of Calgary, *Planning Department*, *Calgary Chinatown Design Brief*, Sep. 1976, p.1.

[3] City of Calgary, *Planning Department*, *Calgary Chinatown Design Brief*, Sep. 1976, p.1., pp.2-4.；*Chinatown Historical Context Paper*, Commissioned By The City of Calgary, The City of Calgary Records & Information Management（RIM）Inspection & Permit Services, 2019, pp.37-38.

[4]《卡城善乐社》，《卡城华人社区百周年纪念特刊》，卡城中华协会刊行，1993 年，第 31 页。

[5] *Chinatown Historical Context Paper*, Commissioned By The City of Calgary, The City of Calgary Records & Information Management(RIM)Inspection & Permit Services, p.39.；David Chuenyan Lai, *Chinatowns: Towns Within Cities in Canada*, University of British Columbia Press, Vancouver, 1988, p.136.

[6] *Chinatown Historical Context Paper*, Commissioned By The City of Calgary, The City of Calgary Records & Information Management（RIM）Inspection & Permit Services, 2019, p.38., p.46.；David Chuenyan Lai, Chinatowns: Towns Within Cities in Canada, University of British Columbia Press, Vancouver, 1988, p.136.

马氏社团建造了一幢五层高的建筑物,位于 1102 Avenue SE 的中心街上。[1] 20 世纪 80 年代后,卡尔加里很多华人迁去其他社区,随着卡尔加里市中心的发展,中国餐馆成为非中国人在周日吃点心和午餐时间用餐的热门目的地。1985 年,卡尔加里唐人街已有 93 家企业。[2]

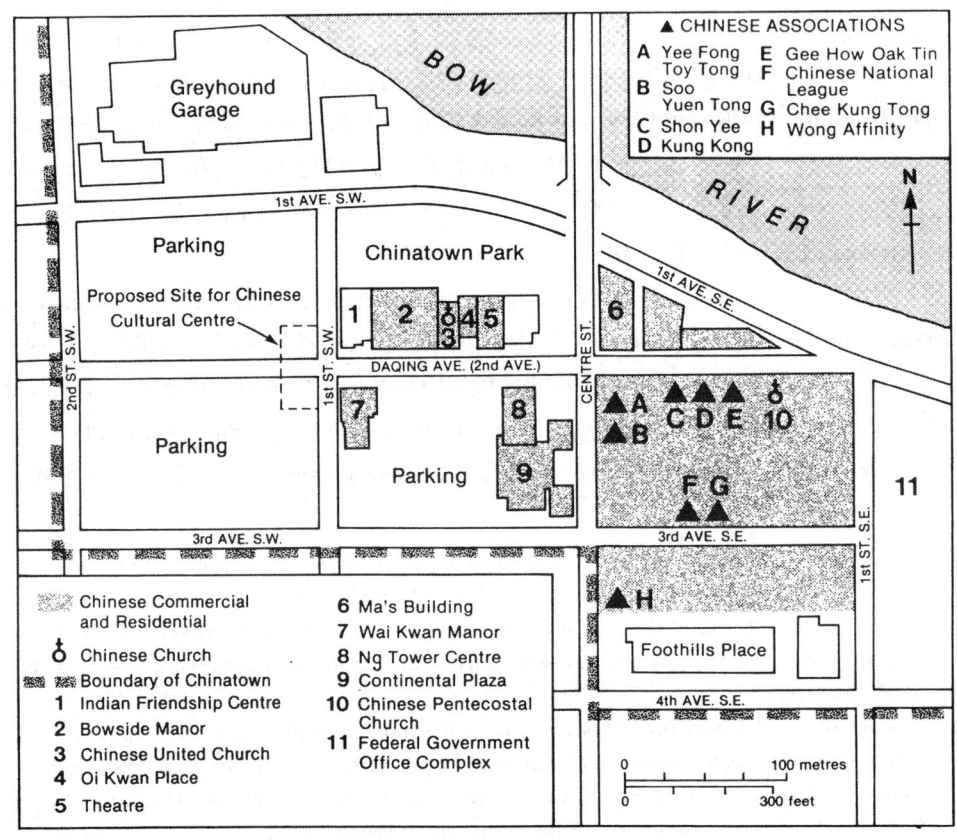

图 9.14 1986 年的卡尔加里唐人街地图

资料来源:黎全恩

---

[1] *Chinatown Historical Context Paper*, Commissioned By The City of Calgary, The City of Calgary Records & Information Management(RIM)Inspection & Permit Services,2019,p.46.

[2] *Chinatown Historical Context Paper*, Commissioned By The City of Calgary, The City of Calgary Records & Information Management(RIM)Inspection & Permit Services,2019,p.43.

20世纪80年代初，唐人街重建项目的高度和密度引起了争议。多层大厦的发展引起卡城中华协会的不满。华埠发展基金会计划在空地兴建发展高密度的商业和住宅项目。卡城中华协会则主张根据1976年撰写的设计方案，必须保留唐人街作为一个低密度华人地区的特点，只能建造一些小型或中型公寓楼宇。在卡城中华会馆和华埠发展基金会争论期间，一些唐人街大业主和商人于1982年另外组织了"卡尔加里唐人街纳税人协会"（Chinatown Ratepayers Association of Calgary），发布了一个新唐人街计划，要求唐人街高密度发展。[1]这个新成立的协会使争端变得更加复杂化。为了解决问题，市议会聘请了一位顾问，成立了唐人街发展计划工作研讨会，于1984年完成唐人街区域重建计划书。该计划书建议在唐人街核心区内，盖建中型至高密度型商住楼宇，而在其周边区域，则发展高密度商业用地。计划书更推荐在西南第二街及西南第二道（大庆路）的交叉点西侧，建设中华文化中心。[2]自此，一些新的建筑开始出现。慧群大厦（Wai Kwan Manor, 200 1 Street SW）建于1985年，英华大厦（Wah Ying Mansion, 122 3 Avenue SE）建于1986年，好运广场（Good Fortune Plaza 111/115/119 3 Avenue SE）建于1987年。香港商业中心（Hong Kong Plaza, 128 2 Avenue SE）建于1990年代早期，[3]龙城购物中心（Dragon City Mall 328 Centre Street South 328）建于1994年。[4]

1984年，唐人街区域重建计划书完成后，文化中心建设逐步开始。该设计是仿照北京天坛祈年殿建成，是唐人街最知名的建筑。自1992年9月27日隆重开幕以来，一直是社区活动的重点地区。[5]

---

[1] *Chinatown Ratepayers Association of Calgary*, *Chinatown Development Proposal*, Oct. 1982, pp.7–9.
[2] City of Calgary, Planning and Building Department, *Chinatown Handbook of Public Improvements*, 1985, p.18; David Chuenyan Lai and Lloyd Sciban, "Calgary Chinatown, 1888–2015", Chinese Canadian History Project Council Chinatown Insert, 2015, p.4.; *Chinatown Historical Context Paper*, Commissioned By The City of Calgary, The City of Calgary Records & Information Management（RIM）Inspection & Permit Services, p.39.
[3] *Examples/additional character-defining elements*: *Chinatown Historical Context Paper*, Commissioned By the City of Calgary, The City of Calgary Records & Information Management（RIM）Inspection & Permit Services, p.54, p.55.
[4] *Chinatown Historical Context Paper*, Commissioned By The City of Calgary, The City of Calgary Records & Information Management（RIM）Inspection & Permit Services, 2019, p.55.
[5] Background, the Calgary Chinese Cultural Centre website, https://www.culturalcentre.ca/history, 检索时间：2021年10月7日。

图 9.15　卡尔加里中华文化中心

资料来源：贾葆蘅摄于 2019 年

图 9.16　1992 年的卡尔加里唐人街

资料来源：黎全恩摄于 1992 年

善乐公园（Sien Lok Park）第一期工程开始于 1982 年。2001 年 9 月 29 日，在善乐公园里修建成善乐社千禧年英名纪念碑。[1]

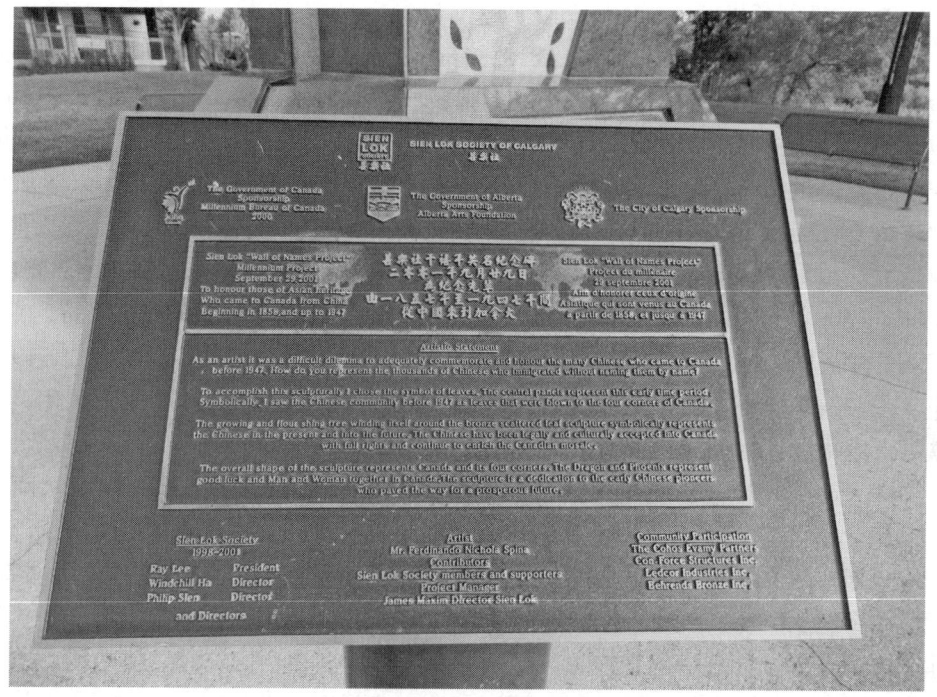

图 9.17　善乐社千禧年英名纪念碑

资料来源：贾葆蘅摄于 2019 年

另外，还对卡城唐人街街道设施进行了重新装修。例如，建有绿色瓦屋顶、红色金属立柱、红色金属长凳等。位于中国文化中心西侧入口处的大庆广场虽然不是很大，但地上的图案却别具一格。

在战后将近 30 年的时间里，卡尔加里唐人街陆陆续续进行了多次比较彻底的美化工程，二次大战前的屋宇几乎被拆毁，新唐人街替代了旧唐人街。

2001 年，卡尔加里华商会（Calgary Chinese Merchants Association）主办唐人街

---

[1] Sien Lok Park：The City of Calgary web site, https://www.calgary.ca/CSPS/Parks/Pages/Locations/Downtown-parks/Sien-Lok-Park.aspx，检索时间 2021 年 9 月 20 日；资料来自善乐公园善乐社千禧年英名纪念碑；In Search of Gold Mountain - Calgary, Alberta, https://www.waymarking.com/waymarks/WM1X61_In_Search_of_Gold_Mountain_Calgary_Alberta，检索时间：2021 年 9 月 20 日；Sien Lok Park，https://chinatowncalgary.com/attractions.html，检索时间：2021 年 9 月 20 日。

艺术节（The Chinatown Street Festival in Calgary），展示了中国传统工艺美术等，吸引了超过70000人参加。[1]

2. 埃德蒙顿南唐人街

第二次世界大战后，位于渣士巴道（Jasper Avenue）和102大道之间的97街（97 Street）上的埃德蒙顿旧唐人街已经很破旧，原来住在唐人街的大部分华人已搬迁到较好的住宅区。旧唐人街只剩为数不多的华人，还有一些华人商店在97街的东边。20世纪70年代，加拿大联邦政府将旧唐人街楼宇拆毁，在该处兴建加拿大广场（Canada Place），作为联邦政府地区办事处总部。[2] 1975年4月，中华会馆成立"点城华人社团委员会"（The Edmonton Chinese Community Development Committee）。该协会与市政府合作，于1977年在102大道的95街和96街之间，兴建了新的"华人耆英大厦"（The Chinese Elders' Masion）和点城双语日托中心。[3] 1977年4月，一些华商侨领和华人商会、警世钟剧社和洪门组织等15个华人团体，成立"点城华埠计划委员会"（The Edmonton Chinatown Planning Committee），[4] 建议在102大道至贾斯珀道（Jasper Avenue，当地称渣士巴道）的95街和96街之间的5个街区，重建一个唐人街，[5] 将旧唐人街的华人居民和商店迁过来，而负责设计华埠规划蓝图的是姚程辉（Tephen Lu）。委员会还建议在102大道和96街的路口，设立一个纪念广场，兴建一座中国牌楼。1980年8月，市议会原则上批准了"重建华埠"计划。计划中的初步设计包括几个项目，如建中国花园、停车场、中国牌楼和其他文化元素。[6] 1984年9月，这些由市议会批准的项目，被列入市长的城市核心专案小组的最后报告中。重建的唐人街位于101A大道和102A大道，从95街扩展延伸至97街。华人社区投资超过一亿加元，项目有耆英住所、疗养康乐

---

[1] 黎全恩、Lioyd Sciban：卡加利唐人街1888—2015，黎全恩、高保罗、王健编：《加拿大的唐人街：承前启后，走进未来》，西门菲莎大学林思齐国际交流中心，2017年，第36页。

[2]《点城华埠简史》，《点问顿华人社区华埠100周年纪念特刊》，2013年，第12页；黎全恩、Brian Evans：爱民顿唐人街1900—2013，黎全恩、高保罗、王健编：《加拿大的唐人街》，西门菲莎大学林思齐国际交流中心，2017年，第44页。

[3] City of Edmonton, *Future of Chinatown*, pp.30-32.

[4] David Chuenyan Lai, Chinatowns: Towns Within Cities in Canada, University of British Columbia Press, Vancouver, 1988, p.140.；黎全恩、Brian Evans：爱民顿唐人街1900—2013，黎全恩、高保罗、王健编：《加拿大的唐人街》，西门菲莎大学林思齐国际交流中心，2017年，第44页。

[5] City of Edmonton, *Future of Chinatown*, pp.31-32.

[6] City of Edmonton, *Planning Department*, *Revised Chinatown Plan*, 1980, p.12.

设施、多元文化中心和图书馆等。[1]

当市议会仍在复核"重建华埠"设计的时候，某些项目已经动工。例如，中华会馆已成功地在省政府和华人社区筹得近160万加元，准备在"华人耆英大厦"旁兴建一座爱城华埠文化中心，该中心在1985年2月正式开幕。

图9.18　埃德蒙顿中华文化中心
资料来源：贾葆蘅摄于2017年

1986年12月，市议会批准在"重建华埠"的入口处，兴建一个具有中国特色的"中华门"（Chinse Gate）。中华门位于97街，横跨102大道（其后改为哈尔滨路，Harbin Road），1987年建成。[2] 1989年，中华会馆在唐人街购买了土地，打算

---

[1]《点城华埠简史》《点问顿华人社区华埠100周年纪念特刊》，2013年，第13页。
[2] David Chuenyan Lai and Brian Evans, "Edmonton Chinatown, 1900s–2013", *Chinese Canadian History Project Council Chinatown Insert*, 2015, p.4.；《点问顿中华会馆》，《点问顿华人社区华埠100周年纪念特刊》，2013年，第23页，第58页。

兴建一座华人疗养院;1991年,"华人耆英大厦"第二期业已完成。1997年,华人安老院建成;[1]原有的旧唐人街的华人社团,如洪门致公党、国民党、中华会馆、黄氏和马氏宗亲会的楼宇,也在"重建华埠"的范围内。

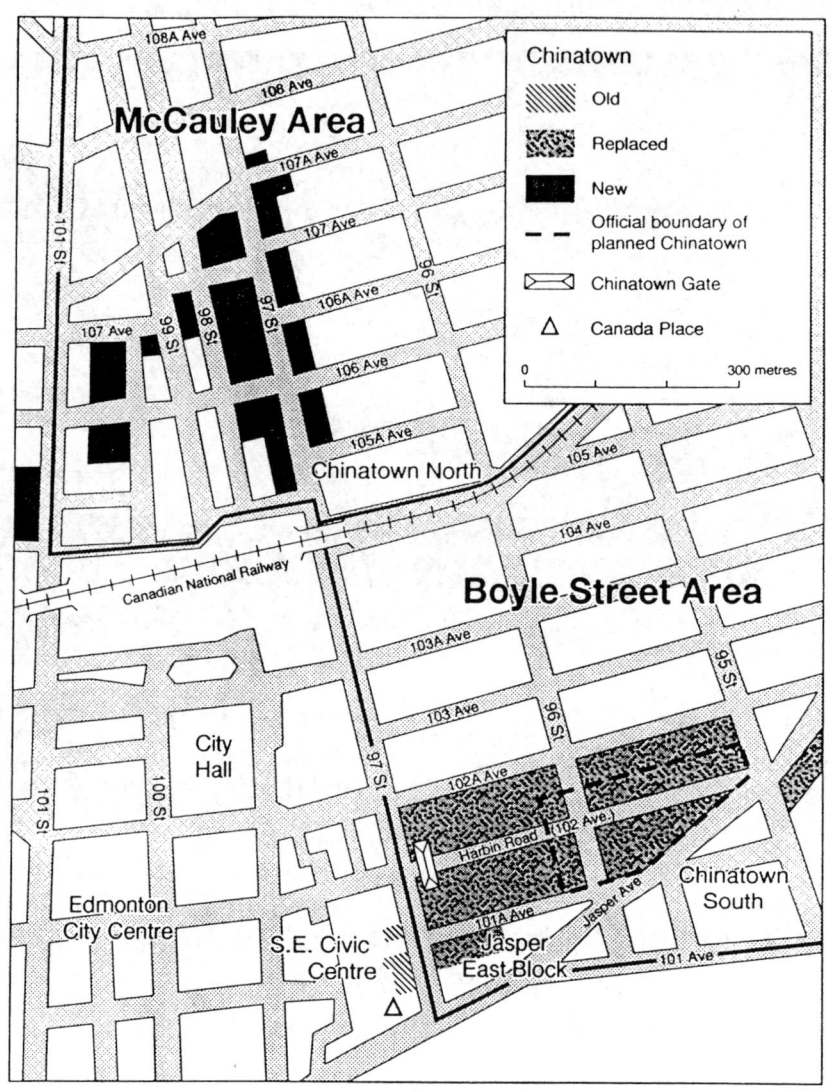

图9.19 1995年的埃德蒙顿唐人街地图

资料来源:黎全恩

---

[1] 《点问顿华人社区华埠100周年纪念特刊》,第13页。

现在，埃德蒙顿新唐人街被称为"南唐人街"，面积范围包括由101大道至103大道之间的95街到97街。[1] 该唐人街商业并不繁荣，主要原因是华人人口有限，年轻人不多，大部分是耆英居民，他们的消费能力有限。尽管该唐人街接近埃德蒙顿市中心，但地理优势的潜力没有发挥出来。不过一些华人社团坐落于此，并经常举办活动，给"南唐人街"带来了活力。

图9.20　埃德蒙顿中国花园

资料来源：贾葆蘅摄于2017年

3. 多伦多旧唐人街

1920年后，多伦多唐人街在皇后西街和登打士西街的伊丽莎白街和栗子街形成。但是到了20世纪50年代末和60年代初，多伦多市政府收回面积近2/3的唐人街，以兴建内森·菲利普斯广场（Nathan Phillips Square，当地称弥敦菲腊广场）和新市政厅大楼。后又因为地价上涨，许多华人业主高价将物业出售给发展商。到20世纪60年代，旧唐人街只剩下一些华人商店，分布在登打士西街（Dundas

---

[1]《点问顿华人社区华埠100周年纪念特刊》，第13页。

Street West)、南边的切斯特纳特街（Chestnut Street，当地称栗子街）和伊丽莎白街（Elizabeth Street）[1]。

1967年，多伦多城市发展专员沃特·曼托珀（Water Manthorpe）向市议会建议唐人街搬迁。华人则希望保存唐人街在伊丽莎白街剩余的建筑物。[2]当地侨领林黄彩珍（Mrs.Jean Lumb）站出来，于1969年成立拯救华埠委员会（Save Chinatown Committee）。[3]委员会成立后，即向侨胞发出公开信，指出保存华埠已经刻不容缓，希望侨胞和社团多提意见，同时还在媒体中宣传保存华埠的必要性。1970年，规划局向市议会建议，兴建高密度住宅、商业以及一些用于其他用途的楼宇机构，替代唐人街低密度的住宅和商业楼宇。这项建议受到加拿大华人协会和加华联合行动的强烈反对，认为这会使唐人街的特色消失。[4]安省中华会馆也于1973年年初向大多市议会呈交抗议书，反对有损华埠的计划。[5]最终，委员会和侨社取得成功，市政府保留了唐人街。1973年，规划局决定把大部分位于士巴丹拿东南面的区域保留为低密度住宅和商业区，只有南面和东面部分可改为多用途的高密度住宅区。唐人街虽然被保留下来，但是到了1984年，只剩下10间餐厅和4个协会了。[6]

多伦多还有一个唐人街被称为中区华埠。20世纪50年代末，大部分华人商店、侨社会所和居民陆续迁往大学路以西的登打士西街（Dundas St.West）。贝弗利街（Beverley Street，当地称毕华利街）至士巴丹拿街（Spadina Street）的南面和北面原属于犹太人居民区。1960年代后，犹太人迁往多伦多西北边缘的新住宅区，因此登打士西街的南面和北面，有大量房屋平价出售或出租，很多华人便迁居该处。至1971年，该区已经有4000多华人居民。[7]登打士西街及其附近

---

[1] "Redeveloping Chinatown: When? How? By whom?", The Globe and Mail, Toronto, Nov. 25, 1965.
[2] David Chuenyan Lai, *Chinatowns: Towns Within Cities in Canada*, University of British Columbia Press, Vancouver, 1988, p.146.；多伦多市政府档案处本地中文历史资料。
[3] 多伦多市政府档案处本地中文历史资料；《保存都城华埠委员会成立 欢迎华埠业主及侨界参加》，《醒华日报》1969年4月14日。
[4] 《林黄彩珍谈称华埠必要保存》，《快报》1971年1月19日；《保存华埠委员会致侨胞公开函件》，《醒华日报》1969年6月2日。
[5] 《抗议华埠改建之计划，中华会馆昨发抗议书》，《醒华日报》1973年1月24日。
[6] David Chuenyan Lai, *Chinatowns: Towns Within Cities in Canada*, University of British Columbia Press, Vancouver, 1988, p.149.
[7] David Chuenyan Lai and Jack Leong, *Toronto Chinatown*, 1978-2014, Chinese Canadian History Project Council Chinatown Insert, 2015, p.4.

第九章　旧唐人街的衰落与振兴及新唐人街的诞生·233

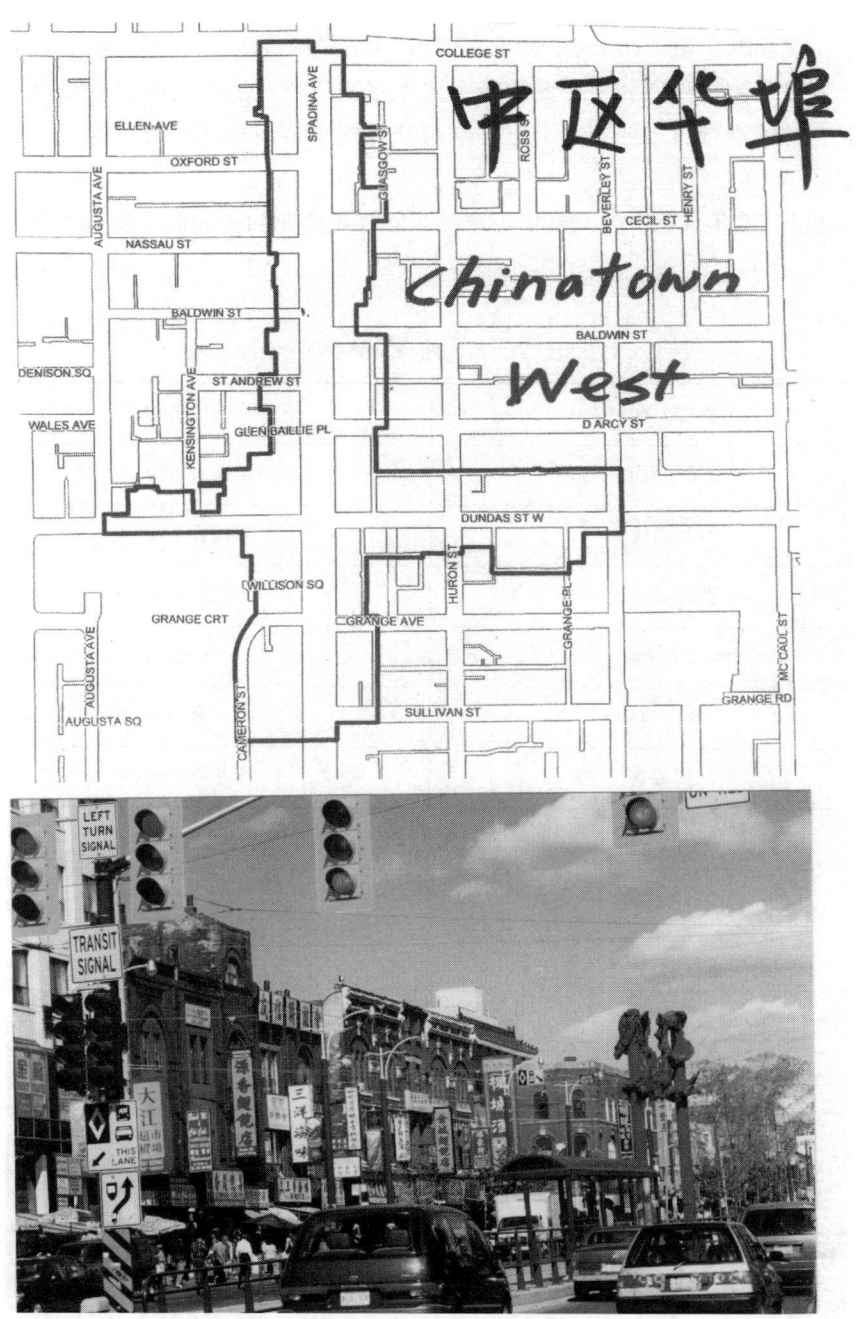

图 9.21　多伦多中区华埠
资料来源：黎全恩

的横街，例如赫龙街（Huron Street，当地称向朗街）等，华人零售店、餐馆、咖啡室、理发店和社团等相继在此出现。多伦多改道重建的唐人街，便开始在这一带发展，继续沿登打士西街和士巴丹拿街交界向东、南和北方面发展，市府称该处为中区唐人街。[1]

20世纪70年代初，多伦多华埠逐渐兴旺，光商业酒楼和商店就有不少（参见表9.1）。

表9.1　20世纪70年代多伦多华埠的部分酒楼和商店

酒楼名称	商店名称
中华大酒家	海宫鱼铺
西湖酒楼	肉食杂货
西湖茶楼	荣兴行
金龙大酒家	大中华贸易公司
双龙大酒家	三利公司
江南饭店	永生芽菜米行
鸿运大酒楼	中国国货公司
中国城酒家	鸿发烧腊
广州酒楼	
文化酒楼	
大华酒家	
天虹餐厅	
中国楼酒家	

资料来源：《多城华埠酒楼》，《快报》1971年1月9日；《多城华埠商店》，《快报》1971年1月16日。

---

[1] 黎全恩、梁恒达：多伦多唐人街 1877—2012，黎全恩、高保罗、王健编：《加拿大的唐人街》，西门菲莎大学林思齐国际交流中心，2017年，第68页。

随着中区唐人埠的快速发展，1977年6月，多伦多市议会将唐人街列为观光旅游区，[1] 为唐人街带来新的发展契机。1979年，在多伦多市议会、规划局和华人社区的努力下，西区（被视为中区华埠）唐人街的特殊身份正式确立。随后该区出现的新建筑物，很多带有中国文化的传统特色，在中区唐人街还竖起了两扇"门形"作标志。[2]

图9.22 "门形"标志

资料来源：贾葆蘅摄于2014年

第五节 新的唐人街

如前所述，改道和原地重建的唐人街的可惜之处在于，见证历史的建筑物均

---

[1]《多伦多市议会昨日通过将华埠列为观光旅游区》，《醒华日报》1977年6月7日；《华埠西区已有中文路牌译名》，《醒华日报》1976年11月5日。

[2] David Chuenyan Lai and Jack Leong, *Toronto Chinatown*, 1978-2014, Chinese Canadian History Project Council Chinatown Insert, 2015, p.4.

遭拆毁,让百年或者半个多世纪的唐人街的历史记忆也随之淡化。唐人街的历史和人文价值的消失,不利于确立加拿大国民对华人整体定位和历史贡献的"集体历史记忆",从而导致不少非华裔人士仍然将华人视为"外来者"。

其实,随着战后移民政策的改变,华人新移民不断进入加拿大,也带来了新的商机。由于社会已经开放,华商不必为了自保进入原有的唐人街地域,他们在一些华人居住较多的地方,开辟出不同于传统唐人街模式的商业街,渐渐演变成战后新唐人街。

新唐人街与旧唐人街不同,新唐人街建立于1960年代后,最初只是一条街道上有很多华人商店和餐馆,但并没有华人居住,也没有侨团会所等。加拿大5个新唐人街建在埃德蒙顿市北部（Edmonton North）、沙士加寸市、温沙市（Windsor）、渥太华市（Ottawa）及多伦多市东区（Toronto East）。

1. 埃德蒙顿市新唐人街

20世纪70年代末,在97街加拿大国家铁路立交桥北和105大道上,出现了一些华人开设的商店,新唐人街在这里萌芽。到了1986年3月,有22间华人商店、餐馆、杂货店等建在105和107A大道之间的97街区上,[1]成为一条新唐人街,市政府称为埃德蒙顿北唐人街,这些商店大都由中国香港华侨和越南华侨经营。北唐人街内没有华人社团组织和华裔群居的住宅,这是与南唐人街不同之处。1979年,加拿大同意接收高达5万名印支难民后,[2]埃德蒙顿的越裔和越南华侨社区,纷纷在北唐人街周围地段出现。

20世纪90年代初,有几位越南华侨和中国香港发展商开始在97和101之间的街道上收购物业,逐步改建为商场。1998年,埃德蒙顿市政府兴建了一座牌坊,名叫"喜临门（Xi Lin Men）",它跨越97街,靠近万国道（107A大道）,[3]以纪念越裔和其他族裔移民欢欢喜喜迁徙到加拿大此地。在喜临门侧,有一个圆形的平台,周围竖立着12个装饰柱,分别代表了中国12生肖和甲子年历。

---

[1] David Chuenya Lai, Chinatowns: *Towns Within Cities in Canada*, University of British Columbia Press, Vancouver, 1988, pp.156-157.
[2] *Canada Year Book, 1980-1981*, p.125.
[3] 《爱民顿唐人街1900—2013》,黎全恩、高保罗、王健编:《加拿大的唐人街》,西门菲莎大学林思齐国际交流中心,2017年,第48、49页。

第九章　旧唐人街的衰落与振兴及新唐人街的诞生·237

图 9.23　喜临门
资料来源：贾葆蕍摄于 2017 年

图 9.24　12 生肖和甲子年历装饰柱
资料来源：贾葆蕍摄于 2017 年

进入 21 世纪，埃德蒙顿原有的唐人街已被拆除，但南、北两个新唐人街却悄悄兴起。南唐人街发展成文化之地，北唐人街渐渐扩展为商业中心。

2. 萨斯卡通（Saskatoon）市新唐人街（沙士加寸）

1961 年，在沙省的沙士加寸市，华人人口增至 499 名。[1]数间华人餐馆及商店在 B 道及 D 道中间的 20 街开设，1986 年，由 20 街和 C 道交叉处，20 间华人商铺呈扩散式在四边兴建，成为沙士加寸市新的唐人街。[2]

3. 温莎市新的唐人街（Windsor）

1961 年至 1981 年的 20 年间，温莎市华人人口猛增 9 倍，由 500 名增至 5000 名以上。[3]华人中很多是由中国香港和东南亚来的华人学生，在私立学校或温莎大学就读，因此，大学北面的怀恩多特西街（Wyandotte Street West）有数间华人店铺和餐馆应运而生。至 1985 年，街上已有 3 间餐馆、2 间杂货店、1 间饼店和 1 间书店，华安度西街便成为温莎市的微小的新唐人街。此外，一个临时的中华文化中心出现在教会街（Church Street）上，并于 1982 年 1 月 24 号开幕。[4]

4. 多伦多市东区新唐人街（Toronto Chinatown East）

1970 年代，许多低收入的华人移民搬到中区唐人街以东大约 3 公里的里弗代尔区（Riverdale，当地称河谷区），因为这里的物业更便宜，租金也低得多。[5]此外，河谷区有较大的公园、公共图书馆等设施，也有公交车直达该区。因此许多西区唐人街的华人业主卖掉中区唐人街的房屋，搬往河谷区较低廉的房屋中。这里日后被称为多伦多东区唐人街，即"东区华埠"。

1972 年 7 月，张梓桐（Charles Cheung）在百乐汇道 383A 开设了洪记肉食（Hung Kee Store）。同年，位于 597 号的许店（Hsu Store）、339 号的海丰鱼类（Hai Fung Fish）和肉类市场（Meat market）分别在芝兰东街（Gerrand Street East）开业。[6]百乐汇道 341 号的高升餐厅（The Ko Sing Restaurant）开业后，吸引了相当多的华人消费

---

[1] Census of Canada 1961.

[2] David Chuenya Lai, *Chinatowns: Towns Within Cities in Canada*, University of British Columbia Press, Vancouver, 1988, p.157.

[3] Census of Canada 1981.

[4] David Chuenyan Lai, *Chinatowns: Towns Within Cities in Canada*, University of British Columbia Press, Vancouver, 1988, p.163.

[5] David Chuenyan Lai and Jack Leong, *Toronto Chinatown*, 1978–2014, Chinese Canadian History Project Council Chinatown Insert, 2015, p.6.

[6] David Chuenyan Lai, *Chinatowns: Towns Within Cities in Canada*, University of British Columbia Press, Vancouver, 1988, p.169.

者。相比起中区，东区华埠有更多的泊车位，有良好的公车服务系统。[1]可以说，20世纪70年代后期，越来越多的华人商店沿百乐汇道（Broadview Avenue）以南至登打士东街（Dundas Street East）、芝兰东街（Gerrard Street East）一带，以及位于百乐汇大道和芝兰东街以东的豪兰道（Howland Road，当地称霍兰德道）建立起来。[2]

5. 渥太华市新唐人街（Ottawa）

渥太华是加拿大的首都，但却是华人较晚大规模进入的一个主要城市，20世纪70年代以后，渥太华华人人口快速增长，华人投资者也随之进入。

1960年代后期，几个华人商家开始在中心区（Centre Town Ward）和达尔豪北区（Dalhousie North Ward，当地称戴豪斯北区）内的萨默塞特街（Somerset Street West，当地称森马锡西街）开业。1974年，不少华人店铺和餐馆相继在中心区内的森马锡街北边开业，其中有中国餐馆（Chinese Restaurant）、上海餐馆（Shanghai Restaurant）和新安杂货铺（Sun On Grocery）等。[3]1970年代后期，不少新华人移民涌入渥太华，使华人人口从1971年的3060人剧增至1981年的8205人。[4]很多新移民进入渥太华后，开始在戴豪斯北区内的森马锡西街开业谋生。当时，该区住着相当多不同语言不同族裔的居民。以1971年为例，当地54%的居民以英语为母语，另有22%讲法语，17%讲意大利语，7%讲葡萄牙语、印度语或其他语言。[5]

1980年4月16日，渥太华市政府议决将戴豪斯北区确定为重建区域，并对布朗森大道（Bronson Avenue，当地称邦臣大道）至普雷斯顿街（Preston Street，当地称俾斯顿街）之间的森马锡西街进行美化。[6]该决议使森马锡西街的华人生意迅速兴旺起来。不少华人商店陆续在森马锡西街的新商业大厦或重建的屋宇内开张经营。1982年，在肯特街（Kent Street）与弗洛伦斯街（Florence Street，当地称佛洛伦斯街）交会处，渥太华华人中心正式投入使用。[7]此时当地华人已称森马锡西

---

[1] City of Toronto, Planning Board, final Recommendations-South–East Spadina（Mar.1979）70.

[2] David Chuenyan Lai, *Chinatowns*: *Towns Within Cities in Canada*, University of British Columbia Press, Vancouver, 1988, p.169.

[3] David Chuenyan Lai, Chinatowns: Towns Within Cities in Canada, University of British Columbia Press, Vancouver, 1988, p.158.

[4] Census of Canada, 1981.

[5] City of Ottawa, Planning Branch, Dalhousie Study: Existing Conditions Report（Nov.1975），p.16.

[6] City of Ottawa, Planning Branch, *Dalhousie North Redevelopment Plan July 1980*, p.20.

[7] Chinese Canadian Community News, Ottawa（May 1982），p.4., p.9.

街为唐人街。但森马锡西街上还有很多意大利、印度、越南和泰国的商店,这些族裔并不认可森马锡西街就是唐人街。

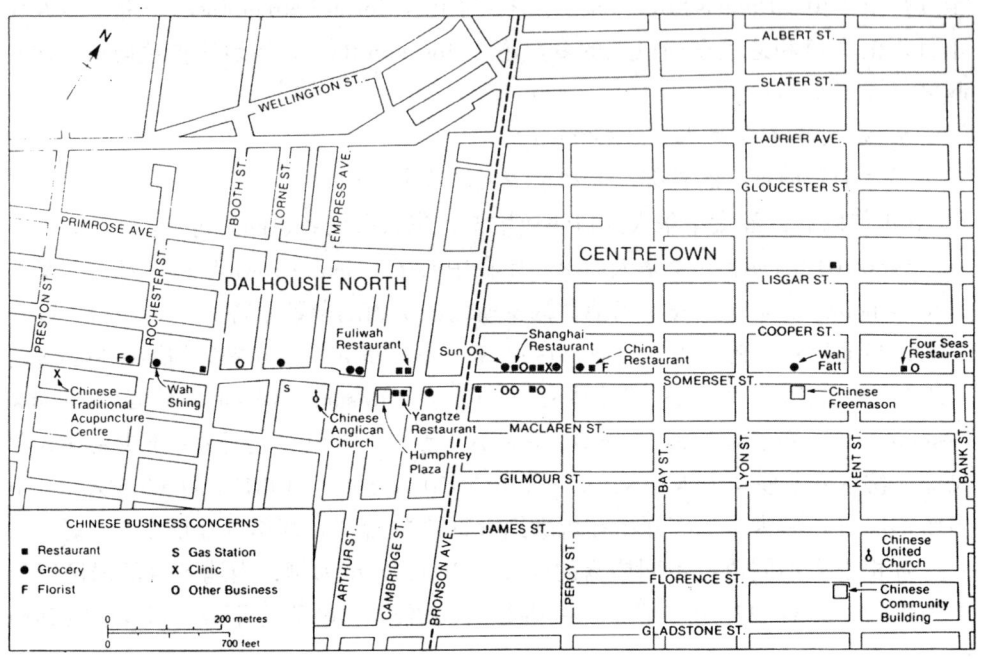

图 9.25　1986 年渥太华唐人街地图
资料来源:黎全恩

1986年2月,8位侨社代表和多位华人侨领成立了"唐人街发展委员会"(Chinatown Development Community),要求渥太华市议会发展森马锡西街为唐人街。[1]他们的要求,获得市长吉姆·达雷尔(Mayor Jim Durrell,当地称德路占)的赞同和市议会的通过。同年4月,戴豪斯区社区协会、柬埔寨协会、越南社区协会、渥太华华商协会连同其他几家机构,成立"森马锡街公民委员会"(Somerset Street Citizens Committee),来协助政府推动规划。[2]在阅读和研究过规划委员发展森马锡街的研究报告之后,市议会认为该报告不应该过分强调唐人街的发展,而应该考虑多元文化的因素。[3]最后,渥太华规划局决定放弃在森马锡西街建立新的唐人街的计划,

---

〔1〕Ottawa, Chinatown Development, Minutes of Second Meeting, Feb.2, 1986, p. 1.
〔2〕Chinese Canadian Community News, Ottawa (Aug.1986), p.14.
〔3〕"*Citizen*", Ottawa, Jul. 9–10 and Aug. 7–16, 1986; David Chuenyan Lai, Chinatowns: *Towns Within Cities in Canada*, University of British Columbia Press, Vancouver, 1988, pp.158–159.

而让其自由发展。1988年1月17日，加京中华会馆、渥太华商会和加东餐馆会代表前往市政府，递交联名签署的一封信函。信中表示为了不同种族的和谐，可以不坚持用唐人街之名。[1]虽然2000年之前，森马锡街没有正式定名为唐人街，但当地华人已把它当作渥太华新的唐人街了。

6. 里贾纳（Regina）和咸美顿（Hamilton）唐人街

1986年2月19日，里贾纳经济发展部召开会议，包括10位来自社会、文化和商业组织的华人代表参加，商讨如何开发唐人街。[2]因为里贾纳华人社区没有强烈支持这个项目，咸美顿也一样，虽然有人提出过唐人街应该设在哪里，但新的唐人街建设只是概念，没有任何行动。[3]由此可见，这两地的华人大都不热衷建设新的唐人街。

图 9.26　1994 年的渥太华唐人街

资料来源：黎全恩摄于 1994 年

---

[1]《华人社区三大团体向市长递意见书》，《加华侨报》1988 年 2 月 1 日。
[2] Letter from William McKim, city Manager, City of Regina, to Mayer and Council, Fed. 2, 1987.
[3] David Chuenyan Lai, *Chinatowns: Towns Within Cities in Canada*, University of British Columbia Press, Vancouver, 1988, pp.175–176.

第六节　华人商场

1960年代后,在多伦多及温哥华等大都市,华人商店大部分建于近郊的购物商场中。[1]这些商场很多是由华人投资兴建,或将场内单位租给华商或是出售给华人的。商场内全部或大部分是华人商店,大部分顾客也是华人或亚洲人。因此这些商场被称为"华人商场"(Chinese Malls),甚至被称为"唐人街",例如士嘉堡唐人街(Scarborough Chinatown)、密西沙加中国城(Mississauga Chinatown)。

1. 士嘉堡唐人街(Scarborough Chinatown)

在多伦多,1977年至1980年,格伦沃特福斯街(Glen Watford Drive,当地称格和福街)两旁的格和福广场(Glen Watford Plaza)和爱静阁广场(Agincourt Plaza),内有数间西人商店,主要为当地西人社区服务,当时该处的生意很兴旺。出格和福街便是谢泼德大道(Sheppard Avenue East,当地称雪柏东大道)。[2]

1977年,一位华人发展商购买了位于雪柏东大道面向格和福街的一块空地,兴建了国泰广场(Torchin Plaza),[3]其后东方新世界美食(New World Oriental Cuisine)和首家文华餐厅(Original Mandarin Restaurant)也设在那里。两年后,清记市场(Ching Kee Market)和东阁酒家(East Court Restaurant)又在格和福广场开业。[4]1984年,许多华人店铺陆续在格和福广场或爱静阁广场(Agincourt Plaza)开业。这两个广场,联同国泰广场,被华人统称为"士嘉堡唐人街"。

1984年,有位华商购买了位于格和福广场南部一个荒废了的滚轴溜冰场,并把它改建为"龙堡中心"(Dragon Centre)购物商场。该商场拥有一间350个座位的中餐馆和超过20多家的华人商店。4月开业后不久,就吸引了许多华人消费者,遭到广场内白人店主的不满,因为他们店铺门前的停车位,时常被一些前往中餐馆的华人的车子占据,致使他们的顾客没有地方停车。1984年5月28日,500多人,几乎都是白人,在爱静阁学院(Agincourt Collegiate Institute)礼堂召开公开会,指

---

[1] Jones, Ken and Jim Simmons, *Location, Location, Location: Analysis the Retail Environment*. Toronto: the Methuen Publication, 1987, pp.193-194.

[2] David Chuenyan Lai and Jack Leong, *Toronto Chinatown*, 1978-2014, Chinese Canadian History Project Council Chinatown Insert, 2015, p.7.

[3] Chinese Restaurant Owner, Glen Watford Plaza, David Chuenyan Lai interview, Apr.1984.

[4] David Chuenyan Lai, *Chinatowns: Towns Within Cities in Canada*, University of British Columbia Press, Vancouver, 1988, p.170.

责华人商业造成当地拥挤，以讨论交通拥堵和泊车不足的问题。[1]1984年8月，白人居民开始散布一些针对华人社区的舆论和传单。为此，士嘉堡委员会通过了一项决议，谴责针对华人社区的言论，要求尽力寻查散发传单之人。[2]

20世纪80年代，华人广场不断涌现，如在雪柏东大道和冰梨路（Brimley Road）交界新连建的明珠广场（Pearly Plaza）、春园广场（Pearl Plaza）和品珍广场（Pun Chun Plaza）等。其他华人购物商场，如士嘉堡村商场（Scarborough Village Mall）、芬治美兰中心（Finch-Midland Centre）和美丽径商场（Milliken Shopping Centre），也于芬治大道（Finch Avenue）和美丽大路（Midland Avenue）交界附近相继出现。随着华人商场的不断涌现，华人消费者把这些地方称之为广场，而不是唐人街。

2. 密西沙加中国城（Mississauga Chinese Centre）

1986年，一群中国香港投资者于密西沙加市登打士街（Dundas Street）888号建起"密西沙加中国城"。[3]"中国城"于1987年由该市市长黑兹尔·麦卡利恩（Hazel McCallion）宣布正式开放，其中包括九龙壁的复制品、苏州花园、宝塔、池塘、雕刻、长城复制品等。它们用木材建造，使用传统的中国建筑技术，在建筑中仅使用了木钉。[4]尽管许多人认为密西沙加市的唐人街，并不是实质意义上的唐人街，而是一个私人的购物商场而已。

3. 威洛代尔唐人街（Willowdale）

威洛代尔唐人街是位于北约克北部的一个小广场。当地人通常称为"新世界"，因为"新世界"是在20世纪70年代末建立的。1986年7月，在威洛代尔唐人街有14家华人商店。[5]

---

[1]《五百白人集会反对华人商业过度发展》，《醒华日报》1984年5月30日；《构成对华人社区侮辱与侵犯》，《醒华日报》1984年6月2日。

[2] David Chuenyan Lai, *Chinatowns: Towns Within Cities in Canada*, University of British Columbia Press, Vancouver, 1988, p.171-173.《但愿与各方合作，谋合理解决办法》，《醒华日报》1984年6月2日。

[3] David Chuenyan Lai and Jack Leong, *Toronto Chinatown, 1978-2014*, Chinese Canadian History Project Council Chinatown Insert, 2015, p.8.

[4] Gregory Blair, Noa Bronstein, The Politics of Spatial Transgressions in the Arts, Palgrave Macmillan, 2021, pp.35-36.; "Joseph Chin, Mississauga's Chinese gate depicted on stamp", Mississauga News, May 1, 2013.

[5] David Chuenya Lai, *Chinatowns: Towns Within Cities in Canada*, University of British Columbia Press, Vancouver, 1988, p.174.

4. 卑诗省列治文（Richmond）市中国城

1970年代晚期，库克路与威斯敏斯特高速公路之间，在3号路上的列治文广场（Richmibd Palace）出现两家华人餐厅。1980年代初期，有几个华人杂货店、饭店、海鲜商场和面包店设在公园村（Park Village）、时代广场（Times Square）和列治文广场（Richmond Plaza）。[1] 在甘比街（Camble St.）与榛木桥街（Hazelbridge Way）两旁，先后修建起香港仔中心、八佰伴、新时代广场、统一广场等。附近还有其他商场，如庄臣中心、亚历山大广场、列治文广场等，这些商场几乎全由华人经营，其货物名称均用中文标准，很多不懂中文的顾客感到很不方便，很少来购物，感到被排挤。

1987年，列治文新中国城建成，中文名为"祥顺中心"，英文名为Johnson Centre。该中心位于新西敏公路近3号路，零售店100%出租。[2] 1993年开业的列治文百家店（Parker Place），一直吸引华裔顾客前来购物和饮茶吃饭。

---

[1] David Chuenyan Lai, *Chinatowns: Towns Within Cities in Canada*, University of British Columbia Press, Vancouver, 1988, pp.163-164.

[2] 《列治文新唐人街崛起，全部完成九月可营业》，《大汉公报》1987年7月16日；《列治文新唐人街建成，中文名为"祥顺中心"》，《大汉公报》1987年7月17日。

第九章　旧唐人街的衰落与振兴及新唐人街的诞生 · 245

图 9.27　列治文亚洲商店，1999 年
资料来源：黎全恩

第十章
侨团的发展

在早期华人历史中，华侨华人的社团是华人社群在加拿大生存的中流砥柱。战后，随着种族歧视的减少和平等权利意识的高涨，华人社区的面貌和结构发生了很大变化，融入主流社会的人数也在大幅度增长。受传统因素影响以及由于华人喜好结社，社团的数量随着移民人数的增加而增多。与早期历史不同的是，华人华侨结社已经不单依赖宗族（同姓）和同乡的纽带，已注入了现代生活的元素，其中包括大量的专业社团。产生这种情况的最主要原因是华人移民呈多元化趋势。这种多元化包括亚洲移民来源地的多元化以及移民身份种类的多元化。

当然，华人社团数目的增长，与移民潮的增长息息相关。20世纪70年代以后，加拿大先后出现了亚洲原居地移民潮，相应地也出现了来自这些地区华人的新结社团体，形成了所谓老侨社团和新侨社团并存的现象。随着时间的推移，华人社团出现了三大板块，一是从战前延续至今的老社团，二是从战后20世纪50年代到20世纪70年代成立并延续至今的中老社团，三是20世纪80年代后涌现出来的新侨社团。

由于社团发展潮起潮落，兴衰交替，具体数目难以精确统计，挂一漏万更是在所难免。这里，简要叙述上述三类社团在加拿大的情况。

第一节 侨社侨团的发展

一、二战前成立的社团在新时期的作用

在歧视时代，传统社团，诸如中华会馆、洪门组织、宗亲会、县邑协会等，对唐人街和华人社区的生存发展，起到了关键的支柱作用。这些二战前成立的老社团，在二战后很长一段时间里，依然是华人社区的主心骨，起着重要作用（参见表10.1）。但1967年移民政策发生根本性变化之后，老社团在华人社区中的影

响力相对减弱，尤其是华人社区不再以唐人街为主要居住地之后，这些生于唐人街、长于唐人街的老社团，出现了衰退乃至后继无人的现象。

表 10.1　新历史时期下的洪门组织

成立时间	社团名称	新时期的作用及活动
1863 年	洪门民治党[1]	1971 年 7 月 22 日，洪门民治党在加拿大注册为社团，全国各分部均分享同一注册，章程细则也重新订立。1978 年 8 月获联邦政府批准，总支部成立"加拿大洪门信托局"，专门办理洪门及侨民福利事务。从 1969 年到 1986 年，加拿大洪门共举行第 20 届到第 27 届 8 次恳亲会。1984 年 7 月，中国洪门致公党代表团来到加拿大，洪门民治党驻加拿大总支部，温哥华、维多利亚、卡城、埃德蒙顿、多伦多、蒙特利尔和渥太华各洪门民治党支部和达权社举行欢迎宴会。
1892 年	洪门民治党温哥华支部（Chinese Freemasons of Vancouver）于 1888 年筹组，1892 年正式成立	1940 年，由一班洪门叔父购买了唐人街片打街与哥伦比亚街角的楼业，名为"哥伦比亚大厦"。1944 年由洪门叔父将楼业管理权转给"温哥华达权社实业"。1970 年，市政府施行旅馆业新卫生及防火法例，哥伦比亚大厦当时名为东亚旅馆，于 1973 年停业交给了温哥华达权社。之后大厦业权几经周转，自 1974 年至 1980 年，为解决哥伦比亚大厦业权在卑诗省注册等问题，维多利亚达权社和温哥华达权社先于 1980 年 4 月 27 日和 29 日召开会员大会，通过了修改的章程。最后向卑诗省注册，哥伦比亚大厦业权属于维多利亚达权社，管理行政属于温哥华达权社。1989 年 5 月，洪门得到温哥华市议会批准，在派亚东街 700 号（Prior Street East）兴建洪门耆英大厦。曾发起捐助 1987 年中国大兴安岭火灾和 1991 年广东省水灾，并多次捐助温哥华圣约瑟（Mount Saint Joseph）医院。
1895 年	中国洪门民治党蒙特利尔分部，又称满地可洪门民治党	1972 年成立洪门体育会。

---

[1] 洪门何时传入加拿大，目前尚无定论，因其在加拿大的历史档案保存得并不全。《陈翼耀专员奉命调查全坎洪门事务报告书》中记载：百加委路埠洪门于 1863 年成立。洪门组织于 1876 年开始在茂士埠倡建致公堂，1882 年于福士埠建业。1945 年 11 月 4 日，致公党首次用"中国洪门致公党驻加拿大总支部"名称。1947 年 1 月 1 日，成立了加拿大洪门民治党，总部设在温哥华。

续表

成立时间	社团名称	新时期的作用及活动
1899年	锦碌市（Kamloops）洪门组织	1995年年底选出一位女主委，名叫张辛懿如（Elisie Cheung）。这是加拿大洪门成立以来，第一位女性主委。1996年3月，驻中国温哥华领事周信培代表中国给洪门赠送一对石狮，再由洪门把石狮赠给华人墓场。
1895年	中国洪门民治党蒙特利尔分部，又称满地可洪门民治党	1972年成立了洪门体育会。
1897年	多伦多洪门组织	1957年多伦多洪门破产，一切活动都停顿下来。1968年，多伦多洪门民治党重新恢复活动。1975年一场火烧毁了多伦多洪门民治党的房子，此后洪门叔父筹款，于1976年，在中区唐人街登打士西街（436 Dundas St.W.）建立了洪门大厦。1977年洪门体育会正式成立，1978年复兴"振洪声剧社"。多伦多洪门民治党积极参与社区及各种慈善活动，1975年参与并策划全加华人代表大会；1991年负责筹备第二次全加华人代表大会，讨论全加华人关注的为"人头税"平反的问题。多伦多洪门民治党支持政党选举，积极参加中、加国庆大型文娱及游行活动，投身各种赈灾活动，为华侨铁路工人纪念碑筹款公演，还举行扫墓、周年庆、郊游等活动。
1911年	伦敦洪门组织	1973年洪门民治党将旧楼出卖，购买了94号韦林顿（Wellington Street）楼宇作为党部。1981年9月成立洪门达权社。1983年成立洪门体育会。1990年代，购买了韦林顿街209号楼宇，并于1999年年初正式开幕。后来因为会员少和大部分会员年事已高，2000年前后，将大厦出售，购买了一间较小的楼宇。

资料来源：《陈翼耀专员奉命调查全坎洪门事务报告书》，驻温哥华全坎洪门总干部印发，1948年，第17、39、43、69、75、79页；《联邦立案洪门信托局》，《大汉公报》1979年3月10日；《洪门民治党温哥华支部》，《温哥华洪门民治党第130周年纪念，达权社第100周年纪念》，2018年，第32页；中国洪门民治党驻加拿大总支部注册证书，1971年；简建平：《1970年和1980年代洪门在加拿大的动态》，《中国洪门在加拿大》，中国洪门民治党驻加拿大总支部，1989年，第84页；黎全恩：《百加委埠唐人街及洪门文献》，域多利《华埠通讯》，2009年8/9月，第10卷，第9期，第27、28页；《揭开加利保致公堂之谜》，《大汉公报》1989年9月26日；《追本溯源话洪门》，《加华新闻》2006年5月6日；《欢迎中国致公党代表团莅加访问洪门公宴大会》，《大汉公报》1984年7月4日；《中国致公党代表团在卡城获热烈欢迎》，《大汉公报》1984年7月12日；《域埠洪门达权社民治党支部欢宴中国致公党代表团》，《大汉公报》1984年7月12日；《卡城洪门机构欢迎中国致公党代表团》，《大汉公报》1984年7月16日；《点城洪门机构欢迎致公党代表团盛况》，《大汉公报》1984年7月16日；《中

国致公党代表团抵达多城展开访问》,《大汉公报》1984 年 7 月 17 日;《中国致公党代表团访问加京满城成功》,《大汉公报》1984 年 7 月 20 日;《民治党成立之盛况》,《大汉公报》1947 年 1 月 4 日;简建平:《奉告全加洪门叔父昆仲书》,《大汉公报》1980 年 1 月 3 日;《中国洪门民治党驻加总支部注册章程法规》,《大汉公报》1975 年 7 月 14 日;《联邦立案洪门信托局》,《大汉公报》1979 年 3 月 10 日;简建平:《加拿大洪门历届恳亲代表大会日期》,《中国洪门在加拿大 1963—1983》,中国洪门民治党驻加拿大总支部,1989 年,第 66 页;林岳均:《温哥华洪门简介》,《洪门历史回顾与兴建》,多伦多洪门民治党庆祝成立百周年纪念,1994 年 6 月,第 28 页;简建平:《哥伦比亚大厦之业权历史》,《中国洪门在加拿大 1963—1983》,中国洪门民治党驻加拿大总支部,1989 年,第 96—98 页;雷民盼:《老者安之,誉归全侨》,《加拿大洪门 140 周年贡献》,2003 年,第 179、180 页;史料来自蒙特利尔中国洪门民治党;《满城民治党分部成立洪门体育会》,《大汉公报》1972 年 2 月 1 日;《锦碌洪门建逾百载恳亲会谱光辉篇章》,《加拿大洪门 140 周年贡献》,2003 年,第 93、94 页;盘耀富:《洪门在亚省列必珠埠》,《加拿大洪门 140 周年贡献》,2003 年,第 90 页;《都城洪门三大喜讯》,《大汉公报》1977 年 8 月 17 日;史料来自多伦多洪门主委余卓文和洪门元老吴培芳;《多伦多体育会的回顾与展望》,《中国洪门民治党多伦多支部 95 周年纪念暨欢迎全国代表大会》,Toronto Chinese Freemasons,1989 年,第 64 页;《多伦多洪门党部 35 年大事记》,《中国洪门民治党多伦多支部 95 周年纪念暨欢迎全国代表大会》,Toronto Chinese Freemasons,1989 年,第 57 页;《振洪声的回顾与瞻望》,《中国洪门民治党多伦多支部 95 周年纪念暨欢迎全国代表大会》,Toronto Chinese Freemasons,1989 年,第 59 页;《安省兰顿达权社成立典礼情况热烈》,《大汉公报》1981 年 9 月 23 日;黎全恩:《洪门及加拿大洪门史论》,香港商务印书馆有限公司,2015 年,第 185 页。

图 10.1　多伦多洪门民治党支部和达权社分部所在楼宇

资料来源:贾葆蕡摄于 2014 年

图 10.2　渥太华中国洪门民治党所在楼宇

资料来源：贾葆蘅摄于 2019 年

图 10.3　蒙特利尔洪门所在楼宇

资料来源：黎全恩摄于 1986 年

曾经是华人社团老大的中华会馆，在战后依然地位尊崇。不过，到了20世纪70年代，随着国际形势的巨变，尤其是中国与加拿大建交以及与美国的和解，中华会馆的主导权之争就浮出水面，主要表现在国民党理事和非国民党人士的领袖之争上。当然，也有中华会馆置身在国民党和亲大陆领袖的对立之外，专门做好唐人街本身的事情。但总体而言，中华会馆仍然作为侨社最重要的社团，在各方面发挥其应有的影响力。

在新时期，中华会馆仍然扮演着主要社团的角色，但分量逐渐减弱，这是因为新移民人数越来越多，技术移民和投资移民渐渐成为新侨团的主力军。值得一提的是，各地中华会馆仍然各自为政，无法形成全国性的组织。从大的方面来看，各地中华会馆的活动大概分为如下几类。

一是在庆祝传统节日，比如农历春节、加拿大国庆、中加友好往来等方面，发挥主要的作用（参见表10.2）。

表10.2　中华会馆举办的各类喜庆活动

名称	活动内容	主题
1906年成立的温哥华中华会馆	1967年，号召温哥华全侨庆祝加拿大国庆活动。	庆祝加拿大国庆
	1979年，会馆首次与中华文化中心合办迎春贺岁大游行及联欢宴会。之后，温哥华中华会馆又联合中华文化中心、华埠商会、洪门机构、中侨互助会和铁城崇义总会，共同举办中国春节欢庆会、大游行和千人宴等活动。	欢度中国春节
	1979年起，每年都举行中华人民共和国国庆庆典活动。	庆祝中国国庆
	1979年7月1日，温哥华中华会馆首次与中华文化中心联合主办侨社庆祝会，庆祝加拿大建国112周年。	庆祝加拿大国庆
	联合各界人士欢迎中国国家领导人。1997年，庆祝香港地区回归中国，举行盛大庆祝会。1999年，联合各界侨团举行大游行，庆祝澳门回归。	中加友好往来
1947年成立的安省全加中华会馆	每逢中国节庆日及会庆日，都会举办文娱体育活动和联欢庆典。	

资料来源：《旅加华侨大事记》，《全加中华总会馆概况》，1969年，第42页；温哥华中华会馆在卑诗省注册为慈善机构原稿，1906年11月21日；李东海：《温哥华中华会馆成立年代之考证》，《加拿大域多利中华会馆、华侨学校成立75和60周年纪念特刊》，1959年，第3—5页；禀呈李鸿章设领事馆照会英官呈稿原文（光绪二十二年，1896年）；黎全恩：《温哥华中华会馆及全加中华总会馆成立

年份考证》,《华埠通讯》,域多利,2006年12月,第9卷第3期,第21页;《会馆概况》,《温哥华中华会馆百年纪念特刊 1906—2006》,2006年,第44、45、46、159页;《中华会馆和大温哥华华人社区大事记》,《温哥华中华会馆百年纪念特刊 1906—2006》,2006年,第225页;安省中华总会馆会务简报,1993年。

二是在出现种族歧视或者其他不公平的事件时,出来挑头抗议(参见表10.3)。

表10.3 中华会馆反击种族歧视的活动情况

名称	活动内容	主题
温哥华中华会馆	1971年,会馆组织活动,抗议自由大道天桥横跨唐人街街区、烧腊事件、《校园大平卖》事件等。1981年到2001年间,为"人头税"一事做出多种努力。	反对若隐若现的种族歧视
温哥华中华会馆	1980年,义工司徒志芳女士不幸遭到凶手杀害,中华会馆筹到10万加元,用以悬赏缉拿凶手,后因悬赏未果,就将善款作为基金,建立了"纪念司徒志芳社区服务奖"。	帮助华侨华人
安省全加中华会馆	1976年3月,大多伦多警察突然袭击了华埠俱乐部,没收数千现金,并当众把现金焚毁。此事发生后,全加中华会馆立刻致电警署,要求依法严办行为不当警员。	帮助华侨华人
满地可中华会馆(L' Association Chinoise De Montreal Inc./ Chinese Association of Montreal Inc.)	1889年成立。由于蒙特利尔是法语省,魁北克省对法语要求高,一些中国家长希望孩子就读英文学校。中华会馆就和魁北克省一些华人社团联合起来,向省政府呈文,指出华人希望孩子读英文学校,并不是不想学法语,而是法语学校英文教学水平不高。	帮助华侨华人

资料来源:《温哥华中华会馆百年纪念特刊 1906—2006》,2006,第44、45页;《旅加华侨大事记》,《全加中华总会馆概况》,1969年,第24、52、53页;《全加华人抗议CTV"W5"校园大平卖的种族歧视》,《温哥华中华会馆百年纪念特刊 1906—2006》,2006年,第76页;《烧腊卫生条例》,《温哥华中华会馆百年纪念特刊 1906—2006》,2006年,第78页;《会馆致电警署,要求依法严办》,《醒华日报》1976年3月27日;《满地可中华会馆简史》,资料来自蒙特利尔中华会馆;《满地可中华会馆开幕》,温哥华《大汉日报》1915年2月23日;《读英校或法校,让家长来决定》,《醒华日报》1977年5月24日。

三是积极努力保护唐人街的历史遗产,在整理收集中华会馆历史资料上下大功夫,中华会馆所属的宗亲会、同乡会在保存历史资料上也不遗余力,避免让百年华人历史风化流失(参见表10.4)。

第十章　侨团的发展·253

图 10.4　1976 年的温哥华中华会馆
资料来源：黎全恩摄于 1976 年

表 10.4　中华会馆保护华人历史的活动情况

名称	活动内容	主题
1884 年成立的维多利亚中华会馆	1972 年，黎全恩教授将会馆文献分类整理好后，1973 年，维多利亚中华会馆与维多利亚大学签署 20 年代管合约，为会馆寄存文献。1977 年 3 月，中华会馆接受了黎全恩教授提议的为华人坟场制作图表并对墓穴进行统计的研究计划，由李东海、江夏石与黎全恩教授于 5 月 21 日对华人坟场进行勘探，随后对坟场进行美化。	保护历史文献和华人历史遗产

续表

名称	活动内容	主题
1997年	维多利亚唐人街被列入国家传统保留区后，渔业部长大卫·安德逊（David Anderson）与中华会馆主席陈振沛主持纪念铜碑揭幕礼。中华会馆在文化顾问黎全恩的策划下，举行了游览唐人街活动。	保护唐人街
1906年成立的温哥华中华会馆	为纪念先侨在唐人街"上海巷"和"广东巷"建立社区，2000年，中华会馆筹划美化上述地点，向政府申请"纪念千禧年社区基金"，得到资助28000加元，并在侨团筹到13000多加元，共筹得149000多加元。陆续美化了"上海巷"和"广东巷"。	美化唐人街

资料来源：域多利中华会馆注册章程，1973年；域多利中华会馆文献目录，1973年2月，史料来自黎全恩；雷裕腾：《15年来（1971—1985）会馆及侨校大事回顾》，《加拿大域多利中华会馆三庆纪念特刊》，1985年，第77—79页；《1997年华埠十大新闻》，《华埠通讯》1998年2月第4卷第10期，第25页；《中华会馆倡议纪念"上海巷"美化工程》，《温哥华中华会馆百年纪念特刊1906—2006》，2006年，第95、96页。

四是公益事业（参见表10.5）。

表10.5　中华会馆的公益活动

名称	活动内容	主题
温哥华中华会馆	1981年到1998年，发动社团筹款赈济中国华南、云南、中国台湾和加拿大东部水灾。联合其他社团建立铁路华人纪念碑。重修山景墓园的华人公共祭坛"安魂亭"。	公益
点问顿中华会馆（The Chinese Benevolent association of Edmonton）	1977年建第一座耆英大厦（Chinese Elders' Mansion Tower I），1991年建第二座耆英大厦（Chinese Elders' Mansion Tower II），1997年，建华人安老院（Edmonton Seniors' Lodge）。	公益

资料来源：《会馆概况》，《温哥华中华会馆百年纪念特刊1906—2006》，2006年，第44、45页，131页；《点问顿中华会馆》，《点问顿华人社区华埠100周年纪念特刊》，2013年，第23页。

但是，中华会馆历史上存在的一些问题，也在新时期继续呈现。一旦解决了这些问题，重新凝聚会馆的向心力，会馆就发挥出更大的作用（参见表10.6）。

表 10.6　温哥华中华会馆大事记

时间	新时期的作用及活动
1971 年	温哥华中华会馆修改了会馆章程。
1973 年	由温哥华黄氏宗亲会发起的全侨大会，约有 40 多个社团代表、社区领袖和华人一致通过成立中华文化中心筹建委员。而中华会馆里一群国民党党员则成立了"华裔活动中心（The Chinese Canadian Activity Centre Society）"。
1977 年 8 月	中华会馆在温哥华召开全国代表会议，大会通过决议，全力支持"华裔活动中心"。
1977 年 9 月	温哥华有 20 多个侨团，组织"促进中华会馆归还全侨临时委员会（简称促委会）"。
1977 年 12 月 4 日	促委会在士达孔拿社区中心举行全侨大会，22 个侨团参加。
1978 年 1 月	促委会推出创办中华会馆问题特刊，专门介绍关于中华会馆所有权、归属权等问题。
1978 年 2 月	促委会到卑诗省高等法院控告中华会馆。法院于 3 月下令温哥华中华会馆要在 60 天内进行选举。
1978 年 10 月	登记选举人有 6247 人，会馆理事候选人有 61 位。
1978 年 10 月 29 日	中华会馆会员于当晚在士达孔拿小学的礼堂选举会馆新理事，李仁当选为理事长。新理事就职后，立即修改旧会章。
1982 年	发动抗议日本政府篡改教科书的运动。
1990 年	就钓鱼岛主权发表声明，强烈谴责日本政府侵略中国领土。
1999 年	抗议以美国为首的北约组织袭击中国驻南斯拉夫大使馆。

资料来源：《会馆归还全侨》，《温哥华中华会馆百年纪念特刊 1906—2006》，2006 年，第 56—58 页；《全加中华总会馆代表会闭幕》，《醒华日报》1971 年 6 月 17 日；《华埠群情汹涌，示威巡行抗议》，《大汉公报》1977 年 8 月 16 日；《郑重声明》，《大汉公报》1977 年 8 月 20 日；《促中华会馆归还全侨》，《大汉公报》1977 年 10 月 25 日；《中华会馆权属问题》，《大汉公报》1977 年 11 月 7 日；《公函会馆依法公选》，《大汉公报》1977 年 12 月 15 日；《会馆打太极拳无意归还全侨》，《大汉公报》1977 年 12 月 28 日；《中华会馆问题特刊》，促进中华会馆归还全侨委员会，1978 年 1 月；《会馆被指不依章选举》，《大汉公报》1978 年 1 月 24 日；《多伦多洪门民治党声明》，《大汉公报》1978 年 2 月 14 日；《会馆案高院判决》，《大汉公报》1978 年 3 月 9 日；《促进中华会馆归还全侨委员会公告》，《大汉公报》1978 年 8 月 2 日；《会馆选举潮进高潮》，《大汉公报》1978 年 9 月 21 日；《会馆候选人 61 位》，《大汉公报》1978 年 10 月 10 日；《中华会馆选举通告》，《大汉公报》1978 年 10 月 28 日；《会馆选举揭晓，促委会获全胜》，《大汉公报》1978 年 10 月 30 日；《中华会馆神秘火警，暂借文化中心办公》，《大汉公报》1980 年 12 月 12 日；《抗议日本篡改侵华史实》，《温哥华中华会馆百年纪念特刊 1906—2006》，2006 年，第 110 页；《关于钓鱼岛主权的声明》，《温哥华中华会馆百年纪念特刊 1906—2006》，2006 年，第 113 页；《温哥华中华会馆强烈谴责北约暴行严正声明》，《温哥华中华会馆百年纪念特刊 1906—2006》，2006 年，第 113 页；《中华会馆和大温哥华华人社区大事记》，《温哥华中华会馆百年纪念特刊 1906—2006》，2006 年，第 225—228 页。

上面提到的中华会馆内部的权力斗争，其实与亚洲的历史大变局紧密相关，是较大的历史事件，《大汉公报》等报纸均有报道。1971 年，温哥华中华会馆修改会馆章程后，曾表示全加拿大华人继续支持国民党，从而引发加拿大华人社区的巨大分歧，中华会馆的一些理事脱离该会。1977 年 8 月，中华会馆召开支持由国民党党员建立的"华裔活动中心"会议，再度引发侨社对立，有 19 个社团声讨该会议。也有一些华人在华埠举行游行，要求中华会馆归回全侨管理。

鉴于侨社分裂引发的危机，联邦自由党国会议员李侨栋和前联邦保守党国会议员郑天华与《华埠新闻》编辑马国冠联手，于 1977 年 12 月 22 日安排了双方见面会。李侨栋指出，这次分裂影响了华埠的繁荣，也使政府官员感到困惑，不知怎样给华埠拨款。李仁指出，促委会的目的是要求中华会馆照章进行选举。当时中华会馆主席林西屏表示，会馆不属于任何一方，中华会馆已经与全加中华总会馆合并，而全加中华总会馆最近已经在全国会议中进行了选举，不可能再选举。不过，林西屏同意修改中华会馆章程，为新的选举铺路。

会后，李侨栋提议指派多位华裔律师起草新章程，然后召开会员大会讨论通过，再根据新章程进行选举。促委会接受此提议，但中华会馆拒绝接受。与此同时，有多位华人遵照章程登记成为会馆成员，均遭拒。

因为温哥华中华会馆章程规定，每年 1 月的第 3 个星期举行选举。但在 1978 年 1 月，中华会馆没有选举。为此，大温很多社团发表声明，要求将中华会馆交还给全侨。

由于两派立场根本对立，无法调和，最终在法院的介入下，才进行了会馆理事的改选。在 10 月 29 日投票日，70%以上的中华会馆会员参加了投票，点票到次日凌晨 2 时才结束。狮子会、中侨互助会和华裔退伍军人协会派出 40 名代表，参与协助监督选举。改选后，温哥华中华会馆与全加中华总会馆分道扬镳。

国民党在这一历史时期还是起着不小的作用。20 世纪 90 年代后，国民党虽然势弱，但全加很多城市都有分部，仍旧有很多活动。比如每年举办辛亥首义纪念、党务活动。而对于有关统一问题、反对民进党一些做法，国民党的立场和观点，很多和中国大陆是一致的（参见表 10.7）。

二战前成立的宗亲社团和邑县社团，在新的历史时期也有很大变化（参见表 10.8）。

表10.7　国民党在新的历史时期的作用及活动

成立时间	社团名称	作用及活动
1912年	中国国民党驻加拿大总支部	1991年，台湾地区将举行民意代表改选，执政党宪政小组决定减少侨选名额。中国国民党驻加拿大总支部为此于3月25日在该党总支部大礼堂举行了一次座谈会，参会侨界代表一致认为，将侨胞的参政缩水是一种违宪行为，是对侨胞的歧视行为。
1914年	维多利亚分部	1967年，举行庆祝加拿大联邦立国百年活动。1983年，成立光华体育会。1989年6月，举办名人书画展。

资料来源：《域多利分部简史》，《党史简介》，域多利分部编印，1996年，第27—35页；《国民党驻加总支部开座谈会听取意见》，《大汉公报》1991年3月30日。

表10.8　二战前成立的宗亲和邑县社团在新时期的作用及活动

成立时间	社团名称	作用及活动
1904年	余风采总堂	1949年由维多利亚迁到温哥华。1984年，由原来的余风采总堂改为加拿大余风采总堂（Yee Fong Toy Society of Canada）。经常举办恳亲活动。
1908年	维多利亚林西河堂	1979年，在行政户项内投出100加元设立奖学金。
1914年	加拿大铁城崇义总会（Shon Yee Benevolent association of Canada）	1976年，得到振华声艺术研究社协助，邀请"香港千岁粤剧团"来加公演。1979年，主办中国武义演大会。1988年，修建崇义耆英大厦。凡春节大游行、加拿大国庆日、中侨百万行等公益活动，都派会员参加。
1919年	安省陈颖川堂	举办春宴、扫墓等活动。
1919年	卡城马氏宗亲会（The Calgary Mah Society）	1945年，全加马氏总堂为北美马氏总公所，分堂为马氏公所。1979年，改为马氏宗亲会。
1930年	加拿大林西河堂九牧公所（Lim Sai Hor Kow Mock Benevolent Association）	1980年，创建中文班。1981年，理事会通过成立奖学基金会，首次捐款8400加元。1984—1986年，举办暑期电脑班。

资料来源：《加拿大余风采堂总略》，《世界余氏宗亲会第五届暨全加余风采堂第16届恳亲大会》，2012年，第6页；林岳均：《旅加林族堂所沿革概述》，《林西河堂林九牧公所金禧纪念特刊》，1980年，第1页；《本堂所历年大事记》，《林西河总堂林九牧公所金禧纪念特刊》，1980年，第11页；李慎满：《加拿大铁城崇义会发展简史》，《加拿大温哥华铁城崇义总会成立90周年纪念》特刊，2005年，第23、24页；李慎满：《崇义体育会创立的过程与展望》，《加拿大温哥华铁城崇义总会成立90周年纪念》特刊，2005年，第41、42页；陈辉南：《安省陈颖川堂简史》，《安省陈颖川堂成立70周年纪念特刊1918—1988》，1988年，第19页；《卡技利马氏宗亲会沿革》，《卡城华人社区百周年纪念特刊》，卡城中华协会刊行，1993年，第49页；林岳均：《旅加林族堂所沿革概述》，《林西河堂九牧公所合并70周年纪念》，2000年，第11页；《本堂所历年大事记》，《加拿大林西河总堂九牧公所合并60周年纪念特刊1930—1990》，1990年，第108—111页；《林西河总堂中文班简介》，《林西河堂九牧公所合并70周年纪念》，2000年，第82页。

二、二战后成立的社团在新时期的作用及活动

二战后到 20 世纪 70 年代之间建立的社团，有这样几种类型。一是老树发新芽，比如民治党、达权社等，都是在洪门的基础上建立的。二是老社团合并，比如卡加利的黄氏宗亲总会。这有两个原因，一是原有社团持续凋零，合二为一可以壮大声势；二是二代、三代的侨领，已经懂得团结整合的现代营运模式；三是新建立的宗亲会或者其他社团，这种新的宗亲会有老宗亲会的传统，但已经更为开放，突破了早期宗亲会狭隘的乡情束缚（参见表 10.9—10.11）。

表 10.9　新的中华会馆、洪门组织活动情况

成立时间	社团名称	作用及活动
1953 年	新斯高沙省中华会馆（Chinese Benevolent Association of Nova Scotia）	积极支持和参与有关对华人的"人头税"赔款及排华法案平反等活动。每年举行新年迎春聚会、中秋团圆聚会、清明拜山以及夏日郊游等团体活动。
1954 年	埃德蒙顿洪门民治党(The Chinese Freemasons, Edmonton)	党社的楼宇位于 97 街贾斯帕（Jasper Avenue，夹啫市巴道）。埃德蒙顿市政府于 1979 年 9 月批准拆除旧唐人街，在 102 道(Harbin Road）和 96 街交会处发展一个新唐人街，并于 1980 年收购了民治党的楼宇。随后党社购买了 96 街夹 102 道两间旧楼，后将旧楼拆除，于 1982 年在原址建了 9 层高的"洪英大厦"，并于 1983 年 5 月举行落成典礼。
1958 年	加京中华会馆（Chinese Community Association of Ottawa）	会馆成立之初，曾由基督教牧师担任执委，章程中也明文规定要推广基督教。到了 1970 年代，有关基督教的内容已完全从会馆的章程中消失。谭锦照担任中华会馆主席时，中华会馆制订了两个长期目标：一个是弘扬中华文化，促进华人社区健康发展；另一个是发展华人社区与加拿大其他族群的相互理解，特别要强调的是要考虑到所有加拿大人的利益。1982 年 4 月，由中华会馆大力支持的加京中华大厦在佛罗伦斯街（Florence St）80 号落成。会馆从 1979 年 7 月 20 日起，每月出版《加华侨报》。同年，会馆监制"华侨有线电视节目"，宣传会馆宗旨，报道华人社团活动。1982 年前后，中华会馆理事会将其改名为"加华电视"。后来"加华电视"独立，成为罗渣士（Rogers）有线电视的多元文化栏目。1982 年 4 月 18 日，中华大厦建成。1990 年前后，会馆理事会的老侨已经不多，会馆事务主要由来自中国港台地区的移民主导，几乎没有大陆移民参与其中。但之后，有来自中国大陆的华人当选为理事。中华会馆大力支持华人参政。20 世纪 80 年代后，举办候选人政见会已成为会馆的传统。

续表

成立时间	社团名称	作用及活动
1978年	全加中华总会馆 [Chinese Benevolent Association of Canada (National Headquarters)]	总会馆每年召开年会——全加代表大会，拟定总会馆行政决策与每年活动纲领，以及议决其他重要议案。先后举办国术班、太极拳班等。1997年7月，举行太平洋铁路华工图片展。

资料来源：关于我们，https://cba-ns.ca/aboutus，检索时间：2021年10月4日；《加拿大中国洪门民治党点问顿支部》，《点问顿华人社区100周年特刊1911—2011》，2011年，第29页；《邝立焯：点问顿洪英大厦的重生》，《加拿大洪门140周年贡献》，第91—93页；黎全恩：《洪门及加拿大洪门史论》，商务印书馆（香港）有限公司，2015年，第189页；《中华大厦落成开幕献词》，《加华侨报》1982年3月1日；《访问中华会馆秘书余辉时先生》，《加京华报》1977年12月1日；《二十年来中华会馆》，《加华侨报》1980年3月1日；《本报讯》，《加华侨报》1979年10月1日；《加京中华大厦落成开幕典礼》，《加京华报》，1981年5月1日；笑言：《渥太华中华会馆》，《渥太华华人史略》；史料来自加京中华会馆主席薛金生；《全加中华总会馆章程》，1978年；黎全恩：《全加中华总会馆1993年大会报告》；《全加中华总会馆1993年大会会议记录》，1993年；《全加中华总会馆会务简报》，1997年1月至12月。

表10.10 老社团合并一览表

成立时间	合并社团名称	作用及活动
1962年	安省黄云山公所（Wong's Association of Ontario）和黄江夏堂合并	参加争取为"人头税"平反的活动。
1967年	卡城两个黄氏宗亲会合并为卡城黄氏宗亲会。前身为创立于1910年的黄江夏堂和创立于1931年的黄云山公所	1989年至1993年对1931年购置的会所分两期进行扩建。
1970年12月14日	加拿大黄江夏堂和全加黄夏总堂合并，组成黄氏宗亲总会（Wong's Benevolent Association），并在联邦政府和卑诗省省政府注册	黄氏宗亲总会下属机构有汉升体育会、文强中文学校、妇女部和耆英部等。1990年，妇女部正式成立。2001年成立耆英部。
1977年	温哥华岑氏宗亲会成立，后合并为温哥华南阳总堂	
1979年	爱民顿黄江夏堂改成黄氏宗亲会	

资料来源：《黄江夏云山公所成立9周年纪念》，《快报》1971年6月8日；《黄江夏云山公所合并纪念》，《快报》1973年6月12日；《安省黄云山公所》，《全加华人联会20周年志庆》，多伦多，全加华人联会，2012年，第77页；《卡城黄氏宗亲会简介》，《全加黄氏宗亲2005年恳亲大会加拿大黄氏宗亲总会成立35周年纪念》双庆特刊，2005年，第18页；《加拿大黄氏宗亲总会》，《全加黄氏宗亲2005年恳亲大会加拿大黄氏宗亲总会成立35周年纪念》双庆特刊，2005年，第10页；《感念创业维

艰,力行继往开来》,《大汉公报》1990年7月28日;《全加黄氏宗亲2005年恳亲大会加拿大黄氏宗亲总会成立35周年大会》,2005年,第10页;岑氏宗亲网,http://www.cszqw.net/news_show/804.html,检索时间:2021年9月20日;《点城黄氏宗亲会简史》,《全加黄氏宗亲2005年恳亲大会加拿大黄氏宗亲总会成立35周年纪念》双庆特刊,2005年,第22页。

表10.11 新的宗亲和邑县社团的活动情况

成立时间	新社团	新时期作用及活动
1969年	加东凤伦公所	
1970年	加拿大温哥华客属崇正会(Vancouver Tsung Tsin Association),于1971年10月获得卑诗省批准	1973年在温哥华奇化街542号购置一栋房子,作为会所。1984年扩建会所,并于同年冬季举行扩建落成典礼。该协会还设有奖学金、出版会讯,开设公民入籍班、中、英语会话班、跳舞班和国画班及其他娱乐活动和讲座。协会还实行客家墓园计划,购置风水宝地两块。
1971年3月	安省余风采堂成立	
1972年月8日	多伦多龙冈亲义公所妇女部正式成立	
1973年	云埠崇正会馆成立	
1975年	谢氏宗亲会(Tse Clansmen Association)在温哥华成立	
1978年	埃德蒙顿谢氏宗亲会成立	
1978年	卡城伍氏宗亲会(Eng/Ng Affinity Association Calgary)正式成立	
1979年	加拿大马氏宗亲总会(The Mah Society of Canada)成立	是由旅北美马氏总公所改名。云埠马氏宗亲会也改名为云高华马氏宗亲会。
1980年	维多利亚黄氏宗亲会(The Wong's Benevolent Assisation)成立	举办春宴、庆典和春秋两祭。
1980年	点问顿台山会馆(Toi Shan Society of Edmonton)成立	举办医学讲座、乒乓球和唱歌班等。
1982年	卡加利台山会馆(The Hoy Sun Association of Calgary)成立	1989年7月4日,举办第一届"中国台山日"

资料来源:《加东凤伦公所庆成立两周年》,《醒华日报》1971年8月26日;张福和:《本会简史》,《加拿大温哥华客属崇正会成立30周年纪念特刊》,第93—96页;《安省余风采堂成立盛况》,《醒华日报》1971年3月9日;张谢惠芳:《多伦多龙冈公所妇女部成立经过和我的体会》,《多伦多龙冈亲

义公所庆祝成立 70 周年暨全加拿大龙冈第一届恳亲代表大会双庆特刊》，1981 年，第 87 页；《多伦多龙冈公所妇女部之回顾与展望》，《多伦多龙冈亲义公所庆祝成立 100 周年纪念特刊 1911—2011》，2011 年，第 94 页；《云埠崇正会馆昨已正式成立》，《大汉公报》1973 年 3 月 6 日；《谢氏宗亲会纪念志》，《大汉公报》1981 年 5 月 8 日；《点城成立谢氏宗亲会》，《大汉公报》1978 年 12 月 29 日；《卡城伍氏宗亲会》，《卡城华人社区百周年纪念特刊》，卡城中华协会刊行，1993 年，第 60 页；Dana J Mah.Mah Society of Canada Brief Combined History, *Mah Socitey Canada Established 100th Year Anniversary 1919 -2019*, Vancouver，2019，p.10.；《云高华马氏宗亲会简介》，《温哥华中华会馆百年纪念特刊 1906—2006》，2006 年，第 225 页；黄国相：《历史见证》，《维多利亚黄氏宗亲会成立 20 周年纪念特刊》，2000 年，第 42 页；黄浓添：《域多利黄氏宗亲会第 20 周年感言》，《维多利亚黄氏宗亲会成立 20 周年纪念特刊》2000 年，第 8 页；《点问顿台山会馆》，《点问顿华人社区 100 周年特刊 1911—2011》，点问顿中华会馆，2011 年，第 48、49 页；《卡技利台山会馆》，《卡城华人社区百周年纪念特刊》，卡城中华协会刊行，1993 年，第 62 页；陈振沛：《台山总会馆百周年纪念庆会演讲词》，《全加台山邑侨第五届恳亲大会暨邑侨来加 130 周年纪念双庆特刊》，1989 年，第 90 页；《卡城台山会馆举办全加首创的"中国台山日"活动》，《全加台山邑侨第五届恳亲大会暨邑侨来加 130 周年纪念双庆特刊》，1989 年，第 94 页。

1977 年，满地可华人联合中心成立，后改名为满地可华人联合总会（Montreal Chinese Community United Center）。[1]

值得一提的是，在 20 世纪 70 年代初，早期移民的后代以及具有专业背景的老移民，深感以往宗亲会、同乡会等内聚型的华人社团，已经不符合华人移民来源多元化、加拿大多元文化国策下社会发展的需要，弘扬中华文化已经不限于华人内部的世代传承，而是要积极向主流社会和其他族群推广。因此，加拿大各地华埠开始相继成立了文化中心和文化协会。这些文化中心都是以弘扬中华文化为宗旨，以促进族裔和谐为目标。几乎每个中华文化中心都设有中文学校、图书馆和活动中心等，为社区提供文化学习和交流的平台（参见表 10.12）。不过，由于中华文化中心成立的时机在加中建交之后，且当时中华会馆出现了亲国民党和亲中共人士的领导权之争，因此在温哥华中华文化中心建成后，也有英文媒体刊登对文化中心不利的报道，为此，温哥华文化中心奋起反击，最终让《多伦多太阳报》做出道歉。[2]

---

[1] 谭振樵：《坎坷历程：谈谈初建华总会感受》，满地可华人联合总会网站，https://www.mccuc.ca/mccuc_found_ch/，检索时间：2021 年 9 月 20 日；Albert H.，《华总会成立 40 周年庆祝活动隆重举行》，《七天》2017 年 8 月 16 日。

[2] 历史简介，温哥华中华文化中心网，https://www.cccvan.com/?fbclid=IwAR3ulfspk6sDauWdsIpGYdccRFkeWz31tuhjRy3_aPJFqgV3yvwg_T9s97A，检索时间：2021 年 9 月 20 日；《西报向文化中心道歉》，《大汉公报》1978 年 3 月 6 日。

表 10.12　文化中心和文化交流协会的活动情况

成立时间	社团名称	作用及活动
1967 年	云埠中国文化协会(Vancouver Chinese Cultural Association)	
1969 年	卡城中华协会(United Calgary Chinese Association)	1970 年正式注册。由于卡城市政府计划修建一条横贯卡城东西的公路，该公路如果建成，会分割华埠。华人据理力争，终于使市政府让步。由此，华人见识到了团结的力量，成立了由 20 多个华人社团组成的中华协会。该协会每年参加卡城牛仔节，尤其是具有中华文化特色的花车游行，多次在牛仔节中获得冠亚军。还多次举办敬老宴会、演讲比赛、英文班和入籍班等。
1973 年	安省中部中华文化中心（ Central Ontario Chinese Cultural Centre，COCCC)	1980 年注册。是夺权会(Chinese Canadian National Council) 的分支。中心有中文 CD 盘、书籍和杂志的收藏。
1973 年	大温哥华中华文化中心（ Chinese Culture of Great Vancouver)	1973 年 2 月 11 日，温哥华 43 个华人社团及各阶层热心人士在黄氏宗亲总会礼堂商议建立一个文化中心大厦，并成立中华文化中心筹委会。1980 年 9 月 14 日，举行中华文化中心大楼落成开幕典礼。中华文化中心为表彰林思齐对传扬中华文化所做的贡献，特将该中心的多功能大会堂命名为林思齐礼堂，并于 1987 年 5 月 30 日举行命名典礼。1990 年，温哥华中华文化中心正式发布建立图书馆计划，主要展览有关中国、加拿大华人艺术、历史和文物，还有专室陈列华裔退伍军人史绩及历史文物。1997 年图书文物馆建成，多次主办全侨传统节日活动和公益活动。
1973 年	点城加中友好协会（ Canada China Friendship Society of Edmonton)	活动范围是为官方和民间的各类互访代表团提供所需的信息、资料和必要的帮助；接待并组织互访的旅游观光、文化交流、贸易洽谈和商品展销等形式的代表团，同时组织各类会议和讲座；不定期编印中英消息，介绍两国风土人情以及双方的交流活动。
1974 年	亚省华人文化社 (The Alberta Chinese Cultural Society)	该协会曾经主办过中国京剧团、歌舞艺术团来加演出活动。
1975 年	卡城华人文化社 (Calgary Chinese Cultural Society)	1975 年，与中加友好协会一起举办"庆祝中华人民共和国成立 26 周年"大会。接待越南来卡城难民，反对 W5 事件。自 1986 年起，每年主办"卡城中华文化夏令营"。
1975 年	萨斯喀彻温省华人文化协会 (Chinese Cultural Society of Saskatchewan)	

续表

成立时间	社团名称	作用及活动
1976年12月20日	星马汶文化协会（The Malaysia Singapore & Brunei Cultural Association，简称 MSBCA）	成立于温哥华。该协会有乒乓球、飞镖、健美操、太极拳和各种社交联谊活动。
1977年	新不伦瑞克中国文化协会（The Chinese Cultural Association of New Brunswick，CCANB）	
1977年	锦碌文化协会（The Kamloops Chinese Cultural Association，KCCA）	在唐人街中国洪门民治党礼堂举办成立典礼。该协会有一个大学奖学金和助学基金会，还举办汉语班、文化舞蹈活动、春节晚宴等。
1979年	多伦多中华文化艺术中心（Chinese Cultural Centre of Greater Toronto）	文化艺术中心成立后，开办成人国画班、儿童美术班、中文班、幼儿培养班、民族舞蹈团、鼓乐合唱团、青年话剧团和歌唱团等，还经常举办文娱活动，庆祝中国新年等。

资料来源：《云埠中国文化协会已获省府批准成立》，《大汉公报》1967年5月8日；《卡城中华协会》，《卡城华人社区百周年纪念特刊》，卡城中华协会刊行，1993年，第32、33页；《卡技利中华协会成立选举委员会》，《大汉公报》1970年12月19日；《卡城中华协会简介》，《中华协会》，2009年，第1页；安省中部中华文化中心网，http://coccc.net/about-us/，检索时间：2021年9月20日；历史简介，温哥华中华文化中心网，https://www.cccvan.com/?fbclid=IwAR3ulfspk6sDauWdsIpGYdccRFkeWz31tuhjRy3_aPJFqgV3yvwg_T9s97A，检索时间：2021年9月20日；《委派代表除夕成立中华文化中心之全侨大会之侨团名单》，《中流——中华文化中心成立十周年纪念特刊1973—1983》，1983年，第10页；《云埠全侨代表昨成立中华文化中心筹委会》，《大汉公报》1973年2月17、19、20、21日；《中华文化中心开幕》，《大汉公报》1980年9月15日；《中华文化中心大会堂正式命名林思齐礼堂》，《大汉公报》1987年6月1日；《中华文化中心宣布，建图书文物馆计划》，《大汉公报》1990年3月9日；《中华文物图书馆落成 多位杰出华裔望发扬华侨刻苦精神》，《明报》1997年8月26日；《埃德蒙顿加中友好协会》，《点问顿华人社区100周年特刊1911—2011》，2011年，第35页；《亚省华人文化社》，《点问顿华人社区100周年特刊1911—2011》，2011年，第36页；《卡城华人文化社》，《卡城华人社区百周年纪念特刊》，卡城中华协会刊行，1993年，第92、93页；https://www.asiancanadianwiki.org/w/Chinese_Cultural_Society_of_Saskatchewan，检索时间：2021年9月20日；星马汶文化协会网，http://msbca.com/about-us/，检索时间：2021年9月20日；新不伦瑞克中国文化协会网，http://www.ccanb.ca/index.html，检索时间：2021年9月20日；《锦碌文化协会成立》，《大汉公报》1977年10月3日；《中华文化艺术中心》，*Modern Times Weekly*，Dec. 20，1985。

新时期的华人社团中，出现了一个与以往团体宗旨有很大不同的社团，这个以服务华人新移民为初衷的团体，因其与政府接轨的成立契机以及开放性的结构，很快就成为华人社区最大的新移民服务机构，获得了三级政府和社区的信任与肯定。这就是中侨互助会（United Chinese Community Enrichment Services Society，简称 S.U.C.C.E.S.S.）。

中侨互助会是由第一代移民叶吴美琪等人在联邦政府三年拨款（每年 10 万）的基础上，于 1973 年在大温哥华成立的，并于 1974 年正式注册（参见表 10.13）。当初给这个组织起名为"侨"，就是将协会定位为桥梁。中侨互助会初创时只有 15 名创会成员，其中有两名是其他族裔移民。[1] 与以往华人社团的组成截然不同，它在建立之初，就着眼于"服务新移民"，一个超越宗亲、同乡，乃至华人背景的新愿景，与中侨获得联邦资助的条件有关，也与发起者的眼光和愿景有关。多元文化的成立基础，也奠定了中侨互助会为不同文化背景的移民服务的重要基础，这与连续获得三级政府拨款，且拨款日益增加有重要的关系。不仅如此，中侨互助会在成立之初，就以"专业服务"为导向，聘请专业的人员加入，这为未来的发展奠定了健康的基础。

除此以外，为了全面服务新移民，中侨互助会的服务对象涵盖了从刚登陆的新移民，到移民社区的青少年成长和养老送终等"移民人生的全部"，使其成为政府信任、社区信任的最重要服务机构，并形成政府拨款和社区捐赠相结合的理想"财政来源"。尤其是 2001 年中侨基金会成立之后，使中侨互助会的组织架构更加健全，并成功打造出中侨星辉夜、中侨百万行和中侨慈善高尔夫球赛等三大筹款活动，受到各级政府和社区的高度关注。

从中侨互助会的发展过程（中侨互助会重大发展进程和项目列表）中可以看到，华人社区的社团组织，出现了向主流社会发展的良好势头。

表 10.13　中侨互助会的作用与活动

时间	内容
1973 年	成立。
1974 年	正式注册。互助会获得联邦卫生及福利部拨款资助，推行了一个为期 3 年的"华人联系"实验计划。互助会在温哥华缅街 321 号（321 Main Street）设立首届办事处。
1975 年	办事处迁到片打东街 577 号（577 East Pender Street）。20 世纪 70 年代，中侨互助会推行"华人联系"计划，针对耆英移民的问题和需要提供相应服务，并在温哥华举办耆英英文班。
1978 年	第一届中侨筹款晚宴在一家酒楼举行。

---

[1] 创会主席叶吴美琪口述。

续表

时间	内容
1980 年后期	开始向华裔新移民提供就业服务。
1981 年	办事处迁往喜士定东街 449 号（449 East Hastings Street）。
1984 年	成立中侨耆英探访团，定期到温哥华多间安老院及医院探访、慰问老人。
1986 年	首届中侨百万行在史丹利公园（Stanley Park）举行。
1988 年	为新移民提供语言培训。最初是由联邦公民和移民部拨款。
1989 年 7 月	列治文办事处投入服务。
1991 年 8 月	本拿比和高贵林办事处投入服务。华埠办事处由喜士定东街 449 号迁往片打东街 87 号（87 East Pender Street）。就"点心日记"剧引发传媒对华裔加拿大的形象作出反应。1991 年起，开始推行"耆英美好人生计划"的外展工作，每周为华裔长者提供服务。
1992 年	设立免费热线电话咨询服务。10 月 1 日，中侨新移民机场接待服务（Community Airport Newcomers Netowrk）计划正式展开。成立之初，以 8 种语言提供服务。随着新移民来自更多的不同文化背景的国家，语言服务也日趋多元化。
1994 年	甘比街国语服务中心（Cambie Mandarin Service Centre）、三联市（Tri-City office）办事处投入服务。成立商业及经济发展部（Business & Economic Development），开始为中侨小型商业发展及培训服务。该部门为新移民提供商业培训课程及免费培训服务，同时开办收费的讲座和训练课程，内容包括跨文化商业技能、企业成立流程等。
1996 年 7 月	华埠国语服务中心（Mandarin Service Centre）开始提供服务。青年企业家培训计划（Youth Entrepreneurial Training Program）开始实施，协助 30 岁以下的青年移民创业。
1997 年	开展防止家庭暴力计划。百老汇西街（West Broadway）的就业服务中心开始提供服务。12 月，素里三角洲办事处（Surry-Delta Service Centre）投入服务。
1998 年	自雇创业培训项目（Self-Employment Program）开始实施。1998 年 8 月，华埠办事处由片打东街 87 号迁往片打西街 28 号（中侨社会服务中心林陈坤仪博士大楼）。9 月，在新落成的中侨社会服务中心大楼一楼多功能大厅和礼堂举行了开幕式。
1999 年	青少年就业中心（Youth Employment Centre）在列治文成立。中侨护理服务协会（S.U.C.C.E.S.S.Multi-Level Care Society）正式注册。 自 1999 年起，成人英语培训课程（English Language Services for Adults，ELSA）改由省政府拨款和管理，后又由省高等教育及劳工市场发展厅负责执行。除了由政府拨款的服务外，互助会还因移民人口的改变而制定相应的英语培训，如第二语言、国际沟通英语及托福预备班、儿童夏令营、卑诗儿童医院国际医生英语补习班等收费课程。
2001 年	中侨互助会李国贤护理安老院举行开幕典礼。 中侨互助会基金会正式注册。

资料来源：《中侨互助会 35 年大事年表》，《中侨群贤汇：中侨互助会 35 周年纪念 1973—2008》，中侨互助会，2008 年，第 96—100 页；《中侨社福大楼昨开幕》，《世界日报》1998 年 9 月 20 日；《耆英服务及耆英外展计划》，《中侨群贤汇：中侨互助会 35 周年纪念 1973—2008》，中侨互助会，2008 年，第 67 页；《筹款活动》，《中侨群贤汇：中侨互助会 35 周年纪念 1973—2008》，中侨互助会，2008 年，第 92 页；《小组及社区服务》，《中侨群贤汇：中侨互助会 35 周年纪念 1973—2008》，中侨互助会，2008 年，第 65 页；《就业服务》，《中侨群贤汇：中侨互助会 35 周年纪念 1973—2008》，中侨互助会，2008 年，第 71 页；《语言培训》，《中侨群贤汇：中侨互助会 35 周年纪念 1973—2008》，中侨互助会，2008 年，第 55 页；《小组及社区服务》，《中侨群贤汇：中侨互助会 35 周年纪念 1973—2008》，中侨互助会，2008 年，第 65 页；《新移民机场接待服务》，《中侨群贤汇：中侨互助会 35 周年纪念 1973—2008》，中侨互助会，2008 年，第 53 页；《商业及经济发展》，《中侨群贤汇：中侨互助会 35 周年纪念 1973—2008》，中侨互助会，2008 年，第 77、78 页；《中侨在本汝比社区扩展服务发展计划》，《大汉公报》1991 年 1 月 12 日。

这一历史时期，因为新移民不断增加，有一些公益社团和服务性团体已经增加了服务项目，新的相关社团纷纷诞生（参见表 10.14）。

表 10.14 慈善、互助、公益社团和社会服务社团的活动情况

成立时间	社团名称	新时期的作用及活动
1954 年 10 月 1 日	多伦多华侨福利协会（Chinese Welfare Association）。	20 世纪 80 年代，该协会改名为"多伦多华人福利协会（Chinese Canadian Welfare Association）"。该协会每年都参加庆祝中华人民共和国国庆节和各项促进中加两国友好关系的活动，并开办英文班和中文班，20 世纪 60 年代，创办周报《周末快讯》，向会员和侨胞介绍国际大事和中国建设成就。1960 年，协会接待了新中国派出的第一个艺术团，其中就有京剧表演艺术家杜近芳和李少春等。
1965 年	孟尝会（The Mon Sheng Foundation）	1964 年，在华埠长老会（Chinese Presbyterian Church）召开第一次会议。孟尝会于 1965 年 10 月获省政府注册。1967 年 1 月，孟尝会获联邦政府批准为慈善机构，成为加拿大首个华人慈善社团。1971 年 10 月，举办"上海之夜"筹款晚会。1975 年，多伦多中区孟尝会安老院（The Mon Sheong Home for the Aged）开办，孟尝会发售了幸运彩票，还举办了"上海之夜"筹款晚会、花秧舞音乐会、西湖筹款晚宴等。1994 年孟尝之夜筹款上百万加元，1995 年筹款超过 150 万加元，2000 年筹款超过 110 万加元，均用于兴建工程。2001 年，孟尝之夜筹款超过 150 万加元，用作兴建新的长期护理中心。
1969 年	卡城善乐社（The Sien Lok Society of Calgary）	最初的宗旨是建立三级政府联络机构。当年卡城政府准备在今日唐人街建筑横贯东西的大道，部分华人成立善乐社，极力劝说市政府取消了该计划。

续表

成立时间	社团名称	新时期的作用及活动
1973年	多伦多华人社区服务协会（Cross-Cultural Community Services Association）	1976年正式注册为非牟利慈善机构。1984年成为多伦多公益金成员，主要致力于协助新移民安居并尽快融入加拿大主流社会。
1974年	1968年，一批华裔学生在嘉兰中心义务为华埠居民提供信息咨询、口译、笔译等服务。1974年，该项服务以中文传译处（Chinese Interpreter and Information Services, CIIS）的名称独立运行。1988年，更名为华人咨询社区服务处（Chinese Information and Community Services, CICS）。1998年，华咨处将其英文名称更改为Centre for Information and Community Services of Ontario	1988年，华咨处在士嘉堡区购买了一个办公室。1992年，华咨处于士嘉堡区成立了一个配有托儿服务的全新语言培训中心。1994年，在马克维尔（Markville）购物中心管理处的支持下，华咨处在该中心开设了约克区办事处。1999年向北约克区各校新登陆的移民家庭提供多种语言服务。9月，华咨处启动了特别为学龄前儿童提供的学前服务项目。2001年，华咨处基金会注册成立，为华咨处推出特别活动筹募资金。
1975年	加京侨社服务处（Ottawa Chinese Community Service Centre）	
1976年	满地可华人服务中心（Service à la Famille Chinoise du Grand Montréal, SFCGM）	为华人新移民提供咨询与中介服务，协助新移民就业，解决生活及学习外语等问题。中心接受魁北克省政府移民局的资助。
1976年	纽芬兰华人协会（the Chinese Association of Newfoundland and Labrador）	成立于纽芬兰省圣约翰斯市，成员为来自省内的各行业人士。
1977年	埃德蒙顿华人社区服务中心（原英文名为Chinese Community Services Centre，后改为Assist Community Services Centre）	1979年，印支难民大量涌入，使社区服务需求增加，中心得到政府的支持得以持续发展。1983年，华人社区服务中心正式注册成为非牟利机构。1992年，中心向政府申请到新移民英语教育（LINC）及移民安顿服务项目（ISP）经费。20世纪90年代，移民安顿服务主要帮助移民相互联络。除了继续服务来自亚洲原居地的华侨、印支越棉寮华侨外，中心还为韩裔和印度裔提供服务，语言课程也提供给来自南美、欧洲和中东等地区的移民。

续表

成立时间	社团名称	新时期的作用及活动
1977 年	密城华人联谊会（Medicine hat Fellowship Association）	联络华人，并配合主流社会活动。既有春节联欢和耆英晚会等，也参加该市每年举办的多元文化"阳光节"。
1977 年	温哥华华裔中心	
1978 年	大多市华人社区工作者协会（Association of Chinese Community Service Workers，A.C.C.S.W，简称华人社工协会）	1981 年正式登记为合法团体。1987 年，支持华人法律援助处成立，支持祖语法案。
1978 年	卡尔加里华人社区服务中心（Calgary Chinese Community Service Association）	1987 年正式设立办事处。1990 年开始课余补习班，为移民和本地出生的华裔学生提供课后服务。1994 年得到政府资助，形成了"华埠社区发展暨外展计划"，服务对象为唐人街居民。
1979 年	蒙特利尔华协会（Chinese Neighbourhood Society）	主要在生活层面服务新移民。协会的分支机构"多元文化教育发展中心"（the Centre d'éducation and development interculturel）在 1999 年成立，服务对象不再是蒙特利尔地区的华人社区，而是来自多元社区的客户，服务范围也不再局限于移民安置。

资料来源：《多伦多华人福利协会》, *National Congress of Chinese Canadians 10th Anniversary 1991—2001*, 2001 年，第 89 页；福利会简介，多伦多华人福利协会网：http://www.ccwato.org/，检索时间：2021 年 9 月 20 日；《孟尝会光辉岁月见历史 1964—2014》, 2014 年，第 4 页；《孟尝会大事回顾 1964—2013》,《孟尝会扶老携幼五十载 1964—2014》, 2014 年，第 4、52、87、119—125 页；《卡城善乐社》,《卡城华人社区百周年纪念特刊》, 卡城中华协会刊行，1993 年，第 31 页；多伦多华人社区服务协会网：http://tccsa.on.ca/zh/about-us/history/，检索时间：2021 年 10 月 27 日；华咨处网：华咨处历史，https://www.cics2021.org/about-us，检索时间：2021 年 10 月 27 日；《加京华侨服务处简介》,《加京华报》1977 年 8 月 1 日；满地可华人服务中心网，https://www.famillechinoise.qc.ca/ch/mission，检索时间：2021 年 9 月 20 日；纽芬兰华人说：我们的春节，是中华文化与加拿大文化的水乳交融，https://baike.baidu.com/tashuo/browse/content?id=84d19be0f8990b324a4bdf35，检索时间：2021 年 9 月 20 日；驻加拿大使馆韩涛公参出席纽芬兰华协会庆祝活动，http://www.chinaqw.com/hdfw/2016/ 10-26/109621.shtml，检索时间：2021 年 9 月 20 日；《华人社区服务中心》,《点问顿华人社区 100 周年特刊 1911—2011》, 2011 年，第 41 页；《密城华人联谊会》,《卡城振兴粤剧社庆贺成立十周年纪念演艺会》, 卡城振兴粤剧，2006 年，第 22 页；《华裔中心发公开函，解释成立宗旨各点》,《大汉公报》1977 年 3 月 4 日；《华人社工协会的结构与工作范围》, *Modern Times Weekly*, Jun. 5, 1987; Our First Logo, *Calcary Chinese Community Service Association 40 the Anniversary Issue*, 2018, pp.8–11.; Calcary Chinese Community Service Association, *Calcary Chinese Community Service Association 40th Anniversary*, 2018, pp.8-10.；蒙特利尔华协会网，http://access-cht.ca/team/about%20us/?lang_=+en&lang=zh，检索时间：2021 年 9 月 20 日。

进入融合时期后，来到加拿大的移民，已经不再只是三邑和四邑，侨乡遍及中国大陆各个省市。这些华侨华人为了联络乡情、交流友谊、促进文化交流等，成立了很多不分政治和宗教信仰，相互关心照顾的同乡会。加拿大很多地方的华侨华人为了联络情谊，团结互助，互爱互济，也纷纷成立联谊会和校友会（参见表 10.15）。

表 10.15 同乡会、联谊会和校友会一览表

成立时间	社团名称	新时期的作用及活动
1960 年	渥太华台湾同乡会（Taiwanese Canadian Association of Ottawa）	由来自中国台湾的留学生成立。同乡会有一些定期活动，像双亲节和中秋节等。
1963 年	加拿大台湾同乡会（Taiwanese-Canadian Association，在多伦多成立）	1977 年在安大略省的京士顿（Kingston）举行年会时才正式通过组织章程，并于次年正式向联邦政府登记立案。
1965 年	加拿大蒙特娄台湾同乡会（Taiwanese-Canadian Association Of Grea Of Great Montreal）	
1966 年	大温哥华台湾同乡会(Greater Vancouver Taiwanese Canadian Association)	
1972 年 10 月	菲华侨旅加联谊会	由温哥华菲律宾华侨成立。
1973 年	多伦多台湾客家同乡会（Taiwanese Hakka Association of Toronto）	
1975 年	亚省华人毕业生协会（Chinese Graduates Association of Alberta）	捐赠专上学院奖学金，赞助及参与亚省民族节中国馆活动，参与华人社群昔日贡献纪念活动，提供电影纪录片断并做活动的顾问。
1976 年	台湾各大学加西校友联会（Taiwan Universites Alumni Inited Association of Western Canada）	
1976 年	爱城台湾同乡会（Edmonton Taiwanese Associations）	
1978 年	加拿大安大略省惠东安会馆	是惠阳、东莞、宝安三县客属同侨组成的同乡会。

续表

成立年代	社团名称	新时期的作用及活动
1978 年	旅温缅甸华侨联谊会	
1979 年	温哥华旅加台中校友会	
1984 年	多伦多恩平同乡会（Enping Fellowship Society）	

资料来源：渥太华台湾同乡会网，https://sites.google.com/site/tcaottawa/about-us，检索时间：2021年9月20日；加拿大台湾同乡会网，https://tca-canada.ca/tca-history/，检索时间：2021年9月2日；蒙特娄台湾同乡会网，https://tcam88.wordpress.com/about/，检索时间：2021年9月20日；大温哥华台湾同乡会网，http://www.taiwanus.net/gvtca/about.html，检索时间：2021年9月20日；《菲华侨旅加联谊会，举行成立典礼盛况》，《大汉公报》1972年10月21日；《华侨联谊会成立廿五周年 刘廷纲伉俪亲赴维市道贺》，《明报》1997年7月23日；加拿大多伦多台湾客家同乡会，https://www.hakka.gov.tw/Content/Content?NodeID=2769&PageID=43709，检索时间：2021年9月20日；《黄春发连任客家同乡会会长》，《世界日报》2000年12月11日；《亚省华人毕业生协会》，《点问顿华人社区100周年特刊 1911—2011》，2011年，第38页；阿尔伯塔华人毕业生协会网，About us: http://www.cgaa.ab.ca/，检索时间：2021年9月20日；《台湾大专旅加同学加西校友联谊会成立》，《大汉公报》1976年2月20日；《爱城台湾同乡会》，《点问顿华人社区100周年特刊 1911—2011》，2011年，第40页；房利总领事出席加拿大安大略省惠东安会馆成立35周年庆祝活动，中国驻多伦多总领事馆 http://toronto.china-consulate.org/chn/xw/t1109086.htm，检索时间：2021年9月25日；《缅甸侨联会昨成立，选出职员定期就任》，《大汉公报》1978年8月24日；黄灼年：《风雨同路三十年》，《旅加台中校友会30周年纪念特刊》，2010年2月；雷民盼：《旅加台中校友会成立五周年纪念献言》，《大汉公报》1984年3月10日；《多伦多恩平同乡会29周年会庆纪念特刊》，2013年，第2页。

为了推动商贸发展，华侨华人成立了很多商业社团（参见表10.16）。

表 10.16　行业性社团的活动情况

成立时间	社团名称	新时期的作用及活动
1969 年	古壁省华侨餐馆同业会（Chinese Restaurant Association of Quebec）	开始是每年选举一次，1975年后改为每两年一次。1978年成立旅游公司。1986年成立采购公司。1996年与侨社一起筹备组织第一届满地可国际龙舟大赛，此后每年举办一次。
1970 年	平原独立什货同业商会（Lower Mainland Independent Grocers Association）	在温哥华成立。
1972 年	多伦多华商会（The Toronto Chinese Business Association，TCBA）	

续表

成立时间	社团名称	新时期的作用及活动
1980年	安省华商餐馆会（Ontario Chinese Restaurant & Food）	

资料来源：古壁省华侨餐馆同业会史料来自该协会创办人之一陈超万；《什货商会五周纪念暨新旧职员交接礼》，《大汉公报》，1975年9月2日；《多伦多华埠商会经已注册成立》，《快报》1972年5月6日；About us，多伦多华商会网，http://www.tcbacanada.com/about-us/，检索时间：2021年9月20日；Arlene Chan, the Chinese in Toronto from 1878: From Outside to Inside the Circle, *Natural Heritage*, 2011, p.85.

华侨华人也重视强身健体和弘扬中华武术精神，为此先后成立了一些体育团体，并不时举办一些比赛（参见表10.17）。

表10.17 体育社团的活动情况

成立时间	社团名称	新时期作用及活动
1969年	加拿大精武体育会（Canadian Ging Wu Kung Fu Martial Arts Association）	华裔武师李均贤在埃德蒙顿市创立。体育会提供散打（Sanda）、传统武器（traditional weapons）、中国舞狮（Chinese Lion Dance）等传统功夫风格的训练。
1970年8月	加拿大道家太极拳社（Taoist Tai Chi Society）	在多伦多成立。
1971年	加拿大多伦多飞虎体育会（Toronto Flying Tiger Sport Association）	初期以排球为主。会员以老华侨和加拿大出生的青少年为主，也有非华裔人士参加。荣获1981、1982和1985年度北美华人埠际排球三届冠军。1989年，加拿大政府邀请该队参加加拿大博物馆开幕式。1993年，赴荷兰参加欧美华人体育运动会，获排球冠军。
1972年	加拿大中国太极拳学会（Chinese Tai Chi Chuan Association of Canada）	在温哥华成立。地址在科多瓦士街500号。
1973年	白眉国术会（the Bak Mei Kung Fu Association）	
1973年	黄虾健身会（The Wong Ha Athletic Associstion）	以教授"李佛"的拳脚棍棒为基础。1994年，将黄虾健身会转为"雄胜蔡李佛总会"（Hung Hising Choy Lee Fut Federation of Canada），在温哥华成立。

续表

成立时间	社团名称	新时期作用及活动
1974年	郭英华咏春拳馆（Fred Kwok Wing Chun Martial Art Academy）	在温哥华成立。
1974年	黄相健身会（The Shung Wong Kung Fu Club）	教青少年练习洪佛武功，在维多利亚成立。
1975年	加拿大鉴泉太极拳社（Wu Tai Chi）	
1976年	温哥华中国象棋会（Vancouver Chinese Chess Association）	1987年3月，该协会发起全加中国象棋邀请赛，参赛队伍有来自多伦多、卡加利、爱民顿及温哥华四队。
1977年	亚省太极拳联谊会（Alberta Tai Chi Chuan Club）	
1978	加西中国国术总会（Western Canada Chinese Martial Arts）	1984年组成加拿大中国武术队，参加中国西安举办的世界武术锦标赛。1998年，该协会与全加拿大各武术团体达成共识，成立了"加拿大武术团体联合总会"。
1978	多伦多象棋会（Toronto Xiangqi Association）	1988年正式成为一个非营利组织。
1979	维多利亚华埠醒狮团（Chinatown Junior Lion Dancers）	
1979	北美马氏体育会成立（North America Mah Athletic Association）	在温哥华成立。

资料来源：《加拿大精武体育会》，《点问顿华人社区100周年特刊1911—2011》，2011年，第32页；"Leslie Scrivener"，Toronto Star, Sep. 9, 2007；《多伦多太极拳社迎月野火》，*Modern Times Weekly*, Sep. 27, 1985；《学太极，做善事，捐助公益金》，《大汉公报》1988年8月27日；《全国道家太极日》，《加华侨报》1987年9月1日；《加拿大多伦多飞虎体育会》，*National Congress of Chinese Canadians 10th Anniversary 1991-2001*，2001年，第75页；《多伦多飞虎体育会》，《醒华日报》1979年6月8日；黄耀逊：《前言》，《加拿大多伦多飞虎体育会成立15周年纪念特刊》，1986年；Chinese Tai Chi Chuan Association of Canada website, http://www.kamtotaichi.com/English/aboutsifu/ctccac.html，检索时间：2021年9月20日；《云埠白眉国术会，叶志森教授拳术》，《大汉公报》1973年5月10日；https://www.bakmei.

ca/grandmaster，检索时间：2021 年 9 月 20 日；《雄胜蔡李佛第 5 传宗师黄虾师傅传略》，2005 年，第 1—3 页；《黄虾健身会成立》，《大汉公报》1973 年 8 月 10 日；《蔡李佛三周年晚宴砥 60 人出席》，《明报》1997 年 7 月 7 日；《"荣誉市民"：黄相宗长》，《维多利亚黄氏宗亲会成立 22 周年纪念特刊》，2000 年，第 30 页；《恭祝加拿大鉴泉太极拳社成立志庆》，《醒华日报》1975 年 5 月 7 日；https://www.hhlink.com/link/www.vancouvercca.com/%E6%B8%A9%E5%93%A5%E5%8D%8E%E4%B8%AD%E5%9B%BD%E8%B1%A1%E6%A3%8B%E4%BC%9A，检索时间：2021 年 9 月 20 日；《亚省太极拳联谊会新址落成》，《大汉公报》1977 年 12 月 17 日；加拿大中国武术总会，http://wccmaa.com/index.html#pages/about/index.html?lang=En，检索时间：2021 年 10 月 17 日；About the TXA，多伦多象棋会网，http://txa.ca/presidents-letter/，检索时间：2021 年 12 月 30 日；《华埠幼童醒狮团的创立》，《华埠通讯》1999 年 12 月，第 28 页；罗伯特·埃莫斯（Robert Amos）、黄吴紫云（Kileasea Wong）：《华埠幼童醒狮团》，《域多利华埠》，2009 年，TouchWood Editions，第 140 页；《北美马氏体育会成立》，《大汉公报》1979 年 6 月 9 日。

年轻人成立的社团、妇女社团，也是一道风景线。随着加拿大移民政策的改善，亲属移民团聚不断增多，这些移民的父母为了摆脱寂寞，先后成立了一些老年协会（参见表 10.18）。

表 10.18 土生社团、青年团体、妇女团体和老年社团的活动情况

成立时间	社团名称	新时期的作用及活动
1969 年	孟尝会青年社团	
1972 年	温哥华华人耆英会（Vancouver Chinese Elderly Citizens' Association）	1969 年已开始在片打女青年会举办康乐活动。
1972 年	大多市华人长春会（Metro Toronto Chinese Golden Age Society）	1973 年 1 月 7 日正式成立。
1973 年	维多利亚中华妇女会（Victoria Chinese Ladies）	举行筹款活动，所得款项捐给华侨学校，美化哈宁角华人墓地和华埠疗养院。
1976 年	耆晖会（Carefirst Services & Community Services Association）	1978 年成立中国餐饮与互助会。1980 年更名为中国老人家庭支持服务协会。1992 年重新命名为耆晖会。主要是确保大多伦多地区长者及有需要的人士安享生活。在多伦多唐人街运营中国式轮椅服务。2001 年创立"腹膜透析日间中心"，为肾病患者提供成人日间活动。

续表

成立时间	社团名称	新时期的作用及活动
1979 年 10 月	爱健会（The Scarborough Senior Chinese）	成立于多伦多。该会有英文班、书法班、粤剧戏曲歌唱班、时代曲班、舞蹈班、国术班和乒乓球班等。1982 年得到新桃源项目（New Horizon Program）的资助，成立摄影组，举办摄影班。

资料来源：《孟尝会扶老携幼五十载 1964—2014》，2014 年，第 140 页；资料来自温哥华华人耆英会现任会长杨铭发；《华人耆英会晚宴喜迎银禧出席省市政要缕述渊源厚》，《明报》1997 年 10 月 8 日；《华人耆英会十六周年，餐会联欢庆生摸彩》，《世界日报》1988 年 10 月 30 日；《大多市华人长春会》，National Congress of Chinese Canadians 10th Anniversary 1991–2001，2001 年，第 68 页；《长春会成立，职员宣誓就职》，《快报》1973 年 1 月 29 日；罗伯特·埃莫斯（Robert Amos）、黄吴紫云（Kileasea Wong）：《中华妇女会》，《域多利华埠》，2009 年，TouchWood Editions，第 129 页；机构简介，耆晖会网，http://carefirstontario.ca/about/history/?lang=zh-hans；检索时间：2021 年 9 月 20 日；《龙冈妇女会庆祝成立十周年纪念》，《醒华日报》1984 年 2 月 27 日；《爱健会简介》，《爱健会丙申周年会庆特刊 1979—2016》，2016 年，第 4 页；《爱健会编年史》，《爱健会成立三十周年纪念特刊》，2009 年，第 25 页。

20 世纪 80 年代前，还有一些其他性质的社团（参见表 10.19）。

表 10.19　其他社团的活动情况

成立时间	社团名称	新时期的作用及活动
1970 年	加京华人联谊会(Ottawa Chinese sodality Association)	
1971 年	维多利亚华侨联谊会(Victoria Huaqiao Lianyihui)	
1973 年	拿省华人协会（The Chinese Society of Nova Scotia）	
1976 年	纽芬兰华协会（Chinese association of Newfoundland and Labrador）	
1976 年	加拿大雅斯郡华人协会（the Essex County Chinese Canadian Association）	

资料来源：《加京华人联谊会 欢庆 31 岁生日》，《世界日报》2001 年 11 月 17 日；罗伯特·埃莫斯（Robert Amos）、黄吴紫云（Kileasea Wong），《华侨联谊会》，《域多利华埠》，2009 年，Touch Wood Editions，第 89 页；关于我们，The Chinese Society of Nova Scotia web site：http://cs-ns.com/?page_id=262&lang=zh，检索时间：2021 年 9 月 20 日；纽芬兰华协会网 http://www.canl.ca/index.php，检索时间：2021 年 9 月 20 日；加拿大雅斯郡华人协会网，https://www.eccca.net/chinese/about_cn.php，检索时间：2021 年 9 月 20 日。

三、20世纪80年代后成立的社团

20世纪80年代后,中国大陆和亚洲地区移民浪潮风起云涌,大量的专业技术人才和留学生移民到加拿大。随着华人人数的增多,各地华人社团急剧增加。一些专业人士组成的社团没有地域、宗族等的隔阂,不同行业的专业人士社团还具有一定的互补性,彼此之间的合作交流比较频繁,甚至出现了专门致力于华人社团合作的协会。例如1991年5月,全加拿大280个华人社团在多伦多举行为"人头税"平反全加华人代表大会时,决定成立全国性华人组织。经过多方努力,1992年,全加华人联合会正式成立,宗旨是加强加拿大各华人社团的合作,当时全加有300多个重要华人社团成为会员单位。该组织成立20周年后,工作重点转移到促进中加关系发展及两国文化交流上(参见表10.20)。

表10.20 全加华人联会活动情况

时间	活动情况
1975年8月29日	全加华人第一次代表大会在温哥华洪门大厦开幕。会议议程主要是讨论绿皮书有关条款、政府的移民政策、华人切身福利和成立全加华人联会等问题。
1991年3月	温尼伯中华文化中心举办为期三天的"90年代加拿大华人的挑战"研讨会,研讨华裔社群对外对内的关系、华裔青少年和"人头税"等问题。卑诗省、草原三省、安省和魁北克省皆有代表出席。
1991年5月18、19日	全加拿大450多位华人代表280多个社团,在多伦多参加了全加华人代表大会。大会一致决议成立一个全国性组织。与会代表认为,成立一个全国性组织,对影响华人的问题可以达成共识,形成一条有效的、能引起主流社会注意的渠道。
1992年5月16日	"全加华人联会"(The National Congress of Chinese Canadians,简称华联会)在温哥华中华文化中心宣告成立。
1993年4月24日	全加华人联会太平洋区分会(The Pacific Region of the National Congress of Chinese Canadian)成立。分会成立后,曾先后呼吁各界人士联署支持中国政府申办2008年奥运会、召开联邦大选期间全加五大政党政见公听会、与政府协商如何解决"人头税"平反问题、捐助赈济华南水灾等。太平洋区分会有温哥华台山同乡会、文强学校、中国大专院校校友会、温哥华中华会馆等几十个社团。
1992年5月17日	第一届代表大会(1992—1995年)在温哥华举行成立典礼。商议华联会章程,全加拿大分5区:太平洋区、大草原区、安大略区、魁北克区、大西洋区。1994年10月,在多伦多召开年会,决议发布公函给各地侨社,请发信支持,请政府认真解决排华政策及"人头税"平反问题。华联会在1995年3月27日,注册成为合法团体。

续表

时间	活动情况
1995年9月1—4日	第二届代表大会（1995—1998年）在埃德蒙顿召开。讨论的问题有华裔对加拿大发展的重要性、对联邦政府"人头税"问题所采取立场作出回应、多元文化对加拿大社会的影响、魁北克独立问题、华侨老化等问题。
1996年	"亚省华人社团联会"（Alberta Chinese Community Congress）成为"全加华人联会"成员之一。前身是"卡城社团联会基金会"。1996年6月11日早晨，联邦政府环保部门及皇家骑警，突然搜查了14间中药商行，该协会积极与政府有关部门联系，反映中药行的困惑并要求做出解释。
1996年8月	在卡尔加里召开年会，讨论中医药合法问题。
1997年5月	华联会大草原区发起赈济缅省红河泛滥灾民。
1998年1月	号召各分区赈助加东被冰雨侵袭的灾民，并抗议魁北克政府惩戒魁省华埠用中文招牌的商号。
1998年9月5日	第三届代表大会（1998—2001年）在蒙特利尔举行。会议检讨了海外资产申报法，探讨华人参政途径、华裔青少年教育问题，了解妇女经商及参与社区活动所面临的问题等。
1999年	在哈利法克斯召开年会，参加人数不多。
2000年9月2—3日	第八届年会在多伦多市政府会议厅隆重举行。来自全加拿大5个分区的150名代表和会员出席了大会。围绕"加拿大是我家、21世纪加拿大华人面对之挑战"这一主题，与会人员对加拿大新移民法、"人头税"平反问题、加拿大非法入境问题、如何帮助新移民扎根加国、多元文化政策之回顾与展望、华人社区之团结与合作以及温哥华与其他城市的华埠发展等7个专题展开了谈论，并作出了决议案。大会决定支持国会议员麦鼎鸿私人议案，要求联邦政府为"人头税"平反。
2001年	再次同国会议员麦鼎鸿合作，向国会提出Bill C-333议案，督促为"人头税"平反、修改"排华法"。
2001年9月1日	第四届代表大会（2001—2004年）在多伦多市举行，代表来自太平洋、草原省、安省、魁北克省及大西洋5个分区。大会讨论了5个问题：正式承认"人头税"和"排华法"是对华人的歧视；国会向华裔受害者道歉；正式表扬华人对加拿大的贡献；拨出合理数额，设立一个永久基金，用来照顾尚在世的"人头税"缴纳者，并做一些促进种族和谐及对华人社区有利的工作；对"人头税"缴纳者的亲属移民，予以特别考虑。

资料来源：《华人代表大会盛况》，《大汉公报》1975年8月30日；《大会纪实》，《全加华人联会20周年志庆》，多伦多，全加华人联会，2012年，第59页；黎全恩：《华联会之成立及使命》，《华埠

通讯》1996年4月，第20页；《全加华人代表大会今在云埠揭开序幕》，《大汉公报》1992年5月16日；《全加华人联会正式成立》，《大汉公报》1992年5月19日；《全加华人第三届代表大会》，《全加华联第三届代表大会纪念特刊》，1998年3月，第67—71页；A Brief Introduction of National Congress of Chinese Canadian：*National Congress of Chinese Canadians 10th Anniversary，1991-2001*，2001，p.32.；黎全恩：全加华人华联会之成立及历届代表大会纪要：*National Congress of Chinese Canadians 10th Anniversary，1991-2001*，2001，第33、34页；全加华人联会大事记：*National Congress of Chinese Canadians 10th Anniversary，1991-2001*，2001，第34页；《全加华联卡城大会圆满闭幕，关切中药法案争取参与讨论》，《全加华联第五届全国代表大会1992—2004》，卑诗省维多利亚，2004年，第48页；全加华人联会第八届周年会议新闻公报：*National Congress of Chinese Canadians 10th Anniversary，1991-2001*，2001，p.35.；黎全恩：《全加华联12年来之工作及温岛代表》；《华союз通讯》2004年10月，第7卷第10期，第26、27页；《九一全加华人代表大会通过多项决议圆满结束》，《全加华人联会20周年志庆》，多伦多，全加华人联会，2012年，第45、46页；Bill C-333，《全加华人联会20周年志庆》，2012年，多伦多，全加华人联会，第51页；《全加华人联会太平洋区分会》，《温哥华中华会馆百年纪念特刊1906—2006》，2006年，第274页；《全加华人联会第几届周年会议新闻公报》，《全加华联第五届全国代表大会1992—2004》，卑诗省维多利亚，2004年，第70页；《加拿大卡城福建同乡会》，《全加华人联会第十一届周年会议暨亚省华人社团联会、卡城华人文化社联会新会所开幕纪念特刊》，2002年，第74页。

战后，随着华人移民的增加，社团的数目也在相应增加。这种增加的背后，是华人社区多元化和分散化的特征加强，导致全国性的社团运作更加不易。几十年来，华人社区"要求整合"的呼声一直不断，但全国性的整合几乎没有。虽然20世纪70年代后有平权会、全加华人联合会等几个社团形成了全国性的架构，但实际上仍然是东部和西部两大块"共同领导"。与加拿大东重西轻的政治架构相吻合，华人社区的全国性社团，东部地区依然是主力。其他社团，如政治团体、中华文化中心、文化交流协会、宗亲会、县邑协会、联合会、校友会、专业团体、商会、专业人士组织、服务协会、同乡会、文化交流机构等，种类越来越多（参见表10.21—10.32）。

表10.21 联合会的活动情况

成立时间	社团名称	新时期的作用及活动
1981年	全加拿大华人平权协进会伦敦分会（the Chinese Canadian National Council London Chinese Cultural Centre）	积极参与政治活动，每逢各届政府选举，都会邀请竞选议员作选举讨论和演讲；帮助超龄子女移民；举办传统文化节，每年举办龙舟竞渡节；举办筹款活动、中国书画比赛和敬老联欢会等；支持中文学校办新移民英文班和成人中文班。

续表

成立时间	社团名称	新时期的作用及活动
1985年	多伦多市华人社团联合总会（Confederation of Toronto CHinese Canadian Organizations，CTCCO）	
1989年	万锦市华联会（The Federation of Chinese Canadians in Markham，F.C.C.M.）	1992年5月22日正式注册成立。
1996年	渥太华华人社团联合会（Federation of Ottawa Chinese Canadian Organizations）	代表各个社会阶层，包括文化、社会和学术组织。

资料来源：关于我们，平权协进会伦敦分会网，https://londonccnc.com/，检索时间：2021年9月20日；多伦多市华人团体联合总会网，http://ctcco.ca/jianjie.html，检索时间：2021年9月20日；About us，万锦市华联会网，http://www.fccm.ca/about/，检索时间：2021年9月20日；渥太华华人社团联合会（华联会）简介，加拿大江浙沪华侨社团第一届联谊交流活动，加拿大阿尔伯塔省埃德蒙顿市，加拿大爱城江浙沪华侨联谊会编写，2013年，第22页。

表10.22　文化中心和文化交流协会的活动情况

成立时间	社团名称	新时期的作用及活动
1981年	加拿大新不伦瑞克蒙克顿地区中华文化协会（The Moncton Chinese Friendship Association，MCFA）	2004年3月更名为大蒙克顿中华文化协会（the Greater Moncton Chinese Cultural Association，GMCCA）。
1982年	乃磨中国文化协会（The Nanaimo Chinese Cultural Society，NCCS）	
1985年	埃德蒙顿哈尔滨友好协会（Edmonton-Harbin Friendship Society）	1985年12月5日，埃德蒙顿和中国哈尔滨结为姐妹城市。当时的市长劳伦斯·德科尔（Lawrence Decore）代表埃德蒙顿在协议上签字。各族裔人士联合起来组织并注册了该协会。
1985年	卡城中华文化中心协会（Calgary Chinese Cultural Centre）	1986年年初，周廷尧和马伟豪负责草拟文化中心计划。1990年10月20日，文化中心举行动土典礼，阿尔伯塔省市政府官员、霍英东等均被邀出席。1991年3月底，文化中心兴建工程正式开始。1992年竣工。1992年9月27日，文化中心举行开幕仪式。
1985年	点问顿中华文化中心（Edmonton Chinatown Multi-Cultural Centre）	有着英太极班、乒乓球班、中文电脑班和书法班等。文化中心每年举办年宵花市，参加该市民族节等。

续表

成立时间	社团名称	新时期的作用及活动
1986年	温哥华—广州友好协会（The Vancouver-Guangzhou Friendship Society）	温哥华和广州签署姊妹城市协议书，建立温哥华—广州友好协会。10年后，卑诗省—广东省商业议会成立。两会的目标很相似，就是作为商贸、文教交流、体育比赛、科技论坛、医疗培训与研究等的桥梁。两会还介绍卑诗和广东的一些机构和城市结成姊妹关系。
1987年	维多利亚中华文化中心（Victoria Chinese Cultural Association）	举办加拿大和中国艺术家书法和国画展览。
20世纪90年代	贵湖中加文化协会（Guelph Chinese Canadian Cultural Group）	协会除每年举办庆祝春节、端午节、中秋节、圣诞节和新年4次大型活动外，还参加市区的义务活动和多元文化节，并根据会员意愿组织各种形式的活动和俱乐部。
1991年	台加文化协会（Tawanese Canadian Cultural Society）	协会每年举办大型活动，如马宝舞蹈节、青少年音画派对，并与本地学校交流和参与亚裔传统月等活动。
1991年	大多伦多中华文化中心（Chinese Cultural Centre of Greater Toronto）	1991年成立第一届董事会。1992年注册为慈善组织。
1992年	万锦市加华联会文化中心（The Federation of Chinese Canadians in Markham, F.C.C.M.）	
1992年	卡尔加里中国文化中心（The Calgary Chinese Cultural Centre）	1990年建成。
1995年	多伦多社区与文化中心（Toronto Community & Culture Centre, TCCC）	从1996年开始服务社会，开始安置服务、青年实习计划、青少年国际项目、暑期工项目和社区接入项目、社区服务补助计划等。中心也在大陆移民华人社区和加拿大社会组织了很多活动。

资料来源：加拿大新不伦瑞克蒙克顿地区中华文化协会网，http://www.gmcca.ca/index.php?pr=History，检索时间：2021年9月20日；The Nanaimo Chinese Cultural Society，https://www.charitydir.com/charities/119246312RR0001，检索时间：2021年9月20日；《点问顿中华文化中心》，《点问顿华人社区100周年特刊1911—2011》，2011年，第58页；《埃德蒙顿哈尔滨友好协会》，《点问顿华人社区100周年特刊1911—2011》，2011年，第62页；《卡城中华文化中心协会》，《卡城华人社区百周年纪念特刊》，卡城中华协会刊行，1993年，第98—102页；Edmonton Chinese Multi-Cultural Center，http://ecmccedmonton.org/about-us/，检索时间：2021年9月20日；Vancouver-Guangzhou Friendship Society，City of Vancouver web site，https://searcharchives.vancouver.ca/vancouver-guangzhou-friendship-society-2，

检索时间：2021年9月20日；《云穗友好协会正式成立》，《大汉公报》1986年5月24日；史料来自温哥华—广州友好协会会长马威廉；罗伯特·埃莫斯（Robert Amos）、黄吴紫云（Kileasea Wong），《中华文化中心》，《域多利华埠》，2009年，*TouchWood Editions*，第136页；贵湖中加文化协会，https:// www.gcccg.ca/，检索时间：2021年9月20日；https://www.hhlink.com/link/www.gccca.ca/%E8%B4%B5%E6%B9%96%E4%B8%AD%E5%8A%A0%E6%96%87%E5%8C%96%E5%8D%8F%E4%BC%9A，检索时间：2021年9月20日；台加文化协会网，http://www.tccs.ca/zh-hant/%E5%8F%B0%E5%8A%A0%E6%96%87%E5%8C%96%E5%8D%94%E6%9C%83，检索时间：2021年9月20日；多伦多市政府档案处本地中文历史资料，https://www.toronto.ca/wp-content/uploads/2017/09/90b0-chinese_chi_web.pdf，检索时间：2021年9月20日；About us，多伦多社区与文华中心网，http://www.cccgt.org/index.php/en/ milestones，检索时间：2021年9月20日；Our Objectives，http://www.fccm.ca/our-objectives/，检索时间：2021年9月20日；About us，卡尔加里中国文化中心网，https://www.culturalcentre.ca/about，检索时间：2021年9月20日；卡城中华文化中心网，https://www.culturalcentre.ca/history，检索时间：2021年9月20日；多伦多社区与文化中心，http://www.tcccto.com/index.php/about-us，检索时间：2021年9月20日。

图 10.5 大多伦多中华文化中心

资料来源：贾葆蘅摄于2018年

20世纪80年代后，宗亲社团尽管影响力在减弱，但还是在向前发展。比如1979年，点问顿黄江夏堂改名为"点问顿黄氏宗亲会"。[1] 1980年，温哥华林西河

---

[1] 黄兆俊：《点城黄氏宗亲会简史》，《全加黄氏宗亲2005年恳亲大会加拿大黄氏宗亲总会成立35周年纪念双庆特刊》，2005年，第22页。

堂特设奖学基金会，以此鼓励林姓子弟。[1]安省黄江夏云山公所，1988年迁入场地宽敞的新公所。除了每周一次的太极班活动外，妇女部成立了音乐组，还办了每周一次的交谊舞班。青年部办起了季刊《青年之声》。公所还为会员子女提供了奖学金，增设了就读大学青年会员的助学金。[2]邑县社团也在不同程度上得以继续发展。1992年9月5日在多伦多举办的全加邑侨第六届恳亲会，是在多伦多市府会议厅举办的，由于庆祝活动声势浩大，市府定开幕日为"台山日"。[3]

表 10.23　宗亲会和县邑协会的活动情况

成立时间	社团名称	新时期的作用及活动
1980年	点问顿台山会馆（Tol Shan Society of Edmonto）	1998年5月16日举行堂所落成开幕仪式。经常举办医疗讲座，在这里还可以打乒乓球、跳健康舞、骑单车和玩象棋等，还举办庆祝春节、圣诞节、中秋节、烧烤和旅游等活动，向各界募捐救济世界各地的灾民。
1981年	点问顿朱氏宗亲会（Gee Society of Edmonton）	
1982年	安省马氏宗亲会（Mah society of Ontario）。	
1983年	安省潮州会馆（Chao Chow Association of Ontario Canada）	设有锣鼓组、潮乐组、醒狮组、歌唱组和舞蹈组，还附设有耆英互助社。
1983	渥太华谭氏宗亲会（The Ottawa Association of Tam's Clansme）	
1984年	加西赵氏宗亲会	创立于温哥华，1986年正式注册。
1984年	安省邓氏宗亲会	
1984年	卡尔加里潮州同乡会（The Chao Chow Community Benrvolent Society）	创办英文识字班和会话班。1985年成立"长寿组"。

---

〔1〕林发枝：《林西河堂奖学基金会成立10周年》，《大汉公报》1990年4月24日。
〔2〕《安省黄江夏云山公所简介》，《全加黄氏宗亲2005年恳亲大会加拿大黄氏宗亲总会成立35周年纪念双庆特刊》，2005年，第15页。
〔3〕《全加台山邑侨六届恳亲，在多埠市府会议厅举行》，《大汉公报》1992年9月11日。

续表

成立时间	社团名称	新时期的作用及活动
1984年	卡城司徒氏宗亲会（the Seto Association）	
1984年	加拿大萧氏宗亲总会（Siu's Benevolent Association of Canada）	
1985年	加拿大刘氏宗亲总会	创立于温哥华。
1985年	点问顿周氏宗亲会（Chow's Family Association）	
1985年	安省开平同乡会	于多伦多成立。
1986年	旅加甄氏宗亲会（Yan's Fraternal Society）	
1987年	渥太华龙冈公所(Lung Kung Tin Yee Association of Ottawa)	
1987年	温哥华梁氏宗亲会（Leung's Benevolent Association）	
1987年	谭氏宗亲总会（Tam Clansmen's Association of canada）	创立于温哥华。
1989年	印华联谊会（Yin Hua Association of Ontario Canada）	于多伦多成立。该协会成员多数经营餐馆业，为印度客家人举办过许多聚会和庆祝活动。
1991年	卡尔加里五邑同乡联谊会（The Wu Yi Association of Calgary）	有英文班、国粤语班、中国书法班。
1993年	温哥华张氏宗亲会（Cheung's Association of Vancouver）	
1993年	多伦多澳门会［Macao Club (Toronto) Inc.］	
1994年	维多利亚至孝笃亲公所（Gee How Oak Tin Association）	
1995年	亚省盘氏宗亲会（The Pon Cultural Society of Edmonton）	除了每年春节举办联欢、春节烧烤和圣诞节联欢外，还举行龙舟比赛，举办各种兴趣小组，如插花、中国糕点制作等。

续表

成立时间	社团名称	新时期的作用及活动
1996 年	温哥华谭氏宗亲会（Tam's Benevolent Association）	
1998 年	加拿大高雷会馆（Ko Lui Benevolent Association of Canada）	创立于温哥华。协会规定，凡属于中国高州和雷州地区的人士均可参加，认可雷州地方文化的人士也可以参加。1998 年 7 月创办《高雷风貌》刊物。

资料来源：《点问顿台山会馆》，《点问顿华人社区 100 周年特刊 1911—2011》，2011 年，第 49 页；*Gee Society of Edmonton*，《点问顿华人社区 100 周年特刊 1911—2011》，2011 年，第 28 页；安省马氏宗亲会：*National Congress of Chinese Canadians 10th Anniversary 1991-2001*，2001 年，第 69 页；《安省马氏宗亲会成立》，《醒华日报》1982 年 12 月 20 日；安省潮州会馆：*National Congress of Chinese Canadians 10th Anniversary 1991-2001*，2001，p.67.；《加京谭氏宗亲会已正式成立》，《加华侨报》1983 年 8 月 1 日；《谭氏宗亲会举行宴会》，《加京华报》1983 年 10 月 1 日；《赵氏宗亲会成立》，《大汉公报》1986 年 6 月 4 日；《社团短信》，《星岛日报》2018 年 6 月 23 日；《安省邓氏宗亲会成立暨第一届职员就职典礼通告》，《醒华日报》1984 年 6 月 23 日；《卡加利潮州同乡会概况》，《卡城华人社区百周年纪念特刊》，卡城中华协会刊行，1993 年，第 69 页；《卡城司徒氏宗亲会》，《卡城华人社区百周年纪念特刊》，卡城中华协会刊行，1993 年，第 59 页；《加萧氏宗亲会成立典礼盛志》，《大汉公报》1984 年 7 月 4 日；《刘氏宗亲会庆 25 周年 300 人出席盛会》，《星岛日报》2010 年 8 月 7 日；《点问顿周氏宗亲会》，《点问顿华人社区 100 周年特刊 1911—2011》，2011 年，第 55 页；《安省开平同乡会举行职员就职礼》，《醒华日报》1989 年 4 月 22 日；《旅加甄氏宗亲会成立暨春节联欢大会通告》，《大汉公报》1986 年 2 月 21 日；《龙冈公所成立，选出首届理事会》，《加华侨报》1987 年 6 月 1 日；《梁氏宗亲会》，《温哥华中华会馆百年纪念特刊 1906—2006》，2006 年，第 276 页；《谭氏宗亲总会成立四周年联欢》，《明报》2000 年 9 月 14 日；陈照华：《印华联谊会的创立感言》，《加拿大安省印花联谊会》，2014 年；《卡尔加里五邑同乡联谊会简介》，《卡城华人社区百周年纪念特刊》，卡城中华协会刊行，1993 年，第 75 页；《温哥华张氏宗亲会庆 3 周年》，《世界日报》1996 年 4 月 1 日；《至孝笃亲公所维市成立分会》，《明报》1994 年 3 月 5 日；《亚省盘氏宗亲会》，《点问顿华人社区 100 周年特刊 1911—2011》，2011 年，第 76、77 页；《谭氏源流与宗亲会之成立》，《温哥华中华会馆百年纪念特刊 1906—2006》，2006 年，第 263 页；《加拿大高雷会馆章程》，《加拿大高雷会馆创会特刊》，1998 年，第 40 页；封面《高雷风貌》，1998 年 7 月 26 日，第 1 期。

表 10.24　慈善、互助、公益和社会服务社团的活动情况

成立时间	社团名称	新时期的作用及活动
1976 年	满城华人服务中心(Le Service à la Famille Chinoise du Grand Montréal)	帮助新移民适应环境等。
1978 年	卡城狮子会（Calgary Chinatown Lions Club）	

续表

成立时间	社团名称	新时期的作用及活动
1979年	点城华人狮子会（The Edmonton Chinese Lions Club）	获得国际狮子会（International the of Association of Lions Clubs）认可证书。
20世纪80年代	密西沙加华人协会	提供各项社区和新移民、难民安居服务。
1989年	列治文华人社区协会（Richmond Chinese Community Society）	给华人社区提供不同服务，开办各种课程，用中英文授课。
1989年	加京华人互助会	
1991年11月	加拿大华裔移民协会（Chinese Immigrant Services Centre of Greater Toronto）	是全加华人社团联合总会的创会团体会员、大多伦多华人社团联合总会会员。1982年，编辑了《移民导报》创刊号。
1991年	加华狮子会（Vancouver Mandarin Lions Club）	协会成立后，曾将募集来的3万元，分别捐给圣约翰医院、卑诗省肾脏移植中心、防止犯罪协会、防止犯罪热线以及中文学校等单位。1992年，又成立了"温哥华加华房屋协会"。
1991年	维多利亚华埠女狮子会(Victoria Chinatown Lioness Club, Yuduoli Huabu Nü Shizihui)	成员来自银行、保险、饮食、地产及商界等，参加了很多慈善活动。
1992年	中侨列治文华人家长会（Richmond Chinse Parents Association）	该协会协助新移民家长和子女，适应本地学校环境，与学校沟通和融入社区。
1993年	蒙特利尔华人狮子会（Le Club De Lions Chinois Du Grand Montréal）	
1994年	中侨合家欢联谊会（S.U.C.C.E.S.S. Chinese Family Association）	该协会每月举办讲座和兴趣班等。
1994年	中侨互助会列治文枫华会（S.U.C.C.E.S.S.Maple Mandarin Group）	
1994年	列治文加华狮子会（Richmond Mandarin Lions Club）	
1995年	南岸华人服务中心（Le Centre Sino-Québec de la Rive-Sud）	南岸华人服务中心是一个社区服务机构，主要通过多项服务与计划为社区华人谋福利，同时以发展社区资源为渠道，促进华人融入魁省社会，并得以充分发展。

续表

成立时间	社团名称	新时期的作用及活动
1998 年	台湾侨民社区服务中心（Taiwanse-Canadian Community Service Association）	主要服务于多伦多的台侨社区。
2001 年	华人创进会（The Developing and progressive association of Chinese Canadian in China）	在安省注册成立。
2001 年 9 月	加拿大新华人联合会（New Canadian Community Centre，原加拿大普通话华人联合会）	在多伦多成立。

资料来源：资料来自时任满城华人服务中心主任蓝何梅嘉；满城华人服务中心网，https://famillechinoise.qc.ca/fr/mission，检索时间：2021 年 9 月 20 日；International the of Association of Lions Clubs 证书；《卡城华埠狮子会》，《卡城华埠狮子会 40 周年特刊》，2018 年，封面；《点城华人狮子会》，《点问顿华人社区 100 周年特刊 1911—2011》，2011 年，第 45 页；关于我们，密西沙加华人协会网，Proudly Serving Mississauga，http://chineseassociationmississauga.com/，检索时间：2021 年 9 月 20 日；关于本会，列治文华人社区协会网，http://www.rccs.ca/index.php?page=about，检索时间：2021 年 9 月 20 日；《加京华人互助会成立》，《醒华日报》1989 年 3 月 17 日；《加京华人互助会成立》，《醒华日报》1989 年 3 月 17 日；加拿大华裔移民协会：*National Congress of Chinese Canadians 10th Anniversary 1991-2001*，2001 年，第 68 页；《加华狮子会昨成立，会员大部分为台胞》，《大汉公报》1991 年 5 月 6 日；王广滇：《加华狮子会成立周年卓然有效》，《世界日报》1992 年 7 月 15 日；维多利亚华埠狮子会简介：《华埠通讯》1993 年 6 月第 1 卷第 2 期，维多利亚中华会馆，第 7 页；《中侨列治文华人家长会》，《中侨群贤汇：中侨互助会 35 周年纪念 1973—2008》，中侨互助会编印，2008 年，第 36 页；http://www.quebecentreprises.com/club-lions-chinois-du-grand-montr-al-ckn1/，检索时间：2021 年 9 月 20 日；*Federation of Chinese Canadian Professionals (Quebec)*，专讯：No.30 Fall/Automne 2004，p.10.；《中侨合家欢联谊会》，《中侨群贤汇：中侨互助会 35 周年纪念 1973—2008》，中侨互助会编印，2008 年，第 35 页；《中侨互助会列治文枫华会》，《中侨群贤汇：中侨互助会 35 周年纪念 1973—2008》，中侨互助会编印，2008 年，第 36 页；《列治文加华狮子会 25 日成立》，《世界日报》1994 年 6 月 25 日；关于中心，南岸华人服务中心网，https://centresinoquebec.com/ch/，检索时间：2021 年 9 月 20 日；About us，台湾侨民社区服务中心，https://tccsa-toronto.ca/about/，检索时间：2021 年 9 月 20 日；《华人创进会成立，助移民回流发展》，《星岛日报》2001 年 10 月 15 日；https://easyca.ca/ archives/114108，检索时间：2021 年 9 月 20 日；https://info.51.ca/m/community/news/2019-10/818708.html?mobile=1，加拿大新华人联合会举办第 18 届多伦多老人节，检索时间：2021 年 9 月 20 日。

表 10.25 同乡会、联谊会的活动情况

成立时间	社团名称	新时期的作用及活动
1981年6月	加拿大温哥华海南同乡会（Hainan Benevollent Association of Canada）	
1982年	满地可海潮联谊会（Hoy Chou Society）	
1983年	温哥华湖南同乡会（Hunan Fellow Association of Vancouver）	设立若干个工作和活动小组。会员可根据自己的兴趣爱好，参加各活动小组定期或不定期的活动。
1984年	加东潮州同乡会	
1984年	加拿大卡城潮州同乡会（The Chao Chow Community Benevolent Society）	1984年筹组，1985年正式成立协会开办英文班，设立长寿组，组织旅游团，成立潮乐组，提供免费报税服务，礼聘中医师义诊，礼聘导师教授保健功，举办绘画比赛、邮票展览；每年举办敬老宴；设立"奖学金"，每季出版会务通讯。
1985年	蒙特利尔海南同乡会(Hainanaise Association de Montréal)	
1985年	加拿大亚省爱城潮州同乡会（Edmonton Chao Chow Benevolent Association）	
1986年	加拿大卡城福建同乡会（Fukienese Association of Calgary）	1990年加入"北美洲福建联合总会"。
1986年	维多利亚香港旅加华侨联谊会（Hong Kong Chinese Overseas association）	
1987年	加拿大温哥华潮州同乡会（Teo Chew Society of Vancouver Canada）	
1988年	温哥华台山同乡会(Hoy Sun Association of Vancouver)	1997年11月，温哥华台山同乡会举行创会10年纪念活动。台山同乡会会长秦瑞华在致辞时表示，台山会馆有上百年历史，两个台山乡亲组织并存，他呼吁会员，在合理的情况下，解决分裂问题，尽快将两个重要的侨胞组织团结起来。出席纪念活动的中国驻温哥华总领事馆领事李斯宁，亦致辞表示会尊重侨胞选择，无论合并或分开发展，均予支持。最后为了加强团结，"台山同乡会"与1897年成立的"台山宁阳会馆"合并，称为温哥华台山会馆（Taishan Benevolent Association of Vancouver）。

续表

成立时间	社团名称	新时期的作用及活动
1988年	多伦多安大略省台山同乡会（Tai Shan Association of Ontario Canada）	
1988年	魁省潮州同乡会	1999年，魁省潮州同乡会改名魁省潮州会馆（Association Chao Chow Du Quebec Canada）。会馆兴办中文学校，设立中西乐组、健身舞蹈班、太极拳班等，并设立佛堂供乡亲祈祷拜祭；协助会员办理喜庆，料理丧事。此外，还动员乡亲捐款赈灾等。
1989年	安省海南同乡会（The Hainan Association of Ontario Canada）	
1989年	亚省开平同乡会（Alberta Kaiping District Association）	1990年，妇女组成立，1993年，歌咏团成立。
1990年	安省台山同乡会（The Tai Shan Association of Ontario Canada）	
1991年	多伦多澳门联谊会（Macao Club Toronto Inc）	1993年3月，获安省政府批准成立，为非牟利团体。举办活动包括春节团拜及移民法律、投资、报税讲座等。
1991年	卡城五邑同乡联谊会（Wu Yi Association of Calgary）	由中国广东台山、开平、新会、恩平、鹤山五邑旅居卡城乡亲组成。在会所开办各种学习班，开办中英文班、中国书法班等。五邑同乡会还积极参加华埠社团联合活动。
1991年	加拿大东莞同乡会（Tung Koon Benevolent Association）	在卑诗省注册。1995年3月8日，由叶建伦代表加拿大东莞同乡会，与海景墓园签署了协议，购买了119穴福地。这是东莞墓园永久性福地。1997年4月6日举行纪念碑开光仪式。1997年6月，成立讲学基金会。2000年1月30日，成立敬老基金会。同乡会每年都举办各项活动，春节期间举办联欢宴会、进行敬老及颁发奖学金活动。清明节和重阳节在东莞墓园举办春秋二祭先贤活动。

续表

成立时间	社团名称	新时期的作用及活动
1992 年	加拿大卡城江浙上海联谊会（Calgary Jiang Zhe Shanghai Association）	
1992 年	加拿大魁北克河南同乡会（The HeNan Association of Quebec）	
1992 年	魁北克省台山同乡会（Hoy Sun Association of Quebec）	
1993 年	东安省台山同乡会（Eastern Ontario Hoy Sun Association）	在渥太华成立。
1994 年	卑诗省山东同乡会（Shandong Natives Association of BC）	1994 年 1 月正式在卑诗省政府注册。1997 年建立了奖学金制度。
1994 年 7 月	加拿大云南同乡会（Yunnan Association of Canada）	
1995 年	加拿大南京同乡总会暨加拿大南京总商会	在此基础上于 1996 年成立了大温地区加拿大江苏同乡会（Jiangsu Association of Friendship Canada）。
1995 年	加拿大福建同乡联谊会（Canadian Fujianese Friendship Association CFFA）	前身为加拿大福建同乡会，1999 年改为加拿大同乡联谊会。
1996 年	加拿大江西同乡会（Jiangxi Association of Canada）	成立于多伦多。
1996 年	加拿大四川同乡联谊会（简称四川同乡会）（Canada SiChuanese Friendship Association）	
1996 年 9 月	加拿大卑诗省潮州会馆（Chiu Chow Benevolent Association of B.C.Canada）	会馆于 1997 年 7 月 1 日在温哥华 203-161 奇化街东温哥华段设置办事处。
1997 年 2 月	旅加北京联谊总会（Beijing Friendship Association of Canada）	北京联谊总会成立后，积极展开各种信息交流。举办过医疗保健服务、法律咨询、子女教育、投资报税等讲座，为新移民提供资讯，支持鼓励华人参政。
1997 年 4 月	加拿大渥太华潮州会(Teo Chew Society of ottawa Canada)	

续表

成立时间	社团名称	新时期的作用及活动
1997年	卡城顺德联谊会（Shunde Association of Calgary）	
1997年	加拿大贵州同乡会（Guizhou Community Association of Canada）	1997年筹建，开展各种联谊活动。
1998年2月	加拿大北京协会（简称北京协会，Beijing Association Canada）	成立于多伦多。北京协会曾做了大量工作，如参加华人社区组织的抗议日本政府否认侵华罪行、抗议美国轰炸中国驻南斯拉夫大使馆等游行。1998年主办了以"希望工程图片展"和以著名相声演员姜昆为首的大陆著名演员联合演出的《托起明天的太阳》大型文艺义演，为"希望工程"捐款活动。1999年组织了大型啦啦队赴美国波士顿为中国女足助威。
1998年	加拿大湛江茂名同乡总会诞生（Zhanmao Benevolent Association General of Canada，原名加拿大高雷会馆）	
1998年	加拿大河南同乡会（HenNan Association of Canada）	成立于多伦多。
1998年	加拿大河北同乡会（Hebei Fellowship of Canda）	成立于温哥华。
1999年	加拿大江苏同乡会（Jiang Su Associate of Canada）	在南京人联谊会（成立于1998年）的基础上，成立。2001年，联合多伦多江苏同乡会，成立了加拿大江苏同乡总会。
2000年2月	蒙特利尔上海苏浙同乡会（Montreal Shanghai Kiangsu Chekiang Association）	
2000年	加拿大云南联合会（Canada-Yunnan United Service Association）	
2000年	温哥华杭州同乡会（Hangzhou Friendship Society of Vancouver）	
2001年	多伦多湛江茂名同乡会	

续表

成立时间	社团名称	新时期的作用及活动
2001年5月	浙江同乡联合会 (Zhejiang Association Of Canada)	在温哥华成立。按照成立的时间先后，联合会包括：杭州同乡会、金华同乡会、宁波同乡会、温州同乡会、温州商会、台州同乡会、嘉兴同乡会（筹）、浙江乒乓球会（筹）、浙江高尔夫球会（筹）和浙江专业技术协会。每年常规的集体活动有春节、中秋室内聚会，夏天野外烧烤或野餐，每年春季的免费报税讲座，不定期的文体活动和社会活动。
2001年5月	加拿大湛江同乡联谊会(Zhanjiang Benevolent Association of Canada)	
2001年	加拿大河北协会（Hebei Association of Canada）	在多伦多成立。
2001年8月	加拿大两岸河南同乡总会 (Cross-the-Taiwan-Straits Henan Association of Canada)	希望所有来自海峡两岸的河南乡亲在加拿大彼此守望相助，相互扶持。
2001年12月	加拿大西北同乡会（Northwest Benevolent Association of Canada）	

资料来源：《前言》，《加拿大海南同乡会三十周年纪念特刊》，2011年；《满地可海潮联谊会庆祝34周年曲艺联欢晚会》，《华侨时报》2016年10月23日；《温哥华广海同乡会》，《温哥华中华会馆百年纪念特刊1906—2006》，2006年，第274页；温哥华湖南同乡会网，http://www.hnfellow.com/rule.asp，检索时间：2021年9月20日；《加东潮州同乡会成立会情况热烈》，《醒华日报》1984年1月19日；*Chinatown Historical Context Paper*, Commissioned by the City of Calgary, The City of Calgary Records & Information Management (RIM) Inspection & Permit Services, p.40.；《卡加利潮州同乡会概况》，《卡城华人社区百周年纪念特刊》，卡城中华协会刊行，1993年，第69页；《卡城福建同乡会》，《卡城华人社区百周年纪念特刊》，卡城中华协会刊行，1993年，第64页；《维多利亚香港旅加华侨联谊会》，《域多利华埠》，2009年，*Touch Wood Editions*，第139页；《满地可海南同乡会隆重举办，迎接丙申猴年春节联谊晚会》，《华侨时报》2016年2月7日；《加拿大亚省爱城潮州同乡会》，《点问顿华人社区特刊1911—2011》，2013年，第57页；蔡仁初：《温哥华潮州同乡会25年历程》，《加拿大温哥华潮州同乡会成立25周年银禧特刊》，2012年，第33页；加拿大温哥华潮州同乡会网，http://www.tcsv1987.org/company，检索时间：2021年9月20日；《潮州同乡会成立春宴讯》，《大汉公报》1988年3月5日；《温哥华台山同乡会鸣谢启示》，《大汉公报》1988年11月2日；《温哥华台山邑侨大会成立台山同乡会选出执委》，《全加台山邑侨第5届恳亲大会暨邑侨来加130周年纪念双庆特刊》，1990年，第102页；《是否与台山会馆合并 台山同乡会下月票决》，《明报》1997年12月1日；《安省台山同乡会成立，近六百名宾客道贺庆祝》，《全加台山邑侨第5届恳亲大会暨邑侨来加130周年纪念双庆特刊》，1990年，第105页；加拿大温哥华台山会馆简介，史料来自加拿大温哥华台山会馆；《安省台山同乡会庆祝一周年》，《醒华

日报》1989年4月10日;《潮州乡亲的喜悦》,《加拿大魁省潮州会馆25周年纪念刊》,第22、23页;安省山东同乡会,https://info.51.ca/community/chinese/2011-02/219389.html,检索时间:2021年9月20日;加拿大安省海南同乡会网,http://www.conco.ca/?p=11583,检索时间:2021年9月20日;《亚省开平同乡会》,《点问顿华人社区100周年特刊1911—2011》,2011年,第68页;《安省台山同乡会成立》,《全加台山邑侨第五届恳亲大会暨邑侨来加130周年纪念双庆特刊》,1990年,第105页;多伦多澳门会简史,多伦多澳门会网,http://kevinpun.wixsite.com/macao-club-english/about,检索时间:2021年9月20日;唐耿良:《别梦依稀:我的评弹生涯》,台湾商务印书馆,2007年,第331页;《卡加利五邑同乡联谊会简介》,《卡城华人社区百周年纪念特刊》,卡城中华协会刊行,1993年,第75页;周锐畴:《加拿大东莞同乡会成立20周年大事回顾与会务展望》,《加拿大东莞同乡会20周年纪念特刊1992—2012》,2012年,第73—76页;叶建伦口述;加拿大卡尔加里江浙上海联谊会:*1st Cross Canada Jiang-Zhe-Shanghai Immigrants Associations Conference*,Edmonton, Alberta, Canada Jun. 6th to 9th 2013,第29页;《江南好》暨卡城江浙上海联谊会成立20周年庆祝歌舞晚会拉下帷幕,卡尔加里新生活网,http://www.calgarynewlife.com/thread-16473-1-1.html,检索时间:2021年9月20日;加拿大魁北克河南同乡会网,https://henanqcdotcom.wordpress.com/%e5%90%8c%e4%b9%a1%e4%bc%9a/,检索时间:2021年9月20日;《台山同乡会庆祝24周年,多个传统社团到贺欢庆》,《华侨时报》2016年8月19日;史料来自东安省台山同乡会会章;加拿大卑诗省山东同乡会网,https://www.sdnabc.org/blank-18,检索时间:2021年9月20日;加拿大云南同乡会网,http://www.conco.ca/?p=11514,检索时间:2021年9月20日;加拿大南京同乡总会暨南京总商会元宵晚会隆重举行,https://www.bcbay.com/life/community/2017/02/17/477407.html,检索时间:2021年9月20日;加拿大联邦政府官方网,https://www.btb.termiumplus.gc.ca/tpv2alpha/alpha-eng.html?lang=eng&i=&index=alt&srchtxt=CANADIAN%20ASSOCIATION%20FUJIANESE%20FRIENDSHIP,检索时间:2021年9月20日;《卡城福建同乡会》,《卡城华人社区百周年纪念特刊》,卡城中华协会刊行,1993年,第64页;《加拿大上海总会成立周年月底联欢邀魔术大师助兴》,《明报》1997年5月14日;加拿大江西同乡会网,http://www.jxcanada.com/about.html,2021年9月20日;加拿大四川同乡会网,https://www.scincan.com/aboutus,检索时间:2021年9月20日;加拿大卑诗省潮州会馆网,http://www.chiuchow.bc.ca/association/?lang=zh,检索时间:2021年9月20日;《加拿大卑诗省潮州会馆简介》,《加拿大卑诗省潮州会馆2015年特刊》,2015年,第6页;《旅加北京联谊总会简介》,《旅加北京联谊总会会刊》,2001年1月,第9页;《本会2000年活动回顾》,《旅加北京联谊总会会刊》,2001年1月,第13、14页;驻加拿大使馆贺毅群公参出席渥太华潮州会成立16周年联欢晚会,中华人民共和国驻加拿大大使馆官方网,http://ca.china-embassy.org/chn/xw/t1164641.htm,检索时间:2021年9月20日;创会历程,卡城顺德联谊会网站,https://www.shundecalgary.ca/about-us-cn:检索时间:2021年9月20日;加拿大贵州同乡会名录,http://www.cnzsyz.com/meizhou/info/387930.html,检索时间:2021年9月20日;加拿大北京协会简介,http://beijingcanada.com/forum.php?mod=viewthread&tid=6587,检索时间:2021年11月17日;加拿大北京协会:*National Congress of Chinese Canadians 10th Anniversary 1991-2001*,2001年,第88页;http://www.conco.ca/?p=11418,检索时间:2021年9月21日;资料来自加拿大云南联合会创会会长普翔;《杭州同乡会成立》,《明报》2000年1月16日;《加拿大湛江茂名同乡总会简介》,《温哥华中华会馆百年纪念特刊1906-2006》,2006年,第271页;《加拿大河南同乡会成立20周年纪念专刊》(第1期):加拿大河南同乡会的发起和创立,2018年;加拿大河南同乡会1998—2018宣传广告;加拿大河南同乡会,http://www.365nettv.com/2012-07-10-10-39-50/2013-02-24-02-35-38/7454-2013-02-25-21-50-49,检索时间:2021年9月20日;资料来自加拿大河北同乡会创会会长史太平和现任会长刘书梅；加拿大江苏同乡总会网，https://jiangsu.ca/2021/08/hello-world/，检索时间：2021 年 9 月 20 日；加拿大蒙特利尔上海苏浙同乡会：加拿大江浙沪华侨社团第一届联谊交流活动，加拿大阿尔伯塔省埃德蒙顿市，加拿大爱城江浙沪华侨联谊会编写，2013 年，第 21 页；湛江茂名同乡会选出新理事会 麦叶青为会长，http://www.naol.ca/news/na/1002/0226-3.html，检索时间：2021 年 9 月 20 日；加拿大浙江同乡联合会简介，加拿大江浙沪华侨社团第一届联谊交流活动，加拿大阿尔伯塔省埃德蒙顿市，加拿大爱城江浙沪华侨联谊会编写，2013 年，第 26、27 页；加拿大宁波同乡会简介，加拿大江浙沪华侨社团第一届联谊交流活动，加拿大阿尔伯塔省埃德蒙顿市，加拿大爱城江浙沪华侨联谊会编写，2013 年，第 28 页；《加拿大温哥华湛江同乡联谊会成立》，《明报》2001 年 6 月 1 日；《喜事成双河北省访加代表团与侨界座谈，庆祝加拿大河北协会成立》，《环球华报》2001 年 6 月 22 日；《两岸河南同乡总会成立 李志刚郭一平任共同会长》，《明报》2001 年 8 月 18 日；《加拿大西北同乡会将召开成立大会》，《明报》2001 年 12 月 5 日。

四、学校联谊会、校友会

20 世纪 80 年代，中国很多学子不远万里来到加拿大攻读学位。留学生们为了进一步扩充人脉以更好地发展，纷纷成立校友会。比如渥太华中国同学联谊会、多伦多大学中国学生学者联谊会、中国大陆学生学者联合会、多伦多大学才非傲中国同学会等。这些校友会一般通过联谊会的方式促进校友之间的往来，为校友推荐就业和提供生活服务。加拿大大专院校的校友会，成员都是本科学历，起到的人才互助作用十分显著，主要是因为这些协会成员的活动跨越了地区和国界。

表 10.26 校友会的活动情况

成立时间	社团名称	新时期的作用及活动
1972 年	加拿大南安省清华大学校友会（Tsinghua Alumni Association of Southern Ontario Canada）	
1979 年	旅加台中校友会（Hoy Sun Hight School Alumni Association of Canada）	1980 年举行成立暨春节联欢会。
1981 年	温哥华余风采中学校友会	
1981 年	安省崇基校友会	
1981 年	华仁书院温哥华校友会	
1982 年	台湾大专校友会卡城分会（The Taiwanese University Alumni Association, Alberta Chapter Calgary Branch）	

续表

成立时间	社团名称	新时期的作用及活动
1983 年	台湾大专院校旅加同学会联合会（旅加学联）	在多伦多成立，为加拿大各地区台湾地区大专院校会的联合会。
1984 年 12 月	温哥华中国大专院校校友会（Chinese University Alumni Association of Vancouver Canada）	会员主要为具有大专以上学历的华裔移民和留学生。
1985 年	温哥华培英中学校友会	
1985 年	中山医科大学加拿大校友会	在多伦多成立。
1985 年	香港大学安省校友会（The Hong Kong University Alumni Association of Ontario）	
1985 年 12 月	加拿大南洋大学校友会（Nanyang University Alumni Association of Ottawa）	在渥太华成立，1993 年更名为渥太华南大校友会。
1986 年	海外华人校友联合协会（Chinese Overseas Alumni Association）	1986 年筹办，1987 年正式在阿尔伯塔省注册。
1987 年	台山一中加东校友会（Tai Shan Yi Zhong Alumni Association of Eastern Canada）	在多伦多成立。1994 年在母校设立"加东校友会进步奖基金"。
1988 年 2 月	佐治勃朗学院中国厨艺同学会	安省华商餐馆会主办，在多伦多成立。
1988 年	清华大学温哥华校友会（Tsinghua University Alumni Association Vancouver）	原名为国立清华大学温哥华校友会。所有成员均为 1949 年以前毕业的老校友。1995 年年底，一些来到卑诗大学学习的清华校友，在不知道老校友已经成立清华校友会的情况下，由国内来的清华校友组成了清华大学温哥华校友会。两个清华校友会很快发现了相互的存在，于 1997 年合并为现在的清华大学温哥华校友会。
1989 年 2 月	安省香港中文大学联合书院校友会	
1989 年 4 月	温哥华中中校友会（Zhong Shan Secondary School Alumni Association, Vancouver）	举办英文、中文、电脑入门、插花和园艺等短期学习班。
1989 年	全加中国留学生及学者联合会（The Federation of Chinese Students and Scholars, Canada-Western Canadian Chapter）	是一个以中国大陆在加拿大学习、研究的学生和学者为主的组织。加西分会设在卡城。

续表

成立时间	社团名称	新时期的作用及活动
1989年	西门菲莎大学台湾学生会（SFU Taiwanese Association）	
1992年	旅加亚省台山第一中学校友会（Hoy Sun District High School Alumni Association of Alberta）	
1992年	卡城余风采校友会（The Fung Toy School Association of Calgary）	
1992年4月	中山大学温哥华校友会（Sun Yat-Sen University Vancouver Alumni Association）	
1993年	北京大学加拿大校友会（Peking University Alumni Canada）	在多伦多成立。
1997年11月	香港德明加西校友会(Tak Ming Alumni Association of Western Canada)	
1997年4月	渥太华清华大学校友会（Tsinghua Alumni Association of Ottawa）	
1999年1月	渥太华中国大专校友会（Ottawa Association of Chinese-Canadian University Alumni，OACCUA）	
1998年	吉林大学加拿大校友会（The Jilin University Alumni Association of Canada，简称JUAAC）	
2000年	加拿大浙江大学校友会（Zhejiang University Alumni Association of Canada）	由旅居加拿大的浙江大学（含原浙江大学、杭州大学、浙江医科大学和浙江农业大学）的校友组成，在温哥华、卡尔加里、渥太华和蒙特利尔等城市建有地方校友会。
2000年	加拿大四川大学校友会(Sichuan University Alumni Association in Canada)	于多伦多注册。
2000年2月	加西留台侨生联谊会(Overseas students in Taiwan Alumni Association，Western Canada)	
2000年	阿尔伯塔大学台湾同学会（University of Alberta Taiwanese Students Association，UATSA）	

续表

成立时间	社团名称	新时期的作用及活动
2001年7月	对外经济贸易大学加拿大校友会（Canada UIBE Alumni Association）	在卑诗省列治文市成立。

资料来源：关于我们，加拿大南安省清华大学校友会网，http://www.tsinghua-so.org/aboutus/，检索时间：2021年9月20日；陈景韶在旅加台中校友会庆祝30周年宴会上的讲话：《让我们有更多辉煌的三十年》，《旅加台中校友会30周年纪念特刊》，2010年；《台中校友会成立联欢，学友远近偕来倍热烈》，《大汉公报》1980年3月20日；温哥华风采校友会会庆活动，温哥华中中校友网，http://van.zsssaa.com/?p=18347&cpage=1，检索时间：2021年9月20日；https://sfuta.square.site/about，检索时间：2021年9月20日；安省崇基校友会网，http://www.ccaao.com/，检索时间：2021年9月20日；《华仁校友周年餐舞会》，《明报》2000年11月28日；《台湾大专校友会卡城分会简介》，《卡城华人社区百周年纪念特刊》，卡城中华协会刊行，1993年，第108页；《团结旅加学人学生，旅加学联成立》，《醒华日报》1983年7月12日；《加拿大温哥华中国大专院校校友会》，《桥》第28期，27周年特刊，加拿大温哥华中国大专院校校友会创办，2012年，第1页；《中国大专院校校友会成立》，《大汉公报》1985年1月16日；《中山医学院校友会成立》，Modern Times Weekly，Nov. 8，1985；About Us，香港大学安省校友会网，http://www.alumni.hku.hk/hkuaaont/about-us/，检索时间：2021年9月20日；《加拿大南洋大学校友会在渥太华成立》，《加京华报》1986年1月1日；南大生：在加拿大的南大校友，南洋大学校友业余网，http://www.nandazhan.com/zd/bzaijia.htm，检索时间：2021年9月20日；《海外华人校友联合协会》，《卡城华人社区百周年纪念特刊》，卡城中华协会刊行，1993年，第109页；《台山一中加东校友会历史简介》，《台山一中加东校友会会刊》，2011年，第3页；《佐治勃朗学院成立中国厨艺同学会》，《醒华日报》1988年3月14日；清华大学温哥华校友会网，https://www.tsinghua-van.org/about-us，检索时间：2021年9月20日；安省香港中文大学校友会，http://ucaao.com/index.php/about-us/about-us，检索时间：2021年9月20日；中中校友会网，http://van.zsssaa.com/?p=64701，检索时间：2021年10月24日；《全加中国留学生及学者联合会加西分会》，《卡城华人社区百周年纪念特刊》，卡城中华协会刊行，1993年，第112页；Taiwanese Association，https://go.sfss.ca/clubs/148/info，检索时间：2021年9月20日；《台大校庆联欢逾50校友聚餐》，《明报》2014年11月25日；《旅加亚省台山第一中学校友会》，《卡城华人社区百周年纪念特刊》，卡城中华协会刊行，1993年，第111页；《卡加利风采中学校友会简介》，《卡城华人社区百周年纪念特刊》，卡城中华协会刊行，1993年，第110页；《中山大学校友会，老少咸集庆成立》，《大汉公报》1992年4月13日；《中山大学校友会今举行成立茶会》，《世界日报》1992年4月12日；中山大学温哥华校友会网，https://sysuvancouver.wordpress.com/，检索时间：2021年9月20日；北京大学加拿大校友会网，http://www.pkua.ca/，检索时间：2021年9月20日；《德明加西校友会庆校庆》，《明报》1997年11月16日；校友会简介，https://www.tsinghua.org.cn/xyll/dqll/gwxyh/jnd/wth.htm，检索时间：2021年9月20日；笑言：渥太华中国校友会，渥太华华人史略，http://cfcnews.com/12042，检索时间：2021年9月20日；吉林大学加拿大校友会成立20周年庆典，http://news.yorkbbs.ca/1933411，检索时间：2021年9月20日；Jack：《吉林大学加拿大校友会庆国庆举办野餐会》，《星星生活》2011年7月13日；加拿大浙江大学校友会网站，http://www.zuaa.ca/about.html，检索时间：2021年9月20日；加拿大四川大学校友会理事会换届选举：加拿大校友会，四川大学校友总会网，http://scuaa.scu.edu.cn/info/1067/2482.htm，检索时间：2021年9月20日；《留台侨生联谊会成立》，《明报》2000年2月27日；About Us 简介，阿尔伯塔大学台湾同学会网，https://uofataiwan.wordpress.

com/about/，检索时间：2021 年 9 月 21 日；《对外经济贸易大学加拿大校友会成立》，《明报》2001 年 7 月 13 日。

图 10.6　台山一中加东校友会
资料来源：贾葆蘅

表 10.27　行业性社团的活动情况

成立时间	社团名称	新时期的作用及活动
1980 年	安省华商餐馆会（Ontario Chinese Restaurant & Food Services Association）	自创办以来，开办过很多训练班和各种专业讲座。每年负责主办多伦多市"安省新春美食节"和"中秋游湖赏月餐舞会"。
1981 年 11 月	温哥华华埠商会（Vancouver Chinatown Merchants Association）	20 世纪七八十年代，由于温哥华市政府制定了一些政策，如星期日及公假日不准商铺营业等，令华埠时时感到危机。当时负责向三级政府交涉的代表感到商谈时力量有限，希望组织一个强有力的团体。华埠商会成立后，自发成立了华埠保安小组，致力于解决停车难等问题。1996 年起，华埠商会在夏季创办的"华埠夜市"吸引了很多游人。

续表

成立时间	社团名称	新时期的作用及活动
1982 年	士嘉堡约克区华商会（The Scarborough York Region Chinese Business Association）	在多伦多成立。
1984 年	加拿大华人商业发展会（Canadian Chinese Business Development Association）	
1984 年 6 月	安省华商餐馆同业会东部分会	在渥太华成立。渥太华有 40 多家餐馆成为会员。
1985 年	蒙特利尔华商会（Montreal Chinese Chamber Of Commerce）	发起和主持唐人街中山公园的兴建，并成立了满地可中山公园基金会。
1987 年	北美洲台湾商会联合总会(The North American Taiwan Chambers of Commerce Association)	
1988 年	88 商会（Club 88）	卡尔加里华人社区企业家创建的一个非营利性组织。
1989 年	加拿大华商会（Chinese Federation of Commerce of Canada）	自 1992 年以来，中国加拿大商业联合会每年都会在太平洋国家展览会举办中国农历新年展。
1991 年	维多利亚华埠商会（Victoria Chinese Commerce Association）	1994 年，英联邦运动会在维多利亚举行，协会在温哥华龙舟协会（The Vancouver Dragon Boat Festival）的协助下，在维多利亚内港举办首次龙舟竞赛。
1991 年	密西沙加华商会（The Mississauga Chinese Business Association）	由密西沙加地区商界人士创建，经营范围几乎涵盖所有商业领域。
1992 年	家庭车衣工人联谊会（Homeworkers' Association，HWA）	
1992 年 3 月	卑诗省台湾商会简称（Taiwan Chamber of Commerce in BC，TCCBC）	原名为"卑诗省台湾企业家协会"，2001 年改为现名。
1993 年	列治文亚太商会(Richmond Asia Pacific Business Association）	
1993 年	多伦多列治文山万锦市（又称麦咸市）华商会（Richmond Hill & Markham Chinese Business Association）	

续表

成立时间	社团名称	新时期的作用及活动
1994年11月	蒙特娄或渥太华地区台湾商会	
1995年	多伦多台湾商会（The Taiwan Merchants Association of Toronto）	
1996年	上海侨商联合会（Shanghai Business Association，Canada）	
1997年6月	卑省华人地产经纪协会（The Chinese Real Estate Professionals Association of BC）	
1997年7月	卑斯省华人地产专业协会（The Chinese Real Estate Professionals Association of BC，CREPA）	
1997年8月	加拿大华人经济商业联盟（Chinese Canadian Business Congress）	共有17个多市的华裔团体为该协会的创始成员。
1998年5月	密西沙加华人专商业协会（The Mississauga Board of Chinese Professionals & Businesses 简称"专商协会"）	
1998年	加拿大中华商会（Chinese Business Chamber of Canada）	
2000年	温哥华华埠商业促进会（Chinatown Business Improvement Association）	
2000年3月	温哥华华埠业主会（the Vancouver Chinatown Merchants Association）	

资料来源：安省华商餐馆会简介：史料来自安省华商餐馆会会长陈勇仪；Arlene Chan，*The Chinese in Toronto from 1878: From Outside to Inside the Circle*，p.185.；《历届理事会》，《温哥华华埠商会30周年纪念特刊》，2011年，第111页；林华泽：《主席的话》，《温哥华华埠商会30周年纪念特刊》，2011年，第31页；《温哥华华埠商会》，《温哥华中华会馆百年纪念特刊1906—2006》，2006年，第269页；About us，士嘉堡约克区华商会网，http://ddrive.ca/syrcba/About_US_.html，检索时间：2021年9月20日；资料来自加拿大华人商业发展会廿七周年庆典；《华人商业发展会廿八周年庆 默默耕耘成绩有目共睹》，《环球华报》2012年2月17日；《安省华商餐馆同业会东部分会成立典》，《加京华报》1984年6月1日；《安省华商餐馆同业会东部分会成立典礼盛况空前》，《加华侨报》，1988年7月1日；《安省华商餐馆同业会通告》，《加华侨报》1984年4月1日；"专访"加拿大蒙特利尔华商会主席张仕根，http://www.mtlccc.net/?p=95，检索时间：2021年9月22日；总会介绍，北美洲台湾商会联合总会网站，https://www.tccna.org/intro/?lang=zh-hant，检索时间：2021年9月20日；资料来自88商会创始人卓秉强；

About us，加拿大华商会网，http://www.cfccanada.org/about-us/，检索时间：2021年9月20日；华埠商会：罗伯特·埃莫斯（Robert Amos）、黄吴紫云（Kileasea Wong），《域多利华埠》，2009年，TouchWood Editions，第133页；密西沙加华商会网：http://mcba-canada.com/about-us/，检索时间：2021年9月20日；《华裔家庭车衣女工的心声》，全加华人协进会多伦多分会和家庭车衣工人联谊会编印，2005年，第5页；卑诗省台湾商会网，https://tccbc.ca/History-of-TCCBC，检索时间：2021年9月20日；《刘糖根蝉联列市亚太商会会长，今年续办慈善舞会高球赛》，《明报》2001年2月2日；《列治文山和麦咸市华商会成立》，《世界日报》1993年11月14日；房利总领事出席列治文山市万锦市华商会中秋晚宴，http://toronto.china-consulate.org/chn/xw/t974099.htm，检索时间：2021年9月20日；蒙特娄/渥太华地区台湾商会网站，http://www.ttcam.org/chinese/info.html，检索时间：2021年9月20日；多伦多台湾商会简介，http://www.tma-toronto.ca/intro.htm，检索时间：2021年9月21日；商会历史，加拿大上海侨商联合会网，https://sba-canada.org/%e5%95%86%e4%bc%9a%e5%8e%86%e5%8f%b2/，检索时间：2021年9月20日；《加拿大上海侨商联合会举行20周年晚宴》，《环球华报》2016年10月26日；《首任理事就职 餐舞会联欢 华人地产经纪会迈向新里程》，《明报》1997年6月28日；卑斯省华人地产专业协会网，https://www.crepa.ca/en/about，检索时间2021年9月20日；《加拿大华人经济商业联盟正式成立》，《世界日报》1997年8月17日；Paul K.P. Wong: The "Newly Established Organization" in Calgary Chinatown, Sep. 24, 2009；密西沙加华人专商业协会网，https://www.cpbmississauga.com/about-us，检索时间：2021年11月14日；商会简介，http://www.chinese business.org/chamber_gb.phtml，检索时间：2021年9月20日；About VCBIA，温哥华华埠商业促进会网，https://vancouver-chinatown.com/about-us/，检索时间：2021年9月20日；《华埠业主会正式成立》，《明报》2000年4月5日。

商务社团成立后，经常举办各种国内和国际间的活动。比如1985年应中国邀请，安省华商餐馆会有12位名厨师前往北京、南京、广东作厨艺交流。1987年主办"大江南北宴"，邀请中国10大名厨来加表演。[1]

表10.28 体育社团的活动情况

成立时间	社团名称	新时期的作用及活动
1981年	南北国术研究社(Traditional Chinese Martial Arts Institute)	在温哥华成立。
1981年	满城醒狮团(Montreal Chinese Lion Dance Club)	在蒙特利尔成立。
1982年7月	中华围棋协会	在渥太华成立。
1982年	崇英健身会（The Shung Ying Kung Fu Club）	
1983年	卡城精武体育会(The jing Woo Martial Arts and Athletic Association of Calgary)	

---

[1] 史料来自安省华商餐馆会会长陈勇仪。

续表

成立时间	社团名称	新时期的作用及活动
1983 年	温哥华菲立太极拳社 (Philip's Tai Chi Club)	
1984 年	加西国术总会	1982 年筹备，1984 年正式于温哥华成立。
1984 年	加拿大国际华人跆拳道学校 (John lau International School of Taekwon-Do)	多伦多以华人为主流的跆拳道学校。
1984 年	卡城河南北少林金龙队(The Canadian Honan Shaolin Association)	
1985 年	加拿大卡城中国象棋会(The Calgary Chinese Chess Association)	举办亚洲象棋联合会美加访问团表演赛，主办全加第二届象棋大赛等。
1985 年	亚省群英体育会(Alberta Kwan Ying Athletic Club)	
1985 年	多伦多华人击剑会	
1985 年	渥太华太极拳协会(Ottawa Tai Chi Chuan Association)	1988 年注册。
1986 年	卡尔加里华人篮球总会(The Calgary Chinese Basketball Association)	
1987 年	加拿大中国国术总会(The Canadian Chinese Kuo Shu Federation)	
1987 年	梁守渝武术气功学院(Shou-Yu Liang Wushu Taiji Qigong Institute)	
1987 年	马氏太极会(Mah's Tai Chi Club)	在温哥华成立。
1989 年	多伦多华人足球总会(The Toronto Chinese Soccer Association)	
1989 年 8 月	多伦多中国足球协会(The Toronto Chinese Soccer Association)	
1989 年	温哥华六通拳	
1990 年	华佗气功穴学院同学会	
1991 年	世界六通拳加拿大总会(Worldwide Luk Tung Kuen Canada Health Society)	在温哥华成立。

续表

成立时间	社团名称	新时期的作用及活动
1994 年	马剑锋体育会	
1995 年	蔡耿章卡城太极武术院(Calgary Tai Chi & Martial Arts College)	
1996 年	加西围棋协会(Canada West Go Association)	创立以来每年都举办海华杯围棋公开赛。
1997 年	尚德太极螳螂武术协会(Shang De Tai Chi Praying Mantis Martial Arts Association)	参加活动有民族文化遗产节、西贸花市、华人社区服务中心马拉松筹款、华埠百年庆和亚洲文化遗产月等。
1997 年 10 月	加拿大武术团体联合总会(Confederation of Canadian Wushu Organizations)	
1998 年	李文启武术学院(Wayland Li Martial Arts Centre)	
2000 年 12 月	加拿大华人乒乓球总会（Canadian Chinese Table Tennis Federation）	
2001 年 6 月	卑诗省武术总会(Wushu B.C. Association)	
2001 年 8 月	卑诗省华人足球总会(British Columbia Chinese Soccer Federation)	每年举办夏季和冬季联赛、锦标赛等。

资料来源：历史，https://tcmainstitute.com/school-history/?lang=zh，检索时间：2021 年 9 月 20 日；满地可醒狮团，http://www.hhlink.com/link/www.montreallionddanceclub.com/%E6%BB%A1%E5%9F%8E%E9%86%92%E7%8B%AE%E5%9B%A2_8，检索时间：2021 年 9 月 25 日；满地可醒狮团，https://www.instagram.com/mtl_liondance_club/，检索时间：2021 年 9 月 25 日；《中华围棋协会成立》，《加华侨报》1982 年 8 月 1 日；《崇英馆 22 周年纪念》，2004 年，第 1 页；《卡城精武体育会》，《卡城华人社区百周年纪念特刊》，卡城中华协会刊行，1993 年，第 86 页；《菲立太极拳社新年度职员选出》，《明报》2000 年 10 月 2 日；《加西国术总会隆重成立，首届职员就职典礼纪盛》，《大汉公报》1984 年 10 月 23 日；本校简介，加拿大国际华人跆拳道学校网，https://sites.google.com/a/johnstaekwondo.com/chinese/our-school/profile-of-master-lau-chinese，检索时间：2021 年 9 月 25 日；Our History，卡城河南北少林金龙队，https://www.shaolinwushu.com/our-history，检索时间：2021 年 9 月 20 日；《加拿大卡城中国象棋会》，《卡城华人社区百周年纪念特刊》，卡城中华协会刊行，1993 年，第 103、104 页；《亚省群英体育会》，《点问顿华人社区 100 周年特刊 1911—2011》，2011 年，第 54 页；《华人击剑协会成立招收会员》，*Modern Times Weekly*，Oct.4，1985；About us，Ottawa Tai Chi Chuan Association web site，http://www.ottawa-taichi.ca/board-of-executives/home，检索时间：2021 年 9 月 20 日；《卡城华人篮球总会简介》，《卡城华人社区百周年纪念特刊》，卡城中华协会刊行，1993 年，第 87 页；*Chinatown Historical Context Paper*，Commissioned by The City of Calgary，The City of Calgary Records & Information Management

(RIM) Inspection & Permit Services，p.40.；Paul K.P. Wong: The "Newly Establlshed Organization" in Calgary Chinatown，Sep. 24，2009；《国术界筹备成立加中国国术联会》，《大汉公报》1987 年 9 月 1 日；加拿大中国国术总会网，https://www.artiswellness.org/blank，检索时间：2021 年 9 月 20 日；Shou-Yu Liang Wushu Taiji Qigong Institute) web site，http://www.shouyuliang.com/about-us/index.php，检索时间：2021 年 9 月 20 日；资料来自马均耀；《多市各届支持，华人足总成立》，《醒华日报》1989 年 6 月 29 日；多伦多华人足球总会网，https://www.torontochinesesoccer.com/about?lang=zh，检索时间：2021 年 9 月 20 日；《温哥华六通拳成立，百多会员圣诞联欢》，《大汉公报》1989 年 12 月 19 日；世界六通拳加拿大总会网，http://www.luktungkuen.org/ltk_canada.htm，检索时间：2021 年 9 月 20 日；《加拿大气功研究会上周举行成立庆典》，《大汉公报》1989 年 9 月 25 日；《华佗气功穴学院同学会启示》，《大汉公报》1990 年 8 月 21 日；史料来自全加马氏宗亲总会理事长马威廉；蔡耿章卡城太极武术院网，https://www.calgarytaichi.com/about，检索时间：2021 年 9 月 22 日；加西围棋协会简介，https://cwgavan.wordpress.com/，检索时间：2021 年 9 月 26 日；《尚德太极螳螂武术协会》，《点问顿华人社区 100 周年特刊 1911—2011》，2011 年，第 79 页；《东西岸携手推动中国武术 加拿大武术团体联合总会诞生》，《明报》1997 年 10 月 16 日；史料来自刘劲铮；Our School，李文启武术学院网，https://www.waylandliwushu.com/ wayland-li-wushu-toronto-school/，检索时间：2021 年 9 月 25 日；《加国乒球总会正式成立》，《世界日报》2000 年 12 月 11 日；卑诗省华人足球总会网，https://bccsf.info/about-us/，检索时间：2021 年 9 月 20 日。

表 10.29　土生社团、青年团体和妇女团体的活动情况

成立时间	社团名称	新时期的作用及活动
1975 年	安省华人妇女联谊会	
1983 年	中侨互助会成立 116 旅童军（116th Scout Group）	曾参加太平洋国家展览会开幕前的大游行等活动。
1987 年 3 月	全加中华妇女联合会暨安大略省地区分会	在多伦多成立。
1987 年	加京青康社	在渥太华成立。
20 世纪 80 年代末	安省中华妇女联谊会	大力捐助"希望工程"学校、幼儿院等。
1991 年 2 月	维多利亚华埠女狮子会（The Chinatown Lioness Club）	曾参加许多大型活动，比如花灯节、华埠小姐选美会、老人慈善晚餐会和城市清洁运动，捐款救助中国水灾、南亚海啸及台湾地区地震等。1994 年在维多利亚大学设立奖学金。
1992 年	中侨妇女协会（Women's World of S.U.C.C.E.S.S.）	

续表

成立时间	社团名称	新时期的作用及活动
1992 年	三联市粤语妇女会（S.U.C.C.E.S.S.Tri-City Cantonese Women's Group）	
1993 年 5 月	中侨互助会兰湖服务中心中华妇女会（S.U.C.C.E.S.S.Chinese Women Association）	
1993 年 5 月	加拿大魁北克中华妇女联谊会	在蒙特利尔成立。
1995 年	慈济青年联谊会	
1995 年	中侨列治文妇女会（Richmond Women's Club of S.U.C.C.E.S.S.）	妇女会每逢星期五开展活动，有生活心得交流、旅行和各种讲座如医疗保健、法律、心理卫生、烹饪和美容等。
1996 年 3 月	加拿大中国专业妇女协会（Chinese Professional Women of Canada）	
1998 年	华人童军领袖协会（Chinese Scouters Association）	在大多伦多成立。
1999 年	蒙特利尔华裔青年专业协会（Young Chinese Professionals Association，YCPA）	

资料来源：《安省华人妇女联谊会成立一年纪念》，*Chinese Express*，1976 年 7 月 10 日；《中侨互助会 35 年大事年表》，《中侨群贤汇：中侨互助会 35 周年纪念 1973—2008》，中侨互助会编印，2008 年，第 97 页；《中侨互助会云东童子军举行成立一周年纪念活动》，《大汉公报》1984 年 12 月 1 日；《全加中华妇联举行成立大会》，《醒华日报》1987 年 3 月 11 日；《加京青康社成立餐会记》，《加京华报》1987 年 1 月 1 日；安省中华妇女联谊会：*National Congress of Chinese Canadians 10th Anniversary 1991-2001*，2001 年，第 83 页；《域多利华埠女狮子会》，1995 年，第 5 页；《维多利亚华埠女狮子会简介》，《华埠通讯》，1993 年 6 月，第 7 页；《维市华埠女狮会迎春接福庆团年》，《华埠通讯》1999 年 2 月，第 4 卷第 6 期；冯瑞祥：《出谷幽兰万里香》，《大汉公报》1992 年 10 月 3 日；《中侨妇女园地》，《中侨群贤汇：中侨互助会 35 周年纪念 1973—2008》，中侨互助会编印，2008 年，第 34 页；《三联市粤语妇女会》，《中侨群贤汇：中侨互助会 35 周年纪念 1973—2008》，中侨互助会编印，2008 年，第 34 页；《中侨中华妇女会》，《中侨群贤汇：中侨互助会 35 周年纪念 1973—2008》，中侨互助会编印，2008 年，第 35 页；《魁北克中华妇女联谊会 9 日成立》，《世界日报》1993 年 5 月 10 日；《省督出席慈济青年联谊会成立大会》，《世界日报》1995 年 3 月 20 日；《中侨列治文妇女会》，《中侨群贤汇：中侨互助会 35 周年纪念 1973—2008》，中侨互助会编印，2008 年，第 35 页；《加拿大中国专业妇女协会》：*National Congress of Chinese Canadians 10th Anniversary 1991-2001*，2001 年，第 75 页；庆祝加拿大中国专业妇女协会 20 周年，https://info.51.ca/community/chinese/2016-03/416600.html?nomobile=1，检索时间：2021 年 9 月 20 日；华人童军领袖协会，http://big5.hhlink.com/hhlink/ViewWebsiteCopy.aspx?u=www.scoutscanada-csa.com&linkname=%u83ef%u4eba%u7ae5%u8ecd%u9818%u8896%u5354%u6703，检索时间：2021 年 9 月 25 日；蒙特利尔华裔青年专业协会，蒙城华人网，http://www.sinoquebec.com/portal.php?mod=view&aid=4457，检索时间：2021 年 9 月 20 日。

表 10.30 基金会和智库的活动情况

成立时间	社团名称	新时期的作用及活动
1985 年	埃德蒙顿华埠耆英疗养院基金会（Chinatown Multl-Level Care Foundation）	基金会以"原址终老"的一站式服务在唐人街建设护老院。点城华人安老院于 1997 年落成。
1984 年	亚太基金会（The Asia Pacific Foundation of Canada）	
2000 年 2 月	枫华文化基金会（Inaugural Celebration）	该协会对加拿大华裔传统加以保存、记录和分享，提供资料用于教育用途。

资料来源：*Chinatown Multl-Level Care Foundation*，《点问顿华人社区 100 周年特刊 1911—2011》，2011 年，第 60 页；About Us，亚太基金会网站，https://www.asiapacific.ca/about-us/overview，检索时间：2021 年 9 月 20 日；http://www.thinkerstank.com/f/cms/izkfront/content.do?id=2504&type=hot，检索时间：2021 年 9 月 20 日；《枫华文化基金会》，第 1 页；《枫华文化发展基金成立，锦绣歌剧团助兴》，《明报》2000 年 2 月 19 日。

随着老年华人移民的增加，加拿大各地先后成立了一些老年协会。

表 10.31 老年社团的活动情况

成立时间	社团名称	新时期的作用及活动
1972 年	活贤社成立了华裔耆英中心（Chinese Elderly Persons Centre）	
1982 年	圣盛顿华人耆英会（Kensington Chinese Seniors Club）	在温哥华成立。
1985 年 3 月	卡城华人耆英会（Calgary Chinese Elderly Citizens' Association）	举办英文补习班、太极健身班等。文娱活动有共庆四季生辰、敬老寿宴等。在《爱华报》设有"耆英园地"。
1986 年	锡安耆英会	
1988 年	客家耆英会	在温哥华成立。
1988 年 11 月	耆老佳讯协会	协会办有《耆老佳讯》刊物。
1989 年	中侨列治文华人耆英会（S.U.C.C.E.S.S. Eichmond Chinese Senior Group）	

续表

成立时间	社团名称	新时期的作用及活动
1990 年	颐康基金会(Yee Hong Community Wellness Foundation)	在多伦多成立。
1991 年 9 月	颐康中心耆英会（Macrobian Club）	在多伦多成立。
1991 年	大温哥华台湾同乡松龄会（Greater Vancouver Taiwanese Seniors' Assn）	每周六在温哥华的士达孔拿社区中心举办活动，有体操、交谊、音乐欣赏等。
1992 年	中侨三联市耆英友社（S.U.C.C. E.S.S.Tri-City Cantonese Seniors Group）	
1993 年	渥太华中国老人联谊会(Ottawa Chinese Senior Association)	
1995 年	中侨互助会护理服务协会(SUCCESS Multi-Level Care Society)	在中侨的努力下，2001 年 9 月 24 日，李国贤护理安老院（S.U.C.C.E.S.S.Simon K.Y.Lee Senior Care Home）正式启用。
1996 年	中侨华埠耆英服务联会（S.U.C.C.E.S.S. Chinatown Senour Service Council）	
1996 年	卡城华埠耆英中心(Calgary Chinatown Seniors' Centre Foundation)	在卡尔加里成立。
1997 年	温哥华中华文化中心颐兴社	
1997 年	多伦多华联耆英互助会（Hualian Seniors Mutual Aid Society）	举行的活动有庆祝三八妇女节、春节联欢、中秋佳节联欢、耆英家庭访问和吊唁等。
1997 年	列治文山耆英会(Richmond Hill Chinese Seniors Association)	
1998 年	中侨素里三角洲耆英同乐会（S.U.C.C.E.S.S.Surrey-Delta Seniors Joy Club）	
2001 年 11 月	台加金龄中心（Golden Age Centre）	在温哥华成立。

资料来源：*Celebrating Woodgreen 75 Years 1937-2012*，p.14.，p.16.；《温哥华圣盛顿华人耆英会成立并接受新会员及义工》，《大汉公报》1982 年 12 月 4 日；Eldercare and Social Housing，*Chinatown Historical Context Paper*，Commissioned by The City of Calgary，The City of Calgary Records & Information Management (RIM) Inspection & Permit Services，p.46.；《卡城华人耆英会史略》，《卡城华人社区百周年纪念特刊》，卡城中华协会刊行，1993 年，第 37、38 页；《锡安耆英会庆祝成立一周年纪念》，《大汉公报》1986 年 2 月 21 日；《耆英会望继续举行活动》，《加拿大温哥华客属崇正会成立 30 周年纪

念特刊》，第 87 页；《耆老佳讯协会成立，选出第一届理事会》，《醒华日报》1988 年 11 月 7 日；《中侨列治文华人耆英会》，《中侨群贤汇：中侨互助会 35 周年纪念 1973—2008》，中侨互助会编印，2008 年，第 32 页；颐康基金会，颐康中心网，https://www.yeehong.com/zh-hans/foundation/，检索时间：2021 年 9 月 25 日；https://www.yeehong.com/zh-hans/about-us/，检索时间：2021 年 9 月 25 日；颐康中心耆英会网，http://macrobianclub.weebly.com/，检索时间：2021 年 9 月 26 日；《宋善青成立松龄会，为年长者扩展生活空间》，《世界日报》1997 年 9 月 6 日；Greater Vancouver Taiwanese Seniors Association- 18203, City of Vancouver web site，https://ca.apm.activecommunities.com/vancouver/ activity_search/greater--taiwanese-seniors-association/13198?，检索时间：2021 年 9 月 20 日；《中侨三联市耆英友社》，《中侨群贤汇：中侨互助会 35 周年纪念 1973—2008》，中侨互助会编印，2008 年，第 33 页；渥太华中国老人联谊会庆 10 周年，共祝愿，祖国好，http://news.sina.com.cn/o/2003-10-27/ 14371001208s.shtml，检索时间：2021 年 9 月 26 日；《护理服务》，《中侨群贤汇：中侨互助会 35 周年纪念 1973—2008》，2008 年，第 83 页；《中侨华埠耆英服务联会》，《中侨群贤汇：中侨互助会 35 周年纪念 1973—2008》，中侨互助会编印，2008 年，第 33 页；Paul K.P. Wong: The "Newly Established Organization" in Calgary Chinatown, Sep. 24, 2009；《为退休或将退休人士安排文娱生活 中华文化中心颐兴社庆成立》，《明报》1997 年 1 月 3 日；《金色年华再发光热，颐兴社庆成立盼服务社会》，《明报》1997 年 1 月 5 日；多伦多华联耆英互助会: *National Congress of Chinese Canadians 10th Anniversary 1991-2001*，2001 年，第 78 页；黄甘碧仪：《列治文山耆英会始创的宗旨》，《多伦多文艺季》，2010 年 1 月，第 49 期，第 40 页；《素里三角洲耆英同乐会》，《中侨群贤汇：中侨互助会 35 周年纪念 1973—2008》，中侨互助会编印，2008 年，第 33 页；《台加金龄中心正式成立》，《世界日报》2000 年 11 月 21 日。

表 10.32　其他社团的活动情况

成立时间	社团名称	新时期的作用及活动
1962 年	印华集中营难友协会（The Association of India Deoli Camp Internees）	在多伦多成立。
1983 年	卡尔加里印支华人协会（Calgary Indo-China Ethnic Chinese Association）	在卡尔加里成立。
1984 年	安省客属崇正会	
1986 年	温哥华华人消费者协会（Canadian Chinese Consumers' Association）	
1986 年	点城华埠街坊协会（Edmonton Chinatown Neighbourhood Society）	
1986 年	卡城客属崇正会（The Calgary Tsung Tsin Association）	
1988 年	加拿大亚省爱城客属崇正会（Hakka Tsung Tsin Association of Edmonton）	

续表

成立时间	社团名称	新时期的作用及活动
1988年	加华保险专业协会（Canadian Chinese Insurance Professionals Association）	
1992年4月	加拿大中华邮币学会（Chinese Stamps and Numismalic Society of Canada）	同年10月9、10日，在温哥华华埠78-80片打车街联合出版公司集雅斋举办首次邮、币、钞展览会"国庆邮币展"。
1992年	卑诗香港护士协会（Hong Kong Nurses Association of B.C.）	该会与中国香港医管局保持联络，沟通两地护士信息。
1992年	卡城龙珠会（Hong Kong Chinese Immigrant Association of Calgary）	在卡尔加里成立，主要由中国香港移民组成。
1994年	绿色俱乐部（Green Club）	由温哥华台加文化会创立，1999年1月在卑诗省登记为独立社团。
1994年	BBB华人委员会（Better Business Bureau）	目的是在厂商与消费者之间建立更多的沟通与联系。
1994年	全加客属联谊会（Canada United Hakka Assocaition）	
1995年	爱儿会	由30多名华裔成立，主要为儿童医院筹款。
1995年	加拿大华人社区情绪健康互助会（Chinese Mental Wellness Association of Canada）	陈雅莉是1976年旅加的新加坡移民，在卑诗大学做过30多年行政工作。她的朋友因失去卑诗大学的工作竟杀死妻女，造成一家四口的灭门惨剧，再加上她自己患过抑郁症，让她深感华裔受到情绪困扰甚深。故而在1995年成立"加拿大华人社区情绪健康互助会"，协助精神有问题的会员，并提供医疗及其他方面的帮助。
1997年	温哥华台湾客家会（Vancouver Taiwan Hakka Association）	
1997年9月	大温哥华园艺学会（Metro Vancouver Gardening Society）	初名林思齐博士园艺会。2007年改为大温哥华园艺学会。每年都举办春花展。
1997年	爱加公义联会（Canadian Alliance For Social Justice & Family Values Association）	
2001年	华人创业会（The Developing and Progressive Association of Chinese Canadian in China）	在安省发起成立旅加人士回国创业协进会，简称华人创业会。目的和职能是保护和争取旅加人士在加拿大及中国的权利等。

资料来源：印华集中营难友协会网，http://indiadeoli.wixsite.com/1962internment/about-aidci，检索时间：2021年9月20日；Paul K.P. Wong: The "Newly Establlshed Organization" in Calgary Chinatown, Sep.24, 2009；《安省客属崇正会已成立》，《醒华日报》1984年7月30日；《加拿大安省崇正总会成立18周年纪念特刊》，2002年；史料来自消费协会创会会长郑可达；Canadian Chinese Consumers' Association，https://www.hhlink.com/link/www.ccca-bc.ca/%E5%8A%A0%E6%8B%BF%E5%A4%A7%E5%8D%91%E6%96%AF%E7%9C%81%E5%8D%8E%E4%BA%BA%E6%B6%88%E8%B4%B9%E8%80%85%E5%8D%8F%E4%BC%9A，检索时间：2021年9月20日；《点城华埠街坊协会》，《点问顿华人社区100周年特刊1911—2011》，2011年，第61页；《卡城客属崇正会》，《卡城华人社区百周年纪念特刊》，卡城中华协会刊行，1993年，第70页；Chinatown Historical Context Paper, Commissioned By The City of Calgary, The City of Calgary Records & Information Management (RIM) Inspection & Permit Services, p.40.；《加拿大亚省爱城客属崇正会》，《问顿华人社区100周年特刊1911—2011》，2011年，第65页；《中华邮币学会正式成立，10月举行会员邮币联展》，《世界日报》1992年7月1日；《加拿大中华邮币学会简介》，《加拿大中华邮币学会20周年纪念特刊》，第3页；《港护士周年聚餐 金天鹅晚宴联欢》，《明报》1997年10月11日；邓鉴文：《卡城龙珠会庆祝成立20周年》，《星岛日报》2012年5月1日；绿色俱乐部网，https://www.greenclub.bc.ca/about/，检索时间：2021年9月26日；《BBB华人委员会成立》，《世界日报》1994年4月22日；《全加客属联谊会简介》，《温哥华中华会馆百年纪念特刊1906—2006》，2006年，第254页；《爱儿会金石盟造福社会 为儿童医院筹得一万五》，《明报》1997年7月6日；加拿大华人社区情绪健康互助会网站，https://cmwac.ca/zh/about/，检索时间：2021年10月20日；陈雅莉口述：《陈雅莉》，《明报》2006年7月22日；温哥华台湾客家会，https://www.hakka.gov.tw/Content/ Content?NodeID=2769&PageID=43729，检索时间：2021年9月20日；史料来自大温哥华园艺协会；《主席张祖退休，难找继任者》，《星岛日报》2012年2月13日；《华人创进会成立，助移民回流发展》，《星岛日报》2001年10月15日。

第二节　华侨华人社团的现状和特点

早期华人社区，因侨团在唐人街的努力奋斗，在最艰难的歧视年代得以生存发展，呈现出越挫越强、奋斗不息的显著特征，为华人历史留下可歌可泣的珍贵见证，也让唐人街成为加拿大历史的重要组成部分。因此，包括洪门在内的不少社团遗址，被指定为加拿大国家和省级的历史文化遗产。

这种向内凝聚、向外抗争的社团组织，到了新时代却面临着重大的挑战。由于歧视性的移民政策被终止，揭橥公义、平等的宪法精神被落实到社区建设层面，保护弱势群体、有色族群人权宪章的颁布，使加拿大社会发生了实质性的变化。这种变化，当然也折射到华人社区，影响着侨团等社区组织架构和目标确定。

到了20世纪六七十年代，华人社区的社团发展出现了新的方向，一是继续延续早期同乡会、宗亲会的传统，成立了新的同乡会、宗亲会，但早期那种强烈的

"宗族"纽带已被淡化，演变成广义上的"乡情"，松散而没有血缘关系；二是出现了新形式的社团，超越了同乡和地缘的限制，以商业利益、专业背景和"学术兴趣"作为联结的纽带，在华人社区乃至主流社会发挥着全新的影响力。

总体而言，华人社团正在朝向内散发、向外融入的大方向发展，从而塑造出与传统联结却又开创新猷的新华人社区。这种发展延续半个多世纪，依然方兴未艾。在这个大背景下，华人社团有这样几个重要的特点。

一、移民身份和来源地多元化

华人社团的种类在 20 世纪 60 年代之后，呈现出多元化的大趋势，而形成这种多元化的契机正是移民身份和来源地多元化所致，这种多元化的发展，直接导致了传统社团的主导力和影响力的衰退。举例而言，原来中华会馆是华人社区的龙头老大，在社区可谓一言九鼎。20 世纪 70 年代以后，虽然不少新社团仍然处于中华会馆的"辖制"范围，但新社团的多元化和专业化倾向，让中华会馆的"核心领导力"逐渐遭到削弱，中华会馆高层对属下会馆的"领导力"也大不如前。不仅如此，由于专业新移民的逐渐增加，移民精英开始挑战中华会馆领导权，争取通过选举完成"改朝换代"的风波时有发生。

发生在中华会馆内部的"新旧冲突"，也照样发生在其他社团。随着移民潮的风起云涌，移民来源地愈发广泛，移民身份也愈发复杂，导致"乡情"和"宗亲"的认同感更加多样化。因此，在一个地区的大旗下，可以成立一个或者多个同乡会，这也加大了社团多元化的可能。此外，早期社团的"内聚"也逐渐演变成"内斗"，社团的"双胞相争"也屡见不鲜。

二、华人社团走出唐人街

在早期的华人社区，唐人街及其周围地区形成一个独立且孤立的"华人社会"。在遭受歧视时代，唐人街变成一个抵抗外来风雨的堡垒，而唐人街上打着不同旗号的社团，成为华人社区内部网状结构的"重要细胞"，支撑着华人社区的生存和成长。

战后，尤其是 20 世纪 60 年代之后，人权的完善和平权的加强，导致唐人街的"堡垒"作用消失，华人开始向唐人街以外的社区发展。这也带动了社团建设走出了唐人街的辖制，向邻近社区辐射，这种状况到了 20 世纪 90 年代更加明显。换句话说，以前在唐人街的社团是以广东四邑的台山话以及其他地区的粤语为主要交流工具，随着移民来源地的分散，说普通话、闽南话、客家话、上海话、东北话的社团纷纷崛起，他们把"唐人街"的概念扩展到其他社区，无形中扩大了华人活动和产生影响力的范围，并成为"新的唐人街"崛起的基础。

这种状况的出现相对削弱了唐人街的传统影响力，也削弱了唐人街传统社团的影响力，逐渐孕育出所谓的"新侨、老侨的权力斗争"和"新、老唐人街"的权力斗争。华人社团面临着时代反省的挑战。

三、从自保走向参政、议政

早期华人社团的最主要的目的是自保，因为歧视和排华的大氛围，让华人社团把所有努力都放在社群的生存与延续上，根本无暇顾及参与社会。只有在二战的时候，华人社团为了支持祖国的抗战和世界反法西斯战争，积极鼓励华人子弟参加盟军，以"二等公民"的身份为加拿大和自由世界而战。这次的参与行动，对加拿大废除"排华法"和恢复华人公民投票权意义重大。

20世纪60年代以后，随着大环境的变化，华人华侨社团开始从狭隘的自保逐步走向参与社会生活，然后自然向参政、议政方向发展。当然，除了特定政党的外围社团，参政、议政只是华人社团活动的一部分，且不是主要的部分。不过，从抱团取暖自保、自娱自乐谋生，发展到将社团活动的触角延伸到支持华人参政议政上，这是华人集体思维进步的重要标志，也是社会对华人社区多方期待的必然结果。从大的环境来看，移民政策的改善、移民人数的增加、华人地位的提升、社会责任感的加强、从政人才的出现、政党对华人选票的需求等，都给社团带来很大的鼓励，使华人社群从"远离政治"的传统束缚中走出来，开始碰政治、讲政治，这是重大的进步。

从20世纪70年代开始，华人社团对政治的参与有一些相当明显的特征。一是比较倾向于"华人支持华人"，尽管这个口号从一开始就有很大的争议，况且当年第一位华裔国会议员郑天华，也在争取连任的过程中受到了华人的冷落。二是比较倾向于做某一个政党的"铁票"，并以支持移民和反移民来做划分。三是社团只是给政党和华裔候选人提供亮相或者筹款的舞台，但不会成为有组织催票的机器。

第三节　侨社侨团存在的问题

在早期，华社侨团是唐人街的中流砥柱，但也留下"抽大烟、嫖娼、赌博、械斗"等污点。俗话说，凡有人的地方，总有各种问题。同样，在华人社区，也总存在华人社团的种种缺陷。即使在一些移民史文章中被称为"侨社大发展"、侨团成百上千的时代，也存在着百年来难以改变的"一盘散沙"的传统局面，"侨领们"宁做鸡头，不做凤尾，导致华人社区的侨团在战后的新形势下，仍然是各说各话，各唱各调，甚至热衷于窝里斗，难以形成共识，做出大的正面建树。反而是在受到歧视和攻击时，才能共体时艰，团结反击。

这种一盘散沙式的社团模式，很容易引发社团内部的矛盾和分裂。领袖们都以个人意志为主，而不愿意向他人妥协，将自己的面子、立场、利益凌驾于社团之上，稍不如意或者碰到意见分歧，就拍桌子走人，另立山头，以至于社团的分裂层出不穷。没有"品牌"负担和历史延续的新社团也是如此，即使是品牌悠久的老华人社团，亦是如此。

在这种情况下，针对某个华人社区的议题，尤其是华人遭遇不公平待遇的议题，侨社侨团可以暂时放下恩怨，携手进行抗争。但是，为了华人的正面利益要进行全国整合，或者在地方进行有效的战略合作，可谓难上加难。举例而言，1992年5月16日，全加华人联会成立后，安省中华总会馆马上于5月16日下午，在会馆中山堂召开会议，投票通过中华总会馆不参加全加华人联会有关活动的决议。因为在温哥华成立的永久性"全加华人联会"，与原来平反"人头税"行动委员会的组织立场未尽一致。[1]

值得关注的是，在新时期，随着新移民，尤其是高学历的专业移民大量增加，对加拿大固有的华人社团的构成产生了新的冲击。除了专业、高学历新侨团社团出现以外，新移民对原有社团的传统运作也有抱怨，希望革新的呼声高涨，甚至出现了传统派和革新派互相攻击，以及社团理事会的选举产生对垒。比较典型的例子，就是温哥华文化中心的新老之争。1993年，中华文化中心革新委员会在中文报章上指控文化中心理事会闭关自守，使文化中心沦为一个封闭的社团，声誉每况愈下。革新委员会指出，他们不否认文化中心以往的成就与业绩，但必须指出，目前理事会的领导层已走上封闭与倒退的道路，理事会不能再被少数人操纵，而应该吸收更多的新鲜血液与新思想。中华文化中心则发起反击，指出革新委员会是想搞分裂，[2] 他们还成立了保侨会备战选举。在4月5日理事会选举中，革新派大败，代表革新委员会的31位挑战者，包括梁燕城、谢坚和温建功等全部落选，

---

[1]《安省中华总会馆开紧急会议》，《世界日报》1992年5月17日。
[2]《中华文化中心论争升级》，《世界日报》1993年4月9日；《士气低落，中华文化中心遭抨击》，《世界日报》1993年4月22日。

代表传统势力的保侨会 31 位候选人全部当选。[1]

  由此可见，在新时期，华人社团随着华人移民人口的剧增而增加，也突破了原来宗亲、同乡会的限制，呈现出多元发展的趋势，但繁荣背后却是"争论"依然存在。除了一些移民服务组织之外，侨团依然是"内向"和"边缘"化的，传承了中华文化，却走不出心理上的"唐人街"，对主流社会和主流政治的参与仍然薄弱，影响力自然也有限。如何"破茧而出"，依旧是华人社区面临的重要挑战。

---

[1]《中华文化中心改选理事白热化》，《世界日报》1993 年 4 月 24 日；《"保侨会"31 位候选人全部当选》，《世界日报》1993 年 5 月 3 日；《中华文化中心理事改选与"革新会"别苗头》，《世界日报》1993 年 4 月 23 日；《中华文化中心理事改选投票数创纪录》，《世界日报》1993 年 4 月 26 日。

第十一章
亚洲原居地等世界各地华裔留学生在加的情况

如果说早期华人移民大都是没有太多文化的劳工，那么，20世纪70年代之后，华人移民受教育的程度日渐提升，这固然与加拿大吸收移民的政策目标有关，也与加拿大战后产业结构发生的变化有关。而在高学历的移民中，留学生群体是一个不可忽视的来源。当然，加拿大接受留学生，主要着眼的是国际化的留学市场，可以给加拿大带来很大的经济效益，同时也给加拿大的国际化，带来相当丰厚的人脉资源，甚至还给加拿大的校园，带来全球化和多元互动的刺激因素。但是，不可否认，随着留学生人数的增加，加拿大移民当局越来越认识到，留学生可以成为加拿大最优质的移民来源，因为他们没有第一代成人移民所具有的语言障碍、学历问题，以及当地工作经验缺乏（留学生可以打工）等短处。随着时间的推移，当局在制定移民政策时，更多地把留学生这个潜在的移民来源考虑进去，这也对决定接收留学生的数量产生了很大的影响。

由于亚洲家庭对孩子教育的投入从来都不计成本，因此，加拿大的留学群体中，来自亚洲原居地的留学生数量一直居高不下，而且随着亚洲国家经济的起飞，来自亚洲原居地的留学生数量还有不少增加。

加拿大于1967年实施新的平等移民政策后，进入了融合时期，包括华人在内的有色人种移民不断增加；同时，加拿大的经济也开始快速发展，国际教育产业有很大提升，加上加拿大的产业结构开始多元化，对人才的需求也水涨船高。在这一时期，亚洲经济也开始起飞，无论是公派还是私费的留学生开始大量进入西方国家。加拿大众多优质的大学资源以及安全舒适的环境，吸引了众多亚洲原居地的留学生。从时间顺序来看，由于华人社区跟中国香港的密切关系，中国香港留学生较早进入加拿大，随后是中国台湾的留学生积极跟进。值得注意的是中国大陆留学生现象，他们起步晚，但发展快，人数多。在中加建交之前，大陆还比较封闭，来加拿大的留学生少之又少。1970年10月13号，加拿大与中华人民共和国建交后，[1]中国开始派遣少量的公费留学生。直到 1978 年之后，邓小平亲自拍板，才开始了大规模的留学潮。[2]中国大陆的人口基数和市场需要，让大陆的留学生人数很快就超过港台地区，并逐渐成为加拿大留学生来源最多的地方。

第一节　中国香港和中国台湾的留学生

中国台湾在 1988 年社会开放之前，仍然处于威权主义的治理下，对留学生的人数和留学需要的资金离开台湾地区，控制比较严。即使公派留学生或者开放少数的私费留学生，目的地仍以美国为主，来加拿大的可谓寥寥无几。这种情况与留学自由的中国香港比较，形成鲜明的对比。直到 20 世纪 80 年代，来自中国台湾和中国香港的留学生逐渐增加，其中中国香港的留学生超过来自中国台湾的留学生（参见表 11.1、11.2）。

表 11.1　中国香港和中国台湾男女大学生注册情况

地区	性别	1980—1981 年	1981—1982 年	1982—1983 年	1983—1984 年	1984—1985 年	1985—1986 年
中国香港	有签证男留学生 有签证女留学生 总计	3093 1659 4752	3741 1954 5695	4387 2335 6722	5136 2794 7930	5118 2818 7936	4634 2614 7248
中国台湾	有签证男留学生 有签证女留学生 总计	35 17 52	43 18 61	39 20 59	55 29 84	59 30 89	48 19 67

资料来源：*University: enrolment and Degrees 1980*, Ottawa: Statistics Canada, pp.32 – 33.; *University: enrolment and Degrees 1981*, Ottawa: Statistics Canada, pp.32 – 33.; *University: enrolment and Degrees 1982*, Ottawa: Statistics Canada, pp.32 – 33.; *University: enrolment and Degrees 1983*, Ottawa: Statistics Canada, pp.32 – 33.; *University: enrolment and Degrees 1984*, Ottawa: Statistics Canada, pp.32 – 33.; *University: enrolment and Degrees 1985*, Ottawa: Statistics Canada, pp.32 – 33.

---

[1] 中国政府和加拿大政府关于中、加两国建立外交关系的联合公报（1970 年）；中华人民共和国驻加拿大大使馆经济商务参赞处网站，http://ca.mofcom.gov.cn/article/zxhz/sbmy/201905/20190502868121.shtml，检索时间：2021 年 9 月 20 日。

[2] 新中国档案：邓小平作出扩大派遣留学生战略决策，2009 年 09 月 30 日，中央政府门户网站，http://www.gov.cn/test/2009 – 09/30/content_1430681.htm，检索时间：2021 年 9 月 20 日。

表 11.2　中国香港和中国台湾男女研究生注册情况

地区	性别	1980—1981年	1981—1982年	1982—1983年	1983—1984年	1984—1985年	1985—1986年
中国香港	有签证男留学生	304	323	4387	346	362	361
	有签证女留学生	67	81	2335	100	116	113
	总计	371	404	6722	446	478	474
中国台湾	有签证男留学生	58	50	39	53	66	59
	有签证女留学生	21	20	20	16	12	7
	总计	79	70	59	69	78	66

资料来源：*University: enrolment and Degrees 1980*, Ottawa: Statistics Canada, pp.34-35.; *University: enrolment and Degrees 1981*, Ottawa: Statistics Canada, pp.34-35.; *University: enrolment and Degrees 1982*, Ottawa: Statistics Canada, pp.34-35.; *University: enrolment and Degrees, 1983*, Ottawa: Statistics Canada, pp.34-35.; *University: enrolment and Degrees 1984*, Ottawa: Statistics Canada, pp.34-35.; *University: enrolment and Degrees 1985*, Ottawa: Statistics Canada, pp.34-35.

随着台湾地区经济的发展和政治控制的宽松，向西方留学的大门开始敞开，其中来加拿大的留学生人数也急速增加。以1990年为例，在台湾地区取得签证来加拿大的留学生有1600名，1991年增至5000名。[1] 这种急剧增加的主要原因除了留学的大环境宽松之外，还有两个原因，一是加拿大欢迎小留学生，二是加拿大学费比美国低，适合中产阶级的孩子前来留学。

1967年之后，从香港地区来到加拿大留学是件很容易的事，这也是香港地区的留学生常常多于台湾地区留学生的原因。80年代中期到90年代初期，香港地区留学生攻读大学人数最多（参见表11.3）。

表 11.3　中国香港、中国台湾留学生在读人数统计

时间	学生类型	中国香港			中国台湾		
		男	女	总计	男	女	总计
1986—1987年	在读大学生	4095	2442	6537	40	19	59
	在读研究生	394	116	510	65	14	79
1987—1988年	在读大学生	3434	2219	5653	47	21	68
	在读研究生	383	109	492	53	12	65

[1]《台湾留加学生大幅增加》，《世界日报》1991年8月1日。

续表

时间	学生类型	中国香港			中国台湾		
		男	女	总计	男	女	总计
1988—1989年	在读大学生	3151	2212	5363	52	30	82
	在读研究生	368	112	480	60	21	81
1989—1990年	在读大学生	3054	2271	5325	73	70	143
	在读研究生	340	109	449	51	19	70
1990—1991年	在读大学生	3320	2.601	5921	95	97	192
	在读研究生	332	119	451	57	22	79
1991—1992年	在读大学生	3536	2915	6451	105	137	242
	在读研究生	306	136	442	51	25	76

资料来源：*University：enrolment and Degrees 1986*，Ottawa：Statistics Canada，pp.54－55.；*University：enrolment and Degrees 1987*，Ottawa：Statistics Canada，pp.54－55.；*University：enrolment and Degrees 1988*，Ottawa：Statistics Canada，pp.54－55.；*University：enrolment and Degrees 1989*，Ottawa：Statistics Canada，pp.54－55.；*University：enrolment and Degrees 1990*，Ottawa：Statistics Canada，pp.54－55.；*University：enrolment and Degrees 1991*，Ottawa：Statistics Canada，pp.54－55.

20世纪90年代中期，从中国香港来的留学生的人数，男性超过女性，而从中国台湾来的留学生人数则是女性超过男性（参见表11.4、11.5）。

表11.4 中国香港、中国台湾在加拿大的留学生人数统计

时间	中国香港	中国台湾
1994年	2202	1636
1995年	1988	2281
1996年	1825	2575
1997年	1363	2033
1998年	1209	1925
1999年	1307	2086
2000年	1528	2380

续表

时间	中国香港	中国台湾
2001 年	1474	2016
总计	12896	16932

资料来源：Citizenship and Immigration Canada：Facts and Figures 2003：Annual flow of foreign Students by Top Source Countries，p.73.

表 11.5　中国香港、中国台湾在加拿大的男女留学生人数统计（1994—2001 年）

时间	中国香港男（女）留学生	中国台湾男（女）留学生
1994 年	1165（1037）	747（889）
1995 年	1088（900）	1064（1217）
1996 年	988（837）	1266（1309）
1997 年	735（627）	917（1116）
1998 年	645（564）	848（1077）
1999 年	717（590）	862（1221）
2000 年	809（719）	997（1375）
2001 年	760（714）	843（1172）
总计	6907（5988）	7544（9376）

资料来源：Citizenship and Immigration Canada：Facts and Figures 2003：Annual flow of foreign Students by Top Source Countries，pp.74-76.

注：因各个部门、专业统计时使用不同的计算方式，会造成微小的误差。

第二节　中国大陆来加留学生

中国的改革开放，给加拿大教育市场的国际化带来了前所未有的契机。谁都没有想到，中国从闭锁走向开放后，到西方求学的热潮，竟然持续了几十年之久，人数达百万以上。加拿大作为仅次于美国，而与英国、澳大利亚等并肩的国际留学市场，在这波留学大潮中受益良多。与改革开放后的留学人数相比较，中加建交后的学者交流项目，就只能算是象征意义的事情了。改革开放前的1973年5月1日，仅有9名中国学生抵达渥太华。[1]这是中华人民共和国第一批在北美大学学

---

[1] A Chinese ambassador's unique Canadian experience：By Ira Basen，CBC News，May 30，2008.

习的学生,也是"文化大革命"中极少数由国家派遣的留学生。可见,国家大环境的改变,才是留学潮出现的最大动因。

中国改革开放以后,对出国留学的政策出现了飞跃性的变化。最初是以国家公派和单位公派为主,这种情况一直延续到千禧年之前。[1] 但是,留学潮很快发展到公派和自费双轨并行,到后期,自费生大幅度超越公费生,成为出国留学大潮的主力。同时,因为自费生出国所需甚巨,不少学生必须通过打工维持学费和生活的开支,所以也对留学国家的劳工市场,产生了微妙的影响。

从政策出台的时间来看,公派留学开始不到两年,即1981年年初,国务院批转教育部等7单位《关于自费出国留学的请示》和《关于自费出国留学的暂行规定》。上述规定明确提出,自费出国留学是培养人才的一条渠道。[2] 自费留学已经被政府认可,但公费留学仍是主流。这种情况到中国经济起飞、国民收入大幅度增长后就发生了改变(参见表11.6—11.8)。

表11.6 中国大陆男女大学生注册统计

类型	1980—1981年	1981—1982年	1982—1983年	1983—1984年	1984—1985年	1985—1986年
有签证男留学生	91	74	88	110	123	151
有签证女留学生	45	42	52	77	73	72
总计	136	116	140	187	196	223

资料来源:*University:enrolment and Degrees 1980*,Ottawa:Statistics Canada,pp.32-33.;*University:enrolment and Degrees 1981*,Ottawa:Statistics Canada,pp.32-33.;*University:enrolment and Degrees 1982*,Ottawa:Statistics Canada,pp.32-33.;*University:enrolment and Degrees,1983*,Ottawa:Statistics Canada,pp.32-33.;*University:enrolment and Degrees 1984*,Ottawa:Statistics Canada,pp.32-33.;*University:enrolment and Degrees 1985*,Ottawa:Statistics Canada,pp.32-33.

---

[1]出国留学 培养有家国情怀国际视野的建设人才,中华人民共和国教育部网站,http://www.moe.gov.cn/jyb_xwfb/s5147/201909/t20190927_401309.html,检索时间:2021年9月27日。

[2]留学涌动三十年,中国侨网,http://www.chinaqw.com/lxs/rdjj/200806/25/121434.shtml,检索时间:2021年9月20日。

表 11.7　中国大陆男女研究生注册统计

类型	1980—1981年	1981—1982年	1982—1983年	1983—1984年	1984—1985年	1985—1986年
有签证男留学生	74	98	88	134	414	579
有签证女留学生	10	18	52	24	95	169
总计	84	116	140	158	509	748

资料来源：*University: enrolment and Degrees 1980*, Ottawa: Statistics Canada, pp.34-35.; *University: enrolment and Degrees 1981*, Ottawa: Statistics Canada, pp.34-35.; *University: enrolment and Degrees 1982*, Ottawa: Statistics Canada, pp.34-35.; *University: enrolment and Degrees 1983*, Ottawa: Statistics Canada, pp.34-35.; *University: enrolment and Degrees 1984*, Ottawa: Statistics Canada, pp.34-35.; *University: enrolment and Degrees 1985*, Ottawa: Statistics Canada, pp.34-35.

表 11.8　中国大陆男女留学生在加拿大大学生和研究生在读人数

时间	学生类型	男	女	总计
1986—1987年	在读大学生	135	76	211
	在读研究生	907	264	1171
1987—1988年	在读大学生	130	81	211
	在读研究生	1230	404	1634
1988—1989年	在读大学生	163	106	269
	在读研究生	1813	575	2388
1989—1990年	在读大学生	215	145	360
	在读研究生	2388	844	3232
1990—1991年	在读大学生	216	167	383
	在读研究生	2476	866	3342
1991—1992年	在读大学生	221	197	418
	在读研究生	2063	771	2834

资料来源：*University: enrolment and Degrees 1986*, Ottawa: Statistics Canada, pp.54-55.; *University: enrolment and Degrees 1987*, Ottawa: Statistics Canada, pp.54-55.; *University: enrolment and Degrees 1988*, Ottawa: Statistics Canada, pp.54-55.; *University: enrolment and Degrees 1989*, Ottawa: Statistics Canada, pp.54-55.; *University: enrolment and Degrees 1990*, Ottawa: Statistics Canada, pp.54-55.; *University: enrolment and Degrees 1991*, Ottawa: Statistics Canada, pp.54-55.

公派学生大致有学成回国的时间表,而自费学生则灵活很多。对派出留学生的国家来说,因为与派出国家经济发展程度和生活水准的差距,留学生能否"学成归国",一直是一个值得关注的大问题。一般而言,公费学生因为有国家的相关规定,回国自然不是很大的问题,而自费留学生,则一般采取"来去自由"的政策,中国留学生亦是如此。1993年1月15日,中国国家教委举行记者招待会,有关负责人在会上宣布,中国将继续贯彻"支持留学,鼓励回国,来去自由"的方针,进一步放宽自费出国留学的政策,改进公费出国留学的选派工作,动员更多的留学人员回国工作。[1]

20世纪90年代中期,中国来加留学生逐年增加(参见表11.9)。90年代后期,中国大陆的留学生开始占据加拿大亚洲留学生来源的第一位。据统计,中国留学生人数男性超过女性(参见表11.10)。

表11.9 中国大陆、中国香港和中国台湾在加拿大的留学生人数统计(1994—2001年)

时间	中国大陆	中国香港	中国台湾
1994年	755	2202	1636
1995年	890	1988	2281
1996年	1181	1825	2575
1997年	1016	1363	2033
1998年	1791	1209	1925
1999年	3837	1307	2086
2000年	6055	1528	2380
2001年	10609	1474	2016
总计	26134	12896	16932

资料来源:Citizenship and Immigration Canada, Facts and Figures 2003, Annual flow of foreign Students by Top Source Countries, p.73.

---

[1] 教育史上的今天,https://edu.qq.com/a/20120115/000032.htm,检索时间:2021年9月20日。

表 11.10　中国在加拿大的男女留学生人数统计

时间	男	女
1994 年	417	338
1995 年	504	386
1996 年	671	510
1997 年	562	454
1998 年	982	809
1999 年	2142	1695
2000 年	3271	2782
2001 年	5903	4705
总计	14452	11679

资料来源：Citizenship and Immigration Canada，Facts and Figures 2003：Annual flow of foreign Students by Top Source Countries，pp.74-76.

20 世纪 90 年代，中国还是公派生为主。1998 年到 1999 年，中国一年只送出 2 万多留学生，公费依然占据一定比例。[1] 但是 1999 年以后，中国大陆自费留学生开始超过了公派留学生，同时小留学生人数开始增加。2000 年，中国各类出国留学人员为 38989 人，其中国家公派 2808 人，单位公派 3888 人，自费留学 32293 人。[2]

从中国派遣留学生的目的来看，当然是要为现代化建设培养人才，但从接受大量留学生的西方国家而言，除了欧洲和日本，美、加、澳大利亚等国在发展国际教育市场的同时，也有为移民储备创造基础的目的。因此，中国留学生学成后的去留问题，常常被称为一场人才争夺战。根据加拿大政府统计，来自中国的留学生在 1990 年到 1994 年间，有 61% 成为加拿大公民；1995 年到 1999 年，有 57%

---

[1] 出国留学　培养有家国情怀国际视野的建设人才，中华人民共和国教育部网站，http://www.moe.gov.cn/jyb_xwfb/s5147/201909/t20190927_401309.html，检索时间：2021 年 9 月 20 日；新世纪的中国留学与海归潮，全球化智库网站，http://www.ccg.org.cn/archives/25628，检索时间：2021 年 9 月 20 日。

[2] 留学工作，中华人民共和国教育部网站，http://www.moe.gov.cn/jyb_sjzl/moe_364/moe_369/moe_389/tnull_4539.html，检索时间：2021 年 9 月 20 日。

成为加拿大公民。[1]从数据上看,中国留学生学成归国的人数,还是少于学成后移民的人数。

由于中国留学生是一个庞大的群体,难免有鱼龙混杂、良莠不齐的现象存在,甚至经常成为加拿大媒体的头条。[2]但是,从整体上看,中国留学生走向世界,绝对是全球化的一个正面现象,中国和世界都因此获益。

第三节 亚洲原居地与加拿大合作项目及学术交流

除了单向的公费和自费留学生,值得一提的是"双轨道"交流的交换及合作项目,这并非发展中国家单方面向发达国家输送留学生和研究学者,而是利用双方的教育和研究设施,共同培养跨文化的学生和学者,这种为国家之间的双边关系和合作发展培养有针对性的人才的措施,对全球化发展至关重要。

1973年,根据杜鲁多总理和周恩来总理的协商承诺,加中两国正式签订了互相交换学者的计划,称为加拿大与中华人民共和国中加学者交换项目(Canada-China Scholars' Exchange Program,CCSEP)。对中国申请者来说,两方面的人才可以申请全额奖金,一是高等院校全职或终身研究人员以及硕士或博士毕业生;二是非学术界但在中国担任高级专业职位者,例如法官、广播人员和经济学家。被录取的学者享受中国国家公派留学人员待遇,加拿大政府一次性向获奖者提供在加每月生活费用(约2200加元),往返机票由中国政府提供。而加方申请人应是加拿大大学的教师,或是已经获得学士学位或正在攻读研究生课程的学生。优先考虑研究项目涉及中国研究的申请人。[3]这项交换生计划多次续签。

在之后的20年里,加中签订了不少合作项目,其中包括1983年到1996年之间的中加管理教育项目(Canada-China Management Education Program,CCMEP)。在这个项目里,加拿大大学发挥了重要作用,协助中国大学建立了一套完整的管理

---

[1] Canadian Employer–Employee Dynamics Database(CEEDD), Temporary Residents File, 1990 to 2004.
[2]《小留学生日增,生活辅导成话题》,《世界日报》1998年2月1日。
[3] 中国与加拿大教育交流简况,http://www.eduembca.org/publish/portal55/tab3732/info72133.htm,检索时间:2021年9月20日;Competition Open for Canadians:Canada-China Scholars' Exchange Program, http://www.scholarships-bourses.gc.ca/scholarships-bourses/news-nouvelles/2015/2015-10-29b.aspx?lang=eng, 检索时间:2021年9月20日;http://www.scholarships-bourses.gc.ca/scholarships-bourses/non_can/ccsep-peucc.aspx?lang=eng,检索时间:2021年9月20日。

教育体系。[1]厦门大学就于1983年与加拿大达尔豪西大学（Dalhousie University）和圣玛丽大学（Saint Mary's University）等结成友好学校，展开合作与交流。[2]

1988年到1995年，加中两国实施了中加大学联合项目（The Canada-China University Linkage Program，CCULP），加拿大国际开发总署（The Canadian International Development Agency，CIDA）资助了该项目。该项目促使31所加拿大大学和中国对口大学在公共医疗、农业、教育和工程领域里进行合作，从而提高这些中国大学的研究能力。在CCULP的成功和经验的基础上，于1996年到2001年期间，中国和加拿大又开展了中加大学巩固合作特别项目（The Canada-China Special University Linkage Consolidation Program，SULCP）。该项目支持了涉及25个加拿大大学和200多个中国大学、教学医院、学校、政府或非政府机构的11个合作项目。[3]

值得一提的是，这些合作项目中的留学生和研究人员，除了公派的，还有自费公派的身份。

与大陆相比，中国台湾在学术交流和高等学校方面与加拿大的合作交流，规模与数量要少，但也没有停止过。成立于1989年的蒋经国国际学术交流基金会（The Chiang Ching-kuo Foundation for International Scholarly Exchange），也以特定的研究和教学项目，给加拿大大学提供经费。[4]

中国香港的公派生和交换生并不多，一直到了1991年，香港大学才与卑诗大学签订了学生交换协议。[5]

---

[1] Address to the Canada-China Business Council, Government of Canada web site, https://www.canada.ca/en/news/archive/2012/11/address-canada-china-business-council.html，检索时间：2021年9月21日；Canadian Support for Management Education Internationally: Lessons Learned, Universalia Occasional Paper No. 52, 2000, p.2.

[2] 发展历程，厦门大学网站，http://mba.xmu.edu.cn/content/page/85.html，检索时间：2021年10月16日。

[3] Comparative, International & Development Education Centre Annual Report, 2012–2013, Ontario Institute for Studies in Education, University of Toronto, p.10.

[4] The Chiang Ching-kuo Foundation for International Scholarly Exchange web site, http://www.cckf.org/zh/programs/recipients/734e52a9540d55ae-1998-19995e74，检索时间：2021年9月20日；The Chiang Ching-kuo Foundation for International Scholarly Exchange website, http://www.cckf.org/zh/programs/recipients/734e52a9540d55ae-2001-20025e74，检索时间：2021年9月20日。

[5] UBC officially opens the Simon K.Y. Lee HKU-UBC House and related facilities, UBC大学网站，https://news.ubc.ca/2010/10/08/ubc-officially-opens-the-simon-k-y-lee-hku-ubc-house-and-related-facilities/，检索时间：2021年9月27日。

第四节 小留学生

在中国学生往外大规模求学的过程中，出现了一个值得关注的现象，那就是留学生人数逐渐增加，留学生的年龄逐渐低龄化。1990年前后，随着自费留学教育的不断成熟和规范化，来加拿大的自费留学大军人数直线上升。其中，华裔小留学生的比例增长很快，小留学生不仅来自中国大陆，也有来自中国台湾和中国香港、日本、韩国、印度尼西亚、新加坡，甚至中美洲等国家和地区。

以国际知名的都会温哥华为例，接受国际小留学生成为活跃学校国际化氛围、让孩子们自小培养全球视野的一个措施，而国际学生的学费收入，则是学校接受小留学生的重要原因。1986年，温哥华市政府开始了"国际留学教育项目（The International Education Program）"，其中包括ESL（英语作为第二语言）教学和寄宿家庭计划。这是一个灵活和短期的接受留学生计划，该计划接受国际学生参加高中毕业课程及短期的数周、数月、一年或二年的课程。许多小学也接受小留学生攻读短期和全年课程，[1]其中华人学生有不少。仅以1989年的数据来看，来自世界各地有几百名小留学生，进入温哥华公立学校就读，他们的年龄介于11岁到18岁之间，不少学生都讲中文。[2]

20世纪80年代后，卑诗省与亚洲贸易逐步增多，为了表彰卑诗省与亚洲日益增长的贸易额，卑诗省政府从1988年开始实施太平洋边缘教育计划（The Pacific Rim Initiatives Program），以扩大亚太地区的社会研究和商业教育内容，该项目1993年结束。[3]这个项目实施后，有来自亚洲的华侨学生，尤其是中国香港的学生前来

---

[1] Background: Inter Office Memorandum Vancouver School Board, Sep. 6, 2019; the Canadian Association of Public Schools website: Vancouver School Board, https://caps-i.ca/school/vancouver-school-board/，检索时间：2021年9月20日。

[2]《小留学生来温，适应力很强》，《世界日报》1989年10月26日；《异邦"深造"，乡音未改》，《世界日报》1989年10月28日。

[3] 1987 Legislative Session: 1st Session, 34th Parliament Hansard, Wednesday, Jun. 24, 1987: https://www.leg.bc.ca/content/Hansard/34th1st/34p_01s_870624p.htm，检索时间：2021年9月20日；1988 Legislative Session: 2nd Session, 34th Parliament Hansard, Thursday, Mar. 24, 1988, https://www.leg.bc.ca/content/Hansard/34th2nd/34p_02s_880324p.htm，检索时间：2021年9月20日；Rick Beardsley with Bruce Seney and Mike Wittingham: Asia Pacific Studies in British Columbia Secondary School: Report from the Asia Pacific Foundation of Canada, 2007, p.5., p.39.

卑诗省中学就读。[1]

20世纪90年代，温哥华由华人创立的学院很多，他们常常利用暑期，接受大批"短期小留学生"来温哥华进行为期两个月的留学。[2]被视为给华人青少年留学加拿大"暖身"。

当然，与读大学的留学生不同，小留学生需要通过比较漫长的教育过程，才能面临就业和移民的挑战。更何况，不少小留学生还是因为家长的坚持，才来到人地生疏的国外学习，他们对自己在加拿大的未来目标并不是很清楚，需要通过学习成绩和适应社会的程度，来慢慢搞清楚未来的目标。1991年10月至1992年9月，一个研究小组对多伦多大都会地区来自香港地区的2所私立学校和6所公立学校共278名学生进行了问卷调查，其中89%的学生计划上大学，28%的学生希望移民加拿大，有42%的人表示不确定。[3]

第五节 社团帮助留学生

留学生到异国他乡来读书，要受到文化冲击和水土不服的挑战，留学生年龄越小，这种挑战就越大。亚洲家庭又常常将受教育一事凌驾于养成独立生活的习惯之上，导致华人留学生适应新生活的速度，远逊于西方留学生。因此，留学生入乡随俗后成立的各种学生社团，发挥了指导生活、慰藉乡愁、守望相助、排忧解困、组织活动、丰富生活、扩充人脉、传递信息和应付突发事件等各种社会功能。但与当地华人社区不同的是，留学生团体不再是传统的宗亲社群，也不是画地为牢的同乡会，而是以亚洲原居地为纽带，具有五湖四海性质的现代年轻人校园团体。我们按照加拿大的省份和时间顺序，将这个时期的留学生社团撮其大要列表如下，难免挂一漏万，其中有些社团历史悠久，也相应列出成立时间（参见表11.11—11.13）。

---

[1]《实施太平洋边缘教育计划，卑诗教育厅在亚洲招收大批中学学生》,《大汉公报》1990年1月5日。
[2]《小留学生组织富有历史意义，侨社普遍给予关怀与温暖》,《世界日报》1990年7月16日。
[3] Paul L.M. Lee, *Hong Kong Visa Students in Secondary Schools in Metropolitan Toronto*, Canada and Hong Kong Research Project, University of Toronto-York University joint Centre for Asia Pacific Studies, 1994, p.19., p.23., p.29.

表 11.11　卑诗省留学生社团一览表

社团名称	成立时间	特点、宗旨	其他
维多利亚中国学生会	1970 年		经常举办体育活动。
西门菲莎大学台湾学生会（SFU Taiwanese Association，SFUTA）	1989 年		
起步社	1990 年		由中国大陆留学生成立。这些人没有经济基础，没有很多时间做社团活动，起步维艰。不过他们也会定期聚会，交换资讯。
卑诗大学台湾联谊会	1991 年	希望为新留学生做点事。	由来自中国台湾的卑诗大学的教授、职员与留学生组成。
维多利亚青华联会（Chinese Youth Connection）	1995 年	为学生和周遭社区组织各项教育和多元文化活动，为学生和企业家提供交流机会。	
加西留台侨生联谊会	2000 年		

资料来源：《域埠成立中国学生会》，《大汉公报》1970 年 12 月 28 日；https://sfuta.square.site/about，检索时间：2021 年 9 月 20 日；王广滇：《起步社庆祝成立一周年》，《世界日报》1992 年 8 月 8 日；王广滇：《卑诗大学台湾联谊会成立》，《世界日报》1991 年 2 月 11 日；资料来自维多利亚青华联会；《留台侨生联谊会成立》，《明报》2000 年 2 月 29 日。

表 11.12　安大略省留学生社团一览表

社团名称	成立时间	特点、宗旨	其他
麦玛达大学中国学生协会（McMaster Chinese Students Association）	1967 年	在整个学年通过各种体育、社会和文化活动来维护和弘扬中国文化。	
多伦多大学工程系中国同学会（The University of Toronto Chinese Engineering Students' Association）	1975 年	致力于在不同族裔成员间弘扬中国文化，并增进彼此的友谊和沟通。包括本科生、研究生和校友。	

续表

社团名称	成立时间	特点、宗旨	其他
滑铁卢大学中国同学会（The University of Waterloo Chinese Students' Association）	约1978年	旨在提升华人社区的知名度，致力推广中国文化。	
多伦多大学学生学者联谊会（Chinese Students and Scholars Association at the University of Toronto）	1982年	秉持与时俱进、传统正气、大气简洁等风格。	每半学期出版一期中英双语刊物，发表有关校内生活的实用性文章。
温莎大学中国学生学者联谊会（The Chinese Students and Scholars Association at University of Windsor）	1984年	团结在温莎的中国学生、学者，帮助大家适应学校的生活和新的文化环境，提供给大家相互交流的环境和机会，宣传中国的传统文化，并加强多文化间的交流。	
多伦多华人留学青年祖裔文化协会	1987年	服务学生、帮助学生。	协会成员认为，不论出生在新加坡还是亚洲原居地，华人青年都可以融洽相处
瑞尔森大学中国学生学者联谊会（Ryerson Chinese Students Association，RUCSSA）	1993年	帮助中国学生在加拿大学习和生活，缓解背景文化不同带来的不适感，增进新老生之间的交流、本校华裔同学与兄弟院校华裔同学的交流、华裔学生与其他族裔学生间的交流，弘扬中华民族文化，促进华裔学生走向社会。	
多伦多大学密城分校台湾同学会（Taiwan Republic of China Student Association at University of Toronto Mississauga）	1993年		

续表

社团名称	成立时间	特点、宗旨	其他
多伦多大学才非傲中国同学会（The University of Toronto Erindale Chinese Students' Association，UTECSA 或 ECSA）	1997 年	致力于团结拥有中国背景的学生，向外推广中国文化，并使华人学生的意见及利益得以被重视。	

资料来源：https://ca.linkedin.com/company/mcmaster-csa，检索时间：2021 年 9 月 28 日；《多伦多大学工程系中国同学会》，《安省华人学生联盟》，2011 年，第 5 页；《滑铁卢大学中国同学会》，《安省华人学生联盟》，2011 年，第 9 页；关于我们，多伦多大学学生学者联谊会网，https://www.utcssa.ca/about，检索时间：2021 年 9 月 20 日；多伦多大学网，https://ulife.utoronto.ca/organizations/view/id/1832，检索时间：2021 年 9 月 20 日；温莎大学中国学生学者联谊会 UWinCSSA 官方微博，https://www.weibo.com/uwincssa?is_all=1，检索时间：2021 年 9 月 20 日；温莎论坛，http://www.windsor8.com/bbs/thread-373-1-1.html，检索时间：2021 年 9 月 20 日；《多市华人留学生中心举办华裔青年音乐节》，《醒华日报》，1987 年 8 月 10 日；Ryerson University Chinese Students & Scholars Association web site, https://seugenrixiandtopx.wordpress.com/about/，检索时间：2021 年 9 月 20 日；About us, https://utmrocsaut.wordpress.com/about/，2021 年 9 月 20 日；《多伦多大学才非傲中国同学会》，《安省华人学生联盟》，2011 年，第 8 页。

表 11.13　马尼托巴省留学生社团一览表

社团名称	成立年代	特点、宗旨和目的	其他
中国学生学者联合会（简称全加学联，The Federation of Chinese Students and Scholars, Canada）。1996 年 8 月改名为中国大陆学生和专业人士联合会	1989 年 7 月在温尼伯成立	提供信息咨询服务，帮助在加中国学生、学者独立移民提供服务。	其主要成员是在各大学和大公司工作和学习的学者、学生。

资料来源：《全加中国学生学者联合会第三次代表大会新闻发布》，《大汉公报》1991 年 6 月 26 日；《全加学联宣布改名》，《世界日报》1996 年 8 月 19 日；The Federation of Chinese Students and Scholars, Canada: *A Century of the Chinese in Calgary*, United Calgary Chinese Association, 1993, p.59.

不能否认，留学生是一个特殊的团体，它与华人社区形成一种既联系又分隔的关系。尽管留学生是加拿大的潜在移民来源，华人留学生也与华人社群有着"血缘"的关联，但它毕竟是"外国人的团体"，公费生尤其如此，从而无法成为华人社团的关注要点。

在亚洲原居地华侨华人留学生迅速增加的情况下，留学生当中出现的问题和意外也相应增加。由于留学生的身份与当地华人社团有一定的距离，所以留学生首要的选择就是自我救助。在这种情况下，由留学生和进修学者所建的社团就越来越多。他们具有两大功能，一是彼此抱团取暖，缓解乡愁和生活中的困难；二是用法律和集体的力量，来寻求公义，维护自身的合法利益。

与加拿大当地华人一样，留学生首当其冲碰到的挑战就是来自主流社会有形和无形的歧视。面对这样的情况时，当地华人社区常常会与留学生联手，共同来反击形形色色的歧视暗流。在两个问题上，华人社区对留学生十分关注。一是当留学生因为他们的族裔背景受到歧视或遭遇司法挑战的时候，华人社区和社团肯定会感同身受，出声援助；二是当留学生碰到意想不到的困难和危机的时候，华人社区和社团也会及时伸出援手。此外，20世纪90年代后期，当留学生人数越来越多，尤其是小留学生频出状况的时候，华人社区也在积极探索如何使用社区资源来帮助他们。在此，我们举出几个较为著名的事件来加以说明。

举例而言，1979年9月，加拿大CTV电视网（CTV Television Network）向全国播放的"W5"节目中，播放了一个名为"校园大平卖（Canpus GiveAway）"的专辑，称在加拿大各大学就读的10万名外国学生（主要来自中国）占了加拿大人的学位。主持人海伦·哈奇森（Helen Hutchinson）说："许多东方留学生几乎不与加拿大同学融合，就像他们是在加拿大大学里的两所学院。"[1]这个针对亚裔学生的"歧视性评论"，引起了留学生的巨大不满，要求电视台为其不当言论道歉的声浪，在校园四处响起。

在众多留学生和学生的呼吁下，全加华人社区也伸出援助之手，对电视台相关节目纷纷加以谴责，并公开游行。[2]CTV总裁默里·彻科弗（Murray H.Chercover）终于低下头，于1980年4月16号向全体华人道歉。[3]CTV这样有影响力的电视台向少数族裔道歉，这是加拿大各地侨社合作努力的结果。

---

[1] "The Last Days of Eric Malling", Ryerson Review of Journalism, Jun. 2000, Retrieved Sep. 18, 2013.

[2] CBC Digital Archives, http://www.cbc.ca/archives/entry/chinese-immigration-protesting-racism-on-tv, 检索时间：检索时间：2021年9月21日；《多伦多"对抗W5行动会"对CTV声明的反应》，《加京华报》1980年4月1日；《渥太华华裔加人抗议W5行动会月报》，《加京华报》1980年3月1日；《加京华人抗议W5行动会声明》，《加京华报》1980年3月1日。

[3] "News release: Statement by President and Managing Director", CTV News, Apr. 16, 1980；《CTV终于公开道歉》，《加京华报》1980年5月1日；《全加华人抗议CTV W5校园大平卖的种族歧视》，《温哥华中华会馆百年特刊1906—2006》，2006年，第76页。

当然，在加拿大这样一个华人社区强大的国家，留学生和进修学者所建的社团自然会与当地的华人社团发生横向联系，并在涉及重大问题上达到共识，在加拿大发出一致的声音。1993年，全加中国学生学者联谊会就北京申奥问题，在中国留学生和学者范围内进行了一次民意调研，大多数都支持中国申奥。[1]

总之，留学生和进修学者成立的社团鼓励会员进行交流，发挥会员的独特作用，并通过组织丰富多彩的活动，如辩论赛、知识竞赛、征文大赛和唱歌比赛等活动，帮助华裔学生和学者逐步熟悉加拿大的风俗习惯。也有些社团出版刊物，发表有关学生生活的实用性文章，丰富学生业余生活。

随着时代的发展，留学生和进修学者社团成员的构成也在不断变化。很多留学生毕业后留在当地工作，他们或在国外大公司、高等院校和科研机构工作，或在国外自办企业经商，或与国内企业合资合作发展事业。进入千禧年后，为了事业更上一层楼，他们又先后成立了很多新专业人士社团，形成新生力量。

---

[1]《中国留学生支持北京申办奥运》，《世界日报》1993年9月20日。

附录

一、主要地名和省市名中英文对照表

英文	中文
Alberta	阿尔伯塔
British Columbia	卑诗
Beverley Street	贝弗利街（毕华利街）
Broadview Avenue	百乐汇道
Brimley Road	冰梨路
Brossard	宝乐沙
Bronson Avenue	朗森大道（邦臣大道）
Camble Street	甘比街
Chestnut Street	切斯特纳特街（栗子街）
Columba Street	哥伦比亚街
Calgary	卡尔加里市
Cook	库克
Cariboo	卡里布
Centre Town Ward	中心区
Carrall Street	卡路街
Duncan	当近
Dundas Street West	登打西街
Barkerville	百加委路

续表

英文	中文
Dalhousie North Ward	达尔豪北区（戴豪斯北区）
Edmonton	埃德蒙顿市
Elizabeth Street	伊丽莎白街
East Hastings Street	东喜士定街
Fredericton	弗雷德里克顿
Florence Street	弗洛伦斯街（佛洛伦斯街）
Finch Avenue	芬治大道
Gore Street	歌雅街
Gerrand Street East	芝兰东街
Glen Watford Drive	格伦沃特福斯街（格和福街）
Guelph	贵湖
Halifax	哈利法克斯
Hamilton	汉密尔顿（咸美顿）
Huron Street	赫龙街（向朗街）
Howland Road	豪兰道（霍兰德道）
Hazelbridge Way	榛木桥街
Jasper Avenue	贾斯珀道（渣士巴道）
Keefer Street	奇化街
Kent	肯特街
Kitchener	基奇纳
Lethbridge	列必珠
London	伦敦
La Gauchetiere St.West	拉句诗浙西街
Manitoba	马尼托巴

续表

英文	中文
Montreal	蒙特利尔
Michigan	密歇根
Main Street	缅街
Midland Avenue	美丽大道
Mississauga	密西沙加
Nova Scotia	新斯科舍
New Brunswick	新不伦瑞克
Nunavut	努纳武特
New Westerminter	新西敏
Newfoundland and Labrador	纽芬兰与拉布拉多省
Moose Jaw	穆斯乔
Ottawa-hull	渥太华船体
Ottawa	渥太华
Ontario	安大略
Oshawa	奥沙瓦
Pender East Street	片打东街
Preston Street	普雷斯顿街（俾斯顿街）
Prior Street East	派亚东街
Prince Edward Island	爱德华王子岛
Quebec	魁北克
Quesnelle Forks	福士
Regina	里贾纳
Riverdale	里弗代尔区（河谷区）
Saskatchewan	萨斯喀彻温（沙省）
Strachona District	士达孔拿区

续表

英文	中文
sandwiched	三文治
Saskatoon	萨斯卡通（沙士加寸）
Spadina Street	士巴丹拿街
Shaughnessy	香榭区
St.John's	圣约翰斯
St–Urbain Street	圣奥本街
St.Elizabeth Street	圣伊丽莎白街
Scarborough	士嘉堡
Somerset Street West	萨默塞特街（森马锡西街）
Sheppard Avenue East	谢泼德大道（雪柏东大道）
St.catharines-Niagara	圣卡塔琳娜–尼亚加拉
Thunder Bay	雷湾
Toronto	多伦多
Taschereau Boulevard	达驰路大道
Tri-City	三联市
Vancouver	温哥华
Victoria	维多利亚
Winnipeg	温尼伯
Windsor	温莎
West Broadway	百老汇西街
Westminster Highway	威斯敏斯特高速公路
Wyandotte Street West	怀恩多特西街
Yukon Territory and Northwest Territories	育空和西北地区

二、主要人名中英文对照表

英文	中文
Adrienne Louise Clarkson	伍冰枝
ART NIKI	阿特·尼基
Alderman Darrel Kent	奥尔德曼·达雷尔·肯特
Alan Redway	爱伦雷·德维
Arthur K.Miki	三木
Alexander	亚历山大
Andrewn Way Yin Joe	周卫贤
Avvy,Yao-Yao Go	吴瑶瑶
Bev Oda	小田
Bernard Valcourt	贝尔纳·瓦尔古
Barbara Allan	芭芭拉·艾伦
Bill Balan	比尔·巴朗
Bill Tindall	比尔·延德尔(天度标)
Bob Wright	鲍伯·赖特
Cindy Lee	李罗昌钰
Donald DeVoretz	唐纳德·德沃雷茨
Dan Heap	丹·希普
Desmond Radlein	德斯蒙德·雷德来恩
Donald Chu	朱大彰
Dak Leon Mark	麦德伦,麦于炯
Don Cameron	唐·卡梅伦
David Miller	大卫·米勒(苗大伟)
Diane Holmes	黛安娜·霍姆斯
David Chuenyan Lai	黎全恩
David Colville	大卫·科尔维尔

续表

英文	中文
Elinor Caplan	埃林诺尔·卡普兰
Elisie Cheung	张辛懿如
Edgar Wickberg	埃德加·威克伯格（魏安国）
Eric Paulson	埃里克·保罗森
Fred Ringham	弗瑞德·雷恩福
George Ho Lem	何荣禧
Gustavo da Roz	柯思华·达路沙
Gim Wong	黄金焕
Gerald Bonham	杰拉尔德·博纳姆
Graham Johnson	格雷厄姆·约翰斯顿（约翰逊）
Grant Learned	格兰特·勒尼德
Gerry Weiner	格里·韦纳
Gordon Maynard	戈登·梅纳德
Howe Lee	李悦后
Helen Hutchinson	海伦·哈奇森
Inky Mark	麦鼎鸿
Hung Yuen Lee	李奉天
Harry Con	简建平
Ian Scott	伊恩·斯科特
Jean Lumb	林黄彩珍
Jean Chrétien	让·克里蒂安（克里田）
Jack Lee	李安邦
John P.Burns	约翰·伯恩斯
James Norris	詹姆斯·诺理斯
Joseph Nhac Hung Du	余岳兴

续表

英文	中文
James Mah	马振悦
John Juliani	约翰·朱利安尼（祖利安）
Jari Osbourne	雷凤恩
Jan Walls	王健
Joy Macphail	乔伊·麦克费尔
John Howard-Gibbon	霍华
James Fleming	詹穆斯·弗朗明
John Sewell	约翰·休厄尔
John Diefenbaker	约翰·迪芬贝克（第芬碧架）
Jim Chu	朱小荪
Joseph Wong	王裕佳
Jean Marchand	让·马尔尚（马桑）
Jack Nicholson	杰克·尼科尔森（匿古臣）
Jonathan Strug	乔纳森·斯特鲁格
Louis F.T.Lee	李杏源
Arthur Lee	李俊棠
Li，Julia Ningyu	李宁玉
Lyndon Baines Johnson	林登·贝恩斯·约翰逊
Lionel Lumb	莱昂内尔·卢姆
Lloyd Axworthy	劳埃德·阿克斯沃西
Lucienne Robillard	西安娜·罗比亚尔
MichaelYoung	迈克尔·杨（米高）
Murray H.Chercover	默里·彻科弗

续表

英文	中文
Mary Eberts	玛丽·艾伯茨
Maggie Ip	叶吴美琪
Michal Casady	迈克尔·卡萨迪
Murray Wilkinson	默理·威尔金森
Martin Brian Mulroney	马丁·布来恩·马尔罗尼（穆朗尼）
Michel Dupuy	米歇尔·迪普伊
Margaret Mitchell	玛格丽特·米契尔（米槽夫人）
Martin Luther King, Jr.	马丁·路德·金
Mayor Jim Durrell	吉姆·达雷尔（德路占）
Marion Dewar	马里昂·杜瓦（刁华）
Mark Leiren Young	杨马克
Ma, Ching	马寿山（马青）
Norman Kwan	关诺曼
Nicole Parton	尼科尔·帕顿
Prince George	乔治太子
Patrick Ma	马·帕特里克
Patrick Watson	帕特里克·沃森
Perrin Beatty	裴林·贝蒂
Paul T.K.lin	林达光
Patrick Watson	帕特里克·沃森
Patricia E.Roy	帕特里夏·罗伊
Peter S.Li	李胜生
Paul Yee	余兆昌

续表

英文	中文
Pamela Madoff	帕梅拉·马多父
Paul Edgar Philippe Martin	保罗·艾德加·菲利普·马丁（马田）
Pierre Trudeau	皮埃尔·特鲁多
Quen Ying Lee	李周坤英
Robert Sunter	罗伯特·桑特
Ronald J.Con	简永坚
Ralph Lung Kee Lee	李龙基
Raymond Chan	陈卓愉
Robert Andras	罗伯特·安德拉斯
Susan Englebert	苏珊·昂格勒贝
Shack Jang Mack	麦长灼
Sheila Finestone	希拉·芬斯通（花丝彤）
Shirley Seward	雪莉·苏瓦德
Tephen Lu	姚程辉
Ujjal Dosanjh	杜新志
Vivienne Poy	利德蕙
Walter Mclean	瓦尔特·麦克莱恩
Wilson	威尔逊
William Jefferson Clinton	威廉·杰弗逊·克林顿
Wallace Chung	蒋北扶
William Norrie	威廉·诺里
William E Willmott	维廉·维尔莫特（云达忠）
Water Manthorpe	沃特·曼托珀

三、部分社团中英文对照表

英文	中文
Association of Chinese Students Scholars and Professionals in Ottawa, ACSSPO	渥太华中国同学联谊会（简称渥太华联谊会）
Alberta Kwan Ying Athletic Club	亚省群英体育会
Association Des Chinois Du Vietnam Manitoba	满地可市越南华侨联谊会
Association des Chinois du Cambodge au Canada	蒙特利尔柬华协会
Association for Learning & Preserving the History of WWII in Asia, BC ALPHA	卑诗省抗日战争史实维护会
Better Business Bureau	BBB 华人委员会
Chinese Community Services Centre, 2001 年改为 Assist Community Services Centre	埃德蒙顿华人社区服务中心
Association of Chinese Community Service Workers	大多市华人社区社区工作者协会（简称华人社工协会）
Alberta Tai Chi Chuan Club	亚省太极拳联谊会
Alberta Chinese Community Congress	亚省华人社团联会
Alberta Kaiping District Association	亚省开平同乡会
Beijing Friendship Association of Canada	旅加北京联谊总会
Beijing Association Canada	加拿大北京协会（简称北京协会）
British Columbia Chinese Soccer Federation	卑诗省华人足球总会
Chinese Mental Wellness Association of Canada	加拿大华人社区情绪健康互助会
Chinatown Ratepayers Association of Calgary	卡尔加里唐人街纳税人协会
Calgary Chinese Merchants Association	卡尔加里华商会
Chinese Canadian Association Hong Kong	香港加籍华人协会
Calgary Vietnam Chinese Association	卡尔加里越南华裔联谊会
Chinese Canadian National Council	全加华人协进会（简称平权会）
Canada Association for Learning & Preserving the History of WW II in Asia	加拿大史维会
Central Ontario Chinese Cultural Centre, COCCC	安省中部中华文化中心

续表

英文	中文
Chinese Culture of Great Vancouver	大温哥华中华文化中心
Canad China Friendship Society of Edmonton	点城加中友好协会
Calgary Chinese Cultural Society	卡城华人文化社
Chinese Cultural Society of Saskatchewan	萨斯喀彻温省华人文化协会
Chinese Cultural Centre of Greater Toronto	多伦多中华文化艺术中心
Chinatown Development Community	唐人街发展委员会
Chinese Students and Scholars Association at the University of Toronto	多伦多大学学生学者联谊会
Chinese Community Association of Ottawa	加京中华会馆
[Chinese Benevolent Association of Canada (National Headquarters)]	全加中华总会馆
Chinese Welfare Association	多伦多华侨福利协会
Chinese Presbyterian Church	华埠长老会
Chinese Information and Community Services, CICS	华人咨询社区服务处
Calgary Chinese Community Service Association	卡尔加里华人社区服务中心
Chinese Graduates Association of Alberta	亚省华人毕业生协会
Canadian Ging Wu Kung Fu Martial Arts Association	加拿大精武体育会
Chinese Tai Chi Chuan Association of Canada	加拿大中国太极拳学会
Victoria Chinatown Junior Lion Dancers	维多利亚华埠醒狮团
Carefirst Services & Community Services Association	耆晖会
Confederation of Toronto CHinese Canadian Organizations, CTCCO	多伦多市华人社团联合总会
Chao Chow Association of Ontario Canada	安省潮州会馆
Chow's Family Association	点问顿周氏宗亲会
Chinese Family Service of Greater Montreal	满城华人服务中心

续表

英文	中文
Calgary Chinatown Lions Club	卡城狮子会
Canada West Go Association	加西围棋协会
Chinese Freemasons of Vancouver	温哥华洪门组织
Chinese Immigrant Services Centre of Greater Toronto	加拿大华裔移民协会
Calgary Jiang Zhe Shanghai Association	加拿大卡城江浙上海联谊会
Canadian Fujianese Friendship Association, CFFA	加拿大福建同乡联谊会
Canada Si Chuanese Friendship Association	加拿大四川同乡联谊会（简称四川同乡会）
Canada UIBE Alumni Association	对外经济贸易大学加拿大校友会
Chiu Chow Benevolent Association of B.C.Canada	加拿大卑诗省潮州会馆
Chinese Cultural Centre of Greater Toronto	大多伦多中华文化中心
Chinese Students and Scholars Association at the University of Alberta, UACSSA	阿尔伯塔大学中国学生学者联谊会
Council of Chinese Canadians in Ontario	安省华联
Chinese University Alumni Association of Vancouver Canada	温哥华中国大专院校校友会
Calgary Seto Association	卡城司徒氏宗亲会
Chinese Overseas Alumni Association	海外华人校友联合协会
Canada-China Business Association, CCBA	加拿大华商会
Chinese Canadian Business Congress	加拿大华人经济商业联盟
Canada-China Business Association	加拿大中国商会
Chinese Business Chamber of Canada	加拿大中华商会
Confederation of Canadian Wushu Organizations	加拿大武术团体联合总会
Chinese Professional Women of Canada	加拿大中国专业妇女协会
Chinatown Business Improvement Association	温哥华华埠商业促进会

续表

英文	中文
Canadian NingBo Friendship Society	宁波同乡会
Chinese Scouters Association	华人童军领袖协会
Confucius Cultural Society of Ontario	安省孔孟学会
Chinatown Multl-Level Care Foundation	埃德蒙顿华埠耆英疗养院基金会
Calgary Chinese Elderly Citizens' Association	卡城华人耆英会
Canadian Chinese Consumers' Association	温哥华华人消费者协会
Canadian Chinese Insurance Professionals Association	加华保险专业协会
Canadian Alliance For Social Justice & Family Values Association	爱加公义联会
Calgary Tai Chi & Martial Arts College	蔡耿章卡城太极武术院
Canada United Hakka Assocaaition	全加客属联谊会
Canadian Chinese Business Development Association	加拿大华人商业发展会
Club 88	88商会
Cheung's Association of Vancouver	温哥华张氏宗亲会
Chinese Elderly Persons Centre	华裔耆英中心
Chinese Federation of Commerce of Canada	加拿大华商会
Chinese Neighbourhood Society	蒙特利尔华协会
Chinese Stamps and Numismalic Society of Canada	加拿大中华邮币学会
Calgary Indo-China Ethnic Chinese Association	卡尔加里印度支那华人协会
Chinese Benevolent Association of Nova Scotia	新斯高沙省中华会馆
Chinese Restaurant Association of Quebec	古壁省华侨餐馆同业会
Calgary Chinese Cultural Centre	卡城中华文化中心协会
Canadian Chinese Table Tennis Federation	加拿大华人乒乓球总会
Cross-the-Taiwan-Straits Henan Association of Canada	加拿大两岸河南同乡总会

续表

英文	中文
Eng/Ng Affinity Association Calgary	卡城伍氏宗亲会
Edmonton Taiwanese Associations	爱城台湾同乡会
Edmonton-Harbin Friendship Society	埃德蒙顿哈尔滨友好协会
Edmonton Chinatown Multi-Cultural Centre	点问顿中华文化中心
Edmonton Chinese Chess Association	爱城中国象棋会
Edmonton Chao Chow Benevolent Association	加拿大亚省爱城潮州同乡会
Eastern Ontario Hoy Sun Association	东安省台山同乡会
Edmonton Chinatown Neighbourhood Society	点城华埠街坊协会
Federation of Ottawa Chinese Canadian Organizations	渥太华华人社团联合会
Fukienese Association of Calgary	加拿大卡城福建同乡会
Greater Vancouver Taiwanese Seniors' Association	大温哥华台湾同乡松龄会
Green Club	绿色俱乐部
Gee How Oak Tin Association	至孝笃亲公所
Golden Age Centre	金龄中心
Guelph Chinese Canadian Cultural Group	贵湖中加文化协会
Hong Kong Merchants' Association of Vancouver	温哥华香港侨商会
Hoy Sun Association of Quebec	魁北克省台山同乡会
Hakka Tsung Tsin Association of Edmonton	加拿大亚省爱城客属崇正会
Hainan Benevollent Association of Canada	加拿大温哥华海南同乡会
Hoy Chou Society	满地可海潮联谊会
Hualian Seniors Mutual Aid Society	多伦多华联耆英互助会
HenNan Association of Canada	加拿大河南同乡会
Hung Hising Choy Lee Fut Federation of Canada	雄胜蔡李佛总会
Hong Kong Nurses Association of BC	卑诗香港护士协会
Hong Kong Merchants' Association of Vancouver	温哥华香港侨商会

续表

英文	中文
Hoy Sun Hight School Alumni Association of Canada	旅加台中校友会
Hoy Sun District High School Alumni Association of Alberta	旅加亚省台山第一中学校友会
Hunan Fellow Association of Vancouver	温哥华湖南同乡会
Homeworkers' Association, HWA	家庭车衣工人联谊会
Hong Kong Chinese Immigrant Association of Calgary	卡城龙珠会
Inaugural Celebration	枫华文化基金会
Hainanaise Association de Montréal	蒙特利尔海南同乡会
Hebei Fellowship of Canda	加拿大河北同乡会
Hebei Association of Canada	加拿大河北协会
Hangzhou Friendship Society of Vancouver	温哥华杭州同乡会
Indochina Chinese Senior Citizens Association of Edmonton	爱城越柬寮华裔敬老培英协会（原名"爱城越棉寮敬老协社"）
Jiangxi Association of Canada	加拿大江西同乡会
John lau International School of Taekwon–Do	加拿大国际华人跆拳道学校
Jiang Su Associate of Canada	加拿大江苏同乡会
Ko Lui Benevolent Association of Canada	加拿大高雷会馆
Kensington Chinese Seniors Club	圣盛顿华人耆英会
Lower Mainland Independent Grocers Association	平原独立什货同业商会
Leung's Benevolent Association	温哥华梁氏宗亲会
L'Association Chinoise De Montreal Inc./Chinese Association of Montreal Inc.	满地可中华会馆
Le Club De Lions Chinois Du Grand Montréal	蒙特利尔华人狮子会
Le Service à la Famille Chinoise du Grand Montréal	满城华人服务中心
Lim Sai Hor Kow Mock Benevolent Association	加拿大林西河堂九牧公所

续表

英文	中文
Montreal Chinese Community United Center	满地可华人联合总会
Medicine Hat Fellowship Association	密城华人联谊会
McMaster Chinese Students Association	麦玛达大学中国学生协会
Mah Society of Ontario	安省马氏宗亲会
Macao Club Toronto Inc	多伦多澳门联谊会
Macrobian Club	颐康中心耆英会
Metro Vancouver Gardening Society	大温哥华园艺学会
Montreal Chinese Chamber of Commerce	蒙特利尔华商会
Montreal Chinese Community United Centre	蒙特利尔华人社区联合中心
Montreal Shanghai Kiangsu Chekiang Association	蒙特利尔上海苏浙同乡会
Montreal Chinese Lion Dance Club	满城醒狮团
Metro Toronto Chinese Golden Age Society	大多市华人长春会
New Canadian Community Centre	加拿大新华人联合会（原加拿大普通话华人联合会）
Northwest Benevolent Association of Canada	加拿大西北同乡会
North America Mah Athletic Association	北美马氏体育会成立
Nanyang University Alumni Association of Ottawa	加拿大南洋大学校友会
Ottawa Chinese Senior Association	渥太华中国老人联谊会
Ottawa Chinese Community Service Centre	加京侨社服务处
Overseas Students in Taiwan Alumni Association, Western Canada	加西留台侨生联谊会
Ontario Chinese Restaurant & Food Services Association	安省华商餐馆会
Ontario Coalition of Chinese Head Tax Payers and Families	安大略省华裔"人头税"家属联盟（简称安省"人头税"联盟）

续表

英文	中文
Ottawa Tai Chi Chuan Association	渥太华太极拳协会
Ottawa Association of Chinese-Canadian University Alumni, OACCUA	渥太华中国大专校友会
Ottawa Chinese sodality Association	加京华人联谊会
Peking University Alumni Canada	北京大学加拿大校友会
Quebec Taiwan Business & Cultural Association	魁北克台湾工商文化协会
Ryerson Chinese Students Association, RUCSSA	瑞尔森大学中国学生学者联谊会
Richmond Chinese Community Society	列治文华人社区协会
Richmond Chinese Parents' Association	列治文华人家长会
Richmond Chinse Parents Association	中侨列治文华人家长会
Richmond Asia Pacific Business Association	列治文亚太商会
Richmond Hill Chinese Seniors Association	列治文山耆英会
Richmond Mandarin Lions Club	列治文加华狮子会
Richmond Hill & Markham Chinese Business Association	多伦多列治文山市万锦市（又称麦咸市）华商会
Richmond Women's Club of S.U.C.C.E.S.S.	中侨列治文妇女会
Save Chinatown Committee	拯救华埠委员会
Sien Lok Society	善乐社
Somerset Street Citizens Committee	森马钖街公民委员会
Simon Fraser University Taiwanese Association, SFUTA	西门菲莎大学台湾学生会
Shon Yee Benevolent Association of Canada	加拿大铁城崇义总会
Sunny Tang Martial Arts Centre	邓华咏春武术学院
Sun Yat-Sen University Vancouver Alumni Association	中山大学温哥华校友会
Siu's Benevolent Association of Canada	加拿大萧氏宗亲总会
S.U.C.C.E.S.S.Chinese Family Association	中侨合家欢联谊会
S.U.C.C.E.S.S.Maple Mandarin Group	中侨互助会列治文枫华会

续表

英文	中文
Shandong Natives Association of BC	卑诗省山东同乡会
Shunde Association of Calgary	卡城顺德联谊会
S.U.C.C.E.S.S.Eichmond Chinese Senior Group	中侨列治文华人耆英会
S.U.C.C.E.S.S.Tri-City Cantonese Women's Group	三联市粤语妇女会
S.U.C.C.E.S.S.Tri-City Cantonese Seniors Group	中侨三联市耆英友社
S.U.C.C.E.S.S.Chinatown Senour Service Council	中侨华埠耆英服务联会
S.U.C.C.E.S.S.Surrey-Delta Seniors Joy Club	中侨素里三角洲耆英同乐会
SUCCESS Multi-Level Care Society	中侨互助会护理服务协会
Service à la Famille Chinoise du Grand Montréal, SFCGM	满地可华人服务中心
Shou-Yu Liang Wushu Taiji Qigong Institute	梁守渝武术气功学院
Shang De Tai Chi Praying Mantis Martial Arts Association	尚德太极螳螂武术协会
S.U.C.C.E.S.S.Chinese Women Association	中侨互助会兰湖服务中心中华妇女会
Sichuan University Alumni Association in Canada	加拿大四川大学校友会
Taiwan Chambers of Commerce in Canada, TCCCA	加拿大台湾商会联合总会
Taiwan Merchants Association of Toronto	多伦多台湾商会
Tsinghua Alumni Association of Canada, Taac	加拿大清华大学校友会
Taiwan Chamber of Commerce in BC, TCCBC	卑诗省台湾商会
Tai Shan Yi Zhong Alumni Association of Eastern Canada	台山一中加东校友会
Tsinghua Alumni Association of Ottawa	渥太华清华大学校友会
The University of British Columbia Taiwan Association	卑诗大学台湾联谊会
The Hong Kong University Alumni Association of Ontario	香港大学安省校友会
The Taiwanese University Alumni Association, Alberta Chapter Calgary Branch	台湾大专校友会卡城分会

续表

英文	中文
Taiwanese–Canadian Association Of Grea Of Great Montreal	加拿大蒙特娄台湾同乡会
The Calgary Chinatown Seniors Centre	卡城华埠耆英中心
The Chinese Freemasons, Edmonton	埃德蒙顿洪门民治党
Taiwanese Hakka Association of Toronto	多伦多台湾客家同乡会
The Bak Mei Kung Fu Association	白眉国术会
The Toronto Chinese Soccer Association	多伦多华人足球总会
Traditional Chinese Martial Arts Institute	南北国术研究社
The North American Taiwan Chambers of Commerce Association	北美洲台湾商会联合总会
Tsinghua Alumni Association of Southern Ontario Canada	加拿大南安省清华大学校友会
Toronto Community & Culture Centre, TCCC	多伦多社区与文华中心
The Calgary Chinese Cultural Centre	卡尔加里中国文化中心
The Federation of Chinese Canadians in Markham, F.C.C.M.	万锦市加华联会文化中心
Tawanese Canadian Cultural Society	台加文化协会
The Fung Toy School Association of Calgary	卡城余风采校友会
The Jilin University Alumni Association of Canada, JUAAC	吉林大学加拿大校友会
The Mississauga Chinese Business Association	密西沙加华商会
The Chinese Real Estate Professionals Association of BC, CREPA	卑斯省华人地产专业协会
the Vancouver Chinatown Merchants Association	温哥华华埠业主会
The Mississauga Board of Chinese Professionals & Businesses	密西沙加华人专商业协会（简称"专商协会"）
The Canadian Honan Shaolin Association	卡城湖南北少林金龙队
The Calgary Chinese Chess Association	加拿大卡城中国象棋会

续表

英文	中文
The Calgary Chinese basketball association	卡尔加里华人篮球总会
The Canadian Chinese Kuo Shu Federation	加拿大中国国术总会
The Asia Pacific Foundation of Canada	亚太基金会
The Association of India Deoli Camp Internees	印华集中营难友协会
the Calgary Tsung Tsin Association	卡城客属崇正会
The Toronto Chinese Soccer Association	多伦多中国足球协会
The Chinatown Lioness Club	维多利亚华埠女狮子会
The jing Woo Martial Arts and Athletic Association of Calgary	卡城精武体育会
The Ad Hoc Committee of the Council of Chinese Canadians in Ontario Against W5	安省加拿大华人联会对抗 W5 行动委员会
The Scarborough York Region Chinese Business Association	士嘉堡约克区华商会
Toronto Cross-Cultural Community Services Association	多伦多华人社区服务协会
the Hong Kong-Canada Business Association，HKCBA	港加商会
The Federation of Chinese Students and Scholars，Canada-Western Canadian Chapter	全加中国留学生及学者联合会
The Developing and Progressive Association of Chinese Canadian in China	华人创进会
The Chao Chow Community Benevolent Society	加拿大卡城潮州同乡会
Taiwanse-Canadian Community Service Association	台湾侨民社区服务中心
Tai Shan Association of Ontario Canada	多伦多安大略省台山同乡会
The Hainan Association of Ontario Canada	安省海南同乡会
The Tai Shan Association of Ontario Canada	安省台山同乡会
The HeNan Association of Quebec	加拿大魁北克河南同乡会
Tam's Benevolent Association	温哥华谭氏宗亲会
The Wu Yi Association of Calgary	卡尔加里五邑同乡联谊会

续表

英文	中文
Tol Shan Society of Edmonto	点问顿台山会馆
The Chao Chow Community Benrvolent Society	卡尔加里潮州同乡会
The Nanaimo Chinese Cultural Society，NCCS	乃磨中国文化协会
The Vancouver-Guangzhou Friendship Society	温哥华—广州友好协会
The Pon Cultural Society of Edmonton	亚省盘氏宗亲会
The Edmonton Chinese Lions Club	点城华人狮子会
The Calgary Chinatown Development Foundation，CDF	卡尔加里华埠发展基金会
The Developing and Progressive Association of Chinese Canadian in China	华人创业会
The Taiwan Merchants Association of Toronto	多伦多台湾商会
The Vietnamese Association，Toronto	多伦多越南社
The Vietnamese Cambodian Laotian Community Services Association of Ontario Canada，VCLCSA	安省越棉寮华人协会（称中华服务协会）
The Indochina Chinese Association of Manitoba	缅省越棉寮华裔协会
The National Congress of Chinese Canadians	全加华人联会（简称为华联会）
The Pacific Region of the National Congress of Chinese Canadian	全加华人联会太平洋区分会
The B.C.Coalition of Head Tax Payers	卑诗"人头税"纳税人联合会
T.Y.T.Action Committee University of Toronto	多伦多大学保卫钓鱼台行动委员会
The Calgary Mah Society	卡城马氏宗亲会
The Chinese Benevolent association of Edmonton	点问顿中华会馆
The Federation of Chinese Students and Scholars，Canada	中国学生学者联合会（简称全加学联）
The Mah Society of Canada	加拿大马氏宗亲总会
The Wongs Benevolent Assisation	维多利亚黄氏宗亲会

续表

英文	中文
Toi Shan Society of Edmonton	点问顿台山会馆
The Hoy Sun Association of Calgary	卡加利台山会馆
The Chinese Association of Newfoundland and Labrador	纽芬兰华人协会
Taiwanese Canadian Association of Ottawa	渥太华台湾同乡会
The Mon Sheong Home for the Aged	多伦多中区孟尝会安老院
The Toronto Chinese Business Association, TCBA	多伦多华商会
Toronto Flying Tiger Sport Association	加拿大多伦多飞虎体育会
The Wong Ha Athletic Association	黄虾健身会
The Chinese Society of Nova Scotia	拿省华人协会
The Essex County Chinese Canadian Association	加拿大雅斯郡华人协会
The Edmonton Chinese Community Development Committee	点城华人社团委员会
The Edmonton Chinatown Planning Committee	点城华埠计划委员会
The Winnipeg Chinatown Development Corporation	温尼伯华埠发展协会
The Alberta Chinese Cultural Society	亚省华人文化社
The Malaysia Singapore & Brunei Cultural Association, MSBCA	星马汶文化协会
The Chinese Cultural Association of New Brunswick, CCANB	新不伦瑞克中国文化协会
The Kamloops Chinese Cultural Association, KCCA	锦碌文化协会
The University of Toronto Chinese Engineering Students' Association	多伦多大学工程系中国同学会
The University of Waterloo Chinese Students' Association	滑铁卢大学中国同学会
The Chinese Students and Scholars Association at University of Windsor	温莎大学中国学生学者联谊会
Tse Clansmen Association	谢氏宗亲会

续表

英文	中文
Taiwan Republic of China Student Association at University of Toronto Mississauga	多伦多大学密城分校台湾同学会
The University of Toronto Erindale Chinese Students' Association, UTECSA or ECSA	多伦多大学才非傲中国同学会
The National Congress of Chinese Canadians	全加华人联会（简称为华联会）
The Pacific Region of the National Congress of Chinese Canadian	全加华人联会太平洋区分会
The Shung Wong Kung-Fu Club	黄相健身会
The Ottawa Association of Tam's Clansme	渥太华谭氏宗亲会
Toronto Xiangqi Association	多伦多象棋会
Tam Clansmen's Association of Canada	谭氏宗亲总会
Tsinghua University Alumni Association Vancouver	清华大学温哥华校友会
The Chinese Real Estate Professionals Association of BC	卑省华人地产经纪协会
Tak Ming Alumni Association of Western Canada	香港德明加西校友会
Shanghai Business Association, Canada	上海侨商联合会
The Chinese Canadian National Council London Chinese Cultural Centre	全加拿大华人平权协进会伦敦分会
The Moncton Chinese Friendship Association, MCFA	加拿大新不伦瑞克蒙克顿地区中华文化协会
The Federation of Chinese Canadians in Markham, F.C.C.M	万锦市华联会
Teo Chew Society of Vancouver Canada	加拿大温哥华潮州同乡会
Tung Koon Benevolent Association	加拿大东莞同乡会
United Chinese Community Enrichment Services Society, S.U.C.C.E.S.S.	中侨互助会
United Calgary Chinese Association	卡城中华协会
University of Alberta Taiwanese Students Association, UATSA	阿尔伯塔大学台湾同学会

续表

英文	中文
Vancouver Philip's Tai Chi Club	温哥华菲立太极拳社
Vietnam Chinese Community Sesvices Association of B.C.	卑诗省越华相济会
Victoria Chinese Ladies	维多利亚中华妇女会
Vancouver-Hong Kong Forum Society	温哥华香港协进会
Vancouver Mandarin Lions Club	加华狮子会
Vancouver Chinatown Merchants Association	温哥华华埠商会
Vancouver Taiwan Hakka Association	温哥华台湾客家会
Victoria Chinese Cultural Association	维多利亚中华文化中心
Vietnam Chinese Association of Edmonton	爱城越南华侨联谊会
Victoria Chinese Youth Connection	维多利亚青华联会
Vietnam Chinese Association of Edmonton	爱城越南华侨联谊会
Victoria Chinese Commerce Association	维多利亚华埠商会
Victoria Hong Kong Chinese Overseas Association	维多利亚香港旅加华侨联谊会
Vancouver Tsung Tsin Association	加拿大温哥华客属崇正会
Vancouver Chinese Elderly Citizens' Association	温哥华华人耆英会
Vancouver Chinese Cultural Association	云埠中国文化协会
Vancouver Chinese Chess Association	温哥华中国象棋会
Victoria Huaqiao Lianyihui	维多利亚华侨联谊会
Victoria Chinatown Lioness Club,Yuduoli Huabu Nü Shizihui	维多利亚华埠女狮子会
Winnipeg Chinese Development Corporation	温尼伯华埠重建委员会
Wong's Association of Ontario	安省黄云山公所
Wu Yi Association of Calgary	卡城五邑同乡联谊会
Women's World of S.U.C.C.E.S.S.)	中侨妇女协会
Wayland Li Martial Arts Centre	李文启武术学院

续表

英文	中文
Wong's Benevolent Association	黄氏宗亲总会
Worldwide Luk Tung Kuen Canada Health Society	世界六通拳加拿大总会
Western Canada Chinese Martial Arts	加西中国国术总会
Wushu B.C. Association	卑诗省武术总会
Zhejiang Unviersity Alumni Association of Canada	加拿大浙江大学校友会
Zhong Shan Secondary School Alumni Association, Vancouver	温哥华中中校友会
Yin Hua Association of Ontario Canada	印华联谊会
Yunnan Association of Canada	加拿大云南同乡会
Yee Fong Toy Society of Canada	加拿大余风采总堂
Yan's Fraternal Society	甄氏宗亲会
Yee Hong Community Wellness Foundation	颐康基金会
Young Chinese Professionals Association, YCPA	蒙特利尔华裔青年专业协会
Zhejiang Association Of Canada	浙江同乡联合会
Zhanjiang Benevolent Association of Canada	加拿大湛江同乡联谊会
116 th Scout Group	116 旅童军

鸣谢

在将近十年的编写《加拿大华侨移民史 1858—2001》书稿的过程中，我们得到了加拿大原省督、省市议员、各行业专家、教授、学者、图书管理员、侨领、华裔军人和华裔后代等的大力支持和帮助。遍布加拿大各地区的众多人士和社团，无论在提供史料、确认史实，还是在协助搜寻资料、穿针引线介绍历史当事人等方面，都给予过无私的帮助和诚挚的鼓励，在此，我们表示衷心的感谢。我们尽可能地按省份列出各位曾经帮助过我们的人士（按姓氏字母排名），如有遗漏，敬请谅解。

卑诗省（也称为 B.C.省、BC 省、不列颠哥伦比亚省）

新西敏博物馆原档案管理员阿奇（Archie）先生、幻影溪庄园有限公司董事长白计平先生、温哥华雪红艺苑创办人及粤剧名伶白雪红女士、卑诗省中医针灸联会永远的荣誉会长及加拿大广州中医药大学校友会会长蔡理平先生、旅加北京联谊总会原会长及加拿大昆特兰大学中医针灸学院顾问委员车飞先生、加拿大中华邮币学会理事长陈伯仰先生、新时代传媒集团副主席陈国雄先生、加拿大华裔作家协会会长陈浩泉先生、加拿大中华诗词学会会长陈良先生、温哥华中山同乡会原会长陈善猷先生、克里威廉神学院历史教授陈颂恩女士、著名画家陈田恩先生、加拿大社区情绪健康协会总监陈雅莉女士、温哥华华埠商会主席陈耀辉先生、加拿大陈颖川总堂理事长陈永全先生、温哥华市原市议员陈志动先生、维多利亚大学历史系陈忠平教授、振华声艺术研究社社长程爱琼女士、"轻歌唤早晨"电台广播节目创始人邓强庆先生和查普曼（Chapman）先生、世源有限公司董事长方君学先生、加拿大新时代集团主席冯永发先生、温哥华山景墓园经理格伦·霍奇斯（Glen Hodges）先生、著名金石书画家古中先生、卑诗大学艺术系教授顾雄先生、中国广州美术学院原院长及著名画家郭绍纲先生、温哥华泉州同乡会会长郭亚欣先生、温哥华中华会馆理事长郭英华先生、温哥华《健康时报》社长何瑞娜女士、书法家何思执先生、家庭专科终身教授何仲伟先生（已故）、"华侨之声"董事长贺鸣笙先生、温哥华华人艺术家协会原会长洪子珺女士、卑诗省中医针灸管理局考试委员会原主席胡永辉先生、温哥华华人耆英会理事黄国相先生、已故二战华裔军人黄国雄先生、已故二战华裔军人黄金焕先生、温哥华黄氏宗亲会原会长黄景洋先生、已故著名粤剧艺人黄滔先生、吉姆·埃文斯（Jim Evans）先生、华裔医生及收藏家蒋北扶先生、加拿大华人参政议政促进投票联盟会长孔庆存先生、越棉寮华裔联谊会原会长蓝树河先生（已故）、卑诗省针灸管理局原主席及御用大律师乐美森先生、加拿大华裔海陆空退伍军人会原会长李保罗（Paul Lee）先生、加拿大华人联合总会老年协会原会长李保忠先生、加拿大温哥华中国大专院校校友会会长李卉女士、AOMA 现代艺术设计学院创始人李敏之女士、京剧表演艺术家李少华先生、温哥华市原市议员李思远先生、埃德蒙顿公立教育局原课程主任和现任高贵林孔子学院外方院长李伟先生、政府注册会计师李伟健先生、卑诗省注册中医师公会原会长李永洲先生、加拿大华裔军事博物馆名誉馆长李悦后先生、加拿大原国会议员梁陈明任女士、阿尔伯塔大学荣休教授梁丽芳女士、加拿大国家统计局梁挺先生、加拿大三院院士及卑诗大学电气与计算机工程系教授梁中明先生、温哥华中华会馆理事廖全享先生、温哥华廖武威堂原主席廖永腾先生、林丽珍女士、加拿大华人文学学会副主任委员及北美作家协会副会长林楠先生、媒体人刘国梁先生、恒信旅游公司总裁刘恒信先生、刘劲铮少林功夫学院院长刘劲铮先生、卑诗大学亚洲图书馆中文部主任刘静女士、温哥华中山同乡会副会长刘卢曼德女士、华裔后代刘少珍（Gail Yip）女士、加拿大河北同乡会会长刘书梅女士和刘堂玮先生、温哥华老年协会原秘书长刘行辉先生、维多利亚大学亚洲馆研究员柳颖女士、加拿大中国科学技术协会创会会长陆见明先生、摄影家马均耀先生、加拿大乐活传媒总编辑马麦先生、温哥华—广州友好协会及全加马氏宗亲总会会长马威廉先生、加拿大华人联合总会创会会长及加拿大云南联合会会长普翔先生、加拿大卑诗省省议员屈洁冰女士、加拿大华裔作家协会副会长任京生先生、国际佛教观音寺善慈法师、城市电视台节目主持人邵蔚华女士、Pin Communication 市场经理申衍先生、中国韵文学会顾问及加拿大中华诗词学会创会会长沈家庄先生、作家施淑仪女士、加拿大抗肿瘤康复会会长石精华先生、温哥华著名画家司徒勤参先生、兰加拉学院继续教育部主任苏棣根（Doug Soo）先生（已故）、《高度》周刊总编辑隋宏女士、慈济加拿大分会行政主任兼公关总监仝战云先生、卑诗省本拿比市市议员王白进先生、"加西网"原编辑王嘉楠女士、西门菲沙大学人文系终身教授王健先生、已故二战华裔军人黄国雄夫人魏小川女士、加拿大河北同乡会原秘书长温嬿女士、温哥华伍胥山公所顾问伍侠儒先生、《大汉公报》原董事长伍泽濂先生、加拿大《世界日报》原总编辑及加拿大华文作家协会会长徐新汉先生、加拿大温哥华禺山总公所中文秘书颜启星先生、加拿大西北同乡会名誉会长（系杨虎城将军的孙子）杨翰先生、加拿大华裔作家协会理事杨兰女士、温哥华华人耆英会及中医养生会会长杨铭发先生、原大温哥华文化中心文化节目总监杨裕平先生、温哥华中华会馆原理事长姚崇英先生、加拿大东莞（美洲）总商会会长叶建伦先生、华裔后代叶肯（Ken Yip）先生、加拿大温哥华禺山总公所原理事长叶良浩先生、温哥华市原市议员及中侨互助会创会主席叶吴美琪女士、卑诗省中医针灸管理局理事及天泉慈善基金会主席于卫东先生、温哥华市首位华裔市议员余宏荣先生、温哥华台山会馆理事长余黄月莲女士、加港华人笔会创会会长余玉书先生、抗战老兵曾祥文先生、大华笔会原理事张国瑞先生、康有为及康同璧研究专家张启礽先生、著名画家章金生先生、加拿大洪门民治党温哥华支部副主委郑炯光先生和郑敏耀先生、温哥华美术馆亚洲馆总监郑胜天先生、域多利洪门领袖周伯昌先生和周朝公先生、加拿大温哥华禺山总公所理事长周高文先生、温哥华华人艺术家协会创会会长及著名画家周士心先生、温哥华老年协会会长朱明明女士、温哥华中华会馆原理事长朱展伦夫妇、永广企业有限公司总裁庄永编先生等。

安大略省

加拿大中国书法协会荣誉会长陈汉忠先生、爱健会行政秘书陈巨端先生、安省陈颖川堂主席陈沐强先生、《渥京周末》社长陈诗慧女士、全加洪门民治党总主委邓家昌先生、多伦多华人作家协会副会长龚锦霞女士、孟尝会主席关永添先生、多伦多华人作家协会副会长郭丽娥女士、翰真文教基金会会长郭儒祯女士、《加拿大商报》副总编及《北美时报》总编黄学昆先生、加京越棉寮华人基金会主席李乃滨先生、滑铁卢大学瑞纳森学院文化及语言系中文研究室主任李彦副教授、《加华新闻》原总编林君先生、太华比奇伍德墓场经理林雷蒙德（Raymond Lam）先生、台山一中加东校友会永远的名誉会长伍刘彩芳女士、渥太华中青年联合会副主席刘天逸先生、加拿大渥太华华人社团联合会主席卢红民先生、渥太华佛光监寺妙遵法师、约克大学文学与语言学系合约教授石晓宁女士、加拿大中国笔会会长孙博先生、多伦多城北华人宣道会牧师谭文均先生、加拿大洪门民治党渥太华支部主委及加拿大渥太华中国和平统一促进会会长王辉先生、加拿大洪门民治党多伦多支部成员温素芳女士、加拿大安大略中医学院院长吴滨江先生、抗战老兵吴国焕先生、加拿大安省台山同乡会名誉会长伍伯良先生、加拿大渥太华中华会馆原主席薛金生先生、著名艺术家姚文奎先生、原渥太华佛光山住持永固法师、加拿大洪门民治党多伦多支部原主委余卓文先生、加拿大中医药学院院长袁晓宁先生、孟尝会第二副主席曾海华先生、加拿大洪门民治党多伦多支部原主委张汉贤先生、多伦多"中华门"牌楼筹建委员会主席张哲旋先生、渥太华《健康时报》社长张志刚先生、原渥太华中华会馆主席郑茂源先生、渥太华中国医药中心第一任店主周冯莲波的丈夫周树邦先生等。

萨斯喀彻温省

加拿大皇家学院院士及萨斯喀彻温大学社会学终身荣誉教授李胜生先生、加拿大萨斯喀彻温大学社会学教授宗力先生。

阿尔伯塔省

卡尔加里中国专业人士及企业家协会会长陈静文女士、加拿大中医科学院院长程霞女士、加拿大新传媒有限公司董事长邓瑞芬女士、卡尔加里中英双语教育协会创始人兼首任主席董守良先生、卡城抗日战争史实维护会荣誉会长杜融先生、中医师冯秀兰女士、卡城星河艺术团团长傅英先生、卡尔加里大学教育学院教授郭世宝先生、埃德蒙顿中华会馆副理事长洪陈美兰女士、卡尔加里著名画家黄定超先生、卡尔加里著名画家及卡城福建同乡会第一副会长黄国樑先生、加拿大麦克文大学档案技术员凯西·布拉斯科女士（kathy Blasko）、加拿大洪门民治党埃德蒙顿支部主委邝健民先生、卡加利铁城崇义会主席雷焕仪先生、《加华报》创始人及卡城城市地产发展集团总裁雷煜植先生、原卡尔加里中国专业人士及企业家协会会长李波先生、阿尔伯塔大学中国教授协会副会长李华周先生、《光华报》社长李惠琦女士、加拿大点问顿中华会馆主席李世昌先生、阿尔伯塔省议员栾晋生先生、前世界女子击剑冠军栾菊杰女士、加拿大卡城中医药协会原会长阮丽香女士、加拿大麦克文大学王九林教授、加拿大亚省中医针灸师管理局局长王林尊馨女士、阿尔伯塔省政府部门高级职员王露西（Lucy）女士、加拿大洪门民治党卡尔加里支部原主委文伟建先生、点问顿中华文化中心董事长吴耀荣先生、加拿大洪门民治党卡尔加里支部主委吴仪女士、加拿大亚省卡城越南华裔联谊会会长夏来和先生、加拿大华佗中医研究院院长许本彤先生、加拿大亚省中医针灸师管理局原主席严庆苹女士、国家中医药管理局中医药适宜技术加拿大推广基地主任杨公亮先生、加拿大阿尔伯塔省埃德蒙顿市警世钟剧社社长杨耀华先生、卡城注册针灸师仰锦红先生、卡城注册中医师叶秉三先生、卡城华埠发展基金会会长余策源先生、画家甄金雨先生、卡城抗日战争史实维护会会长周广遂先生、埃德蒙顿电影制作人兼导演朱勤达先生、加拿大《88社区报》社长卓秉强先生等。

魁北克省

　　魁北克省台山同乡会主席及加拿大华侨历史文化研究会原会长陈超万先生、《路比华讯》原编辑陈菀婷女士、《路比华讯》创始人之一胡晓菡女士、魁北克经济文化交流中心主席李惠霞女士、满地可天主教堂刘占峰神父、魁北克中华诗词研究会"诗坛"主编卢国才先生、加华作家陆蔚青女士、Douglas HydraulicManufacturing Inc.公司液压机械制图工程师秦娜女士、满地可华人联合总会主席邵礼平先生、鹰格尔液压董事长王峰先生、抗战老兵吴永存先生、中国洪门民治党满地可分部原主委许伟安先生、《华侨新报》社长张健先生、魁北克华人作家协会主席郑南川先生等。

马尼托巴省

　　《缅省华报》原主编蔡衍泰先生、缅省越棉寮华侨协会理事长郭鹏先生、原马尼托巴省省督李绍麟先生、加拿大马尼托巴大学国际学生咨询师及《枫华之声》总编辑王虹女士、赢加国际移民与教育服务中心总裁王玉玲女士、缅省越棉寮华裔协会名誉理事长颜国华先生、温尼伯市中华文化中心原主席余岳兴先生（加拿大勋章获得者，已故）等。

中国

　　中国五邑大学广东侨乡文化研究院院长刘进教授、纪录片《二战加拿大华裔军人传奇》导演兼制片人王建军先生、华南农业大学人文与法学院徐燕琳教授、中国包装联合会团体会员张如新先生。

　　我们特别感谢维多利亚大学历史系的陈忠平教授、安省华文教育协会理事及教育工作者龚锦霞女士、卑诗大学顾雄教授、阿尔伯塔大学荣休教授梁丽芳女士、研究康有为和康同璧的专家张启礽先生、温哥华美术馆亚洲馆兼任总监郑胜天先生等学者在学术上的多次帮助。

　　此外，我们也感谢所有接受邀请、参加口述历史的先侨后代以及各界人士，各位读者可以在书中读到他们精彩的口述历史，在此不一一列名。

　　最后，我们要特别感谢华夏出版社副社长陈振宇先生。在黎全恩教授即将离世的关键时刻，陈振宇先生代表华夏出版社给我们发来了《加拿大华侨移民史》

出版合同，使我们三位作者得以在出版合同上共同签上名字，让黎全恩教授看到了多年的耕耘迎来了收获的希望。随后，陈振宇先生悉心指导，不断激励我们再接再厉。赵学静副编审全力以赴，严谨认真地审稿，细心修正，使本套图书顺利出版。

后记

《加拿大华侨移民史 1858—2001》四卷本杀青,字数过百万,写作时间跨 10 个年头,且是在无外来经费援助下完成的。用 10 年时间来写近 150 年的加拿大华人史,我们仍然觉得时间不够。因为华人社群在加拿大 150 年的奋斗史,可谓波澜壮阔;而华人社群在加拿大 150 年的遭遇,可谓跌宕起伏。因此,终稿的时候,虽然有卸下重担的轻快,但也有难言的惆怅。因为本书付梓后,遗憾便将定格。

我们可以说尽了全力,但仍会出现沧海遗珠。这四卷本,涵盖了加拿大华侨移民历史涉及的政治、文化、教育、经济、宗教、传媒等,也涵盖了各历史阶段华人从出生到丧葬的生活全史。

150 年的加拿大华侨移民史纷繁复杂,故而我们采取团队合作的方式来进行研究。黎全恩教授于 20 世纪 70 年代来加工作,地理专业出身,研究加华历史近 50 年之久,因对加拿大唐人街历史研究的卓越贡献,获奖无数,被称为"加拿大唐人街研究之父";丁果是史学科班出身,先后在中国和日本深造,专攻近代史,20 世纪 80 年代末来加拿大,从事媒体工作近 30 年;贾葆蘅是工科出身,来加拿大 20 多年,后从事文学和历史创作,近 10 年来专门从事华侨华人移民历史研究与创作。三位作者年龄不同、专业各异,但在加华历史的研究上形成共识,故分工合作,辛勤耕耘,克服难以想象的困难,得以完成此四卷著作。

从写作的过程来看,此四卷本分为两个部分。一是 1858—1966 年的历史写作,一是 1967—2001 年的历史写作。前一部分可列入近代史研究的范畴,而后一部分则属于当代史研究的领域。从研究成果来说,也可分为两个阶段。

1858—1966 年这段加拿大华侨移民史,曾在 2013 年由人民出版社出版发行,当年被评为该社十大优秀学术专著之一。书出版后,作者和读者都发现了一些错误,我们自行做了勘误表。随后,作者进入下册的资料收集和写作准备。值得庆幸的是,在黎全恩教授于 2018 年因病去世前夕,华夏出版社及时与三位作者签订了新的出版合同,同意将叙述 150 年加拿大华侨移民历史的这部著作以完整的方式出版发行。为此我们重新修改了 1858—1966 年这部分,在修正错误的同时,亦增加了不少新的内容和第一手注解等。

黎全恩教授离世前表达了希望合作者完成全书出版的愿望，因此，丁果和贾葆蘅不敢稍有懈怠，心无旁骛地推动着前两册书的修订与增补，同时加快了后两册书的写作进度。

黎全恩教授离世后，他为加拿大华人立碑的精神依然是写作团队的支柱。他在离世前，参与了下两册书提纲的拟定，并参与了一部分章节的史料提供和初稿写作，其中包括开放的移民政策、中国香港移民对加拿大的影响、中国大陆移民对加拿大的影响、华侨华人反歧视斗争（人头税部分）、华人人口增减、分布及职业、旧唐人街的衰落与振兴及新唐人街的振兴、多元文化政策与华人参政、宗教与墓葬、文化艺术与牌楼和纪念碑、加华史学等。之所以列出黎全恩教授参与的章节，是要告诉专家、同仁和读者，他的离世并没有影响他作为这部著作的领衔作者地位。

本书的写作，我们采取分工合作的方式。四卷本的提纲由团队商讨确定，然后进入具体的写作过程。前两册研究的是华人早期在加拿大的历史，而加拿大早期华人历史其实就是唐人街历史，这方面最具权威的学者就是黎全恩教授。

后两册的史料铺陈以如下的方式完成：1. 黎全恩教授的史料以及部分初稿；2. 贾葆蘅在黎全恩教授史料的基础上，寻找出一些新的史料，并进行初稿的史料铺陈及部分初稿的写作；3. 丁果承担全书的学术撰写，在此过程中甄别和取舍铺陈的史料，并因理论叙述和史实阐释的逻辑需要，提出新的史料要求，或要求将史料归纳成表，由贾葆蘅再去寻找补充，以形成一目了然的纵向和横向比较坐标。这种史料收集和书稿撰写的分工合作模式一直延续到全书的终了。

在早期两册书的著述方式上，丁果提出纳入口述历史部分，由贾葆蘅负责采访整理。虽然不少被采访者没有亲历百年前的历史，但作为重要历史人物的后裔，他们的所见所闻证明加拿大华人历史是活的历史，具有社区传承的特征。但是，在当代史的两卷本中，丁果决定不采用口述历史的形式，这是因为当代华人社区的生活远较早期生活形态复杂，事件的见证者大都健在，一个人的口述难以完整体现事件的原貌，且容易引发争议。这是四卷本在书写体例上前后两卷唯一存在差异的地方。

在加拿大华人华侨移民史的写作上，最大的挑战是较为全面地搜集、整理移民历史资料（断代史和论文的史料搜寻范围就要小很多）和学术创新。而恰恰是这两个方面，形成了四卷本的重要特征。

华侨华人移民历史的资料和文献分散在加拿大各地，要想完整搜集并分门别类地整理，实属艰辛不易，需要大量的资金和时间进行调研、采访和原始文献寻找。幸运的是，黎全恩教授在华人社区和唐人街耕耘近 50 年，踏遍北美 40 多个唐人街。他在研究唐人街的同时，因为得到各地侨社的帮助，发现并收集了大量早期加拿大华人的珍贵历史资料，为撰写加拿大华侨移民历史学术著作奠定了坚实的基础。丁果曾深入卑诗省北部、卡加利、蒙特利尔、多伦多华埠等地实地调研考察，从未放过任何历史转折中唐人街的变化，并努力寻找新的学术增长点。

贾葆蘅先后跋涉加东和加西各大唐人街，努力与不同社区、不同社团人士沟通采访，在当地侨社的帮助下，也发掘和整理了一些新的历史资料和文献。对于学术创新来说，负责本书学术性撰写和全书定稿的丁果，以留学日本、加拿大的学术背景为支撑，以 30 年全球采访的经验为基础，从全球化历史阐述角度，对合作者的史料加以编排与整合，并在贾葆蘅的史料确认和图片制作的全力配合下加以重新论证，翔实分析了 100 多年来加拿大华侨移民在各个历史时期重大事件发生的缘由，以及它们在卑诗省和加拿大历史进程中的重要影响及意义，不但还原了华人历史的本来面目，还丰富了加拿大历史的集体记忆。可以这样说，本套书着重在东西方近代史联结的大框架下，突破单一性历史叙述的局限，开拓了全球移民视野中的当代华侨华人移民史研究的新面向，同时也在目前暗流汹涌的逆全球化历史浪潮中，阐述了华人社区本来就应该属于加拿大主流一部分的自我定位，为加拿大华人社区理直气壮地对抗种族歧视奠定了新的基础。

本套书的领衔学者黎全恩教授，是加拿大著名的华人历史研究专家。他具有扎实的理论基础和学术素养，以及地理学与历史学的交叉优势。在过去近 50 年的时间里，黎教授专门研究加拿大及美国的华埠发展，几乎走遍全加拿大华埠，实地考察和拜会各华埠侨领，赢得了华人社区的信任，由此取得了大量第一手翔实而又极其珍贵的资料。他亲手绘制的唐人街地图，更是唐人街沿革的铁证，迄今无人能出其右。黎全恩教授以实证研究为主，遍查中西英文历史档案、典籍和早期华人历史文献，实地调查与文献资料考证相结合，从宏观和微观的角度对华侨华人史的研究提供了基础框架，他的唐人街研究成为本书上卷最重要的史实基础。因为早期的加拿大华人史，在某种程度上，就是唐人街的发展史。黎教授除了长期从事唐人街、华侨移民史研究之外，还关注与华侨华人有关的其他方面，如华人参政、华文教育、华人墓地美化等，本次撰写我们也把黎教授精心收集的相关资料纳入相应章节。黎教授拥有的中英语言和中西文化背景优势，对本书全面把握加拿大华人移民史之精髓，可谓是重要的基石。

另一位领衔作者、全球华文媒体著名的时事评论家和专栏作家丁果，是报纸、拿大研究著作中的一些错误。比如在加华文学发展历史中，有些学者认为加华文学起源于1908年维多利亚移民检疫所建成后，新登陆并被关押在检疫所里的华侨所刻的"壁诗"，这是不够严谨的。事实上，经我们反复调查确认，依照加华文学的定义，加华文学的萌芽早于20世纪，这在本书加华文学部分有具体介绍。又如很多文章和论文中提及烧腊风波，在论述温哥华市、卑诗省和联邦政府对烧腊等熟食设立温度限制所通过的法律时，并没有标注具体法律出处，以致错误地陈述了三级政府设立条例的年代，而我们通过海量查找政府文献，找出了法律权威出处。可以说，我们这套专著，引用的数据几乎都是政府统计数据和法律政策条文以及侨社历史原件，同时采用图、表、数据结合的方式，以口述历史为佐证，从各方面交叉印证加拿大华侨华人的真实生活记录，清楚地再现了加拿大华侨由被歧视、被欺凌到被接纳的融合过程。

　　另外一个值得关注的难点是地名和人名的翻译。一如黎全恩教授所言，由英文地名、姓名等翻译为中文，并没有规定方式，为最困难之处。因此我们在《加拿大华侨移民史1858—2001》上卷中，考虑来自广东四邑的华侨居多，在地名处理上采用了早期华人习惯使用的地名翻译。例如"Victoria"，现在标准地名翻译为"维多利亚"（见黎教授序），但早期华文报刊均称域多利，我们就沿用此地名。"Montreal"一般翻译为"蒙特利尔"（见黎教授序），但本地老华侨及中文报章多沿用"满地可"，我们就采用该翻译。之所以这样做，是方便读者搜寻、核对本书所用史料，也表达作者饮水思源的朴素情感。

　　1967年之后，来自世界各地和中国各个省市的华侨不断增加，华文报刊在地名方面大都采用新的标准译法，例如"Victoria"译为"维多利亚"，因此我们在《加拿大华侨移民史1858—2001》下卷中，采用报刊和华人社区公认的地名译法。举例而言，"Edmonton"译为埃德蒙顿（加拿大先侨称爱民顿或点问顿）。

　　当然，任何一本书都会有瑕疵，我们以求真求精为目的，以期不断接近历史的真实，尽最大努力减少错误，最大限度地希望和读者产生共鸣，并希望读者予以指正。

电台、电视台三栖资深新闻人。他是史学科班出身，很早就涉及全球化与海外华人相关课题，其博古通今的知识架构，以及对北美华人历史现状及其所处的国内外环境的精湛把握，为本书突破以往同类移民史叙述的窠臼，并试图在理论上推陈出新，奠定了扎实的基础。他在战前华人社会的华文教育、宗教、戏剧，以及战后加拿大移民政策的变迁、华人参政和"假纸案"等重大历史案件的书写过程中，采取了个案调查与整体分析相结合、现状梳理与历史逻辑相印证的考据手法，去伪存真，开创了华人移民史研究的新领域。而在《加拿大华侨移民史1858—2001》下卷的写作中，丁果在自己身体多病的情况下，对全书进行最后定稿，可谓对本书一字一句加以斟酌思考，使辛苦得到的文献与深度的理论探索和严谨的学术分析有机结合，主观上力争使本著作达到史论俱佳的最高学术境界。他在加华文学、加华史学、华人参政、华人传媒、华文教育等领域，都有推陈出新的观点，予后来的研究者以重大启发。总之，正是因为丁果敏锐地把握了各个时期华人移民史的脉搏，才把我们的华人移民史研究提升到一个新的高度。在本书的最后整合阶段，尤其是理论与文字叙述的整合上，丁果发挥了决定性的作用。

近十年来才踏入史学领域的贾葆蘅，思维活跃、勤奋踏实。在本书的启动和与出版社、作者之间的沟通中，她发挥了重要的桥梁作用。在本书写作开始至最终脱稿的十年里，贾葆蘅曾前往加拿大各大华埠进行实地考察，接触当地华人社团和侨领，并建立起长期联系，陆续收集和筛选华文文学、华文教育、华文参政、华人社团等多方面的资料作为本书的依据和补充，她还采访、搜集了一些有价值的口述材料。与此同时，她将历时跨越数十年的《大汉公报》《醒华日报》《洪钟时报》和《世界日报》等11份报纸加以收集和分类整理，为客观呈现历史提供翔实的依据。贾葆蘅还广泛查找了早期原始文献和加拿大政府相关部门的英文档案原件，充分运用各学术机构和社团的网络资源，使得书中的史料准确到位并具有公信力。另外，为了让华人移民历史资料呈现出时代的全貌，她努力向黎全恩教授和丁果学习，并在撰写移民史近十年的时间里得到了两位不辞辛苦的教诲。贾葆蘅还多次向权威专家和学者请教，为确认事件的原委，以避免某些史学著作中的误区出现在本书中。

我们三人的成长经历和移民生活足迹各异，学术背景、理解能力、掌握史料程度、实际调研情况、多学科交叉能力等均有不同，因此在很多事情上看法存在差异。但是我们总是在尊重历史、以学术为本的原则上，发挥每个人的特长，求同存异，相互取长补短，最后取得共识。这部通史具有多面向、交叉互补的优势，既填补了以往加拿大华侨移民史上的一些空白，提出了新概念，也纠正了关于加